Peter Schlosser
AGB-Gesetz

Sonderausgabe des AGBG aus

J. von Staudingers
Kommentar zum Bürgerlichen Gesetzbuch
mit Einführungsgesetz und Nebengesetzen
12., neubearbeitete Auflage

AGB-Gesetz

Gesetz zur Regelung des Rechts der Allgemeinen Geschäftsbedingungen

Kommentar von

Dr. Peter Schlosser

Professor an der Universität München

1980

J. Schweitzer Verlag · Berlin

Zitierweise

Schlosser, AGBG, Einl 1
Schlosser, AGBG, § 1 Rz 1

Verweisungen in diesem Kommentar auf Paragraphen und Randziffern ohne weitere Zusätze sind Verweisungen auf die Kommentierungen der entsprechenden BGB-Vorschriften in J. von Staudingers Kommentar zum BGB (12. Auflage), im Bereich der Paragraphen 1–30 Verweisungen auf die Vorschriften des AGBG.

Stand der Bearbeitung: Januar 1980

CIP-Kurztitelaufnahme der Deutschen Bibliothek

Schlosser, Peter:
AGB-Gesetz : Gesetz zur Regelung des Rechts der Allgemeinen Geschäftsbedingungen ; Kommentar / von Peter Schlosser. – Berlin : Schweitzer, 1980.
Aus: J. von Staudingers Kommentar zum Bürgerlichen Gesetzbuch.
ISBN 3-8059-0602-1

Satz und Druck: Georg Wagner, Nördlingen. – Bindearbeiten: Lüderitz & Bauer, Buchgewerbe GmbH, Berlin. – Umschlaggestaltung: Bib Wies, München.

Inhaltsübersicht

	Seite*
Vorwort	VII
Abkürzungsverzeichnis	IX
Einleitung	1
Erster Abschnitt. Sachlich-rechtliche Vorschriften	14
1. Unterabschnitt. Allgemeine Vorschriften	14
2. Unterabschnitt. Unwirksame Klauseln	119
Zweiter Abschnitt. Kollisionsrecht	376
Dritter Abschnitt. Verfahren	382
Vierter Abschnitt. Anwendungsbereich	421
Fünfter Abschnitt. Schluß- und Übergangsvorschriften	435
Sachregister	439

* Es handelt sich um eine Hilfspaginierung. Zitiert wird nicht nach Seiten, sondern nach Randziffern.

Vorwort

An guten Kommentierungen des AGB-Gesetzes herrscht gewiß kein Mangel. Auch der geringe Aktualitätsvorsprung, den meine für J. VON STAUDINGERS Kommentar zum Bürgerlichen Gesetzbuch geschriebenen Erläuterungen des Gesetzes derzeit haben, wäre allein nicht Anlaß genug zur Publikation dieses Sonderbandes. Vielmehr waren dies zwei Besonderheiten, die ich dem Werk zu geben versucht habe.

Es steht zum einen umfangmäßig den ganz breit angelegten Darstellungen etwas nach. Denkt man an den „besonderen Teil" des Rechts der Allgemeinen Geschäftsbedingungen, nämlich an die Anwendung des Gesetzes auf die unzähligen unser Wirtschaftsleben beherrschenden Vertragstypen, so wird Vollständigkeit aber ohnehin zur Utopie. Für manchen Benutzer einer Kommentierung mag daher eine Darstellung von Interesse sein, die auf eine Behandlung der einen oder anderen spezialisierten Fragestellung verzichtet und auch nicht immer die Regelungen des Bürgerlichen Rechts selbständig mitdarstellt, auf welche die einzelnen Vorschriften des AGBG Bezug nehmen.

Zum anderen habe ich mich in besonderer Weise bemüht, den begrifflichen Wildwuchs aufzuarbeiten, der sich um das Recht der Allgemeinen Geschäftsbedingungen gerankt hat, ohne daß es der Bewältigung besonderer Sachanliegen gerade dieser Materie dienlich wäre. Dem, der es gerne geschehen läßt, daß Bequemlichkeit im Denken als Erfordernis der Praxis hochstilisiert wird, mag das vielleicht stören. Denn gelegentlich wird er unter der ihm vertrauten Begrifflichkeit nur einen Hinweis auf eine für ihn neue (in Wirklichkeit aber dem traditionellen Privatrecht verpflichtete) Einordnung seines Problems finden. Ich hoffe gleichwohl, mit meinem an den Leser gestellten Ansinnen größerer Nachdenklichkeit bei der Lektüre nicht zuletzt auch den materiellen Anliegen der Praxis gedient zu haben.

Das Werk hat mit dem von mir zusammen mit Dr. DAGMAR COESTER-WALTJEN und Dr. ULRICH GRABA 1977 im VERLAG ERNST UND WERNER GIESEKING publizierten Kommentar somit wenig gemein. Auch die seinerzeit von mir selbst verfaßten Partien sind zum großen Teil neu geschrieben. Trotz der Aufarbeitung der für den Zuschnitt dieser Kommentierung wichtigen Neuerscheinungen aus Rechtsprechung und Literatur habe ich vieles wesentlich knapper dargestellt, was nicht ohne Auswirkung auf die Einzelsystematik bleiben konnte. Nicht selten habe ich auch meine Meinung geändert. Dem VERLAG GIESEKING habe ich für eine Vertragsgestaltung zu danken, die es mir erlaubte, auf diese Weise meine Gedanken zu sämtlichen Teilen des Gesetzes zu veröffentlichen, wonach es mich als einem Mitglied der 15-köpfigen Arbeitsgruppe, welche das Gesetz vorbereitet hatte, sehr drängte.

Die Mitarbeiter meines Lehrstuhls haben die Arbeitslast mit mir geteilt, die im Grunde nur ermessen kann, wer selbst schon ähnliches versucht hat. Allen voran danke ich Herrn Akad. Rat a. Z. JOHANNES VELTE und Herrn Rechtsanwalt THOMAS VAN DER HEIDE, die mir für eine Reihe von Vorschriften durch Materialzusammenstellung einen raschen Überblick verschafft und durch zahlreiche kritische Beiträge mich in der geistigen Durchdringung der Materie weiter getragen haben. Meinen Mitarbeitern Frau LIESELOTTE SCHÖFFEL, sowie den Herren PETER-JOSEF KALVERAM und Martin Pickert danke ich für zahlreiche Überprüfungen von Nachweisungen und die Besorgung der Korrekturen, Herrn Rechtsanwalt Dr. Thomas Hellmann für die selbständige Anfertigung des Registers sowie meinen Sekretärinnen, Fräulein Elisabeth Summer und Frau Despina Erhard, die mir nacheinander dienten, für die geduldige Betreuung des Manuskripts und der ihm vorangehenden Entwürfe.

München, im Mai 1980 Peter Schlosser

Abkürzungsverzeichnis

Bearbeitet von Wolfgang Wawrzinek

Gesetze und Verordnungen sind mit den Fundstellen ihrer neuesten Bekanntmachung angegeben. Bei älteren Gesetzen, die nicht mehr in Kraft sind, ist dies gesondert vermerkt. Soweit vorhanden, wurden die amtlichen Abkürzungen verwendet.

Bei **Zeitschriften, Entscheidungssammlungen, Gesetz- und Verordnungsblättern** sind idR die vollständigen Titel und die Erscheinungszeit aufgeführt. Die Zitierweise ist in jedem Falle am Ende der Auflösung angegeben.

Abgekürzt zitierte **Literatur** wurde nur in das Verzeichnis aufgenommen, soweit sie in allen Teilen dieses Kommentars verwendet wird. Für alle anderen Fälle ist auf die Literaturverzeichnisse und Schrifttumsangaben zurückzugreifen, die den jeweiligen Kommentierungen vorangestellt sind.

Zusammengesetzte Abkürzungen sind nicht gesondert wiedergegeben, wenn sich ihre Auflösungen unschwer aus den einzelnen Bestandteilen bilden lassen.

Die **Umlaute** ä, ö, ü werden in der alphabetischen Reihenfolge als ae, oe, ue angesehen.

Für alle verbleibenden **Zweifelsfälle** ist auf die Angaben von Hildebert Kirchner, Abkürzungsverzeichnis der Rechtssprache (2. Aufl 1968) oder das Verzeichnis der Abkürzungen von Gesetzen, Rechtsverordnungen und allgemeinen Verwaltungsvorschriften des Bundes (GMBl 1975, 230, 459) zurückzugreifen.

A

aA	am Anfang; anderer Ansicht
aaO	am angegebenen Ort
AargGVE	Aargauische Gerichts- und Verwaltungsentscheide (zitiert nach Jahr und Seite)
AB	Ausführungsbestimmungen zum ... (zusätzlich zur Abkürzung des betreffenden Gesetzes)
ABA	Arbeit, Beruf und Arbeitslosenhilfe (1950 ff; wechselnde Untertitel; zitiert nach Jahr und Seite)
AbbauG	Gesetz über den Abbau der Wohnungszwangswirtschaft und über ein soziales Miet- und Wohnrecht vom 23. 6. 1960 (BGBl I 389, BGBl III 4 Nr 402–24)

Abkürzungsverzeichnis

ABG	s AllgBergG, BergG
ABGB	(Österreichisches) Allgemeines Bürgerliches Gesetzbuch vom 1. 6. 1811
AbgG	s BesSchG
abl	ablehnend
ABl	Amtsblatt
ABlAHK	Amtsblatt der Alliierten Hohen Kommission für Deutschland (1949–1955)
AblBayerArbMin	Amtsblatt des Bayerischen Arbeitsministeriums (1. 1946; ab 2. 1947 ff: Amtsblatt des Bayerischen Staatsministeriums für Arbeit und Soziale Fürsorge; ab 1951 geteilt in Teil A–C; zitiert nach Jahr [Teil] und Seite)
Abs	Absatz
Abschn	Abschnitt
Abt	Abteilung
abw	abweichend
AbzG	Gesetz betreffend die Abzahlungsgeschäfte (Abzahlungsgesetz) vom 16. 5. 1894 (RGBl 450, BGBl III 4 Nr 402–2)
AcP	Archiv für die civilistische Praxis (1.1818–149.1944; 150.1948/49 ff; zitiert nach Band und Seite)
Actes VIII	Conférence de La Haye de droit international privé, Actes de la Huitième Session, 3 au 24 octobre 1956 (1957)
Actes et Doc IX/4, XII/4	Conférende de La Haye de droit international privé, Actes et Documents de la Neuvième session, 5 au 26 octobre 1960, Tome IV: Protection des mineurs (1961); Actes et Documents de la Douzième session, 2 au 21 octobre 1972, Tome IV: Obligations alimentaires (1975)
AdelsG	Preußisches Gesetz über die Aufhebung der Standesvorrechte des Adels und die Auflösung des Hausvermögens (Adelsgesetz) vom 23. 6. 1920 (GS 367) idF vom 22. 4. 1930 (GS 90)
ADHGB	Allgemeines Deutsches Handelsgesetzbuch vom 16./22. 4. 1861
AdoptG	Gesetz über die Annahme als Kind und zur Änderung anderer Vorschriften (Adoptionsgesetz) vom 2. 7. 1976 (BGBl I 1749)
AdoptRÄndG	Gesetz zur Änderung von Vorschriften des Adoptionsrechts (Adoptionsrechtsänderungsgesetz) vom 14. 8. 1973 (BGBl I 1013)
AdoptVermG	Gesetz über die Vermittlung der Annahme als Kind (Adoptionsvermittlungsgesetz) vom 2. 7. 1976 (BGBl I 1762)
ADS	Allgemeine Deutsche Seeversicherungsbedingungen
ADSp	Allgemeine Deutsche Spediteurbedingungen
aE	am Ende
AEB	Allgemeine Einbruchsdiebstahlversicherungsbedingungen
Änd	Änderung
ÄndG	Änderungsgesetz (zum jeweils datierten Regelungskomplex)
aF	alte Fassung
AfA	Absetzung für Abnutzung
AFB	Allgemeine Feuerversicherungsbedingungen
AFG	Arbeitsförderungsgesetz vom 25. 6. 1969 (BGBl I 582)
I. AFöG	Erstes Gesetz über individuelle Förderung der Ausbildung (Ausbildungsförderungsgesetz) vom 19. 9. 1969 (BGBl I 1719); aufgehoben durch § 66 des Bundesausbildungsförderungsgesetzes idF vom 9. 4. 1976 (BGBl I 989)
AG	Amtsgericht (zitiert mit jeweiligem Ortsnamen); Aktiengesellschaft; in Verbindung mit einer Gesetzesabkürzung auch Ausführungsgesetz (zB AGBGB)
AGB	Allgemeine Geschäftsbedingungen
AGBG	Gesetz zur Regelung des Rechts der Allgemeinen Geschäftsbedingungen vom 9. 12. 1976 (BGBl I 3317)

Abkürzungsverzeichnis

AGBGB	Ausführungsgesetz zum Bürgerlichen Gesetzbuch (mit Kürzel des jeweiligen Staates): Baden-Württemberg, vom 26. 11. 1974 (GVBl 498); Bayern, vom 9. 6. 1899 (BayBS III 89); Bremen, vom 18. 7. 1899 SaBremR 400–a–1); Hessen, vom 17. 7. 1899 (RegBl 133; BS 230–1); Niedersachsen, vom 14. 7. 1899 (GVBl Sb III S 239); Preußen, vom 20. 9. 1899 (GS 177); Rheinland-Pfalz, vom 18. 11. 1976 (BS 400–1); Schleswig-Holstein, vom 27. 9. 1974 (GVBl 357)
AGNB	Allgemeine Beförderungsbedingungen für den gewerblichen Güternahverkehr mit Kraftfahrzeugen
AgrarR	Zeitschrift für das Recht der Landwirtschaft, der Agrarmärkte und des ländlichen Raumes (1.1971 ff; zitiert nach Jahr und Seite)
AHB	Allgemeine Haftpflichtversicherungsbedingungen
AHK	Alliierte Hohe Kommission
AHKG	Gesetz der Alliierten Hohen Kommission für Deutschland
AIZ	Allgemeine Immobilien-Zeitung (1. 1952 ff; zitiert nach Jahr und Seite)
AKB	Allgemeine Bedingungen für die Kraftfahrtversicherung idF vom 28. 12. 1970 (BAnz Nr 243); teilweise neugefaßt ab 1. 1. 1977 (BAnz Nr 19)
AkDR	Akademie für Deutsches Recht
AKG	Gesetz zur allgemeinen Regelung der durch den Krieg und den Zusammenbruch des Deutschen Reiches entstandenen Schäden (Allgemeines Kriegsfolgengesetz) vom 5. 11. 1957 (BGBl I 1747, BGBl III 6 Nr 653–1)
AktG	Aktiengesetz vom 6. 9. 1965 (BGBl I 1089)
ALB	Allgemeine Lebensversicherungsbedingungen; Allgemeine Lagerbedingungen des deutschen Möbeltransportes
AllgBergG	Allgemeines Berggesetz für die Preußischen Staaten vom 24. 6. 1865 (PrGS 705); s auch BergG
AllgElekVersorgBed	s AVB Strom u Gas
allgM	allgemeine Meinung
AllgÖsterGerZ	Allgemeine österreichische (ab 1919 nur:) Gerichts-Zeitung (1. 1850–82.1931, dann JurBl; zitiert nach Jahr und Seite)
ALR	Allgemeines Landrecht für die preußischen Staaten von 1794
Alt	Alternative
AltölG	Gesetz über Maßnahmen zur Sicherung der Altölbeseitigung (Altölgesetz) idF vom 11. 12. 1979 (BGBl I 2113)
aM	anderer Meinung
AMG	Gesetz über den Verkehr mit Arzneimitteln (Arzneimittelgesetz) vom 16. 5. 1961 (BGBl I 533)
AmJCompL	The American Journal of Comparative Law (zitiert nach Band, Jahr und Seite)
AmJIntL	The American Journal of International Law (zitiert nach Band, Jahr und Seite)
amtl	amtlich
AmtlBegr	Amtliche Begründung
AMVO	Altbaumietenverordnung vom 23. 7. 1958 (BGBl I 549, BGBl III 4 Nr 402–21)
AmZ	Amerikanische Besatzungszone
AnfG	Gesetz betreffend die Anfechtung von Rechtshandlungen außerhalb des Konkursverfahrens vom 20. 5. 1898 (RGBl 709, BGBl III 3 Nr 311–5)
AngKSchG	Gesetz über die Fristen für die Kündigung von Angestellten (Angestelltenkündigungsschutzgesetz) vom 9. 7. 1926 (RGBl I 399, 412)
Anh	Anhang

Abkürzungsverzeichnis

Anl	Anlage
Anm	Anmerkung
AnnSächsOLG	Annalen des (Kgl) Sächsischen Oberlandesgerichts zu Dresden (zitiert nach Band und Seite)
AnwBl	Anwaltsblatt, Nachrichten für die Mitglieder des Deutschen Anwaltsvereins (zitiert nach Jahr und Seite)
AO	Abgabenordnung vom 16. 3. 1976 (BGBl I 613)
AöR	Archiv des öffentlichen Rechts (bis 26.1910: für öffentliches Recht: 1.1885–39.1920; 40.1921–73.1944 = NF 1.1921–34.1944; 74.1948 ff = NF 35.1948 ff; zitiert nach Band und Seite)
AOGö	Gesetz zur Ordnung der Arbeit in öffentlichen Verwaltungen und Betrieben vom 23. 3. 1934 (RGBl I 220)
AOK	Allgemeine Ortskrankenkasse
AP	Nachschlagewerk des Bundesarbeitsgerichts – Arbeitsrechtliche Praxis – (zitiert nach Entscheidungsnummer, Gesetzesstelle und Stichwort)
ApothG	Gesetz über das Apothekenwesen vom 20. 8. 1960 (BGBl I 697)
AppellationsG	Appellationsgericht
Arbeitskammer	Die Arbeitskammer. Zeitschrift der Arbeitskammer des Saarlandes (ab 1968: Der Saarländische Arbeitnehmer; zitiert nach Jahr und Seite)
ArbG	Arbeitsgericht; auch: Das Arbeitsgericht (31.1926–38.1933; vorher Gewerbe- und Kaufmannsgericht; zitiert nach Jahr und Spalte)
ArbGeb	Der Arbeitgeber. Zeitschrift der Bundesvereinigung (vor 1951: Vereinigung) der Deutschen Arbeitgeberverbände e. V. (1908–33; NF 1949 ff; zitiert nach Jahr [Heft] und Seite)
ArbGG	Arbeitsgerichtsgesetz idF vom 2. 7. 1979 (BGBl I 853, 1036)
AR-Blattei	Arbeitsrecht-Blattei. Handbuch für die Praxis (wechselnde Untertitel; zitiert nach Ordnungsbuchstabe, Kopfstichwort, Bezifferung, [ggf Unterstichwort], bei Entscheidungen zusätzlich nach Nr)
ArbNErfG	Gesetz über Arbeitnehmererfindungen vom 25. 7. 1957 (BGBl I 756, BGBl III 4 Nr 422–1)
ArbPlSchG	Gesetz über den Schutz des Arbeitsplatzes bei Einberufung zum Wehrdienst (Arbeitsplatzschutzgesetz) idF vom 21. 5. 1968 (BGBl 551, BGBl III 5 Nr 53–2)
ArbR	Arbeitsrechtszeitschrift für das gesamte Dienstrecht der Arbeiter, Angestellten und Beamten (zitiert nach Jahr und Seite, ab 1922 nach Jahr und Spalte)
I. ArbRBerG	Gesetz zur Änderung des Kündigungsrechts und anderer arbeitsrechtlicher Vorschriften (Erstes Arbeitsrechtsbereinigungsgesetz) vom 14. 8. 1969 (BGBl I 1106)
ArbR-Blattei	s AR-Blattei
ArbRspr	Rechtsprechung in Arbeitssachen (zitiert nach Band und Seite)
ArbSch	Bundesarbeitsblatt, Fachteil Arbeitsschutz (zitiert nach Jahr und Seite)
ArbSichG	Gesetz zur Sicherstellung von Arbeitsleistungen für Zwecke der Verteidigung einschließlich des Schutzes der Zivilbevölkerung (Arbeitssicherstellungsgesetz) vom 9. 7. 1968 (BGBl I 787)
ArbuSozFürs	Arbeit und Sozialfürsorge (zitiert nach Jahr und Seite)
ArbuSozPol	Arbeit und Sozialpolitik (zitiert nach Jahr und Seite)
ArbuSozR	Arbeits- und Sozialrecht. Mitteilungsblatt des Arbeitsministeriums Baden-Württemberg (1948–1952; zitiert nach Jahr und Seite)

ArbZO	Arbeitszeitordnung vom 30. 4. 1938 (RGBl I 447, BGBl III 8 Nr 8050–1)
ArchBürgR	Archiv für bürgerliches Recht (zitiert nach Band und Seite)
ArchLR	Archiv für Luftrecht (1.1931–12.1943; ab 1952 fortgeführt als Zeitschrift für Luftrecht; zitiert nach Jahr und Seite)
ArchRWPhil	Archiv für Rechts- und Wirtschaftsphilosophie (1.1907/08–26.1932/33, dann ARSP; zitiert nach Band oder Jahr und Seite)
arg	argumentum (= folgt aus)
Arge	Arbeitsgemeinschaft
ArmAnwG	Gesetz über die Erstattung der Rechtsanwaltsgebühren in Armensachen vom 20. 12. 1928 (RGBl I 411)
ARS	Arbeitsrechts-Sammlung. Entscheidungen des Reichsarbeitsgerichts und des Reichsehrengerichtshofes, der Landesarbeitsgerichte, Arbeitsgerichte und Ehrengerichte (19.1934 bis 47.1944; früher Bensheimer Sammlung; zitiert nach Band und Seite)
ARSP	Archiv für Rechts- und Sozialphilosophie (zitiert nach Jahr und Seite)
ARSt	Arbeitsrecht in Stichworten (Arbeitsrechtliche Entscheidungen aus sämtlichen Besatzungszonen, hrsg VON SCHMALTZ; zitiert nach Jahrgang und Nr)
Art	Artikel
ASS	Archiv für Sozialwissenschaft und Sozialpolitik (zitiert nach Band und Seite)
AT	Allgemeiner Teil
AtomG	Gesetz über die friedliche Verwendung der Kernenergie und den Schutz gegen ihre Gefahren (Atomgesetz) idF vom 31. 10. 1976 (BGBl I 3053)
AUB	Allgemeine Unfallversicherungsbedingungen
AÜG	Gesetz zur Regelung der gewerbsmäßigen Arbeitnehmerüberlassung (Arbeitnehmerüberlassungsgesetz) vom 7. 8. 1972 (BGBl I 1393)
Aufl	Auflage
AufwG	Gesetz über die Aufwertung von Hypotheken und anderen Ansprüchen (Aufwertungsgesetz) vom 16. 7. 1925 (RGBl I 117)
AufwRspr	Aufwertungsrechtsprechung (zitiert nach Band und Seite)
AuR	Arbeit und Recht (zitiert nach Jahr und Seite)
Ausf	Ausführung
ausf	ausführlich
AuslG	Ausländergesetz vom 28. 4. 1965 (BGBl I 353)
AuslInvestmG	Gesetz über den Vertrieb ausländischer Investmentanteile, über die Besteuerung ihrer Erträge sowie zur Änderung und Ergänzung des Gesetzes über Kapitalanlagegesellschaften vom 28. 7. 1969 (BGBl I 986)
AußStrG	Gesetz über das gerichtliche Verfahren in Rechtsangelegenheiten außer Streitsachen vom 9. 8. 1854 (Österreich; Reichs-Gesetz-Blatt für das Kaiserthum Oesterreich, 1854 Nr 208)
AV	Allgemeinverfügung
AVAVG	Gesetz über Arbeitsvermittlung und Arbeitslosenversicherung vom 16. 7. 1927 (RGBl I 187) idF vom 3. 4. 1957 (BGBl I 321, BGBl III 8 Nr 810–1); aufgehoben durch § 249 Nr 1 AFG
AVB	Allgemeine Versicherungsbedingungen
AVBEltV	Verordnung über Allgemeine Bedingungen für die Elektrizitätsversorgung von Tarifkunden vom 21. 6. 1979 (BGBl I 684)

AVBGasV	Verordnung über Allgemeine Bedingungen für die Gasversorgung von Tarifkunden vom 21 .6 .1979 (BGBl I 676)
AVBStromuGas	Allgemeine Bedingungen für die Versorgung mit elektrischer Arbeit aus dem Niederspannungsnetz der Elektrizitätsversorgungsunternehmen; Allgemeine Bedingungen für die Versorgung mit Gas aus dem Versorgungsnetz der Gasversorgungsunternehmen, Anordnungen vom 27. 1. 1942 (RAnz Nr 39 vom 16. 2. 1942, S. 2, 3, BGBl III 752-1-7); außer Kraft gesetzt durch AVBEltV und AVBGasV
AVdJuM	Allgemeine Verfügung des Justizministers
AVG	Angestelltenversicherungsgesetz vom 28. 5. 1924 (RGBl I 563, BGBl III 8 Nr 821–1)
AVK (Kranken)	Allgemeine Krankenversicherungsbedingungen
AVO	Ausführungsverordnung
AVPStG	Verordnung zur Ausführung des Personenstandsgesetzes idF vom 25. 2. 1977 (BGBl I 377)
AVRJM	Allgemeine Verfügung Reichsminister der Justiz
AWD	s RiW/AWD
AWG	Außenwirtschaftsgesetz vom 28. 4. 1961 (BGBl I 481, BGBl III 7 Nr 7400–1)
AWVO	Außenwirtschaftsverordnung idF vom 31. 8. 1973 (BGBl I 1069, BGBl III 7 Nr 7400–1–1)
Az	Aktenzeichen
AZO	s ArbZO

B

BABl	Bundesarbeitsblatt
badLR	badisches Landrecht
BadRPrax (BadRpr)	Badische Rechtspraxis (zitiert nach Jahr und Seite)
BÄO	Bundesärzteordnung idF vom 14. 10. 1977 (BGBl I 1885)
BAFöG	Bundesgesetz über individuelle Förderung der Ausbildung (Bundesausbildungsförderungsgesetz) idF vom 9. 4. 1976 (BGBl I 989)
BAG	Bundesarbeitsgericht
BAGE	Entscheidungen des Bundesarbeitsgerichts (1.1954 ff; zitiert nach Band und Seite)
Bank	Die Bank. Zeitschrift für Bankpolitik und Bankpraxis (1.1908–36.1943; dann BankWi; zitiert nach Jahr und Seite)
BankArch	Bankarchiv. Zeitschrift für Bank- und Börsenwesen (1.1901/02–43.1943, dann BankWi; zitiert nach Jahr und Seite)
BankWi	Bankwirtschaft (1943–1945; NF von BankArch und Die Bank; zitiert nach Jahr und Seite)
Bankwiss	Bankwissenschaft. Zeitschrift für das Bankwesen (1.1924–10.1933; zitiert nach Jahr und Seite)
BAnz	Bundesanzeiger
BaslerJurMitt	Basler juristische Mitteilungen (zitiert nach Jahr und Seite)
BAT	Bundesangestellten-Tarifvertrag vom 23. 2. 1961
BauFdgG	Gesetz zur Sicherung der Bauforderungen vom 1. 6. 1909 (RGBl 449, BGBl III 2 Nr 213–2)
BauNVO	Verordnung über die bauliche Nutzung der Grundstücke (Baunutzungsverordnung) idF vom 15. 9. 1977 (BGBl I 1763)
BauR	Zeitschrift für das gesamte öffentliche und zivile Baurecht (1.1970 ff; zitiert nach Jahr und Seite)
BauspG	Gesetz über Bausparkassen vom 16. 11. 1972 (BGBl I 2097)
BAV	Bundesaufsichtsamt für das Versicherungswesen
BaWü	Baden-Württemberg
Bay, bay	Bayern, bayerisch

BayBS	Bereinigte Sammlung des bayerischen Landesrechts 1802–1956 (zitiert nach Band und Seite)
BayBSVJu	Bereinigte Sammlung der Bayerischen Justizverwaltungsvorschriften. 1863–30. 6. 1957, 7 Bde, hrsg vom Bayerischen Staatsministerium der Justiz gem Bek vom 18. 7. 1957 (BayJMBl 395) und vom 13. 8. 1958 (BayJMBl 127) (zitiert nach Band und Seite)
BayFischereiG	Fischereigesetz für das Königreich Bayern vom 15. 8. 1908 (BayGVBl 527, BayBS IV 453)
BayGemVZ	Bayerische Gemeinde- und Verwaltungszeitung (30.1920–51.1941; davor und ab 1.1950 ff BayGemZ; zitiert nach Jahr und Spalte)
BayGemZ	Bayerische Gemeindezeitung (1.1891– 29.1919, dann BayGemVZ; NF 1.1950 ff; zitiert nach Jahr und Spalte)
BayNachlO	Bekanntmachung über das Nachlaßwesen (Nachlaßordnung) vom 20. 3. 1903 (BayBSVJu III 166)
BayNotZ	Mitteilungen des Bayerischen Notarvereins (Bayerische Notarzeitschrift, zitiert nach Jahr und Seite)
BayObLG	Bayerisches Oberstes Landesgericht
BayObLGSt	Sammlung von Entscheidungen des Bayerischen Obersten Landesgerichts in Strafsachen (bis 10.1899/1901: des obersten Gerichtshofes für Bayern in Gegenständen des Strafrechts und Strafprozesses; 1.1872 ff; NF 1.1901 - 24.1934; NF 1.1950/51 ff:) Entscheidungen des Bayerischen Obersten Landesgerichts in Strafsachen (zitiert nach Band und Seite, ab 1950/51 nach Jahr und Seite)
BayObLGZ	Sammlung von Entscheidungen des Bayerischen Obersten Landesgerichts in (C) Zivilsachen (bis 17.1900: des obersten Gerichtshofes für Bayern in Gegenständen des Civilrechts und Civilprozesses; 1.1872 ff; NF 1.1901 - 34.1934/35; NF 1.1948/50 ff:) Entscheidungen des Bayerischen Obersten Landesgerichts in Zivilsachen (zitiert nach Band und Seite, ab 1948/50 nach Jahr und Seite)
BayRpflZ	Zeitschrift für Rechtspflege in Bayern (1.1905 - 30.1934; zitiert nach Jahr und Seite)
BayStrWG	Bayerisches Straßen- und Wegegesetz idF vom 25. 4. 1968 (GVBl 64)
BayUG	Gesetz, Übergangsvorschriften zum Bürgerlichen Gesetzbuch betreffend, vom 9. 6. 1899 (BayBS III 101)
BayVBl	Bayerische Verwaltungsblätter (zitiert nach Jahr und Seite)
BayVerf	Verfassung des Freistaates Bayern vom 2. 12. 1946 (BayBS I 3)
BayVGH	Bayerischer Verwaltungsgerichtshof
BayVGHE	Sammlung von Entscheidungen des Bayerischen Verwaltungsgerichtshofs (1.1880–63. 1943/44; ab NF 1.1947/48 ff:) mit Entscheidungen des Bayerischen Verfassungsgerichtshofs (ab 4.1951 ferner:), des Bayerischen Dienststrafhofes und des Bayerischen Gerichtshofes für Kompetenzkonflikte (zitiert nach Band und Seite)
BayWG	Bayerisches Wassergesetz idF vom 7. 3. 1975 (BayGVBl 39)
BayZ	Zeitschrift für Rechtspflege in Bayern (zitiert nach Jahr und Seite)
BB	Betriebs-Berater (1. 1946 ff; zitiert nach Jahr und Seite)
BBankG	Gesetz über die Deutsche Bundesbank vom 26. 7. 1957 (BGBl I 745)
BBauBl	Bundesbaublatt (zitiert nach Jahr und Seite)
BBauG	Bundesbaugesetz idF vom 18. 8. 1976 (BGBl I 2256)
BBesG	Bundesbesoldungsgesetz idF vom 9. 10. 1979 (BGBl I 1673)
BBG	Bundesbeamtengesetz idF vom 3. 1. 1977 (BGBl I 1, 795)

BBl	Bundesblatt der Schweizerischen Eidgenossenschaft
BBM	Beförderungsbedingungen für den Möbelverkehr bzw Möbelfernverkehr
Bd	Band
BdL	Bank deutscher Länder
BDO	Bundesdisziplinarordnung idF vom 20. 7. 1967 (BGBl I 751)
BDSG	Gesetz zum Schutz vor Mißbrauch personenbezogener Daten bei der Datenverarbeitung (Bundesdatenschutzgesetz) vom 27. 1. 1977 (BGBl I 201)
BeamtVG	Gesetz über die Versorgung der Beamten und Richter in Bund und Ländern (Beamtenversorgungsgesetz) vom 24. 8. 1976 (BGBl I 2485)
Bearb	Bearbeitung
bearb	bearbeitet
BEG	Bundesgesetz zur Entschädigung für Opfer der nationalsozialistischen Verfolgung (Bundesentschädigungsgesetz) vom 29. 6. 1956 (BGBl I 559, 562, BGBl III 2 Nr 251–1)
Begr	Begründung
begr	begründet
BEG-SchlußG	Zweites Gesetz zur Änderung des Bundesentschädigungsgesetzes (BEG-Schlußgesetz) vom 14. 9. 1965 (BGBl I 1315)
Beibl	Beiblatt
Beil	Beilage
Bek	Bekanntmachung
Bekl	Beklagte(r)
Bem	Bemerkungen
Bens(h)Samml	Entscheidungen des Reichsarbeitsgerichts und der Landesarbeitsgerichte, verlegt bei Bensheimer (1.1928–18.1933, dann fortgeführt als ARS; zitiert nach Band und Nr oder Seite)
Ber	Bericht, Berichtigung
ber	bereinigt, berichtigt
BerBG	Berufsbildungsgesetz vom 14. 8. 1969 (BGBl I 1112)
BergG	(Allgemeines) Berggesetz (mit Kürzel des jeweiligen Staates): Baden, idF vom 17. 4. 1925 (GVBl 103); Bayern, idF vom 10. 1. 1967 (GVBl 185); Hessen, idF vom 10. 11. 1969 (GVBl I 223; BS 53–14); Niedersachsen, idF vom 10. 3. 1978 (GVBl 253, 256); Preußen, s. AllgBergG; Rheinland-Pfalz, idF vom 12. 2. 1974 (GVBl 113); Württemberg, vom 7. 10. 1874 (RegBl 265)
BerlinFG	Gesetz zur Förderung der Berliner Wirtschaft (Berlinförderungsgesetz) idF vom 22. 12. 1978 (BGBl 1979 I 1)
BesSchG	Gesetz über die Abgeltung von Besatzungsschäden vom 1. 12. 1955 (BGBl I 734, BGBl III 6 Nr 624–1)
BetäubungsmittelG	Gesetz über den Verkehr mit Betäubungsmitteln (Betäubungsmittelgesetz) idF vom 10. 1. 1972 (BGBl I 1)
betr	betreffend
BetrAVG	Gesetz zur Verbesserung der betrieblichen Altersversorgung vom 19. 12. 1974 (BGBl I 3610)
Betrieb	Der Betrieb (1.1948 ff; zitiert nach Jahr und Seite)
BetrVerf	Die Betriebsverfassung (1./2. 1954/1955; zitiert nach Jahr und Seite)
BetrVG (BetrVerfG)	Betriebsverfassungsgesetz vom 15. 1. 1972 (BGBl I 13)
BeurkG	Beurkundungsgesetz vom 28. 8. 1969 (BGBl I 1513)
BewG	Bewertungsgesetz idF vom 26. 9. 1974 (BGBl I 2369)
BezG	Bezirksgericht (zitiert mit jeweiligem Ortsnamen)
BFG	Gesetz über die Beweissicherung und Feststellung von Vermögensschäden in der sowjetischen Besatzungszone Deutschlands und im Sowjetsektor von Berlin (Beweissicherungs- und Feststellungsgesetz) vom 1. 10. 1969 (BGBl I 1897)

BFH	Bundesfinanzhof
BFHE	Sammlung der Entscheidungen und Gutachten des Bundesfinanzhofs (55.1952 ff; davor RFHE; zitiert nach Band und Seite)
BFStrG	Bundesfernstraßengesetz idF vom 1. 10. 1974 (BGBl I 2413)
BG	(Schweizerisches) Bundesgericht
BGB	Bürgerliches Gesetzbuch vom 18. 8. 1896 (RGBl 195, BGBl III Nr 400–2)
BGBl	Bundesgesetzblatt des Norddeutschen Bundes (1.1867–4.1870; dann RGBl; zitiert nach [Jahr und] Seite)
BGBl	Bundesgesetzblatt (1949/1950; zitiert nach [Jahr und] Seite)
BGBl I; II	Bundesgesetzblatt Teil I; II (1951 ff; zitiert nach [Jahr,] Teil und Seite)
BGBl III	Bundesgesetzblatt Teil III; Sammlung des Bundesrechts (zitiert nach Teil und Gliederungsnummer)
BGE	Sammlung der Entscheidungen des schweizerischen Bundesgerichts (1.1876 ff; zitiert nach Jahrgang, Teil und Seite)
BGesBl	Bundesgesundheitsblatt
BGH	Bundesgerichtshof
BGHSt	Entscheidungen des Bundesgerichtshofes in Strafsachen (1.1951 ff; zitiert nach Band und Seite)
BGH WarnR	Warneyer. Rechtsprechung des Bundesgerichtshofs in Zivilsachen, enthaltend mit Leitsätzen versehene Entscheidungen, soweit sie nicht in der allgemeinen Sammlung abgedruckt sind, ohne Entschädigungsrecht, Landwirtschaftsrecht, Gewerblichen Rechtsschutz (1959/60 ff; zitiert nach Jahr und Nr)
BGHZ	Entscheidungen des Bundesgerichtshofes in Zivilsachen (1.1951 ff; zitiert nach Band und Seite)
BGSG	Gesetz über den Bundesgrenzschutz (Bundesgrenzschutzgesetz) vom 18. 8. 1972 (BGBl I 1834)
BImSchG	Bundesimmissionsschutzgesetz vom 15. 3. 1974 (BGBl I 721, 1193)
BinnSchg	Gesetz betreffend die privatrechtlichen Verhältnisse der Binnenschiffahrt (Binnenschiffahrtsgesetz) vom 15. 6. 1895 (RGBl 301) idF vom 15. 6. 1898 (RGBl 868, BGBl III 4 Nr 4103–1)
BJagdG	Bundesjagdgesetz idF vom 29. 9. 1976 (BGBl I 2849)
BKartA	Bundeskartellamt
BKGG	Bundeskindergeldgesetz idF vom 31. 1. 1975 (BGBl I 412)
Bl	Blatt, Blätter
BlAdmPrax	Blätter für administrative Praxis (zitiert nach Band und Seite)
BlfGenW	Blätter für Genossenschaftswesen (zitiert nach Jahr und Seite)
BlfPMZ	Blatt für Patent-, Muster- und Zeichenwesen (zitiert nach Jahr und Seite)
BlfStR	Blätter für Steuerrecht, Sozialversicherung und Arbeitsrecht (NF 1.1946 ff; zitiert nach Jahr und Seite)
BLG	Bundesleistungsgesetz idF vom 27. 9. 1961 (BGBl I 1769, BGBl III 5 Nr 54–1)
BlGBW	Blätter für Grundstücks-, Bau- und Wohnungsrecht (zitiert nach Jahr und Seite)
BlgNR	Beilagen zu den stenographischen Protokollen des Nationalrates (Österreich)
BlIPR	Blätter für internationales Privatrecht (Beilage zur Leipziger Zeitschrift; zitiert nach Band oder Jahr und Seite)
Bln	Berlin
BLR	Bayerisches Landrecht
BlZürchRspr	Blätter für Zürcherische Rechtsprechung (zitiert nach Band, Jahr und Seite)

BM	Bundesminister, Bundesministerium (mit Kürzel für das jeweilige Ressort)
BMietG (jeweils mit entsprechender Ordnungsziffer)	Gesetz über Maßnahmen auf dem Gebiete des Mietpreisrechtes (Bundesmietengesetz): BMietG I vom 27. 7. 1955 (BGBl I 458, BGBl III 4 Nr 402–19); BMietG II vom 23. 6. 1960 (BGBl I 389, BGBl III 4 Nr 402–24); BMietG III vom 24. 8. 1965 (BGBl I 969, 971); BMietG IV vom 11. 12. 1967 (BGBl I 1251); BMietG V vom 20. 12. 1968 (BGBl I 1411); BMietG VI vom 19. 12. 1969 (BGBl I 2358); BMietG VII vom 18. 6. 1970 (BGBl I 786); BMietG VIII vom 30. 10. 1972 (BGBl I 2052); BMietG IX vom 30. 10. 1972 (BGBl I 2054); BMietG X vom 17. 11. 1975 (BGBl I 2868); BMietG XI vom 24. 7. 1979 (BGBl I 1202)
BMT-G II	Bundesmanteltarifvertrag für Arbeiter gemeindlicher Verwaltungen und Betriebe vom 31. 1. 1962
BNatSchG	Gesetz über Naturschutz und Landschaftspflege (Bundesnaturschutzgesetz) vom 20. 12. 1976 (BGBl I 3574; 1977 I 650)
BNotO	Bundesnotarordnung vom 24. 2. 1961 (BGBl I 98, BGBl III 3 Nr 303–1)
BörsG	Börsengesetz vom 27. 5. 1908 (RGBl 215)
BOKraft	Verordnung über den Betrieb von Kraftfahrunternehmen im Personenverkehr vom 21. 6. 1975 (BGBl I 1573)
Bolze	Die Praxis des Reichsgerichts in Zivilsachen, bearbeitet von Bolze (zitiert nach Band und Nr)
BPatG	Bundespatentgericht
BPatGE	Entscheidungen des Bundespatentgerichts (1.1962 ff; zitiert nach Band und Seite)
BPersVertrG	Bundespersonalvertretungsgesetz vom 15. 3. 1974 (BGBl I 693)
BPolG	Bundespolizeibeamtengesetz idF vom 3. 6. 1976 (BGBl I 1357)
BR	Bundesrat
BRAGO	Bundesgebührenordnung für Rechtsanwälte vom 26. 7 .1957 (BGBl I 907, BGBl III 3 Nr 368–1)
BRAO	Bundesrechtsanwaltsordnung vom 1. 8. 1959 (BGBl I 565, BGBl III 3 Nr 308–8)
BraunschwZ	Zeitschrift für Rechtspflege im Herzogt(h)ume Braunschweig; ab 1919: Braunschweigische Zeitung für Rechtspflege (zitiert nach Jahr und Seite)
BRD	Bundesrepublik Deutschland
BR-Drucks	Bundesrats-Drucksache (zitiert nach Nr und Jahr)
BReg	Bundesregierung
Brem, brem	Bremen, bremisch
BRG	Betriebsrätesgesetz vom 4. 2. 1920 (RGBl 147)
BRRG	Beamtenrechtsrahmengesetz idF vom 3. 1. 1977 (BGBl I 21)
BRTV	Bundesrahmentarifvertrag
BRüG	Bundesgesetz zur Regelung der rückerstattungsrechtlichen Geldverbindlichkeiten des Deutschen Reichs und gleichgestellter Rechtsträger (Bundesrückerstattungsgesetz) vom 19. 7. 1957 (BGBl I 734, BGBl III 2 Nr 250–1)
BrZ	Britische Besatzungszone
BS	Bereinigte Sammlung (zitiert in Verbindung mit einem Bundesland)
BSeuchG	Gesetz zur Verhütung und Bekämpfung übertragbarer Krankheiten beim Menschen (Bundes-Seuchengesetz) idF vom 18. 12. 1979 (BGBl I 2262)
BSG	Bundessozialgericht

BSGE	Entscheidungen des Bundessozialgerichtes (1.1955 ff; zitiert nach Band und Seite)
BSHG	Bundessozialhilfegesetz idF vom 13. 2. 1976 (BGBl I 289)
BStBl I; II; III	Bundessteuerblatt Teil I; II; III (1. 1951 ff; zitiert nach [Jahr,] Teil und Seite)
BT	Besonderer Teil; Bundestag
BT-Drucks	Bundestags-Drucksache (zitiert nach Wahlperiode und Nr)
Büro	Das Büro (1.1950–6.1955, dann JurBüro; zitiert nach Jahr und Seite)
BUrlG	Mindesturlaubsgesetz für Arbeitnehmer (Bundesurlaubsgesetz) vom 8. 1. 1963 (BGBl I 2)
BuschsArch	Archiv für Theorie und Praxis des Allgemeinen deutschen Handelsrechts (ab Bd 26: Handels- und Wechselrechts), hrsg. von BUSCH (1.1862–48.1888; zitiert nach Band und Seite)
BUV	Betriebs- und Unternehmensverfassung (1971 ff; zitiert nach Jahr und Seite)
II.BV	Verordnung über wohnungswirtschaftliche Berechnungen (Zweite Berechnungsverordnung) idF vom 18. 7. 1979 (BGBl I 1077)
BVerfG	Bundesverfassungsgericht
BVerfGE	Entscheidungen des Bundesverfassungsgerichts (1.1952 ff; zitiert nach Band und Seite)
BVerfGG	Gesetz über das Bundesverfassungsgericht idF vom 3. 2. 1971 (BGBl I 105)
BVersG	Gesetz über die Versorgung der Opfer des Krieges (Bundesversorgungsgesetz) idF vom 22. 6. 1976 (BGBl I 1633)
BVerwG	Bundesverwaltungsgericht
BVerwGE	Entscheidungen des Bundesverwaltungsgerichts (1.1954 ff; zitiert nach Band und Seite)
BVFG	Gesetz über die Angelegenheiten der Vertriebenen und Flüchtlinge (Bundesvertriebenengesetz) idF vom 3. 9. 1971 (BGBl I 1565)
II. BVO	s II. BV
BW	Baden-Württemberg; auch Burgerlijk Wetboek vom 10. 4. 1838 (Niederlande)
BWahlG	Bundeswahlgesetz idF vom 1. 9. 1975 (BGBl I 2325) und idF vom 20. 7. 1979 (BGBl I 1152)
BWaldG	Gesetz zur Erhaltung des Waldes und zur Förderung der Forstwirtschaft (Bundeswaldgesetz) vom 2. 5. 1975 (BGBl I 1037)
BWGöD	Gesetz zur Regelung der Wiedergutmachung nationalsozialistischen Unrechts für Angehörige des öffentlichen Dienstes idF vom 15. 12. 1965 (BGBl I 2073)
BWNotZ	Zeitschrift für das Notariat in Baden-Württemberg (21.1955 ff; davor WürttNotV; zitiert nach Jahr und Seite)
BWVerwPrax	Die Verwaltungspraxis (1.1927–11.1937; ab 6.1932 mit dem Untertitel: Fachzeitschrift für die Württembergische Verwaltung; zitiert nach Jahr und Nr der Abteilung oder Seite)
BZBl	Bundeszollblatt
bzw	beziehungsweise

C

C	Codex
c	canon (kanonisches Recht)
ca	circa
Can Bar Rev	Canadian Bar Review (zitiert nach Band, Jahr und Seite)
Cass	Cour de cassation
cc	code civil, Codice civile, Codigo civil
cic	culpa in contrahendo

CJWB	Columbia Journal of World Business
CIEC	Commission Internationale de l'Etat Civil
CLJ	Cambridge Law Journal (zitiert nach Jahr und Seite)
Clunet	Journal du droit international, begründet von CLUNET (zitiert nach Band, Jahr und Seite)
D	
D	Deutsch(e, er); Digesten; Recueil Dalloz (zitiert nach Jahr, Teil und Seite)
DA	Allgemeine Verwaltungsvorschrift zum Personenstandsgesetz (Dienstanweisung für die Standesbeamten und ihre Aufsichtsbehörden vom 16. 4. 1968; Beilage zum Bundesanzeiger Nr 85)
DAngVers	Die Angestelltenversicherung. Zeitschrift (bis 1955: Mitteilungen) der Bundesversicherungsanstalt für Angestellte (1.1954 ff; zitiert nach Jahr und Seite)
DAR	Deutsches Autorecht (seit 1956 vereinigt mit »Das Rechts des Kraftfahrers«; zitiert nach Jahr und Seite)
DArbR	Deutsches Arbeitsrecht (zitiert nach Jahr und Seite)
DAVorm	Der Amtsvormund (zitiert nach Jahr und Seite)
DAWR	Deutsche Außenwirtschaftsrundschau (zitiert nach Jahr und Seite)
DBB	Deutsche Bundesbank
DDR	Deutsche Demokratische Republik
DEMV	Deutscher Einheitsmietvertrag in der Bekanntmachung vom 7. 3. 1934 (DJ 1934, 304)
Denkschr	Denkschrift; auch Denkschrift zum Entwurf eines Bürgerlichen Gesetzbuchs nebst Anlagen I bis III (stenographische Berichte über die Verhandlungen des Reichstages, 9. Legislaturperiode – IV. Session 1895/97, Erster Anlagenband, RT-Drucks zu Nr 87; zitiert nach Seite)
DepotG	Gesetz über die Verwahrung und Anschaffung von Wertpapieren (Depotgesetz) vom 4. 2. 1937 (RGBl I 171)
ders	derselbe
DevG	Gesetz über die Devisenbewirtschaftung vom 12. 12. 1938 (RGBl I 1733)
DevRdsch	Deutsche Devisenrundschau (zitiert nach Jahr und Seite)
DFG	Deutsche Freiwillige Gerichtsbarkeit (zitiert nach Jahr und Seite)
dgl	desgleichen; dergleichen
DGO	Deutsche Gemeindeordnung vom 30. 1. 1935 (RGBl I 49)
DGVZ	Deutsche Gerichtsvollzieher-Zeitung (zitiert nach Jahr und Seite)
DGWR	Deutsches Gemein- und Wirtschaftsrecht (zitiert nach Jahr und Seite)
dh	das heißt
Die AG	Die Aktiengesellschaft. Zeitschrift für das gesamte Aktienwesen (zitiert nach Jahr und Seite)
dies	dieselbe(n)
d.i.p.	droit international privé
D.I.P.	Droit international privé; Diritto Internazionale Privato
Dir Int	Diritto Internazionale (zitiert nach Band, Jahr, Teil und Seite)
disp prel	disposizioni preliminari
Diss	Dissertation
DivAbgVO	Verordnung zur Begrenzung von Gewinnausschüttungen (Dividendenabgabeverordnung) vom 12. 6. 1941 (RGBl I 323)
DJ	Deutsche Justiz (zitiert nach Jahr und Seite)
DJT	Deutscher Juristentag
DJZ	Deutsche Juristenzeitung (zitiert nach Jahr und Spalte)

DLR	Dominion Law Reports (zitiert nach Jahr, Teilband und Seite)
DNotZ (DNotV)	Deutsche Notarzeitschrift (früher Zeitschrift des Deutschen Notarvereins; zitiert nach Band und Seite)
Doc VII, VIII	Conférence de La Haye de droit international privé, Documents relatifs à la Septième Session, tenue du 9 au 31 octobre 1951 (1952); Documents relatifs à la Huitième Session, 3 au 24 octobre 1956 (1957)
DÖD	Der Öffentliche Dienst (zitiert nach Jahr und Seite)
DÖffVers	Deutsche öffentlichrechtliche Versicherung (bis 1934: Die öffentlichrechtliche Versicherung; 61.1929–74.1943; vorher VersuGeldw; zitiert nach Jahr und Seite)
DÖV	Die Öffentliche Verwaltung (zitiert nach Jahr und Seite)
DOK	Die Ortskrankenkasse (21.1934–30.1943; 31.1949 ff; vorher: Die deutsche Ortskrankenkasse; zitiert nach Jahr und Seite)
DONot	Dienstordnung für Notare vom 6. 3. 1961 (BayJMBl 35)
DPA	Deutsches Patentamt
DPR	Deutsches Privatrecht
DR	Deutsches Recht (1.1931–15.1945; ab 9.1939 Ausgabe A: Wochenausgabe, vereinigt mit Juristischer Wochenschrift; Ausgabe B s DRM; zitiert nach Jahr und Seite)
DRiG	Deutsches Richtergesetz idF vom 19. 4. 1972 (BGBl I 713)
DRiZ	Deutsche Richterzeitung (1.1909–27.1935, 28.1950 ff, dazwischen DRpfl; ab 17.1925–27.1935 u 29.1951–43.1965) mit: Rechtsprechung (ab 37. 1959:) und Schrifttum. Beilage zur Deutschen Richterzeitung (zitiert nach Jahr und Seite des Aufsatzes bzw Nr der Entscheidung)
DRM	Deutsches Recht. Ausgabe B: Monatsausgabe (9.1939–12.1942; vereinigt mit DRpfl; zitiert nach Jahr und Seite bzw Nr der Entscheidung)
DRP	Deutsches Reichspatent
DRpfl	Deutsche Rechtspflege (1.1936–4.1939; vorher DRiZ, dann DRM; zitiert nach Jahr und Seite, Rechtsprechungsbeilage nach Jahr und Nr)
DRpflZ	Deutsche Rechtspflegerzeitschrift (zitiert nach Jahr und Seite)
DRspr	Deutsche Rechtsprechung. Entscheidungssammlung und Aufsatzhinweise (zitiert nach Leitzahl und Blatt)
Drucks	Drucksache
DRW	s DR
DRWiss	Deutsche Rechtswissenschaft (zitiert nach Jahr und Seite)
DRZ	Deutsche Rechts-Zeitschrift (1.1946–5.1950; dann JZ; zitiert nach Jahr und Seite)
DStR	Deutsches Steuerrecht (zitiert nach Jahr und Seite)
DStZ (A, B)	Deutsche Steuerzeitung (seit 1948 geteilt in Ausgabe A und B; zitiert nach Ausgabe, Jahr und Seite)
dt	deutsch (e, er)
DüngemittelG	Gesetz zur Sicherung der Düngemittel- und Saatgutversorgung (Düngemittelgesetz) vom 19. 1. 1949 (WiGBl 8)
DuR	Demokratie und Recht (zitiert nach Jahr und Seite)
DV	Deutsche Verwaltung (bis 1950; zitiert nach Jahr und Seite)
DVBl	Deutsches Verwaltungsblatt (seit 1950; zitiert nach Jahr und Seite)
DVerkStRdsch	Deutsche Verkehrsteuerrundschau (zitiert nach Jahr und Seite)
DVO	Durchführungsverordnung (zum jeweiligen Regelungskomplex, abgekürzt zitiert)
DVO-PolZG	Verordnung zur Durchführung des Polizeizuständigkeitsgesetzes vom 7. 10. 1958 (Berlin; GVBl 969)
DVZ	Deutsche Versicherungszeitschrift (zitiert nach Jahr und Seite)
DWK	Deutsche Wirtschaftskommission (DDR)

DWohnA	Deutsches Wohnungsarchiv (zitiert nach Jahr und Seite)
DWW (DWohnW)	Deutsche Wohnungswirtschaft, Organ des Zentralverbandes der Deutschen Haus-, Wohnungs- und Grundeigentümer (zitiert nach Jahr und Seite)
DzU	Dziennik Ustaw Polskiej Rzeczypospolite Ludowej (Gesetzblatt der Polnischen Volksrepublik)

E

E	Entwurf
E I; II; III	Entwürfe zum BGB (zitiert mit dem jeweiligen Paragraphen)
EBBO	Eisenbahnbau- und Betriebsordnung vom 17. 7. 1928 (RGBl II 541, BGBl III 9 Nr 933–2)
EBE	Eildienst bundesgerichtlicher Entscheidungen (zitiert nach Jahr und Seite)
éd	édition
EFG	Entscheidungen der Finanzgerichte (1.1953 ff; zitiert nach Jahr und Seite)
EG	Einführungsgesetz (zu einem unter seiner Abkürzung anschließend zitierten Gesetz) zB EGBGB; auch Europäische Gemeinschaft
EGBGB	Einführungsgesetz zum Bürgerlichen Gesetzbuch vom 18. 8. 1896 (RGBl 604, BGBl III 4 Nr 400–1)
EGFGB	Einführungsgesetz zum Familiengesetzbuch (der DDR) vom 20. 12. 1965 (GBl 1966 I 19)
EGH	Ehrengerichtshof
EGHE	Entscheidungen der Ehrengerichtshöfe der Rechtsanwaltschaft des Bundesgebietes einschl des Landes Berlin (1.1957–5.1959; zitiert nach Band und Seite)
EGHE (nF)	Ehrengerichtliche Entscheidungen, Auswahl aus den Entscheidungen des Bundesgerichtshofes (Senat für Anwaltssachen) und der Ehrengerichtshöfe der Rechtsanwaltschaft des Bundesgebietes, neue Folge (1967 ff; zitiert nach Band und Seite)
EGKS	Europäische Gemeinschaft für Kohle und Stahl (Montanunion)
EGZPO	Gesetz, betreffend die Einführung der Zivilprozeßordnung vom 30. 1. 1877 (RGBl 244)
EGZVG	Einführungsgesetz zu dem Gesetz über die Zwangsversteigerung und die Zwangsverwaltung vom 24. 3. 1897 (RGBl 135)
EheG	Ehegesetz vom 20. 2. 1946 (KRABl 77, BGBl III 4 Nr 404–1)
EhemißbrG	Gesetz gegen Mißbräuche bei der Eheschließung und der Annahme an Kindes Statt vom 23. 11. 1933 (RGBl I 1979); aufgehoben durch Art 9 Abs 1 Nr 1 Familienrechtsänderungsgesetz vom 11. 8. 1961 (BGBl I 1221)
EheNÄndG	Gesetz über die Änderung des Ehenamens (Ehenamensänderungsgesetz) vom 27. 3. 1979 (BGBl I 401); s NamÄndG
1. EheRG	Erstes Gesetz zur Reform des Ehe- und Familienrechts vom 14. 6. 1976 (BGBl I 1421)
EHFVO	Verordnung zur Fortbildung des Erbhofrechts (Erbhoffortbildungsverordnung) vom 30. 9. 1943 (RGBl I 549)
EhrenbergsHdb	Handbuch des gesamten Handelsrechts mit Einschluß des Wechsel-, Scheck-, See- und Binnenschiffahrtsrechts, des Versicherungsrechts sowie des Post- und Telegraphenrechts, hrsg. von EHRENBERG, 8 Bde (1913–1928)
EHRVO	Erbhofrechtsverordnung vom 21. 12. 1936 (RGBl I 1069)
EHVfO	Erbhofverfahrensordnung vom 21. 12. 1936 (RGBl I 1082)
EichG	Gesetz über das Meß- und Eichwesen vom 11. 7. 1969 (BGBl I 759)
EignÜbgG	Gesetz über den Einfluß von Eignungsübungen der Streitkräfte auf Vertragsverhältnisse der Arbeitnehmer und Handelsver-

	treter sowie auf Beamtenverhältnisse (Eignungsübungsgesetz) vom 20. 1. 1956 (BGBl I 13, BGBl III 5 Nr 53–5)
Einf	Einführung
Einl	Einleitung
einschl	einschließlich
EisenbE	Eisenbahnrechtliche Entscheidungen und Abhandlungen; ab Bd 27 Eisenbahn- und verkehrsrechtliche Entscheidungen und Abhandlungen (zitiert nach Band und Seite)
EJF	Entscheidungen aus dem Jugend- und Familienrecht (zitiert nach Abschnitt und Nr)
EKAG	Einheitliches Gesetz über den Abschluß von internationalen Kaufverträgen über bewegliche Sachen vom 17. 7. 1973 (BGBl I 856)
EKG	Einheitliches Gesetz über den internationalen Kauf beweglicher Sachen vom 17. 7. 1973 (BGBl I 868)
ElektrWRB	Elektrizitätswirtschaft, Rechtsbeilage (zitiert nach Jahr, Nr, Seite)
ElsLothrZ	Juristische Zeitschrift für (das Reichsland) Elsaß-Lothringen (zitiert nach Jahr und Seite)
EMV	Einheitsmietvertrag für Baugeräte in der Bekanntmachung vom 6. 6. 1940 (RAnz Nr 132)
EMW	s Glaser
Entsch OG Luzern	Entscheidungen des Obergerichts des Kantons Luzern und seiner Kommissionen (zitiert nach Jahr und Seite)
entspr	entsprechend
Entw	Entwurf
EnWiG	Gesetz zur Förderung der Energiewirtschaft (Energiewirtschaftsgesetz) vom 13. 12. 1935 (RGBl I 1451)
ErbbVO (ErbbRVO)	Verordnung über das Erbbaurecht (Erbbaurechtsverordnung) vom 15. 1. 1919 (RGBl 72, BGBl III 4 Nr 403–6)
ErbhG	Erbhofgericht
ErbrA	Erbrechtsausschuß
ErbStG	Erbschaftsteuer- und Schenkungsteuergesetz vom 17. 4. 1974 (BGBl I 933)
Erg	Ergänzung
Erl	Erlaß; Erläuterungen
erw	erweitert(e, er)
ES	Entscheidungssammlung
ESJ	Entscheidungssammlung für junge Juristen
Esser-Schmidt I 1, I 2	Schuldrecht, Band I, Allgemeiner Teil, Teilband 1: Entstehung, Inhalt und Beendigung von Schuldverhältnissen, Teilband 2: Vertragshaftung, Schadensersatz, Personenmehrheit im Schuldverhältnis. Lehrbuch begr von JOSEF ESSER, fortgeführt von EIKE SCHMIDT (5. Aufl 1975/1976)
Esser-Weyers II 1, II 2	Schuldrecht, Band II, Besonderer Teil, Teilband 1: Die Verträge, Teilband 2: Die gesetzlichen Schuldverhältnisse. Lehrbuch bergr von JOSEF ESSER, fortgeführt von HANS-LEO WEYERS (5. Aufl 1977/1979)
EStDV 1977	Einkommensteuer-Durchführungsverordnung 1977 idF vom 5. 12. 1977 (BGBl I 2443)
EStG	Einkommensteuergesetz: EStG 1977 idF vom 5. 12. 1977 (BGBl I 2365); EStG 1979 idF vom 21. 6. 1979 (BGBl I 721)
EStR 1978	Einkommensteuer-Richtlinien für das Kalenderjahr 1978 idF vom 22. 5. 1979 (BStBl I, Sondernummer 3)
EuGH	Gerichtshof der Europäischen Gemeinschaften
EuGHE	Sammlung der Rechtsprechung des Gerichtshofes der Europäischen Gemeinschaften (zitiert nach Band und Seite)
EuR	Europarecht (zitiert nach Jahr und Seite)
eV	eingetragener Verein

EvBl . . . . Evidenzblatt der Rechtsmittelentscheidungen, enthalten in ÖJZ (14.1946 ff; vorher: Evidenzblatt der Entscheidungen und des Schrifttums, 1.1934/35 ff; zitiert nach Jahr und Nr)

EVO . . . . Eisenbahnverkehrsordnung vom 8. 9. 1938 (RGBl II 663, BGBl III 9 Nr 934–1)

EVSt . . . . Einfuhr- und Vorratsstelle

evtl . . . . eventuell

EVU . . . . Energieversorgungsunternehmen

EWG . . . . Europäische Wirtschaftsgemeinschaft

EWGV . . . . Vertrag zur Gründung der Europäischen Wirtschaftsgemeinschaft vom 25. 3. 1957 (BGBl II 766)

EzA . . . . Entscheidungssammlung zum Arbeitsrecht (Loseblattsammlung), hrsg von Eugen Stahlhacke (zitiert nach Gesetz, Paragraph und Nr)

F

f, ff . . . . folgend(e)

FamGB . . . . Familiengesetzbuch (der Deutschen Demokratischen Republik) vom 20. 12. 1965 (GBl 1966 I 1)

FamNamÄndG . . . . Gesetz über die Änderung von Familiennamen und Vornamen vom 5. 1. 1938 (RGBl I 9, BGBl III 4 Nr 401–1); s auch EheNÄndG

FamRÄndG . . . . Gesetz zur Vereinheitlichung und Änderung familienrechtlicher Vorschriften (Familienrechtsänderungsgesetz) vom 11. 8. 1961 (BGBl I 1221, BGBl III 4 Nr 400–4); das aufgehobene Familienrechtsänderungsgesetz vom 12. 4. 1938 (RGBl I 380) ist jeweils besonders bezeichnet.

FamRZ . . . . Ehe und Familie im privaten und öffentlichen Recht, Zeitschrift für das gesame Familienrecht (zitiert nach Jahr und Seite)

fasc . . . . fascicule

FAZ . . . . Frankfurter Allgemeine Zeitung (zitiert nach Datum und Seite)

FernUSG . . . . Gesetz zum Schutz der Teilnehmer am Fernunterricht (Fernunterrichtsschutzgesetz) vom 24. 8. 1976 (BGBl I 2525)

FestkG . . . . Viertes Gesetz zur Neuordnung des Geldwesens (Festkontogesetz) in Kraft getreten am 4. 10. 1948 (WiGBl 1949 Beil 1, 15)

FeststellungsG . . . . Gesetz über die Feststellung von Vertreibungsschäden und Kriegssachschäden (Feststellungsgesetz) idF vom 1. 10. 1969 (BGBl I 1885)

FeuerbestG . . . . Gesetz über die Feuerbestattung vom 15. 5. 1934 (RGBl I 380)

FG . . . . Festgabe

FGG . . . . Gesetz über die Angelegenheiten der freiwilligen Gerichtsbarkeit vom 17. 5. 1898 (RGBl 189, BGBl III 3 Nr 315–1)

FGO . . . . Finanzgerichtsordnung vom 6. 10. 1965 (BGBl I 1477)

FidErlG . . . . Gesetz über das Erlöschen der Familienfideikommisse und sonstiger gebundener Vermögen vom 6. 7. 1938 (RGBl I 825, BGBl III 7 Nr 7811–2)

FinA . . . . Finanzamt

FinG . . . . Finanzgericht

FinVertr . . . . Finanzvertrag vom 26. 5. 1952/23. 10. 1954 (BGBl II 1954, 135; 1955, 381)

FischersZ . . . . Zeitschrift für Praxis und Gesetzgebung der Verwaltung, hrsg von Fischer (ab 1900: Fischers Zeitschrift . . .; ab 1924: Fischers Zeitschrift für Verwaltungsrecht; 1.1880–78.1941; zitiert nach Band oder Jahr und Seite)

FlHilfeG . . . . Flüchtlingshilfegesetz idF vom 15. 5. 1971 (BGBl I 681)

FluglärmG	Gesetz zum Schutz gegen Fluglärm vom 30. 3. 1971 (BGBl I 282)
FlurbG	Flurbereinigungsgesetz idF vom 16. 3. 1976 (BGBl I 546)
Fn	Fußnote
FO	Fernmeldeordnung idF vom 5. 5. 1971 (BGBl I 543)
FR	Finanz-Rundschau (1.1946 ff; zitiert nach Jahr und Seite)
FreihEntzG	Gesetz über das gerichtliche Verfahren bei Freiheitsentziehungen vom 29. 6. 1956 (BGBl I 599)
FS	Festschrift
FürsPflVO	Verordnung über die Fürsorgepflicht (Fürsorgepflichtverordnung) vom 13. 2. 1924 (RGBl I 100); aufgehoben durch § 153 Abs 2 Nr 2 Bundessozialhilfegesetz vom 30. 6. 1961 (BGBl I 815) seit dem 1. 6. 1962
FUSG	s FernUSG
FWW	Die freie Wohnungswirtschaft (zitiert nach Jahr und Seite)

G

G	Gesetz
GA	Goltdammers Archiv für Strafrecht (vor 1933 zitiert nach Band und Seite, ab 1945 nach Jahr und Seite)
GAL	Gesetz über eine Altershilfe für Landwirte idF vom14. 9. 1965 (BGBl I 1449)
GaststG	Gaststättengesetz vom 5. 5. 1970 (BGBl I 465)
GazPal	La Gazette du Palais (zitiert nach Jahr, Teil und Seite)
GBA	Grundbuchamt
GBBerG	Gesetz über die Bereinigung der Grundbücher vom 18. 7. 1930 (RGBl I 305)
GBl	Gesetzblatt
GBMaßnG	Gesetz über Maßnahmen auf dem Gebiet des Grundbuchwesens vom 20. 12. 1963 (BGBl I 986)
GBO	Grundbuchordnung idF vom 5. 8. 1935 (RGBl I 1073, BGBl III 3 Nr 315–11)
GBVfG	Allgemeine Verfügung über die Einrichtung und Führung des Grundbuches (Grundbuchverfügung) vom 8. 8. 1935 (RMBl 637)
GebO/GerVollz	Gebührenordnung für Gerichtsvollzieher vom 14. 12. 1922 (RGBl I 917)
GeboteVO	Verordnung über die Behandlung von Geboten in der Zwangsversteigerung vom 30. 6. 1941 (RGBl I 354, 370)
GebrMG	Gebrauchsmustergesetz idF vom 2. 1. 1968 (BGBl I 24, BGBl III 4 Nr 421–1)
Gedschr	Gedächtnisschrift; Gedenkschrift
GefahrgutG	Gesetz über die Beförderung gefährlicher Güter vom 6. 8. 1975 (BGBl I 2121)
gem	gemäß; gemeinsam
GemR	Gemeines Recht
GemWW	Gemeinnütziges Wohnungswesen (vor 1950 Gemeinnützige Wohnungswirtschaft; zitiert nach Jahr und Seite)
GenG	Gesetz betreffend die Erwerbs- und Wirtschaftsgenossenschaften idF vom 20. 5. 1898 (RGBl 810, BGBl III 4 Nr 4125–1)
GermanYbIntL	German Yearbook of International Law (zitiert nach Band, Jahr und Seite)
Ges	Gesetz
GeschmMG	Gesetz über das Urheberrecht an Mustern und Modellen (Geschmacksmustergesetz) vom 11. 1. 1876 (RGBl 11, BGBl III 4 Nr 442–1)
GesE	Gesetzentwurf
GesEinhG	Gesetz zur Wiederherstellung der Gesetzeseinheit auf dem

	Gebiete des bürgerlichen Rechts vom 5. 3. 1953 (BGBl I 33, BGBl III 4 Nr 400–1–2)
GewArch	Gewerbearchiv (zitiert nach Jahr und Seite)
GewGen	Die gewerbliche Genossenschaft (bis 1951; zitiert nach Jahr und Seite)
GewKfmG	(Das) Gewerbe- und Kaufmannsgericht (11.1905/06–31. 1925/26; dann: Das Arbeitsgericht; zitiert nach Jahr und Spalte)
GewO	Gewerbeordnung idF vom 1. 1. 1978 (BGBl I 97)
GewStG	Gewerbesteuergesetz idF vom 22. 9. 1978 (BGBl I 1557)
GG	Grundgesetz für die Bundesrepublik Deutschland vom 23. 5. 1949 (BGBl 1, BGBl III 1 Nr 100–1)
ggf	gegebenenfalls
GGVE	Verordnung über die Beförderung gefährlicher Güter mit der Eisenbahn (Gefahrgutverordnung Eisenbahn) vom 23. 8. 1979 (BGBl I 1502)
GGVS	Verordnung über die Beförderung gefährlicher Güter auf der Straße (Gefahrgutverordnung Straße) vom 23. 8. 1979 (BGBl I 1509)
Giur comp d.i.p.	Giurisprudenza comparata di diritto internazionale privato (zitiert nach Band, Jahr, Seite und Nr)
GK-BetrVerfG	Betriebsverfassungsgesetz, Gemeinschaftskommentar, (Loseblattausgabe) bearbeitet von FABRICIUS, KRAFT, THIELE und WIESE (1974 ff)
GKG	Gerichtskostengesetz idF vom 15. 12. 1975 (BGBl I 3047)
Glaser	Entscheidungssammlung für das gesamte Miet- und Wohnungsrecht, hrsg von HUGO GLASER (zitiert nach Sachgruppe und Seite)
GleichberG	Gesetz über die Gleichberechtigung von Mann und Frau auf dem Gebiet des bürgerlichen Rechts (Gleichberechtigungsgesetz) vom 18. 6. 1957 (BGBl I 609, BGBl III 4 Nr 400–3)
GlU (NF)	Sammlung von Civilrechtlichen Entscheidungen des k.k. obersten Gerichtshofes, hrsg von JULIUS GLASER, JOSEF UNGER u. a. (1.1865–34.1901, dann NF 1.1900–18.1919; zitiert nach Band und Seite oder Nr)
GmbH	Gesellschaft mit beschränkter Haftung
GmbHG	Gesetz betreffend die Gesellschaften mit beschränkter Haftung vom 20. 4. 1892 (RGBl 477, BGBl III 4 Nr 4123–1)
GmbH-Rdsch	GmbH-Rundschau mit Sonderfragen der GmbH & Co (zitiert nach Jahr und Seite)
GmBl	Gemeinsames Ministerialblatt des Auswärtigen Amtes, des Bundesministers des Innern, des Bundesministers für Ernährung, Landwirtschaft und Forsten, des Bundesministers für Jugend, Familie und Gesundheit, des Bundesministers für Raumordnung, Bauwesen und Städtebau, des Bundesministers für innerdeutsche Beziehungen, des Bundesministers für Forschung und Technologie, des Bundesministers für Bildung und Wissenschaft, des Bundesministers für wirtschaftliche Zusammenarbeit (1950 ff; wechselnde Ministerien; zitiert nach Jahr und Seite)
GmS-OBG	Gemeinsamer Senat der obersten Gerichte des Bundes
GO	Gemeindeordnung
GOA	Gebührenordnung für Architekten
GoA	Geschäftsführung ohne Auftrag
GOI	Vertragsbestimmung zur Gebührenordnung für Ingenieure
GoldschmidtsZ	Zeitschrift für das gesamte Handelsrecht, begründet von GOLDSCHMIDT (zitiert nach Band und Seite)
GrdstVG	Gesetz über Maßnahmen zur Verbesserung der Agrarstruktur und zur Sicherung land- und forstwirtschaftlicher Betriebe

	(Grundstücksverkehrsgesetz) vom 28. 7. 1961 (BGBl I 1091, BGBl III 7 Nr 7810–1)
GrdstW	Die Grundstückswarte (zitiert nach Jahr und Seite)
GrEStG	Grunderwerbsteuergesetz vom 29. 3. 1940 (RGBl I 585)
GRMG	Gesetz zur Regelung der Miet- und Pachtverhältnisse über Geschäftsräume und gewerblich genutzte unbebaute Grundstücke (Geschäftsraummietengesetz) vom 25. 6. 1952 (BGBl I 338, BGBl III 4 Nr 402–18)
GroßkommHGB	Handelsgesetzbuch. Großkommentar, begr von STAUB, weitergeführt von Mitgliedern des Reichsgerichts. 3. Aufl neubearbeitet von BRÜGGEMANN, FISCHER, RATZ, SCHILLING und WÜRDINGER, 5 Bde (1967 ff)
GrStG	Grundsteuergesetz idF vom 7. 8. 1973 (BGBl I 965)
Gruchot	Beiträge zur Erläuterung des Deutschen Rechts, begründet von GRUCHOT (zitiert nach Band und Seite)
GrünhutsZ	Zeitschrift für das private und öffentliche Recht der Gegenwart, begründet von GRÜNHUT (zitiert nach Band und Seite)
GrundE	Das Grundeigentum (zitiert nach Jahr und Seite)
GRUR	Gewerblicher Rechtsschutz und Urheberrecht (zitiert nach Jahr und Seite)
GRUR IntT	Gewerblicher Rechtsschutz und Urheberrecht, Internationaler Teil (zitiert nach Jahr und Seite)
GS	Großer Senat (kennzeichnet im Anschluß an das Kürzel für das Reichsgericht oder ein Bundesgericht seine Urheberschaft für die Entscheidung); auch Gesetzsammlung (mit Kürzel des jeweiligen Staates)
GüKG	Güterkraftverkehrsgesetz idF vom 6. 8. 1975 (BGBl I 2132, 2480)
GUG	Berlin. Gesetz über die Umstellung von Grundpfandrechten und über Aufbauschulden (Grundpfandrechtsumstellungsgesetz) vom 9. 1. 1951 (VOBl I 71)
GuR	Gesetz und Recht. Sammlung in Deutschland nach dem 8. Mai 1945 erlassener Rechtssätze mit Erläuterungen (zitiert nach Heft und Seite)
GVBl	Gesetz- und Verordnungsblatt (mit Kürzel des jeweiligen [Bundes-]Staates)
GVG	Gerichtsverfassungsgesetz idF vom 9. 5. 1975 (BGBl I 1077)
GVKostG	Gesetz über Kosten der Gerichtsvollzieher vom 26. 7. 1957 (BGBl I 887; 1959 I 155)
GVNW	Gesetz- und Verordnungsblatt für das Land Nordrhein-Westfalen (1.1947 ff; zitiert nach Jahr und Seite)
GVÜ	Europäisches Übereinkommen über die gerichtliche Zuständigkeit und die Vollstreckung gerichtlicher Entscheidungen in Zivil- und Handelssachen vom 27. 9. 1968 (BGBl 1972 II 774)
GWB	Gesetz gegen Wettbewerbsbeschränkungen idF vom 4. 4. 1974 (BGBl I 869)
H	
H	Heft
hA	herrschende Ansicht
HaagEheschlAbK	(Haager) Abkommen zur Regelung des Geltungsbereiches der Gesetze auf dem Gebiete der Eheschließung vom 12. 6. 1902 (RGBl 1904, 221)
HaagUnterhÜbK	(Haager) Unterhaltsübereinkommen vom 24. 10. 1956 (BGBl II 1961, 1013)
HaagVormAbk	(Haager) Abkommen zur Regelung der Vormundschaft über Minderjährige vom 12. 6. 1902 (RGBl 1904, 240)
HäftlingshilfeG	Gesetz über Hilfsmaßnahmen für Personen, die aus politischen

	Gründen außerhalb der Bundesrepublik Deutschland in Gewahrsam genommen wurden (Häftlingshilfegesetz) idF vom 29. 9. 1969 (BGBl I 1793)
HaftpflichtG	Haftpflichtgesetz idF vom 4. 1. 1978 (BGBl I 145)
HAG	Heimarbeitsgesetz vom 14. 3. 1951 (BGBl I 191)
HambJVBl	Hamburgisches Juristenverwaltungsblatt (zitiert nach Jahr und Seite)
HannRpfl	Hannoversche Rechtspflege (bis 1. 7. 1947, dann Niedersächsische Rechtspflege; zitiert nach Jahr und Seite)
HansGZ	Hanseatische Gerichtszeitung (1.1880–48.1927; dann HansRGZ; geteilt in Hauptblatt: Handelsrechtliche Fälle; Beiblatt: Zivilrechtliche Fälle; Arbeitsrecht; zitiert nach Jahr, H/B/A und Seite)
HansJVBl	Hanseatisches Justizverwaltungsblatt (zitiert nach Jahr und Seite)
HansOLG	Hanseatisches Oberlandesgericht
HansRGZ	Hanseatische Rechts- und Gerichts-Zeitschrift (11.1928–26.1943; vorher HansGZ und HansRZ; Abt A und B; zitiert nach Jahr, Abt und Spalte)
HansRZ	Hanseatische Rechts-Zeitschrift für Handel, Schiffahrt und Versicherung, Kolonial- und Auslandsbeziehungen sowie für hansestädtisches Recht (1.1917/18–10.1927; dann HansRGZ; zitiert nach Jahr und Spalte)
HarvLRev	Harvard Law Review (1.1887/88 ff; zitiert nach Band oder Jahr und Seite)
HaSta	Der Hamburger Standesbeamte (zitiert nach Jahr und Seite)
Hbg, hbg	Hamburg, hamburgisch
Hdb	Handbuch
HdwO	Gesetz zur Ordnung des Handwerks (Handwerksordnung) idF vom 28. 12. 1965 (BGBl 1966 I 1, BGBl III 7 Nr 7110–1)
HeilWerbG	Gesetz über die Werbung auf dem Gebiete des Heilwesens vom 11. 7. 1965 (BGBl I 604)
HeimarbÄndG	Gesetz zur Änderung des Heimarbeitsgesetzes und anderer arbeitsrechtlicher Vorschriften (Heimarbeitsänderungsgesetz) vom 29. 10. 1974 (BGBl I 2879)
HeimarbG	Heimarbeitsgesetz vom 14. 3. 1951 (BGBl I 191)
HeimatlAuslG	Gesetz über die Rechtsstellung heimatloser Ausländer im Bundesgebiet vom 25. 4. 1951 (BGBl I 269)
HeimG	Gesetz über Altenheime, Altenwohnheime und Pflegeheime für Volljährige (Heimgesetz) vom 7. 8. 1974 (BGBl I 1873)
HeimkG	Gesetz über Hilfsmaßnahmen für Heimkehrer (Heimkehrergesetz) vom 19. 6. 1950 (BGBl 221, BGBl III 8 Nr 84–1)
HeimsicherungsV	Verordnung über die Pflichten der Träger von Altenheimen, Altenwohnheimen und Pflegeheimen für Volljährige im Falle der Entgegennahme von Leistungen zum Zwecke der Unterbringung eines Bewohners oder Bewerbers vom 24. 4. 1978 (BGBl I 553)
Hess, hess	Hessen, hessisch
HessRspr	Hessische Rechtsprechung (zitiert nach Jahr und Seite)
HEZ	Höchstrichterliche Entscheidungen. Sammlung von Entscheidungen der Oberlandesgerichte und der obersten Gerichte in Zivilsachen (zitiert nach Band und Seite)
HFR	Höchstrichterliche Finanzrechtsprechung (1.1961 ff; zitiert nach Jahr und Seite)
HGA	Hypothekengewinnabgabe
HGB	Handelsgesetzbuch vom 10. 5. 1897 (RGBl 219, BGBl III 4 Nr 4100–1)
HGBR	Handbuch des Grundstücks- und Baurechts, hrsg von FISCHER, (Loseblattsammlung; 1948–1951)

HGO	Hessische Gemeindeordnung idF vom 1. 7. 1960 (GVBl I 103)
HintO	Hinterlegungsordnung vom 10. 3. 1937 (RGBl I 285, BGBl III 3 Nr 300–15)
HirthsAnn	Annalen des Deutschen Rechts, begründet von HIRTH (zitiert nach Band und Seite)
hL	herrschende Lehre
HLKO	(Haager) Abkommen betreffend die Gesetze und Gebräuche des Landkrieges (Landkriegsordnung) vom 18. 10. 1907 (RGBl 1910, 107)
hM	herrschende Meinung
HMR	Handbuch des gesamten Miet- und Raumrechts, hrsg von FISCHER (Loseblattsammlung; 1948–1951; dann ZMR; zitiert nach Hauptstichwort [Unterstichwort] und Blatt; Rechtsprechungsbeilage nach Jahr und Nr der Entscheidung)
HOAI	Verordnung über die Honorare für Leistungen der Architekten und der Ingenieure (Honorarordnung für Architekten und Ingenieure) vom 17. 9. 1976 (BGBl I 2805, 3616
HöfeO	Höfeordnung idF vom 26. 7. 1976 (BGBl I 1933)
HöfeO/RhPf	Landesgesetz über die Höfeordnung in Rheinland-Pfalz (Höfeordnung) idF vom 18. 4. 1967 (GVBl 138)
HöfeVfO	Verfahrensordnung für Höfesachen vom 29. 3. 1976 (BGBl I 881, 885)
Holdheim	Monatsschrift für Handelsrecht und Bankwesen, Steuer- und Stempelfragen, begr von HOLDHEIM (zitiert nach Band und Seite)
HR	Handelsrecht, Handelsregister
HRR	Höchstrichterliche Rechtsprechung (4.1928–18.1942; davor JR Bd II; zitiert nach Jahr und Nr)
Hrsg	Herausgeber
hrsg	herausgegeben
HS	Halbsatz
HSOG	Hessisches Gesetz über die öffentliche Sicherheit und Ordnung idF vom 26. 1. 1972 (GVBl I 24)
Hueck KSchG	HUECK, GÖTZ, Kündigungsschutzgesetz, Kommentar (9. Aufl 1974)
HuW	Haus und Wohnung (bis 1957; zitiert nach Jahr und Seite)
HypBkG	Hypothekenbankgesetz idF vom 5. 2. 1963 (BGBl I 81)
HypSichG	Gesetz zur Sicherung von Forderungen für den Lastenausgleich (Hypothekensicherungsgesetz) vom 2. 9. 1948 (WiGBl 87)
HZ	Historische Zeitschrift (zitiert nach Band und Seite)

I

ICJ	International Court of Justice
ICRep	Report of the International Court of Justice (zitiert nach Jahr und Seite)
idF	in der Fassung
idR	in der Regel
iE	im Ergebnis
ieS	im engeren Sinne
IGH	Internationaler Gerichtshof
IHK	Industrie- und Handelskammer
ILR	Interlokales Recht
ImpfSchG	Impfschädengesetz vom 10. 2. 1953 (GVBl NRW 166); G vom 6. 10. 1958 (GVBl Hessen 147; aufgehoben durch § 85 Bundesseuchengesetz vom 18. 7. 1961 (BGBl I 1012)
Inf	Information über Steuer und Wirtschaft (zitiert nach Jahr und Seite)

insbes . . . . insbesondere
Inst . . . . Institutiones (römisches Recht)
IntCompLQ . . . . The International and Comparative Law Quarterly (zitiert nach Band, Jahr und Seite)
Int Enc Comp L . . . . International Encyclopedia of Comparative Law
InvZulG . . . . Investitionszulagengesetz idF vom 2. 1. 1979 (BGBl I 24)
IPG . . . . Gutachten zum internationalen und ausländischen Privatrecht von FERID-KEGEL-ZWEIGERT, 1965 ff (zitiert nach Jahr und Nr)
IPR . . . . Internationales Privatrecht
IPRspr . . . . Die deutsche Rechtsprechung auf dem Gebiete des internationalen Privatrechts im Jahre (in den Jahren) . . .; Sonderheft von RabelsZ; zuletzt bearbeitet von KROPHOLLER (1926–1977; 1935–1944 im Druck; zitiert nach Jahr und Nr)
iS . . . . im Sinne
IuS Commune . . . . Ius Commune, Veröffentlichungen des Max-Planck-Instituts für Europäische Rechtsgeschichte (zitiert nach Band und Seite)
iVm . . . . in Verbindung mit
IWB . . . . Internationale Wirtschaftsbriefe (zitiert nach Jahr und Seite)
IZPR . . . . Internationales Zivilprozeßrecht
IzRspr . . . . Sammlung der deutschen Entscheidungen zum interzonalen Privatrecht; Sonderveröffentlichung von RabelsZ; bearbeitet von DROBNING (1945 ff; zitiert nach Jahr und Nr)

J

JA . . . . Juristische Arbeitsblätter (1.1969 ff; zitiert nach Jahr und Seite)
JArbSchG . . . . Gesetz zum Schutze der arbeitenden Jugend (Jugendarbeitsschutzgesetz) idF vom 12. 4. 1976 (BGBl I 965)
JbAkDR . . . . Jahrbuch der Akademie für Deutsches Recht (zitiert nach Jahr und Seite)
JBeitrO . . . . Justizbeitreibungsordnung vom 11. 3. 1937 (RGBl I 298)
JbIntR . . . . Jahrbuch für internationales (bis 1947: und ausländisches öffentliches) Recht (zitiert nach Band und Seite)
JBl . . . . Justizblatt (mit Kürzel für den jeweiligen Oberlandesgerichtsbezirk; zitiert nach Jahr und Seite)
JCl Dr Comp . . . . Juris Classeur de droit comparé (zitiert nach Land, fasc und Nr)
JCl Dr Int . . . . Juris Classeur de droit international(zitiert nach fasc und Nr)
JCP . . . . Juris Classeur Périodique (zitiert nach Jahr, Teil und Nr)
JDR . . . . Jahrbuch des Deutschen Rechts, begründet von NEUMANN (zitert nach Band und Gesetzesstelle)
jF . . . . jetzige Fassung
JFG . . . . Jahrbuch für Entscheidungen in Angelegenheiten der Freiwilligen Gerichtsbarkeit und des Grundbuchrechts (zitiert nach Band und Seite)
JFGErg . . . . Entscheidungen des Kammergerichts (ab 1937:) und des Oberlandesgerichts München in Kosten-, Straf-, Miet- und Pachtschutzsachen. Ergänzung zum JFG (1.1924–23.1944; zitiert nach Band und Seite)
Jg . . . . Jahrgang
JG . . . . Jugendgericht
JGG . . . . Jugendgerichtsgesetz idF vom 11. 12. 1974 (BGBl I 3427)
Jh . . . . Jahrhundert
JherJb . . . . JHERINGS Jahrbücher der Dogmatik des bürgerlichen Rechts (zitiert nach Band und Seite)
JM . . . . Justizminister(ium)
JMBl . . . . Justizministerialblatt

JMBlNRW	Justizministerialblatt für das Land Nordrhein-Westfalen (zitiert nach Jahr und Seite)
JO	Journal Officiel de la République Française (zitiert nach Jahrgang, Band und Seite)
JR	Juristische Rundschau (1.1925–3.1927 geteilt in Bd I: Aufsätze, Bd II: Die Rechtsprechung, dann HRR; zitiert nach Jahr und Spalte bzw Nr der Entscheidung; 4.1928–11.1935; 1.1947 ff; zitiert nach Jahr und Seite)
JRPV	Juristische Rundschau für Privatversicherung (zitiert nach Jahr und Seite)
JRRspr	s HRR
JTrib	Journal des tribunaux (Belgien; zitiert nach Jahr und Seite)
Der Junior	Beilage zur „Versicherungswirtschaft“ (zitiert nach Jahr und Seite)
JurA	Juristische Analysen (zitiert nach Jahr und Seite)
Jura	Juristische Ausbildung (1.1979 ff; zitiert nach Jahr und Seite)
JurBl	Juristische Blätter (seit 1932: vereinigt mit AllgÖsterGerZ; 1.1872–67.1938; 68.1946 ff; zitiert nach Jahr und Seite)
JurBüro	Das juristische Büro (7.1956 ff; davor Büro; zitiert nach Jahr und Spalte)
JurJb	Juristenjahrbuch (zitiert nach Band und Seite)
JuS	Juristische Schulung (1.1961 ff; zitiert nach Jahr und Seite)
JustABlBW (Justiz)	Die Justiz (Amtsblatt des Justizministeriums Baden-Württemberg; zitiert nach Jahr und Seite)
JuV	Justiz und Verwaltung (ab 1950 vereinigt mit Deutsche Richterzeitung; zitiert nach Jahr und Seite)
JVBl	Justizverwaltungsblatt
JVKostO	Verordnung über die Kosten im Bereich der Justizverwaltung vom 14. 2. 1940 (RGBl I 357, BGBl III 3 Nr 363–1)
JW	Juristische Wochenschrift (1.1872–68.1939, danach vereinigt mit Deutsches Recht; zitiert nach Jahr und Seite; Entscheidungen bis 32.1903 nach Jahr, Beilage und Seite)
JWG	Gesetz für Jugendwohlfahrt (Jugendwohlfahrtsgesetz) idF vom 25. 4. 1977 (BGBl I 633, 795)
JZ	Juristenzeitung (6.1951 ff; davor DRZ und SJZ; zitiert nach Jahr und Seite)
K	
KAGG	Gesetz über Kapitalanlagegesellschaften idF vom 14. 1. 1970 (BGBl I 127)
KantonsG	Kantonsgericht (zitiert mit jeweiligem Ortsnamen)
Kap	Kapitel
KastrationsG	Gesetz über die freiweillige Kastration und andere Behandlungsmethoden vom 15. 8. 1969 (BGBl I 1143)
KAusfG	Gesetz über Konkursausfallgeld vom 17. 7. 1974 (BGBl I 1481)
KB	Kommissionsbericht
K-E-H-E	Grundbuchrecht. Kommentar zur Grundbuchordnung und Grundbuchverfügung einschließlich Wohnungseigentumsgrundbuchverfügung, hrsg von KUNTZE, ERTL, HERRMANN, EICKMANN (2. Aufl 1979)
KfmG	Kaufmannsgericht
KG	Kammergericht; Kommanditgesellschaft
KGaA	Kommanditgesellschaft auf Aktien
KGBl	Blätter für Rechtspflege im Bezirk des Kammergerichts (1.1890–44.1934; zitiert nach Jahr und Seite)
KGJ	Jahrbuch für Entscheidungen des Kammergerichts in Sachen der freiwilligen Gerichtsbarkeit, in Kosten-, Stempel- und Strafsachen (bis 19.1899: in Sachen der nichtstreitigen Ge-

	richtsbarkeit und in Strafsachen; 1.1881–53.1922; zitiert nach Band und Seite, von Band 20 bis 39 nach Band, Abteilung und Seite)
KJ	Kritische Justiz (zitiert nach Jahr und Seite)
KO	Konkursordnung idF vom 20. 5. 1898 (RGBl 612, BGBl III 3 Nr 311–4)
KölnKomm	Kölner Kommentar zum Aktiengesetz, hrsg von Zöllner, 3 Bde (1970 ff)
Komm	Kommission
KompKonflGH	Kompetenzkonfliktsgerichtshof
KostÄndG	Gesetz zur Änderung und Ergänzung kostenrechtlicher Vorschriften vom 26. 7. 1957 (BGBl I 861, BGBl III 3 Nr 360–3)
KostO	Gesetz über die Kosten in Angelegenheiten der freiwilligen Gerichtsbarkeit (Kostenordnung) idF vom 26. 7. 1957 (BGBl I 960, BGBl III 3 Nr 361–1)
KRABl	Amtsblatt des Kontrollrats in Deutschland (zitiert nach Jahr und Seite)
Krankenhausarzt	Der Krankenhausarzt. Fachzeitschrift für das Krankenhauswesen (zitiert nach Jahr und Seite)
Krankenversicherung	Die Krankenversicherung. Zeitschrift für das soziale Versicherungswesen (zitiert nach Jahr und Seite)
KreisG	Kreisgericht (zitiert mit jeweiligem Ortsnamen)
KRG	Kontrollratsgesetz
krit	kritisch
KrVjschr	Kritische Vierteljahresschrift für Gesetzgebung und Rechtswissenschaft (zitiert nach Band und Seite)
KSchG	Kündigungsschutzgesetz vom 25. 8. 1969 (BGBl I 1317, BGBl III 8 Nr 800–2)
KStG 1977	Körperschaftsteuergesetz idF vom 31. 8. 1976 (BGBl I 2597, 2599)
KStZ	Kommunale Steuer-Zeitschrift (1.1952 ff; zitiert nach Jahr und Seite)
KTS	Zeitschrift für Konkurs-, Treuhand-, und Schiedsgerichtswesen (zitiert nach Jahr und Seite)
KunstUrhG	Gesetz betreffend das Urheberrecht an Werken der bildenden Künste und der Photographie (Kunsturhebergesetz) vom 9. 1. 1907 (RGBl 7, BGBl III 4 Nr 440–3); aufgehoben durch § 141 Nr 5 des Urheberrechtsgesetzes vom 9. 9. 1965 (BGBl I 1273), soweit es nicht den Schutz von Bildnissen betrifft
KVO	Verordnung zur Durchführung des Gesetzes über den Güterfernverkehr mit Kraftfahrzeugen vom 27. 3. 1936 (RGBl I 320)
KVStG	Kapitalverkehrsteuergesetz idF vom 17. 11. 1972 (BGBl I 2129)
KWG	Gesetz über das Kreditwesen idF vom 3. 5. 1976 (BGBl I 1121)

L

LadSchlG	Gesetz über den Ladenschluß vom 28. 11. 1956 (BGBl I 875)
LAG	Landesarbeitsgericht; Gesetz über den Lastenausgleich (Lastenausgleichsgesetz) idF vom 1. 10. 1969 (BGBl I 1909, BGBl III 6 Nr 621–1)
LandesG	Landesgericht (zitiert mit jeweiligem Ortsnamen)
Larenz AT	Larenz, Karl, Allgemeiner Teil des Deutschen Bürgerlichen Rechts (4. Aufl 1977)
Larenz I	Larenz, Karl, Lehrbuch des Schuldrechts, Band I: Allgemeiner Teil (12. Aufl 1979)
Larenz II	Larenz, Karl, Lehrbuch des Schuldrechts, Band II: Besonderer Teil (11. Aufl 1977)

LASG	s HypSichG
LBG	Gesetz über die Landbeschaffung für Aufgaben der Verteidigung (Landbeschaffungsgesetz) vom 23. 2. 1957 (BGBl I 134, BGBl III 5 Nr 54–3)
LegPer	Legislaturperiode
LftfzRG, LftVG	s LuftfzRG, LuftVG
LG	Landgericht (zitiert mit jeweiligem Ortsnamen)
LGZ	Landesgericht für Zivilrechtssachen (zitiert mit jeweiligem Ortsnamen)
Lit	Literatur
lit	litera
LitUrhG	Gesetz betreffend das Urheberrecht an Werken der Literatur und der Tonkunst vom 19. 6. 1901 (RGBl 227, BGBl III 4 Nr 440–1); aufgehoben durch § 141 Nr 3 des Urheberrechtsgesetzes vom 9. 9. 1965 (BGBl I 1273)
LM	Lindenmaier-Möhring, Nachschlagewerk des Bundesgerichtshofs (zitiert nach Paragraph und Ordnungsziffer)
LMBl	Amtsblatt des Bayerischen Staatsmisteriums für Ernährung, Landwirtschaft und Forsten (1.1957 ff; zitiert nach [Jahr und] Seite)
LohnfortzG	Gesetz über die Fortzahlung des Arbeitsentgelts im Krankheitsfalle (Lohnfortzahlungsgesetz) vom 27. 7. 1969 (BGBl I 946)
LohnpfG	(Österreichisches) Bundesgesetz vom 16. 2. 1955 über den Pfändungsschutz für Arbeitseinkommen (östBGBl 1955 Nr 51)
LohnpfVO	Lohnpfändungsverordnung vom 30. 10. 1940 (RGBl I 1451)
LondSchAbk	Abkommen über deutsche Auslandsschulden (Londoner Schuldenabkommen) vom 27. 2. 1953 (BGBl II 333)
LPachtG	Gesetz über das landwirtschaftliche Pachtwesen (Landpachtgesetz) vom 25. 6. 1952 (BGBl I 343, BGBl III 7 Nr 7813–2)
LS	Leitsatz
LSG	Landessozialgericht
LuftfzRG	Gesetz über Rechte an Luftfahrzeugen vom 26. 2. 1959 (BGBl I 57, BGBl III Nr 403–9)
LuftVG	Luftverkehrsgesetz idF vom 4. 11. 1968 (BGBl I 1113)
LuftVO	Luftverkehrs-Ordnung idF vom 14. 11. 1969 (BGBl I 2117)
LuftVZO	Luftverkehrs-Zulassungs-Ordnung idF vom 13. 3. 1979 (BGBl I 308)
LVersG	Landesversorgungsgericht
LVG	Landesverwaltungsgericht
LVO	Verfahrensordnung für Landwirtschaftssachen vom 2. 12. 1947 (VOBl BrZ 157); aufgehoben durch § 26 HöfeVfO (Art 2 des 2. HöfeOÄndG vom 29. 3. 1976; BGBl I 881)
LwG	Landwirtschaftsgericht
LwMBl	Ministerialblatt der (bis 1918: Kgl) Preußischen Verwaltung für Landwirtschaft, Domänen und Forsten (ab 1933: des Preußischen Landwirtschaftsministeriums und der Landesforstverwaltung; 1.1905–32.1936; zitiert nach [Jahr und] Seite)
LwVG	Gesetz über das gerichtliche Verfahren in Landwirtschaftssachen vom 21. 7. 1953 (BGBl I 667, BGBl III 3 Nr 317–1)
LZ	Leipziger Zeitschrift für Deutsches Recht (zitiert nach Jahr und Seite)

M

m	mit
MA	Der Markenartikel (zitiert nach Jahr und Seite)
MaBVO	Makler- und Bauträgerverordnung vom 11. 6. 1975 (BGBl I 1351)

MaschSchG	Gesetz über technische Arbeitsmittel (Maschinenschutzgesetz) vom 24. 6. 1968 (BGBl I 717)
maW	mit anderen Worten
MdR	Mitglied des Reichstags
MDR	Monatsschrift für Deutsches Recht (1.1947 ff; zitiert nach Jahr und Seite)
mE	meines Erachtens
MecklZ	Mecklenburgische Zeitschrift für Rechtspflege und Rechtswissenschaft (zitiert nach Band und Seite bzw ab 1925 nach Band und Spalte)
MHRG	Gesetz zur Regelung der Miethöhe (Art 3 WKSchG II) vom 18. 12. 1974 (BGBl I 3604)
MietRÄndG I; II; III	Gesetz zur Änderung mietrechtlicher Vorschriften: I/ vom 29. 7. 1963 (BGBl I 505); II/ vom 14. 7. 1964 (BGBl I 457); III/ vom 21. 12. 1951 (BGBl I 1248)
MietschAusnVO	Verordnung über Ausnahmen vom Mieterschutz vom 27. 11. 1951 (BGBl I 926)
MietSchG	Mieterschutzgesetz vom 15. 12. 1942 (RGBl I 712, BGBl III 4 Nr 402–12)
MiLR	s MR
Mitt	Mitteilungen (zitiert in Verbindung mit der jeweils sie herausgebenden Körperschaft)
MittBayNot	s BayNotZ
MittÖffFeuerVers	Mitteilungen für die öffentlichen Feuerversicherungsanstalten (1.1868/69–56.1924; dann VersuGeldw; zitiert nach Jahr und Seite)
MittRhNotK	Mitteilungen der Rheinischen Notarkammer (zitiert nach Jahr und Seite)
MiZi	Anordnung über Mitteilungen in Zivilsachen vom 1. 10. 1967 (bundeseinheitlich, s. BayJMBl 127)
MjSchutzÜbK	s MSA
MMV	Mustermietvertrag 1976, hrsg vom Bundesminister der Justiz (ZMR 1976, 68)
ModEnG	Gesetz zur Förderung der Modernisierung von Wohnungen und von Maßnahmen zur Einsparung von Heizenergie (Modernisierungs- und Energieeinsparungsgesetz) idF vom 12. 7. 1978 (BGBl I 993); s WoModG
ModLR	The Modern Law Review (zitiert nach Jahr und Seite)
Mot	Motive zum Bürgerlichen Gesetzbuch (zitiert nach Band und Seite)
MR	Militärregierung (zitiert in Verbindung mit der jeweiligen rechtstechnischen Qualifikation der Willensäußerung)
MRK	Menschenrechtskonvention vom 4. 11. 1950, Gesetz vom 7. 8. 1952 (BGBl II 685)
MRVerbG	Gesetz zur Verbesserung des Mietrechts und zur Begrenzung des Mietanstiegs sowie zur Regelung von Ingenieur- und Architektenleistungen vom 4. 11. 1971 (BGBl I 1745)
MSA	Gesetz zu dem Haager Übereinkommen vom 5. Oktober 1961 über die Zuständigkeit der Behörden und das anzuwendende Recht auf dem Gebiet des Schutzes von Minderjährigen vom 30. 4. 1971 (BGBl II 217)
MschrKrim	Monatsschrift für Kriminologie und Strafrechtsreform (36.1953 ff; vorher Monatsschrift für Kriminalbiologie und . . .; zitiert nach Jahr und Seite)
MTB II	Mantel-Tarifvertrag für Arbeiter des Bundes vom 27. 2. 1964 (GMBl 1964, 174)
MTL II	Mantel-Tarifvertrag für Arbeiter der Länder vom 27. 2. 1964
MTV	Manteltarifvertrag
MuA	Mensch und Arbeit (1.1949 ff; zitiert nach Jahr und Seite)

MünchKomm	Münchener Kommentar zum Bürgerlichen Gesetzbuch, 7 Bde (1978 ff)
MuSchG	Gesetz zum Schutze der erwerbstätigen Mutter (Mutterschutzgesetz) idF vom 18. 4. 1968 (BGBl I 315)
MuW	Markenschutz und Wettbewerb (zitiert nach Jahr und Seite)
mwN	mit weiteren Nachweisen

N

N	Note
n	numero
NachlG	Nachlaßgericht
Nachw	Nachweis(e)
NAG	(Schweizer) Bundesgesetz betreffend die zivilrechtlichen Verhältnisse der Niedergelassenen und Aufenthalter vom 25. 6. 1891
NamÄndG	s FamNamÄndG
nChr	nach Christus
Nds, nds	Niedersachsen, niedersächsisch
NdsFGG	Niedersächsisches Gesetz über die freiwillige Gerichtsbarkeit idF vom 24. 2. 1971 (GVBl 43)
NdsRpfl	Niedersächsische Rechtspflege (1.1947 ff; zitiert nach Jahr und Seite)
NDV	Nachrichtendienst des Deutschen Vereins für öffentliche und private Fürsorge (zitiert nach Jahr und Seite)
NedJbl	Nederlands Juristenblad (zitiert nach Jahr und Seite)
NedJur	Nederlands Jurisprudentie (zitiert nach Jahr und Nr)
NedTIR	Nederlands Tijdschrift voor Internationaal Recht (zitiert nach Band, Jahr und Seite)
NEhelG	Gesetz über die rechtliche Stellung der nichtehelichen Kinder vom 19. 8. 1969 (BGBl I 1243)
NeubauMietVO	s NMV 1970
NF, nF	Neue Folge, neue Fassung
NichtehelG	s NEhelG
NiemZ	Zeitschrift für Internationales Privat- und Strafrecht (ab 12.1903: für Internationales Privat- und Öffentliches Recht; ab 20.1919: für Internationales Recht; ab 25.1915: NIEMEYERS Zeitschrift . . .), begr von BÖHM, hrsg ab 11.1901 allein von NIEMEYER (1.1891–52.1938; zitiert nach Jahr und Seite)
NILR	Netherlands International Law Review (zitiert nach Band, Jahr und Seite)
NJ	Neue Justiz (zitiert nach Jahr und Seite)
NJW	Neue Juristische Wochenschrift (1. 1947/48 ff zitiert nach Jahr und Seite)
NMV 1970	Verordnung über die Ermittlung der zulässigen Miete für preisgebundene Wohnungen (Neubaumietenverordnung 1970) idF vom 18. 7. 1979 (BGBl I 1103)
NordTIR	Nordisk Tidskrift for International Ret (zitiert nach Band, Jahr und Seite)
Nouv rev d.i.p.	Nouvelle revue de droit international privé (zitiert nach Jahr und Seite)
NotG	Notariatsgesetz (Bayern) vom 9. 6. 1899 (BayBs III 41)
NotRMaßnG	Gesetz über Maßnahmen auf dem Gebiet des Notarrechts vom 16. 2. 1961 (BGBl I 77, BGBl III 3 Nr 303–2)
Nov	Novellae (römisches Recht)
Nr, Nrn	Nummer, Nummern
NRW	Nordrhein-Westfalen
NWB	Neue Wirtschaftsbriefe (zitiert nach Jahr und Seite)
NZfA	Neue Zeitschrift für Arbeitsrecht (1.1921–13.1933; zitiert nach Jahr und Spalte)
NZWehrR	Neue Zeitschrift für Wehrrecht (zitiert nach Jahr und Seite)

O	
OEG	Gesetz über die Entschädigung für Opfer von Gewalttaten vom 11. 5. 1976 (BGBl I 1181)
ÖJBl	Juristische Blätter (Österreich; zitiert nach Jahr und Seite)
ÖJZ	Österreichische Juristen-Zeitung (1.1946 ff; zitiert nach Jahr und Seite)
ÖNotZ	Österreichische Notariats-Zeitung (zitiert nach Jahr und Seite)
ÖRiZ	Österreichische Richterzeitung (zitiert nach Jahr und Seite)
öst(err)BGBl	Bundesgesetzblatt für die Republik Österreich
ÖZBl	Österreichisches Centralblatt für die Juristische Praxis (ab 42.1924 nur: Zentralblatt für die ...; 1.1883–56.1938; zitiert nach Band oder Jahr und Seite)
OFD	Oberfinanzdirektion
OG	Obergericht (zitiert mit jeweiligem Schweizer Ortsnamen)
OG/DDR	Oberstes Gericht der Deutschen Demokratischen Republik
OGH	Oberster Gerichtshof (Wien)
OGHBrZ	Oberster Gerichtshof für die Britische Zone; auch Sammlung der Entscheidungen in Zivilsachen (1.1949–4.1950; zitiert nach Band und Seite)
OGZ	Entscheidungen des Obersten Gerichts der DDR in Zivilsachen (zitiert nach Band und Seite)
OHG	Offene Handelsgesellschaft
oJ	ohne Jahr
OLG	Oberlandesgericht (zitiert mit jeweiligem Ortsnamen)
OLGE (OLGRspr)	Die Rechtsprechung der Oberlandesgerichte auf dem Gebiete des Zivilrechts. Hrsg von MUGDAN und FALKMANN (1.1900–46.1928; zitiert nach Band und Seite)
OLGZ	Entscheidungen der Oberlandesgerichte in Zivilsachen (zitiert nach Jahrgang und Seite)
OR	Schweizerisches Obligationenrecht von 30. 3. 1911
oV	ohne Verfasser
OVG	Oberverwaltungsgericht
OVGE	Entscheidungen der Oberverwaltungsgerichte für das Land Nordrhein-Westfalen in Münster sowie für die Länder Niedersachsen und Schleswig-Holstein in Lüneburg (ab Bd 15:) mit Entscheidungen des Verfassungsgerichtshofes Nordrhein-Westfalen und des Niedersächsischen Staatsgerichtshofes (1.1950 ff; zitiert nach Band und Seite)
OWiG	Gesetz über Ordnungswidrigkeiten idF vom 2. 1. 1975 (BGBl I 80)
P	
Pand	Pandekten
PartG	Gesetz über die politischen Parteien (Parteiengesetz) vom 24. 7. 1967 (BGBl I 773)
Pas lux	Pasicrisie luxembourgeoise (zitiert nach Band und Seite)
PatAnwO	Patentanwaltsordnung vom 7. 9. 1966 (BGBl I 557)
PatG	Patentgesetz idF vom 2. 1. 1968 (BGBl I 2, BGBl III 4 Nr 420–1)
PersBefG	Gesetz über die Beförderung von Personen zu Lande (Personenbeförderungsgesetz) vom 21. 3. 1961 (BGBl I 241, BGBl III 9 Nr 9240–1)
PflVersG	Gesetz über die Pflichtversicherung für Kraftfahrzeughalter (Pflichtversicherungsgesetz) vom 5. 4. 1965 (BGBl I 213, BGBl III 9 Nr 925–1)
PKrG	Pachtkreditgesetz vom 5. 8. 1951 (BGBl I 494, BGBl III 7 Nr 7813–1)
PosMschr	Juristische Monatsschrift für Posen, Ost- und Westpreußen (zitiert nach Jahr und Seite)

PostG	Gesetz über das Postwesen vom 28. 7. 1969 (BGBl I 1006)
PostSchO	Postscheckordnung vom 1. 12. 1969 (BGBl I 2159)
PostSpO	Postsparkassenordnung vom 1. 12. 1969 (BGBl I 2164)
Pr, pr	Preußen, preußisch (e, er)
pr	principium (römisches Recht)
PrAAFischereiG	Ausführungsanweisung zum Fischereigesetz vom 16. 3. 1918 (Preußen; LwMBl 52)
Praef	Praefatio (römisches Recht)
PraktArbR	Sammlung MÜLLER-GRÖNIGER – Praktisches Arbeitsrecht – Gesetzestexte, Rechtsprechung, Schrifttum, Loseblattsammlung (zitiert nach Leitzahl, [Gesetz], Paragraph und Seite)
Praxis	Praxis des (Schweizerischen) Bundesgerichts (zitiert nach Band, Jahr und Nr)
PrBHaftG	Gesetz über die Haftung des Staates Preußen für seine Beamten vom 1. 8. 1909 (PrGS 691)
PrFischereiG	Fischereigesetz vom 11. 5. 1916 (Preußen; PrGS 55)
PrGkG	Preußisches Gerichtskostengesetz vom 25. 7. 1910 (PrGS 184)
PrGS	Gesetz-Sammlung für die Kgl Preußischen Staaten (ab 1907: Preußische Gesetzsammlung; 1810–1945; zitiert nach [Jahr und] Seite)
PrHypOrd	Hypothekenordnung vom 20. 12. 1783 (Preußen); aufgehoben durch § 143 Grundbuch-Ordnung vom 5. 5. 1872 (PrGS 446)
Prot	Protokolle der Kommission für die II. Lesung des Entwurfs des BGB (zitiert nach Band und Seite)
PrOVG	Preußisches Oberverwaltungsgericht
PrOVGE	Entscheidungen des (Bd 1–22: Königlichen, Bd 23–73: Königlich Preußischen, Bd 74–106:) Preußischen Oberverwaltungsgerichts (1.1877–106.1941; zitiert nach Band und Seite)
PrVerwBl	Preußisches Verwaltungsblatt (zitiert nach Jahr und Seite)
PStG	Personenstandsgesetz vom 8. 8. 1957 (BGBl I 1125, BGBl III 2 Nr 211–1)
PucheltsZ	PUCHELTS Zeitschrift für deutsches bürgerliches Recht und französisches Zivilrecht (zitiert nach Jahr und Seite)
PVG	Polizeiverwaltungsgesetz vom 1. 6. 1931 (PrGS 77); Polizeiverwaltungsgesetz von RhPf idF vom 29. 6. 1973 (GVBl 180, 284)
pVV	positive Vertragsverletzung
R	
RabattG	Gesetz über Preisnachlässe (Rabattgesetz) vom 25. 11. 1933 (RGBl I 1011)
RabelsZ	Zeitschrift für ausländisches und internationales Privatrecht, begründet von RABEL (zitiert nach Jahr und Seite)
RAbgO	Reichsabgabenordnung vom 22. 5. 1931 (RGBl I 161, BGBl III 6 Nr 610–1); s auch AO
RABl	Reichsarbeitsblatt (zitiert nach Jahr, Teil und Seite)
RAG	Reichsarbeitsgericht
RAGE	Entscheidungen des Reichsarbeitsgerichts (1.1928–27.1944; zitiert nach Band und Seite)
RAnz	Deutscher Reichsanzeiger (zitiert nach Jahr und Seite)
RAussch	Rechtsausschuß
Rb	Rechtbank (zitiert mit jeweiligem Ortsnamen)
RBerG	Gesetz zur Verhütung von Mißbräuchen auf dem Gebiet der Rechtsberatung (Rechtsberatungsmißbrauchsgesetz) vom 13. 12. 1935 (RGBl I 1478, BGBl III 3 Nr 303–12)
RBHaftG	Gesetz über die Haftung des Reiches für seine Beamten vom 22. 5. 1910 (RGBl 798, BGBl III Nr 2030–9)

RdA	Recht der Arbeit (zitiert nach Jahr und Seite)
RdbfADB	Rundbrief des Archivs Deutscher Berufsvormünder (zitiert nach Band, Jahr und Seite)
RdbfDJA	Rundbrief des Deutschen Jugendarchivs (zitiert nach Band, Jahr und Seite)
RdbfJugl	Rundbrief des Deutschen Instituts für Jugendhilfe (zitiert nach Band, Jahr und Seite)
RdErl	Runderlaß
RdJ	Recht der Jugend und des Bildungswesens (zitiert nach Jahr und Seite)
RdK	Das Recht des Kraftfahrers (zitiert nach Jahr und Seite)
RdL	Recht der Landwirtschaft (zitiert nach Jahr und Seite)
Rdnr	Randnummer
RdRN	Recht des Reichsnährstandes (zitiert nach Jahr und Seite)
RE	Rechtsentscheid über Auslegung der §§ 556 a bis 556 c BGB nach Art III MietRÄndG III
ReAO	Berlin. Anordnung der Alliierten Kommandantur betr Rückerstattung feststellbarer Vermögensgegenstände an Opfer der nationalsozialistischen Unterdrückungsmaßnahmen vom 26. 7. 1949 (VOBl I 221)
Rec des Cours	Recueil des Cours de l'Académie de Droit International de la Haye (zitiert nach Band, Jahr, Teil und Seite)
RechnlG	Gesetz über die Rechnungslegung von bestimmten Unternehmen und Konzernen vom 15. 8. 1969 (BGBl I 1189)
Recht	Das Recht (seit 1935 als Beilage zur Deutschen Justiz; zitiert nach Jahr und Nr der Entscheidung bzw Seite des Aufsatzes)
RechtsanwendungsG	Gesetz über die Anwendung des Rechts auf internationale zivil-, familien- und arbeitsrechtliche Beziehungen sowie auf internationale Wirtschaftsverträge (Rechtsanwendungsgesetz) vom 5. 12. 1975 (GBl-DDR I 748)
RechtsverglHdwbch	Rechtsvergleichendes Handwörterbuch für das Zivil- und Handelsrecht des In- und Auslandes, hrsg von Franz Schlegelberger, 7 Bde (1929–1940)
RechtsVO	Rechtsverordnung
Recueil Asser	Les nouvelles Conventions de La Haye: leur application par les juges internationaux. Recueil des décisions et bibliographie, hrsg vom Asser Institut (1976)
REG	s BRüG
Reg	Regierung
REGAmZ	Rückerstattungsgesetz Amerikanische Zone, in Kraft getreten am 10. 11. 1947 (ABl MR Nr 6, 1)
RegBdfV	Vierte Verordnung zur Änderung der Regelunterhalt-Verordnung (Regelbedarf-Verordnung 1979) vom 28. 9. 1979 (BGBl I 1601)
RegBl	Regierungsblatt (mit Kürzel des jeweiligen Staates)
REGBrZ	Rückerstattungsgesetz Britische Zone, Gesetz Nr 59: Rückerstattung feststellbarer Vermögensgegenstände an Opfer der nationalsozialistischen Unterdrückungsmaßnahmen, in Kraft getreten am 12. 5. 1949 (ABl MR Nr 28, 1169, VOBl BrZ 152)
RegE	Regierungsentwurf
RegUnterhV	Verordnung zur Berechnung des Regelunterhalts (Regelunterhalt-Verordnung) vom 27. 6. 1970 (BGBl I 1010)
RentVersÄndG	Zweites Rentenversicherungs-Änderungsgesetz vom 23. 12. 1966 (BGBl I 745)
RepG	Reparationsschädengesetz vom 12. 2. 1969 (BGBl I 105)
RErbhG	Reichserbhofgesetz vom 29. 9. 1933 (RGBl I 685)
Rev crit	Revue critique de droit international privé (zitiert nach Band, Jahr und Seite)

Rev esp der int	Revista española de derecho internacional (zitiert nach Band, Jahr und Seite)
RFH	Reichsfinanzhof
RFHE	Sammlung der Entscheidungen und Gutachten des Reichsfinanzhofs (54.1952: und des Obersten Finanzgerichtshofs; 1.1920–54.1952, dann BFHE; zitiert nach Band und Seite)
RG	Reichsgericht
RgBdfVO	s RegBdfV
RGBl	Reichsgesetzblatt (1871–1921; zitiert nach [Jahr und] Seite)
RGBl I; II	Reichsgesetzblatt Teil I; II (1922–1945; zitiert nach [Jahr,] Teil und Seite)
RGRK	Das Bürgerliche Gesetzbuch mit besonderer Berücksichtigung der Rechtsprechung des Reichsgerichts und des Bundesgerichtshofes, Kommentar, hrsg: früher von Reichsgerichtsräten, jetzt von Mitgliedern des Bundesgerichtshofes, 5 Bde, 12. Aufl (1974 ff)
RGSt	Entscheidungen des Reichsgerichts in Strafsachen (1.1880–77.1944; zitiert nach Band und Seite)
RgUnterhVO	s RegUnterhV
RG WarnR	Warneyer, Die Rechtsprechung des Reichsgerichts in Zivilsachen (zitiert nach Jahr und Nr)
RGZ	Entscheidungen des Reichsgerichts in Zivilsachen (1.1880–172.1945; zitiert nach Band und Seite)
RHaftpflG	Gesetz betreffend die Verbindlichkeiten zum Schadensersatz für die bei dem Betriebe von Eisenbahnen, Bergwerken usw herbeigeführten Tötungen und Körperverletzungen (Reichshaftpflichtgesetz) vom 7. 6. 1871 (RGBl 207, BGBl III 9 Nr 935–1); s jetzt HaftpflichtG
RHeimstG	Reichsheimstättengesetz vom 25. 11. 1937 (RGBl I 1291, BGBl III 2 Nr 2332–1)
RheinArch	Archiv für Zivil- und Strafrecht (bis 102.1906: für das Civil- und Criminalrecht) der Königl. Preuß. Rheinprovinz (1.1820–111.1914; zitiert nach Band, [Abteilung] und Seite)
RheinZ	Rheinische Zeitschrift für Zivil- und Prozeßrecht des In- und Auslandes (zitiert nach Jahr und Seite)
RhNK	s MittRhNotK
RhNotZ	Rheinische Notarzeitschrift (zitiert nach Jahr und Seite)
RhPf	Rheinland-Pfalz
RiA	Das Recht im Amt (1.1954 ff; zitiert nach Jahr und Seite)
RiW/AWD	Recht der internationalen Wirtschaft, Außenwirtschaftsdienst des Betriebs-Beraters (zitiert nach Jahr und Seite)
RJA	Reichsjustizamt; Entscheidungssammlung in Angelegenheiten der freiwilligen Gerichtsbarkeit und des Grundbuchrechts (zitiert nach Band und Seite)
RKEG	Gesetz über die religiöse Kindererziehung vom 15. 7. 1921 (RGBl 939, BGBl III 4 Nr 404–9)
RLA	Rundschau für den Lastenausgleich (zitiert nach Jahr und Seite)
RLG	Gesetz über Sachleistungen für Reichsaufgaben (Reichsleistungsgesetz) vom 1. 9. 1939 (RGBl I 1645); aufgehoben durch § 87 Bundesleistungsgesetz idF vom 27. 9. 1961 (BGBl I 1769)
RM	Reichsministerium; Reichsminister (mit Kürzel für das jeweilige Ressort)
RMBl	Reichsministerialblatt
RNatSchG	Reichsnaturschutzgesetz vom 26. 6. 1935 (RGBl I 821)
RNotO	Reichsnotarordnung vom 13. 2. 1937 (RGBl I 191)
röm	römisch
RömR	Römisches Recht

ROG	Raumordnungsgesetz vom 8. 4. 1965 (BGBl I 306)
ROHG	Reichsoberhandelsgericht
ROHGE	Entscheidungen des Reichsoberhandelsgerichts (1.1871–25.1880; zitiert nach Band und Seite)
ROW	Recht in Ost und West (zitiert nach Jahr und Seite)
Rpfleger	Der Deutsche Rechtspfleger (zitiert nach Jahr und Seite)
RPflG	Rechtspflegergesetz vom 5. 11. 1969 (BGBl I 2065)
RSFSR	Russische Sozialistische Föderative Sowjetrepublik
RSiedlG	Reichssiedlungsgesetz vom 11. 8. 1919 (RGBl 1429, BGBl III 2 Nr 2331–1)
Rspr	Rechtsprechung
RsprBau	SCHÄFER-FINNERN, Rechtsprechung der Bauausführung (zitiert nach Ordnungsbuchstabe, Ordnungsziffer und Blatt)
RStBl	Reichssteuerblatt (zitiert nach Jahr und Seite)
RT	Reichstag
RTK	Reichstagskommission
RuG	Recht und Gesellschaft (zitiert nach Jahr und Seite)
RuPrVBl	Reichsverwaltungsblatt und Preußisches Verwaltungsblatt (zitiert nach Jahr und Seite)
RuStAÄndG	Gesetz zur Änderung des Reichs- und Staatsangehörigkeitsgesetzes vom 20. 12. 1974 (BGBl I 3714)
RuStAG	Reichs- und Staatsangehörigkeitsgesetz vom 22. 7. 1913 (RGBl 583, BGBl III 1 Nr 102–1)
Rv	Wetboek van Burgerlijke Rechtsvordering (Niederlande) vom 1. 10. 1938 (Inkrafttreten)
RVereinsG	Vereinsgesetz vom 19. 4. 1908 (RGBl 151); s auch VereinsG
RVersGer	Reichsversorgungsgericht
RVerwBl	Reichsverwaltungsblatt (zitiert nach Jahr und Seite)
RVO	Reichsversicherungsordnung idF vom 15. 12. 1924 (RGBl I 779, BGBl III 8 Nr 820–1)
RWP(-Blattei)	Blattei-Handbuch Rechts- und Wirtschafts-Praxis (Loseblattsammlung; 1947 ff; zitiert nach Gruppenbezeichnung, Kopfstichwort, Bezifferung, Nr der Lieferung und Seite)
Rz	Randziffer(n), Randzahl(en)
RzW	Rechtsprechung zum Wiedergutmachungsrecht (bis 1960 monatliche Beilage zur NJW; zitiert nach Jahr und Seite)

S

S	Satz, Seite
s	siehe
Saarl, saarl	Saarland, saarländisch
SaarlRuStZ (SaarlZ)	Saarländische Rechts- und Steuerzeitschrift (Justizblatt des Saarlandes; zitiert nach Jahr und Seite)
SaBl	Sammelbatt für Rechtsvorschriften des Bundes und der Länder (zitiert nach Jahr und Seite)
SaBremR	Gesetzblatt der Freien Hansestadt Bremen, Sonderband Sammlung des bremischen Rechts, Stand vom 31. 12. 1965)
SachHpflG	Gesetz über die Haftpflicht der Eisenbahnen und Straßenbahnen für Sachschäden vom 29. 4. 1940 (RGBl I 691, BGBl III 9 Nr 935–2); aufgehoben durch Gesetz zur Änderung schadensersatzrechtlicher Vorschriften vom 16. 8. 1977 (BGBl I 1577)
SAE	Sammlung arbeitsrechtlicher Entscheidungen der Vereinigung der Arbeitgeberverbände (zitiert nach Jahr und Nr)
sächs	sächsisch
SächsArch	Sächsisches Archiv für Bürgerliches Recht und Prozeß; ab 1906: Sächsisches Archiv für Rechtspflege; ab 1924: Archiv für Rechtspflege in Sachsen, Thüringen und Anhalt (zitiert nach Band und Seite)

SächsBGB	Bürgerliches Gesetzbuch für das Königreich Sachsen vom 2. 1. 1863 (GVBl 6)
SächsOLG	Annalen des Sächsischen Oberlandesgerichts zu Dresden (zitiert nach Jahr und Seite)
Sb	Sonderband, Sammelband
SchBerG	Gesetz über die Bereinigung alter Schulden vom 3. 9. 1940 (RGBl I 1209); aufgehoben durch das Vertragshilfegesetz vom 26. 3. 1952 (BGBl I 198)
ScheckG	Scheckgesetz vom 14. 8. 1933 (RGBl I 597)
SchiffsRegO	Schiffsregisterordnung vom 26. 5. 1951 (RGBl I 359, BGBl III 3 Nr 315–18)
SchiffsRG	Gesetz über Rechte an eingetragenen Schiffen und Schiffsbauwerken (Schiffsrechtegesetz) vom 15. 11. 1940 (RGBl I 1499, BGBl III 4 Nr 403–4)
SchiffsVfG	Schiffsregisterverfügung vom 29. 5. 1951 (BAnz Nr 109)
SchlH, schlh	Schleswig-Holstein, schleswig-holsteinisch
SchlHAnz	Schleswig-Holsteinische Anzeigen (zitiert nach Jahr und Seite)
SchlHOLG	Schleswig-Holsteinisches Oberlandesgericht
SchliW	Das Schlichtungswesen (ab 1928: Arbeitsrecht und Schlichtung; ab 1933: Arbeitsrecht und Volkstum; 1.1919–17.1935; zitiert nach Jahr und Spalte)
SchlTermG I; II; III	Gesetz zur Änderung des Schlußtermins für den Abbau der Wohnungszwangswirtschaft und über weitere Maßnahmen auf dem Gebiet des Mietpreisrechts: I/vom 4. 8. 1965 (BGBl I 969); II/vom 19. 1. 1969 (BGBl I 2357); III/vom 30. 10. 1972 (BGBl I 2051)
SchmollersJb	Jahrbuch für Gesetzgebung, Verwaltung und Volkswirtschaft im Deutschen Reich, hrsg von SCHMOLLER (zitiert nach Band und Seite)
SchRegG	Gesetz zur Regelung der landwirtschaftlichen Schuldverhältnisse (Schuldenregelungsgesetz) vom 1. 6. 1933 (RGBl I 331)
Schulze	SCHULZE, Rechtsprechung zum Urheberrecht (zitiert nach Gericht und Nr)
SchutzBauG	Gesetz über bauliche Maßnahmen zum Schutz der Zivilbevölkerung vom 9. 9. 1965 (BGBl I 1232)
SchutzbG	Gesetz über die Beschränkung von Grundeigentum für die militärische Verteidigung (Schutzbereichsgesetz) vom 7. 12. 1956 (BGBl I 899)
SchwbG	Gesetz zur Sicherung der Eingliederung Schwerbehinderter in Arbeit, Beruf und Gesellschaft (Schwerbehindertengesetz) idF vom 8. 10. 1979 (BGBl I 1649)
SchwJbIntR	Schweizerisches Jahrbuch für Internationales Recht (zitiert nach Band, Jahr und Seite)
SchwJZ	Schweizerische Juristen-Zeitung (1.1904/05 ff; zitiert nach Jahr und Seite)
SchwOR	Schweizerisches Obligationenrecht vom 30. 3. 1911/ 18. 12. 1936
sec	section
SeemG	Seemannsgesetz vom 26. 7. 1957 (BGBl II 713)
SESFJ	Sammlung aktueller Entscheidungen aus dem Sozial-, Familien- und Jugendrecht (zitiert nach Gesetzesstelle und Entscheidungsnummer)
Sess	Session
SeuffA	SEUFFERTS Archiv für Entscheidungen der obersten Gerichte in den deutschen Staaten (zitiert nach Band und Nr)
SeuffBl	SEUFFERTS Blätter für Rechtsanwendung (zitiert nach Band und Seite)
SG	Sozialgericht

SGB-AT	Sozialgesetzbuch – Allgemeiner Teil – vom 11. 12. 1975 (BGBl I 3015)
SGB-GemV	Sozialgesetzbuch – Gemeinsame Vorschriften für die Sozialversicherung – vom 23. 12. 1976 (BGBl I 3845)
SGG	Sozialgerichtsgesetz idF vom 23. 9. 1975 (BGBl I 2535)
SH	s SchlH
SJZ	Süddeutsche Juristen-Zeitung (1.1946–5.1950; dann JZ; zitiert 1946 nach Jahr und Seite, dann nach Jahr und Spalte)
SKV	Staats- und Kommunal-Verwaltung (1955 ff, ab 1977 VR; zitiert nach Jahr und Seite)
SoergRspr	SOERGELS Rechtsprechung zum BGB, EGzBGB, CPO, KO, GBO und RFG; wechselnde Titel; zuletzt (ab 1932): Jahrbuch des Zivil-, Handels- und Prozeßrechts (zitiert nach Band und Nr oder Seite)
sog	sogenannt
SoldatenG	Gesetz über die Rechtstellung der Soldaten idF vom 19. 8. 1975 (BGBl I 2273)
SoldVersG	Gesetz über die Versorgung für die ehmaligen Soldaten der Bundeswehr und ihrer Hinterbliebenen (Soldatenversorgungsgesetz) idF vom 18. 2. 1977 (BGBl I 337)
Solothurn Gerichtspraxis	Solothurnische Gerichtspraxis (zitiert nach Jahr und Nr)
Sp	Spalte
Spark	Sparkasse (Sparkassen-Mitteilungen; zitiert nach Jahr und Seite)
SparPG 1979	Spar-Prämiengesetz idF vom 22. 6. 1979 (BGBl I 702)
StaatsGH	s StGH
StädtebaufördG	s StBauFG
StAnpG	Steueranpassungsgesetz vom 16. 10. 1934 (RGBl I 925, BGBl III 6 Nr 610–2)
StAnz	Staatsanzeiger
StAZ	Das Standesamt (Zeitschrift für Standesamtswesen; zitiert nach Jahr und Seite)
StBauFG	Gesetz über städtebauliche Sanierungs- und Entwicklungsmaßnahmen in den Gemeinden (Städtebauförderungsgesetz) idF vom 18. 8. 1976 (BGBl I 2318)
StbJb	Steuerberater-Jahrbuch (1.1949 ff; zitiert nach Jahr und Seite)
StBp	Die steuerliche Betriebsprüfung (1.1961 ff; zitiert nach Jahr und Seite)
Sten Ber	Stenographische Berichte
StGB	Strafgesetzbuch idF vom 2. 1. 1975 (BGBl I 1)
StGH	Staatsgerichtshof
StKR	Steuer-Kongreß-Report (1963 ff; ab 1977:) Steuerberaterkongreß-Report (zitiert nach Jahr und Seite)
StPO	Strafprozeßordnung idF vom 7. 1. 1975 (BGBl I 129)
str	streitig
StRK	Steuerrechtsprechung in Karteiform (anfänglich Mrozek-Kartei; Loseblatt-Ausgabe; 1922–1944, 1951 ff; zitiert nach Gesetz, Paragraph und Rechtsspruchnummer)
stRspr	ständige Rechtsprechung
StT	Der Städtetag. Zeitschrift für kommunale Praxis und Wissenschaft (NF 1.1948 ff; zitiert nach Jahr und Seite)
StuW	Steuer und Wirtschaft (zitiert nach Jahr und Spalte oder Seite)
I. StVfRG	Erstes Gesetz zur Reform des Strafverfahrensrechts vom 9. 12. 1974 (BGBl I 3393)
I. StVfRGErgG	Gesetz zur Ergänzung des Ersten Gesetzes zur Reform des Strafverfahrensrechts vom 20. 12. 1974 (BGBl I 3686)
StVG	Straßenverkehrsgesetz vom 19. 12. 1952 (BGBl I 837, BGBl III 9 Nr 9233–1)

StVO . . . . Straßenverkehrsordnung vom 16. 11. 1970 (BGBl I 1565; 1971 I 38)
StVollzG . . . . Gesetz über den Vollzug der Freiheitsstrafe und der freiheitsentziehenden Maßregeln der Besserung und Sicherung – Strafvollzugsgesetz – vom 16. 3. 1976 (BGBl I 581)
StVZO . . . . Straßenverkehrszulassungsordnung idF vom 15. 11. 1974 (BGBl I 3193; 1975 I 848)
StWa . . . . Steuer-Warte, hrsg vom Bund Deutscher Steuerbeamter / der Deutschen Steuer-Gewerkschaft (zitiert nach Jahr und Seite)
suppl . . . . Supplement
SZ . . . . Entscheidungen des österreichischen Obersten Gerichtshofes in Zivil- und Justizverwaltungssachen (1.1919 ff; zitiert nach Band und Seite bzw Nr)
SZGA . . . . Zeitschrift der Savigny-Stiftung für Rechtsgeschichte, Germanistische Abteilung (zitiert nach Band und Seite)
SZRA . . . . Zeitschrift der Savigny-Stiftung für Rechtsgeschichte, Romanistische Abteilung (zitiert nach Band und Seite)

T
TestG . . . . Gesetz über die Errichtung von Testamenten und Erbverträgen (Testamentsgesetz) vom 31. 7. 1938 (RGBl I 973); aufgehoben durch das Gesetz zur Wiederherstellung der Gesetzeseinheit auf dem Gebiete des bürgerlichen Rechts vom 5. 3. 1953 (BGBl I 33) mit Ausnahme von § 51
ThürBl . . . . Blätter für Rechtspflege in Thüringen und Anhalt (zitiert nach Band und Seite)
Tit . . . . Titel
Tl . . . . Teil
TOA . . . . Tarifordnung für Angestellte
Trib civ . . . . Tribunal civil (zitiert mit jeweiligem Ortsnamen)
Trib gr inst . . . . Tribunal de grande instance (zitiert mit jeweiligem Ortsnamen)
TV . . . . Tarifvertrag
TVG . . . . Tarifvertragsgesetz idF vom 25. 8. 1969 (BGBl I 1323, BGBl III 8 Nr 82–1)
TZW . . . . Die Teilzahlungswirtschaft (zitiert nach Jahr und Seite)

U
u . . . . und
ua . . . . unter anderem; und andere
uä . . . . und ähnliches
UdSSR . . . . Union der Sozialistischen Sowjetrepubliken
ÜGBGB . . . . s BayÜG
Ufita . . . . Archiv für Urheber-, Film-, Funk- und Theaterrecht (zitiert nach Band und Seite)
UmstG . . . . Drittes Gesetz zur Neuordnung des Geldwesens (Umstellungsgesetz) vom 27. 6. 1948 (WiGBl Beil 5, 13)
UmwandlgG . . . . Umwandlungsgesetz vom 6. 11. 1969 (BGBl I 2081)
UmwandlStG . . . . Gesetz über steuerliche Maßnahmen bei Änderung der Unternehmensform idF vom 9. 6. 1976 (BGBl I 2641, 2643)
UnfallVersG/NR . . . . Gesetz zur Neuregelung des Rechts der gesetzlichen Unfallversicherung (Unfallversicherungs-Neuregelungsgesetz) vom 30. 4. 1963 (BGBl I 241)
UnterhVG . . . . Gesetz zur Sicherung des Unterhalts von Kindern alleinstehender Mütter und Väter durch Unterhaltsvorschüsse oder -ausfalleistungen (Unterhaltsvorschußgesetz) vom 23. 7. 1979 (BGBl I 1184)
UnterstWohnG . . . . Gesetz über den Unterstützungswohnsitz vom 30. 5. 1908 (RGBl 381)

UrhG	Gesetz über das Urheberrecht und verwandte Schutzrechte (Urheberrechtsgesetz) vom 9. 9. 1965 (BGBl I 1273)
Urt	Urteil
USA	United States of America
UStDV 1980	Umsatzsteuer-Durchführungsverordnung vom 21. 12. 1979 (BGBl I 2359)
UStG	Umsatzsteuergesetz: UStG 1973 idF vom 16. 11. 1973 (BGBl I 1681); UStG 1980 idF vom 26. 11. 1979 (BGBl I 1953)
usw	und so weiter
uU	unter Umständen
UWG	Gesetz gegen den unlauteren Wettbewerb vom 7. 6. 1909 (RGBl 499, BGBl III 4 Nr 43–1)
uz	und zwar

V

v	von; vom
VA	Verwaltungsakt
VAG	Gesetz über die Beaufsichtigung der privaten Versicherungsunternehmen (und Bausparkassen, gestrichen durch G über Bausparkassen vom 16. 11. 1972, BGBl I 2097) (Versicherungsaufsichtsgesetz) idF vom 6. 6. 1931 (RGBl I 315, 750)
VEB	Volkseigener Betrieb
VereinsG	Gesetz zur Regelung des öffentlichen Vereinsrechts (Vereinsgesetz) vom 5. 8. 1964 (BGBl I 593); s auch RVereinsG
VerfGH	Verfassungsgerichtshof
VerglO	Vergleichsordnung vom 26. 2. 1935 (RGBl I 321, BGBl III 3 Nr 311–1)
Verh	Verhandlungen
VerkBl	Verkehrsblatt (Amtsblatt des Bundesministers für Verkehr; zitiert nach Jahr und Seite)
VerkMitt	Verkehrsrechtliche Mitteilungen (zitiert nach Jahr und Nr)
VerkRdsch	Verkehrsrechtliche Rundschau (1.1946 ff; zitiert nach Jahr und Seite)
VerlG	Gesetz über das Verlagsrecht vom 19. 6. 1901 (RGBl 217, BGBl III 4 Nr 441–1)
III. VermBG	Drittes Gesetz zur Förderung der Vermögensbildung der Arbeitnehmer (Drittes Vermögensbildungsgesetz) idF vom 15. 1. 1975 (BGBl I 258)
VerschÄndG	Gesetz zur Änderung von Vorschriften des Verschollenheitsrechtes vom 15. 1. 1951 (BGBl I 59, BGBl III 4 Nr 401–7)
VerschG	Verschollenheitsgesetz vom 15. 1. 1951 (BGBl I 63, BGBl III 4 Nr 401–6)
VersN	Der Versicherungsnehmer. Zeitschrift für die versicherungsnehmende Wirtschaft und den Straßenverkehr (zitiert nach Jahr und Seite)
VersPrax	Die Versicherungspraxis (zitiert nach Jahr und Seite)
VersR	Versicherungsrecht. Juristische Rundschau für die Individualversicherung (1.1950 ff; zitiert nach Jahr und Seite)
VersuGeldw	Versicherung und Geldwirtschaft (57.1925–60.1928; dann: DÖffVers; vorher: MittÖffFeuerVers; zitiert nach Jahr und Seite)
VersW	Versicherungswirtschaft (1.1946 ff; Halbmonatsschrift der deutschen Individualversicherung; zitiert nach Jahr und Seite)
VersWiuR	Wirtschaft und Recht der Versicherung (Beiheft zu MittÖffFeuerVers, VersuGeldW, DÖffVers; 1912–1939; zitiert nach Jahr[, Heft] und Seite)
VerwArch	Verwaltungsarchiv. Zeitschrift für Verwaltungslehre, Verwaltungsrecht und Verwaltungspolitik (wechselnde Untertitel;

	1.1893–47.1942; 48.1957 ff; zitiert nach Band oder Jahr und Seite)
VerwVorschr	Verwaltungsvorschrift(en)
VG	Verwaltungsgericht
VGH	Verwaltungsgerichtshof
vgl	vergleiche
VHG	Gesetz über die richterliche Vertragshilfe (Vertragshilfegesetz) vom 26. 3. 1952 (BGBl I 198, BGBl III Nr 402–4)
VO	Verordnung
VOB	Verdingungsordnung für Bauleistungen idF vom 29. 10. 1973 (BAnz 1974 Nr 127). Eingeführt durch gemeinsamen Erlaß des Bundesministeriums der Finanzen, für Verkehr und für das Post- und Fernmeldewesen vom 23. 4. 1953.
VOBl	Verordnungsblatt (in Verbindung mit der jeweiligen Körperschaft)
Vol	Volume
VolljkG	Gesetz zur Neuregelung des Volljährigkeitsalters vom 31. 7. 1974 (BGBl I 1713)
Voraufl	Vorauflage(n)
Vorbem	Vorbemerkung
vorlLAO	Vorläufige Landarbeitsodnung vom 24. 1. 1919 (RGBl 111)
VormG	Vormundschaftsgericht
VR	Verwaltungsrundschau (1977 ff, vorher SKV; zitiert nach Jahr und Seite)
VRS	Verkehrsrechts-Sammlung (zitiert nach Band und Seite)
VStG	Vermögensteuergesetz vom 17. 4. 1974 (BGBl I 949)
VVDStRL	Veröffentlichungen der Vereinigung der Deutschen Staatsrechtslehrer (1.1924 ff; zitiert nach Heft und Seite)
VVG	Gesetz über den Versicherungsvertrag (Versicherungsvertragsgesetz) vom 30. 5. 1908 (RGBl 263)
VVV	Versicherungswissenschaft, Versicherungspraxis, Versicherungsmedizin (bis 1951; zitiert nach Jahr und Seite)
VwGO	Verwaltungsgerichtsordnung vom 21. 1. 1960 (BGBl I 17, BGBl III 3 Nr 340–1)
VwRspr	Verwaltungsrechtsprechung in Deutschland (zitiert nach Band und Nr)
VwVfG	Verwaltungsverfahrensgesetz vom 25. 5. 1976 (BGBl I 1253)
VwZG	Verwaltungszustellungsgesetz vom 3. 7. 1952 (BGBl I 379)
W	
WährG	Erstes Gesetz zur Neuordnung des Geldwesens (Währungsgesetz) vom 20. 6. 1948 (WiGBl Beil Nr 5, 1, BGBl III 7 Nr 7600–1–a)
WährUmstAbschlG	Gesetz zum Abschluß der Währungsumstellung vom 17. 12. 1975 (BGBl I 3123)
WaffG	Waffengesetz idF vom 8. 3. 1976 (BGBl I 432)
1.WaffV	Erste Verordnung zum Waffengesetz idF vom 15. 2. 1979 (BGBl I 184)
WAR	Westdeutsche Arbeitsrechtsprechung (zitiert nach Jahrgang und Seite)
WarnJb	Warneyers Jahrbuch der Entscheidungen auf dem Gebiete des Zivil-, Handels- und Prozeßrechts (wechselnde Titel), begr von WARNEYER (1.1900/02–37.1938; zitiert nach Jahr, Seite, Paragraph und Gesetz)
WarnR	Die Rechtsprechung des Reichsgerichts auf dem Gebiete des Zivilrechts, soweit sie nicht in der amtlichen Sammlung der Entscheidungen des Reichsgerichts abgedruckt ist, hrsg von WARNEYER (1.1908–33.1941; fortgeführt 1942–1943 als Sammlung zivilrechtlicher Entscheidungen des Reichsgerichts,

	hrsg von Buchwald; dann 1959/60 als BGHWarnR; zitiert nach Jahr und Nr)
WaStrG	Bundeswasserstraßengesetz vom 2. 4. 1968 (BGBl II 173)
WBewG	Wohnraumbewirtschaftungsgesetz idF vom 23. 6. 1960 (BGBl I 389, 418, BGBl III 2 Nr 234–1)
WEG	Gesetz über das Wohnungseigentum und das Dauerwohnrecht (Wohnungseigentumsgesetz) vom 15. 3. 1951 (BGBl I 175, BGBl III 4 Nr 403–1)
Wehrpfl(icht)G	s WPflG
WeinG	Gesetz über Wein, Likörwein, Schaumwein, weinhaltige Getränke und Branntwein aus Wein (Weingesetz) vom 14. 7. 1971 (BGBl I 893)
WertausglG	Gesetz über die Regelung der Rechtsverhältnisse bei baulichen Maßnahmen auf ehemals in Anspruch genommenen Grundstücken (Wertausgleichsgesetz) vom 12. 10. 1971 (BGBl I 1625)
Wettbew	Mitteilungen der Zentrale zur Bekämpfung unlauteren Wettbewerbs (Beilage zu Wettbewerb in Recht und Praxis; zitiert nach Jahr und Seite)
WG	Wechselgesetz vom 21. 6. 1933 (RGBl I 399)
WGO	Monatsheft für Osteuropäisches Recht. Die wichtigsten Gesetzgebungsakte in den Ländern Ost-, Südosteuropas und in den ostasiatischen Volksdemokratien (1.1959 ff; zitiert nach Band oder Jahr und Seite)
WHG	Wasserhaushaltsgesetz idF vom 16. 10. 1976 (BGBl I 3017)
WiGBl	Gesetzblatt der Verwaltung des Vereinigten Wirtschaftsgebietes
WiStrG	Gesetz zur weiteren Vereinfachung des Wirtschaftsstrafrechts (Wirtschaftsstrafgesetz) idF vom 3. 6. 1975 (BGBl I 1313)
WiTrh	Wirtschaftstreuhänder (zitiert nach Jahr und Seite)
WiuRdVers	s VersWiuR
WKSchG I; II	I/Gesetz über den Kündigungsschutz für Mietverhältnisse über Wohnraum vom 25. 11. 1971 (BGBl I 1839); II/Zweites Gesetz über den Kündigungsschutz für Mietverhältnisse über Wohnraum vom 18. 12. 1974 (BGBl I 3603)
WLR	The Weekly Law Reports (zitiert nach Jahr, Teilband und Seite)
WM	Wertpapier-Mitteilungen (1.1947 ff; zitiert nach Jahr und Seite)
WO	Wechselordnung idF vom 3. 6. 1908 (RGBl 326)
WobauÄndG I; II; III	I/Gesetz zur verstärkten Eigentumsbildung im Wohnungsbau und zur Sicherung der Zweckbestimmung von Sozialwohnungen vom 24. 5. 1965 (BGBl I 945); II/Gesetz zur Durchführung des langfristigen Wohnungsbauprogramms vom 17. 12. 1971 (BGBl I 1993); III/Gesetz zur Änderung des Wohnungsbindungsgesetzes 1965 und des Zweiten Wohnungsbaugesetzes vom 21. 12. 1973 (BGBl I 1970)
WobauG I; II	I/Erstes Wohnungsbaugesetz idF vom 25. 8. 1953 (BGBl I 1047); II/Zweites Wohnungsbaugesetz (Wohnungsbau- und Familienheimgesetz) idF vom 1. 9. 1976 (BGBl I 2673)
WobauGebG	Gesetz über Gebührenbefreiungen beim Wohnungsbau vom 30. 5. 1953 (BGBl I 273, BGBl III 3 Nr 364–2)
WobauPräG	s WoPG
WoBesG	Gesetz zur Förderung von Wohnungseigentum und Wohnbesitz im sozialen Wohnungsbau vom 23. 3. 1976 (BGBl I 737)
WoG	Wohnungsgesetz vom 8. 3. 1946 (KRABl 117)
WoBindG	Gesetz zur Sicherung der Zweckbestimmung von Sozialwohnungen (Wohnungsbindungsgesetz) idF vom 31. 1. 1974 (BGBl I 137)

WogeldG I; II	I/Wohngeldgesetz idF vom 1. 4. 1965 (BGBl I 177); aufgehoben durch § 38 Abs 1 Nr 1 des Zweiten Wohngeldgesetzes vom 14. 12. 1970 (BGBl I 1637); II/Zweites Wohngeldgesetz idF vom 29. 8. 1977 (BGBl I 1685)
WogeldVO	Wohngeldverordnung idF vom 21. 2. 1975 (BGBl I 607)
WoModG	Gesetz zur Förderung der Modernisierung von Wohnungen (Wohnungsmodernisierungsgesetz) vom 23. 8. 1976 (BGBl I 2429); s ModEnG
WoPG 1979	Wohnungsbau-Prämiengesetz idF vom 22. 6. 1979 (BGBl I 697)
WoVermitG	Gesetz zur Regelung der Wohnungsvermittlung vom 4. 11. 1971 (BGBl I 1745, 1747)
WPBerG	Gesetz zur Bereinigung des Wertpapierwesens (Wertpapierbereinigungsgesetz) vom 19. 8. 1949 (WiGBl 295)
WPBerSchlG	Viertes Gesetz zur Änderung und Ergänzung des Wertpapierbereinigungsgesetzes (Wertpapierbereinigungsschlußgesetz) vom 28. 1. 1964 (BGBl I 45)
WPflG	Wehrpflichtgesetz idF vom 7. 11. 1977 (BGBl I 2022)
Wpg	Die Wirtschaftsprüfung (1.1948 ff; zitiert nach Jahr und Seite)
WPNR	Weekblad voor privaatrecht, notarisambt en registratie (zitiert nach Jahr und Seite)
WRP	Wettbewerb in Recht und Praxis (1.1955 ff; zitiert nach Jahr und Seite)
WRV	Verfassung des Deutschen Reiches (Weimarer Verfassung) vom 11. 8. 1919 (RGBl 1383, BGBl III 1 Nr 100–2)
WStG	Wehrstrafgesetz vom 24. 5. 1974 (BGBl I 1213)
WürttBa	Württemberg-Baden
WürttJb	Jahrbücher der württembergischen Rechtspflege (zitiert nach Jahr und Seite)
WürttNotV	Mitteilungen aus der Praxis (anfangs: und Vereinsnachrichten), hrsg vom Württembergischen Notar(iats)verein (1.1907/10–14.1933; 15.1949–20.1954; zitiert nach Band oder Jahr und Seite)
WürttZ	Württembergische Zeitschrift für Rechtspflege und Verwaltung (zitiert nach Jahr und Seite)
WuM	Wohnungswirtschaft und Mietrecht (1.1949 ff; zitiert nach Jahr und Seite)
WuRdV	s VersWiuR
WuW	Wirtschaft und Wettbewerb (1./2.1951/52 ff; zitiert nach Jahr und Seite)
WuW/E	WuW-Entscheidungssammlung zum Kartellrecht (zitiert nach Entscheidungsträger und Nr)
WZG	Warenzeichengesetz idF vom 2. 1. 1968 (BGBl I 29, BGBl III 4 Nr 423–1)

Z

z	zum
ZAkDR	Zeitschrift der Akademie für Deutsches Recht (zitiert nach Jahr und Seite)
zB	zum Beispiel
ZBJV	Zeitschrift des Bernischen Juristenvereins (1.1864 ff; zitiert nach Band oder Jahr und Seite)
ZBlFG	Zentralblatt für die freiwillige Gerichtsbarkeit und das Notariat (zitiert nach Jahr und Seite)
ZBlHR	Zentralblatt für Handelsrecht (zitiert nach Band und Seite)
ZBlJugR	Zentralblatt für Jugendrecht und Jugendwohlfahrt (zitiert nach Jahrgang und Seite)
ZBR	Zeitschrift für Beamtenrecht (zitiert nach Jahr und Seite)

ZeugGebG	Gesetz über die Entschädigung von Zeugen und Sachverständigen idF vom 1. 10. 1969 (BGBl I 1756)
ZfA	Zeitschrift für Arbeitsrecht (zitiert nach Jahr und Seite)
ZfAgruWR	Zeitschrift für Agrar- und Wasserrecht (zitiert nach Band und Seite)
ZfArz	Zeitschrift für das gesamte Arztrecht (zitiert nach Jahr und Seite)
ZfB	Zeitschrift für Bergrecht (zitiert nach Jahr und Seite)
ZfbF	SCHMALENBACHS Zeitschrift für betriebswirtschaftliche Forschung (zitiert nach Jahr und Seite)
ZfF	Zeitschrift für das Fürsorgewesen (1.1949 ff; zitiert nach Jahr und Seite)
ZfHK	Zeitschrift für das gesamte Handelsrecht und Konkursrecht (zitiert nach Band und Seite)
ZfKrW	Zeitschrift für das gesamte Kreditwesen (zitiert nach Jahr und Seite)
ZfRphil	s ZRPhil
ZfRvgl	Zeitschrift für Rechtsvergleichung (zitiert nach Jahr und Seite)
ZfS	Zentralblatt für Sozialversicherung, Sozialhilfe und Versorgung. Zeitschrift für das Recht der Sozialen Sicherheit (wechselnde Titel; 1.1947 ff; zitiert nach Jahr und Seite)
ZfSchweizR	Zeitschrift für Schweizerisches Recht (NF 1.1852 ff; zitiert nach Jahr, Halbband und Seite)
ZfSozH	Zeitschrift für Sozialhilfe (zitiert nach Jahr und Seite)
ZfSozP	Soziale Sicherheit. Zeitschrift für Sozialpolitik (zitiert nach Jahr und Seite)
ZfVers	Zeitschrift für Versicherungswesen (zitiert nach Jahr und Seite)
ZfWas	Zeitschrift für Wasserrecht (zitiert nach Jahr und Seite)
ZG	Zusammenstellung der gutachtlichen Äußerungen zum Entwurf eines BGB, gefertigt im Reichsjustizamt, 6 Bde (1890/91; zitiert nach Band und Seite)
ZGB	Zivilgesetzbuch (in Verbindung mit dem jeweils erlassenden Staat)
ZGenW	Zeitschrift für das gesamte Genossenschaftswesen (zitiert nach Jahr und Seite)
ZGR	Zeitschrift für Unternehmens- und Gesellschaftsrecht (1.1972 ff; zitiert nach Jahr und Seite)
ZHR	Zeitschrift für das gesamte Handels- und Wirtschaftsrecht, früher: Zeitschrift für das gesamte Handels- und Konkursrecht (zitiert nach Jahrgang und Seite)
Ziff	Ziffer
ZivilG	Zivilgericht (zitiert mit jeweiligem Ortsnamen)
ZJBlBrZ	Zentral-Justizblatt für die Britische Zone. Amtliches Blatt für Rechtspflege (1.1947–3.1949; zitiert nach Jahr und Seite)
ZLR	Zeitschrift für Luftrecht (NF 1.1952–8.1959; vorher ArchLR, dann ZLW; zitiert nach Jahr und Seite)
ZLW	Zeitschrift für Luftrecht und Weltraumrechtsfragen (9.1960 ff; vorher ZLR; zitiert nach Jahr und Seite)
ZMR	Zeitschrift für Miet- und Raumrecht (5.1952 ff; vorher HMR; zitiert nach Jahr und Seite)
ZOR	Zeitschrift für osteuropäisches Recht (zitiert nach Band, Jahr und Seite)
ZPO	Zivilprozeßordnung idF vom 12. 9. 1950 (BGBl I 535, BGBl III 3 Nr 310–4)
ZPO-DDR	Gesetz über das gerichtliche Verfahren in Zivil-, Familien- und Arbeitsrechtssachen – Zivilprozeßordnung – vom 19. 6. 1975 (GBl-DDR I 533)

Gesetz zur Regelung des Rechts der Allgemeinen Geschäftsbedingungen

(BGBl I 3317)

Vom 9. 12. 1976

Einleitung zum AGBG

Schrifttum*

Brandner, s Ulmer; Coester-Waltjen, s Schlosser; Dietlein, Neue Rechtsmaßstäbe für Allgemeine Geschäftsbedingungen? NJW 1974, 969 ff; ders, Neues Kontrollverfahren für Allgemeine Geschäftsbedingungen, NJW 1974, 1065 ff; Dietlein-Rebmann, AGB aktuell. Erläuterungen zum Gesetz zur Regelung des Rechts der Allgemeinen Geschäftsbedingungen (1976); Dittmann-Stahl, Allgemeine Geschäftsbedingungen, Kommentar für den Geschäftsverkehr in Handel, Industrie, Handwerk und Dienstleistungsgewerbe (1977); Eickmann, Allgemeine Geschäftsbedingungen und Freiwillige Gerichtsbarkeit, Rpfleger 1978, 1; Eith, Zum Schutzbedürfnis gegenüber Allgemeinen Geschäftsbedingungen, NJW 1974, 16 ff; Emmerich, Die Problematik Allgemeiner Geschäftsbedingungen, JuS 1972; von Falkenhausen, Zur Auslegung des AGB-Gesetzes, BB 1977, 1124; Fehl, Systematik des Rechts der Allgemeinen Geschäftsbedingungen (1979); Gerlach, s Münchner Kommentar; Graba, s Schlosser; Grossmann-Doerth, Selbstgeschaffenes Recht der Wirtschaft und staatliches Recht (1935); Gumpert, Inhaltskontrolle von Formulararbeitsverträgen und Allgemeinen Geschäftsbedingungen, BB 1974, 139 ff; Heinrichs, s Palandt; Heldrich, s Palandt; Helm, Grundlagen einer normativen Theorie allgemeiner Geschäftsbedingungen, FS Ludwig Schnorr von Carolsfeld (1973) 125 ff; Keller, Das Gesetz zur Regelung des Rechts der Allgemeinen Geschäftsbedingungen, MDR 1977, 184; Kliege, Rechtsproblem der Allgemeinen Geschäftsbedingungen in wirtschaftswissenschaftlicher Analyse (1966); Koch-Stübing, Allgemeine Geschäftsbedingungen, Kommentar zum Gesetz zur Regelung des Rechts der Allgemeinen Geschäftsbedingungen (1977); Kötz, s Münchner Kommentar; ders, Welche gesetzgeberischen Maßnahmen empfehlen sich zum Schutz des Endverbrauchers gegenüber Allgemeinen Geschäftsbedingungen und Formularverträgen? 50. Deutscher Juristentag (1974) A 1 ff; Kronke, Zur Verwendung von Allgemeinen Geschäftsbedingungen im Verkehr mit Auslandsberührung, NJW 1977, 992; Kühne, Das Gesetz zur Regelung des Rechts der Allgemeinen Geschäftsbedingungen, JR 1977, 133, Lindacher, Rechtliche Inhaltskontrolle Allgemeiner Geschäftsbedingungen und Schutzbedürftigkeit des Kunden, BB 1972, 296 ff; Löwe, Das Gesetz zur Regelung des Rechts der Allgemeinen Geschäftsbedingungen, JuS 1977, 421; ders, Der Schutz des Verbrauchers vor Allgemeinen Geschäftsbedingungen – eine Aufgabe für den Gesetzgeber, FS Larenz (1973) 373 ff; Löwe-Graf von Westphalen-Trinkner, Kommentar zum Gesetz zur Regelung des Rechts der Allgemeinen Geschäftsbedingungen (1977); Lukes, Grundprobleme der AGB, JuS 1961, 301 ff; Müller-Graf, Das Gesetz zur Regelung des Rechts der Allgemeinen Geschäftsbedingungen, JZ 1977, 245; Münchner Kommentar zum Bürgerlichen Gesetzbuch, Bd 1, AGBG bearb v Kötz u Gerlach (1978); Naendrup, Die Teilnichtigkeit im Recht der AGB (1966); Nicklisch, Zum Anwendungsbereich der Inhaltskontrolle Allgemeiner Geschäftsbedingungen, BB 1974, 941 ff; Palandt, Bürgerliches Gesetzbuch (Kommentar), AGBG bearb v Heinrichs u Heldrich (38. Aufl 1978); Pawlowski, Bemerkungen zur Auslegung des AGB-Gesetzes, BB 1978, 161; Pinger, Die rechtspolitische Diskussion über eine Kontrolle der AGB, MDR 1974, 705; Raiser, Die gerichtliche Kontrolle von Formularbedingungen im amerikanischen und deutschen Recht (1968); Raiser,

---

* **1.** Die Auswahl geschah nach folgendem Prinzip: Aus der Zeit nach dem Inkrafttreten des AGBG alle Erläuterungswerke sowie die größeren allgemeinen Einführungsbeiträge in das neue Recht; aus der Zeit davor die wichtigsten Beiträge aus der schier unübersehbaren Fülle. Ausführliche Literaturangaben bei Schlosser-Coester-Waltjen-Graba VII ff.

2. In der Zitierweise der Erläuterunsgwerke ist aus Vereinfachungsgründen immer nur der jeweilige Bearbeiter genannt.

Das Recht der Allgemeinen Geschäftsbedingungen (Neudruck 1961); REHBINDER, Das Kaufrecht in den Allgemeinen Geschäftsbedingungen der deutschen Wirtschaft (2. Aufl 1979); REICH-TONNER, Rechtstheoretische und rechtspolitische Überlegungen zum Problem der Allgemeinen Geschäftsbedingungen, Hamburger Jahrbuch für Wirtschafts- und Gesellschaftsrecht (1973) 213 ff; SCHLOSSER-COESTER-WALTJEN-GRABA, Kommentar zum Gesetz zur Regelung des Rechts der Allgemeinen Geschäftsbedingungen (1977); SCHMIDT-SALZER, Allgemeine Geschäftsbedingungen (2. Aufl 1977); ders, Das Gesetz zur Regelung des Rechts der Allgemeinen Geschäftsbedingungen, NJW 1977, 129 ff; SCHULZ, Recht der Allgemeinen Geschäftsbedingungen, ZRP 1974, 96 f; STEIN, Gesetz zur Regelung des Rechts der Allgemeinen Geschäftsbedingungen – AGB-Gesetz –; Kommentar (1977); STÜBING, s KOCH; TILMANN, Das AGB-Gesetz und die Einheit des Privatrechts – Zugleich ein Überblick über die zum AGB-Gesetz erschienenen Erläuterungsbücher, ZHR 142, 52; TRINKNER, s LÖWE; ULMER, Welche gesetzgeberischen Maßnahmen empfehlen sich zum Schutz des Endverbrauchers gegenüber Allgemeinen Geschäftsbedingungen und Formularverträgen? 50. Deutscher Juristentag (1974) H 8 ff; ULMER-BRANDNER-HENSEN, AGB-Gesetz: Kommentar zum Gesetz zur Regelung des Rechts der Allgemeinen Geschäftsbedingungen (3. Aufl 1978); WEBER, Grundlagen zum Recht der Allgemeinen Geschäftsbedingungen, Betrieb 1970, 2355 ff; WOLF, Rechtsgeschäftliche Entscheidungsfreiheit und vertraglicher Interessenausgleich (1970).

Systematische Übersicht

I. Entstehung des Gesetzes
1. Der rechtstatsächliche Befund 1
2. Die Gesetzgebungsarbeit 6

II. Die Grundstruktur des Gesetzes
1. Die Gesetzessystematik 12
2. Die Anwendung des Gesetzes 16

III. Gesetzliche Sonderformen der Kontrolle von AGB 19
1. Kontrolle von AGB im Rahmen eines verwaltungsrechtlichen Genehmigungsverfahrens 20
2. Konditionenkartelle und -empfehlungen 23

I. Die Entstehung des Gesetzes

1 1. Der rechtstatsächliche Befund

Das AGBG war die überreife Frucht einer nahezu 40 Jahre langen, wenn auch in Intervallen geführten rechtspolitischen Diskussion, die ihren Ausgangspunkt 1935 in LUDWIG RAISER's Monographie „Das Recht der Allgemeinen Geschäftsbedingungen" (Neudruck 1961) genommen hatte. Hier ist nicht der Ort, den Entwicklungsgang von Rspr und Lit im einzelnen nachzuzeichnen. Jedenfalls war Anfang der 70er Jahre der rechtstatsächliche Befund aufgearbeitet. Folgendermaßen sah und sieht er aus:

2 **a)** Das BGB geht von der Modellvorstellung des in seinen Einzelheiten frei ausgehandelten und darum in seiner inhaltlichen Richtigkeit bestätigten (SCHMIDT-RIMPLER AcP 147, 130) Vertrags aus. Die – auch rechtsvergleichend – unerhörte Zurückdrängung des zwingenden Rechts im BGB ist der markanteste Ausdruck dieser Grundeinstellung. Diesem Modell entsprach niemals die Wirklichkeit. Sie entspricht dem heute weniger denn je.

3 **b)** Die Wirklichkeit entspricht ihm einmal nicht wegen des typischen Machtgefälles zwischen den Vertragspartnern. Schon der Individualvertrag wird in seiner „Richtigkeitsgarantie" sehr häufig durch die überlegene Stellung eines der Beteiligten verfälscht. Wie könnte es sonst zu Notverkäufen unter Wert kommen? Die fortwährende Anreicherung des privaten Mietrechts durch zwingende Vorschriften war gewiß nicht wegen der üblichen Gestaltung vorformulierter Mietvertragsbedingungen nötig. Jedoch hat sich die Verhandlungsüberlegenheit bestimmter Anbieter oder Anfrager gerade in AGB ihr typisches Machtinstrument geschaffen.

Zu Anfang der Diskussion sah man daher nur die wirtschaftliche Überlegenheit bestimmter Anbieter. Die gesamte AGB-Problematik erschöpfte sich für diese Sicht in der systematischen Ausnutzung von Monopolstellungen (Einl 4 zu § 8). Charakteristisch für die AGB-Problematik ist aber die intellektuelle Überlegenheit des Aufstellers von Bedingungswerken. Er durchschaut die Tragweite des dispositiven Rechts und die sich ihm in Form der Vertragsausgestaltungsfreiheit bietenden Chancen. Sein Vertragspartner ist schon damit überfordert, das ihm vorliegende Bedingungswerk überhaupt nur in Ruhe durchzulesen, geschweige denn, es zu verstehen.

c) Freilich bliebe das Bild der überlegenen Stellung des Bedingungswerksverwenders 4
unvollständig, wenn man nicht nach den Ursachen seiner intellektuellen Überlegenheit fragte. Denn ganz gewiß liegt sie nicht in einem typischen Bildungsgefälle zwischen Verwender und seinem Vertragspartner. Für den Verwender lohnt sich der Regelungsaufwand. Er, der massenweise gleichförmige Leistungen anbietet oder bezieht, hat mit Sicherheit den Vorteil ihn begünstigender Bedingungen. Das abgewälzte Risiko würde sich im statistischen Mittel effektiv zu seinen Lasten auswirken. Häufig kann er, will er verantwortungsbewußt kalkulieren, gar nicht anders als Verträge auf vorformulierter Basis abschließen. Das streckenweise nur eine sehr geringe Regelungsdichte aufweisende dispositive Recht würde eine solche Kalkulationsgrundlage nicht abgeben; ohne massenhafte gleichförmige Vertragsabschlüsse ließe sich eine ratinalisierte Vertragsabschlußpraxis nicht aufbauen (dazu sehr eindringlich Koch-Stübing Einl 9 ff zu § 1). In einer Marktwirtschaft kann der Abnehmer, wenn er nicht Groß- und Massenabnehmer ist, an der Institution Vertragsfreiheit in Gestalt der Auswahl, nicht aber in der der individuellen Mitausgestaltung teilhaben. Die Verwirklichung verschiedener, üblicherweise in AGB geregelter Risiken gerade in seinem Interessenkreis ist so unwahrscheinlich, daß sich eine Einarbeitung in die Regelungsmaterie und der anschließende Verhandlungsaufwand für bessere Bedingungen nicht lohnt (so erstmals herausgearbeitet von Kötz A 31 f). Das aber wiederum führt dazu, daß auch ein Konditionenwettbewerb ausbleibt. Selbst im AGB bewußten kaufmännischen Rechtsverkehr sind Verhandlungsversuche zur Einzelabänderung gestellter AGB außerordentlich selten. Der Kampf geht meist nur um die globale Einbeziehung der Bedingungen der einen oder der anderen Seite. Zwangsläufig eskaliert die durch Wettbewerb nicht kontrollierte Kautelarpraxis zu immer groteskeren Steigerungen in der Suche nach Bedingungsvorteilen für den Aufsteller.

d) Das Bewußtsein der Unentbehrlichkeit von AGB für den wirtschaftlichen Mas- 5
senverkehr war wohl auch verantwortlich für die extreme Liberalität, welche die Rspr bei Beurteilung der Einbeziehungsvoraussetzungen zeigte (§ 2 Rz 1). Dazu kam freilich auch ein Stück richterlicher Bequemlichkeit. Der Richter konnte auf der Basis der als einbezogen betrachteten AGB so manches Verfahren abkürzen. Dies hatte für die Rechtsentwicklung ihre spezifische Chance. Erst als sich nach und nach das Gerechtigkeitsdefizit offenbarte, welches eine solche Handhabung der Einbeziehungsvoraussetzung mit sich gebracht hatte, wurde sich die Judikatur ihrer Aufgabe bewußt, korrigierend eingreifen zu müssen. In den Einbeziehungsvoraussetzungen durch sich selbst präjudiziert, mußte sie notgedrungen dem Übel an der Wurzel beikommen, dh zur offenen Inhaltskontrolle schreiten.

2. Die Gesetzgebungsarbeit 6

Dieser rechtstatsächliche Befund hat das Ziel der Gesetzgebungsarbeit vorgezeichnet: eine griffige, aber von den Schwerfälligkeiten bürokratischer Beaufsichtigung frei gehaltene Inhaltskontrolle mußte geschaffen werden. Alles andere waren Fragen der rechten Dosierung und der Exaktheit der Detailregelung. Eine 1970/71 einsetzende Fülle konkreter rechtspolitischer Vorschläge kam der Gesetzesvorbreitung zustatten (Übersicht bei Löwe Einf 1 zu § 1).

7 **a)** Die offiziellen Arbeiten begannen im Dezember 1972 mit der Einsetzung einer **„Arbeitsgruppe"** durch den Bundesminister der Justiz, der fünfzehn Persönlichkeiten aus Wissenschaft, Justiz, Ministerialverwaltung, Wirtschafts- und Verbraucherverbänden angehörten. Der Auftrag der Gruppe war es, „Vorschläge für eine Verbesserung des Schutzes des Letztverbrauchers gegenüber Allgemeinen Geschäftsbedingungen zu erarbeiten". Bereits damit war für das anstehende Reformvorhaben im Interesse seiner raschen Verwirklichung eine Ausklammerung des innerkaufmännischen Verkehrs vorgezeichnet, wie sie sich dann endgültig in der Unanwendbarkeit der griffigsten Bestimmungen des AGBG, nämlich der §§ 2, 10 f auf diesem Bereich niedergeschlagen hat.

Im März 1974 legte die Arbeitsgruppe unter dem Titel „Vorschläge zur Verbesserung des Schutzes des Verbrauchers gegenüber Allgemeinen Geschäftsbedingungen" einen ersten Teilbericht vor (herausgegeben vom Bundesminister der Justiz. Dazu Dietlein NJW 1974, 969, 1065). Dieser enthielt einen ausformulierten Entwurf zu den als regelungsbedürftig empfundenen materiellrechtlichen Fragen. Das Grundsystem des jetzigen Gesetzes, Verschärfung der Einbeziehungsvoraussetzungen, „schwarze Liste" unwirksamer Klauseln (unterteilt nach solchen mit und ohne Bewertungsspielraum für den Rechtsanwender) und Generalverbotsklausel geht auf diesen Entwurf zurück.

8 **b)** Der Entwurf der Arbeitsgruppe wurde nahezu unverändert zum ersten Referentenentwurf – RefE – (abgedruckt mit Erläuterungen in Betrieb Beil Nr 18/1974 zu Heft 39), dem kurze Zeit später ein nicht veröffentlichter zweiter Referentenentwurf folgte.

9 **c)** Auch der Mitte 1975 bei den gesetzgebenden Körperschaften eingebrachte Regierungsentwurf – RegE – (BT-Drucks 7/3919 = BR-Drucks 360/75) brachte keine wesentliche Änderungen. Zwischenzeitlich aufkommende Kritik verwertend gestaltete er freilich den § 2 über die Einbeziehungsvoraussetzungen um. Außerdem entschärfte er an einigen Stellen den Katalog unwirksamer Klauseln.

10 **d)** Inzwischen hatte die Arbeitsgruppe (oben Einl 7) einen zweiten Teilbericht vorgelegt, der Vorschläge zu einem Verfahrensteil enthielt, der den früheren Entwurf abrunden sollte. Da alles darauf hindeutete, daß in der damals laufenden Legislaturperiode des Bundestags allenfalls eine materiell-rechtliche Regelung zustande kommen würde, begnügte sie sich damit, ihre Vorstellungen der Öffentlichkeit in Form begründeter Thesen zu unterbreiten (herausgegeben vom Bundesminister der Justiz 1975). Diesen Vorschlägen zufolge sollte ein „abstraktes Prüfungsverfahren" und ein „Musteraufstellungsverfahren" eingeführt werden. Ersteres unterschied sich von dem Gesetz gewordenen Verfahren durch den Einbau eines eigenen Bundesamtes für Verbraucherschutz als wichtigster initiativberechtigter Stelle wie durch die bewußte Lösung des Verfahrens vom wettbewerbsrechtlichen Unterlassungsklage-Modell. Das Musteraufstellungsverfahren war dazu gedacht, „bundeseinheitliche Modelle allgemeiner Geschäftsbedingungen" zu bringen, „die Leitbilder angemessener Regelungen für bestimmte Arten von Verträgen enthalten" sollten. Zur Aufstellung solcher Muster war eine unabhängige Stelle vorgesehen, die mit drei neutralen Persönlichkeiten und mit je einer unabhängigen Persönlichkeit aus den Kreisen der beiden Marktpartner besetzt sein sollte.

11 **e)** In der Schlußphase der Entstehungsgeschichte des Gesetzes überstürzten sich die Dinge.

Dem Regierungsentwurf eine Nasenlänge voraus, brachte die CDU/CSU-Fraktion einen eigenen Entwurf ein (BT-Drucks 7/3200), der aber sehr deutlich vom ersten Teilbericht der Arbeitsgruppe (oben Einl 7) beeinflußt war, insbesondere in seinem Katalog unzulässiger Klauseln. Der Entwurf enthielt auch einen Verfahrensteil, der sich freilich auf die Einführung einer sich am Vorbild des Wettbewerbsrechts orientierenden bloßen Unterlassungsklage beschränkte.

Diese Initiative führte dazu, daß der Deutsche Bundestag glaubte, auf eine Verfahrensregelung auch nicht vorläufig und mit der Absicht verzichten zu können, sich des Problems in der folgenden Legislaturperiode gründlich anzunehmen. Er mußte sich aber dann wegen des bevorstehenden Endes der Legislaturperiode notgedrungen für die vorgeschlagene kleine Verfahrenslösung entscheiden: Unterlassungsklage statt Aufsichtsverfahren, kein Musteraufstellungsverfahren, keine Klageberechtigung öffentlicher Behörden (zu den einzelnen Stadien der parlamentarischen Gesetzgebungsarbeit: BT-Drucks 7/5412 – Antrag des Rechtsausschusses des Bundestages; BT-Drucks 7/5422 – Bericht des Rechtsausschusses; BT-Drucks 7/5617 – Anrufung des Vermittlungsausschusses durch den Bundesrat; BT-Drucks 7/5636 – Antrag des Vermittlungsausschusses. Die Materialien sind wiedergegeben bei Dietlein-Rebmann „AGB-aktuell". Zur Angabe der stenographischen Berichte aus den gesetzgebenden Körperschaften s Löwe nach Einl 24 zu § 1).

Immerhin blieb auch den Vorschlägen der Arbeitsgruppe in der zunächst vom Bundestag gebilligten Fassung des Gesetzes die erstinstanzliche Zuständigkeit des OLG und die Rechtskrafterstreckung zu Gunsten der Vertragspartner des im abstrakten Unterlassungsverfahren verurteilten Verwenders erhalten. Nur das letztere hat, obwohl das AGBG kein zustimmungsbedürftiges Gesetz war, die Einschaltung des Vermittlungsausschusses durch den Bundesrat überlebt. Über den gerichtsverfassungsrechtlichen Schatten, daß den Oberlandesgerichten auch sonst erstinstanzliche Zuständigkeit in Zivilsachen abgeht, wagte man nicht mehr zu springen.

II. Grundstrukturen des Gesetzes

1. Die Gesetzessystematik 12

Die offizielle Gesetzesgliederung – est in letzter Minute durch den Vermittlungsausschuß in ihre endgültige Form gebracht (BR-Drucks 652/76) – bringt die inneren Schwerpunkte des Gesetzes auch nicht annähernd zum Ausdruck. Es sind deren vier: Die sog „Allgemeinen Vorschriften" mit der speziell auf sie zugeschnittenen AGB-Definition in § 1; die Vorschriften über die Inhaltskontrolle in §§ 8–11 – wiederum mit einer eigens für diesen Bereich geschaffenen AGB-Definition; die Normen über das abstrakte Unterlassungs- und Widerrufsverfahren, die an den AGB-Begriff anknüpfen, welcher für die Inhaltskontrolle aufgestellt worden war; schließlich die Vorschriften über den Anwendungsbereich in §§ 23 ff, Vorschriften, zu denen man bei richtiger Systematik auch den § 12 über den internationalen Anwendungsbereich des Gesetzes rechnen muß.

a) In den **§§ 2–6** findet sich im wesentlichen Gedankengut formuliert, das traditioneller Rspr entspricht. Nichteinbeziehung überraschender Klauseln (§ 3), Vorrang der Individualabrede (§ 4), Auslegung zu Lasten des Aufstellers (§ 5), und von § 139 BGB abweichende Grundsätze über das Schicksal des Gesamtvertrages im Falle mißlungener Einbeziehungsversuche (§ 6) – das alles war auch schon vor Inkrafttreten des Gesetzes allzeit und unterschiedslos für alle Vertragsarten und alle denkbaren Vertragspartner anerkannt. Die Funktion der ausdrücklichen gesetzli- 13 chen Festschreibung dieser Grundsätze erschöpft sich daher im wesentlichen in einer Vertiefung des Rechtsbewußtseins.

Lediglich die Verschärfung der Einbeziehungsvoraussetzungen in § 2 – die aber nur für den Verkehr mit privaten Letztverbrauchern gelten, § 24 Abs 1 – ist eine inhaltliche Neuschöpfung des Gesetzes. Freilich ist sie, gemessen an der Grundanlage des Gesetzes, ein Fremdkörper in ihm. Daß über eine Verschärfung der Einbeziehungsvoraussetzungen der allseits beklagten einseitigen Interessenwahrung durch AGB-Aufsteller nicht abgeholfen werden konnte, war Allgemeingut der Diskussion. Man kann daher § 2 sinnvollerweise auch nur als Vorschrift interpretieren, welche die Information des Vertragspartners über den Inhalt der einbezogenen AGB für den Fall von Störungen in der Vertragsabwicklung gewährleisten soll (§ 2 Rz 26).

Nur für den Bereich der §§ 2–5 gilt die weite Begriffsbestimmung von AGB in § 1 des Gesetzes, die alles „Allgemeine Geschäftsbedingungen" sein läßt, was in der Absicht vorformuliert wurde, für eine „Vielzahl" von Verträgen Inhalt zu werden. Über diesen beschränkten Anwendungsbereich der Definitionsnorm von § 1 darf man sich auch nicht dadurch täuschen lassen, daß der Wortlaut der Norm eine solche Beschränkung nicht erkennen läßt. Aber § 8 gibt für die Normen, welche die Inhaltskontrolle regeln, eine ingeschränkte AGB-Definition. Die Regelung über das abstrakte Verfahren schließen sich ihrerseits an letztere Begriffsbestimmung an. Denn sie beziehen sich nur auf AGB-Bestimmungen iS der §§ 9–11 (§ 13). Eben diese stehen aber nach § 8 unter dem Vorbehalt des dort niedergelegten eingeschränkten AGB-Begriffs.

14 **b)** Die **§§ 8–11** sind das Kernstück des Gesetzes. Daß dies wegen deren praktischer Bedeutung so gesagt werden kann, liegt auf der Hand. Die Aussage gilt vor allen Dingen aber auch im Bezug auf die inhaltlichen Neuerungen, welche die §§ 9–11 entgegen dem Anschein gebracht haben, der sich bei oberflächlicher Lektüre einstellt. Hinter der Systematik: Unwirksamkeitsbestimmungen, die dem Rechtsanwender keine Wertungsmöglichkeit lassen (§ 11), Unwirksamkeitsbestimmungen mit wertausfüllungsbedürftigen Tatbestandsmerkmalen (§ 10 und Generalklausel – Einl 6 ff zu § 8) verbirgt sich nämlich ein gegenüber der „richtlichen" Inhaltskontrolle völlig neuartiger Ansatz. Klauseln, welche den Anforderungen der §§ 9–11 nicht entsprechen, sind nämlich unwirksam und nicht nur einschränkend auszulegen. Die frühere Rspr versuchte immer wieder, mit teleologischer Reduktion, einschränkender Auslegung, Unzulässigkeit der Berufung auf Klauseln im Einzelfall und ähnlichen Hilfstechniken zu arbeiten, um eine Klausel auf ihren gerade noch zulässigen Inhalt zurückführen zu können (Beispiele bei Coester-Waltjen § 11 Nr 7 Rz 12).

Dadurch war dem Vertragspartner des Verwenders das Interpretationsrisiko zugeschoben, das mit einer Klausel verbunden war. Weitgehend konnte es sich ein Verwender leisten, überzogene Klauseln zu verwenden und berechtigterweise hoffen, die Gerichte würden sie schon auf ihr (gerade noch) zulässiges Maß zurückführen. Jeder Verwender war sogar gut beraten, so vorzugehen. Andernfalls hätte er es riskiert, daß er seinem Vertragspartner in falscher Einschätzung der Rspr mehr Zugeständnisse machte, als unerläßlich waren. Die Gesetz gewordenen Vorschriften über die Inhaltskontrolle weisen das Interpretationsrisiko nunmehr dem Verwender zu. Er muß sich entscheiden, was er seinem Kunden gewähren will und was nicht. Bleibt er hinter der in §§ 9–11 festgeschriebenen Mindestrechtsstellung seiner Kunden zurück, dann ist eine Klausel insgesamt unwirksam. Das dispositive Gesetzesrecht tritt an ihre Stelle und nicht das gerade noch zulässige Maß. Als Beispiel diene ein trickreicher AGB-Einfall, der in der Automobilbranche rasche Verbreitung gefunden hat. In den formularmäßig ausgearbeiteten Kaufverträgen sind bezüglich der Lieferzeit zwei Alternativen vorgesehen, eine „verbindliche" und eine

„unverbindliche“ Lieferfrist. Dem äußeren Anschein nach soll jeweils individuell das eine oder das andere angestrichen werden. Intern besteht aber häufig strenge Weisung, nur unverbindliche Lieferfristen zu gewähren, so daß das dafür vorgesehene Kästchen von der das Formular „individuell“ ausfüllenden Firma routinemäßig angestrichen wird, bevor es der Kunde zu Gesicht bekommt. Es handelt sich also entgegen dem äußeren Anschein klar um eine AGB-Bestimmung (§ 1 Rz 17). Sie verstößt gegen § 10 Nr 1. Es gilt dann aber nicht etwa die als unverbindlich ausgewiesene Lieferfrist als verbindlich. Vielmehr ist gar keine Lieferfrist Vertragsbestandteil geworden. Der Käufer hat einen Anspruch auf sofortige Lieferung.

Der Konsequenz, daß eine den Vertragspartner des Verwenders zu stark belastende Klausel ingesamt unwirksam ist und nicht nur auf ihr erträgliches Maß zurückgeführt wird, kann man sich im allgemeinen auch nicht durch salvatorische Klauseln („soweit dem gesetzliche Vorschriften nicht entgegenstehen“) entziehen. Dies findet sich im Zusammenhang mit der Erläuterung der Grenzen möglicher Haftungsfreizeichnung (§ 11 Nr 7 Rz 29) beispielhaft ausgeführt (s dazu auch § 5 Rz 7).

Neben dieser strukturellen Umorganisation der Inhaltskontrolle haben § 10 und vor allen Dingen § 11 auch inhaltlich in nicht wenigen wirtschaftlich sehr wichtigen Einzelheiten Neuland beschritten, beispielsweise in jener Vorschrift, welche die Verkürzung von Gewährleistungsfristen nicht mehr zuläßt (§ 11 Nr 10 Buchst f Rz 80).

c) Die Vorschriften über das **„Verfahren“** haben in der früheren Rechtslage keinen 15
Vorgänger. Ohne Übertreibung läßt sich sagen: die Gebrechlichkeiten des früheren Rechts lagen, seit der BGH die Notwendigkeit und Zulässigkeit offener richterlicher Inhaltskontrolle von AGB anerkannt hatte (Einf 2 zu § 8), nicht darin, daß der Vertragspartner des Verwenders im Prozeß mit diesem eines angemessenen Schutzes hätte entraten müssen. Die Gefahr für ihn als eines meist rechtlich ungewandten Bürgers bestand darin, im vorprozessualen Raum bei Störungen in der vorgesehenen Vertragsabwicklung mit unangemessenen Klauseln konfrontiert zu werden und im Vertrauen auf deren Wirksamkeit zu resignieren. Dem soll die Möglichkeit vorbeugen, daß nunmehr auf Unterlassung der Verwendung unwirksamer Klauseln – im Falle von Empfehlungen sogar auf deren Widerruf – geklagt werden kann, noch bevor sie gegenüber irgendeinem Vertragspartner des Verwenders geltend gemacht werden oder auch nur werden können. Freilich hat die Auswahl der gesetzlich Klagebefugten dazu geführt, daß die ersten Erfahrungen, welche mit dem neuen Rechtsinstitut gesammelt wurden, geeignet sind, es in Mißkredit zu bringen (§ 13 Rz 1).

2. Die Anwendung des Gesetzes 16

Zwar gibt es eine Reihe von Sonderproblemen, die im Zusammenhang mit der Auslegung von AGB auftreten (§ 5 Rz 17 ff). Das AGBG selbst unterliegt aber in seiner praktischen Handhabung keinen anderen Grundsätzen über Gesetzesauslegung und Gesetzesanwendung als andere Normen des Privatrechts. Es kann Anlaß bestehen, Bestimmungen des Gesetzes extensiv, andere restriktiv auszulegen, eine Vorschrift analog anzuwenden eine andere einer teleologischen Reduktion zu unterziehen. Grundsätzlich gelten auch die allgemeinen Grundsätze über Gesetzeskonkurrenz (a). Dies zu betonen darf aber nicht zu Fehlschlüssen über die Notwendigkeit bestimmter Arbeitstechniken des Rechtsanwenders führen (b).

a) Das AGBG versucht, dem Phänomen unangemessener Formularbedingungen 17
von verschiedenen Ansatzpunkten her beizukommen, die im Verhältnis der **abgestuften Spezialität** zueinander stehen.

Am klarsten kommt dies in den §§ 9–11 zum Ausdruck. Die verschiedenen Nummern des § 11 sind Spezialregelungen. Was unter die durchgehend deskriptiven Tatbestandsmerkmale dieser Norm fällt, ist an §§ 9 und 10 nicht mehr zu messen. Was unter die deskriptiven Tatbestandsmerkmale des § 10 fällt, bedarf keiner Wertung mehr nach der Generalklausel (Einl 8 zu § 8).

Nichts anderes gilt aber im Prinzip auch für das Verhältnis der §§ 2–4 zu den Vorschriften über die Inhaltskontrolle. Erstere sollen nach der Konzeption des Gesetzes die erste Prüfungsphase konstituieren. Was „nicht Bestandteil des Vertrages" geworden ist, bedarf nicht mehr der Prüfung, ob es auch nach §§ 9–11 unwirksam ist oder nicht (aM mit beachtlichen Gründen KOCH-STÜBUNG § 3 Rz 5: §§ 9–11 leges speciales im Verhältnis zu den §§ 2–4). §§ 2–4 sind leges speciales im Verhältnis zu den Vorschriften über die Inhaltskontrolle.

Für das Verhältnis der §§ 2–4 zueinander läßt sich sicherlich ein Vorrang von § 2 als einer Formvorschrift (dazu § 2 Rz 2) behaupten. Jedoch hat dies praktisch keinen großen Aussagegehalt, weil § 2 die Einbeziehung eines gesamten Klauselwerks und nicht Einzelklauseln betrifft, die Anwendungsbereiche von § 2 einerseits und der §§ 3 ff anderseits sich also nahtlos aneinanderreihen. Zwischen § 3 und § 4 ein Rangverhältnis ausmachen zu wollen, ist im Grunde müßig, weil die Rechtsfolgen beider Bestimmungen die gleichen sind (s im einzelnen § 3 Rz 23, § 4 Rz 11).

18 **b)** Es ist nämlich nie zu übersehen, daß eine strikte Beachtung eines im Gesetz zum Ausdruck kommenden Spezialitätsverhältnisses verschiedener Normbereiche zueinander nur Sinn gibt, wenn die speziellere Norm eine andere Rechtsfolge anordnet als die generelle. Da, wo die Rechtsfolgen die gleichen sind, ist es dem Rechtsanwender erlaubt, die genaue Abgrenzung der Anwendungsbereiche verschiedener Normen dahingestellt sein zu lassen und zu argumentieren, wenn nicht schon die eine mehrer zur gleichen Rechtsfolge führender Normen angewandt werden könne, so dann jedenfalls eine andere. Die Rechtsfolgen „nicht Vertragsbestandteil geworden" und „unwirksam" lassen sich in Bezug auf ein und dieselbe AGB-Bestimmung entgegen häufig artikulierter Vorstellung (LÖWE § 3 Rz 2; § 4 Rz 12; § 9 Rz 8; SCHMIDT-SALZER F 24, 25; wie hier KOCH-STÜBING § 3 Rz 6) in der Tat auch nicht unterscheiden. In der Praxis der Rechtsanwendung ist folglich im allgemeinen eine Abgrenzung der Anwendungsbereiche der Normen §§ 2–4 und 9–11 sowohl im einzelnen als auch im Bezug auf die beiden Gruppen entbehrlich. Für das Verhältnis der §§ 9– 11 zueinander läßt sich dies mit Gründen nicht bestreiten (Einl 11 zu § 8). Es gilt grundsätzlich aber auch für das Verhältnis der Gesamtheit der Vorschriften über die Inhaltskontrolle zur Gesamtheit der §§ 2–4. Allerdings können nur die Vorschriften über die Inhaltskontrolle als Prüfungsmaßstab einer Unterlassungs- und Widerrufsklage dienen (§ 13 Rz 3). Das aber ist für den im Individualprozeß zur Inzidentprüfung aufgerufenen Richter kein Hinderungsgrund, die Abgrenzung der Anwendungsbereiche der beiden Normgruppen offenzulassen und zu sagen, eine Klausel sei überraschend, ob sie nun der Inhaltskontrolle verfallen würde oder nicht, oder umgekehrt: sie verfalle der Inhaltskontrolle, ob sie nun überraschenden Charakter habe oder individualvertragswidrig sei (aM LÖWE Einf 21 zu § 8).

Auch im Unterlassungsverfahren kann die inhaltliche Unangemessenheit einer Klausel aus ihrem tendenziell überraschenden oder individualvertragsfernen Charakter hergeleitet werden (§ 9 Rz 14).

Für die Tagesarbeit des Rechtsanwenders wichtig ist die Abgrenzung der Anwendungsbereiche der §§ 3 und 4 einerseits und der §§ 9–11 andererseits daher insgesamt überhaupt nur im abstrakten Unterlassungs- und Widerrufsverfahren und auch insoweit lediglich, als konkret getroffene Individualvereinbarungen und sonst individuelle Besonderheiten in den Beziehungen des Verwenders zu einem bestimmten Vertragspartner im Rahmen dieses Verfahrens keine Rolle spielen können, wohl aber im Individualprozeß als Bewertungselement in die Anwendung von §§ 3 und 4 eingehen dürfen.

III. Gesetzliche Sonderformen der Kontrolle von AGB 19

Das AGBG hat zwar erstmals das Phänomen der Unangemessenheit von AGB nahezu umfassend in den Griff zu nehmen versucht. Auf Sondergebieten war der Gesetzgeber jedoch schon wesentlich früher tätig geworden. Er hat hierbei unterschiedliche Regelungstechniken entwickelt.

Gelegentlich hat ein Gesetz zwingendes Recht auf einem Gebiet gesetzt, wo praktisch nur mit vorformulierten Vertragstexten gearbeitet wird. Dann ist das Gebiet durch die Spezialgesetzgebung erschöpfend geregelt. Einer zusätzlichen Kontrolle nach dem AGBG unterliegen die Verträge nicht mehr. Beispiel: § 11 Nr 12 Rz 7. Von vornherein auszuscheiden sind auch die Fälle, in denen der Inhalt von Vertragsbestimmungen durch **Rechtsverordnung** als zwingendes staatliches Recht vorgegeben oder begrenzt ist. Ein jüngeres Beispiel für letzteres ist etwa die Verordnung über die Pflichten der Träger von Altenheimen, Altenwohnheimen und Pflegeheimen für Volljährige im Falle der Entgegennahme von Leistungen zum Zwecke der Unterbringung eines Bewohners oder Bewerbers (Heimsicherungsverordnung) vom 28. 4. 1978 (BGBl 1978 I Nr 23). In dessen § 4 heißt es: „Die Pflichten des Trägers nach dieser Verordnung . . . können vertraglich weder ausgeschlossen noch begrenzt werden". Beispiele für positiv erschöpfende Regelungen von Vertragsbeziehungen durch AGB, die den Charakter einer Rechtsverordnung haben, bietet das Verkehrswesen (s § 9 Rz 174 Beispiel: OLG Köln MDR 1976, 576 – Möbeltransport) und das Energieversorgungswesen (Erl zu §§ 26, 27). Der Umstand, daß in solchen Fällen zwingendes Recht nicht durch förmliches Gesetz, sondern durch Rechtsverordnung geschaffen worden ist, bringt für die Rechtsanwendung keine Besonderheiten mit sich. Ein AGB-Problem entsteht nicht. Das AGBG ist nicht etwa höherrangiges Recht, an welchem solche Rechtsverordnungen zu messen wären, etwa dahingehend, ob sie mit den Anforderungen des AGBG an den inhaltlichen Standard eines Bedingungswerkes „übereinstimmen". Speziell für die genannten Energieversorgungsbedingungen ist in § 23 Abs 2 Nr 2 sogar klar vorausgesetzt, daß sie als Normen des objektiven Rechts dem AGBG nicht unterliegen (BR-Drucks 360/75 S 42; zum ganzen ausführlich Schlosser Kommentar AGBG § 2 Rz 7 ff). Zu den Benutzungsordnungen von öffentlich-rechtlichen Trägern der Leistungsverwaltung s § 1 Rz 3. AGB iS des AGBG sind aber solche Spezialbedingungen, welche einer verwaltungsmäßigen Kontrolle unterliegen, bevor sie in den Verkehr gebracht werden können (1), sowie Konditionenempfehlungen (2).

1. Kontrolle von AGB im Rahmen eines verwaltungsrechtlichen Genehmigungsverfahrens oder durch verwaltungsrechtliche Verbotsgesetze 20

In zweierlei Arten können AGB mit einem verwaltungsrechtlichen Genehmigungsverfahren in Berührung kommen. Einmal können sie unmittelbar einer Genehmigungspflicht unterliegen (a), zum anderen kann der Inhalt von AGB auch mittelbar im Zusammenhang mit gewerberechtlichem Zulassungsverfahren eine Rolle spielen (b).

a) Der wichtigste Fall einer **Genehmigungspflicht** für die Verwendung von AGB ist 21
§ 5 Abs 3 Nr 2 VAG. Danach sind Geschäftsbedingungen Teil eines Geschäftsplans,

der bei Eröffnung eines Versicherungsgewerbes aufsichtsrechtlich genehmigt werden muß. Eines der Genehmigungskriterien ist die Frage, ob die Belange der Versicherten hinreichend gewahrt sind. Dies ist sicherlich nicht der Fall, wenn in einer vom AGBG nicht gedeckten Weise zu ihrem Nachteil vom dispositiven Gesetzesrecht abgewichen wird oder wenn sie sonst in einer diesem Gesetz widersprechenden Weise behandelt werden sollen (Löwe Einf 38 zu § 8).

Ähnliche Vorschriften finden sich verstreut über die ganze Rechtsordnung (Nachw bei Löwe aaO). Vor Inkrafttreten des AGBG verfocht man die These von der zivilrechtlichen Wirksamkeit der Einbeziehung nicht genehmigter aber genehmigungsbedürftiger AGB (statt aller Prölss-Martin VVG Vorbem I 6 a – mit Hinweisen zu einigen Ausnahmen; BGH MDR 1973, 999).

Das mag unbefriedigend erscheinen, weil man auf diese Weise dem Vertragspartner des Verwenders die Möglichkeit nimmt, sich auf einen ihm vom Gesetz zugedachten Schutz zu berufen. Jedoch ist es nicht möglich, die Einbeziehung nicht genehmigter, aber genehmigungspflichtiger AGB unabhängig von ihrem Inhalt als unangemessen iSv § 9 hinzustellen.

Die Tatsache der öffentlich-rechtlichen Genehmigung solcher Bedingungen schafft auf der anderen Seite keinen Tatbestand, der die Anwendbarkeit der §§ 2–4, 9–11 irgendwie tangierte. Trotz Genehmigung können solche Bedingungen der Inhaltskontrolle verfallen (BGH NJW 1979, 597) oder ihr Ziel, „Vertragsbestandteil" zu werden, verfehlen.

Eine Ausnahme besteht, wenn das Gesetz selbst genehmigte Bedingungen als „angemessen" bezeichnet, wie zB in §§ 40 Abs 2 S 3, 174 Abs. 4, 176 Abs. 4 VVG. Zu den AVB s § 9 Rz 176 ff. Zur Unzulässigkeit des durch Behörden zu gewährleistenden Publikumsschutzes Löwe FS Larenz (1973) 402 ff u Schlosser Kommentar § 1 Rz 5.

22 **b)** Im anderen Zusammenhang unterliegen AGB **nur mittelbar einer behördlichen Aufsicht.** Nach § 6 KWG etwa hat das Bundesaufsichtsamt für das Kreditwesen Mißständen im Kreditwesen entgegenzutreten, die die ordnungsgemäße Durchführung der Bankgeschäfte beeinträchtigen. Dies erlaubt auch eine gewisse Grobkontrolle der von der Bank verwandten AGB. Werden grob anstößige Geschäftsbedingungen verwandt und nach Abmahnung weiterverwandt, so können daraus Schlüsse über die persönliche Zuverlässigkeit des Betreibers eines Kreditinstituts gezogen werden.

c) Schließlich gibt es gewerberechtliche Verbotsgesetze, die über § 134 BGB zur Unwirksamkeit der ihnen widersprechenden Vertragsbedingungen – auch individueller – führen. Das gilt etwa für § 3 der auf § 34 a GewO fußenden Verordnung über das Bewachungsgewerbe in der Fassung vom 1. 6. 1976 (Bundesgesetzblatt I 1341). Dort ist eine ein bestimmtes Mindestmaß unterschreitende Haftungsbegrenzung angesprochen und charakteristischerweise von der „Unwirksamkeit" der der Vorschrift widersprechenden Bestimmungen die Rede. Über § 134 BGB ist damit auch eine zivilrechtliche Wirkung der Vorschrift gewährleistet (AG Garmisch-Partenkirchen VersR 1971, 652). Das gleiche nimmt man überwiegend für Vertragsbedingungen an, die der Makler- und Bauträgerverordnung (MaBV) widersprechen. Im einzelnen finden sich die dazu nötigen Erläuterungen im Zusammenhang mit § 134 BGB.

23 **2. Konditionenkartelle und -empfehlungen***

Schon in seiner ursprünglichen Fassung ließ das GWB in § 2 Konditionenkartelle zu, unterwarf sie nicht einmal einer Genehmigungspflicht, sondern machte zur Wirksamkeitsvoraussetzung nur, daß die Kartellbehörde nicht binnen 3 Monaten widersprach. Konditionenkartelle spielen praktisch eine geringe Rolle, wenngleich mit Inkrafttreten des AGBG die Anmeldungen zugenommen haben. Die Behauptung von EMMERICH (JuS 1972, 369; ihm folgend RUPP FS Bärmann [1975] 787), die Zulassung von Konditionenkartellen sei einer der verhängnisvollsten Irrtümer der deutschen Wettbewerbspolitik gewesen, geht an den Realitäten vorbei. Konditionenwettbewerb gibt es außerhalb von Lieferzeit und Gewährleistungsfristen mit und ohne Kartellgesetz so gut wie nicht. Wie dem immer auch sei: die Tatsache, daß das Kartellamt der Anmeldung eines Konditionenkartells nicht widersprochen hat, schließt weder die Anwendung der Vorschriften des AGBG über die Inhaltskontrolle noch derjenigen in den §§ 2–5 aus.

Von immer größerer praktischer Bedeutung werden **Konditionenempfehlungen,** weil auch das AGBG für kleinere und mittelständische Betriebe nicht mehr zu meistern ist und die Beauftragung eines Rechtsanwaltes durch jeden von ihnen nicht rentabel ist (viel zu einseitig nur „abgestimmte Verhaltensweisen" zur Unterdrückung von Konditionenwettbewerb als mögliches Motiv sehend RUPP 796 ff). Konditionenempfehlungen sind erst seit 1973 statthaft (dazu RINCK WuW 1974, 291 ff), haben jedoch seit Erlaß des AGBG stark zugenommen. Nach § 38 Abs. 2, 3 GWB müssen sie, um zulässig zu sein, beim Bundeskartellamt angemeldet werden. Der Anmeldung ist die Stellungnahme der „betroffenen Wirtschafts- und Berufsvereinigungen" beizufügen. Auch Konditionenempfehlungen dürfen, wie die Verweisung auf § 2 in § 38 Abs 2 Nr 3 GWB ausweist, keine Preise oder Preisbestandteile enthalten. Die Empfehlung kann mit der offiziellen Anmeldung ausgesprochen werden. Die Kartellbehörde kann aber die Empfehlung nachträglich für unzulässig erklären und neue, gleichartige Empfehlungen verbieten, wenn die Voraussetzungen von § 38 Abs 2 GWB nicht oder nicht mehr vorliegen oder die Empfehlung einen Mißbrauch der Freistellung von § 38 Abs 1 Nr 11 GWB darstellt.

So kurz und bündig sich der Kern des Rechtsinstituts „Konditionenempfehlungen" schildern läßt, so vielfältig sind die praktischen Schwierigkeiten im Umgang mit ihm.

a) „Preisbestandteil" ist nur das, was sich auf die Höhe des Preises auswirkt, nicht 24
die Art, wie Preise berechnet werden sollen. So kann für AGB eine Nettopreisgestaltung („Preise verstehen sich zusätzlich 13% Mehrwertsteuer") empfohlen werden, ohne daß dies eine Empfehlung von Preisbestandteilen wäre. Auch ein Preiselement auszugliedern und einer gesonderten Festsetzung durch den Aufsteller vorzubehalten („zuzüglich Fracht", „zusätzlich Arbeitszeit für Montage"), ist möglich.

b) Mit der Verbannung von Preis und Preisbestandteilen aus Konditionenempfeh- 25
lungen wollte der Gesetzgeber eine Beeinträchtigung des Preiswettbewerbes verhindern. Preisbestandteile in AGB, welche nicht geeignet sind, den Wettbewerb zu beeinträchtigen, berührt das GWB genauso wenig wie sonst wettbewerbsneutrale Verhaltensweisen. Das ergibt sich aus der Systematik des Gesetzes. Nach § 1 GWB sind Verhaltensweisen verboten, die „geeignet sind, Erzeugnisse oder die Marktverhältnisse für den Verkehr mit Waren oder gewerblichen Leistungen durch Beschränkung des Wettbewerbs zu beeinflussen". § 2 Abs 1 S 2 GWB macht davon eine Ausnahme für Beschlüsse über die „einheitliche Anwendung Allgemeiner Geschäfts-Liefer- und Zahlungsbedingungen". § 2 Abs 1 S 2 GWB sagt, daß die Ausnahme sich nicht auf Preis und Preisbestandteile beziehen dürfe, also für diese wieder der Grundsatz von § 1 GWB hergestellt sei. Nicht alle Preisbestandteile in AGB sind aber geeignet, den Wettbewerb zu beeinflussen.

* Schrifttum: KLEMP BB 1977, 1121.

Das gilt beispielsweise in manchen Bereichen für Preisanpassungsklauseln. Allerdings steht das Bundeskartellamt in ständiger Praxis auf dem Standpunkt, Preiserhöhungsklauseln aller Art, die auch nur andeutungsweise eine inhaltliche Richtung aufwiesen und sich nicht nur in einem Anspruch auf Preisanpassungsverhandlungen erschöpften, seien grundsätzlich Preisbestandteil und daher in Konditionenempfehlungen nicht zulässig; nur § 11 Nr 1 AGBG mache davon eine Ausnahme; aber schon für den beiderseits kaufmännischen Verkehr, für den § 11 Nr 1 AGBG nicht gilt, könnten Preiserhöhungsklauseln auch bezüglich solcher Waren und Leistungen nicht empfohlen werden, die später als vier Monate nach Vertragsschluß zu erbringen seien.

Daß mit der Zeitdauer eines garantierten Festpreises Wettbewerb betrieben wird, ist gewiß leicht vorstellbar. Anders verhält es sich aber mit der Modalität einer Preisanpassungsklausel („Anpassung auf den Stand der im Betrieb allgemein neu festgesetzten Preise kann verlangt werden", „. . . kann der Lieferant den Preis angemessen erhöhen", „tritt eine Anpassung prozentual entsprechend der im Betrieb allgemein vorgenommenen Preisanhebung ein"). Für viele Geschäftsbereiche ist die Vorstellung, der Leistungsanbieter treibe mit solchermaßen unterschiedlich ausgestalteten formularmäßigen Preisanpassungsklauseln Wettbewerb, eine rein gedankliche Hypothese. Die Vorstellung, daß § 11 Nr 1 AGBG eine kartellrechtliche Rückstrahlung habe, aber im beiderseits kaufmännischen Verkehr die Empfehlung eines jedweden Preisanpassungsverlangens, das inhaltlich vorbestimmt wäre, unzulässig sein soll, ist unhaltbar. Wäre eine in einer Konditionenempfehlung sich findende Preisanpassungsbefugnis des Verwenders begrifflich wirklich ein unzulässiger Preisbestandteil iSv § 2 Abs 1 S 2 GWB, dann ginge diese kartellrechtliche Wertung, wenn auch beschränkt auf Konditionenempfehlungen, dem § 11 Nr 1 vor.

26 **c) „Betroffene Wirtschafts- und Berufsvereinigungen"**, deren Stellungnahme nach § 38 Abs 2 Nr 3 GWB der Anmeldung von Konditionenempfehlungen beizufügen ist, gibt es nur selten, weil die Marktgegenseite des empfehlenden Verbandes meist nicht spezifisch organisiert ist. Das Bundeskartellamt nennt auf Anfrage die Spitzenverbände der Wirtschaft und der Verbraucher, nämlich die Arbeitsgemeinschaft der Verbraucherverbände, den Bundesverband der Deutschen Industrie, die Hauptgemeinschaft des deutschen Einzelhandels und den Bundesverband des Deutschen Groß- und Außenhandels. Diese Verbände konsultieren ihrerseits die ihnen angeschlossenen Fachverbände, diese wiederum meist noch Mitgliedsfirmen. In der Praxis führt dieses Verfahren dazu, daß der Eingang einer erbetenen Stellungsnahme über sechs Monate auf sich warten lassen kann. Der Anmeldende hat keinen Rechtsanspruch auf Aufgabe einer solchen Stellungnahme. Er muß daher das Recht haben, die Anmeldung wirksam vorzunehmen, wenn er eine angemessene Frist zur Stellungnahme gesetzt hat, die fruchtlos verstrichen ist. Mehr als sechs Wochen sind dem Anmelder nicht zuzumuten. Mag sein, daß die konsultierten Verbände mit anderen Bitten um Stellungnahmen überflutet sind. Der Gesetzgeber kann den Rechtsunterworfenen für die von ihnen ins Auge gefaßten legalen Aktivitäten nicht beliebige Wartefristen aufoktroyieren, nur weil er verbandsbürokratische Prozeduren vorschaltet, ohne nach der Leistungsfähigkeit der betreffenden Verbände zu fragen.

27 **d)** Es ist nicht üblich, ein Bedingungswerk, das ein Verband gerne empfohlen hätte, einfach offiziell „anzumelden". Vielmehr gehen der Anmeldung durchweg langwierige und mühsame **Vorverhandlungen mit dem Bundeskartellamt** darüber voraus, ob es gegen eine Empfehlung bestimmten Inhalts Bedenken erheben würde. Vor allen Dingen da, wo ein Bedingungswerk Bestandteile hat, die auch nur im Entferntesten einen Anklang an Preisbestandteile haben, ist es ratsam, solche inoffiziellen Konsul-

tationen zu pflegen. Denn häufig läßt sich ein Weg finden, welcher den Wünschen des Anmeldenden weitgehend entgegenkommt und gleichzeitig die Bedenken des Bundeskartellamts soweit ausräumt, daß mit einem Einschreiten dieser Behörde nicht mehr zu rechnen ist. So kann man etwa Dinge, die das Bundeskartellamt als Preisbestandteile ansieht, aus dem Empfehlungsgeflecht nehmen und jeder dem Verband angeschlossenen Firma empfehlen, eine eigenständige Regelung zu treffen. Für diese kann der Verband Alternativen vorschlagen, unter denen sich auch diejenige befinden kann, welche das Bundeskartellamt als unzulässigen Preisbestandteil ansieht. Die einzelnen Firmen können sich dann aus den alternativen Vorschlägen des Verbandes jenen auswählen, den sie als den günstigsten ansehen. Auch wenn die angeschlossenen Firmen alle dieselbe Alternative wählen, wird daraus keine unzulässige Gesetzesumgehung, solange der Verband selbst seinen Mitgliedern gegenüber keine Präferenz für diese Alternative äußert. Insgesamt ist kartellrechtlich Großzügigkeit in diesem Bereich rechtspolitisch erwünscht. Die Verbandsempfehlung ist nämlich das rationalisierte Konditioneninstrument der mittelständischen Wirtschaft. Firmen von der Größenordnung, die eine eigene Rechtsabteilung erlaubt, denken nicht daran, sich von der umständlichen Prozedur einer Konditionenempfehlung abhängig zu machen. Die mittelständische Wirtschaft würde aber in Wettbewerbsnachteile geraten, wenn sie über Konditionenempfehlungen nicht das erreichen könnte, was in den Konditionen der Großunternehmen vorzufinden ist.

Aus diesem Grunde ist auch die Wahrnehmung der Empfehlungsfreiheit durch einen Verband kein Grund, die empfohlenen Bedingungen inhaltlich einer schärferen Kontrolle zu unterstellen, als das Gesetz gegenüber Bedingungen einzelner Firmen vorschreibt. Ist formularmäßig eine Haftungsbegrenzung auch für den Fall grob fahrlässigen Fehlverhaltens von Hilfspersonen im beiderseits kaufmännischen Verkehr zulässig (§ 11 Nr 7 Rz 95 ff), so dürfen auch die Verbände ihren Mitgliedern empfehlen, dies zu tun. Verbandsempfehlungen sind in gewisser Weise sicherlich ein kollektives Gebrauchmachen von der AGB-Verwendungsfreiheit. Dafür, daß deshalb im Rahmen der Inhaltskontrolle strenger als sonst verfahren werden sollte, gibt das Gesetz aber keinen Anhaltspunkt. Zudem obliegt dem Bundeskartellamt auch nur eine Mißbrauchsaufsicht. Mißbräuchlich ist der Inhalt einer AGB-Klausel aber nur, wenn er außerhalb des Bereichs vertretbarer Rechtsansicht liegt. Die Empfehlung von Klauseln, welche nach seriöser und interessenmäßig ungebundener Literaturmeinung wirksam sind, ist jedenfalls solange nicht mißbräuchlich, solange es an einschlägiger höchstrichterlicher Iudikatur fehlt.

Erster Abschnitt

Sachlich-rechtliche Vorschriften

1. Unterabschnitt

Allgemeine Vorschriften

§ 1
Begriffsbestimmung

(1) Allgemeine Geschäftsbedingungen sind alle für eine Vielzahl von Verträgen vorformulierten Vertragsbedingungen, die eine Vertragspartei (Verwender) der anderen Vertragspartei bei Abschluß eines Vertrages stellt. Gleichgültig ist, ob die Bestimmungen einen äußerlich gesonderten Bestandteil des Vertrages bilden oder in die Vertragsurkunde selbst aufgenommen werden, welchen Umfang sie haben, in welcher Schriftart sie verfaßt sind und welche Form der Vertrag hat.

(2) Allgemeine Geschäftsbedingungen liegen nicht vor, soweit die Vertragsbedingungen zwischen den Vertragsparteien im einzelnen ausgehandelt sind.

1. Teilber 38; RefE 5, RegE 15 – s. Einl 6

Schrifttum

BAUR Die Auswirkungen des AGB-Gesetzes auf Bezugs- und Benutzungsordnungen der öffentlichen Hand, FS Mallmann (1979, 33 ff); VON FALKENHAUSEN, Zur Auslegung des AGB-Gesetzes, BB 1977, 1124; FEHL Systematik des Rechts der Allgemeinen Geschäftsbedingungen (1979) 93 ff (konnte leider sachlich nicht mehr berücksichtigt werden); GARRN, Zur Abgrenzung von Aushandlungsvereinbarungen im Sinne des § 1 Abs 2 ABGB, JZ 1978, 302; HEINRICHS, Der Rechtsbegriff der Allgemeinen Geschäftsbedingungen, NJW 1977, 1505; LÖWE, Voraussetzungen für ein Aushandeln von AGB, NJW 1977, 1328; PAWLOWSKI, Bemerkungen zur Auslegung des AGB-Gesetzes, BB 1978, 161; SCHIPPEL-BRAMBRING, AGB-Gesetz und notariell beurkundete Formularverträge, DNotZ 1977, 131; SCHLECHTRIEM, Der Kaufmann im Gesetz zur Regelung des Rechts der AGB, FS Duden (1977) 571; STOBER, Zur Anwendung des AGB-Gesetzes auf die öffentliche Hand, DÖV 1977, 398; TRINKNER, Abgrenzung von AGB und individuellen Vereinbarungen, BB 1977, 717; GRAF VON WESTPHALEN, Grenzziehung zwischen Allgemeinen Geschäftsbedingungen und Individualvereinbarungen, Betrieb 1977, 943; M WOLF Individualvereinbarungen im Recht der Allgemeinen Geschäftsbedingungen, NJW 1977, 1937.

Systematische Übersicht

I. Allgemeines 1

II. Allgemeine Geschäftsbedingungen als privatrechtliche Vertragsbedingungen
1. Die Notwendigkeit privat-vertraglicher Ingeltungsetzung vorformulierter Bedingungen 2
2. Die Gleichgültigkeit des Vertragsgegenstandes 6

III. Die Bestimmung vorformulierter Vertragsbedingungen für eine Vielzahl abzuschließender Verträge
1. Bestimmte und unbestimmte Vielzahl 13
2. Bestimmung für künftige Verträge 14
3. Der Begriff „Vielzahl" 15

IV. Die Vorformulierung von Vertragsbedingungen 16
1. Das Erfordernis eines stofflichen Trägers 16

2. Die Beliebigkeit des stofflichen Trägers – „Schriftart“ 17
3. Die Unmaßgeblichkeit des Umfangs der vorformulierten Bestandteile eines Vertrages 18

V. Die (beabsichtigte) Einseitigkeit der Einführung in den Vertrag 19
1. Die Perspektive des Individualprozesses 20
2. Die Perspektive der Unterlassungsklage 24

VI. Die Unerheblichkeit der gewählten Vertragsform
1. Privatschriftlich und mündlich abgeschlossene Verträge 26
2. Notariell beurkundete Verträge 27

VII. Individualvereinbarungen
1. Die Formalisierung des Abgrenzungskriteriums 28
2. Individualabweichungen von vorformulierten Bedingungen als praktisch entscheidendes Abgrenzungskriterium 30

VIII. Beweislastfragen 35

Alphabetische Übersicht

Änderung, nachträgliche von AGB-Bestimmungen 33
Alternativ-AGB 30
Anschläge von AGB 18
Arbeitsrecht 6
Aufstellen von AGB 25

Beurkundung, notarielle 27
Bevollmächtigung 5
Beweislastfragen 35
Blankett 17

Eigentumsvorbehalt, einfacher 8
Eigentumsvorbehalt, verlängerter 8
Eigentumsvorbehaltserklärungen 18
Eintragungsbewilligung 8
Einziehungsermächtigung 8
Empfehlung von Bedingungen 20
Empfehlung von Vertragsbestimmungen 24
Erbrecht 6

Familienrecht 6
Form des Vertragsschlusses 26
Formularverträge 17 f

Gefahr, Benutzung auf eigene 7
Genehmigung, öffentlich-rechtliche 2
Gerichtsstandsklausel 9
Gesellschaftsrecht 6
Grundschulden 8

Haftung, deliktische 7
Handelsbräuche 16
Hauptleistungspflichten 4, 6
Hypotheken 8

INCOTERMS 16
Individualvereinbarungen 28, 30 f, 34

Kaufmann 29

Mustermietvertrag 20

Nebenbestimmungen 9

Öffentliche Hand, Benutzung von ihr unterhaltener Einrichtungen 3

Quittung 11

Rechtsgeschäft, einseitiges 5
Rechtsverordnungen 3

Satzungen, öffentlich-rechtliche 3
Schiedsklausel 9
Schriftart 17
Schuldanerkenntnis, abstraktes 8
Stellen von Vertragsbedingungen 17, 19

Tarifabnehmer von elektrischer Energie 3
Tatsachenbekundungen 10
Teilungserklärungen nach § 8 WEG 8

Unterlassungsklage 24
Unterwerfung unter die Zwangsvollstreckung 5

Vereinbarungen, prozessuale 9
Verfügungen 8
Verträge, künftige 14
Verträge, öffentlich-rechtliche 4
Verträge, sachenrechtliche 8
Verträge, schuldrechtliche 7
Vertragsangebote 5
Vertretung 24
Verwender von AGB 19 f, 22
Vielzahl abzuschließender Verträge 13
Vielzahl von Verträgen 15
VOB 5, 21
Vorformulierung von Vertragsbestimmungen 16

1 **I. Allgemeines**

Die Hauptfunktion der Norm besteht darin, AGB-Bestimmungen von Individualvereinbarungen abzugrenzen (dazu im einzelnen Rz 28 ff). Sie gilt für alle Bestimmungen, auf welche das Gesetz seinem sachlichen und persönlichen Geltungsbereich nach (§§ 23, 24) ganz oder in Teilen anwendbar ist, also auch für vorformulierte Konkretisierungen von Hauptleistungspflichten.

In § 8 ist dann ein Teil der von § 1 erfaßten Bestimmungen (gesetzesändernde und -ergänzende Abreden) besonders hervorgehoben und der Inhaltskontrolle unterstellt. Die Definition ist dem erst zum Schluß des Gesetzgebungsverfahren entstandenen Verfahrensteil nicht angepaßt worden, so daß sich insoweit Friktionen ergeben (Rz 24 ff).

II. Allgemeine Geschäftsbedingungen als privatrechtliche Vertragsbedingungen

2 **1. Die Notwendigkeit privatvertraglicher Ingeltungsetzung vorformulierter Bedingungen**

Das AGBG gilt für alle vorformulierten Bedingungen zu privatrechtlichen Verträgen. Daß die Verwendung der Bedingungen eventuell einer öffentlich-rechtlichen Genehmigung bedarf, bleibt sich gleich (s Einl 21 zu § 1). Vertraglichen Charakter haben Bestimmungen nicht, die rechtlich in **anderer Form als durch vertragliche Vereinbarung wirksam** werden oder – im Hinblick auf die Unterlassungsklage nach §§ 13 ff – wirksam werden sollen.

3 **a)** Das AGBG gilt nicht für Bestimmungen, die Bestandteil des **geschriebenen objektiven Rechts** sind. Dazu gehören auch Rechtsverordnungen (dazu näher Einl 19 zu § 1). Das ist sehr wichtig für Tarifabnehmer von elektrischer Energie, s dazu Erl zu §§ 26, 27). Die **öffentliche Hand** hat im allgemeinen freie Wahl, ob sie die **Benutzung** der von ihr unterhaltenen **Einrichtungen** öffentlich-rechtlich oder privatrechtlich ausgestalten will. Wählt sie die Verwaltungsaktform, dann haben die Benutzungsbedingungen den Charakter von Rechtssätzen des öffentlichen Rechts **(Satzungen)** und unterliegen dem AGBG nicht. Wählt die öffentliche Hand die privatrechtliche Ausgestaltung der Rechtsbeziehungen zu den Bürgern (oder zu anderen öffentlichrechtlichen Körperschaften), dann gilt das AGBG sehr wohl (Schmidt-Salzer F 249; Palandt-Heinrichs Anm 1; instruktives Beispiel: BGH VersR 1977, 446 – Versorgungsanstalt des Bundes und der Länder). In diesem Rahmen ist das Gesetz auch als Kontrolle der dem Vertrag zugrundeliegenden Satzung tauglich (Baur FS Mallmann (1979) 36 f).

Die wörtliche Wiedergabe ohnehin geltender gesetzlicher Vorschriften macht diese nicht zu AGB-Bestandteilen, wohl aber eine vom Wortlaut abweichende, nach den Absichten des Verwenders den Gesetzesinhalt sinngemäß wiedergebende Formulierung (Trinkner Rz 7). Die Anwendung der Unklarheitenregelung kann dann dazu führen, daß die Rechtslage aufgrund der vom Gericht vorgenommenen Interpretation der Klausel für den Kunden günstiger ist, als sie es nach den gemeinten dispositiven Gesetzesnormen wäre.

4 **b)** Das AGBG gilt auch nicht für **öffentlichrechtliche Verträge** (Heinrichs NJW 1977, 1506; Baur FS Mallmann (1979) 38 f; aM Ulmer Rz 10; Stober DÖV 1977, 400).

5 **c)** Das AGBG gilt aber analog, wenn Rechtsbeziehungen durch **einseitiges Rechtsgeschäft** zustande kommen, welches Bestandteile enthält, die von demjenigen vorformuliert werden, demgegenüber die Erklärung abzugeben ist oder der sonst an

ihrer Abgabe interessiert ist. Für vorformulierte Bedingungen in **Vertragsangeboten** gilt das AGBG schon deshalb, weil es sich so aus seinem § 10 Nr 1 ergibt. Enthalten etwa vom Verwender für seine Kunden formularmäßig ausgestaltete Vertragsangebote („Bestellscheine") eine übermäßig lange Bindungsfrist iSv § 10 Nr 1, so scheitert die Anwendung dieser Norm nicht deshalb, weil erst ihre Heranziehung dazu führen würde, daß gar kein wirksamer Vertrag mehr abgeschlossen ist (der Kunde hat sein Angebot vor Annahme durch den Verwender widerrufen) oder daß ein Vertragsschluß zustande kommt (der Verwender lehnt das Angebot des Kunden verspätet ab). Auch Teil A der **VOB** hat AGB-Charakter, wenn der Unternehmer gehalten wird, auf ihrer Grundlage sein Angebot zu machen (Löwe Rz 2; Brandner Rz 2; Dietlein Rz 3; Locher NJW 1977, 1802; aM Heiermann Betrieb 1977, 1734; F Schmidt MittBayNot 1977, 95; Ingenstau-Korbion VOB/B § 10 Rz 51, 53). Das hat insofern Bedeutung, als dann Teil A gegenüber abweichenden Ausschreibungsbedingungen die Anwendung der Unklarheitenregel zu Gunsten des Unternehmers rechtfertigen kann (§ 5 Rz 16). Zu den Teilen B u C s Rz 21. Zum Versuch, die Wirkung individueller Bestandteile in formularmäßigen Angeboten auszuschließen, s § 4 Rz 21.

Von anderer Seite vorformulierte, einseitige Rechtsgeschäfte unterliegen dem AGBG insbesondere, aber nicht nur (insoweit noch aM Schlosser Kommentar Rz 4) dann, wenn sie wirtschaftlich oder gar rechtlich in die Begründung oder Abwicklung eines Vertragsverhältnisses eingebettet sind – wie etwa **Bevollmächtigungen** (OLG Frankfurt BB 1976, 1245 – alte Rechtslage; LG Stuttgart WM 1977, 1319; Palandt-Heinrichs Anm 2 a; Heinrichs NJW 1977, 1506; Stürner JZ 1977, 431 f, 639; Trinkner Rz 7; Ulmer Rz 11; aM Dietlein JZ 1977, 637; Schippel-Brambring DNotZ 1977, 140 Fn 14), Einziehungsermächtigungen für den Bankverkehr, Unterwerfungen unter die Zwangsvollstreckung oder grundbuchmäßige **Eintragungsbewilligungen** (Stürner aaO; OLG Celle Rpfleger 1979, 261; LG Stuttgart BWNotZ 1978, 12; aM Dietlein aaO). Unwirksame Vollmachten können aber die Wirkung von Vollmachtsurkunden iSv § 172 BGB haben.

Was für einseitige Rechtsgeschäfte gilt, ist auch für die dem Vertragspartner vom Verwender vorformulierten rechtsgeschäftsähnlichen Handlungen Rechtens, etwa für Einwilligungen in eine Heilbehandlung (Hollmann NJW 1978, 2332; aM Schütte NJW 1979, 592).

2. Die Gleichgültigkeit des Vertragsgegenstandes 6

Ausgenommen vom Anwendungsbereich des AGBG sind nur die in § 23 Abs 1 erwähnten Bedingungen auf dem Gebiet des Arbeits-, Erb- und Familienrechts sowie des Gesellschaftsrechts (s § 23 Rz 2 ff). Im übrigen ist es gleichgültig, welchen Gegenstand der Vertrag hat, dem die vorformulierten Bedingungen beigegeben worden sind oder werden sollen. Gleichgültig ist auch, ob die vorformulierten Bestandteile eines Vertrags Hauptleistungspflichten betreffen oder Nebenbestimmungen enthalten (s § 8 Rz 2 ff).

a) Das AGBG ist zugeschnitten auf **schuldrechtliche** Verträge. Auch schuldrechtliche Verträge können sich aber darauf beschränken, das Entstehen eines **gesetzlichen Schuldverhältnisses** auszuschließen oder die Rechtsfolgen eines solchen in einer vom Gesetz abweichenden Weise zu regeln. AGB können zur Rückabwicklung eines gescheiterten vertraglichen Austauschverhältnisses vereinbart werden. Sie können ausschließlich der Abbedingung oder der Begrenzung deliktischer Haftung dienen (BGH VersR 1967, 65). Der Anschlag „Benutzung auf eigene Gefahr" hat uU AGB-Charakter, dann nämlich, wenn er ausdrückt, die Benutzung soll nur unter der Voraussetzung gestattet sein, daß der Benutzer für den Fall einer Schädigung auf 7

Haftpflichtansprüche verzichtet. Denn dann ist der Anschlag darauf angelegt, daß der Benutzer nach § 151 S 1 BGB durch die Benutzung sein Einverständnis kundtut (zur Wirksamkeit solcher Klauseln § 11 Nr 7 Rz 16). Geschieht derartiges außerhalb bestehender Vertragsbeziehungen, so legt man dem Anschlag Bedeutung freilich nur für die Verschuldensabwägung nach § 254 BGB bei (BGHZ 34, 355 = NJW 1961, 655; näher s Erl § 254 BGB). Auch ein Pkw-Fahrer, der gefälligkeitshalber Personen befördert und sich von ihnen regelmäßig ein Revers unterschreiben läßt, wonach sie auf eigene Gefahr mitreisten, verwendet AGB (s Rz 19, 20). Soll ein Anschlag hingegen nur auf eine Gefahrenlage hinweisen, fehlt ihm, weil keine Einordnung in vertragliche Beziehungen vorgesehen ist, AGB-Charakter.

8 **b)** Das AGBG ist zwar zugeschnitten auf schuldrechtliche Verträge. Jedoch läßt sich daraus der Schluß nicht ziehen, es sei auf **sachenrechtliche Verträge** nicht anwendbar (Palandt-Heinrichs Anm 2; Heinrichs NJW 1977, 1506; Ulmer Rz 12; Braun BB 1978, 22; Dittmann-Stahl Rz 611; Stürner JZ 1977, 431; Schippel-Brambring DNotZ 1977, 131; Trinkner Rz 7). Dem AGBG unterliegen vom Bauträger vorformulierte Teilungserklärungen nach § 8 WEG, auch wenn sie im Augenblick ihrer Vornahme noch nicht vertraglichen Charakter haben (Palandt-Heinrichs Anm 2 b im Hinblick auf BayObLG NJW 1973, 156 und OLG Hamm OLGZ 1975, 431; Trinkner Rz 7; Stürner BWNotZ 1977, 111; Kötz Rz 4). Ebenso ist das AGBG auf sonstige Vereinbarungen anwendbar, die ausschließlich Verfügungswirkung haben. Das gilt vor allem für die **Vorausabtretung von Forderungen** zu Sicherungszwecken, Vereinbarung eines durch eine Verarbeitungsklausel **„verlängerten" Eigentumsvorbehaltes** und etwa dann, wenn formularmäßig abstrakte Schuldanerkenntnisse (s § 11 Nr 15 Rz 12) oder **Verzichtserklärungen** abgegeben werden, wie sie etwa in der Praxis im Verhältnis zwischen der Bank als Zessionar und dem Schuldner in Gestalt einer Forderungsbestätigung üblich sind, die auf einen Einwendungsverzicht hinausläuft (s den Fall BGH NJW 1970, 321, wo ein solcher Formularverzicht nach den für AGB geltenden Grundsätzen behandelt wurde). Die Bestellung von Hypotheken und Grundschulden, ein Gebiet, auf welchem auch das Sachenrecht großen Vereinbarungsspielraum läßt und wo die Kautelarpraxis viele den Hypothekenbesteller stark belastende Gestaltungen hervorgebracht hat, unterliegt dem AGBG erst recht. Zur Eintragungsbewilligung Rz 5; zu den schuldrechtlichen Aspekten des einfachen Eigentumsvorbehalts s § 9 Rz 154 ff.

9 **c)** Selbst vorformulierte **prozessuale** Vereinbarungen können AGB-Charakter haben, etwa eine in AGB enthaltene Gerichtsstands- (s § 3 Rz 12, 15, § 5 Rz 7), Schieds- oder Beweisführungsklausel. Bezüglich der Schiedsklauseln besteht daher eine weit über die Möglichkeiten von § 1025 Abs 2 ZPO hinausgehende Chance, unangemessene, weil die Waffengleichheit der Parteien nicht wahrende Bestimmungen in Schiedsordnungen zu eliminieren.

10 **d)** Vertragsbedingungen können sich – scheinbar – darauf beschränken, bloße **Tatsachen bekunden zu lassen.** Sollen derartige **Tatsachenbekundungen unwiderleglich** sein, dann kommt ihnen der Sache nach die Bedeutung einer Abbedingung gesetzlicher Vorschriften zu. Hat etwa der Mieter eines Pkw formularmäßig anerkannt, daß sich dieser in einwandfreiem Zustand befinde, so soll damit die Haftung des Vermieters nach §§ 537 f BGB ausgeschlossen werden (s den Fall BGH WM 1967, 118). Die für den Gewährleistungsausschluß des Vermieters sich aus § 9 ergebenden Maßstäbe (siehe § 11 Nr 10 Rz 11) sind anwendbar. Soll eine Tatsachenerklärung **widerleglich** sein, so bringt die Klausel der Sache nach eine Beweislastumkehr und unterliegt dann dem § 11 Nr 15.

11 **e)** Das Ausstellen einer **einfachen Quittung** ist kein Vertrag. Wenn dies unter Verwendung von Formularen des Geschäftspartners des Quittierenden geschieht, ist

aber das AGBG ausweislich seines § 11 Nr 15 („Empfangsbestätigungen") gleichwohl anwendbar.

f) Ausgabebedingungen zu **Wertpapieren** sind ihrer Rechtsnatur nach ebenfalls Vertragsbedingungen und unterliegen dem AGBG (Ulmer § 2 Rz 11 mit differenzierten Angaben zur Einbeziehung). 12

III. Die Bestimmung vorformulierter Vertragsbedingungen für eine Vielzahl abzuschließender Verträge

1. Bestimmte und unbestimmte Vielzahl 13

AGB müssen, um die Anwendbarkeit des Gesetzes auszulösen, für eine Vielzahl von Verträgen vorformuliert sein. Nicht erforderlich ist ihre Bestimmung für eine „unbestimmte" Vielzahl von Verträgen (Heinrichs NJW 1978, 1506; Trinkner Rz 8; Ulmer Rz 17; ganz hM; aM nur Keller MDR 1977, 184), wie es der BGH früher einmal, wenngleich mehr nebenbei, formuliert hatte (BGHZ 33, 218 = NJW 1961, 212). Auch eine „massenhafte" Verwendung verlangt das Gesetz nicht (den Begriff „Vielzahl" mit „massenhafter Verwendung" anscheinend gleichsetzend M Wolf JZ 1974, 41). Das Bauträgerunternehmen, das sich für eine bestimmte Zahl von Eigentumswohnungen von ihm aufgestellter, einheitlicher Verkaufsbedingungen bedient, verwendet AGB. Der Gesetzgeber hat im Interesse der Rechtssicherheit einen formalen Begriff von AGB gewählt. Er hat den Vorschlag (s Rz 29), allein auf das materielle Kriterium des einseitigen Diktats bei Vertragsabschluß abzustellen, nicht aufgegriffen. Ein einseitig diktierter einmaliger Vertrag unterfällt dem AGBG nicht. Werden Bestimmungen für eine Vielzahl von Verträgen verwandt, dann ist aber umgekehrt auch für eine Frage nach der wirtschaftlichen oder sonstigen Übermacht des Verwenders kein Raum mehr, allenfalls noch danach, ob nicht entgegen dem äußeren Anschein eines AGB-Vertrages ein Individualvertrag vorliegt.

2. Bestimmung für künftige Verträge 14

Damit Vertragsbestimmungen AGB-Charakter haben, genügt es, daß sie für eine Vielzahl von Verträgen *konzipiert* sind. Daß auf ihrer Grundlage bereits eine Vielzahl von Verträgen *abgeschlossen* wurde, setzt das Gesetz ebensowenig voraus (allg M) wie die Überzeugung des Verfassers, daß es zu einer vielfachen Verwendung kommen werde (Ulmer Rz 15 f). Die Unterlassungsklage nach § 13 ist auch möglich, wenn noch kein Vertragsschluß zu den inkriminierten Bedingungen nachweisbar ist. Waren vorformulierte Bedingungen zunächst nicht für eine Vielzahl von Verträgen gedacht, werden sie aber später mit einer gewissen Planmäßigkeit (Ulmer Rz 16; Koch-Stübing Rz 11 ff) so häufig verwendet, daß die „Vielzahl" erreicht ist, so werden sie mit diesem Zeitpunkt zu AGB (aM BGH WM 1974, 37 – entgegen dem Leitsatz ergeben aber die Entscheidungsgründe, daß im konkreten Fall die Absicht der Vielfachverwendung sehr wohl bestand).

3. Der Begriff „Vielzahl" 15

Wann die „Vielzahl" beginnt, läßt sich allgemein nicht sagen. Jedenfalls ist Vielzahl mehr als nur die „Mehrzahl" (Palandt-Heinrichs Anm 2 b). AGB-Charakter haben Vertragsbestimmungen aber dennoch nicht schon zwingend dann, wenn sie für mehr als zwei Vertragsschlüsse vorformuliert worden sind. Sie haben andererseits diesen Charakter sicherlich dann, wenn sie für eine unbestimmte Vielzahl von Verträgen gedacht sind. Im übrigen ist die nähere Festlegung des Begriffs „Vielzahl" eine Wertungsfrage, die sich nach der Bedeutung des Vertragstyps und nach den zeitlichen Intervallen der Vertragsabschlüsse richtet (aM VON FALKENHAUSEN BB 1977, 1125 f – „20 Fälle"; HEINRICHS NJW 1977, 1506; TRINKNER Rz 8; ULMER Rz 16; KÜHNE JR 1977, 133 – die allesamt generell eine Untergrenze von „3 bis 5" annehmen). Bestimmungen in einem Mietvertrag über eine Einliegerwohnung werden nicht zu AGB, wenn sich der Vermieter vornimmt, die gleichen Mietvertragsbedingungen bei Freiwerden der Wohnung wieder zu verwenden. Vermietet jemand drei Wohnungen unter den gleichen Bedingungen, so läßt sich durchaus schon von einer Vielzahl von Verträgen sprechen. Freilich läßt sich der Begriff „Vielzahl" auch nicht generell mit „drei oder mehr" gleichsetzen.

Vorformulierte Vertragsbedingungen haben AGB-Charakter schon dann, wenn ihr **Schöpfer** (s Rz 20) sie für eine Vielzahl von Verträgen gedacht hat. Nicht nötig ist, daß sie auch der Verwender mehrmals zu gebrauchen gedenkt. Auch die einmalige Verwendung eines Formularmietvertrages ist Verwendung von AGB (HEINRICHS NJW 1977, 1506; im Ergebnis ebenso SCHMIDT-SALZER B 34, der aber zu Unrecht deshalb die Tauglichkeit des „Vielzahl-Kriteriums" in Frage stellt). Auch ein Kraftfahrer, welcher für die einmalige Vereinbarung eines Haftungsausschlusses mit einem Mitfahrer ein ADAC-Formular benutzt, verwendet AGB (s den Fall BGH NJW 1960, 1197). Hat der ursprüngliche Schöpfer von Vertragsbedingungen diese nicht für eine Vielzahl von Verträgen gedacht, greift sie aber ein anderer mit der Absicht auf, sie für eine Vielzahl von Verträgen zu verwenden, so erlangen sie mit diesem Augenblick AGB-Charakter.

16 IV. Die Vorformulierung von Vertragsbestimmungen

Vertragsbestimmungen müssen, um AGB werden zu können, „vorformuliert" sein. Die Vorformulierung braucht aber nicht vom Verwender zu stammen (s oben Rz 15 u unten Rz 20). Abs 1 S 2 will insoweit einige mögliche Mißverständnisse von vornherein ausschließen.

1. Das Erfordernis eines stofflichen Trägers – Handelsbräuche

Vorformulierung bedeutet, daß der Wortlaut der Bedingungen auf einem stofflichen Träger („Schriftart") festgehalten sein muß. Jemand, der nach seinem Gedächtnis mündlich immer wieder gleichlautende Verträge abschließt, verwendet keine AGB (aM KÖTZ Rz 13). Auch das Abspielen eines Tonträgers mit Angebotsbestandteilen ist nicht gleichbedeutend mit der Verkündung von AGB (PALANDT-HEINRICHS Anm 3 c; STEIN Rz 9; aM TRINKNER Rz 19). An dem Merkmal des Vorformuliertseins fehlt es häufig auch, wenn bestimmte Vertragsinhalte kraft **Handelsbrauchs** gelten (s § 2 Rz 61 ff; aM ULMER Rz 56). Freilich gilt dies alles nur, wenn die Erkenntnisquelle für die Existenz von Handelsbräuchen nicht ihrerseits wieder die AGB-Praxis der Branche sein soll. AGB liegen nämlich immer vor, wenn ein Bedingungswerk in der Absicht bewußter Gestaltung der Vertragswerke geschaffen wurde, die es in Bezug nehmen soll, mag es auch im Laufe der Zeit einen Verbreitungsgrad erreicht haben, der es zu einem Handelsbrauch macht. So liegen die Dinge in Anbetracht der INCOTERMS der Internationalen Handelskammer von 1953 (GRAF VON WESTPHALEN § 9 Rz 91; dazu näher SCHLOSSER Kommentar Rz 17). Die Annahme, formularmäßige Klauselwerke gäben in dem Sinne nur einen bereits vorher bestehenden Handelsbrauch wieder, daß dieser gar nicht mehr gesondert festgestellt werden müßte, ist demgemäß immer nur mit großer Vorsicht zulässig (Sonnenberger, Verkehrssitten im Schuldvertrag [1969] 78 f). Bei näherem Zusehen entdeckt man fast überall, daß die Verfasser der Klauselwerke eigene wertende Vorstellungen mit eingebracht haben (Sonnenberger aaO. Zu den Trade Terms der IHK Schlosser Kommentar Rz 18). Daß dem Vertragspartner die Vorformulierung für eine Vielzahl von Fällen erkennbar sein muß, verlangt das Gesetz nicht (aM nur Schmidt-Salzer Rz 17 ff, 26 ff, 43 ff).

2. Die Beliebigkeit des stofflichen Trägers – „Schriftart“ 17

Das Merkmal der Vorformulierung ist erfüllt, wenn bei späteren Vertragsabschlüssen auf **früher irgendwo festgehaltene Formulierungen** zurückgegriffen wird. Was Abs 1 S 2 dazu sagt, sind nur Erläuterungen zu S 1 (Trinkner Rz 13). Nicht nur der klassische Formularvertrag ist heute, wie Abs 1 S 2 ausdrücklich hervorhebt, in jeder Beziehung wie ein AGB-Klauselwerk zu behandeln. Auch der von Hand oder Maschine immer wieder abgeschriebene Vertrag erfüllt diese Voraussetzung. Erst recht gilt dies für einen elektronisch gespeicherten und immer wieder neu ausgedruckten Vertragstext (allgM). § 1 erfaßt auch Einzelbestimmungen, die, einmal vorformuliert, künftig in die Texte von Verträgen Eingang finden sollen, auch wenn ein Blankett handschriftlich immer wieder gleichförmig ausgefüllt wird und selbst wenn die äußerlich vorformulierten Bestandteile als solche nicht erkennbar sind (aM nur Schmidt-Salzer B 25; NJW 1977, 131). Jedoch fehlt es an dem Merkmal des „Stellens“, wenn über einen vorformulierte Bestandteile mitenthaltenden Vertragsentwurf verhandelt wurde und der besondere Charakter dieser Bestandteile nicht erkennbar war. Im Falle maschinenschriftlicher oder handschriftlicher Einfügungen in einen vorgedruckten Text ist freilich immer besonders sorgfältig zu prüfen, ob nicht Individualabreden vorliegen (s Rz 35). Sind Kästchen mit anzukreuzenden Alternativen vorgesehen, so liegen AGB vor, wenn dem Kunden praktisch kein Wahlrecht verbleibt, der Verwender vielmehr selbst gleichförmig ankreuzt (s Einl 14 zu § 1).

3. Die Unmaßgeblichkeit des Umfangs der vorformulierten Bestandteile eines Vertrages 18

Die ausdrückliche Klarstellung, daß der Umfang der vorformulierten Vertragsbestandteile für ihre Eigenschaft als AGB bedeutungslos ist, zielt auf eine frühere BGH-Rspr (BGHZ 61, 17 = NJW 1973, 1459; BGH BB 1970, 1504; WM 1970, 394; WM 1978, 791 f – noch für das frühere Recht), wonach nur umfangreiche und unübersichtliche Formularverträge den AGB gleichgestellt werden sollten. Diese Rspr ist damit endgültig überholt (so mit Recht Löwe NJW 1974, 1109; BT-Drucks 7/5422 S 4 – Rechtsausschuß). Daher unterfallen dem AGBG vor allem auch Kurzbedingungen aller Art, wie einfache Eigentumsvorbehaltserklärungen (s Rz 8), Haftungsausschlüsse durch Anschläge an Garderoben, Gebäuden und Wegen u dgl. Voraussetzung ist nur, daß Vertragsinhalte geregelt werden sollen.

V. Die (beabsichtigte) Einseitigkeit der Einführung in den Vertrag 19

Bedingungen müssen, um AGB zu sein, nach dem Wortlaut des § 1 „von der einen Partei der anderen bei Abschluß des Vertrages gestellt sein“. Die Verfasser des Regierungsentwurfs begründeten dieses Definitionselement mit der Erwägung, in der „Einseitigkeit der Auferlegung [liege] der innere Grund und Ansatzpunkt für die rechtliche Sonderbehandlung von AGB gegenüber individuellen Abreden" (BR Drucks 360/75 S 15). Das eigentliche Regelungsanliegen des Begriffsmerkmals besteht also darin, den Verwender von AGB von seinem zu schützenden Vertragspartner abzugrenzen. Die nachfolgenden Vorschriften des AGBG unterscheiden nämlich fast ausnahmslos zwischen diesen beiden Vertragsbeteiligten.

In seltenen Ausnahmefällen sind auch vorformulierte Vertragsbestandteile denkbar, die nicht die eine Partei der anderen gestellt hat. So liegen die Dinge etwa, wenn ein in jeder Beziehung neutraler Dritter (Rz 20) beiden Parteien allgemein vorformulierte Bedingungen empfohlen hat (JAEGER NJW 1979, 1572), oder wenn im Angebot eine Option des Kunden begründet wird, zwischen mehreren Bedingungswerken zu wählen, nicht aber im Falle der Tarifwahl (§ 9 Rz 33).

§ 1 definiert zwar den Begriff des Verwenders. Daraus folgt aber nicht, daß AGB nur bei oder in Vorbereitung der Einführung in den Vertrag verwendet werden könnten (§ 13 Rz 23). Im übrigen ist danach zu unterscheiden, ob Bedingungen Gegenstand rechtlicher Bewertung im Individualprozeß (oder bei Vertragsverhandlungen) sind (1) oder ob eine Unterlassungsklage nach § 13 ff (2) zur Debatte steht.

20 **1. Die Perspektive des Individualprozesses**

Einerlei ist im Individualprozeß, von wem und in wessen Auftrag die Bestimmungen vorformuliert worden waren, und ob sie der andere Teil wegen der Schwäche seiner Verhandlungsposition oder deshalb akzeptiert hat, weil er sie als ausgewogen oder branchenüblich kannte. Daß auch von **dritter Seite** allgemein empfohlene Bedingungen dem Gesetz unterfallen, ergibt sich aus § 13 Abs 1. Wer die Empfehlung aufgreift und die Bedingungen seinem Vertragspartner stellt, wird Verwender. Möglich ist freilich, daß formal gesehen der eine Partner von Vertragsverhandlungen als erster auf bestimmte AGB zu sprechen kommt, aber nur, weil er weiß, daß die andere Seite ohne deren Einbeziehung niemals zum Vertragsschluß bereit wäre. Dann ist die andere Seite „Verwender". In solchen Situationen kann ein die eine Vertragspartei stark begünstigender Inhalt vorformulierter Bedingungen ein gewisses Indiz für die Verwendereigenschaft liefern (KÖTZ Rz 9). Im übrigen aber macht es für den AGB-Begriff keinen Unterschied, ob die Schöpfer des Bedingungswerkes einer Marktseite verbunden sind oder nicht, ob eine Stelle allein gehandelt hat oder ob Verbände verschiedener Marktteilnehmer zusammenwirkten (unrichtig schon seinerzeit BGH WM 1974, 37, wonach AGB-Charakter von Bestimmungen entfällt, wenn sie zwischen Verwender und einem „Ausschuß" aus dessen Vertragspartnern ausgehandelt werden), ob das Bedingungswerk inhaltlich ausgewogen ist oder Gruppen von Marktteilnehmern bevorzugt. Auch ein Mustermietvertrag enthält AGB (ULMER Rz 49; aM SCHMIDT-FUTTERER NJW 1976, 925 und JR 1977, 6 f).

21 Auch die VOB Teile B und C sind daher AGB (jetzt allgM mit Ausnahme von JAGENBURG BauR Sonderheft 1/1977, 3; siehe auch § 23 Rz 25 ff, § 9 Rz 74 ff). Liegt die VOB einer Ausschreibung zugrunde, dann ist der Bauherr Verwender. Liegt sie, weil Aufträge ohne Ausschreibung vergeben werden, dem Angebot des Bauunternehmers zugrunde, dann hat dieser die Verwendereigenschaft – mit jeweils entgegengesetzten Akzentuierungen der Inhaltskontrolle. Davon, daß es bei Einbeziehung der VOB in einen Vertrag regelmäßig an einem Verwender fehle (F SCHMIDT MittBayNot 1977, 97), kann keine Rede sein. Teil C der VOB unterliegt freilich der Inhaltskontrolle so gut wie nicht, weil er keine Bedingungen enthält, die von gesetzlichen Vorschriften abweichen. Teil A unterfällt im allgemeinen dem

AGB-Begriff nicht, weil es dort um Verwaltungsanweisungen über das Ausschreibungsverfahren und nicht um Bedingungen geht, die Bestandteil des abzuschließenden Vertrages werden sollen (s aber oben Rz 5).

Besondere Anforderungen an den Durchsetzungswillen des Verwenders verlangt der Begriff des Stellens nicht. Es genügt die Einführung des Bedingungswerkes in die Verhandlungen (Jaeger NJW 1979, 1572). Ist die Initative beider Seiten zur Einbeziehung von AGB gleich zu werten, so haben sich die **Vertragsparteien** die vorformulierten Bedingungen **gegenseitig gestellt.** Vorformulierte Bedingungen für diesen Fall vom Begriff der AGB auszunehmen, ist dennoch nicht sachgerecht (Koch-Stübing Rz 18; aM Locher NJW 1977, 1801; Palandt-Heinrichs Anm 2 d; Ulmer Rz 20; F Schmidt MittBayNot 1977, 96). Alle diejenigen Vorschriften des AGBG sind dann zwar unanwendbar (aM Schlechtriem, FS Duden 576 f), welche eine Antinomie von Verwender und seinem Vertragspartner voraussetzen (Beispiel § 2 Rz 4 ff, § 5 Rz 6). Jedoch ist es dringend geboten, §§ 4 und 6 auch in solchen Fällen anzuwenden. Auch Einzelbestimmungen aus dem Katalog unwirksamer Klauseln setzen gelegentlich eine Antinomie von Verwender und seinem Vertragspartner nicht voraus (s § 11 Nr 1 Rz 2, § 11 Nr 10 Rz 91). 22

Tritt jemand in **Vertretung eines anderen** auf, dann ist der Vertretene Verwender, wenn Vertretungsmacht besteht. 23

Wegen der von einem **Notar** ausgearbeiteten Bedingungen s Rz 27. Zur rechtlichen Bedeutung des „Aufstellens" von AGB s Rz 25.

2. Die Perspektive der Unterlassungsklage 24

a) Die in § 1 für AGB gegebene Definition ist, von einer unbedeutenden redaktionellen Änderung abgesehen, aus dem Regierungsentwurf übernommen worden, der noch keinen Verfahrensteil enthielt. **Für den Verfahrensteil paßt die gesetzliche Begriffsbestimmung von AGB** ganz und gar nicht. Den Verwender erst dann auf Unterlassung in Anspruch nehmen lassen zu wollen, wenn er seine Bedingungen einem anderen Vertragsteil „stellt", würde bedeuten, daß die Klage erst nach dem ersten Vertragsschluß zulässig ist. Denn vorher läßt sich nicht sagen, ob es zu dem Vertragsschluß kommen wird und ob ggf die fraglichen AGB einbezogen werden. Zulässigkeitsvoraussetzung für die Unterlassungsklage gegen den **Verwender** kann vernünftigerweise nur sein, daß er mit vorgedruckten Bedingungen auf dem Markt auftritt – durch konkrete Angebote oder bereits in der Ankündigung seiner Geschäftsabschlußbereitschaft. Für die Zulässigkeit der gegen den Empfehler von Bedingungen gerichteten Klage zu verlangen, daß der Empfehlungsadressat solche Bedingungen einem Vertragspartner bereits „gestellt" hat, wäre erst recht sinnlos. Die Empfehlung, sie bei Vertragsschluß nach Möglichkeit durchzusetzen, muß genügen.

b) Man kann das Auftreten auf dem Markt mit AGB bzw die Empfehlung ihrer Benutzung als **„Aufstellen" von AGB** bezeichnen und dem Vorgang insofern nach heutigem Recht – an eine unter der Geltung des alten Rechts geführte Kontroverse anknüpfend (dazu näher Schlosser Kommentar Rz 23) – eine Bedeutung abgewinnen. Das „Aufstellen" von AGB löst heute immerhin die Passivlegitimation für die Unterlassungsklage aus. Jedoch ist auch insoweit eine nähere rechtliche Einordnung des Vorgangs entbehrlich. Insbesondere bringt die Qualifizierung des Aufstellens unwirksamer AGB-Bestimmungen als eines deliktischen Vorgangs (Tilmann ZHR 1978, 54 ff, zu Unrecht freilich hiergegen mit dem Argument, der Erfolg einer 25

Unterlassungsklage müßte dann vom Verschulden des Verwenders abhängen: HENSEN § 13 Rz 26) außerhalb des internationalen Privat- und Prozeßrechts (§ 15 Rz 5, § 14 Rz 3) nichts an konkreten Rechtsfolgen.

VI. Die Unerheblichkeit der gewählten Vertragsform

26 **1. Privatschriftlich und mündlich abgeschlossene Verträge**

AGB sind meist Bestandteil eines schriftlich abgeschlossenen Vertrages. Wie sie Vertragsbestandteil werden, wenn die Wirksamkeit des Vertrages von der Einhaltung der Schriftform unabhängig ist, regelt § 2. Ist für einen Vertrag **Schriftform vorgeschrieben,** so muß die zu leistende Unterschrift auch die AGB erfassen, § 126 BGB (im übrigen s § 2 Rz 50). AGB können auch Bestandteil eines **mündlich abgeschlossenen Vertrages** werden. Nur müssen sie auch dann „vorformuliert" (s Rz 16 ff) gewesen und in einer dem § 2 entspr Weise Vertragsbestandteil geworden sein.

27 **2. Notariell beurkundete Verträge**

Unterliegt ein Vertrag zwingend notarieller Beurkundung, so müssen auch die in ihn eingehenden AGB mitbeurkundet werden. Sie verlieren aber ihre besondere Eigenschaft nicht dadurch, daß sie zu Bestandteilen eines notariell beurkundeten Vertrages werden (vor Erlaß des Gesetzes Bedenken gegen die Einbeziehung notariell beurkundeter Verträge in ein AGB-Gesetz äußernd: OLG München WM 1973, 91; R BATTES, FS Möhring [1975] 21 ff; Bundesnotarkammer, Allgemeine Geschäftsbedingungen und vorbeugende Rechtspflege [1975]; ganz unbegründeterweise auch de lege lata heute außerhalb der Fälle regelrechter Massenbeurkundungen in diesem Sinne SCHMIDT-SALZER B 4; NJW 1977, 133). Schon vor Inkrafttreten des AGBG hatte der BGH (NJW 1974, 1136; BB 1975, 442), unterstützt von weiten Teilen der Lehre (LÖWE NJW 1974, 338 f; NJW 1974, 1109; WEBER Betrieb 1970, 2357 N 27; KÖBL DNotZ 1973, 389; WABNITZ NJW 1972 1398; NICKLISCH BB 1974, 948) und unter Aufgabe seiner ursprünglichen Rspr (BGH NJW 1967, 32), auch notarielle Verträge der für AGB und Formularverträge entwickelten Inhaltskontrolle unterworfen.

Allerdings ist nach der Gesetz gewordenen Formulierung fraglich, ob notariell beurkundete Verträge allgemein oder nur dann dem AGBG unterliegen, wenn der Notar Vertragsmuster verwendet, die ihm von einem seiner Klienten als Verwender des Klauselwerks (TRINKNER Rz 16) vorgelegt worden sind – mag er auch Änderungen durchgesetzt haben (insoweit allgM mit Ausnahme SCHMIDT-SALZER aaO). Der Charakter eines Bedingungswerkes als AGB ist indes nicht davon abhängig, daß derjenige es formuliert hat, der es der anderen Partei stellt (Rz 20). Die Tatsache allein, daß der Notar Formularverträge selbst ausgearbeitet hat, führt daher nicht zur Unanwendbarkeit des AGBG (BGH NJW 1979, 1406; NELTESHEIM BB 1979, 1220; KOCH-STÜBING Rz 18; STEIN Rz 16; wohl auch KÖTZ Rz 8; aM ULMER Rz 1; PALANDT-HEINRICHS Anm 2 a; DIETLEIN Rz 6; SCHIPPEL-BRAMBRING DNotZ 1977, 151). Zu leicht wäre sonst das Gesetz zu umgehen. Zu groß wäre die Versuchung für den Notar (Hausnotar eines Bauträgers), Formularverträge im Hinblick darauf zu gestalten, mit ihnen möglichst viele Anbieter von Grundstücken, Eigenheimen und Eigentumswohnungen anzuziehen gerade deshalb, weil nur vom Notar selbst entworfene Vertragsmuster der Inhaltskontrolle entzogen wären.

Das AGBG gilt daher für Verträge, die ein Notar im Auftrag eines Klienten, aber ohne von ihm Weisungen erhalten zu haben, für eine Vielzahl von Verträgen ausgearbeitet hat (aM Bundesnotarkammer aaO 11). Ein Schutzbedürfnis besteht auch in diesem Falle (aM ULMER Rz 19), weil es sonst unweigerlich zu Präferenz-Notaren verschiedener Marktseiten kommen würde. Die von SCHIPPEL und BRAMBRING (NJW 1979, 1802 ff) eindrucksvoll beschworene Verpflichtung zur Unparteilichkeit des Notars würde an diesen Tatsachen nichts ändern, vor allem in den Gebieten der Bundesrepublik nicht, wo keine Inkompatibilität von Anwaltschaft und Notariat besteht. Sonst wäre es auch zur Übernahme höchst einseitig ausgearbeiteter Bauträger-Formularverträge in die notarielle Praxis nicht gekommen.

Der kritischste Fall ist der, in welchem ein Notar Klauseln verwendet, die er ganz abstrakt zur vielfachen Verwendung für Gelegenheitsgeschäfte vorformuliert hat. Die BGH (NJW 1979, 1406) will das AGBG auch auf sie angewandt wissen, ohne Rücksicht darauf, welche Vertragspartei die Initiative zur Auswahl des Notars ergriffen hatte (für diesen Fall außer den im vorigen Absatz Genannten abl auch KÖTZ aaO). Seiner Ansicht nach kann sich die eine Vertragspartei ein notarielles Formblatt „einseitig zu ihren Gunsten zunutze machen" und sich somit seiner „gleichsam mittelbar" bedienen. BRAMBRING und SCHIPPEL (NJW 1979, 1802 f) betonen mit Recht, daß sich, folgt man dieser Prämisse, fast jeder notarielle Vertrag überwiegend aus AGB-Bestandteilen zusammensetzt. Es ist auch einzuräumen, daß in vielen solchen Fällen kein Schutzbedürfnis für eine der Vertragsparteien besteht. Kommt der Notar bei Konzipierung seiner Musterbedingungen seinen gesetzlichen Verpflichtungen zu ausgewogener Beratung der Parteien nach, so kann aber kaum jemals der Fall eintreten, daß sie nach dem AGBG unwirksam sind. Auf der anderen Seite ist die Abgrenzung von Vertragsmustern, welche der Notar im Auftrag einer Firma, eines Verbandes oder im Hinblick auf seine mögliche Inanspruchnahme durch Angehörige einer bestimmten Marktseite entwirft, von abstrakten Entwürfen für Gelegenheitsgeschäfte kaum möglich. Im Interesse eines effektiven Verbraucherschutzes sollte man daher die Konzequenz nicht scheuen, sämtliche für die notarielle Praxis vorformulierten Vertragsklauseln als mögliche AGB-Bestimmungen zu begreifen. Mit dem Gesetzestext ist dieses Ergebnis durchaus vereinbar. Denn AGB brauchen nicht zur mehrmaligen Verwendung durch ein und denselben Verwender gedacht zu sein (Rz 14). Allerdings muß die Einbeziehung von AGB-Bestimmungen in einen konkreten Vertrag einem der beiden Vertragsteile besonders zurechenbar sein, auch wenn dies der BGH in seiner genannten Entscheidung nicht ausdrücklich verlangt hat. Besonders zurechenbar ist die notarielle Beurkundung eines Vertrags einer der beiden Vertragsparteien dann, wenn die Auswahl des Notars auf ihre Initiative zurückgeht. Kam für die Parteien aus subjektiven oder objektiven Gründen für die Beurkundung praktisch nur ein einziges Notariat in Betracht, so ist keine von ihnen Verwender der vom Notar in den Vertrag eingeführten Standardklauseln.

Immer jedoch kann es durch Besprechung, Erläuterung und Abänderung einzelner Klauseln insgesamt zu einem Individualvertrag kommen (siehe Rz 31 f). Keinesfalls gilt der Grundsatz, daß notariell beurkundete Verträge im Zweifel Individualverträge seien (LG Stuttgart JZ 1977, 761; aM SCHIPPEL-BRAMBRING DNotZ 1977, 159). Verwender ist bei Einschaltung eines mit vorformulierten Bedingungen arbeitenden Notars derjenige Vertragsteil, welcher den in Anspruch genommenen Notar als erster vorgeschlagen hat, meist der Anbieter der Immobilienleistung.

Die Erstreckung des AGBG auf vorformulierte Muster für notariell zu beurkundende Verträge hat im übrigen auch die Nebenfunktion, den Notaren die ihnen früher meist fehlende, weil an einen sicheren Gesetzesverstoß geknüpfte (RG DR 1940,

1568; Sybold-Hornig BNotO § 15 Rz 7; Palandt-Heinrichs § 17 BeurkG Anm 1 a) Befugnis zu geben, Beurkundungen von Mehrfachverträgen abzulehnen, welche anstößige Klauseln enthalten (Palandt-Heinrichs Anm 3; Stürner BWNotZ 1977, 106).

VII. Individualvereinbarungen

28 **1. Die Formalisierung des Abgrenzungskriteriums**

Die im Interesse eines praktikablen Normenvollzugs getroffene gesetzliche Schlußentscheidung zugunsten der stark formal bestimmten Begriffsbestimmung hat ihren Niederschlag vor allem in Abs 2 gefunden: AGB sind begrifflich aus dem Gegensatz zwischen Massenvertrag und Individualvereinbarung zu bestimmen (so anschaulich Schulte NJW 1974, 1217). Entscheidend ist allein, ob ein Individualvertrag oder eine individuelle Einzelvereinbarung innerhalb eines Standardvertrages vorliegt oder nicht. Mischformen von Vertragstexten, zusammengesetzt aus Individualvereinbarungen und AGB-Bestimmungen sind sehr gut denkbar (Trinkner Rz 21). Die eigenständige Bedeutung von Abs 2 ist freilich gering. Vertragsbestandteile, die nicht oder nur für einen oder zwei Fälle vorformuliert sind (s Rz 15), unterliegen dem Gesetz schon nach Abs 1 nicht. Einen eigenständigen Sinn hat Abs 2 nur für solche Bedingungen oder Bedingungsbestandteile, die ursprünglich für eine Vielzahl von Verträgen vorformuliert waren, der Gegenpartei gestellt wurden, im Laufe der Verhandlungen aber den Charakter von Einzelvereinbarungen annahmen (BGH NJW 1977, 625; Dietlein Rz 9; M Wolf NJW 1977, 1939; Trinkner Rz 20; Schmidt-Salzer B 11; Ulmer Rz 29; Garrn JZ 1978, 302; Jaeger NJW 1979, 1571 ff). Insoweit ist Abs 2 freilich sehr wohl Bestandteil der Legaldefinition (aM Trinkner Rz 2; Dittmann-Stahl Rz 49), wenngleich er gewiß auch die Beweislast steuern soll (so mit Recht Stein Rz 25).

29 Es kommt daher nicht, wie früher vielmals vorgeschlagen, auf individuelle (so M Wolf JZ 1974, 43) oder vertypte (so außer den im folgenden Genannten G Raiser, Die gerichtliche Kontrolle von Formularbedingungen im amerikanischen und deutschen Recht [1966] 157; Biedenkopf, FS Böhm [1965] 132 ff; Grunsky BB 1971, 1113; Nicklisch BB 1974, 948 f) Schutzbedürftigkeit an. Unerheblich ist insbesondere, ob der Vertragspartner des Verwenders nach Lektüre, Verständnis und gegebenenfalls Empfang mündlicher Erläuterungen und nach reichlicher Überlegung schließlich den AGB „frei" zugestimmt hat oder nicht (so aber M Wolf JZ 1974, 43; ders JZ 1974, 468 f; gelegentlich in diesem Sinne auch die frühere Rspr BGH WM 1970, 394; BGHZ 61, 17 = NJW 1973, 1459; OLG Düsseldorf NJW 1972, 1816; hiergegen schon früher mit Recht Schulte NJW 1974, 1217; Brandner JZ 1973, 616 f; Dietlein NJW 1974, 971; heute wie hier Garrn JZ 1978, 302; Ulmer Rz 30; Jaeger NJW 1979, 1574). Auch wenn ersteres der Fall ist, bleibt das AGBG anwendbar. Unanwendbar ist es umgekehrt, wenn ein wirtschaftlich oder intellektuell Überlegener einen Individualvertrag durchgesetzt hat (damals de lege lata aM Eith NJW 1974, 17 f; OLG München NJW 1973, 1622; heute aM M Wolf NJW 1977, 1942; wie hier LG Nürnberg-Fürth BB 1972, 1114 – abl Trinkner). Es gibt keine „generell zu mißbilligenden Klauseln", denen gegenüber außerhalb des Anwendungsbereichs von § 138 BGB auch in Gestalt von Individualvereinbarungen noch eine Inhaltskontrolle zu obwalten hätte (aM Lieb AcP 178, 196 ff). Unerheblich ist heute schließlich, soweit nicht die Anwendbarkeit einzelner Normen des Gesetzes ausdrücklich ausgeschlossen ist (s Erl zu § 24), ob der Kunde Kaufmann ist – mit oder ohne Rechtsabteilung in seinem Unternehmen – und ob der zu schließende Vertrag sich auf ein Luxusgut oder ein Stück des normalen Konsums – mit oder

ohne Ausweichmöglichkeit für seine Beschaffung – bezieht (für eine Differenzierung nach den genannten Kriterien noch LINDACHER BB 1972, 296 ff). Werden AGB von einer Seite eingeführt und schließlich akzeptiert, so ist das Indiz dafür, daß sich der andere Vertragspartner in einer unterlegenen Position befunden hat, so groß, daß das Gesetz im Interesse der Rechtssicherheit eine individuelle Schutzwürdigkeitsprüfung nicht mehr verantworten wollte.

Ein Bedürfnis, auch Individualvereinbarungen einer über die allgemeine Mißbrauchskontrolle (§ 138 BGB) hinausgehenden Inhaltskontrolle zu unterziehen, besteht auch im Falle „generell zu mißbilligender Klauseln" nicht (aM LIEB AcP 178, 220).

2. Individualabweichungen von vorformulierten Bedingungen als praktisch entscheidendes Abgrenzungskriterium 30

a) Als Individualvereinbarung zu werten ist ein Vertragsbestandteil jedenfalls immer dann, wenn er im Vergleich zur Vorformulierung **Abweichungen** aufweist, die nicht ihrerseits für einen engeren Kreis von Kunden nach Art von Sonderbedingungen vorformuliert sind. Gleichgültig ist, wie weit der Verwender dem Kunden entgegengekommen ist und ob die Vereinbarung immer noch durch die schwächere Stellung des letzteren geprägt ist. Eine Bedingung ist auch dann ausgehandelt, wenn sie eine Verschlechterung gegenüber dem vorformulierten Text darstellt (ULMER Rz 32; SCHNUR MDR 1978, 96; aM M WOLF NJW 1977, 1939) und etwa im Hinblick auf ein Entgegenkommen in anderen Punkten oder bei der Bestimmung der Hauptleistung akzeptiert wurde. Vorformulierte Bedingungen behalten ihren Charakter als AGB auch dann, wenn der Verwender ihre globale Annahme durch **Zugeständnisse,** etwa durch einen besonderen Rabatt, erkauft hat (aM LARENZ AT § 29 a I a; TRINKNER Rz 2; LÖWE NJW 1977, 1330 Fn 9). Werden indes dem Kunden zu Einzelpunkten des Klauselwerkes mehrere inhaltlich deutlich verschiedene **Alternativen** zur Wahl gestellt, die auf die Kundgabe eines echten Individual-Auswahl-Entschlusses abstellen, so liegen Individualvereinbarungen vor, gleich, ob die Alternative eine inhaltsverschiedene AGB-Klausel (DIETLEIN Rz 10; aM M WOLF NJW 1977, 1941; HEINRICHS NJW 1977, 1508; ULMER Rz 28; TRINKNER Rz 25) oder die der Klausel korrespondierende Gegenleistung (vor allem Haftung und Entgelt) betrifft (ULMER Rz 39; SCHIPPEL-BRAMBRING DNotZ 1977, 154; GRAF VON WESTPHALEN Betrieb 1977, 947 – mit gewissen Einschränkungen) oder sogar beides. Ist freilich die Alternative ihrerseits ein Inbegriff verschiedener Klauseln, so liegt in der Auswahl bezüglich der einzelnen Klauseln keine Individualvereinbarung (BGH WM 1976, 210 – Haftungsfreistellung gegen Zusatzentgelt beim Pkw-Mietvertrag). Häufig versteckt sich hinter einer solchen Alternativgestaltung freilich auch Umgehungsabsicht (s Einl 14 zu § 1).

b) Denkbar ist zwar, daß über vorformulierte Bestandteile eines Vertrages konkret 31
verhandelt wurde, sich dennoch an ihrem Inhalt nichts geändert hat, die Klauseln aber somit Individualvereinbarungen geworden sind (BGH BB 1977, 59; zust TRINKNER NJW 1977, 625; OLG Celle BB 1976, 1287 mit Anm GRAF VON WESTPHALEN; DIETLEIN Rz 10; PALANDT-HEINRICHS Anm 4; ULMER Rz 34; KÖTZ Rz 19; HEINRICHS NJW 1977, 1508; M WOLF NJW 1977, 1939 f – „reale Möglichkeit der Einflußnahme"; SCHMIDT-SALZER B 50 ff; NJW 1977, 133; JAEGER NJW 1979, 1571 f; aM DITTMANN-STAHL Rz 49; KOCH-STÜBING Rz 32 ff, 42). Es genügt dazu aber nicht, daß der Kunde auf Klauseln hingewiesen worden ist oder daß der Verwender sich über das Verständnis seines Vertragspartners um die Tragweite der fraglichen Klauseln vergewissert hat (aM SCHMIDT-SALZER aaO). Daher kann sich

diese Situation praktisch nur stellen, wenn ein vorformuliertes aus wenigen Bestimmungen bestehendes Klauselwerk im einzelnen durchgesprochen wurde, einzelne Klauseln eine Änderung erfahren haben und andere stehengeblieben sind. Ein solcher Geschehnisrahmen kann dem gesamten letztlich vereinbarten Bedingungswerk den Charakter individuell abgesprochener Vertragsbestandteile verleihen (Dietlein Rz 10; M Wolf NJW 1977, 1940; Ulmer Rz 33; Peters JR 1978, 7; aM Koch-Stübing Rz 32 ff, 42 – nur abgeänderte Klauseln sind ausgehandelt). Jedoch ist eine solche Annahme nur mit großer Zurückhaltung zulässig. Vor allem muß auch über jede der stehengebliebenen Bedingungen wirklich verhandelt wworden sein (Ulmer Rz 40; OLG Celle WM 1977, 1392; Dietlein Rz 10; Dittmann-Stahl Rz 49; Jaeger NJW 1979, 1573; aM Trinkner Rz 24; Heinrichs NJW 1977, 1509; Graf von Westphalen Betrieb 1977, 947). Bezüglich jeder einzelnen muß die Möglichkeit der Einflußnahme des Kunden bestanden haben (Jaeger NJW 1979, 1573). Enthält ein Vertragsformular mehrere Rubriken, die individuell auszufüllen sind, sei es, daß eine von mehreren vorgegebenen Alternativen anzukreuzen ist, sei es, daß auch eine völlig freie Vereinbarung eingesetzt werden kann, so werden dadurch nicht auch die übrigen Klauseln zu individuell ausgehandelten. Nicht erforderlich für den Begriff des Aushandelns ist allerdings, daß der Vertragspartner des Verwenders um den Schutz weiß, den ihm das AGBG zugedacht hat (aM Garrn JZ 1978, 304).

32 c) Daß ein **insgesamt wie vorformuliert stehengebliebenes längeres Klauselwerk** oder längere unveränderte Bestandteile aus ihm Individualvereinbarungen werden, ist praktisch unvorstellbar (so wohl auch Ulmer Rz 31; aM Schmidt-Salzer B 53; Schippel-Bbrambring DNotZ 1977, 149). Man kann vor einer mißverständlichen Interpretation eines kurz vor Inkrafttreten des Gesetzes ergangenen, dieses aber schon in Bezug nehmenden BGH-Urteils (NJW 1977, 624) gar nicht genug warnen. In einem, gemessen an den Urteilsgründen, viel zu weitgehenden (so mit Recht Heinrichs NJW 1977, 1508) Leitsatz der Entscheidung ist zwar gesagt, eine Individualvereinbarung liege schon dann vor, wenn der Verwender allgemein ernsthafte Verhandlungsbereitschaft habe erkennen lassen. Abgesehen davon, daß die Entscheidung im Schrifttum ganz überwiegend auf Ablehnung gestoßen ist (Löwe NJW 1977, 1328 – sehr ausführlich; M Wolf NJW 1977, 1938; Graf von Westphalen Betrieb 1977, 943; Trinkner BB 1977, 715; Larenz AT § 29 a I a; Koch-Stübing Rz 33, 37; Heinrichs NJW 1977, 1508; Ulmer Rz 35; aus der neueren Rspr ebenso OLG Celle NJW 1978, 327; zust Jagenburg BauR Sonderheft 1 [1977] 6; von Falkenhausen BB 1977, 1127; Pawlowski BB 1978, 161; Schmidt-Salzer B 52; Jaeger NJW 1979, 1570 ff, aber mit viel Freiheiten der Interpretation; Stein Rz 27, 28), hat die genannte Entscheidung bei weitem nicht die Tragweite, die man ihr allgemein zumessen möchte. Der BGH hat nämlich in der bloßen Erläuterung der Vertragsbedingungen noch keine Äußerung einer Verhandlungsbereitschaft erblickt und im konkreten Fall auch keine Individualvereinbarung angenommen, sondern die Sache an die Vorinstanz zurückverweisen. Welche Anforderung er an die Glaubwürdigkeit einer Äußerung zur Verhandlungsbereitschaft und ihrer Erkennbarkeit für den Vertragspartner stellt, hat er ganz und gar offen gelassen. Im Anschluß an eine in der Tat in diese Richtung weisende Formulierung im Regierungsentwurf (BR-Drucks 360/75) hat er zur Begründung seiner These lediglich ausgeführt: soweit die Vertragsbedingungen das Ergebnis einer selbstverantwortlichen Prüfung, Abwägung und „möglichen" Einflußnahme beider Vertragsparteien gewesen seien, bedürfe der Vertragspartner des Verwenders eines besonderen Schutzes nicht mehr. Auf dieser abstrakten Basis kann man gegen die Entscheidung des BGH auch gar nicht opponieren. Mit Kötz (Rz 18 ff) läßt sich vielmehr in der Tat sagen, ein Klauselwerk werde Individualvertragsbestandteil, wenn der Verwen-

der seine Verhandlungsbereitschaft erklärt hat, dies dem Vertragspartner erkennbar und ein Eintritt in Verhandlungen für ihn zumutbar war. Die Frage ist nur, wann dem Vertragspartner des Verwenders eine Einflußnahme auf die Klauselgestaltung zumutbarerweise möglich war. Das AGBG bezweckt den Schutz des Vertragspartners des Verwenders nicht nur vor seiner wirtschaftlichen, sondern auch vor seiner intellektuellen Unterlegenheit (so gerade in diesem Zusammenhang mit Recht M Wolf aaO). Viele Vertragspartner von AGB-Verwendern sind überhaupt nicht in der Lage, sinnvoll über Abweichungen vom vorgedruckten Text zu verhandeln. Sie können mit der generell-abstrakt erklärten Verhandlungsbereitschaft des Verwenders nichts anfangen und bleiben dann schutzbedürftig (Ulmer Rz 30; Wolf NJW 1977, 1940; Jaeger NJW 1979, 1574). Mußte sich der Verwender darüber im klaren sein, so kann seine Erklärung zur Abänderungsbereitschaft keine Individualvereinbarungen zustandebringen. Aber auch Brancheninsidern ist es aus Rationalisierungsgründen schlechterdings unzumutbar, sich bei jedem Auftrag in ein zeitraubendes Studium von Bedingungen in der Größenordnung etwa der VOB zu begeben, um das Ausmaß der abstrakt erklärten Verhandlungsbereitschaft des Verwenders auszuloten. Auch wenn der Vertragspartner des Verwenders den Inhalt der ihm gestellten AGB kennt und ihrer Einbeziehung ausdrücklich global zustimmt, etwa weil er das Klauselwerk im großen und ganzen als angemessen betrachtet, werden dadurch die Bestimmungen noch nicht, wie das Gesetz es verlangt, „im einzelnen ausgehandelt" (aM M Wolf aaO). Selbst eine auf einzelne Klauseln speziell bezogene Erklärung einer Verhandlungsbereitschaft führt daher meist nicht zu einer Individualvereinbarung (aM Ulmer Rz 36). AGB bleiben ABG, wenn der Vertragspartner auf eine erklärte Abänderungsbereitschaft nicht eingeht (Jaeger NJW 1979, 1574).

Haben die Parteien in einem Folgevertrag auf vorformulierte Bedingungen verwiesen, die sie einem früheren Vertrag zugrundegelegt hatten, so hat man es meist mit AGB zu tun, auch wenn danach das Klauselwerk wegen erklärter Verhandlungsbereitschaft des Verwenders als eine Summe von Individualvereinbarungen zu betrachten gewesen sein sollte (BGH NJW 1979, 367).

d) Werden Vertragsbestimmungen, die ursprünglich AGB-Charakter hatten, **nachträglich** individuell geändert, so verlieren sie ihre ursprüngliche Eigenschaft, wenn die Änderung der gesamten Bestimmung das entscheidende Gepräge gibt, wenn also etwa eine Haftungsbegrenzung entschärft wird, auch wenn sie dann noch eine Gestalt hat, die sie als AGB-Bestimmung unwirksam machen würde (aM Kötz Rz 21). Wenn der Kunde auf die Wirksamkeit der ursprünglich harten Klauseln vertraut hat, hat er sich jedoch über den Gegenstand der Verhandlung geirrt und kann nach § 119 Abs 2 BGB anfechten. 33

e) Sind AGB formal wirksam in eine vertragliche Beziehung eingeschlossen, so läßt sich der Einbeziehungswille des Verwenders hinsichtlich jeder einzelnen Klausel auch als ein **Angebot** werten, sie **im Laufe der Vertragsabwicklung als Individualvereinbarung zu akzeptieren.** Auf diese Art und Weise kann der Vertragspartner des Verwenders eine Klausel, die sonst der Inhaltskontrolle verfallen würde, anwendbar machen, wenn er aus besonderen Gründen darauf Wert legt. Das gleiche gilt, wenn die Einbeziehung lediglich an der Nichterfüllung der Formobliegenheit von § 2 scheitert. 34

VIII. Beweislastfragen 35

Wer Rechtsfolgen aus dem AGBG herleiten will, hat zu beweisen, daß eine Vertragsbestimmung AGB-Charakter hat, also daß sie vorformuliert wurde, zur

Verwendung für eine Vielzahl von Verträgen gedacht war, und daß sie der Verwender seinen Vertragspartnern stellt oder jedenfalls stellen will. Daß die Bedingung trotz dieser Eigenschaft im einzelnen ausgehandelt wurde, hat der Verwender zu beweisen (allgM, auch bei notariellen Verträgen). Das gleiche gilt für den im Zeitpunkt des Vertragsabschlusses maßgebenden Inhalt eines Klauselwerkes. Bei massenweiser Verwendung von AGB, wie etwa der Allgemeinen Bankbedingungen (wie hier BGH WM 1966, 973), kann man jedoch Allgemeinkundigkeit ihres Inhalts im Sinne von § 291 ZPO annehmen, was aber an der Kenntnisverschaffungsobliegenheit des Verwenders nichts ändert (§ 2 Rz 31). Ist die Vorformulierung in einer Technik bewiesen, wie sie üblicherweise zur vielfachen Anwendung eines Textes gebraucht wird, so ist nach den Grundsätzen des Anscheinsbeweises auch die Bestimmung des Klauselwerkes für eine Vielzahl von Verträgen dargetan (Trinkner Rz 29; Ulmer Rz 44; Palandt-Heinrichs Anm 5). Ist der Text von AGB in einem vervielfältigten Exemplar vorhanden, so ist dies die typische Folge davon, daß sie einzelnen Verträgen insgesamt und ohne Einzelverhandlung zugrundegelegt zu werden pflegen. Auch dafür spricht dann ein Anscheinsbeweis.

Umgekehrt spricht aber ein **Anscheinsbeweis für** den Charakter einer Vereinbarung als **Individualabrede,** wenn sich in einem Formular handschriftliche oder maschinenschriftliche Eintragungen oder gar Abänderungen vorgedruckter Teile befinden. Eine formularmäßige Bestätigung des Vertragspartners, der Vertrag sei im einzelnen ausgehandelt, ist nach § 11 Nr 15 b auch im Falle gesonderter Unterschrift unwirksam (schon nach früherem Recht verworfen von BGH NJW 1977, 432; 1977, 624), eine individuelle ist nicht typischerweise richtig, so daß sie zwar ein gewisses Beweisindiz aber keinen Anscheinsbeweis erbringen kann (allgM). Eine volle Beweislast trifft den Verwender für das Vorliegen der Voraussetzungen von Abs 2 nur, soweit es um Tatsachen geht, die den kleinen Sektor des Inhalts von Abs 2 ausfüllen sollen, der sich nicht schon aus Abs 1 ergibt (Rz 28).

§ 2
Einbeziehung in den Vertrag

(1) Allgemeine Geschäftsbedingungen werden nur dann Bestandteil eines Vertrages, wenn der Verwender bei Vertragsabschluß
1. die andere Vertragspartei ausdrücklich oder, wenn ein ausdrücklicher Hinweis wegen der Art des Vertragsabschlusses nur unter unverhältnismäßigen Schwierigkeiten möglich ist, durch deutlich sichtbaren Aushang am Ort des Vertragsabschlusses auf sie hinweist und
2. der anderen Vertragspartei die Möglichkeit verschafft, in zumutbarer Weise von ihrem Inhalt Kenntnis zu nehmen,
und wenn die andere Vertragspartei mit ihrer Geltung einverstanden ist.

(2) Die Vertragsparteien können für eine bestimmte Art von Rechtsgeschäften die Geltung bestimmter Allgemeiner Geschäftsbedingungen unter Beachtung der in Absatz 1 bezeichneten Erfordernisse im voraus vereinbaren.

1. Teilber 41; RefE 17, RegE 17 – s Einl 6

Schrifttum

Schröter, Die Einbeziehung Allgemeiner Geschäftsbedingungen, Die Bank 1978, 81.

1. Unterabschnitt. Allgemeine Vorschriften

Systematische Übersicht

I. Allgemeines
1. Regelungsanliegen der Norm 1
2. § 2 als Formvorschrift 2
3. Geltungsbereich der Vorschrift 3

II. Die bei Vertragsschluß bestehende Hinweisobliegenheit
1. Ausdrücklichkeit und Klarheit des Hinweises 4
2. Rechtzeitigkeit des Hinweises 10
3. Hinweis bei schriftlichem und mündlichem Vertragsschluß 12
4. Beweislast 16
5. Kaufleute 17

III. Die ausnahmsweise fehlende Notwendigkeit eines ausdrücklichen Hinweises 18
1. Unverhältnismäßigkeit von Schwierigkeiten für einen ausdrücklichen Hinweis 19
2. Hinweisersatz durch Aushang 20

IV. Obliegenheit zur Kenntnisverschaffung
1. Grundstruktur der Vorschrift 26
2. Anforderungen an die Textgestaltung 27
3. Einzelheiten der Kenntnisverschaffungsobliegenheit 31
4. Kaufleute 35

V. Das Einverständnis des Vertragspartners des Verwenders 36
1. Einverständnis nach ausdrücklichem Hinweis 36
2. Vertragsschluß nach Allgemeinen Regeln als Einbeziehungsvoraussetzung 39
3. Wirkung von AGB für und gegen Dritte 43
4. Spätere Änderung von AGB 46
5. Formbedürftige Verträge 50
6. Kaufleute 51

VI. Pauschalvereinbarungen nach Absatz 2
1. Das Verhältnis zum nichtkaufmännischen Vertragspartner 52
2. Das Verhältnis unter Kaufleuten 59

VII. Sonderproblem: Verkehrssitte und Handelsbrauch
1. Allgemeines 61
2. Einzelheiten zur Handelsgebräuchlichkeit von Einbeziehungsmodalitäten 68

VIII. Sonderproblem: Auftragsbestätigung und kaufmännisches Bestätigungsschreiben
1. Die BGB-(HGB)-Grundsätze: Der kaufmännische Verkehr 75
2. Das AGBG: Der Verkehr mit Nichtkaufleuten 77

IX. Sonderproblem: AGB-Konkurrenzen 79
1. Sich kreuzende Bestätigungsschreiben 80
2. Unterschiedliche Verweisungen in vertragskonstituierenden Erklärungen 81

Alphabetische Übersicht

ADSp 69
ADSp, Ausland 69
Änderung von AGB 46
Änderungen von AGB, einseitige 47
Änderungen von AGB, nachträgliche 65
Angebot, auf Formularen des Verwenders 40
Annahme, modifizierende 11
Anzeigengeschäft 24
Auftragsbestätigung 13, 39, 75
Aushändigung von AGB-Texten 31
Aushang 22, 24
Aushang als Ersatzhinweis 18, 20, 34
Aushang, genauer Ort des 21
Ausländer 4, 21, 28, 35, 74

Banken 71
Bauleistungen 31
Beförderungsverträge 19
Beifügung einer vertragskonstitutiven Erklärung 17
Bekanntmachung, öffentliche 17
Bekleidungsindustrie 68
Benutzungsbedingungen 39
Bestätigungsschreiben, kaufmännisches 17, 75 f, 78, 84
Bestätigungsschreiben, sich kreuzende 80
Bevollmächtigter 2
Bewachungsverträge 19
Beweislast 16, 38
Binnenwasserhäfen 19

Dissens, versteckter 83
Distanzgeschäfte im internationalen Verkehr 4
Distanzkauf 42
Dritte, AGB zugunsten Dritter 44
Dritte, AGB zu Lasten Dritter 43

Eigentumsvorbehalt, einfacher 10
Eigentumsvorbehalt, erweiterter 10
Einbeziehungsvereinbarung und Vertragsschluß 2
Einlieferungsschein 13

Einverständnis des Vertragspartners des Verwenders 36
Ersatzbestellung 11, 60

Fahrschein 13
Flughäfen 19
Flughafenbenutzung 24
Formbedürftigkeit des Vertrags, notarielle Beurkundung 50
Formular 10
Formular, falsches 36
Formvorschrift 2

Garderobenmarke 13
Gepäckaufbewahrungsschein 13
Gerichtsstandsvereinbarungen 3
Geschäftsbeziehungen, laufende 60

Hafenbenutzung 24, 68
Handelsbräuche 17, 46, 61 ff, 65 f
Hinweisobliegenheit 4
Hinweisobliegenheit und Bestimmtheitsgrundsatz 5
Hinweisobliegenheit und Ausdrücklichkeit 6
Holzhandel 86

Individualvereinbarungen 76
Inserate 11
Irrtumsanfechtung 38

Kaufleute 1, 3, 25, 51, 59, 75
Kaufleute, Hinweisobliegenheit 17
Kenntnisverschaffungsobliegenheit 26, 59
Kleindokument 13
Kostenvoranschlag 11, 39
Kündbarkeit einer Rahmeneinbeziehungsvereinbarung 57

Legitimationszeichen 13
Leistungsbeschreibung 11
Lesbarkeit von AGB 28
Lieferanten-AGB 70
Lieferschein 10, 59 f

Makler 39, 72

Nachbestellung 60

Pauschaleinbeziehung und Obliegenheit nach § 2 Abs 1 53
Pauschaleinbeziehung und Obliegenheit nach § 2 Abs 2 52
Pauschaleinbeziehung und Kaufleute 59
Pauschalvereinbarung 56
Preisliste 30
Prospekt 11

Rechnungen 10, 17, 60
Rechnungsvermerke 59
Rechtzeitigkeit des Hinweises 10
Rechtzeitigkeit der Kenntnisverschaffung 33
Reihenfolge 8
Risikoerklärung 33, 37
Rückseite eines Vertragsformulars 6, 17

Schlüssigkeit eines Hinweises auf AGB 17
Schlüssigkeit eines Einverständnisses mit AGB-Geltung 37
Schlußschein eines Handelsmaklers 17
Schriftform 39
Seehäfen 19
Sprache, juristische 29
Sukzessivlieferungsvertrag 10

Telefon 10, 15
Textgestaltung 27
Transportunternehmen 71
Transportverträge 42

Verbandszugehörigkeit von Firmen 51
Verhandlungssprache 21
Verkaufsaufgabe 39
Verkehrssitte 61
Verkehrsüblichkeit 64
Versandanzeigen 10, 59
Versicherungen 71
Versicherungsbedingungen 61
Versicherungsbestätigung 39
Versicherungsverträge 46
Verständlichkeit von AGB 29
Vertrag, faktischer 24, 41
Vertragsschluß, Schriftlichkeit 12
Vertragsschluß, Beurkundungsbedürftigkeit 12
Vertragssprache 28
Verweisung auf andere AGB 30
Verwendung eines falschen Formulars 36
Verzicht auf Kenntnisverschaffung 26
VOB 4, 8, 31, 36, 73
Vorderseite eines Formulars 13
Vorkorrespondenz 11

Weiterverweisungen 21
Wissen-Müssen-Formel 1, 15, 17

I. Allgemeines

1. Regelungsanliegen 1

Der Gesetzgeber war sich sehr wohl im klaren darüber, daß dem Phänomen unangemessener AGB mit einer Verschärfung der Einbeziehungsvoraussetzungen nicht zentral beizukommen war. Jedoch dürfen trotz Inhaltskontrolle AGB nicht einseitig zum Vertragsbestandteil gemacht werden. Obwohl die Rspr schon vor Inkrafttreten des Gesetzes das vertragliche Verständnis der Unterwerfung unter AGB betonte (grundlegend BGHZ 9, 1 = NJW 1953, 541), war sie zum Schluß von der Anerkennung einer Befugnis des Verwenders zur einseitigen Ingeltungsetzung seiner AGB nicht mehr weit entfernt. Es sollte genügen, wenn der Vertragspartner vom Einbeziehungswillen des Verwenders „wissen mußte" (BGH aaO; BGHZ 12, 142 = NJW 1954, 795; BGHZ 18, 99 = NJW 1955, 1513; VersR 1958, 189; NJW 1959, 1679; NJW 1973, 2154; NJW 1974, 2177; NJW 1976, 2075). Obwohl diese Rspr als mit herkömmlichen Rechtsgeschäftsprinzipien unvereinbar zu Recht vielfach kritisiert worden war (Biedenkopf, FS Böhm [1965] 123; Helm JuS 1965, 124 ff; Schmidt-Salzer [1967] 112 ff; Grunsky JurA 1969, 88 ff; Weber Betrieb 1970, 2361, 2423 f; Emmerich JuS 1972, 364; Werber FS Möller [1972] 518; Brandner JZ 1973, 614; Götz 144 ff; Ratz in Großkomm HGB § 346 Rz 185 f; Erman-Hefermehl Vorbem 31 zu § 145), war es notwendig, ihr legislatorisch jedenfalls für den Verkehr mit privaten Verbrauchern ausdrücklich entgegenzuwirken und sich davon eine gewisse Ausstrahlung auch auf die Einstellung der Rechtspraxis für den beiderseits kaufmännischen Verkehr zu erhoffen. Allerdings kann objektiver Erklärungswert einer Willenserklärung auch ohne Ausdrücklichkeit zukommen, und § 2 stellt insoweit an die Erklärungen von Kaufleuten untereinander sowie des Vertragspartners des Verwenders keine besonderen Anforderungen (insoweit mit seinem Verlangen nach Ausdrücklichkeit zu weit gehend Sayn-Wittgenstein 54 ff; Schmidt-Salzer NJW 1977, 134) s Rz 63. Insbes kann dieser in einer Weise auftreten und verhandeln, die dem Verwender den Schluß erlaubt, sein Verhandlungspartner wisse um seinen Willen, nur zu bestimmten AGB abschließen zu wollen. Geht dem Vertragspartner des Verwenders diese Kenntnis dennoch ab, so kann man sagen, er hätte sie, so wie er aufgetreten sei, jedenfalls haben „müssen". Das heißt aber nichts anderes, als daß jedermann, der am Geschäftsverkehr teilnimmt, das Wissen zugerechnet wird, das zu besitzen er den Eindruck vermittelt (so mit Recht Schmidt-Salzer D 25 ff). Mag sein, daß mit der „Wissen-Müssen-Formel" gelegentlich nichts anderes ausgedrückt sein sollte (so Ulmer H 29 f; Canaris in Großkomm HGB Anh § 357 Rz 1209). Mißverständlich ist sie dennoch. Für den Verkehr mit Privaten ist sie auf jeden Fall durch § 2 AGBG obsolet geworden. Für den Handelsverkehr sollte sie vermieden werden (ebenso Löwe Rz 4; aM Kötz Rz 24). In Bezug auf ihn kommt in der Sache alles darauf an, in der Frage einer stillschweigenden Mitinbezugnahme eine realistischere Haltung einzunehmen, als sie die Rspr bisher aufgebracht hat (Rz 62 ff).

2. § 2 als Formvorschrift 2

§ 2 ist eine Formvorschrift iSv § 125 BGB (Koch-Stübung Rz 15). Weil die Erfüllung der vorgeschriebenen Form ausschließlich Sache einer der Vertragsteile, nämlich des Verwenders ist, kann man auch von dessen Obliegenheit sprechen, ohne daß dies der Qualifizierung der Norm als Formvorschrift entgegensteht (aM Schmidt-Salzer D 25 ff).

Eine von §§ 133, 157 BGB abweichende Vorschrift über die Auslegung von Willenserklärungen ist § 2 deswegen genausowenig (aM Ulmer Rz 16, 40) wie sonstige Vorschriften, die Wirksamkeitsvoraussetzungen für Willenserklärungen sind. § 2 bezieht sich ausschließlich auf die zur Einbeziehung der AGB führende Erklärung (Angebot oder Annahme) des Verwenders von AGB. Dies gilt auch für die in Abs 2 vorgesehene Rahmenvereinbarung (Rz 53 ff). Sie gilt auch, wenn sich eine Partei bei Vertragsschluß vorbehält, Nebenbestimmungen formularmäßig für ihre Vertragspartner nach § 315 BGB festzulegen, was durchaus nicht prinzipiell ausgeschlossen ist (Rz 46 ff, § 9 Rz 17). Wie alle Formerfordernisse, müssen sie dem konkret rechtsgeschäftlich namens des Vertragspartners Handelnden gegenüber erfüllt werden, ggf also gegenüber dessen Bevollmächtigten.

Die Ausgestaltung von § 2 als Formvorschrift zeigt im Verein mit den Bestimmungen über die Inhaltskontrolle aber auch die Anknüpfung des AGBG an das herkömmliche Verständnis einer vertraglichen Einigung. Insbesondere ist auch heute die Einbeziehungsvereinbarung genausowenig wie früher (so mit Recht Canaris, Die Vertrauenshaftung im deutschen Privatrecht [1971] 214 ff) ein vom Vertragsschluß zu sonderndes, eigenständiges Rechtsgeschäft (Löwe Rz 5; Kötz Rz 4). Die durch § 2 nicht berührten Regeln des Vertragsabschlußrechts des BGB gelten auch für die Einbeziehung von AGB. Zur Möglichkeit, Regelungsinhalte, die wegen Nichtbeachtung von § 2 nicht Vertragsbestandteil werden, individualvertraglich in Geltung zu setzen, s § 1 Rz 34.

3 **3. Geltungsbereich der Vorschrift**

Sonderregelungen im Verhältnis zu § 2 sind denkbar, auch wenn sie nicht Normierungen entstammen, die speziell auf AGB ausgerichtet sind. Für Gerichtsstandsvereinbarungen zwischenstaatlichen Zuschnitts etwa ist Art 17 GVÜ eine Sondervorschrift, die auch für AGB gilt (dazu EuGH NJW 1977, 494 f u § 12 Rz 6).

Von Sonderregelungen abgesehen, gilt § 2 für alle Geschäfte, in denen als Vertragspartner des Verwenders weder ein Kaufmann, der betriebsbezogen handelt, noch eine juristische Person des öffentlichen Rechts oder ein öffentlichrechtliches Sondervermögen auftritt, gleichgültig, ob der Verwender Kaufmann ist oder nicht. Darauf, ob ein Nichtkaufmann in den Bereichen, in welchen er das Geschäft abschließt, rechtserfahren ist, kommt es nicht an. § 2 gilt daher auch gegenüber *freiberuflich* tätigen Personen, die berufsbezogene Geschäfte abschließen (aM nach früherem Recht OLG Bamberg BB 1973, 1371 – Rechtsanwalt). Zum Fall der Doppelverwendung s § 1 Rz 22. § 2 gilt für AGB jeder Art, auch solche, die keinen gesetzesmodifizierenden oder ergänzenden Charakter haben (s § 8 Rz 1), und auch für kundengünstige (Ulmer Rz 8; Dittmann-Stahl Rz 62; aM Koch-Stübing Rz 45). In letzteren Fällen kann es aber später leicht zu einer Individualvereinbarung über einen Klauselinhalt kommen. Wenn sich der Vertragspartner später auf die AGB (insgesamt!) beruft, ist der Mangel der Einbeziehungsform geheilt (s § 1 Rz 34).

II. Die bei Vertragsabschluß bestehende Hinweisobliegenheit

4 **1. Ausdrücklichkeit und Klarheit des Hinweises**

Soweit nicht die Ausnahme in Abs 1 Nr 1 (Rz 20 ff) eingreift, muß der Verwender seinen Vertragspartner ausdrücklich darauf hinweisen, daß bestimmte AGB Vertragsbestandteil werden sollen.

a) Ausdrücklichkeit bedeutet in diesem Zusammenhang grundsätzlich: **Hinweis in Worten.** Ein schlüssiges Verhalten genügt aber, wenn es eindeutig und unverkennbar ist (gegenteilige Ansicht in Schlosser Kommentar Rz 31 aufgegeben). Insbesondere genügt die kommentarlose Übersendung oder Mitaushändigung eines Exemplars des Klauselwerkes, wenn es klar auf den Typus des abzuschließenden Geschäfts zugeschnitten ist (Ulmer Rz 29; aM Koch-Stübing Rz 23; Ulmer Rz 25 – für Mitübersendung; s auch unten Rz 13). Im Verhältnis zu *Ausländern* genügt bei Anwendbarkeit deutschen Rechts auf den Vertragsschluß (s dazu 10./11. Aufl Art 12 EGBGB Rz 444 sowie § 12 Rz 9) ein Hinweis in deutscher Sprache, wenn diese die Verhandlungssprache auch im übrigen ist (BGH WM 1977, 298 – für den Fall der Unterzeichnung unter Anwesenden –; OLG München NJW 1974, 2181; OLG Bremen WM 1973, 1228; wohl auch OLG Hamburg Betrieb 1967, 35 – allerdings sämtliche nicht zwischen Verhandlungs- und Vertragssprache unterscheidend; Ulmer Anh § 2 Rz 14; aM Kötz Rz 9; Graf von Westphalen Rz 17; Koch-Stübing Rz 18 – maßgebend mit welchen Sprachkenntnissen seiner Kunden Verwender rechnen konnte), sonst nicht (OLG Stuttgart MDR 1964, 412; OLG Bremen RIW 1978, 747; wohl auch OLG Karlsruhe NJW 1972, 2185). Auch ein Hinweis in der von der Verhandlungssprache möglicherweise verschiedenen Vertragssprache reicht nicht aus (Ulmer aaO), auch nicht, wenn der Kunde das Vertragsdokument unterschreibt (aM Weimar 1978, 243; LG Frankfurt WM 1977, 298). Bei Distanzgeschäften ohne Vorverhandlungen ist freilich wie bei der Anknüpfung des Schweigens auf die Verhältnisse, also hier die Sprache des gewöhnlichen Aufenthaltsortes des Adressaten abzustellen (Jayme FS Bärmann [1977] 514 ff; Graf von Westphalen Rz 12). Verwendet bei Geschäftsbeziehungen, die sich im Korrespondenzwege abspielen, jeder Vertragsteil seine eigene Sprache, so genügt ein Hinweis in der Sprache des Verwenders (so wohl BGH NJW 1971, 2126). Zum beiderseits kaufmännischen Verkehr s unten Rz 17, 74. Zur AGB-Problematik bei Geschäften mit Auslandsbezug allgemein s § 12.

b) Der **sprachliche Ausdruck** muß so klar sein, daß er bei demjenigen, für den er 5
bestimmt ist, keine Zweifel über das Gemeinte aufkommen lassen kann (näheres dazu Schmidt-Salzer D 39 ff). Es genügt aber, daß das als Vertragsbestandteil vorgesehene Klauselwerk in seiner äußeren Identität genau bezeichnet wird, sei es auch nur in der Form: „Im übrigen gelten unsere allgemeinen Zahlungs- und Lieferungsbedingungen". Auch der Hinweis, daß das Geschäft gemäß „den üblichen Bedingungen" getätigt werden solle, muß ausreichen, wenn der Hinweisende nur eine Art von Klauselwerken zu verwenden pflegt (aM LG Lübeck BB 1956, 575; Dietlein Rz 2); die Kenntnisverschaffungsobliegenheit kommt ja noch dazu. Aus diesem Grund reicht auch die Formel aus: „Lieferbedingungen VDMA" (BGH NJW 1970, 2023).

Eine Bezugnahme auf „Allgemeine Bedingungen für . . ." entspricht den Anforderungen von § 2 aber nicht, wenn im Verkehr mehrere solche Bedingungswerke gebräuchlich sind und es an einer zusätzlichen klaren Individualisierung, etwa durch Aushängen eines Exemplars der Bedingungen am Ort des Vertragsschlusses, fehlt (BGH VersR 1972, 791; Ulmer Rz 22; Löwe Rz 6). Bezieht sich der Hinweis auf mehrere Klauselwerke, von denen nur eines für das abgeschlossene Geschäft paßt, so ist das zutreffende Bedingungswerk nur dann Vertragsbestandteil, wenn das Gemeinte für den Vertragspartner ohne weiteres offensichtlich ist (aM Schmidt-Salzer D 40: Bestimmbarkeit durch Auslegung ausreichend). Komplizierte Auslegungsüberlegungen dazu, welches von mehreren möglichen Klauselwerken gemeint sein könnte, sind dem Kunden nicht zuzumuten, insbesondere nicht, sich etwa darüber zu vergewissern, welche Bestandteile verschiedener Bedingungswerke identisch sind, um wenigstens diesen Geltung zu verschaffen.

Ist der Hinweis unklar, so gilt das Prinzip, daß er gegen denjenigen auszulegen ist, der ihn formuliert hat. Ist daher nicht klar, ob ein ganzes Bedingungswerk oder nur einzelne seiner Teile einbezogen sein sollen, so kann sich der Vertragspartner auf die ihm günstigen Bedingungen berufen, ohne sich ihn benachteiligende entgegenhalten lassen zu müssen. „Zahlbar gemäß Verkaufsbedingungen ... Anlage Verkaufsbedingungen XY" nimmt nur die Zahlungsbedingungen, nicht die Verkaufsbedingungen in Bezug (OLG Düsseldorf NJW 1965, 762; GRAF VON WESTPHALEN Rz 35). Sind freilich nur Teile von Bedingungswerken genannt („Gewährleistung nach VOB"), besteht keine Unklarheit. Nur der genannte Teil ist einbezogen (KG BauR 1971, 264). Zur Einbeziehung an sich nicht passender AGB s § 5 Rz 13, § 4 Rz 10.

Auf einzelne in einem Formular enthaltene Klauseln, mögen sie auch noch so bedeutungsvoll sein, muß nicht noch einmal eigens hingewiesen werden. Die Rspr zur Notwendigkeit eines besonderen Hinweises auf das Aufspaltungsrisiko beim finanzierten Abzahlungskauf (BGHZ 47, 211; 47, 223) läßt sich nicht heranziehen, weil es dort um keine Einbeziehungsproblematik geht (LÖWE Rz 19; SCHMIDT-SALZER D 46; ULMER Rz 22).

6 **c)** „Ausdrücklich" bedeutet nicht: mündlich oder individuell-handschriftlich (SCHMIDT-SALZER D 52; STEIN Rz 14; DITTMANN-STAHL Rz 82 f). Auch vorgedruckte Hinweise, etwa in Bestellformularen, Anträgen auf Abschluß von Versicherungsverträgen oder auf Briefköpfen – auch in AGB selbst – reichen aus (aM SCHMIDT-SALZER D 11), wenn sie so auffällig angebracht sind, daß sie auch bei nur flüchtiger Durchsicht unübersehbar sind, sobald dem Vertragspartner ein Exemplar des Textes verschafft wird. Dies aber muß man verlangen (BGH Betrieb 1971, 2106; OLG Bamberg BB 1972, 1341; L RAISER 184 ff; SCHMIDT-SALZER D 52). Denn wie der Gegensatz zur subsidiär anwendbaren Aushangregel zeigt, verlangt § 2 einen Hinweis im Zusammenhang mit einer individuell an den Vertragspartner gerichteten Handlung. Allgemeine Veröffentlichungen oder allgemein gehaltene Rundschreiben reichen nicht aus (aM BGH VersR 1967, 63 – abl SCHMIDT-SALZER D 30), s auch unten Rz 11. Auch Abdruck auf der Rückseite genügt nicht, wenn ein Hinweis auf der Vorderseite des entscheidenden Vertragsdokuments fehlt (LÖWE Rz 6; ULMER Rz 26; KOCH-STÜBING Rz 24; SCHMIDT-SALZER D 46; s auch unten Rz 13 f). Der Form, in der der Vertrag geschlossen wurde, ohne daß Formzwang bestünde, bedarf der Hinweis nicht (s unten Rz 12 ff). Für den Fall der Weiterverweisung s Rz 8 ff.

7 **d) Unterbleibt** der vorgeschriebene **ausdrückliche** Hinweis, so werden die AGB nicht Vertragsbestandteil. Nach § 6 hat dies aber auf das Zustandekommen des Vertrages (zu den gesetzlichen Bedingungen) keinen Einfluß. Fehlt der Hinweis, ergibt sich der Einbeziehungswille des Verwenders aber gleichwohl, dann hat der Vertragspartner des Verwenders freilich das Recht, sich auf die Bedingungen zu berufen (s § 1 Rz 34), etwa, wenn er, in der Ware verpackt, eine Garantiekarte findet.

8 **e)** Gelegentlich ist die **Reihenfolge des Geltungsanspruchs verschiedener in Bezug genommener Bedingungswerke** nicht klar gekennzeichnet. Das gilt vor allen Dingen für das Bauwesen, wo häufig neben der VOB noch andere Bedingungswerke als verbindlich angegeben werden, ohne daß ein klares Subsidiäritätsverhältnis herausgestellt würde. Dem berechtigten Interesse des Vertragspartners des Verwenders ist in solchen Fällen Genüge getan, wenn man nach § 5 für jede Einzelfrage die ihm günstigere Regelung gelten läßt. Nicht braucht man den Einbeziehungsversuch bezüglich sämtlicher Bedingungswerke als mißglückt anzusehen oder gar eine Einzelauflistung zu verlangen, für welche Einzelfrage jeweils welches Bedingungswerk einschlägig ist (hiergegen auch LOCHER BauR 1977, 222). Zur Obliegenheit, dem Vertragspartner Kenntnis der VOB zu verschaffen, s Rz 31.

9 **f)** Tätigt der Verwender **üblicherweise verschiedene Arten von Geschäften,** für die er unterschiedliche AGB verwendet, so ist der Hinweis nicht ausreichend, wenn sich

erst durch Auslegung ermitteln läßt, für welche Arten von Geschäften welche AGB gelten (aM SCHMIDT-SALZER D 40). Der Verwender muß aber diejenigen AGB gegen sich gelten lassen, mit denen der Vertragspartner rechnen darf (BGH VersR 1971, 755), s oben Rz 5.

2. Die Rechtzeitigkeit des Hinweises 10

a) Der Wille des Verwenders zur Einbeziehung von AGB muß spätestens im Augenblick des Vertragsschlusses zum Ausdruck gebracht sein.

Das wirkt sich vor allen Dingen dann aus, wenn **Bestellungen telefonisch** aufgegeben und angenommen werden (s Rz 15). Auch ihnen folgende, AGB einbeziehende schriftliche Auftragsbestätigungen reichen dann nicht aus, um sie in Abänderung des bereits geschlossenen Vertrages dessen Bestandteil werden zu lassen. Haben vertragliche Beziehungen den Charakter eines **Sukzessivlieferungsvertrages,** so vermag ein Hinweis anläßlich einer oder mehrerer Einzellieferungen AGB nicht zum Vertragsbestandteil zu machen (SCHMIDT-SALZER D 95; OLG Karlsruhe Betrieb 1966, 936; s unten Rz 52). Auch eine wiederholte widerspruchslose Entgegennahme solcher Leistungen kann nicht als Einverständnis mit einer Vertragsänderung gedeutet werden. Schon nach BGB-Grundsätzen genügt ein Verweis auf AGB nicht, wenn er in Lieferscheinen, Versandanzeigen, sonstiger nachvertraglicher Korrespondenz oder Rechnungen enthalten ist, die nach Vertragsschluß übermittelt werden (BGH NJW 1959, 1679; OLG Frankfurt NJW 1973, 64; OLG Düsseldorf BB 1960, 422; VersR 1975, 235; OLG Zweibrücken OLGZ 1968, 391; BAUMBACH-DUDEN § 346 Anm 4 E; SCHMIDT-SALZER D 83 ff mwN), auch nicht, wenn dies im Rahmen laufender Geschäftsbeziehungen ständig geschieht (s Rz 60) und der Kunde die Papiere vielleicht sogar unterzeichnet (BGH Betrieb 1978, 1587 – mit Andeutungen zur Bereitschaft, für das Verhältnis unter Kaufleuten großzügiger zu sein, s unten Rz 15, 17, 59). Das gilt insbesondere auch hinsichtlich des Versuchs, sich auf diese Weise die Vertragsmäßigkeit eines Eigentumsvorbehalts oder einer seiner erweiterten Formen (OLG München BB 1959, 650) auszubedingen. Ein so erklärter einfacher Eigentumsvorbehalt kann aber sachenrechtlich wirksam sein, wenn der Kunde den Vermerk auf dem Lieferschein bei dessen Empfang gelesen hat (OLG Hamburg NJW 1978, 223; BGH NJW 1953, 217 – sogar noch Fälle fehlender Kenntnisnahme dazurechnend; näher zur Problematik BRAUN BB 1978, 22). Letzteres ist freilich meist nicht der Fall. Dann ist der vertragswidrig erklärte Eigentumsvorbehalt auch sachenrechtlich nicht wirksam (BGH NJW 1979, 213).

Wird eine Bestellung durch Zusendung der bestellten Ware angenommen, so werden AGB gegenüber Privaten auch dann nicht Vertragsbestandteil, wenn ein Hinweis auf sie in beiliegenden Rechnungen oder Lieferscheinen enthalten ist (KÖTZ Rz 8; aM SCHLOSSER Kommentar Rz 35 wird augegeben).

Ausreichend ist aber ein Hinweis, welcher in einem ausgefüllten Formular steht, das der Kunde nach mündlicher Besprechung des Auftrages ausgehändigt oder zur Unterschrift vorgelegt erhält; wenn also der Hinweis in einer Erklärung des Verwenders enthalten ist, die – scheinbar – bereits die Vertragsannahme darstellt. Denn ersichtlich soll bei einer solchen Verhandlungsgestaltung der Vertrag erst mit Aushändigung bzw Unterschrift perfekt sein (Rz 76). Auch wenn es nicht üblich ist, die gedruckten Teile des Formulares durchzulesen, etwa bei Erteilung von Reparaturaufträgen für technische Geräte oder Kraftfahrzeuge, ist dies nicht anders (KÖTZ Rz 7; LÖWE Rz 20; aM ULMER Rz 30; SCHMIDT-SALZER D 88; s auch unten Rz 76). Zur Bedeutung von Rechnungshinweisen für künftige Verträge s unten Rz 59 f. Zur Rechtzeitigkeit der Kenntnisverschaffung s unten Rz 33.

Ist der in **Wertpapieren verbriefte Vertragsinhalt** (Vertragstheorie) vorformuliert (§ 1 Rz 12), so muß den Anforderungen von § 2 vor Zustandekommen des Begebungsvertrages genüge getan sein (näher dazu bei ULMER Rz 11 ff). In Eintrittskartenvorverkaufsstellen muß auf die AGB sämtlicher Veranstalter hingewiesen werden.

11 **b)** Die gesetzlichen Worte „bei Vertragsschluß" zielen auch auf eine zu lange Zeit vor Vertragsschluß. Ein Hinweis **bei früherer Gelegenheit reicht nicht aus,** auch wenn nach normalen Vertragsabschlußregeln das Verhalten des Verwenders beim Abschluß des jetzt anstehenden Vertrages als eine schlüssige Bezugnahme auf den früheren Hinweis verstanden werden könnte. Gegenüber einem nichtkaufmännischen Vertragspartner genügt es daher zur Einbeziehung von AGB in die vertragliche Regelung nicht, wenn früher, vielleicht sogar laufend, mit ihm Verträge unter Zugrundelegung von AGB geschlossen wurden (ULMER Rz 48; etwas großzügiger wohl DIETLEIN Rz 6; aM noch BGH WM 1977, 76).

Nimmt sich freilich eine spätere Bestellung einer Lieferung oder einer Leistung ersichtlich als Erweiterung eines früheren Vertrages aus, so muß man vernünftigerweise einen damals gegebenen Hinweis – ebenso wie die seinerzeitige textliche Übermittlung der Bedingungen – ausreichend sein lassen. Das gleiche gilt aber nicht bei einer schon kurze Zeit nach Lieferung notwendig gewordenen Ersatzbestellung (aM nach früherem Recht OLG Düsseldorf NJW 1977, 253; jetzt: SCHMIDT-SALZER D 92; SCHLOSSER Kommentar Rz 37 wird insoweit aufgegeben).

„Bei Vertragsschluß" kann sinnvollerweise nicht heißen, daß der vom Gesetz verlangte ausdrückliche Hinweis auf AGB **Bestandteil** jener Willenserklärung sein müsse, welche sich als vertragskonstitutiv, als **Angebot** oder als **Annahme** des Verwenders darstellt (allgM). Dem kann schon deshalb nicht so sein, weil in Vertragsverhandlungen neue Angebote und modifizierte Annahmen häufig gar nicht von Anfang bis Ende neu durchformuliert werden. Es genügt daher sicherlich, wenn irgendwann einmal im Laufe der Vertragsverhandlungen ausdrücklich auf AGB hingewiesen wurde, die der Verwender zum Vertragsbestandteil machen möchte, etwa durch Überlassung von Bestellformularen, die dann auch tatsächlich benutzt wurden (ULMER Rz 28), in einer **Vorkorrespondenz** (BGH MDR 1956, 665; VersR 1958, 189; OLG Hamburg Betrieb 1967, 35; SCHMIDT-SALZER D 58; anders aber bei sich länger hinziehenden Vertragsverhandlungen, PALANDT-HEINRICHS Anm 2), in einem Schreiben, das die Vertragsverhandlungen eröffnete und einen entsprechenden Aufdruck trug („wir arbeiten ausschließlich auf der Basis der ADSp"), in einem **„unverbindlichen" Kostenvoranschlag** oder in einem früheren Angebot, das im Hauptpunkt durch eine ein neues Angebot darstellende, modifizierte Annahme erledigt war.

Allgemeine, an eine größere oder kleinere Öffentlichkeit gerichtete Erklärungen, wie **Inserate** oder **Prospekte,** genügen freilich grundsätzlich nicht (SCHMIDT-SALZER D 97; LÖWE Rz 7). Ist in einer solchen Verlautbarung aber an auffälliger Stelle auf AGB hingewiesen, und stellen sich die nachfolgenden vertragskonstitutiven Erklärungen nach der Verkehrsanschauung als unter Bezugnahme auf diese Inserate oder diese Prospekte abgegeben dar, so muß anderes gelten (L RAISER, 183; anscheinend selbst unter diesen einengenden Voraussetzungen abl SCHMIDT-SALZER D 97), insbesondere wenn ihnen die Leistungsbeschreibung auch im übrigen zu entnehmen ist, wie dies insbesondere bei einem Reiseveranstaltervertrag der Fall ist (AG Frankfurt BB 1978, 524). Immer muß sich der Hinweis auf einen bestimmten angestrebten Vertrag beziehen (SCHMIDT-SALZER aaO mwN zur älteren Rspr). War ein Angebot abgelehnt worden, wurde aber einige Zeit später ein Vertrag mit gleichem oder ähnlichem Inhalt, wie seinerzeit angeboten, geschlossen, so wirkt der frühere Hinweis nicht fort (SCHMIDT-SALZER aaO – aM BGH VersR 1965, 973), wenn die Ablehnung grundsätzlich gemeint war.

3. Hinweis bei schriftlichem und mündlichem Vertragsabschluß 12

Ist der Vertrag **schriftform- oder beurkundungsbedürftig,** so geht das Erfordernis eines ausdrücklichen Hinweises ebenso wie das der Kenntnisverschaffung in der Formbedürftigkeit der Einbeziehung der AGB auf (§ 1 Rz 26 f). Im übrigen braucht der vom Gesetz verlangte Hinweis nicht der Form des Vertrages zu folgen, welche die Parteien freiwillig gewählt haben (aM ULMER Rz 24; KOCH-STÜBING Rz 21). In der Praxis haben sich jedoch für schriftliche und mündliche Vertragsabschlüsse typische Formen der Einbeziehung von AGB herausgebildet, die nachfolgende Erläuterungen rechtfertigen.

a) Sehr häufig kommt es vor, daß der Verwender auf **mündlichen Antrag unter** 13 **Anwesenden** und im unmittelbaren Anschluß an eine anscheinend schlüssige Annahme noch mit einer **Auftragsbestätigung, einer Quittung, einem Einlieferungsschein, einem Versicherungsschein oder mit einem ähnlichen Papier** (Gepäckaufbewahrungsschein, Garderobenmarke, Legitimationszeichen von Reparaturwerkstätten, Fahrscheine aller Art), reagiert. Zum Teil glaubte und glaubt man, daß solche Hinweise nicht mehr rechtzeitig seien, weil der Vertrag schon vorher zustande gekommen sei und einseitig nicht mehr geändert werden könne (L RAISER 188 mN aus der älteren Rspr; PALANDT-HEINRICHS Anm 2; ULMER Rz 29; SCHMIDT-SALZER D 88). Da, wo die Ausgabe solcher Papiere üblich ist, ist der Vertragsschluß aber erst mit ihrer Aushändigung perfekt (LÖWE Rz 10, 20; KOCH-STÜBING Rz 23). Mag man vielleicht in der Aushändigung des Dokuments die Vertragsannahme durch den Unternehmer und wegen des Verweises auf AGB in ihr eine modifizierte Annahme sehen, so ist die kommentarlose Entgegennahme des Papiers durch den Kunden auf jeden Fall ein Einverständnis mit der Änderung. Die Dinge liegen dann völlig anders als im Falle einer modifizierten Annahme eines Angebots, die im Korrespondenzweg erklärt wird (s unten Rz 75). Freilich sind alle Klauseln als überraschende unwirksam, mit denen nach dem äußeren Erscheinungsbild des Kleindokuments nicht zu rechnen ist. Wenn es die Überschrift „Empfangsbestätigung" trägt, kann es keine Haftungsbegrenzungsklauseln zum Vertragsinhalt machen. Sind AGB auf der Rückseite eines solchen Dokumentes abgedruckt, ohne daß auf der Vorderseite darauf hingewiesen wäre, so ist auch in diesem Zusammenhang (allgemein s oben Rz 6) der Versuch der Einbeziehung gescheitert (LG Mönchengladbach NJW 1958, 792; SCHMIDT-SALZER D 88 mit älteren Rspr-N; LÖWE Rz 10. Zum Hinweiserfordernis im kaufmännischen Bestätigungsschreiben Rz 76). Auch im kaufmännischen Verkehr läßt sich außerhalb des Bereichs, wo die Einbeziehung bestimmter Bedingungswerke handelsüblich ist (Rz 68 ff), mit Fug nichts anderes vertreten. Findet sich der Hinweis auf der Vorderseite und ist er leicht wahrnehmbar (BGH DAR 1968, 215), so wäre es überspannt, noch zusätzliche individuelle Hinweise zu verlangen. Sind die Bedingungen auf der Vorderseite selbst abgedruckt, so sind sie als Hinweis ohnehin deutlich genug, auch wenn Kleindruck gewählt wurde (so wohl AG Stuttgart VersR 1970, 70). Es reicht aus, wenn sich der Text der AGB oder die Verweisung auf sie an einer Stelle befindet, wo sie auch bei flüchtiger Lektüre nicht übersehen werden können.

b) Häufig findet sich der Hinweis in einen **längeren schriftlich fixierten Text** 14 **eingebaut,** welcher die Individualvereinbarungen festhält und gegebenenfalls besonders bedeutsame Bestandteile aus den AGB wiederholt. Auch wenn der Hinweis formularmäßig gehalten ist (BGH Betrieb 1971, 2106), und selbst wenn sich der gesamte Text des Dokumentes überwiegend aus vorformulierten Bestandteilen zusammensetzt, ist mit seiner Aushändigung an den Vertragspartner der Hinweisobliegenheit Genüge getan, sofern die äußere Anordnung nicht zum Überlesen verführt (BGH aaO; OLG Bamberg BB 1972, 1341). Örtliche Nähe zur Unterschrift ist nicht erforderlich. Wenn auf der Vorderseite eines von den Parteien unterzeichneten Formularvertrags auf die Bedingungen verwiesen wird, welche auf der Rückseite abgedruckt sind, oder wenn am Fußende eines zum Vertragsschluß führenden Schreibens der Hinweis zu finden ist, so reicht dies aus (BGH BB 1971, 677; NJW 1977, 196; OLG Bamberg BB 1972, 1341; SCHMIDT-SALZER D 54 mw Einzelheiten). Der rückseitige Abdruck allein ohne einen entspr Hinweis auf der Vorderseite genügt jedoch nicht (SCHMIDT-SALZER D 55).

15 **c)** Von besonders großer Tragweite ist die Neuregelung für den **telefonischen Vertragsabschluß.**

Gegenüber einem nichtkaufmännischen Vertragspartner des Verwenders gilt auch insoweit § 2 uneingeschränkt. Gerade im Hinblick auf diese Art eines Vertragsabschlusses wird dessen Schutzfunktion besonders wirksam, weil ein unterbliebener Hinweis auch nicht durch Anschläge oder Aushänge ersetzt werden kann. Der Verwender, der telefonisch zu ABG abschließen will, wird zu einer beim Kunden uU eine gewisse Befremdung auslösenden ausdrücklichen Erklärung gezwungen (SCHMIDT-SALZER D 51; so schon nach altem Recht OLG Frankfurt NJW 1974, 63 – fernmündliche Benennung eines Grundstücks durch einen Makler). Unterbleibt diese, wird aber der Vertrag im Laufe des Telefonats bereits abgeschlossen, so ist er ohne Einbeziehung von AGB zustande gekommen. Nachträgliche „Auftragsbestätigungen" oder eine irgendwie geartete Verkehrssitte vermögen daran nichts mehr zu ändern, auch nicht, nachdem der Kunde die Leistung entgegengenommen hat. Freilich muß der Kunde im Streitfall beweisen, daß der Vertrag schon auf telefonischem Wege bindend geworden war.

Im **Verkehr mit Kaufleuten** kann der Wille, AGB zum Vertragsbestandteil zu machen, auch schlüssig und damit auch konkludent in einem Telefonat erklärt werden. Wenn keine Verkehrssitte und kein Handelsbrauch besteht (Rz 61 ff), ist derartiges freilich nur bei Bestehen laufender Geschäftsbeziehungen (Rz 59 ff) oder kraft der bindenden Wirkung eines unwidersprochen gebliebenen echten kaufmännischen Bestätigungsschreibens (Rz 76) denkbar. Der BGH hat freilich unter Bezugnahme auf die verfehlte Wissen-Müssen-Formel (Rz 1) auf die telefonische Beauftragung eines Spediteurs die ADSp angewandt (NJW 1970, 1505).

16 **4. Beweislast**

Die Beweislast dafür, daß der Vertragspartner des Verwenders auf AGB rechtzeitig hingewiesen wurde, trifft denjenigen, der aus einer vorformulierten Bestimmung Rechte ableiten will, meist also den Verwender (BGH BB 1973, 1044). Es kann dies uU aber auch der Vertragspartner des Verwenders sein. Zu dessen Option, mißglückte Klausel-Einbeziehungen zu Individualabreden zu machen, s § 1 Rz 34. Nach § 6 ist aber der Vertrag als solcher in jedem Fall auch wirksam, wenn er mangels eines Hinweises nicht unter Einbeziehung von AGB zustande gekommen ist. Die normalerweise naheliegende Argumentation, weder ein Vertragsschluß unter Einbeziehung von AGB, noch ein solcher ohne ihre Einbeziehung lasse sich nachweisen, ist durch § 2 Abs 1 Nr 1 versperrt.

5. Kaufleute

17 Die Obliegenheit eines ausdrücklichen Hinweises gilt nicht (§ 24) gegenüber Kaufleuten und juristischen Personen des öffentlichen Rechts (aM DITTMANN-STAHL Rz 122 f). Auch ihnen gegenüber muß aber der Wille des Verwenders, bestimmte AGB zum Vertragsbestandteil werden zu lassen, in irgendeiner Weise schlüssig zum Ausdruck kommen. Das Inkrafttreten des AGBG sollte Veranlassung sein, sich auch für den kaufmännischen Verkehr von der überaus mißverständlichen „Wissen-Müssen-Formel" (Rz 1) zu lösen. Daß sie vom Einbeziehungswillen des Verwenders „wissen mußten", reicht auch unter Kaufleuten nicht aus (aM KÖTZ Rz 24 – freilich beschränkt auf AGB von hohem Verbreitungsgrad). Die kommentarlose Beifügung eines AGB-Exemplars zu einer vertragskonstitutiven Erklärung (s oben Rz 5) muß zwar in diesem Fall genügen (ULMER Rz 64; aM GRAF VON WESTPHALEN Rz 35), nicht aber vermag dies der Abdruck auf der Rückseite eines Schreibens, wenn ein Hinweis auf der Vorderseite fehlt (GRAF VON WESTPHALEN Rz 35; aM ULMER Rz 64). Zur Bedeutung der schlüssigen Bezugnahme auf früher abgeschlossene Verträge s unten Rz 60. Bloße öffentliche Bekanntmachung reicht, auch wenn sie in Zeitabständen wiederholt wird, nicht aus (aM noch BGH VersR 1967, 63 – Benutzungsbedingungen des Hamburger Hafens in Bezug auf ständige Benutzer). Der Glaube des RG (RGZ 103, 86), dadurch könnte die Kenntnis der Bedingungen Allgemeingut werden, ist pure Fiktion. Auch eine schlüssige Kundgabe des Einbeziehungswillens hat grundsätzlich vor Vertragsschluß zu geschehen. Erklärungen irgendwelcher Art, welche nach Vertragsschluß abgegeben werden (Rechnungen, Lieferschein, s Rz 10), sind außerhalb der zur verbindlichen Wirkung des kaufmännischen Bestätigungsschreibens geltenden Grundsätze (s unten Rz 76) unbeachtlich. Zur Globaleinbeziehung bei ständiger Wiederholung des Vorgangs s unten Rz 59. Kommt der Vertrag durch Zuwendung einer bestellten Ware zustande, so vermögen auch gegenüber Kaufleuten beigefügte Rechnungen und Lieferscheine AGB nicht einzubeziehen (aM OLG Freiburg NJW 1952, 1416; Ansicht SCHLOSSER Kommentar Rz 35 wird aufgegeben). Äußerungen, die anläßlich früher abgeschlossener oder angestrebter Verträge gefallen sind, wirken auch im kaufmännischen Verkehr grundsätzlich nicht fort. Vor einer immer wieder vorgetragenen mißverstandenen Interpretation des Urteils des BGH vom 15. 6. 1964 (BGHZ 42, 53 = NJW 1964, 1789) kann gar nicht eindringlich genug gewarnt werden. Nur zum *Indizien*beweis dafür, daß ein Eigentumsvorbehalt kraft Einbeziehung von AGB zustandegekommen ist, hat der BGH dort Rechnungsvermerke herangezogen (näher SCHLOSSER Kommentar Rz 88).

Denkbar sind aber Handelsbräuche, s unten Rz 68, insbesondere solche, denen zufolge der Abschluß gewisser Geschäfte impliziert, daß der Vertragspartner oder ein Dritter ermächtigt ist, eine Vertragsergänzung durch Einbeziehung von Bedingungswerken vorzunehmen. Zu nennen sind hier einmal kaufmännische Bestätigungsschreiben (Rz 76), die häufig auf eine Vertragsergänzung hinauslaufen. Vor allem aber gilt dies für den **Schlußschein der Handelsmäkler.** Vielfach existiert ein Handelsbrauch, wonach ein Handelsmäkler, dessen Dienste in Anspruch genommen worden sind, berechtigt ist, nach Abschluß der nur zu den Hauptleistungspflichten des Vertrages geführten Verhandlungen AGB in den Vertrag einzuarbeiten (s den bei STRAATMANN-ULMER „Handelsrechtliche Schiedsgerichtspraxis" D 1 b Nr 20 veröffentlichten Schiedsspruch).

Das Sprachenproblem ist genauso wie im Verkehr mit Privaten zu lösen (OLG Frankfurt NJW 1977, 507, s Rz 4).

18 **III. Die ausnahmsweise fehlende Notwendigkeit eines ausdrücklichen Hinweises**

Von dem Erfordernis eines ausdrücklichen Hinweises macht das Gesetz eine Ausnahme für den Fall, daß er

(1) nur unter unverhältnismäßigen Schwierigkeiten möglich ist und

(2) durch einen deutlich sichtbaren Aushang am Ort des Vertragsschlusses ersetzt wird.

19 **1. Unverhältnismäßigkeit von Schwierigkeiten für einen ausdrücklichen Hinweis**

Gedacht hat der Gesetzgeber an „gewisse gleichmäßige und häufige Verträge des täglichen Lebens, bei denen AGB üblicherweise erwartet werden, ein ausdrücklicher Hinweis aber in der Praxis kaum möglich ist", zB bei **Beförderungs-** und **Bewachungs**verträgen, **Parkhaus**benutzung, Benutzung **automatischer Schließfächer, Kleiderablagen** etc (BR-Drucks 360/75, 18). Der Anwendungsbereich der Ausnahme betrifft also vor allen Dingen Verträge, die massenhaft unter Verwendung von Kurzformeln ohne vollständige schriftliche Fixierung abgeschlossen werden oder welche überhaupt nur durch beiderseits schlüssiges Verhalten zustande kommen. Ein ausdrücklicher Hinweis ist vor allem dann entbehrlich, wenn es verkehrsüblich ist, bestimmte Leistungen kommentarlos in Anspruch zu nehmen, erst nach Schluß der Inanspruchnahme oder während ihrer Dauer zu bezahlen und uU erst dann eine schriftliche Fixierung der genauen Vertragsinhalte entgegenzunehmen. So liegen die Dinge, wo von einem Beförderungsmittel durch bloßes Einsteigen Gebrauch gemacht werden kann (bzw muß), und erst am Ziel oder während der Fahrt die Fahrkarte zu lösen ist. Das gleiche gilt für **Flug-, See-** und **Binnenwasserhäfen,** die zur Landung bzw zum Anlegen benutzt werden, s auch Rz 24, sowie für Parkplätze und Pkw-Waschanlagen („Hier gelten die Vorschriften der StVO"). Darauf, ob der Kunde mit dem Aushang rechnen mußte, kommt es nicht an (Löwe Rz 9).

Unverhältnismäßig sind die Schwierigkeiten für einen ausdrücklichen Hinweis nur, wenn sie in der **Technik des Vertragsabschlusses** begründet sind. Daß ein solcher Hinweis nach der (bisherigen) **Verkehrssitte peinlich** wirkt und die Gefahr mit sich bringt, den Kunden (wenn auch vielleicht unbegründet erweise) mißtrauisch zu machen, reicht nicht aus, um die Anwendung der Ausnahmebestimmung zu rechtfertigen. Anschläge im Wartezimmer eines Arztes können keine Gebührenordnung zum Vertragsbestandteil machen (Löwe Rz 12). Ist es üblich oder leicht möglich, bereits mit Vertragsschluß schriftliche Fixierungen des Vertragsinhalts zu erstellen und auszuhändigen – sei es auch nur in kleinem äußeren Format –, so ist ein ausdrücklicher Hinweis auf AGB kaum jemals unverhältnismäßig schwierig. Auf **Empfangsbestätigungen (Chemischreiniger), Eintrittskarten, Einlieferungsquittungen** u dgl kann ein solcher Hinweis ohne weiteres angebracht werden (Löwe Rz 10; Kötz Rz 10; s Rz 13). Absolut unmöglich braucht der Hinweis nicht zu sein (aM wohl Löwe Rz 10; Koch-Stübing Rz 28). Es genügt, wenn er – gemessen an der Bedeutung des Vertrags – eine unzumutbare Belästigung der Massenabfertigung bedeuten würde (Ulmer Rz 33). Das ist etwa der Fall, wenn zur Abfertigung üblicherweise nur Personal eingesetzt wird, das für die Weitergabe rechtlicher Information ungeeignet ist (Dietlein Rz 3). Auch wenn in ein- und demselben Lokal (Selbstbedienungsläden) Verträge unterschiedlicher wirtschaftlicher Bedeutung abgeschlossen werden, muß nach eben deren Größenordnung differenziert werden (Ulmer Rz 36). Auch wenn ein gedruckter Hinweis auf einem Dokument seine Funktion nicht zu erfüllen vermag, weil eine Lektüre nicht nur unüblich und unverhältnismäßig zeitraubend, sondern ganz unmöglich ist, dann freilich kann der

Hinweis, obwohl technisch leicht möglich, unterbleiben. Das muß man etwa für Karten annehmen, die ein Parkhausbenutzer bei Einfahrt aus einem Automaten zu ziehen hat und die füglich vor dem Einparken nicht gelesen werden können (so schon nach früherem Recht OLG München DAR 1969, 129). Dann muß freilich der ausdrückliche Hinweis durch einen Aushang ersetzt werden.

2. Hinweisersatz durch Aushang 20

Daß sich am Ort des Vertragsabschlusses ein deutlich sichtbarer Aushang des gesamten Textes der AGB befindet, die Vertragsbestandteil werden sollen, ist eine unverzichtbare Voraussetzung für das Eingreifen der Ausnahmeregelung. Nach jetzt geltendem Recht sind Hinweispflicht und Erfordernis der Auffälligkeit des Anschlages auch nicht mehr davon abhängig, daß sich im Bedingungswerk unbillige und überraschende Klauseln befinden.

a) Der Aushang muß **als Objekt auffallen.** Sind bei Vertragsschluß Karten oder Marken zu lösen oder ist sogleich bar zu bezahlen, so muß er sich in unmittelbarer Nähe des Schalters befinden. Nicht etwa reicht es aus, wenn er irgendwo im Geschäftslokal an der Wand angebracht ist. Der Anschlag darf auch nicht in einer Fülle anderer Anschläge, vor allem solchen werbenden Inhalts untergehen (SCHMIDT-SALZER F 47). Der **Ort einer Erfüllungshandlung** (Inneres eines Hotelzimmers, eines Krankenhauszimmers oder einer Taxe) genügt für die Wirksamkeit des Aushangs nicht (KÖTZ Rz 7; aM nach früherem Recht OLG Karlsruhe NJW 1975, 598 – Krankenhauszimmer). 21

Weiterverweisungen auf AGB anderer Unternehmungen gelten nur, wenn sie mitangeschlagen sind (LÖWE Rz 12; zur Kenntnisverschaffungspflicht in diesem Fall s unten Rz 30). Aus der Notbehelfsfunktion der Regelung folgt, daß die AGB klar gegliedert sein und sich auf wichtige Punkte beschränken müssen (so schon auf der Grundlage von BGB-Grundsätzen W WEBER Betrieb 1970, 2419).

Ist die **Verhandlungssprache** (s oben Rz 4) nicht deutsch, so genügt ein Aushang in deutscher Sprache nicht, etwa nicht in einem Hotel, in dem der Beherbergungsvertrag in fremder Sprache geschlossen wird. Ein Grundsatz, daß Anschläge nur dem sprachkundigen Ausländer gegenüber wirken (ULMER Anh § 2 Rz 14), kann freilich nicht anerkannt werden, weil er den Sprachunkundigen im praktischen Ergebnis ungerechtfertigterweise privilegieren würde. Auch wer mit Ausländern als Vertragspartner rechnet, muß seine Anschläge nicht in fremder Sprache wiederholen (aM KOCH-STÜBING Rz 18; REICH NJW 1978, 517), auch nicht in einer Weltsprache.

Der Verwender muß alles Zumutbare unternehmen, um seinen Vertragspartner **auf die Existenz seiner AGB aufmerksam zu machen und ihre Kenntnisnahme zu erleichtern.** Durch ein Schlagwort muß er dem in üblicher Entfernung stehenden Kunden leicht erkennbar machen, daß sich der Anschlag auf AGB bezieht und nicht etwa irgendwelche sicherheits- oder gesundheitsbehördlichen Anordnungen enthält, sofern es sich um einen längeren Text handelt, der nicht insgesamt in auffällig großer Schrift angebracht werden kann. Immer muß gewährleistet sein, daß der Text bei normaler Stellung eines durchschnittlich großen Menschen ohne Mühe lesbar ist. Der Anschlag muß die AGB, welche für das Rechtsverhältnis zum Kunden maßgeblich sein sollen, vollinhaltlich wiedergeben. Der Aushang ist in einer solchen Situation zugleich die einzige dem Kunden zumutbare Art der Kenntniserlangung. Er darf sich angesichts der Massenhaftigkeit des Geschäftsverkehrs in einer solchen Situation nicht die Bedingungen an irgendeinem Schalter erst besorgen müssen (aM ULMER Rz 38; PALANDT-HEINRICHS Anm 2 b). Werden für verschiedene Geschäftstypen unterschiedliche Bedingungen verwandt, so muß klar gesagt sein, welche

Bedingungen für welche Art von Geschäften gelten sollen (BGH BB 1953, 514). Ist eine Verkaufsstelle für viele Unternehmer tätig (Vorverkaufsstelle für Eintrittskarten aller Art), so genügt ein Globalhinweis auf die Bedingungen der einzelnen Unternehmer nicht.

22 **b)** Der Anschlag hat sich am **Ort** des Vertrags**schlusses** zu befinden. Der Ort einer Erfüllungshandlung reicht nicht aus. Aushänge im Inneren eines Taxis oder eines Hotelzimmers genügen nicht. Eine Ausnahme muß man aber im Wege einer teleologischen Reduktion der Vorschrift für den Fall entwickeln, daß der Verkehr einen Anschlag an anderer Stelle als am Ort des Vertragsschlusses erwartet, weil dort die wahre Funktion des Anschlags im Hinblick auf bestimmte Risiken, die dem Kunden des Verwenders bei Vornahme bestimmter Handlungen drohen, besser gewährleistet ist. Überall da, wo der Verwender durch AGB die **Inanspruchnahme von Gegenständen oder Einrichtungen** als unentgeltliche oder geringfügig vergütete Nebenleistung **nur auf eigene Gefahr** (§ 1 Rz 7) gestatten will, erwartet der Verkehr einen Anschlag nicht am Ort des Vertragsschlusses, sondern an der Stelle der Benutzung, etwa am Eingang eines Parkplatzes (Ulmer Rz 38 f). Wenn aber am Parkwärterhaus ein Parkschein zu lösen ist, kommt der Vertrag dort zu den dort aushängenden AGB zustande (wohl auch BGH NJW 1968, 1718). Gehört zur Leistungspflicht des Unternehmers eines Theaters oder sonstiger Publikumsveranstaltungen auch die Aufbewahrung von Garderobe, was immer anzunehmen ist, wenn das Publikum auf Garderobe angewiesen ist, so genügt ein Anschlag über die Haftungsbegrenzung, wenn er sich nur in der Garderobe befindet.

23 **c)** Die AGB müssen **zZ des Vertragsabschlusses ausgehangen haben.** Daß dies der Fall war, muß der Verwender im Streitfall beweisen. Bestehen auch nur geringe Anhaltspunkte dafür, daß die Bedingungen zu diesem Zeitpunkt nicht oder in anderer Fassung ausgehangen haben (etwa wegen Reinigungsarbeiten oder weil sie abgerissen oder durch Plakate überdeckt gewesen sein könnten), so ist dieser Beweis nicht erbracht. Ist jedoch bewiesen, daß die Bedingungen im allgemeinen am Vertragsabschlußort aushängen, so reicht die bloße hypothetische Möglichkeit, sie könnten im Zeitpunkt des Vertragsabschlusses zufällig gerade nicht ausgehangen haben, nicht aus, um hinreichende Zweifel daran zu begründen, daß den gesetzlichen Erfordernissen Genüge getan war. Gegenüber Stammkunden genügt eine Auswechslung des Anschlags nicht (OLG Hamm MDR 1979, 937).

24 **d)** Ist nicht nur ein ausdrücklicher Hinweis auf die Existenz von AGB, sondern auch **ihr Aushang am Ort des Vertragsabschlusses unverhältnismäßig schwierig und unterbleibt er daher,** so werden die Allgemeinen Geschäftsbedingungen nicht Vertragsbestandteile. Ein Vertrag über die Benutzung eines Hafens oder eines Flughafens kommt bereits mit der Erteilung der Anlage- bzw Landeerlaubnis zustande. Der Unternehmer kann das Entgelt nach § 315 BGB bestimmen. Er muß sich, wenn er ein örtliches Monoplunternehmen unterhält, dann auch an seine allgemein angewandte Gebührenordnung halten. Nebensteimmungen in AGB, insbesondere Abweichungen vom dispositiven Recht, kann er nachträglich auf diese Weise im Verhältnis zu Privaten nicht zum Vertragsinhalt machen. Die Grundeinstellung des BGH (MDR 1973, 999), bei Benutzung eines Flughafens würden dessen allgemeine Benutzungsbedingungen generell Vertragsbestandteil, muß in dieser Weise differenziert werden. Das gleiche gilt im Anzeigengeschäft, wenn auf eilige Aufträge nicht anders reagiert werden kann, bevor sie ausgeführt werden (aM Wronka BB 1976, 1583, der auf die Wissen-Müssen-Formel, s Rz 1, zurückkommt). Zum Problem „faktischer Vertrag unter Einbeziehung von AGB“ s unten Rz 41.

25 **e)** Das Erfordernis eines Aushangs gilt im Verkehr mit **Kaufleuten und juristischen Personen des öffentlichen Rechts** ebensowenig wie die Ausdrücklichkeitsregel,

deren Ersatz sie darstellt. Jedoch verlangen häufig die allgemeinen bürgerlich-rechtlichen Grundsätze über die Einbeziehung von Vertragsbestandteilen auch in diesem Bereich einen deutlich sichtbaren Aushang (näheres bei SCHLOSSER Kommentar Rz 50).

IV. Obliegenheit zur Kenntnisverschaffung

1. Die Grundstruktur der Vorschrift 26

Man muß sich auf die **Funktion der Kenntnisverschaffungsobliegenheit** besinnen, um diese vernünftig bemessen zu können. Das Gesetz hat sicherlich nicht utopischerweise (s Einl 4 zu § 1) erwartet, Letztverbraucher würden sich dadurch in ihrer Entscheidung über den Vertragsabschluß und zur Aufnahme von Verhandlungsversuchen über den Inhalt des Klauselwerks motivieren lassen, daß ihnen vor Eingehung einer Bindung der Text einzubeziehender Bedingungen zur Kenntnis gebracht wird. Dann hätte das Gesetz vorsehen müssen, das Bedingungswerk sei dem Vertragspartner so rechtzeitig zur Kenntnis zu bringen, daß er es vor Vertragsabschluß durcharbeiten kann. Einzige realistische Funktion der Vorschrift ist es, den Vertragspartner des Verwenders in die Lage zu versetzen, im Konfliktsfalle und zu seiner Orientierung während der Vertragsabwicklung mühelos einen Text der Bedingungen zur Verfügung zu haben. Nur aus einem solchen Verständnis der Funktion der Vorschrift heraus kann man auch ihre Tragweite sinnvoll bestimmen: Dem Sinn der Vorschrift würde es zwar zuwiderlaufen, wenn man einen **Verzicht** durch formularmäßige Erklärungen zuließe. Einer Individualvereinbarung dahingehend, daß der Vertragspartner auf die Verschaffung eines Textes der AGB verzichte, stehen aber Bedenken nicht entgegen (DIETLEIN Rz 1; KOCH-STÜBING Rz 34; ULMER Rz 43). Nach Vertragsschluß ist der Verzicht auf die Kenntnisverschaffungsobliegenheit auch einseitig möglich. Beruft sich der Vertragspartner des Verwenders auf die AGB, die er sich vielleicht lange nach Vertragsschluß anderweitig beschafft hat, so sind ihre Bestimmungen als Vertragsbestandteil zu behandeln. Zur Rechtzeitigkeit der Erfüllung der Kenntnisverschaffungsobliegenheit s unten Rz 33.

2. Anforderungen an die Textgestaltung 27

a) Es muß gewährleistet sein, daß dem Vertragspartner ein **Text der AGB zur Verfügung steht.** Der zur Verfügung gestellte Text muß mit dem vorausgehenden Hinweis übereinstimmen (Rz 5).

Abs 1 Nr 2 ist aber nicht nur formal zu verstehen. Der Verwender muß gewährleisten, daß sein **Vertragspartner nach zumutbaren Anstrengungen versteht, was materiell in den AGB geregelt ist.** (ULMER Rz 44; STEIN Rz 22). Ergeben sich Zweifel zum Anwendungsumfang einer Bestimmung, so gilt § 5. Ist eine Bestimmung insgesamt nicht hinreichend klar verständlich, so wird sie nicht Vertragsbestandteil (ULMER Rz 38; STEIN Rz 22; PALANDT-HEINRICHS Anm 3 c; aM LÖWE Rz 17; DITTMANN-STAHL Rz 241, die allein auf § 5 abstellen). Lehrreiches Beispiel: AG Giessen NJW 1975, 1929: „unbedingter Anspruch auf Berichtigung von Preisirrtümern und Berechnungsfehlern".

b) Der Text der Bestimmungen muß **mühelos lesbar** sein (DIETLEIN Rz 5; LÖWE Rz 28
17; PALANDT-HEINRICHS Anm 3 c; großzügiger ULMER Rz 44 a). Die Drucktypen dürfen nicht so klein gehalten sein, daß sie dem Kunden besondere Anstrengungen für eine Lektüre abnötigen. Die geregelten Fragen müssen klar getrennt sein. Dem Vertragspartner ist bei umfangreichen AGB nicht zuzumuten, jeweils den gesamten Text durchzulesen, um die für eine bestimmte Frage einschlägigen Bestimmungen zu

finden. Sind Untergliederungen durch Überschriften kenntlich gemacht, so sind Bestimmungen unwirksam, die sich nicht an einer durch die jeweiligen Überschriften indizierten Stellen befinden (LG Lüneburg v 11. 1. 1973 – 1 S 358/72: Die Bestimmung, wonach Vertreter nicht zum Inkasso berechtigt waren, befand sich nicht unter der Überschrift „Zahlungen", sondern ganz am Ende unter „Verschiedenes"). **Widersprüche** und häufige **Regelungsüberschneidungen** stehen einem Verständnis entgegen. In gravierenden Fällen kann es dann an der Wirksamkeit der Einbeziehung des gesamten Klauselwerkes fehlen (so etwa der Fall BGHZ 51, 55 = NJW 1969, 230, wo freilich noch inhaltliche Anstößigkeiten des Klauselwerks hinzukamen). Die AGB dürfen im Verhältnis zur Bedeutung des Vertragsgegenstandes auch nicht übermäßig lang sein (PALANDT-HEINRICHS Anm 3). Ist auf den Vertragsschluß deutsches Recht anwendbar (dazu 10./11. Aufl. vor Art 12 EGBGB Rz 444), so muß der Text der Bedingungen, von denen der Vertragspartner des Verwenders Kenntnis nehmen können muß, in der von beiden Teilen freiwillig gewählten Verhandlungs- oder (aM ULMER Anh § 2 Rz 15: nur Verhandlungssprache) **Vertragssprache** gehalten sein (in diesem Sinne, aber den Gegensatz Vertragssprache – Verhandlungssprache nicht betonend, OLG Düsseldorf Betrieb 1963, 929; Betrieb 1973, 2390; OLG Hamburg NJW 1964, 500; OLG Stuttgart MDR 1964, 412; OLG Karlsruhe NJW 1972, 2185; OLG Frankfurt WM 1977, 298; STARK BB 1968, 490; SCHMIDT-SALZER D 110). Mit Vertragsschluß haben die Parteien alles als Vertragsinhalt akzeptiert, was in der Vertragssprache formuliert ist. Ist der Hinweis in der Verhandlungssprache gehalten (Rz 4), dann ist es für den Vertragspartner nicht unzumutbar, vom AGB-Inhalt in der Vertragssprache Kenntnis zu nehmen, OLG München NJW 1974, 2181. Fehlt es an dem Hinweis in der Verhandlungssprache, dann reicht eine Unterschrift unter ein nicht in der Verhandlungssprache gehaltenes Vertragsformular nicht aus, um dessen vorformulierte Teile Vertragsbestandteil werden zu lassen (ULMER Anh § 2 Rz 15; DROBNIG, FS Mann 595; aM LÖWE Rz 17 u Anhang Rz 12; SCHMIDT-SALZER D 107; wohl auch WEIMAR Betrieb 1978, 243). Auch die Abfassung der AGB in einer „Weltsprache" reicht nur aus, wenn man es mit solchen Partnern zu tun hat, von denen man die Kenntnis dieser Sprache voraussetzen kann (ohne diese Einschränkung für den internationalen Rechtsverkehr DROBNIG aaO; REINHART RiW/AWD 1977, 20; ganz abl OLG Düsseldorf RiW/AWD 1974, 103). Sofern der Vertragspartner und alle Personen, die dieser in voraussehbarer Weise mit der Vertragsabwicklung befassen könnte, auch zur mühelosen Lektüre einer anderen als der Vertrags- oder Verhandlungssprache befähigt sind, können AGB auch in ihr verfaßt sein. Bei Anbahnung von Distanzgeschäften können AGB im übrigen nur einbezogen werden, wenn sie in der Sprache gehalten sind, die der Adressat im Ausland versteht (JAYME, FS Bärmann 514; ders ZHR 1978, 110 f; GRAF VON WESTPHALEN Anh § 2 Rz 12). Werden Verträge unter Anwesenden in deutscher Sprache abgeschlossen, so werden deutschsprachige AGB aber auch gegenüber Ausländern Vertragsbestandteil, welche der deutschen Sprache nicht mächtig sind (BGH MDR 1971, 824; OLG Stuttgart VersR 1972, 824; OLG Bremen WM 1973, 1229; OLG München NJW 1975, 1602; LG Memmingen NJW 1975, 451, 452; LG Frankfurt WM 1977, 298; GRAF VON WESTPHALEN Anh § 2 Rz 12; aM OLG München NJW 1974, 1660), sofern nur der – aber ebenfalls in deutscher Sprache erfüllbaren (Rz 4) – Hinweispflicht Genüge getan ist.

Zur Problematik von AGB bei **Verträgen mit Auslandsbezug** allgemein s Erl zu § 12. Zu **salvatorischen** Klauselbestandteilen („soweit gesetzlich zulässig") beispielhaft § 11 Nr 7 Rz 28 f.

29 **c) Der Sinn der Bestimmung muß aber auch materiell erfaßbar sein.** Er muß sich dem Durchschnittsadressaten im großen und ganzen erschließen, wenn er sich

zumutbar anstrengt. (Stein Rz 22; Koch-Stübing Rz 32; Ulmer Rz 44). AGB zu Geschäften des täglichen Lebens, welche sich an einen Durchschnittsverbraucherkreis richten, dürfen nicht in einer unnötig **juristischen Sprache** gehalten sein. Bezugnahmen auf textlich nicht wiedergegebene Vorschriften, die nicht ohnehin gelten würden, sind unwirksam (LG Essen NJW 1957, 1560). Aber auch Formulierungen, die einen begrifflichen Anschluß an das Gesetz in der Weise wählen, daß nur die Paragraphenzahl angegeben ist, nicht ihr Inhalt, sind insgesamt für den Vertragspartner unverständlich und daher unwirksam (LG Essen aaO; Ulmer Rz 44). Die Betonung, daß bestimmte Rechte nicht abbedungen werden sollen, kann aber kurz durch Angabe der unberührt bleibenden Gesetzesbestimmungen geschehen. Alles ist eine Frage des nach dem Geschäftstyp dem Verwender und seinem Vertragspartner Zumutbaren. Manche Geschäftstypen und Regelungsgegenstände verlangen, auch wenn der Vertrag mit einem juristisch nicht vorgebildeten Durchschnittskunden geschlossen wird, nach einer exakten und technischen Terminologie, etwa Geschäfte über Sicherheiten an Grundstücken oder differenzierte und die Gefahr von Unwirksamkeit vermeidende Haftungsbegrenzungsbestimmungen.

d) Wird in AGB auf **andere Bedingungswerke verwiesen** (Rz 21), so unterfallen 30
auch diese dem Bekanntmachungserfordernis (1. Teilber 43; Löwe Rz 13; Kötz Rz 11). Dies gilt auch, wenn etwa die Haftung auf den Umfang begrenzt wird, in dem der Verwender versichert ist. Die einschlägigen Teile aus den Versicherungsbedingungen, die der Verwender mit dem Versicherungsunternehmen vereinbart hat, müssen mit bekanntgemacht werden. Soll durch Weiterverweisung auf mehrere Bedingungswerke Bezug genommen werden, so muß aus den vertraglichen Inbezugnahmen ohnehin klar sein, wie sich der Anwendungsbereich der verschiedenen Bedingungswerke zueinander verhält. Formulierungen wie „ergänzend" (Beispiel: Frankfurter Verkehrsverbund; dazu Bartl NJW 1976, 854) sollten auch noch die Bedingungen anderer Unternehmen gelten, führen zur Unwirksamkeit der gesamten Bezugnahme auf AGB, sofern nicht die ergänzend in Bezug genommenen Bedingungen erkennen lassen, daß sie ganz andere Fragen regeln wollen als die primär zum Vertragsbestandteil gewordenen (s BGH VersR 1965, 230 – eigene Konnossementbedingungen sowie diejenigen „der am Transport beteiligten Firmen" = Beschränkung der Konnossementbedingungen der Verfrachter auf das Verhältnis zu ihren Kunden). Ist das Bedingungswerk, auf welches in einem primären Bedingungswerk verwiesen worden ist, für einen anderen Vertragstyp gedacht und ist es schwierig, seinen Anwendungswillen bezüglich des konkret abgeschlossenen Geschäftes zu ermitteln, so ist die Weiterverweisung ebenfalls unwirksam.

Wird in AGB Bezug auf Preislisten genommen, so unterliegen diese nicht der Kenntnisverschaffungsobliegenheit. Nähme man an, sie würden wegen „Nichtbeachtung" von § 2 nicht, wie vorgesehen, Vertragsbestandteil, so bliebe dem Verwender dennoch das Recht zur Preisfestsetzung gemäß § 315 BGB. Die Anwendung von § 2 in bezug auf die Kenntnisverschaffungsobliegenheit wäre also funktionslos.

3. Einzelheiten der Kenntnisverschaffungsobliegenheit 31

a) Fast immer entspricht der Verwender dem Abs 1 Nr 2 nur, wenn er seinem Vertragspartner ein **Exemplar des Klauselwerks aushändigt oder zusendet** (Schmidt-Salzer D 25 ff; Löwe Rz 14; AG Frankfurt BB 1978, 524). Bei schriftlichem Vertragsschluß unter Abwesenden gilt dies auch für beiderseits rechtskundige Vertragspartner (AG Frankfurt BB 1978, 524). Es genügt freilich, wenn der AGB-Text sich in Prospekten oder Katalogen befindet, die dem Kunden bei Anbahnung von Vertragsverhandlungen zugesandt wurden oder in deren Besitz er sich aus sonstigen Gründen befindet (ULMER Rz 42; LÖWE Rz 14), sofern der vom Verwender ausgehende Hinweis die Fundstelle bezeichnet. Für mündlich unter Anwesenden geschlossene Verträge kann aber nichts anderes gelten (aM LÖWE Rz 14; ULMER Rz 41; KÖTZ Rz 11). Daß der Kunde die Aushändigung nicht eigens verlangt, macht keinen Unterschied (SCHMIDT-SALZER D 26; aM ULMER Rz 41; KOCH-STÜBING Rz 32; LOCHER NJW 1977, 1802; DIETLEIN Rz 5). Auch die Tatsache, daß sich der Kunde die Kenntnis anderweit beschaffen könnte, etwa durch käuflichen Erwerb eines Exemplars bekannter AGB (zB der VOB), ist bedeutungslos (ULMER Rz 41; LÖWE Rz 14; SCHLÜTER, Das AGB-Gesetz im Spiegel des Baurechts, Schriftenreihe der Deutschen Gesellschaft für Baurecht Bd 11, 107; aM KOCH-STÜBING Rz 32; LOCHER aaO). Wegen der Publizitätsfunktion der Kenntnisverschaffungspflicht (s Rz 26) genügt es im allgemeinen auch nicht, wenn dem Kunden das Klauselwerk nur zur Durchsicht vorgelegt oder wenn dieser gar auf ein Publikationsorgan (insoweit wie hier LÖWE Rz 14) verwiesen wird. Auch bei umfangreichen Bedingungswerken, wie etwa der VOB (1. Teilber 45) kann auf eine Aushändigung nicht verzichtet werden (aM LÖWE Rz 14; LOCHER NJW 1977, 1802; HEIERMANN Betrieb 1977, 1736). Verträge über Bauleistungen implizieren im allgemeinen auch einen Wert, der ein Aushändigungsansinnen an den Bauunternehmer ohne weiteres rechtfertigt, wenn er Verwender der VOB ist. Das ergibt sich nicht zuletzt daraus, daß sich ein wichtiger Teil der Bauwirtschaft einer solchen Aushändigungsobliegenheit ausdrücklich unterwirft (siehe Konditionenempfehlungen des Zentralverbandes für Sanitär-, Heizungs- und Klimatechnik, BKartA Bek 82/77 BAnz 1977 – August). Meist ist freilich infolge der Ausschreibungspraxis nicht der Bauunternehmer, sondern der Bauherr VOB-Verwender. Er braucht Bauhandwerkern im allgemeinen zwar die Kenntnis anderer vorformulierter Bauvertragsbedingungen, nicht aber die der VOB zu verschaffen. Zur Hinweisobliegenheit bezüglich VOB vgl Rz 8.

32 **b)** Denn die Kenntnisverschaffungsobliegenheit entfällt als sinnlos, wenn der Vertragspartner des Verwenders oder sein Bevollmächtigter (s oben Rz 2) **bereits Kenntnis vom Inhalt der einzubeziehenden AGB hat** (KOCH-STÜBING Rz 30). Bei einem Architekten ist der Besitz eines VOB-Exemplars vorauszusetzen. In Fällen, wo der Verwender dies annehmen kann, ist es ihm auch nicht „zuzumuten", aktiv zu werden, bevor der Vertragspartner um Kenntnisverschaffung bittet.

33 **c)** Entgegen dem, was die grammatikalische Struktur der Vorschrift auszudrücken scheint („bei Vertragsschluß"), verlangt sie als Voraussetzung der Rechtzeitigkeit der Kenntnisverschaffung entgegen fast allgemeiner Ansicht (PALANDT-HEINRICHS Anm 3; ULMER Rz 45 ff; DIETLEIN Rz 5; LÖWE Rz 20; STEIN Rz 26; KOCH-STÜBING Rz 40) nicht, daß die andere Vertragspartei die Möglichkeit zur Kenntnisnahme der einzubeziehenden AGB bereits vor Abschluß des Vertrages erhält oder gar genügend Zeit hat, sie durchzustudieren. Wenn der Hinweis auf AGB rechtzeitig war und der Vertragspartner eine Risikoerklärung (Rz 37) nicht abgeben will, muß er um Aushändigung des Textes vor Vertragsschluß bitten. Andernfalls wären **telefonische Vertragsabschlüsse** (insoweit wie hier DITTMANN-STAHL Rz 93) unter Zugrundelegung von AGB praktisch unmöglich. – Diese Konsequenz (so in der Tat KÖTZ Rz 13) hat das Gesetz aber mit Sicherheit nicht gewollt (s 1. Teilber 13 f). Die hM behilft sich, um sie zu vermeiden, mit gekünstelten, aber bei richtiger Deutung des Gesetzes unnötigen Hilfskonstruktionen, wie „Großzügigkeit walten zu lassen" (ULMER[1] Rz 37), einen Verzicht des Kunden auf Kenntnisverschaffung anzunehmen ULMER[3] Rz 43), sich mit der ausdrücklichen Erklärung der Versandbereitschaft zufrieden zu geben (MÜLLER-GRAFF JZ 1977, 249) oder mit dem Ratschlag, in diesem Fall den „Wortlaut" des Gesetzes außer Acht zu lassen (LÖWE Rz 16). Für die kurze Zeit zur Erfüllung der Kenntnisverschaffungsobliegenheit ist die Einbeziehungsab-

rede schwebend unwirksam. Für Fernunterrichtsverträge gilt § 3 Abs 4 FernUSG als Sonderregelung.

Aus der Publizitätsfunktion der Kenntnisverschaffungspflicht folgt aber auch, daß der Verwender dem anderen Vertragsteil die **Kenntnis für die gesamte Dauer der Vertragsabwicklung** erhalten muß. Bedingungen, die am Tage des Vertragsabschlusses aushängen, später aber nicht mehr, verlieren mit ihrem Verschwinden auch ihre inhaltliche Gestaltungswirkung für den Vertrag. Dem Vertragspartner des Verwenders ist es nicht zuzumuten, dann, wenn er darauf angewiesen ist, sich den Text der Bedingungen zu verschaffen, die seinerzeit ausgehangen haben.

d) Kommt es zum Vertragsabschluß unter **Einbeziehung von AGB aufgrund eines Aushangs** (Rz 18 ff), so muß der Verwender weiteres nicht veranlassen, damit sein Vertragspartner von ihrem Inhalt Kenntnis nehmen kann. Das Gesetz begnügt sich in diesem Falle ersichtlich damit, daß die Bedingungen am Ort des Vertragsabschlusses eingesehen werden können. In seltenen Fällen mag auch denkbar sein, daß selbst unter Voraussetzungen, unter denen auf den **Einbeziehungswillen ausdrücklich hingewiesen werden mußte,** der Kenntnisverschaffungspflicht in der Weise Genüge getan wird, daß dem Vertragspartner ein für ihn leicht erreichbarer Ort genannt wird, an welchem er das Klauselwerk einsehen kann. Daß er sich dazu an eine Stelle begibt, die er nicht ohnehin oft aufsuchen muß, kann aber von ihm nicht verlangt werden. Insbesondere reicht es zur Erfüllung der gesetzlichen Einbeziehungserfordernisse nicht aus, wenn dem Kunden die Anschrift eines Verbandes oder der Buch- und Schreibwarenhandel oder schließlich ein Veröffentlichungsorgan benannt werden (Löwe Rz 14). 34

4. Kaufmännischer Verkehr 35

Schon vor Inkrafttreten des AGBG ist gelegentlich behauptet worden, AGB könnten nur Vertragsbestandteil werden, wenn sie vor Vertragsschluß dem Vertragspartner des Verwenders inhaltlich mitgeteilt würden (OLG Hamburg NJW 1964, 500; OLG Zweibrücken JR 1968, 380; Stark BB 1968, 490; M Wolf JZ 1974, 468). Wenn dies stimmte, müßte es heute noch für die Einbeziehung von AGB außerhalb des Anwendungsbereiches von § 2 gelten (so in der Tat Palandt-Heinrichs Anm 6). Jedoch ist ein solcher Standpunkt in der Allgemeinheit, wie er vertreten wird, unhaltbar. Die These der Unwirksamkeit vertraglicher Bezugnahmen auf Texte, die den Vertragsschließenden oder einem von ihnen unbekannt seien, findet im Gesetz keine Stütze. (So mit Recht Diederichsen ZHR 1969, 238 gegen Schreiber NJW 1967, 1441). Die hM vor Inkrafttreten des AGBG hat daher zu Recht im allgemeinen eine vertragliche Einbeziehung von Bedingungen auch gutgeheißen, wenn diese textlich nicht mitgeteilt worden waren (BGHZ 7, 187 = NJW 1952, 1369; BGHZ 18, 216 = NJW 1955, 1794; BGHZ 33, 219 = NJW 1961, 213; BGH NJW 1964, 589; BGHZ 42, 53 = NJW 1964, 1788; Betrieb 1977, 2438; Schmidt-Salzer D 19). Der BGH hat daher auch nach Inkrafttreten des AGBG, wenngleich für einen Alt-Fall, entschieden, daß die in § 2 verfügte Kenntnisverschaffungsobliegenheit gegenüber Kaufleuten nicht gilt (BB 1977, 2438).

Im Verkehr unter Kaufleuten kann man erwarten, daß der Vertragspartner Bedingungen, die er textlich zur Kenntnis nehmen möchte, anfordert (Dittmann-Stahl Rz 131; Schmidt-Salzer D 19; aM bezüglich nicht allgemein verbreiteter AGB Kötz Rz 26). **Eine gewisse Ausstrahlungswirkung von Abs 1 Nr 2 auch auf den kaufmännischen Verkehr** sollte man freilich nicht leugnen: Hat der Vertragspartner des Verwenders Schwierigkeiten, sich die Bedingungen zu verschaffen und schickt sie ihm der Verwender auf Anforderung nicht unverzüglich zu, sind sie schließlich auch nicht anderweit leicht erhältlich, wie etwa die ADSp, Bankbedingungen, die VOB uä einheitlich und weit verbreitete Bedingungswerke, so muß man ihm das Recht zubilligen, eine weitere Vertragsabwicklung auf der Grundlage dieser Bedingungen abzulehnen. Der Verwender hat seine Rechte aus den AGB auf diese Weise verwirkt. Darüber hinauszugehen, gibt es aber keinen Grund. Auch ein mit einem **Ausländer** im Ausland auf dem Korrespondenzwege schriftlich abgeschlossener Vertrag kann AGB miteinbeziehen, die zunächst nicht mitversandt wurden (aM OLG Düsseldorf Betrieb 1963, 929). Nur kann ein Ausländer, der einen Text der Bedingungen wünscht, schlechterdings nicht auf andere Bezugsquellen verwiesen werden, als auf seine deutschen Vertragspartner und Verwender. Wird ihm ein in einer anderen als der Vertrags- oder Verhandlungssprache gehaltener Text zur Verfügung gestellt, so ist das einem Unterlassen der Kenntnisverschaffung gleichzustellen.

V. Das Einverständnis des Vertragspartners des Verwenders

36 **1. Einverständnis nach ausdrücklichem Hinweis**

a) Die in § 2 festgehaltene Notwendigkeit des Einverständnisses des Vertragspartners mit der Einbeziehung der AGB in den Vertrag ist trotz der sorglosen Redaktion („einverstanden" anstatt „Erklärung des Einverständnisses") eine **Bestätigung traditioneller rechtsgeschäftlicher Grundsätze** (Schmidt-Salzer D 21; Ulmer Rz 49 ff), die angesichts der Laschheit der Praxis (s oben Rz 1) nötig war. Allen Ernstes wollte ein Gericht AGB eines Unternehmens auf ein Geschäft „analog" anwenden, für das sie ausweislich ihres eigenen Textes nicht gedacht waren (OLG Hamburg WM 1970, 1307 f – dagegen mit Recht Canaris NJW 1973, 833).

Wohl aber können die Parteien **Formularbedingungen für Geschäfte verwenden, für die sie nicht konzipiert worden sind** (s § 5 Rz 13, § 4 Rz 12; aM Friedrich Schmidt MittBayNot 1977, 99).

Gedacht ist zB die VOB nur für „Bauleistungen". Von ihrem vorgestellten Anwendungsbereich sind „Lieferung und Montage maschineller Einrichtungen" ausdrücklich ausgenommen. Nichts vermag indes die Parteien eines Vertrages über die Lieferung und Montage maschineller Einrichtungen daran zu hindern, die Geltung der VOB zu vereinbaren. Die ADSp können für die Demontage und den Abtransport (Schmidt-Salzer D 43; BGH VersR 1976, 286 – in concreto dahingehende Vereinbarung freilich ablehnend), die AGNB für Lohnfuhrverträge (BGH NJW 1978, 1918), Verkaufsbedingungen einer Firma für ihre Einkäufe (etwa bezüglich einer Gerichtsstandsklausel) abl BGHZ 59, 28 = NJW 1972, 1623) herangezogen werden.

37 **b)** Ist der Vertragspartner des Verwenders im Sinne von Abs 1 S 1 **ausdrücklich** darauf **hingewiesen worden,** daß bestimmte AGB Vertragsbestandteil werden sollen, so ist eine Situation kaum noch denkbar, in welcher der objektive Erklärungswert seiner darauf folgenden, nicht weiter eingeschränkten Zustimmung zum Vertragsschluß nicht schlüssig auch das Einverständnis mit der Geltung der Bedingungen bedeuten sollte (Löwe Rz 18; Koch-Stübing Rz 14). Wird ein AGB einbeziehendes Angebot individuell angenommen, so haben vorgedruckte Bestandteile, nur die eigenen AGB sollten gelten, keine Bedeutung (BGHZ 59, 23 = NJW 1972, 1622). AGB werden auch Vertragsbestandteil, wenn der Kunde ein sie oder einen Hinweis auf sie enthaltendes Formular unterschreibt oder entgegennimmt, ohne sie gelesen zu haben (statt aller: BGHZ 1, 86 = NJW 1951, 402; BGHZ 17, 2 = NJW 1955, 1145; BGHZ 33, 219 = NJW 1961, 212) – selbst wenn er nicht einmal zur

Kenntnis nimmt, daß Vertragsinhalte geregelt werden sollen. Der rechtsgeschäftliche Verkehr duldet auch **Risikoerklärungen** (so der treffende Ausdruck von SIEGEL AcP 111, 92 f und L RAISER 170).

Allerdings kann das Verhalten des Vertragspartners des Verwenders auch schlüssig ergeben, daß er mit der Geltung der AGB nicht einverstanden sein will. Verwendet der Besteller einer Ware nicht das ihm vom Verkäufer überlassene und den Hinweis enthaltende Formular, sondern einen eigenen Kaufvertragsentwurf, der keinen Hinweis auf AGB enthält, so hat er sein Einverständnis nicht erklärt. Schlüssigkeit eines Einverständnisses mit der Geltung von AGB ist aber anzunehmen, wenn die AGB in einer dem § 2 entsprechenden Weise und unter den Voraussetzungen aushängen, unter denen nach dieser Vorschrift der Aushang einen ausdrücklichen Hinweis ersetzen kann (Rz 18 ff). Jedoch gehen Unklarheiten darüber, ob der Vertragspartner mit der Zustimmung zum Vertragsschluß auch die AGB einbeziehen wollte, auf die er hingeweisen wurde, zu seinen Lasten. Eine Antwort des Käufers auf den Hinweis auf allgemeine Verkaufsbedingungen, der Vertrag sei ein „Werkvertrag nach BGB" hindert die Einbeziehung nicht (OLG Bamberg BB 1973, 1372). Der Zusatz „es gilt Werkvertragsrecht des BGB" ist demgegenüber im Zusammenhang mit einem Bauvertrag sehr wohl geeignet, die Anwendung der VOB auszuschließen.

c) Die in der Zeit vor Inkrafttreten des AGBG die Lit – erstaunlicherweise nicht die Rspr – beschäftigende Frage einer etwaigen Einschränkung des **Irrtumsanfechtungsrechtes** in solchen Fällen, wo die Bindung des Vertragspartners nicht auf eine schlüssige Willenserklärung, sondern auf eine objektive Zurechnung zurückgeführt wurde, spielt im Anwendungsbereich von § 2 keine Rolle mehr. Nach Erfüllung der dem Verwender obliegenden Hinweispflicht kann es auf seiten des Vertragspartners nur noch eine „Zurechnung" kraft objektiven Erklärungswertes seiner Äußerung oder gar keine mehr geben (Rz 37). Ist der Vertragspartner mit der Geltung der AGB in Wirklichkeit doch nicht einverstanden gewesen, weil er etwa den Hinweis auf sie versehentlich nicht zur Kenntnis genommen hat, so kann er seine Erklärung mit der sich aus § 6 ergebenden Folge wegen Irrtums über ihren Inhalt anfechten (für die grundsätzliche Anwendbarkeit von § 119 dann, wenn irrtümlich eine Erklärung abgegeben wird, deren objektiver Erklärungswert die Einbeziehung von AGB deckt, Voraufl Rz 301; RAISER 243 ff; GRUNSKY JurA 1969, 88; ULMER Rz 50; LÖWE Rz 22; KOCH-STÜBING Rz 11). Allerdings trifft ihn hierbei eine kaum zu erfüllende **Beweislast.** Auch wird es dem Anfechtenden manchmal schwer fallen, Gründe anzugeben, daß er die Erklärung bei verständiger Würdigung der Sachlage nicht so abgegeben haben würde, wie sie sich ihrem objektiven Erklärungswert nach ausnimmt (so mit Recht GRUNSKY aaO). Insbesondere scheidet eine Anfechtung fast immer aus, wenn ein Vertragsschluß anderwärts zu günstigeren Bedingungen nicht möglich ist (zu Einzelheiten SCHLOSSER Kommentar Rz 66). 38

2. Vertragsschluß nach allgemeinen Regeln als Einbeziehungsvoraussetzung 39

a) Voraussetzung für die wirksame Einbeziehung von AGB in einen Vertrag ist aber, daß der Partner des Verwenders dem mit der Einbeziehung von AGB eine Rechtsgeschäftseinheit bildenden (Rz 2) Vertragsschluß überhaupt zugestimmt hat. Der Verwender kann nicht etwa durch AGB die Voraussetzungen eines Vertragsschlusses anders regeln wollen, als das Gesetz es in den §§ 145, 147, 148, 151 BGB tut oder zuläßt (GÖTZ 181 ff; aM STÜBING NJW 1978, 1608; aber auch unten Rz 40). Der Verwender kann auch nicht bestimmen, daß ein von ihm nach § 150 Abs 2 BGB geändertes Angebot als stillschweigend angenommen gilt, wenn nicht die Voraussetzungen vorliegen, unter denen man dies ohnehin annehmen würde (aM STÜBING

NJW 1978, 1608). Der Verwender kann auch nicht in seinen AGB für die rechtlich als Vertragsangebot zu wertende Bestellung seines Kunden Schriftform vorschreiben (SCHMIDT-SALZER E 19; s auch § 4 Rz 1; aM, aber ohne die Problematik überhaupt zu sehen, BGH MDR 1954, 348), oder nur eigene schriftliche Erklärungen als Vertragsangebot oder Vertragsannahme gelten lassen wollen. Zur Schriftformklausel im übrigen s § 4 Rz 20 ff. Der Verwender kann auch nicht bestimmen, daß sein Antrag nach Ablauf einer Widerspruchsfrist als angenommen anzusehen ist (AG Medebach MDR 1966, 584; LÖWE Rz 19). Niemand kann aufgrund seiner mit einem erbetenen **Kostenvoranschlag** mitversandten AGB Kostenersatz verlangen (LG Landau MDR 1959, 588), wenn derartiges nicht unter Kaufleuten branchenüblich und im Auftrag auf Erstellung eines Kostenvoranschlages bereits mit inbegriffen ist. Die Ausstellung einer **Versicherungsbestätigung** nach § 19 StVZO ist noch kein Vertrag. Kommt ein solcher auch später nicht zustande, so finden die AKB auf das Rückgriffsverhältnis des Versicherers zum Schädiger keine Anwendung (OLG Karlsruhe VersR 1956, 776). Verschickt ein **Makler** eine **Verkaufsaufgabe** unter Verzicht auf Antwort bei Nichtgefallen, legt er seine AGB bei, und kommt es längere Zeit danach zu einem Verkauf des Objekts durch Vermittlung eines anderen Maklers, so kann der erste tätig gewordene Makler nicht aufgrund seiner Bedingungen Ansprüche geltend machen, selbst wenn er in ihnen gesagt hat, die Aufnahme von Verhandlungen mit der nachgewiesenen Partei gelte als Auftragserteilung (OLG Bremen NJW 1965, 977).

Bestellt jemand Waren oder Leistungen und werden diese erbracht, aber gleichzeitig mit einer „Auftragsbestätigung" oder einem sonstigen Vertragsannahmedokument, das – erstmals – einen Hinweis auf AGB enthält, so ist aber das Einverständnis mit deren Geltung durch Leistungsannahme zum Ausdruck gebracht (Rz 75–77). Erschöpft sich der Sinn eines Vertrages darin, AGB in ein nicht vertraglich begründetes Schuldverhältnis einzubeziehen (§ 1 Rz 7), so kommt das Einverständnis zum Ausdruck, wenn der Partner des Verwenders die Handlungen vornimmt, die ihm der Verwender nur nach Annahme seiner Bedingungen gestattet, sofern die Rechtmäßigkeit der Handlung von einer solchen Gestattung abhängt. Wer weiß, daß Einrichtungen nur auf der Basis bestimmter Bedingungen benutzt werden dürfen, unterwirft sich ihnen mit der Benutzung (BGH VersR 1967, 63).

40 **b)** Der **Spielraum, den das Gesetz demjenigen gibt, der ein Angebot macht,** kann auch **durch AGB ausgefüllt** werden. Durch AGB kann die Bindung an ein Angebot ausgeschlossen werden (§ 145 BGB). AGB können iSv § 148 BGB Fristen festsetzen (LG Duisburg NJW 1964, 160) und auf den Zugang der Annahmeerklärung verzichten (§ 151 BGB). Auch der Adressat eines Angebotes kann die vom Gesetz gelassenen Spielräume in den Grenzen von § 9 AGBG für sich ausnutzen, soweit er faktisch erzwingt, daß an ihn gerichtete Angebote nur mit von ihm selbst zur Verfügung gestellten Formularen („Bestellscheinen") abgegeben werden, und er auf andere Angebote nicht reagiert.

41 **c)** Kein Problem speziell der Einbeziehung von AGB und daher hier nicht näher zu behandeln ist aber dasjenige der Existenz von Schuldverhältnissen außerhalb spezieller gesetztlicher Grundlagen und außerhalb vertraglicher Einigung kraft „sozialen Kontakts" **(„faktische Vertragsverhältnisse").** Erkennt man derartiges an, dann werden AGB Bestandteil der fraglichen Rechtsbeziehungen auch dann, wenn der Hinweis- und Kenntnisverschaffungspflicht nicht Genüge getan ist (aM ULMER Rz 8)*.

---

* In Rspr und Lit ist in folgenden Fällen ein Schuldverhältnis kraft sozialen Kontakts unter Einbeziehung der von einer Seite aufgestellten AGB behauptet worden:

(1) Für das Rückgriffsverhältnis im Falle von § 158 c VVG: CLAUS NJW 1958, 1122.

d) Bezieht sich das AGBG auf **einseitige Erklärungen** (§ 1 Rz 5), so bedeutet das Einverständnis des Kunden mit der Einbeziehung des Klauselwerks nicht, daß eine solche Erklärung unwiderruflich würde, wenn sie es auch als individuell abgegebene nicht wäre. Eine AGB-Vollmacht, ein Ausschluß von Eigentumsvorbehalt in Einkaufsbedingungen kann durch den Vertragspartner des Verwenders widerrufen werden, mag dies auch eine Vertragsverletzung sein (BGH NJW 1979, 213). Der Zugang eines solchen Widerrufs kann aber nur angenommen werden, wenn er in einer Form geschieht, die reale Kenntnisnahme durch eine zur Passivvertretung berechtigte Person verbürgt. Aufdrucke und maschinenschriftliche Zusätze auf Rechnungen sind dazu untauglich. Für den Fall der nachträglich und vertragswidrigerweise auf Lieferscheinen und Rechnungen erklärten Eigentumsvorbehalte, s o Rz 10. 42

3. Wirkung von AGB für und gegen Dritte? 43

a) AGB können nicht zu **Lasten Dritter** vereinbart werden, die ihrer Geltung nicht zugestimmt haben. Gestattet ein Grundstückseigentümer dem Kreditnehmer einer Bank zur Sicherheit für einen bestimmten, diesem gewährten Kredit eine Grundschuldabtretung oder -bestellung, so vermögen die AGB der Banken das Rechtsverhältnis zwischen Bank und Grundstückseigentümer nicht zu erfassen (OLG Frankfurt WM 1973, 1150; LIESECKE WM 1969, 455).

Jedoch sind stillschweigende Ermächtigungen durch Dritte denkbar, zu ihren Lasten auf der Grundlage von üblichen AGB abzuschließen. Dann müssen nicht ihnen, sondern denjenigen gegenüber die Hinweis- und Kenntnisverschaffungsobliegenheiten erfüllt werden, die im eigenen oder fremden Namen (s oben Rz 2) die Verträge schließen.

Diese Grundsätze spielen eine große Rolle bei **Transportverträgen.** Häufig ist der Auftraggeber mit dem Eigentümer des beförderten Gutes nicht identisch. Die **deliktische Haftung** diesem gegenüber ist daher durch die Vereinbarung der Geltung von AGB grundsätzlich durchaus nicht miterfaßt. Überläßt freilich jemand einem anderen sein Eigentum mit dem Auftrag, Verträge über die Beförderung des Gutes mit Dritten abzuschließen, so liegt darin eine schlüssige Ermächtigung, dies zu den üblichen Vertragsbedingungen zu tun, sofern der Überlassende mit den Vertragsgestaltungsgewohnheiten des Transportgewerbes vertraut ist. Letzters muß man von jeder Firma, die gewerbsmäßig unter Zuziehung fremder Unternehmen Waren versendet (BGH NJW 1974, 2177 – tschechische Firma, die „weiß", daß der Spediteur Zwischenspediteure in der Bundesrepublik beauftragen muß, die ausschließlich nach den ADSp arbeiten) oder die Transportmittel zur Verfügung stellt, die mit Hilfe anderer Transportmittel weiterbefördert werden (OLG Hamburg VersR 1977, 812 – Schleppverträge), voraussetzen. Was das Pfandrecht in § 50 ADSp und § 23 AGNB (s § 9 Rz 175) anbelangt, so ist es überraschend und unangemessen, soweit (s § 6 Rz 13) es Güter des Dritten auch für Forderungen erfassen soll, die mit dem Beförderungsvertrag nicht in Zusammenhang stehen (BGHZ 17, 2 = NJW 1955, 1145 damals noch mit einer einschränkenden Auslegung der Einbeziehungsvereinbarung arbeitend). Nicht anders liegen die Dinge auch

(2) Für das Verhältnis des einen Flughafen anfliegenden Luftverkehrsunternehmens zum Flughafenunternehmen: OLG Karlsruhe VersR 1971, 159; MAX HOFMANN, Luftverkehrsverordnungen [1971] § 43 LuftZO Rz 4; praktisch ebenso BGH MDR 1973, 999 f.

(3) Für Parkplatzbenutzung: BGHZ 21, 334 ff = NJW 1956, 1475.

(4) Für Stromabnahme: BGHZ 23, 177 ff = NJW 1957, 627.

im Falle eines Distanzkaufes, wenn der Käufer Partner des Transportvertrages ist, dem Verkäufer aber während des Transportes noch das Eigentum an der transportierten Ware zusteht: Da die Vereinbarung eines Pfandrechtes wegen Forderungen aus dem Transportverhältnis üblich ist – nicht aber wegen inkonnexer Forderungen –, hat der Verkäufer den Käufer auch zu einer solchen Vereinbarung ermächtigt, wenn er ihm den Abschluß des Transportvertrages überläßt (Raiser 214 f mN aus der älteren Rspr), sofern er gewerbsmäßig derartige Geschäfte abzuschließen pflegt. Selbst da wirkt ein rechtsgeschäftlich bestelltes Pfandrecht zu Lasten Dritter, wo die Bestellung nur im Hinblick auf fehlendes Eigentum des Vertragspartners vorgenommen wurde, wie dies in Reparaturbedingungen der Fall ist (BGH NJW 1977, 1240; aM Picker NJW 1978, 1417). Denn der berechtigte Besitzer einer reparaturanfälligen Sache ist meist ermächtigt, die mit Reparaturaufträgen üblicherweise verbundenen Pfandrechtsbestellungen vorzunehmen. Darauf zielende Klauseln sind daher durchaus nicht tendenziell auf Hintergehung des Eigentümers angelegt.

Haftungsbegrenzungsklauseln gelten aber durchaus nicht auch zu Lasten eines **Privatmanns,** der jemanden beauftragt, um die Versendung seines Eigentums besorgt zu sein. Verwendet ein Fluggast Gepäckstücke eines Verwandten oder Bekannten, so trifft diesen alles, was in den Flugbeförderungsbedingungen zur Haftungsbegrenzung und zur Begründung von Anmeldeobliegenheiten steht, nicht, sofern es um die deliktische Haftung ihm gegenüber geht (AG Köln NJW 1976, 2076). Auch im Verhältnis zu jemandem, der einen Transport nicht veranlaßt hat, insbesondere im Verhältnis zum Empfänger der Sendung, kann ein irgendwie gearteter Haftungsausschluß in Beförderungs- oder Speditionsbedingungen nicht wirken (BGH NJW 1959, 1679). Das gleiche gilt im Verhältnis zu Personen, denen dingliche Sicherheiten an dem transportierten Gut zustehen. Wohl aber ist auch einem privaten Dritten gegenüber die Bestellung eines Pfandrechts an dem Transportgut nicht überraschend.

44 **b)** AGB können aber sehr wohl **zugunsten Dritter** vereinbart werden (BGH VersR 1977, 717), Haftungsbeschränkungen etwa auch zugunsten der Arbeitnehmer des Verwenders (BGHZ 22, 109 = NJW 1956, 1915; BGH NJW 1962, 388; näher dazu § 11 Nr 7 Rz 18). Haftungsbeschränkungen zugunsten des Hauptfrachtführers gelten auch zugunsten des Unterfrachtführers (BGH MDR 1977, 819). Vor allen Dingen die Beteiligung öffentlicher Institutionen an Vereinbarungen kann dazu führen, daß die Vertragspartner sich verpflichten, Dritten Ansprüche zu gewähren, die in AGB enthalten sind. Zur Frage, wann Haftungsbegrenzungsklauseln in diesem Sinne auszulegen sind, s § 5 Rz 10.

45 **c)** Die Anwendbarkeit eines gesamten Klauselwerkes als eines Inbegriffes von Rechten und Pflichten kann in der Weise zugunsten Dritter vereinbart werden, daß diesen eine Option zusteht, das Bedingungswerk im Verhältnis zwischen einem der Vertragspartner und sich zur Anwendung zu bringen. Vereinbart eine Einkaufszentrale mit den ihr angeschlossenen Firmen, daß für bestimmte Arten von Geschäften zwischen diesen und den Lieferanten die Bedingungen der letzteren gelten sollen, so haben diese ein Optionsrecht darauf erworben, bei allen Geschäften mit den angeschlossenen Firmen ihre Bedingungen zur Anwendung zu bringen (BGHZ 42, 53 = NJW 1964, 1788). Irgendwelcher Einbeziehungserklärungen bedarf es bei künftigen Geschäften dann nicht (Rz 57), wenn dem Begünstigten seine Rechtsstellung bekannt ist. Durch den Abschluß von Einzelverträgen übt er sein Optionsrecht stillschweigend aus. Selbstverständlich kann er aber einen Abschluß zu den Bedingungen nicht erzwingen, wenn der Käufer auf anderen Bedingungen oder auf einem Abschluß ohne Verwendung von AGB besteht, sofern die der Zentrale angeschlossenen Firmen keine Bezugspflicht trifft.

4. Spätere Änderungen von AGB 46

a) Grundsätzlich werden und bleiben AGB Vertragsbestandteil nur in der **Gestalt, die sie im Zeitpunkt des Vertragsabschlusses** hatten. Später geänderte Fassungen können ohne neue Einigung auf früher abgeschlossene Verträge nicht angewandt werden.

Kein Vermieter kann nach Abschluß von Mietverträgen eine Hausordnung „erlassen" (LG Köln MDR 1959, 762). Ein Handelsbrauch kann freilich ergeben, daß AGB in einer bereits üblicherweise „geltenden" Fassung Vertragsbestandteil sind, auch wenn die dem Vertragspartner des Verwenders mitgeteilte Fassung noch die alte ist (L Raiser 22). Wenn AGB das Problem ihrer eigenen Änderung nicht regeln, muß eine Einbeziehung geänderter Fassungen in früher abgeschlossene Verträge dem § 2 entsprechen (Ulmer Rz 54; Koch-Stübing Rz 39; Schmidt-Salzer D 100). Allein die Tatsache, daß dem Vertragspartner des Verwenders eine neue Fassung zugeschickt wird, genügt für die Annahme von dessen Einverständnis nicht (OLG Karlsruhe Betrieb 1966, 935; aM P Hofmann NJW 1966, 2169). Auch **Versicherungsverträge** machen insoweit keine Ausnahme (Voraufl Rz 169; Möller, FS von Laun [1962] 323; Prölss-Martin VVG Vorbem I 6 zu § 1; aM LG Düsseldorf VersR 1968, 1131).

b) Besonderheiten gelten, wenn **AGB die Möglichkeit ihrer einseitigen Änderung** auch mit Wirkung für bereits abgeschlossene Verträge vorsehen. Zu beachten ist freilich, daß die Worte „in der jeweils gültigen Fassung" sich meist auf die Fassung zur Zeit des Vertragsschlusses beziehen und daher kein Problem aufwerfen (Schmidt-Salzer D 98; Löwe Rz 66; Ingenstau-Korbion VOB Einl 27). 47

Eine Klausel in AGB, in welcher sich der Verwender vorbehaltlos das Recht einräumt, seine AGB auch mit Wirkung für bestehende Verträge zu ändern, ist mit Recht schon nach den früher von der Rspr zur Inhaltskontrolle herausgearbeiteten Grundsätzen für sittenwidrig erklärt worden (BGH VersR 1971, 1116; nach neuem Recht ebenso Palandt-Heinrichs Anm 5; Ulmer Rz 52; Schmidt-Salzer D 98). Eine Ausnahme läßt sich auch nicht für Klauselwerke rechtfertigen, die von dritter Seite formuliert wurden, selbst wenn sich der Verwender an die vom Aufsteller selbst getroffenen Änderungen des Klauselwerks bindet (zB VOB). Man darf nicht nur an die anläßlich des Inkrafttretens des AGBG akut werdende Hypothese einer durch Bedingungsänderung eintretenden Verbesserung der Rechtsstellung des Kunden denken. Lediglich dann, wenn das zugrunde liegende Verhältnis ein **dauerndes Geschäftsverbindungsverhältnis** ist, wie etwa im Bankenverkehr, und sich in vielfältigen neuen Diensten des Verwenders manifestiert, werden die geänderten Bedingungen für künftige Geschäftsvorfälle Kraft neuer (schlüssiger) Einbeziehungsvereinbarung Vertragsbestandteil dadurch, daß der Kunde die Geschäftsbeziehungen nach Kenntnisnahme der Änderung fortsetzt (die Wirksamkeit eines Globaländerungsvorbehalts zu Recht abgelehnt für Versorgungsanstalt des Bundes und der Länder BGH VersR 1977, 446; ohne Eingrenzung auf das Erfordernis vielfältiger neuer Dienste des Verwenders Ulmer aaO; Schmidt-Salzer D 101; Kötz Rz 27). Ein globaler Änderungsvorbehalt dahingehend, daß etwaige Änderungen dem Kunden lediglich „mitzuteilen" sind, ist aber auch insoweit nicht möglich (Ulmer Rz 52; aM Schmidt-Salzer D 99). Jedoch kann das Einverständnis des Kunden mit der Einbeziehung der geänderten Fassung unter Beachtung der Kautelen von § 10 Nr 5 fingiert werden (s dort Rz 8). Ein überraschendes und daher nicht Vertragsbestandteil werdendes Element der Neufassung (§ 3) kann sich dann freilich auch aus dem Vergleich mit der alten Fassung ergeben. Zur Änderung global einbezogener AGB s unten Rz 54. 48

49 c) Der Verwender kann sich freilich einseitige **Einzeländerungen seiner AGB vorbehalten,** wenn ihre Zielsetzung hinreichend bestimmt ist (auch insoweit wohl aM Löwe Rz 21). Der Grundgedanke von § 2 verlangt aber, daß eine Änderung für den einzelnen Kunden nur wirksam wird, wenn sie ihm ausdrücklich mitgeteilt und wenn ihm gleichzeitig oder mindestens unverzüglich danach (Rz 33) der Text der geänderten Bestimmungen zur Kenntnis gebracht wird. Dies gilt auch da, wo die Einbeziehung handelsüblich ist (näher Schlosser Kommentar Rz 75).

50 **5. Formbedürftige Verträge**

Gilt für das Geschäft die **gesetzliche Schriftform,** genügt eine Bezugnahme auf AGB nicht, wenn diese mit den individuell gebildeten Teilen der Urkunde nicht äußerlich zusammengefaßt sind (Löwe Rz 2). Ob eine Bezugnahme auf Bedingungen ausreicht, die dem Hauptdokument in einer Anlage angeheftet sind (so RGZ 107, 294; 125, 159; 136, 425; 148, 353), oder ob eine Zusammenfassung in der Weise nötig ist, daß die Trennung eine gewisse Gewaltanwendung erfordert (so BGHZ 40, 263 = NJW 1964, 395), ist wie bei der Zusammenfügung sonstiger Textteile zu einer Vertragsurkunde zu entscheiden (s Erl zu § 126 BGB).

Ist **notarielle Beurkundung** vorgeschrieben, dann gilt § 9 BeurkG. Zur AGB-Problematik notariell beurkundeter Verträge s § 1 Rz 27. Wegen der Rechtsfolgen von Formverletzungen s § 6 Rz 6.

51 **6. Kaufleute**

Auch im kaufmännischen Verkehr bedeutet ein einfaches „Ja" zum Vertragsschluß Einbeziehung von AGB, wenn der Verwender auf seinen Einbeziehungswillen ausdrücklich oder durch positiv-schlüssige Erklärungen hingewiesen hat. Im Handelsverkehr kann es zur Einbeziehung von AGB freilich auch durch beiderseits stillschweigend-schlüssige Erklärungen kommen (Rz 68 ff – Verkehrssitte, Handelsbrauch Rz 59 ff – länger dauernde Geschäftsbeziehung). Auch die Zugehörigkeit von Firmen zu einem Verband, der für die verbandstypischen Rechtsbeziehungen Geschäftsbedingungen aufgestellt hat oder die Zugehörigkeit von Firmen zu verschiedenen Verbänden, die sich über Geschäftsbedingungen für den Verkehr unter ihren Mitgliedern geeinigt haben (BGH WM 1956, 1232), schafft diese Voraussetzungen, wenn im Verkehr der verbandsangehörigen Firmen der Gebrauch der fraglichen AGB üblich geworden ist – selbst wenn ein allgemeiner Handelsbrauch noch nicht zustande gekommen sein sollte. Aus der Zugehörigkeit zu Verbänden, welche die Empfehlung von AGB für den Verkehr ihrer Mitglieder untereinander vereinbart haben, ergibt sich aber für diese noch keine Verpflichtung gegenüber ihren Vertragspartnern (BGH BB 1954, 6).

VI. Pauschalvereinbarungen nach Abs 2

52 **1. Das Verhältnis zum nichtkaufmännischen Vertragspartner**

a) Weil das Einverständnis des Vertragspartners des Verwenders formfrei erklärt werden kann, kann es auch in der Gestalt einer Pauschalerklärung zustande kommen, die sich mit entsprechenden Erklärungen des Verwenders zu einem Rahmenvertrag zusammenfügen. Solche Vereinbarungen können nicht schlechthin alle (Ulmer Rz 60), wohl aber sämtliche Geschäfte einer bestimmten Art erfassen, welche die Vertragspartner in Zukunft abzuschließen gedenken. Das gilt vor allen

Dingen bei Begründung von Wiederkehrschuldverhältnissen im Gegensatz zu Sukzessivlieferungsverträgen (s oben Rz 10). Es muß aber durch Individualvereinbarung eine **laufende Geschäftsbeziehung,** mindestens eine lose Abfolge künftiger gleichartiger Verträge in Aussicht genommen worden sein. Wenn im Zusammenhang mit einem zunächst einmaligen Geschäftsabschluß AGB verwandt werden, in denen steht, daß sie auch für alle „künftigen Geschäfte" der Vertragsparteien gelten sollen, so ist dies für zukünftig tatsächlich getätigte Geschäfte noch keine ausreichende Einbeziehungsvereinbarung (so mit Recht L Raiser 180; Schmidt-Salzer D 91 f; Ulmer Rz 59; Löwe Rz 23; aM OLG Celle BB 1971, 547).

b) Abs 2, welcher die grundsätzliche Möglichkeit pauschaler Einbeziehungsverein- 53
barungen bestätigt, will aber **keinesfalls** für diesen Fall auch **Formerleichterungen** für die vom Verwender ausgehenden Handlungen gewähren. Das würde dem Schutzzweck von § 2 zuwiderlaufen. Ein solcher Rahmenvertrag ist daher im Verhältnis zum nichtkaufmännischen Vertragspartner des Verwenders nur wirksam, wenn dieser vor Vertragsabschluß im Sinne der Ausführungen in Rz 4 ff ausdrücklich **auf seine AGB hingewiesen** und diese seinem Vertragspartner unverzüglich (Rz 33) zur Kenntnis gebracht hat. Das Ausdrücklichkeitserfordernis muß man in diesem Falle sinnvollerweise auch darauf beziehen, daß die AGB für alle künftigen Geschäfte der gleichen Art gelten sollen. Soll eine Geschäftsbeziehung angebahnt werden, die bewußt als laufende gedacht ist, so werden AGB freilich auch dann ihr Bestandteil, wenn der Verwender ein Exemplar seiner Bedingungen überreicht, aus denen sich klar ergibt, daß sie nicht für ein einmaliges Geschäft, sondern für die gesamte laufende Geschäftsbeziehung unter den Parteien gelten sollen (BGH WM 1974, 273 – Bank-AGB auch für die spätere Anlage eines Sparbuches; Schmidt-Salzer D 90).

c) Auch Pauschalvereinbarungen können im übrigen nur **bestimmte AGB** in Bezug 54
nehmen und nicht auf beliebige Änderungen („jeweils geltende Fassung") verweisen (1. Teilber 46; Ulmer Rz 61; Löwe Rz 24; Koch-Stübing Rz 39; Kötz Rz 19), s Rz 47.

d) Ist eine nach Abs 2 zugelassene Pauschalvereinbarung wirksam zustande gekom- 55
men, so braucht ein **künftiges Einzelgeschäft weder ausdrücklich noch auch nur schlüssig darauf Bezug zu nehmen.** Vielmehr gilt die Einbeziehung kraft der ursprünglichen Pauschalvereinbarung. Freilich kann der Sinn eines später abgeschlossenen Geschäftes den Ausschluß der AGB oder einzelner ihrer Klauseln ergeben (BGH MDR 1959, 120 = WM 1958, 1480 – Ausschluß des Bankpfandrechts bei nur vorübergehender Verwahrung).

e) Eine Pauschalvereinbarung im Sinne von Abs 2 kann auch **zugunsten Dritter** mit 56
der Wirkung abgeschlossen werden, daß bei Abschluß von Verträgen mit diesen deren Bedingungen gelten sollen (Rz 45).

f) Sicherlich ist § 2 Abs 2 nur Ausdruck dessen, was schon kraft allgemeiner 57
Rechtsgeschäftsprinzipien gilt. Mit dem Terminus „Vereinbarung" sollte nicht eine Bindungsmöglichkeit eröffnet werden, die vordem nicht bestanden hat. Eine **dogmatische Einordnung** des Abs 2 im Sinne eines Vergleichs mit der antizipierten sachenrechtlichen Einigung (Raiser 12) trifft aber für die schuldrechtlichen Bestandteile von AGB nicht zu. Die Frage nach einer einseitigen Kündbarkeit einer Rahmeneinbeziehungsvereinbarung ist nämlich gegenstandslos. Erklärt der Kunde des Verwenders bei Abschluß des Einzelvertrages ausdrücklich oder schlüssig, er wolle nicht mehr auf der Grundlage der damals vereinbarten AGB abschließen, so kommt der Vertrag allerdings auch nicht zustande, wenn über alle anderen Punkte Einigung erzielt wird (§ 6 Rz 4). Vertragsbestandteil werden sogar andere AGB, wenn nach Abschluß einer solchen Rahmenvereinbarung unter klarer Bezugnahme

auf solche geliefert wird (aM OLG Hamburg NJW 1977, 1402). Jedoch kann dieses Ergebnis mühelos damit erklärt werden, daß ein Vertragsschluß auch von der Änderung eines früheren Vertrages abhängig gemacht werden kann. Auch wenn die Rahmeneinbeziehungsvereinbarung keine Verpflichtungs- oder Verfügungswirkung hat, so ist sie dennoch ein Vertrag (BGH WM 1974, 272). Ein solcher kann sich nämlich darauf beschränken, den Sinn künftigen Verhaltens einverständlich festzulegen (ULMER Rz 58 ff). Weil es sich um einen Vertrag handelt, bedarf er auch, um zustande zu kommen, des Einverständnisses des Vertragspartners. Ein Rundschreiben genügt dazu nicht (SCHMIDT-SALZER D 31).

58 **g)** Eine allgemeine Einbeziehungsvereinbarung kann Teile früher „geltender" AGB unberührt lassen (Beispiel s § 5 Rz 3).

59 **2. Kaufleute**

a) Im Verhältnis des Verwenders zum Kaufmann können wie früher AGB Vertragsbestandteil auch dadurch werden, daß die Parteien schon öfter Geschäftsbeziehungen der fraglichen Art auf AGB-Basis gepflogen haben, und sich aus der Art des Geschäftsabschlusses ergibt, daß sie beide von der Geltung bestimmter AGB als selbstverständlich ausgehen (BGH NJW 1962, 1195; MDR 73, 845; ULMER Rz 63, 69; SCHMIDT-SALZER D 19; GRAF VON WESTPHALEN Rz 38; KÖTZ Rz 25). Dann ist eine schlüssige Rahmenvereinbarung zustande gekommen. Speziell in diesem Zusammenhang danach unterscheiden zu wollen, ob bei früherer Gelegenheit nicht nur auf AGB verwiesen, sondern ob diese dem Vertragspartner auch bekannt gegeben worden seien (BGHZ 42, 53 = NJW 1964, 1789), ist genauso wenig richtig wie sonst in bezug auf den kaufmännischen Verkehr (s Rz 35). Wenn ein Kunde aufgrund früherer ausdrücklicher Vereinbarungen oder durch Hinweise in früheren, Vertragsgrundlage gewordenen Auftragsbestätigungen und kaufmännischen Bestätigungsschreiben **ständig** an bestimmte AGB gebunden wurde, und der Wille des Verwenders, auch weiterhin zu seinen AGB abzuschließen, klar zutage lag, muß der Kunde eine kommentarlose Weiterbestellung als auf der Grundlage dieser Bedingungen gemeint gegen sich gelten lassen (BGH NJW 1956, 909 – ADSp; BGHZ 49, 388 = NJW 1968, 1085; WM 1977, 76 – Eigentumsvorbehalt; SCHMIDT-SALZER D 94). Das gleiche gilt, wenn eine Geschäftsbeziehung auf Dauer angelegt war und bei Begründung der ersten Leistungsaustauschvorgänge AGB einbezogen wurden.

Eine Einbeziehung aufgrund stillschweigend-schlüssigen Verhaltens ist freilich auch dann möglich, wenn bei **früherer** Gelegenheit bestimmte **AGB immer erst nach Vertragsabschluß** Bestandteil eines Vertrages geworden sind. So gilt etwa im Verhältnis zwischen bestellendem Buchhändler und Verlag die Annahme einer Büchersendung nebst Faktur als nachträgliche Annahme der darin enthaltenen Verweisungen auf AGB (OLG Freiburg NJW 1952, 1416). In einem vom BGH entschiedenen Fall (NJW 1965, 1324) enthielten die Versandsanzeigen eines Lieferanten ständig die Klausel „auf Rechnung und Gefahr des Käufers". Der Käufer bezahlte immer anstandslos die Versandrechnungen; dadurch wurde die Klausel immer nachträglich Vertragsbestandteil. Nachdem dieses Verfahren üblich geworden war, bezogen weitere Aufträge diese Klausel von vornherein stillschweigend mit ein. Der BGH hat neuerdings obiter angedeutet, daß er dazu neigt, im Rahmen laufender Geschäftsbeziehungen Vermerken auf Rechnungen – anders als solchen auf Lieferscheinen, s unten Rz 60 – generell vertragsgestaltende Kraft zuzumessen (BGH Betrieb 1978, 1587), dabei aber fälschlich vorausgesetzt, daß Rechnungen üblicherweise in die Hände der zum Vertragsabschluß ermächtigten Mitarbeiter geraten, s Rz 2.

b) Es muß aber **tatsächlich eine schlüssige Rahmenvereinbarung zustande gekommen** sein. Die einmalige **frühere Vornahme eines gleichartigen Geschäfts** auf der Grundlage von AGB reicht zu deren Einbeziehung in einen neuen Vertrag keinesfalls aus (BGHZ 18, 212 = NJW 1955, 1794; OLG Hamburg RiW/AWD 1962, 271). Selbst die anläßlich verschiedener Vertragsabschlüsse **wiederholte Bezugnahme auf AGB** schafft nicht Vertragsinhalt für künftige Verträge gleicher Art (LG Tübingen NJW 1958, 792; MDR 1967, 1007; LG Kleve MDR 1959, 305; Schmidt-Salzer D 94; Graf von Westphalen Rz 38; aM OLG Düsseldorf MDR 1954, 301; OLG Zweibrücken OLGZ 1968, 389), insbesondere nicht, wenn in unregelmäßigen Abständen in den Hauptpunkten neu ausgehandelte Verträge geschlossen werden. Auch die bloße Existenz **laufender Geschäftsbeziehungen** und die Tatsache, daß der Kunde hierbei irgendwie Kenntnis davon erhalten hat, daß der Verwender zu seinen AGB abzuschließen pflegt, genügt nicht (Graf von Westphalen Rz 38; aM wohl BGH NJW 1962, 1195). Vor allem genügt (Raiser 197 ff; Schmidt-Salzer D 84; Weber Betrieb 1970, 2419; OLG Karlsruhe Betrieb 1966, 935; aM OLG Zweibrücken OLGZ 1968, 389; OLG Düsseldorf BB 1960, 422; BGH Betrieb 1969, 1053 – wenn der Vermerk „die Aufmerksamkeit auch eines oberflächlichen Lesers auf sich zieht"; Graf von Westphalen Rz 37) ein wiederholter Vermerk auf Lieferscheinen (BGH Betrieb 1978, 1587) und Rechnungen (aM obiter BGH s oben Rz 59) nicht. Fehlt es an einer Rahmenvereinbarung, so bedarf es immer der schlüssigen Bezugnahme auf einen bestimmten oder mehrere bestimmte frühere Verträge (Götz 139). Letzteres liegt freilich vor, wenn im Anschluß an eine Vertragsabwicklung eine „Nachbestellung" oder verlustbedingte Ersatzbestellung aufgegeben (BGH BB 1965, 435; Ulmer Rz 69; s oben Rz 11, 17) oder wenn im unmittelbaren Anschluß an einen ersten Transportauftrag ein zweiter erteilt wird (BGH MDR 1956, 664). 60

VII. Sonderproblem: Verkehrssitte und Handelsbrauch

1. Allgemeines 61

Gesetzliche Vorschriften über die Form eines Rechtsgeschäftes gehen einer etwaigen gegenläufigen Verkehrssitte ebenso vor wie einem Handelsbrauch. Im Verhältnis zum **nichtkaufmännischen Vertragspartner** des Verwenders kann daher keine Verkehrssitte den Verwender mehr davon entbinden, auf seinen Willen, AGB Vertragsbestandteil werden zu lassen, ausdrücklich hinzuweisen und seinem Vertragspartner Kenntnis von ihrem Inhalt zu verschaffen (Ulmer Rz 16). Auch **Versicherungsbedingungen** (mutig schon nach BGB-Grundsätzen die automatische Einbeziehung der AKB in einen Kraftfahrzeughaftpflichtversicherungsvertrag leugnend: LG Bielefeld VersR 1964, 38), **Bankbedingungen** und **Spediteurbedingungen** sind von dieser Anforderung nicht befreit, so sehr ihre Einbeziehung in entsprechende Verträge auch im Verhältnis zu privaten Kunden Verkehrssitte sein mag. Wenn das Gesetz zur Ausfüllung von Vertragslücken selbst auf das „Übliche" verweist, wie etwa in § 612 Abs 2 BGB, können AGB, etwa **Gebührenordnungen freier Berufe,** freilich maßgebend auch dann werden, wenn vertraglich nicht in Bezug genommen, sofern nur festgestellt werden kann, daß das Honorar tatsächlich üblicherweise nach dieser Ordnung vereinbart und berechnet wird (s BGH NJW 1970, 699 – konkret aber ablehnend für die Allgemeine GebührenO für wirtschaftsprüfende, wirtschafts- und steuerberatende Berufe).

Verkehrssitte und Handelsbrauch werfen aber nach wie vor große Probleme außerhalb des Anwendungsbereiches von § 2, vor allem also im **beiderseits kaufmännischen Verkehr** auf.

62 **a)** Ausgangspunkt aller Betrachtung muß die nüchterne Einsicht sein, daß das bloße Faktum einer regelmäßigen Verwendung von AGB durch einen Unternehmer oder von Unternehmern einer Branche gegenüber dem individuellen Vertragspartner keinerlei Bedeutung hat (SONNENBERGER, Verkehrssitten im Schuldvertrag [1969] 225; SCHMIDT-SALZER[1] Rz 40). Auch **Verkehrssitte** und ihre Sonderausprägung **Handelsbrauch** sind keine Normen, sondern lediglich **„Regeln, die aus einer Abstraktion allgemeinen Verhaltens gewonnen werden"** (SONNENBERGER 61 ff in grundlegender Auseinandersetzung mit den in sich sehr heterogenen und meist auch stark diffusen, mehr oder weniger normativ gefärbten Gegenansichten).

Sie können daher für das Schuldvertragsrecht nur die Bedeutung eines Auslegungshilfsmittels haben (SONNENBERGER 167 ff; MEESKE BB 1959, 862; CANARIS, Die Vertrauenshaftung im deutschen Privatrecht [1971] 220; ders in Großkomm HGB Anh § 357 Rz 1209). Allerdings wird häufig gelehrt, dem Begriff des **Handelsbrauches** eigne auch ein **normatives Element,** das sich in der „Zustimmung" der Beteiligten manifestieren müsse und zur Folge habe, daß seine „Geltung" unabhängig von Kenntnis oder Verschulden an Unkenntnis sei (so etwa BAUMBACH-DUDEN[21] § 346 Anm 1, 2; RATZ in Großkomm HGB § 346 Rz 20, 35; ULMER Rz 72). Jedoch ist solchen meist ziemlich apodiktisch hingeschriebenen Formulierungen in der Gestalt, in der man sie zu finden pflegt, ein greifbarer Sinn nicht abzugewinnen. Es bleibt offen, welcher Stellenwert Verkehrssitten und Handelsbräuchen zwischen Gesetzes- und Gewohnheitsrecht zukommen soll. Auch das geflügelte Wort von der **„normierenden Verkehrssitte"** als Einbeziehungsgrundlage von AGB hat heillose Verwirrung gestiftet. Selbst der große Name LUDWIG RAISER sollte nicht verhindern, dies klar zu sehen, obwohl Raiser selbst sehr klare Vorstellungen vom Rechtsquellenwert „normierender Verkehrssitten" hatte (81 ff; 160 ff, 199 ff; ebenso GÖTZ 168). Sie sind für ihn nichts weiter als „dispositives Gewohnheitsrecht". Der Sache nach hat er damit schon vor nunmehr über 40 Jahren Richtiges festgehalten. Führt man als Begriffselement von Verkehrssitte und Handelsbräuchen die Überzeugung von ihrer Rechtsverbindlichkeit unabhängig von vertraglichen Einbeziehungsvereinbarungen ein, so lassen sie sich nicht mehr vom Gewohnheitsrecht unterscheiden. Daß sich solches nur als zwingendes und nicht auch als dispositives Recht sollte ausbilden können, wäre eine Annahme, die jeder Einsichtigkeit entbehrte. Verwirrend ist dann im übrigen nur die Terminologie „normierende Verkehrssitte" und die Identifizierung des damit Ausgesagten, mit dem, was das Gesetz in §§ 157 BGB, 346 HGB anspricht. Der terminologischen Klarheit dient es, mit dem BGH die in § 157 BGB genannte Verkehrssitte (BGH BB 1956, 868), sowie die Handelsbräuche vom Gewohnheitsrecht klar zu unterscheiden. Dann aber kann man sie auch nur als faktische Übung begreifen.

63 **b) Erste Voraussetzung** für eine Einbeziehung von AGB kraft Handelsbrauchs ist daher ihre nahezu ausnahmslose Verwendung. Dieser Fall deckt sich im wesentlichen mit den von FIKENTSCHER (Schuldrecht § 25 V 5 c) und EMMERICH (JuS 1972, 365) herausgearbeiteten beiden Gruppen „großer" AGB. Es genügt freilich auch, daß fast ausnahmslos immer die Bedingungen **einer Marktseite** verwandt werden (Bankbedingungen).

Da schon nach BGB-Grundsätzen AGB Vertragsbestandteil nur werden, wenn den Erklärungen beider Parteien der objektive Erklärungswert zukommt, die übliche Verweisung auf AGB mitzuerfassen, ist **zweite Voraussetzung** für eine Einbeziehung von Geschäftsbedingungen „kraft" Verkehrssitte oder Handelsbrauchs des weiteren, daß beide Parteien um die Verkehrssitte und den Handelsbrauch wußten oder doch in einer Weise auftraten (BAUMBACH-DUDEN § 346 Anm 1 E; WEBER Betrieb

1970, 2423), die dem anderen Vertragspartner den Anschein vermittelte, es mit einem Geschäftskundigen zu tun zu haben. Liegen diese Voraussetzungen vor, dann geht das somit stillschweigend Mitvereinbarte dem dispositiven Gesetzesrecht vor. Darauf, von welcher Seite das Vertragsangebot ausging, kommt es nicht an (aM Ulmer Rz 67). Ein besonderer Hinweis auf den Einbeziehungswillen durch den Verwender ist dann nicht erforderlich (Ulmer Rz 67; aM Löwe Rz 32). Selbst bei Handelsüblichkeit einer Verweisung auf bestimmte AGB oder auf die AGB einer bestimmten Marktseite werden diese nicht Vertragsbestandteil, wenn der Vertragspartner weder branchenkundig ist noch als ein Branchenkundiger auftritt. Eine Erkundigungspflicht trifft den Vertragspartner des Verwenders von AGB unter diesen Umständen nicht (so mit Recht Sonnenberger 225; Schmidt-Salzer D 33 ff; Ulmer Rz 67; Grunsky JurA 1969, 93; Sayn-Wittgenstein 57). Dem außerhalb der Branche tätigen Kaufmann ist die Üblichkeit der Verwendung bestimmter AGB nicht zurechenbar. Deshalb würde seiner Bindung an die Verkehrssitte der Verwendung von AGB auch Treu und Glauben widersprechen (so mit Recht Möller BB 1962, 395), so daß auch § 133 BGB der Annahme der wirksamen Einbeziehung entgegensteht.

c) Denkbar ist auch eine **Verkehrsüblichkeit dergestalt, daß die Verweisung auf** 64
AGB nur unter zusätzlichen Bedingungen angenommen wird, etwa wenn sich am Ort des Vertragsabschlusses ein Aushang findet. Dann kommen auch im kaufmännischen Verkehr Verweisungen zwar nicht ohne Aushang zustande (BGH NJW 1968, 1719), wohl aber durch einen Aushang schon dann, wenn ein ausdrücklicher Hinweis nicht mit unverhältnismäßigen Schwierigkeiten verbunden wäre.

d) Die Verkehrsüblichkeit oder Handelsgebräuchlichkeit, wie man sagt, „von AGB“ 65
bedeutet meist nicht, daß die oder die meisten einzelnen Regelungen aus dem Bedingungswerk **inhaltlich verkehrsüblich** wären; viele Bestimmungen werden viel zu selten angewandt, als daß sich ein Handelsbrauch einer Vertragsabwicklung auf ihrer Grundlage herausbilden könnte. Vielmehr ist meist nur die **Verweisung als solche verkehrsüblich.** Werden solche AGB geändert, so ändert dies an der Verkehrsüblichkeit der Verweisung auf sie nichts. Es ist daher nicht erforderlich, daß auch die geänderten Bedingungen im Verkehr längere Zeit angewandt werden, um die Verweisung wieder handelsgebräuchlich zu machen (so mit Recht Hannak ÖJZ 1962, 562).

e) Handelsbräuche sind zwar ein sehr wichtiges, aber nur **eines unter mehreren** 66
Mitteln zur Auslegung einer Willenserklärung. Besteht ein Handelsbrauch der Art, daß eine Willenserklärung normalerweise stillschweigend bestimmte AGB mit in Bezug nimmt, so bedeutet dies nicht, daß nicht andere Auslegungsumstände im Einzelfall dazu führen können, die Geltung der AGB für ein konkretes Vertragsverhältnis zu leugnen (Canaris in Großkomm HGB Anh § 357 Rz 1209). Im Falle substantiierter Angaben des Kunden zu solchen Umständen trifft die Beweislast für ihr Fehlen den Verwender (Canaris aaO).

f) Schließlich ist es auch in den Bereichen, wo die Geltung von AGB im allgemeinen 67
branchenüblich ist und als stillschweigend mitvereinbart angesehen werden kann, Verkehrssitte, daß der Verwender die maßgebenden Bedingungen **vollständig bezeichnet.** Nur der Inhalt des dem Kunden vorgelegten Formulares gilt dann als seine Willenserklärung. Andere AGB, die er oder die die Branche üblicherweise verwendet, sind dann nicht miteinbezogen. Wenn eine Bank bei Eröffnung eines (Spar-) Kontos den Kunden ein Formular unterschreiben läßt, das nur einen Hinweis auf ihre Satzung enthält, so sind weitere AGB nicht Vertragsbestandteil geworden (OLG Düsseldorf WM 1971, 231).

68 **2. Einzelheiten zur Handelsgebräuchlichkeit von Einbeziehungsmodalitäten**

Für Geschäfte unter **Holzhändlern** gelten die sogenannten **Tegernseer Gebräuche** auch als vereinbart, wenn kein Teil darauf hinweist (OLG Stuttgart NJW 1953, 1635; AG Grafenau MDR 1959, 580; LG Würzburg NJW 1960, 2291; GERIG NJW 1955, 1910; ULMER Rz 73; aM WEYNEN NJW 1954, 628).

Jedenfalls Firmen, die beiderseits dem Verband der Deutschen Oberbekleidungsindustrie angehören, schließen üblicherweise – und damit auch handelsgebräuchlicherweise – zu den **Einheitsbedingungen der deutschen Bekleidungsindustrie** ab (KG NJW 1960, 632; LG Aachen BB 1950, 855; LG Ellwangen BB 1963, 998; aM OLG Düsseldorf, Betrieb 1974, 864; GRAF VON WESTPHALEN Rz 33; RATZ Rz 204 ff mwN zu den gutachtlichen Äußerungen vieler Handelskammern zum Verbreitungsgrad der Bedingungen).

Für Kreise, die mit **Wassertransport** innerhalb eines Hafens befaßt sind, gelten die dort gebräuchlichen Bugsierbedingungen (OLG Hamburg MDR 1953, 301; VersR 1977, 812 – allerdings Handelsbrauch leugnend und davon angeblich zu unterscheidende allgemein anzunehmende stillschweigende Einbeziehung behauptend). In der Rheinschiffahrt ist die Verwendung der AGB eines jeden Reeders Handelsbrauch (Rheinschiffahrts-Obergericht Köln VersR 1978, 370).

69 Vor allem aber gelten kraft Handelsgebräuchlichkeit die **ADSp** (nur)* für Vertragspartner, welche häufig gewerbsmäßig Speditionsverträge abschließen. Diese Voraussetzungen liegen vor allem im Verhältnis von Spediteuren untereinander vor (OLG München NJW 1973, 1561; OLG Düsseldorf VersR 1976, 538). Für **Spediteure (verschiedener Staaten)**, die beide aufgrund von Spediteurbedingungen abzuschließen pflegen, in denen sie als „beauftragter" Spediteur auftreten, gelten die Bedingungen des beauftragten Spediteurs (BGH VersR 1971, 123 – Aufdruck auf Geschäftspapieren genügt bei langjähriger Geschäftsbeziehung; LG Hamburg MDR 1968, 764; OLG Düsseldorf VersR 1976, 538).

Wenn Spediteure sich nicht als solche zu erkennen geben und Frachtverträge abschließen (OLG Karlsruhe VersR 1974, 158) oder mit Personen kontrahieren, die nur gelegentlich die Dienste dieses Gewerbes in Anspruch nehmen (aM OLG Köln MDR 1954, 364; anscheinend auch BGH NJW 1976, 2075 = VersR 1976, 1056 – obiter –), so gelten die ADSp auch gegenüber Kaufleuten nicht als Handelsbrauch. Erst recht gelten die ADSp nicht für gänzlich branchenatypische Geschäfte eines Spediteurs. Tätigt ein solcher ein Lagergeschäft, so muß auch unter Kaufleuten, die häufig mit Spediteuren zusammenarbeiten, gesondert geprüft werden, ob die ADSp selbst für dieses Geschäft handelsüblicherweise vereinbart werden (BGH VersR 1958, 189). Soll ein Spediteur einen Autodrehkran zum Abbau eines Turmdrehkrans stellen, so gelten die ADSp, wenn nicht ausdrücklich auf sie verwiesen wird,

* Richtig: OLG Celle BB 1975, 1366; OLG München VersR 1968, 366 – im Weinhandel tätiger Kaufmann schließt mangels Vorbehalt bei Geschäften mit Spediteuren stillschweigend zu den ADSp ab; DITTMANN-STAHL Rz 61; unberechtigterweise viel großzügiger: BGHZ 12, 142 = NJW 1954, 795 – im Verkehr eines Spediteurs mit einem Schrotthändler; SchlHOLG MDR 1950, 548 – stillschweigende Einbeziehung bei Geschäften mit allen Vollkaufleuten; BGH LM Nr 1 zu § 346 HGB (obiter). Aus der Literatur für Einbeziehung kraft Handelsbrauchs im Verhältnis zu sämtlichen Kaufleuten BENKARD BB 1953, 782; MÄTZIG NJW 1954, 605 – auch bei Distanzgeschäften zum Ausland; BINDELS NJW 1955, 1132; MÖLLER BB 1962, 394 ff; wohl auch FIKENTSCHER BB 1961, 298; Gänzlich aM, Handelsgebräuchlichkeit generell ablehnend, dabei aber auf das verfehlte Merkmal der Zustimmung der Betroffenen als für einen Handelsbrauch konstituierend abstellend, SCHMIDT-SALZER D 37; ULMER Rz 73; GRAF VON WESTPHALEN Rz 33; differenzierend Voraufl Rz N 124; HELM in Großkomm HGB Anh § 415 Vorbem 9; RATZ in Großkomm HGB § 346 Rz 215; BAUMBACH-DUDEN Anh § 415 vor § 1).

ebenfalls nicht (BGH VersR 1976, 286). Das gleiche gilt, wenn der Schwerpunkt des Vertrages in der Ausstellung von Kundenrechnungen und der Einziehung der Rechnungsbeträge liegt, die der Spediteur vornehmen soll (BGH Urt v 12. 10. 1979 I ZR 160/77). Zur Problematik bei Beteiligung von Ausländern s unten Rz 74.

Ist der Abschluß von Verträgen auf der Basis der **AGB der Lieferanten** branchenüblich – was aber in Anbetracht der häufigen Verwendung von Einkaufsbedingungen sehr gewissenhafter Feststellungen bedarf –, so kann es auch ohne Verweisungserklärung zur **stillschweigenden Vereinbarung eines (verlängerten) Eigentumsvorbehalts** kommen (BGHZ 42, 53 = NJW 1964, 1789; KG KTS 1975, 311), wenn die Lieferantenbedingungen durch die Bank solche Klauseln enthalten. 70

Im Verkehr mit **Banken, Versicherungen** und **öffentlichen Transportunternehmen** gelten die AGB dieser Institutionen kraft handelsüblicher Verweisung im Verhältnis zu Kunden, die selbst dem fraglichen Gewerbe angehören oder doch wenigstens geschäftstypischerweise mit solchen Unternehmen zusammenarbeiten. Im Verkehr der Banken untereinander gelten die AGB derjenigen Bank, und vor allem die Allgemeinen Bankbedingungen zugunsten derjenigen Bank, deren Dienste in Anspruch genommen werden (BGHZ 49, 167 = NJW 1968, 588; aM SCHMIDT-SALZER D 41). Vage Vorstellungen eines privaten Bürgers, daß man bei Eröffnung eines Kontos oder bei Abschluß eines Versicherungsvertrages ein Formular unterschreiben muß, reichen aber nicht aus, um einen stillschweigenden Einbeziehungswillen annehmen zu können. Das Privatpublikum – einschließlich vieler Kaufleute – hat im allgemeinen auch keine Vorstellung davon, daß sich im Verkehr mit Banken und Versicherungen zu den gesetzlichen Vorschriften noch AGB gesellen, die einer privaten Einbeziehungsvereinbarung bedürfen. Entgegen ganz hA* kann man daher nicht einmal von jedem Kaufmann erwarten, daß er die Gebräuche der Banken bei Anbahnung von Geschäftsverkehr und Durchführung von Aufträgen kennt, vor allen Dingen dann nicht, wenn er nur als normaler Kontoinhaber mit der Bank zu tun hat (GRAF VON WESTPHALEN Rz 32). 71

Hat jemand nicht ständig mit **Maklern** zu tun, muß er die Benennung eines Objektes durch einen Makler ebenfalls nicht als Angebot auf der Grundlage von dessen Geschäftsbedingungen verstehen (aM LG Frankfurt MDR 1956, 616). 72

Auch die VOB gilt nicht kraft Handelsbrauchs (SCHMIDT-SALZER D 34; OLG Hamm in SCHÄFER-FINNERN Z 2.0 Blatt 2), jedoch kann sie im Einzelfall nach Treu und Glauben stillschweigend einbezogen sein (OLG Düsseldorf NJW 1977, 253); s zu VOB auch § 1 Rz 5, 21 u oben Rz 8, 31. 73

Im Verkehr mit Ausländern gilt dies alles nur, wenn auf den Vertrag deutsches Recht anwendbar ist (s § 12 Rz 7) und die Verwendung ähnlicher AGB wie im Inland auch im Ausland branchenüblich ist, oder wenn der Ausländer in einer Weise regelmäßig am Geschäftsverkehr mit Deutschen teilhat, die es erlaubt, von ihm auch die Kenntnis der in Deutschland gepflogenen Handelsbräuche vorauszusetzen (vgl OLG Saarbrücken NJW 1953, 1832, wo allerdings Näheres über die beteiligte ausländische Firma nicht gesagt ist). Wenn eine ausländische Firma, die ständig mit dem Transportgewerbe zu tun hat, einem deutschen Spediteur einen Auftrag erteilt, 74

* BGH WM 1970, 632; NJW 1971, 2126 Anm SCHMIDT-SALZER NJW 1973, 635 (einmalige Kreditauskunft); OLG Frankfurt WM 1973, 1151; OLG Hamburg VersR 1970, 1029; OLG Karlsruhe VersR 1971, 15; AG Essen BB 1966, 801 (für Bedingungen eines Straßenbahnunternehmens); LG Bochum VersR 1974, 744 (für Beförderungsbedingungen eines Straßenbahnunternehmens); PRÖLSS-MARTIN VVG Vorbem I 6 zu § 1 (für allgemeine Versicherungsbedingungen); CANARIS in Großkomm HGB Anh § 357 Rz 1208 (Bankbedingungen); MÜHL, FS Heinz Kauffmann (1972) 287 f (Bankbedingungen); SCHÖNLE, Bank- und Börsenrecht § 2 I 1 b, 2 a.

so gelten die **ADSp**, weil die Existenz von Spediteurbedingungen international branchenüblich ist und weil bei Geschäften mit Abwicklungsschwerpunkt in Deutschland die Maßgeblichkeit der in Deutschland gebräuchlichen Bedingungen schlüssig anerkannt wird (BGH MDR 1973, 996; OLG München NJW 1973, 1560; aM OLG Köln 1954, 695; wN bei Drobnig, FS Mann [1978] 592 der selbst Wissen-Müssen keinesfalls genügen lassen will). Sonst muß eine ausländische Firma eigens darauf hingewiesen werden, daß der deutsche Spediteur nach den ADSp arbeiten will (BGH NJW 1976, 2075 mit Anm Kronke NJW 1977, 992; OLG Bremen NJW 1978, 747). Daß ein Ausländer schon „öfter" Verträge mit deutschen Spediteuren abgeschlossen hat, genügt nicht (aM BGH VersR 1971, 619 f). Zum Recht der AGB-Einbeziehung in einer Reihe wichtiger ausländischer Staaten s Nöremberg NJW 1978, 1084 f.

Vor allem aber können die in Deutschland gebräuchlichen Klauseln für einen Ausländer überraschend sein, wenn sie bei typischen Geschäften des grenzüberschreitenden Waren- und Dienstleistungsverkehrs – gemessen am internationalen Standard – unübliche Inhalte haben.

74a **3. Anfechtbarkeit der Einbeziehungsvereinbarung „kraft" Handelsgebräuchlichkeit**

Wer den aufgrund von Verkehrssitten und Handelsbräuchen sich ergebenden objektiven Erklärungswert seiner Willenserklärung nicht kennt, kann diese nach § 119 BGB anfechten (Sonnenberger, Verkehrssitten im Schuldvertrag [1969] 191 ff, dem hier gefolgt wird. Im übrigen s § 133 BGB Rz 37). Es besteht kein Grund, anders zu entscheiden, wenn sich der Erklärungswert einer Willenserklärung auf die Einbeziehung von AGB bezieht.

VIII. Sonderproblem: Auftragsbestätigung und kaufmännisches Bestätigungsschreiben

75 **1. Die BGB-(HGB-)Grundsätze: der kaufmännische Verkehr**

a) Ist ein Vertragspartner des Verwenders von AGB Kaufmann oder eine juristische Person des öffentlichen Rechts, so führt die Unanwendbarkeit von § 2 dazu, daß es weiterhin bei den von der **überkommenen Rechtsprechung** herausgearbeiteten Grundsätzen über die „Einbeziehung" von AGB in die vertragliche Regelung durch kaufmännisches Bestätigungsschreiben bleibt. Nach dieser Rspr ist freilich scharf zwischen einem **kaufmännischen Bestätigungsschreiben** und einer **Auftragsbestätigung** zu unterscheiden (BGHZ 18, 212 = NJW 1955, 1794; BGH Betrieb 1956, 474; BGHZ 61, 282 = NJW 1973, 2106; BGH BB 1974, 1136. Gegen die Berechtigung der Unterscheidung Stahl Betrieb 1956, 681; Thamm BB 1964, 910; Flume AT § 37, 3; Schmidt-Salzer D 59; Götz 209 ff, 257 ff).

Letzteres ist nichts anderes als die vertragskonstituierende Angebotsannahme nach §§ 147 ff BGB. Bringt diese zum Ausdruck (Rz 10, 36 ff), daß ein Angebot nur unter Einbeziehung bestimmter AGB angenommen werden soll, so handelt es sich um eine modifizierte Annahme iSv § 150 BGB, die als neues Angebot gilt. So liegen die Dinge etwa auch in einem Falle, in welchem der Bestätigende den Adressaten ausdrücklich bittet, die von der mündlichen Vereinbarung abweichenden Inhalte des Bestätigungsschreibens gegenzubestätigen (BGH NJW 1964, 1269; Betrieb 1977, 1311). AGB werden in einer solchen Situation nur Vertragsbestandteil, wenn auch die modifizierte Annahme vom ursprünglichen Anbieter ihrerseits wieder angenommen wird, was freilich auch durch Annahme oder Fordern der Leistung nach Erhalt der modifizierten Annahme geschehen kann (BGHZ 18, 212 = NJW 1955, 1794; Betrieb 1956, 474; Betrieb 1963, 652 = NJW 1963, 1245; BGHZ 61, 282 = NJW 1973, 2106; WM 1977, 1353; Schmidt-Salzer D 66; aM BGH WM 1977, 451; Palandt-Heinrichs Anm 4).

b) Im Gegensatz dazu steht das **echte kaufmännische Bestätigungsschreiben,** in 76
manchen Branchen auch „Schlußschein" genannt: „die schriftliche Wiederholung und Zusammenfassung des Inhalts eines von den Parteien zuvor mündlich (BGH NJW 1970, 2023; s aber auch unten Rz 84) ausgehandelten und entweder bereits geschlossenen (BGHZ 40, 45 ff = NJW 1963, 1922; 1969, 125) oder doch als abschlußreif betrachteten (so Larenz AT § 33 IV; BGH BB 1974, 524) Vertrages". Dazu gehört auch die echte Order-Kopie (OLG Düsseldorf Betrieb 1974, 864): Eine mündlich erteilte und angenommene Bestellung wird sofort und in Anwesenheit des Vertragspartners in einem Auftragsformular niedergelegt und bestätigt (s auch Rz 10). Wird das Bestätigungsschreiben in unmittelbarem Anschluß an die Vertragsverhandlungen abgesandt (BGH NJW 1965, 966; Betrieb 1970, 125; BB 1974, 524), und widerspricht der Adressat nicht unverzüglich, so gilt sein Inhalt als vereinbart (BGH BB 1952, 903; BGHZ 7, 189 = NJW 1952, 1369; BGH Betrieb 1953, 1055; BB 1961, 954; Betrieb 1962, 902; NJW 1964, 589; Betrieb 1969, 2127). Der üblichen sonstigen rechtsgeschäftlichen Einbeziehungsvoraussetzungen bedarf es dann nicht mehr (aM Graf von Westphalen Rz 55).

Allerdings muß im Schreiben selbst eindeutig auf AGB Bezug genommen worden sein, um diese zum Vertragsbestandteil werden zu lassen. Die bloße Beifügung des Textes, selbst mit dem Hinweis „Anlage: Lieferbedingungen", reicht nicht aus (OLG Düsseldorf NJW 1965, 762; RG JW 1925, 779 – zust Titze). Im Gegensatz zu den Verhältnissen im Falle einer vertragskonstituierenden Erklärung (Rz 13) muß man verlangen, daß ein kaufmännisches Bestätigungsschreiben die Vorstellung des Absenders über die getroffenen Abmachungen vollständig und inhaltlich geschlossen wiedergibt. Aus diesem Grunde kann man sich nach widerspruchsloser Entgegennahme eines kaufmännischen Bestätigungsschreibens auch nicht mehr darauf berufen, stillschweigend seien dort nicht erwähnte AGB mitvereinbart worden (BGH VersR 1974, 327; Ulmer Rz 70). Wird in einem Schreiben nur auf einen Teil eines Klauselwerkes Bezug genommen („Zahlungsbedingungen"), in der Anlage aber das gesamte Klauselwerk mitgeschickt („Verkaufs- und Zahlungsbedingungen"), so sind nur die besonders genannten Teile Vertragsbestandteil geworden (OLG Düsseldorf NJW 1965, 762).

Der Bestätigende weiß im übrigen häufig genau, daß in den vorangehenden Verhandlungen von AGB nicht gesprochen wurde. Die im Bestätigungsschreiben zum Ausdruck gebrachte Bekundung, man betrachte den Vertrag als stillschweigend auf der Basis bestimmter ABG geschlossen, reicht aus. Darüber hinausgehend kann man sogar von einer gewohnheitsrechtlich (richterrechtlich) begründeten Befugnis zur Vertragsergänzung in Nebenpunkten (BGHZ 7, 187 = NJW 1952, 1369; WM 1968, 402; OLG Düsseldorf Betrieb 1963, 929) sprechen. Freilich dürfen im Bestätigungsschreiben keine Klauseln zu finden sein, mit deren Billigung man vernünftigerweise nicht rechnen kann (BGHZ 7, 190 = NJW 1952, 1369; BGHZ 11, 4 = NJW 1954, 105; BGHZ 40, 40 = NJW 1963, 1922; BGH WM 1970, 1052; näher dazu Walchshöfer BB 1975, 719). Das kann man insbesondere dann nicht, wenn die Vertragsverhandlungen auf der Grundlage anderer AGB geführt worden waren, oder die Einbeziehung bestimmter AGB ausdrücklich abgelehnt worden war (BGH Betrieb 1963, 929; Ulmer Rz 71; aM bei mündlichen Verhandlungen Schmidt-Salzer D 79) oder nach Vertragsschluß ausdrücklich darauf hingewiesen worden war, daß AGB nicht einbezogen worden seien (BGH BB 1973, 1044). Nachweisbar vorher getroffene Individualvereinbarungen behalten ihren Vorrang immer (GRAF VON WESTPHALEN Rz 57; WALCHSHÖFER BB 1975, 722; SCHMIDT-SALZER BB 1971, 593).

Die AGB brauchen, um Vertragsbestandteil zu werden, dem Bestätigungsschreiben genausowenig beizuliegen (BGHZ 7, 187 = NJW 1952, 1369) wie im Falle einer vertragskonstituierenden Angebots- oder Annahmeerklärung (s Rz 35).

Zu nicht bestätigten mündlichen Nebenabreden siehe § 4 Rz 23 ff, zum Verkehr mit ausländischen Geschäftspartnern s oben Rz 74 sowie vor allem EBENROTH ZvglRW 1978, 161 ff mit reicher rechtsvergleichender Information. Wichtig ist vor allen Dingen, zu bedenken, daß nach neuerer Tendenz die Bindung des im Ausland ansässigen Vertragspartners an Vertragsschluß und einbezogene AGB (kaufmännisches Bestätigungsschreiben) sich nach dessen eigenem Wohnsitzrecht richtet.

77 **2. Das AGBG: Der Verkehr mit Nichtkaufleuten**

a) Ob der Vertragspartner des Verwenders Kaufmann ist oder nicht: Wenn er **Leistungen entgegennimmt,** ohne sich der in einer (gegebenenfalls eine modifizierte Annahme-Erklärung darstellenden) vorangehenden Auftragsbestätigung oder in einer sonstigen Erklärung des Verwenders enthaltenen Bezugnahme auf dessen AGB zu widersetzen, so liegt allein schon darin eine vertragliche Einigung. An der bisherigen Rspr, daß unter solchen Voraussetzungen AGB Vertragsbestandteil werden (s oben Rz 75), hat das AGBG auch im Verhältnis zum privaten Vertragspartner des Verwenders nichts geändert (KÖTZ Rz 16). Widerspruchslos ist die Annahme einer Leistung freilich dann nicht, wenn der Besteller vorher unter Hinweis auf seine eigenen, angeblich Vertragsbestandteil gewordenen Bedingungen Verzugsschaden geltend macht (BGHZ 61, 282 = NJW 1973, 2106). Abwehrklauseln sind dann unerheblich (aM SCHMIDT-SALZER D 68). Jedoch muß zwischen Zugang der modifizierten Angebotsannahme und der Leistungsbewirkung eine zum Widerspruch ausreichende Zeit gelegen haben (SCHMIDT-SALZER D 64 ff).

78 **b)** Auch **Nichtkaufleute** können als Empfänger eines Schreibens auf die Grundsätze über die Bindungswirkung eines kaufmännischen Bestätigungsschreibens verpflichtet sein. Sie sind es dann, wenn sie ähnlich einem Kaufmann am Geschäftsverkehr teilnehmen (BGH NJW 1964, 1224; NJW 1969, 1711; WM 1970, 877; MDR 1967, 1003; OLG Köln OLGZ 1974, 8; FLUME § 36, 2; aM SCHMIDT-SALZER D 82). Das gilt etwa für berufsbezogene Geschäfte freiberuflich tätiger Personen. Soweit diesen Personen gegenüber die Einbeziehung von AGB in einen Vertrag kraft kaufmännischen Bestätigungsschreibens in Frage steht, ist § 2 AGBG eine Sonderregelung, welche fürderhin derartiges ausschließt (näher dazu SCHLOSSER Kommentar Rz 114; aM KÖTZ Rz 16).

79 **IX. Sonderproblem: AGB-Konkurrenzen***

Nicht selten sind die Fälle, in welchen im Laufe von Vertragsverhandlungen beide Seiten versucht haben, die Einbeziehung ihrer AGB durchzusetzen, in denen aber

* **Neueres Schrifttum:** SCHMIDT-SALZER, Auftragsbestätigung, Bestätigungsschreiben und kollidierende Allgemeine Geschäftsbedingungen, BB 1971, 591; GRASMANN, Das Zusammentreffen unterschiedlicher Einkaufs- und Verkaufsbedingungen, Betrieb 1971, 561; SCHLECHTRIEM, Die Kollision von Standardbedingungen beim Vertragsschluß, FS Wahl (1973) 67; ders, Die Kollision von Standardbedingungen nach BGB und einheitlichem Kaufabschlußgesetz, BB 1974, 1309; GRAF VON WESTPHALEN, Kollision von Einkaufs- und Verkaufsbedingungen beim Vertragsschluß, BB 1976, 1317.

das Verhandlungsergebnis in diesem Punkte nicht klar zutage liegt. Jede Partei muß zwar auch dann ihre nichtkaufmännischen Vertragspartner ausdrücklich auf die AGB, die sie als Vertragsbestandteil betrachtet, hingewiesen und ihr auch Gelegenheit zur Kenntnisnahme verschafft haben. Im übrigen aber bringt § 2 AGBG zur Lösung dieser Problematik keine neuen Aspekte. Wohl tut dies aber § 6 AGBG.

1. Sich kreuzende Bestätigungsschreiben 80

Relativ einfach ist die Rechtslage, wenn kaufmännische Bestätigungsschreiben beider Teile sich kreuzen oder doch in kurzen Zeitabständen wechselseitig versandt werden und widersprüchliche Bezugnahmen auf AGB enthalten. Die beiden Einbeziehungsversuche heben sich gegenseitig auf, weil sie rechtzeitige wechselseitige Widersprüche gegen den auf AGB bezüglichen Inhalt des Bestätigungsschreibens des jeweils anderen Teils sind. Der Teil, welcher das Bestätigungsschreiben seines Gegners zuletzt erhalten hat, braucht nicht noch einmal zu widersprechen, auch wenn er die ihm aus dem Vertrage zustehende Leistunge annimmt (BGH MDR 1973, 845). Auch die Teile der Bedingungen der einen Seite, die in den Bedingungen der anderen kein thematisches Gegenstück haben, werden nicht Vertragsbestandteil. Denn in der Bezugnahme auf eigene AGB liegt, nach Treu und Glauben interpretiert, eine antizipierte Verwahrung gegen jede Bezugnahme auf andere Geschäftsbedingungen durch die Gegenseite (so richtig Kötz 275).

2. Unterschiedliche Verweisungen in vertragskonstitutiven Erklärungen 81

Sehr viel schwieriger liegen die Dinge, wenn die vertragskonstituierenden Willenserklärungen in **Bestellung** und **Auftragsbestätigung** unterschiedliche AGB in Bezug nehmen.

a) Die **vor Erlaß des AGBG ergangene Rechtsprechung** unter Führung des BGH behandelte den Fall nach den Grundsätzen über eine modifizierte Angebotsannahme iSv § 150 BGB. Solange noch keine Leistungen erbracht sind, besteht daher nach dieser Sicht wegen Dissenses über seinen Inhalt kein Vertrag (BGH BB 1974, 1136). 82

Wer freilich eine Leistung entgegennimmt, soll dadurch schlüssig erklären, daß er sie zu den vom Anbieter zuletzt genannten Bedingungen anzunehmen bereit sei (BGH NJW 1963, 1248; JR 1964, 221; Betrieb 1971, 2106; Betrieb 1973, 2136; WM 1977, 1353; OLG Köln MDR 1971, 762; Tengelmann Betrieb 1968, 206; Canaris, Die Vertrauenshaftung im deutschen Privatrecht aaO 22 – die rechtsgeschäftliche Einordnung dieses Lösungsversuchs entgegen gelegentlicher Selbstinterpretation durch den BGH iS einer Vertrauenshaftung richtig betonend; Ebel NJW 1978, 1033; aM BGH WM 1957, 1064), es sei denn, er habe zwischendurch anderes zum Ausdruck gebracht, etwa Ansprüche aufgrund seiner eigenen Bedingungen geltend gemacht, die er als Vertragsbestandteil ansieht (BGHZ 61, 288 = NJW 1973, 2106). Dies alles soll auch gelten, wenn der Leistungsempfänger in einem ursprünglichen, in der Zwischenzeit obsolet gewordenen Angebot (Bestellung) ausdrücklich erklärt hatte, die Bedingungen des Lieferanten könnten nur gelten, wenn sie ausdrücklich und schriftlich anerkannt worden seien (BGH BB 1951, 456; MDR 1954, 733; JR 1964, 221; aM noch BGH NJW 1952, 499). Anders als bei Vertragsschluß auf dem Korrespondenzwege (s Rz 35) soll freilich auch im kaufmännischen Verkehr durch Leistungsannahme ein Vertrag zu den Bedingungen des Leistungserbringers nur zustande kommen können, wenn die Bedingungen inhaltlich mitgeteilt worden seien (BGHZ 18, 212 = NJW 1955, 1795; Flume AT § 37, 3).

Vor Geltung des AGBG war diese Rechtsprechung richtig. Die Wirkungen von § 150 Abs 2 BGB waren gesetzlich angeordnet. Wenn daher Erklärungen aufgrund dieser Vorschrift obsolet geworden waren, konnte man schlecht sagen, daß sie nach den Vorstellungen einer Partei doch für die weiteren Vertragsverhandlungen fortwirken sollten – jedenfalls dann nicht, wenn sich die Modifikation in der Annahme des Angebots gerade auf die in Bezug genommenen AGB bezog.

83 **b) § 6 AGBG,** der auch für den kaufmännischen Verkehr gilt, **hat** aber **die Rechtslage grundlegend geändert.** Besteht über die Einbeziehung jeweiliger AGB versteckter Dissens, so ist der Vertrag nach dieser Vorschrift zu den gesetzlichen Bedingungen zustande gekommen (§ 6 Rz 4). Die Leistungsannahme kann dann nicht mehr die Bedeutung haben, eine Vertragsänderung zu den Bedingungen des Erbringers der Leistung im Hinblick darauf zustande zu bringen, daß dieser als letzter auf seine Bedingungen verwiesen hat. Was in der Literatur, wenn auch zu Unrecht, für die Beurteilung nach dem BGB schon lange ganz überwiegend vertreten wurde*, gilt daher nach dem Inkrafttreten des AGBG unterschiedslos für den kaufmännischen und den nichtkaufmännischen Verkehr: **Hat in den vertragskonstituierenden Erklärungen jeder Teil versucht, seine AGB zum Vertragsbestandteil zu machen und liegt versteckter Dissens vor, weil die Parteien jedenfalls von der Verbindlichkeit des Vertragsschlusses als solcher überzeugt sind, dann gilt der Vertrag, ohne daß die Bedingungen einer der beiden Seiten sein Bestandteil geworden wären.** Es bedarf auch nicht mehr eines Hinweises auf § 155 BGB (etwa Löwe-Graf von Westphalen Rz 47 f; Kötz Rz 31; Lukes; Schlechtriem; Raiser – alle wie Fn*), um zu begründen, daß der Vertrag trotz des Dissenses zustande gekommen ist. Auch **für verschiedene Differenzierungen, die man in der Literatur versucht hat,** ist kein Raum mehr. Das Gesetz gibt insbesondere keine Handhabe (mehr), zwischen einem einfachen und einem qualifizierten Bestehen auf den eigenen Bedingungen („abweichende Bedingungen werden nur anerkannt, wenn von uns schriftlich bestätigt") zu unterscheiden (darauf abstellend Grasmann BB 1971, 561; OLG Frankfurt BB 1975, 1606; LG Hagen BB 1976, 723; aM – wie hier – Löwe-Graf von Westphalen Rz 45; Ulmer Rz 81 f; Dittmann-Stahl Rz 156; Schmidt-Salzer D 69). Auch die Unterscheidung zwischen einem formularmäßigen und einem individuellen Hinweis auf AGB (Graf von Westphalen Rz 49; OLG Frankfurt BB 1975, 1606) ist nicht (mehr) berechtigt, wenn daraus hergeleitet werden soll, nur in letzterem Falle bedeute die kommentarlose Entgegennahme der Leistung Einverständnis mit den Bedingungen des Leistungserbringers (Schmidt-Salzer D 69 unter Aufgabe früherer anderer Ansicht). § 4 AGBG ist nicht etwa so zu lesen, daß unwidersprochene individuelle Erklärungen der einen Seite Vorrang vor formularmäßigen Erklärungen der anderen hätten.

84 **c)** Allerdings kann auch dann, wenn die vertragskonstituierenden Erklärungen über die Einbeziehung von AGB einen versteckten Einigungsmangel offenbaren, noch ein **kaufmännisches Bestätigungsschreiben** die Einbeziehung bewirken. Entgegen mancher im Schrifttum vertretenen Ansicht (etwa Schlechtriem, FS Wahl [1973] 78 f) ist der Anwendungsbereich dieses Rechtsinstituts im Falle eines schriftlichen Vertragsabschlusses oder eines Vertragsabschlusses auf dem Korrespondenzwege

* **Schrifttum:** Voraufl Rz N 299; Raiser 224; Stahl Betrieb 1956, 681; Haberkorn MDR 1961, 818; Lukes JuS 1961, 305 f; Flume AT § 37.3; Emmerich JuS 1972, 365; Schlechtriem, FS Wahl (1973) 75 ff – allerdings einräumend, daß es häufig auch so liegen könne, wie der BGH angenommen habe; Lindacher JZ 1977, 604; Schmidt-Salzer D 68 ff; Graf von Westphalen Rz 42; ders Betrieb 1976, 17 ff; Ulmer Rz 80. Andeutungsweise gelegentlich in diesem Sinne auch die Rechtsprechung: BGH Betrieb 1973, 1393; NJW 1973, 1789; BB 1974, 1137; OLG Karlsruhe BB 1973, 816; LG Hagen BB 1976, 723.

zwar beschränkt, aber nicht ausgeschlossen. Wenn anläßlich eines solchen Vertragsschlusses Unklarheiten über nicht unwesentliche Fragen des Vertragsinhaltes geblieben sind, so ist es genauso wie bei mündlichen Vertragsverhandlungen gerechtfertigt, den Empfänger eines unverzüglich nach Verhandlungsende abgesandten kaufmännischen Bestätigungsschreibens an dessen Inhalt zu binden, wenn er nicht unverzüglich widerspricht. Diese Voraussetzungen liegen sehr wohl vor, wenn Zweifel bestehen, ob bestimmte AGB Vertragsbestandteil geworden sind, nicht aber, wenn der Vertrag bereits auf der Grundlage der AGB der Gegenseite zustande gekommen war (Schmidt-Salzer D 79; aM BGH BB 1962, 902).

d) Ist der Versuch der einen Seite, ihre AGB Vertragsbestandteil werden zu lassen, 85
nach den in Rz 81 ff dargelegten Grundsätzen gescheitert, so ist es ausnahmsweise dennoch möglich, daß einzelne Klauseln Wirksamkeit erlangt haben. Dies ist dann anzunehmen, wenn sich in den AGB beider Seiten übereinstimmende Bestandteile finden (Ulmer Rz 79, 83; Graf von Westphalen Rz 46; Palandt-Heinrichs Anm 6 e; Larenz AT § 29 a I b; Weber Betrieb 1970, 2422), oder soweit Bedingungen der jeweils anderen Seite günstig sind (Medicus, Bürgerliches Recht[9] Rz 75), nicht aber schon deshalb, weil eine Bestimmung „handelsüblich" ist. Auch dann, wenn eine „handelsübliche" Bestimmung in den AGB der Gegenseite nicht ausgeschlossen ist, wird sie nicht isoliert Vertragsbestandteil, sollte die Einbeziehung des gesamten Bedingungswerkes scheitern (aM Ulmer Rz 86; Schlechtriem 78; Graf von Westphalen Rz 47; LG Hagen BB 1976, 723). Die Existenz von solchen Bedingungen auf der Marktgegenseite ist im übrigen allein schon ein Indiz gegen die Handelsüblichkeit der eigenen Bedingungen. Entgegen neueren Tendenzen gilt dies auch für den in den Bedingungen der einen Seite enthaltenen Eigentumsvorbehalt. Er wird nicht deshalb wirksam, weil sich der Käufer in seinen Bedingungen zu diesem Punkt ausschweigt (aM Ulmer Rz 87; LG Hagen aaO; Schulte BB 1977, 269 f; Graf von Westphalen Rz 47; ders BB 1977, 1637; Meyer NJW 1978, 1037, wie hier für den Fall, daß Einkaufsbedingungen ohne Eigentumsvorbehalt nach Abs 2 Vertragsbestandteil werden BGH NJW 1979, 213; s auch oben Rz 10). Jedoch ist der sachenrechtliche Aspekt eines Eigentumsvorbehalts eine einseitige Erklärung, die ohne Rücksicht auf ein Einverständnis der Gegenseite wirksam ist (s oben Rz 20, 40). Auch das „gemeinsame Minimum" wird bei unterschiedlichen Klauseln (Zahlungsfrist von 12 bzw 4 Wochen) nicht Vertragsinhalt (Ulmer Rz 84; aM Dittmann-Stahl Rz 160).

§ 3
Überraschende Klauseln

Bestimmungen in Allgemeinen Geschäftsbedingungen, die nach den Umständen, insbesondere nach dem äußeren Erscheinungsbild des Vertrags, so ungewöhnlich sind, daß der Vertragspartner des Verwenders mit ihnen nicht zu rechnen braucht, werden nicht Vertragsbestandteil.

1. Teilber 47 ff; 1. RefE 8; RegE 19 f; – s Einl 6 ff

Systematische Übersicht

I. Rechtssystematischer Standort der Vorschrift 1
1. Unwirksamkeit überraschender Klauseln und Inhaltskontrolle 2
2. § 3 und sonstige Rechtsgeschäftsprinzipien 3

II. Maßstab zur Bewertung des Überraschungscharakters einer Klausel
1. Objektive Ungewöhnlichkeit und normative Diskrepanz von AGB-Inhalt und Erwartungshorizont des Kunden 6
2. Ungewöhnlichkeit und Erwartungshori-

zont des Vertragspartners in praktisch häufig vorkommenden Situationen 17
a) Atypische Vertragserweiterungen und -beschränkungen 18
b) Individualvertragsferne Klauseln 23
c) Ungebräuchliche und intransparente Rechtsgestaltungsformen 35
d) Änderung von Dauerrechtsverhältnissen 37
e) Individuelle Aufklärung 38
f) Faktische Sondersituationen 39
g) Abweichung von öffentlichrechtlichen Vorschriften 40

Alphabetische Übersicht

Abschleppbedingungen 39
Abschlußverpflichtung 18
Abtretung des Kostenerstattungsanspruchs 33
Abwerbungsunterlassungspflicht 18
Allgemeine Bedingungen für die Kraftfahrtversicherung (AKB) 38
Anfechtung 4
Arglist 4
Aufbewahrung, Bank-AGB 29
Aufrechnungsausschluß 7

Bankbedingungen 29
Berichtigung von Irrtümern in AGB 26
Bierbezugsverpflichtung 18

culpa in contrahendo 4

Disagio 35
Dissens 4

Eigenschaftszusicherung 28
Einbeziehung überraschender Klauseln 3, 8
– bei Individualvertragsferne 8
Einkaufsverpflichtung 18
Erscheinungsbild des Vertrages 11

Folgegeschäfte, Provision 18

Garantiekarte 35
Garantieüberbürdung 20
Gebrauchsvorenthaltung bei Mietsache 19
Gemischter Vertrag 18
Gerichtsstandsvereinbarung 12, 15
– bei internationalen Geschäften 16
– der Hauptverwaltung 12
Gewährleistungsausschuß bei Miete 35
– Vergleichsbasis bei AGB 8

Häufigkeit von Klauseln (vgl auch Üblichkeit) 7 ff
Hauptleistungspflicht 5
– Erweiterung 19
Hinweispflicht 5

Individualvereinbarungen 2, 5
Individualvertragsferne als Einbeziehungskriterium 8
– Klauseln 23 f, 34
Inhaltskontrolle 2, 14
Instandhaltungspflicht, Abbedingung 21
Irrtum 26

Kaufpreiserhöhung 19
Kenntnis von überraschenden Klauseln 5
Krankenhausaufnahmevertrag 19, 36
Kreditbedingungen 35

Leistungsbeschreibung 22
Leistungsverzeichnis 5
Lohnabtretungsklausel 30

Maklerbedingungen 18, 27
Maklerprovision für Folgegeschäfte 18
Mehrwertsteuer 24

Nebenleistungspflichten 20
Neuwertversicherung 35
Nichtigkeit der Gesamtregelung 2

Pfandrecht in Bank-AGB 29
Plangenehmigung und Vertragsgültigkeit 21
Preisanpassung, rückwirkende 37
Produzentenhaftung, Ausschluß 35
Prorogation s Gerichtsstandsvereinbarung

Reiseunternehmer, Vermittlerklausel 11, 35
Rügepflicht 31

Scheckbestätigung 32
Sicherungshypothek, versteckter Ausschluß 11
Sicherungsrechte in Bank-AGB 29

Überraschende Klauseln
– Abgrenzung zur Inhaltskontrolle 1 f
– – zu sonstigen rechtsgeschäftlichen Vereinbarungen 1, 3 f
– Abtretung des Kostenerstattungsanspruchs 33
– Abwerbung, Unterlassung 18
– Anfechtung 4
– Arglist 4
– atypische Vertragserweiterungen und -Beschränkungen 18
– Aufrechnungsausschluß 7
– Ausnahme von Garantie 4

– Berichtigung von Irrtümern 26
– Bierbezugsverpflichtung 18
– culpa in contrahendo 4
– Dissens 4
– Eigenschaftszusicherung 28
– Einbeziehungsmodalität 2
– Erwartungshorizont des Kunden 13 f, 17
– Garantiekarte 35
– Gerichtsstandsvereinbarungen 12, 14 ff
– Individualvereinbarungen 2
– kaufmännisches Bestätigungsschreiben 1
– – Verkehr 1 f
– Kenntnis 5
– Leistungsverzeichnis 5
– Lohnabtretung 30
– Maklerbedingungen 18
– Nichtigkeit 2
– Rügepflicht 31
– Systemstelle 11
– Üblichkeit 7 ff
– Vergünstigung 4
– Versicherungsbedingungen 4, 8, 35
– Vertragsangebote 4
– Vertragsstrafe 13
Üblichkeit von Klauseln 7, 9, 13 f
– Beweiserhebung 10
– Erscheinungsbild des Vertrages 11
– Erwartungshorizont 13 f, 17
– Gerichtsstandsvereinbarungen 12
– Vergleichsmaßstab 8
– Werbung 11
Umqualifizierung von Verträgen 34
Ungewöhnliche Klauseln s Üblichkeit

Vergleichsmaßstab für die Üblichkeit von Klauseln 8 f
– kundengünstiger 9
Vergünstigungen in AGB 4
Verheimlichungszweck 2, 5, 35
Vermittlerklausel in Bank-AGB 35
– Reiseunternehmen 11, 35
Versicherungsbedingungen 4, 8 f, 22, 35, 38
Vertragsabschluß und AGB 3
Vertragsangebot 4
Vertragsbeschränkungen, atypische 18, 21
Vertragserweiterungen, atypische 18
Vertragsstrafe bei Mehrfachverwendung 13
Verzugszinsen, vom ursprünglichen Leistungsentgelt 11 f
VOB-Abweichungen 40

Wartungsauftrag 18
Werbung 12

Zinssätze 11

I. Rechtssystematischer Standort der Vorschrift 1

Schon die richterliche Inhaltskontrolle Allgemeiner Geschäftsbedingungen **vor Inkrafttreten des AGBG** hat sich erst in ihrer Schlußphase dazu aufgerafft, unangemessene Klauseln wegen ihrer inhaltlichen Anstößigkeit zu verwerfen. Lange Jahrzehnte stand der indirekte Weg im Vordergrund, den auch § 3 weiterhin aufrecht erhält. Man orientierte sich an dem Vertragspartner des Verwenders, welcher dessen AGB Vertragsbestandteil werden ließ, ohne sie inhaltlich zur Kenntnis zu nehmen. Man postulierte dann als Einbeziehungsgrenze den – gemessen an Vertragstyp und Individualvereinbarung – überraschenden Charakter einzelner Klauseln. In vielen Gerichtsentscheidungen – noch bis in die jüngste Zeit hinein – wurden beide Wege begangen (so etwa BGHZ 60, 377 = NJW 1973, 1194). Die wichtigste Frage zum rechtlichen Stellenwert von § 3 liegt denn auch darin, sein Verhältnis zu den Vorschriften über die Inhaltskontrolle zu bestimmen (1). Aber auch eine Besinnung auf sein Verhältnis zu den sonstigen Regeln über das Zustandekommen rechtsgeschäftlicher Vereinbarungen tut not (2). Jedenfalls gilt § 3 auch im beiderseits **kaufmännischen Verkehr.** Im Falle der Einbeziehung durch kaufmännisches Bestätigungsschreiben werden überraschende Klauseln schon nach den für dieses Rechtsinstitut geltenden Grundsätzen nicht Vertragsbestandteil (ULMER Rz 27; s § 2 Rz 76).

1. Unwirksamkeit überraschender Klauseln und Inhaltskontrolle 2

Leicht ist es festzustellen, daß inhaltlich anstößige Klauseln nicht überraschend und überraschende nicht inhaltlich anstößig zu sein brauchen (BRANDNER JZ 1973, 613, 615; SCHMIDT-SALZER[1] Rz 126). Ebenso klar liegt der logische Vorrang von § 3 gegenüber den Vorschriften über die Inhaltskontrolle auf der Hand (aM KOCH-STÜ-

BING Rz 5). Eine Inhaltskontrolle wird nur nötig, wenn feststeht, daß eine Klausel – abgesehen von den Rechtsfolgen ihrer etwaigen Anstößigkeit – Vertragsbestandteil geworden ist. Eine überschneidungslose Abgrenzung des Anwendungsbereichs von § 3 einerseits und §§ 9–11 andererseits ist dennoch weder logisch möglich, noch durch den Zweck des Gesetzes angezeigt (ULMER Rz 3; anders aber ders Rz 12; aM SCHMIDT-SALZER F 24 ff). Folgerungen für den richterlichen Arbeitsplan im Individualprozeß ließen sich von einem etwaigen Abgrenzungskriterium auf keinen Fall ableiten (siehe Einl 17 zu § 1). Darauf zu pochen, daß die sachliche Angemessenheit einer Regelung mit der Ungewöhnlichkeitskontrolle nichts zu tun habe (SCHMIDT-SALZER F 24), hieße, sich die Augen davor verschließen, daß der Vertragspartner des Verwenders einen Schutz vor sachlich angemessenen Überrraschungen nicht nötig hat und daß manches Vorformulierte nur dadurch tolerierbar wird, daß es für den Vertragspartner des Verwenders ins Auge springt (s unten Rz 35). Auch von der Schutzfunktion des Gesetzes her ist es sinnvoll, die Anwendungsbereiche von § 3 einerseits und der §§ 9–11 andererseits sich überschneiden zu lassen und im Interesse der Griffigkeit der abstrakten Unterlassungsklage die Unangemessenheit einer Regelung im Sinne von § 9 auch aus ihrem tendenziell überraschenden Charakter ableitbar sein zu lassen (s § 13 Rz 34). Zwar gibt es keine Klauseln, die ohne jede Rücksicht auf ihre Einbeziehungsmodalität überraschend wären (ULMER Rz 9). Jedoch verrät manches Klauselwerk, daß es tendenziell auf Verheimlichung wichtiger Inhalte angelegt ist. Dann ist eine Regelung aber auch sachlich unangemessen. Auch sonst kann dem abstrakten Unterlassungsanspruch nicht entgegengehalten werden, in besonderen Einzelfällen könne sich die angegriffene Regelung angemessen auswirken.

Schließlich sind auch die Rechtsfolgen der Anwendbarkeit von § 3 und der §§ 9–11 die gleichen. Auch im Anwendungsbereich von § 3 ist eine geltungserhaltende Reduktion grundsätzlich nicht möglich, s § 6 Rz 15 ff.

Die Aufbereitung des in der bisherigen Rspr auftauchenden und der Kautelarpraxis entnommenen Anschauungsmaterials für die Zwecke dieser Kommentierung ließe sich daher in weiten Bereichen sowohl den Vorschriften über die Inhaltskontrolle als auch dem § 3 zuordnen. Als praktikables Abgrenzungskriterium für die Behandlung des Stoffes dient in diesem Kommentar nicht der logische Vorrang von § 3. Nahezu die gesamte Inhaltskontrolle müßte sonst schon unter dem Gesichtspunkt von § 3 behandelt werden. Entscheidend ist vielmehr die inhaltliche Anstößigkeit von Vorschriften, unabhängig von dem von ihnen etwa ausgehenden Überraschungseffekt. Wenn der Vertragspartner des Verwenders vor Vertragsabschluß eine Klausel gelesen und verstanden hat, wenn er insbesondere auf sie aufmerksam gemacht wurde, kann sie für ihn im Zeitpunkt des Vertragsschlusses nicht mehr überraschend sein. § 3 scheidet dann als Bewertungsmaßstab aus. Anwendbar sind die §§ 9–11 häufig dennoch. Ist eine Klausel auch noch anstößig, wenn man ihren möglicherweise den Vertragspartner des Verwenders überraschenden Charakter wegdenkt, dann wird sie hier ausschließlich der Bewertung durch die §§ 9–11 zugeordnet. Damit sind vor allen Dingen die eindeutig unter die §§ 10 und 11 fallenden Klauseln aus der Prüfung unter dem Gesichtspunkt von § 3 genommen. Auch eine Aufklärung des Kunden würde solche Klauseln nicht retten können. Ist eine Klausel hingegen allenfalls deshalb anstößig, weil es an der konkreten Kenntnisnahme durch den Vertragspartner des Verwenders fehlt, so ist Bewertungsmaßstab allein § 3. Insbesondere ist damit § 3 Bewertungsmaßstab für Klauseln, deren überraschender Charakter sich am Maßstab von Individualvereinbarungen zeigt (s unten Rz 23).

Für den beiderseits kaufmännischen Verkehr bedeutet dies alles, daß für ihn die in § 11 erwähnten Klauseln uU nur dann nicht Vertragsbestandteil werden, wenn sie zu Lasten des Vertragspartners des Verwenders überraschend sind. So hat die frühere

Rspr die jetzt in § 11 Nr 14 (Vertreterhaftung) festgeschriebene Regelung unter dem Gesichtspunkt des Überraschungseffekts der dort gekennzeichneten Klauseln entwickelt (s § 11 Nr 14 Rz 2). Für den kaufmännischen Verkehr ist dieser Ausgangspunkt nach wie vor richtig.

Wegen der Bedeutung der hier vorgenommenen Abgrenzung für die Vertragsarten, welche der Inhaltskontrolle nicht unterliegen, s § 23 Rz 12.

2. § 3 und sonstige Rechtsgeschäftsprinzipien 3

Einer Abgrenzung bedarf der Anwendungsbereich von § 3 einerseits von dem der Vorschriften des BGB über Zustandekommen und Wirksambleiben vertraglicher Vereinbarungen und andererseits von den Bestimmungen des AGBG über individuelle Abmachungen.

a) § 3 ist sicherlich nur eine **konkrete Positivierung allgemeiner Grundsätze der** 4
Rechtsgeschäftslehre. Wird in einem Vertrag auf einen Text verwiesen, den der eine Teil nicht kennt, so wird man häufig auch außerhalb des Anwendungsbereiches von § 3 dazu gelangen, Bestimmungen aus dem einbezogenen Text die Wirksamkeit zu versagen, wenn sie überraschend sind. Für den AGB-Bereich ist **§ 3 jedenfalls eine für den Verkehr mit Privaten und Kaufleuten gleichermaßen geltende Sondervorschrift,** welche die Frage danach obsolet macht, welche Rechtsfolgen sich ergäben, wenn das BGB anwendbar wäre. § 3 gilt auch für Vertragsangebote, die nach den Vorstellungen des Verwenders unter bestimmten Voraussetzungen nicht bindend werden sollen, aber nach der durch § 3 bedingten Eliminierung vorformulierter Bestandteile doch bindend werden (s § 1 Rz 5). § 3 ist insbesondere eine Sondervorschrift auch im Verhältnis zu den Bestimmungen über Notwendigkeit und Zulässigkeit einer **bürgerlich-rechtlichen Anfechtung.** Einer solchen bedarf es gegenüber einer in AGB enthaltenen überraschenden Klausel nicht. Vor allen Dingen muß der Kunde nicht dem Verwender unverzüglich, nachdem er eine solche entdeckt hat, mitteilen, daß er sich an sie nicht gebunden fühlt. Dagegen ist § 3 keine Sonderregelung des versteckten Dissenses (Dietlein Rz 1; Ulmer Rz 2; aM Löwe-Trinkner Rz 6), der nur vorliegt, wenn sich die Vertragspartner konkret unterschiedliche Vorstellungen vom Vertragsinhalt machten, und der objektive Erklärungswert ihrer Äußerungen nicht eindeutig ist. Auch der objektive Erklärungswert überraschender Klauseln ist aber eindeutig (so mit Recht Götz, Zum Schweigen im rechtsgeschäftlichen Verkehr [1968] 127). Die nach früherem Recht häufig verfochtene gegenteilige Ansicht (Nachw bei Löwe-Trinkner aaO) war ein dogmatischer Notbehelf, auf den man nunmehr verzichten kann. Selbst wenn der Verwender arglistig gehandelt haben sollte (s etwa den Fall LG Nürnberg-Fürth NJW 1961, 1310 – wesentliche Ausnahmen von der auf der Vorderseite des Formulars angepriesenen Zweijahresgarantie), weil er etwa genau wußte, daß sich der Kunde auf die eine oder andere Klausel niemals eingelassen hätte, wenn er ihren Inhalt erfaßt hätte, bedarf es keiner Anfechtung wegen arglistiger Täuschung. Das ergibt sich daraus, daß § 3 zugunsten des Vertragspartners des Verwenders die schärfere Waffe ist und kein Grund besteht, sie ihm zu nehmen, wenn er arglistig getäuscht wurde oder sich konkrete Fehlvorstellungen über den AGB-Inhalt gemacht hat. Eine Haftung des Verwenders aus culpa in contrahendo bleibt aber unberührt. War freilich eine arglistige Täuschung über den Inhalt von Geschäftsbedingungen motivierend für den Vertragsschluß schlechthin, so bleibt es bei den allgemeinen Regeln von § 123 BGB (s § 6 Rz 8).

§ 3 gilt grundsätzlich für alle AGB des Privatrechts. Auch **Versicherungsbedingungen** und sonstige behördlich genehmigte Bedingungen machen keine Ausnahme (für größte Zurückhaltung insofern Dietlein Rz 5), s aber unten Rz 8 aE.

Freilich verlangt der erkennbare Sinn von § 3, den Kunden des Verwenders zu schützen, in einer Hinsicht eine einschränkende Auslegung der Vorschrift. Finden sich in AGB – gemessen am dispositiven Gesetzesrecht oder am individuellen Zuschnitt des Vertrages – **„überraschende" Vergünstigungen,** so unterfallen sie der Vorschrift nicht. Das folgt bereits daraus, daß § 3 nur Klauseln nennt, mit denen der Kunde nicht zu rechnen „brauchte", nicht aber solche, auf die er nicht hoffen konnte. Auch wenn sich eine in der Hauptstoßrichtung die Vertragspartner des Verwenders benachteiligende Vorschrift im Einzelfall zugunsten eines Kunden auswirken würde, muß man sie für anwendbar halten.

5 **b)** Tendenziell überraschende Klauseln verlieren diesen ihren Charakter und werden dann Vertragsbestandteil, wenn der **Vertragspartner des Verwenders** von ihrem Inhalt vor Vertragsschluß in einer Weise **Kenntnis genommen hat,** daß er ihren Sinn erfaßte. Dies ist insbesondere dann der Fall, wenn er **auf den Inhalt besonders hingewiesen wurde.** Eine Hinweis- und Erläuterungsobliegenheit wurde in der früheren Rspr häufiger angenommen (OLG Düsseldorf NJW 1972, 1816; LG Nürnberg-Fürth NJW 1962, 1572 – Ausschluß der Haftung für betrügerische Erklärungen eines Abschlußvertreters; OLG Bamberg NJW 1972, 1993) – wenngleich meist in dem Sinne, eine bestimmte Klausel sei unwirksam, weil der Kunde nicht eigens auf sie hingewiesen wurde, nicht in der Bedeutung einer Wirksamkeit von Klauseln gerade wegen des vorangehenden Hinweises. Jedoch darf die Bedeutung eines speziellen Hinweises im Zusammenhang mit der Anwendung von § 3 auch nicht überschätzt werden: Nur ihren überraschenden Charakter vermag ein Hinweis einer Klausel zu nehmen. Es entfällt aufgrund des Hinweises also lediglich die Anwendbarkeit von § 3. Nichts vermag ein Hinweis etwa auszurichten, wenn eine Klausel gegen §§ 9–11 verstößt. Im Bestreben, den möglichst einfachen Weg zu gehen (s Einl 17 f zu § 1), kann freilich ein Gericht, ist ein besonderer Hinweis unterblieben, bezüglich einer möglicherweise der Inhaltskontrolle verfallenden Klausel auch heute noch argumentieren, „jedenfalls" sei sie wegen § 3 nicht Vertragsbestandteil geworden.

Ist der Kunde über die Tragweite einer Klausel ins Bild gesetzt worden, so wird diese aber noch nicht zur Individualvereinbarung (s § 1 Rz 29). Aus diesem Grunde verfehlt auch Schmidt-Salzer (F 22 ff) das Regelungsanliegen von § 3, wenn er meint, ein besonderer Schutz vor der Verheimlichungsfunktion von AGB sei unnötig, weil es sich gerade um das Grundproblem vorformulierter Vertragsbestandteile handle, daß Vertragsbestandteile, die durch Globaleinverständnis in Geltung gesetzt würden, einzelne Klauselinhalte nicht miterfassen. Damit richtet der Autor den Blick aber ganz einseitig auf die intellektuelle Unterlegenheit des Vertragspartners des Verwenders (s Einl 3 f zu § 1). Vor allem auf dem Gebiet, wo dem Kunden die Hauptleistungspflichten des Verwenders (Leistungsverzeichnis) in vorformulierter Weise angeboten werden, bedeutet die Unterwerfung unter Vorformuliertes auf weiten Strecken auch Annahme von Bedingungen in Kenntnis ihres Inhalts und ihrer Tragweite. Wegen seiner wirtschaftlichen Unterlegenheit bedarf der Vertragspartner des Verwenders dennoch des gesetzlichen Schutzes. Er muß ua davor bewahrt werden, wenn es schon aussichtslos ist, Änderungen der Bedingungen durchzusetzen, auch noch im unklaren über den Bedingungsinhalt zu bleiben. Dafür, daß AGB-Klauseln je nach dem Grade ihrer Auffälligkeit unterschiedlich bewertbar sein können, hat sich Schmidt-Salzer den Zugang von vornherein verbaut. Für solche AGB-Regelungen, die nach § 8 der Inhaltskontrolle nicht unterliegen (s § 8 Rz 2 ff), bietet § 3 ohnehin die einzige (indirekte) Angemessenheitskontrolle.

II. Maßstab zur Bewertung des Überraschungscharakters einer Klausel

1. Objektive Ungewöhnlichkeit und normative Diskrepanz von AGB-Inhalt und Erwartungshorizont des Kunden 6

Damit § 3 anwendbar wird, muß eine Klausel mit einem bestimmten Inhalt irgendwo im unteren Teil einer von „niemals“ bis „immer“ reichenden Skala der Verwendungshäufigkeit zu finden sein (a). Das Gesetz begnügt sich damit aber nicht, sondern bringt („so – daß“) ein zweites Tatbestandsmerkmal, das schwierig zu fassen ist (b).

a) Werden bestimmte Klauseln **häufig verwandt,** erscheinen sie vervielfältigungstechnisch nicht unüblich verdeckt und hat sich der Vertragsschluß auch nicht unter unüblichen Begleitumständen oder mit unüblich individuellem Zuschnitt abgespielt, so kann eine offene Inhaltskontrolle die Unwirksamkeit der Bestimmung ergeben. Als ungewöhnlich nach § 3 läßt sie sich dann aber nicht schon deshalb aus dem Einbeziehungsvertrag ausscheiden, weil sie aus der Perspektive eines vielleicht geschäftsunerfahrenen Vertragspartners des Verwenders tatsächlich überraschend ist (Ulmer Rz 16; aM noch Löwe-Trinkner Rz 12). Das mag man rechtspolitisch bedauern. Aus § 3 wegzuinterpretieren ist es nicht (siehe Rz 8). Klauseln mit **Aufrechnungsausschlüssen** sind etwa so weit verbreitet, daß sie nicht unter § 3 fallen, auch wenn der mit der AGB-Praxis nicht vertraute Vertragspartner des Verwenders mit einer solchen Klausel tatsächlich nicht rechnen konnte (OLG Nürnberg WM 1972, 264). Bestimmungen in AGB werden aber nicht dadurch zu üblichen, daß das Klauselwerk, in dem sie stehen, sehr weit verbreitet ist. 7

aa) Der **Vergleichsmaßstab** für das Urteil „in einem bestimmten Maße gewöhnlich oder ungewöhnlich“ läßt sich in einer griffigen Formel nicht darstellen. Das Abstraktionsniveau der Vergleichsbasis ist nämlich sehr unterschiedlich – je nachdem, ob eine Bestimmung auf einen speziellen Vertragstyp zugeschnitten ist oder von Regelungen des allgemeinen Schuldrechts bzw von relativ abstrakten Regelungen besonderer Schuldverhältnisse (Beispiel: Werkvertrag) abweicht, ohne daß dies durch den konkreten Vertragstyp indiziert wäre. Wird etwa die Gewährleistung für die Reparatur bestimmter Geräte geregelt, so ist Vergleichsbasis die Gesamtheit von Reparaturverträgen bezüglich solcher Geräte. Denn es liegt auf der Hand, daß für jeden Werkvertragstyp – und selbst für jeden Reparaturvertragstyp – gewährleistungsrelevante Sondergegebenheiten existieren, die in den sehr abstrakten Regelungen der §§ 633 ff BGB unberücksichtigt geblieben sind. Für Aufrechnungs- und Abtretungsverbote lassen sich hingegen häufig aus der Spezifität des jeweiligen Vertragstyps keine eigenständigen Bewertungsgesichtspunkte entnehmen. Vergleichsbasis ist dann die Häufigkeit innerhalb der Gesamtheit der Schuldverträge und nicht nur innerhalb der Gesamtheit der dem abgeschlossenen Vertrag typengleichen Verträge. Es ist dann zu fragen, ob die Vereinbarung eines Aufrechnungs- oder Abtretungsverbotes beim Abschluß eines schuldrechtlichen Vertrages ungewöhnlich ist oder nicht. Immer gehören zur Vergleichsbasis auch die Verträge, die ohne Zugrundelegung von AGB geschlossen werden. Nicht etwa ist § 3 so zu verstehen, daß auf die Häufigkeit bestimmter Klauselinhalte nur bezogen auf solche Verträge geachtet werden müßte, die unter Einbeziehung von AGB geschlossen werden. Wenn freilich auf dem Markt Verträge eines bestimmten Typs so gut wie ausschließlich auf der Grundlage bestimmter AGB oder bestimmter AGB-Klauseln abgeschlossen zu werden pflegen, so verfallen diese, auch wenn sie für den Vertragspartner des Verwenders zwangsläufig überraschend sind, dem § 3 nur, sofern sie einen Regelungsgegenstand betreffen, der nicht vertragstypsspezifisch ist. Bestimmungen in allgemeinen Versicherungsbedingungen oder sonst behördlich genehmigte Mono- 8 polbedingungen sind daher weitgehend von der Kontrolle nach § 3 ausgeschlossen (OLG München VersR 1976, 163; wohl auch HELM NJW 1978, 132; LÖWE-TRINKNER Rz 30; PALANDT-HEINRICHS Anm 2 b; BRANDNER Anh §§ 9–11 Rz 854; aM ULMER Rz 4; KOCH-STÜBING Rz 3). Auch die Einbeziehung solcher Bestimmungen in einen Vertrag kann freilich nach § 3 scheitern, wenn sie individualvertragsfern (Rz 23) oder in der äußeren Ausgestaltung ungebräuchlich (s Rz 35) sind. Zu den Versicherungsbedingungen s auch unten Rz 22 und § 9 Rz 170 ff.

9 Wegen der erkennbaren Zielrichtung der Norm sollte dann, wenn der Kunde des Verwenders durch eine Klausel typischerweise überrascht wird, ein möglichst **kundengünstiger Vergleichsmaßstab** genommen werden. Dadurch verflüchtigt sich das im Tatbestandsmerkmal „ungewöhnlich“ steckende empirische Element. Ganz entfällt es deshalb nicht. Wenn Verträge von sehr ausgeprägter Sondertypizität fast ausschließlich auf der Basis von AGB abgeschlossen werden (Versicherungsverträge), die durchgehend eine inhaltsgleiche Klausel enthalten, so verfallen sie, falls keine individuellen Sonderumstände vorliegen und vergleichbare Regelungsgegenstände in anderen Vertragsarten nicht anzutreffen sind, der Unwirksamkeit nicht schon nach § 3, auch wenn sie für den Kunden überraschend sind.

10 Ist Üblichkeit oder Unüblichkeit streitig, muß darüber **Beweis** erhoben werden, wofür Auskünfte der Industrie- und Handelskammern in Frage kommen, welche diese, wie es in ähnlicher Weise bei Feststellung von Handelsbräuchen geschieht, aufgrund einer Stichprobenbefragung der ihnen angeschlossenen Firmen erarbeiten müssen.

11 Eine lehrreiche Illustration für das Gesagte ist die Rspr zur Gültigkeit formularmäßiger Gerichtsstandsvereinbarungen, eine Rspr, die im Verhältnis unter Kaufleuten auch nicht durch § 38 Abs 3 ZPO in der Fassung vom 21. 3. 1974 (BGBl I 753) überholt ist (aM nur THOMAS-PUTZO § 38 Anm 3 E). Die Vereinbarung eines Gerichtsstandes am Sitz des Lieferanten oder des sonst die Sachleistung erbringenden Teils ist sehr weit verbreitet und wird jedenfalls nicht wegen ihres überraschenden Charakters (OLG Frankfurt NJW 1974, 194; OLG München NJW 1973, 1620 lfde Nrn 17 u 18; OLG Köln VersR 1976, 537; SCHILLER NJW 1979, 636) verworfen. Sie ist auch nicht unangemessen (aM BRANDNER Anh §§ 9–11 Rz 450; SCHILLER NJW 1979, 637 – für Privatgeschäfte eines Kaufmanns). Eine Klausel, welche ein Gericht zuständig macht, das nicht das des allgemeinen Gerichtsstandes der einen oder anderen Partei (OLG Karlsruhe BB 1973, 1604) oder das der die Vertragsverhandlung führenden Niederlassung, sondern das der entfernten Hauptverwaltung (LG München I BB 1973, 167; LG Nürnberg-Fürth NJW 1973, 1618; ebenso für Haustürgeschäfte durch Reisevertreter für den Gerichtsstand der Zentrale LG München I NJW 1973, 59; SCHILLER NJW 1979, 637 – wenngleich auf § 9 abstellend) ist, ist indes ungewöhnlich und nach § 3 unzulässig, wenn das weitere Tatbestandsmerkmal dieser Norm vorliegt (ganz aM, weil auf die konkrete Ausgestaltung von Gerichtsstandsvereinbarungen nicht blickend, s unten Rz 15, ULMER Rz 12). Eine dem Art 17 GVÜ entsprechende Prorogation ist aber einer Kontrolle durch das AGBG entzogen (GRÜTER Betrieb 1978, 384; aM BRANDNER Anh §§ 9–11 Rz 400; s § 12 Rz 6).

12 **bb)** Dem zusätzlichen Tatbestandsmerkmal „nach den **Umständen,** insbesondere nach dem **Erscheinungsbild des Vertrags“** ist ein Sinn nicht abzugewinnen, wenn man nur an den Inhalt der Klauseln denkt. Denn ob Inhalte von AGB-Klauseln in einem bestimmten Grade üblich oder unüblich sind, kann unmöglich von den Umständen und dem Erscheinungsbild des Vertrags abhängen. Gemeint ist, daß auch ein **ungewöhnlicher äußerer Zuschnitt der Klausel** und ihre Unüblichkeit,

gemessen an den Umständen des Vertragsschlusses, sie zu einer ungewöhnlichen im Sinne von § 3 machen können.

So kann etwa eine besonders raffiniert gehaltene Aufteilung von kundenfreundlichen Klauseln und Klauselbestandteilen – fettgedruckt auf der Vorderseite – und kundenunfreundlichen Klauseln – kleingedruckt auf der Rückseite – letztere oder einen Teil von ihnen zu ungewöhnlichen im Sinn von § 3 machen (LG Köln in Schäfer-Finnern Z 2.321 Bl 26, 34; OLG München BB 1976, 1001 f; Jagenburg BauR-Sonderheft 1/1978, 10 – alle für den versteckten Ausschluß der Bauhandwerker-Sicherungshypothek). Der äußeren Form nach unüblich können auf den oberflächlichen Leser abgestellte Verklausulierungen von Bestimmungen sein. Die Berechnung etwa von Verzugszinsen von ursprünglichen Leistungsentgelten und nicht von noch geschuldeten Beträgen, gehört sicher hierher. Meist wird man überhaupt die Angabe von Zinssätzen dem § 3 unterstellen müssen, wenn sie an eine andere Ausgangsgröße als den jeweils noch kreditierten Betrag anknüpfen (s Rz 35). Unüblich können auch Klauseln sein, die zwar häufig vorkommen, aber zu dem in Widerspruch stehen, was Werbung vorgetäuscht hat (BGH NJW 1974, 37 – Verwerfung der Vermittlerklausel eines Reiseunternehmens; zust Ulmer Rz 11; Löwe-Trinkner Rz 12). Auch die Unterbringung einer Klausel an unerwarteter Systemstelle unterfällt dem § 3 (BGH BB 1977, 63; Ulmer Rz 13; Löwe-Trinkner Rz 12; s unten Rz 31).

Auch der persönliche Zuschnitt des Vertragspartners des Verwenders gehört zu den berücksichtigungsfähigen Umständen. So hat der BGH einmal die Abdingung der mietrechtlichen Gewährleistung in einem Leasingvertrag ua deshalb nicht anerkannt, weil sie für den als Kleingewerbetreibenden in Nebenfunktion auftretenden Leasingnehmer überraschend war (BGH NJW 1977, 195).

b) Entgegen dem, was die etwas sorglose Redaktion von § 3 anzudeuten scheint, ist der Umkehrschluß von der Ungewöhnlichkeit auf die Ungeeignetheit, Vertragsbestandteil zu werden, nicht zwingend. Auch die akzelerative Verknüpfung des Begriffs „ungewöhnlich“ mit dem des „Rechnen-müssens“ drückt das Gemeinte nur unvollständig aus. Es ist nämlich keinesfalls so, daß die Vereinbarungshäufigkeit nur eine bestimmte Marke (s Rz 6) unterschreiten müßte, um die Rechtsfolge von § 3 auszulösen. Dann könnte niemand erstmals bestimmte Klauseln einführen. Zur Unüblichkeit kommt vielmehr noch ein **normatives Tatbestandeselement,** das in dem Begriff „nicht zu rechnen braucht“ versteckt ist. In der amtlichen Begründung ist es mit „deutliche Diskrepanz zwischen den durch die Umstände des Vertragsschlusses begründeten Erwartungen des Kunden und dem tatsächlichen Inhalt der betreffenden AGB“ (BR-Drucks 360/75, 19 f) ausgedrückt. Noch besser stellt man auf das Fehlen von Befürchtungen, auf die Arglosigkeit des Kunden ab. Jedenfalls kann die Diskrepanz zwischen dem Erwartungshorizont des Kunden und dem Inhalt der AGB nur wertend begriffen werden, nach den Auswirkungen, die die Klausel für den Kunden hat, wobei es nicht auf einen abstrakten Durchschnittskunden, sondern auf den konkreten Vertragspartner ankommt (Löwe-Trinkner Rz 13; aM BGH BB 1976, 158). Ein lehrreiches Beispiel für die Eignung einer Klausel als Vertragsbestandteil trotz ihres rein psychologisch gesehen durchaus überraschenden Charakters bietet eine BGH-Entscheidung (BGH BB 1976, 1616), worin eine Klausel bestätigt wurde, derzufolge die unbefugte Mehrfachverwendung eines von einem Adressenverlag zur Verfügung gestellten Materials – unter Kaufleuten – eine Vertragsstrafe in Höhe des Zehnfachen der vereinbarten Vergütung auslöst. 13

Damit zeigt sich aber, daß § 3 im Grunde nichts anderes ist als eine besondere Variante der Inhaltskontrolle. Sind die §§ 9–11 zugeschnitten auf die Machtlosigkeit des Vertragspartners des Verwenders, so setzt § 3 an seiner Arglosigkeit an und 14 trifft, wie ausgeführt (s Rz 2), regelungstypisch solche Klauseln, deren inhaltliche Anstößigkeit sich gerade aus der Uninformiertheit des Kunden herleitet. Auch eine ganz unübliche Klausel braucht dem Verdikt von § 3 nicht zu unterfallen. Sie tut es dann nicht, wenn sie sich in einem sinnvollen Rahmen hält, insbesondere wenn sie sich harmonisch in einen bisher unüblichen Vertragstyp einfügt. Man kann aber sagen: Je unüblicher eine Klausel ist, um so mehr muß sie sich durch inhaltliche Angemessenheit ausweisen, um vor § 3 bestehen zu können. Dabei ist im Individualprozeß nicht nur nach typischer Kundengruppen zu differenzieren (DIETLEIN Rz 4), sondern auf den Erfahrungshorizont des konkreten Kunden abzustellen, so wie er dem Verwender im Zeitpunkt des Vertragsabschlusses erkennbar war (allgM).

15 Greift man das bei Rz 11 gebrauchte Beispiel der **Prorogation eines Gerichts** wieder auf, das von den allgemeinen Gerichtsständen der Beteiligten weit entfernt ist, so zeigt sich: Eine solche Bestimmung ist nicht nur sehr ungewöhnlich. Sie ist meist auch inhaltlich eine Zumutung, weil sie für den Vertragspartner von einschneidender Bedeutung ist, weil keine auch nur annähernd gleichwertigen Interessen des Verwenders dem gegenüberstehen und weil jener *deshalb* nicht mit ihr zu rechnen braucht. Bestehen aus besonderen Gründen legitime Interessen des Verwenders an einer solchen Klausel, etwa weil er mit der Abwicklung von Rechsstreitigkeiten eine Inkassofirma an einem bestimmten Ort beauftragen will oder weil er die Parteilichkeit der für den Wohnsitz seines Vertragspartners zuständigen Gerichte zu seinen Lasten als Großunternehmer fürchtet und anstatt seines eigenen Gerichtsstandes ein lokal neutrales Gericht wählen möchte – alles Umstände, die der Kunde nicht wissen kann –, dann kann die Klausel nach Aufklärung des Kunden Wirksamkeit erlangen. Fehlen solche Interessen ganz, ist die Klausel nach § 9 unwirksam – gleichgültig ob der Vertragspartner durch sie überrascht wurde oder nicht.

16 Eine Sonderstellung nehmen freilich **Prorogation der internationalen Zuständigkeit und Schiedsklauseln in internationalen Handelsgeschäften ein.** Wenn eine Rechtsbeziehung Bezüge zu mehreren Staaten hat, dann ist es weder unüblich noch überraschend, wenn die Gerichte eines der in Frage kommenden Staaten und bei dieser Gelegenheit auch innerhalb dieses Staates die Gerichte am Sitze einer der beteiligten Parteien gewählt werden (BGH WM 1974, 244). Im Rahmen internationaler Beziehungen ist auch die Vereinbarung der Zuständigkeit der Gerichte eines nach redlichen Gesichtspunkten ausgewählten neutralen Landes normal, etwa bei Handelsgeschäften unter europäischen Firmen die Vereinbarung der Zuständigkeit schweizerischer Gerichte. Zur Problematik der AGB bei Auslandsbezügen generell s Erl § 12.

17 **2. Ungewöhnlichkeit und Erwartungshorizont des Vertragspartners in praktisch häufig vorkommenden Situationen**

Die normative Diskrepanz zwischen AGB-Inhalt und Erwartungshorizont des Kunden kann sich sowohl aus der typischen als auch aus der individuellen Anlage eines Vertrages ergeben, als auch schließlich aus den allgemein gebräuchlichen Rechtsformen und -gestaltungen (s Rz 7 ff). Schließlich gibt es gewerbliche Verbotsgesetze, die über § 134 BGB zur Unwirksamkeit der ihnen widersprechenden Vertragsbedingungen – auch individueller – führen. Das gilt etwa für § 3 der auf § 34 a GewO fußenden Verordnung über das Bewachungsgewerbe in der Fassung vom 1. 6. 1976 (BGBl I 1341). Dort ist eine ein bestimmtes Mindestmaß unterschreitende Haftungsbegrenzung angesprochen und charakteristischerweise von der „Unwirksamkeit" der der Vorschrift widersprechenden Bestimmungen die Rede. Über § 134

BGB ist damit auch eine zivilrechtliche Wirkung der Vorschrift gewährleistet (AG Garmisch-Partenkrichen VersR 1971, 652). Das gleiche nimmt man zT für Vertragsbedingungen an, die der Makler- und Bauträgerverordnung (MaBV) widersprechen (Hensen Anh §§ 9–11 Rz 191; Marcks DNotZ 1974, 524 ff; Kanzleiter DNotZ 1974, 542 ff; aM Hepp NJW 1977, 617; OLG Frankfurt NJW 1979, 878; Fricke GewArch 1975, 255).

a) Für den ersten Fall charakteristisch sind **atypische Vertragserweiterungen** oder **-beschränkungen** 18

aa) Die Rspr hatte es häufig mit Fällen zu tun, in denen ein **weiteres Geschäft, in den AGB versteckt,** vereinbart werden sollte, das eine erhebliche Erweiterung der vertraglichen Beziehungen unter den Parteien schon in den Hauptleistungspflichten bedeutete. Wenn der gesamte Vertrag nicht deutlich als gemischter Vertrag ausgewiesen ist (etwa **„Kauf- und Wartungsvertrag“**), so unterfällt derartiges dem § 3. Im 1. Teilber der Arbeitsgruppe sind in AGB zu Kaufverträgen sich findende Klauseln über **Wartungsaufträge** oder über fortlaufende Belieferung mit Betriebsmitteln zu **gekauften Maschinen** genannt (allgM). Nichts anderes gilt im umgekehrten Falle, in dem in den zur Ausgestaltung eines Miet- oder Dienstleistungsvertrages gedachten AGB auch Einkaufsverpflichtungen auftauchen. Hierbei gehören auch in AGB versteckte **bedingte Abschlußverpflichtungen,** etwa die Verpflichtung des Vertragspartners einer Versicherungsgesellschaft, die als Kreditgeber auftritt, sämtliche oder bestimmte Arten von Versicherungen ausschließlich bei ihr zu nehmen (Ulmer Rz 21; Schmidt-Salzer E 24; OLG Stuttgart VersR 1968, 466 – beide für den Fall der das Sicherungsgrundstück betreffenden Sachversicherungen) oder Bestimmungen in **Bauverträgen,** die dem Unternehmer auferlegen, auf Anforderung des Bauherrn als Klauselverwender weitere, über den vereinbarten Umfang wesentlich hinausgehende Leistungen zu erbringen (zu weitgehend dies nach § 9 für unwirksam haltend: Hensen Anh §§ 9–11 Rz 722; Graf von Westphalen, Das AGBG im Spiegel des Baurechts 56). Auch Ankaufsverpflichtungen in Erbbaurechtsverträgen sind, wenn formularmäßig gehalten, überraschende Klauseln (BGH NJW 1979, 2387). Dagegen sind da, wo entsprechende Illoyalitäten zu befürchten sind, **Abwerbungsunterlassungsverpflichtungen** in AGB nicht überraschend (BGH BB 1963, 712; LG Hagen BB 1970, 1511; aM Schmidt-Salzer E 25). In der amtlichen Begründung sind als Beispiel für die Anwendbarkeit von § 3 auch Maklerbedingungen genannt, die **Provisionsleistungen für Folgegeschäfte** unter den Partnern des ursprünglich vermittelten Geschäfts vorsehen. Solche Klauseln dürften heute in der Tat nicht mehr so üblich sein, daß gegen sie nur noch nach § 9 vorgegangen werden könnte (vgl BGHZ 60, 243 = NJW 1973, 990 – allein auf die Unangemessenheit abstellend; noch etwas anders akzentuierend BGH BB 1964, 1451 – „unangemessen und überraschend“; Löwe-Trinkner Rz 9 – Klausel nach § 9 verwerfend). Das gleiche gilt für Klauseln in **Maklerbedingungen,** die den Auftraggeber verpflichten, auch alle ohne Vermittlung des Maklers auftauchenden Interessenten an diesen zu verweisen (unter anderem wegen des für den Kunden subjektiv überraschenden Effekts dieser Klausel für unwirksam erklärt von BGHZ 60, 377 = NJW 1973, 1194) oder eine Provision für den bloßen Nachweis einer Geschäftsabschlußgelegenheit (BGH WM 1964, 1319 = BB 1964, 1451; BGH NJW 1967, 1225) oder für das Zustandekommen einer mündlichen oder privatschriftlichen Einigung über einen Grundstücksankauf (BGH NJW 1970, 93; WM 1971, 190; OLG Düsseldorf NJW 1972, 1816) vorsehen (aM OLG Karlsruhe OLGZ 1969, 327. S auch § 9 Rz 99 ff). Im Sinne von § 3 ungeeignet, Vertragsbestandteil zu werden, sind in Darlehensverträgen von Brauereien mit Wirten Bestimmungen, welche eine **Bierbezugsverpflichtung** unabhängig von der Inanspruchnahme des Darlehens begründen sollen (BGH NJW 1978, 1519).

19 Zu den atypischen Vertragserweiterungen gehören auch überraschende **Erweiterungen der Hauptleistungspflichten** (allgM), etwa eine Verpflichtung zur Zahlung von Miete auch für die Zeit der – wegen Zahlungsverzugs des Mieters durchaus berechtigten – Gebrauchsvorenthaltung (OLG Hamm Betrieb 1976, 1049; ULMER Rz 19) oder eine Erhöhung des Kaufpreises für einen fabrikneuen Pkw, wenn für die Ausführung der ersten drei Kundendienste eine andere Vertragswerkstatt als die des Verkäufers in Anspruch genommen wird. Wegen der in solchen Fällen den Verkäufer treffenden Verpflichtung zu einer Ausgleichszahlung ist ihm ein legitimes Interesse an einer solchen Klausel nicht abzusprechen, weshalb sie dem Verdikt von § 9 nicht unterliegt. Mit einer solchen Klausel zu rechnen braucht der Käufer indes nicht. Nach vorangehender individueller Information kann er an sie trotz ihrer Vorformulierung gebunden sein. Ein vorformulierter **Krankenhausaufnahmevertrag,** der für Selbstzahler privatärztliche Behandlung zur Folge hat, ist ebenfalls unüblich und überraschend. Des Umwegs über einen Schadenersatzanspruch aus culpa in contrahendo bedarf es nicht, um den Patienten zu schützen (so aber LG Saarbrücken VersR 1977, 1094).

20 Zu den überraschenden Vertragserweiterungen gehört der Grundidee nach auch das, was anderwärts als sog Erweiterung des Funktionsbereichs der Individualabrede unter § 4 (so LÖWE-TRINKNER Rz 31) behandelt wird (wie hier ULMER Rz 15), etwa Erweiterung des Gläubigerkreises. Daß AGB-Bestimmungen keine **Klauseln zugunsten Dritter** (dazu § 2 Rz 44), etwa keine Haftungsfreistellungen von Arbeitnehmern, enthalten dürften (so aber SCHMIDT-SALZER E 25), läßt sich aber aus dem Gesetz nicht herleiten. Schließlich wird auch eine Klausel über die Überbürdung einer gesetzlich ihrer Art nach nicht vorgesehenen Garantie auf den Vertragspartner häufig nach § 3 nicht Vertragsbestandteil, etwa Klauseln mit Eigenschaftszusicherungen, die sich in Einkaufsbedingungen finden.

Auch untypische **Nebenleistungspflichten** werden nach § 3 nicht Vertragsbestandteil, wenn sie in AGB stehen. Formularmäßig kann nicht vereinbart werden, der Baukunde müsse sein Haus als Musterhaus zur Besichtigung bereitstellen – schon gar nicht mit der Maßgabe, widrigenfalls erhöhe sich der Preis (OLG Nürnberg MDR 1977, 137).

21 **bb)** Eine **atypische Vertragseinschränkung** liegt vor, wenn der Vermieter seine Pflicht zur Instandhaltung der Mietsache abdingt (BGH WM 1975, 1205), auch wenn der „Mietvertrag“ genannte Vertrag Leasingcharakter erhalten soll (BGH NJW 1977, 197, s auch oben Rz 12 und § 9 Rz 146 ff). Das gleiche gilt, wenn der nach dem äußeren Erscheinungsbild eines Vertrages die charakteristische Leistung erbringende Teil auch um ihre Finanzierung bemüht sein soll, in seinen Bedingungen aber festhält, die Gültigkeit des Kauf- oder Werkvertrages hänge vom Erfolg seiner Bemühungen nicht ab. Häufig wird freilich auch in solchen Fällen eine mindest schlüssig getroffene Individualabrede dahin vorliegen, daß der Abschluß des Kauf- oder Werkvertrages solange aufschiebend bedingt ist, bis eine Finanzierungsregelung zustande kommt. Müssen individuell zu fertigende Anlagen nach individuellen Plänen behördlich genehmigt werden, so ist ein Auftrag zu ihrer Erstellung nach seinem sozialtypischen Sinn von der Erteilung der Genehmigung abhängig. AGB können dann nur die Abwicklung im Fall der Genehmigungsverweigerung näher regeln. Sie können aber nicht bestimmten, daß die Verweigerung der Genehmigung auf die weitere Gültigkeit des Vertrages überhaupt keinen Einfluß haben soll (OLG Düsseldorf NJW 1965, 762).

22 **cc)** In Fällen aber, wo die Hauptleistungspflicht in einer formularmäßigen **Leistungsbeschreibung** näher konkretisiert ist, muß freilich der Kunde sich grundsätzlich auf die Leistungsbeschreibung verweisen lassen, auch wenn diese unübliche Gestaltun-

gen aufweisen sollte. Denn damit, daß eine Hauptleistungsbeschreibung von Firma zu Firma individuell unterschiedlich ausfällt, muß jedermann rechnen. Die Aussagen von AGB zur Konkretisierung von Hauptleistungspflichten vor Vertragsschluß durchzustudieren, ist auch jedem Vertragspartner zuzumuten. Insbesondere steht es einem Versicherungsunternehmen frei, welche Arten von Risiken es versichern will und welche nicht, und dies in ihren Versicherungsbedingungen festzulegen (LG Duisburg VersR 1961, 938 – keine Haftpflichtversicherung für im Ausland auftretende Schäden). Hinsichtlich der Gültigkeit der in diesen enthaltenen Vorschriften auf verkehrstypische Erwartungshaltungen abzustellen, geht grundsätzlich nicht an. Etwas anderes gilt nur, wenn Versicherungsverträge in einer Massenabfertigung angeboten werden, die dem Versicherungsnehmer genauere Überlegungen über das versicherte Risiko nicht erlauben, wie etwa bei Erwerb einer Versicherungspolice aus einem Automaten vor Antritt einer Flugreise (für diesen Fall zutreffend SCHMIDT-SALZER[1] Rz 907), s auch oben Rz 8 und § 9 Rz 176).

b) Maßstab für den überraschenden Charakter einer Bestimmung ist nicht nur der Vertragstyp. Auch **individuelle Abreden** müssen diese Funktion haben können. Es gibt nämlich Klauseln, welche nicht direkt und logisch unauflösbar mit einer Individualvereinbarung in Widerspruch stehen, die aber dennoch der Individualvereinbarung viel von ihrem wirtschaftlichen Sinn nehmen. In der Anwendbarkeit von § 3 auf solche **individualvertragsferne** Klauseln (im Gegensatz zu den individualvertragswidrigen, s § 4 Rz 11), liegt eine seiner gegenüber der in §§ 9–11 geregelten Inhaltskontrolle selbständigen Funktionen (so andeutungsweise auch DIETLEIN Rz 2). Die hM wendet in solchen Situationen des sog mittelbaren Verstoßes einer AGB-Bestimmung gegen eine Individualvereinbarung § 4 an (ULMER § 4 Rz 12; TRINKNER § 4 Rz 15; SCHMIDT-SALZER E 20; PALANDT-HEINRICHS Anm 2 b). Jedoch bekommt man die Grauzone zwischen Verstoß und Nichtverstoß, vor allem die im Fall besonderer Aufklärung des Kunden sich ergebende Lage, mit einer Anwendung von § 3 besser in den Griff. 23

Schulbeispiel für eine individualvertragsferne und darum nicht Vertragsbestandteil werdende AGB-Bestimmung ist etwa eine Regelung, nach der der Kunde zusätzlich zu einem bezifferten Entgelt noch die **Mehrwertsteuer** zu übernehmen hat (BGH WM 1973, 677; SCHAUMBURG NJW 1974, 1735; konsequenterweise, s § 4 Rz 23 ff, nur § 4 für anwendbar haltend: ULMER § 4 Rz 19; LÖWE Rz 3), sofern er nicht Kaufmann ist (ULMER aaO; SCHAUMBURG aaO). S auch § 5 Rz 23 ff. Außerhalb normaler Umsatzgeschäfte (Betriebsveräußerung) dürfte aber selbst insoweit noch zutreffend sein (BGH WM 1973, 677), daß in einer schlichten Preisbezeichnung die Mehrwertsteuer inbegriffen ist. Annehmbar ist freilich der Zusatz „ausschließlich Mehrwertsteuer“ in unmittelbarem Anschluß an die Preisbezeichnung selbst, auch wenn diese individualschriftlich in ein Vertragsformular eingesetzt wird. Zum Problem Mehrwertsteuererhöhung s auch § 11 Nr 1 Rz 17. 24

Zulässig ist es auch immer, formularmäßig näher festzulegen, wofür das Entgelt steht und welche Leistungen (etwa Fracht, Verpackung) eigens berechnet werden, sofern damit nicht Verkehrserwartungen enttäuscht werden, s § 11 Nr 1 Rz 13. 25

Klar überraschend sind demgegenüber Klauseln, die dem Verwender die Berichtigung von **Kalkulations-** und sonstigen internen **Berechnungsirrtümern** ermöglichen sollen (LG Essen NJW 1979, 575 – bezüglich eines Flugpreises). S auch § 9 Rz 42. 26

Ist in einem **Maklervertrag** durch Unterstreichung entsprechender Partien in einem Formular festgehalten, daß der die Dienste des Maklers als verkaufswillige Seite beanspruchende Kunde „zu keinerlei Zahlungen“ an den Makler verpflichtet sein soll, so ist eine Klausel in den auf der Rückseite abgedruckten AGB überraschend, wenn sie einen Provisionsanspruch für den Fall postuliert, daß der Auftraggeber 27 ohne Einschaltung des Maklers verkauft – auch wenn im Auftragsformular der Begriff „Alleinauftrag“ vorkommt oder sogar hervorgehoben ist, s auch unten Rz 34 u oben Rz 18.

28 Liegen bestimmte **Eigenschaftszusicherungen** vor, so kann man sich nicht völlig von der Haftung für das Fehlen der zugesicherten Eigenschaft freizeichnen, s Erl zu § 11 Nr 11, § 4 Rz 18.

29 Für den, der seiner Bank Wertsachen zur vorübergehenden Aufbewahrung übergibt, ist es sicherlich eine arge Überraschung, wenn sich die Bank auf das in den **Bankbedingungen stehende Pfandrecht** beruft (Ulmer Rz 18). Das gleiche gilt, wenn eine Bank eingereichte Wechsel nicht diskontieren will, sie aber aufgrund des in ihren AGB stehenden Pfandrechts als Sicherheit beansprucht. In beiden Fällen hat schon die frühere Rspr die Wirksamkeit einer AGB-Klausel abgelehnt, die solches zulässig machen sollte (BGH NJW 1959, 142; WM 1968, 695 = MDR 1968, 647; zust wenngleich § 4 anwendend Trinkner § 4 Rz 15). Es läßt sich hiergegen auch nicht die Üblichkeit derartiger Pfandklauseln in Bankbedingungen ins Feld führen. Denn wo sich der Erwartungshorizont des Vertragspartners des Verwenders aus einer Individualabrede ableitet, muß die „Ungewöhnlichkeit“ von AGB-Klauseln danach bemessen werden, ob sie auch gegenüber solchen Individualabreden üblicherweise geltend gemacht werden. Daß **Sicherungsrechte** an Sachen geltend gemacht werden, die zur vorübergehenden Aufbewahrung oder sonst zu einem bestimmten eng begrenzten Zweck ausgehändigt werden, ist aber generell unüblich, soweit die gesicherte Forderung mit der Aufbewahrung oder dem besonderen Aushändigungszweck nicht in Zusammenhang steht. Ebenso überraschend ist es, wenn Sicherheit für einen bestimmten Zweck geleistet wird und die vorgedruckten Bestandteile des Sicherungsvertrags bestimmen, daß die Sicherheit auch für alle weiteren dem Sicherungsgeber oder einem der als Gesamtschuldner auftretenden Sicherungsgeber gewährten Kredite gelten soll. Daß in der Bankformularpraxis für Grundpfandbestellungen solche Zusätze üblich sind, besagt nichts. Sie können ihre Rechtfertigung nicht speziell aus der Eigenart der Grundpfandrechte oder des Bankkredits herleiten. Daher (s oben Rz 8) ist Vergleichsbasis die Gesamtheit der Sicherungsgeschäfte.

30 Auch **Lohnabtretungsklauseln** werden nicht Vertragsbestandteil, wenn sie in AGB-Bestandteilen enthalten sind, von denen bei Vertragsschluß nicht erwartet werden kann, daß sie durchgelesen und verstanden werden (LG Düsseldorf BB 1967, 118; Löwe-Trinkner Rz 9).

31 Ist in einem Kaufvertragsformular eine **Rügepflicht** oder eine **Rügefrist** ausgewiesen, die für seinen gedachten Anwendungsbereich unzumutbar ist, dann verstößt die Bestimmung gegen § 9. Ist der Anwendungsbereich des Formulars breit angelegt und wird nur im konkreten Falle eine Ware gekauft, die zumutbarerweise nicht oder nicht binnen der vorgesehenen Frist untersucht werden kann, so ist die Klausel, gemessen an diesem Vertrag, überraschend. Die individuelle Festlegung der Hauptleistung kann Klauseln zu unüblich individualvertragsfernen (s dazu Rz 23) machen. Nicht etwa sind solche Klauseln ähnlich wie ein Gesetz mit anscheinend zu breitem Anwendungsbereich einschränkend zu interpretieren (so die Vorstellung v BGH MDR 1959, 482). Interpretiert werden kann im Individualprozeß immer nur der konkrete Vertrag mit allen seinen Bestandteilen. Vielmehr tritt die Klausel nach § 3 zugunsten der gesetzlichen Regelung zurück.

32 Ob, an diesen Prämissen gemessen, der Sinn einer Scheckbestätigung im Verhältnis von Banken zueinander tatsächlich der Anwendung jener Klausel entgegensteht, die eine Haftung für Rat und Auskunft ausschließt (so im Ergebnis BGHZ 49, 167 = NJW 1968, 590), ist freilich zweifelhaft.

Überraschend ist sicher die Abtretung eines eventuellen Kostenerstattungsanspruches an einen Rechtsanwalt, die dieser sich in seinem Prozeßvollmachtsformular ausbedingt (LG Nürnberg-Fürth AnwBl 1976, 166). 33

Individualvertragsfern ist auch eine Reihe von Klauseln, die häufig als **„vertragsumqualifizierend"** an § 4 gemessen werden: die Qualifizierung des Darlehensgebers im Rahmen eines finanzierten Abzahlungsgeschäfts als Erfüllungsgehilfe des Käufers (BGHZ 47, 233 = NJW 67, 1029); die Qualifizierung eines Makler- oder Werkvertrages als Dienstvertrag, (SCHMIDT-SALZER E 19; aM OLG Karlsruhe VersR 1971, 159). Auch die Versuche einer „Höherqualifizierung" individueller Abmachungen (Zeitangaben als Fixgeschäft, s dazu § 11 Nr 4 Rz 11, § 4 Rz 17) gehören hierher. Zu Eigenschaftszusicherungen in Einkaufsbedingungen s oben Rz 20. Zu Versuchen, die Verbindlichkeit einer Auskunft an die Einhaltung der Schriftform zu binden, s § 4 Rz 24. 34

c) Maßstab für Üblichkeit und Erwartungshorizont des Kunden sind aber auch **gebräuchliche, in sich logische und transparante Rechtsgestaltungsformen.** Auch wenn in AGB Gründe genannt sind, bei deren Vorliegen dem Verwender ein Festhalten am Vertrag in der Tat nicht mehr zumutbar ist, ist eine Klausel überraschend, die daran die Rechtsfolge eines **automatischen Entfallens vertraglicher Bindung** knüpfen möchte. Nur die Einräumung eines Rücktritts- oder Kündigungsrechts konnte der Kunde erwarten. Das gleiche gilt für **Automatik-Lösungen in Preisanpassungsklauseln,** s § 11 Nr 1 Rz 22. Ebenso ist der Kunde durch § 3 vor unüblichen formalen Anforderungen an Erklärungen geschützt, die ihm obliegen. Unüblich sind Bestimmungen, die in solchen Situationen dem **Verwender nur die Rolle eines Leistungsvermittlers** zuweisen, oder ihm das Recht geben, seine Verpflichtung darauf zu beschränken, wo der Verkehr eine eigene Leistungspflicht annimmt. **Vermittlerklauseln** in Reiseveranstalterverträgen etwa fielen darunter (BGHZ 61, 275 = NJW 1974, 37; SCHMIDT-SALZER E 19; LÖWE § 9 Rz 62; § 3 Rz 9), bevor dieser Vertragstyp gesetzlich eigens geregelt wurde (s Erl zu § 651 a BGB). Das gleiche gilt für die Vermittlerklauseln in Nr 9 der Allgemeinen Bank-Bedingungen (dazu § 10 Nr 3 Rz 21). Vor allem aber unterfallen auch dem § 3 und nicht nur dem § 9 (s Rz 14) Klauselkomplexe, die so formuliert sind, daß ihnen **Verheimlichungsfunktion** zukommt. Insbesondere die Berechnung von Gegenleistungen für Kreditgewährung muß transparent sein. Ein Disagio wird man zwar wegen seiner weiten und allgemein bekannten Verbreitung tolerieren können. Im übrigen aber sind alle Bestimmungen unwirksam, die sich an geschäftsunerfahrene Vertragspartner wenden und wesentliche Abweichungen von dem dem Kunden aufsuggerierten effektiven Jahreszins zur Folge haben (s oben Rz 12). Der Gegenstand einer Regelung muß der **Überschrift** entsprechen, unter der sie zu finden ist. In einer „Garantiekarte" des Warenherstellers darf nicht die Produzentenhaftung ausgeschlossen sein (LÖWE-TRINKNER Rz 9). Ist eine Versicherung als Neuwertversicherung bezeichnet, so dürfen AVB nicht einen geringeren Wertersatz vorsehen, eine als Vollversicherung bezeichnete Versicherung darf nicht AVB mit weitgehenden Deckungsausschlüssen einbeziehen (LÖWE-TRINKNER Rz 9; s oben Rz 8). Auch **vertragstypsfremde Regelungen** können als überraschende Einbeziehung ungeeignet sein, etwa der Ausschluß einer Gewährleistung für die vorgesehene Nutzungsdauer einer Sache, wenn der die Benutzung regelnde Vertrag ausdrücklich als Mietvertrag bezeichnet ist, mag er auch Leasingelemente enthalten (BGH NJW 1977, 195). 35

Umgekehrt verliert eine inhaltlich ungewöhnliche Klausel durch drucktechnische Hervorhebung ihren überraschenden Charakter, wenn man unter normalen Umständen davon ausgehen muß, der Kunde werde sie zur Kenntnis nehmen (BGHZ 47, 210 f = NJW 1967, 1022 – finanzierter Abzahlungskauf; BGH Betrieb 1976, 36

1616 – zusätzliches Begründungselement; Ulmer Rz 17). Davon, daß eine halbe Druckseite AGB-Text vor der Unterschrift unter einen Krankenhausaufnahmevertrag so intensiv gelesen werden kann, daß sie nichts Überraschendes mehr enthält (BGH NJW 1979, 2354), kann keine Rede sein.

37 **d)** Unüblich und überraschend sind auch Klauseln, die für die Abwicklung von Dauerschuldverhältnissen rückwirkend Änderungsmöglichkeiten, etwa Preisanpassungen vorsehen (AG Bad Homburg MDR 1978, 229 – Krankenhaustarife; LG Frankfurt NJW 1978, 595; LG Düsseldorf NJW 1979, 605 – für den Fall einer Erhöhung erst nach Verlassen des Krankenhauses; LG Essen Betrieb 1978, 886; LG Köln NJW 1979, 2357). Daß öffentlich-rechtliche Vorschriften, wie Krankenhauspflegesatzverordnungen, den Krankenhausträgern eine Vertragsgestaltung mit rückwirkenden Pflegesatzänderungsbefugnissen nahelegen, ändert daran nichts (aM BGH aaO). Weder unüblich noch überraschend, nicht unangemessen und schon gar kein Problem des Vorrangs von Individualvereinbarungen ist die konkretisierende Festlegung dessen, was einen wichtigen Grund zur fristlosen Kündigung abgeben oder nicht abgeben kann, sofern hierbei Gesichtspunkte redlicher Abwägung nicht verschmäht werden (aM OLG Karlsruhe BB 1971, 888; Schmidt-Salzer E 19).

38 **e)** Denkbar ist, daß sich der ungewöhnliche Charakter einer Klausel erst in einem **Zeitpunkt nach Vertragsschluß** auswirkt. Obwohl § 3 primär darauf abstellt, ob der Kunde im Zeitpunkt des Vertragsschlusses mit einer bestimmten Klausel zu rechnen brauchte, ist dann eine teleologische Reduktion der Vorschrift gestattet. Ebenso wie die überraschende Natur einer Klausel vor Vertragsschluß durch individuellen Hinweis entfallen kann (s Rz 5), muß man es für die Gültigkeit einer Bestimmung auch für **ausreichend halten, wenn ihr die überraschende Wirkung genommen wird, bevor sie sich zu Lasten des Vertragspartners des Verwenders ausgewirkt hat.** Derartiges ist natürlich bei Klauseln, die dem Vertragspartner inhaltlich wirtschaftliche Nachteile bringen, nicht möglich, wohl aber dann, wenn sie eine relativ leicht zu erfüllende Obliegenheit mit weittragenden Folgen im Falle ihrer Nichterfüllung bringen.

Eine Bestimmung in den AKB besagte, der Versicherungsnehmer verlöre rückwirkend den vorläufigen Versicherungsschutz, wenn er die fällig gewordene Prämie nicht unverzüglich nach Übersendung des Versicherungsscheines bezahle. Mit Recht wertete der BGH (BGHZ 47, 352 = NJW 1967, 1800) diese Klausel als ungewöhnlich, obwohl die AKB sämtliche Kraftfahrzeughaftpflichtversicherungsverträge monopolartig beherrschen (s Rz 8). Gemessen an der Vergleichsbasis einer üblichen Abwicklung von Leistungsstörungen ist es ungewöhnlich, daß ein Vertragspartner seiner Rechtsstellung, insbesondere einer solchen, die inzwischen den Wert der eigenen Leistung um ein Vielfaches übersteigt, wegen Verzugs mit der eigenen Leistung verlustig geht, ohne daß ihm zumindest eine Nachfrist gesetzt werden muß. Der BGH hat die Wirksamkeit der Klausel aber dennoch mit Recht für den Fall angenommen, daß eine Zahlungsaufforderung einen Hinweis auf den drohenden Rechtsverlust enthält. Dann kann sich die Klausel in der Tat nicht mehr zu Lasten des Kunden „überraschend" auswirken.

39 **f)** Die überraschende Wirkung einer Klausel kann sich auch aus faktischen Sondersituationen ergeben, etwa wenn für typische Notsituationen formularmäßig unüblich hohe Hilfeleistungsentgelte vorgesehen werden, etwa in Abschleppbedingungen.

40 **g)** Auch die Abweichung von öffentlich-rechtlichen Vorschriften einschließlich der dem Publikum bekannten Verwaltungsvorschriften kann die Rechtsfolge des § 3 auslösen, etwa wenn sich in Ausschreibebedingungen öffentlich-rechtlicher Bauauftraggeber Abweichungen von der VOB/A und B finden, welche die VOB selbst als Verwaltungsanweisung (s § 1 Rz 5) untersagt.

§ 4
Vorrang der Individualabrede

Individuelle Vertragsabreden haben Vorrang vor Allgemeinen Geschäftsbedingungen.

1. Teilber 49; RefE 8; RegE 20 – s Einl 6 ff

Systematische Übersicht

I. Allgemeines
1. Anwendungsbereich 1
2. Rechtsnatur der Vorschrift 9

II. Die inhaltlichen Aussagen der Norm
1. Der Begriff der Individualvereinbarung 10
2. Die Unwirksamkeit individualvereinbarungswidriger Klauseln 11
3. Die individualvereinbarungskonkretisierende Funktion von AGB 16

III. Das Zustandekommen einer Individualvereinbarung 19
1. Individuelle Wünsche als Teil des Angebots oder der Annahme 20
2. Schriftformklauseln in AGB 23
3. Beschränkungen der Vertretungsmacht in AGB 29
4. Beweislast 34

I. Allgemeines

1. Anwendungsbereich 1

a) § 4 gilt für sämtliche AGB unabhängig von Vertragsgegenstand und Vertragsparteien (s Einl 13 zu § 1; § 23 Rz 6). Auch Versicherungsbedingungen machen keine Ausnahme. Zusicherungen des Versicherungsagenten werden Vertragsbestandteil (BGHZ 2, 91; 40, 24), entgegen der Rspr auch dann, wenn die Zusicherung in offenem Widerspruch zum klaren Wortlaut der einschlägigen AVB steht (SCHMIDT-SALZER E 13 ff). Wie das AGBG insgesamt (§ 1 Rz 5), so gilt auch § 4 selbst für bloße Vertragsangebote. Nimmt sich ein solches in seinen individuellen Bestandteilen als bindend aus, so scheitern Bindungsausschlußklauseln in beigefügten AGB an § 4 (SCHMIDT-SALZER E 19; aM BGH LM Nr 3 zu § 276 [Fa]; s auch § 1 Rz 5); eine „Ansichtslieferung" kann umgekehrt nicht durch beigefügte AGB zum auflösend bedingten Vertragsangebot gemacht werden (SCHMIDT-SALZER E 19).

b) Für den mit einer konkreten Klausel im Individualprozeß befaßten Richter ist es 2
nicht nötig, das Verhältnis der Anwendungsbereiche von §§ 9–11 einerseits und von § 4 andererseits klarzustellen. Er kann sich in Fällen, wo ihrem persönlichen Anwendungsbereich nach beide Normgruppen herangezogen werden können, damit begnügen zu sagen, jedenfalls sei die Klausel nach einer der in Frage kommenden Maßstäbe nicht Vertragsbestandteil geworden. Ja er kann sogar argumentieren: Wenn man schon nicht die eine Norm heranziehen wolle, dann müsse man jedenfalls die andere als anwendbar interpretieren. Dennoch muß über die jeweiligen Anwendungsbereiche der §§ 9–11 einerseits und von § 4 andererseits Klarheit herrschen. Denn § 4 ist auf jeden unter Einbeziehung von AGB geschlossenen Vertrag anwendbar. Die §§ 10 und 11 sind es auf solche Verträge nicht, bei denen als Vertragspartner des Verwenders Kaufleute oder die öffentliche Hand auftreten. Es ist nicht zu verkennen, daß es auch in den §§ 9–11 Bestimmungen gibt, die der Effizienz von Individualvereinbarungen dienen, man denke nur an § 11 Nr 1 über die Preisgarantie. Solche Vorschriften sind Sonderausprägungen des Schutzes von Individualvereinbarungen. Ihr gemeinsames Merkmal besteht darin, daß ihnen widersprechende AGB-Klauseln ohne Kenntnis irgendeiner Individualvereinbarung

bewertet werden können. Um § 11 Nr 1 anwenden zu können, braucht man nicht zu wissen, welcher Preis vereinbart wurde. Deswegen braucht man aber die generalisierenden Sonderausprägungen des Schutzes von Individualvereinbarungen nicht als leges speciales im Verhältnis zu § 4 zu begreifen (aM SCHLOSSER Kommentar Rz 1 aufgegeben). Dem Sinn des Gesetzes entspricht es besser, § 4 und die Normen aus dem Bereich der Inhaltskontrolle, welche dem Schutz von Individualvereinbarungen dienen oder dienen können, kummulativ als anwendbar zu betrachten (ULMER Rz 2; aM KOCH-STÜBING Rz 5; LÖWE Rz 12, aber im Widerspruch dazu gleichwohl die Unterlassungsklage zulassend, wenn eine Vorschrift aus dem Bereich der §§ 10 f durch § 4 verdrängt wird). Eine AGB-Klausel „Lieferfristen sind unverbindlich", ist nach § 10 Nr 1 „unwirksam", wenn die Lieferfrist vorformuliert ist, sie ist zusätzlich auch nach § 4 nicht Vertragsbestandteil geworden, wenn die Lieferfrist individuell vereinbart wurde.

3 **c)** Zum Schutze von Individualvereinbarungen oder jedenfalls auch zu deren Schutz sind etwa unter folgenden Voraussetzungen folgende Bestimmungen aus den Vorschriften über die Inhaltskontrolle anwendbar:

4 Im Verhältnis zu § 10 Nr 1 ist § 4 anzuwenden, wenn die AGB in einer Weise gefaßt sind, die eine individuelle Bestimmung einer Leistungsfrist nicht vorsieht („die Lieferung erfolgt frühestens vier Wochen nach Vertragsschluß"), individuell aber eine andere als die vorformulierte Lieferfrist vereinbart wurde. Steht in den vorformulierten Bestandteilen des eigentlichen Vertragstextes eine Leistungsfrist, welche durch beigefügte AGB-Klauseln wieder aufgelockert wird, so ist nach dem Prinzip der kundengünstigen Auslegung zu verfahren (s § 5 Rz 5). Allein § 10 Nr 1 ist anwendbar, wenn nur formularmäßig eine Frist vereinbart worden ist. Sind die AGB in einer Weise gefaßt, die jeder denkbaren Individualvereinbarung zur Leistungsfrist Wirksamkeit nehmen soll („Angaben zur Leistungsfrist sind rechtlich nicht verbindlich"), so ist Bewertungsmaßstab § 4 neben § 10 Nr 1.

5 Ein Recht, sich willkürlich vom Vertrag zu lösen **(§ 10 Nr 3)** ist sicherlich der denkbar gröbste Verstoß gegen das Prinzip einer notwendigerweise individuell zustande gekommenen vertraglichen Bindung. Die Klausel „Lieferung freibleibend" verstößt daher auf jeden Fall auch gegen § 4, wenn die individuellen Bestandteile eines Vertrags einen solchen Vorbehalt nicht kennen (insoweit zutreffend SCHMIDT-SALZER E 11; KOCH-STÜBING Rz 25). Eine Klausel in AGB, welche eine Lösungsmöglichkeit ohne Rücksicht auf Individualerklärungen vorsieht, wie sie auch immer getroffen worden sein mögen, ist auch ohne Rücksicht auf konkrete Individualerklärungen meßbar und ist daher zusätzlich auch nach § 10 Nr 3 unwirksam (ähnlich BRANDNER § 10 Nr 3, Rz 16). Für § 10 Nr 3 allein bleibt Anwendungsbereich in all den Fällen, in denen kein unbeschränktes Vertragsaufkündigungsrecht vorgesehen ist, sondern ein solches unter Voraussetzungen, die sachlich iSv § 10 Nr 3 nicht gerechtfertigt sind.

6 Die vertragscharakterische Leistung wird bald formularmäßig, bald individuell, bald in gemischter Weise festgelegt. In vorformulierter Weise kann sie sowohl schlagwortartig – „Kaufvertrag über ein X-Gerät" – als auch durch eingehende Beschreibung – „Baubeschreibungen", „Risikobeschreibungen" in Versicherungsverträgen – festgelegt sein. Widersprüche zwischen den vorformulierten Angaben zum Inhalt der Hauptleistung und anderen Bestimmungen des Formularvertrages bzw der ihn ergänzenden AGB sind nach **§ 10 Nr 4** bzw § 9 Abs 2 Nr 2 auszugleichen. Diese Normen gelten neben § 4 (angewandt von BGH NJW 1972, 992 auf den Vorbehalt, ein anderes als das vereinbarte Fabrikat zu liefern) auch, wenn Leistungsänderungsvorbehalte in AGB so gefaßt sind, daß sie die vom Aufsteller berücksichtigten möglichen Individualvereinbarungen erfassen. Denn selbst dann ist die Klausel auch

ohne Kenntnis irgendeiner Individualvereinbarung bewertbar. Dem ist so, wenn etwa in einem Formular für einen Bauausführungsvertrag das zu verwendende Material individuell eingesetzt ist, die Klausel aber generell die Verwendung eines anderen als des vereinbarten Materials vorbehält, oder wenn in einem Formular steht, an die Stelle der vereinbarten Markenware könne eine andere treten. Ausschließlich § 4 aber ist anzuwenden, wenn eine Bestimmung aus einem Klauselwerk deshalb zu einem Fremdkörper im Vertrag wird, weil sie einer nicht vorgesehenen Individualvereinbarung zur vertragscharakteristischen Hauptleistung widerspricht. Häufig nennt man Beispiele, in denen die Angaben im Versicherungsschein von dem abweichen, was mündlich abgesprochen und im Versicherungsantrag individuell angegeben war. Dies wären in der Tat gute Beispiele, wenn nicht § 5 VVG eine Sonderregelung darstellen würde. Lehrreich sind aber Fälle, in denen Angaben über die Quantität der zu liefernden Ware in AGB als in einer Meßeinheit abgegeben gedeutet werden, die dem objektiven Erklärungssinn der Individualvereinbarung widerspricht (OLG Stuttgart BB 1961, 67). Ist durch Individualvertrag die Montage des Kaufgegenstandes übernommen worden, so ist eine AGB-Bestimmung wirkungslos, welche sagt, der Verkäufer habe seine Verpflichtungen mit Absendung der Ware erfüllt (SCHMIDT-SALZER Rz 90 – im Anschluß an ausländische Rspr).

§ 11 Nr 1 regelt nicht das Problem eines **bereits im Zeitpunkt des Vertragsschlusses akuten Widerspruches zwischen individueller Preisfestsetzung und AGB-Bestimmungen.** Dann ist allein § 4 anwendbar. Klauseln, welche die Korrektur von Kalkulationsirrtümern oder Rechenfehlern ermöglichen sollen, sind nach § 4 unwirksam (vgl LG Essen NJW 1979, 555, wo aber umständlich auf den Überraschungseffekt der Klausel abgehoben wurde). Klauseln über zusätzlich vom Kunden zu übernehmende Kosten für bestimmte, angeblich Nebenleistungen darstellende Dienste sind unwirksam, wenn die Absprache über „den Preis" so gefaßt ist, daß die fragliche Nebenleistung als mitabgedeckt anzusehen ist. Keine Wirkung hat etwa eine Klausel über die Kosten der Gerüsterstellung, wenn der Preis für eine Wandverkleidung pro Quadratmeter Wandfläche angegeben war, oder eine solche über Zuschläge für Auslands- und Nachttätigkeit. Zu Klauseln über Preiserhöhungen, wenn der Kunde nicht bestimmte Nebenleistungen übernimmt, s § 3 Rz 24. Der Widerspruch zwischen vorformuliertem Preis (Druck auf der Vorderseite des Formulars) und zusätzlichen versteckten Preisbestandteilen in AGB (Rückseite) ist nach dem Prinzip der Unwirksamkeit überraschender Klauseln bzw nach den Grundsätzen über kundenfreundliche Auslegung aufzulösen (s § 5 Rz 16). Umgekehrt sind Regelungen, wonach vom vereinbarten Preis Skonti abgezogen werden können, unwirksam, wenn sie sich in Einkaufsbedingungen finden. 7

Werden im Verhältnis zu privaten Kunden Bedingungen verwandt, die eine **Preisgleitklausel** enthalten, welche auch für Leistungen gelten soll, die **früher als vier Monate** nach Vertragsschluß zu erbringen sind, so ist es im Individualprozeß gleichgültig, ob man § 11 Nr 1 oder § 4 anwendet. Die wichtigste Konkurrenzfrage im Verhältnis dieser Norm zu jener ist aber die: Geschieht solches in AGB zu Verträgen unter Kaufleuten, ist dann die Klausel nach § 4 unwirksam, wenn der Preis individuell festgesetzt wurde? Nach den hier für die Abgrenzung der beiden Normgruppen herausgearbeiteten Prinzipien (s Rz 2) muß die Antwort „ja" heißen. Es liegt nahe, Preisgleitklauseln, die für Lieferungen und Leistungen gelten sollen, welche später als vier Monate nach Vertragsschluß zu erbringen sind, in gleicher Weise generell an § 4 zu messen und ihre Eigenschaft als Vertragsbestandteil zu leugnen, wenn der Preis individuell vereinbart wurde (so LÖWE Rz 3; KOCH-STÜBING Rz 2). Gewiß ist eine formularmäßige Preisvereinbarung denkbar. Typischerweise geschieht jedoch die Preisvereinbarung individuell, auch dann, wenn der Kunde den ihm genannten Listenpreis akzeptiert. Daher ist dem § 11 Nr 1 zu entnehmen, daß er nicht nur die Anpassung formularmäßig festgesetzter Preise regeln, sondern Preisanpassungsbestimmungen für den Fall von Leistungsfristen von über 4 Monaten generell erlaubt.

8 **d)** Klauseln, deren Tendenz es ist, Individualvereinbarungen zu bestimmten Gegenständen ohne Rücksicht auf ihren konkreten Inhalt wirkungslos zu machen (tendenziell individualvertragswidrige Klauseln), sind auch nach § 9 bewertbar, s Einl 18 zu § 1; § 9 Rz 14.

9 **2. Rechtsnatur der Vorschrift**

Ulmer und Kötz haben versucht, die Bestimmung der Rechtsnatur der Vorschrift nach dem Gegensatz Auslegungsregel für AGB-Bestimmungen (so Ulmer Rz 7) oder Rangabstufung, vergleichbar dem Verhältnis höherrangigem zu niederrangigem Recht (so Kötz Rz 2) vorzunehmen. In der Tat findet sich auch in der übrigen Literatur die eine (Palandt-Heinrichs Anm 1; Koch-Stübing Rz 2 – Auslegung der Einbeziehungsvereinbarung; Schmidt-Salzer E 8) wie die andere (Schmidt-Salzer E 7, 10; Trinkner Rz 11) Wendung. Einen dogmatischen Gegensatz hat außer Ulmer niemand daraus zu machen versucht. Mit Recht verzichten andere Autoren gänzlich auf eine solche Einordnung (zB Larenz AT § 29 a). Sie ist müßig, weil praktisch ohne Konsequenzen. Ob eine (form-)unwirksame Individualvereinbarung in eine (gegebenenfalls formlos gültige) schlichte Abdingung einr AGB-Klausel umgedeutet werden kann, oder ob bei späterer Aufhebung einer Individualvereinbarung die von ihr verdrängte AGB-Regelung in Kraft tritt, ist ganz unabhängig von einer Stellungnahme zu dieser theoretischen Streitfrage zu entscheiden. Auch mit der „Rangabstufungs"-These ist die Vorstellung durchaus vereinbar (aM Schmidt-Salzer E 10), daß die verdrängte AGB-Regelung als subsidiär zu den im *Anwendungszeitpunkt* in Kraft befindlichen Individualvereinbarungen einbezogen wurde, was in der Tat regelmäßig anzunehmen ist (letzteres ablehnend Koch-Stübing Rz 3; Dietlein Rz 2; s § 6 Rz 11).

II. Die inhaltlichen Aussagen der Norm

10 **1. Der Begriff der Individualvereinbarung**

Die Funktion von § 4 zwingt dazu, den **Begriff der Individualvereinbarung** als den Vorrang erheischenden Vertragsbestandteil etwas **anders** zu fassen, **als er** in § 1 Abs 2 gebraucht wird. In § 4 schlägt sich nämlich ein verallgemeinerungsfähiges Rechtsprinzip nieder. Eine relativ speziellere Regelung hat Vorrang vor einer relativ allgemeineren (Ulmer Rz 6, 22; aM Koch-Stübing Rz 8). § 4 gilt daher für alles, was, gemessen an dem, was ein sich als Einheit begreifendes Klauselwerk enthält, speziellen Charakter hat. Wird ein bestimmtes Formular auch zur Abwicklung von Verträgen gebraucht, für die es nicht gedacht ist, so kann dies in einer Häufigkeit geschehen, die den handschriftlichen, abweichenden Eintragungen den Charakter von Individualvereinbarungen im Sinne von § 1 Abs 2 nimmt (s § 1 Rz 17). Im Sinne von § 4 sind die formularfremden Abweichungen dennoch Individualvereinbarungen. Auch Sonderbestimmungen für einen – gemessen am vorgestellten Anwendungsbereich der AGB – speziellen Vertragstyp gehen, wenn von beiden Parteien einbezogen, den Grundbedingungen vor. Besondere Versicherungsbedingungen etwa haben immer Vorrang vor allgemeinen (BGH VersR 1968, 294). **Individualvereinbarungen können auch schlüssig,** uU sogar beiderseits stillschweigend, getroffen werden (Trinkner Rz 10, 14; Ulmer Rz 12). Trotz einer Bestimmung in allgemeinen Bankbedingungen, wonach Abrechnungen aller Art für verschiedene Konten des Kunden getrennt gehandhabt werden sollen, kann die konkrete Form der Kontenführung bedingen, daß ein Gesamtsaldo zu bilden ist, eine Frage, die bei der Währungsumstellung 1948 eine Rolle gespielt hat (BGH LM Nr 3 zu § 355 HGB = BB 1952, 332). Ob eine Individualvereinbarung den Verwender oder seinen Vertragspartner begünstigt, bleibt sich gleich (ULMER Rz 23). Freilich muß man sich vor der illusionären Annahme hüten, daß immer feststeht, was Inhalt einer Individualvereinbarung ist. Die bekannte, auf die Gesetzesinterpretation gemünzte methodologische Metapher von Begriffskern und Begriffshof paßt auf rechtsgeschäftliche Willenserklärungen erst recht. Daher ist es eine legitime Funktion von AGB, in den Begriffshof von vorausgesehenen Individualvereinbarungen Konturen zu ziehen. AGB können nicht nur als individualvertragswidrige unwirksam sein (1), sondern auch individualvertragskonkretisierende Funktion haben (2). Über das Prinzip der individualvertragskonformen Auslegung s § 5 Rz 17 ff.

2. Die Unwirksamkeit individualvertragswidriger Klauseln 11

Häufig wird zwischen einem unmittelbaren und einem mittelbaren Verstoß von AGB-Klauseln gegen Individualvereinbarungen unterschieden, die beide von § 4 erfaßt sein sollen (TRINKNER Rz 16; SCHMIDT-SALZER E 20 ff). Der den Vertragspartner des Verwenders benachteiligende mittelbare Verstoß ist hier unter dem Gesichtspunkt des überraschenden Charakters von Klauseln behandelt (s § 3 Rz 23 ff – individualvertragsferne Klauseln). Der Sache nach macht dies wenig Unterschied. § 4 ist im Grunde nur eine **Sonderausprägung des in § 3 allgemein verankerten Rechtsgedankens.** Sollten AGB vorkommen, die mittelbar einer **den Aufsteller** begünstigenden Individualabrede entgegenstehen, so bleiben sie im Zweifel nach § 5 aufrechterhalten.

Im übrigen läßt sich der Regelungsgehalt der Vorrangregel nur an Hand lehrreicher Rechtsprechungsbeispiele erläutern (am ausführlichsten, wenn auch in der Einordnung der Beispiele unter dem Gesichtspunkt von § 4 gelegentlich angreifbar SCHMIDT-SALZER E 11 ff).

12 **a)** Die Verwendung eines **„falschen" Formulars** macht alle Bedingungen unanwendbar, die dem Sinn des wirklich vereinbarten Vertragstyps entgegenstehen und nicht individualvereinbarungskonform ausgelegt werden können (s § 5 Rz 13). Insbesondere sind vorgedruckte Bestimmungen in einem Formular unanwendbar, wenn sie ersichtlich nur versehentlich im Hinblick auf einen nicht vorgesehenen individuellen Zusatz im formularmäßig abgegebenen Angebot nicht geändert wurden (OLG München BB 1958, 787). Wird in Maklerbedingungen, die für den Alleinauftrag gedacht sind, der Auftraggeber zur Zahlung der gesamten Provision verpflichtet, falls er das Objekt direkt veräußert, so geht dem ein handschriftlicher Zusatz vor, der dem Auftraggeber einen direkten Verkauf vorbehält (BGHZ 49, 87 = NJW 1968, 150; ULMER Rz 20).

13 **b)** In der Rechtsprechung haben des öfteren Individualverabredungen zur **Vertragsdauer** eine Rolle gespielt, die den auf Dauerschuldverhältnisse ausgelegten AGB widersprachen. Ein Makleralleinauftrag „bis zum restlosen Verkauf der Wohnungen" geht einer AGB-Bestimmung über die freie Kündbarkeit des Maklerauftrages vor (BGH NJW 1969, 1626 f). Das gleiche gilt gegenüber einer in AGB enthaltenen freien Kündigungsklausel für die Bestimmung in einem Kreditvertrag über seine Kündbarkeit nur aus wichtigem Grund (OLG Frankfurt BB 1952, 871) oder über konkrete Zusagen zu den Voraussetzungen, unter denen der Kredit „abgerufen"

werden kann (LG Bielefeld VersR 1964, 38 f). Genaue Angaben zum Endzeitpunkt eines Versicherungsvertrages gehen der in den AKB enthaltenen Verlängerungsklausel vor.

14 **c)** In Auftragsbestätigungen individuell enthaltene und Vertragsinhalt gewordene Bestimmungen über die **Zuständigkeiten von Gerichten oder Schiedsgerichten** gehen Gerichtsstandsklauseln in AGB vor, wobei im Einzelfall freilich der AGB-Klausel regelmäßig die Bedeutung bleibt, das zuständige Gericht für den Fall festzulegen, daß die Schiedsklausel unwirksam sein oder werden sollte (BGHZ 52, 30 = NJW 1969, 1536).

15 **d)** Im übrigen s § 3 Rz 23 ff (individualvertragsferne Klauseln als überraschende Klauseln), § 5 Rz 17 ff (individualvertragskonforme Auslegung von AGB), § 9 Rz 15 (Freizeichnung von Kardinalpflichten), § 11 Nr 1 Rz 17 (Relativierung von Preisvereinbarungen in AGB).

16 **3. Die individualvereinbarungskonkretisierende Funktion von AGB**

AGB müssen uU in den Begriffshof von Individualvereinbarungen (s oben Rz 10) Konturen ziehen können. Tritt jemand im Rechtsverkehr auf, so ist der Geschäftspartner nicht immer im Bilde, ob er es mit einer verheirateten Person zu tun hat und ob diese ggf im Rahmen ihrer Schlüsselgewalt auftreten will oder nicht. AGB können hier klarstellend wirken, den vom Gesetz vorausgesetzten Normaltyp eines **Schlüsselgewaltsgeschäftes** gegen vielleicht in andere Richtung weisende Indizien absichern, aber auch die „Umstände" ausfüllen, von deren Vorliegen es nach § 1357 Abs 1 BGB abhängt, ob der Handelnde nur sich selbst und nicht auch seinen Ehegatten verpflichten will.

17 Für den Fall, daß ein **Leistungszeitpunkt** oder -zeitraum festgelegt wird, hat das Gesetz mehrere Regelungen dazu getroffen, was im Fall der Nichteinhaltung Rechtens ist. Nicht jede Abweichung von dieser Regelung bedeutet schon einen Verstoß gegen die individuelle Festsetzung einer Leistungszeit. Eine auf diese zielende rechtsgeschäftliche Erklärung schließt allerdings den Willen ein, daß die Nichteinhaltung oder Frist von Rechts wegen irgendwie sanktioniert wird. Eine Abbedingung aller effektiven Sanktionen ist mit dem Sinn einer Leistungszeitfestsetzung daher nicht vereinbar. Die Unwirksamkeit solcher Freizeichnungsklauseln ist für die Einhaltung der Leistungszeit bereits in § 11 Nr 8 und – für den kaufmännischen Verkehr – in § 9 (s § 11 Nr 8 Rz 15) festgehalten. Freizeichnungsklauseln, welche sich im Rahmen der zulässigen Grenzen bewegen, sind aber auch kein Verstoß gegen eine individuelle Leistungszeitbestimmung. Umgekehrt kann in manchen Situationen ein formularmäßiger Zusatz einer Zeitangabe die Bedeutung geben, das Geschäft zum Fixgeschäft zu machen, s § 11 Nr 4 Rz 11.

18 Nichts anderes gilt im Verhältnis von **Eigenschaftszusicherung** zu Freizeichnungsklausel. Daß die Rechtsfolge einer Eigenschaftszusicherung eine verschuldensunabhängige Haftung ist, ist keinesfalls eine ausgemachte Sache der Gerechtigkeit. Wird in AGB für das Fehlen zugesicherter Eigenschaften eine Haftung nur im Verschuldensfalle übernommen, so ist dies eine Bestimmung, welche sich im allgemeinen zulässigerweise im Begriffshof der Zusicherung bewegt. Im Verkehr mit Privaten weist zwar § 11 Nr 11 derartiges als unzulässig aus. Für den Handelsverkehr können solche Einschränkungen der Schadensersatzpflicht aber hingenommen werden (s § 11 Nr 11 Rz 17). Ist freilich eine Zusicherung von Eigenschaften deshalb verlangt worden, weil die beabsichtigte Verwendung einer Sache dem Käufer große Risiken bringt, sollte die Eigenschaft fehlen, so hat die Zusicherung den Sinn, Haftungsfolgen für den Käufer auszuschließen. Dann verstößt es gegen die in der Zusicherung

liegende Individualvereinbarung, wenn die Haftung auf Verschuldensfälle begrenzt wird (vgl BGH MDR 1964, 228; BGHZ 50, 200 = NJW 1968, 1622; WM 1977, 366; Brandner JZ 73, 615 – was dort für den gänzlichen Haftungsausschluß gesagt ist, bleibt jetzt für die Haftungsbegrenzung weiter maßgebend).

III. Das Zustandekommen einer AGB-Klauseln verdrängenden Individualvereinbarung 19

Eine Individualvereinbarung, zu der auch eine während der Vertragsverhandlungen vom Verwender gegebene oder akzeptierte Interpretation von AGB-Klauseln gehört, kommt nach den normalen rechtsgeschäftlichen Grundsätzen zustande (1). Sonderprobleme ergeben sich daraus, daß häufig AGB Individualvereinbarungen für formbedürftig erklären (2) und/oder die Vertretungsmacht zum Abschluß von Individualvereinbarungen ausschließen (3).

1. Individuelle Wünsche als Teil des Angebots oder der Annahme 20

a) Soweit **AGB individuelle Bestandteile** des auf ihrer Basis geschlossenen Vertrages **vorsehen,** entsteht kein Problem. Die Vereinbarung kommt durch individuelle Einigung zustande. Mindestens die vertragliche Bindung dem Grunde nach muß immer individuell vereinbart sein. Im extremsten Falle können aber sowohl der Leistungsgegenstand (Leistungsverzeichnis) als auch das Entgelt vorformuliert sein. Meist sind AGB aber für Verträge gedacht, deren Hauptleistungspflichten individuell vereinbart werden.

b) Individuelle Erklärungen, die in AGB nicht vorgesehen sind und vielleicht sogar 21
auf deren teilweise Abbedingung hinauslaufen, sind dann Teil eines Vertragsangebots, wenn sie mündlich ausdrücklich formuliert wurden, sich in einem vollständig individualschriftlich abgefaßten Dokument oder individualschriftlich in einer Weise in ein Formular eingefügt finden, daß sie normalerweise nicht übersehen werden können.

Wenn der Angebotsadressat als Schöpfer des Formulars eine **Klausel** in den Text aufgenommen hat, bei Bestellung hätten **individuelle Zusätze** und Durchstreichungen **keine Gültigkeit,** so ist dies ohne rechtliche Bedeutung. Denn niemand kann den Zugang rechtswirksamer Angebote zu sich verhindern oder einschränken. Ein solcher Zusatz ist nur ein Hinweis darauf, daß Bestellungen mit individuellen Zusätzen nicht angenommen werden. Antwortet der Adressat dennoch mit einem uneingeschränkten „Ja", ist die Individualvereinbarung nach dem objektiven Erklärungswert der Annahme zustande gekommen. Hat sie der Adressat und Schöpfer des Formulars übersehen, kann er aber nach § 119 BGB anfechten.

Im **Versicherungsrecht** gilt die Sonderregelung von § 5 VVG für die Vertragsannahme. Auch für das Versicherungsrecht hat die Rspr aber klargestellt, daß individuelle Zusätze im Versicherungsantrag wirksam Bestandteil des Angebots sind (OLG Celle VersR 1960, 121; Ulmer Rz 18; Schmidt-Salzer E 12 ff; Helm NJW 1978, 133).

Freilich muß der Besteller seinen individuellen Zusatz zu einem von anderer Seite vorformulierten Text besonders augenfällig anbringen, um ihn dem objektiven Erklärungswert seines Angebots einzuverleiben. Genauso wie nämlich vorformulierte Bestandteile eines Klauselwerkes nicht Vertragsbestandteil werden, wenn sie ihrer äußeren Form nach überraschend sind (s § 3 Rz 26), so werden auch nicht vorgesehene Individualerklärungen nicht Vertragsbestandteil, wenn sie in einer Form abgegeben werden, mit der der Erklärungsempfänger nicht zu rechnen brauchte. Ist auf der Vorderseite eines Formulars auf die rückseitigen Bedingungen verwiesen, und werden diese ganz oder teilweise durchgestrichen, ohne daß auch die Vorderseite mit einem individuellen Zusatz versehen würde, so ist das Klauselwerk Vertragsbestandteil geworden. Aber auch kürzere und leicht übersehbare Durchstreichungen im Vertragsformular selbst müssen klar gekennzeichnet werden.

Antwortet der Adressat eines in Gestalt eines geänderten Formulars gehaltenen Angebots mit einem Schreiben, das auf die im Formular ursprünglich enthaltenen Bedingungen hinweist oder diese sogar abermals abgedruckt enthält, dann gilt dies als Ablehnung des individuellen Zusatzes (AG Frankfurt MDR 1964, 594). Nimmt der Besteller die Leistung gleichwohl an, so kommt der Vertrag ohne den individuellen Zusatz zustande (s § 2 Rz 75). Wird freilich in der Auftragsbestätigung nur formularmäßig auf die Bedingungen des Unternehmers hingewiesen, dann spricht sehr viel dafür, daß man es lediglich mit einer Verwaltungsroutine zu tun hat. Betrifft der Individualzusatz im Angebot nur eine Einzelheit, so muß man sie daher gleichwohl als angenommen betrachten, wenn sich der Annehmende nicht gegen sie verwahrt.

22 **c)** Findet sich der individuelle Zusatz in einer Erklärung, der rechtlich die Funktion einer Angebots**annahme** zukommen soll, etwa in einer Auftragsbestätigung des Verwenders oder in einer Angebotsannahme des Kunden, dann handelt es sich um einen Fall, der nach § 150 Abs 1 BGB zu behandeln ist. Solange keine Leistung erbracht wurde, ist der Vertrag wegen versteckten Dissenses nicht zustande gekommen. Hat der Adressat der Angebotsannahme seine Leistung ganz oder teilweise erbracht, so ist das freilich als Annahme des geänderten Angebots anzusehen (s dazu § 2 Rz 76). Hat der individuelle Zusatz freilich nur die Funktion einer Verwahrung gegen die Geltung einer AGB-Klausel, dann gilt § 6. Daß auch **nach Vertragsschluß zustande gekommene Individualvereinbarungen** Vorrang haben, ist eine bare Selbstverständlichkeit (allgM).

23 **2. Schriftformklauseln in AGB**

AGB enthalten häufig Klauseln, wonach nicht nur das Zustandekommen des Vertrags als solches, sondern auch ein individueller Zusatz der Schriftform bedarf. Nach den Ergebnissen der Beratungen in der Arbeitsgruppe sollten solche Klauseln ausdrücklich für unwirksam erklärt werden (1. Teilber 50; Einl 7 zu § 1). Der RegE hatte sie in den Katalog der absolut unzulässigen Klauseln aufgenommen (BR-Drucks 360/75, 7, 39). Das Parlament hat die Bestimmung gestrichen, weil sie ihm als „zu wenig flexibel" erschien (BT-Drucks 7/5422, 3). Daher kann man die Unwirksamkeit von Klauseln, welche mündliche Nebenabreden nicht gelten lassen wollen, auch nicht nach § 9 oder § 4 generell annehmen (so mit Recht Ulmer Rz 25, gegen das in Rz 25 genannte Schrifttum), siehe § 9 Rz 3, 40.

Die Problematik ist im weiteren losgelöst von der Frage zu behandeln, ob ein Vertreter Vollmacht zu mündlichen Abreden hat. Obwohl die Rspr gelegentlich (BGH WM 1976, 741 = BB 1977, 61; abl Trinkner WM 1967, 466; BAG NJW 1967, 751; LG Berlin WM 1976, 740; wN bei Schmidt-Salzer E 16 Fn 35) insoweit den Wünschen der Verwender entgegenkam, kommt solchen Klauseln in Wahrheit nur ein sehr beschränkter Wirkungsbereich zu.

24 Vereinbaren Personen die Schriftform für künftige Verträge, so kann diese Abmachung durch eine entgegenstehende mündliche Abrede wieder aufgehoben werden. Der Abschluß einer ernsthaft gemeinten mündlichen Abrede ist schlüssig eine solche Wiederaufhebung (BGH NJW 1962, 1908; NJW 1965, 293; NJW 1968, 33; Betrieb 1967, 80; WM 1968, 1100; WM 1971, 1301; WM 1974, 105; Flume AT § 15 III 2;

Dietlein Rz 4; aM Weber Betrieb 1970, 2417, 2427). Dagegen kann man sich auch nicht dadurch absichern, daß man einen Verzicht auf die Schriftform seinerseits nur gelten lassen will, wenn er schriftlich zustande gekommen ist (D Reinicke Betrieb 1976, 2289 ff; aM BGH Betrieb 1976, 1328). Bindende Vereinbarungen, welche getroffen worden sind, nachdem dem Vertragspartner des Verwenders dessen Erklärung zugegangen ist, daß er seine AGB in den Vertrag einbezogen wissen will, gehen daher der Schriftformklausel auf jeden Fall vor. So hat man wiederholt eine mündliche Bankauskunft für verbindlich erklärt, obwohl die Allgemeinen Bankbedingungen nur schriftlich bestätigte Auskünfte gelten lassen wollten (so der Sache nach auch BGH WM 1956, 1056; BGHZ 49, 107 = NJW 1968, 589; vgl auch BGH NJW 1955, 828 [LS] – entgegen einer Bestimmung in AGB wird Gewähr auch für mündlich übernommene Aufträge übernommen). Das gleiche gilt für sonstige Auskünfte, etwa auch solche von Rechtsanwälten (Schmidt-Salzer E 19) oder anderer freiberuflich Tätiger.

Die Rechtslage ist nicht anders, wenn mündliche Verhandlungen und Hinweise auf 25
AGB praktisch zeitlich zusammenfallen, wenn also Verhandlungen unter Anwesenden mit einem fertigen Vertrag auf Formularbasis enden. Mündliche Vereinbarung und Schriftformklausel stehen in Widerspruch zueinander. Der Widerspruch ist nach dem Prinzip des § 5 zugunsten des Kunden aufzulösen (auf der Grundlage des früheren Rechts aM BGH LM Nr 5 zu § 127 BGB = Betrieb 1967, 2021), mag beweisrechtlich bei schriftlichem Vertragsabschluß auch eine Vermutung der Vollständigkeit der Vertragsurkunde bestehen (s unten Rz 34). Zudem ist die Schriftformklausel unter den konkreten Umständen des Einzelfalles aus den gleichen Gründen wie in der sogleich zu behandelnden Fallgestaltung ungewöhnlich und überraschend. Es kommt im Grunde also gar nicht darauf an, ob die mündliche Nebenabrede schon wegen ihrer individuellen Natur Vorrang hat (darauf abstellend: Schmidt-Salzer E 16; D Reinicke, Rechtsfolgen formwidrig abgeschlossener Verträge (1969) 158; Trinkner Rz 29; ders, Liber amicorum E. Cohn (1975) 194; ders BB 1977, 63; Palandt-Heinrichs Anm 2 C; Leonhardy DRiZ 1976, 110; Koch-Stübing Rz 14; Kötz Rz 7; – aM BGH Betrieb 1976, 1476).

Häufig spielt sich die Vertragsgestaltung folgendermaßen ab: Die mündlichen 26
Verhandlungen enden damit, daß der Kunde auf einem vorgedruckten Formular eine Erklärung abgibt, die nach der Anlage des Vordrucks den Charakter einer Bestellung haben soll, welche noch angenommen werden muß. Der Sinn mündlicher Nebenabreden ist dann der, daß sie gelten sollen, falls der Vertrag zustandekommt. Bestätigt der Adressat den Auftrag mit dem individuellen Zusatz, mündliche Nebenabreden sollten nicht gelten, so ist dies, falls solche getroffen worden sind, eine modifizierte Annahme im Sinne von § 150 Abs 2 BGB, welche mit Annahme der versprochenen Leistung ihrerseits angenommen wird (s § 2 Rz 75). Enthält die Auftragsbestätigung hingegen formularmäßig oder gar nur in AGB, auf welche verwiesen worden ist, eine Klausel, wonach mündliche Nebenabreden nicht getroffen worden sind, so ist diese Bestimmung häufig „nach den Umständen" so ungewöhnlich, daß der Kunde mit ihr nicht zu rechnen brauchte (AG Passau BB 1978, 12). Nicht verfängt der Einwand, Schriftformklauseln in AGB seien im Gegenteil alltäglich (so aber Ulmer Rz 29). Der am Erwartungshorizont des Kunden orientierte Vergleichsmaßstab ist in diesem Falle, weil die Schriftformklausel keinen vertragstypisch-spezifischen Sinn hat (§ 3 Rz 8 ff), die gesamte Vertragsabwicklungspraxis. Daß mündlich fest Vereinbartes keine Gültigkeit haben soll, ist aber mit Sicherheit sehr ungewöhnlich. Damit braucht der Kunde nicht zu rechnen.

Für den Fall des vom Firmeninhaber selbst oder einem wirksam bevollmächtigten 27
Vertreter ausgehenden Handelns sind Schriftformklauseln im praktischen Ergebnis demnach in der Tat meist wirkungslos. Mit dem Gedanken der unzulässigen Rechts-

ausübung zu arbeiten (BGH WM 1971, 218; NJW 1975, 1695; OLG Köln 1975, 2271; ULMER Rz 32), ist eine entbehrliche Verlegenheitslösung.

28 Im **Handelsverkehr** liegen die Dinge freilich etwas anders. Da, wo nach Abschluß der Verhandlungen ein die Vertragsbestandteile geschlossen wiedergebendes Dokument häufig vorkommt, kann der Kaufmann nicht überrascht sein, wenn die in Bezug genommenen und Vertragsbestandteil gewordenen AGB mündlichen Nebenabreden Wirksamkeit vorenthalten. Das gilt vor allen Dingen, wenn durch **kaufmännisches Bestätigungsschreiben** solche AGB Vertragsinhalt geworden sind (s § 2 Rz 76). Enthält das in Bezug genommene Klauselwerk keine Schriftformbestimmung, so behalten mündliche Nebenabreden ohnehin ihre Gültigkeit. Ihre Existenz muß aber vom Vertragspartner des Bestätigenden bewiesen werden (BGH NJW 1964, 589; aM OLG Köln BB 1971, 286; ULMER Rz 44).

29 **3. Beschränkung der Vertretungsmacht in AGB**

Selten tritt als konkrete Vertragsabschlußperson auf Seiten des Verwenders der Firmeninhaber oder der gesetzliche Vertreter des Unternehmens persönlich auf. Dann taucht die Frage auf, ob die Vertragsabschlußvollmacht des Vertreters formularmäßig dahin eingeschränkt werden kann, daß er zu mündlichen Nebenabreden nicht befugt ist. Im allgemeinen hält man eine solche Beschränkung der Vollmacht für zulässig und wirksam (BGH WM 1976, 741 – „Angestellter", der Pkw-Probefahrt mit Käufer unternimmt und dabei Eigenschaftszusicherungen macht; FLUME AT § 15 III 2; ULMER Rz 36 ff; BRANDNER Anh §§ 9–11 Rz 628; KOCH-STÜBING Rz 16). Häufig wird aber in Rspr und Lit die Frage nach Wirksamkeit und Wirkungsweise einer vollmachtseinschränkenden AGB-Klausel nur sehr oberflächlich mit den allgemeinen Grundsätzen des Vertreterhandelns und zur rechtsgeschäftlichen Einschränkbarkeit einer Vertretungsmacht in Verbindung gebracht.

30 **a)** Die ganze Fragestellung ist nur sinnvoll, wenn man davon ausgeht, daß die jeweils rechtsgeschäftlich erteilte Innenvollmacht mit der AGB-Kundgabe über Bevollmächtigungen übereinstimmt. Die Vorstellung einer durch AGB vorgenommenen „Einschränkung" einer Vollmacht ist daher schief. Dann aber läuft die Problematik darauf hinaus, ob durch eine AGB-Regelung eine aus Rechtsscheinsgründen bestehende gesetzliche Vollmacht oder der gesetzlich festgelegte Umfang einer Vollmachtsart eingeschränkt werden kann. Es handelt sich um folgende Situationen:

Ist der Verwender nicht Kaufmann, dann müssen, soll eine durch einen vollmachtlosen Vertreter getroffene Sondervereinbarung wirksam sein, mindestens die Voraussetzungen einer Duldungsvollmacht vorliegen. Anscheinsvollmacht gibt es im Bürgerlichen Recht nicht (CANARIS, Die Vertrauenshaftung im deutschen Privatrecht [1971] 48 ff, 191 ff; LARENZ AT § 33 I aE; anders hM s § 167 BGB Rz 33). Jedoch liegen die Voraussetzungen der ersteren in allen praktisch wichtigen Fällen vor.

Ist der Verwender Kaufmann, dann kann sich seine Bindung an eine von der eingeschalteten dritten Person getroffene Individualvereinbarung nach §§ 50 (Prokurist), 54 Abs 1 S 3 (Handlungsbevollmächtigter), 55 (Handlungsgehilfe und Handelsvertreter mit Abschlußvollmacht im Außendienst), 75 h (Handlungsgehilfe ohne Abschlußvollmacht jedenfalls für das konkret anstehende Geschäft), 91 a (selbständiger Handelsvertreter ohne Abschlußvollmacht für das konkret anstehende Geschäft) HGB ergeben. Selten werden als Vertreter Personen auftreten, die unter keine der genannten Vorschriften fallen. Keine Bindung zu Lasten seines Prinzipals auslösen kann etwa, wer auch nicht dem Scheine nach die Stellung eines Handlungsgehilfen hatte, wie zB ein Parkwächter (BGH NJW 1968, 1718). Vermittlungsvertreter gelten als Empfangsvertreter. Ihrem Auftraggeber ist das Vertragsabschlußangebot des Kunden mit dem Inhalt der Individualabsprache zugegangen (ULMER Rz 37; KOCH-STÜBING Rz 16), wenn nicht die Voraussetzungen von Rz 33 erfüllt sind.

b) In all den genannten Fällen kann die Wirksamkeit der aus Rechtsscheinsgründen gesetzlich begründeten Vertretungsmacht nicht „abbedungen" werden (SCHMIDT-SALZER E 19). Es kommt vielmehr darauf an, ob der Kunde aufgrund einer AGB-Regelung die Beschränkung der jeweiligen Vertretungsmacht kennen mußte oder gar gekannt hat, je nachdem, unter welchen dieser Voraussetzungen die gesetzlich vorgesehene Vertretungsmacht entfällt. 31

Auch dann, wenn tatsächlich ein **Exemplar der Geschäftsbedingungen ausgehändigt wurde, bevor es zum Vertragsabschluß gekommen war,** kann eine darin verborgene „Beschränkung" der Vertretungsmacht der auf Seiten des Verwenders auftretenden Personen im **normalen Verbrauchergeschäft** keine Wirkung haben. Daran ändert auch die Tatsache nichts, daß solche Versuche einer Vollmachtsbeschränkung an sich häufig vorkommen und die handelnden Vertreter die Grenzen ihrer Vollmacht im allgemeinen beachten (gerade deswegen aM ULMER Rz 36). Denn der Erwartungshorizont des Kunden wird in solchen Fällen nicht von dem was Vertreter sonst zu tun pflegen, sondern von der Tatsache der individuellen Sonderzusage geprägt. Keinesfalls verbürgt die Einhaltung von § 2, daß der Kunde eine Beschränkung der Vertretungsmacht (etwa auch im Sinne von § 54 Abs 3 HGB) kennen muß (zudem noch vor Vertragsabschluß!), die in AGB steht, welche ihm ausgehändigt wurden. 32

Lediglich dann, wenn dem Kunden die Vertretungsmachtbeschränkung in einer Weise nahe gebracht wurde, daß man auch unter Berücksichtigung seiner typischen Unerfahrenheit normalerweise von einer effektiven Kenntnisnahme ausgehen kann, mußte der Kunde sie im Rechtssinne kennen. Das ist etwa der Fall, wenn ein Formular unterzeichnet wird, auf dessen Vorderseite wenige vorgedruckte Bestandteile stehen, unter denen die Klausel über die Grenzen der Vertretungsmacht der Leute des Verwenders an auffälliger Stelle zu finden ist. 33

4. Beweislast 34

Soweit die Vertragsparteien eine Vertragsurkunde errichtet haben, ist auf sie die von der Rspr entwickelte Regel der Vermutung der vollständigen Wiedergabe aller Vereinbarungen (s dazu § 125 BGB Rz 8) anzuwenden, gleichgültig, ob die einbezogenen AGB eine Schriftformklausel enthalten oder nicht (ULMER Rz 42 gegen eine solche Differenzierung bei RAISER, Das Recht der AGB 234 f).

§ 5
Unklarheitsregel

Zweifel bei der Auslegung Allgemeiner Geschäftsbedingungen gehen zu Lasten des Verwenders.

1. Teilber 51; RefE 9; RegE 20, Einl 6 ff.

Systematische Übersicht

I. Allgemeines
1. Entstehungsgeschichte 1
2. Anwendungsbereich 2
3. Der Begriff des Verwenders 6

II. Das Prinzip der Auslegung gegen den Verwender
1. Auslegung im Individualprozeß und im abstrakten Unterlassungsverfahren 7

2. Die praktische Regel: Einschränkende Auslegung 8
3. Die praktische Ausnahme: Ausdehnende Auslegung und Eliminierung von Widersprüchen 14

III. Sonstige AGB-spezifische Auslegungsmaximen 17
1. Das Restriktionsprinzip 17
2. Objektive Auslegung? 18
3. Das Prinzip der individualvereinbarungskonformen Auslegung von AGB-Klauseln und seine Grenzen 23
4. Allgemeine Auslegungsgrundsätze 29

IV. Die Auslegung von AGB im internationalen Verkehr 30

Alphabetische Übersicht

Architektenbedingungen 10
Ausländer 18, 30
Auslegung von AGB
– allgemeine Grundsätze 29
– einschränkende 8
– ergänzende 29
– gesetzesähnliche 21
– individualvereinbarungskonforme 23
– im internationalen Verkehr 30
– nach Gruppen 21
– objektive 17
Auslegungsmittel (liquide) 5

Bankbedingungen 10 f
Bedienstete (Ansprüche gegen) 10
Begriffe, rechtswissenschaftliche, fachwissenschaftliche 20
Betriebsstörungen 10
Deliktshaftung (von Haftungsbeschränkung erfaßt) 12

Eigentumsvorbehalt 11 f
Einbeziehungsvereinbarung 3
Elektrizitätsversorgungsunternehmen 10
Entstehungsgeschichte (einer Klausel; Auslegung) 21

Fachbegriffe 20
falsche Formulare 13

Gasversorgungsunternehmen 10
Gerichtsstand 7
Gewährleistung 10
Gleichbehandlung 15

Haftungsbegrenzungsklauseln 10
– systematische Einordnung von 10
Handelsbrauch 29
Hauptleistungspflichten 2, 15

Individualprozeß 7, 20
Individualvereinbarung 3
Individuelle Umstände des Vertragsschlusses 22
Inhaltskontrolle 5

Klauseln, salvatorische 7

Mehrwertsteuer 11

Nettopreis 11

PKW (Kauf von gebrauchten) 13, 25
Preisbindungsklausel 11

Restriktionsprinzip 17
Revisibilität (von AGB) 18, 30

Textgleichheit von AGB mit gesetzlichen Bestimmungen 4

Unterlassungsverfahren (abstrakt) 7
Unterlassungklage (abstrakt) 19

Versicherungsbedingungen 2, 26
Versicherungsrecht 15
Verwender 6

Widerspruch (von zwei Klauseln) 16

I. Allgemeines

1 1. Entstehungsgeschichte

Seit langem beherrscht die Praxis eine Reihe von AGB-spezifischen Auslegungsgrundsätzen. Arbeitsgruppe und Bundesregierung wollten sie im AGBG nicht ausdrücklich ansprechen. In Gestalt von § 5 hat der Bundestag auf Anregung des Bundesrates die wichtigste jener Regeln, die zudem seit Jahrzehnten unangefochten ist, ausdrücklich ins Gesetz geschrieben (BT-Drucks 7/5422, 5). Jedoch ist immer im Auge zu behalten, daß die Regel früher für eine versteckte „richterliche" Inhaltskontrolle von AGB-Bestimmungen herhalten mußte, s dazu Einl 3 ff zu § 8. Im Zusammenhang mit einer Erläuterung des Inhalts dieser Norm (II) sollen hier aber auch die übrigen AGB-spezifischen Auslegungsgrundsätze zur Sprache kommen (III).

2. Anwendungsbereich 2

a) Die Vorschrift bezieht sich auf AGB, gleich welcher Art. Sie gilt auch im beiderseits kaufmännischen Verkehr; die Beschränkung des persönlichen Anwendungsbereiches von Teilen des AGBG nach § 24 gilt für sie nicht. Die Vorschrift gilt auch für vorformulierte Angaben zu den Hauptleistungspflichten; nur die Anwendung der §§ 9–11 hängt nach § 8 davon ab, daß der Inhalt des Vorformulierten eine **Abweichung oder Ergänzung** von gesetzlichen Vorschriften darstellt, was bei Festlegung der vertragscharakteristischen Hauptleistungspflichten allerdings nicht der Fall ist, s § 8 Rz 2 f.

Aus diesem Grunde gilt die Regel auch für Versicherungsbedingungen. Nach der früheren Rspr ist, jedenfalls was **Allgemeine Versicherungsbedingungen** anbelangt, die Auslegungsregel zu Gunsten einer postulierten gesetzesähnlichen Interpretation stark in den Hintergrund gedrängt worden (dazu näher Prölss-Martin, VVG Vorbem III A 8), s Rz 18. § 5 hat all diese Entwicklungen wieder rückgängig gemacht (aM Helm NJW 1977, 133 mwN aus der Zeit vor Inkrafttreten des Gesetzes). Es würde den Rahmen dieses Kommentars sprengen, die gesamte bisher zur Auslegung von Versicherungsbedingungen ergangene Rspr daraufhin durchzuforsten, ob sie durch § 5 überholt ist. Mit Sicherheit ist dies aber für eine Reihe von Entscheidungen der Fall*.

b) Da die Bestimmung aus dem Grundsatz der Formulierungsverantwortung erwachsen ist, gilt sie entsprechend für den Text der **Einbeziehungsvereinbarung,** der – vorformuliert – vom Verwender immer wieder verwandt wird, sowie für die von einer Seite formulierten **Individualvereinbarungen** und für eine individuell gehaltene Einbeziehungsvereinbarung (konsequenterweise aM Ulmer Rz 4, weil bei AGB Berücksichtigungsfähigkeit individueller Gegebenheiten leugnend, s unten Rz 22). 3

c) Eine aus dem Sinn der gesetzlichen Regelung zu folgernde Ausnahme besteht nur dann, wenn eine Vorschrift textgleich oder nahezu **textgleich mit einer gesetzlichen Bestimmung** ist. Denn dann soll sie dem Kunden nur zur Information über die Gesetzeslage dienen. Eines besonderen Hinweises auf die Identität einer Klausel mit gesetzlichen Regelungen bedarf es nicht (aM Raiser 259; Hildebrandt AcP 23, 342 f). Wer nur das Gesetz abschreibt, übernimmt keine Formulierungsverantwortung. Hat der Verwender versucht, den Sinn gesetzlicher Regelungen mit eigenen Worten wiederzugeben, dann trifft ihn, wenn es sich um dispositives Recht handelt, wiederum das Risiko unklarer Formulierungen. 4

d) In gewisser Weise hat § 5 logischen Vorrang vor der Inhaltskontrolle (so sehr dezidiert Ulmer Rz 2, 18). Auslegung ist Sinndeutung. Nur das Ergebnis einer Sinndeutung kann inhaltlich kontrolliert werden. Der Sinn von § 5 verlangt aber, nur **liquide,** dem Verständnis der typischerweise an Geschäften solcher Art beteiligten 5

---

* BGHZ 18, 311 = NJW 1956, 22 – „Bewußtseinsstörungen" erfassen auch die alkoholbedingte Fahruntüchtigkeit; BGHZ 25, 35 = NJW 1957, 1477 – der Begriff „ein während der Versicherungszeit eintretendes Ereignis" in Haftpflichtversicherungsbedingungen soll angeblich das konkrete Unfallereignis und nicht den Zeitpunkt der Auslieferung des die Haftung auslösenden fehlerhaften Produktes meinen.

Vertragspartnern zugängliche **Auslegungsmittel** einzusetzen (BGH BB 1978, 629; PALANDT-HEINRICHS Anm 3) und bei deren Versagen die verwenderungünstige Alternative der Auslegung der Inhaltskontrolle zu unterziehen (s dazu unten Rz 7). Nur mit dieser Einschränkung ist die häufig zu hörende Formel richtig, § 5 komme erst zur Anwendung, wenn nicht behebbare Auslegungszweifel verblieben (so zB BGH NJW 1975, 971). Dies wird vor allen Dingen im Zusammenhang mit den traditionsreichen AGB wie Allgemeine Versicherungsbedingungen, ADSp, VOB, Allgemeinen Bankbedingungen häufig nicht richtig gesehen und einer der Gesetzesinterpretation sehr nahe kommenden Auslegungsmethode das Wort geredet, dazu unten Rz 18.

6 **3. Der Begriff des Verwenders**

Der Gesetzesbegriff des Verwenders ist in § 1 festgelegt. Auch wenn die Bedingungen von dritter Seite formuliert worden sind, liegt meist klar zutage, wer ihr Verwender ist, s § 1 Rz 19 ff. Selbst wenn der Abschluß bestimmter Geschäfte verkehrstypisch zu bestimmten Bedingungen gepflogen wird, so daß diese unter Kaufleuten, s § 2 Rz 61 ff, auch stillschweigend vereinbart werden können, ist Verwender die Partei derjenigen Marktseite, welche die Bedingungen geschaffen hat. Es sind aber Fälle denkbar, in denen die Bedingungen beiden Marktseiten gleichmäßig zugerechnet werden müssen und in welchen auch die Einbeziehungsinitiative beider Teile gleich zu bewerten ist, s § 1 Rz 22.

II. Das Prinzip der Auslegung gegen den Verwender

7 **1. Auslegung im Individualprozeß und im abstrakten Unterlassungsverfahren**

Der traditionelle, wohl auch von § 5 in erster Linie ins Auge gefaßte Anwendungsbereich trifft den **Individualprozeß.** Dort hat die Vorschrift im allgemeinen zur Folge, daß Einschränkungen der dem Vertragspartner des Verwenders nach dispositivem Gesetzesrecht zustehenden oder durch vertragstypische und individuelle Abreden indizierten Rechte eng, Erweiterungen weit auszulegen sind, s Rz 8 ff. Im Individualprozeß kann auch offen bleiben, ob eine Klausel Vertragsbestandteil geworden ist, wenn sie „jedenfalls“ nicht so interpretiert werden kann, daß sie den geltend gemachten Anspruch trägt. Es kann immer auch gesagt werden: eine Klausel müsse „jedenfalls“ einschränkend interpretiert werden, wenn sie nicht ohnehin unwirksam sei.

Im **abstrakten Unterlassungsverfahren** ist die Stoßrichtung der Norm umgekehrt. Die Auslegung einer AGB-Klausel wirkt sich dann zu Lasten des Verwenders aus, wenn man ihr im Zweifel den denkbar kundenfeindlichsten Inhalt gibt (ähnlich BGH Betrieb 1980, 494 und OLG Stuttgart BB 1979, 1468 – „alle ernstlich in Betracht kommenden objektiven Auslegungen“ zu berücksichtigen). Ein solches Ergebnis ist auch völlig gerechtfertigt (aM ULMER Rz 2, 18). Man kann ihm nicht entgegenhalten, dem Kunden drohe wegen § 5 gar keine kundenfeindliche Interpretation der Klausel. Das mag für den Fall, daß es zur gerichtlichen Auseinandersetzung kommt, wohl zutreffen. In der Vertragsabwicklung wird der rechtlich unerfahrene Kunde aber immer mit der verwendergünstigen Interpretation konfrontiert. Sinn des abstrakten Unterlassungsverfahrens ist es auch, derartige Klauseln aus dem Verkehr zu zwingen, bevor es zu einer Auseinandersetzung im Individualprozeß kommt. Hat man das erkannt, dann braucht man auch nicht mehr mit Ulmer besorgt darum zu sein, eine entschlossene Anwendung von § 5 dränge die Inhaltskontrolle nach §§ 9–11 ungebührlich zurück.

Auch im Unterlassungsprozeß ist eine Klausel aber nicht deshalb unwirksam, weil sie für eine höchst selten vorkommende Situation, für die sie in der Tat der Inhaltskontrolle verfiele, keine Ausnahme macht, vor allem, wenn sie mit dem salvatorischen Zusatz „soweit gesetzlich zulässig" arbeitet. Selbst die Gesetzesanwendung erlebt immer wieder teleologische Reduktionen, weil es sich als unmöglich erweist, alle denkbaren Ausnahmesituationen zu berücksichtigen, ja weil ihre ausdrückliche Regelung unverhältnismäßige Übersichtlichkeitseinbußen zur Folge hätte. Um so weniger kann man es einem AGB-Aufsteller zumuten, an alle Sondersituationen zu denken. So ist etwa das in § 50 ADSp, § 23 AGNB stehende Pfandrecht problematisch nur, soweit es wegen nicht konnexer Forderungen auch an Sachen bestehen soll, die nicht dem Auftraggeber gehören (s § 2 Rz 43). Die Vorschriften sind dementsprechend auch im Hinblick auf den Unterlassungsanspruch einengend auszulegen.

Es gibt Fälle, in welchen vor Entstehen einer konkreten Situation gar nicht gesagt werden kann, welche Auslegung wem günstiger ist. Wenn etwa fraglich ist, ob die Klausel „Gerichtsstand X" als Ausbedingung eines ausschließlichen oder als eines zusätzlichen, fakultativen Gerichtsstandes aufzufassen ist, so kann auch die Auslegung im Sinne einer Ausschließlichkeit dem Kunden günstiger sein, dann nämlich, wenn er gerade nicht an seinem Sitz verklagt werden will. In solchen Fällen kann man nur auf diejenige Auslegung abstellen, die dem Kunden normalerweise günstig ist, und nicht auf die gerade momentan kundengünstige Auslegung rekurrieren, uU etwa gar ein und dieselbe Klausel im Zeitablauf der Vertragsabwicklung verschieden auslegen. Daher ist etwa die genannte Klausel im Sinne eines fakultativen Gerichtsstandes auszulegen, nicht nur bei intern-rechtlichen Prorogationen (aM bei international rechtlichen Prorogationen von Hoffmann RiW/AWD 1972, 571 ff). Sich auf eine Interessenforschung dahin einzulassen, wann was dem Aufsteller günstiger ist und was er daher jeweils in Anbetracht der nur internrechtlichen oder der internationalen Funktion der Klausel gemeint haben könnte, ist dem Kunden keinesfalls zuzumuten. Denn grundsätzlich brauchen, bevor § 5 einsetzt, nur die auch dem Kunden bzw dem klageberechtigten Verband **liquiden Auslegungsmittel** eingesetzt zu werden, s Rz 5, 21. Schon wenn sich die Klausel dann als mehrdeutig darstellt, ist § 5 anwendbar.

2. Die praktische Regel: Einschränkende Auslegung 8

AGB sind meist darauf angelegt, die einem Kunden nach dispositivem Gesetzesrecht zukommenden Positionen zu beschneiden. § 5 führt in diesem Fall dazu, die Klauseln eng auszulegen. Freilich ist hierbei zu beachten, daß das Prinzip der kundenfreundlichen Auslegung in der Rspr lange als ein notdürftiger Ersatz für die im Gesetz nicht verankerte Inhaltskontrolle angesehen wurde und daher Übertreibungen erfahren hat, die heute nicht mehr gerechtfertigt sind. Deswegen generell „Zurückhaltung" mit restriktiver Auslegung von AGB-Klauseln zu empfehlen (Ulmer Rz 2; Müller-Graf JZ 1977, 252), geht aber zu weit.

a) Aus der früheren Rspr lassen sich etwa folgende Beispiele für eine **richtige Anwendung** der Norm anführen: 9

Die wichtigste Rolle spielte das Prinzip der engen Auslegung von AGB-Bestimmungen bei **Haftungsbegrenzungsklauseln.** Steht in Bedingungen für die **Vermietung eines Pkw,** für den durch die **Versicherung nicht gedeckten Teil des Schadens,** wie insbes für vorsätzlich oder grob fahrlässig verursachte Kaskoschäden . . . hafte der Mieter in voller Höhe, so gilt dies nicht im Falle unverschuldet verursachter Schäden (LG Berlin VersR 1969, 164). Haftungsbegrenzungen für den Fall des **Streiks** gelten 10 nicht bei Aussperrungen (Dieter Schmid NJW 1979, 19; s aber auch § 10 Nr 3 Rz 20; § 11 Nr 7 Rz 56). Ist in **Bankbedingungen** die Haftung für **Rat und Auskunft** ausgeschlossen, so fällt die Haftung für das pflichtwidrige Unterlassen eines Rates (BGH NJW 1964, 2058; aM, aber das Prinzip der kundenfreundlichen Auslegung nicht berücksichtigend – Mühl FS Heinz Kaufmann [1972] 303 f) oder für eine Scheckbestätigung im Verkehr der Kreditinstitute untereinander (BGHZ 49, 167 = NJW 1968, 588) nicht darunter. Eine Haftungsbegrenzungsklausel umfaßt im Zweifel nicht auch **Ansprüche gegen die Bediensteten** des Verwenders. Komplizierte Überlegungen, welche Interessen der Verwender gehabt haben könnte, auch einen Arbeitnehmer in die Haftungsbegrenzung einzubeziehen, sind im Rechtsverkehr niemandem zuzumuten (Löwe § 11 Nr 7 Rz 23; aM BGHZ 22, 109 = NJW 1956, 1915; BGH NJW 1962, 388). Zur Zulässigkeit von **Haftungsbegrenzungen zugunsten Dritter** s § 2 Rz 44. Zu besonderen Handelsbräuchen s unten Rz 29. Der Ausschluß von Nachlässen und Schadensersatz eines **Elektrizitäts- und Gasversorgungsunternehmens** (s §§ 26, 27) bezieht sich nur auf Störungen in der Stromversorgung, nicht aber auf Schäden, die Leute des Elektrizitätswerkes bei Arbeiten an Sachen, die dem Auftraggeber gehören (BGH NJW 1959, 38; NJW 1969, 1904), oder sonst in Fällen auslösen, in denen sie gegen unselbständige vertragliche Nebenpflichten verstoßen (BGH NJW 1969, 1903; 1971, 2267). Der Hafungsausschluß für den „Anschluß an das Leitungsnetz“ schließt den für unsachgemäßes Vorgehen bei Umstellung von Stadt- auf Erdgas nicht mit ein (BGH VersR 1978, 538). Haftungsbeschränkungen für **„Betriebsstörungen“ eines Abwasserunternehmens** beziehen sich nicht auf Leitungsverstopfungen oder Rückstauungen infolge mangelhafter Wartung oder Verlegung der Abwasserleitungen (BGHZ 54, 305 = NJW 1970, 2208; BGH BB 1974, 1368). Ein **Ausschluß „weiterer Gewährleistung“** bezieht sich nicht auf Verschuldenshaftung (BGH WM 1969, 96), der Ausschluß „jedweder Gewährleistung“ erfaßt nicht die Anfechtbarkeit wegen Irrtums über verkehrswesentliche Eigenschaften, soweit diese nicht in Fehlern im Sinne von §§ 459 ff BGB bestehen (BGH NJW 1979, 160 – Baujahr eines Gebrauchtwagens; BGH WM 1962, 512; aM BGH BB 1967, 96). Eine Haftungsbeschränkung in **Bankbedingungen auf den Zinsausfall** im Falle von Verzögerungen oder Fehlleitungen betrifft nicht den Schaden, der durch eine infolge von Verzögerung oder Fehlleitung entstehende Erfüllungsunmöglichkeit entstanden ist (BGHZ 13, 132 = NJW 1954, 996).

Vor allem kann auch eine bestimmte **systematische Einordnung** einer Haftungsbegrenzungsklausel zu einer einengenden Auslegung führen, etwa wenn Haftungsvorbehalte unter der Rubrik „Lieferzeit“ stehen (BGHZ 24, 39 = NJW 1957, 873), s Rz 12. Ein **Haftungsausschluß, der unter der Rubrik „Gewährleistung“ steht,** umfaßt nicht eine Haftung für die Nichterbringung der Vertragsleistung (BGH VersR 1971, 350; BauR 1975, 134) oder für eine positive Vertragsverletzung, die nicht von der Mangelhaftigkeit des Leistungsobjektes ausgeht (BGH NJW 1960, 1661), etwa in der Verursachung eines Brandes durch Schweißarbeiten (BGH BB 1970, 898; aM Kötz Rz 8) oder in der Unterlassung einer vertraglich zugesagten Ablieferungsinspektion (BGH NJW 1969, 1710) besteht. Haftungsbegrenzungen in „Verkaufsbedingungen“ erfassen nicht die Haftung für mangelhafte Erbringung vereinbarter Zusatzleistungen (BGH BB 1971, 415 – falsche Beratung durch Architekten; BGH VersR 1971, 931; WM 1971, 1372 – fehlerhafte Kostenschätzung durch Architekten; BGH MDR 1964, 228 – Beratungspflicht; BGH BB 1970, 898; VersR 1972, 274 – beide eine Montage betreffend). Eine **Gewährleistungseinschränkung auf Nachbesserung** schließt Schadensersatzanspruch wegen Verzugs mit der Nachbesserung (OLG Celle BB 1969, 1243), oder wegen positiver Vertragsverletzung der Nachbesserung (BGH NJW 1976, 234) nicht aus. Gewährleistungsbeschränkungen für Material und Bearbeitung beziehen sich nicht auf Konstruktionsfehler (OLG Celle BB 1970, 513). Die Rspr hat die in **Architektenbedingungen** enthaltenen Haftungsbegrenzungen auf folgende Vorgänge nicht angewandt: falsche Beratung nach Fertigstellung des Architektenwerkes (BGH BB 1971, 415), fehlerhafte Kostenschätzung vor Vertragsschluß (BGH WM 1971, 1372; VersR 1971, 931), Koordinationsfehler (BGH MDR 1977, 486).

Jedoch ist der Anwendungsbereich des Prinzips der einschränkenden Auslegung von AGB-Klauseln nicht auf Haftungsbeschränkungen begrenzt. Eine nach früherem Recht zulässige **Preisbindungsklausel** bezüglich Arzneimittel erfaßte nicht auch umsatzbezogene Warenrückvergütungen im Rahmen genossenschaftlicher Großhandelsformen (BGH Berieb 1966, 495). Eine Klausel in **Bankbedingungen,** wonach die **Unterlassung rechtzeitiger Erinnerung** gegen eine Buchungs- oder Saldomitteilung als Genehmigung zu gelten habe, schließt einen Bereicherungsanspruch auf Herausgabe des fingierten Anerkenntnisses nicht aus (BGH NJW 1968, 591) und beschränkt sich auf die aus der Mitteilung unmittelbar ersichtlichen Maßnahmen (BGH Betrieb 1976, 572). Eine Klausel, die die Haftung einer Sicherheit für alle Ansprüche der Bank aus einer **bestehenden „Geschäftsbeziehung“** begründet, läßt (Wechsel-)Forderungen der Bank, die diese von Dritten erworben hat, unberührt. Wird ein Kraftfahrzeug auf Kredit verkauft und enthalten die Geschäftsbedingungen des Verkäufers eine Klausel, wonach sich der **Eigentumsvorbehalt** auch auf „alle weiteren Ansprüche“ bezieht, „die dem Lieferwerk gegen den Besteller erwachsen sind oder aus der bestehenden Geschäftsverbindung noch erwachsen“, so sind damit nur Ansprüche gemeint, die aus dem konkreten Kaufgeschäft, nicht solche, die aus einem künftigen Kauf erwachsen (BGH NJW 1968, 885). Eine **Preisangabe,** „Nettopreis + Mehrwertsteuer“, ist im Verbrauchergeschäft gleichbedeutend mit „einschließlich **Mehrwertsteuer**“ (OLG München NJW 1970, 661; SCHAUMBURG NJW 1974, 1735 f; BRANDNER § 8 Rz 17; aM LG Mönchengladbach NJW 1972, 1719 – „netto plus Mehrwertsteuer von zZ 11%“). Ein Handelsbrauch, daß vereinbarte Preise Nettopreise seien, hat sich auch unter Kaufleuten nicht allgemein gebildet (OLG Düsseldorf NJW 1976, 1268; vgl insgesamt SCHAUMBURG NJW 1975, 1261). Ein Anschlag, „Umtausch ausgeschlossen“, vermag, wenn er überhaupt Vertragsbestandteil geworden ist, s § 2 Rz 17, Gewährleistungsansprüche nicht auszuschließen, auch nicht bei Saison-Ausverkäufen, s § 11 Nr 10 Rz 21. 11

b) Eine Wortklauberei ist freilich auch zugunsten des Vertragspartners des Verwenders nicht am Platze. Die Klausel, „Schadensersatzansprüche wegen Nichterfüllung oder verspäteter Erfüllung sind ausgeschlossen“, ist eindeutig und nicht auf bestimmte Fälle der Nichtlieferung beschränkbar (BGH NJW 1957, 1760). § 5 gilt nur, wenn sich der Sinn einer Klausel nicht auch dem Vertragspartner des Verwenders nach zumutbarer Verständnisanstrengung erschließt. Ein Handelsbrauch oder eine offensichtlich angesprochene Interessenlage kann einer Klausel einen über den Wortlaut hinausgehenden Sinn verleihen. Klauseln über den **verlängerten Eigentumsvorbehalt,** die Forderungen aus der „Veräußerung der Ware, gleich in welchem Zustand“ erfassen, betreffen auch Fälle des **Einbaus der Ware in ein Grundstück.** Der evidente Sinn der Klausel ist nicht nur auf rechtsgeschäftliche Verfügungen im sachenrechtlichen Sinne, sondern auch auf jede willentliche Eigentumsverschaffung bezogen (BGHZ 7, 365 = NJW 1953, 22; BGHZ 26, 178 = NJW 1958, 417). 12

Vereinbaren in ständiger Lieferbeziehung stehende Geschäftsleute, daß künftig an Stelle der Verkäuferbedingungen die Bedingungen der Abnehmerseite gelten sollen, so kann man nicht annehmen, der in den ersteren enthaltene Eigentumsvorbehalt solle weiter gelten, nur weil er in den letzteren nicht ausdrücklich ausgeschlossen ist (aM OLG Hamburg NJW 1978, 222).

Vor allem aber erfaßt eine Haftungsbegrenzung, wie der BGH in einer neueren Grundsatzentscheidung klargestellt hat (BGH MDR 1979, 665), auch **Ansprüche aus unerlaubter Handlung,** ohne daß dies ausdrücklich festgehalten werden müßte (BGHZ 9, 306; NJW 1953, 1180; 1962, 189; BGHZ 64, 355 = NJW 1975, 1512 – Stromunterbrechung; Kötz Rz 8; aM Graf von Westphalen NJW 1979, 839 f). Dem scheinbar entgegenstehende frühere Rspr war fast immer auf Sondersituationen bezogen, meist auf Klauseln, die sich unter irreführenden Überschriften fanden. In einem Fall (BGHZ 67, 366 = NJW 1977, 381) stand die Klausel in einem fast durchweg nur Gewährleistungsfragen regelnden Abschnitt „Mängel der Lieferung". Oder aber die frühere Rspr ist durch die neue Grundsatzentscheidung überholt. In einem anderen Fall (BGH NJW 1975, 1316) war in Architektenbedingungen die Haftung auf unmittelbaren Schaden am Bauwerk eingeschränkt. Der BGH ließ den Architekten gleichwohl für Schäden an anderen Sachen als dem Bauwerk, nicht aus Vertrag, sondern nur aus Delikt haften. Es ist jedoch nicht ersichtlich wieso gerade in diesem Fall der Wille, auch deliktische Ansprüche auszuschließen, nicht hinreichend deutlich zum Ausdruck gebracht worden sein sollte.

13 **b)** Der Hauptfall einer **überzogenen Anwendung des Prinzips** der kundenfreundlich engen Auslegung betrifft vor allem die Verwendung **falscher Formulare,** s § 2 Rz 50. Wird für den Verkauf eines gebrauchten Pkw ein Formular verwandt, das seinen Anwendungsbereich mit „Verkauf unter Einschaltung eines Vermittlers" angibt, ergibt aber eine genaue rechtliche Würdigung der bei Vertragsschluß abgegebenen Erklärungen, daß die auf der Verkäuferseite auftretende Person in Wirklichkeit selbst Verkäufer geworden ist und nicht nur Vermittler war, dann liegt eine individuell vereinbarte Ausdehnung des Anwendungsbereiches der Bedingungen vor. Solche Klauseln, bei denen jeder Anhaltspunkt dafür fehlt, daß sie im Zusammenhang mit der vorgesehenen Einschaltung eines Vermittlers stehen, müssen angewandt werden, s unten Rz 25, § 4 Rz 12. Wird für den Verkauf eines gebrauchten Pkw ein Formular verwandt, das für den Verkauf eines neuwertigen Pkw vorgesehen ist, und das deshalb durchweg Bestimmungen enthält, die dem Kunden vergleichsweise günstig sind, dann gelten nicht etwa die gesetzlichen Gewährleistungsregeln, sondern die im Formular stehenden und im Vergleich dazu immer noch eingeschränkten. Auch hier ist der Anwendungsbereich des Formulars individualvertraglich geändert.

14 3. Die praktische Ausnahme: Ausdehnende Auslegung und Eliminierung von Widersprüchen

Daß § 5 zu einer einengenden Auslegung führt, ist nur eine statistische Häufigkeitsregel. Die Vorschrift kann sich auch in umgekehrter Richtung auswirken.

15 **a)** Sie kann dann, **wenn dem Vertragspartner des Verwenders Rechte gewährt werden, die ihm nach dispositivem Gesetzesrecht nicht zustehen,** zu einer ausdehnenden Auslegung führen.

Vor allen Dingen gilt das im Bereich der Beschreibung der Hauptleistungspflichten des Verwenders, die ja gerade typischerweise nicht gesetzlich geregelt sind. § 5 kann sich auch im Versicherungsrecht auswirken, dahin nämlich, daß im Zweifel ein Risiko mit abgedeckt ist, s auch oben Rz 2.

Werden die dem Vertragspartner zur Rechtswahrung zustehenden Befugnisse in unsystematischer Abfolge unterschiedlich bezeichnet, so stehen sie ihm alle mit dem **relativ weiteren Begriffsinhalt** offen. Ist in Wettbestimmungen auf den Zugang des Wettscheins bald bei einer Annahmestelle, bald bei der Zentrale abgestellt, so ist die Abgabe des Wettscheins rechtzeitig, wenn er entweder bei der Zentrale oder bei einer Annahmestelle rechtzeitig abgegeben wird (BGHZ 5, 115 = NJW 1955, 657). Ist in einer Klausel festgehalten, daß der Besteller eine bestimmte Zeit an sein Angebot gebunden sei, so erlöschen dessen Wirkungen nach Ablauf der Frist automatisch, also ohne daß es eines Widerrufes bedürfte (LG Duisburg NJW 1964, 160).

Zum Problem der ausdehnenden Auslegung aus Gründen der **Gleichbehandlung von Verwender und Vertragspartner** s § 9 Rz 36.

b) Im Falle eines **Widerspruches von zwei Klauseln** gilt im Prinzip die für den Kunden günstigere (ULMER Rz 19 a; KOCH-STÜBING Rz 11), sofern dadurch Klarheit erreicht werden kann. Sonst sind beide Klauseln unwirksam. Im Individualprozeß ist kundengünstiger diejenige Auslegung, die sich in der konkreten Vertragsabwicklungssituation für den Kunden günstiger auswirken würde (aM ULMER Rz 20). Ist in Bedingungen für den Fall des Eintritts bestimmter Ereignisse bald von automatischer Vertragsauflösung oder einem fingierten Rücktritt, bald von einem Rücktrittsrecht die Rede, so ist der Vertrag automatisch aufgelöst, wenn der Vertragspartner von ihm losstrebt (AG Wuppertal MDR 1971, 756). Im umgekehrten Fall kann er als weitergeltend betrachtet werden, wenn das Rücktrittsrecht nicht wirksam ausgeübt wurde. Ist in einer Ausschreibung von Bauleistungen auf die VOB Teil A Bezug genommen, so kann dies zur Auslegung des Vertrages dienen, auch wenn Teil A keine Vertragsinhaltsregelungen treffen will. Zum Vorrang der relativ spezielleren Regelung s § 4 Rz 10. 16

III. Sonstige AGB-spezifische Auslegungsmaximen

1. Das Restriktionsprinzip 17

Das vielfach als geltend hingestellte Restriktionsprinzip besagt, daß Klauseln eng auszulegen sind, die die Rechte des Vertragspartners des Verwenders einschränken, welche anderwärts, meist im dispositiven Recht, verankert sind und sonst Vertragsbestandteil würden. Die Rspr arbeitet mit dieser Regel häufig in Fällen, in welchen man ebenso gut das Prinzip der Auslegung gegen den Verwender heranziehen könnte (BGHZ 24, 45 = NJW 1957, 873; BGH NJW 1959, 38; 1960, 1661; 1964, 1059; 1968, 591, 885; 1970, 386; WM 1975, 75; NJW 1976, 235; WM 1977, 1352). In diesem Bereich ist es müßig, das Verhältnis beider Prinzipien zueinander bestimmen zu wollen (SCHMIDT-SALZER E 51: jenes Unterfall von diesem). Entgegen ULMER Rz 12 liegt ein unterschiedlicher Anwendungsbereich für § 5 und den – von ihm so genannten – „Auslegungsgesichtspunkt" der Restriktion nicht darin, daß letztere die objektive Mehrdeutigkeit der auszulegenden Klausel nicht voraussetzte. Denn eine objektiv eindeutige Klausel kann schwerlich restriktiv ausgelegt werden. Zur notwendigen Liquidität der Auslegungsmittel s oben Rz 5. Indes sind Fälle denkbar, wenn auch selten, in denen sich einschränkende Klauseln auf Rechte beziehen, die dem Verwender selbst zustehen. Da er es ist, der die Textverantwortung hat, muß dann der Grundsatz der Auslegung gegen den Verwender vorgehen. Von dem behaupteten Restriktionsgrundsatz bleibt bei näherem Zusehen daher neben § 5 so gut wie nichts übrig (ähnlich KÖTZ Rz 5).

2. Objektive Auslegung? 18

Immer wieder wird behauptet, im Gegensatz zu Individualvereinbarungen seien AGB-Klauseln „objektiv", also ohne Berücksichtigung der individuellen Besonderheiten des einzelnen Falles, ja sogar „gesetzesähnlich" (RGZ 170, 240 f; 171, 47;

BGH NJW 1959, 38; – ein Vergleich, der freilich mehr und mehr vermieden wird) auszulegen (aus der AGB-Literatur Ulmer Rz 6 f; Kötz Rz 2). Meist ist freilich aus dieser Prämisse nur die Revisibilität solcher AGB hergeleitet worden (BGHZ 7, 365; BGH NJW 1955, 1145; BGHZ 22, 98 = NJW 1957, 17; BGHZ 33, 218 = NJW 1961, 212; BGH NJW 1964, 149; NJW 1968, 885; NJW 1970, 321; BGHZ 62, 251 = NJW 1974, 1136; BGH WM 1978, 11; NJW 1964, 149; BGHZ 62, 251 = NJW 1974, 1136; weitere Nachweise in den Kommentaren zu §§ 549, 550 ZPO), die einen über die Grenze eines OLG-Bezirks hinausgehenden Verbreitungsgrad besitzen. Die Entscheidungen, wo von einer von individuellen Umständen losgelösten Auslegung von AGB die Rede ist, ohne daß daraus irgendwelche näheren Konsequenzen gezogen wurden, sind Legion. Sehr selten deutet die Rspr aber konkret an, welche individuellen Eigenheiten eigentlich kraft eines solchen Postulats bei der Würdigung einer zur Debatte stehenden Klausel von einer Berücksichtigung ausgeschlossen sein sollten. Der BGH hat dies ein einziges Mal getan und unter Hinweis auf den Grundsatz von der angeblich objektiven Auslegung von AGB gemeint, die Tatsache, daß der Vertragspartner des Verwenders Ausländer sei, könne keine Rolle spielen (BGH NJW 1960, 1661). Da die Verhandlungs- und Vertragssprache ersichtlich deutsch war, hätte aber auch nichts anderes gegolten, wenn das Bedingungswerk individuell formuliert worden wäre, s § 2 Rz 4, 29). Welche aus der Ausländereigenschaft des Vertragspartners entspringenden Umstände möglicherweise für die Auslegung der Klausel hätten von Bedeutung sein können, blieb zudem völlig im Dunkeln. Bei näherem Zusehen bleibt von dem behaupteten Grundsatz nichts übrig als dies: In aller Regel fehlt es an irgendwelchen individuellen Besonderheiten, die für die Auslegung eine Rolle spielen könnten (Brandner AcP 162, 254 f; Emmerich JuS 1972, 366). Zum notwendigen Grad inhaltlicher Verständlichkeit s § 2 Rz 40.

19 **a)** Notgedrungen ohne Berücksichtigung jedweder individueller Besonderheiten müssen AGB freilich ausgelegt werden, wenn sie im Rahmen einer verwaltungsgerichtlichen Klage über die – aus besonderen Gründen notwendige (Versicherungsbedingungen) – Genehmigungsfähigkeit (BVerwG Betrieb 1976, 530) oder im Zusammenhang mit einer **abstrakten Unterlassungsklage** zur gerichtlichen Kontrolle gebracht werden. Doch auch dann ist der Unterschied zur Gesetzesauslegung noch groß, s Rz 21.

20 **b)** Aber auch im **Individualprozeß** fehlt es meist an individuellen auslegungsrelevanten Gegebenheiten. In den meisten den Gerichten zur Entscheidung vorliegenden Fällen sind die AGB auf typische Art und Weise Vertragsbestandteil geworden; in bezug auf die jeweils streitige Klausel haben sich irgendwelche für die Auslegung in Betracht kommenden Einzelumstände nicht zugetragen. So ist die Auslegung im allgemeinen am Verständnishorizont eines Durschschnitts-Dritten oder Durchschnittsangehörigen des vorgestellten Adressatenkreises sowie an redlicher Einstellung der typischerweise vorausgesetzten Vertragspartner (BGHZ 17, 3 = NJW 1955, 1145; BGHZ 22, 98 = NJW 1957, 17; BGH NJW 1974, 1136; BGHZ 62, 254 = NJW 1974, 1135) auszurichten. **Begriffe** haben nur dann eine **fachliche Bedeutung,** wenn sie die Alltagssprache nicht kennt (Schmidt-Salzer E 38; Palandt-Heinrichs Anm 3; Kötz Rz 3). Sonst ist nach Kundenkreisen mit vorauszusetzender Kenntnis der Fachbedeutung des Begriffs und „Laien“ zu unterscheiden (so auch Ulmer Rz 10; Kötz Rz 3). Gegenüber Laien gilt aber nicht die Alltagssprache, sondern die ihnen günstigere Bedeutungsalternative (aM Kötz; BGHZ 18, 318; s oben Rz 2 Fn*). **Rechtswissenschaftlichen Begriffen** ist jedoch ihre Fachbe-

---

* BGHZ 5, 367 = NJW 1952, 782 (einer „Diebstahl“-Versicherung unterfallen nur Diebstähle im technischen Sinne des Strafrechts); BGH Betrieb 1969, 1146 (Fahren „ohne“ Fahrerlaubnis liegt

deutung zu lassen (BGH VersR 1956, 42; 1956, 283; ULMER Rz 20; PALANDT-HEINRICHS Anm 10; KÖTZ Rz 3; SCHMIDT-SALZER E 39; wohl ebenso, wenn auch neben anderen Auslegungskriterien BGH VersR 1976, 630). Das gilt vor allem, wenn Bedingungen im Hinblick auf bestimmte gesetzliche Regelungen formuliert sind. Dann behalten die in dem Klauselwerk verwandten Anschlußbegriffe ihre im Gesetz verankerte Bedeutung*. Wo freilich die Umgangssprache eine festgefügte, vom juristischen Sinn eines Wortes abweichende Bedeutung kennt, ist zwar nicht schlechthin diese entscheidend, wohl aber die kundengünstigere.

c) Auf alle Fälle ist der **Vergleich mit der Gesetzesauslegung** (s oben Rz 18) **sehr** 21
irreführend (so mit Recht BRANDNER aaO). Auszulegen ist nur das, was sich dem vorgestellten Adressatenkreis normalerweise als Sinn der Vorschrift erschließt. Die Art der Werbung ist zu berücksichtigen (BGHZ 61, 280 = NJW 1974, 37). Eine differenzierte Auslegung nach verschiedenen **Gruppen von Vertragspartnern** des Verwenders erkennt auch die hM an (BGH GRUR 68, 654 – Besonderheiten der Tankstellenpächter, die gleichzeitig eine Reparaturwerkstätte betreiben; s auch oben Rz 20). **Die Entstehungsgeschichte einer Klausel** darf zu Lasten des Vertragspartners des Verwenders nur herangezogen werden, wenn sie beiden Teilen bekannt ist (sehr bedenklich daher RGZ 125, 238), sonst auch nicht „unterstützend" (SCHMIDT-SALZER E 50; schon damals sehr bedenklich, jetzt jedenfalls durch § 5 überholt: BGHZ 25, 35 = NJW 1957, 1479). Sie zu Lasten des Verwenders heranzuziehen, erübrigt sich meist angesichts von § 5 (zu Lasten des Verwenders bei unklarem Inhalt einer Bestimmung herangezogen von RGZ 137, 126 f). Eine **„historisch-teleologische" Auslegung** anzustellen, um zu ermitteln, ob im Sinne von § 13 Abs 2 AKB der Begriff „Listenpreis" auch die Mehrwertsteuer erfaßt (so MEINECKE VersR 1976, 112), ist unzulässig. Vielmehr ergibt sich dies aus dem Prinzip der Auslegung gegen den Verwender. Auch an die Stelle der bei Gesetzen uU nötigen tiefer schürfenden Auslegungen aufgrund von Exegese, Rechtsnormenvergleich und Interessenforschung tritt im AGB-Bereich das Prinzip von § 5. Dies gilt auch für das **Versicherungsrecht.** Es ist eine Zumutung der Rspr, den Versicherungsnehmer auf eine Auslegung zu verweisen, die unter Berücksichtigung anderer AGB des gleichen Verwenders oder gar der Branche gewonnen wurde, welcher dieser angehört (so aber BGHZ 25, 35 = NJW 1957, 1479). Insgesamt dem vorgestellten Adressatenkreis unverständliche Klauseln werden nicht Vertragsbestandteil, jedenfalls nicht im Verhältnis zum Privatkunden, s § 2 Rz 58.

d) Jedoch rechtfertigt dies alles nicht, außerhalb regelrechter Individualabreden 22
liegende **individuelle Umstände des Vertragsschlusses** außer Betracht zu lassen, wenn ihnen eine Auslegungsbedeutung abzugewinnen ist (BRANDNER AcP 162, 258; aM ULMER Rz 5 ff; KÖTZ Rz 4; vermittelnd SCHMIDT-SALZER E 33 ff, der die Verdrängbarkeit von AGB durch einzelfallgerecht ausgelegte Individualvereinbarungen betont). Im Individualprozeß ist jede AGB-Bestimmung als Vertragsbestandteil auszulegen. So ist schon das RG (RGZ 116, 207) in einem Fall vorgegangen, in welchem ein Bankdirektor als Bankkunde aufgetreten war und sich die von den Banken beanspruchte Auslegung der Allgemeinen Bankbedingungen entgegenhalten lassen mußte. Eine solche Einstellung ist methodenehrlicher als die Tendenz, aus beiden Vertragsteilen bekannten individuellen Umständen „Individualvereinbarungen" zu konstruieren (BRANDNER AcP 262, 256; eine Durchbrechung des Prinzips der einheitlichen Auslegung von AGB leugnend MÜHL FS Heinz Kauff-

---

nicht vor, wenn einer Auflage in der Fahrerlaubnis zuwidergehandelt wurde, Tragen einer Brille); BGH Betrieb 1967, 96; BGH NJW 1979, 160 („Ausschluß jedweder Gewährleistung" erfaßt nicht Irrtumsanfechtung wegen solcher verkehrswesentlicher Eigenschaften, die keine „Fehler" iSv §§ 459 ff BGB sind – aM BGH WM 1962, 512).

mann 299). Auch sonst hat die Rspr ohne viel Worte der Begründung individuelle Umstände für die Vertragsauslegung herangezogen. Selbst wenn eine Bank nach ihren Geschäftsbedingungen nicht verpflichtet ist, für die Einziehung eines Schecks Eilmittel einzusetzen, können konkrete Umstände des Einzelfalls die Klausel unanwendbar machen (BGHZ 6, 58). Auskünfte, welche anhand der Unterlagen einer Bank erteilt werden und in ihrer wirtschaftlichen Bedeutung klar begrenzbar und überschaubar sind, fallen nicht unter die Haftungsbegrenzung der Allgemeinen Bankbedingungen für Auskünfte (s auch oben Rz 10). Den Zweck einer einheitlichen und damit rationellen Vertragsabwicklung, den der Unternehmer mit seinen AGB ua verfolgt, muß er selbst dadurch wahren, daß er individuellen Umständen keine auslegungsrelevante Bedeutung zuwachsen läßt.

23 **3. Das Prinzip der individualvereinbarungskonformen Auslegung von AGB-Klauseln und seine Grenzen**

Steht eine Individualvereinbarung im Gegensatz zu dem gesamten Inhalt einer AGB-Klausel, s § 4 Rz 11 ff, oder ist eine solche – gemessen an individuellen Bestandteilen eines Vertrages –ungewöhnlich und überraschend, s § 3 Rz 24, so ist die vorformulierte Bedingung unanwendbar. Denkbar aber ist, daß die AGB-Klausel im Hinblick auf eine Individualvereinbarung nur einschränkend oder ausdehnend interpretiert zu werden braucht, um beide in Übereinstimmung miteinander zu bringen, oder daß eine Individualvereinbarung den Ausschlag zugunsten mehrerer dem Wortlaut der Klausel nach möglichen Auslegungen gibt. Aus dem Vorrang der Individualabrede folgt dann das Prinzip der individualvertragskonformen Auslegung von AGB-Klauseln (Löwe Rz 3, 5; Schmidt-Salzer E 26, nach früherer Rechtslage Brandner AcP 162, 237, 252 ff; Lüderitz, Auslegung von Rechtsgeschäften 235 ff; Sonnenberger, Verkehrssitten im Schuldvertrag 1841 Emmerich JuS 1972, 366; Weber Betrieb 1971, 129 ff; aM Ulmer Rz 5), wobei die Konformität sowohl zu den individuellen Festlegungen der Hauptleistungspflicht als auch zu individuellen Nebenvereinbarungen herzustellen ist.

24 **a)** Ständige Geldentwertungs- und Preissteigerungsraten sind in unserer Zeit selbstverständlich. Eine **individuelle Preisvereinbarung** für Leistungen, die erst nach längerer Zeit zu erbringen sind, steht zwar deshalb nicht automatisch unter dem Vorbehalt einer Preisanpassung. Der Sinn einer individuellen Preisvereinbarung ist aber angesichts der allgemeinen wirtschaftlichen Verhältnisse nicht so dicht, daß eine Preisanpassungsklausel einen Widerspruch zu ihr darstellen oder ungewöhnlich und überraschend sein könnte. Nur individuelle **„Festpreis"zusagen** gehen Preisgleitklauseln in AGB vor. Hat jemand einen erst nach längerer Zeit zu liefernden Gegenstand zu einem ausgehandelten Preis gekauft, der 500,– DM unter dem empfohlenen Richtpreis und den üblicherweise verlangten Preisen liegt, steht in den Bedingungen, daß im Falle einer im Betrieb des Verwenders allgemein vorgenommenen Preiserhöhung die im Lieferzeitpunkt empfohlenen Richtpreise oder allgemein verlangten Preise gelten sollen, so mag man den ausgehandelten Preis uU als eine die Klausel ganz verdrängende Festpreisabsprache werten. Wenn die Lieferzeit eine Zeitspanne überdeckt, in der üblicherweise mit Preiserhöhungen zu rechnen ist, so ist die Klausel auch gemessen an der individuellen Preisvereinbarung nicht ungewöhnlich. Sie muß aber so interpretiert werden, daß auch der zum Lieferzeitpunkt geschuldete Preis um 500,– DM unter dem allgemein verlangten Preis liegt. Zu Preisgleitklauseln allgemein s § 4 Rz 7, § 11 Nr 1 Rz 17 ff.

25 **b)** Haben Parteien ein allgemein gehaltenes Formular für den Verkauf bestimmter Waren verwandt, war aber unter ihnen klar, daß die Ware zur Weiterverarbeitung

im Betrieb des Käufers verwandt werden sollte und ist dieser Betrieb vor Abnahme der Ware zerstört worden, so ist eine in den Bedingungen enthaltene **„höhere-Gewalt-Klausel“** dahin auszulegen, daß die Abnahmepflicht entfällt, auch wenn im üblichen Anwendungsbereich des Formulars eine Störung des (Handels-)Betriebs des Käufers eine solche Auslegung nicht rechtfertigen würde.

c) Wurde ein für den **Verkauf gebrauchter Fahrzeuge** gedachtes **Formular** (mit einer insoweit anerkennenswerten Gewährleistungsbeschränkung, s § 9 Rz 131) für den Verkauf eines Pkw verwandt, in den nach der Vertragsabsprache wichtige Teile neu eingesetzt werden sollten und wurden, so bezieht sich der Gewährleistungsausschluß auf diese Teile nicht (BGH LM Nr 8 zu § 348 HGB [C]). **25a**

d) Haben die Vertragspartner den Sinn einer Klausel **individuell übereinstimmend gedeutet,** so ist dieser Sinn maßgebend (Kohlhosser JR 1973, 315), Angaben zur Interpretation von Versicherungsbedingungen, die ein Versicherungsagent macht, muß sich die Versicherung zurechnen lassen. Selbst die bloße Tatsache, daß ein Versicherungsagent den Versicherungsnehmer in seinem Irrtum belassen hat, geht zu Lasten der Versicherung (BGH NJW 1963, 1978; unter Hinweis auf frühere Judikatur. Näheres dazu bei Prölss-Martin § 43 VVG Anm 7 A). **26**

e) Wenn eine **Individualvereinbarung ihren Verfasser und Verwender des Klauselwerkes begünstigt,** trifft diesen die Formulierungsverantwortung. Dies rechtfertigt es, in einem solchen Falle dem Prinzip von § 5 Vorrang zwar nicht vor § 4, wohl aber vor dem Prinzip der individualvertragskonformen Auslegung beizumessen. **27**

f) Zur Problematik der Individualabreden als Kriterium für den überraschenden Charakter einer Klausel s § 3 Rz 23. **28**

4. Allgemeine Auslegungsgrundsätze **29**

Soweit keine AGB-spezifischen Auslegungsgrundsätze eingreifen, sind auch vorformulierte Bedingungen nach den Prinzipien auszulegen, die für private Willenserklärungen gelten. Wirtschaftlicher Zweck des Vertrages und von einzelnen seiner Klauseln sowie das Postulat eines gerechten Interessenausgleichs stehen – wie auch sonst – im Vordergrund (Schmidt-Salzer E 43 mit zahlreichen Rechtsprechungsbeispielen). Das **Prinzip der vermuteten Redlichkeit einer Erklärung** gestattet auch eine den Wortlaut einer AGB-Klausel außer Acht lassende Einschränkung oder Erweiterung ihrer Anwendbarkeit, wenn sich dies zum Nachteil des Aufstellers auswirkt. Wenn sich jemand für ein **„unvorhergesehenes“** Ereignis Haftungserleichterungen verschaffen will, so kann damit redlicherweise nur ein „unvorhersehbares“ Ereignis gemeint sein (BGH NJW 1962, 1196; BGH BB 1970, 466). Sollen Erschwernisse, die nach Angebotsabgabe erkennbar werden, den Subunternehmer nicht zu irgendwelchen Ansprüchen gegen den Bauhauptunternehmer berechtigen, so sind Schadensersatzansprüche aus dessen Verschulden nicht ausgeschlossen (aM Graf von Westphalen, Das AGB-Gesetz im Spiegel des Baurechts 55, der darin aber einen Verstoß gegen § 11 Nr 7 sieht). Sind Gewährleistungsansprüche „nach begonnener Verarbeitung“ ausgeschlossen, so ist damit der Fall rechtzeitig vorher erhobener Mängelrüge nicht gemeint (BGH MDR 1976, 395). Lieferung „nach dem neuesten Stand der Technik“ kann nicht die dem Vertragspartner durch gewerbliche Schutzrechte verschlossenen Bereiche der Technik meinen. Im Verkehr unter Kaufleuten muß man auch dem Prinzip der Auslegung im Einklang mit einem **handelgebräuchlichen Sinn einer Klausel** Vorrang vor § 5 einräumen. So besteht etwa in der Rheinschiffahrt ein Handelsbrauch, Freizeichnungsklauseln auch zugunsten des Schiffsführers (s o Rz 10 u § 2 Rz 44) zu verstehen (BGH MDR 1971, 462).

Ist ein nach Vorstellung des Verwenders ua durch AGB geregelter Vertrag deshalb lückenhaft, weil AGB-Bestimmungen nicht Vertragsbestandteil geworden oder unwirksam sind, so ist für **ergänzende Auslegung iS** einer richterlichen Vertragsergänzung nur im Rahmen von § 6 Raum (s dort Rz 13). Im übrigen aber wird der Spielraum für ergänzende Vertragsauslegung (dazu s § 133 BGB Rz 40 ff) nicht dadurch enger, daß ein Vertrag teilweise oder gar überwiegend durch AGB geregelt ist (Kötz Rz 10 ff; LG Karlsruhe VersR 1977, 1121; aM Ulmer Rz 15). Jedoch sind Maßstab auch dann die individuellen Verhältnisse der Parteien (aM Kötz Rz 11). Soweit der BGH bisher zur ergänzenden Vertragsauslegung gegriffen hat, war entweder der Fall dazu in Wahrheit untauglich (so BGH NJW 1962, 388 – s dazu oben Rz 10) oder es geschah in Wirklichkeit eine – heute nicht mehr zulässige (s dazu § 6 Rz 15 ff) geltungserhaltende Reduktion (s BGHZ 60, 353 = NJW 1973, 1192).

30 **IV. Die Auslegung von AGB im internationalen Verkehr**

Auch die Maßstäbe zur Auslegung von AGB ausländischen oder internationalen Gepräges müssen primär von dem Vertrag her bestimmt werden, in den sie einbezogen worden sind. Die Vorstellung, es gebe „ausländische", ausländisch „geprägte" oder „internationale" AGB, deren Auslegung der Revision durch den BGH entzogen sei (BGH MDR 1966, 483; BGHZ 49, 362 f = NJW 1968, 1567), ist sehr ungenau. Aus dem Zweck der Revisibilität der AGB läßt sich eine solche Beschränkung aber nur ableiten, wenn die Verbreitung von Bedingungen ausländischen Gepräges in Deutschland sich auf den Bezirk eines OLG beschränkt oder wenn auch der Vertrag, in den AGB einbezogen worden sind, ausländischem Recht untersteht. Allein das Vertragsstatut sagt, anhand welcher Rechtsordnung AGB auszulegen sind.

Allerdings spielt im Rahmen der Bestimmung des Indizienschwerpunktes für die Anwendung einer bestimmten nationalen Rechtsordnung auf einen Vertrag, s § 12 Rz 9, eine große Rolle, ob dem Vertrag Geschäftsbedingungen der einen Seite zugrunde gelegt wurden (OLG Hamburg IPRspr 1962/63 Nr 28; von Hoffmann RiW/AWD 1970, 248 mwN in Fn 15-17), was ua damit begründet wird, zweckmäßig sei die Anwendung des Rechtes, von dessen Begrifflichkeit die vorformulierten Bedingungen geprägt seien. Allerdings gilt dies nur, wenn die AGB primär im nationalen Raum und im vorwiegendem Interesse einer Marktseite gebraucht werden.

Bedingungen können aber einen **internationalen Verbreitungsgrad** dergestalt haben, daß sie auch von beiderseits ursprungslandfernen Vertragspartnern verwendet werden oder daß sie gar nicht in einem bestimmten Ursprungsland entstanden sind. Verträge, in welche sie einbezogen werden, können – den Schöpfern des Klauselwerks durchaus bewußt – von unterschiedlichen Rechten beherrscht sein, welche auch unterschiedliche Rechtsnormen über die Auslegung von Verträgen und möglicherweise speziell auch ihrer vorformulierten Bestandteile entwickelt haben können. Auch dann unterliegen die einbezogenen AGB dem jeweiligen Vertragsstatut (Reithmann-Martiny, Internationales Vertragsrecht Rz 71 ff, 84 ff, 86). Eine einheitliche Auslegung des Klauselwerkes läßt sich dann prinzipiell nicht erreichen. Allerdings werden die für die jeweiligen Vertragsverhältnisse geltenden nationalen Rechtsordnungen im allgemeinen den Grundsatz anerkennen, daß bei Auslegung von Formularen für einen international weitgestreuten Benutzerkreis die Ansichten und Gebräuche dieses Kreises zu berücksichtigen sind. Auf spezialisierten Gebieten kann sich auch die handelsübliche Begriffswelt so sehr an eine Rechtsordnung, etwa an die englische, angelehnt haben, daß über die Brücke der Berücksichtigung der

Anschauung der typischen Benutzer die in dieser Rechtsordnung geltenden Auslegungsgrundsätze maßgebend werden. Dabei braucht sich nicht in einer gerichtsförmig nachweisbaren Weise für bestimmte Klauseln ein bestimmtes internationales Benutzerverständnis herausgebildet zu haben. Es genügt, wenn die entsprechende Kautelarpraxis generell die Anlehnung an die Begrifflichkeit eines ausländischens Rechts erkennen läßt. Das ist etwa auf dem Gebiet der Seeversicherung der Fall (BGH RiW/AWD 1968, 228; weitere Einzelheiten bei von Hoffmann aaO).

Unterliegt der Vertrag deutschem Recht, so gilt § 5 auch für eine in den Bedingungen enthaltene internationale Prorogationsklausel, s oben Rz 7 u § 3 Rz 8. Zur Einbeziehung von AGB bei Geschäften mit Ausländern, s § 2 Rz 4.

§ 6
Rechtsfolgen bei Nichteinbeziehung und Unwirksamkeit

(1) Sind Allgemeine Geschäftsbedingungen ganz oder teilweise nicht Vertragsbestandteil geworden oder unwirksam, so bleibt der Vertrag im übrigen wirksam.

(2) Soweit die Bestimmungen nicht Vertragsbestandteil geworden oder unwirksam sind, richtet sich der Inhalt des Vertrages nach den gesetzlichen Vorschriften.

(3) Der Vertrag ist unwirksam, wenn das Festhalten an ihm auch unter Berücksichtigung der nach Absatz 2 vorgesehenen Änderung eine unzumutbare Härte für eine Vertragspartei darstellen würde.

1. Teilber 93; RefE 21; RegE 20 – s Einl 6 ff.

Schrifttum

Baumann, Salvatorische Klauseln in Allgemeinen Geschäftsbedingungen, NJW 1978, 1953; Diederichsen, Die Aufstellung Allgemeiner Geschäftsbedingungen und ihre Aufrechterhaltung bei Nichtigkeit einzelner Klauseln, ZHR 1969, 232 ff; Götz, Rechtsfolgen des teilweisen Verstoßes einer Klausel gegen das AGB-Gesetz, NJW 1978, 2223; Kötz, Zur Teilunwirksamkeit von AGB-Klauseln, NJW 1979, 785 ff; Naendrup, Die Teilnichtigkeit im Recht der Allgemeinen Geschäftsbedingungen (1966).

Systematische Übersicht

I. Allgemeines
1. Grundanliegen der Norm 1
2. Anwendungsbereich 2

II. Der Inhalt des wirksam gebliebenen Vertrages 9
1. Das dispositive Gesetzesrecht als primäre Ersatzordnung 10
2. Ergänzende Vertragsauslegung als sekundäre Ersatzordnung 12
3. Fälle ersatzlosen Wegfalls von vorformulierten Klauseln? 13
4. Besonderheiten im Rahmen der Unterlassungsklage? 14
5. Prinzip des geringstmöglichen Eingriffs in die vertragliche Regelung? 15

III. Unwirksamkeit des Vertrages als Ausnahme
1. Die rechtliche Grundstruktur von Absatz 3 18
2. Anwendungsfälle 22

I. Allgemeines

1. Grundanliegen der Norm 1

Die Vorschrift entspricht in ihrer Hauptstoßrichtung – Aufrechterhaltung des Vertrages im Falle unwirksamer AGB-Klauseln – der bereits vor Erlaß des AGBG vorherrschenden Judikatur, welche freilich der dogmatischen Rechtswissenschaft sehr viel, heute überholtes Kopfzerbrechen bereitet hat. Die Regelung ist zugeschnitten auf Fälle, in denen die Einbeziehung von Bestimmungen aus AGB nach §§ 2-5 gescheitert oder nach §§ 9-11 unwirksam ist, in denen aber im übrigen die Voraussetzungen für einen wirksamen Vertragsschluß vorliegen. Für die hypothetische Frage, ob die Parteien die Nichtigkeit des Vertrages gewollt hätten, wenn ihnen die Unwirksamkeit der Einbeziehung von AGB bekannt gewesen wäre, ist dann kein Raum mehr. § 6 ist im Verhältnis zu § 139 BGB **lex specialis**. Hat eine Individualvereinbarung eine AGB-Klausel verdrängt, ist sie aber später wieder aufgehoben worden, so ist die Aufhebungsvereinbarung dahin zu interpretieren, daß gelten soll, was von Anfang an ohne Individualabrede gegolten hätte. Auch dies ist unabhängig davon, ob man § 4 als Auslegungsregel betrachtet (aM Ulmer § 4 Rz 40).

Unmöglich kann mit der Bestimmung freilich gewollt sein, daß einer **Partei** der Abschluß eines Vertrages ohne Einbeziehung von AGB aufoktroyiert wird, wenn sie **ersichtlich nur zu bestimmten AGB abzuschließen bereit ist**. Abs 1 ist daher nicht nur abdingbar (zur Abdingbarkeit der Absätze 2 und 3 s unten Rz 11, 21), sondern einseitig ausschaltbar (Ulmer Rz 16; aM Kötz Rz 5). Hat A dem B ein Angebot zum Ankauf einer Sache auf der Grundlage seiner Einkaufsbedingungen gemacht und individuell darauf hingewiesen, daß die Annahme der Bedingungen conditio sine qua non für den Vertragsschluß sei, antwortet B, er sei mit allem einverstanden, nur mit der Einbeziehung der AGB nicht, dann ist § 6 sicherlich unanwendbar. Ist ein derartiger Vorbehalt gegen den Vertragsschluß in den einem Angebot beigefügten AGB formularmäßig gehalten (s etwa den Einkaufsbedingungen betreffenden Fall BGH NJW 1979, 213), so ist dies häufig iSv § 3 überraschend (zur Anwendbarkeit des AGBG auf Vertragsangebote s § 1 Rz 5), wenn aber im Einzelfall nicht überraschend, dann auch nicht unangemessen (aM Ulmer Rz 17). Immer kann aber der Vertrag durch kommentarlose Entgegennahme der Leistung dennoch zustandegekommen sein (s § 2 Rz 75).

2 **2. Anwendungsbereich**

Durch keinerlei Unterschiede in der Interessenlage gerechtfertigt wäre es, den Anwendungsbereich von § 6 auf die Fälle zu beschränken, in denen die wirksame Einbeziehung von AGB oder einzelner ihrer Bestimmungen aus einem im AGBG geregelten Grunde gescheitert ist. Es wäre zB absurd, den gesamten Vertrag daran scheitern zu lassen, daß sich etwa in AGB eine Klausel befindet, die gegen zwingendes Gesetzesrecht verstößt oder der ein einsehbarer Sinn nicht abzugewinnen ist. Die Rechtsfolgen von Einbeziehungshindernissen, die sich aus Normen außerhalb des AGBG ergeben, bedürfen freilich einer differenzierten Betrachtungsweise.

3 **a) Verstoßen Bestimmungen** in AGB nicht gegen §§ 9-11, sondern **gegen gesetzliche Vorschriften,** die **zwingend** den Inhalt von Verträgen festlegen, so ist die Interessenlage nicht anders als bei einem Verstoß gegen §§ 10 f. Der Vertrag und die übrigen Teile der Bedingungen bleiben wirksam (allgM).

4 **b)** Häufig bezeiht sich ein **versteckter Einigungsmangel** lediglich auf die Einbeziehung von AGB. Typisch dafür sind die Fälle sich kreuzender kaufmännischer Bestätigungsschreiben und gerade wegen der einzubeziehenden AGB divergierende Bestellungen und Auftragsbestätigungen (s § 2 Rz 75 ff): Die Parteien glauben an den wirksamen Abschluß des Vertrages und sind nur unterschiedlicher Meinung darüber, ob oder welche AGB sein Bestandteil geworden sind. Diesen Fall anders zu

behandeln als jenen, in welchem die Einbeziehung daran gescheitert ist, daß der Vertragspartner des Verwenders iS v § 2 nicht ausreichend auf den Einbeziehungswillen hingewiesen worden ist und/oder keine Kenntnis vom Inhalt der AGB erhalten hat, besteht kein Grund (Löwe Rz 3).

Niemandem darf gegen seinen erklärten Willen eine vertragliche Bindung aufgenötigt werden. Im Falle sich kreuzender kaufmännischer Bestätigungsschreiben ist allerdings ein **offener Dissens** schlecht vorstellbar. Im Falle widersprüchlicher Bezugnahmen auf AGB in Angebot (Bestellung) und Annahme (Auftragsbestätigung) ist hingegen immer genau zu prüfen, ob die Parteien den Vertrag als geschlossen betrachteten oder nicht. Auf Seiten des Teils, welcher vorbehaltslos Leistungen erbringt, anmahnt, entgegennimmt oder sich ankündigen läßt, kann man dies durchwegs annehmen; ohne solche und ähnliche Handlungen aber nicht – auch dann nicht, wenn im Angebot AGB überhaupt nicht erwähnt waren.

c) Denkbar, wenn auch selten ist, daß AGB deshalb nicht Vertragsbestandteil 5
geworden sind, weil auf Seiten des Vertragspartners des Verwenders ein Vertreter gehandelt hat, der zwar zum Abschluß des Vertrages, **nicht** aber **zur Einbeziehung von AGB** oder von Klauseln mit bestimmtem Inhalt **bevollmächtigt** war. Liegen auch die Voraussetzungen einer Anscheins- oder Duldungsvollmacht nicht vor, so ist die Interessenlage nicht anders als im Falle des versteckten Einigungsmangels*.

d) Auch wegen eines **allgemeinen Formmangels** kann die Einbeziehung scheitern, 6
§ 2 Rz 50, etwa bezüglich einer Schiedsklausel (§ 1027 ZPO). Wenn das Gesetz für den Fall der Nichtbeachtung der in § 2 verankerten besonderen Formvorschrift den Vertrag im übrigen aufrecht erhält, so besteht kein Grund, bei Nichtbeachtung allgemeiner gesetzlicher Formvorschriften anders zu werten, wenn nur die vertragliche Bindung wegen der beiderseitigen Hauptleistungspflichten formgültig zustande gekommen ist (Dietlein Rz 2; Kötz Rz 3). Für den Fall einer vertraglich vereinbarten Form, insbesondere von Schriftformklauseln, die in AGB selbst enthalten sind, s § 4 Rz 23 ff.

e) Haben die Parteien anscheinend **eine iSv § 2 Abs 2 generelle Vereinbarung** dahin 7
getroffen, ihren künftigen Geschäften bestimmte AGB zugrunde zu legen, und ist die Vereinbarung aus irgendeinem Grunde unwirksam, so ist die Rechtslage schwierig zu beurteilen.

Im kaufmännischen Verkehr (§ 24) liegt in der Vornahme von Einzelgeschäften jeweils eine stillschweigend-schlüssige Bezugnahme auf die vorangehende Pauschalvereinbarung. Für die Wirksamkeit einer solchen Bezugnahme ist es gleichgültig, ob die Pauschalvereinbarung aus irgendeinem Grunde unwirksam war. War sie wirklich unwirksam, und bekundet einer der Vertragsteile, daß er sich künftig nicht mehr daran gebunden halte, so liegt ein versteckter Einigungsmangel vor, wenn der andere Teil im Glauben, die Bindung wirke fort, weiter Verträge schließt. Der Vertrag ist dann nach § 6 zu bewerten.

Im nichtkaufmännischen Verkehr können AGB nicht durch beiderseits stillschweigend schlüssige Bezugnahmen Vertragsbestandteil werden s § 2 Rz 77. Ist daher eine Pauschalvereinbarung unwirksam, so bedarf es für künftige Einbeziehungsfälle der Erfüllung der in § 2 Abs 1 aufgestellten Formerfordernisse. Weil der am

* Lehrreiches Beispiel: AG Frankfurt MDR 1964, 594 – die Verkäuferin im Ladengeschäft des Verwenders hatte auf Wunsch des Käufers eine Lohnabtretungsklausel durchgestrichen und die Sicherungsübereignung einer Schuldverschreibung eingesetzt: Weder die eine noch die andere Sicherheit ist wirksam begründet worden, gleichwohl aber der Kaufvertrag insgesamt zustande gekommen.

Fortwirken der Vereinbarung interessierte Teil davon ausgehen kann, daß sich der andere Teil noch im Besitz des Textes der AGB befindet, muß er ihm diesen aber erst auf dessen Anforderung hin erneut zur Kenntnis bringen, s § 2 Rz 32.

8 **f)** Hat sich der Vertragspartner des Verwenders – oder auch dieser selbst – über den objektiven Erklärungswert seiner Einbeziehungserklärung oder über den Inhalt einer Klausel konkret falsche Vorstellungen gemacht, so kann er wegen **Irrtums** anfechten. Ein Vertragsschluß unter Einbeziehung von AGB besteht freilich nach dem BGB grundsätzlich nicht in einer von jeder Seite ausgehenden Vielzahl von Willenserklärungen – jeweils zu den einzelnen Vertragsbestandteilen. Dennoch wendet man, wenn sich der Irrtum auf einen eine Sinneinheit darstellenden Vertragsbestandteil bezieht, § 139 BGB, also die allgemein für „Teilnichtigkeit" geltenden Vorschriften an (s § 142 BGB Rz 10). Dann ist es auch gerechtfertigt, die im AGB-Bereich für Teilnichtigkeit geltenden besonderen Vorschriften anzuwenden, wenn AGB-Bestandteile eines Vertrages wegen Inhaltsirrtums angefochten werden (Dietlein Rz 2; Löwe Rz 3; Ulmer Rz 12).

Diese Lösung auf den Fall eines durch **arglistige Täuschung** ausgelösten Irrtums über den Inhalt einer AGB-Klausel zu übertragen (Kötz Rz 3; Löwe Rz 3), mag auf den ersten Blick kühn erscheinen, weil die Täuschung in aller Regel zum Vertragsschluß dem Grunde nach motiviert hat. Indes werden solche Fälle kaum praktisch. Hat der Verwender persönlich oder sein bevollmächtigter Vertreter anläßlich der Vertragsverhandlungen die Täuschung verübt, so ist das Vorgespiegelte kraft Individualabrede Vertragsbestandteil geworden. Dies gilt meist auch, wenn sich in AGB eine Schriftformklausel, s § 4 Rz 23 ff oder eine Beschränkung der Vertretungsmacht, s § 4 Rz 29 ff findet. Arglistige Täuschungen, die nicht zu einer individualvertraglichen Überlagerung von AGB-Bestimmungen führen, bleiben daher auf den Bereich beschränkt, wo ausnahmsweise Schriftform- oder Vertretungsmacht-beschränkungsklauseln wirksam sind oder wo die Täuschung von einem Dritten ausgeht. In diesen Fällen ermöglicht aber Abs 3 eine sachgerechte Lösung. War die Täuschung motivierend für den Vertragsabschluß schlechthin, so ist der ganze Vertrag anfechtbar.

9 **II. Der Inhalt des wirksam gebliebenen Vertrages**

Im Entwurf der Arbeitsgruppe (§ 10) und im Regierungsentwurf (§ 5) war subsidiär zu den gesetzlichen Vorschriften noch auf die Natur des Vertrages verwiesen. Der Rechtsausschuß des Bundestages (BT-Drucks 7/5422, 5) hat diese Ergänzung wieder gestrichen, weil sich ihr Inhalt aus § 157 iVm § 133 BGB, die ja „gesetzliche Regelungen" darstellten, von selbst ergeben soll. Die Entstehungsgeschichte des Gesetzes verbietet also nicht, im Einklang mit der schon früher gewohnten Rspr zwischen Klauseln zu unterscheiden (allgM mit Ausnahme von Ulmer Rz 24 f), deren Sinn es ist, eine auf den Vertragstyp bezogene Vorschrift des dispositiven Rechts abzubedingen, und solchen, die Regelungen für Fragen treffen, deren sich das dispositive Recht nicht, oder doch nur in sehr vager Form angenommen hat. Wenn niemals versucht worden wäre, eine Klausel der letzteren Art Vertragsbestandteil werden zu lassen, so würde im übrigen nichts anderes gelten. Das Verhältnis von dispositivem Recht zu ergänzender Vertragsauslegung bestimmt sich ganz generell danach, ob es eine für den entsprechenden Vertragstyp gedachte Regelung des dispositiven Rechts gibt oder nicht, s § 133 BGB Rz 39.

10 **1. Das dispositive Gesetzesrecht als primäre Ersatzordnung**

a) Der Regelungsgehalt von Abs 2 läßt sich im Grunde nur durch lehrreiche Beispiele erschließen. Die Rspr hat schon in früherer Zeit das dispositive Kaufvertragsrecht herangezogen, wenn in Verträgen, die klar als Kaufverträge einzuordnen waren, AGB-Bestimmungen, meist Gewährleistungs- oder Verschuldenshaftungs-Ausschlußklauseln, für unwirksam erklärt worden waren (BGH NJW 1972, 1227; Betrieb 1973, 517; LG Tübingen NJW 1964, 1798). Für einen als Mietvertrag bezeichneten Leasingvertrag hat die Rspr die §§ 535 ff BGB herangezogen, s § 9 Rz 136.

b) Abs 2 ist **abdingbar,** auch formularmäßig (Ulmer Rz 2; Koch-Stübing Rz 4). 11
Gelegentlich ist die Einbeziehungsvereinbarung auf eine gestaffelte Inkorporierung mehrerer Bedingungswerke gerichtet. So sollen in Bauverträgen häufig Formularbedingungen des Bauherrn, subsidiär Zusatzbedingungen für irgendwelche Spezialleistungen und höchst subsidiär die VOB/B gelten. Ist in den vorrangigen Bestimmungen etwas enthalten, was nicht Vertragsbestandteil geworden ist, dann gelten die AGB der nächst folgenden Subsidiaritätsstufe (Heiermann Betrieb 1977, 1737). Durch Individualvereinbarung kann auch festgelegt werden, daß im Falle der Unwirksamkeit einer AGB-Klausel oder eines sonstigen Fehlschlags des Versuches, sie Vertragsbestandteil werden zu lassen, dem Verwender ein Bestimmungsrecht nach § 315 BGB zustehen soll – **„salvatorische Klausel"** (Nieder BWNotZ 1977, 112). Nur entspricht eine Leistungsbestimmung nicht billigem Ermessen, wenn sie einen Inhalt hat, der als AGB-Klausel nicht wirksam vereinbart werden könnte oder überraschend wäre (Baumann NJW 1978, 1955). „Salvatorische Klauseln" in **vorformulierter** Gestalt zuzulassen, insbesondere solche mit Vorvertragscharakter („Für den Fall der Unwirksamkeit einzelner Bestimmungen verpflichten sich die Parteien zu einer einverständlichen Regelung, die dem wirtschaftlichen Erfolg der vorgesehenen Regelung in den Grenzen des AGB-Gesetzes so weit wie möglich entspricht"), scheitern einmal an der generell überraschenden Natur solcher Klauseln. Sie sind aber wegen der Unbestimmtheit dessen, was dem Vertragspartner somit angesonnen wird, auch unangemessen (§ 9 Rz 14) (im Ergebnis ebenso Koch-Stübing Rz 5; Kroppen, Das AGB-Gesetz im Spiegel des Baurechts 101; aM Ulmer Rz 26; Nieder BWNotZ 1978, 112 f). Zu einer anderen Art salvatorischer Klauseln § 11 Nr 17 Rz 28 f u Einl 15 zu § 8. Zur Befugnis des Vertragspartners, sich auf AGB-Klauseln zu berufen, die nicht Vertragsbestandteil wurden, s § 1 Rz 34.

2. Ergänzende Vertragsauslegung als sekundäre Ersatzordnung 12

Wo dispositives Gesetzesrecht nicht zur Verfügung steht, ist der Richter zur ergänzenden Vertragsauslegung aufgerufen. Zwar darf nach dem Wortlaut von Abs 3 der Vertrag insgesamt nur dann für unwirksam gehalten werden, wenn das Festhalten an ihm für eine Vertragspartei eine unzumutbare Härte darstellen würde. Daraus folgt aber nicht, daß der ergänzenden Vertragsauslegung ein weiterer Spielraum bleiben sollte als sonst. Vielmehr gelten die für ergänzende Vertragsauslegung allgemein anerkannten Regeln (Kötz Rz 19), dazu näher § 133 BGB Rz 39 ff (Rechtsprechungsbeispiel: BGHZ 60, 362 = NJW 1973, 1190 – formularmäßig vorgesehene Rechtsfolgen der Kündigung des Auftraggebers treten an die Stelle der unwirksamen besonderen Rechtsfolgen einer Kündigung des Auftragnehmers). Ist einem Vertrag weder nach dispositivem Gesetzesrecht noch nach den anerkannten Grundsätzen zur ergänzenden Vertragsauslegung ein hinreichend bestimmter Inhalt zu geben, so ist er gerade wegen des Mangels seiner Bestimmtheit unwirksam (s unten Rz 21).

Die ergänzende Vertragsauslegung kann auch dazu führen, daß der die vertragscharakteristische Leistung erbringende Vertragsteil für befugt erklärt wird, nach § 315 BGB angemessene und allgemein übliche Bedingungen festzusetzen. Bezieht etwa ein Unternehmer Fernwärme, hat er sich aber geweigert, die für seine Abnehmerkategorie vorgesehenen Bedingungen anzuerkennen, so kann das Werk die billigem Ermessen entsprechenden Teile seiner Bedingungen festsetzen (BGH WM 1971, 1456). Auf diese Weise kann etwa ein Haftungsausschluß für leicht fahrlässig verursachte Versorgungsunterbrechungen oder -schwankungen wirksam werden, ein Haftungsausschluß, der in der Tat für diesen Vertragstyp mit seinen ins Unermeßliche steigenden Risikoerhöhungen angemessen ist. Nicht aber kann auf diese Weise ein Aufrechnungsausschluß zustande kommen (aM BGH aaO). Denn der Gerechtigkeitsgehalt der die Aufrechnung erlaubenden Vorschriften des BGB erheischt keine Sonderbetrachtung, die aus der Natur gerade eines Wärmeversorgungsvertrages herrühren könnte.

13 **3. Fälle ersatzlosen Wegfalls vorformulierter Klauseln?**

Mancherorts wird dem Eingreifen des dispositiven Rechts der Fall eines ersatzlosen Wegfalls von Klauseln gegenübergestellt (Ulmer Rz 19; Koch-Stübing Rz 9; Löwe Rz 6; Palandt-Heinrichs Anm 3; Kötz Rz 7). Insbesondere überraschende Klauseln iSv § 3 sollen oft ersatzlos entfallen. Jedoch antwortet eine solche Aussage auf ein Scheinproblem: „Ersatzlos" scheint der Wegfall nur deshalb zu sein, weil das dispositive Recht keinen Ersatzanspruch gewährt oder keine spezielle Ersatzlösung, sondern nur auf höherer Abstraktionsstufe stehende Normen zur Anwendung bereithält, die einen vergleichbaren Anspruch nicht gewähren.

14 **4. Besonderheiten im Rahmen der Unterlassungsklage?**

Im Individualprozeß muß der Richter im allgemeinen entscheiden, ob der Vertrag insgesamt unwirksam ist oder, ausgefüllt mit dispositivem Recht, bzw ergänzt ausgelegt, weiterbesteht. Der mit einer abstrakten Unterlassungsklage befaßte Richter braucht dies nicht zu tun. Er kann sich darauf beschränken, die Klauseln zu bezeichnen, die nicht weiter verwandt werden dürfen. Auch da, wo eine Klausel nur eine Marke in einer quantitativen Skala anzeigt, s Rz 15, genügt es, wenn der Richter die Unwirksamkeit der Bestimmung, so wie sie gebraucht wird, ausspricht. Ob, verglichen mit der unwirksamen Regelung, ein bestimmter anderer Zinssatz, eine geringere Schadenspauschale oder eine Haftungsbegrenzung auf Vorsatz und grobe Fahrlässigkeit möglich wären, kann er offen lassen. Freilich überschreitet er seine Befugnisse nicht, wenn er in den Gründen seiner Entscheidung dem Verwender Fingerzeige zu den Toleranzgrenzen gibt, s § 17 Rz 1.

15 **5. Prinzip des geringstmöglichen Eingriffs in die vertragliche Regelung?**

a) Nahe liegt es, zu argumentieren: nur so viel an Elementen eines Klauselwerkes werde nicht Vertragsbestandteil, bzw sei unwirksam, wie nach dem Zweck der der Einbeziehung entgegenstehenden Norm notwendig sei. Dem ist auch so, soweit es darum geht, daß alle Klauselbestandteile aufrechterhalten bleiben, die einen gegenüber der unwirksamen Klausel selbständigen grammatikalischen Sinn haben, der seinerseits nicht beanstandenswert ist. Ist eine Frist für die Rüge offensichtlicher Mängel zu kurz (§ 11 Nr 10 Rz 76), so tangiert dies eine unter der gleichen Nummer getroffene Regelung über die Verwirkung der Gewährleistung nicht, die daraus hergeleitet wird, daß dem Unternehmer der Zutritt zu dem Objekt verwehrt wird, an dem nachgebessert werden soll (aM Berlin Urt v 2. 3. 1978 26 0 6/78 – unveröffentl). Ist ein Rücktrittsrecht für mehrere Tatbestände vorgesehen, von denen einige durch § 10 Nr 3 nicht gedeckt sind, bleiben die übrigen rechtsbegründend (Götz NJW 1978, 2224).

b) Teilweise postuliert man aber für das Prinzip des geringstmöglichen Eingriffs in ein Klauselwerk einen weit darüber hinausgehenden Anwendungsbereich: Verwende man in AGB Begriffe, die einen Ausschnitt oder einen Punkt aus einer quantitativen Steigerung darstellten, so sei nur das eine erträgliche Grenze überschreitende Maß unwirksam (so Naendrup 49 f). Eine zu lange Dauer der vertraglichen Bindung sei dann ebenso auf das höchstzulässige Maß zurückzuführen (so selbst für eine individualvertragliche Bindung: BGH NJW 1972, 1459), wie es zu lange oder zu kurze Fristen seien. Sei ein Zinssatz zu hoch, dann ermäßige er sich auf den tolerierbaren Betrag. Sei eine erhöhte Schadenspauschale ausbedungen, so trete der dem § 11 Nr 5 a entsprechende Betrag an seine Stelle. Seien Schadensersatzansprüche ganz ausgeschlossen, so blieben sie es für leicht fahrlässiges Verhalten (§ 11 Nr 7). **15a**

Aus dem Wortlaut der §§ 2-5, 9-11 ist das Gebot einer solchen **geltungserhaltenden Reduktion** freilich nicht herzuleiten. Es fragt sich, ob der Sinn des AGB ihrer Zulässigkeit entgegensteht. Dies nimmt die hM in der Tat an (Löwe Rz 2, 9; ders JuS 1977, 424 Fn 23; Larenz AT § 29 a III d; Graf von Westphalen Betrieb 1977, 1687; Koch-Stübing § 9 Rz 36; § 11 Nr 7 Rz 18; Palandt-Heinrichs Vorb 3 b vor § 8 AGBG; LG Düsseldorf BB 1979, 1622 für Unterlassungsklage). Der BGH hat sich in der Schlußphase der von der Rspr nach altem Recht ausgeübten Inhaltskontrolle ähnlich geäußert (BGHZ 62, 83 = NJW 1974, 551; BB 1979, 804). Zwar waren in den von ihm entschiedenen Fällen verschiedene Korrektive denkbar, um den fraglichen Klauseln einen erträglichen Sinn zu geben. Immerhin hat der BGH aber wörtlich gesagt:

„Es ist nicht Aufgabe der Gerichte, für Allgemeine Geschäftsbedingungen eine Fassung zu finden, die einerseits dem Unternehmer möglichst günstig, andererseits gerade noch rechtlich zulässig ist".

Unter den Vertretern der Gegenansicht (Schmidt-Salzer F 56 ff; Ulmer Rz 20; Götz NJW 1978, 2223; Ebel Betrieb 1979, 1973) ist Kötz (NJW 1979, 785 ff; ders in Münch Komm Rz 8 ff) am pointiertesten. Nur dann, „wenn sich . . . der Verdacht aufdrängt, daß der Verwender die teilweise Unvereinbarkeit der Klausel mit dem Gesetz gekannt oder sich dieser Kenntnis bewußt verschlossen hat", soll der Sinn des AGBG einer geltungserhaltenden Reduktion einer teilweise unwirksamen Klausel entgegenstehen.

c) Zwar ist Kötz zuzugeben, daß die gelegentlich anzutreffende und zugunsten der hM ins Feld geführte Vorstellung einer Art Strafsanktion gegen den allzu forschen AGB-Aufsteller nur unter den von Kötz angegebenen engen Voraussetzungen legitim ist. Im übrigen meint Kötz, dem die Grenzen des Zulässigen klar überschreitenden AGB-Aufsteller könne kein Verstoß gegen das Transparenzgebot vorgehalten, den die Grenzen des gerade noch Zulässigen auslotenden Richter nicht der Vorwurf gemacht werden, Sachwalter der Verwenderinteressen zu sein. Jedoch zerschneidet Kötz damit das Argumentationsgefüge der hM in unzulässiger Weise so, daß er es mit zwei leicht widerlegbar scheinenden Einzelargumenten zu tun zu haben glaubt. Sinn des Gesetzes ist es, den Vertragspartner des Verwenders nicht erst im Prozeß zu seinem Recht zu verhelfen, sondern schon zu verhindern, daß er in der Vertragsabwicklungspraxis mit überzogenen Klauseln konfrontiert wird. Dieses Ziel würde aber nur unvollkommen erreicht werden, wenn jeder Verwender zunächst einmal bis zur Grenze dessen gehen könnte, was zu seinen Gunsten gerade noch vertretbarerweise behauptet werden kann, bis zur Grenze dessen, was gerade noch kein Sich-Verschließen vor der „Kenntnis" der Unwirksamkeit der Klausel ist. **16**

„Transparent" wären solche Klauseln nur für den rechtlich völlig Unkundigen und darum blind Textgläubigen. Nicht allein Transparenz des Verwenderwillens will das Gesetz erreichen, sondern auch ein sehr ernsthaftes Bemühen des Aufstellers um eine rechtliche Regelung, die so, wie sie sich ihrem textlichen Sinn nach ausnimmt, Bestand hat. Das hat entgegen Kötz (NJW 1979, 788) mit dem Problem von Hinweisobliegenheiten des Verwenders nichts zu tun, die ihm in der Tat nicht über die gesetzlich vorgesehenen Fälle (etwa § 11 Nr 10 b) hinaus auferlegt werden dürfen. Läßt man das gerade noch zulässige Maß als Maßstab für eine geltungserhaltende Reduktion von AGB-Klauseln gar nicht erst zu, dann kommt man aber zwangsläufig zur ergänzenden Vertragsauslegung (charakteristisch die Formeln von Ulmer Rz 20 und Kötz Rz 9, 19: „Teilgehalt der Klausel, der den Interessen beider Vertragsparteien gerecht wird", „angemessener Umfang"), die § 6 Abs 2 als primäre Ersatzordnung gerade ausgeschlossen hat. Eine geltungserhaltende Reduktion ist daher grundsätzlich nicht statthaft.

17 **d)** Nur um die dem Verwenderrisiko nicht zurechenbaren Folgen einer Rechtsprechungsänderung abzumildern, ist eine zeitlich begrenzte geltungserhaltende Reduktion legitim (Graf von Westphalen BB 1978, 71).

17a **e)** Allerdings kann es vorkommen, daß in AGB die vom AGBG für Ausnahmesituationen der Sache nach gewünschte Bestandsfähigkeit des dispositiven Rechts nicht ausdrücklich vorbehalten ist, weil der Aufsteller an solche Situationen nicht gedacht hat. Heißt es etwa, Aufrechnungen mit Ansprüchen aus anderen Rechtsverhältnissen seien ausgeschlossen, so erfaßt der Wortsinn der Regelung auch rechtskräftig festgestellte Ansprüche. In solchen Situationen läßt sich eine Klausel allerdings einschränkend dahin auslegen, daß die Ausnahmesituation hier nicht erfaßt sein soll, s § 5 Rz 7. Zur Bedeutung salvatorischer Klauseln s oben Rz 11.

III. Unwirksamkeit des Vertrages als Ausnahme

18 **1. Die rechtliche Grundstruktur von Abs 3**

Die Struktur der Vorschrift ist nicht ganz glücklich, weil die Frage einer von selbst bestehenden Wirksamkeit oder Unwirksamkeit eines Vertrages vom Vorhandensein oder Nichtvorhandensein subjektiver Belange einer der Parteien abhängig gemacht wird, von Belangen zudem, von denen nicht gesagt ist, welcher Zeitpunkt ihrer Bewertung zugrunde zu legen ist. Der benachteiligten Partei ein auf Vertragsauflösung gerichtetes Gestaltungsrecht einzuräumen, wäre besser gewesen.

19 **a)** Die Vorschrift ist ersichtlich aus der Perspektive des im Individualprozeß entscheidenden Richters geschrieben („festhalten"). Die **Belange der benachteiligten Partei** müssen also für diesen Zeitpunkt und nicht etwa für den **Zeitpunkt** des Vertragsschlusses beurteilt werden (Ulmer Rz 30). Das bedeutet, daß solche Klauseln nicht mehr berücksichtigt werden können, für die es wegen der fortgeschrittenen Vertragsabwicklung keinen Anwendungsbereich mehr gibt. Das ist auch gerechtfertigt. Ist trotz eines in vielen Punkten erdrückenden Klauselwerkes das meiste „gutgegangen" und wegen des ausstehenden Restes der Vertragsabwicklung eine ergänzende Vertragsauslegung möglich oder gar nicht nötig, so kann man die Parteien auch getrost am Vertrage festhalten.

20 **b)** Die Vorschrift ist eine Ausnahmeregelung. Es müssen besondere Gründe existieren, um die Unwirksamkeit des ganzen Vertrags zu rechtfertigen. So kann es eine Rolle spielen, daß Unwirksamkeit oder Fehlschlag der Einbeziehung für den Verwender nicht vorhersehbar waren (Ulmer Rz 28). Es reicht aber für den Fortfall der vertraglichen Bindung nicht aus, daß die Anwendung des dispositiven Rechts den

Vertrag in seinem Wesen verändern würde, weil auch dann häufig durch ergänzende Vertragsauslegung geholfen werden kann (aM konsequenterweise ULMER Rz 32).

c) Erklären beide Parteien vor Gericht, an einem Vertrag mit hinreichend bestimmbar gebliebenem Inhalt festhalten zu wollen, so wäre es gewiß skurril, ihnen zu eröffnen, der Vertrag sei unwirksam, weil er für eine von ihnen dennoch eine unzumutbare Härte darstellte. Die Frage ist, ob **Abs 3** auch im übrigen **abbedungen** werden kann (so ULMER Rz 35). Die Antwort muß differenziert ausfallen. 21

Ist der Vertrag deshalb unwirksam, weil es ihm nach Ausscheiden der anstößigen oder nicht einbezogenen Klauseln an einem **hinreichend bestimmbaren Inhalt fehlt,** so kann auch eine Parteivereinbarung daran nichts ändern. Das Gesetz verlangt für das Eingehen einer solchen Bindung, daß ein bestimmungsberechtigter Dritter benannt wird, § 317 BGB.

Eine **formularmäßige** Klausel, wonach Abs 3 **abbedungen** wird und die im Klartext heißt, sollten die AGB oder einzelne ihrer Klauseln nicht Vertragsbestandteil geworden sein, so bleibe der Vertrag auch wirksam, wenn dies für eine Partei – oder gar nur: wenn dies für den Vertragspartner des Verwenders – eine unzumutbare Härte darstellen sollte, ist sicherlich ungewöhnlich und überraschend und damit nach § 3 nicht wirksam.

Einer **Abdingbarkeit von Abs 3 durch Individualvertrag** steht aber nichts im Wege. Folgt eine solche Vereinbarung dem ursprünglichen Vertrags-„Abschluß" zeitlich nach, so liegt in ihr eine Bestätigung iSv § 141 BGB, die daher den Erfordernissen dieser Norm entsprechen muß, insbesondere also das Bewußtsein von der möglichen Unwirksamkeit des Vertrages voraussetzt.

2. Anwendungsfälle 22

Der Anwendungsbereich von Abs 3 ist vielgefächert, ohne daß eine klare Systematik entwickelt werden könnte.

Der denkbar nächstliegende Fall ist der, daß ein klar anwendbares dispositives Recht zur Verfügung steht – und dennoch das Festhalten am Vertrag für einen Teil ausnahmsweise eine unzumutbare Härte darstellen würde. ULMER (Rz 31 f) nennt mit Recht den Wegfall von vertragstypischen Ausschlüssen von Einstandspflichten. Das gleiche gilt, wenn der Vertrag durch eine von einem Dritten ausgehende arglistige Täuschung über einen Klauselinhalt zustande gekommen ist (s Rz 8). Daß der Verwender aus preiskalkulatorischen Gründen den Vertrag lieber gar nicht als zu den Bedingungen des dispositiven Rechts abgeschlossen hätte, reicht aber für die Annahme einer unzumutbaren Härte zu seinen Lasten im allgemeinen nicht aus (KÖTZ Rz 21), wohl aber dann, wenn der Preis im Vertrauen auf den Bestand eines Klauselwerks erheblich unter dem Marktpreis kalkuliert wurde (ähnlich ULMER Rz 33).

Der wohl praktisch interessanteste Fall ist der, daß einschlägiges dispositives Recht fehlt und die dem Richter zu einer Vertragsergänzung zur Verfügung stehenden Mittel nicht ausreichen, um dem Vertrag einen hinreichend bestimmten Inhalt zu geben. Das ist dann der Fall, wenn nach Ausschaltung der vorformulierten Vertragsbestandteile nichts hinreichend Bestimmbares übrig bleibt, was eine vertragliche Bindung begründen könnte, etwa wenn das Zustandekommen eines Formularvertrages mit vorformulierten Bestandteilen zu den Hauptleistungsplfichten an § 2 scheitert (ULMER Rz 10; KOCH-STÜBING Rz 8; LÖWE Rz 13, 15; LARENZ AT § 29 a III d; DIETLEIN-REBMANN Rz 6; KÖTZ Rz 4). Aber auch das Scheitern der Einbeziehung von AGB-Teilen kann Anlaß geben, einen Vertrag insgesamt für unwirksam zu halten. Ist etwa die im Zusammenhang mit einem Kreditvertrag formularmäßig vorgesehene Art der Sicherheitsleistung unwirksam, so steht es dem Richter nicht zu, eine andere, dem Kreditnehmer mögliche Sicherheit festzulegen. Dem Kreditgeber aber ist es meist unzumutbar, den Kredit ohne Sicherheit weiter zu gewähren. Wenn aber der Kreditgeber am Vertrag festhalten will – etwa weil er den Kredit nach Vertrags- und nicht nach Kondiktionsgrundsätzen zurückverlangen möchte –, so ist der Vertrag als wirksam zu behandeln (durch die Rechtsentwicklung überholt daher OLG München NJW 1974, 1660). Vor allem im Zusammenhang mit Automatenaufstellungsverträgen hat die Rspr häufig angenommen, ihre Mittel reichten zu einer sinnvollen Vertragsergänzung nicht aus, weil diese den Verträgen zwangsläufig ein ganz neues Gesicht geben würden, wenn man eine Fülle in ihnen formularmäßig enthaltener anstößiger Bestimmungen korrigieren wollte (BGHZ 51, 55 = NJW 1969, 230; BGH NJW 1971, 1034 Anm Schmidt-Salzer; OLG Bamberg NJW 1972, 1993).

Im Falle von Dauerschuldverhältnissen reicht im allgemeinen aus, daß von dem nicht abdingbaren Recht zur Kündigung aus wichtigem Grund Gebrauch gemacht werden kann (Dietlein Rz 6).

Für den **beiderseits kaufmännischen Verkehr** hat sich Ulmer (Rz 36) zugunsten einer relativ großzügigen Anwendung von § 6 Abs 3 ausgesprochen (aM Koch-Stübing Rz 17).

§ 7
Umgehungsverbot

Dieses Gesetz findet auch Anwendung, wenn seine Vorschriften durch anderweitige Gestaltungen umgangen werden.

1. Teilber 93; RefE 21; RegE – s Einl 6 ff.

Die Vorschrift ist einer etwas übertriebenen Ängstlichkeit entsprungen und bringt die Gefahr methodischer Nachlässigkeit bei Gesetzesauslegung und analoger Anwendung gesetzlicher Vorschriften mit sich (kritisch auch Ulmer Rz 1; Koch-Stübing Rz 1, 2, 4; aM insbes. Löwe Rz 4). Von den möglichen Formen der Gesetzesumgehung (dazu s § 117 BGB Rz 32 ff) kommt nicht diejenige der Tatbestandserschleichung, sondern nur die Umgehung von Verbots- und Schutzgesetzen in Betracht. Wie sonst, so ließen sich auch im Bereich der positivierten Umgehungsregel an sich alle Probleme mit den herkömmlichen Methoden der Gesetzesauslegung und -analogie lösen. Die Vorschrift hat daher nur klarstellende Bedeutung (Ulmer Rz 4; Bartl NJW 1976, 1994 Fn 13; aM Löwe Rz 2 ff).
Als Beispiel möglicher Umgehungsversuche sind im 1. Teilber folgende beiden Fälle genannt: Um § 11 Nr 10 d umgehen zu können, wird die Leistung einer Sicherheit verlangt; die Abnehmer von Waren werden in Vereinen oder in Gesellschaften organisiert, damit das Abnahmeentgelt als Vereins- oder Gesellschaftsbeitrag deklariert werden kann. Eine Klausel, die Sicherheit für nicht geschuldete Leistungen ausbedingt, verfiele aber ganz gewiß auch ohne dies der Unwirksamkeit. Buchgemeinschaften in Vereinsform gab es schon lange vor Inkrafttreten des AGBG. Es handelt sich um wirtschaftlich vernünftige Gestaltungen, die nicht dadurch zu einer Umgehung des AGBG werden, daß dessen Normen auf Gesellschaftsverträge und Vereinssatzungen nicht anwendbar sind (für „besonders strenge" Voraussetzungen, welche in diesem Falle an einer Gesetzesumgehung zu stellen sind, Ulmer Rz 12). Auch wenn das AGBG ein zusätzliches Motiv werden sollte, solche Bezugsgemein-

schaften in Vereinsform zu gründen, werden diese nicht zu einer Umgehung dieses Gesetzes.
Soweit der sachliche Anwendungsbereich des AGBG beschränkt ist (§ 23), läuft § 7 schon deshalb leer, weil in Gestalt von § 9 immer ein Auffangtatbestand zur Verfügung steht (allgM mit Ausnahme von Löwe Rz 2 ff). Klarer als dieser Norm lassen sich auch dem § 7 Wertungen für die Inhaltskontrolle von vorformulierten Bedingungen nicht entnehmen. Scheinbar wirksame AGB-Gestaltungen, die wirtschaftlich vollständig oder mit nur geringfügigen Nuancenunterschieden auf inhaltlich unwirksame Klauseln hinauslaufen, sind nach der einen wie der anderen Norm klar faßbar – und wären es auch bei Fehlen beider. Für den Anwendungsbereich der §§ 1-6 sind Umgehungsfälle ebenfalls nicht denkbar (allgM). Insbesondere ist die Wahl von Individualvereinbarungen anstatt vorformulierter Vertragsbedingungen keine Umgehung des AGBG (allgM). Daß gleichförmig gepflogene, hand- oder maschinenschriftliche Vertragszustäze AGB-Charakter haben, ist an anderer Stelle schon dargelegt, s § 1 Rz 26. Auch insoweit bedurfte es einer Umgehungsvorschrift nicht.

Zu den Voraussetzungen der Gesetzesumgehung, insbesondere der Entbehrlichkeit einer Umgehungsabsicht, s § 117 BGB Rz 36.

2. Unterabschnitt

Unwirksame Klauseln

Einleitung zu §§ 8-11 AGBG

Die §§ 8-11, die sich auf die Inhaltskontrolle vorformulierter Vertragsbedingungen beziehen, sind das Kernstück des AGBG. Sie betreffen, von ganz wenigen Ausnahmen abgesehen, sämtliche vorformulierten Vertragsbestandteile. Für Spezialmaterien und Sondersituationen halten die Gesetze aber noch zusätzliche Kontrollen bereit, welche das AGBG unberührt gelassen hat, die also kumulativ zu ihm eingesetzt werden sollen. Dazu ist an anderer Stelle bereits das Nötige gesagt worden, s Einl 19 ff zu § 1. 1

Das AGBG fügt sich im wesentlichen bruchlos in die Tradition der „richterlichen" Inhaltskontrolle Allgemeiner Geschäftsbedingungen ein (I), hat aber die maßgebenden Bewertungsgrundlagen neu systematisiert (II).

I. Die gesetzlich geregelte Inhaltskontrolle in der Kontinuität der Rechtsentwicklung 2

Die §§ 9-11 sind aus der Entwicklung von Rspr und Lehre erwachsen, die 1935 ihren Ausgangspunkt mit den beiden berühmten Monographien von Ludwig Raiser (Das Recht der Allgemeinen Geschäftsbedingungen [unveränderter Nachdruck 1961]) und Grossmann-Doerth (Selbstgeschaffenes Recht der Wirtschaft und staatliches Recht) genommen hatte. In verschiedener Hinsicht ist freilich die jetzt gesetzlich normierte Inhaltskontrolle von AGB über die früher von der Richterschaft beanspruchte Überprüfungsbefugnis hinausgegangen.

1. Die Entwicklung der Rechtsprechung 3

Das BGB hat – verglichen mit Rechtsordnungen benachbarter Staaten – den Kreis des dispositiven Rechts sehr weit, den zwingender gesetzlicher Vorschriften sehr eng gezogen. Erinnert sei nur daran, daß etwa nach französischem und schweizerischem Recht die Haftung für eigenes grobes Verschulden auch individualvertraglich nicht ausgeschlossen werden kann (Art 100, 101 SchwOR; FERID Das französische Zivilrecht [1971] 2 C 29). Es war daher zwangsläufig, daß die Rspr schon sehr frühzeitig angesichts der Tatsache Unbehagen empfand, daß die vom deutschen Recht gewährte Vertragsausgestaltungsfreiheit von Aufstellern Allgemeiner Geschäftsbedingungen systematisch zu ihren eigenen Gunsten ausgenutzt wurde (zur Entwicklung der Rspr ausführlich GRABA Rz 8). Der erste Schritt zur Eindämmung einseitiger Vertragsausgestaltungsstrategien war der Gedanke des Monopolmißbrauchs (RGZ 62, 266; 99, 109; 102, 397; 103, 83; 115, 219; 168, 329) Schon in der Schlußphase seines Bestehens hat das RG freilich den Gedanken artikuliert, auch wenn es an regelrechter Sittenwidrigkeit des Verhaltens fehle, könne es Treu und Glauben widersprechen, sich auf bestimmte AGB-Klauseln zu berufen (RGZ 168, 329). Die Inhaltskontrolle von AGB ganz von dem allzu engen Gedanken ihrer Anbindung an die sittenwidrige Ausnutzung einer Monopolstellung gelöst und – im Anschluß an LUDWIG RAISER (277 ff) – eine an § 242 anknüpfende eigenständige Inhaltskontrolle entwickelt zu haben, war freilich dem BGH vorbehalten. In seiner grundlegenden Entscheidung vom 29. 10. 1956 (BGHZ 22, 90 = NJW 1957, 17) zum Gewährleistungsausschluß beim Kauf neuwertiger Möbel stellte er erstmals ganz klar auf die durch den Gedanken der Privatautonomie nur noch im geringen Maße zu rechtfertigende Eigenart der Einbeziehung von AGB in ein Vertragswerk ab. Eine Regelung, die auf einen völligen Ausschluß der Gewährleistung hinauslief, erklärte er uneingeschränkt für unwirksam. Die nachfolgende Rspr blieb lange Zeit nicht frei von einem gewissen Zögern. Es schlug sich in dem Drängen nieder, lieber mit einer einschränkenden Auslegung harter Klauseln und einer im Einzelfall sich ergebenden Unzulässigkeit, sich auf sie „zu berufen", zu arbeiten, als offene Inhaltskontrolle obwalten zu lassen. Insgesamt hat sich jedoch das vom BGH aufgestellte Postulat von deren Zulässigkeit Anfang der sechziger Jahre durchgesetzt (zur Fülle der Rspr s die kurz vor Erlaß des AGBG neu aufgelegten Kommentare zum BGB; außerdem GRABA Rz 9 ff und jeweils zu den einzelnen Nummern der §§ 10, 11). Im Jahre 1974 faßte der BGH die in der Rspr anerkannten Grundsätze zur „richterlichen" Inhaltskontrolle von AGB selbst zusammen (BGHZ 63, 256 = NJW 1975, 163). Im Grundsätzlichen hatte die Entwicklung der Rspr damit einen Fixpunkt erreicht. Der Katalog unwirksamer Klauseln in den heutigen §§ 10, 11 ist zum großen Teil Niederschlag dieser Rspr.

4 **2. Die Entwicklung der Lehre**

In der Lehre war schon mit LUDWIG RAISER'S Schrift der Bann praktisch gebrochen. LUDWIG RAISER war es, der die Notwendigkeit einer Inhaltskontrolle vom Gedanken des Monopolmißbrauchs löste, weil er das Phänomen der intellektuellen Unterlegenheit des Vertragspartners des Verwenders entdeckt hatte, seine Ausgeliefertheit an die der Gegenseite zur Verfügung stehende, zentral organisierte Beherrschung der rechtlichen Möglichkeit von Vertragsgestaltung (aaO 284). Die von RAISER aus seinem Befund gezogene Konsequenz der Notwendigkeit einer „richterlichen" Inhaltskontrolle von AGB schon de lege lata schien zwar manchem zu kühn. Jedoch hat sich eine artikulierte Gegenströmung zu RAISER niemals entwickelt. Die sich an Raiser anschließende Entwicklung in der Rechtslehre läßt sich vielmehr nur als kontinuierliche Verdichtung des Bewußtseins von der Richtigkeit der RAISER'schen Position begreifen. Nach dem Zweiten Weltkrieg ging es eigentlich nur noch um die richtige dogmatische Einordnung der „richterlichen" Inhaltskontrolle (dazu näher GRABA Rz 3 ff). Die beiden originellsten dogmatischen Einfälle waren die These, das

Aufstellen von AGB sei einer einseitigen Leistungsbestimmung iSv § 315 BGB gleichzustellen (FLUME, Hundert Jahre deutsches Rechtsleben I [1960] 169 f; ders AT § 37, 2; LUKES NJW 1963, 897; SCHMIDT-SALZER AGB [1. Aufl 1967] 66 ff) und die Deutung des Verlangens nach Einbeziehung von unangemessenen AGB als eines Vorgangs, der culpa in contrahendo begründet (DIEDERICHSEN ZfHK 132, 253).

Erst relativ spät ist diese Diskussion in eine rechtspolitische Auseinandersetzung eingemündet, welche ihren Publizitäts-Höhepunkt auf dem 50. deutschen Juristentag 1974 in Hamburg gefunden hat (dazu KÖTZ Gutachten A, 1 ff; ULMER H 8 ff; Wiedergabe des zuvor erreichten Diskussionsstandes in 1. Teilber 18 ff). Das Gravamen war aber im Grunde schon offenkundig. Ein erstmals 1974 entdecktes Element der Diagnose verdient freilich der Erwähnung: Die Vereinzelung des den Vertragspartner des Verwenders betreffenden Risikos ist es, die es ihm von vornherein als unverhältnismäßigen Aufwand erscheinen lassen muß, Informations- und Verhandlungsaufwand in die Verbesserung der ihm präsentierten AGB zu investieren (s Einl 4 zu § 1). Im übrigen ging es seit Beginn der siebziger Jahre nur noch um die richtige Therapie, vor allen Dingen um eine ausgewogene Dosierung der Inhaltskontrolle von AGB. In mancher Hinsicht ist der Gesetz gewordene Unwirksamkeits-Katalog zwar strenger als die Rspr 1976 war. Jedoch wäre die Rspr auch nicht auf der Stelle getreten, wenn das Gesetz ausgeblieben wäre.

II. Das System der gesetzlichen Inhaltskontrolle und die Inhaltskontrolle im System des Privatrechts 5

Die Vorschriften über die Inhaltskontrolle von AGB sind zwar das Kernstück des AGBG. Jedoch sind sie nicht das einzige Waffenbündel, das die Rechtsordnung zum Schutz des Vertragspartners des AGB-Verwenders geschaffen hat. Es wäre wenig sinnvoll, den Anwendungsbereich der verschiedenen Behelfe genau gegeneinander abgrenzen zu wollen. Der gesetzlichen Intention entspricht es, vom Grundsatz des Überlappens der Anwendungsbereiche der verschiedenen sich gegen unangemessene AGB richtenden Vorschriften auszugehen (Einl 6 ff zu § 1). Das gilt sowohl für das Verhältnis der verschiedenen der Inhaltskontrolle gewidmeten Vorschriften, als auch für deren Verhältnis zu anderen Gesetzesbestimmungen.

1. Das System der Inhaltskontrolle 6

a) Das Gesetz hat in einem ersten Schritt diejenigen AGB gekennzeichnet, welche einer Inhaltskontrolle im strengen Sinne des Wortes unterliegen. Im § 8 ist gesagt, daß diese nicht schlechthin alle Bestimmungen in AGB ergreift, sondern nur solche, welche von gesetzlichen Vorschriften abweichen oder diese ergänzen (§ 8 Rz 2 ff). Unangemessene Bestandteile in anderen AGB-Bestimmungen lassen sich freilich meist nach § 3 als gar nicht Vertragsbestandteil geworden ausweisen. Die Hauptbedeutung von § 8 liegt sonach darin, Bestandteile von AGB, die nicht eine Abweichung oder Ergänzung von gesetzlichen Vorschriften darstellen, dem Anwendungsbereich der Unterlassungs- und Widerrufsklage zu entziehen. Die Masse von Bestimmungen in AGB unterfällt freilich der Inhaltskontrolle. Sie vollzieht sich in drei Stufen:

In § 11 hat der Gesetzgeber eine Reihe von sogenannten **Klauselverboten „ohne Wertungsmöglichkeit"** geschaffen. Hat ein AGB-Verwender eine Bestimmung getroffen, wonach sein als Privatmann handelnder Vertragspartner zu Schadenersatz wegen Nichterfüllung verpflichtet ist, wenn er mit seiner Leistung länger als zehn 7

Tage in Verzug gerät, so ist die Klausel nach § 11 Nr 4 unwirksam, ohne daß noch Raum für eine „Wertung" dahingehend möglich wäre, ob die ins Auge gefaßte Situation eine Abdingung der gesetzlichen Obliegenheit zur Setzung einer Nachfrist rechtfertigen könnte oder nicht. Die Beweislast für das Vorliegen der tatsächlichen Voraussetzungen einer der Nummern von § 11 trägt im allgemeinen der Vertragspartner des Verwenders, im Unterlassungs- und Widerrufsverfahren der Kläger. Doch geht es fast immer nur um die Subsumtion textlich vorliegender Klauseln unter eine der genannten Gesetzesbestimmungen und nicht um Tatsachen, welche eines Beweises zugänglich wären. Zu den Einzelheiten s die Erl zu den einzelnen Nummern von § 11.

8 Unterliegt eine AGB-Bestimmung keinem aus § 11 entspringenden Verdikt, so ist als nächstes zu fragen, ob sie an einem der **Klauselverbote „mit Wertungsmöglichkeit"** scheitert, die in § 10 zusammengefaßt sind. Hat sich ein AGB-Verwender als Verkäufer einer Sache das Recht vorbehalten, das Kaufobjekt mit einer der neueren Produktion entsprechenden geänderten technischen Ausstattung zu liefern, so läßt sich nicht einfach sagen, die Klausel sei, an § 10 Nr 4 gemessen, unwirksam. Vielmehr ist zu prüfen, ob das Ausmaß der von der Klausel ermöglichten Abweichung von der versprochenen Leistung – nicht die einzelne dem Kunden später angesonnene Abweichung! (s § 10 Nr 4 Rz 1, 10) – „unter Berücksichtigung der Interessen des Verwenders für den anderen Teil zumutbar ist". Handelt es sich um eine Klausel, welche den deskriptiven Tatbestandsmerkmalen einer der Nummern von § 10 unterfällt, die aber vor der dem Rechtsanwender im Bereich dieser Normen eingeräumten „Wertungsmöglichkeit" Bestand hat, die also im Beispielsfalle dem anderen Vertragsteil zumutbar ist, dann ist sie endgültig als wirksam ausgewiesen. Daß sie noch einem aus der Generalklausel herzuleitenden Verdikt unterfallen könnte, ist undenkbar (§ 9 Rz 2).

Im Anwendungsbereich von § 10 gibt es – anders als im Zusammenhang mit der Generalklausel in Gestalt von deren Absatz 2 geschehen („eine unangemessene Benachteiligung ist im Zweifel anzunehmen ...") – keine Bestandteile, aus denen herzuleiten wäre, daß allgemein oder für einen Teil der angesprochenen Situationen die Beweislast auf den Verwender der Bedingungen überginge (aM Löwe Rz 30). Sie trägt derjenige, der, wie man zu sagen pflegt, sich auf die Unangemessenheit der Regelung „beruft" (besser: derjenige, zu dessen Gunsten aus der Regelung herzuleitende Rechtsfolgen ins Auge zu fassen sind). Im Bereich der Nummern 4 und 5 trägt wegen der negativen Fassung des das Wertungselement enthaltenden Tatbestandteils der Verwender die Beweislast für die tatsächlichen Wertungsgrundlagen. Auch im Rahmen der Anwendung von § 10 spielen Beweislastfragen im übrigen nur höchst selten eine Rolle (zum Parallelproblem bei Anwendung der Generalklausel § 9 Rz 19). Immerhin kann es sein, daß allgemeine Tatsachengrundlagen festgestellt werden müssen, bevor das Urteil „unangemessen" abgegeben werden kann, etwa, wenn es darum geht, ob eine ausbedungene Aufwendungsersatzpauschale angemessen ist (§ 10 Nr 7 Rz 11).

9 In der dritten Stufe greift § 9 als Auffangtatbestand ein. Er bezieht sich auf solche Klauseln, die weder einem Verdikt nach einer der Normen von § 11 unterliegen, noch den deskriptiven Tatbestandsmerkmalen einer der Nummern von § 10 unterfallen. Zur Beweislast bei Anwendung von § 9 s dort Rz 19.

10 Für eine Reihe von Sonderfällen hat das Gesetz die Anwendbarkeit von §§ 10 und 11 ausgeschlossen und als Maßstab der Inhaltskontrolle ausschließlich die Generalklausel zur Verfügung gestellt (§ 9 Rz 4, 5).

11 **b)** Die Inhaltskontrolle von AGB ist Rechtsanwendung – noch dazu: Anwendung zwingenden Rechts – und daher von jedem Rechtsanwender von Amts wegen

vorzunehmen. Es bedarf keiner „Berufung" einer Partei auf die Unangemessenheit einer AGB-Bestimmung, um dem Rechtsanwender zu erlauben, sie für unwirksam zu halten. Nur soweit ein Unwirksamkeitsurteil von tatsächlichen Feststellungen abhängt, müssen diese in einer dem Verhandlungsgrundsatz entsprechenden Weise in den Prozeß eingeführt werden.

Die Verpflichtung, die Gesetzesbestimmungen zur Inhaltskontrolle von AGB von sich aus zu beachten, gilt für jeden, der zur amtlichen Rechtsanwendung berufen ist. Sie gilt auch für den **Notar,** der, wenn er vorformulierte Vertragsbedingungen protokolliert (§ 1 Rz 27), auf Bedenken hinweisen muß, die sich aus §§ 9-11 ergeben (GRABA Rz 16; BRANDNER § 9 Rz 91), wie für das **Grundbuchamt,** wenn in einer Eintragungsbewilligung (s § 1 Rz 8) auf vorformulierte Texte verwiesen wird (dazu näher GRABA Rz 17; LÖWE Rz 52 f; STEIN Rz 5; STÜRNER BWNotZ 1977, 106; HORST SCHMID BB 1979, 1663; LG Stuttgart JZ 1977, 760; BAUR Sachenrecht [10. Aufl] § 16 VI 3 b; OLG Stuttgart NJW 1979, 222; nach altem Recht ebenso schon EICKMANN Rpfleger 1973, 341; aM LG Würzburg JZ 1975, 287 zust SCHEYHING). Wegen der akzessorischen Natur des dinglichen Rechts Hypothek gilt dies auch für Darlehensbedingungen, auf die in der Eintragungsbewilligung Bezug genommen wird (OLG Celle Rpfleger 1979, 261). Allerdings ist das Grundbuchamt zu einer systematischen Überprüfung aller Eintragungsbewilligungen nicht verpflichtet. Nur wenn sich ihm aus Anlaß eines Geschäftsvorfalls die Unwirksamkeit einer in der Eintragungsbewilligung in bezug genommenen AGB-Bestimmung aufdrängt, darf es zur Inhaltskontrolle schreiten.

Der Rechtsanwender muß aber nicht die vom Gesetz an sich vorgezeichneten logischen Schritte nachvollziehen, sondern kann die Unwirksamkeit einer AGB-Bestimmung in jeder ihm sicher erscheinenden Weise feststellen, etwa sagen, sie ergebe sich „jedenfalls" aus § 9, wenn sie nicht schon aus einer der Nummern von §§ 10 f folge (Einl 16 ff zu § 1).

Die Anwendung der §§ 9 ff auf konkrete Fälle ist Rechtsanwendung und darum **revisibel**, auch soweit es sich um sehr seltene, nur auf Einzelsituationen bezogene Klauseln handelt.

Die Rechtsfolge der Unwirksamkeit einer AGB-Bestimmung richtet sich nach § 6. Die Begriffe „unwirksam" in §§ 9 ff und „nicht Bestandteil des Vertrages geworden" in den §§ 2 ff drücken keine unterschiedliche Rechtsfolgenqualität aus. Möglich ist, daß die Tatsache der Konfrontation des Vertragspartners mit klar unwirksamen AGB-Bestimmungen eine Haftung aus culpa in contrahendo auslöst (LÖWE Rz 33; GRABA Rz 18 f).

Zur Möglichkeit der Heilung unwirksamer Bestimmungen s § 1 Rz 34.

2. Die Inhaltskontrolle Allgemeiner Geschäftsbedingungen im System des Privatrechts 12

Das Verhältnis der Vorschriften über die Inhaltskontrolle zu den allgemeinen Vorschriften des ersten Abschnitts des Gesetzes ist jeweils im Zusammenhang mit den Erl zu den §§ 2-5 dargestellt (zusammenhängend: Einl 12 ff zu § 1). Die Frage nach dem Verhältnis der Generalklauseln des BGB zur AGB-Inhaltskontrolle betrifft im wesentlichen nur § 9 und ist im Zusammenhang mit dessen Erläuterung näher beschrieben (§ 9 Rz 10, 11). Von allgemeinerer Bedeutung ist das Verhältnis der BGB-Regelung über die Willenserklärungen zu den §§ 9-11.

a) Obwohl in den amtlichen Überschriften zu den §§ 10, 11 von Klausel-„Verbo- 13
ten" die Rede ist, handelt es sich nicht um Verbotsnormen im Sinne von § **134 BGB**.

Es hat keinen Sinn, Normen, welche ohnehin primär die Grenzen rechtsgeschäftlich wirksamen Handelns beschreiben, noch mit § 134 in Verbindung zu bringen (Flume AT § 17, 3; Graba § 9 Rz 6). § 134 hat aber Bedeutung in bezug auf verwaltungsrechtliche Vorschriften, welche die Verwendung bestimmter Klauseln untersagen. Auch wo sie von „Unwirksamkeit" einer Klausel sprechen, fehlt es an einer verfassungsrechtlichen Grundlage für die Regelung zivilrechtlicher Verhältnisse. Das Klausel-„verbot" wirkt zivilrechtlich nur über § 134 BGB, s Einl 22 a zu § 1.

13a **b)** Neben und in gewisser Weise vorrangig vor den §§ 9-11 stehen diejenigen gesetzlichen Regelungen, welche auch gegenüber individualvertraglichen Abmachungen zwingend sind. Auch insoweit kann sich der Rechtsanwender aber auf die seiner praktischen Aufgabe entsprechende verkürzte Argumentationsstruktur einlassen, im Einzelfall den allgemein **zwingenden Charakter einer gesetzlichen Vorschrift** dahingestellt sein lassen und einer von ihr abweichenden AGB-Bestimmung die Wirksamkeit mit der Begründung versagen, sie könne jedenfalls vor der Inhaltskontrolle keinen Bestand haben.

Ein Sonderfall des zwingenden Rechts sind die Verfügungsverbote in §§ 135 f BGB. Auch in AGB getroffene Verfügungen, die ihnen zuwider laufen, können naturgemäß nicht wirksam werden. Der Verwender kann seinem Vertragspartner beispielsweise keine Verfügung für den Fall des Konkurses abverlangen, die nur der Konkursverwalter zu treffen vermöchte (dazu Wronka BB 1976, 1580 ff; OLG Braunschweig BB 1965, 1124). Jedoch handelt es sich insoweit nicht um ein spezifisches AGB-Problem.

14 **c)** Eine **Anfechtung wegen Irrtums** über den Inhalt einer Bestimmung in AGB ist schon tatbestandlich nicht möglich, wenn der Anfechtende bei Vertragsschluß von der Existenz und dem ihn jetzt drückenden Inhalt dieser Bestimmung nichts gewußt hat. Im übrigen ist eine solche Anfechtung sehr wohl denkbar (aM wohl Löwe Rz 27). Hat sich eine der Vertragsparteien – es kann sich auch um den Verwender handeln – konkret falsche Vorstellungen über den Inhalt einer AGB-Bestimmung gemacht, so kann sie deren Einbeziehung anfechten, wenn anzunehmen ist, daß sie die Klausel bei Kenntnis ihres wirklichen Inhalts und bei verständiger Würdigung der Sachlage nicht akzeptiert hätte (s § 2 Rz 104). Sie muß nicht den ganzen Vertrag anfechten (§ 6 Rz 8). Streng genommen braucht der wahre Inhalt der angefochtenen Klausel nicht einmal unangemessen oder überraschend zu sein. Ist er es nicht, wird freilich schwerlich anzunehmen sein, daß die anfechtende Partei die Bestimmung bei Kenntnis der Sachlage und verständiger Würdigung des Falles nicht akzeptiert hätte. Ist er es, dann ist die Anfechtung freilich meist gegenstandslos; nur wenn in der konkreten (positiven) Fehlvorstellung der anfechtenden Partei über den Klauselinhalt, auch gemessen an der Tatsache von deren völliger Unwirksamkeit, noch ein relevanter Irrtum ist, ist Anfechtung möglich.

Zur Anfechtung wegen arglistiger Täuschung s § 6 Rz 8.

15 **d)** Die Kautelarjurisprudenz hat seit Inkrafttreten des AGBG verschiedenartige **„salvatorische Klauseln"** hervorgebracht, über die paradigmatisch anderen Orts (§ 6 Rz 11, § 11 Nr 7 Rz 28) Stellung genommen wurde. Generell läßt sich sagen: Nur wenn es zur Vermeidung eines unübersichtlichen Ausmaßes an Differenzierungen unerläßlich ist, kann mit dem Zusatz „soweit gesetzlich zulässig" gearbeitet und erreicht werden, daß eine zu weit geratene Klausel in Ihrer Anwendbarkeit automatisch auf den gesetzlich zulässigen (scil sich aus künftiger Rspr ergebenden) Rahmen beschränkt wird.

16 **e)** Zum Umfang der Unwirksamkeit einer Klausel s § 6 Rz 15.

§ 8
Schranken der Inhaltskontrolle

Die §§ 9 bis 11 gelten nur für Bestimmungen in Allgemeinen Geschäftsbedingungen, durch die von Rechtsvorschriften abweichende oder diese ergänzende Regelungen vereinbart werden.

1. Teilber 38; RefE 5; RegE 22 – s Einl 6.

Schrifttum

Brandner, Schranken der Inhaltskontrolle Allgemeiner Geschäftsbedingungen, FS Hauß (1978) 1 ff.

I. Regelungsanliegen der Norm 1

Die Kernvorstellung von AGB betrifft Bestimmungen in dem Bereich, der normalerweise Gegenstand des dispositiven Gesetzesrechts ist oder sein sollte, also Regelungen außerhalb der Festlegung der wechselseitigen Hauptleistungspflichten. Demgemäß war in den ersten Entwürfen für ein AGBG das Begriffselement „von gesetzlichen Vorschriften abweichende oder diese ergänzende Regelungen" ein Element des AGB-Begriffs überhaupt. Man hatte die Vorstellung, daß Preise und vertragscharakteristische Hauptleistungspflichten individuell festgelegt zu werden pflegen. Ein etwas eingehenderer Blick auf die Rechtstatsachenwelt offenbarte jedoch, daß in nicht geringem Umfange auch Hauptleistungspflichten Gegenstand vorformulierter Vertragsbedingungen sind (s Rz 2). Der Vertragspartner des Verwenders hat sehr wohl ein Anrecht darauf, auch in diesem Bereich nicht zu seinem Nachteil überrascht zu werden oder zu seinen Gunsten getroffener individual-vertraglicher Abmachungen verlustig zu gehen. Daher war es ratsam, den AGB-Begriff im Sinne des jetzt Gesetz gewordenen § 1 zu erweitern. Die Bestimmung von Hauptleistungspflichten einschließlich der Preisgestaltung einer gesetzlichen Inhaltskontrolle zu unterwerfen, kann aber auch gegenüber formularmäßiger Festlegung nicht Aufgabe eines liberalen Staates sein. Daher ist die Ausgestaltung der vertragscharakteristischen Hauptleistungspflicht (II), soweit nicht eine „gesetzliche Parallelvorschrift" besteht (Schaefer VersR 1978, 4), und der Preisregelung (III) der Inhaltskontrolle entzogen (Dietlein Rz 2; Löwe Rz 6 ff; Palandt-Heinrichs Anm 2; Dittmann-Stahl Rz 258; Stein Rz 1; Graba Rz 12 – mit gewissen Einschränkungen; aM Brandner, FS Hauß [1978] 5 ff; Koch-Stübing Rz 3; teilweise auch Schmidt-Salzer F 30 f – zwischen technischer Leistungsspezifikation und „vertragsrechtlicher Dimension" unterscheidend; s auch Rz 3, 4). Daß in AGB häufig – und im Interesse der Übersichtlichkeit der Rechtslage auch legitimerweise – sich findende Wiederholungen gesetzlicher Regelungen nicht einer Inhaltskontrolle unterworfen werden können, versteht sich. Jedoch gibt es in diesem Bereich schwierige Abgrenzungsfragen (IV).

Wie aus § 11 Nr 15 lit b hervorgeht, unterliegen aber tatsächliche Erklärungen in AGB durchaus der Inhaltskontrolle. Sie sind auch nichts weiter als eine besondere kautelarjuristische Methode, von gesetzlichen (Beweislast-)Regelungen abzuweichen oder sie zu ergänzen (§ 11 Nr 15 Rz 8).

II. Die vertragscharakteristischen Hauptleistungspflichten

1. Vertragscharakteristische und andere Hauptleistungspflichten 2

Nicht schlechthin alle Hauptleistungspflichten betreffende formularmäßige Festlegungen sind der Inhaltskontrolle entzogen, sondern nur die konkretisierenden

Festlegungen der vertragscharakteristischen Hauptleistungspflichten, die das Gesetz selbst nicht vorgenommen hat (GRABA Rz 15). Hauptleistungspflicht ist etwa auch die in § 536 verankerte Instandhaltungspflicht des Vermieters (BGH NJW 1977, 36). Jedoch steht sie im Gesetz, ihre Abdingung unterliegt daher der Inhaltskontrolle. Auch die Abnahme eines Werkes ist Hauptleistungspflicht des Bestellers einer Werkleistung (s Erl zu § 640 BGB). Sie ist im Gesetz in einer zum unmittelbaren Vollzug geeigneten Weise ausgestaltet. Bestimmungen in AGB über die Abnahme, etwa ihre Entbehrlichkeit, weichen daher von gesetzlichen Vorschriften ab oder ergänzen sie. Sie unterliegen der Inhaltskontrolle. Das gleiche gilt für die Verpflichtung zur Übergabe und zur Eigentumsübertragung beim Kauf. Bestimmungen in AGB, welche sich auf diese beziehen, können an §§ 9 ff gemessen werden. Der der Inhaltskontrolle nicht offenstehende Raum ist aber weiter als der der „essentialia negotii" im Sinne der klassischen Lehre. Auch Konkretisierungen des Vertragsinhalts, welche nicht unerläßlich sind, um einen wirksamen Vertrag zustandezubringen, stellen häufig keine Abweichungen von oder Ergänzungen zu „gesetzlichen" Vorschriften dar (aM GRABA Rz 16; besonders dezidiert BRANDNER Rz 19; ders, FS Hauß [1978] 7 ff).

Wo das Gesetz dem Verkehr zur näheren Ausgestaltung der Hauptleistungspflichten verschiedene Rechtsregelungen und Rechtsinstitute als Optionen gelassen oder sogar angeboten hat, hat es die Hauptleistungspflichten der Partei durchaus nicht festgelegt. Das Gebrauchmachen von einer solchen Option ist daher der Inhaltskontrolle entzogen. S aber auch unten Rz 10.

Erst recht sind dem Gesetz im allgemeinen keinerlei Anhaltspunkte dazu zu entnehmen, welche Sachen verkauft werden, welches Werk bestellt wird. Bestimmungen in AGB dazu, etwa die Leistungsbeschreibung in einem Bauvertrag, sind durch die §§ 9 ff im allgemeinen nicht tangiert. Freilich kann es sein, daß das Gesetz verallgemeinernde Bestimmungen über den Leistungsumfang trifft, etwa darüber, daß bei der Veräußerung einer Sache Zubehör im Zweifel als mitveräußert gilt (§ 314 BGB). Wird eine solche Norm ganz oder teilweise abbedungen, so fällt dies nicht deshalb aus dem Anwendungsbereich der Inhaltskontrolle, weil die Festlegung der Hauptleistungspflicht zur Debatte steht. Auch wäre es nicht sachgerecht, die Anwendbarkeit der §§ 9 ff von dem legislatorischen Zufall abhängig zu machen, ob eine Norm als Auslegungsregel oder als Dispositiv-Vorschrift strukturiert ist. Eine in AGB getroffene Abweichung von gesetzlichen Auslegungsregeln ist ebenso Abweichung von gesetzlichen Vorschriften wie die Abdingung dispositiven Rechts. Selbst da, wo das Gesetz nur eine Notlösung bereithält und die Zweckdienlichkeit von Vereinbarungen unter den Parteien ausdrücklich hervorhebt, wie etwa im Zusammenhang mit der Festlegung des Erfüllungsortes (§ 269 Abs 1 BGB), haben AGB gesetzesergänzende Funktion, wenn sie diesem Aufruf Rechnung tragen (BRANDNER Rz 20).

Unter „Rechtsvorschriften" ist im übrigen alles zu verstehen, was Gesetz im formellen Sinne ist. Zur Abweichung von ausländischen Rechtsvorschriften bei Maßgeblichkeit ausländischen Rechts § 12 Rz 8. Auch der Satz „pacta sunt servanda" ist Rechtsvorschrift. Leistungsänderungsvorbehalte unterliegen daher, wie sich auch aus §§ 10 Nr 4, 11 Nr 1 zweifelsfrei ergibt, der AGB-Inhaltskontrolle, ohne daß aus diesen Vorschriften der Schluß gezogen werden könnte, in AGB sich findende Preisbestandteile unterlägen der Inhaltskontrolle generell (so aber KOCH-STÜBING Rz 9 ff).

2. Beispiele für AGB-Bestimmungen, die der Inhaltskontrolle nicht unterliegen 3

Beispiele für kontrollfreie Festlegungen vertragscharakteristischer Hauptleistungspflichten durch AGB sind: Leistungsbeschreibungen (BRANDNER Rz 8 ff), insbesondere Baubeschreibungen, überhaupt alle Bezugnahmen auf DIN-Normen in Angaben zu der zu erbringenden Leistung (VOB Teil C – F SCHMIDT MittBayNot 1977, 95), Angaben zu **Toleranzgrenzen** (aM BRANDNER Rz 20 – gerade dort aber ist ein Überraschungseffekt im Sinne von § 3 leicht möglich), **Zinsregelungen** in Kreditbedingungen, Leistungsbeschreibungen in **Unterrichtsverträgen** (bei Fernlehrgängen kann aber FernUSG BGBl 1976 I 2525 einschlägig sein). Der Inhaltskontrolle unterliegt auch nicht ein in AGB aufgenommenes Leistungsbestimmungsrecht des Verwenders im Sinne von § 315 BGB, wenn es Gegenstände betrifft, deren Regelung der Inhaltskontrolle auch nicht unterlägen, wenn sie schon bei Vertragsabschluß getroffen worden wäre (aM BRANDNER, FS Hauß [1978] 10; wohl auch LÖWE Rz 14). Wohl aber unterliegt der Inhaltskontrolle ein Leistungsabänderungsrecht des Verwenders (Rz 2), wie etwa in Gestalt einer Preis-(Prämien-)Anpassungsklausel (LÖWE Rz 15). Zu Schiedsgutachtenklauseln s Rz 6 u § 9 Rz 151 ff.

Besonders stark diskutiert hat man die Zulässigkeit einer Inhaltskontrolle von **Allgemeinen Versicherungsbedingungen,** die zweifellos die Rechtsnatur von AGB haben. Die Schwierigkeit besteht darin, diejenigen Bestimmungen, welche gesetzliche Vorschriften ergänzen oder abbedingen, von solchen zu unterscheiden, welche die Hauptleistungspflicht des Versicherers festlegen, s § 9 Rz 176 ff.

3. Verhältnis von § 8 zu § 9 Abs 2 Nr 2 4

Es kann sein, daß ein Vertragstyp so weit aus dem Vorstellungsbild der gesetzlich geregelten Vertragsmodelle fällt, daß er auch mit den Normen des allgemeinen Schuldrechts nur sehr sektoral erreichbar ist. Es kann aber auch sein, daß sich sonst im Gesetz großflächige Lücken zeigen. So hat etwa SONNENBERGER, FS Ferid (1977) 397 ff mit Recht darauf hingewiesen, daß das internationale Schuldrecht so gut wie gar nicht gesetzlich geregelt ist. Daraus schließt er, daß AGB-Regelungen über das anwendbare Recht auch nicht von „gesetzlichen" Vorschriften abweichen oder diese ergänzen können. Die Existenz von § 9 Abs 2 Nr 2 zeigt aber (so mit Recht BRANDNER Rz 2), daß eine Inhaltskontrolle auch da obwalten soll, wo der Gesetzgeber einer großflächigen Regelungserwartung nicht nachgekommen ist. Eine „Ergänzung" gesetzlicher Vorschriften im Sinne von § 8 liegt daher immer vor, wenn AGB zur Regelung von Fragen verwandt werden, deren Regelung im dispositiven Recht erwartet werden kann. Man braucht also auch nicht mit SCHMIDT-SALZER (F 30 f), um die Fälle des großflächigen Fehlens dispositiven Rechts in den Griff nehmen zu können, ohne Anhaltspunkte im Gesetz zu haben, danach zu unterscheiden, ob vertragliche Regelungen technischen Zuschnitts sind oder eine „vertragsrechtliche" Dimension erreichen, und im letzteren Falle sogar die Bestimmung der Hauptleistungspflichten der gesetzlichen Inhaltskontrolle zu unterwerfen.

4. Verhältnis zu zwingendem Recht 5

Unberührt bleibt die Kontrolle der Angemessenheit von Vereinbarungen über die Hauptleistungspflichten durch solche Vorschriften, die zwingenden Rechts sind, etwa wenn gesetzlich Tarife vorgeschrieben sind (s Einl zu § 1).

6 **III. Preisregelungen**

Die Preisgerechtigkeit ist keine Frage der Inhaltskontrolle von AGB, selbst wenn eine vorformulierte Preisgestaltung unverändert Vertragsinhalt geworden ist (allgM, auch derer, welche die Festlegung vertragscharakteristischer Hauptleistungspflichten für kontrollfähig halten, s oben Rz 2). Auch eine Rechtfertigung harter Klauseln durch (angeblich) besonders günstige Preise ist nicht möglich (§ 9 Rz 32). Doch zeigt § 11 Nr 1, daß die Inhaltskontrolle auch Bestimmungen ergreifen kann, die es mit Preisen zu tun haben. Es bietet sich an, § 8 in Anlehnung an § 2 Abs 1 GWB auszulegen (so Graba Rz 14; Brandner Rz 11). Jedoch muß man auf eine richtige Interpretation der letzteren Bestimmung achten. Preisbestandteil im Sinne dieser Norm ist einmal nur das, was inhaltlich auf die Höhe des Preises bezogen ist, nicht Berechnungsmodalitäten wie etwa die Frage, ob der Preis in einer Summe genannt oder aus Teilsummen zusammengesetzt sein soll, oder ob der Preis für bestimmte Leistungsbestandteile („Mehrwertsteuer wird gesondert berechnet", „zuzüglich Fracht" „frei ab Werk", „Verpackung zum Selbstkostenpreis" usw) ausgegliedert ist (Brandner Rz 15). Zur Mehrwertsteuer insb § 5 Rz 11. Dagegen sind die inhaltlichen Angaben zu der Höhe des für die jeweilige Teilleistung oder das Einzelleistungselement geschuldeten Entgeltes Preisbestandteile. Insoweit unterliegen daher Gebührenordnungen, die den Charakter von AGB haben, nicht der Inhaltskontrolle (Löwe Rz 12 ff). Fast alle solche Gebührenordnungen enthalten aber neben der eigentlichen Entgeltsfestsetzung Vertragsabwicklungsbestimmungen, die sehr wohl der Inhaltskontrolle nach dem AGBG ausgesetzt sind. Keine „Preisbestandteile" sind auch Preiserhöhungsklauseln im Zusammenhang mit Dauerschuldverhältnissen oder bezüglich erst längere Zeit nach Vertragsabschluß zu erbringender Leistungen (Graba Rz 15; Brandner Rz 12, 14). Man kann § 11 Nr 1 im Gegenteil so interpretieren: er stellt klar, daß Preiserhöhungsbestimmungen von gesetzlichen Regelungen abweichen, diese wenigstens ergänzen und daher keine Preisbestandteile sind. „Preise" sind auch nicht Angaben über die in einem Fall des Scheiterns des vorgesehenen Leistungsaustausches zu erbringenden Rückabwicklungsleistungen (Löwe Rz 12). Solche Regelungen unterliegen daher durchaus der Inhaltskontrolle (BGHZ 54, 106 = NJW 1970, 1596 – bezüglich der Inanspruchnahme „vollen Entgelts" bei vorzeitiger Auftragsbeendigung ohne berechtigten Grund durch den Kunden eines Steuerberaters; BGHZ 60, 353 = NJW 1973, 1190 – bezüglich der Inanspruchnahme „vollen Entgelts" bei Auftragskündigung durch einen Ingenieur aus einem vom Vertragspartner zu vertretenden Grund gem § 18 GOI).

Eine reine Preisbestimmung liegt jedoch auch dann vor, wenn AGB-Regelungen inhaltlich Aussagen zum Preis gezielt vermeiden („es gelten die am Tag der vorgesehenen Lieferung im Betrieb des Herstellers allgemein gültigen Preise"). Denn dann hat sich der Unternehmer ein Leistungsbestimmungsrecht im Sinne von § 315 BGB ausbedungen, dessen Ausübung ihn zwar in bestimmter Weise bindet (Gleichbehandlung aller Kunden), dessen Statuierung aber dennoch nicht von gesetzlichen Vorschriften abweicht.

§ 8 schließt natürlich nicht aus, daß Preisregelungen in AGB als für den Kunden überraschende Klauseln nicht Vertragsbestandteil werden. Ja die Ausgliederung der Preisregelung aus dem Anwendungsbereich der Inhaltskontrolle ist überhaupt nur wegen dieser Absicherung zu rechtfertigen. Wenn einem Kunden in einer Notsituation formularmäßig unüblich hohe Preise abverlangt werden (Abschleppunternehmen – so das Beispiel von Koch-Stübing Rz 10), so werden sie nicht wirksam vereinbart. Im Streitfall ist das „angemessene" Entgelt festzusetzen. Zur Kontrolle formularmäßiger Preisregelungen von Monopolunternehmungen s Erl zu § 315 BGB.

IV. Wiederholung gesetzlicher Regelungen in AGB 7

Einer Inhaltskontrolle durch den Richter können solche Bestimmungen naturgemäß nicht unterliegen, welche sich darauf beschränken, den Regelungsinhalt der auf das Vertragsverhältnis anwendbaren gesetzlichen Normen zu wiederholen, um dem Vertragspartner einen möglichst geschlossenen Überblick über seine Rechte und Pflichten zu geben. Zu beachten ist, daß es gesetzliche Regelungen gibt, die auch die vertragscharakteristischen Hauptleistungspflichten sehr detailliert festlegen, wie dies zB durch das VVG und die HOAI (dazu Brandner, FS Hauß [1978] 5) geschehen ist.

1. Das gilt auch dann, wenn durch die Wiederholung gesetzlicher Vorschriften eine Regelung als Vertragsinhalt ausgewiesen wird, welche durch formularmäßig-privatautonom gesetzte Bedingungen nicht wirksam gemacht werden könnte. Wenn etwa ein Luftbeförderungsunternehmen im Bezug auf internationale Personentransporte in Übereinstimmung mit dem Warschauer Übereinkommen vom 12. Oktober 1929 idF v 1955 (BGBl 1958 II 312) festsetzt, daß seine Haftung in allen Fällen auf den Gegenwert von 250 000 Goldfranken beschränkt ist, so stimmt dies mit der sich aus Art 22 dieses Überkommens ergebenden Gesetzeslage überein. § 11 Nr 7 ist unanwendbar. 8

Es ist aber immer sehr genau danach zu fragen, ob die in einem AGB-Text „wiederholte" gesetzliche Regelung wirklich von sich aus Rechte und Pflichten der Vertragspartner begründet oder diesen nur einen Regelungsspielraum zuweist. Im letzteren Falle ist nicht gesagt, daß dieser Regelungsspielraum auch durch AGB ausgefüllt werden kann. Die formularmäßige Ausfüllung eines spezialgesetzlich gegebenen Regelungsspielraums unterliegt vielmehr, wie die Existenz von § 11 Nr 6 beweist, voll und ganz der Inhaltskontrolle, s Rz 2, 10. So setzt § 4 Abs 1 AbzG die wirksame Vereinbarung einer Vertragsstrafe voraus. Formularmäßig kann eine solche Vereinbarung seit Inkrafttreten des AGBG unter den Voraussetzungen von § 11 Nr 6 nicht mehr getroffen werden (Graba Rz 3; s auch § 11 Nr 6 Rz 5). Als allgemeine Richtlinie läßt sich sagen, je mehr das Gesetz den Parteien ein Regelungsprogramm als mögliche Alternative „anbietet", um so eher kann die Wahl durch AGB getroffen werden; je mehr ein Regelungsprogramm den Charakter einer zulässigen Ausnahmeregelung hat, umso eher kann es, wenn durch AGB gewählt, der Inhaltskontrolle verfallen, s zB unten Rz 10. Verwaltungsrechtliche Vorschriften, die die „Zulässigkeit" einer bestimmten Vertragsgestaltung ausweisen, dienen immer der Abgrenzung der behördlichen Eingriffsbefugnisse und sagen nichts über die zimilrechtliche Wirksamkeit der abgeschlossenen Geschäfte – und schon gar nichts über die Zulässigkeit formularmäßig-vorformulierter Vertragsgestaltung aus.

2. Findet sich in AGB der Wortlaut gesetzlicher Bestimmungen wiederholt, so beansprucht der Aufsteller ersichtlich keine eigenständige Regelung. Eine solche „AGB-Bestimmung" ist dann nicht nur der Inhaltskontrolle entzogen, sondern wie die gesetzliche Vorschrift selbst restriktiv oder extensiv auszulegen. § 5 spielt als Auslegungsrichtlinie dann keine Rolle (§ 5 Rz 4). Auch für die Anwendung von § 3 ist dann kein Raum – es würde ja, wenn man ihn anwendet, nach § 6 die gesetzliche Vorschrift an die Stelle ihrer eigenen Wiederholung treten. Diese Grundsätze hat der BGH in seinem Urteil vom 30. 4. 1969 (NJW 1969, 1384) verkannt. § 7 Abs 5 AKB enthält eine Vorschrift, wonach der Versicherungsschutz entfällt, wenn der Versicherungsnehmer gewisse Obliegenheiten verletzt hat. Die Leistungsfreiheit tritt nach eben dieser Vorschrift nicht ein, wenn die Obliegenheitsverletzung weder vorsätzlich noch grob fahrlässig war. In dieser Formulierung trifft die Beweislast für Fehlen groben Verschuldens eindeutig den Versicherungsnehmer. Sie stimmt genau mit § 6 Abs 3 VVG überein, der sagt: „Ist die Leistungsfreiheit für 9 den Fall vereinbart, daß eine Obliegenheit verletzt wird . . ., so tritt die vereinbarte Rechtsfolge nicht ein, wenn die Verletzung weder auf Vorsatz noch auf grober Fahrlässigkeit beruht". Gleichwohl entschied der BGH im Wege der Inhaltskontrolle, die Beweislast dafür, einen Unfall gar nicht wahrgenommen zu haben, könne nicht dem Versicherungsnehmer überbürdet werden. Er übersah dabei, daß sich § 7 Abs 5 AKB nicht nur im Rahmen einer von § 6 VVG ausgehenden Ermächtigung hielt, sondern nahezu wortgleich und jedenfalls inhaltsgleich mit dessen Abs 3 war. Methodisch sauber hätte mit einer teleologischen Reduktion von § 6 Abs 3 VVG selbst gearbeitet werden müssen (so mit Recht GRABA Rz 10; aM HÜFFER VersR 1974, 621). Eine aus dem Gesetz entnommene AGB-Bestimmung muß, um von der Inhaltskontrolle befreit zu sein, aber für den konkreten Vertrag tatsächlich ex lege Geltung beanspruchen. Wenn Gesetzestexte für einen Vertrag abgeschrieben werden, auf den sie von sich aus nicht anwendbar sind, unterliegen sie als originäre AGB-Bestimmungen voll und ganz der Inhaltskontrolle (BRANDNER Rz 22). So hat es der BGH in ständiger Rspr abgelehnt, Verträge über den Erwerb noch (fertig) zu erstellender Immobilien formularmäßig dem Kaufvertragsrecht unterstellen zu lassen (BGHZ 60, 362 = NJW 1973, 1235; BGHZ 65, 359 = NJW 1976, 515; BGH NJW 1979, 1406; WM 1979, 839).

Häufig schließen sich Klauseln jedoch nicht an den Wortlaut des Gesetzes an, sondern zeigen höchst auffällige Abweichungen von ihm. Durch eine scheinbar bloß harmlose Umformulierung kann die gesetzliche Beweislast geändert sein, wertausfüllungsbedürftige Begriffe können sich in verschärfter (bzw gemilderter) Form wiederfinden. Entweder ergibt in einer solchen Situation die Auslegung der Klauseln, daß ihr Aufsteller vom Gesetzesinhalt nicht abweichen wollte, oder aber sie unterliegt wie jede andere der Inhaltskontrolle. Führt diese zu ihrer Unwirksamkeit, so gilt ohnehin wieder der Gesetzesinhalt.

10 **V. Gebrauchmachen von gesetzlich vorgesehenen Rechtsinstituten**

Das OLG Stuttgart hat die formularmäßige Vereinbarung eines abstrakten Schuldversprechens, einer Grundschuld, eines Wechsels und eines Schecks mit der Begründung unabhängig von § 11 Nr 15 zugelassen (NJW 1979, 222; ebenso KÜMPEL WM 1978, 746), der Verwender habe nur ein gesetzlich anerkanntes Rechtsinstitut benutzen wollen. Wie § 11 Nr 6 mit seinen Aussagen zur Vertragsstrafe zeigt, ist diese Prämisse falsch. Wo die Verwendung gesetzlich anerkannter Rechtsinstitute mit der Festlegung der vertragscharakteristischen Hauptleistungspflichten (s oben Rz 2, 8) nichts zu tun hat, unterfällt sie auch der Inhaltskontrolle, s oben Rz 8, § 11 Nr 15 Rz 12. Beispiele § 11 Nr 4 Rz 6); § 10 Nr 3 Rz 21.

§ 9
Generalklausel

(1) Bestimmungen in Allgemeinen Geschäftsbedingungen sind unwirksam, wenn sie den Vertragspartner des Verwenders entgegen den Geboten von Treu und Glauben unangemessen benachteiligen.

(2) Eine unangemessene Benachteiligung ist im Zweifel anzunehmen, wenn eine Bestimmung

1. mit wesentlichen Grundgedanken der gesetzlichen Regelung, von der abgewichen wird, nicht zu vereinbaren ist, oder

2. wesentliche Rechte oder Pflichten, die sich aus der Natur des Vertrages ergeben, so einschränkt, daß die Erreichung des Vertragszwecks gefährdet ist.

1. Teilber 26, 74; RefE 39; RegE 75 – s Einl 6 ff.

Schrifttum

SCHAPP, Die Leitbildfunktion des dispositiven Rechts für die Inhaltskontrolle von Allgemeinen Geschäftsbedingungen nach § 9 Abs 2 AGB-Gesetz, Betrieb 1978, 621; WEICK, Die Idee des Leitbildes und die Typisierung im gegenwärtigen Vertragsrecht, NJW 1978, 11. Aus der Zeit vor Inkrafttreten des AGBG und zur Entstehungsgeschichte der Generalklausel: KÖTZ, Gutachten zum 50. DJT A 62 ff; LÖWE, FS Larenz (1973) 391 ff; TRINKNER BB 1973, 1501 ff; weitere Nachweise bei GRABA Rz 4 f Fn 5 ff.

Systematische Übersicht

A. Grundlagen 1

I. Systematische Stellung von § 9
1. § 9 im Verhältnis zu den übrigen Bestimmungen des Gesetzes 1
a) Verhältnis zu § 10 2
b) Verhältnis zu § 11 3
c) Verhältnis zu § 23 Abs 2 4
d) § 9 im Verhältnis zu § 24 Abs 2 5
e) § 9 im Verhältnis zu § 7 6
f) § 9 im Verhältnis zu generell zwingendem Recht 7
g) § 9 im Verhältnis zu den §§ 2-6 8
2. § 9 im Verhältnis zu anderen Vorschriften des Privatrechts 9
a) § 9 im Verhältnis zu §§ 116 ff, 134 BGB 9
b) § 9 im Verhältnis zu § 138 BGB 10
c) § 9 im Verhältnis zu § 242 BGB 11

II. Die innere Struktur der Norm
1. Charakter der Norm als Generalklausel 12
2. Konkretisierung der Generalklausel durch ihren Abs 2 13
3. Sonderstellung von „Kardinalpflichten"? 15
4. Der Klausel-Unwirksamkeits-Katalog als Konkretisierungsmaßstab? 16
5. Die Rechtsprechung als Konkretisierungsmaßstab? 18
6. Beweislast 19

III. Dispositives Recht und Vertragsnatur als Angemessenheitsmaßstab
1. Abweichungen von Grundgedanken der gesetzlichen Regelungen 20
a) Die „Gesetzliche Regelung" 20
b) Abweichungen von gesetzlichen Alternativregelungen 21
c) Wesentliche Grundgedanken der gesetzlichen Regelung als deren Gerechtigkeitsgehalt 22
d) Kriterien des Gerechtigkeitsgehalts einer gesetzlichen Regelung 23
e) Gerechtigkeitsalternativen zur gesetzlichen Regelung 24
f) Zulässigkeit von Klauseln trotz Unvereinbarkeit mit „Grundgedanken" gesetzlicher Regelungen? 25
g) Besondere Vertragsabwicklungssituationen 26
2. Abweichung von vertragstypischen Erwartungen 27
a) „Gefährdung" des Vertragszwecks 27
b) Subsidiarität der Nr 2 gegenüber der Nr 1 28
c) Die verkehrstypischen Erwartungen 29
d) Zulässigkeit von Klauseln trotz vertragstypischer Erwartungen? 30

IV. Übergreifende Auslegungsgrundsätze 31
1. Harte AGB-Bestimmungen gegen formularmäßige Vergünstigungen an anderer Stelle? 32
2. Das Preisargument im besonderen 33
3. Harte AGB-Bestimmungen und individuelle Besonderheiten 34
4. Gleichbehandlung von Verwender und Vertragspartner? 36
5. Unangemessene Benachteiligung Dritter als möglicher Kontrollmaßstab? 37
6. Sonstiges 38

B. § 9 und einzelne Regelungen der Privatrechtsgesetze

I. Allgemeine Regelungen des Privatrechts
1. Allgemeiner Teil des BGB 39
2. Allgemeiner Teil des Schuldrechts 45

II. Einzelne schuldrechtliche Vertragstypen in alphabetischer Reihenfolge
1. Architektenverträge 57
2. Automatenaufstellverträge 62
3. Bankverträge 68
4. Bauverträge – Bauwerkvertrag 74
5. Bauverträge – Bauträger- und Baubetreuervertrag 101
6. Dienstverträge 114
7. Ehemäklerverträge 118
8. Factoring-Verträge 122
9. Finanzierte Verträge, insbesondere finanzierte Abzahlungskäufe 125

10. Kaufverträge – Einkaufsbedingungen 130
11. Kaufverträge – Kauf gebrauchter Sachen, insbesondere gebrauchter Kraftfahrzeuge 131
12. Kaufverträge – Versteigerung von Kunstgegenständen 133
13. Leasing-Verträge 134
14. Maklerverträge 140
15. Mietverträge 146
16. Reiseveranstalterverträge 150
17. Schiedsgutachtenvereinbarungen 151
18. Sicherungsvereinbarungen (Schuldrechtliche Sicherungsabreden und Verwertungsklauseln) 154
19. Spediteurverträge (ADSp) 160
20. Transportverträge 174
21. Versicherungsverträge 176
22. Werkverträge 181

Anhang: Schrifttum und Rechtsprechung zur AGB-Problematik einzelner Vertragstypen und Bedingungswerke, auf die in diesem Kommentar nicht eigens eingegangen wird.

Alphabetische Übersicht

Abänderung
– der vertraglich geschuldeten Planung 102
– Befugnis des Bauträgers zur 112
Abnahme der Bauleistung 79, 90
Abnehmer der Hauptleistungspflicht 17
Abschlagszahlung 87
Abtretung von Forderungen 46, 123
Abzahlungskauf
– finanzierter 125 ff
– Umgehung durch Leasing 134
ADSp 160 ff
Agenturvertrag 132
AGNB 175
Alleinauftrag 142
Altteile, Austausch 185
Anfechtung 42
Angebot 43
Annahme 43
Annahmeverzug 116
Anwendung, spiegelbildliche 17
Anzahlung 182
Arbeitsrecht 4
Architektenvertrag 57 ff, 183
Aufrechnung 148
Auftragsentzug 76
Aufwendungspauschale 142
Ausführungsart, Bedenken gegen 96
Ausschreibungsunterlagen 94
Austauschverhältnis 48
Automatenaufstellungsvertrag 62 ff

Bankbedingungen, allgemeine 39, 69 ff
Bankvertrag 68 ff
Baubetreuer 101
Bauleistung 111
Bausparkassen 30
Bauträger 91, 101, 112
Bauvertrag 74 ff
Bauwesen 17, 23
Bedingung, auflösende 106
Beförderungsbedingungen 174
B-Geschäft 125 ff
Besteller 17
Betriebsaufgabe 65
Beweislast 19

Dauerwerkvertrag 187
Dienste höherer Art 117
Dienstleistungsvertrag, Laufzeit 3
Dienstvertrag 114 ff
Dritte 37
– Übertragung eines Auftrags auf 77
Drohung 42

Ehemäklervertrag 118 ff
– finanzierter 121
Eigentumsvorbehalt, verlängerter 123
Eilzuschlag 115
Einheitspreis 98
Einkaufsbedingungen 25, 130
Einwendungsdurchgriff 125
Entzug des Auftrags 76
Erbrecht 4
Erfolgsunabhängigkeit der Maklerprovision 141
Erfüllungsort 24, 50
Erhaltungsmaßnahmen, Mieträume 148
Erwartungen, verkehrstypische 29
Erwerbsrecht des Leasingnehmers 135

Factoring 122 ff
– echtes 124
– unechtes 123
Fahrlässigkeit, leichte 3
Familienrecht 4
Festpreis 108
Finanzierungs-Leasing 135
Folgegeschäfte 143
Forderungsabtretung 46, 123
Forderungsübergang 46

Garantiehaftung, verschuldensunabhängige 25
Gebrauchsvergütung 17
Gebrauchtwaren 25, 44, 131
Gerichtsstandsklausel 73 a
Geringwertigkeit der Hauptleistung 33

Gesamtschuldner 41, 67, 109
Geschäftsraummiete 149
Geschäftsunfähigkeit 39
Gesellschaftsrecht 4
Gewährleistung 24
- Ansprüche 136
- bei Mietvertrag 146
- Frist 17, 104
- Regelungen 103, 111, 131, 134
Gewinn, entgangener 78
Gleichbehandlung 36
Globalzession 123

Haftung
- gesamtschuldnerische 67, 109
- subsidiäre des Leasinggebers 136
- verschuldensunabhängige 148
Haftungsmaßstab 24, 28, 175
Handlung, unerlaubte 44
Hauptleistungspflicht 15, 33
Höchstpersönlichkeit der Dienstleistung 114
Honorarminderung 60

Individualvereinbarung 28
Interpretation, individualvertragskonforme 35
Irrtum 9, 42

Kalkulationsfehler 42
Kardinalpflichten 15
Kaufleute 16, 25
Kaution 148
Kostenerstattungsanspruch 46
Kostenmehrungen 94
Kostenvoranschlag 181
Kraftfahrzeuge, gebrauchte 131
Kreditsicherheiten, Anspruch auf „Verstärkung" 156
Kündigung 17, 106, 119, 148
- ordentliche 64, 183
Kunstgegenstände, Versteigerung 133

Lage der Baustelle 94
Leasing 134 ff
Leistung, im Vertrag nicht vorgesehene 75
Leistungsbeschreibungen, „primäre" und „sekundäre" 176
Leistungsfrist 17
Leistungsmehrungen, unvorhersehbare 95
Leistungsstörung 48
Liefertermin, Änderung 130
Lieferung, rechtzeitige 135
Lotterie 30

Mahnung 147
Maklervertrag 140 ff
Mieter, Garantiehaftung 25
Mietvertrag 146 ff
Motivirrtum 42

Nachfolgeklausel 66
Nachforderung 86
Nachfrist 17, 147
Naturalherstellung 59
Nebenpflichten 15
Nutzungsvergütung 17

Operating-Leasing 134

Pfandrecht 157, 170, 175, 184
Prämienzahlung 180
Preisargument 33
Preisgefahr 138
Provision 144

Quittung 52

Rationalisierungsinteresse 38
Rechenfehler 42
Rechnung, Verzicht auf 186
Rechtsmangel 136
Rechtsprechung 18
Rechtsvergleichung 25
Regelung, gesetzliche 20
Reiseveranstalter 150
Risikobegrenzungen 176
Rücktritt 17, 106, 167

Sachen, gebrauchte 25, 44, 131
Sachgefahr 137
Sachmangel 136
- erkannter 92
Schadensersatzanspruch 44, 147
Schadenspauschalvereinbarung 141
Schiedsgutachten 151
Schlußzahlung 86
Schönheitsreparaturen 148
Schriftformklauseln 3, 40, 69
Sicherungshypothek 99
Sicherungsrechte, Ausschluß 130
Sicherungsvereinbarungen 154 ff
- dingliche 154
- schuldrechtliche 155
Sittenwidrigkeit 10
Sorgfaltspflichten 15
Spediteurvertrag 160 ff
Staatsunternehmen 30
Stornorecht 73

Tarifwahl 33
Täuschung 42
Teilabnahme 93
Teilleistungen 103
Teilverzichtsklausel, schuldrechtliche 156
Transportvertrag 174 f
Treu und Glauben 12

Umqualifizierung 110
Unklarheit 14

Unterhaltungspflicht 137
Untersuchungsobliegenheit 25
Urheberrecht 61

Verbesserungsmaßnahmen, Mieträume 148
Verfügungsbefugnis 69
Vergütung 17, 115, 183
Vergütungsausfall 97
Verjährung 24, 44
Versicherung 30
– bei Leasing 138
Versicherungsleistungen, Verwirkung 180
Versicherungsvertrag 176 ff
Versteigerung 133
Vertrag, finanzierter 125 ff
Vertragsdauer 64
Vertragsstrafe 23, 147
Vertragsverletzung, positive 44
Vertretungsbefugnis 69
Verwender 17
Verwertungsklausel 159
VOB 74 ff
Vollmacht 41, 107
Vorausabtretung 46
Vorbehalt von Gewährleistungsrechten 92
Vorkenntnisklausel 145
Vorleistungspflicht 148
Vorteilsausgleich 56

Wandlung 83
Werkvertrag 74 ff, 181 ff
Widerruf 69
Wohnraummiete 148

Zahlungsverzug 147
Zurückbehaltungsrecht 148

A. Grundlagen

I. Systematische Stellung § 9

1 **1. § 9 im Verhältnis zu den übrigen Bestimmungen des Gesetzes**

Der Gesetzgeber stand vor der Aufgabe, die Maßstäbe für die von der Rspr usurpierte, sich formal an § 242 BGB anlehnende Inhaltskontrolle zu konkretisieren und zu systematisieren. Diese Aufgabe konnte er nur unvollkommen erfüllen. Er konnte die Fülle der im Rechtsverkehr anzutreffenden und künftig zu erwartenden unangemessenen Klauseln nicht erfassen. Er mußte daher neben dem Katalog unwirksamer Klauseln, den er in den §§ 10, 11 aufgestellt hat, eine Generalklausel als Auffangsvorschrift schaffen (zur Rspr vor Inkrafttreten des AGBG s Einl 3 ff zu § 8). Rechtslogisch ist sie subsidiär zu den §§ 10, 11. Für die Arbeitsweise dessen, der Klauseln bewerten muß, ist aber im Bereich von Auslegungszweifeln über die Tragweite einzelner Normen aus dem Bereich der §§ 10, 11 AGBG auch die Argumentation erlaubt, eine Klärung sei entbehrlich, weil „jedenfalls" die Generalklausel das Unwirksamkeitsverdikt trage (Einl 16 ff zu § 1). Freilich ist es im generellen Interesse der Übersichtlichkeit der Rechtsentwicklung zu begrüßen, wenn sich die Gerichte im allgemeinen um eine Abgrenzung des Anwendungsbereichs der verschiedenen der Inhaltskontrolle dienenden Normen bemühen.

2 **a)** Hält eine Klausel einer Bewertung durch § 10 stand, obwohl sie den deskritpiven Tatbestandsmerkmalen dieser Norm unterfällt, so kann sie logischerweise auch nicht mehr gegen § 9 verstoßen (Ein 8 zu § 8). Eine nicht unangemessen lange Nachfrist (§ 10 Nr 2) kann auch keine unangemessene Benachteiligung des Vertragspartners des Verwenders sein (Koch-Stübing Rz 6; Dietlein-Rebmann Rz 4-6; wohl auch Schmidt-Salzer F 14). § 9 greift aber ein, wenn eine Klausel nach § 10 nicht bewertet werden kann, weil sie einem der deskriptiven Tatbestandsmerkmale dieser Norm nicht unterfällt, etwa gar keine „Nachfrist" im Sinne des Gesetzes betrifft.

3 **b)** Unterfällt eine AGB-Bestimmung nicht den deskriptiven Tatbestandsmerkmalen einer der Nummern von § 10, so ist § 9 immer anwendbar, wenn sie nicht schon an § 11 scheitert. Was in letzterer Norm nicht allgemein für unwirksam erklärt wird, kann es nämlich in Bezug auf besondere Vertragsgestaltungen durchaus sein. Auch eine zweijährige Laufzeit von Dienstleistungsverträgen kann leicht eine unangemes-

sene Benachteiligung des Vertragspartners des Verwenders darstellen. Ja, es ist denkbar, daß trotz eines von § 11 erweckten Anscheins ihrer generellen Wirksamkeit Klauseln bestimmten Inhalts in der Mehrzahl der Fälle nach § 9 unwirksam sind. Praktisch wird dies jedoch sehr selten vorkommen. Denn zu beachten ist, daß sich dem § 11 auch positiv Indizien für den gesetzgeberischen Willen entnehmen lassen, bestimmte Klauseln im allgemeinen als wirksam zu akzeptieren.

Da, wo denkbare Klauselinhalte in ein Steigerungsverhältnis gebracht werden können, hat der Katalog unwirksamer Klauseln häufig auch Abgrenzungskriterien geschaffen: Klauseln unterhalb einer bestimmten Steigerung sollen, wenn nicht besondere Umstände ihrer Zulässigkeit entgegenstehen, wirksam sein. So ist dem § 11 Nr 16 zu entnehmen, daß dem Vertragspartner des Verwenders im allgemeinen Schriftform für bestimmte Erklärungen abverlangt werden kann. Aus § 11 Nr 7 ergibt sich, daß im Normalfall des einfachen Verbrauchergeschäfts die Haftung für leichte Fahrlässigkeit abdingbar ist.

Umgekehrt ist eine Klausel, die dem Unwirksamkeitsverdikt von § 11 verfällt, keinerlei relativierender Wertung unter dem Gesichtspunkt des § 9 mehr zugänglich.

c) § 9 ist grundsätzlich anwendbar, wo nach § 23 Abs 2 bestimmte Geschäftstypen 4
vom Anwendungsbereich des Katalogs unwirksamer Klauseln ausgenommen sind. Jedoch ist zu beachten, daß auch insofern § 23 Abs 2 den Akzent auf die Zulässigkeit der durch ihn angesprochenen Klauseln gesetzt hat. Auf die in § 23 Abs 1 genannten Verträge auf dem Gebiet des Arbeits-, Erb-, Familien- und Gesellschaftsrechts ist die AGB-Inhaltskontrolle und damit auch § 9 überhaupt nicht anwendbar. Praktisch unterliegen aber auch diese Verträge, soweit sie im Rechtsverkehr überhaupt unter Verwendung vorformulierter Bestandteile auftreten, einer Inhaltskontrolle, die ähnliche Maßstäbe hat, wie sie in § 9 niedergelegt sind (§ 23 Rz 2, 10, 12).

d) Vor allen Dingen ist § 9 und er allein anwendbar, soweit der persönliche 5
Anwendungsbereich der §§ 10, 11 nicht reicht. In § 24 S 2 ist dies ausdrücklich so festgehalten (§ 24 Rz 2 ff, 8). Aus Gründen der Übersichtlichkeit der Darstellung soll freilich die detaillierte Tragweite der Ausstrahlung des Katalogs unwirksamer Klauseln auf Geschäfte mit **Kaufleuten,** juristischen Personen des öffentlichen Rechts und öffentlich-rechtlichen Sondervermögen, wie allgemein üblich, im Zusammenhang mit den Erläuterungen zu den §§ 10 f behandelt werden.

Allgemein ist hier nur zu sagen, daß es immer der Angabe der aus dem Verhältnis unter Kaufleuten erwachsenden Sondergesichtspunkte bedarf, wenn der Regelungsgedanke der §§ 10 f über § 9 für diesen Bereich nicht vermittelt werden soll. Da, wo es die beiderseits kaufmännische Eigenart des Rechtsverhältnisses nicht gestattet, die Interessenstruktur in anderem Lichte als bei Beteiligung von privaten Letztverbrauchern zu sehen, ist die Anwendung der §§ 10 f auch im rein kaufmännischen Verkehr zwangsläufig (s Rz 16 ff). Vor allen Dingen insoweit, als die Rspr schon vor Inkrafttreten des AGBG die Unwirksamkeit vorformulierter Vertragsbestimmungen auch gegenüber kaufmännischen Kunden angenommen hat, muß es auch fürderhin dabei bleiben, sofern nicht schon damals eine fehlsame Interessenbewertung vorgenommen wurde (Schmidt-Salzer NJW 1977, 137; Koch-Stübing Rz 9). Aber auch soweit der Katalog unwirksamer Klauseln über die bisherige Rspr hinausgegangen ist, wirkt er auch auf das Verhältnis unter Kaufleuten ein, sofern nicht gerade der kaufmännische Verkehr eigenständige Merkmale zeigt, die eine Sonderbewertung rechtfertigen.

e) Nicht zu verkennen ist, daß der Anwendungsbereich von § 7, was die Inhaltskon- 6
trolle anbelangt, im § 9 aufgeht. Die Vorschriften der §§ 10 f „umgehen" zu wollen,

ist immer eine gegen Treu und Glauben verstoßende Benachteiligung des Vertragspartners des Verwenders.

7 **f)** Klauseln, welche gegen Rechtsnormen verstoßen, die auch gegenüber Individualvereinbarungen zwingend sind, bedürfen keiner Bewertung nach § 9 (Einl 13 zu § 8).

8 **g)** Über das Verhältnis des § 9 zu den §§ 2-6 s jeweils dort und Einl 12 ff zu § 1.

9 **2. § 9 im Verhältnis zu anderen Vorschriften des Privatrechts**

a) Über das Verhältnis von § 9 zu den §§ 116 ff, 134 BGB s Einl 13, 14.

10 **b) § 138** BGB tritt in dem Sinne hinter § 9 zurück, als vorformulierte Vertragsbestandteile undenkbar sind, die nach § 9 nicht zu beanstanden, aber dennoch sittenwirdrig wären. Es hat auch keinen Sinn, § 138 BGB heranzuziehen, soweit einzelne Klauseln in Frage stehen, die dem über die bloße Unangemessenheit hinausgehenden Vorwurf der Sittenwidrigkeit ausgesetzt sind, auch nicht, wenn besondere Macht- und Monopolstellungen ausgenutzt werden, um dem Vertragspartner bestimmte AGB aufzunötigen (aM Graba Rz 8; Koch-Stübing Rz 14; wie hier Löwe Vorbem 23 zu § 8). Denn dies würde entweder zur Anwendung von § 139 BGB anstatt zu der von § 6 führen, was unsachgerecht wäre; oder zu unnötig komplizierten Rechtskonstruktionen, um die Anwendbarkeit von § 139 BGB zu vermeiden. Gut vertretbar ist es jedoch (Graba Rz 9; Brandner Rz 37), § 138 BGB nach wie vor heranzuziehen, wenn ein Vertragswerk durch Häufung unangemessener Klauseln insgesamt so anstößig ist, daß man es seinem Schöpfer schon nach den vor Inkrafttreten des AGBG geltenden Grundsätzen als sittenwidrig vorgeworfen hätte (Rechtsprechungsbeispiele: BGHZ 51, 55 = NJW 1969, 230; NJW 1971, 1034 – in concreto Nichtigkeit abgelehnt – beide Automatenaufstellungsverträge betreffend; NJW 1979, 805 – einen Darlehensvertrag betreffend).

Methodisch genauso richtig läßt sich jedoch mit § 9 und der Ausnahmebestimmung in § 6 Abs 3 arbeiten. Vor allen Dingen führt § 138 BGB nicht zur Nichtigkeit eines ganzen Vertrages, wenn sich anstößig vorformulierte Klauseln nur auf abgrenzbare Sondersituationen beziehen, etwa den Verzug mit Darlehensrückzahlungsraten (BGH NJW 1979, 805).

Allein auf § 138 BGB ist allerdings abzustellen, wenn es sich um Verträge handelt, die nach § 23 Abs 1 dem AGBG nicht unterliegen, oder wenn die Sittenwidrigkeit Umständen entnommen wird, die mit der Benachteiligung des Vertragspartners des Verwenders nichts zu tun haben. Letzteres ist besonders dann der Fall, wenn Dritte benachteiligt werden (Graba Rz 10; Palandt-Heinrichs Anm 2 b).

11 **c)** Im letzteren Falle ist § 9 auch kein Hinderungsgrund, § 242 BGB zur Begründung einer Inhaltskontrolle von Vertragsbedingungen – vorformulierten oder ad hoc formulierten – heranzuziehen. Der Hauptanwendungsfall von § 242 BGB im Zusammenhang mit vorformulierten Vertragsbedingungen liegt jedoch in seiner Eigenschaft, Maßstab für ihre Anwendung im Einzelfall zu sein. Auch Rechte aus vorformulierten Vertragsbedingungen darf man nur im Einklang mit Treu und Glauben ausüben. In besonderen Situationen ist die Inanspruchnahme auch solcher Rechte unzulässig, die der Wortlaut eines Vertragstextes gewährt. Bei Handhabung eines Individualvertrages pflegt man die Denkvorstellung, das im konkreten Ausnahmefall durch Subsumtion indizierte Ergebnis hätten die Parteien in Wirklichkeit „nicht gewollt". Einen zu weit geratenen Gesetzeswortlaut führt man durch teleologische Reduktion auf das zulässige Maß zurück. Ganz ähnlich macht § 242 BGB auch AGB im Randbereich ihrer Anwendbarkeit flexibel. Demgemäß verfallen sie

auch im Stadium der Inhaltskontrolle nicht schon deshalb der Unwirksamkeit, weil bei ihrer wörtlichen Anwendung Fälle nicht ganz auszuschließen sind, in denen sie sich unangemessen auswirken würden (GRABA Rz 12, 38; BRANDNER § 8 Rz 44; s § 6 Rz 18).

Der unsauberen Hilfsvorstellung, daß es gelegentlich unzulässig sei, sich auf eine bestimmte Klausel „zu berufen" – der Richter hat Vertragsbestimmungen, die ihm zur Kenntnis gebracht werden, anzuwenden, ohne daß sich die begünstigte Partei auf sie zu berufen bräuchte – bedarf es nicht. Beispiel: § 5 Rz 7, 10 ff.

II. Die innere Struktur der Norm

1. Der Charakter der Norm als Generalklausel zum Schutz des Vertragspartners des Verwenders 12

Wie alle Generalklauseln, so eignet sich auch § 9 nicht als Maßstab, unter den Tatbestände einfach subsumiert werden könnten. Die Norm bedarf der Konkretisierung durch selbständig einzuführende Unangemessenheitsprämissen. Daher rührt auch die Unsicherheit des Gesetzgebers. Die Worte „entgegen den Geboten von Treu und Glauben" könnten im Gesetzestext fehlen, ohne am Sinn der Rechtsnorm etwas zu ändern oder ihrer Eindringlichkeit Abbruch zu tun. Rein logisch gesehen, bringt die jetzige Formulierung auch nichts anderes zum Ausdruck als andere im Gesetzgebungsverfahren empfohlene Versionen, wie „Allgemeine Geschäftsbedingungen sind nur wirksam, wenn sie die beiderseitigen Interessen angemessen ausgleichen" (1. Teilber 26), „. . . wenn sie die Interessen der am Vertrag Beteiligten nach den Geboten von Treu und Glauben nicht angemessen ausgleichen" (RegE 72). Von geringer Aussagekraft ist es auch, einen Gegensatz von Mißbrauch und Unangemessenheit zu konstruieren und die Vorstellung aufzubauen, es gäbe formularmäßig getroffene Regelungen, die zwar unangemessen, aber noch nicht mißbräuchlich seien (so RegE aaO; SCHAPP Betrieb 1978, 621; LÖWE Rz 2). Immerhin stellt die Formel „unangemessen" klar, daß die Unwirksamkeit von Klauseln nicht von subjektiven Voraussetzungen der Person des Aufstellers abhängt, weshalb eine später durch die Zivilgerichte verworfene, sich aber im Bereich möglicher Auslegung des AGBG bewegende Klausel nicht mißbräuchlich iSv § 38 Abs 2 GWB ist. Die Art der Formulierung einer Generalklausel kann ihre Anwendung in der Praxis nur dadurch beeinflussen, daß sie Hemmungen bei Einführung konkreter Wertungsprämissen auf- oder abbaut. Die schließlich Gesetz gewordene negative Fassung, die der Gesetzgeber gewählt hat, obwohl er das „positive Gebot eines angemessenen Ausgleichs der beiderseitigen Interessen" verankert wissen wollte (RegE aaO), kann mehr als eine gewisse Warnung vor Übereifer nicht leisten.

Die Vorschrift **schützt nur den Vertragspartner des Verwenders,** nicht auch diesen selbst. Um dies klarzustellen, ist im Rechtsausschuß des BT die Formulierung der Generalklausel noch einmal eigens geändert worden (BT-Drucks 7/5422, 6). Das ist vor allen Dingen wichtig, wenn der Verwender nicht der Vertragsteil ist, welcher die vertragscharakteristischen Leistungen erbringt. Im Bauwesen etwa ist Verwender regelmäßig der Auftraggeber, welcher seine Bedingungen der Ausschreibung zugrunde legt. Er kann sich auf ihn belastende unangemessene Bestandteile der Ausschreibungsbedingungen nicht berufen, auch wenn er deren Formulierung (Beispiel: VOB) genauso fern steht wie der Auftragnehmer. Freilich ist zu beachten, daß der Vertragspartner des Verwenders auch mitbenachteiligt wird, wenn AGB Bestimmungen zum Nachteil solcher Dritter enthalten, denen gegenüber er erstattungspflichtig oder für deren Schutz er rechtlich oder moralisch einstandspflichtig ist.

2. Die Konkretisierung der Generalklausel durch ihren Absatz 2

Der Gesetzgeber hat in Abs 2 selbst versucht, Prämissen zur Konkretisierung der Generalklausel einzuführen. Dabei hat er aber auch wieder besondere Auslegungsprobleme heraufbeschworen:

13 **a)** Einmal ist es schwierig, ausfindig zu machen, was die Worte **„im Zweifel"** bedeuten sollen. Fälle, in denen der Verwender seine Pflichten und die Rechte des anderen Vertragsteils so einschränkt, daß die Erreichung des Vertragszwecks „gefährdet" ist – und die Regelung gleichwohl nicht unangemessen sein soll, lassen sich schlechterdings nicht vorstellen. Vorstellbar ist demgegenüber eine Abweichung von wesentlichen Grundgedanken der gesetzlichen Regelung, die nicht unangemessen ist – vorausgesetzt man begreift „die wesentlichen Grundgedanken der gesetzlichen Regelung" rein positivistisch als Regelung von besonders einschneidender Auswirkung. Jedoch bedarf der Begriff „wesentliche Grundgedanken der gesetzlichen Regelung" einer Präzisierung iS v „wichtiger Gerechtigkeitsgehalt der gesetzlichen Regelung" (Rz 22 ff). Dann wird es aber wiederum schwierig, den Gedanken an Situationen zu pflegen, in denen bestimmte Gerechtigkeitsgehalte der gesetzlichen Regelungen abbedungen werden können, ohne zur Unangemessenheit der Bestimmung zu führen. Eine Randbedeutung kommt dem Zusatz „im Zweifel" nur für die sehr selten auftretenden Beweislastfragen zu (Rz 19).

14 **b)** Das umgekehrte Problem ist dies: Abs 2 läßt nicht erkennen, ob er den Abs 1 abschließend konkretisiert oder nur beispielhaft erläutert. Letzteres wird zwar abstrakt allgemein angenommen (statt aller Löwe Rz 18, 20; Palandt-Heinrichs Anm 2 c). Jedoch hat noch kaum ein Autor einen greifbaren Anwendungsbereich von Abs 1 angeben können, der nicht auch von Abs 2 erfaßt worden wäre. Vielmehr kommt man auch in den Erl von Abs 1 immer wieder auf die in Abs 2 vorgegebenen Kriterien zurück (besonders deutlich bei Graba Rz 40, 50), sofern man sich nicht darauf beschränkt, solche Auslegungsprobleme zu behandeln, die mit einem hypostasierten unterschiedlichen Anwendungsbereich von Abs 1 und Abs 2 nichts zu tun haben, und auf die hier weiter unten (Rz 31 ff) zurückzukommen sein wird. Der einzige in den bisherigen Arbeiten zu § 9 zutage getretene Fall eines eigenständigen Anwendungsbereiches von Abs 1 ist der der **Unangemessenheit durch Unklarheit** (Graba Rz 55 mit einem plastischem Beispiel; s auch § 3 Rz 26 ff). Das ist einmal wichtig für die abstrakte Unterlassungsklage, die nicht an § 3 Maß nehmen kann. Auch im Individualprozeß läßt sich aber mit § 3 nur arbeiten, wenn eine Klausel einen faßbaren Kerngehalt hat und nur die Randzonen unklar sind. Ist eine Klausel durchgehend unklar, so ist sie eine „gegen Treu und Glauben verstoßende" Benachteiligung der anderen Partei. Es besteht daher kein Grund, sie in einer solchen Situation dem Anwendungsbereich von § 9 und damit dem der Unterlassungsklage (§ 13 Rz 24) zu entziehen. Freilich muß die Unklarheit gezielt und von der Sache her unmotiviert sein. Die Tücken der §§ 10, 11 zwingen gerade sorgfältige Klauselverwender dazu, an eine Reihe selten auftretender Hypothesen zu denken und deshalb durch kompliziert anmutende Differenzierung Verständnisschwierigkeiten in Kauf zu nehmen. Das ist nicht unangemessen.

Was für eine durchgehend unklare Klausel gilt, ist auch für **tendenziell individualvertragswidrige oder individualvertragsferne Klauseln** (§ 4 Rz 8, Einl 18 zu § 1) anzunehmen, die sehr wohl von Klauseln zu unterscheiden sind, welche mit akzidentell getroffenen Individualvereinbarungen nicht im Einklang stehen. Nach dem hier eingenommenen Standpunkt (Rz 20) unterfällt nur dem Abs 1 und nicht auch dem Abs 2 eine formularmäßige Abweichung vom nichtgeschriebenen Recht, vor allem von richterlicher Ergänzung des allgemeinen Schuldrechts (etwa im Bereich der Grundsätze zum Wegfall der Geschäftsgrundlage).

3. Sonderstellung von „Kardinalpflichten“? 15

Entgegen einer in der Gesetzesvorbereitung artikulierten Vorstellung (BR-Drucks 360/75, 23) eröffnet Abs 1 auch keinen eigenständigen Anwendungsbereich gegen Versuche, sich von sog „Kardinalpflichten“ freizuzeichnen (dazu näher SCHLOSSER WM 1978, 562 ff). Der Begriff geht auf die Rspr vor Inkrafttreten des AGBG zurück. Diese hatte sich aber niemals die Mühe gemacht, zwischen dem Ausschluß einer bestehenden vertraglichen Primärpflicht und dem Ausschluß der Haftung für ihre Verletzung zu unterscheiden. Auch fehlt in diesem Zusammenhang die Differenzierung zwischen Verletzung von Hauptleistungspflicht und einer solchen von unselbständigen Nebenpflichten. Ihren Ausgangspunkt nahm diese Rspr mit der Verwerfung von Klauseln, welche die Haftung für die nach § 559 HGB als Hauptleistungspflicht ausgestaltete Gestellung eines seetüchtigen Schiffes ausschließen wollten: Eine „Freizeichnung“ von dieser „Kardinalpflicht“ wollte sie nicht dulden (BGH NJW 1956, 1065; VersR 1966, 873; BGHZ 49, 363 = NJW 1968, 1567; NJW 1973, 1878; Betrieb 1975, 2126; Betrieb 1976, 426; NJW 1978, 1314; OLG Hamburg VersR 1972, 701; OLG Köln OLGZ 1973, 350; VersR 1978, 440). Auch den Ausschluß der Haftung für nur leichte Fahrlässigkeit ließ sie insoweit nicht zu (BGH NJW 1973, 878). Noch nach Inkrafttreten des AGBG – aber für einen Fall, auf den es noch nicht anwendbar war – hat der BGH diese Rspr auf das Lagergeschäft übertragen und eine Freizeichnung von der Haftung für die Eignung der Lagerräume nicht anerkannt (MDR 1979, 908). In dem bekannten Heizölfall (NJW 1971, 1036; ähnlich in der Argumentation in einem anderen Fall: BGH NJW 1973, 2154) hat der BGH sodann die Verpflichtung eines Heizöllieferanten, den Einfüllvorgang zu überwachen, der Sache, wenn auch nicht der Terminologie nach als unabdingbare „Kardinalpflicht“ gewertet (neue, wenn auch AGB-unabhängige Rspr zu den Überwachungspflichten des Heizöllieferanten s unten Rz 29). Im Anschluß an diese Rspr betonen viele Autoren die angebliche Sonderstellung von „Kardinalpflichten“ auch noch nach Erlaß des AGBG (LÖWE Rz 30; GRABA Rz 32). Folgende Rechtsprechungsbeispiele finden sich erwähnt, obwohl in den genannten Entscheidungen der Begriff „Kardinalpflicht“ nicht vorkommt; BGH NJW 1969, 1708 – eigens versprochene Ablieferungsinspektion bei Verkauf eines PKW; BGH NJW 1971, 1795 – Gewährleistung für Konstruktionsgerechtigkeit einer verkauften Sache; BGHZ 50, 207 = NJW 1968, 1622; BGHZ 54, 253 = NJW 1970, 2071; NJW 1974, 272; BGHZ 65, 107 = NJW 1976, 43 – allesamt die Haftung für zugesicherte Eigenschaften betreffend. Genaueres Zusehen offenbart jedoch die Entbehrlichkeit dieser begrifflichen Neuschöpfung und zudem ihre Eignung, in der Sache unklare Vorstellungen zu verbreiten.

Innerhalb der **Hauptleistungspflichten** zwischen „Kardinalpflichten“ und anderen Pflichten unterscheiden zu wollen, könnte niemals über die in Abs 2 vorgegebenen Maßstäbe hinausführen. Insbesondere sind solche Vertragspflichten nicht irgendwo generell als „Kardinalpflichten“ herausgehoben, welche die Erfüllung jener weiteren Hauptleistungspflichten sichern sollen, auf die es dem Vertragspartner des Verwenders primär ankommt. Was die **sekundären Sorgfalts-** und andere **Nebenpflichten** anbelangt, so gibt es gewiß wichtige und weniger wichtige. Je wichtiger eine Pflicht ist, umso eher begründet ihre Verletzung grobe Fahrlässigkeit, die nach § 11 Nr 7 ohnehin in AGB-fester Weise haftungsauslösend ist. Zusätzlich den Begriff der „Kardinal-Sorgfalts-Pflicht“ einzuführen, um auch die Hypothese einer Haftung für eine nur leicht fahrlässige Verletzung besonders wichtiger Sorgfaltspflichten zu erfassen, ist aber nicht nur aus diesem Grunde entbehrlich (so KÖNIG Zeitschrift für Binnenschiffahrt und Wasserstraßen 1978, 353, 357). Mit dieser Konstruktion gerät man auch in Widerspruch zum Regelungsanliegen des § 11 Nr 7, der für den Fall leichter Fahrlässigkeit selbst die Haftung für die Verletzung von vertragscharakteristischen Hauptleistungspflichten nicht generell unausschließbar sein läßt.

Damit reduziert sich der zulässige Gehalt eines etwa neu zubildenden Begriffs „Kardinalpflicht" auf die außerhalb des Haftungsmaßstabs stehende Hervorhebung wesentlicher Pflichten iSv § 9 Abs 2 Nr 2. Nur weil die frühere Rspr häufig Fälle zu behandeln hatte, in welcher die Haftung gänzlich und damit praktisch auch die ihr zugrunde liegende Primärpflicht ausgeschlossen werden sollte, konnte das Mißverständnis entstehen.

16 **4. Der Klausel-Unwirksamkeits-Katalog der §§ 10 f als Konkretisierungsmaßstab von § 9?**

a) Rechtslogisch hängt die nach § 24 S 2 ausdrücklich auch für das Verhältnis unter **Kaufleuten** zugelassene entsprechende Anwendung des Klausel-Unwirksamkeits-Katalogs von § 10 f an § 9 Abs 2. Denn der gesamte Katalog unwirksamer Klauseln betrifft formularmäßig vorgesehene Abweichungen von gesetzlichen Regelungen. Jedoch ist in solchen Fällen ein Rekurs auf § 9 Abs 2 in der Alltagsarbeit des Rechtsanwenders entbehrlich. In §§ 10 f hat der Gesetzgeber sehr klar zum Ausdruck gebracht, was er im Verhältnis zu privaten Letztverbrauchern als wesentliche Grundgedanken der gesetzlichen Regelung begriffen hat. Zwangsläufig bedingt dies für das Verhältnis unter Kaufleuten die Frage, ob sich speziell für dieses Verhältnis oder für kaufmännische Sonderverhältnisse Gesichtspunkte ausmachen lassen, die eine abweichende Bewertung rechtfertigen. Bei dieser Operation braucht man die Erinnerung an eine eventuelle rechtsmethodologische Anbindung der Argumentation an § 9 Abs 2 nicht zu pflegen. Nur dann, wenn es ausnahmsweise zu einer echten Beweislastentscheidung kommen sollte (Rz 19), muß man wieder daran denken, daß diese zu Lasten des Verwenders der Bedingungen auszufallen hat.

17 **b)** §§ 10 f sind aus der Perspektive auf Klauselverwender geschrieben, welche selbst die vertragscharakteristische Hauptleistungspflicht erbringen sollten: Gedacht hat man an AGB des Verkäufers, Werkunternehmers, Vermieters usw. Nicht selten stellt aber gerade der Abnehmer der vertragscharakteristischen Hauptleistungspflicht „seine" AGB. Die aktuelle Tendenz der Kautelarpraxis ist geradezu dadurch gekennzeichnet, daß sich die Abnehmer ihrer Marktmacht mehr und mehr gerade auch auf diesem Gebiet bewußt werden. Aufgrund der Ausschreibungspraxis ist dies vor allen Dingen im Bauwesen der Fall. Dann bietet sich im Rahmen von § 9 eine **spiegelbildlich-analoge Anwendung von Vorschriften aus den Klausel-Unwirksamkeits-Katalog an:** Der Verwender kann seinem Vertragspartner keine unangemessen kurze Leistungs- oder Nachfrist (§ 326 BGB) auferlegen oder ihn einer unangemessen kurzen Fristbestimmung aussetzen (§ 10 Nr 1 Rz 19; § 10 Nr 2 Rz 5). Er darf für den Fall seines Rücktritts vom Vertrag oder einer Vertragskündigung auch keine von ihm selbst zu leistende unangemessen niedrige Vergütung für die Nutzung oder den Gebrauch einer Sache oder für erbrachte Leistungen und Aufwendungen vorsehen (s § 10 Nr 7 Rz 16). Die Vorschriften des § 11 lassen sich freilich spiegelbildlich – analog in aller Regel nur in einer wertausfüllungsbedürftigen Form anwenden. Sicherlich kann der Besteller einer gekauften Sache oder einer Werkleistung die gesetzliche Gewährleistungsfrist verlängern (§ 11 Nr 10 Rz 91). Er kann sie aber nicht in einem unangemessenen Ausmaß verlängern. Da, wo das an sich dispositive Recht, welches einem speziellen Klauselgebot zugrundeliegt, nicht nur Maximal- oder Minimal-Lösungen gebracht hat, sondern den Anspruch erhebt, nach beiden Richtungen angemessener Interessenausgleich zu sein, gibt es aber sogar im Rahmen von § 11 einen Anwendungsbereich für eine unmittelbare

spiegelbildliche Anwendung der Norm. Der AGB-Verwender als Besteller einer Leistung kann seinem Vertragspartner nicht formularmäßig Vertragsstrafenversprechen für den Fall des Leistungsverzugs abverlangen. Der Besteller einer Werkleistung kann auch formularmäßig nicht das Nachbesserungsrecht des Werkunternehmers zugunsten eines Minderungsrechts abbedingen (§ 11 Nr 10 Rz 87).

5. Die Rechtsprechung als Konkretisierungsmaßstab der Generalklausel? 18

Wie jede Rechtsnorm mit unbestimmten Begriffselementen, so erfährt § 9 Konkretisierung auch durch richterliche Rechtsfortbildung. Wichtig ist, hierbei nicht zu vergessen, daß die Norm in einem Kontinuitätszusammenhang steht, der es erlaubt, zu ihrer inhaltlichen Ausfüllung auch die vor Erlaß des AGBG ergangene Rspr zur „richterlichen" Inhaltskontrolle von AGB heranzuziehen (BR-Drucks 360/75, 22), soweit diese nicht Themen berührt, welche jetzt in den §§ 10 f einer gesetzlichen Sonderregelung zugänglich gemacht wurden. Auch solche Rspr, welche früher – vorsichtig – mit einem überraschenden Effekt bestimmter Klauseln gearbeitet hat, läßt sich zur Konkretisierung von § 9 heranziehen, wenn der Sache nach die inhaltliche Unangemessenheit als entscheidendes Kriterium für die Annahme eines Überraschungseffekts gedient hat (§ 3 Rz 1, 14). Als Art Faustregel läßt sich sogar sagen: soweit die frühere Rspr bestimmte Arten von Klauseln verworfen hat, ist sie jetzt durch § 9 gedeckt. Jedoch kann es sein, daß § 9 zur Unwirksamkeit von vorformulierten Geschäftsbedingungen führt, welche die frühere Rspr nicht beanstandet hat (so mit Recht Graba Rz 43; aM Brandner Rz 4). Der Wortlaut von § 9 bringt dies freilich nicht zum Ausdruck. Jedoch ergibt es sich durch eine am Gesetzessinn orientierte Auslegung der Norm. So ist der Gesetzgeber an verschiedenen Stellen des Klausel-Unwirksamkeits-Katalogs strenger gewesen, als damalige Rspr es war. Das etwa zwingt dazu, die im Rahmen von § 9 zu lösenden Paralellfragen für das Verhältnis unter Kaufleuten neu zu durchdenken (aM Schmidt-Salzer NJW 1977, 137). Darüber hinaus vermag das aus Anlaß des Inkrafttretens des AGBG und der förmlichen Legalisierung der „richterlichen Inhaltskontrolle" von AGB geschärfte Rechtsbewußtsein heute manches Verdikt zu tragen, das der Judikatur vor Jahren noch als zu kühn erschienen war. Im übrigen s unten Rz 21.

6. Die Beweislast 19

Im Anwendungsbereich von Abs 1 trägt der Vertragspartner des Verwenders die Beweislast für die Unangemessenheit der Regelung. Auch wegen dieser Beweislastkonsequenz war im Laufe des Gesetzgebungsvorbereitungsverfahrens die ursprüngliche positive Fassung der Bestimmung in eine negative abgeändert worden (Rz 12), nachdem in der Lit sehr viel Aufhebens um das Beweislastproblem gemacht worden war (Nachw bei Graba Fn 141). Auch jetzt betont man gelegentlich sehr kritisch die gekennzeichnete Beweislastkonsequenz von Abs 1 (Löwe Rz 18, 20). Dies geschieht jedoch aus zwei Gründen zu Unrecht.

Einmal bleibt für Abs 1 neben Abs 2 kaum ein eingenständiger Anwendungsbereich (Rz 14). Soweit Abs 2 Wertungsmaßstab ist, muß aber eine etwaige „Beweislast" den Verwender selbst treffen (allgM).

Zum anderen spielen Tatbestandsaufklärungsfragen und damit Beweislastprobleme bei der Bewertung von AGB-Klauseln so gut wie keine Rolle, vor allem nicht, soweit die Generalklausel Bewertungsmaßstab ist. Vielmehr geht es fast immer ausschließlich um Wertungsfragen (so mit Recht Kötz A 65; Schmidt-Salzer F 46; ders NJW 1977, 139; Graba Rz 60; Palandt-Heinrichs Anm 2 c). Dem § 9 aber

Wertungs- oder Argumentationslasten in dem Sinne entnehmen zu wollen, der Richter, welcher seine Zweifel an der richtigen Bewertung einer Klausel nicht überwinden kann, vermöge eine der Parteien damit zu „belasten" (so seinerzeit de lege ferenda TRINKNER BB 1973, 1502), wäre gewiß anstößig und dem Stil unserer Rechtsordnung ganz fremd (GRABA Rz 60; RAISER Beiheft VersR 1967, 26). Auch eine Verkürzung der richterlichen Aufklärungspflicht gegenüber dem sonst gesetzlich vorgesehenen Maß bringt Abs 2 nicht (aM KOCH-STÜBING Rz 33). Aus diesem Grunde führt auch die im Anschluß an die amtliche Begründung immer wieder aufgestellte Behauptung nicht weiter, im Anwendungsbereich von Abs 2 werde die Unwirksamkeit von Klauseln „vermutet", der Verwender müsse „darlegen", weshalb sie aus besonderen Gründen gerechtfertigt sei, obwohl sie sich unter eine der beiden Nummern dieses Absatzes subsumieren lasse (BR-Drucks 360/75, 23). Die Beifügung der Worte „im Zweifel" zu Beginn von Abs 2 ist so gut wie ohne jeden Aussagewert (s oben Rz 13).

Allerdings kann im Einzelfall auch eine echte Beweislastentscheidung anstehen. Wenn es etwa im beiderseits kaufmännischen Verkehr um die Angemessenheit einer Schadenspauschale geht (§ 11 Nr 5 Rz 14 ff), die für diesen Fall nach § 9 Abs 2 Nr 1 zu bewerten ist (Rz 5), und wenn die Kalkulationsgrundlagen für ihre Höhe nicht beigebracht werden, muß der Richter die Klausel nach Beweislastgrundsätzen verwerfen.

III. Dispositives Recht und Vertragstypizität als Entscheidungsmaßstab

20 **1. Die Abweichung von Grundgedanken der gesetzlichen Regelung**

a) Das, wovon abgewichen wird, muß eine „gesetzliche" Regelung sein. Dazu läßt sich sicher alles zählen, was im förmlichen Sinne dem Gesetzesbegriff unterfällt, aber auch Rechtsverordnungen, soweit sie privatrechtliche Verhältnisse regeln. Nicht gehören dazu aber allgemeine Rechtsgrundsätze, Ergebnisse analoger Gesetzesanwendung oder sonstiger richterlicher Rechtsfortbildung (aM GRABA Rz 24; BR-Drucks 360/75, 23; BRANDNER Rz 56; SCHMIDT-SALZER NJW 1977, 139; LÖWE Rz 22, 27). Formularmäßige Abweichungen davon sind nach Abs 1 zu messen, in dessen Rahmen freilich Analogien zu gesetzlichen Regelungen durchaus herangezogen werden können.

„Abgewichen" wird von einer gesetzlichen Regelung nur dann, wenn zum Nachteil des Vertragspartners des Verwenders etwas inhaltlich anders ausbedungen wird, als das aussagt, was sonst aufgrund der gesetzlichen Regelung für den konkret zu beurteilenden Ausschnitt aus einem Vertrag gelten würde (STEIN Rz 13). Ob letzteres der Fall ist, ist nach allgemein geltenden Auslegungs- und Rechtsanwendungsgrundsätzen zu entscheiden. Auf den Wortlaut der Vertragsbezeichnung kommt es nicht an. Unwesentlich ist vor allem auch, ob der Vertrag insgesamt starke Abweichungen vom gesetzlich geregelten Typus aufweist (GRABA Rz 26 f). Der Alleinauftrag des Maklers ist gewiß nicht der gesetzlich geregelte Typus des Maklervertrages – und dennoch ist auf ihn § 652 BGB in AGB-fester Weise anwendbar (Rz 141). Auch in den bekannten Fällen der formularmäßigen „Umtypisierung" von Verträgen ist in aller Regel auf den Vertrag schon insgesamt das vom Gesetz für den inhaltlich gewollten Typus vorgesehene Regelungsgeflecht anwendbar (BGH NJW 1965, 246 – als Dienstvertrag umtypisierter Maklervertrag), auch wenn es sich um Verträge handelt, die an der Grenzlinie und im Zweifelsbereich zwischen zwei nicht geregelten Typen liegen (BGH LM Nr 20 zu § 459 BGB; BGHZ 60, 364 = NJW 1973, 1235; BGHZ 61, 93; BGHZ 61, 373 = NJW 1974, 143; BGHZ 63, 93

= NJW 1975, 47; NJW 1976, 515; NJW 1977, 1336 – Kauf von Bauträger als Werkvertrag und damit vor allem Verjährung nach Werkvertragsrecht). Auch unterfallen dem Anwendungsbereich von Nr 1 auch spezielle, nicht an der gesetzlichen Einteilung orientierte Verkehrstypen von Verträgen, soweit die vom Gesetz allgemein für die übergeordnete Gruppe von Verträgen bereitgehaltenen Normen auf ihn anwendbar bleiben (SCHAPP Betrieb 1978, 623; aM GRABA Rz 31 f).

Der Gesamtzielrichtung des § 9 entsprechend verfallen freilich nur solche Abweichungen von der gesetzlichen Regelung der Inhaltskontrolle, die sich zu Lasten des Vertragspartners des Verwenders auswirken (Rz 12). Auf Üblichkeit oder Unüblichkeit der Klauseln kommt es nicht an (BGH NJW 1973, 991).

b) „Abgewichen“ wird von einer gesetzlichen Regelung auch dann, wenn der 21
Verwender einen Typus von Sonderabmachungen vorsieht, der seinerseits im Gesetz geregelt ist. Keinesfalls hat das Gesetz den formularmäßigen Gebrauch solcher Ausnahmeregelungen freigestellt, s § 8 Rz 8, 10.

c) Der entscheidende Regelungsgehalt von Abs 2 Nr 1 soll an sich in dem Begriff 22
„wesentliche Grundgedanken der gesetzlichen Regelung“ liegen. Die Entscheidung über Disponibilität oder zwingenden Charakter einer gesetzlichen Vorschrift hat der Gesetzgeber im Hinblick auf Individualabreden getroffen. Abs 2 Nr 1 soll die Entscheidung im Hinblick auf vorformulierte Abreden nachholen. Die Mißglücktheit der Formulierung der Vorschrift liegt freilich auf der Hand. Unmittelbar kann ihr nur entnommen werden, daß lediglich gewichtige Abweichungen von der gesetzlichen Regelung, nicht solche in Nebensächlichkeiten, angesprochen sein sollen.

Darüber hinaus zwischen Grund- und Nebengedanken einer gesetzlichen Regelung unterscheiden zu wollen, ist unmöglich. Im 1. Teilber (S 26) war noch vom „Gerechtigkeitsgehalt allgemeiner oder besonderer gesetzlicher Regelungen“ gesprochen worden. Die Umformulierung in eine Redaktion, der kaum noch sachliche Aussagen abzugewinnen sind, ist umso erstaunlicher, als mit ihr gerade der Anschluß an die Rspr hergestellt werden sollte (BR-Drucks 360/75, 23), die bei Inanspruchnahme von Inhaltskontrolle im Anschluß an RAISER (295 f) auf die Leitbildfunktion des dispositiven Rechts abstellte. Denn hierbei stand, worauf im Bericht des Rechtsausschusses des BT ausdrücklich hingewiesen wurde (BT-Drucks 7/5422, 7), die in der Judikatur gefundene Unterscheidung zwischen dispositivem Gesetzesrecht mit Gerechtigkeitsgehalt und solchem bloßer Zweckmäßigkeit (erstmals BGHZ 22, 90 = NJW 1957, 17; zuletzt: BGH NJW 1975, 166; 1975, 647; 1979, 212; besonders ausgeprägt: BGHZ 51, 154 f = NJW 1964, 1123; BGHZ 60, 353 = NJW 1970, 1598) vor Augen.

Immerhin ist man sich einig, daß auch für die Auslegung des jetzigen § 9 Abs 2 Nr 1 auf frühere Rspr zurückgegriffen werden kann (GRABA Rz 25; LÖWE Rz 22; SCHAPP Betrieb 1978, 323; s auch oben Rz 18). Jedoch leugnet man zT die Brauchbarkeit der von früherer Rspr postulierten Methode, nämlich daß sich ein „Gerechtigkeitsgehalt“ einer Norm, noch dazu in abgestufter Weise, ausmachen lasse (GRUNSKY BB 1971, 1115; TRINKNER BB 1973, 1501; M WOLF JZ 1974, 466; aM SCHMIDT-SALZER NJW 1977, 139; LÖWE aaO; GRABA aaO). Der BGH hat auch nicht immer eine solche Prüfung angestellt (so mit Recht festgehalten von SCHAPP Betrieb 1978, 624; SCHULTE NJW 1964, 1219), zB nicht, als er den Haftungsausschluß für leichte Fahrlässigkeit zuließ (BGHZ 38, 183 = NJW 1963, 99).

Jedoch ist nicht begreiflich, warum der Rechtsanwender bei Handhabung von Abs 1 Angemessenes von Unangemessenem sollte unterscheiden, im Anwendungsbereich von Abs 2 gesetzliche Regelungen aber nicht auf die Intensität des Gerechtigkeitsgehalts hin sollte überprüfen können. Man muß sich nur darüber klar sein, daß es nicht um Normen „mit" und „ohne" Gerechtigkeitsgehalt geht, sondern um abgestufte Gerechtigkeitsintensitäten. Freilich hat diese Einsicht folgende Konsequenz: Es läßt sich sinnvollerweise nicht zwischen einer durch AGB vorgenommenen Abweichung von Grundgedanken der gesetzlichen Regelung einerseits und der Angemessenheit bzw Unangemessenheit eben dieser Abweichung unterscheiden. **Vielmehr muß immer unmittelbar gefragt werden, ob die, verglichen mit einer bestimmten Alternative, in AGB erfolgte Abweichung von gesetzlichen Normen größerer Bedeutung unangemessen ist oder nicht** (anders die herrschende Denkvorstellung, besonders ausgeprägt bei Helm BB 1977, 1111).

23 **d)** Löwe (Rz 26, 28) hat zu Recht darauf hingewiesen, daß noch keine BGH-Entscheidung bekannt geworden ist, in der einer Bestimmung des dispositiven Rechts bloße Zweckmäßigkeitsbedeutung in dem Sinne beigelegt worden wäre, daß eine ersatzlose Abdingung Bedenken nicht begegnete. Eine ersatzlose Abbedingung einer gesetzlichen Norm legt in der Tat meist deren entgegen erster Vermutung bestehenden Gerechtigkeitsgehalt offen. In dieser Weise isoliert läßt sich der Gerechtigkeitsgehalt einer Regelung aber nicht ausschöpfen. Er ergibt sich fast immer nur im Hinblick auf eine ins Auge gefaßte Alternative. Es ist daher das Verdienst von Graba (Rz 28, 45 ff), den Blick darauf gelenkt zu haben, daß nicht nur nach dem „Abweichungsinteresse" des Verwenders, sondern auch nach seinem „Inhaltsinteresse" zu fragen ist, danach, ob unter Berücksichtigung des Verhältnismäßigkeitsprinzips das als formularmäßige Regelung akzeptabel ist, was sie anstatt der gesetzlichen bietet. Die Obliegenheit des Gläubigers etwa, sich die Geltendmachung einer **Vertragsstrafe** bei Annahme der Leistung vorzubehalten (§ 341 Abs 3 BGB), läßt sich bei Bauverträgen auf den Zeitpunkt der Schlußzahlung verschieben, ohne wesentliche Gerechtigkeitsanliegen zu beeinträchtigen (BGH NJW 1979, 213), nicht aber ersatzlos abdingen (OLG Köln BauR 1977, 425; BGB-RGRK-Ballhaus § 341 BGB Rz 6; Palandt-Heinrichs § 341 BGB Anm 2; Ingenstau-Korbion, VOB/B § 11 Anm 7). Allerdings darf man aus der Wertung der beiderseitigen Interessen keine von einander unabhängigen Denkschritte machen. Entbehrlich ist es auch, zuerst abstrakt festzustellen, welcher Gerechtigkeitsgehalt einer gesetzlichen Regelung innewohnt, und dann zu ergründen, ob die gewollte abweichende Regelung mit ihm „vereinbar" ist. Es genügt die unmittelbare Feststellung, daß der gesetzlichen Regelung, verglichen mit der vom Verwender angebotenen, kein kräftiges Gerechtigkeitsübergewicht zukommt. Der BGH (NJW 1976, 2346) spricht mit Recht von einer dem Verwender obliegenden Interessenabwägung, die der gesetzlichen vergleichbar ist: Das Gewicht der vom Verwender verfolgten Interessen ist dem Gewicht der Belastungen gegenüberzustellen, welche eine Klausel für seinen Vertragspartner mit sich bringt (Graba Rz 44 ff; Schmidt-Salzer F 34 ff; aM Koch-Stübing Rz 19 ff). Der Verwender hat beispielsweise allgemein ein weit geringeres Interesse an einer Regelung, die seinem Vertragspartner die Abtretung von Forderungen unmöglich macht, als dieser an der vollen Verfügungsfreiheit über ihm zustehende Forderungen (s Rz 46). Das Prinzip der Interessenabwägung ist im übrigen im Bereich von Normen mit relativ geringem Gerechtigkeitsgehalt nicht anders zu handhaben als sonst (aM Schmidt-Salzer NJW 1977, 139). Nur lassen sich in diesem Bereich Verwenderinteressen viel leichter als sonst in rechtsbeständiger Weise durchsetzen.

24 **e)** Zu manchen gesetzlichen Normen sind gleichwertige oder nur geringfügig weniger gerechte Alternativen leicht denkbar. Klassisches Beispiel ist die Ausgestaltung des gesetzlichen Gewährleistungsrechts, zu dem sich überall gleichwertige oder beinahe gleichwertige Alternativen anbieten. Dies zeigt sich nicht nur in der allgemeinen Billigung von Klauseln, die im Kaufrecht Wandlung und Minderung subsidiär zur Nachbesserung stellen (BGHZ 22, 90 = NJW 1957, 17, s § 11 Nr 10

Rz 41 ff), sondern auch in der Einführung eines völlig eigenständigen Gewährleistungssystems durch Art 33 ff des Einheitlichen Gesetzes über den internationalen Kauf beweglicher Sachen, eines Gewährleistungssystems, das seine inhaltliche Rechtfertigung durchaus nicht aus der Internationalität des geregelten Leistungsaustausches bezieht. In anderen Fällen ist die gesetzliche Regelung wegen der Breite des Anwendungsbereiches der fraglichen Normen sehr global ausgefallen, etwa in der Verjährungsregelung, und verträgt dann durchaus abweichende Spezifizierungen. Es kann sein, daß eine Norm aus dem Besonderen Schuldrecht des BGB im allgemeinen, gemessen an bestimmten Alternativen, AGB-festen Gerechtigkeitsgehalt hat, nicht aber für den Fall bestimmter Untergruppen des gesetzlich geregelten Vertragstyps. In wieder anderen Fällen ist die gesetzliche Regelung bewußt und betont subsidiär zu den Parteivereinbarungen gestellt, was eine Unsicherheit des Gesetzgebers über die Verallgemeinerungsfähigkeit des in der Norm steckenden Gerechtigkeitsgehalts verrät. So verhält es sich etwa mit der Regelung des Erfüllungsorts in §§ 269 ff BGB.

Freilich gibt es auch Dispositivvorschriften, von denen praktisch immer nur zugunsten oder zu Lasten einer Partei abgewichen werden kann, zu denen aber gleichwertige Alternativen kaum denkbar sind. Das ist etwa bei Vorschriften der Fall, welche den Haftungsmaßstab betreffen oder in Gestalt des als Standardbeispiel die Diskussion zu § 9 Abs 2 Nr 1 beherrschenden § 652 BGB (Rz 141). Auch wenn man die vom Verwender gebotenen Alternativen in die Bewertung einbezieht, lassen sich die gesetzlichen Regelungen zwar nicht streng nach der Scheidung „Gerechtigkeitsgehalt und Zweckmäßigkeitsgehalt" trennen. Häufig läßt sich aber doch feststellen, ob der AGB-Verwender im großen und ganzen nur einen anderen Weg zu einer gleichwertigen Lastenverteilung einschlägt oder ob er die gesetzliche Interessenwertung grundsätzlich verschoben hat.

f) Auch wenn letzteres geschehen ist, liegt aber noch nicht notwendigerweise ein Verstoß gegen Abs 2 Nr 1 vor. Für diejenigen, welche zwischen der Abweichung von Grundgedanken der gesetzlichen Regelung und ihrer Unangemessenheit strikt unterscheiden wollen, (s Rz 22), muß jetzt die Angemessenheitsprüfung folgen, für welche der Gesetzeswortlaut („im Zweifel unangemessen") so gut wie nichts (Rz 13) an Hilfe leisten kann. Die Gerechtigkeit und somit auch der „Gerechtigkeitsgehalt" gesetzlicher Normen ist – im Unterschied zum gesetzten Norminhalt selbst – nicht etwas durch den staatlichen Gesetzgeber Verfügbares. Er ist auch nicht mit der hinter den dispositiven Normen stehenden „ordnungspolitischen Grundvorstellung" des Gesetzgebers identisch (aM Schmidt-Salzer NJW 1977, 139). Gerechtigkeit ist vielmehr etwas in der Gemeinschaft Lebendes, etwas das auf breite Zustimmung als Gesolltes angewiesen ist. Da, wo Normen auf rechtspolitische Kritik stoßen, deren Träger interessenungebunden sind, insbesondere, wo ältere Normen weitgehend als reformbedürftig angesehen werden, kann die gesetzliche Regelung schwerlich als diejenige ausgegeben werden, der gegenüber allen anderen Alternativen AGB-fester Gerechtigkeitsgehalt zukommt. So ist etwa die verschuldensunabhängige Garantiehaftung des Vermieters nach § 538 BGB rechtspolitisch sehr problematisch und sicherlich abdingbar, mag sie positiv-rechtlich einen „Grundgedanken" des Gesetzes darstellen (OLG Karlsruhe VersR 1971, 159 – abdingbar bei Bestehen einer Kaskoversicherung für eingebrachte Sachen bis zur Grenze der groben Fahrlässigkeit). Das gleiche gilt, wenn die Lösungen des deutschen Rechts andersartigen Interessenwertungen aus kulturell benachbarten Rechtsordnungen gegenübergestellt werden. Rechtsvergleichende Divergenzen sind ein Indiz dafür, daß einer Vorschrift des eigenen Rechts kein festgefügter Gerechtigkeitsgehalt zukommt (ähnlich Weick NJW 1978, 15). Handelsrechtliche Sondervorschriften sind gegenüber der entsprechenden BGB-Regelung gewiß nicht ohne Gerechtigkeitsgehalt, 25 dienen aber dennoch häufig mehr dem Gedanken einer rationalisierten Geschäftsabwicklung als dem eines Interessenausgleichs der Substanz nach. Ein in Einkaufsbedingungen sich findender Verzicht auf Untersuchungsobliegenheiten ist daher wirksam, nicht dagegen ein Verzicht auf unverzügliche Anzeige offensichtlicher oder entdeckter Mängel (HENSEN §§ 9-11 Rz 297), s auch u Rz 130 m § 11 Nr 10 Rz 86 ff. Entgegen einer noch einen Altfall betreffenden Entscheidung des BGH (WM 1978, 1095) kann eine schlechthin einen Untersuchungs- und Rügeverzicht zum Ausdruck bringende Klausel auch nicht im Wege der Auslegung auf ein zulässiges Maß reduziert werden (s § 6 Rz 14). Schließlich spielt es auch eine Rolle, ob gesetzliche Normen auf einen bestimmten Vertragstyp zugeschnitten sind, oder ob dieser nur in den Randbereich ihrer Anwendbarkeit fällt. Die Gewährleistungsregelung des Kaufrechts des BGB ist auf neuwertige Sachen zugeschnitten. Gegenüber Kaufgeschäften mit gebrauchten Sachen verbürgt sie keinen unverbrüchlichen Gerechtigkeitsgehalt (Rz 131). Weiteres Beispiel Rz 117.

Nur von untergeordneter Bedeutung ist demgegenüber der Gesichtspunkt, daß der **Massenvertrag** im industriellen Zeitalter eine andere Bewertung erheischt als der Einzelvertrag, welcher die gesetzgeberische Modellvorstellung war (aM SCHAPP Betrieb 1978, 624 f). Die Massenhaftigkeit des Vertragsabschlusses durch einen Unternehmer zwingt zwar dazu, möglichst einheitliche und einfach zu handhabende Vertragsabwicklungstechniken, etwa anstatt individuell zu berechnenden Schadens Schadenspauschalen vorzusehen oder dem Kunden die Abgabe von Erklärungen in bestimmter Form (Formular) abzuverlangen (§ 11 Nr 16 Rz 5). Insoweit hat das Rationalisierungsinteresse des Verwenders einen gewissen Stellenwert in der Gesamtbewertung (BT-Drucks 7/5422, 10). Grundlegende Änderungen in der Gerechtigkeitskonstellation bedingt die Massenhaftigkeit eines Vertragsabschlusses aber nicht (KOCH-STÜBING Rz 28). Auch die allgemein akzeptierte Zulässigkeit einer formularmäßigen Haftungsfreistellung für leichtes Verschulden beruht nicht auf der Massenhaftigkeit der zugrunde liegenden Verträge, sondern auf dem verfehlten „Alles- oder Nichts-Prinzip" des gesetzlichen Haftungsrechts.

Letztlich ist es freilich eine Frage des systematischen Geschmacks, ob man in formularmäßigen Abweichungen von rechtspolitisch umkämpften oder rechtsvergleichend unbestätigten Vorschriften schon keinen Verstoß gegen wesentliche Grundgedanken der gesetzlichen Regelung sieht, oder ob man lieber einen solchen Verstoß annimmt, aber eine von ihm ausgehende unangemessene Benachteiligung des Vertragspartners leugnet. Jedenfalls ist auch ein „Grundgedanke" einer gesetzlichen Regelung kein Gerechtigkeitsabgott.

26 **g)** Auch eine prinzipiell zulässige Klausel kann in besonderen Vertragsabwicklungssituationen nach Treu und Glauben unanwendbar sein (Rz 11).

27 **2. Abweichung von vertragstypischen Erwartungen**

a) Auch die Formulierung in Nr 2 ist unglücklich. Auf die „Natur" eines Vertrages abzustellen, war die denkbar blasseste Wortwahl. Vor allem aber gibt es außer im Fall eines Gesellschaftsvertrages keinen beiden Parteien gemeinsamen „Vertragszweck". Jede Partei verfolgt mit einem Vertragsabschluß ihre eigenen Zwecke, welche die andere Vertragspartei im allgemeinen nach dem Grundsatz der Selbstverantwortlichkeit der Rechtsgenossen nicht verpflichten. Das Tatbestandsmerkmal „Gefährdung des Vertragszwecks" ist daher wertlos und braucht in der Rechtsanwendung nicht besonders berücksichtigt zu werden. Dem steht nicht entgegen, daß die „Natur" eines Vertrages AGB-feste Pflichten zur Beratung des Kunden im Hinblick auf den von ihm typischerweise verfolgten Vertragszweck mit sich bringen kann. Letzteres hat der BGH etwa in bezug auf einen Prämiensparvertrag und eine vom Kunden ins Auge gefaßte, die Steuerpflicht auslösende Verfügung über ihn der Sache nach zu Recht angenommen (NJW 1964, 2058), obgleich er mit einer Auslegung der einschlägigen AGB-Bestimmung arbeitete.

b) Gemeint sind mit Nr 2 Situationen, für die es keine geeigneten gesetzlichen Regelungsmodelle gibt, von denen „abgewichen“ werden könnte. Der moderne Rechtsverkehr hat eine Reihe von Vertragstypen hervorgebracht, die im Besonderen Schuldrecht des BGB oder in sonstigen Gesetzen ungeregelt geblieben sind, und deren Regelung auch durch das Allgemeine Schuldrecht kaum erreicht wird. Solche Vertragstypen mit entsprechenden Verkehrserwartungen können sich auch aufgrund einer AGB-Praxis gebildet haben. Sollen ihre Elemente Maßstab der Inhaltskontrolle und nicht ihr Objekt sein, dann müssen sie sich aber als akzeptierte Vertragsabwicklungspraxis und nicht nur als Teile hingenommener Globaleinbeziehungen von AGB durchgesetzt haben. Aber selbst im klassischen Bereich des Schuldvertragsrechts gibt es, wie das Beispiel des Werkvertrags zeigt, Gesetzesmodelle, die so allgemein sind, daß sie an sich für besondere Unterarten durch gesetzliche Regelungsprogramme ergänzt werden müßten, wie dies neuerdings für das Reiseveranstaltungsrecht geschehen ist, s unten Rz 150. Wo solches unterblieben ist, treten vertragstypisch-spezifische Gerechtigkeitserwartungen des Rechtsverkehrs an die Stelle des fehlenden dispositiven Rechts (Weick NJW 1978, 14 f). In Ausnahmefällen kann auch der Sinn einer Individualvereinbarung, der keinem Verkehrstyp entspricht, als „Natur“ des konkret in Frage stehenden Vertrages Bewertungsmaßstab sein, wenngleich dann meist mit § 4 oder dem Prinzip der individualvertragskonformen Auslegung zu arbeiten ist (§ 5 Rz 23; Graba Rz 34). Alle diese Gerechtigkeitserwartungen können eine Intensität erreichen, die ihre formularmäßige Enttäuschung genauso anstößig wie die Abdingung dispositiven Rechts mit gesteigertem Gerechtigkeitsgehalt macht. Was für sich neu bildende Vertragstypen gilt, ist auch rechtens für neuartige Vertragsbestandteile. Gegenüber einem EDV-Abrechnungssystem des Vertragspartners des Verwenders ist dessen Einsichtsrecht in die Abrechnungsbelege das notwendige Korrelat und daher formularmäßig wirksam zu vereinbaren (OLG Frankfurt BB 1978, 323), wohl auch ohne besondere Klausel Vertragsbestandteil. 28

Nr 2 von Abs 1 ist aber immer subsidiär hinter seiner Nr 1 (Graba Rz 30; Stein Rz 28). Aus diesem Grunde hat Nr 2 entgegen einer weit verbreiteten Vorstellung (Graba Rz 32; Löwe Rz 30 ff) mit dem Haftungsmaßstab nichts zu tun. Sie betrifft vielmehr nur die primären Haupt- oder Nebenleistungspflichten, wegen deren Verletzung eine Haftung überhaupt erst in Frage kommen kann. Auch wenn Haftungsbegrenzungen in bezug auf sehr wesentliche Vertragspflichten ausbedungen werden, liegt eine Abweichung von §§ 276 ff BGB vor. Damit sind allein § 9 Abs 2 Nr 1 bzw § 11 Nr 7 einschlägig (s oben Rz 15 und § 11 Nr 7 Rz 1). Nur wenn man sich hierüber klar ist, ist die Verwendung des Begriffs „Kardinalpflicht“ zur Kennzeichnung der in § 9 Abs 2 Nr 2 gemeinten Pflichten legitim. Freilich können Normen des Allgemeinen Schuldrechts von so hohem Abstraktionsgrad sein, daß man die für einen konkreten Fall getroffene Regelung nicht mehr als „Abweichung“ von ihnen empfindet. Dann haben sich die verkehrstypischen Erwartungen gegenüber dem Allgemeinen Schuldrecht verselbständigt. Dann allerdings ist allein Nr 2 einschlägig. Da die Rechtsfolgen der Anwendung von Nr 1 und Nr 2 gleich sind, ist eine genaue Abgrenzung ihres jeweiligen Anwendungsbereichs für die Praxis freilich entbehrlich.

c) Auszugehen ist also im Einklang mit der Formulierung früherer Entwürfe von **verkehrstypischen Erwartungen,** sofern nicht Individualabmachungen Erwartungsmaßstab sind. Verkehrsübliche Erwartungen brauchen ihren Ausdruck nicht in 29

„üblichen“ AGB-Bestimmungen gefunden zu haben. Sie können sich auch auf übliche Vertragsabwicklungen stützen, die aus der Sicht des Klauselverwenders nur Kulanz sind. Eine eingeführte Praxis der Klauselverwender ist nicht Maßstab ihrer eigenen Zulässigkeit (GRABA Rz 31). Verkehrstypische Erwartungen können sich auch in richterlicher Rechtsfortbildung niedergeschlagen haben (Rz 18). Wo verkehrstypische Erwartungen fehlen, ist die Hilfsvorstellung hypothetischen dispositiven Rechts (GRABA Rz 31) für einen erst nach und nach durch Rechtsprechung und Lehre zu schaffenden Regelungstypus (WEICK NJW 1978, 14 f) sehr anschaulich. Ein lehrreiches Beispiel ist die Rspr zum Umfang der einem Mieter von Kraftfahrzeugen gegen Zahlung eines Zusatzentgelts gewährten Haftungsfreistellung. Durch diese erwartet der Mieter einen Versicherungschutz wie bei einer Kaskoversicherung. Wird der Versicherungsschutz weiter eingeschränkt, so verstößt dies gegen den Sinn eines solchen Vertragsbestandteils (BGH NJW 1978, 949; LG Frankfurt NJW 1978, 952).

Verkehrstypische Erwartungen können sich auch in verhältnismäßig kurzer Zeit ändern. Dafür sind die gerade als Beispiel für die Anwendung der Nr 2 immer wieder erwähnten Heizölfälle lehrreich (s oben Rz 15). Im Jahre 1971 hat der BGH (NJW 1971, 1036) noch angenommen, daß es zu den wesentlichen Pflichten eines Heizöllieferanten gehört, die Aufnahmefähigkeit des Tanks zu überprüfen und den Einfüllvorgang zu überwachen. Neuerdings (NJW 1978, 1576) hat er aber – wenngleich von der Haftungsgrundlage des § 823 BGB aus argumentierend – ausgeführt, die technische Entwicklung sei fortgeschritten. Der Öllieferant könne auf das Funktionieren des Grenzwertgebers vertrauen und sich auf eine Schlußkontrolle, daß beim Einfüllen kein Öl übergelaufen sei, beschränken.

Geschäftstypen können sich auch überschneiden. So kann ein als Wagnisgeschäft ausgestaltetes Geschäft bezüglich vieler denkbarer Leistungsgegenstände besonderen Wertungsgrundsätzen unterliegen (GRABA Rz 54). Ob der Gegenstand eines Vertrages ein Luxusartikel ist, spielt demgegenüber keine Rolle (GRABA Rz 44; BRANDNER JZ 1973, 616; aM RAISER 287; LINDACHER BB 1972, 299; M WOLF, Rechtsgeschäftliche Entscheidungsfreiheit und vertraglicher Interessenausgleich [1970] 236 ff).

30 **d)** Daß eine Klausel im Sinne von § 9 Abs 2 Nr 2 wesentliche Rechte und Pflichten, die sich aus der Natur des Vertrages ergeben, einschränkt und dennoch nicht unanstößig ist, ist außerordentlich selten. Der Gedanke (BR-Drucks 360/75, 23; LÖWE Rz 33), die Einbettung eines Vertrages in eine Solidargemeinschaft könne ein solches Urteil erlauben, kommt in gefährliche Nähe zum „Preisargument“ (Rz 33), wenn eine größere Anzahl von Personen zu einer solchen Solidargemeinschaft zusammengefaßt ist, wie bei Versicherungen auf Gegenseitigkeit, Bausparkassen oder staatlichen Unternehmungen, die genehmigte Lotterien verwalten. Lediglich da, wo die zu einer „Solidargemeinschaft“ zusammengefaßten Personen auch in persönlicher Verbundenheit zueinander stehen, wie etwa bei einer Reisegesellschaft, kann man die Einschränkung wesentlicher aus der Natur des Vertrages sich ergebender Rechte und Pflichten hinnehmen, wenn im Ausgleich dafür erkenntlich allen Beteiligten Vorteile zufließen, und – dies ist immer zu beachten! – wenn die Bestimmungen in einer Weise mitgeteilt und erläutert worden sind, daß ihnen Überraschungscharakter abgeht (§ 3 Rz 38).

31 IV. Übergreifende Auslegungsgrundsätze

Die Handhabung von § 9 wirft eine Reihe von Problemen auf, die unabhängig von der Abgrenzung der einzelnen in dieser Norm verwandten Begriffe sind, die sich vor allem gleichermaßen im Anwendungsbereich der beiden Nummern von Abs 2 wie in dem von Abs 1 stellen.

1. Harte AGB-Bestimmungen gegen formularmäßige Vergünstigungen an anderer Stelle? 32

Die wichtigste Frage ist die, ob eine Klausel, die bei isolierter Betrachtung anstößig erscheint, im Hinblick auf Vergünstigungen hingenommen werden kann, welche der Verwender seinem Vertragspartner an anderer Stelle des Bedingungswerks bietet. Soweit die Regelungsinhalte der gegenübergestellten Klauseln tatsächlich miteinander verglichen werden können, ist dies in der Tat möglich, sonst nicht (Graba Rz 53; Löwe Rz 14; Dittmann-Stahl Rz 279; Koch-Stübing Rz 26 f). Beispiele aus der Rspr sind aber noch nicht bekanntgeworden. Man könnte etwa – im beiderseits kaufmännischen Verkehr – an eine Beteiligung des Abnehmers an den Kosten von Gewährleistungen gegen eine Verlängerung der Gewährleistungsfrist denken. Voraussetzung ist aber immer, daß die zum Ausgleich herangezogene günstige Klausel den Vertragspartner – verglichen mit den harten Klauseln – entsprechend besser als die gesetzliche Regelung oder die vertragstypische Erwartung stellt (Löwe Rz 14).

2. Das Preisargument insbesondere 33

An einer Vergleichbarkeit der miteinander in Bezug zu setzenden Bestandteile eines Regelungswerkes fehlt es meist, wenn das angebliche Zugeständnis des Verwenders in einem angeblich für seinen Vertragspartner besonders günstigen Charakter einer der beiden Hauptleistungspflichten bestehen soll. Daher ist vor allen Dingen ein angeblich besonders günstiger formularmäßig festgelegter Preis regelmäßig keine Rechtfertigung für anstößige AGB (Löwe Rz 16; ders FS Larenz [1973] 400; Koch-Stübing Rz 27; Schmidt-Salzer F 205; 1. Teilber 54; BR-Drucks 3160/75, 23; schon vor Inkrafttreten des AGBG: BGHZ 22, 98 = NJW 1957, 19; BGHZ 33, 216 = NJW 1961, 212; NJW 1973, 1193; LitNachw aus dieser Zeit bei allen hier Genannten; zur betriebswirtschaftlichen Fragwürdigkeit des Preisarguments Kliege 67; etwas großzügiger als die anderen Graba Rz 54). Auch die Geringwertigkeit der vertraglichen Hauptleistungen und die dadurch bedingte geringe Höhe der Zahlungspflicht ist kein Grund, das für einen seltenen Ausnahmefall bestehende unverhältnismäßig hohe Haftungsrisiko stärker als sonst auszuschließen, etwa bei Transportverträgen wegen des niedrigen Tarifs für kurze Strecken oder bei einer Banküberweisung wegen der niedrigen Höhe des Überweisungsgebühr (aM Graba Rz 54; s auch § 23 Nr 3). Jedoch kann aufgrund besonderer Umstände auch eine Beziehung zwischen einem niedrigen Preis und harten Bedingungen bestehen, die bei einem entsprechenden Grad des Minderpreises den Bedingungen ihrer Unangemessenheit nimmt. Das ist einmal der Fall, wenn der Verwender eine **Tarifwahl** zu unterschiedlichen Bedingungen gewährt (Graba Rz 54 mit Nachw aus der Zeit vor Inkrafttreten des AGBG; Löwe Rz 16 f; Schmidt-Salzer F 14, 205; Brandner Rz 73; BR-Drucks 360/75, 23) oder wenn ein vergleichbarer Markt vorhanden ist, an dem der Minderpreis des Unternehmens mit harten Bedingungen gemessen werden kann (Stein Rz 19). Die bloße Offenlegung der Kalkulation (in der etwa Rückstellungen für Haftpflichtansprüche oder Versicherungsprämien zu ihrer Abdeckung fehlen) reicht aber zur Rechtfertigung des Preisargumentes nicht, auch nicht bei monopolartigen Unternehmungen, obwohl diesen damit eine Bedingungsgestaltung auf der Grundlage „niedriger" Preise praktisch verwehrt wird. Auch der Gesichtspunkt, die Masse der Kunden, bei denen sich das Risiko einer harten Klausel kaum je auswirkt, soll nicht für die wenigen risikoträchtigen Kunden mitbezahlen müssen (so BGH NJW 1951, 1424; Graba Rz 54 für Energieversorgungsunternehmungen, s dazu § 23 Abs 2 Nr 2; OLG Zweibrücken OLGZ 1968, 389), ist nicht greifbar genug, um anerkannt werden zu können. Zur Frage der Versicherbarkeit s § 11 Nr 7 Rz 42, 53.

34 **3. Harte AGB-Bestimmungen und individuelle Besonderheiten**

a) Individualvereinbarungen, die ohne Verhandlungsbezug zu einem Bedingungswerk und seinen Bestandteilen zustande gekommen sind, vermögen Ausgleichsfunktion nicht zu haben (aM Löwe Rz 14). Daher kann ein nicht formularmäßig festgesetzter Preis harte Formularbedingungen nicht ausgleichen. Wenn allerdings ein bestimmter Preis gerade in Bezug auf den harten Grundcharakter von AGB oder einzelnen ihrer Bestandteile ausgehandelt worden ist, so sind letztere zwar noch nicht „im einzelnen ausgehandelt" (§ 2 Abs 2); §§ 10 f bleiben daher uneingeschränkt anwendbar. Meist besteht auch keine Veranlassung zu einer individualvertragskonformen Interpretation der Klauseln (§ 5 Rz 23). Wohl aber verlieren wegen eines Zugeständnisses im Preis akzeptierte harte Klauseln ihre Unangemessenheit iSv § 9. Selbst dann kann aber eine Einzelklausel noch überraschend iSv § 3 sein.

35 **b)** Zur Frage, wie weit im übrigen bei Bewertung von AGB-Bestimmungen nach § 9 auf **individuelle Besonderheiten** im Verhältnis der **konkreten Vertragspartner** zueinander eingegangen werden kann, gilt nichts anderes, als was im Zusammenhang mit dem Problem „individualvertragskonforme Interpretation" generell gesagt wurde (§ 5 Rz 23). Im Individualprozeß können entgegen häufig durchzuhörender Vorbehalte bei Vertragsabschluß hervorgetretene individuelle Umstände berücksichtigt werden, sofern sie Bewertungsgesichtspunkte zu tragen geeignet sind. Nur fehlt es so gut wie immer an solchen Besonderheiten. Vor allen Dingen ist auch im Verhältnis unter Kaufleuten niemals danach zu fragen, ob der konkrete Vertragspartner individuell schutzbedürftig ist oder nicht (Graba Rz 17; aM Pauly BB 1976, 534 ff; Brandner § 24 Rz 10 f). Noch in der Schlußphase der früheren rein „richterlichen" Inhaltskontrolle von AGB hat der BGH mit Recht betont, daß im Anwendungsbereich der damals allein den Entscheidungsmaßstab darstellenden Generalklausel prinzipiell kein Unterschied zwischen Kaufleuten und Privaten zu machen ist (NJW 1976, 2346). S auch § 24 Rz 8.

36 **4. Gleichbehandlung von Verwender und Vertragspartner?**

Das Verbot der treuwidrigen Benachteiligung des Vertragspartners des Verwenders mag man mit dem Gleichheitssatz in Verbindung bringen. Als eigenständiger Interpretationsgedanke kann dieser nur eine untergeordnete Rolle spielen. Der Aufsteller muß nicht gleiches gleich behandeln, insbes braucht er seinem Vertragspartner keine korrespondierenden Rechte und Pflichten einzuräumen, etwa ein gleichartiges Zurückbehaltungsrecht, wie er es sich selbst ausbedingt, oder einen gleichen Haftungsmaßstab (Graba Rz 57). Die Risikosituationen sind beim Erbringer der vertragscharakteristischen Hauptleistung und beim Geldschuldner zu unterschiedlich, als daß sich solche Vergleiche sachgerechterweise anstellen ließen.

37 **5. Unangemessene Benachteiligung Dritter als möglicher Kontrollmaßstab**

Da Dritte noch weniger als Vertragspartner des AGB-Verwenders sich gegen dessen Versuche zur einseitigen Interessenwahrung wehren können, muß § 9 erst recht angewandt werden, wenn die Interessen Dritter in unangemessener Weise beeinträchtigt werden. Eine solche Beeinträchtigung ist zwar wegen ihrer strikten Bilateralität nicht durch Klauseln mit rein schuldrechtlicher Wirkung zu befürchten, wohl aber bei AGB-Bestimmungen mit Verfügungscharakter.

Aus diesem Grunde verschiebt sich heute etwa im Zusammenhang mit „dinglich" wirkenden Sicherungsabreden der Bewertungsausgangspunkt zunehmend von § 138 BGB weg und hin zu § 9 AGBG (s dazu im einzelnen Vorbem zu § 929 BGB; § 455 BGB Rz 56). Zur Frage der rechtsgeschäftlichen Bestellung eines Unternehmerpfandrechts beim Werkvertrag s unten Rz 184; zu den Konzernverrechnungsklauseln s § 11 Nr 3 Rz 7; zum unechten Factoring s unten Rz 123.

6. Sonstiges 38

Zum Stellenwert des **Rationalisierungsinteresses** des Verwenders s Rz 23 f; zur Möglichkeit, generell zulässige Klauseln in Einzelsituationen nicht anzuwenden, Rz 11; zur Interpretation von AGB, bevor sie der Inhaltskontrolle zugeführt werden, § 5 Rz 7; zur Frage des Gebrauchmachens von gesetzlich vorgesehenen Rechtsinstituten s Rz 21.

B. § 9 und einzelne Regelungen der Privatrechtsgesetze

I. Allgemeine Regelungen des Privatrechts

1. Allgemeiner Teil des BGB 39

a) Nach Vertragsschluß eintretende Geschäftsunfähigkeit – §§ 104 ff BGB

Nr 23 Allgemeine Bankbedingungen = Nr 3 Abs 2 Sparkassen-AGB bürden dem Kunden die Ersatzpflicht für einen Schaden auf, der eventuell daraus entstehen sollte, daß die Bank vom Eintritt des Mangels der Geschäftsfähigkeit des Kunden oder seines Vertreters unverschuldet keine Kenntnis erhält. Der BGH (BGHZ 52, 61, 63 = NJW 1969, 1485) hat vor Inkrafttreten des AGBG einen Verstoß der Klausel gegen Treu und Glauben oder die guten Sitten geleugnet und gemeint, ebenso, wie eine Zufallshaftung übernommen werden könne, könne ein Geschäftsfähiger vereinbaren, er werde Schadenersatz für einen im Zustand der Geschäftsunfähigkeit verursachten Schaden leisten, wenn der geschädigte Vertragsteil dartun müsse, daß er vom Eintritt der Geschäftsunfähigkeit unverschuldet keine Kenntnis erlangt habe (ebenso Graba Rz 89; Canaris in Großkomm HGB Anhang § 357 Rz 1346; Grunsky JurA 1969, 68; Enneccerus-Nipperdey § 150 III 3 Rz 5; Palandt-Heinrichs Einf 4 vor § 104; aM Löwe Rz 39; Stein Rz 22; Schmidt-Salzer NJW 1971, 1013; Emmerich JuS 1972, 361, 368). Dem ist zuzustimmen. Der Konflikt zwischen den Interessen des Zurechnungsfähigen und denen, die ohne Verschulden irrig an seine Zurechnungsfähigkeit glauben, muß von Gerechtigkeit wegen nicht zwingend zugunsten des ersteren entschieden werden.

b) Schriftformklauseln 40

Alle wesentlichen Gefahren von Schriftformklauseln sind gebannt, wenn man die Bewertung teilt, die ihnen hier unter dem Gesichtspunkt der Vorrangigkeit von Individualabreden zuteil geworden ist (§ 4 Rz 23 ff). Situationen, in denen zusätzlich eine Unangemessenheitskontrolle angebracht wäre, sind nicht auszumachen.

41 **c) Vollmacht zu Lasten des Vertragspartners des Verwenders**

Eine im Rahmen von Leistungsaustauschverträgen mit Vertragspartnern als Träger gegensätzlicher Interessen sich findende formularmäßige Bevollmächtigung des AGB-Verwenders zu Rechtsgeschäften für den Vertragspartner, die über einzelne, abgegrenzte Erfüllungsgeschäfte hinausgehen, ist nach § 9 unwirksam. Solche Vollmachtsklauseln überantworten die Interessenwahrung gegenüber dem Verwender diesem selbst und schränken so die Rechte des Vertragspartners, seine Belange wahrzunehmen, über Gebühr ein. Außerdem wird in der Regel ein Selbstkontrahieren gestattet, was wegen der besonderen Gefährdung der Interessen des Vertretenen ohnehin nur in Individualvereinbarungen möglich ist. Nach § 9 unwirksam sind also Klauseln in **Bauträgerverträgen,** in denen der Verwender sich bevollmächtigen läßt, Grundstücksbelastungen vorzunehmen, Finanzierungsverträge abzuschließen und über Bankkonten des Kunden zu verfügen (so mit Recht Graba Rz 139; Graf von Westphalen Rz 70; aM Hensen Anh §§ 9-11 Rz 922). Auch wo formularmäßige Vollmachterteilungen an sich zulässig sind, ist eine übermäßige Bindung des Vollmachtgebers durch lange oder unwiderrufliche Vollmachten unangemessen und deshalb gleichwohl nicht möglich (Koch-Stübing § 10 Nr 1 Rz 7).

Läßt ein AGB-Verwender **mehrere Vertragspartner,** die Gesamtschuldner sind, sich formularmäßig **gegenseitig** zur Abgabe und zum Empfang solcher Willenserklärungen **bevollmächtigen,** die auf elementare Vertragsrechte und -pflichten einwirken, so ist dies als Widerspruch zum Gerechtigkeitskerngehalt des § 425 BGB unwirksam. Insbesondere gilt dies für Klauseln, in denen sich mehrere Mieter einer Wohnung gegenseitig zu Empfang und Abgabe von Kündigungen ermächtigen (AG Hamburg WuM 1977, 165 – Bevollmächtigung nur für Willenserklärungen im Rahmen des fortbestehenden Mietverhältnisses wirksam; Graba Rz 139; Hensen Anh §§ 9-11 Rz 921). Erst recht gilt dies alles, wenn sich die Vollmacht auf weitere, unbestimmte künftige Verträge eines Partners mit dem Verwender bezieht, da sie dann den Vollmachtgebern ein unkalkulierbares Haftungsrisiko aufbürdet, das im praktischen Ergebnis bürgschaftsähnlich wirken kann (Graba Rz 139; Löwe Rz 66, 70; im Ergebnis ebenso OLG Frankfurt BB 1976, 1245, das die Klausel als überraschend einstuft, und LG Essen NJW 1972, 1813).

42 **d) Irrtumsanfechtung**

Die Möglichkeit einer Anfechtung von Willenserklärungen wegen Täuschung oder Drohung ist schon individualvertraglich vor Ende der Zwangslage bzw Entdeckung der Arglist nicht abdingbar. Die Abkürzung der Anfechtungsfrist über § 124 BGB hinaus ist jedenfalls, wenn formularmäßig gehalten, unwirksam (so auch Graba Rz 131). Dagegen ist § 119 BGB grundsätzlich dispositiv (MünchKomm Kramer § 119 Rz 132). Jedoch ist ein **vollständiger Ausschluß des Anfechtungsrechts** wegen Irrtums im allgemeinen eine unangemessene Benachteiligung des Vertragspartners des Verwenders, vor allen Dingen dann, wenn der Verwender sich selbst die Anwendung von § 119 BGB erhalten hat (Graf von Westphalen in Das AGB-Gesetz im Spiegel des Baurechts 55; Hensen Anh §§ 9-11 Rz 721). Gesteigert gilt das für den Fall eines Ausschlusses und einer Einschränkung der Irrtumsanfechtung durch eine in einen Rahmenvertrag einbezogene Klausel für einzelne Willenserklärungen und Rechtsgeschäfte, die später abgeschlossen werden sollen. Das Anfechtungsrecht nach §§ 119 ff BGB ist ein notwendiger Bestandteil der Vertragsfreiheit, besonders der Vertragsabschlußfreiheit. § 122 BGB schützt zudem den Anfechtungsgegner angemessen. Durchaus wirksam kann dagegen der **Ausschluß einzelner Anfechtungsgründe** sein, etwa in der Gestalt, daß ein Irrtum über bestimmte Eigenschaften iSv § 119 Abs 2 BGB nicht zur Anfechtung berechtigen soll. Auch indirekt dadurch, daß der Kunde die Kenntnis aller wesentlichen Umstände formularmäßig bestätigt, ist dies möglich (§ 11 Nr 15 Rz 4).

Die Regelung über den **Vertrauensschaden** in § 122 BGB bezweckt, den auf die Gültigkeit einer Willenserklärung vertrauenden schutzwürdigen Geschäftspartner des Anfechtenden gegen die Nachteile der Nichtigkeit einer Willenserklärung gemäß § 118, § 142 Abs 1 BGB zu schützen, da der Grund der Ungültigkeit in der Sphäre des Erklärenden liegt. Die vollständige Abbedingung in AGB verstößt, da die Rechte des Vertragspartners in § 122 BGB schon auf den Ersatz des negativen Schadens beschränkt sind und die Regelung über den Vertrauensschaden ein notwendiges Korrelat zu den Anfechtungsmöglichkeiten der §§ 119 ff BGB darstellt, in der Regel gegen § 9. Jedoch kann die Ersatzpflicht auf Verschuldensfälle beschränkt werden (so Graba Rz 132; Canaris in Großkomm HGB Anh § 357 Rz 1266 für Nr 8 Abs 1 der Banken-AGB). Eine zugunsten des AGB-Verwenders vorgenommene **Ausdehnung des Anfechtungsrechts** auf Motivirrtümer ist in der Regel, wenn nicht schon nach § 3 als Vertragsbestandteil ungeeignet (s § 3 Rz 26), so jedenfalls nach § 9 unwirksam, da sie dem Partner Risiken aufbürdet, die der gesetzlichen Regelung der §§ 119 ff widersprechen. So sind verbreitete Klauseln, die bei Kalkulationsirrtümern, Rechenfehlern, Preisirrtümern des Verwenders Preisberichtigungen ermöglichen sollen, mit dem Grundgedanken des Anfechtungsrechts unvereinbar (s § 3 Rz 26; Graf von Westphalen Rz 54, 105; Lopau NJW 1975, 1930; im Ergebnis ebenso AG Giessen NJW 1975, 1929; differenzierend Hensen Anh §§ 9-11 Rz 555); sie verstoßen auch gegen § 10 Nr 3.

e) Angebot – Annahme 43

Die Unverbindlichkeit eines Angebots („Angebot freibleibend", „Angebot unverbindlich") kann grundsätzlich auch in AGB, die dem Vertragsangebot beigelegt sind, und erst in den abzuschließenden Vertrag einbezogen werden sollen, bestimmt werden. Vertragsabschlußklauseln sind unter den Voraussetzungen des § 2 Abs 1 Nr 1 und 2 Bestandteil des Angebots, weil sie dem Gesetzesbegriff der AGB unterfallen (§ 1 Rz 5).

Da ein Angebot als solches notwendigerweise individuell ist, ist auch die These schief, den Vorrang individueller Angebote analog § 4 AGBG zu beachten (Löwe Rz 36). Jedoch können Unverbindlichkeitsklauseln leicht überraschend und nach § 3 unbeachtlich sein.

Der formularmäßige Verzicht auf die Annahmeerklärung des Verwenders ist wirksam, wenn nach Ablauf einer dem § 10 Nr 1 genügenden Frist ohne Ablehnungserklärung des Verwenders der Vertragsabschluß feststeht (BGH Betrieb 1975, 47). Zu den Fristen für eine Angebotsannahme s § 10 Nr 1.

f) Verjährung 44

Nach § 225 BGB kann die Verjährung durch Rechtsgeschäft weder **ausgeschlossen** noch **erschwert** werden (s dazu im einzelnen § 225 BGB Rz 2). Eine solche Erschwernis bedeutet es auch, wenn dem Gläubiger die Pflicht zur Beobachtung der Verjährungsfrist und zur Unterrichtung des Schuldners von deren Ablauf auferlegt wird, um bei Verletzung dieser Pflichten die Berufung auf Verjährung einzuschränken – gleichgültig, ob dies in AGB oder in sonstiger Weise versucht wird. Im Rahmen der durch das BGB zugelassenen Ausnahmen zu § 225 BGB, die – immer zugunsten des Kunden – eine Fristverlängerung anheimstellen, wie zB in § 477 Abs 1, § 480, § 490, § 638 Abs 2 BGB, ist eine formularmäßige Verlängerung durch AGB des Kunden nur dann wirksam, wenn die formularmäßig geregelte Interessenlage von der typischen, dem Gesetz zugrundeliegenden Situation des Abnehmers einer Leistung, insbesondere des Abnehmers einer Ware als deren Verbraucher oder deren Verarbeiter abweicht (aM BGH WM 1978, 1095, der die Freistellung des Verwenders von der Einhaltung jeglicher Mängelrügefristen generell für zulässig hält; wie hier HENSEN Anh §§ 9-11 Rz 297). Dies ist vor allem dann der Fall, wenn der Abnehmer Händler oder Wiederverkäufer ist (SCHMIDT-SALZER F 161 ff), dem eine Prüfung der Ware vor Weiterverkauf meist gar nicht möglich ist und der erst durch Reklamationen seiner Kunden von Mängeln erfährt. Zur Freistellung von Untersuchungs- und Rügeobliegenheiten s § 11 Nr 10 Rz 89 f.

Einer *Verkürzung* der Verjährungsfrist zugunsten des AGB-Verwenders steht § 225 BGB nicht entgegen. Diese ist, von § 11 Nr 10 Buchst f abgesehen, der einen Gegenschluß auf die allgemeine Wirksamkeit sonstiger formularmäßiger Verjährungsverkürzungen nicht zuläßt (so mit Recht STEIN Rz 22), an § 9 zu messen. Dabei ist entscheidend, inwieweit die Verjährungsregelungen von Gerechtigkeitsvorstellungen des Gesetzgebers geprägt sind. Indizien dafür können die Länge der Verjährungsfrist und andere gesetzliche Regelungen für einzelne Anspruchs- und Vertragsarten sein (GRABA Rz 127; strenger LÖWE Rz 68, der eine Verkürzung von Verjährungsfristen zugunsten des AGB-Verwenders regelmäßig für unangemessen und unwirksam hält). Leitgedanke muß sein: Verjährungsfristen dürfen nicht formularmäßig derart verkürzt werden, daß die **Durchsetzung von Ansprüchen häufig unmöglich gemacht wird.** Dem ist im Falle des § 26 AGNB (s unten Rz 165), der die Verjährungsfristen der §§ 439, 414 HGB halbiert, aber nicht so (OLG Köln OLGZ 1972, 450). Auch § 12 Nr 3 AVB Werkverkehr, der eine Frist von 6 Monaten ab Ablehnung des Anspruchs durch den Versicherer vorsieht, ist wirksam (LG Stuttgart VersR 1978, 835). Unwirksam ist aber eine Bestimmung in Konnossementbedingungen, wonach Ansprüche wegen Verlust oder Beschädigung der Güter nach drei Monaten verjähren sollen (BGH Urt v 24. 9. 1979 II ZR 38/78). Bei Bewertung von Verjährungsverkürzungen ist immer zu berücksichtigen, wann mit einer Entdeckung der Ansprüche durch den Gläubiger des Verwenders normalerweise gerechnet werden kann (zutreffend BGHZ 64, 243 = NJW 1975, 1318: Gesellschaftsvertrag). Daß ein Anspruch durch AGB ganz abbedungen werden könnte, rechtfertigt nicht, ihn in unzumutbar kurzer Zeit verjähren zu lassen.

Für **Schadensersatzansprüche aller Art** ist eine dem § 852 BGB entsprechende Frist ab Kenntnis von der Rechtsguts- oder Vertragsverletzung durch den Kunden in der Regel angemessen (GRABA Rz 129). Auch zwei Jahre sind wohl meist noch zumutbar. Für die unter § 11 Nr 7 fallenden Ansprüche dort Rz 20.

Zulässig ist es, die Haftung aus **unerlaubter Handlung, die mit einer vertraglichen Haftung in Anspruchskonkurrenz** steht, in die kürzere Verjährungsfrist des vertraglichen Schadensersatzanspruches einzubeziehen (ebenso BGHZ 9, 5 – § 64 ADSp; GRABA Rz 129).

Ansprüche aus **positiver Vertragsverletzung** können, weil es sich um ein von Rechtsprechung und Rechtslehre entwickeltes Rechtsinstitut handelt, und daher eine passende gesetzliche Verjährungsregelung nicht existiert, grundsätzlich einer gegenüber der Frist des § 195 BGB abgekürzten Verjährung unterworfen werden.

45 **2. Allgemeiner Teil des Schuldrechts**

a) Annahmeverzug

Die §§ 300 ff BGB muß man im Prinzip als Regelungen mit AGB-festem Gerechtigkeitsgehalt betrachten (COESTER-WALTJEN § 11 Nr 7 Rz 74). Jedoch kann der Zeitpunkt, zu dem Annahmeverzug eintreten soll, durch AGB des Sachleistungsgläubigers (Einkaufsbedingungen) etwas hinausgeschoben werden.

b) Abtretung von Forderungen und gesetzlicher Forderungsübergang 46

Formularmäßige **Vorausabtretungen von Lohnforderungen** in Kreditverträgen sind wirksam, da dies für den Kreditgeber oft die einzig mögliche Form der Kreditsicherung darstellt (BGH WM 1976, 151; GRABA Rz 39; SCHMIDT-SALZER F 197; STEIN Rz 22). Kreditgeschäfte idS sind auch Teilzahlungskredite (BRANDNER Anh §§ 9-11 Rz 753). Lohnabtretungsklauseln finden sich aber auch in normalen Kaufverträgen, besonders solchen über Möbel. Insoweit ist jedoch der Eigentumsvorbehalt adäquate und ausreichende Sicherung des Verkäufers. Eine zusätzliche Formularabtretung von Lohnansprüchen bürdet dem Käufer daher kaufvertragsuntypische Lasten auf und benachteiligt ihn somit unangemessen (GRABA Rz 9; SCHMIDT-SALZER F 17; STEIN Rz 22; BRANDNER Anh §§ 9-11 Rz 657; ebenso im Ergebnis LÖWE § 3 Rz 9; ähnlich LAG Düsseldorf BB 1967, 118; TRINKNER BB 1967, 756). Unwirksam ist auch eine Formularabtretung des Kostenerstattungsanspruchs gegen den Prozeßgegner in einer Anwaltsvollmacht (so LG Nürnberg-Fürth AnwBl 1976, 166).

Im kaufmännischen und nichtkaufmännischen Verkehr sind die formularmäßigen Vereinbarungen eines **Abtretungsausschlusses** und erst recht Klauseln, die die Wirksamkeit der Abtretung von der Zustimmung des AGB-Verwenders abhängig machen, dann wirksam, wenn berechtigte Interessen des Verwenders solches rechtfertigen (allgM zB BGH NJW 1976, 672; BGHZ 56, 173 = NJW 1971, 1311 m Anm OLSCHEWSKI 2307; BGH WM 1970, 286; BGH BB 1969, 437; BGHZ 51, 113 = NJW 1969, 415 m Anm STÖTTER 1064; BGH MDR 1977, 1012; OLG Hamburg MDR 1978, 313; LÖWE Rz 35, 77; SCHMIDT-SALZER F 171, 198; STEIN Rz 22; noch weitergehend und generell zulassend MünchKomm ROTH § 399 Rz 31). Ein berechtigtes Interesse des Verwenders ist bei Sachleistungsansprüchen wohl immer (OLG Hamm BP 1979, 1425) gegeben, sonst allein schon das Bestreben, eine Auseinandersetzung mit verschiedenen Gläubigern und die Prüfung der Priorität verschiedener Abtretungen zu vermeiden (BGH NJW 1976, 672). Denn an die Belästigungen des Gläubigers durch undurchsichtige Mehrfachabtretungen aufgrund der AGB anderer Geschäftspartner seines Kunden hat der Gesetzgeber des Jahres 1900 nicht gedacht. Als berechtigtes Interesse ist auch der Umstand anzuerkennen, daß der AGB-Verwender von „seinem“ Gläubiger besondere Rücksichtnahme bei der Geltendmachung von Forderungen erwarten darf (BGH aaO), in Abnehmer-AGB die Tatsache, daß der Verwender Gegenforderungen und Gewährleistungsansprüche leichter durchsetzen kann und der Vertragspartner als Zeuge vor Gericht ausgeschlossen bleibt (OLG Hamburg MDR 1978, 313). Demgegenüber muß das Interesse des Vertragspartners des Verwenders zurücktreten, Ware zu verlängertem Eigentumsvorbehalt, also zu einer im Geschäftsverkehr üblichen Bedingung, zu erwerben (BGHZ 51, 118 = NJW 1969, 415; OLG Hamburg MDR 1978, 313; STÖCKER BB 1970, 1380). Auch **Factoring-Geschäfte** können daher durch Abtretungsausschlußklauseln verhindert werden (LÖWE Rz 77; RÖDL Betrieb 1967, 1301; SERICK, Eigentumsvorbehalt und Sicherungsübertragung IV 726 ff; BRANDNER Anh §§ 9-11 Rz 1; aM BLAUROCK Anm zu BGH NJW 1978, 1974; ders ZHR 1978, 333 ff). Jedoch berechtigt die einem Vorbehaltskäufer in Lieferanten-AGB erteilte Ermächtigung, den Kaufpreis für die unter verlängertem Eigentumsvorbehalt gelieferte und weiterverkaufte Ware selbst einzuziehen, auch zum Verkauf und zur – nochmaligen – Abtretung der Forderung an einen Factor im Rahmen eines echten Factoring-Geschäfts (BGH NJW 1978, 1972; insoweit zust BLAUROCK aaO). Zum Factoring-Vertrag allg s unten Rz 124.

Bei bloßen Geldforderungen des Vertragspartners, die diesem als Kreditgrundlage dienen können, und denen typischerweise keine Gegenansprüche des Verwenders gegenüberstehen, fehlt in der Regel ein berechtigtes Interesse an einem Abtretungsverbot (Löwe Rz 77). So hat der BGH (NJW 1976, 672; zust Brandner Anh §§ 9-11 Rz 1; Graba Rz 61; Schmidt-Salzer F 48) richtig entschieden, daß der nach §§ 399, 412 BGB an sich mögliche Ausschluß des in § 67 Abs 1 S 1 VVG vorgesehenen Forderungsübergangs nicht durch AGB vorgenommen werden kann. Bei Wirksamkeit einer solchen Klausel in einem Frachtvertrag wäre der Kunde verpflichtet, seine Ansprüche gegen den Frachtführer selbst zu verfolgen und das Erstrittene dem Versicherer zu erstatten (RGZ 79, 79). Dies widerspräche den Interessen des Versicherten, der durch die Versicherung einem Streit mit dem Frachtführer gerade entgehen will. Ein auch nur annähernd gleichwertiges berechtigtes Gegeninteresse des Verwenders am Ausschluß des Rechtsübergangs ist nicht ersichtlich. Ein formularmäßiges Abtretungsverbot für die in § 255 BGB aufgezählten Ansprüche des Ersatzberechtigten ist unwirksam, da es diesem sonst unmöglich wäre, seine Schadensersatzforderungen durchzusetzen (Graba Rz 61).

47 **c) Aufrechnungs- indsbesonders Konzernverrechnungs-Klauseln**

S § 11 Nr 3 Rz 7.

48 **d) Austauschverhältnis im Falle von Leistungsstörungen**

Nach der gesetzlichen Regelung der §§ 325, 326 BGB kann der Gläubiger im Falle von Leistungsstörungen, die der Schuldner zu vertreten hat, entweder Vertragserfüllung oder Schadensersatz wegen Nichterfüllung unter weiterem Angebot seiner Gegenleistung verlangen oder er kann vom Vertrag zurücktreten. Die §§ 325, 326 BGB sind zwar dispositiven Rechts. Jedoch muß auch in einem AGB-Vertrag die Grundidee eines Leistungsaustauschverhältnisses gewahrt bleiben. So ist zB die Kumulation eines Rücktrittsrechts oder einer Kündigungsbefugnis mit einem Erfüllungsanspruch des Verwenders unwirksam, zudem nicht nur in AGB (BGH NJW 1978, 1434; OLG Hamm BB 1976, 2009; Graba Rz 63; s aber unten Rz 147). Eine in AGB vorgenommene Schadensersatzberechnung nach der Differenztheorie ist aber zulässig, s unten Rz 147. So können auch abstrakt berechnete Schadensersatzforderungen und die Lösung vom Vertrag kombiniert werden (BGH NJW 1970, 29; Graba Rz 64; aM LG Berlin Urt v 2. 3. 1978 – 26 0 6/78 – unveröffentlicht). S auch Erl zu § 10 Nr 7 und zu § 11 Nr 6. Beim Abzahlungskauf kann sich der Verkäufer für den Fall des Käuferverzugs eine Option zwischen Rücktritt, Schadensersatz und vorzeitiger Fälligkeit der Restforderung ausbedingen.

Auch die Regelung des § 323 BGB, wonach die Verpflichtung zur Erbringung der Gegenleistung entfällt, wenn dem anderen Teil seine Leistung ohne Verschulden unmöglich wird, ist von fundamentalem Gerechtigkeitsgehalt. Nur für Störungen, die sich nicht sicher der Risikosphäre des einen oder des anderen Teils zurechnen lassen (uU etwa Transportschäden), lassen sich wirksam AGB-Festlegungen treffen (Schmid NJW 1979, 16, 19 f). S auch § 11 Nr 2 Rz 6. Zu Arbeitskampfklauseln s § 5 Rz 10; 10 Nr 3 Rz 20; § 11 Nr 7 Rz 56.

49 **e) Haftungsausschluß und -beschränkung**

S Erl zu § 11 Nr 7.

50 **f) Erfüllungsortvereinbarung**

Die Vereinbarung eines Erfüllungsorts ist im **nichtkaufmännischen Verkehr** für den Gerichtsstand bedeutungslos (§ 29 ZPO). Sie ist, selbst wenn sie durch Individualabrede getroffen wird, für die Leistungspflicht ohne Bedeutung, wenn sie den tatsächlichen Verhältnissen zuwiderläuft (RGZ 41, 361). Sehr problematisch sind formularmäßige Erfüllungsortvereinbarungen, die von § 269, § 270 BGB oder § 36 Abs

1 VVG abweichen, bei Geldschulden. § 12 Abs 1 ALB (Allgemeine Lebensversicherungsbedingungen), wonach, abweichend von § 36 Abs 1 VVG, die Geschäftsräume des Vorstands der Gesellschaft Erfüllungsort für beide Teile sind, hat der BGH (NJW 1971, 380; zust Löwe Rz 44) zu Recht für wirksam erachtet. In **Handelsverträgen** sind formularmäßige Erfüllungsortvereinbarungen üblich und nach § 9 nicht zu beanstanden (Klauselbeispiele in Schlegelberger-Hefermehl, HGB[5] § 346 Rz 55, 59, 60, 72, 73).

Zu **Gerichtsstandsklauseln** s § 3 Rz 12, 15 f.

g) Höhere Gewalt 51

S § 11 Nr 7 Rz 56, § 10 Nr 2 Rz 19 f.

h) Quittung 52

Die Ausstellung einer Quittung kann durch AGB nicht von anderen Umständen als dem Empfang der Leistung, die quittiert werden soll, abhängig gemacht werden. Dem Interesse des Schuldners, für den die Quittung Beweismittel ist, stehen keine legitimen Interessen des Gläubigers gegenüber, die Quittung zu verweigern. Ebenso verstößt es gegen § 9, die Wirksamkeit der dem Kunden erteilten Quittung von weiteren Tatsachen abhängig zu machen, etwa von einer zusätzlichen, dem Verwender zugehenden Bestätigung für beim Vertragsabschluß geleistete Zahlungen, wie das besonders AGB für den Vertragsabschluß durch Vertreter häufig vorsehen. Eine solche Klausel widerspricht dem Grundgedanken der §§ 368 ff BGB, 416 ZPO, dem Kunden ein Beweismittel für seine Leistungserbringung in die Hand zu geben (ebenso Löwe Rz 55).

i) Mitverschulden 53

S § 11 Nr 7 Rz 33 f.

k) Sicherungsrechte 54

S unten Rz 154 f.

l) Schmerzensgeld 55

S § 11 Nr 7 Rz 21.

m) Vorteilsausgleich 56

Klauseln, die eine Schadensersatzpflicht des AGB-Unterworfenen der Höhe nach festlegen und dabei den Gedanken des Vorteilsausgleichs nicht berücksichtigen, sind entweder als Schadenspauschalierungen oder als Vertragsstrafe zu qualifizieren und dementsprechend an § 11 Nr 5 oder Nr 6 zu messen, s dort Nr 5 Rz 3 (anders Graba § 9 Rz 140, der solche Klauseln nach § 9 für unwirksam hält). Lehrreiches Rechtsprechungsbeispiel: BGHZ 60, 353.

II. Einzelne schuldrechtliche Vertragstypen in alphabetischer Reihenfolge (s auch Anh § 9).

57 **1. Architektenverträge***

a) Das BGB enthält keinen speziell auf die Architektentätigkeit zugeschnittenen Vertragstyp. Meist ist der Architektenvertrag Werkvertrag, s Vorbem zu § 631 BGB. Auf der Grundlage der Ermächtigung im Gesetz v. 4. 1. 1971 (BGBl I 1745) wurde am 17. 9. 76 die „Honorarordnung für Architekten und Ingenieure – HOAI" erlassen (BGBl I 2085 und 3616). Sie ist somit eine Rechtsverordnung und fällt selbst nicht unter den Anwendungsbereich des AGBG. Sie enthält aber zwingendes Recht nur hinsichtlich der Höhe des Entgelts. Soweit auf dem Markt neben oder anstatt der HOAI vorformulierte Bedingungen anzutreffen sind oder waren, sind sie zum großen Teil an allgemeiner Systemstelle mitbehandelt: S § 5 Rz 10 (einschränkende Auslegung von Haftungsbegrenzungsklauseln); § 11 Nr 7 Rz 20 (Subsidiarität der Architektenhaftung); § 11 Nr 10 Buchst a Rz 29 (Subsidiarität der Gewährleistung); § 11 Nr 10 Buchst f Rz 8; § 23 Rz 26, 28 (Verkürzung der Verjährung von Gewährleistungsansprüchen).

58 **b)** Nachzutragen ist hier folgendes: Nach § 9 unwirksam ist eine Klausel, derzufolge der Architekt „Einwendungen und Einreden aller Art, die dem Bauunternehmer gegenüber dem Bauherrn zustehen", soll geltend machen können (Gnad 16), soweit damit nicht ohnehin schon gegen § 11 Nr 7 verstoßen wird.

59 Ist in AGB bestimmt, der Architekt könne „im Falle seiner Inanspruchnahme verlangen, daß ihm die Beseitigung des Schadens übertragen wird", so verstößt dies nicht etwa deshalb gegen § 11 Nr 10 Buchst b, weil keine Rechte des Bauherrn für den Fall des Scheiterns der „Nachbesserung" vorbehalten sind (aM Hensen Anh §§ 9-11 Rz 116; Gnad 26). Die Klausel will nicht die Nachbesserung am Architektenwerk regeln, sondern festhalten, daß der Architekt seiner Verpflichtung zur Naturalherstellung (§ 249 BGB) in der Weise nachkommen kann, daß er selbst die Schäden am Bauwerk beheben läßt. Dagegen kann man nichts einwenden – auch soweit dadurch die nach der Rechtsprechung des BGH (BauR 1978, 326) bestehende pekuniäre Natur des Anspruchs aus § 635 BGB in einen Naturalherstellungsanspruch abgeändert wird (Locher Rz 318; Motzke Rz 230; aM Hensen aaO; Gnad 26). Daß es Fälle gibt, in denen gegenständliche Schadensersatzleistung für den Bauherrn unzumutbar ist, braucht in der Klausel nicht eigens erwähnt zu werden.

60 Ein Architekt muß sich keine **Honorarminderung** gefallen lassen, wenn einzelne ihm obliegende Teilleistungen nur unvollständig erbracht sind, ohne daß daraus dem Auftraggeber Schaden entstanden wäre (BGH NJW 1966, 1713; NJW 1969, 420). Lediglich dann, wenn ein ganzes Leistungsbild nach § 19 Abs 1 GOA (nunmehr eine Leistungsphase nach § 15 HOAI) nicht ausgefüllt wurde, fällt hierfür keine Vergütung an (BGH NJW 1966, 1713; OLG Düsseldorf BauR 1972, 384; Werner-Pastor Rz 358; Locher-Köble-Frick § 5 Rz 4). Formularklauseln, die sagen, mit

* **Schrifttum:** Gnad, Auswirkungen des AGBG auf die künftige Gestaltung von Architektenformularverträgen, in: Das AGBG im Spiegel des Baurechts, Schriftenreihe der deutschen Gesellschaft für Baurecht 11 (1977); Hesse, Der Einheitsarchitektenvertrag und die geplante Regelung des Rechts der AGB, BauR 1975, 80; Jagenburg, Der Einfluß des AGBG auf das private Baurecht, in BauR Sonderheft 1/1977, 27 ff; Kaiser, Die Bedeutung des AGBG für vorformulierte vertragliche Haftungs- und Verjährungsbedingungen im Architektenvertrag, BauR 1977, 313; Kromik-Schwager, Aktuelles Bauvertragsrecht unter den neuen Bestimmungen des AGBG (1978); Motzke, Neue Rechte und Pflichten für Architekten nach HOAI, AGBG, Energieeinsparungs G (1979); Neuenfeld, Rechtsproblem der HOAI, in: BauR Sonderheft 2/1978; Neuenfeld, Handbuch des Architektenrechts 1 (1978), 2 (1977).

Abschluß einer Leistungsphase hätten auch die vorhergehenden Leistungen als erbracht zu gelten, werden zwar nicht von § 11 Nr 15 tangiert (s dort Rz 2), verstoßen aber gegen den von der Rspr festgehaltenen fundamentalen Grundsatz, daß nur erbrachte Leistungen zu vergüten sind.

Eine Klausel wie „Änderungen des Bauwerks ohne Mitwirkung des Architekten sind unzulässig, außer wenn dies für den Bauherrn unzumutbar ist", weitet das **Urheberrecht des Architekten** unzulässig aus, weil sie zum einen keinerlei zeitliche Grenze setzt und zum anderen einfache Nutzungsbauten mit künstlerisch wertvollen Bauten gleichsetzt. Der Architektenvertrag kann im Regelfall weder den Bauherrn lebenslang an den Architekten binden noch für den Architekten eine permanente Einkommensquelle sein (Locher BauR Rz 360). Eine derartige Klausel ist daher nach § 9 zu beanstanden (Hensen Anh zu §§ 9-11 Rz 117; Hesse BauR 1975, 80, 89). Zur Abdingbarkeit des Kündigungsrechts aus § 649 BGB s unten Rz 173. **61**

2. Automatenaufstellverträge **62**

Verträge über die Aufstellung von Automaten in Gaststätten können nicht einem bestimmten **Vertragstyp** des BGB zugeordnet werden. Mietvertragliche Elemente überwiegen, wenn ein Platz oder Raum zur Aufstellung gegen festes Entgelt überlassen wird. Eine Eingliederung des Automaten in den Gastwirtschaftsbetrieb und vereinbarte Gewinnbeteiligung des Gastwirts machen gesellschaftsrechtliche Elemente vorherrschend. Einzelheiten sind umstritten (zur Rechtsnatur der Automatenaufstellverträge vgl BGHZ 51, 55 = NJW 1969, 230 mit Anm Weber 460; BGHZ 47, 202 = NJW 1967, 1414; OLG Frankfurt NJW 1964, 256; OLG Hamm NJW 1964, 2021; OLG Celle NJW 1967, 1425; OLG Köln MDR 1972, 778; OLG Hamburg MDR 1976, 577; Raisch, Zur Rechtsnatur des Automatenaufstellvertrages, BB 1968, 526; Müller, Der Automatenaufstellvertrag, Diss Hamburg 1969; Hoffer, Typenprobleme beim Automatenaufstellvertrag, NJW 1971, 1433; Olshausen-Schmidt, Automatenrecht (1972); Schopp, Formularverträge über die Automatenaufstellung, ZMR 1972, 197; s auch Vorbem 51 ff zu §§ 535, 536 BGB). Unabhängig von der typenmäßigen Einordnung sind folgende Klauseln problematisch:

a) Das Verbot, andere Automaten aufzustellen, ist wirksam (BGH NJW 1971, 1034; Hensen Anh §§ 9-11 Rz 141; aM Graba Rz 67). Es dient zwar, wie Graba (aaO) richtig feststellt, allein dem Interesse des Verwenders. Dieses Interesse ist aber legitim, weil der Gewinn aus den Automaten und damit der Geschäftszweck für den Aufsteller entscheidend von der Anzahl der in einer Gastwirtschaft aufgestellten Geräte abhängt. Auch den Automatentyp darf der Verwender und Aufsteller seiner Alleinbestimmung unterwerfen (BGH Urt v 6. 6. 1979 – VIII ZR 281/78). Er kann auch die anderweitige musikalische Unterhaltung der Gäste formularmäßig untersagen (BGH aaO). Dagegen sind Klauseln unwirksam, die dem Gastwirt **andere Musikdarbietungen** verwehren, da hierdurch in die Betriebsführung des Gastwirts unangemessen eingegriffen und uU der Gaststättenbetrieb negativ beeinflußt wird (Hensen Rz 141). **63**

b) Automatenaufsteller-AGB sehen eine **Vertragsdauer** von meist 5, manchmal bis zu 10 Jahren vor, die sich um zwei bis fünf Jahre verlängern soll, wenn der Vertrag nicht 6 Monate vor seinem Ablauf gekündigt wird. Da die Erbringung der regelmäßigen Wartungsdienste durch den Verwender bei den Aufstellerverträgen hinter das mietrechtliche und gesellschaftliche Element zurücktritt, sind solche Klauseln unabhängig von der ohnehin bestehenden Kaufmannseigenschaft des Gastwirts an § 9, nicht unmittelbar an § 11 Nr 12 zu messen (Löwe § 11 Nr 12 Rz 3; wohl auch Graba Rz 68; Hensen Anh §§ 9-11 Rz 142). **64**

Da die Automaten nicht orstfest aufgestellt werden und ihre Installierung geringen Aufwand erfordert, ist eine formularmäßige Bindung für **5 Jahre und länger unangemessen** (GRABA Rz 68; ähnlich BGHZ 51, 55 = NJW 1969, 230; offengelassen von BGH MDR 1978, 921 f). Der hiergegen von HENSEN (RZ 142) vorgebrachte Einwand, die Vertragsbindung müsse in Zusammenhang damit gesehen werden, daß der Aufsteller dem Gastwirt im Regelfall ein Darlehen zu sehr günstigen Bedingungen gewähre, geht fehl, da, wie HENSEN (aaO) selbst einräumt, bei Beendigung des Aufstellvertrages das Darlehen fällig wird. Eine dreijährige Laufzeit (gebilligt von OLG Düsseldorf OLGZ 1973, 11) erscheint daher als äußerste Grenze. Eine anschließende stillschweigende Vertragsverlängerung kann nur als unbefristete formularmäßig vereinbart werden. Eine weitere langfristige Bindung des Gastwirts ist unangemessen, weil der Aufsteller seine zu Vertragsbeginn erhöht anfallenden Aufwendungen inzwischen in aller Regel hereingewirtschaftet hat.

Fristen zur ordentlichen Kündigung des Automatenaufstellvertrages, die über die Zeit hinausgehen, die der Aufsteller im Regelfall braucht, um anderweitig über seine Geräte zu disponieren, benachteiligen den Gastwirt unangemessen. Eine dreimonatige Kündigungsfrist darf regelmäßig nicht überschritten werden (RAISCH 531; VON OLSHAUSEN-SCHMIDT Rz B 92; LARENZ II § 63 IV: Kündigungsfrist entsprechend den vereinbarten Abrechnungszeiträumen). Für die Beurteilung der Kündigungsklausel wird im übrigen auch eine Rolle spielen, welche Kündigungsfristen dem AGB-Verwender eingeräumt werden. Die Möglichkeit der **außerordentlichen Kündigung des Gastwirts** aus Gründen, die nicht in seiner Risikosphäre liegen, kann formularmäßig nicht wirksam ausgeschlossen werden (BGH WM 1977, 113; OLG Hamburg MDR 1976, 577; HENSEN Rz 142).

65 **c)** Gibt der Gastwirt die Gaststätte auf, so ist ihm die weitere Erfüllung des Automatenaufstellvertrags unmöglich. Dies hat er zu vertreten, falls die Betriebsaufgabe wegen mangelnder wirtschaftlicher Leistungsfähigkeit (BGH WM 1971, 243) oder wegen einer Gesundheitsschädigung erfolgt, die sich der Gastwirt in besonders bedenkenloser Weise durch Nikotin-, Alkohol- oder Medikamentenmißbrauch beigebracht hat (VON OLSHAUSEN-SCHMIDT Rz B 98 mit Nachw aus der Rspr unterer Gerichte).

Darüberhinaus kann der Gastwirt durch AGB auch für den Fall haftbar gemacht werden, daß die (unverschuldete) Betriebsaufgabe seiner Risikosphäre zuzurechnen ist (offengelassen von BGH WM 1973, 388). Das wird idR dann der Fall sein, wenn eine Weiterführung des Gastwirtschaftsbetriebs durch andere Wirte rechtlich und tatsächlich möglich ist (in diesem Sinn auch MÜLLER 44, 48; aM wohl VON OLSHAUSEN-SCHMIDT Rz B 94, die bei Betriebsaufgabe stets eine außerordentliche Kündigung des Gastwirts zulassen wollen). Die dem Gastwirt auferlegte Haftung wird durch die garantierte Möglichkeit der ordentlichen Kündigung des Aufstellvertrages nach Ende der Mindestvertragsdauer erträglich gemacht.

Zu Schadensersatzpauschalierungen s § 11 Nr 5.

66 **d)** Wenn der Gastwirt nicht für die Unmöglichkeit weiterer Vertragserfüllung haftet, legen ihm Klauseln, die ihn zur Suche eines Nachfolgers verpflichten und ohne deren Erfolg nicht aus der vertraglichen Bindung entlassen (**Nachfolgeklauseln**), zusätzliche vertragliche Verpflichtungen auf, die der aus der Natur des Vertrages folgenden Lastenverteilung widersprechen, nach der sich der Aufsteller selbst Standplätze für seine Automaten suchen muß, und dieses Verwertungsrisiko nicht auf den Gastwirt abwälzen darf. Nachfolgeklauseln begegnen jedoch keinen Bedenken, wenn sie nur für den Fall gelten sollen, daß der Gastwirt für die Unmöglichkeit der Vertragserfüllung haftet – denn dann bedeuten sie nur eine besondere Form des Schadensersatzes (aM GRABA Rz 66) – oder wenn sie für den Fall keine Geltung

beanspruchen, in dem die Gaststätte aus Gründen außerhalb des Risikobereichs des Wirtes aufgegeben wird (ähnlich HENSEN Anh §§ 9-11 Rz 144). Zu letzterem gehört das allgemeine Rentabilitätsrisiko eines Betriebs zwar sehr wohl (BGH aaO). Zu weit geht es aber schon, von der grundsätzlichen Wirksamkeit solcher Klauseln auszugehen und nur die Haftung wegen Nichterfüllung, den allgemeinen Grundsätzen entsprechend, auf Verschuldensfälle zu begrenzen (so BGH WM 1977, 113; OLG Celle NJW 1967, 1426; VON OLSHAUSEN-SCHMIDT Rz B 93).

e) Die formularmäßige Vereinbarung einer gesamtschuldnerischen Haftung des 67 ausscheidenden Gastwirts zusammen mit dem in den Vertrag eintretenden ist nach § 9 immer unwirksam, auch wenn sie nur gedacht ist für den Fall, daß der Gastwirt für die Unmöglichkeit der weiteren Vertragserfüllung haftet. Denn sie verschafft dem Aufsteller eine unangemessene Sicherung auf Kosten des AGB-Unterworfenen, der nach der Aufgabe der Gaststätte keinen Einfluß auf die Vertragsabwicklung mehr hat (HENSEN Rz 143). Auch eine subsidiäre Ausfallhaftung des alten Vertragspartners für den Fall, daß der Gastwirt die Aufgabe seines Betriebs oder des Geräts dem Aufsteller gegenüber zu vertreten hat, darf nur in dem Maße vereinbart werden, wie sich der ursprüngliche Vertragspartner nicht durch ordentliche Kündigung aus der Bindung hätte lösen können.

3. Bankverträge* 68

Die AGB der privaten Banken sind im April 1977 im Hinblick auf das Inkrafttreten 69 des AGBG neu gefaßt worden. Zu den Einbeziehungsvoraussetzungen s § 2 Rz 71. Zu einigen problematischen Klauseln ist folgendes zu sagen:

Nr 1 Abs 1: „Die der Bank bekanntgegebenen Vertretungs- und Verfügungsbefugnisse gelten bis zum schriftlichen Widerruf, es sei denn, daß der Bank eine Änderung bekannt geworden oder infolge groben Verschuldens unbekannt geblieben ist".

In Abweichung von § 170 BGB für den Widerruf Schriftform auszubedingen, ist angesichts des Massengeschäfts der Banken angemessen und wirksam (CANARIS in Großkomm HGB auch nach § 357 Anm 1235). Nach § 173 BGB könnte sich die Bank auf eine ihr gegenüber kundgegebene Bevollmächtigung auch nicht berufen, wenn ihr deren Erlöschen infolge von nur einfacher Fahrlässigkeit nicht bekannt geworden wäre. Die Beschränkung dieser Rechtsfolge auf Fälle grober Fahrlässigkeit ist, analog § 11 Nr 7, nicht unangemessen (BRANDNER Anh §§ 9-11 Rz 152; KÜMPEL WM 1977, 696; zweifelnd CANARIS aaO), Änderungen der Vertretungs- oder Verfügungsbefugnisse, die in ein Handels- oder Genossenschaftsregister einzutragen sind, sollen nach Nr 1 Abs 1 S 2 stets erst mit schriftlicher Bekanntgabe an die Bank gelten; hierdurch werden § 15 Abs 2 HGB, § 29 Abs 2 GenG abbedungen. Die Klausel ist wirksam, da diese Vorschriften die Möglichkeit eines öffentlichen Widerrufs durch Registereintragung gegenüber einer Vielzahl interessierter Dritter gewährleisten sollen, aber nicht den Schluß zulassen, daß die vertragliche Verpflichtung zu einem besonderen Widerruf innerhalb einer bestehenden Geschäftsverbindung den Vertretenen unbillig belaste (CANARIS aaO Rz 1236; KÜMPEL WM 1977, 696; LWOWSKI Die Bank 1978, 124; REHBEIN Betrieb 1977, 1349; aM BRANDNER Rz 152).

Nr 1 Abs 2: S § 10 Nr 6 Rz 7. 70

Nr 1 Abs 3 S 3: S § 11 Nr 7 Rz 33. 71

* **Schrifttum:** KÜMPEL, Zur Anpassung der AGB der Banken an das AGB-Gesetz, WM 1977, 694; ders, Die AGB und ihre Bedeutung für die Kreditsicherheit – unter Berücksichtigung des AGB-Gesetzes, WM 1978, 970; LWOWSKI, Das AGB-Gesetz und die AGB der Banken, Die Bank 1978, 123.

72 **Nr 4 Abs 1:** „Während der Geschäftsbeziehung ist die Bank unwiderruflich befugt, Geldbeträge für den Kunden entgegenzunehmen".

Durch die Bestimmung wird dem Bankkunden die Möglichkeit genommen, die Befriedigung der Bank durch Verrechnung von eingehenden Beträgen mittels eines Widerrufs zu verhindern. Die Regelung ist für einen rationellen Geschäftsbetrieb der Bank notwendig. Dem Kunden bleibt aber nach Nr 17 die Möglichkeit, die Geschäftsverbindung im Ganzen jederzeit zu beenden. Daher verletzt Nr 4 Abs 1 auch keine schützenswerten Interessen des Bankkunden.

73 **Nr 4 Abs 3 S 1:** „Gutschriften, die infolge eines Irrtums, eines Schreibfehlers oder aus anderen Gründen vorgenommen werden, ohne daß ein entsprechender Auftrag vorliegt, darf die Bank durch einfache Buchung rückgängig machen (stornieren)".

Der BGH hat das Stornorecht der Bank richtig als die Befugnis definiert, das abstrakte Schuldversprechen, das der irrtümlichen Kontogutschrift zugrundeliegt (aM Canaris in Großkomm HGB § 157 Rz 217: kein Anspruch des Kunden), einseitig widerrufen zu können (BGH NJW 1978, 2149; zust Kümpel WM 1979, 398). Otto (BB 1978, 987 ff u Anm zu BGH BB 1978, 1382 = NJW 1978, 2149) sieht demgegenüber in Nr 4 Abs 3 die Festschreibung des BGB-Anfechtungsrechts. Daraus folgt für ihn insbesonders die Nichtanwendbarkeit der Nr 4 Abs 3 im Falle eines Motivirrtums der Bank, die Geltung der im § 121 BGB festgelegten Anfechtungsfrist sowie der Schadensersatzverpflichtung nach § 122 BGB. Jedoch läßt Nr 4 Abs 3 eine solche Willensrichtung seiner Verfasser nicht erkennen. Die Ausübung des Stornorechts der Bank ist im übrigen zwar an keine Frist gebunden: Nachdem die Fehlbuchung einmal in ein Saldoanerkenntnis des Kunden eingegangen ist, kann sie aber nicht mehr storniert werden (BGH NJW 1978, 2149; Kümpel WM 1979, 378 f). Die formularmäßige Ausbedingung eines Stornorechts auch für die Zeit nach erfolgtem Saldoanerkenntnis (Nr 1 Abs 4 SparkassenAGB) ist nach § 9 unwirksam, da der zwischen Bank und Kontoinhaber geschlossene Saldoanerkenntnisvertrag (Canaris aaO § 355 Rz 94) nicht durch einseitigen Widerruf der Bank beseitigt werden kann (im Ergebnis wie hier Otto BB 1978, 1384).

73a

Nr 8 Abs 1 s Rz 42 (Irrtumsanfechtung, Vertrauensschaden).

Nr 9 s § 3 Rz 26, § 10 Nr 3 Rz 21.

Nr 10 Abs 1 s § 4 Rz 24; § 5 Rz 10; § 11 Nr 7 Rz 28.

Nr 14 Abs 2, Abs 3 – mit AGBG vereinbar (LG Berlin WM 1979, 322).

Nr 15, 32 s § 10 Nr 5 Rz 7.

Nr 19 s unten Rz 146 (Anspruch auf Stellung von Sicherheiten).

Nr 23 s oben Rz 39 (nach Vertragsschluß eintretende Geschäftsunfähigkeit).

Nr 26 s § 3 Rz 11, 15 (Gerichtsstandsklausel).

74 **4. Bauverträge – Bauwerkvertrag***

a) Die VOB

Die Verdingungsordnung für Bauleistungen, die genau als „Allgemeine Vertragsbedingungen für die Ausführung von Bauleistungen DIN 1961 – Fassung 1979"

* **Schrifttum**: Daub-Piel-Soergel-Steffani, Kommentar zur VOB Teil B (1976); Heiermann-Linke, AGB im Bauwesen (1978); Ingenstau-Korbion, VOB-Kommentar (9. Aufl 1979) 304 ff;

bezeichnet ist, war ursprünglich im Jahre 1926 im Auftrage des Reichstages vom Reichsverdingungsausschuß geschaffen worden, um klare Richtlinien für die Vergabe und die Durchführung von Bauvorhaben der öffentlichen Hand aufzustellen (Ingenstau-Korbion Einl 3 mwN). Diese Funktion besitzt sie heute nur noch insoweit, als sie durch Ministerialerlasse des Bundes und der Länder für die Vergabe von öffentlichen Bauaufträgen für verbindlich erklärt wurde (zu den Einzelheiten: Ingenstau-Korbion Einl 25 vor § 1 VOB). Diese Ministerialerlasse sind innerdienstliche Anweisungen und ersetzen keineswegs das Erfordernis einer gültigen Einbeziehungsvereinbarung.

Die Bestimmungen der VOB/B und C sind trotz deren vielfach postulierten Ausgewogenheit AGB, s dazu § 1 Rz 21, zu Teil A § 1 Rz 5. Selten findet sich allerdings ein Vertragsverhältnis, dem die VOB/B uneingeschränkt zugrunde gelegt ist. Dazu und den damit verbundenen Rechtsproblemen s § 2 Rz 8. Zur Kenntnisverschaffungsobliegenheit s § 2 Rz 31. In § 23 Abs 2 Nr 5 ist die VOB in bestimmter Weise privilegiert (s § 23 Rz 25 ff). Schwierigkeiten bereitet § 23 Abs 2 Nr 5 insoweit, als der Gesetzgeber nicht alle möglichen Berührungspunkte zwischen AGBG und VOB gesehen und außer acht gelassen hat, daß nicht nur Bauunternehmer, sondern auch Beuherrn als deren Verwender auftreten, s § 1 Rz 21. Die VOB erhielt zwar 1979 eine neue Fassung, deren erklärtes Ziel die Berücksichtigung des AGBG war. Problematisch an der VOB 1979 sind, gemessen am AGBG, aber immer noch folgende Einzelklauseln von Teil B.

aa) § 2 Nr 6 Abs 1 VOB/B bestimmt, daß **im Vertrag nicht vorgesehene Leistungen,** 75
die der Auftraggeber nachträglich fordert, nur vergütet werden, wenn der Auftragnehmer den Vergütungsanspruch vor Ausführung anzeigt. Die Rspr hat darin eine echte Anspruchsvoraussetzung gesehen, bei deren Nichteinhaltung die erbrachte Leistung nicht vergütet werden muß (BGH WM 1969, 1019, 1021 r Sp). § 10 Nr 5 ist aus diesem Grunde auf diese Klausel nicht anwendbar (Jagenburg 16 f; aM Ingenstau-Korbion § 2 Rz 82). Die Vorschrift weicht von § 632 BGB ab, der vermuten läßt, daß ein Unternehmer Leistungen nur gegen Vergütung erbringt, soll aber Streitigkeiten vorbeugen, was vom Bauvertrag erfaßt war und was nicht. Sie gilt daher nicht, wenn der Auftraggeber vernünftigerweise nicht erwarten konnte, daß das zusätzlich Geforderte unentgeltlich geleistet würde. Daher und wegen des Zusammenhangs mit § 2 Nr 7 Abs 2 VOB/B, wo Fälle berechtigter Geschäftsführung vorbehalten sind, ist die Bestimmung noch tragbar (Ingenstau-Korbion § 2 Rz 83).

bb) § 4 Nr 7 VOB/B gibt dem Auftraggeber das Recht, dem Auftragnehmer schon 76
vor der Abnahme oder der Fertigstellung des Werks den Auftrag ganz zu entziehen, wenn er einen angezeigten Mangel nicht innerhalb einer angemessenen, mit einer Kündigungsandrohung verbundenen Fristsetzung beseitigt. Die Abänderung zur Gesetzeslage (§ 633 BGB) liegt darin, daß der Auftraggeber nicht nur ein Recht zur

---

Jagenburg, Der Einfluß des AGBG auf das private Baurecht, BauR Sonderheft 1/1977; Kaiser, Das Mängelhaftungsrecht der VOB Teil B (1977); Korbion, Das neue AGBG und das Bauvertragsrecht, VersR 1977, 681; Kromik-Sschwager, Aktuelles Bauvertragsrecht (VOB) unter den neuen Bestimmungen des AGBG; ders, Das AGBG und die VOB, NJW 1977, 1801; ders, Die VOB und das AGBG, BauR 1977, 222; Recken, Streitfragen zur Einwirkung des AGBG auf das Bauvertragsrecht, BauR 1978, 418; Schlüter, Die VOB Teil B im Verhältnis zum AGBG in: Das AGBG im Spiegel des Baurechts, Schriftenreihe der deutschen Gesellschaft für Baurecht 11, 1977; Weitnauer, Einige Fragen zum Verhältnis von VOB und AGBG, BauR 1978, 73; Werner-Pastor, Der Bauprozeß (1978) – AGB-Problematik behandelt jeweils im laufenden Zusammenhang; Graf von Westphalen, Bauvertrag und AGBG in: Das AGBG im Spiegel des Baurechts aaO.

Selbstbeseitigung besitzt, sondern den gesamten Auftrag schon vor der Fertigstellung entziehen kann. Weil einerseits das Selbstbeseitigungsrecht des Auftraggebers bei einem laufenden Bauvorhaben nur schwer vollziehbar ist und die Klausel nur anwendbar ist, wenn durch den Mangel das Gesamtziel der vertraglichen Leistung gefährdet ist (Ingenstau-Korbion § 4 Rz 148), ist die Klausel mit § 9 vereinbar (Schmidt-Salzer F 147).

77 **cc)** § 4 Nr 8 Abs 1 S 3 VOB/B läßt dem Auftragnehmer die Befugnis, eine Verpflichtung zur Erbringung solcher Leistungsteile, auf die sein Betrieb nicht eingerichtet ist, ohne Zustimmung des Bauherrn **auf andere Unternehmen zu übertragen**. Gegen die Wirksamkeit dieser Klausel wird eingewandt, durch sie werde die Pflicht des Auftragnehmers zur Ausführung der Leistung im eigenen Betrieb unzulässig ausgehöhlt (Graba Rz 134). Das Werkvertragsrecht kennt aber im Gegensatz zum Dienstvertragsrecht eine uneingeschränkte Verpflichtung zur Höchstpersönlichkeit der Leistung ohnehin nicht, s Erl zu § 631 BGB. Die Vorschrift ist daher nach § 9 nicht zu beanstanden (Hensen Anh §§ 9-11 Rz 903; Jagenburg BauR Sonderheft 1/1977, 17; Ingenstau-Korbion § 4 Rz 162). Wird allerdings in zusätzlichen Vertragsbedingungen dem Auftragnehmer die Befugnis eingeräumt, die gesamte Leistung oder größere Teile hiervon an Dritte zu übertragen, so greift § 11 Nr 13 ein, s dort Rz 8.

78 **dd)** Zu § 6 Nr 6 VOB/B Fassung 1973 (**Ausschluß beiderseitiger Ansprüche auf Ersatz entgangenen Gewinns**) s § 11 Nr 7 Rz 133.

79 **ee)** § 7 VOB/B regelt die **Abnahme der Bauleistung** abweichend von § 644 BGB. Der Auftraggeber hat hiernach die Gefahr der Beschädigung oder Zerstörung der Leistung durch höhere Gewalt oder andere unabwendbare, vom Auftragnehmer nicht zu vertretende Umstände bereits vor der Abnahme zu tragen. Der BGH hat in seiner Rspr vor Inkrafttreten des AGBG diese Bestimmung inhaltlich nicht beanstandet (NJW 1973, 1698). Dieser Entscheidung ist auch für das neue Recht grundsätzlich zuzustimmen. § 7 VOB/B beschränkt die Vergütungspflicht nämlich auf bereits ausgeführte Leistungen. Die Überbürdung des Zufallsrisikos auf den Bauherrn ist insoweit zumutbar (Graba Rz 134; Jagenburg 17; aM Hensen Anh §§ 9-11 Rz 903).

80 **ff)** § 12 VOB/B gestaltet die in § 644 BGB nur knapp umrissene **Verpflichtung des Auftraggebers zur Abnahme der Leistung** unter Berücksichtigung der bei einem Bauvorhaben bestehenden Besonderheiten näher aus. Dabei ergeben sich folgende Abweichungen von der AGB-Regelung:

Die Abnahme kann anders als nach BGB (OLG Karlsruhe MDR 1967, 669) nur wegen **wesentlicher** Mängel verweigert werden. Wegen der mit der Abnahme verbundenen weitreichenden Wirkungen wie Fälligkeit der Vergütung, Beginn der Gewährleistung, Umkehr der Beweislast und Übergang der Gefahr liegt darin eine nachhaltige Verkürzung der Rechte des Auftraggebers. Sie erscheint nur dann vertretbar, wenn dem Auftraggeber auch das erweiterte Recht auf Mängelbeseitigung gem § 4 Nr 7 VOB/B belassen ist und ihm die Möglichkeit offensteht, dem Auftragnehmer den gesamten Auftrag wegen Nichtbeseitigung der Mängel zu entziehen.

81 **gg)** Zu § 12 Nr 5 VOB/B s § 23 Rz 27.

82 **hh)** Zu § 13 Nr 4 VOB/B (Verkürzung der gesetzlichen Gewährleistungsfrist) s § 23 Rz 26, 28.

83 **ii)** § 13 Nr 6 VOB/B **schließt** das **gesetzliche Wandlungsrecht des Auftraggebers aus**. Dies ist gem § 11 Nr 10 Buchst b allgemein für Bauverträge zulässig und auch nicht nach § 9 zu beanstanden (allgM).

kk) Zu § 13 Nr 7 VOB/B s § 11 Nr 7 Rz 134. 84

ll) Zu § 15 Nr 3 S 5 VOB/B s § 23 Rz 26. 85

mm) § 16 Nr 3 Abs 2 VOB/B schließt die **Geltendmachung von Nachforderungen** des Auftragnehmers aus, wenn dieser nicht einer als solcher gekennzeichneten **Schlußzahlung** des Auftraggebers binnen zwölf Werktagen nach Zugang widerspricht. Die Rspr vor Inkrafttreten des AGBG hat diese Bestimmung für wirksam erachtet (OLG München BauR 1978, 493). Ob diese Regelung rechtlich als Fiktion oder als vertragliche Ausschlußfrist oder als besonderer Verwirkungstatbestand einzuordnen ist, ist umstritten (für Einordnung als Fiktion: Ingenstau-Korbion § 16 Rz 53 aE; aM Jagenburg 21; Locher, Das private Baurecht Rz 205). Der Wegfall einer Zahlungsrestverpflichtung kann grundsätzlich nur privatautonom begründet werden. Daher liegt eine von § 10 Nr 5 erfaßte, aber gerade deshalb nach § 23 Abs 2 Nr 5 privilegierte Bestimmung vor, s § 10 Nr 5 Rz 3, § 23 Rz 27. 86

nn) S auch § 11 Nr 6 Rz 16.

b) Weitere in der Praxis vorkommende vorformulierte Bauvertragsklauseln: 87

aa) Abschlagszahlungen können nach § 641 Abs 1 S 2 BGB eigentlich nur gefordert werden, wenn das Bauwerk in Teilen abzunehmen und die Vergütung für die einzelnen Teile bestimmt ist, was auch durch Verkehrssitte begründet sein kann. Diese Regelung ist aber für Verträge über erhebliche und längere Zeit beanspruchende Leistungen nicht mehr von Gerechtigkeitsgehalt, vor allem nicht, wenn keine Sicherheit geleistet wird oder gesetzlich besteht. Es unterliegt daher keinem Bedenken, Abschlagszahlungen ohne entsprechende Teilabnahmen und ohne vorherige ausdrückliche Bestimmung hinsichtlich der einzelnen Teile, zB also „nach Baufortschritt“, formularmäßig zu vereinbaren (Hensen Anh §§ 9-11 Rz 212; Löwe § 9 Rz 71; aM Weitnauer BauR 1977, 77, der auch § 16 VOB/B insoweit beanstandet). Anhaltspunkt für eine angemessene Regelung ist § 16 Nr 1 VOB, der die Fälligkeit von Abschlagszahlungen mit entsprechenden Leistungsnachweisen verknüpft.

bb) Soweit Zahlungen über den jeweils erbrachten Leistungsstand hinaus gefordert werden können sollen, liegt eine Vorausleistungsvereinbarung vor, die nach § 11 Nr 2 zwar grundsätzlich nicht zu beanstanden ist (vgl § 11 Nr 2 Rz 1), nach § 9 aber dann unzulässig ist, wenn Betrag und Zeit übermäßig sind. Ungenauigkeiten gehen zu Lasten des Verwenders (aM Ingenstau-Korbion VOB/B § 16 Rz 31 – gänzliche Unwirksamkeit). 88

cc) In **Subunternehmerverträgen** findet sich häufig eine Einschränkung der Zahlungsverpflichtung des Hauptunternehmers, die sich daran orientiert, wie der Hauptunternehmer von seinem Auftraggeber selbst Zahlungen erhält. Soweit formularmäßig vorgesehene **Abschlagszahlungen** davon betroffen werden können, stellt diese Regelung keine unangemessene Benachteiligung des Subunternehmers dar, weil eine gesetzliche Verpflichtung zur Leistung von Abschlagszahlungen nicht besteht (aM Hensen Anh §§ 9-11 Rz 725; Graf von Westphalen in: Das AGBG im Spiegel des Baurechts 63). Soll die Fälligkeit der **Schlußzahlungspflicht** von einer solchen Bedingung abhängig gemacht werden, so liegt ein Verstoß gegen § 10 Nr 1 vor. Zum Versuch, auch das Zahlungsausfallrisiko auf den Subunternehmer zu überbürden, s unten Rz 97. 89

dd) Abnahmeregelungen werfen in mehrfacher Hinsicht Probleme auf, je nach der Stellung des Verwenders als Auftragnehmer oder Auftraggeber. Ein Bedürfnis nach einer vertraglichen Regelung ist freilich anzuerkennen, weil das BGB außer in den §§ 640, 641 und 341 Abs 3 keine Vorschriften über die Abnahme enthält, insbesondere nicht darüber, wann ein Bauwerk abnahmefähig ist, wann die Abnah- 90 me verlangt werden kann und in welcher Form sie durchzuführen ist. Jedoch findet man vielfach übertrieben verwendergünstige Regelungen. Ist bestimmt, daß die Abnahme erst unter weiteren Voraussetzungen vorgenommen werden kann, die mit der Leistung des Bauunternehmers nichts zu tun haben, etwa erst, wenn „alle erforderlichen behördlichen Abnahmebescheinigungen" vorliegen, ohne Rücksicht, ob sie die Ordnungsmäßigkeit der Bauleistung betreffen, wird das Gerechtigkeitsanliegen von § 640 BGB, nämlich das Recht des Auftragnehmers, die Abnahme baldmöglichst verlangen zu können – beim Bauwerkvertrag ist die Abnahme eine vertragliche Hauptpflicht – wesentlich beschnitten; derartige Klauseln sind wohl schon nach § 10 Nr 1 (s dort Rz 13), jedenfalls aber gem § 9 Abs 2 Nr 1 unwirksam (Graf von Westphalen, Das AGBG im Spiegel des Baurechts 70).

91 Das gleiche muß für Klauseln gelten, die dem **Auftraggeber, der Bauträger oder Wiederverkäufer** ist, das Recht einräumen, vom Auftragnehmer vor Durchführung der Abnahme die Vorlage von Bestätigungen der späteren Nutzungsberechtigten des Bauwerks darüber zu verlangen, daß die vom Auftragnehmer erbrachte Leistung einwandfrei ist: Dem Auftragnehmer wird durch solche Gestaltungen häufig etwas abverlangt, was er rechtlich gar nicht durchsetzen kann, weil zwischen ihm und den einzelnen Nutzungsberechtigten entweder keine vertraglichen Beziehungen bestehen, oder ihm die Nutzungsberechtigten zu diesem Zeitpunkt noch gar nicht bekannt sind. Aber selbst unabhängig davon wäre dies wegen der damit verbundenen zeitraubenden Arbeit eine unangemessene Einschränkung des Rechts des Auftragnehmers auf Abnahme, zumal die Anforderungen, die der Nutzungsberechtigte aufgrund seines Vertrages mit dem Bauträger an die Leistung stellen kann, nicht notwendigerweise den Anforderungen entsprechen müssen, die der Bauträger selbst an die Leistungen des Auftragnehmers stellen darf. Derartige Klauseln sind daher mit § 9 nicht zu vereinbaren (Hensen Anh §§ 9-11 Rz 725; Jagenburg BauR Sonderheft 1/1977, 23; Recken BauR 1978, 424; LG Köln in Schäfer-Finnern Z 2 50 Bl 28).

92 Formularmäßig nicht abdingbar ist das Erfordernis (§ 640 Abs 2 BGB) des **Vorbehalts von Gewährleistungsrechten wegen erkannter Sachmängel** bei der Abnahme. Eine vorformulierte abweichende Vereinbarung ist mit dem Grundgedanken des § 640 Abs 2 BGB, dem Auftragnehmer möglichst bald Klarheit über die Billigung seines Werks als vertragsmäßig erbracht zu verschaffen, nicht vereinbar und daher gem § 9 Abs 2 Nr 1 unwirksam (Hensen Anh §§ 9-11 Rz 213; Recken BauR 1978, 424).

Zu weiteren Klauseln über den Zeitpunkt der Abnahmepflicht s § 10 Nr 1 Rz 13; Zu Klauseln über das Hinausschieben der Abnahmewirkung s etwa § 11 Nr 10 Rz 91.

93 Werden in AGB eines Bauunternehmers **Teilabnahmen** für ein Bauvorhaben vorgesehen, so kann dies möglicherweise gegen § 9 Abs 2 verstoßen, nämlich dann, wenn keinerlei berechtigte sachliche Interessen an Teilabnahmen bestehen, und die Regelung nur auf eine teilweise Verkürzung der Gewährleistungsfrist abzielt (Hensen Anh §§ 9-11 Rz 212).

Zur Vorverlegung des Abnahmezeitpunktes auf eine Zeit vor Fertigstellung des Gesamtwerkes s § 11 Nr 10 Buchst f Rz 83.

94 **ee)** Vielfach ist in Klauseln, die Ausschreibungsunterlagen beigefügt sind, bestimmt, daß der Auftragnehmer mit der **Abgabe seines Angebots bestätigt, daß er sich über die Lage der Baustelle,** ihre Zugänglichkeit, die Bodenbeschaffenheit und über alle sonstigen für die Preisermittlung und die Durchführung seiner Arbeiten notwendigen Tatsachen ausreichend **unterrichtet** hat. Solche Klauseln fallen grundsätzlich unter § 11 Nr 15 Buchst b (s dort Rz 8). Noch einschneidender ist es, wenn dem

Auftragnehmer sämtliche Folgen aus der Nichteinhaltung dieser„Verpflichtung“ in garantieähnlicher Form treffen sollen, also dann „Mehrforderungen“ und „Bauzeitverlängerung“ versagt, oder sonstige Möglichkeiten verschlossen werden, sich auf den fraglichen Umstand zu berufen. Allen solchen Klauseln ist gemeinsam, daß sie in Wirklichkeit gar nicht auf eine tatsächliche Erweiterung der Verpflichtungen des Auftragnehmers zur sorgfältigen Erstellung des Angebots abzielen. Sie sollen vielmehr in erster Linie dessen Risiko, daß sich während der Bauzeit wegen unvorhergesehener Umstände Kostenmehrungen ergeben oder sogar die Haftung des Bauherrn für eigene Fehler bei der Erstellung der Ausschreibungsunterlagen auf den Bauunternehmer überwälzen. Denn von wenigen Großbauvorhaben abgesehen, ist der Auftragnehmer nicht in der Lage, die vom Auftraggeber geforderte genaue Überprüfung der Örtlichkeiten der Baustelle unter dem Risiko vorzunehmen, den Zuschlag gar nicht zu erhalten und somit umsonst nicht unerhebliche Unkosten aufgewandt zu haben. Die genaue Überprüfung der Richtigkeit der Ausschreibungsunterlagen und ihre Übereinstimmung mit den tatsächlichen Verhältnissen ist vielmehr grundsätzlich Angelegenheit des Auftraggebers bzw seines Architekten und kann somit nur im Ausnahmefall und durch individuelle Vereinbarung auf den anbietenden Unternehmer überwälzt werden. Im Rahmen der Ausschreibung ist solches dem anbietenden Auftragnehmer im Regelfall nicht zumutbar und ein Verstoß gegen § 9, teilweise schon gegen § 11 Nr 7 (Kroppen in: Das AGBG im Spiegel des Baurechts 95; Graf von Westphalen, ebenda 55; Hensen Anh §§ 9-11 Rz 721; Kromik-Schwager Anm 3.2.12.3. und Anm 3.1.9; Heiermann-Linke Anm 9.2).

ff) Dies alles gilt in erhöhtem Maße für Klauseln, die dem Auftragnehmer auch das 95
Risiko **unvorhersehbarer** Leistungsmehrungen auferlegen.

gg) Trifft der Auftragnehmer bei Beginn der Ausführung seiner Leistungen bereits 96
das Ergebnis von Arbeiten anderer Unternehmer an, so ist er grundsätzlich verpflichtet, die Tauglichkeit von deren Leistungen als Grundlage seiner eigenen Leistungen zu überprüfen und den Auftraggeber gegebenenfalls von Bedenken zu benachrichtigen. Das gleiche gilt, wenn der **Auftragnehmer gegen die vorgesehene Art der Ausführung selbst Bedenken hat** oder aufgrund seiner fachlichen Kenntnisse haben müßte. Dieser in § 4 Nr 3 VOB/B niedergelegte Grundsatz gilt über § 242 BGB auch für Bauverträge, bei denen die VOB/B nicht Vertragsgegenstand geworden ist (BGH NJW 1960, 1813; OLG Düsseldorf in Schäfer-Finnern Z 2 0 Bl 11). Eine Bauvertragsklausel, die diese Verpflichtung enthält, gibt somit lediglich die Rechtslage wieder und ist nicht zu beanstanden.

Davon zu unterscheiden sind jedoch Klauseln, die bestimmen, daß der Auftragnehmer **„mit Beginn seiner Arbeiten anerkennt, daß die Vorleistungen anderer Unternehmer keine schädigenden Auswirkungen auf seine Leistungen haben werden“** und dergleichen. Derartige Klauselgestaltungen verstoßen bereits gegen § 10 Nr 5, soweit die Vorschrift anwendbar ist. Sie verstoßen aber darüber hinaus auch gegen § 9 (Hensen Anh §§ 9-11 Rz 723; Kroppen in Das AGBG im Spiegel des Baurechts 96).

hh) Klauseln sind nach § 9 zu beanstanden, wenn sie das **Risiko des Ausfalls der** 97
Vergütung voll auf einen Subunternehmer überwälzen. Eine Klausel in einem Subunternehmervertrag, die bestimmt, daß dann, wenn „der Bauherr in Zahlungsschwierigkeiten gerät, vom Auftrag zurücktritt oder in Konkurs fällt, der Auftragnehmer Leistungen oder Lieferungen nur in dem Maße vergütet bekommt, wie der Auftraggeber sie vom Bauherrn vergütet erhält“, geht in ihrer Verleugnung wesentlicher Gerechtigkeitsgehalte des dispositiven Rechts weit über die an sich schon formularmäßig nicht wirksam mögliche Abdingung von § 279 hinaus, s § 11 Nr 7 Rz 46.

98 **ii)** Eine Besonderheit im Bauvertragsrecht liegt darin, daß Bauleistungen ab einem gewissen Umfange zu sog **Einheitspreisen** durchgeführt werden: Der anbietende Auftragnehmer gibt unter Zugrundelegung des geschätzten Auftragsumfanges einen Preis pro Leistungseinheit an. Die endgültige Gegenleistung für den Auftrag wird erst nach Fertigstellung der Leistung durch ein gemeinsames Aufmaß oder eine sonstige Feststellung ermittelt. Daraus ergibt sich, daß ohne Änderung der vorgesehenen vertraglichen Leistungen eine Über- oder Unterschreitung der ursprünglich im Vertrag vorgesehenen Leistungsmengen und damit eine nicht unerhebliche Preisänderung eintreten kann. Unterschreitungen der vorgesehenen Mengen können wegen des Fixkostenanteils an den Einheitspreisen die Kalkulationsgrundlage des Unternehmers hinfällig werden lassen. Da der Auftraggeber ohnehin schon weniger zahlen muß, als geschätzt worden war, ist es gerechtfertigt, bei größeren Unterschreitungen der vorgesehenen Mengen die Einheitspreise zu erhöhen. Liegt dem Vertrag die VOB/B zugrunde, so entfällt die Bindung an die Einheitspreise dann (§ 2), wenn die ausgeführte Leistung den ursprünglich geschätzten Leistungsumfang um mehr als 10% über- oder unterschreitet. In diesen Fällen ist unter Berücksichtigung des Umfangs der Änderung ein neuer Preis zu vereinbaren. Es handelt sich hierbei um eine vertragliche Regelung eines Falles des Wegfalls der Geschäftsgrundlage (Ingenstau-Korbion, VOB § 2 Rz 46 a). Wird in einem derartigen Einheitspreisvertrag bestimmt, daß die Einheitspreise von Mengenänderungen unbeeinflußt bleiben sollen, ist die Regelung nach § 9 auf jeden Fall unwirksam. Das gleiche wird man aber häufig auch für Bedingungen des Bestellers sagen müssen, die Mengenminderungen von mehr als 20% ohne Einfluß auf die Einheitspreise sein lassen wollen. Jedoch hängt viel von der Art des Bauvorhabens und dem Anteil der Fixkosten ab (Ingenstau-Korbion § 2 Rz 46 a).

99 **kk)** Das Recht des Bauunternehmers, für die von ihm erbrachten Leistungen auf dem Grundstück des Auftraggebers nach § 648 BGB eine **Sicherungshypothek** eintragen zu lassen, ist, wenn Abschlagszahlungen nicht vereinbart sind, seine einzige Sicherung. Der formularmäßige Ausschluß dieses Rechts ist daher unwirksam (Ingenstau-Korbion § 16 Rz 97; Hensen Anh §§ 9-11 Rz 213; Graba § 9 Rz 69; OLG München BB 1976, 1001; aM Kapellmann BauR 1976, 328).

100 **ll)** S im übrigen: Rz 183 – Ausschluß eines Vergütungsteils entgegen § 649 S 2 BGB, Rz 181 – Kostenvoranschläge; Rz 183 – Kündigungsrecht nach § 649 BGB; § 11 Nr 10 Buchst f Rz 91 – Verlängerung von Gewährleistungsfristen; § 3 Rz 18 – Zusatzleistungen auf Anforderung des Bauherrn: § 3 Rz 24 – Musterhausklauseln.

101 **5. Bauverträge – Bauträger- und Baubetreuerverträge***

Eine einheitliche **rechtliche Qualifizierung der Bauträger- und Baubetreuerverträge** ist wegen ihrer verschiedenartigen Erscheinungsformen nicht möglich. Es haben sich in der Praxis, teils unter dem Diktat der Einhaltung steuer- oder wohnungsbauförderungsrechtlicher Voraussetzungen, teils unter dem Einfluß organisatorischer Erfordernisse bei der Durchführung größerer Bauvorhaben, eine Reihe von Vertragsge-

* **Schrifttum:** Brambring, AGBG und Gewährleistungsregelung im Bauträgervertrag, NJW 1978, 777; Brych, Die vertragliche Gestaltung der Gewährleistung des Bauträgers bei der Veräußerung von Eigentumswohnungen, MDR 1978, 180; ders, Die vertragliche Gestaltung der Bauträgergewährleistung: Elemente der VOB verwertbar? MittBayNot 1977, 17; Ingenstau-Korbion, VOB-Kommentar Anh Rz 68 ff; Kromik-Schwager, Aktuelles Bauvertragsrecht unter den neuen Bestimmungen des AGBG Anh 3; Reitmann-Brych-Manhart, Kauf vom Bauträger (2. Aufl 1977); Schippel-Brambring, AGBG und notariell beurkundete Formularverträge, DNotZ 1977, 131, 197 ff; Schmidt, Bauträgervertrag und VOB, MittBayNot 1977, 155 ff.

staltungen entwickelt, die unter dem Oberbegriff „Baubetreuung" zusammengefaßt werden können. Zur Entwicklung dieser heute auf dem Eigenheim- u Wohnungseigentumsmarkt außerordentlich wichtigen Vertragsformen s Vorbem zu § 631 BGB. Eine gesetzliche Regelung hat dieses Gebiet bisher nur in öffentlich-rechtlicher Hinsicht durch die nach § 34 c Abs 1 GewO erforderliche Genehmigung sowie durch die gem § 34 c Abs 3 GewO vom Bundesminister der Wirtschaft erlassene Verordnung über die Pflichten der Makler, Darlehens- u Anlagevermittler, Bauträger u BaubetreuerVO (MaBVO) erfahren, zuletzt in der Neufassung v 11. 6. 1975 (BGBl 1975 I 1351). Zur zivilrechtlichen Auswirkung der MaBVO s Palandt-Heinrichs § 134 BGB Anm 3 a mwN. Lehnt man eine solche ab, so sind jedenfalls nach § 3 formularmäßige Abweichungen von der MaBVO unwirksam, wenn sie zu Lasten des Baukunden gehen sollen (allgM). Das muß auch für solche Bauträger gelten, die durch die MaBVO förmlich nicht erfaßt werden (Löwe Rz 40). Aber auch Formularverträge, welche der MaBVO entsprechen, werfen Probleme auf. Nicht angängig ist es nämlich, den Inhalt von MaBVO-konformen Formularbauträger- und Baubetreuerverträgen deshalb der Kontrolle nach §§ 9-11 zu entziehen, weil die MaBVO eine Rechtsvorschrift ist (aM Brambring NJW 1978, 778). Ein die MaBVO achtender Vertrag ist nicht gleichbedeutend mit einem Vertrag auf der Basis des dispositiven Zivilrechts, sondern kann bis an die Grenzen dessen gehen, was der Gesetzgeber nur individualvertraglich gerade noch als hinnehmbar angesehen hat. Für die Überprüfung anderer als der von der MaBV betroffenen Klauseln müssen die verschiedenen Formen der Baubetreuung auseinandergehalten werden: nach gängiger Unterscheidung (s Vorbem zu § 631 BGB) die Baubetreuung im engeren und im weiteren Sinn.

a) Einzelne, häufig vorkommende Klauseln in formularmäßigen Baubetreuungsverträgen im engeren Sinn 102

Nach § 10 Nr 4 ist grundsätzlich ein formularmäßiger Vorbehalt zu einer einseitigen Abänderung der vertraglich versprochenen Planung und Ausführung der Bauleistung durch den Baubetreuer unwirksam, sofern es sich nicht um ganz geringfügige Änderungen handelt, oder um Änderungen, die infolge nicht voraussehbarer behördlicher Bauauflagen erforderlich werden und häufig deshalb zumutbar sind (Hensen Anh §§ 9-11 Rz 194; Schippel-Brambring DNotZ 1977, 220).

Die Zulässigkeit formularmäßiger **Gewährleistungsregelungen** richtet sich auch 103 beim Baubetreuungsvertrag im engeren Sinne in erster Linie nach § 11 Nr 10, 11, mit Ausnahme der selteneren Fälle, wo nur **Teilleistungen** auf wirtschaftlichem, finanziellem oder organisatorischem Gebiet geschuldet werden und daher ein Geschäftsbesorgungsvertrag mit reinem Dienstleistungscharakter vorliegt (OLG Hamm NJW 1969, 1438). Dann gilt § 11 Nr 7 als Beurteilungsmaßstab (Brambring NJW 1978, 777).

Von besonderer Bedeutung ist für den Baubetreuer die **Gewährleistungsfrist.** Nach 104 § 638 BGB beträgt sie „bei Bauwerken" fünf Jahre. Diese Frist gilt auch für den Baubetreuer, weil die von ihm geschuldete Leistung – auch hinsichtlich der finanziellen, organisatorischen und wirtschaftlichen Betreuung – bauwerksbezogen ist (Locher, Baubetreuungsrecht 59; aM Hensen Anh §§ 9-11 Rz 192). Unzulässig ist es, dieser gesetzlichen Gewährleistungsfrist dadurch auszuweichen, daß im Hinblick auf die nur einjährige Gewährleistungsfrist gem § 477 BGB der gesamte Vertrag formularmäßig als „Kaufvertrag" umqualifiziert wird, obwohl das Objekt, für das sich der Betreute interessiert, noch gar nicht erstellt ist, und das Bauherrenwagnis – trotz eventueller Festpreisvereinbarung – beim Betreuten verbleibt (BGH LM Nr 20 zu § 459 BGB; BGH NJW 1973, 1235; Locher Baubetreuungsrecht 11;

SCHIPPEL-BRAMBRING DNotZ 1977, 224; KOEBLE NJW 1974, 721; aM, dh für die Zulässigkeit einer formularmäßigen Vereinbarung von Kaufvertragsrecht, REITMANN-BRYCH-MANHART, Kauf vom Bauträger 5; allgemein zum Verbot der formularmäßigen Umqualifizierung vertraglicher Beziehungen s § 3 Rz 34).

105 Problematisch ist auch, ob die **VOB/B** für Baubetreuungsverträge im engeren Sinne in einer die Priviligierung nach § 23 Abs 2 Nr 5 auslösenden Weise zur Vertragsgrundlage gemacht werden kann. Unzulässig ist es – ebenso wie bei Bauwerksverträgen – zu vereinbaren, daß sich lediglich „die Gewährleistung nach § 13 VOB/B" richten soll (s § 23 Rz 28). Aber auch die Vereinbarung der gesamten VOB stößt auf Bedenken. Nach § 1 Ziff 1 u 2 VOB/A sind Bauleistungen nur „Bauarbeiten jeder Art mit und ohne Lieferung von Stoffen und Bauteilen". Nur in diesem Rahmen ist die VOB privilegiert. Die Leistung des Baubetreuers ähnelt in vielen Punkten der des ebenfalls nicht privilegierten Architekten. Der Baubetreuer schließt nicht in eigenem Namen mit den bauausführenden Unternehmen die Verträge, sondern im Namen und für Rechnung des Betreuten. Hieraus wird deutlich, daß der Betreute unmittelbar Gewährleistungsansprüche – zumeist selbst auf der Grundlage der VOB/B – gegen die bauausführenden Unternehmer besitzt. Auch wenn der Baubetreuungsvertrag im engeren Sinne starke Werkvertragselemente aufweist (s Vorbem zu § 631 BGB), hat er keine Bauleistung zum Gegenstand, ist aber dennoch wie die Architektenleistung (s Erl zu § 638 BGB) Arbeit an einem Bauwerk iSv § 638 BGB (BRYCH MittByNot 1977, 171; aM F SCHMIDT MittBayNot 1977, 167 Fn 285).

106 Der Baubetreuer darf sich nach § 3 Abs 3 S 1 MaBVO dann, wenn er Vermögenswerte des Betreuten entgegennimmt, keine vertraglichen **Rücktritts- oder Kündigungsrechte** vorbehalten oder den Vertrag unter einer auflösenden Bedingung schließen. Beendet dagegen der Betreute das Vertragsverhältnis durch Rücktritt oder Kündigung, sei es aufgrund zulässiger vertraglicher Vereinbarung oder aufgrund Gesetzes, so ist eine Klausel, wonach der Betreuer einen Anspruch auf die Vergütung für die erbrachte Leistung „zuzüglich 10% vom Festpreis" haben soll, unwirksam.

107 Der Baubetreuer muß beim Baubetreuungsvertrag im engeren Sinne die **Verträge mit den bauausführenden Unternehmen im Namen und für Rechnung des Betreuten** abschließen, um diesem die steuerlichen Vorteile der Stellung als „Bauherr" zu sichern. Dazu wird der Baubetreuer regelmäßig beauftragt, „das Bauvorhaben nach den Bestimmungen des Vertrages im Namen und für Rechnung des Bauherrn vorzubereiten und durchzuführen und die an der Errichtung des Gebäudes beteiligten Unternehmer auszusuchen". Ferner erhält er ausdrücklich eine **Vollmacht** (s oben Rz 41) zum Abschluß der Verträge mit diesen Unternehmen. Es ist rechtlich auch möglich, daß der Vertretene bei Vertragsschluß seinem Vertragspartner noch nicht bekannt ist, ja, noch gar nicht feststeht. Bei Baubetreuungsverträgen hiervon abzuweichen, besteht kein Anlaß (BGH in SCHÄFER-FINNERN Z 7 10 Bl 3; BGH LM Nr 10 zu § 164 BGB; BGH BauR 1977, 58; OLG Düsseldorf MDR 1974 843; WERNER-PASTOR Rz 490; LOCHER, Das private Baurecht Rz 399; aM PFEIFFER NJW 1974, 1449).

108 Die Vereinbarung eines **Festpreises** für das ganze Objekt steht nicht im Widerspruch dazu, daß die einzelnen Bauwerkverträge unmittelbar zwischen dem Betreuten, vertreten durch den Baubetreuer, und den bauausführenden Unternehmen zustande kommen. (BGH BauR 1977, 58, 60; LOCHER, Das private Baurecht Rz 399; WERNER-PASTOR Rz 490; aM, unter ausdrücklicher Abweichung von der Rspr des BGH, LG Arnsberg NJW 1978, 1588). Dem Risiko der Insolvenz des den Festpreis garantierenden Baubetreuungsunternehmens stehen die steuerlichen Vorteile einer

Vertragsgestaltung gegenüber, die den Betreuten zum Bauherrn machen. Ist er allerdings über diese Zusammenhänge nicht aufgeklärt, so kann die Bevollmächtigung iSv § 3 überraschend sein.

109 Eine unangemessene Benachteiligung der Betreuten und damit unwirksam wäre allerdings eine Vertragsgestaltung, die – bei einer Eigentumswohnanlage – die einzelnen Betreuten **gesamtschuldnerisch für die Forderung der ausführenden Unternehmer** haften ließe (BGH BauR 1977, 60; Locher, Das private Baurecht Rz 399).

110 **b) Einzelne Klauseln in formularmäßigen Baubetreuungsverträgen im weiteren Sinn – Bauträgerverträge**

aa) Bauträgerverträge iwS unterliegen in jedem Fall den Gewährleistungsregelungen in § 11 Nr 10 und 11, sind sogar der Hauptanwendungsfall von § 11 Nr 10 Buchst a. Bedeutsam für die Eingrenzung dessen, was zulässigerweise formularmäßig vereinbart werden kann, ist auch hier die rechtliche Einordnung als **Werkvertrag** oder Geschäftsbesorgungsvertrag mit Werkvertragscharakter (s Vorbem zu § 631 BGB). Eine formularmäßige Umqualifizierung als Kaufvertrag ist auch insoweit für Abschlüsse unzulässig, die vor vollständiger Erstellung des Objekts liegen (BGH NJW 1979, 1406 st Rspr, s im übrigen die Nachw oben Rz 104 und insbes Brambring NJW 1978, 779 sowie Gerhard MittBayNot 1977, 104).

Die Rspr des BGH (NJW 1977, 1336), wonach Werkvertragsrecht auch auf den Erwerb inzwischen fertiggestellter Objekte anzuwenden ist (kritisch dazu Brambring NJW 1978, 779 ff; Hiddemann WM 1977, 1243), wenn im Vertrag von einer Erstellungspflicht die Rede ist, zwingt den Bauträger, seinem Auftraggeber klar zu erkennen zu geben, ob er sich zur Erstellung eines Bauwerks verpflichten oder lediglich ein fertiges Bauwerk verkaufen will.

111 **bb)** Wie auch beim Baubetreuungsvertrag im engeren Sinn und bei Bauwerkverträgen ist die isolierte Vereinbarung von § 13 VOB/B „als Grundlage der Gewährleistung" unwirksam (s Rz 95). Anders als beim Baubetreuervertrag im engeren Sinne ist jedoch der Bauträger der einzige Vertragspartner des Auftraggebers. Der Bauträger erbringt zwar in der Regel die physische Bauleistung auch nicht selbst. Aber er ist dem Auftraggeber ausschließlich und selbst für die Durchführung des schlüsselfertigen Bauvorhabens verantwortlich. Der Auftragnehmer erbringt daher gegenüber dem Auftraggeber durchaus eine „Bauleistung" iSv § 1 Nr 1 VOB/A. Zwar ist dennoch eine Reihe von Bestimmungen aus der VOB naturgemäß auf dieses Verhältnis nicht anwendbar (§§ 1 Nr 3, 3, 7, 14, 15, 16). Das hindert aber nicht, Baubetreuungsverträge im weiteren Sinne als vom Anwendungswillen der VOB erfaßt anzusehen und damit theoretisch auch die Privilegien von § 23 Abs 2 Nr 5 für anwendbar zu halten. Freilich gilt dies nur, wenn andere Formularbedingungen als die VOB dem Vertrag nicht zugrundeliegen. Da solche aber praktisch immer Vertragsbestandteil sind, prifitieren faktisch auch Baubetreuungsverträge iwS von der Privilegierung durch § 23 Abs 2 Nr 5 nicht. Eine Ausnahme ist nur da gerechtfertigt, wo sich die neben der VOB verwandten Formularbedingungen darauf beschränken, das zu regeln, was die VOB nicht und was sie in einer für den Bauträgervertrag nicht passenden Weise regelt (Schmidt MittBayNot 1977, 69 ff; Heiermann-Riedel-Schwab, VOB/A § 1 Rz 7; aM Locher, Das private Baurecht Rz 415).

Auch iS v § 11 Nr 10 Buchst b erbringt der Bauträger eine Bauleistung, s § 11 Nr 10 Buchst b Rz 54.

112 **cc)** Ebenso wie beim Baubetreuungsvertrag ieS sind formularmäßige **Abänderungsbefugnisse** des Bauträgers, die nicht auf zwingende baubehördliche Anordnungen zurückgehen, grundsätzlich unzulässig, sofern sie nicht völlig unbedeutend sind.

113 **dd)** Zu „Musterhausklauseln“ s § 3 Rz 24.

114 **6. Dienstverträge**

§ 613 BGB, wonach der zur Dienstleistung Verpflichtete die Dienste im Zweifel **in Person zu leisten hat**, ist bloße Auslegungsregel. Eine AGB-Klausel, die anderes bestimmt, kann nicht wegen Unvereinbarkeit mit dieser Norm nach § 9 unwirksam sein. Klauseln, die die Bewirkung der Dienstleistung durch andere Personen gestatten, sind an § 11 Nr 13 (s dort Rz 9, 10), sowie im Falle einer Individualerklärung, deren objektiver Erklärungswert auf die Zusage persönlicher Dienstleistung gerichtet ist, an § 4 zu messen (ähnlich GRABA Rz 70).

115 Nach §§ 611, 612 BGB ist die **Vergütung** in Dienstverträgen grundsätzlich an die faktische Dienstleistung geknüpft. Eine AGB-Klausel, die die Leistungsbezogenheit der Dienstvergütung außer acht läßt und vereinbarte **Eilzuschläge** nicht nur für eilig geleistete Dienste vorsieht, sondern für alle damit zusammenhängenden, normalen Dienstleistungen, benachteiligt den Vertragspartner unangemessen und verstößt gegen § 9 (BGH MDR 1978, 744). Aus dem gleichen Grunde sowie gleichzeitig nach § 10 Nr 7 sind Klauseln unwirksam, die entgegen § 628 Abs 1 S 1 BGB dem AGB-Verwender nach einer (außerordentlichen) Kündigung des Dienstvertrages (durch seinen Auftraggeber) das volle vereinbarte Entgelt ohne Rücksicht auf den Umfang der von ihm bereits erbrachten Leistungen zusprechen (BGHZ 54, 11 = NJW 1970, 1596 zu § 17 Abs 1 Allgemeine Gebührenordnung für die wirtschaftsprüfenden sowie wirtschafts- und steuerberatenden Berufe; BRANDNER Anh §§ 9-11 Rz 30), auch wenn der Auftraggeber den Kündigungsgrund zu vertreten hat (BGHZ 60, 353 = NJW 1973, 1190). S auch § 10 Nr 7 Rz 6.

116 Die Rechtsfolgen des § 615 BGB (**Annahmeverzug**) und der Sphärentheorie lassen sich für Dienstverträge dahingehend abbedingen, daß der Dienstleistungsberechtigte bei Annahmeverzug oder einer in seiner Sphäre begründeten Unmöglichkeit der Dienstleistung die vereinbarte Vergütung nur dann zahlen muß, wenn ihn ein Verschulden trifft (dazu Erl zu § 615 BGB). Außerhalb des Arbeitsrechts verstößt eine formularmäßige Abbedingung dieser Zufallshaftung nicht gegen § 9, da der selbständige Dienstverpflichtete über seine Arbeitskraft in der Regel nicht ausschließlich zugunsten eines Dienstberechtigten disponiert und seine Abhängigkeit von der Vergütung aus einem einzigen Dienstverhältnis nicht derart ist, daß ihn der Verlust der Vergütung unangemessen benachteiligte, wenn kein Verschulden des Dienstberechtigten vorliegt (ebenso COESTER-WALTJEN § 11 Nr 7 Rz 70).

117 In Fällen, wo § 627 BGB (außerordentliches Kündigungsrecht bei Diensten **höherer Art**) klar anwendbar ist, hat er auch AGB-festen Gerechtigkeitsgehalt (LÖWE § 11 Nr 12 Rz 8, 10; LG Hamburg MDR 1979, 1025; aM NEUMANN in diesem Kommentar § 627 BGB Rz 20). Liegt ein Dienstvertrag hingegen, wenn überhaupt, so doch nur im Randbereich der Begriffe „Dienste höherer Art“ und „besonderes Vertrauensverhältnis“, wie etwa bei der Teilnahme an einem Schreibmaschinenkurs, dann kann auch für diesen Fall dem § 627 BGB kein AGB-fester Gerechtigkeitsgehalt zukommen, s Rz 25 u § 11 Nr 6 Rz 9 (aM DÖRNER NJW 1979, 245). Zu Fällen von **höherer Gewalt, Betriebsstörung, Arbeitskampf:** § 10 Nr 3 Rz 19 ff. Zur Laufzeit von Dienstverträgen s § 11 Nr 12.

7. Ehemäklerverträge 118

§ 656 BGB regelt die entgeltliche Heiratsvermittlung als einen Unterfall von Maklertätigkeit. Maklerlohn kann nach § 652 Abs 1 BGB nur für den Fall des Zustandekommens einer Ehe verlangt werden; überdies ist nach § 656 Abs 1 BGB Ehemaklerlohn nicht einklagbar. Da die gesetzliche Regelung eine wirtschaftlich lohnende Ehemäklertätigkeit stark erschwert, wenn nicht unmöglich macht, versuchen die Ehevermittler in ihren AGB die Vertragsbeziehungen zu ihren Kunden abweichend vom BGB zu gestalten. Überwiegend wählt man die Form des Maklerdienstvertrags oder der finanzierten Ehevermittlung. Diese Vertragsgestaltungen sind angesichts eines Wandels der öffentlichen Anschauung über die gewerbsmäßige Ehevermittlung (vgl hierzu OLG Schleswig NJW 1974, 649; Gilles, Ehevermittlung, in Handbuch des Verbraucherrechts Gruppe 130 Rz 1-6; Köbl NJW 1972, 1442; alle mwN) nicht generell als sittenwidrig abzulehnen (s Erl zu § 656 BGB). Die geplante Reform des Maklerrechts (Rz 140) bezieht sich auch auf den Ehemäkler.

Ehemäkler-Dienstvertrags-AGB (Beispiele für die Ausgestaltung bei LG Hamburg BB 1978, 172 und Gilles Rz 20 ff) begründen eine **erfolgsunabhängige Zahlungspflicht** des Kunden, verpflichten den Ehemäkler aber auch – im Gegensatz zu §§ 652 ff BGB – zu Vermittlungsanstrengungen über einen im Vertrag festgelegten Zeitraum von in der Regel 2 bis 3 Jahren. Bei Erfolg der Maklertätigkeit ist eine zusätzliche Vergütung zu leisten. Hierin liegt keine unangemessene Benachteiligung des Kunden, die über § 9 zur Unwirksamkeit der Geschäftsbedingungen führen könnte (so aber LG Hamburg BB 1978, 172; OLG Karlsruhe Justiz 1978, 468; Palandt-Thomas Vorbem 3 b vor § 652 BGB). § 9 Abs 2 Nr 1 zwingt nicht zur Orientierung an einem bestimmten gesetzlichen Leitbild und schließt die formularmäßige Schaffung neuer Vertragstypen nicht aus (s dazu generell oben Rz 28; speziell in Bezug zum Ehemäkler-Dienstvertrag OLG Hamburg MDR 1979, 314). Wie aus § 656 Abs 2 BGB zu entnehmen ist, kann wirksam **Vorauszahlung der Vergütung** bestimmt werden (ebenso Hensen Rz 290; zweifelnd Köbl NJW 1972, 1447). 119

Ehemäkler-Dienstvertrags-AGB können auch bei befristeter Laufzeit des Vertrages die nach § 627 BGB bestehende **Kündigungsmöglichkeit des Kunden** nicht ausschließen (OLG Schleswig NJW 1974, 650; OLG Karlsruhe Justiz 1978, 468; Löwe Rz 42; aM Gilles Rz 35). Die Orientierung an § 627 BGB ergibt auch Anhaltspunkte zur Kündigungsfrist. § 11 Nr 12 ist auf Maklerdienstverträge nicht anwendbar (Hensen Rz 293; zweifelnd Löwe § 11 Nr 12 Rz 4). **Vergütung und Aufwendungsersatz des Maklers bei Vertragsauflösung,** wegen der üblichen Vorauszahlung des Kunden fast immer in der Form einer Rückzahlungspflicht des Maklers geregelt, sind an § 628 BGB, § 10 Nr 7 zu messen. Ehemäkler-AGB pflegen die Maklerlohnforderungen aufzugliedern: Um einen eventuellen Rückerstattungsanspruch möglichst gering zu halten, setzen sie die Dienstleistungsgebühr für die bei Vertragsbeginn zu erbringenden Leistungen sehr hoch an, während die anschließenden Monatsbeträge sehr gering ausfallen (zur Vertragsgestaltung im einzelnen Gilles Rz 43 ff). Wenn auch bei der Ermittlung einer angemessenen Vergütung iS des § 10 Nr 7 zu berücksichtigen sein wird, daß die Aufwendungen des Maklers zu Vertragsbeginn vergleichsweise hoch sind, so müssen doch allgemeine Organisations-, Betriebs-, Sach-, Personal- oder Werbekosten, die Kalkulationsgrundlage des ganzen Ehemäklervertrags und nicht nur der Anlaufkosten sind, bei einer Vertragsauflösung zeitanteilig erstattet werden (OLG Hamburg MDR 1979, 314; Gilles Rz 44, 45; Hensen Rz 291; für zeitlich anteilige Aufteilung des ganzen vereinbarten Ehemäklerlohns Löwe § 10 Nr 7 Rz 5). 120

121 Der **finanzierte Ehemäklervertrag** ist in rechtstechnischer Ausgestaltung und geschäftsmäßiger Abwicklung dem finanzierten Abzahlungskauf (B-Geschäft) nachgebildet: Der Kunde bezahlt den vereinbarten Maklerlohn im voraus, jedoch nicht aus Eigenmitteln. Er läßt sich vielmehr hierzu Kredit von einem mit dem Ehemäkler in Geschäftsverbindung stehenden Kreditgeber einräumen. Bevor der Ehemäkler tätig wird, erhält er die Darlehenssumme zur Vorabbegleichung seiner Honorarforderung ausbezahlt. Die Beurteilung dieser Vertragsgestaltung ist äußerst umstritten (vgl die Darstellung bei GRABA Rz 74 mit zahlr Nachw). Finanzierte Ehemäklerverträge sind nicht sittenwidrig und auch nicht wegen Abbedingung des § 656 BGB nach § 9 im ganzen unwirksam. Entsprechend der Rechtslage beim finanzierten Abzahlungskauf (Rz 125) und im gleichen Umfange wie dort kann aber der Kunde Einwendungen gegen die Ehemäklerlohnforderung auch den Ansprüchen des finanzierenden Kreditinstituts entgegensetzen (OLG Schleswig NJW 1974, 650 – bezüglich des Rückforderungsbetrags nach Kündigung gem §§ 627 f BGB; HENSEN Anh § 9-11 Rz 294; LÖWE Rz 42; GILLES Rz 57; weitergehend schlechthin für Einwendungsdurchgriff GRABA Rz 74 mwN; KÖBL NJW 1972, 1447). Ein formularmäßiger Ausschluß solcher Einwendungen gegen die Darlehensrückforderung ist unangemessen und nach § 9 unwirksam.

122 **8. Factoring-Verträge**

Zu unterscheiden sind echtes Factoring, das rechtlich als Forderungskauf zu werten ist, und unechtes Factoring, das als atypischer Darlehensvertrag mit einer Sicherung durch Factoring-Globalzession qualifiziert werden muß (ausführlich SERICK, Eigentumsvorbehalt und Sicherungsübertragung IV [1976] 527 ff; ders BB 1976, 425, 428 ff; ROTH JurA 1979, 297 ff; – jeweils mwN; Beispiele für Formularverträge bei BETTE, Das Factoring-Geschäft [1973] Anh; s auch § 398 BGB Rz 161).

123 **a)** Bei Kollision des **unechten Factoring** mit verlängertem Eigentumsvorbehalt gelten wegen der gleichen Interessenlage die Regeln über Globalzessionen (s § 138 BGB Rz 47, 55; Vorbem zu §§ 929 ff BGB) entsprechend (MünchKomm ROTH § 398 Rz 118): Nach hM (anders ROTH) bedeutet dies: Eine mit Zeitvorrang versehene Factoring-Globalzession ist nach § 138 BGB und damit erst recht nach § 9 unwirksam, da die wirtschaftliche Bewegungsfreiheit des Kunden bezüglich der Inanspruchnahme von Warenkrediten beschränkt, und er gegenüber Warenlieferanten zum Vertragsbruch verleitet wird (SERICK 578 ff, 603; BRANDNER Anh §§ 9-11 Rz 345; LÖWE Rz 100; CANARIS in Großkomm HGB, Bankenvertragsrecht Rz 605; MESSER, Verlängerter Eigentumsvorbehalt und Forderungsabtretung an die Factoring-Bank, NJW 1976, 928 f; aM BLAUROCK, Die Factoring-Zession, ZHR 1978, 340; BGHZ 58, 364 prüft die Golbalzession beim unechten Factoring nicht auf Sittenwidrigkeit).

124 **b) Echtes Factoring** ist dagegen nur eine besondere Art der Einziehung einer Forderung; die Interessen der Warenkreditgeber werden dabei nicht mehr gefährdet als bei einer Einziehung durch den Factor-Kunden selbst, wo sie gegen abredewidrige Verwendung des Geldes ebensowenig geschützt sind. Eine zeitvorrangige Globalzession in echten Factroing-Verträgen, welche bestimmen, daß die verkaufte und durch Globalzession abgetretene Forderung dem Factor-Kunden bar oder in Form einer Bankgutschrift unter Übernahme des Debitorenrisikos durch den Factor bezahlt wird, ist nicht sittenwidrig und auch nicht nach § 9 unwirksam (hM BGHZ 69, 257 ff gegen OLG Frankfurt NJW 1976, 1944; OLG Frankfurt NJW 1977, 907 Anm SCHMIDT 1152; CANARIS aaO Rz 605; LÖWE Rz 100; BRANDNER Anh §§ 9-11 Rz 345; BLAUROCK 339 f; MESSER 928 f; MünchKomm ROTH § 398 BGB Rz 117;

aM neben OLG Frankfurt NJW 1976, 1944 auch PALANDT-HEINRICHS § 398 BGB 3 e mwN; differenzierend je nach spezieller Gestaltung des echten Factoring-Vertrages SERICK 570 ff).

Klauseln in echten Factoring-Verträgen, in denen der **Factoring-Kunde garantiert,** daß die abgetretene Forderung zum Zeitpunkt des Verkaufs besteht und vom Schuldner nicht zum Erlöschen gebracht werden kann, sind wirksam (so auch HENSEN Anh §§ 9-11 Rz 345; LÖWE Rz 92). Solche Klauseln charakterisieren die Rechte und Pflichten beim echten Factoring, wo der Factor zwar das Risiko der Zahlungsunfähigkeit des Schuldners, nicht aber das der Mangelhaftigkeit der verkauften Forderung übernimmt, und verstoßen nicht gegen § 9 Abs 2 Nr 2. Zur Wirkung einer Abtretungsausschußklausel auf Factoring-Geschäfte s oben Rz 46.

9. Finanzierte Verträge, insbesondere finanzierte Abzahlungskäufe 125

Kaufvertrag und Darlehensvertrag bilden beim **finanzierten Abzahlungskauf (B-Geschäft)** eine wirtschaftliche Einheit (zu Rspr und Schrifttum zum finanzierten Abzahlungskauf s GRABA Rz 75 Fn 196; neueste höchstrichterliche Judikatur: BGHZ 66, 165 = NJW 1976, 1093; BGH NJW 1978, 1427 – Kauf eines Waschsalons; BGH BB 1979, 906). Nach der Rspr sind Kaufvertrag und Darlehensvertrag jedoch rechtlich zwei selbständige Verträge. Der Käufer könnte daher, folgte man dem konsequent, dem Kreditgeber grundsätzlich keine Einwendungen aus dem Kaufvertrag entgegensetzen. Weil die Rspr die Aufspaltung eines wirtschaftlich einheitlichen Geschäfts in zwei rechtlich selbständige Verträge aber nicht zu Lasten des Käufers/Kreditnehmers gehen lassen will, läßt sie nach Treu und Glauben einen **Einwendungsdurchgriff** zu, wenn die Ware nicht geliefert oder der Kaufvertrag wirksam angefochten wird (BGHZ 47, 217 = NJW 1967, 1025), wenn sich die Gewährleistungsansprüche des Käufers nicht realisieren lassen (BGHZ 22, 90 = NJW 1957, 17 – Verkäufer erfüllt seine Nachbesserungspflicht nicht ordnungsgemäß; BGHZ 37, 94 = NJW 1962, 1100 – Konkurs des Verkäufers; OLG Stuttgart NJW 1977, 1244 – Verkäufer nicht auffindbar), ja selbst dann, wenn die Geltendmachung von Gewährleistungsansprüchen gegen den Verkäufer nicht zumutbar ist, etwa, weil die gerichtliche Geltendmachung auf Schwierigkeiten stieß und der Käufer sich daher auf einen für ihn ungünstigen Vergleich einließ (BGH BB 1979, 906). Außerdem wird dem Käufer ein Schadensersatzanspruch gegen den Darlehensgeber eingeräumt, wenn dieser ihn nicht deutlich darauf hingewiesen hat, daß das Darlehen grundsätzlich trotz Bestehens von Gegenansprüchen gegen den Verkäufer zurückzuzahlen ist (BGHZ 47, 207 = NJW 1967, 1022). **Kaufleute** in diesem Zusammenhang anders zu behandeln als Private besteht im normalen Warenabsatzgeschäft keine Veranlassung (GRABA Rz 77; aM SCHMIDT-SALZER F 46).

Angesichts der vom BGH und dem ihm folgenden Schrifttum (aus den Kommentie- 126
rungen des AGBG HENSEN Anh §§ 9-11 Rz 6; LÖWE Rz 45; SCHMIDT-SALZER F 172 ff) zu Recht konstatierten wirtschaftlichen Einheit des finanzierten Ratenkaufvertrags erscheint die rechtliche Aufspaltung formaljuristisch. Das in zwei selbständige Verträge zerlegte Geschäft entspricht zwar voll den BGB-Vorschriften über Darlehen und Barkauf. Da aber im drittfinanzierten Abzahlungskauf Verkäufer, Darlehensgeber und Käufer bewußt und gewollt zusammenwirken, um den Kauf einer bestimmten beweglichen Sache gegen Ratenzahlung zu ermöglichen, stehen in Wirklichkeit die Leistungen aller drei Partner in einer synallagmatischen Verknüpfung (VOLLKOMMER FS Larenz [1973] 711 ff) und bilden daher eine rechtliche Einheit (ebenso VOLLKOMMER aaO; PALANDT-PUTZO Anh zu § 6 AbzG 2 b cc, 2 c;

Palandt-Heinrichs § 9 AGBG 7; Graba Rz 76). Der grundsätzliche Ausschluß von Einwendungen des Käufers aus dem Kaufvertrag gegen den Darlehensrückzahlungsanspruch besteht daher nicht trotz einer rechtlichen Trennung der im Ratenkaufvertrag enthaltenen Teile, sondern ist Konsequenz der formularmäßig als Einheit geprägten Ausgestaltung des B-Geschäfts. Für dieses gibt es im übrigen freilich weder ein gesetzliches Modell noch ein durch den Verkehr unabhängig von der AGB-Praxis geprägtes Leitbild (s oben Rz 28). Es ist daher auch nicht unangemessen, den Einwendungsdurchgriff soweit auszuschließen, wie er nicht vom BGH schon individualvertraglich für zwingend erklärt worden ist (teilw aM, nämlich für uneingeschränkte Garantie des Einwendungsdurchgriffs Graba Rz 76; Palandt-Heinrichs § 9 AGBG 7 und vor Inkrafttreten des AGBG Vollkommer 714 ff). An Klarheit und Deutlichkeit eines Einwendungsausschlusses sind allerdings hohe Anforderungen zu stellen (Hensen Anh §§ 9-11 Rz 8 bis 10 mit Formulierungsvorschlag). Die Trennungsklausel scheitert an § 3, wenn sie in den AGB eines einzigen, für den finanzierten Abzahlungskaufvertrag verwendeten Vertragsformulars eingebettet ist (Ulmer § 3 Rz 20; Hensen Anh §§ 9-11 Rz 8), an § 4, wenn sie ein individual einheitlich vereinbartes Geschäft in zwei Teile dividieren will. § 607 a BGB idF des RefE eines Gesetzes über finanzierte Verträge sowie über Maklerverträge (BR-Drucks 220/79, auch abgedruckt bei Hensen Anh §§ 9-11 Rz 7 – dazu Gilles ZRP 1979, 266 ff) sieht allerdings für die Zukunft den Einwendungsdurchgriff als eine generell zwingende, also selbst durch Individualvereinbarung nicht abdingbare Regelung vor.

127 Ist der finanzierte Abzahlungskaufvertrag formularmäßig so ausgestaltet, daß der Verkäufer seine Kaufpreisforderung an die vorfinanzierende Bank abtritt, so verstößt ein formularmäßiger Ausschluß von Einwendungen des Kunden gegen die dann von der Bank geltend zu machende Kaufpreisforderung, also die Abbedingung von § 404 BGB, gegen § 9 (Löwe Rz 45).

128 Zu formularmäßigen Bestätigungen des Käufers/Darlehensnehmers über den Erhalt der Ware s § 11 Nr 15 Buchst b Rz 9.

129 § 2 Abs 2 Nr 4 FernUSG verbietet den Ausschluß von Einwendungen des Kunden gegen die Darlehensforderung in finanzierten **Fernunterrichtsverträgen,** unabhängig ob diese in AGB oder in individueller Abrede vereinbart worden sind; zum finanzierten **Ehemäklervertrag** s Rz 121.

130 10. Kaufverträge – Einkaufsbedingungen*

Nach § 9 sind Klauseln unwirksam, die dem Käufer das jederzeitige Recht zur **Änderung vereinbarter Liefertermine** einräumen, da der Verkäufer in Einkauf, Produktion und Lagerhaltung für seine Lieferverpflichtungen disponieren muß (Hensen Anh §§ 9-11 Rz 296), s auch § 10 Nr 1 Rz 19.

„Der Ausschluß" von Sicherungsrechten ist eine Frage der Einbeziehungsvereinbarung, wenn es sich um den **Eigentumsvorbehalt** oder andere nicht gesetzlich begründete Rechte handelt, s § 2 Rz 10. Die sachenrechtliche Wirksamkeit eines Eigentumsvorbehalts ist auch bei dessen schuldrechtlichem Ausschluß möglich. Vermerke auf Lieferscheinen (BGH NJW 1979, 213) und Rechnungen genügen aber nicht.

Unangemessen und daher nach § 9 unwirksam sind Klauseln, in denen marktstarke Wiederverkäufer ihre Gewährleistungsrisiken dem Warenlieferanten auferlegen, da

* **Schrifttum:** Heinze, Inhaltskontrolle Allgemeiner Einkaufsbedingungen, NJW 1973, 2182; Thamm-Hesse, Einkaufsbedingungen und AGB-Gesetz, BB 1979, 1583 – inhaltlich nicht mehr berücksichtigt.

diese Risiken für den AGB-Unterworfenen unkalkulierbar und unbeeinflußbar sind. Anderes kann bei der Markteinführung noch unerprobter Produkte gelten (BEISE Betrieb 1978, 286).

Unangemessen sich auch garantierte Folgegeschäftsvereinbarungen, so wenn es etwa heißt, daß sich der Vertragspartner über viele Jahre hinweg wegen eines Ersatz- oder Ausweitungsbedarfs lieferbereit halten müsse.

Zur spiegelbildlichen Anwendung von § 11 Nr 10 (Gewährleistungsregelungen) s dort Rz 86 ff. Außerdem § 11 Nr 1 Rz 25, § 10 Nr 4 Rz 5, § 10 Nr 1 Rz 19.

11. Kaufverträge – Kauf gebrauchter Sachen, insbesondere gebrauchter Kraftfahrzeuge 131

a) Die Klausel „wie besichtigt und probegefahren" schließt nur die Haftung für Mängel aus, die wahrnehmbar waren, nicht aber die Haftung für versteckte Mängel, s § 476 BGB Rz 7.

Umstritten ist die Wirksamkeit der Klausel „unter Ausschluß jeder **Gewährleistung**", weil der Gesetzgeber die Veräußerung gebrauchter Sachen bewußt vom Anwendungsbereich des § 11 Nr 10 ausgenommen hat, s dazu § 11 Nr 10 Rz 5. Während Rspr und hM (Nachw § 476 BGB Rz 7) vor Inkrafttreten des AGBG den Gewährleistungsausschluß für wirksam erachteten und den Verkäufer lediglich bei abgegebenen Zusicherungen haften ließen, an deren Vorliegen allerdings keine strengen Anforderungen gestellt wurden (vgl BGH NJW 1975, 1693; BB 1976, 954; NJW 1978, 2241), wollte eine Mindermeinung (LG Augsburg NJW 1977, 1543 mit Anm EGGERT 2267; GRABA Rz 81; HAGER NJW 1975, 2276; nicht eindeutig LÖWE Rz 47) den Gewährleistungsausschluß einschränken: Der Verkäufer sollte hiernach formularmäßig die Haftung nur für typische Verschleißerscheinungen einer gebrauchten Sache ausschließen können. Die Gewährleistung für außergewöhnliche Verschleißerscheinungen, substantielle Unfallschäden und Fehler, die die Verkehrssicherheit des Fahrzeugs beeinträchtigten, sollen demgegenüber formularmäßig unabdingbar sein. Durch eine im Verfahren nach § 13 ergangene Grundsatzentscheidung des BGH, worin er seine frühere Rechtsprechung bestätigte, ist die Frage für die Praxis entschieden (BGH NJW 1979, 1886 = BB 1979, 1001 mit zu Recht abl Anm LÖWE). Zu beachten ist aber immer die Möglichkeit einer formularmäßig nicht abdingbaren grob-fahrlässigen pVV, zB durch Verschweigen eines Zustands der Verkehrsunsicherheit (vgl LIEBS JZ 1979, 441).

b) Kraftfahrzeughändler verkaufen Gebrauchtwagen, die sie vom Voreigentümer 132
beim Verkauf eines Neuwagens in Zahlung genommen halten, häufig pro forma nicht als Verkäufer, sondern als Vermittler des Voreigentümers (Agenturvertrag), um eine Mehrwertsteuer-Belastung zu vermeiden (zum Rechtsverhältnis Kraftfahrzeughändler – Neuwagenkäufer beim Agenturvertrag s BGH WM 1978, 756 mit Anm ESPENHAIN 1107). Wirtschaftlich ist jedoch der Händler „Verkäufer". Angemessen ist es daher, ihn wie einen solchen haften zu lassen (HENSEN Anh §§ 9-11 Rz 437; GRABA Rz 80), also nicht nur wegen Verschuldens bei Vertragsschluß (so aber BGH NJW 1975, 642), da der Kunde sich auf den Händler als Fachmann, nicht aber auf den Voreigentümer des Kraftfahrzeugs verläßt und mit diesem allein die Vertragsverhandlungen führt (ESPENHAIN 1108). Für formularmäßige Haftungsausschlüsse zugunsten des Kraftfahrzeughändlers gelten demnach auch hier die zuvor dargestellten Grundsätze.

Zum Neuwagenkauf s Anh.

133 **12. Kaufverträge – Versteigerung von Kunstgegenständen**

Der formularmäßige Ausschluß von Gewährleistungsrechten gegenüber einem Kunstauktionator, der Kunstgegenstände klar erkennbar nur als Kommissionsgut versteigert, ist wirksam (BGHZ 63, 369 = NJW 1975, 962; PALANDT-HEINRICHS § 11 Anm 10 g; DIETLEIN, Haftungsprobleme in den Kunstversteigerungsbedingungen, Welt der Kunst 1978, 2867; LÖHR GRUR 1976, 41; weitgehend ebenso GRABA Rz 90; aM HENSEN Anh §§ 9-11 Rz 442; LÖWE Rz 47; SCHMIDT-SALZER F 72; VON HOYNINGEN-HUENE NJW 1975, 962). Die Rspr (BGHZ 63, 363; BGH NJW 1971, 1795; zust DIETLEIN aaO) läßt aber einen völligen Gewährleistungsausschluß für Sachmängel in AGB nur zu, wenn der Verkäufer zugleich besondere Nachforschungs- und Aufklärungspflichten bezüglich etwaiger Mängel des Kaufgegenstands übernimmt; die Haftung für eine Verletzung dieser Pflichten kann nur im Rahmen von § 11 Nr 7 abbedungen werden. Der formularmäßige Ausschluß jeglicher Ansprüche wegen Fehlens zugesicherter Eigenschaften ist unwirksam (§ 11 Nr 11).

134 **13. Leasing-Verträge**

a) Zur Begriffsbestimmung und zu den Arten von Leasing-Verträgen s Vorbem 45 ff zu §§ 535, 536 BGB (dort auch Literaturangaben; in den bisherigen AGB-Kommentierungen am ausführlichsten behandelt bei GRABA Rz 93; HENSEN Anh §§ 9-11 Rz 460 sowie – besonders eindrucksvoll – bei SCHMIDT-SALZER F 176 ff; besonders ausführlich gerade unter AGB-Gesichtspunkten COESTER-WALTJEN JurA 1980, Heft 2).

Danach ergibt sich folgender Ausgangspunkt: Das **Operating-Leasing** ist auch bezüglich seiner AGB-Problematik wie ein normaler **Mietvertrag** zu behandeln (s unten Rz 146 ff).

Wann auf Leasing-Verträge die für **Kaufverträge** geltenden Vorschriften anwendbar sind, ist insbes im Zusammenhang mit der Frage viel erörtert worden, ob Leasing-Geschäfte unzulässige Umgehungsgeschäfte iSv § 6 AbzG sind. Die hM (Vorbem 49 zu §§ 535, 536 BGB) stellt darauf ab, ob der Leasingnehmer während der Vertragsdauer an den Leasinggeber die gesamten Herstellungskosten einschließlich Zinsen und Gewinn zu zahlen hat. Dem BGH (Nachw aaO, inzwischen bestätigt durch BGH NJW 1978, 1433) ist es entscheidend, ob der Leasingnehmer eine feste Kaufoption hat. Für welches dieser Kriterien man sich aber auch entscheiden mag, um Leasing-Verträge (Abzahlungs-) Kaufverträgen gleichzustellen: Dasselbe Abgrenzungsmerkmal muß auch gelten, wenn es um die Frage geht, ob die AGB-Kontrolle eines Teils von Leasing-Verträgen von deren wahrer Rechtsnatur als Kaufverträgen auszugehen hat. Folgt man etwa dem BGH, dann sind die formularmäßigen **Gewährleistungsbestimmungen** aller Leasing-Verträge, die ein festes Erwerbsrecht des Leasingnehmers enthalten, nach § 11 Nr 10 zu kontrollieren, wenn Leasingnehmer ein Privater im Sinne des AGBG ist. § 11 Nr 10 ist entsprechend auf solche Verträge mit Kaufleuten als Leasingnehmer im selben Umfange anzuwenden, wie diese Norm auch im allgemeinen für das Verhältnis unter Kaufleuten entsprechend herangezogen werden muß (dazu s § 11 Nr 10 Rz 13). Aus der neueren Literatur vor allem COESTER-WALTJEN JurA 1980 aaO.

135 **b)** Als auch AGB-rechtlich eigenständig zu behandelnder (so mit Recht SCHMIDT-SALZER F 180) Vertragstypus zwischen Kauf- und Mietvertrag hat sich das sog **Finanzierungs-Leasing** herausgebildet (zur Begriffsbestimmung s Vorbem 46 zu §§ 535, 536 BGB). Eine solche Rechtsfortbildung ist auch AGB-rechtlich anzuerkennen, s o Rz 28. Der BGH hat solche Verträge in ständiger Rspr als abgewandelte Mietverträge qualifiziert (zuletzt BGHZ 68, 118 = NJW 1977, 849; NJW 1978,

1434). Eine Klausel, wonach der Leasinggeber nicht für die **rechtzeitige Lieferung** des Mietobjektes durch den Lieferanten haften soll, ist unwirksam, da der Leasinggeber nicht nur die Finanzierung, sondern auch die Zurverfügungstellung des Objekts schuldet (Graba Rz 95; Löwe Rz 52; aM Coester-Waltjen JurA 1980, aaO; für Wirksamkeit bei Verträgen mit Kaufleuten Ebenroth Betrieb 1978, 2112 – dort auch weitere Nachw). Daher ist auch eine Klausel unwirksam, die den Leasingnehmer verpflichtet, dem Leasinggeber gegen Abtretung von dessen eigenen Erstattungsansprüchen Aufwendungen einschließlich geleisteter Kaufpreiszahlungen zu erstatten, wenn dieser wegen Verzugs oder Unmöglichkeit vom Kaufvertrag mit dem Lieferanten zurücktritt (aM Coester-Waltjen aaO).

Da der Leasinggeber es übernimmt, dem Leasingnehmer die Nutzungsmöglichkeit **136** am Leasinggegenstand zu gewähren, und ein Abzahlungskauf gerade nicht gewollt ist, haftet er wie ein Vermieter für **anfängliche Sach- und Rechtsmängel** nach § 537 Abs 1 S 1 BGB. Diese Haftung kann in AGB des Leasinggebers nur für den Fall, daß dieser den Lieferanten und den Leasinggegenstand selbst ausgesucht hat (LG Frankfurt BB 1979, 289), nicht aber sonst ersatzlos ausgeschlossen werden (LG Hanau MDR 1979, 315; J Blomeyer NJW 1978, 975; Coester-Waltjen aaO; allgM). Umstritten ist für den nichtkaufmännischen Verkehr lediglich, ob dies aus § 11 Nr 10 oder aus § 9 folgt (s dazu § 11 Nr 10 Rz 13). Diese Gewährleistung kann entgegen hM auch nicht unter Verweisung auf dem Kunden abgetretene eigene Gewährleistungsansprüche des Leasinggebers der Sache abbedungen werden. Dies gilt unabhängig davon, ob der Leasinggeber selbst oder ein dritter Hersteller oder Lieferant des Leasinggegenstandes ist. Denn das Auseinanderfallen von Schuldner der Gewährleistungsansprüche und Gläubiger der Zahlungspflichten des Kunden erschwert die Durchsetzbarkeit der ersteren, nimmt insbesondere dem Kunden im Ergebnis das Recht zur Aufrechnung und benachteiligt ihn dadurch unangemessen (Löwe Rz 51, 102; Ebenroth Betrieb 1978, 2113 f). Nur eine auf den außergerichtlichen Bereich beschränkte Subsidiarität der Haftung des Leasinggebers muß man in entsprechender Anwendung von § 11 Nr 10 Buchst a akzeptieren (Graba Rz 98). Nach der herrschenden Gegenansicht (BGHZ 68, 118 = NJW 1977, 849; OLG Frankfurt NJW 1977, 200; OLG Düsseldorf NJW 1973, 1612; Brandner Anh §§ 9-11 Rz 464; Koch-Stübing § 11 Nr 10 Rz 14; Coester-Waltjen JurA 1980 aaO mwN; Schmidt-Salzer F 181 ff – für Unmöglichkeit des Ausschlusses aber bis zur Zeit der Übergabe) kann der Kunde aus abgetretenem Recht, bzw aus der ihm gewährten Befugnis, die Gewährleistungsansprüche des Leasinggebers in eigenem Namen auszuüben (BGH aaO), den Kaufvertrag zwischen Leasinggeber und Hersteller wandeln und sich dadurch nach den Grundsätzen über den Wegfall der Geschäftsgrundlage von der Verpflichtung zur Zahlung des Mietzinses befreien. Gewiß sind damit die schlimmsten Folgen des selbst anfängliche Mängel betreffenden Ausschlusses der mietrechtlichen Gewährleistung vermieden. Jedoch ist nicht einzusehen, warum sich der Leasinggeber, obwohl er gerade mehr als bloßer Darlehensgeber sein will, für sich selbst von jedweder Gewährleistungshaftung soll befreien können. Daß bei einem Leasingvertrag, anders als beim Mietvertrag, nicht die Gebrauchsüberlassung, sondern nur deren Finanzierung „im Vordergrund stehen" (Schmidt-Salzer F 181), obgleich der Leasinggeber dennoch dem Darlehensgeber ganz und gar unähnlich sein soll, daß der Leasinggeber, anders als der Darlehensgeber (auch bei ihm abgetretenen Eigentumsvorbehaltsrechten?), in das eigene Vermögen finanzieren soll, sind Aussagen, denen ein greifbarer Sinn nicht abzugewinnen ist und welche daher eine gegenteilige Annahme auch nicht zu rechtfertigen vermögen. In einem Fall, in welchem als Leasingnehmer ein Kleingewerbetreibender in Nebenerwerbsfunktion aufgetreten war, hat der BGH den Ausschluß der mietrechtlichen Gewährleistung in einem als „Mietvertrag" bezeichneten Leasingvertrag denn auch als überraschende Klausel (wie sie heute in § 3 angesprochen sind) verworfen (BGH NJW 1977, 195).

137 Eine – von der für Mietverträge in § 537 Abs 1 BGB getroffenen Regelung abweichende – Vertragsgestaltung, die dem Leasingnehmer die Unterhaltungspflicht sowie die Sachgefahr für **während der Mietzeit auftretende Mängel** überbürdet, ist dagegen wirksam (Graba Rz 96; Flume Betrieb 1972, 56 f; Brandner §§ 9-11 Rz 465; Ebenroth Betrieb 1978, 2111 f; Coester-Waltjen JurA 1980 aaO; zT aM LG Hanau MDR 1979, 315 und Schmidt-Salzer F 186 – Nichtanwendbarkeit der Klausel bei Untergang bzw reparaturunfähiger Beschädigung des Leasinggegenstandes). Die Rechtfertigung hierfür liegt darin, daß das Finanzierungs-Leasing im Gegensatz zum BGB-Mietvertrag eine wirtschaftlich für die vermutliche Nutzungsdauer des Leasinggegenstandes endgültig gemeinte Gebrauchsüberlassung an den Kunden zum Inhalt hat.

138 Das gleiche, was für die „Sachgefahr" gilt, ist auch für die „Preisgefahr" rechtens (Brandner aaO; Stoppik, Leasing-Handbuch 293; BGH NJW 1977, 196 – obiter; OLG Frankfurt NJW 1977, 200 – obiter; Ebenroth aaO; aM Graba Rz 96; Flume Betrieb 1972, 55). Damit meint man die Gefahr, trotz zufälligen Untergangs oder zufälliger Beschädigung des Leasinggegenstandes nach dessen Übergabe zur Zahlung der Leasingraten verpflichtet zu bleiben. „Preisgefahr" bedeutet dann, wenn der zur Sachleistung Verpflichtete seiner Verbindlichkeit nachgekommen ist, nichts weiter als einen besonderen Aspekt der „Sachgefahr". Sie kann aus den gleichen Gründen wie diese dem Leasingnehmer überbürdet werden. Wirksam sind auch Klauseln, in denen der Leasingnehmer zur **Versicherung** des Leasinggegenstandes verpflichtet wird, da der Leasinggeber vorleistungspflichtig ist (Graba Rz 96; Brandner Anh §§ 9-11 Rz 465). Zu Regelungen für den Verzug des Leasingnehmers s unten Rz 147.

139 Eine Klausel, die die mietrechtliche Gewährleistung ersatzlos ausschließt, kann nicht im Sinne des soeben als zulässig Dargestellten aufrecht erhalten werden und ist daher insgesamt unwirksam. In **Verfallklauseln** für den Fall des Verzugs mit den Leasingraten Quittnat BB 1979, 1530.

140 14. Maklerverträge*

Das Maklerrecht steht vor einer eigenständigen verbraucherpolitisch motivierten Reform, die sich der Gesetzesform einseitig zwingender, also nur zugunsten des Maklerkunden abdingbarer Rechtsregeln bedient (BR-Drucks 220/79 – dazu Gilles ZRP 1979, 265 ff). Ist das neue Maklerrecht erst einmal in Kraft gesetzt, dann ist für eine Inhaltskontrolle von Maklerbedingungen an Hand des § 9 kaum noch Raum. Man muß vielmehr annehmen, daß das neue Recht für die maklervertragstypischen Klauseln eine abschließende Bewertung gebracht hat. Bis dahin und dann für Altverträge gelten die bisherigen Grundsätze.

Die nachfolgenden Überlegungen hierzu betreffen in gleicher Weise den **kaufmännischen wie den nichtkaufmännischen Verkehr,** da es keine Gründe gibt, die eine Differenzierung rechtfertigen könnten (von Westphalen Rz 103; Hensen Anh §§ 9-11 Rz 492; BGH NJW 1976, 2345 – Vorkenntnisklausel). Zu den Einbeziehungsvoraussetzungen § 2 Rz 72.

141 **a)** Nach § 652 BGB ist der Anspruch des Maklers auf Provision erfolgsabhängig (dazu im einzelnen Erl zu § 652 BGB). Von diesem Grundsatz kann durch AGB des

---

* **Schrifttum:** Rompf, Welche Geschäftsbedingungen sind zulässig? (Stellungnahme des Rings Deutscher Makler), Allgemeine Immobilienzeitung 1977, 203.

Maklers nicht wirksam abgewichen werden (BGH NJW 1965, 246; BGHZ 60, 243 = NJW 1973, 1276 – Versagung der vormundschaftsgerichtlichen Genehmigung des Geschäfts; BGH NJW 1973, 1458 – Doppelmakler; allgM). Daher kann in AGB des Maklers auch nicht wirksam vorgesehen werden, daß ein Provisionsanspruch schon bei Abschluß eines Vorvertrags, bei Vereinbarung eines Vorkaufsrechts oder Leistung einer Anzahlung ohne endgültigen Vertragsschluß entstehen (BGH NJW 1975, 647; Graba Rz 105; Hensen §§ 9–11 Rz 488) oder im Falle einer Anfechtung des den Provisionsanspruch auslösenden Vertrags durch den Auftraggeber erhalten bleiben soll. Eine Schadenspauschalvereinbarung wäre für letzteren Fall wirksam, müßte sich aber an § 122 BGB orientieren (Hensen Rz 490; Schwerdtner, Maklerrecht Rz 77) und dem § 11 Nr 5 entsprechen.

b) All dies gilt nach hM grundsätzlich auch für die bei Immobilienmaklern vorkom- **142** menden **Alleinaufträge** (s dazu Erl zu § 652 BGB). Unabhängig davon, ob man diese Verträge als Maklerdienstverträge qualifiziert (so Schwerdtner, Maklerrecht Rz 8), s § 3 Rz 34, soll formularmäßig nicht wirksam vereinbart werden können, daß der Auftraggeber jeden an einem Vertragsschluß Interessierten an den Makler verweisen muß, vor allem nicht, daß auch im Falle eines Vertragsschlusses ohne Einschaltung des Maklers, ja sogar bei Ablehnung des vom Makler vermittelten Geschäfts, die Provision anfallen soll (BGH NJW 1976, 1225; BGHZ 60, 377 = NJW 1973, 1194; BGH NJW 1977, 624; BGH Betrieb 1979, 159; OLG Düsseldorf NJW 1972, 1916; Graba Rz 106; Hensen Anh §§ 9–11 Rz 486). Jedoch gibt es sehr ernst zu nehmende Rechtsansichten, die dem allein beauftragten Makler schon ex lege einen Provisionsanspruch für den Fall eines Eigengeschäfts des Kunden zubilligen (vor allem Schwerdtner Maklerrecht Rz 221 ff). Dann kann es auch nicht unangemessen sein, derartiges in AGB vorzusehen.

c) Wirksam kann in Makler-AGB bestimmt werden, daß eine Provision für den **143** Makler – über § 652 Abs 1 BGB hinaus – auch dann anfällt, wenn – und nur wenn – der vom Kunden abgeschlossene Vertrag mit der vom Makler nachgewiesenen Abschlußgelegenheit wirtschaftlich gleichbedeutend ist (KG NJW 1961, 512 Anm Warneke; Graba Rz 107; Hensen Anh §§ 9-11 Rz 489; Schwerdtner Maklerrecht Rz 59). Unzulässig ist jedoch die Ausbedingung einer Provision für **Folgegeschäfte,** da die vertragliche Verpflichtung des Maklers hierauf nicht ging (BGHZ 60, 243 = NJW 1973, 990; allgM).

d) Ein Anspruch auf Maklerprovision besteht nach dem Gesetz nicht, wenn der **144** Makler an dem „vermittelten" Geschäft auf Seiten des Vertragspartners des Auftraggebers allein oder in einem wirtschaftlich erheblichen Umfang beteiligt ist (s Erl zu § 652 BGB). Die Rspr läßt aber auch unter diesen Umständen einen formularmäßig ausbedungenen Provisionsanspruch entstehen, wenn der Kunde über die fragliche wirtschaftliche Verflechtung, auch formularmäßig, unterrichtet wird, und die Zahlung einer Maklerprovision auch für den Fall wirtschaftlicher Verflechtung von Makler und seinem Veräußerer-Auftraggeber vereinbart wird (so ohne nähere Erläuterung BGH WM 1978, 710). Da aber Vermittlungsleistungen iS des § 652 BGB vom Makler in diesen Fällen nicht erbracht werden, teilen richtiger Ansicht nach solche Klauseln das Schicksal aller übrigen Bestimmungen, die eine von dem Vermittlungserfolg unabhängige Provision vorsehen (kritisch gegen die Rechtsprechung auch Schwerdtner aaO Rz 183).

Zu Vorkenntnisklauseln § 10 Nr 5 Rz 12; zur Laufzeit von Makleralleinaufträgen **145** § 11 Nr 12 Rz 13; zur Ausgestaltung des Maklervertrags als Dienstvertrag s § 3 Rz 34.

15. Mietverträge

146 **a) Allgemeines***

Für alle Mietverträge gilt, daß die Hauptpflichten des Vermieters nach §§ 535 S 1, 536 BGB, dem Mieter den Gebrauch der vermieteten Sache während der Mietzeit zu gewähren und dem Mieter die Sache in einem zum vertragsmäßigen Gebrauch geeigneten Zustand zu überlassen, wegen § 9 Abs 1, Abs 2 Nr 1 nicht wirksam abbedungen werden können, da dies die Grundgedanken der gesetzlichen Regelung sind (BGH NJW 1977, 197 stellt auf den Überraschungseffekt solcher Klauseln ab). Ob die Pflicht (§ 536 BGB) zur Instandhaltung der Mietsache während der Mietzeit dem Mieter auferlegt werden kann, ist Frage des Einzelfalls; im Ergebnis zu Recht hat der BGH (aaO) sie für die Vermietung von störanfälligen technischen Geräten verneint, s § 3 Rz 21. Unangemessen und, soweit nicht schon nach § 537 Abs 3 BGB, nach § 9 unwirksam ist auch der formularmäßige Ausschluß des Mietminderungsrechts nach § 537 Abs 1 BGB (OLG Nürnberg NJW 1977, 1402 – überraschende Klausel). § 11 Nr 10 ist auf Mietverträge aber nicht anwendbar, s dort Rz 11. Zur Abdingbarkeit von § 538 BGB s oben Rz 25, § 11 Nr 7 Rz 46.

147 **b) Vermietung von beweglichen Sachen**

Eine Klausel, wonach die Restmietraten für eine fest vereinbarte Mietzeit ohne Mahnung und Nachfristsetzung fällig gestellt werden, wenn der Mieter mit zwei Raten in Verzug kommt, ist wirksam (OLG Frankfurt BB 1976, 1481; GRABA Rz 97). Eine Klausel, nach der der Vermieter bei Zahlungsverzug des Mieters die Mietsache zurückfordern und gleichzeitig den vereinbarten Mietzins verlangen kann, verstößt gegen § 9 Abs 2 Nr 1 (BGHZ 71, 196 = NJW 1978, 1432; OLG Stuttgart BB 1978, 122 m abl Anm KAPP; HENSEN Anh §§ 9-11 Rz 500; PALANDT-HEINRICHS § 11 AGBG Anm 6 a, cc; für Wirksamkeit bei Verträgen mit kaufmännischen Kunden EBENROTH Betrieb 1978, 2114). Dies gilt freilich dann nicht, wenn der Entzug der Mietsache vorübergehend sein soll und der Mieter das Recht hat, nach Begleichung des Zahlungsrückstandes die Sache wieder herauszuverlangen (BGH BB 1978, 523 = JZ 1978, 369 m abl Anm HAASE). Allerdings muß schon im Klauseltext gewährleistet sein, daß der Entzug zeitlich limitiert ist, auch wenn der Mieter die ausstehenden Zahlungen nicht nachholt. Nach Ablauf der vorgesehenen Zeit muß der Vermieter aus wichtigem Grunde kündigen und Schadensersatz verlangen.

Zu Schadensersatz und Vertragsstrafe bei vorzeitiger Lösung von Mietverträgen s § 11 Nr 5 Rz 25.

Zur Überbürdung verschuldensunabhängiger Haftung auf den Mieter s § 11 Nr 7 Rz 48.

148 **c) Wohnraummiete***

Wenn auch zahlreiche Fragen des Wohnungsmietrechts durch das BGB und die Mietgesetze zwingend geregelt sind, bleibt doch Raum für die formularmäßige Regelung vieler Rechtsfragen. Der Mustermietvertrag des Bundesjustizministeriums (abgedruckt zB in ZMR 1976, 68; Besprechung SCHMIDT-FUTTERER NJW 1976, 921) konnte sich auf dem Wohnungsmarkt nicht durchsetzen. Irgend eine Legitima-

---

* **Schrifttum:** STERNEL Mietrecht (2. Aufl 1979) – mit sehr gründlicher Behandlung der jeweiligen AGB – Problematik; s auch Einl zu § 535 BGB.

* **Schrifttum:** GLASER BlGBW 1977, Nr 12.

tion, ihn als Maßstab der Inhaltskontrolle anderer Klauselwerke anzuerkennen besteht nicht (aM Sternel S II 19).
Zu den wichtigsten und verbreitetsten Klauseln der zahlreichen privat ausgearbeiteten Mustermietverträge ist folgendes zu bemerken:

Die formularmäßige Vereinbarung von **Beschädigungs- oder Mietkautionen** begegnet keinem Bedenken. Auch die Vereinbarung ihrer Unverzinslichkeit ist nur dann zu beanstanden, wenn es sich um größere Beträge handelt, die zudem das Beschädigungsrisiko zum größten Teil tatsächlich abdecken, und daher dem Vermieter eine Buchführung wegen der Zinsen tatsächlich zumutbar ist (ohne letztere Einschränkung ebenso Hensen Anh §§ 9-11 Rz 504; Löwe Rz 72).

Die Vorleistungspflicht des Vermieters nach § 551 BGB ist formularmäßig abdingbar, da beim Mietvertrag notwendigerweise eine Partei vorleistungspflichtig ist, und Gesichtspunkte der Gerechtigkeit es nicht erfordern, daß dies der Vermieter sein muß (Hensen Anh §§ 9-11 Rz 502; Löwe Rz 72).

Aufrechnungs- und Zurückbehaltungsrechte des Mieters, die sich auf Schadensersatzforderungen nach § 538 BGB gründen, können gemäß § 552 a BGB vertraglich nicht ausgeschlossen werden. Die AGB-Resistenz von Zurückbehaltungs- und Aufrechnungsrechten des Mieters wegen Gegenforderungen, die nicht Forderungen nach § 538 BGB sind, bestimmt sich nach § 11 Nr 2, Nr 3.

Rechte und Pflichten der Parteien bezüglich **Maßnahmen zur Erhaltung und Verbesserung der Mieträume** sind in § 541 a BGB geregelt. Eine klare Abdingung dieser Vorschrift zu Lasten des Mieters (Pflicht, auch „unzumutbare“ Einwirkung zu dulden), ist sicherlich unwirksam (Hensen Anh §§ 9-11 Rz 503). Jedoch kann das Zumutbare im Rahmen vertretbarer Interpretation dieses Begriffs formularmäßig näher konkretisiert werden. Kleinere **Instandhaltungsarbeiten** an den Mieträumen, deretwegen sich Auseinandersetzungen der Parteien über die Ursachen des Schadens nicht lohnen, können ohne Verstoß gegen den Gerechtigkeitsgehalt von § 536 BGB dem Mieter ganz auferlegt werden. Dem Grundgedanken des § 536 BGB widerspricht es aber, Reparaturkosten auch darüber hinaus dem Mieter zu überbürden. Mann nennt meist DM 50,– bis 100,– pro Reparatur (so Sternel, Wohnraummietrecht [1975] 24; Schmidt-Futterer NJW 1976, 924; Hensen Anh §§ 9-11 Rz 503) und eine Gesamthöchstbelastung des Mieters von DM 300,– pro Jahr als Obergrenze (Hensen aaO). Besser nimmt man 15% der Monats- und 8% der Jahresmiete.

Die formularmäßige Verpflichtung des Mieters zu **Schönheitsreparaturen** während der Mietzeit verstößt nicht gegen § 9 (BGHZ 49, 56; Sternel 24 mwN; Krappen ZMR 1978, 194; aM wohl Löwe Rz 72).

Zur **Überbürdung verschuldensunabhängiger** (etwa gesamtschuldnerischer) **Haftung** auf den Mieter s § 11 Nr 7 Rz 48; zur formularmäßigen **Bestätigung** der **Mangelfreiheit der Mietsache** s § 11 Nr 15 Rz 1, der Schlüsselaushändigung § 11 Nr 15 Rz 9; zur **gegenseitigen Bevollmächtigung** s oben Rz 41.

d) Geschäftsraummiete 149

Klauseln, die dem Vermieter ein **Kündigungsrecht** zusprechen, sind nur wirksam, wenn sie auf erhebliche Vertragsverletzungen durch den Mieter verweisen, welche die Belange des Vermieters beeinträchtigen. Unwirksam nach § 9 sind daher Klauseln, die den Vermieter zur sofortigen Kündigung berechtigen, wenn ihm der Mieter eine Pfändung eingebrachter Sachen nicht unverzüglich mitteilt (Hensen Anh §§ 9-11 Rz 509), oder wenn der Mieter mit der Entrichtung von unbedeutenden Teilen des Mietzinses oder der Nebenkosten in Verzug ist (Hensen aaO).

Zur Freizeichnung des Vermieters von der Haftung für die rechtzeitige Beziehbarkeit der Mieträume (s § 11 Nr 7 Rz 9).

Zur Haftung des Mieters für ohne sein Verschulden entstandene Schäden (s § 11 Nr 7 Rz 48).

150 **16. Reiseveranstalterverträge***

Das am 1. 10. 1979 in Kraft getretene Gesetz zur Änderung des BGB (Reisevertragsgesetz) vom 4. 5. 1979 (BGBl I 509) regelt unabdingbar in § 651 a BGB die Vertragspflichten des Reiseveranstalters (zur Rechtslage vor Inkrafttreten des Gesetzes – Vermittlerklauseln – Brandner Anh §§ 9-11 Rz 592), in §§ 651 b, e, BGB die Stornierung der Reise und Teilnahme Dritter anstelle des Vertragsschließenden (zur vorherigen Rechtslage Brandner Rz 587), in § 651 c-h BGB Mängel und Mängelhaftung (zur vorherigen Rechtslage Brandner Rz 589) einschließlich der Geltendmachung und Verjährung von Haftungsansprüchen des Kunden (zur vorherigen Rechtslage Brandner Rz 593, 594; LG Frankfurt NJW 1978, 1008; LG Frankfurt NJW 1978, 1488). Die wesentlichen Streitpunkte der Reiseveranstalterbedingungen sind damit ausgeräumt.

Problematisch bleiben Anmelderklauseln (Nr 1 Abs 2 der Konditionenempfehlung für Pauschalreisen des Deutschen Reisebüroverbandes, abgedruckt im BAnz Nr 210 vom 5. 11. 1976), nach denen der Anmelder einer Reise für alle Verpflichtungen von ihm angemeldeter Personen wie für eigene Verpflichtungen haften soll. Hierin liegt eine unangemessene Ausweitung der Vertreterhaftung (ebenso Brandner Rz 584). Wirksam ist Nr 2 der Konditionenempfehlung; hiernach kann bei der Reiseanmeldung eine **Anzahlung** gefordert werden. Diese Abweichung von §§ 641, 646 BGB ist wirksam, da der Reiseveranstalter keine anderweitigen Sicherheiten erlangen kann und Aufwendungen für die Erfüllung seiner Leistungspflichten im voraus machen muß (einschränkend Brandner Rz 586).

151 **17. Schiedsgutachtenvereinbarungen**

„Schiedsgutachter" ist ein Sammelbegriff für jede Art von dritten Personen, die, ohne Schiedsrichter iS der §§ 1025 ff ZPO zu sein, dazu berufen sind, Entscheidungen zu treffen, die für die Abwicklung von Verträgen notwendig sind (näheres dazu Stein-Jonas-Schlosser, Kommentar zur ZPO vor § 1025 Anm II 3; Wittmann, Struktur und Grundprobleme des Schiedsgutachtenvertrages [1978]; s im übrigen § 10 Nr 4 Rz 3 sowie § 317 BGB Rz 19 ff). Die für die AGB-Praxis mit Abstand wichtigste species des Schiedsgutachtens ist das sog Tatbestandselemente feststellende oder rechtsklärende Gutachten (Terminologie zurückgehend auf Habscheid FS H Lehmann II 789 ff): In den Vertragsbedingungen ist vorgesehen, daß in bestimmten Eventualitäten eine bestimmte sachverständige Person oder Institution Tatsachenfeststellungen (etwa Fehlerhaftigkeit einer Sache) oder Wertschätzungen (etwa Höhe des Mietwerts eines Objekts) zu treffen hat, die für die Parteien verbindlich sein sollen. Für die AGB-Problematik ist zu unterscheiden die Frage nach der Wirksamkeit einer Schiedsgutachtenklausel als solcher und die nach der Wirksamkeit der Bestellung einer bestimmten Person oder Institution als Gutachter.

---

* **Schrifttum:** Bartl, Das „neue Reisevertragsrecht", NJW 1979, 1384; Eberle, Neuregelung des Reiserechts durch das Reisevertragsgesetz, Betrieb 1979, 341; Löwe, Das neue Reisevertragsgesetz, BB 1979, 1357.

a) Wittmann (82 ff) hat die Anwendbarkeit von § 9 auf vorformulierte Schiedsgutachtenklauseln im Prinzip geleugnet, weil solche Bestimmungen nicht iS v § 8 von „gesetzlichen Vorschriften" abwichen oder sie ergänzten. Das stimmt für die rechtsklärenden oder Tatbestandselemente feststellenden Gutachten deshalb nicht, weil Klauseln, die sie vorsehen, von der gesetzlich geltenden Normalsituation abweichen, wonach über alle auftauchenden Rechts- und Tatfragen die staatlichen Gerichte entscheiden. Richtig ist aber die Feststellung des Autors, daß eine Schiedsgutachtenklausel – abstrakt gesehen – keinen Vertragspartner benachteiligt oder bevorzugt und daher auch nicht unangemessen iSv § 9 sein kann (so wohl auch Brandern Anh §§ 9-11 Rz 615; aM wohl Löwe Rz 64). 152

b) Wohl aber kann die **konkrete Ausgestaltung** einer solchen Klausel den Vertragspartner des Verwenders benachteiligen. Wachsamkeit ist deshalb am Platze, weil im vertraglichen Massenverkehr häufig die Verwender von AGB als Auftraggeber der Schiedsgutachter in einer Weise auftreten, die deren wirtschaftliche Existenz von ihnen, wenn nicht abhängig, so doch beeinflußbar macht. Besteht der geringste Anschein einer Abhängigkeit der vorgesehenen Schiedsgutachter vom Verwender der AGB oder generell dem Gewerbezweig, dem dieser angehört, so ist die Schiedsgutachtenklausel unangemessen. Das gleiche gilt, wenn sich herausstellt, daß die vorgesehenen Schätzer sachwidrigen Tendzenen anhängen, etwa überwiegend deutlich unter dem Marktwert schätzen. Auch die Ausgestaltung des Schiedsgutachtenverfahrens unterliegt unter dem Gesichtspunkt von § 9 einer Kontrolle auf Fairness, insbesondere dahingehend, ob die Gleichbehandlung der beiden Parteien gewährleistet ist (über den beklagenswerten Stand der Rspr zu den rechtsstaatlichen Aspekten des Schiedsgutachtenverfahrens Habscheid FS Laufke 303 ff; Schlosser aaO; aus der Praxis selbst: Glossner, Das Schiedsgericht in der Praxis 117 ff). 153

18. Sicherungsvereinbarungen (Schuldrechtliche Sicherungsabreden und Verwertungsklauseln)* 154

a) Die Bestellung **dinglicher Sicherheiten** wird häufig gerade nicht in AGB, sondern individuell vereinbart. Aber auch im Falle einer formularmäßigen Vereinbarung sind Übersicherung und mangelnde Berücksichtigung der Interessen anderer Gläubiger nur in Einzelaspekten AGB-spezifische Probleme. Eine Lösung muß daher meist unabhängig von der Form der Vereinbarung in § 138 BGB gefunden werden, so wie es der Einstellung der Rspr entspricht und auch schon zuzeiten entsprach, als sie im übrigen längst zur offenen Inhaltskontrolle fragwürdiger AGB-Bestimmungen geschritten war (ähnlich wohl Brandner Anh §§ 9-11 Rz 651; aM Graf von Westphalen Betrieb 1978, 68, der zB Kollisionsprobleme zwischen verlängertem Eigentumsvorbehalt und Globalzession über § 9 lösen will). Die Problematik wird in diesem Kommentar in der Einl zu § 929 BGB behandelt.

b) Schuldrechtliche Sicherungsabreden regeln, unter welchen Voraussetzungen der Vertragspartner des Verwenders Sicherheiten für dessen Forderungen zu gewähren hat. 155

---

* **Schrifttum:** Brandner Anh §§ 9-11 Rz 650 f und die dort angegebene Literatur; Kümpel, Die AGB und ihre Bedeutung für die Kreditisicherheiten – unter Berücksichtigung des AGBG, WM 1978, 970 ff; Liesecke, Die Sicherheiten der Bank nach Nr 19 ff AGB in der neueren Praxis, WM 1969, 546 ff; Löwe-Graf v Westphalen § 9 Rz 43, 53, 66, 81-90; Thamm, Bewertung von Klauseln des Eigentumsvorbehalts nach dem AGB-Gesetz. Ein tabellarischer Überblick, Betrieb 1978, 1039.

156 Nach Nr 19 Abs 1 Banken-AGB hat die Bank gegenüber dem Kunden jederzeit Anspruch auf Bestellung bankmäßiger Sicherheiten für alle ihre Forderungen. Eine unangemessene Benachteiligung des Bankkunden ist hierin nicht zu sehen, da Kreditsicherung im Prinzip legitim ist (Liesecke WM 1969, 546; Brandner Anh §§ 9-11 Rz 660). Die Bank kann allerdings keine Übersicherung verlangen und muß eine angemessene Frist zur Bereitstellung der Sicherheiten einräumen (s Nr 17 AGB am Ende). Außerdem wird stets zu prüfen sein, ob bei einer Kreditgewährung nicht individuell-schlüssig von Nr 19 I Banken-AGB Abweichendes vereinbart wurde oder jedenfalls Nr 19 zu einer individualvertragsfernen Klausel (s § 3 Rz 23) geworden ist. Letzteres ist der Fall etwa dann, wenn dem Bankkunden ein numerisch genannter (Überziehungs-) Kredit eingeräumt und über Sicherheiten nicht gesprochen wurde. Ein Anspruch auf „Verstärkung" von Kreditsicherheiten ist durch Abschluß eines konkreten, die Absicherung der Bank mitregelnden Kreditvertrages individualvertraglich abbedungen, nicht nur für die Zeit unveränderter Verhältnisse (aM zu letzterem: OLG Düsseldorf WM 1978, 1350; LG Frankfurt WM 1978, 801). Eine Verbindung dinglicher Sicherheiten mit schuldrechtlichen „Abschwächungen" sind Globalzessionen mit schuldrechtlichen Teilverzichtsklauseln, welche der BGH insgesamt als unwirksam betrachtet, auch wenn individuell vereinbart (BGHZ 72, 308 = NJW 1979, 365).

157 Problematisch sind folgende **Verwertungsklauseln**: In Abweichung von § 1234 BGB bestimmt Nr 20 Abs 2 Banken-AGB, daß die Bank als Sicherungsnehmerin die Sicherheit ohne Androhung einer Verwertung und Einhaltung einer Wartefrist verwerten darf. Die Klausel ist nur wirksam, wenn sichergestellt wird, daß der Sicherungsgeber von der bevorstehenden Verwertung rechtzeitig erfährt; dies gewährleistet die Mitteilungspflicht der Bank nach Nr 20 II 3 Banken-AGB. Die gesetzliche Einräumung einer Wartefrist bezweckt, dem Schuldner eine letzte Möglichkeit zur Begleichung der gesicherten Forderung zu gewähren; da dies der Grundgedanke des § 1234 BGB ist, ist die formularmäßige Vereinbarung des Verzichts auf jegliche Wartefrist unwirksam (ebenso Brandner Anh §§ 9-11 Rz 660; Graf von Westphalen Rz 109; Serick, Eigentumsvorbehalt und Sicherungsübereignung 3, 469 ff; ders BB 1970, 546; aM unter Hinweis auf die Pflicht der Bank zur Rücksichtnahme auf den Kunden, die eine unangemessene Benachteiligung ausschließen soll, Kümpel WM 1978, 973). Die angemessene Dauer der Frist ist Frage des Einzelfalles, sie braucht nicht immer der gesetzlichen Monatsfrist zu entsprechen.

158 Nr 21 Abs 2 Banken-AGB gewährt der Bank das Recht zur Kündigung und Einziehung von ihr als Pfand haftenden Forderungen, Grund- und Rentenschulden schon vor Fälligkeit ihrer Forderung, wenn dies zur Erhaltung der Sicherheit erforderlich ist. Die Klausel hat in §§ 1219, 1273 Abs 2 BGB ein gesetzliches Vorbild und benachteiligt den Kunden nicht unangemessen, da die Bank ein berechtigtes Interesse an der Erhaltung ihrer Sicherheiten hat, und Erhaltungsmaßnahmen auch im Interesse des Sicherungsgebers liegen (ebenso Kümpel WM 1978, 973; aM Brandner Anh §§ 9-11 Rz 660). Die Beweislast für die Erforderlichkeit der Sicherungsmaßnahmen trägt die Bank.

159 § 1282 Abs 2 BGB gewährt dem Pfandgläubiger nur das Recht, das Inkasso ohne den Verpfänder allein zu betreiben, verbietet ihm aber sonstige Verfügungen über das Pfand. Nach Nr 21 Abs 2 Banken-AGB darf die Bank hingegen alle Vereinbarungen mit Drittschuldnern treffen, die sie zur Einziehung von Forderungen für zweckmäßig hält, insbes Stundungen oder Nachlässe gewähren und Vergleiche abschließen. Die Klausel betrifft nicht nur Pfänder, sondern auch im Sicherungseigentum der Bank stehende Sachen, bei deren Verwertung der Sicherungsnehmer

einen größeren Handlungsspielraum als den des § 1292 Abs 2 BGB hat (SERICK BB 1970, 543 mwN). Die Klausel ist wirksam, da Bank und Bankkunde in gleicher Weise daran interessiert sein müssen, das Sicherungsgut möglichst günstig zu verwerten. Die Ermessensbefugnisse der Bank benachteiligen den AGB-unterworfenen Kunden also idR nicht unangemessen. Berücksichtigt die Bank die Interessen des Kunden bei der Verwertung nicht hinreichend, macht sie sich schadensersatzpflichtig (KÜMPEL WM 1978, 976; CANARIS in Großkomm HGB Anh nach § 357 HGB Rz 1342). Die Wirksamkeit von Nr 20 Abs 3 Banken-AGB, wonach die Bank Sicherheiten auch durch freihändigen Verkauf verwerten darf, folgt aus den gleichen Überlegungen. Der Bankkunde wird nicht unangemessen benachteiligt, da die Bank um einen möglichst hohen Veräußerungserlös bemüht sein muß (CANARIS Rz 1344), und dieser bei freihändigem Verkauf in aller Regel höher liegt als bei öffentlicher Versteigerung (KÜMPEL WM 1978, 977; GRAF VON WESTPHALEN Rz 109 mwN).

Das für Mobiliarpfandrechte in § 1229 BGB zwingend vorgeschriebene Verbot von **Verfallsvereinbarungen** ist zwar nicht auf Sicherungsübereignungen anwendbar (hM SERICK BB 1970, 550 mit zahlr Nachw auch zur Gegenmeinung). Jedoch ist eine formularmäßige Verfallsvereinbarung für zur Sicherheit übereignete Sachen wegen unangemessener Benachteiligung des AGB-Unterworfenen jedenfalls dann nach § 9 unwirksam, wenn der Verfall ohne Ausgleichspflicht des Sicherungsnehmers erfolgen soll (GRAF VON WESTPHALEN Rz 109; PALANDT-BASSENGE § 930 BGB 4 b ff; differenzierend SERICK BB 1970, 552), und dem Kunden nicht die Herbeiführung der Rückübereignung in angemessener Frist nach Fälligkeit der gesicherten Forderung ermöglicht wird.

Zur Abgabe eines abstrakten Schuldanerkenntnisses in AGB s § 11 Nr 15 Rz 12.

19. Spediteurverträge (ADSp)* 160

Die ADSp (Abdruck der Neufassung in BAUMBACH-DUDEN Anh nach § 415, 1273 ff) sind kein Gewohnheitsrecht (BGHZ 9, 1 f), ihre Einbeziehung in Spediteurverträge ist häufig auch kein Handelsbrauch (s § 2 Rz 69).

Der persönliche „Geltungsbereich", für den die ADSp Anwendung finden sollen, wird durch § 2 a nF auf Kaufleute, juristische Personen des öffentlichen Rechts und öffentlich-rechtliche Sondervermögen beschränkt. Dies ist eine wichtige Auslegungshilfe bei Beurteilung des Einbeziehungsvertrags. Jedoch kann individualvertraglich die Geltung der ADSp auch im Verhältnis zu privaten Kunden vereinbart werden.

§ 5 Buchst b ADSp sieht ausdrücklich vor, daß der Auftraggeber, der dem Spediteur 161
verderbliche oder gefährliche Güter zur Beförderung übergibt, ohne besonders auf die Gefahr hinzuweisen, auch bei fehlendem Verschulden für den daraus entstehenden Schaden haftet. Die Überbürdung einer verschuldensunabhängigen Haftung ist in diesem Fall gerechtfertigt (s § 11 Nr 7 Rz 50; ebenso BGH BB 1978, 1235; HENSEN Anh §§ 9-11 Rz 18; KRIEN § 5 ADSp Rz 22 b; aM GRAF VON WESTPHALEN Rz 112). Der Spediteur kann sich aber nicht auf den unterlassenen Hinweis berufen, wenn er die Gefährlichkeit der Ladung gekannt hat (BGH BB 1978, 1235).

§ 5 Buchst c ADSp entspricht im wesentlichen der gesetzlichen Regelung der §§ 407 162
Abs 2, 388, 373 HGB und ist daher nicht zu beanstanden.

---

* **Schrifttum:** BAUMBACH-DUDEN, HGB (23. Aufl 1978) Anh nach § 415; HELM in Großkomm HGB 5; ders, AGB-Gesetz und ADSp, VersR 1977, 585; KRIEN, Speditions- und Lagerrecht, Loseblattsammlung; SCHLEGELBERGER-SCHRÖDER HGB (5. Aufl 1977) 6.

163 § 6 Abs 2 ADSp nF trägt den gegen § 6 ADSp aF zu Recht erhobenen Bedenken (s dazu Graf von Westphalen Rz 112) nicht hinreichend Rechnung. Der formularmäßige Haftungsausschluß für mündliche Aufträge ist auch gegenüber Kaufleuten unwirksam, weil in AGB nicht Vorsorge gegen mündliche Vertragsabschlüsse getroffen werden kann (s § 1 Rz 39; § 4 Rz 24).

Für einseitige Erklärungen der Gegenseite kann zwar nach § 11 Nr 16 Schriftform vorgeschrieben werden. Jedoch ist es nicht möglich, Vertragskonkretisierungen („Weisungen") anzuerkennen, Schadensersatzfolgen für korrespondierende Vertragsverletzungen aber abzubedingen.

164 Gegen § 7 Buchst a ADSp ergäben sich angesichts der entsprechenden gesetzlichen Regelung für den verwandten Frachtvertrag (§§ 426 Abs 3, 427 HGB) Bedenken nach § 9 nur, wenn die Beachtung eines Mitverschuldens des Spediteurs ausgeschlossen sein sollte. Die Auslegung der Vorschrift ergibt solches jedoch nicht (aM anscheinend Graf von Westphalen Rz 112).

165 § 16 Buchs a ADSp verpflichtet den Spediteur zur Untersuchung, Erhaltung oder Besserung des Speditionsgutes und seiner Verpackung nur im Rahmen des „Geschäftsüblichen". Da aber gem § 1 ADSp der Spediteur seine Verrichtungen mit der Sorgfalt eines ordentlichen Kaufmanns auszuführen hat, ist auch die Geschäftsüblichkeit von diesem Maßstab geprägt. Somit ergeben sich keine nach § 9 Abs 1, Abs 2 Nr 1 zu beanstandenden Abweichungen von der gesetzlichen Regelung der §§ 408 Abs 1, 347 HGB (aM Graf von Westphalen Rz 112).

166 § 17 ADSp wird entsprechend dem Verständnis der Vorschrift in Rechtsprechung und Rechtslehre schon vor Inkrafttreten des AGBG (vgl dazu Helm in Großkomm HGB Erl zu § 17 ADSp) in § 17 S 3 nF dahin ergänzt, daß der Gewährleistungsausschluß für Verlade- und Lieferfristen vom Spediteur verschuldete Verzögerungen nicht umfaßt. § 17 ADSp nF verstößt daher nicht mehr gegen § 10 Nr 3 (so auch Hensen Anh §§ 9–11 Rz 19).

167 Die Rücktrittsklausel in § 18 ADSp nF ist an § 10 Nr 3 zu messen, der im Rahmen von § 9 auch für Kaufleute gilt (§ 10 Nr 3 Rz 27). Daß die Rücktrittsgründe in den ADSp nicht konkret und kasuistisch angegeben sind, wie dies § 10 Nr 3 erfordert, kann man im beiderseits kaufmännischen Verkehr tolerieren. Zur Problematik des Arbeitskampfes s § 10 Nr 3 Rz 20. Für den Fall, daß Ereignisse aus der Sphäre des Spediteurs diesen zum Rücktritt veranlassen, ändert die Aufwendungsersatzregelung des § 18 S 5 ADSp nF die gesetzliche Lastenverteilung der §§ 428 Abs 2 HGB, 645 BGB ab. Darin liegt, weil sich die gesetzliche Regelung als gerecht aufdrängt, ein Verstoß gegen § 9.

168 § 21 ADSp nF, der im Falle einer Auftragsentziehung aus vom Spediteur zu vertretenden Gründen diesem Aufwendungsersatzansprüche zugesteht, ist angesichts der gesetzlichen Regelung der §§ 396 Abs 1 HGB, 670, 649 BGB nicht zu beanstanden (aM Hensen Anh §§ 9-11 Rz 20), schließt aber eventuelle Ansprüche des Auftraggebers auf Schadensersatz nicht aus.

169 § 34 ADSp nF geht zwar im Hinblick auf den Umfang der zu sichernden Forderungen etwas über § 436 BGB hinaus und beschränkt sich auch nicht darauf, ein Pfandrecht des Spediteurs zu statuieren, will aber keine Zahlungspflicht des Empfängers der versendeten Ware begründen, sondern wie § 434 HGB diesem nur das Recht gewähren, die Aushändigung gegen Zahlung zu verlangen. Die Klausel verstößt damit nicht gegen § 9 Abs 2 Nr 1, § 9 Abs 1 (so mit Recht Hensen Anh §§ 9-11 Rz 21). § 34 S 3 ADSp nF beinhaltet in der Verpflichtung des Empfängers zur

„bedingungslosen“ Rückgabe des Speditionsguts den Ausschluß aller Rechte auf Aufrechnung und Zurückbehaltung und ist damit allerdings nach § 11 Nr 2, § 11 Nr 3 unwirksam.

Die auch in § 50 ADSp nF erfolgte Einräumung eines über § 410 HGB hinausgehenden **Pfandrechts** für alle Forderungen aus Verträgen der Parteien nach § 2 Buchst a ADSp hat der BGH (BGHZ 20, 231 = NJW 1956, 907; aM für inkonnexe Forderungen OLG Stuttgart WM 1978, 1330) vor Inkrafttreten des AGBG gebilligt. § 9 Abs 2 Nr 1 kann zu keinem anderen Ergebnis führen, wenn man die Einschränkungen der Pfandrechtsausübung nach § 50 Buchst b bis d ADSp berücksichtigt. Die Erstreckung des gesetzlich auf das Speditionsgut beschränkten Pfandrechts auf alle Güter und sonstigen Werte des Auftraggebers, die sich in der Verfügungsgewalt des Spediteurs befinden, verstößt nicht gegen § 9, weil die Klausel so interpretiert werden kann, daß sie berechtigte Erlangung von Verfügungsgewalt voraussetzt. 170

Zu §§ 37 d, 41, 51–57 ADSp nF s § 11 Nr 7 Rz 55. 171

§ 60 ADSp nF verlangt die unverzügliche Meldung eines Schadens an den Spediteur, knüpft aber an eine Verspätung nicht mehr wie § 60 Buchst b ADSp aF die Fiktion der Schadensentstehung nach Ablieferung und ist daher wirksam. 172

§ 64 ADSp nF beinhaltet die **Verjährung** aller Ansprüche gegen den Spediteur in 8 Monaten. Da keine vereinfachte Form der Fristunterbrechung vorgesehen ist, ist sie zu kurz und daher unwirksam. 173

20. Transportverträge 174

a) Beförderungsbedingungen in Gestalt von Rechtsverordnungen sind die Tarif- und Beförderungsbedingungen nach § 20 a GüKG (KVO als Teil der Reichskraftverkehrstarife vom 30. 3. 1936 – Reichsverkehrsblatt B 151 mit zahlreichen Änderungen; VO über den Tarif für den Möbelfernverkehr mit Kraftfahrzeugen vom 2. 7. 1961 – BAnz Nr 145 idF v 7. 3. 72 – BAnz Nr 48), VO über die Allgemeinen Beförderungsbedingungen für den Straßenbahn- und O-Busverkehr sowie den Linienverkehr mit Kraftfahrzeugen v 27. 2. 1970 (BGBl I 230) – s auch § 23 Rz 13 ff sowie Rechtsverordnungen nach § 21 BinSchG. Alle diese Bedingungen sind nicht am AGBG meßbar.

b) Die **AGNB** (Allgemeine Beförderungsbedingungen für den gewerblichen Güternahverkehr mit Kraftfahrzeugen von 1956, abgedruckt im Großkomm HGB § 452 Anh § 2) sind keine amtlichen Bedingungen iSv § 84 f GüKG. In §§ 14–21 AGNB ist die Haftung des Frachtunternehmers teils über § 429 HGB hinausgehend, teils diesen einschränkend normiert. Zu den Haftungsbeschränkungen s § 11 Nr 7 Rz 21. Zu § 23 Abs 4 AGNB (Pfandrecht auch an solchen verfrachteten Gütern, die sich nicht im Eigentum des Auftraggebers befinden – zugunsten von Forderungen, die in keinem Zusammenhang mit der Verfrachtung dieser Sachen stehen) s § 2 Rz 43, § 5 Rz 7. Zur Verjährungsregelung in § 26 AGNB s Rz 44. 175

Zu Fragen des **Haftungsmaßstabes** s § 11 Nr 7 Rz 20, 55. Zu Fragen der Bedeutung von Transportbedingungen für die Rechtstellung des **Eigentümers des Transportguts,** der nicht Vertragspartner des Verwenders ist, s § 2 Rz 43.

Zu den AGB für Transporte im Luftverkehr s Böckstiegel, Zur Bedeutung des neuen AGB-Gesetzes für die Beförderungsbedingungen der Fluggesellschaften, FS Meyer (1975) 55 ff.

Zu den Einbeziehungsvoraussetzungen § 2 Rz 68.

Zu den speziell für internationale **Transporte** gedachten Bedingungen s § 12 Rz 5.

176 21. **Versicherungsverträge***

a) Für Klauseln mit **leistungsbeschreibendem** (risikoabgrenzendem) Inhalt muß nach § 8 als erstes geklärt werden, inwieweit sie der Kontrolle nach §§ 9–11 unterfallen. In der Lit unterscheidet man häufig zwischen „primären" und „sekundären" Leistungsbeschreibungen, wobei letztere die Abgrenzung des versicherten Risikos, also negative Ausnahmen des umfassend beschriebenen Versicherungsfalles sein sollen (so vor allem BRANDNER, FS Hauß [1978] 7 ff). Folglich sollen die sekundären Leistungsbeschreibungen dann im Gegensatz zu den primären, die als Definition der Hauptleistungspflicht verstanden werden, an §§ 9–11 zu messen sein (GRABA § 8 Rz 20; SCHMIDT-SALZER F 30; HELM NJW 1978, 131 f; ders VersR 1978, 1; SIEG VersR 1977, 491). Die Unterscheidung erscheint indes nicht sinnvoll, da der primäre oder der sekundäre Charakter von Leistungsbeschreibungen nur formulierungstechnisch bedingt ist. Ebensowenig lassen sich Leistungsbeschreibungen und kontrollierbare „primäre Risikoabgrenzung" unterscheiden (so aber BRANDNER § 8 Rz 26 f; ders, FS Hauß 12; ähnlich PRÖLSS-MARTIN, VVG Vorbem I 6 C; FENYVES VersRdsch 1976, 362; BAUER BB 1978, 480; JUNGE ZVersWiss 1975, 211; BAUMANN ZVersWiss 1975, 229; SCHIRNER ZVersWiss 1975, 248). Der angeblich als Unterscheidungskriterium heranzuziehende mögliche Deckungsumfang der Versicherung (so BRANDNER aaO) setzt nämlich die zutreffende Unterscheidung schon voraus. Vielmehr sind Risikobeschreibungen der Inhaltskontrolle gänzlich entzogen (LÖWE § 8 Rz 7; DIETLEIN § 8 Rz 2; WEBER, FS Möller [1972] 511 ff; SIEG VersR 1977, 491; WAGNER ZVersWiss 1977, 142; PALANDT-HEINRICHS Anm 2 a; wohl auch BGHZ 65, 146 = NJW 1976, 106).

177 Auch § 3 kommt gegenüber Leistungsbeschreibungen in Allgemeinen Versicherungsbedingungen mangels **Unüblichkeit** der in ihnen enthaltenen Klauseln nicht zur Anwendung, s § 3 Rz 8, 22. Diese faktische Privilegierung von Allgemeinen Versicherungsbedingungen ist rechtspolitisch gewiß zu bedauern. Man kann sich aber über die klaren Tatbestandsmerkmale von §§ 8 und 3 nicht einfach hinwegsetzen. Was daher nach der früheren gesetzlich nicht beschränkten „richterlichen" Inhaltskontrolle möglich war (BGHZ 63, 60 = NJW 1974, 2124 – zur Angehörigenklausel in § 11 Nr 4 AKB aF; BGH MDR 77, 1001 – Erstattungsunfähigkeit eigener Rettungsaufwendungen in der Kaskoversicherung für Flußschiffe; LG Frankfurt VersR 1977, 351 – Ski-Diebstahlversicherung und Ausschluß der Nachtzeit vom Versicherungsschutz), muß nach neuem Recht unterbleiben. Freilich kann § 3 zur Kontrolle individualvertragsferner Klauseln (§ 3 Rz 23) in AVB dienen. Die Art der genommenen Versicherung („Lebensversicherung", „Kaskoversicherung für das Objekt X") ist immer individualvertraglicher Natur. Enttäuschungen objektiv legitimer Versicherungserwartungen werden nicht Vertragsbestandteil.

178 Zur Anwendbarkeit der **Unklarheitenregel** des § 5 s dort Rz 2.

179 Soweit man entgegen dem hier eingenommenen Standpunkt Abgrenzungen des versicherten Risikos der Inhaltskontrolle nach §§ 9–11 unterwerfen will, ist zu

---

* **Schrifttum:** BAUER, Das AGB-Gesetz und seine Auswirkungen auf das Recht der Allgemeinen Versicherungsbedingungen, BB 1978, 476; HELM, AGB-Gesetz und Allgemeine Versicherungsbedingungen, NJW 1978, 129; ders, Auswirkungen des AGB-Gesetzes auf die Leistungspflicht des Haftpflichtversicherers, VersR 1978, 1; MEYER-KAHLEN, AGB-Gesetz und Allgemeine Versicherungsbedingungen, Versicherungspraxis 1977, 81; SCHAEFER, Inhaltskontrolle nach dem AGB-Gesetz bei Allgemeinen Versicherungsbedingungen, VersR 1978, 4; SIEG, Auswirkungen des AGB-Gesetzes auf Justiz und Verwaltung im Bereich der Privatversicherung, VersR 1977, 489; WAGNER, Zur Bedeutung des AGB-Gesetzes für die Gefahrbeschreibung in den Allgemeinen Unfallversicherungs-Bedingungen, ZVersWiss 1977, 119.

Lasten des Versicherungsnehmers zu berücksichtigen, daß der Versicherer nicht nur seine Belange, sondern auch die Interessen der Solidargemeinschaft aller Versicherten zu wahren hat, hinter denen Einzelinteressen gelegentlich zurückstehen müssen (Brandner Rz 66; ders Anh §§ 9–11 Rz 854; Dietlein Rz 11; Löwe Rz 33; Meyer-Kahlen VersPrax 1977, 84), und daß günstige Prämien und die Auswahl mehrerer Tarife eine Risikobeschränkung rechtfertigen können (Brandner aaO; Prölss-Martin, VVG Vorbem I 6 C d).

b) Freilich gibt es auch in Allgemeinen Versicherungsbedingungen eine Unzahl von **180** Klauseln, die von gesetzlichen Vorschriften abweichen oder ihrer Ergänzung dienen und daher der Inhaltskontrolle sehr wohl unterliegen (dazu ausführlich Bauer BB 1978, 478).

Klauseln, welche eine über das eventuell gesetzlich vorgesehene Maß hinausgehende Verwirkung oder Reduzierung von Versicherungsleistungen für den Fall vorsehen, daß der Versicherungsnehmer gewisse Obliegenheiten nicht erfüllt, sind keine Beschreibungen des versicherten Risikos und daher Gegenstand der Inhaltskontrolle (im Ergebnis allgM). Der Versicherungsnehmer wird unangemessen benachteiligt, wenn an Obliegenheitsverletzungen, die die Interessen des Versicherers nur unwesentlich beeinträchtigen, der Verlust des Versicherungsschutzes geknüpft wird (Bauer BB 1978, 480; Graba § 8 Rz 10, § 9 Rz 12). Eine Klausel, durch die der Versicherungsnehmer den Versicherer ermächtigt, in den ersten drei Jahren nach Abschluß einer Lebensversicherung bei Ärzten und anderen sachverständigen Stellen **Auskünfte über seine Gesundheitsverhältnisse** einzuholen, ist nach § 9 Abs 1 unwirksam (Hollmann NJW 1978, 2332; aM Schütte NJW 1979, 592).

Zum **Erfüllungsort der Prämienzahlung** s oben Rz 50; zur Länge der Annahmefristen (Risikoprüfung) und Fristen zur Erbringung einer Leistung für den Versicherer s § 10 Nr 1 Rz 11; zur **Prämienanpassungsklauseln** s § 11 Nr 1 Rz 3; zum **Rückkaufswert von Lebensversicherungen** bei Vertragsauflösung s § 10 Nr 7 Rz 13. Zu Versicherungsvereinen auf Gegenseitigkeit s § 23 Rz 36 f; zu den **Einbeziehungsvoraussetzungen** § 2 Rz 71.

22. Werkverträge **181**

a) Für **Kostenvoranschläge** kann eine Vergütung nur verlangt werden, wenn dies besonders vereinbart worden ist (hM, zB OLG Hamm MDR 1975, 402). Eine formularmäßige Vereinbarung verstößt zwar nicht gegen § 9 (Hensen Anh §§ 9–11 Rz 215), kommt aber in dem in der Praxis allein wichtigen Fall, daß der Abschluß eines Werkvertrages nach Erstellung des Kostenvoranschlags scheitert, wegen § 2 nicht zustande (s § 2 Rz 39). Gesetzliche Rechtsfolge einer wesentlichen **Überschreitung des Kostenvoranschlages** ist gem § 650 BGB das Kündigungsrecht des Bestellers. Dieses kann durch AGB des Unternehmers nicht ausgeschlossen werden, da sonst der Kostenvoranschlag jede rechtliche Bedeutung verlöre, und dem Besteller ein Kostenrisiko aufgebürdet würde, das durch das Institut des Voranschlags gerade ausgeschlossen werden soll (so auch Löwe Rz 71). Dasselbe gilt für die gesetzliche Verpflichtung des Werkunternehmers zur Anzeige einer **drohenden Kostenüberschreitung,** § 650 Abs 2 BGB. Natürlich sind nach all dem auch globale Entlastungsklauseln (zB: „Aus der Überschreitung des Kostenvoranschlages kann der Besteller keine Rechte herleiten") unwirksam (Löwe Rz 71; Hensen Anh §§ 9–11 Rz 215).

b) AGB-Klauseln können wirksam vorsehen, daß der Werkunternehmer entgegen **182** § 641 BGB das Recht hat, **Anzahlungen** zu verlangen. Wie hoch diese Anzahlungen sein können, ist im Einzelfall nach der Höhe der Aufwendungen des Unternehmers und dem Grad seiner Sicherung durch das Unternehmerpfandrecht gem §§ 647, 648 BGB abzuwägen. In Einzelfällen kann sogar eine völlige Vorleistungspflicht des AGB-Unterworfenen angemessen sein – so beim Reiseveranstaltervertrag (s oben Rz 140).

183 c) In AGB zu Werkverträgen findet sich gelegentlich eine Bestimmung, die sagt, im Falle der **ordentlichen Kündigung** des Vertrages gem § 649 BGB, bzw § 8 Nr 1 VOB/B solle der Auftragnehmer lediglich eine Vergütung für die bereits ausgeführten Leistungen erhalten. Diese Regelung weicht erheblich von der in § 649 S 2 BGB sich findenden ab, die dem Auftragnehmer grundsätzlich die volle Vergütung beläßt, und ihn nur verpflichtet, dasjenige sich abziehen zu lassen, was er erspart hat oder durch anderweitige Verwendung seiner Arbeitskraft erwirbt oder zu erwerben böswillig unterläßt. Die gesetzliche Regelung beruht auf der Einsicht, daß der Werkunternehmer bei Annahme von Aufträgen über seine Leistungskapazität disponiert hat und nicht immer ohne Verlust umdisponieren kann. Ein anteiliger Wegfall seiner Vergütung verstößt daher, wenn der Besteller AGB-Verwender ist, gegen § 9 (zweifelnd Ingenstau-Korbion § 8 Rz 7). Für den Fall von Unternehmerbedingungen, die eine uneingeschränkte Vollvergütung vorsehen, s § 10 Nr 7 Rz 6).

Das Kündigungsrecht nach § 649 BGB selbst ist aber formularmäßig abdingbar (allgM). Daher kann in Architektenverträgen, welche die Bauausführung einschließen, auch stehen, daß ohne Mitwirkung des Architekten das Bauwerk nicht vollendet werden dürfe. Das Recht zur außerordentlichen Kündigung des Architektenvertrages wird dadurch freilich auch nicht berührt. Beschränkt sich der Architektenvertrag auf die Planung, dann scheitert die Einbeziehung einer solchen Klausel freilich bereits an § 4. Zu überhöhten Vergütungen s § 10 Nr 7 Rz 6.

184 d) Die **Vereinbarung eines Pfandrechts** an hergestellten oder ausgebesserten Sachen soll dem Werkunternehmer gutgläubigen Erwerb des Pfandrechts nach § 1207 BGB ermöglichen, wenn der Besteller nicht Eigentümer der Sachen ist. Das gesetzliche Werkunternehmerpfandrecht nach § 647 BGB kann nämlich (s Erl zu § 647 BGB), anders als ein rechtsgeschäftlich bestelltes, nicht gutgläubig erworben werden. Da für Verwertung und Erlöschen des vertraglichen Pfandrechts die gleichen Regeln gelten wie im Falle des gesetzlichen Werkunternehmerpfandrechts, wird der Besteller durch die formularmäßige Pfandvereinbarung nicht unangemessen benachteiligt. Auch die Rechtsposition eines vom Besteller personenverschiedenen Eigentümers der Pfandsache wird nicht in einer Weise verschlechtert, die die Interessen des Vertragspartners beeinträchtigte; solche Klauseln sind also wirksam (BGHZ 68, 323 = NJW 1977, 1240; OLG Nürnberg MDR 1976, 491; Löwe Rz 71; aM Picker NJW 1978, 1417). Zu § 50 Buchst a ADSp vergl oben Rz 170.

Der formularmäßige **Ausschluß des gesetzlichen Werkunternehmerpfandrechts** durch Kunden-AGB ist unangemessen und damit nach § 9 unwirksam, wenn nicht gleichzeitig die Vorleistungspflicht des Werkunternehmers abbedungen oder der Unternehmer anderweitig abgesichert wird (OLG München BB 1976, 1002; ähnlich Löwe Rz 71).

185 e) Die formularmäßige Anordnung eines **unentgeltlichen Eigentumsübergangs ausgetauschter Altteile** bei Reparaturen ist nicht prinzipiell nach § 9 unwirksam (aM Löwe Rz 71), sondern nur dann, wenn dem Reparaturkunden kein Anspruch auf eine Beweise sichernde Aufbewahrung eingeräumt wird.

186 f) Der **formularmäßige Verzicht des Kunden auf eine Rechnung** ist unwirksam, da dieser durch den Verlust der Möglichkeit, den Preis nachzuprüfen, und durch Beweiserschwernisse bei der Durchsetzung von Gewährleistungsansprüchen unangemessen benachteiligt wird. Dem steht kein schützenswertes Interesse des Verwenders gegenüber, der bei ordnungsmäßigem Geschäftsgang ohnehin eine Abrechnung erstellen muß.

g) Zur **Laufzeit von Dauerwerkverträgen** s § 11 Nr 12. 187

h) Zu **Gewährleistungsausschlüssen** s § 11 Nr 10 Rz 19 ff. 188

i) Zu **Schadensersatzansprüchen bei Kündigung** von Werkverträgen aus vom Besteller zu vertretenden Gründen s § 11 Nr 5 Rz 26. 189

Zum **Bauwerkvertrag** s oben Rz 74 ff. 190

Anhang zu § 9 AGBGB

Schrifttum und **Rechtsprechung** zur AGB-Problematik einzelner Vertragstypen und Bedingungswerke, auf die in diesem Kommentar nicht in einzelnen eingegangen wird (s auch Stichwortverzeichnis)

AllGO: (Allgemeine Gebührenordnung für die wirtschaftsprüfenden sowie wirtschafts- und steuerberatenden Berufe): s unter Steuerberater und Wirtschaftsprüfer.

Anzeigen: Hensen Anh §§ 9-11 Rz 105 ff; Hörle, Allgemeine Geschäftsbedingungen für das Anzeigenwesen nach dem neuen AGB-Gesetz, AfP 1977, 266; Schneider, Allgemeine Geschäftsbedingungen für Anzeigen und Fremdbeilagen in Zeitungen und Zeitschriften, WRP 1977, 382; Graf von Westphalen, Die Allgemeinen Geschäftsbedingungen für Anzeigen in Zeitungen und Zeitschriften im Licht des neuen AGB-Gesetzes, BB 1977, 423; Wronka, Werbeverträge und AGB-Gesetz, BB 1976, 1580.

Bekleidung: § 2 Rz 68.

Bewachung: S § 11 Nr 7 Rz 37, 53. Hensen Anh §§ 9–11 Rz 240.

Bierlieferung: BGH NJW 1978, 1519 (Verpflichtung des Gastwirts, auch ohne Inanspruchnahme eines Brauerei-Darlehens Bier nur von der AGB-Verwenderin zu beziehen); Hensen Anh §§ 9-11 Rz 250; Hiddemann, Die Rechtsprechung des BGH zum Bierlieferungsvertrag, WM 1975, 942.

Bürgschaft: Brandner Anh §§ 9-11 Rz 260.

Chemische Reinigungen: S § 11 Nr 7 Rz 21, 40.

Darlehen, Teilzahlungsbanken: BGH NJW 1979, 805; BGH NJW 1979, 808; OLG Frankfurt WM 1978, 1216; OLG Frankfurt WM 1978, 1218 (alle Darlehenskosten); OLG München MDR 1978, 407 (Schadensersatzansprüche bei Verzug des Darlehensnehmers); LG Karlsruhe BB 1979, 188 (Ansprüche der Bank bei vorzeitig gekündigtem Ratenkredit); Brandner Anh §§ 9-11 Rz 280 ff, Rz 715 ff; Löwe § 9 Rz 67; Schlosser-Graba § 9 Rz 142 ff; Krug, Die vorzeitige Rückzahlung von Konsumentenkrediten durch den Kreditnehmer, BB 1979, 24 mit Erwiderung Scholz BB 1979, 188; Schmuck, Auswirkungen des AGB-Gesetzes auf Darlehensverträge und Anleihebedingungen der Realkreditinstitute, Der langfristige Kredit (1979), 195; s auch Sicherungsrechte § 9 Rz 154 f; Lohnabtretungsklauseln s § 9 Rz 46.

Detektiv: BGH MDR 1978, 744; s auch § 9 Rz 105 (Dienstvertrag).

EDV-Programmüberlassung: Zahrent, Besondere Vertragsbedingungen für die Überlassung von EDV-Programmen, BB 1978, 133.

Gastwirte: S § 11 Nr 7 Rz 46.

Gerichtsstandsklauseln: S § 3 Rz 10, 15, 16.

Handelsvertreter: BRANDNER Anh §§ 9–11 Rz 410 ff; STÖTTER Handelsvertreterrecht (2. Aufl 1977).

Hypothekarkredit: FEHL Systematik des Rechts der Allgemeinen Geschäftsbedingungen (1979) 171 ff.

Ingenieure: (s auch Architektenverträge) § 9 Rz 57 ff; MINKLER, Kommentar zu den Ingenieurleistungen der HOAI (1977) Anh 8.

Kommanditgesellschaftsbeteiligungen: ULMER Anh §§ 9–11 Rz 445.

Lagerhalter: HENSEN Anh §§ 9–11 Rz 455 ff; SELLSCHOPP, Die vertragliche Haftung des Lagerhalters, Diss Hamburg 1974.

Maschinenlieferung: HENSEN Anh § 9–11 Rz 770 ff.

Neuwagen: REUTER Betrieb 1979, 2069.

Rechtsanwälte: BRANDNER Anh §§ 9–11 Rz 560.

Steuerberater und Wirtschaftsprüfer: Zu § 17 Abs 1 AllGO, s § 9 Rz 105 (Dienstvertrag, Vergütung); BGH BB 1979, 491 (Verjährung von Schadensersatzansprüchen gegen den Steuerberater); BEISE, Allgemeine Auftragsbedingungen für Wirtschaftsprüfer und Wirtschaftsprüfergesellschaften im kaufmännischen Verkehr, BB 1979, 352; BRANDNER Anh §§ 9–11 Rz 680 ff, 950 ff; ROHWEDER, Auswirkungen des AGB-Gesetzes auf den Abschluß von Steuerberatungsverträgen unter Verwendung von Allgemeinen Auftragsbedingungen, Deutsches Steuerrecht 1978, 63; SPÄTH, Haftungsvereinbarungen im Steuerberatungsvertrag im Lichte des AGB-Gesetzes, Die Steuerberatung 1977, 205; VÖLZKE, AGB-Gesetz und Steuerberatungsvertrag, Die Steuerberatung 1977, 155; ZILIAS, Übersicht über das AGB-Gesetz unter besonderer Berücksichtigung der Bedeutung für die Vertragspraxis des Wirtschaftsprüfers, Wirtschaftsprüfung 1977, 309.

Verträge der Teilzahlungsbanken: s Darlehensverträge.

Urhebervertragsrecht: HERTIN, AGB-Gesetz und Urhebervertragsrecht, AfP 1978, 72.

Verwahrung: HENSEN Anh §§ 9–11 Rz 895 ff; LÖWE-VON WESTPHALEN § 9 Rz 69.

Werbung: WRONKA, Werbeverträge und AGB-Gesetz, BB 1977, 1580.

Wohnungseigentum: BayObLG BB 1979, 545 (Gemeinschaftsordnung, Anerkennung von Wohngeldabrechnungen); HENSEN Anh §§ 9–11 Rz 965 (Teilungserklärungen).

§ 10
Klauselverbote mit Wertungsmöglichkeit

§ 10 Nr 1
Annahme- und Leistungsfrist

In Allgemeinen Geschäftsbedingungen ist insbesondere unwirksam eine Bestimmung, durch die sich der Verwender unangemessen lange oder nicht hinreichend bestimmte Fristen für die Annahme oder Ablehnung eines Angebots oder die Erbringung einer Leistung vorbehält;

1. Teilber 58; RefE 11; RegE 24 – s Einl 6 ff.

I. Allgemeines

1. Regelungsanliegen 1

Die Vorschrift betrifft zwei Arten von Klauseln, die im Ergebnis beide darauf abzielen, dem Verwender unter einseitiger Bindung des Vertragspartners einen möglichst großen Entscheidungsspielraum hinsichtlich der Vertragserfüllung einzuräumen.

Die **erste Fallgruppe** stellen alle Klauseln dar, durch die sich der Verwender den Vertragsschluß selbst vorbehält. Sowohl der Vertragspartner als auch der Verwender können daher in der Rolle des Anbietenden auftreten. Mit derartigen Klauseln hat sich die frühere Rspr nur vereinzelt befaßt.

Die **zweite Fallgruppe** bilden die Klauseln, die bestimmte Leistungsfristen vorsehen oder den Leistungszeitpunkt in das Ermessen des Verwenders stellen oder an bestimmte Ereignisse knüpfen.

Beide Arten von Klauseln können dazu führen, daß der über den genauen Zeitpunkt des Vertragsschlusses häufig im unklaren sich befindende Vertragspartner des Verwenders in seinen Erwartungen zur Rechtzeitigkeit der Leistung, so wie er sie aus seiner Perspektive hegen muß, grob enttäuscht wird. Daher sind alle derartigen Klauseln nunmehr nach § 10 Nr 1 unwirksam, wenn die Fristen entweder unangemessen lang oder nicht hinreichend bestimmt sind.

§ 10 Nr 1 hat große Bedeutung insbesondere im Zusammenspiel mit § 10 Nr 2, § 11 Nr 1, § 11 Nr 4, § 11 Nr 8 und § 11 Nr 9, da er den AGB-Verwender zwingt, hinreichend bestimmte und angemessene Leistungsfristen anzugeben. Dies ist gerade die Grundlage für weitere Vertragsklauseln, die nach den genannten Vorschriften zu beurteilen sind. Die Gefährlichkeit unbestimmter oder unangemessen langer Fristen liegt vor allem darin, daß der Vertragspartner an den Vertrag gebunden ist, ohne durch Mahnung und Fristsetzung zu einer raschen Leistung zwingen oder sich nach einem Rücktritt wegen Verzugs anders umsehen zu können.

2. Anwendungsbereich 2

a) § 10 Nr 2 ergänzt § 10 Nr 1 hinsichtlich der Nachfristen, die als Voraussetzung zur Geltendmachung von Ansprüchen aus Verzug oder von Gewährleistungsansprüchen im Einzelfall zu setzen sind. Bei der Prüfung der Angemessenheit der unter § 10 Nr 1 fallenden Fristen kann es erforderlich sein, auch die gegebenenfalls in dem betreffenden Klauselwerk vorgeschriebenen Nachfristen zu berücksichtigen. Zu prüfen ist auch in jedem Fall, ob die sog „Nachfrist" nicht in Wirklichkeit nur ein verdeckter Teil der Leistungsfrist ist, was anzunehmen ist, wenn die Verzugsfolgen erst mit Ablauf der Nachfrist eintreten sollen.

b) § 10 Nr 3 und § 10 Nr 1 betreffen ähnliche Fälle, ohne sich jedoch zu 3
überschneiden: Soweit in einem Klauselwerk beispielsweise die Lieferung durch den Verwender unter dem Vorbehalt des „Obs" der Selbstbelieferung steht, ist dies eine **auflösende Bedingung,** die unter § 10 Nr 3 fällt. (Coester-Waltjen Rz 22, § 10 Nr 3 Rz 34; Ulmer Rz 4 und § 10 Nr 3 Rz 5; aM Löwe Rz 10). Die Klausel „Selbstbelieferung vorbehalten" betrifft aber im allgemeinen auch den Leistungszeitpunkt und ist dann sowohl an Nr 1 als auch an Nr 3 von § 10 zu messen (s unten Rz 17, 21). Zu aufschiebenden Bedingungen s unten Rz 9.

c) § 4 und § 10 Nr 1: Eine abweichend vom Formulartext **individuell vereinbarte** 4
Frist geht einer Klausel, welche die Verbindlichkeit von Fristen einschränkt oder gar aufhebt, in jedem Falle vor (s § 4 Rz 4). Dies gilt auch dann, wenn ein vom

Verwender ausgehendes Angebot als unverbindlich bezeichnet wird (Coester-Waltjen Rz 6; aM Brandner Rz 4, der hier nur § 10 Nr 3 oder § 9 anwenden will). Manches, was dem äußeren Anschein nach eine individuelle Bestimmung einer Lieferfrist ist, hat in Wirklichkeit aber AGB-Charakter (dazu Einl 14 zu § 1).

5 **d)** Ist eine Klausel über die Leistungszeit unwirksam, so können die Verzugsfolgen früher eintreten, als nach den Vorstellungen des Verwenders möglich sein soll. Ob freilich **Haftungsmaßstab** einfache oder grobe Fahrlässigkeit ist, bestimmt sich nach den Grundsätzen von § 11 Nr 7 und 8 (s dort).

6 **e)** Sondervorschriften kennt das Versicherungsrecht: § 81 Abs 1 S 1 VVG sieht für die Feuerversicherung eine Bindung des Antragenden von einer Frist von zwei Wochen vor; § 5 Abs 3 Pflichtversicherungsgesetz bestimmt, daß ein Antrag auf Haftpflichtversicherung als angenommen gilt, wenn er nicht binnen zweier Wochen vom Versicherer schriftlich abgelehnt wird. Nach § 11 Abs 1 VVG sind ferner Geldleistungen des Versicherers erst mit Beendigung der zur Feststellung des Versicherungsfalles und des Umfangs der Leistung des Versicherers nötigen Erhebungen fällig.

7 **f)** § 147 Abs 2 BGB bestimmt für Angebote unter Abwesenden die Grenze der Bindung des Erklärenden an sein Angebot. Durch § 10 Nr 1 wird diese Vorschrift für AGB keineswegs zu zwingendem Recht, wie sich schon aus der Zuordnung des § 10 Nr 1 zu den Verboten mit Wertungsmöglichkeit ergibt.

II. Fristen für die Annahme oder Ablehnung eines Angebots

8 1. Kreis der mit der Frist belasteten Personen

Unter die Vorschrift fallen nur **Fristen**, die sich der Verwender **zu Lasten des Kunden** vorbehält. Fristen, die der Verwender zur Annahme seiner eigenen Angebote setzt, sind nicht nach § 10 Nr 1 zu beurteilen. Über den Wortlaut hinaus werden dagegen auch Fristen erfaßt, die sich der Verwender zugunsten eines uU erst noch zu benennenden Dritten einräumen läßt. Dies geschieht beispielsweise in Bauträgerverträgen, wenn der Bauträger auf einem von ihm stammenden Formular den Käufer ein befristetes Kaufangebot abgeben läßt, das er an einen Dritten weitergeben darf. Der Zweck der Vorschrift, den Kunden nicht unangemessen lang in seiner Dispositionsfreiheit zu beschränken, erfordert ihre Anwendung auch in diesen Fällen (Koch-Stübing Rz 6).

Klauseln, die den Abschluß des Vertrages selbst betreffen, stellen bei genauer Betrachtung noch keine „Vertrags"-Bedingungen dar, da ein Vertrag noch gar nicht abgeschlossen ist. Dies gilt in besonderem Maße für die VOB Teil A, der sich ausschließlich mit den Vorgängen bis zum Zustandekommen des Vertrages befaßt. Gleichwohl findet das AGBG auch auf diese Texte Anwendung (§ 1 Rz 5).

Verfehlt wäre eine Betrachtungsweise, die die in den AGB des Verwenders enthaltene Frist zur Annahme ihm zugegangener Angebote als eine von seinem Vertragspartner gesetzte Frist ansähe, nur weil dieser die erste auf den Vertragsschluß selbst gerichtete Erklärung, nämlich das Angebot im technischen Sinne des Wortes abgegeben hat. Gerade dies soll durch § 10 Nr 1 ausgeschlossen werden (Löwe Rz 2; Stein Rz 8; Brandner Rz 2; Wronka BB 1976, 1582 f; Dietlein Rz 3).

9 2. Übermäßig lange Fristen

a) Der Nummer 1 von § 10 unterliegen alle Fälle, in denen die Bindung des Verwenders an den abzuschließenden Vertrag hinausgeschoben wird. Das gilt zB für

Situationen, in denen der Vertragsschluß **stillschweigend** zustandekommen soll („Das Angebot gilt als angenommen, wenn der Verkäufer nicht binnen vier Wochen widerspricht"). Eine derartige Formulierung ist nach § 10 Nr 1 grundsätzlich zulässig, wenn die Frist nicht unangemessen lang ist (Coester-Waltjen Rz 8; Brandner Rz 8; nach früherem Recht bereits OLG Düsseldorf MDR 1978, 144 für allgemeine Versicherungsbedingungen; aM Löwe Rz 6, der hierin eine nicht hinreichend bestimmte Fiktion sieht). § 10 Nr 1 erfaßt auch **aufschiebende Bedingungen**, da auch dann eintritt, wovor das Gesetz den Vertragspartner des Verwenders schützen will, nämlich, daß ein Vertrag noch nicht zustande kommt, während der Vertragspartner gebunden bleibt (Coester-Waltjen Rz 21). Zu auflösenden Bedingungen s Rz 3. Nicht anwendbar ist § 10 Nr 1 aber auf Fälle, in denen sich der Kunde durch Erteilung einer **unwiderruflichen Vollmacht** langfristig an den Verwender bindet: solches ist nach den Grundsätzen des § 9 zu überprüfen (Koch-Stübing Rz 7).

Eine Wertung der Angemessenheit einer Bindungsdauer hat sich an § 147 Abs 2 BGB zu orientieren. Wesentliche Überschreitungen der Frist des § 147 Abs 2 BGB sind nur zuzulassen, wenn ein sachlich gerechtfertigter Grund dafür vorliegt. Ein solcher kann gegeben sein, wenn der Verwender nicht ohne weiteres seine Leistungsfähigkeit überblicken, insbesondere wenn er erst Deckungskäufe vornehmen oder behördliche Genehmigungen einholen muß. Auch Erkundigungen über die Kreditwürdigkeit des Vertragspartners, deren Notwendigkeit nach der Art des Geschäfts auch diesem klar sein muß, können bei umfangreicheren Geschäften einen längeren Überlegungs- bzw Prüfungszeitraum erfordern (Brandner Rz 5). Grundsätzlich wird der Spielraum um so größer sein, je höher der Wert der Leistung, je umfangreicher die organisatorischen Vorkehrungen zur Erbringung der Leistung und je schwieriger die Finanzierungs- und Genehmigungsfragen sind (Stein Rz 9). Auch ist ein schutzwürdiges Interesse des Verwenders an einer einheitlichen Annahmefrist für Geschäftsabschlüsse ein- und derselben Art anzuerkennen (Brandner Rz 5). Da, wo die Marktpreise zu schwanken pflegen, ist jede nicht unerläßliche Dauer der Frist unwirksam, weil sie dem Verwender die Möglichkeit ließe, auf Kosten seines Kunden zu spekulieren (Kötz Rz 8). 10

b) Einzelbeispiele 11

Alltagsgeschäfte: Eine über zehn Tage hinausgehende Bindung ist in jedem Falle unangemessen (Löwe Rz 5; aM Brandner Rz 5; Neumann-Wedekindt, Inhaltskontrolle Allgemeiner Geschäftsbedingungen, dargestellt an Vertragsabschlußklauseln, Diss Münster 1969, 115, der eine allgemeine Höchstfrist von 15 bis 16 Tagen befürwortet).

Abzahlungsgeschäft (s Kreditgeschäfte).

Eigentumswohnungen: Bei der Veräußerung von Eigentumswohnungen können Fristen von mehreren Monaten gerechtfertigt sein, wenn die Verwirklichung des Projekts von einer Mindestzahl von Angeboten abhängig ist (Löwe Rz 5).

Fertighäuser: Eine Frist bis zu vier Wochen, gemessen von dem Zeitpunkt, zu dem der Käufer den Verkäufer definitiv über seine Finanzierungsmöglichkeiten informiert, erscheint angemessen (Coester-Waltjen Rz 10).

Kraftfahrzeuge: Vier Wochen erscheinen als Höchstgrenze zulässig (Coester-Waltjen Rz 10; aM Brandner Rz 7; Hensen Anh §§ 9–11 Rz 440).

Kreditgeschäfte: Die Überprüfung der Kreditwürdigkeit des Antragstellers erfordert einen nicht unerheblichen Überlegungszeitraum.

Möbelkauf: Drei Wochen sind als äußerste Grenze anzusehen (Coester-Waltjen Rz 10; aM Brandner Rz 7).
Versicherungsverträge: Für den Feuerversicherungsvertrag läßt § 81 Abs 3 S 3 VVG eine Verlängerung der Frist von zwei Wochen zu. Da, wie dem Gesetzgeber nicht verborgen bleiben konnte, solches praktisch nur mit AVB angestrebt werden kann, deckt das Gesetz auch dies (aM Koch-Stübing Rz 13). Die Sechs-Wochen Frist in § 1 Nr 1 Allgemeine Lebensversicherungsbedingungen und § 3 Nr 1 Allgemeine Krankenversicherungsbedingungen dürfte angesichts der umfangreichen Risikoprüfung ebenfalls noch angemessen sein (Brandner Rz 6; Löwe Rz 5; aM Stübing Rz 13).
VOB: § 19 Ziff 2 S 2 VOB/A sieht vor, daß der Bieter nicht länger als 24 Werktage an sein Angebot gebunden sein soll. Dies kann als Regelfall für eine angemessene Bindungsfrist im Baugewerbe gelten (Heiermann-Linke, VOB Anm 10.2.1.; Ingenstau-Korbion, VOB/A § 19 Rz 1). Ob die Frist gegen ein „Bindungsentgelt" verlängert werden kann (dafür: Koch-Stübing Rz 12), erscheint fraglich. Die Grundsätze über die Gewährleistungsbeschränkungen gegen Entgelt („Tarifwahl") gelten hier entsprechend, siehe § 10 Nr 10 Rz 24.

12 **3. Nicht hinreichend bestimmte Fristen**

Maßgebend für den Bestimmtheitsgrad einer Frist und seine Tolerierbarkeit ist die Sicht des Kunden im Zeitpunkt der Angebotsabgabe: Kann er die Dauer seiner Bindung nicht oder nur unter Zuhilfenahme rechtlicher Beratung errechnen, dann ist die Bestimmung nicht wirksam (Palandt-Heinrichs Anm 1 b bb; Brandner Rz 8). Dies ist insbes der Fall, wenn die Dauer der Frist von einem in der Verwendersphäre liegenden Ereignis oder gar vom Verwenderermessen abhängt, wie beispielsweise bei Klauseln, die vorsehen, daß der Kunde „bis zum Eingang einer sachlichen Antwort" oder „innerhalb von 14 Tagen nach Zusammenstellung der Herstellungsunterlagen" oder „bis nach Eingang der Kreditauskunft" an sein Angebot gebunden sein soll. Eine unbestimmte Frist liegt auch vor, wenn der Kunde nach ergebnislosem Verstreichen der Annahmefrist erst ein Rücktritts- oder Widerrufsrecht haben soll, also die Bindung nicht eo ipso entfällt. Unwirksam sind ferner nicht eindeutige Zeitbestimmungen wie „bis zum Ende der Saison" (Kötz Rz 8), oder „des Rechnungsjahres".
Der formularmäßige Verzicht auf den Zugang der Annahmeerklärung gemäß § 151 S 1 BGB ist dagegen nie nach § 10 Nr 1 zu beanstanden (siehe auch § 9 Rz 1 ff; aM Löwe Rz 6). Nicht erforderlich ist, daß die Frist im Sinne von § 284 Abs 2 BGB kalendermäßig bestimmt oder bestimmbar ist (Koch-Stübing Rz 14; aM Löwe Rz 6). § 10 Nr 1 will ersichtlich nicht auf § 284 Abs 2 BGB zurückgreifen, sondern nur dem Kunden die Möglichkeit gewährleisten, seine Bindungszeit leicht zu durchschauen. Dementsprechend ist es auch zulässig, die Frist von einer Tätigkeit des Kunden selbst abhängig zu machen, beispielsweise von der Einsendung bestimmter Unterlagen, die der Verwender zur Überprüfung der Durchführbarkeit eines Auftrages benötigt (Coester-Waltjen Rz 19). Genügend bestimmt ist auch eine Klausel, die das Zustandekommen des Vertrages vorsieht, wenn der Verwender „auf ein Angebot des Kunden 14 Tage schweigt" (aM Löwe Rz 6, der hier eine unzulässige Fiktion sieht).

III. Fristen für die Erbringung einer Leistung

13 **1. Art der zu erbringenden Leistung**

§ 10 Nr 1 ist nicht nur auf Klauseln beschränkt, die die Erbringung einer Sachleistung durch den Verwender betreffen. Ebensogut kann es sich um die **Zahlungs-**

pflicht des Verwenders in der Rolle des Empfängers der Sachleistung handeln oder um eine **andere Hauptleistungspflicht**, wie die **Abnahmepflicht** beim Werkvertrag, § 640 BGB. Wird beispielsweise in einer Klausel die Fälligkeit der Zahlung des Werklohnes hinausgeschoben, so kann dies durch das Erfordernis der Rechnungsprüfung sachlich gerechtfertigt sein. Im Bauwesen sieht die vielfach auch unter privaten Parteien vereinbarte VOB/B in § 16 Ziff 3 eine Höchstfrist von zwei Monaten nach Rechnungszugang vor, innerhalb derer die Rechnung zu prüfen und die Zahlung zu leisten ist. Längere Fristen werden im Regelfall nicht hinnehmbar sein. Wird zugleich die Abnahme – als Fälligkeitsvoraussetzung gem § 641 BGB – hinausgeschoben, so ist dieser Zeitraum der Frist für die Zahlung hinzuzurechnen.

2. Übermäßig lange Frist 14

a) Bei der Prüfung, ob eine Leistungsfrist unangemessen lang ist, sind neben der angegebenen Dauer der Leistungsfrist auch alle Regelungen zu berücksichtigen, die den **Fristbeginn** hinausschieben („Die Leistungszeit beginnt mit Anzahlung", „... drei Wochen nach Vertragsschluß"), Fristunterbrechungen und Fristverlängerungen vorsehen oder Nachleistungsfristen mit einzubeziehen. Denn maßgeblich ist der Zeitpunkt, zu dem der Kunde den Verzug des Verwenders herbeizuführen in der Lage ist (Kötz Rz 9).

b) Für die **eigentliche** unter Berücksichtigung all dieser Elemente als tragbar zu wertende **Fristlänge** lassen sich keine festen Regeln aufstellen. Während bei Alltagsgeschäften bereits eine Abweichung von der Auslegungsregel des § 271 Abs 1 BGB unangemessen sein kann, sind große Teile des Wirtschaftsverkehrs auf eine sofortige Leistungspflicht gar nicht eingestellt, insbesondere weil Ware erst beschafft oder die Durchführung einer Leistung erst disponiert werden muß. Insoweit ist eine Festlegung einer Leistungsfrist unumgänglich. Zu fordern ist freilich in jedem Falle, daß ein sachlich gerechtfertigter Grund vorliegt, und die Frist nicht lediglich darauf abzielt, den Verzugseintritt zu verhindern (Brandner Rz 13). Zulässig ist es daher, eine Lieferfrist festzulegen, die auch die nicht ausscheidbaren **Selbstbelieferungsrisiken** angemessen berücksichtigt (Brandner Rz 13). 15

c) Bei Klauseln, die eine **Fristverlängerung bei Leistungsstörungen** vorsehen, ist zunächst festzustellen, wer nach der gesetzlichen Lage für die Leistungsstörung einzustehen hätte und sodann zu prüfen, ob die Fristverlängerung angemessen ist. Ist in einer solchen Klausel eine Fristverlängerung für Fälle vorgesehen, die der Verwender gem § 285 BGB selbst zu vertreten hätte, so sind ganz strenge Maßstäbe anzulegen: Nur für den Fall, für den nach § 11 Nr 7 eine Haftungsfreizeichnung zulässig wäre, ist auch eine Fristverlängerung annehmbar. Auch ist die sich so ergebende Gesamtfrist nochmals zu würdigen (Coester-Waltjen Rz 37). Zulässig kann es sein, die Leistungszeit um den Zeitraum zu verlängern, um den sich der Vertragspartner selbst mit seiner Gegenleistung im Verzug befindet (Coester-Waltjen Rz 38). 16

3. Nicht hinreichend bestimmte Fristen 17

Nicht hinreichend bestimmte Leistungszeitangaben führen dazu, daß die Leistungszeit mehr oder weniger in das Belieben des Verwenders gestellt wird. Das will die Norm verhindern. Unwirksam ist daher eine Klausel, die dem Verwender die Bestimmung des Leistungszeitpunkts nach § 315 BGB vorbehält, es sei denn, eine Höchstfrist sei festgelegt. Auch Klauseln wie „Leistung so schnell wie möglich", „Lieferung sofort nach Eintreffen der Ware beim Lieferer", sind daher unzulässige Klauseln (Coester-Waltjen Rz 42; Koch-Stübing Rz 22; Brandner Rz 14). Das gilt auch für Klauseln, mit denen der Verwender den Zeitpunkt für die Lieferung durch seinen Vertragspartner festlegen und sich etwa darin nicht näher begrenzte „Änderungen" des Lieferzeitpunktes vorbehalten möchte (Hensen Anh §§ 9–11 Rz 296). Wird die Lieferzeit generell für unverbindlich erklärt, so wird vielfach § 4 eingreifen, vgl Rz 4. „Selbstbelieferung vorbehalten", oder „freibleibend" fallen zwar auch unter Nr 3 von § 10, da sie dem Verwender eine einseitige Lösungsmöglichkeit einräumen. Das schließt jedoch nicht aus, sie auch nach § 10 Nr 1 zu beurteilen (Brandner Rz 4 und 11; Coester-Waltjen Rz 37, 42 – Klausel unwirksam; Dietlein Rz 5 – Klausel wirksam). Im Verhältnis zu Privaten ist eine solche Ausgestaltung der Leistungszeit nicht angemessen. Zulässig ist es hingegen, die Leistungszeiten im Rahmen kalendermäßiger Begriffe nur ungefähr anzugeben, etwa „auf circa 4 Wochen" (Coester-Waltjen Rz 42; Stein Rz 13; Brandner Rz 14; aM Löwe Rz 10). Hier ist dem Vertragspartner eine Bestimmung des Zeitraums, ab wann er den Verwender in Verzug setzen kann, durchaus möglich.

18 **4. Rechtsfolgen unwirksamer Bestimmungen über die Leistungszeit**

Ist eine die Leistungszeit betreffende Klausel nach § 10 Nr 1 unwirksam, so ist nach §§ 6 AGBG, 271 Abs 1 BGB die Leistungszeit nach den Umständen zu bestimmen. Die häufig zu hörende Behauptung, bei unbestimmter Leistungszeit habe der Schuldner gem § 315 BGB das Recht, den Leistungszeitpunkt nach billigem Ermessen festzusetzen (Brandner Rz 17; Graf von Westphalen Rz 16), stimmt für den Fall, daß sich die Unbestimmtheit in einer AGB-Regelung findet, nicht, s auch Rz 12. Die Anhänger der Möglichkeit einer geltungserhaltenden Reduktion „teilunwirksamer" AGB-Klauseln (s § 6 Rz 14 ff) – kommen hier zum selben Ergebnis (Kötz NJW 1979, 787).

19 **5. Spiegelbildliche Anwendung – zu kurze Fristen**

Daß der Verwender seinem Vertragspartner keine unangemessen kurze Leistungsfrist auferlegen oder ihn einer kurzfristigen Leistungsbestimmung aussetzen kann, folgt aus § 9 (andeutungsweise Coester-Waltjen Rz 47), s dort Rz 17. Dies als einen Fall spiegelbildlicher Anwendung von Bestimmungen aus dem Klauselverbots-Katalog ausdrücklich festzuhalten, ist vor allem deshalb notwendig, weil in Bau-Ausschreibungsbedingungen häufig gegen diese Grundsätze verstoßen wird. Ein Hauptunternehmer kann einen Subunternehmer nicht mit einer Frist von wenigen Tagen zum Beginn seiner Arbeiten verbindlich auffordern oder Termine und Fristen beliebig ändern wollen. Er kann auch nicht bestimmen, durch die vom Auftraggeber zu vertretenden Verzögerungen verlängerten sich die Ausführungszeiten höchstens um die Dauer der tatsächlichen Verzögerung, weil der Subunternehmer unmöglich zeitlich so scharf kalkulieren kann.

Unzulässig ist es, in Einkaufsbedingungen Unbestimmtheiten über den Abnahmezeitraum zu lassen.

20 **IV. Kaufleute**

Es ist leicht, die Geltung von § 10 Nr 1 auch im Verhältnis zu Kaufleuten zu behaupten (zögernd Brandner Rz 17). Eine Klausel „Lieferzeit unverbindlich" ist auch im Verhältnis unter Kaufleuten unwirksam (ähnlich, aber sehr vorsichtig OLG

Düsseldorf WM 1972, 83). Wer sich nicht festlegen will, darf keine „Lieferzeiten" angeben. Daß im Falle von unverschuldeten Hindernissen, welche die Rechtzeitigkeit der Leistung nur unter unzumutbaren Opfern möglich sein lassen, Verzug nicht eintritt (Graf von Westphalen Rz 18), folgt schon aus allgemeinen Grundsätzen. Entscheidend ist, daß Kaufleuten gegenüber manches als angemessen erscheint, was es, bezogen auf Private, nicht ist, gelegentlich auch umgekehrt.

1. Leistungsfristen 21

Im kaufmännischen Verkehr ist dem Gesichtspunkt angemessener Risikoabsicherung größeres Gewicht als im Verhältnis zu Privaten einzuräumen. Klauseln wie „Lieferungsmöglichkeit vorbehalten" oder (weitergehend) „richtige und rechtzeitige Selbstbelieferung vorbehalten" fallen zwar nicht nur in den Anwendungsbereich des § 9 in Verbindung mit § 10 Nr 1. Sie werden im Gegenteil meist allein im Zusammenhang mit § 10 Nr 3 diskutiert (Brandner Rz 17; Liesecke WM 1978 Sonderbeilage zu Heft 15, 46; aM Dittmann-Stahl Rz 293). Sie haben aber auch die Funktion, die Lieferfrist unbestimmt zu machen. Dennoch ist unter Kaufleuten diese Art der Risikoabwälzung im allgemeinen nicht unangemessen. Freilich ist eine derartige Klausel nach § 5 so zu interpretieren, daß sie nur bei unverschuldetem Ausbleiben der Selbstbelieferung gelten soll.

Besonderheiten für den kaufmännischen Verkehr gelten auch bezüglich der **spiegelbildlichen entspr** Anwendung von § 10 Nr 1: Kaufleute können in stärkerem Maße als Private einer kurzen Leistungsfrist oder einer kurzfristigen Bestimmung des Leistungszeitpunktes ausgesetzt werden. Klauseln, wie „baldmöglichst", „prompt" räumen dem Vertragspartner des Verwenders demgemäß eine kurze aber angemessene Lieferzeit ein, innerhalb der er alle Anstrengungen unternehmen muß. Solche und ähnliche Klauseln haben unter Kaufleuten häufig eine genau festliegende Bedeutung. Während die Klausel „prompt" nur zur möglichst schnellen Absendung der Ware im normalen Geschäftsvorgang verpflichtet, besagt die Klausel „sofort", wesentlich schärfer, daß der Verkäufer alles zur äußersten Beschleunigung der Warenlieferung, gegebenenfalls auch außerhalb des ordnungsgemäßen Geschäftsganges, zu unternehmen hat (Ratz in Großkomm HGB § 346 Rz 147 und 148).

2. Angebotsannahmefristen 22

Vorsichtiger als längere oder unbestimmte Leistungsfristen sind entsprechende Angebotsannahmefristen zu betrachten. Im allgemeinen besteht nämlich auch im Verhältnis unter Kaufleuten kein Grund, die Bindung an den Vertrag länger als nach den in Rz 13 ff herausgearbeiteten Grenzen in der Schwebe zu lassen. Allerdings sind auch insoweit branchenmäßig verschiedene Interpretationsstandards zu bestimmten Klauseln zu beachten. So hat die Klausel „freibleibend" durchaus verschiedene Bedeutungen. Entweder dient sie als Kennzeichen einer Aufforderung zur Abgabe eines Angebots (insbes auch mit dem Zusatz „Zwischenverkauf vorbehalten") oder als Vorbehalt eines jederzeitigen Widerrufs des Angebots bis zum Zugang der Annahmeerklärung (Ratz in Großkomm HGB § 346 Rz 138; Graf von Westphalen Rz 12; Dittmann-Stahl Rz 293). Sie kann aber auch Bestandteil eines bestehenden Vertrages sein und wirkt dann als Rücktrittsvorbehalt, s § 10 Nr 3 Rz 15).

§ 10 Nr 2
Nachfrist

In Allgemeinen Geschäftsbedingungen ist insbesondere unwirksam . . . eine Bestimmung, durch die sich der Verwender für die von ihm zu bewirkende Leistung entgegen § 326 Abs. 1 des Bürgerlichen Gesetzbuches eine unangemessen lange oder nicht hinreichend bestimmte Nachfrist vorbehält.

1. Teilber 59; RefE 11; RegE 24 – s Einl 6 ff.

I. Allgemeines

1 **1. Gesetzgeberisches Grundanliegen**

§ 10 Nr 2 knüpft räumlich wie sachlich an beide Fälle von § 10 Nr 1 an. Beide Vorschriften sind häufig bei der Vornahme der Wertung, ob eine Frist angemessen oder hinreichend bestimmt ist, gemeinsam heranzuziehen. Der vom Gesetzgeber verfolgte Zweck liegt auch bei § 10 Nr 2 in der Vereitelung aller Versuche, den Leistungszeitraum unter einseitiger Bindung des Kunden formularmäßig möglichst lange hinauszuzögern. Die frühere Rspr hat diese Klauseln unter AGB-spezifischen Gesichtspunkten nicht behandelt und es im wesentlichen bei der Feststellung belassen, daß § 326 BGB dispositives Recht enthalte.

2 **2. Anwendungsbereich**

a) Sogenannte Nachfristen sind häufig Fristen, welche schon den Leistungszeitpunkt hinausschieben sollen, und unterliegen dann der **Nr 1 von § 10,** s § 10 Nr 1 Rz 2.

3 **b)** § 10 Nr 2 betrifft nur Klauseln, die den Eintritt des Zeitpunktes regeln, zu dem nicht mehr die ursprüngliche Leistung gefordert, sondern nur noch Schadensersatz begehrt oder vom Vertrag zurückgetreten werden kann, während **§ 11 Nr 7, 8** sich mit dem Haftungsmaßstab für den Eintritt der Verzugsfolgen befassen. Betrifft daher eine Klausel nicht nur die Fristbestimmung selbst, sondern schränkt sie darüber hinaus die Rechte des Kunden aus § 326 BGB ein, sind nur § 11 Nr 7, 8 anwendbar.

4 **c)** Entgegen der ausschließlichen Erwähnung von § 326 Abs 1 BGB ist § 10 Nr 2 entsprechend auch auf die gleichgelagerten Fälle der §§ 283 Abs 1, 354, 355, 634 BGB anzuwenden (Brandner Rz 5; Kötz Rz 13; Löwe Rz 6).

5 **d)** Aus dem Erfordernis des „Vorbehalts" folgt, daß sich die Vorschrift unmittelbar nur auf Nachfristen bezieht, die zu setzen sich der Verwender selbst ausbedungen hat, nicht aber auf die grundsätzlich auch dem Vertragspartner des Verwenders zustehenden Nachfristsetzungen. Unangemessene Ausschlüsse oder Verkürzungen dieser Frist fallen aber *in spiegelbildlicher Anwendung* von § 10 Nr 2 unter § 9 (s § 9 Rz 17).

6 **e)** Klauseln, die in Abweichung von § 326 Abs 2 BGB in jedem Falle, dh also auch bei Leistungsverweigerung oder in sonstigen Fällen, in denen eine Nachfrist gesetzlich nicht vorgesehen ist, eine Verpflichtung zur Setzung einer Nachfrist begründen, sind von § 10 Nr 2 nicht erfaßt, verstoßen aber fast immer gegen § 9 (Brandner Rz 8; Koch-Stübing Rz 5; Löwe Rz 3; Kötz Rz 13).

II. Einzelheiten der gesetzlichen Regelung

1. Unangemessene Länge der Frist 7

Unangemessen lang sind sicher alle Fristen, die so lange dauern wie die ursprüngliche Lieferfrist, also eine echte **Ersatzlieferungsfrist** darstellen. Die Nachfrist muß dem Schuldner keineswegs die Gelegenheit geben, sämtliche zur Leistungserbringung noch notwendigen Handlungen nachholen zu können (Löwe Rz 3; Brandner Rz 6). Als Faustregel kann gelten, daß die Nachfrist die Hälfte der Leistungsfrist nicht übersteigen darf (Koch-Stübing Rz 7). Für die Möbelbranche wurde eine Nachfrist von vier Wochen angesichts der normalen Lieferzeit von 4–6 Wochen beanstandet (KG MDR 1979, 1025). Ein wesentlicher Angemessenheitsgesichtspunkt ist es, wie großzügig oder nicht die ursprüngliche Leistungsfrist bemessen war. Je großzügiger sie gehalten war, umso knapper ist die dem Vertragspartner (noch) zumutbare Nachfrist anzusetzen (allgM). Für die Angemessenheitsprüfung kann ferner berücksichtigt werden, welche Folgen aus dem Verzug nach der sonstigen AGB-Regelung hergeleitet werden können (Brandner Rz 6), und wie die Regelung des Verzugs des Vertragspartners ausgestaltet ist (Stein Rz 17). Für die üblichen Verbrauchergeschäfte sind in der Regel 14 Tage als Nachfrist angemessen (Coester-Waltjen Rz 10; Ulmer-Brandner Rz 6).

2. Untragbare Unbestimmtheit der Frist 8

Der Mangel an hinreichender Bestimmtheit der Nachfrist wurde als Unwirksamkeitsgrund vor allem deshalb in die Vorschrift aufgenommen, um die Möglichkeit eines Umkehrschlusses zu § 10 Nr 1 auszuschließen. Unzureichend bestimmte Nachfristklauseln sind selten. Ein Beispiel: „Die Nachfrist beginnt erst nach Bearbeitung des die Frist setzenden Schreibens durch unser Büro"; „es wird eine Nachfrist bis zur Selbstbelieferung vereinbart". Fordert schon der Text der Klausel eine „angemessene" Nachfrist (beispielsweise § 4 Ziff 7 und § 5 Ziff 4 VOB/B), so ist dies wirksam, weil die Fristbestimmung hier dem Vertragspartner des Verwenders obliegt und im übrigen nur die gesetzliche Lage wiedergibt (Coester-Waltjen Rz 12; Koch-Stübing Rz 8; Brandner Rz 7; aM offenbar Löwe Rz 10, für den kaufmännischen Verkehr wie hier).

3. Unwirksamkeitsfolgen 9

Ist ein formularmäßiges Nachfristerfordernis nach § 10 Nr 2 unwirksam, so hat der Vertragspartner zur Wahrung seiner Rechte gleichwohl die gesetzlichen Vorschriften einzuhalten und eine Nachfrist zu setzen. Hat er sich dabei unter dem „falschen" Eindruck der Wirksamkeit der entsprechenden Klausel zeitlich vergriffen und eine unnötig lange Frist gesetzt, so ist diese Fristsetzung wirksam. Vor dem Risiko, sich an unangemessene AGB-Klauseln zu halten, kann das Gesetz den Vertragspartner des Verwenders nicht bewahren.

III. Kaufleute 10

Anders als bei § 10 Nr 1 ist bei § 10 Nr 2 die Ausstrahlung auf den kaufmännischen Bereich erheblich, da im Handelsverkehr das Ausbleiben der Erfüllung zum vereinbarten Termin besonders schwerwiegende Folgen haben kann. Vielfach wird in diesem Bereich das Nachfristerfordernis sogar ausgeschlossen (zB Ablade- und

Ankunftsklauseln, BGH MDR 1955, 343). Es können daher uU sogar noch kürzere Nachfristen notwendig werden als im Verkehr mit Nicht-Kaufleuten (KOCH-STÜBING Rz 10).

§ 10 Nr 3
Rücktrittsvorbehalt

In Allgemeinen Geschäftsbedingungen ist insbesondere unwirksam . . . die Vereinbarung eines Rechts des Verwenders, sich ohne sachlich gerechtfertigten und im Vertrag angegebenen Grund von seiner Leistungspflicht zu lösen; dies gilt nicht für Dauerschuldverhältnisse.

1. Teilber 60; RefE 12; RegE 25 – s Einl 6 ff.

Systematische Übersicht

I. Allgemeines 1
1. Gesetzgeberisches Grundanliegen 1
2. Anwendungsbereich 2

II. Einzelheiten der gesetzlichen Regelung 11
1. Sachlich gerechtfertigter Grund zur Aufkündigung der Leistungspflicht 11
2. Die inhaltliche Problematik praktisch häufig vorkommender Klauseln 14
3. Im Vertrag angegebener Grund 16
4. Spiegelbildliche Anwendung 23
5. Teilweise Unwirksamkeit nach § 10 Nr 3 24
6. Dauerschuldverhältnisse 25

III. Kaufleute 26
1. Allgemeiner Rücktrittsvorbehalt 27
2. Sachlich gerechtfertigter Grund bei Leistungsstörungen 28
3. Sachlich gerechtfertigter Grund in der Person oder dem Verhalten des Vertragspartners 29

I. Allgemeines

1 **1. Gesetzgeberisches Grundanliegen**

Die Vorschrift des § 10 Nr 3 betrifft alle Klauseln, durch die sich der Verwender einseitig von seiner vertraglichen Leistungspflicht zu befreien sucht. Da in diesem Fall der Vertrag nicht oder nicht mehr vollständig erfüllt wird und dem Vertragspartner Rechte auf Schadensersatz zustehen können, ist § 10 Nr 3 eine äußerst wichtige Ergänzung der Vorschriften der §§ 11 Nr 7, 11 Nr 8 und § 11 Nr 9, die ohne die Regelung des § 10 Nr 3 weitgehend unterlaufen werden könnten. Ergänzt wird § 10 Nr 3 seinerseits durch § 10 Nr 4, der die Möglichkeiten des Verwenders zur einseitigen Abänderung der Leistungspflicht einschränkt, und durch § 11 Nr 13, der eine willkürliche Abwälzung der Leistungspflicht durch den Verwender auf Dritte verhindert. § 10 Nr 3 ist daher ein wesentlicher Teil aus den Anstrengungen des Gesetzgebers, unangemessene Eingriffe in das Recht der Leistungsstörungen zu verhindern, insbesondere auch den Kunden vor einem Zustand der Ungewißheit, ob, wann und wie der Vertrag erfüllt werden wird, zu bewahren.

Es mag dabei verwundern, daß die Vorschrift die Angabe des Lösungsgrundes im Wortlaut der Klausel verlangt, da einer der Anlässe für die Schaffung des gesamten Gesetzes die Überlegung war, daß AGB nicht gelesen zu werden pflegen. **Nach** Vertragsschluß und aus Anlaß der Störung von Leistungserwartungen sieht der Vertragspartner des Verwenders aber häufig doch nach (s § 2 Rz 26), insbesondere dann, wenn dieser sich auf eine Klausel beruft. Dann kommt das in der Vorschrift enthaltene **Transparenzgebot** zum Tragen.

Die Vorschrift weicht tendenziell nicht von der aus der Zeit vor Erlaß des AGBG stammenden Rspr ab. Diese beschränkte sich aber mit einer einengenden Auslegung zu weit geratener Klauseln. Für unanwendbar hat der BGH (NJW 1958, 1628) die Klausel „Lieferungsmöglichkeit vorbehalten" in einem Fall gehalten, in dem der Verwender die Ware bei zumutbarer Anstrengung, wozu auch der anderweitige Erwerb zu etwas erhöhten Preisen gehörte, beschaffen konnte. Eine Klausel, die einen Wegfall der Leistungspflicht bei „höherer Gewalt und sonstigen unvorhergesehenen Ereignissen" vorsah, interpretierte der BGH (BB 1970, 466) so, daß nur unvorhersehbare Ereignisse betroffen waren (s § 5 Rz 29). Zu weiteren Rechtsprechungsbeispielen s die Nachw bei Coester-Waltjen Rz 12-16, sowie die in Rz 16 sich findenden Judikaturbelege.

2. Anwendungsbereich 2

a) Entgegen der Überschrift des § 10 Nr 3 („Rücktrittsvorbehalt") ergibt sich aus dem Text der Vorschrift, daß **jede rechtstechnisch mögliche Lösungsmöglichkeit** erfaßt ist (allgM): Rücktrittsrechte, Verfallsklauseln, Widerrufsvorbehalte, Anfechtungsvorbehalte (zB erweiterte Anfechtungsrechte wegen Motivirrtümern), Befreiungsklauseln, auflösende Bedingungen, Kündigungsrechte. Letztere sind nicht etwa nach § 10 Nr 3 H S 2 vom Anwendungsbereich der Norm deshalb ausgenommen, weil sie für Dauerschuldverhältnisse typisch sind (Coester-Waltjen Rz 22; allgM). Insbesondere kommt es nicht darauf an, ob die Lösung von der Leistungspflicht einer besonderen Gestaltungserklärung des Verwenders bedarf oder bei Vorliegen der Voraussetzungen ohne weiteres eintreten soll (Coester-Waltjen Rz 23; Kötz Rz 15).

Ob dem Kunden lediglich bestimmte **rechtstechnische** Modalitäten einer Lösung 3 vom Vertrag (dazu § 3 Rz 35) zumutbar sind oder nicht, richtet sich nach §§ 9 und 3 (Coester-Waltjen Rz 47). Dasselbe muß auch für eventuell an die Lösung geknüpfte, den Vertragspartner weiter belastende Folgen gelten. Unanwendbar ist § 10 Nr 3 auch, wenn die Folgen eines kraft Gesetzes eintretenden Wegfalls der Leistungspflicht abweichend von der gesetzlichen Rechtslage geregelt werden sollen (zu § 323 BGB s etwa § 9 Rz 48). Wenn jedoch das Gesetz dem Verwender ein Lösungsrecht nur um einen bestimmten Preis einräumt (zB § 649 BGB), dann ist es im allgemeinen unangemessen, wenn dieser sich ohne ihn vom Vertrag lösen können soll. Im Bauwesen darf sich daher der Bauherr nicht die Kürzung des Werklohns vorbehalten s § 9 Rz 183. Von vornherein unanwendbar dürfte § 10 Nr 3 auch sein, wenn in einer Klausel der Zeitpunkt, zu dem der Verwender statt Erfüllung Schadensersatz verlangen kann, vorverlegt wird.

b) Das Verhältnis von § 10 Nr 3 zu anderen gesetzlichen Bestimmungen ist wenig 4 problematisch oder an anderer Stelle schon behandelt.

aa) Zum Verhältnis zu § 4 s dort Rz 5. 5

bb) Häufig sind sachlich nicht gerechtfertigte Vertragsaufkündigungsklauseln auch 6 überraschend und ungewöhnlich iSv § 3 (zum Verhältnis dieser Norm zur Inhaltskontrolle s dort Rz 2).

cc) Zum Verhältnis § 10 Nr 3 zu § 10 Nr 1 s § 10 Nr 1 Rz 3. Klauseln wie 7 „Selbstbelieferung vorbehalten", „freibleibend" etc sind außerdem auslegungsbedürftig und je nach Zusammenhang entweder an § 10 Nr 1 oder an § 10 Nr 3 zu messen, s unten Rz 22. Sie können auch nach beiden Normen unwirksam sein. Eine Angabe, die iSv § 10 Nr 1 keine hinreichend bestimmte Frist für die Erbringung der Leistung vorsieht, kann auch keinen „im Vertrage angegebenen Grund" iSv § 10 Nr 3 für ein Lösungsrecht im Falle der nicht fristgerechten Erfüllung abgeben.

8 **dd)** § 10 Nr 4 und § 10 Nr 3 stehen in sachlichem Zusammenhang, ohne sich zu überschneiden. § 10 Nr 4 verbietet einseitige, dem Kunden unzumutbare Änderungen des Leistungsinhalts durch den Verwender. Dies kann auch nicht durch ein einseitiges Lösungsrecht des Verwenders für den Fall, daß der Kunde die geänderte Leistung ablehnt, umgangen werden (Coester-Waltjen § 10 Nr 4 Rz 12).

9 **ee)** Zum Verhältnis von § 10 Nr 3 zu § 11 Nr 4 s unten Rz 13 und § 11 Nr 4 Rz 2.

10 **ff)** § 346 BGB läßt die vertragliche Vereinbarung eines Rücktrittsrechts zu, ohne daß hierfür ein sachlicher Grund bestehen oder das Rücktrittsrecht beiden Teilen in gleicher Form vorbehalten werden müßte. Ein Sonderfall ist die Vereinbarung einer Verfallsklausel nach § 360 BGB, die aber ebenfalls nur ein Recht zum Rücktritt gibt, sofern sie nicht als echte Verwirkungsklausel gewollt ist (s § 360 BGB Rz 3, 4 – 10./11. Aufl). In Formularverträgen oder AGB können derartige Rechte wirksam nur noch unter Einhaltung der Voraussetzungen von § 10 Nr 3 vereinbart werden.

II. Einzelheiten der gesetzlichen Regelung

11 **1. Sachlich gerechtfertigter Grund zur Aufkündigung der Leistungspflicht**

Ob ein im Vertrag genannter Grund sachlich gerechtfertigt ist, ist vor allem danach zu beurteilen, wie es das Gesetz in ähnlichen und benachbarten Fällen mit Rücktritts- oder Kündigungsrechten hält. Für Situationen, für die in Rspr oder interessenungebundener Lit ein gesetzliches Rücktritts- oder Kündigungsrecht behauptet worden ist, kann es im allgemeinen jedenfalls (formularmäßig) begründet werden. Die Abgrenzung der Anwendungsbereiche von § 323 und § 279 BGB läßt sich durch AGB-Klauseln auch geringfügig verschieben. Eine Befreiung von der Leistungspflicht muß aber immer als Ausnahme gedacht sein (Brandner Rz 12; Koch-Stübing Rz 9). Außerdem ist eine Lösungsmöglichkeit umso weniger zulässig, je mehr sich der Verwender seine Leistungspflicht ohnehin – im zulässigen Rahmen, individualvertraglich oder formularmäßig – erleichtert hat, beispielsweise durch eine lange Lieferfrist (Kötz Rz 16). Zu Automatikklauseln s § 3 Rz 36.

12 **a)** Es ist nicht ausgeschlossen, daß sich der **Verwender** ein Lösungsrecht auch für Ereignisse vorbehält, die aus **seiner Sphäre** stammen. Es ginge zu weit, wollte man alle Gründe, die der Verwender gem § 276, 278 BGB zu vertreten hat, als untauglich zur Begründung eines Rücktritts- bzw Kündigungsrechts halten (so aber Koch-Stübing Rz 9). Im Falle der regelrechten Unmöglichkeit der Leistung des Verwenders ist § 10 Nr 3 zwar nicht anwendbar.

Seine Hauptbedeutung erlangt er aber für jene Grauzone von Ereignissen, in der man nicht sicher sagen kann, ob sie die Geschäftsgrundlage entfallen lassen (s dazu § 275 BGB Rz 15; Vorbem 28 zu § 459 BGB). Alles was irgend vertretbarerweise als Wegfall der Geschäftsgrundlage angesprochen werden könnte, kann auch formularmäßig zu einem Rücktritts- oder Kündigungsgrumd gemacht werden, wenn dies eine angemessene Rechtsfolge des Wegfalls der Geschäftsgrundlage ist.

Zur formularmäßigen Erweiterung der Anfechtungsmöglichkeiten wegen Irrtums s § 3 Rz 26, § 9 Rz 42.

13 **b)** Sachlich gerechtfertigt ist ein Rücktritt freilich hauptsächlich dann, wenn er seine Ursache im **Verhalten des Vertragspartners oder in Vorgängen** hat, die eindeutig seiner **Verantwortungssphäre** zuzurechnen sind.

Dies gilt einmal dann, wenn dem Vertragspartner eine nicht nur geringfügige positive Vertragsverletzung zu Last fällt, und hierdurch die Erreichung des Vertragsziels so schwer gefährdet erscheint, daß eine Fortsetzung des Vertragsverhältnisses nicht mehr zumutbar ist. Soll eine entsprechende AGB-Klausel vor § 10 Nr 3 Bestand haben, so darf sie nicht an weniger schwerwiegende Vorgänge anknüpfen (Kötz Rz 16). Als wirksam angesehen werden können demnach Klauseln, die auf unrichtige Selbstauskünfte über wesentliche finanzielle Verhältnisse oder eine ausdrücklich oder konkludent erklärte endgültige Erfüllungsverweigerung abstellen. Das gleiche gilt von § 8 Ziff 4 VOB/B, der dem Auftraggeber ein Kündigungsrecht für den Fall gewährt, daß der Auftragnehmer bei der Vergabe eine wettbewerbswidrige Abrede getroffen hat.

Schwierig zu beurteilen sind Zahlungsstörungen gegenüber anderen Gläubigern. Man hält Klauseln für wirksam, die ein Rücktrittsrecht für den Fall vorsehen, daß der Kunde einen Wechsel oder einen Scheck zu Protest gehen läßt (allgM; aM nur Coester-Waltjen Rz 41). Nicht zu beanstanden sind jedenfalls häufig anzutreffende Klauseln, die dem Auftraggeber ein Kündigungsrecht für den Fall einräumen, daß der Auftragnehmer seine Zahlungen einstellt, das Vergleichsverfahren beantragt oder in Konkurs gerät (zB § 8 Ziff 2 VOB/B). Auch die Tatsache, daß Einzelzwangsvollstreckungsmaßnahmen gegen ihn durchgeführt oder versucht worden sind, stellt einen legitimen Lösungstatbestand dar, wenn der Verwender vorleistungspflichtig ist oder einen Voraufwand hat, um erfüllungsbereit zu sein. Nicht sachlich gerechtfertigt ist jedoch im allgemeinen ein Lösungsrecht, das allein an die Verschlechterung der Vermögensverhältnisse des Vertragspartners oder gar eine „ungünstige Kreditauskunft" über ihn anknüpft (Coester-Waltjen Rz 41; aM Brandner Rz 4; Palandt-Heinrichs Anm 3 a aa; Koch-Stübing Rz 12). Über die Kreditwürdigkeit seiner Kunden mag sich der Verwender vor Vertragsschluß erkundigen. Auch die bloße Vermögensverschlechterung allein ist daher kein sachlich gerechtfertigter Grund zur Vertragslösung (Coester-Waltjen Rz 41; Graf von Westphalen Rz 19; aM Koch-Stübing Rz 12; zögernd Brandner Rz 4, 13). Der Verwender ist dann vielmehr gehalten, entweder nach § 326 BGB vorzugehen, oder seine Befugnis nach § 321 BGB geltend zu machen. Die formularmäßige Erweiterung des Anwendungsbereiches des § 321 BGB auch auf Tatsachen, die bereits vor Vertragsschluß bekannt waren, ist ebenfalls unzulässig (Graf von Westphalen Rz 19). Auch ein Zahlungsziel kann nicht einfach für den Fall der Vermögensverschlechterung als obsolet erklärt werden (aM OLG München WRP 1978, 402).

Die Notwendigkeit einer einschränkenden Auslegung des Begriffs „sachlich gerechtfertigter Grund" ergibt sich auch daraus, daß § 11 Nr 4, der den Verzicht auf Nachfristsetzung verbietet, in allen Fällen leerlaufen würde, in denen an die bloße Tatsache des Verzugs ein Recht zur Vertragsaufkündigung geknüpft werden könnte (Coester-Waltjen Rz 40; Palandt-Heinrichs Anm 3 a aa). Dazu bedarf es wesentlich gravierenderer Vertragsverletzungen.

2. Die inhaltliche Problematik praktisch häufig vorkommender Klauseln 14

Eine Reihe von Klauseln, vor allem Kurzklauseln, können je nach dem, in welchem Zusammenhang sie gebraucht werden, verschiedene Bedeutung haben. Die wichtigsten unter ihnen seien nachfolgend etwas eingehender besprochen. Zu beachten ist immer, daß im Individualprozeß und im Unterlassungsverfahren verschiedene Auslegungsgrundsätze gelten (s § 5 Rz 7).

a) Wird die Klausel „freibleibend" (dazu § 4 Rz 4) ohne weiteren Zusatz verwandt, 15
so soll sie häufig die völlige Unverbindlichkeit eines „Angebots" des Verwenders bedeuten. Das ist Rechtens zulässig (s § 2 Rz 67). Nur muß der objektive Erklärungswert der Äußerung wirklich lediglich eine Aufforderung beinhalten, ein Angebot zu machen. Der Vorbehalt darf auch nicht überraschend sein (s § 3 Rz 57).

Im Handelsverkehr wird einer solchen Klausel demgegenüber nicht selten die Bedeutung beigemessen, daß der Antragende bis zur Annahme des Antrags ein Widerrufsrecht hat oder die Annahme des Angebots durch den Vertragspartner nicht wirksam wird, wenn der Verwender unverzüglich widerspricht (BAUMBACH-DUDEN § 346 Anm 5). Ersteres ist in Anwendung von § 145 BGB (s § 2 Rz 67), letzteres hingegen als Minus gegenüber der völligen Bindungslosigkeit prinzipiell wirksam. Häufig sind solche Klauseln aber iSv § 3 überraschend. Die Klausel „freibleibend" kann aber auch eine Befreiung des Verwenders von der Lieferpflicht für den Fall meinen, daß er selbst nicht beliefert wird – je nach Situation auch im Falle des Verschuldens des Verwenders (RG HRR 30, 1040; RGZ 132, 305; RATZ in Großkomm HGB § 346 Rz 140). Zur Bewertung für solchermaßen ausgelegte Klauseln s oben Rz 7. Mit „freibleibend" kann schließlich die Lieferzeit, der Preis oder die Liefermenge angesprochen sein (BAUMBACH-DUDEN § 346 Anm 5). Dann ist entweder § 10 Nr 1, § 11 Nr 1 oder § 10 Nr 4 einschlägig (BRANDNER Rz 5). Dieselbe Bedeutung wie „freibleibend" können auch die Klauseln **„ohne Verbindlichkeit"** oder **„ohne Obligo"** haben (BAUMBACH-DUDEN § 346 Anm 5). „Ohne Obligo" kann ferner als reine Haftungsfreizeichnung gemeint und damit nach § 11 Nr 7, 8 zu beurteilen sein.

16 **b)** Klauseln wie **„Selbstbelieferung vorbehalten"** oder „richtige und rechtzeitige Selbstbelieferung vorbehalten" sollen den Verwender nur dann von der Lieferpflicht befreien, wenn er ein kongruentes Deckungsgeschäft abgeschlossen hat, aus diesem nicht beliefert wird und dies sofort dem Kunden anzeigt (BGHZ 49, 388 = NJW 1968, 1085; OLG Celle BB 1974, 200; BAUMBACH-DUDEN § 346 Anm 5; LIESECKE, Die typischen Klauseln des internationalen Handelsverkehrs in der neueren Praxis, WM Sonderteil 3/1978, 45 ff). In Bezug auf serienmäßig hergestellte Markenartikel ist insbesondere eine von einem Nichtvertragshändler verwandte Klausel wirksam, die sagt, der Verkäufer sei zum Rücktritt vom Vertrag berechtigt, sofern der Hersteller die Produktion der bestellten Ware nicht begonnen oder eingestellt habe (BRANDNER Rz 13; PALANDT-HEINRICHS Anm 3 a, aa). Daß der Händler sich dagegen vorsieht, als Schuldner einer Gattungsschuld nach § 279 BGB deshalb betrachtet zu werden, weil die Ware vielleicht noch anderwärts als beim Hersteller aufgetrieben werden kann, ist legitim (aM COESTER-WALTJEN Rz 35). Dies gilt vor allem, wenn die fehlende Selbstbelieferung als ein Fall höherer Gewalt dargestellt wird, weil sie dann Fälle nicht erfaßt, in denen den Händler ein Verschulden trifft, ihn etwa eine Erkundigungspflicht traf, der er nicht nachgekommen ist, oder er sich nicht rechtzeitig um ein Deckungsgeschäft bemüht hatte.

Selbstbelieferungsklauseln können sich aber auch nur auf die Leistungszeit beziehen (BGHZ 24, 39 = NJW 1957, 873), besagen dann freilich nur, daß der Verkäufer nicht in Verzug kommt, wenn er sich nach Ausbleiben der Selbstbelieferung rechtzeitig um andere Eindeckung bemüht. Die darin liegende Einschränkung von § 279 ist wirksam (s § 11 Nr 7 Rz 46). So werden Selbstbelieferungsklauseln häufig im Zusammenhang mit Verträgen über den Bezug von Massen-Ware nach Volumen, Gewicht oder Längenmaß auszulegen sein, vor allem, wenn die Beschaffung solcher Ware erfahrungsgemäß gelegentlichen Engpässen unterliegt.

Nicht angemessen aber sind Klauseln, die allgemein bei „Marktschwierigkeiten", „Herstellungsschwierigkeiten", „Verknappung des Vertragsobjekts" eine Rücktrittsmöglichkeit von der Erfüllungsverpflichtung vorsehen (COESTER-WALTJEN Rz 32; LÖWE § 9 Rz 101). In diesen Fällen sollen gerade die Anstrengungen, die der Verwender nach der Rspr zu unternehmen hat, um auch bei solchen Schwierigkeiten die Gattungsschuld noch zu erfüllen, herabgesetzt werden.

c) Einen engeren Sinn soll (Baumbach-Duden aaO) die Klausel **„Lieferungsmöglichkeit vorbehalten“** haben, da sie den Verwender verpflichtet, alles Zumutbare zu unternehmen, um die Lieferung doch noch zu bewirken, s oben Rz 7. Sie läuft praktisch auf einen Ausschluß von § 279 hinaus (s § 11 Nr 7 Rz 46). 17

d) Die Formel **„solange Vorrat reicht“** soll die Gattung iSv §§ 243, 279 BGB auf die beim Verwender vorhandene Menge beschränken. Als Bestandteil einer Werbeankündigung legitim, ist der Vorbehalt im Rahmen abgeschlossener Verträge als vorformuliertes Regelungselement unwirksam. Vor Vertragsabschluß kann sich der Verwender erkundigen, ob der Vorrat noch reicht (Koch-Stübing Rz 11; aM Brandner Rz 7, 13; Löwe Rz 5). 18

e) Ohne weitere Zusätze gibt die Klausel **„höhere Gewalt vorbehalten“** nur die gesetzliche Lage gemäß § 323 BGB wieder und schließt die Fortdauer der Leistungspflicht nach § 279 BGB nicht aus, wenn im Falle von Gattungsschulden dem Verwender eine ins Auge gefaßte Art der Selbsteindeckung durch höhere Gewalt vereitelt wird. Wird die Klausel mit Beispielen versehen, so ist für diese gesondert zu prüfen, ob sie einen „sachlich gerechtfertigten Grund“ für die Aufkündigung der vertraglichen Bindung abgeben. Ist hinter den Beispielen ein allgemeiner zu begreifender Lebensausschnitt ersichtlich, so ist die Klausel im Sinne dieser Verallgemeinerungsfähigkeit auszulegen. Heißt es etwa „höhere Gewalt wie zB Streik“, dann ist auch die Aussperrung gemeint (s Rz 20). Konkretisierungen der höheren Gewalt sind aber selbst als Rücktrittsgründe nur in dem Umfange zulässig, in dem sie auch Haftungsausschlußgründe sein könnten (s § 11 Nr 7 Rz 56) und sofern nicht nur vorübergehende Erfüllungsschwierigkeiten geregelt werden. 19

f) Auch ein **Arbeitskampf,** gleich ob Streik oder Aussperrung, führt im Regelfall nur zu einer Leistungsverzögerung. Ein Streik oder eine Aussperrung rechtfertigen es normalerweise nicht, daß der Verwender sich sofort und ohne weiteres vom Vertrag löst. Denn er kann sich gegen derartige Erschwernisse seiner Lieferpflicht nach § 10 Nr 1 durch Vereinbarung einer Verlängerung der Lieferfrist oder gemäß § 11 Nr 7, 8 mit einer Einschränkung seiner Haftung sichern (Coester-Waltjen Rz 33; Kötz Rz 16; Löwisch BB 1974, 1498). Klauseln wie „Arbeitskämpfe berechtigen Verkäufer, vom Vertrag ganz oder teilweise zurückzutreten“, oder „der Käufer hat bei Arbeitskämpfen das Recht, zu erklären, daß er von der Lieferung entbunden sei“, sind daher nicht wirksam. Enthalten solche Klauseln den weiteren Bestandteil: „oder während einer bestimmten Zeit“, „oder die Leistung hinauszuschieben“, so sind sie insoweit gültig. Wie weit eine Verlängerung der Leistungszeit in Anspruch genommen werden darf, richtet sich dann nach den Umständen, vor allem der Zumutbarkeit (und Möglichkeit), die Leistung durch Dritte erbringen zu lassen. Klauseln sind aber wirksam, die für den Fall von Arbeitskämpfen ein Lösungsrecht postulieren, das vom Vorliegen angemessener einschränkender Tatbestandsmerkmale abhängt. Ein Beispiel ist etwa folgende Klausel: „Bei Arbeitskämpfen verlängert sich die Lieferfrist in angemessenem Umfang; wird die Lieferung unmöglich oder unzumutbar, wird der Verkäufer frei“ (Brandner Rz 13; Koch-Stübing Rz 10). 20

Streik und Aussperrung brauchen als Gründe zur Berechtigung einer Lösung vom Vertrag nicht ausdrücklich genannt zu werden, wenn ein Rücktrittsrecht global für den Fall höherer Gewalt vorgesehen ist (s oben Rz 19). Arbeitskämpfe sind Fälle höherer Gewalt, weil sie angesichts ihrer Seltenheit unvorhersehbar sind (aM Löwisch BB 1974, 1498; ders AcP 174, 252 f; Schmid NJW 1979, 18), wenn sie nicht konkret drohen. Erst recht sind Arbeitskampfklauseln wirksam, wenn Arbeitskämpfe als Unterfälle höherer Gewalt eigens erwähnt sind.

Eine allgemein gehaltene Arbeitskampfklausel erfaßt **Arbeitskämpfe in Zulieferbetrieben** nicht. Sind Arbeitskämpfe in Zulieferbetrieben ohne Einschränkung als Gründe zur einseitigen Vertragslösung ausgewiesen, so ist die Regelung unwirksam, weil häufig die Möglichkeit einer Ersatzbeschaffung besteht, s auch § 11 Nr 7 Rz 56.

21 **g)** § 10 Nr 3 gilt auch für Klauseln, die es dem Verwender gestatten, sich von **entscheidenden Teilen seiner Leistungspflicht zu lösen**. Von der in § 664 BGB vorgesehenen Möglichkeit, einen Auftrag auf Dritte mit der Maßgabe zu übertragen, daß nur noch für Auswahlverschulden gehaftet wird, kann jedenfalls bei entgeltlichen Geschäftsbesorgungsverträgen nicht formularmäßig Gebrauch gemacht werden. In § 675 BGB ist § 664 BGB ohnehin nicht genannt. Nr 9 der AllgBankbedingungen, die eine Übertragbarkeit von Geschäften vorsieht, ist daher unwirksam. Die generalklauselartige Ermessensbindung, die sich dort findet, genügt den Erfordernissen von § 10 Nr 3 nicht. S auch § 3 Rz 26.

22 3. Im Vertrag angegebener Grund

Ein Lösungsgrund muß nämlich im Klauseltext angegeben werden, und zwar konkret und verständlich. Dem ist nur dann so, wenn die in Betracht kommenden Lösungsgründe wenigstens einigermaßen kasuistisch umschrieben sind (Kötz Rz 16; Koch-Stübing Rz 14). Der Vertragspartner des Verwenders muß sich vorstellen können, wann und unter welchen Umständen mit einer Auflösung des Vertrages zu rechnen ist. Je geläufiger ein gebrauchter Begriff ist, umso knapper kann man sich freilich ausdrücken (Koch-Stübing Rz 14).

Klauseln, die dem nicht entsprechen, sind unwirksam. Das hat zur Folge, daß sich der Verwender auf sie auch nicht berufen kann, wenn er tatsächlich einen Grund, sich vom Vertrag zu lösen, aufführen könnte, der als Lösungsgrund hätte vorgesehen werden können (Koch-Stübing Rz 14). Eine Reduzierung der Klausel auf den zulässigen Inhalt ist – wie auch sonst (s § 6 Rz 15 ff) – nicht möglich (Löwe Rz 7; allgM).

Nicht wirksam sind daher Formulierungen, wie „Rücktritt vorbehalten“, „Rücktritt ohne Angabe eines Grundes“. Auch die Klausel „freibleibend“ muß, soweit sie dem Verwender Rechte für die Zeit nach Vertragsschluß einräumt, häufig an § 10 Nr 3 scheitern, weil die von der Rspr (Rz 1, 16) vorgenommene einschränkende Interpretation, unter der die Klausel als zulässig angesehen wurde, nach den für das AGBG heranzuziehenden Auslegungsrichtlinien (s § 5 Rz 7) nicht selten unmöglich ist (Brandner Rz 11; Koch-Stübing Rz 14; Coester-Waltjen Rz 28).

Die Klauseln „Selbstbelieferung vorbehalten“, „richtige und rechtzeitige Selbstbelieferung vorbehalten“, „solange Vorrat reicht“ (zur ihrer inhaltlichen Problematik s oben Rz 18) sind konkret genug (Brandner Rz 11; Kötz Rz 16). Das gleiche gilt für die Klausel „Liefermöglichkeit vorbehalten“, (Brandner Rz 11; aM gegenüber nichtkaufmännischen Kunden Kötz Rz 16), wenn man sie so wie hier (s oben Rz 17) interpretiert. Ausreichend bestimmt ist auch eine Klausel, die ein Lösungsrecht vorsieht, wenn eine ungünstige Kreditauskunft über den Vertragspartner vorliegt (Kötz Rz 16). Dagegen sind „Umstände, die die Kreditwürdigkeit des Bestellers zu mindern geeignet sind“ oder die „auf mangelnde Kreditwürdigkeit“ schließen lassen, allein zu unbestimmt.

23 4. Spiegelbildliche Anwendung

§ 10 Nr 3 betrifft nur das dem **Verwender** vorbehaltene Lösungsrecht. Klauseln, die das Recht des Kunden, sich vom Vertrag zu lösen, entgegen der gesetzlichen Lage erschweren oder ausschließen, sollen nicht unter § 10 Nr 3 fallen (KOCH-STÜBING Rz 8). Jedoch ist dann eine spiegelbildlich-entsprechende Anwendung der Norm am Platze (s § 9 Rz 17). Die Erschwerung bedarf eines sachlich gerechtfertigten Grundes, der im Vertrag konkret anzugeben ist.

5. Teilweise Unwirksamkeit nach § 10 Nr 3 24

Sind mehrere Gründe zur Vertragsaufkündigung genannt, von denen nur einige den Voraussetzungen von § 10 Nr 3 entsprechen, oder finden sich unter globalen Oberbegriffen Beispiele, die dieser Norm gerecht werden, dann werden die ohne Textänderung isoliert aufrecht zu erhaltenden Klauselbestandteile von der Unwirksamkeit nicht erfaßt (KÖTZ § 6 Rz 9). Nicht aber kann eine unbestimmte Klausel auf das zulässige Maß reduziert werden, s § 6 Rz 15 ff.

6. Dauerschuldverhältnisse 25

Die unter Rz 11-24 genannten Einschränkungen der Ausgestaltungsmöglichkeiten formularmäßiger Lösungsrechte sollen nach § 10 Nr 3 Hs 2 nicht für Dauerschuldverhältnisse gelten. Der Begriff „Dauerschuldverhältnis“, der sich auch in § 11 Nr 1 u 12 findet, ist hier zum ersten Mal in die Gesetzessprache übernommen worden. Nach der in der Lit entwickelten Definition umfaßt er zum einen alle Schuldverhältnisse, bei denen über längere Zeit hinweg ein dauerndes Verhalten geschuldet wird (s Einl O 1 zu § 241 BGB). Für den Anwendungsbereich des AGBG sind vor allem von Bedeutung: Miete, Pacht, Leihe, Verwahrung, Dienst-, Geschäftsbesorgungsverträge, Versicherungsverträge sowie Darlehen. Diesen Verträgen ist gemeinsam, daß sie bereits nach dem Gesetz auch ohne Vorliegen eines besonderen Grundes durch ordentliche Kündigung beendet werden können, weshalb dem Gesetzgeber eine Ausnahme von der in § 10 Nr 3 Hs 1 genannten Verpflichtung, bei Vereinbarung eines formularmäßigen Lösungsrechts einen sachlich gerechtfertigten Grund zu benennen, erforderlich erschien. Dabei wurde aber offenbar nicht daran gedacht, daß die ordentliche Kündigung in der Regel befristet ist und bei der formularmäßigen Vereinbarung eines fristlosen Kündigungsrechts die Angabe eines sachlich gerechtfertigten Grundes vom Schutzgedanken des § 10 Nr 3 her gesehen genauso wichtig gewesen wäre (KÖTZ Rz 17). Angesichts des klaren Wortlauts müssen diese Fälle aber vom Anwendungsbereich des § 10 Nr 3 ausgeklammert bleiben und sind nur nach § 9 zu beurteilen. Aus § 10 Nr 3 Hs 2 kann daher auf keinen Fall hergeleitet werden, daß die formularmäßige Vereinbarung eines unbeschränkten, fristlosen Kündigungsrechts bei Dauerschuldverhältnissen immer wirksam sei (COESTER-WALTJEN Rz 25; KÖTZ Rz 17; PALANDT-HEINRICHS Anm 3 a cc).

Zu den Dauerschuldverhältnissen sind – obwohl eigentlich Kaufverträge – zum anderen auch **Sukzessivlieferungsverträge** zu rechnen, deren Eigenart darin besteht, daß die Parteien einen fortlaufenden Bezug von Waren vereinbart haben (COESTER-WALTJEN Rz 25; KÖTZ Rz 17; KOCH-STÜBING Rz 16), nicht aber Teillieferungsverträge, die von vorneherein auf einen bestimmten Lieferungsumfang gerichtet sind (COESTER-WALTJEN Rz 27; KÖTZ Rz 17 Fn 8; aM, aber offensichtlich von einer unrichtigen Definition ausgehend: KOCH-STÜBING Rz 16). Nicht unter § 10 Nr 3 fallen somit Kündigungsklauseln in Bierlieferungsverträgen, wohl aber derartige Klauseln in einem Vertrag über die Lieferung eines mehrteiligen Buchwerkes.

Die Ausnahmeregelung gilt nicht für einen Rücktrittsvorbehalt, der (auch) für einen Zeitpunkt formularmäßig vereinbart wurde, zu dem das Dauerschuldverhältnis noch nicht in Vollzug gesetzt ist (COESTER-WALTJEN Rz 25; STEIN Rz 23).

26 **III. Kaufleute**

Gegenüber Kaufleuten entfaltet § 10 Nr 3 auch vermittelt über § 9 grundsätzlich nicht seine volle Schutzwirkung (Brandner Rz 17; Kötz Rz 16; Coester-Waltjen Rz 50; Koch-Stübing Rz 19; Dittmann-Stahl Rz 302; aM, nämlich für die Anwendung des § 10 Nr 3 über § 9 auch auf Kaufleute: Stein Rz 24; Graf v Westphalen Rz 11). Die Rspr vor Inkrafttreten des AGBG befaßte sich bereits überwiegend mit Klauseln, die für den kaufmännischen Verkehr vorgesehen waren und hat hierzu Auslegungsgrundsätze aufgestellt, die auch nach der neuen Rechtslage ihre Geltung behalten (s oben Rz 1). Im einzelnen gilt folgendes:

27 **1. Allgemeiner Rücktrittsvorbehalt**

Die formularmäßig eingeräumte Möglichkeit, jederzeit und ohne Vorliegen eines sachlich angemessenen Grundes vom Vertrag zurücktreten zu können, ist in jedem Fall auch gegenüber einem Kaufmann unwirksam (Brandner Rz 17). Gerade der Kaufmann, der die Ware in der Regel unverarbeitet oder verarbeitet weiterleitet und daher selbst dem Risiko von Schadensersatzansprüchen ausgesetzt ist, muß sich darauf verlassen können, daß sein Vertragspartner nicht ohne sachlich angemessenen Grund von der Erfüllung seiner Verpflichtungen Abstand nimmt.

Ist in AGB bestimmt, daß die Lieferung auf Abruf zu erfolgen hat und daß bei Ausbleiben des Abrufs innerhalb einer bestimmten Frist das Vertragsverhältnis „als verfallen oder aufgehoben gelten" soll (etwa § 13 der AGB für den Großhandel mit Schnittblumen; Konditionenempfehlung Nr 64/75), so will der Verwender mit dieser Klausel einen für ihn belastenden Schwebezustand – sozusagen in reziproker Anwendung von § 10 Nr 1 – beenden; sachlich angemessen ist dieses Lösungsrecht dann, wenn in der betreffenden Branche längere Vertragslaufzeiten nicht üblich sind.

28 **2. Sachlich gerechtfertigter Grund bei Leistungsstörungen**

Ist der Verwender selbst zur Erbringung der vertragscharakteristischen Leistung verpflichtet, so spielen vor allem die oben unter Rz 16 dargestellten Klauseln eine Rolle, die die Selbstbelieferung oder die richtige oder rechtzeitige Selbstbelieferung zur Bedingung für die eigene Leistungspflicht machen. Unter Berücksichtigung der gerade für den kaufmännischen Verkehr von der Rspr aufgestellten Grundsätze dazu, welche Anstrengungen der Verpflichtete unternehmen muß, bevor er sich auf die Leistungsbefreiung berufen kann, können diese Klauseln auch weiterhin verwendet werden (Graf von Westphalen Rz 15; Koch-Stübing Rz 19; Kötz Rz 16). Das gleiche gilt auch für die „Höhere Gewalt-Klauseln" und die von der Rspr aufgestellten, einschränkenden Grundsätze dazu, wann eine Berufung auf eine derartige Klausel zulässig ist. Stellt die Klausel auf „Betriebsstörungen" ab, so ist dies nur dann ein angemessener Grund, wenn Fälle von Organisationsverschulden des Verwenders oder von grober Fahrlässigkeit ausgeschlossen sein sollen (Graf von Westphalen Rz 14 u § 9 Rz 101), was aber in der Regel anzunehmen ist. Für den kaufmännischen Verkehr gilt dabei, daß derjenige, der sich auf eine solche Klausel berufen will, seine Vertragspartner unverzüglich davon zu unterrichten hat.

Ist der Verwender der Empfänger der vertragscharakteristischen Leistung, so liegt sein Interesse insbesondere daran, bei Nichteinhaltung einer vereinbarten Lieferfrist umgehend das Vertragsverhältnis zu beenden, um anderweitig einen Deckungskauf vornehmen zu können. IdR wahrt er sein Interesse dadurch, daß er das Geschäft formularmäßig zu einem Fixgeschäft ausgestaltet oder das Erfordernis der Nachfristsetzung abdingt. Da § 11 Nr 4, der diese Fallgestaltungen in erster Linie betrifft, im kaufmännischen Verkehr nicht uneingeschränkt anwendbar ist (s § 11 Nr 4 Rz 9 ff), ist auch ein derartiges Lösungsrecht als angemessen anzusehen (OLG Düsseldorf Betrieb 1976, 1712).

3. Sachlich gerechtfertigter Grund in der Person oder dem Verhalten des Vertragspartners 29

Auch im kaufmännischen Verkehr ist ein Rücktrittsvorbehalt nicht schon für den Fall als angemessen anzusehen, daß über den Vertragspartner eine negative Kreditauskunft vorliegt (aM Coester-Waltjen Rz 50; OLG Düsseldorf Betrieb 1976, 1712) oder sich seine Vermögensverhältnisse verschlechtern. Trotz ausdrücklicher Benennung des Rücktrittsgrundes auf jeden Fall zu weitgehend ist eine Klausel, wonach als Rücktrittsvoraussetzung ausgewiesene „mangelnde Kreditwürdigkeit" ua dann angenommen werden kann, „wenn sich der Käufer mit der Bezahlung einer früheren Lieferung in Verzug befindet" (Bedingungen der Holzwerkstoffhändler Konditionenempfehlung Nr 21/78).

§ 10 Nr 4
Änderungsvorbehalt

In Allgemeinen Geschäftsbedingungen ist insbesondere unwirksam ....
die Vereinbarung eines Rechts des Verwenders, die versprochene Leistung zu ändern oder von ihr abzuweichen, wenn nicht die Vereinbarung der Änderung oder Abweichung unter Berücksichtigung der Interessen des Verwenders für den anderen Teil zumutbar ist.

1. Teilber 60; RefE 12; Regierungsentwurf 25 – s Einl 6 ff.

I. Allgemeines

1. Grundgedanken der Regelung 1

Die Kautelarpraxis hat vor Inkrafttreten des Gesetzes eine Entwicklung genommen, nach der sich die Verwender immer globalere Vorbehalte für eine nachträgliche Leistungsänderung ausbedungen haben. Angaben über Maße und Gewichte wurden ebenso für unverbindlich erklärt wie Änderungen aufgrund technischer Weiterentwicklungen schlechthin als zulässig ausgewiesen. Zwar hat die Rspr auf die Ausübung eines solchen Änderungsvorbehaltes § 315 BGB angewandt und ein unangemessenes Verhalten des Verwenders nicht toleriert (s näher Coester-Waltjen Rz 6). Diese Kontrolle konnte aber erst wirksam werden, wenn es zu einer gerichtlichen Auseinandersetzung zwischen Verwender und seinem Vertragspartner gekommen war. Es stand zu befürchten, daß sich viele Kunden allein durch die Tatsache des in AGB sich findenden Änderungsvorbehaltes beeindrucken ließen. Daher hat der Gesetzgeber § 10 Nr 4 geschaffen und somit gewährleistet, daß bereits die Klauselgestaltung und nicht erst die Ausübung des Leistungsänderungsrechtes inhaltlich kontrollierbar wurde. Die wichtigste Folge davon ist, daß zu weit geratene Abänderungsklauseln in vollem Umfange unwirksam sind und dann häufig auch eine dem Kunden zumutbare Leistungsänderung nicht mehr abdecken. Treu und Glauben verlangen freilich uU auch dann, daß der Kunde eine Änderung hinnimmt (s Erl zu § 242). Weil man offensichtlich formularmäßig begründete Leistungsabänderungsbefugnisse nicht gänzlich unterbinden konnte (dazu näher Coester-Waltjen Rz 8), war die gesetzgeberische Lösung eines Verbots „mit Wertungsmöglichkeit" vorgezeichnet.

2 **2. Anwendungsbereich der Regelung**

§ 10 Nr 4 verdrängt die Regeln vom Vorrang einer **Individualvereinbarung** nicht. Eine solche kann auch der Zulässigkeit von „zumutbaren" Leistungsänderungen entgegenstehen. Freilich unterliegen auch individuelle Festsetzungen von Leistungsinhalten den handelsüblichen Toleranzen, sofern nicht aus der Vereinbarung selbst hervorgeht, daß ein genauerer als der übliche Maßstab gewollt war. Zum Verhältnis von § 10 Nr 4 zu § 4 s näher § 4 Rz 6.

Die frühere Rspr hat gelegentlich mit dem Gesichtspunkt des **überraschenden Charakters** eines Leistungsänderungsvorbehalts gearbeitet (BGH NJW 1970, 1992; WM 1971, 217). Auch heute noch läßt sich sicherlich die Unverbindlichkeit eines Leistungsänderungsvorbehalts häufig mit der Anwendung von § 3 begründen. Es läßt sich sogar sagen, daß eine Klausel, die auch solche Leistungsabänderungen durch den Verwender decken soll, welche dessen Vertragspartner nicht zumutbar sind, immer überraschend sein muß. Die Bedeutung von § 10 Nr 4 im Verhältnis zu § 3 liegt daher im wesentlichen darin, den Vertragspartner des Verwenders davor zu bewahren, sich in Auseinandersetzungen über die Üblichkeit von Leistungsabänderungsklauseln einlassen zu müssen, wenn sie Unzumutbares rechtfertigen sollen.

II. Der Inhalt der gesetzlichen Regelung

3 **1. Kreis der erfaßten Klauseln**

a) Das Verbot bezieht sich auf alle Bestimmungen, denen zufolge der Verwender das Recht haben soll, etwas zu ändern, was Vertragsinhalt geworden war. Ist die genaue Bestimmung der Leistung von vornherein der Befugnis des Verwenders überantwortet, so liegt eine Schiedsgutachtenabrede vor, die nicht dem § 10 Nr 4 unterfällt. Nicht genügt es auch, daß eine Klausel über den Vertragsinhalt wirklich oder scheinbar mit dem in Widerspruch steht, was sonst – formularmäßig oder individuell – vereinbart wurde. Dann sind die §§ 3, 4 oder 5 anwendbar. Es ist also, bevor § 10 Nr 4 angewandt werden kann, immer zu prüfen, ob Klauseln nicht integrierender Bestandteil einer Leistungsbeschreibung selbst sind. Wenn sich im Möbelhandel etwa eine Klausel findet, daß serienmäßig hergestellte Möbel nach „Modell" verkauft seien, so ist damit zum Ausdruck gebracht, daß es sich um einen Gattungskauf handeln soll. Ist nach dem objektiven Erklärungswert der zum Kauf führenden Willenserklärungen beider Parteien ein bestimmtes Möbelstück verkauft, so hat diese Vereinbarung zwar nach § 4 Vorrang. Ein Leistungsänderungsrecht ist mit ihr aber nicht begründet. (aM Brandner Rz 5).

4 **b)** Zwar wird gelehrt, § 10 Nr 4 beziehe sich auch auf **Modalitäten der Leistungserbringung** wie Ort und Zeit sowie die Möglichkeit von Teilleistungen (Brandner Rz 4). Jedoch kann die Art der Leistungserbringung formularmäßig in einer Weise festgelegt werden, die von dem abweicht, was gesetzlich ohne vertragliche Festlegung gelten würde. Darin liegt ein legitimer Hauptanwendungsbereich von AGB überhaupt. Es würde zu sinnwidrigen Ergebnissen führen, alle diese Festlegungen an § 10 Nr 4 scheitern zu lassen. Um individuell vorgenommenen Festlegungen von Leistungsmodalitäten Bestandskraft zu verleihen, genügt § 4, so daß es eines Rückgriffs auf § 10 Nr 4 nicht bedarf (Koch-Stübing Rz 9).

c) Mögliche Beispielsfälle von Klauseln mit Leistungsabänderungsbefugnissen sind Legion. Zentrale Anwendung findet die Bestimmung auf Klauseln, welche dem Verwender die Befugnis einräumen, das als nicht oder eingeschränkt verbindlich zu erklären, was in Leistungsbeschreibungen festgelegt ist. Gehören Zeit und Ort einer Leistung zum integrierenden Bestandteil der Leistungsbeschreibung selbst (kulturelle Veranstaltungen; Lehrgänge), so gehört dazu auch die Festlegung von Leistungszeiten. Die Änderungsbefugnis des Verwenders kann einmal undifferenziert und allgemein ausgedrückt sein, etwa in der Form, daß Lieferung einer „Ersatz"-Ware („Teppichboden oder anderer Fußbodenbelag", 1. Teilber 61) vorbehalten oder gesagt wird, alle Quantitätsangaben seien freibleibend oder nur als „ungefähre Angaben" gemeint. Häufig sind jedoch Änderungsbefugnisse hinter Formulierungen verdeckt, die beim ersten Zusehen relativ harmlos wirken, etwa wenn es heißt, der Verwender könne „Irrtümer" jederzeit berichtigen (COESTER-WALTJEN Rz 12, s auch § 3 Rz 26, § 9 Rz 42, § 11 Nr 1 Rz 17), wenn Reklamationen ausgeschlossen oder „Gewährleistung" für bestimmte Eigenschaften abgelehnt wird (s § 11 Nr 10 Rz 20). Auch eine Bestimmung, nach der der Kunde verpflichtet ist, Waren oder Leistungen zunächst ohne Rücksicht auf ihre Vertragsgerechtigkeit anzunehmen, unterfällt dem § 10 Nr 4, selbst wenn die Gewährleistungsrechte unberührt bleiben (COESTER-WALTJEN Rz 13). Es macht keinen Unterschied, ob sich die Änderungsbefugnis des Verwenders auf dessen eigene Leistung oder auf die Gegenleistung des Kunden bezieht (aM LÖWE Rz 2). Eine Klausel in Kundenbedingungen, wonach Änderungsverlangen zulässig sein sollen, sind dem anderen Teil, wenn überhaupt, so nur dann zumutbar, wenn sie klarstellen, daß im Fall erhöhten Aufwands auch ein höherer Preis verlangt werden kann, s auch unter Rz 8. 5

2. Die Zumutbarkeit der Änderung 6

a) Nicht die später dem Vertragspartner des Verwenders angesonnene Leistungsänderung muß diesem zumutbar sein, sondern „die Vereinbarung der Änderung oder Abweichung". Die Abänderungsklausel muß also so gefaßt sein, daß sie nicht zur Rechtfertigung unzumutbarer Änderungen dienen kann (KOCH-STÜBING Rz 10). Ein gewisses Maß an Kalkulierbarkeit dem Kunden drohender Änderungen ist nun freilich selbst Bestandteil der Zumutbarkeit der Änderungsbefugnis. Keinesfalls kann ein Verwender glauben, durch Anlehnung an den Gesetzestext aller Sorgen ledig zu werden und eine Klausel aufstellen zu können, der zufolge er „zu jedweder Änderung der versprochenen Leistung befugt ist, die dem Besteller zumutbar ist". Zumutbar ist eine Klausel nur, wenn sie mindestens die Art der Leistungsänderung erkennen läßt, die sich der Verwender vorbehält, etwa „Abweichungen in Farbe, Form, Abmessung oder Material". Die Art der vorbehaltenen Leistungsänderung braucht aber nicht gegenständlich, sie kann auch funktional gekennzeichnet werden, wenn sich der Sinn der gebrauchten Worte dem vorgestellten Durchschnittsadressatenkreis des Bedingungswerkes erschließt. So kann etwa, wie es vielfach geschieht, eine Änderung aufgrund technischer Weiterentwicklung vorbehalten werden. Freilich sind auch die Gründe nicht abschließend vorhersehbar, die im Einzelfall eine Änderung für den Kunden zumutbar machen. Daher ist der Verfasser eines Klauselwerkes häufig gar nicht in der Lage, den Änderungsvorbehalt so zu formulieren, daß alle Zumutbarkeitsgesichtspunkte tatbestandlich erfaßt werden. Folglich muß man auch Klauseln akzeptieren, die zwar die Änderung, auf welche sich eine Klausel bezieht, gegenständlich oder funktional bezeichnen, aber sich quantitativer Aussagen enthalten und nur den salvatorischen Zusatz haben „soweit sie dem Kunden zumutbar sind". Auch den Begriff „handelsüblich" kann man als hinreichende Abgrenzung im übrigen gegenständlich oder funktional gekennzeichneter Änderungsbefugnisse hinnehmen.

Änderungsvorbehalte zu Kundenbedingungen brauchen inhaltlich nicht näher konkretisiert zu sein, weil die notwendige (s oben Rz 5 aE) Rückwirkung auf den Preis von selbst regulierend wirkt. An § 2 Nr 5, 6 VOB/B hat man mit Recht noch niemals Anstoß genommen, gleichgültig ob Bauherr oder Bauunternehmer VOB-Verwender war.

7 **b)** Als **Zumutbarkeitsrichtlinie** kann folgendes gelten: Das Interesse des Verwenders an der Änderung muß das durch den Abschluß des Vertrages grundsätzlich geschützte Interesse seines Vertragspartners an peinlich getreuer Vertragserfüllung erheblich übersteigen. Das ist etwa der Fall, wenn die Einhaltung der – vielleicht durch Modellbesichtigung zustande gekommenen – genauen Farbtonvorstellungen des Kunden für den Verwender einen Aufwand bedeuten würde, der in keinem vernünftigen Verhältnis zur Größenordnung der von ihm zu erbringenden Leistung steht. Wenn ein Kaufgegenstand in Serienproduktion hergestellt wird, so hat der Lieferant erhebliches Interesse daran, aus der im vorgesehenen Lieferzeitpunkt allgemein ausgelieferten Serie liefern zu können. Da Änderungen in aller Regel Anpassungen an den technischen Fortschritt sind, ist das Interesse des Kunden daran gering, ein Exemplar aus der bei Vertragsschluß aufgelegten Serie zu erhalten (allgM). Vollständige Materialänderungen sind dem Kunden jedoch nie zumutbar (BRANDNER Rz 10), Änderungen in den Maßen nur in ganz geringem Umfang. Wie weit im **Immobiliengeschäft** Änderungen zumutbar sind, die durch Interventionen der Bauordnungsbehörden notwendig wurden, läßt sich generell nicht sagen. Es kommt darauf an, ob der Erwerber im Zeitpunkt des Vertragsschlusses vom Vorliegen einer Baugenehmigung ausgehen konnte oder nicht. Im ersteren Falle sind nur Änderungen zumutbar, die aufgrund nachträglicher Intervention der Bauordnungsbehörden notwendig geworden sind. Der Verwender trägt grundsätzlich das Risiko für die Übereinstimmung seiner Leistung mit öffentlich-rechtlichen Vorschriften (LÖWE Rz 6). Der Kunde, welcher unter solchen Umständen die Änderung nicht hinnehmen will, kann gegen den Verwender nach den Grundsätzen über die Haftung wegen anfänglicher Unmöglichkeit vorgehen. Ist der Vertrag vor Erteilung der Baugenehmigung zustandegekommen – und weiß der Kunde dies – dann ist der Risikocharakter des Geschäftes sehr viel stärker ausgeprägt.

8 **c)** Ob wegen der vorbehaltenen Änderung auch eine **Preiserhöhung** verlangt werden darf, ist eine von der Zumutbarkeit der Änderung gesondert zu prüfende, wenngleich in der Bewertung nicht völlig losgelöste Frage. Ist ein Festpreis vereinbart, so wird er durch die Änderung nicht tangiert (GRAF VON WESTPHALEN Rz 13). Ist die Leistungsabänderungsklausel mit einer Preisabänderungsklausel kombiniert, so ist letztere gesondert und zwar nach § 11 Nr 1 und § 9 zu bewerten; Preisänderungen, die der Verwender deshalb vornehmen möchte, weil er von seinem Leistungsänderungsvorbehalt bezüglich seiner eigenen Leistung Gebrauch machen will, sind so gut wie nie angemessen (nach GRAF VON WESTPHALEN aaO völlig ausgeschlossen, weil § 10 Nr 4 auf die Leistung des Vertragspartners des Verwenders angeblich nicht anwendbar ist). Ist der Vertrag auf der Basis von Stundenlöhnen und konkreter Materialabrechnung abzuwickeln, so ist es ein wesentlicher Gesichtspunkt für die Angemessenheit der Änderung, welche Kostenfolgen sie hat.

9 **d)** Sollten **Beweislastfragen** dazu auftreten, ob eine Änderung dem Vertragspartner des Verwenders zumutbar ist oder nicht – es ist kaum vorstellbar, daß insoweit relevante Tatsachen unaufgeklärt bleiben – so trägt sie der Verwender.

3. Folge der Unwirksamkeit einer Klausel 10

Klauseln, die gemessen an § 10 Nr 4 zu weit geraten sind, sind in vollem Umfange unwirksam. Eine geltungserhaltende Reduktion ist hier genausowenig wie sonst möglich (s § 6 Rz 15 ff).

Ist eine Klausel mit § 10 Nr 4 vereinbar, so entfallen wegen der dem Kunden nunmehr rechtmäßigerweise angesonnenen Änderungen auch alle Gewährleistungsansprüche (Coester-Waltjen Rz 14).

§ 10 Nr 5
fingierte Erklärungen

In Allgemeinen Geschäftsbedingungen ist insbesondere unwirksam . . .

eine Bestimmung, wonach eine Erklärung des Vertragspartners des Verwenders bei Vornahme oder Unterlassung einer bestimmten Handlung als von ihm abgegeben oder nicht abgegeben gilt, es sei denn, daß
a) dem Vertragspartner eine angemessene Frist zur Abgabe einer ausdrücklichen Erklärung eingeräumt ist und
b) der Verwender sich verpflichtet, den Vertragspartner bei Beginn der Frist auf die vorgesehene Bedeutung seines Verhaltens besonders hinzuweisen.

1. Teilber 89; RefE 20; RegE 38 f – s Einl 6 ff.

Schrifttum

Stübing, Tatsachenbestätigungen und Fiktionen in AGB, NJW 1978, 1606.

Systematische Übersicht

I. Allgemeines
1. Regelungsanliegen und Problematik der Norm 1
2. Anwendungsbereich 4

II. Regelungsgehalt der Norm im einzelnen
1. Das Ausgangsverhalten des Vertragspartners 11
2. Die fingierte Erklärung 12
3. Fristsetzung 13
4. Die Hinweispflicht und ihre Erfüllung 14
5. Anforderungen an den Widerspruch 15

III. Kaufleute 16

I. Allgemeines

1. Regelungsanliegen und Problematik der Norm 1

a) Eine der schwierigsten Aufgaben bei Erstellung des Katalogs unwirksamer Klauseln war es, dem in AGB sehr häufig aber in sehr unterschiedlichen Zusammenhängen sich findenden Phänomen von **fingierten** und AGB-rechtlich ihnen immer gleichzustellenden **unwiderleglich vermuteten** (Coester-Waltjen Rz 1; Jagenburg BauR Sonderheft 1/1977, 22) Erklärungen des Vertragspartners des Verwenders in den Griff zu bekommen. Meist betreffen solche Klauseln bestimmte **bei Vertragsschluß vorliegende Gegebenheiten,** etwa die vom Verwender vorformulierte Erklärung des Mieters (oder Abnehmers) einer beweglichen Sache, sich vom einwandfreien Zustand des Objekts überzeugt zu haben. In der endgültigen Fassung des Gesetzes sind diese Arten von Erklärungen in den Regelungsbereich von § 11 Nr 15 genommen worden (siehe dort Rz 1). Es handelt sich nicht um ein Problem speziell der „fingierten" Erklärungen, sondern um das allgemeine Problem, daß der Vertragspartner des Verwenders kaum jemals den Inhalt der einzubeziehenden AGB vor Vertragsabschluß konkret zur Kenntnis nimmt und daher auch um die ihm für diesen Zeitpunkt bereits unterstellten tatsächlichen Erklärungen nichts weiß. Für eine eigenständige Norm im Katalog unwirksamer Bestimmungen übrig blieben Erklärungen des Vertragspartners des Verwenders, deren Abgabe für einen **Zeitpunkt nach Vertragsschluß** – für den Fall des Eintritts bestimmter Ereignisse im Rahmen der Vertragsabwicklung – fingiert werden soll (Coester-Waltjen Rz 20; Löwe Rz 4; Koch-Stübing Rz 14; Brandner Rz 8; Kötz Rz 22) s unten Rz 6. Vor allen Dingen ging es um die **fingierte Genehmigung der Ordnungsmäßigkeit von Vertragsleistungen und Abrechnungen.** Sie gänzlich unwirksam sein zu lassen, verbot sich. Der Verwender muß die Möglichkeit haben, Klarheit darüber zu erhalten, ob sein Vertragspartner die Ordnungsmäßigkeit der erbrachten (Teil-)Leistungen anerkennt, auch wenn dieser es unterläßt, dazu Erklärungen abzugeben. Wenn der Verwender seinen Kunden sowohl in der einschlägigen AGB-Klausel als auch bei Eintritt des die Fiktion auslösenden Ereignisses ausdrücklich auf den drohenden Rechtsverlust hinweist, hat er alles getan, was man redlicherweise von ihm verlangen kann.

2 **b)** Hinter der Formulierung der Vorschrift steht unausgesprochen das Vorstellungsbild von solchen fingierten Erklärungen, die Rechtsfolgen auslösen, mit denen man sich typischerweise nur durch privatautonom gesetzte Akte belasten kann. Für sie bringt § 10 Nr 5 in der Tat die notwendige Einengung der dem Verwender offenstehenden Möglichkeiten. Die Vorschrift ist aber in ihrem Wortlaut zu weit geraten, weil sie fingierte Erklärungen ohne Rücksicht auf die mit ihnen ausgelösten Rechtsfolgen nennt. Fiktionen sind eine Regelungstechnik, die zur Begründung aller denkbaren Rechtsfolgen einsetzbar ist. Alle über die Regelungstechnik der Fiktion begründeten Rechtsfolgen können aber sachlich unverändert in einer die Fiktion auflösenden Gestalt angeordnet werden (s Larenz, Methodenlehre der Rechtswissenschaft 245). Stübing (NJW 1978, 1609) hat daraus zutreffend die Konsequenz gezogen, daß eine Klausel, die der Prüfung nach § 10 Nr 5 standhält, noch nicht besagt, daß an die somit fingierte Erklärung beliebige Rechtsfolgen geknüpft werden können. Der Verwender muß nicht nur ein berechtigtes Interesse an der fingierten Erklärung haben (so Palandt-Heinrichs Anm 5 a, cc; Löwe Rz 10; Brandner Rz 8; aM Koch-Stübing Rz 23). Vielmehr müssen die vom Verwender beanspruchten Wirkungen der fingierten Erklärung den Kriterien der §§ 9-11 standhalten (so andeutungsweise schon Coester-Waltjen Rz 26). Eine mit § 11 Nr 10 nicht übereinstimmende Beschränkung der gesetzlichen Gewährleistungsrechte wird nicht dadurch ermöglicht, daß an bestimmte Verhaltensweisen des Vertragspartners des Verwenders (widerspruchslose Entgegennahme einer Sache, Unterlassung der Rüge) ein fingierter Verzicht auf diese geknüpft wird, auch nicht, wenn der Verwender sich verpflichtet, seinen Vertragspartner bei Auslieferung der Ware auf die Bedeutung dieses seines Verhaltens hinzuweisen. Eine Klausel, die bestimmt, durch Entgegennahme der gemieteten Sache bestätige der Mieter ihren ordnungsmäßigen Zustand, kann die Haftung des Vermieters nicht einschränken (BGH BB 1967, 118 = VersR 1967, 254). Eine fingierte „Genehmigung" der Tageskontoauszüge einer Bank ist unwirksam (BGH NJW 1979, 1164).

3 **c)** Man muß aber auch die umgekehrte Konsequenz sehen. **Rechtsfolgen, die inhaltlich durch AGB für den Fall bestimmter, nicht in der Vornahme eines Rechtsgeschäfts liegender Ereignisse vorgesehen werden können, werden nicht dadurch ausgeschlossen, daß sich der Verwender der Regelungstechnik der Fiktion bedient.** Tut er dies, so braucht er keine angemessene Frist zum Widerspruch zu gewähren oder einer Hinweisobliegenheit zu genügen (Beispiel s § 11 Nr 12 Rz 12). Kann in AGB bezüglich eines Anspruchs aus positiver Vertragsverletzung stehen:

„nach Ablauf von zwei Jahren seit dem Eintritt eines Schadens sind alle Ansprüche ausgeschlossen", so kann es auch heißen: „Macht der Kunde nach Eintritt eines Schadensereignisses zwei Jahre lang keine Ansprüche geltend, so gilt dies als Verzicht". Ist nichts dagegen einzuwenden, daß ein Bau-Generalunternehmer in seinen Vertragsformularen mit Subunternehmern stehen hat: „der Nachunternehmer hat erkennbare Mängel der Vorleistung vor Beginn seiner eigenen Arbeiten geltend zu machen; im Falle verspäteter Rüge entfällt jeder Anspruch auf Ersatz oder Preiserhöhung", so kann er auch sagen: „Ist eine rechtzeitige Rüge unterblieben, so gilt die Vorleistung in diesem Rahmen als genehmigt" (aM Kroppen, Das AGB-Gesetz im Spiegel des Baurechts, Schriftenreihe der Deutschen Gesellschaft für Baurecht 11, 96 f). Inhaltlich ist gegen eine solche Regelung nichts einzuwenden, weil es dem Generalunternehmer nicht mehr zumutbar ist, sich in Auseinandersetzungen darüber einzulassen, auf das Verschulden welchen Subunternehmers welcher Baumangel zurückzuführen ist, wenn der Mangel der Vorleistung für den nachfolgenden Subunternehmer erkennbar war und dieser nichts beanstandete. Eine Klausel ist selbstverständlich unbedenklich, wenn die aufgrund der fingierten Erklärung ausgelöste Rechtswirkung schon kraft Gesetzes gilt (Kötz Rz 23 mit Beispielen).

2. Anwendungsbereich 4

a) Aus dieser Einsicht ergibt sich bereits der wichtigste aller Grundsätze zum Anwendungsbereich von § 10 Nr 5. Die Norm läßt die Tragweite der übrigen Bestimmungen in §§ 9-11 völlig unberührt. Die Fiktionswirkungen sind immer an ihnen zu messen. Nur die Abgrenzung zu § 11 Nr 15 sowie zu § 2 bedarf einiger erklärender Erläuterungen. Von dem Anwendungsbereich des § 11 Nr 15 ist derjenige von § 10 Nr 5 folgendermaßen abzugrenzen: Das Ausgangsverhalten, das die Fiktion der Erklärung begründen soll, muß nach Vertragsabschluß liegen s unten Rz 6. Erklärt der Mieter bei Vertragsabschluß formularmäßig, mit der (später erfolgten) Übergabe des Mietobjektes dessen Fehlerfreiheit anzuerkennen, so ist § 10 Nr 5 anwendbar. Erklärt er schon im Mietvertrag, sich von der Fehlerfreiheit des Objekts überzeugt zu haben, so ist § 11 Nr 15 einschlägig. Zur Abgrenzung von § 2 s Rz 8.

b) Es ist behauptet worden, an eine gemäß § 10 Nr 5 zulässigerweise fingierte Erklärung dürften keine **Beweislastverschiebungen** iSv § 11 Nr 15 geknüpft werden. Als Beispiel dient häufig Nr 15 der Allgemeinen Bankbedingungen (Stübing NJW 1978, 1609). Danach genehmigt der Kunde in einer dem § 10 Nr 5 entsprechenden Weise Rechnungsabschlüsse und Wertpapieraufstellungen, wenn er nicht binnen eines Monats nach Zugang widerspricht. Dem BGH zufolge (NJW 1968, 591; ebenso Stübing aaO mit Ausführungen zur Unmöglichkeit einer Interpretation im Sinne der Begründung unwiederbringlichen Rechtsverlustes), der im übrigen die Klausel immer bestätigt hat (NJW 1979, 1164), bedeutet dies nur eine Beweislastumkehr, weil dem Kunden das Recht verbleibt, die fingierte Erklärung zu kondizieren (aM Brandner Rz 10; für endgültigen und unwiederbringlichen Rechtsverlust aber wohl bei Handel mit Wertpapieren im Börsengeschäft, Coester-Waltjen Rz 6). Dementsprechend machen die Bedingungen jetzt einen Vorbehalt zu Gunsten „gesetzlicher Ansprüche". Da diese alle Fälle der Bereicherung durch eine Erklärung betreffen, auf deren Abgabe kein Anspruch bestand, läßt sich die Bestimmung auch nicht mit der Begründung angreifen, andere Ansprüche als gesetzliche seien nicht vorbehalten (aM Löwe § 9 Rz 39). Da somit der Kunde nach Ablauf der Widerspruchsfrist als Voraussetzung für seinen Bereicherungsanspruch die Unrichtigkeit der für ihn fingierten Erklärung beweisen muß, liege, so schließt Stübing, eine nach § 11 Nr 15 unzulässige Beweislastumkehr vor. Jedoch würde eine solche 5

Interpretation des Gesetzes seinem offensichtlichen Sinn widersprechen. Wenn an eine den Kautelen von § 10 Nr 5 entsprechende Fiktion Rechtsnachteile geknüpft werden können, dann wäre es merkwürdig, wenn diese nicht auch in Beweislastverschiebungen bestehen könnten. Mindestens soweit an die Fiktion ein endgültiger inhaltlicher Rechtsnachteil geknüpft werden kann, muß man als den minderen Rechtsnachteil eine entsprechende Beweiserschwerung zu Lasten des Kunden zulassen. Man muß aber noch darüber hinausgehen und in § 10 Nr 5 gegenüber § 11 Nr 15 eine lex specialis sehen (Graf von Westphalen § 11 Nr 15 Rz 21; Brandner Rz 14; Stein Rz 35; allgemein zur AGB-Problematik von Genehmigungsfristen in den Bankbedingungen Lwowski Die Bank 1978, 188 f). Inhaltlich unangemessene Beweislastverschiebungen aufgrund an sich zulässiger Erklärungsfiktionen sind daher ausschließlich nach der Generalklausel des § 9 zu bewerten.

6 **c)** Freilich ist immer zu beachten, daß sich § 10 Nr 5 ausschließlich – nicht nur regelmäßig (so Coester-Waltjen Rz 17) – auf **Fiktionen** bezieht, **die durch Ereignisse ausgelöst werden, welche nach Vertragsabschluß liegen.** Denn die Worte „bei Vornahme oder Unterlassung bestimmter Handlungen" sind zukunftsorientiert. Diese Abgrenzung hat erhebliche praktische Bedeutung (s Rz 1). Die formularmäßig erteilte „Zustimmung" des Vertragspartners mit der Geltung der einzubeziehenden AGB oder einzelner ihrer Teile hat weder mit § 10 Nr 5 (Coester-Waltjen Rz 11) noch mit § 11 Nr 15 etwas zu tun. Es geht vielmehr ausschließlich um die Einbeziehungsvereinbarung, welche durch solche Worte nicht verläßlicher gemacht werden kann, als sie ist. Das gleiche gilt, wenn der Vertragspartner formularmäßig bestimmten Verhaltensweisen des Verwenders zustimmen soll (Coester-Waltjen Rz 12) oder wenn er schon bei Vertragsschluß eine sonstige formularmäßig abgegebene Erklärung über einen Rechtsverzicht abgeben soll, ohne daß es also eines weiteren Verhaltens als Fiktionsausgangstatbestandes bedarf. In letzterem Falle liegt freilich meist ein Verstoß gegen § 9 vor (Coester-Waltjen Rz 20 f).

7 **d)** Regelmäßig wird zwar § 10 Nr 5 die Fiktion **rechtsgeschäftlicher** Erklärungen, § 11 Nr 15 b unterstellte **Tatsachen**erklärungen betreffen. Doch ist es nicht richtig, den Anwendungsbereich beider Vorschriften nach diesem Kriterium abgrenzen zu wollen (aM Brandner Rz 1, 10). Eine Klausel aus den AGB von Kraftfahrzeugvermietern, wonach die widerspruchslose Übernahme eines Pkw einer Bestätigung seiner Mangelfreiheit gleichkommt, ist keine fingierte rechtsgeschäftliche Erklärung und unterfällt dennoch dem § 10 Nr 5.

8 **e)** Eine einseitige Änderung von AGB durch ihren Verwender kann nur in einzelnen speziellen Hinsichten vorgesehen werden (§ 2 Rz 46 f). In diesem Rahmen kann sich der AGB-Verwender auch der Technik der fingierten Zustimmung seines Vertragspartners zu der Änderung bedienen. Er braucht ihm dann Gelegenheit zum Widerspruch nicht zu geben (s Rz 3). Globale Änderungen von AGB für laufende Geschäftsbeziehungen bedürfen einer dem § 2 genügenden eigenen Einbeziehungsvereinbarung. § 10 Nr 5 ist aber insoweit lex specialis gegenüber § 2, als das Einverständnis des Vertragspartners unter den Voraussetzungen dieser Norm fingiert werden kann (aM Löwe § 9 Rz 39; § 2 Rz 21).

9 **f)** Wegen der Ausnahmeregelung in § 23 Abs 2 Nr 5 (VOB) s dort Rz 25 ff.

10 **g)** Fingierte, den Vertragspartner benachteiligende Erklärungen des **Verwenders** sind ausschließlich nach § 9 zu messen (Koch-Stübing Rz 13).

II. Regelungsgehalt der Norm im einzelnen

1. Das Ausgangsverhalten des Vertragspartners 11

Die Art des Verhaltens des Vertragspartners des Verwenders, an welche die Erklärungsfiktion geknüpft ist, ist grundsätzlich beliebig. In der Praxis eine große Rolle spielen neben der fingierten Bestätigung von Rechnungsabschlüssen **Abnahmefiktionen.** Die Bestimmung, Wohnungseigentum gelte sechs Monate nach Bezugsfreigabe als abgenommen, wenn bis dahin keine Abnahme stattgefunden habe oder kein Abnahmetermin vereinbart sei, kann zwar vernünftigerweise nicht im Sinne einer Unerheblichkeit von Beanstandungen ausgelegt werden (so aber BGH WM 1976, 349). Vielmehr muß man redlicherweise dem Kunden die Befugnis eingeräumt sehen, auch nach Ablauf dieser Frist Beanstandungen vorzubringen. Immerhin hat er die Möglichkeit, durch eine Erklärung die Abnahmefiktion auszuschließen. Gerade deshalb aber ist die Klausel an § 10 Nr 5 zu messen und mit ihr deshalb nicht vereinbar, weil sie nicht vorsieht, daß der Vertragspartner auf sein Beanstandungsrecht eigens aufmerksam gemacht werden muß (Coester-Waltjen Rz 19 Fn 22 b; Stübing NJW 1978, 1608 f; Brandner Rz 10). Zur Anerkennungsfiktion der Ordnungsmäßigkeit der Vorleistung in Subunternehmer-Formularverträgen s § 9 Rz 96.

Besteht das Ausgangsverhalten in einem **dauernden Unterlassen**, dann ist § 10 Nr 5 anwendbar, wenn dieses bereits mit Vertragsschluß beginnt und einige Zeit nach Vertragsschluß fortdauern muß, um die Fiktionswirkung auszulösen.

2. Die fingierte Erklärung 12

§ 10 Nr 5 ist nur einschlägig, wenn eine „Erklärung" des Vertragspartners fingiert wird, also etwas von rechtlicher Bedeutung, das dem Ausgangsverhalten nicht notwendigerweise ohnehin schon zukommt (allgM). Nicht ist die Norm anwendbar, wenn ein sonstiger Vorgang fingiert werden soll. So bleibt etwa die Rspr des BGH zur Unwirksamkeit von formularmäßigen Vorkenntnisklauseln in Maklerbedingungen (BGH NJW 1971, 1133; 1976, 2345; Löwe § 11 Nr 15 Rz 16 – ausführlich; aM Schwerdtner, Maklerrecht Rz 116) unberührt. Nach diesen Klauseln hat die Tatsache, daß der Kunde dem Makler seine anderweitige Vorkenntnis nicht binnen bestimmter Frist mitteilt, nicht zur Folge, daß eine „Erklärung" des Vertragspartners des Maklers fingiert wird. Angenommen wird dann nur seine Unkenntnis davon, daß sich das angebotene Objekt auf dem Markt befindet. Die aus § 9 herzuleitende Unwirksamkeit dieser Bestimmung kann nicht dadurch verhindert werden, daß der Makler mit der Bekanntgabe eines Objektes auf den Lauf der Frist hinweist und sich dazu in seinen Bedingungen verpflichtet. Auch wenn Makler die gewünschte Rechtsfolge in die Technik einer dem § 10 Nr 5 Rechnung tragenden Fiktion kleiden würden („. . . gilt als verbindlich zugesagt, noch keine Kenntnis . . . gehabt zu haben"), würde der Verstoß der Fiktionswirkung gegen § 9 bestehen bleiben (s Rz 2).

Ist die Tragweite der fingierten Erklärung nicht hinreichend klar, so ist sie nach § 5 zu Lasten des Ausstellers auszulegen (Beispiel: BGH WM 1976, 248 – Genehmigung nur der aus dem Tagesauszug der Bank unmittelbar ersichtlichen Maßnahmen und nicht des Kontostandes schlechthin).

3. Fristsetzung 13

Die Angemessenheit der Frist variiert naturgemäß je nach Vertragstyp und den persönlichen Umständen der typischerweise (so mit Recht Koch-Stübing Rz 16) vom Verwender angesprochenen Personen. Eine Wochenfrist als Mindestfrist besonders herauszustreichen (PALANDT-HEINRICHS Anm 6 a aa; COESTER-WALTJEN Rz 23), ist nicht gerechtfertigt. Für die Überprüfung von Rechnungsabschlüssen wird man wohl vier Wochen konzedieren müssen. Die Frist braucht nicht datumsmäßig angegeben zu werden. Es genügt, wenn der Vertragspartner des Verwenders ungefähr weiß, wie lang er Zeit hat. So ist es zulässig, wenn nach Nr 15 S 2 der Allgemeinen Bankbedingungen gewisse Einwendungen gegen bestimmte Abrechnungen und Anzeigen „unverzüglich" erhoben werden müssen (BRANDNER Rz 15). Da Zweifel darüber, wie lange die Frist währt, immer zu Lasten des Verwenders gehen (§ 5), schadet es auch nicht, wenn er in seinem Bedingungswerk nur von einer „angemessenen" Frist spricht (aM KOCH-STÜBING Rz 15). Jeder Widerspruch, der in einer auch nur bei äußerster Toleranz als vertretbar zu wertenden Frist erklärt wird, ist dann noch rechtzeitig. Ist die Frist zu kurz, so ist die gesamte Klausel unwirksam. – Nicht etwa verlängert sich die Frist automatisch auf ein angemessenes Maß. (KOCH-STÜBING Rz 24; LWOWSKI Die Bank 1978, 189) s dazu § 6 Rz 14 ff.

Die in § 10 Nr 5 erwähnte Frist ist eine völlig neue, den im Gesetz geregelten Verjährungs- und Ausschlußfristen nicht vergleichbare Art von Frist, deren Charakteristikum darin besteht, daß sie üblicherweise recht kurz bemessen ist. Sie trägt daher besonderen Umständen in der Person des Vertragspartners, wie etwa urlaubsbedingter Abwesenheit, nicht Rechnung und kann es auch nicht. Es ist daher gerechtfertigt, die für die Wiedereinsetzung in den vorigen Stand geltenden Grundsätze entsprechend anzuwenden. Der Widerspruch muß unverzüglich nachgeholt werden, der Grund für die Verzögerung ist anzugeben.

14 **4. Die Hinweispflicht und ihre Erfüllung**

Die in Anspruch genommene Fiktionswirkung tritt nach Fristablauf nur ein, wenn einmal schon in den AGB selbst die Verpflichtung des Verwenders festgehalten ist, seine Vertragspartner bei Beginn der Frist auf die Folgen des Fristablaufs aufmerksam zu machen und wenn zum anderen der Verwender bei Beginn der Frist dieser Verpflichtung auch tatsächlich nachkommt. Ein Hinweis in AGB allein genügt nicht (COESTER-WALTJEN Rz 24).

Es genügt auch nicht, wenn der Verwender seinen Vertragspartner bei Beginn der Frist auf seinen drohenden Rechtsverlust ausdrücklich hingewiesen hat, sofern er es unterlassen hat, seine dahingehende Verpflichtung bereits in den AGB selbst niederzulegen. Der Hinweis muß, seinem Sinn entsprechend, in einer Form geschehen, die unter normalen Umständen Kenntnisnahme verbürgt. Das Gesetz selbst sagt nicht, daß er ausdrücklich erklärt sein muß. Jedoch ist nicht vorstellbar, wie ein nur schlüssiger Hinweis ausreichen soll. Der Hinweis darf auch nicht in einer größeren Summe von Einzelmitteilungen, die üblicherweise nicht allesamt aufmerksam gelesen werden, versteckt sein. Jedoch kann der Hinweis durchaus vorformuliert sein (COESTER-WALTJEN Rz 25). Beginnt das Ausgangsverhalten des Kunden bereits mit Vertragsschluß zu laufen, so ist die Festschreibung einer Verpflichtung zur Erteilung eines Hinweises sinnlos. Die Tatsache eines Hinweises allein muß dann genügen (KÖTZ Rz 26). Dem Sinn des Gesetzes entsprechend darf der Hinweis aber dann nicht formularmäßig sein. Das die Fiktionswirkung auslösende Ausgangsverhalten muß dem Verwender nicht immer rechtzeitig bekannt sein. Ein rechtzeitiger Hinweis ist ihm schwerlich zuzumuten, wenn er gar nicht weiß, ob und wann sein Vertragspartner ein solches Verhalten an den Tag legen wird. (Beispiel: Ingebrauchnahme einer Sache als Fiktionsausgangstatbestand). In einer solchen Situation muß der in den AGB sich findende Hinweis genügen. Es ist dem Verwender schwerlich zuzumuten, diesen in „nicht allzu großem zeitlichen Abstand vor Beginn der Frist" (KÖTZ Rz 26) zu geben.

Der Hinweis ist im übrigen immer von „besonderer" Bedeutung, weshalb seinetwegen nach § 10 Nr 6 Zugangsfiktionen in AGB unwirksam sind (LÖWE Rz 9; KOCH-STÜBING Rz 21).

Auch der „Bekanntheitsgrad" häufig verwandter AGB, wie der VOB, vermag gegen nichtkaufmännische Vertragspartner von der Hinweisobliegenheit nicht zu befreien (aM JAGENBURG BauR Sonderheft 1/1977, 22).

5. Anforderungen an den Widerspruch 15

Das Gesetz sagt, der Vertragspartner müsse Gelegenheit erhalten, durch eine „ausdrückliche Erklärung" den Eintritt der Fiktionswirkung zu verhindern. Gemeint ist damit aber nicht der Gegensatz zu einer bloßen „schlüssigen" Erklärung, sondern nur derjenige zum Unterbleiben einer Erklärung. Jedes positiv-schlüssige Verhalten, das als Widerspruch gegen den Eintritt der Fiktionswirkung deutbar ist, muß genügen. Allerdings kann in AGB gemäß § 11 Nr 16 für den Widerspruch Schriftform verlangt werden.

III. Kaufleute 16

Die Einräumung einer fristgebundenen Widerspruchsmöglichkeit wird man auch im beiderseits kaufmännischen Verkehr immer verlangen müssen, wenn die Fiktionen Rechtsfolgen treffen, die gegen den Willen des Vertragspartners herbeizuführen, nicht zu rechtfertigen ist (COESTER-WALTJEN Rz 28, wohl auch GRAF VON WESTPHALEN Rz 19 – Wirksamkeit nur unter „strengen Anforderungen" – und KÖTZ Rz 31; aM wohl BRANDNER Rz 17). Auf einen besonderen Hinweis läßt sich jedoch häufig verzichten (COESTER-WALTJEN Rz 28). Ganz unberührt bleiben die gesetzlichen Vorschriften, welche an Verhaltensweisen des Vertragspartners Rechtsfolgen knüpfen, denen die Form fingierter Erklärungen gegeben worden ist, wie zB in § 377 Abs 2 HGB (zu AGB-Bestimmungen, welche solche gesetzliche Vorschriften wiederholen, s § 8 Rz 7 ff). In ein kaufmännisches Bestätigungsschreiben kann natürlich risikolos der Zusatz aufgenommen werden, daß sein Inhalt verbindlich sei, wenn nicht unverzüglich widersprochen werde.

§ 10 Nr 6
Fiktion des Zugangs

In Allgemeinen Geschäftsbedingungen ist insbesondere unwirksam . . .

eine Bestimmung, die vorsieht, daß eine Erklärung des Verwenders von besonderer Bedeutung dem anderen Vertragsteil als zugegangen gilt.

1. Teilber 29; Ref E 20; RegE 89 – s Einl 6 ff.

I. Allgemeines

1. Regelungsanliegen 1

Die Vorschrift ist der Rest von Bestrebungen, in AGB Fiktionen grundsätzlich nicht wirksam sein zu lassen (1. Teilber § 8 Nr 18 und S 89). Diese Bestrebungen sind im Laufe des Gesetzgebungsverfahrens zu Recht zusammengeschmolzen. Es war nicht einzusehen, warum sich ein AGB-Verwender nicht ebenso wie der Gesetzgeber der Regelungstechnik von Fiktionen sollte bedienen dürfen (s auch § 10 Nr 5 Rz 2 f). In der Praxis hat die Fiktion des Zugangs einer Erklärung besondere Bedeutung. Der Verwender hat ein legitimes Interesse daran, daß sich sein Vertragspartner nicht mit der Behauptung, bestimmte Mitteilungen nicht erhalten zu haben, seinen Verpflichtungen entziehen kann. Der Vertragspartner seinerseits hat ein legitimes Interesse daran, daß nur solche Mitteilungen Rechtsfolgen zu seinem Nachteil auslösen, die er tatsächlich erhalten hat. Für Mitteilungen von besonderer Bedeutung hat der Gesetzgeber diesem Interesse Vorrang eingeräumt und damit den Verwender, welcher sich seiner Sache sicher sein will, zur Verwendung von Einschreibesendungen gezwungen. Auch eine Zugangsfiktion, die an den Ausgangstatbestand der (nachgewiesenen) Absendung einer Erklärung durch die Post geknüpft ist, ist unwirksam, wenn es sich um eine Erklärung von besonderer Bedeutung handelt. Das Kernproblem in der Anwendung von § 10 Nr 6 besteht freilich darin, Erklärungen mit und ohne besondere Bedeutung voneinander abzugrenzen.

2 **2. Anwendungsbereich**

a) § 10 Nr 6 ist keine Sondervorschrift im Verhältnis zu § 11 Nr 15 (aM Stübing NJW 1978, 1611; Löwe Rz 9). Fiktionen sind von letzterer Vorschrift nicht erfaßt (s dort Rz 2). Zur Sondervorschrift im Verhältnis zu § 11 Nr 15 wird § 10 Nr 6 nur in jenem Bereich, wo man ihn entspr anwenden muß, nämlich auf Bestimmungen in AGB, die den Zugang von Erklärungen ohne besondere Bedeutung nicht fingieren sondern vermuten. Als Ausnahme zu § 11 Nr 15 weist § 10 Nr 6 solche Bestimmungen als wirksam aus (Coester-Waltjen Rz 6; Stübing aaO; Hensen Rz 5).

3 **b)** § 10 Nr 6 ist auch keine Sondervorschrift im Verhältnis zu § 10 Nr 5. Letztere Bestimmung betrifft tatbestandlich nur die Fiktion von Erklärungen, nie die sonstiger Tatsachen.

4 **c)** Vielmehr hat § 10 Nr 6 aus der Fülle der Fiktionen, die nach der Generalklausel darauf zu überprüfen sind, ob die an den Ausgangstatbestand geknüpfte Fiktionswirkung angemessen ist oder nicht, die Fiktion des Zugang einer Willenserklärung herausgegriffen, sie zugelassen, soweit Erklärungen ohne besondere Bedeutung in Frage stehen, und sie für unwirksam erklärt, wo Erklärungen mit besonderer Bedeutung fingiert werden.

5 **d)** Sondervorschrift ist § 10 VVG.

II. Einzelheiten der Regelung

6 **1. Erklärungen mit und ohne besondere Bedeutung**

Der Verwender kann im Stadium der Ausarbeitung seiner Bedingungen jedes Risiko vermeiden und den Text von § 10 Nr 6 dergestalt übernehmen, daß er Zugangsfiktionen für „Erklärungen ohne besondere Bedeutung" aufstellt (Stübing NJW 1978, 1611), so wie es in Nr 1 Abs 2 der Allgemeinen Bankbedingungen geschehen ist. Finden sich in AGB Klauseln, die Zugangsfiktionen unterschiedslos für bedeutsame und nicht bedeutsame Erklärungen aufstellen, wie in verschiedenen Allgemeinen Versicherungsbedingungen (dazu wie hier Helm NJW 1978, 131; zust Stübing aaO; s zu dieser Frage auch Voosen VersR 1977, 895), so sind sie insgesamt unwirksam und können nicht etwa ihre Wirksamkeit bezüglich solcher Erklärungen entfalten, denen besondere Bedeutung abgeht. So ist auch eine Klausel unwirksam, die besagt, eine Erklärung gelte als zugegangen, wenn sie mit dem postalischen Vermerk „unbekannt verzogen" zurückkomme (OLG Stuttgart BB 1977, 908).

Von „besonderer" Bedeutung sind Erklärungen dann, wenn sie aus dem Rahmen des normalerweise in einer bestimmten Rechtsbeziehung Auftretenden fallen. Dazu gehören vor allen Dingen Kündigungen und Rücktrittserklärungen, aber auch Jahresabschlüsse, alle Erklärungen, welche Rechtsfolgen auslösen, wenn der Kunde nicht binnen bestimmter Frist widerspricht (Kötz Rz 32). Rechtsgeschäftliche Erklärungen ohne besondere Bedeutung sind schwer vorstellbar (Löwe Rz 6), wenn sie den Kunden benachteiligen können. Im Bankverkehr kann der Zugang eines Tagesauszugs und einer Ausführungsanzeige fingiert werden (Hensen Rz 8), nicht aber der von Rechnungsabschlüssen oder Wertpapieraufstellungen (Hensen Rz 8; aM Rebmann Rz 6). Das Fiktionsverbot bezieht sich freilich nur auf Ob und Ort des Zugangs. Ist beides erwiesen, dann kann der Zugangszeitpunkt fingiert werden, etwa in dem Sinne, daß auf zwei oder drei Tage nach Absendung abgestellt wird (aM Coester-Waltjen Rz 6).

2. Der Fiktionsausgangstatbestand bei Erklärungen ohne besondere Bedeutung 7

Im Wege des Umkehrschlusses ist dem Gesetz die Aussage zu entnehmen, daß Erklärungen ohne besondere Bedeutung zulässigerweise fingiert werden können (teilweise aM Hensen Rz 7: nur für Massengeschäfte). Die Norm äußert sich aber nicht über die Annehmbarkeit der Fiktionsausgangstatbestände. Deren Angemessenheit muß daher nach § 9 beurteilt werden. Ist die Zugangsfiktion an den feststehenden und gegebenenfalls zu beweisenden Tatbestand der Absendung einer Erklärung geknüpft, so ist gegen sie nichts einzuwenden. Man muß aber vernünftigerweise noch darüber hinausgehen und auch einen Fiktionsausgangstatbestand akzeptieren, der noch keinen absolut verläßlichen Beweis für die Absendung, wohl aber einen Tatbestand darstellt, den man normalerweise als Indizienbeweis für die Absendung ausreichen lassen würde (aM Hensen Rz 6; Löwe Rz 7; Koch-Stübing Rz 5; auf Absendefiktionen § 10 Nr 6 entsprechend für anwendbar haltend Coester-Waltjen Rz 7). Entgegen mancher Skepsis (Löwe Rz 3) tritt der mit Nr 1 Abs 2 der Allgemeinen Bankbedingungen bezweckte Fiktionserfolg ein. In Satz 2 findet sich eine Absendungsvermutung, die an den Besitz eines abgezeichneten Durchschlags des versandten Schriftstücks geknüpft ist. Diese Vermutung ist als Minus gegenüber einer möglichen Absendungsfiktion wirksam (im Ergebnis ebenso Hensen Rz 8; Kümpel WM 1977, 704). An die Absendungsvermutung knüpft Satz 1 die Zugangsfiktion (beschränkt auf Erklärungen ohne besondere Bedeutung).

III. Kaufleute 8

Gesichtspunkte, die im Verkehr unter Kaufleuten eine andere Bewertung ermöglichten als für den Verkehr mit Privaten, gibt es nicht (allgM).

§ 10 Nr 7
Abwicklung von Verträgen

In Allgemeinen Geschäftsbedingungen ist insbesondere unwirksam . . .

Eine Bestimmung, nach der der Verwender für den Fall, daß eine Vertragspartei vom Vertrage zurücktritt oder den Vertrag kündigt,

a) eine unangemessen hohe Vergütung für die Nutzung oder den Gebrauch einer Sache oder eines Rechts oder für erbrachte Leistungen oder

b) einen unangemessen hohen Ersatz von Aufwendungen verlangen kann.

1. Teilber 69; RefE 14; RegE 26 – s Einl 6 ff.

I. Allgemeines

1 **1. Regelungsanliegen**

Die Vorschrift ergänzt den § 11 Nr 5 und schützt seinen Regelungsgehalt vor naheliegenden Umgehungsversuchen. Tritt jemand von einem Vertrag zurück oder kündigt ein Vertragsverhältnis, so entstehen Rückabwicklungsprobleme, welche das deutsche Recht scharf von Schadenersatzansprüchen wegen Nichterfüllung trennt. Ist Grund für Rücktritt oder Kündigung ein (behauptetermaßen) vertragswidriges Verhalten des anderen Teils, so kommen Rückabwicklungsansprüche „Schadensersatzansprüchen" doch sehr nahe, wenn sie zugunsten des Verwenders großzügig pauschaliert werden. Zwangsläufig mußte der Gesetzgeber daher Aufwendungs- und Nutzungsersatzpauschalierungen für den Fall des Rücktritts des Verwenders ebenso wie Schadenspauschalen behandeln. Außerdem muß der Vertragspartner des Verwenders davor geschützt werden, von der Ausübung eines ihm zustehenden Rücktritts- oder Kündigungsrechts deshalb zurückzuschrecken, weil hohe Abwicklungsansprüche des Verwenders die Konsequenz davon wären.

2 **2. Anwendungsbereich**

a) Aus diesem Grunde ist eine genaue **Abgrenzung** der Anwendungsbereiche von § 10 Nr 7 und **§ 11 Nr 5** in der Praxis auch fast immer entbehrlich. Nur wenn der Vertragspartner des Verwenders bestreitet, überhaupt Nutzungen gezogen oder Leistungen erhalten zu haben, kommt es auf eine genaue Einordnung des Vorgangs an. Denn den Beweis im Sinne von Nr 7, daß Nutzungen gezogen wurden, hat der Verwender zu erbringen, den Beweis im Sinne von § 11 Nr 5, daß kein Schaden eingetreten sei, sein Vertragspartner, s § 11 Nr 5 Rz 20. Die Begriffe „angemessen" einerseits (§ 10 Nr 7) und „wesentlich niedriger" andererseits (§ 11 Nr 5) laufen in der praktischen Rechtsanwendung auf das gleiche hinaus. Auch die Gegenbeweismöglichkeit, die nach § 11 Nr 5 dem Vertragspartner des Verwenders zusteht, besteht im Anwendungsbereich von § 10 Nr 7 entsprechend, s § 11 Nr 5 Rz 7.

3 **b)** So wie die Ausbedingung gesetzlich nicht vorgesehener oder die Abdingung gesetzlich begründeter Schadensersatzforderungen nicht nach § 11 Nr 5, sondern nach § 11 Nr 7, 8 bzw § 9 zu behandeln ist, so ist auch eine Klausel, welche **Nutzungs-, Aufwendungs- oder Leistungsersatzansprüche** vorsieht, die das Gesetz nicht kennt, oder sie ausschließt, wo das Gesetz sie begründet, nicht nach § 10 Nr 7, sondern nach § 9 zu bewerten (allgM).

4 **c)** Ist eine Klausel so gefaßt, daß sie in spürbarem Umfange Ersatzansprüche auch für solche Situationen postuliert, in welchen es zu gar keiner Dienstleistung oder Nutzungsüberlassung gekommen ist, so ist der Sache nach eine – formularmäßig unwirksame, § 11 Nr 6 – Vertragsstrafe ausbedungen (Coester-Waltjen Rz 28).

II. Die Kündigung eines Vertrags

5 **1. Der Gesetzesbegriff**

Von Kündigung spricht man dann, wenn ein **Dauerschuldverhältnis** mit Wirkung für die Zukunft beendet werden soll. Es bleibt sich gleich, ob die in § 10 Nr 7 erwähnten Pauschalen an eine Kündigung des Verwenders oder seines Vertragspartners, an eine solche aus wichtigem Grund oder an eine gesetzlich vorgesehene ordentliche Kündigung oder schließlich an eine vertraglich eingeräumte besondere Kündigung geknüpft sind. Eine außerordentliche Kündigung kann mit Schadenersatzansprüchen einhergehen. Eine dem § 10 Nr 7 entsprechende Pauschalierung von Ersatzansprüchen hindert nicht, daß dem Kunden **Gegenansprüche auf Schadenersatz** zustehen, mit denen er **aufrechnen** kann. Hat der Verwender für den Fall, daß sein Vertragspartner den Kündigungsgrund durch vertragswidriges Verhalten gesetzt hat, die ihm zustehende Pauschale so festgesetzt, daß ihr auch Schadensersatzfunktion zukommt, dann ist § 11 Nr 5 anwendbar, s oben Rz 1. Auch in diesem Falle darf aber der Gedanke des Vorteilsausgleichs nicht vernachlässigt werden. Ein Ingenieur, dessen Bedingungen den Ingenieurvertrag nur aus wichtigem Grunde kündbar sein lassen, kann sich auch für den Fall der vorzeitigen Vertragsauflösung aus einem vom Auftraggeber zu vertretenden Grunde nicht die Bezahlung der gesamten vereinbarten Vergütung ohne Rücksicht auf anderweitige Einsatzmöglichkeit seiner Arbeitskraft ausbedingen (BGHZ 60, 259 = NJW 1973, 1190).

2. Unangemessen hohe Vergütung 6

Meist ist es, da Dauerschuldverhältnisse in Rede stehen, überhaupt nicht angemessen, etwas anderes vorzusehen, als das auf die tatsächliche Vertragsdauer umgerechnete Vertragsentgelt. Die Fälle, welche der Gesetzgeber mit dem Begriff „Vergütung für erbrachte Leistungen" im Auge gehabt hat, orientieren sich vor allen Dingen an **§ 628 BGB.** Das Kündigungsrecht des Dienstleistungsempfängers soll nicht dadurch entwertet werden, daß er wesentlich mehr als die tatsächlich erbrachten Dienstleistungen vergüten muß. Der BGH hat schon nach früherem Recht eine Klausel entworfen, derzufolge der zur Dienstleistung Verpflichtete den vollen Lohn beanspruchte s § 9 Rz 115 (heute allgM). Pauschalierungen, die in vertretbarem Verhältnis zu den tatsächlich geleisteten Diensten stehen sollen, können aber nicht einheitlich auf einen bestimmten Prozentsatz des vorgesehenen Entgeltes lauten, sondern müssen sich nach dem Umfang der bereits geleisteten Dienste ausrichten, können dabei freilich bestimmte Zeitläufe zu Einheiten zusammenfassen, sich etwa auf „jede angefangene Woche" beziehen. Soll die Klausel auch Fälle erfassen, in denen der Dienstleistungsverpflichtete den Vertrag nicht wegen vertragswidrigen Verhaltens des Berechtigten kündigt oder in denen er durch sein eigenes vertragswidriges Verhalten die Kündigung provoziert, so muß sie sicherstellen, daß der Berechtigte nur für solche Dienste eine Vergütung zu entrichten hat, die für ihn trotz der Kündigung noch von Wert sind (COESTER-WALTJEN Rz 30).

In der Begründung zum RegE (BR-Drucks 360/75, 26) ist auch **§ 649 BGB** genannt. Der Werkunternehmer soll auch nicht für den Fall der dem Besteller zustehenden vorzeitigen „Kündigung" die Zahlung des gesamten Werklohns verlangen dürfen. Zwar handelt es sich nicht um eine Vergütung für „Leistungen". Der Sinn von § 10 Nr 7 verlangt aber dessen analoge Anwendung auch auf diesen Fall (allgM), s § 9 Rz 183. Schon nach früherem Recht hat der BGH (WM 1970, 1052) solche Klauseln verworfen. Auf den durchschnittlichen Fall abstellende Pauschalabzüge für ersparte Aufwendungen und anderweitige Einsetzbarkeit der Arbeitskraft sind aber möglich, müssen freilich bei umfangreicheren Werken gestaffelt sein und können nicht Kündigungen gleich nach Vertragsschluß und solche unmittelbar vor Vollendung des Werkes einander gleichstellen. 40% des Wertes der noch nicht erbrachten Leistungen hat der BGH beim Architektenvertrag als vertretbaren Abzug betrachtet (NJW 1969, 879). In der Klauselgestaltung braucht auf den Fall, daß die Kündigung des Bestellers durch Vertragsverletzungen des Unternehmers oder durch unbehebbare Mängel des teilweise hergestellten Werkes ausgelöst wurde, nicht eigens Rücksicht genommen zu werden. Auch ohne AGB-Regelung ist dann entgegen dem Wortlaut von § 649 eine Vergütung nicht oder nur zT geschuldet, s Erl zu § 649 BGB.

7 **3. Aufwendungsersatzanspruch**

Ein Aufwendungsersatzanspruch kommt im Zusammenhang mit der Kündigung von Dauerschuldverhältnissen nur beim Maklervertrag in Betracht, dazu siehe § 9 Rz 120, 142.

III. Der Rücktritt vom Vertrag

8 **1. Der Gesetzesbegriff**

Von einem Rücktritt vom Vertrag spricht man im Falle einer einseitigen Auflösung eines solchen Vertrages, der keine Dauerbeziehungen, sondern einmalige Leistungsaustauschverhältnisse zum Gegenstand hat. Wie AGB ein Rücktrittsrecht bezeichnen (Annulierung, Widerruf, Stornierung uä) und welche Seite es ausübt, bleibt sich für die Anwendbarkeit von § 10 Nr 7 gleich. Die Norm meint sowohl einen vereinbarten Rücktritt als auch die Ausübung der in §§ 325, 326 BGB vorgesehenen Rücktrittsrechte. Allerdings ist ein AGB-Schöpfer nicht an die Systematik des deutschen allgemeinen Schuldrechts gebunden, das sehr scharf zwischen Schadenersatz wegen Nichterfüllung und Rücktritt vom Vertrag unterscheidet. Daher ist grundsätzlich auch nichts dagegen einzuwenden, das Rücktrittsrecht mit Schadenersatzansprüchen zu kombinieren, siehe § 9 Rz 48. Art 24 EKG sieht die Kombination von Vertragsaufhebung und Schadensersatz – in Anlehnung an die romanischen Rechte – sogar ausdrücklich vor. Jedoch ist § 11 Nr 5 und nicht § 10 Nr 7 anwendbar, wenn die AGB-Regelung Schadensersatzaspekte wegen vertragswidrigen Verhaltens mit beinhalten, siehe § 11 Nr 5 Rz 6.

9 **2. Gebrauch einer Sache**

Der Begriff „Gebrauch" einer Sache – verwandt neben dem der Gebrauchsvorteile mit einschließenden (§ 100 BGB) Nutzungen – zeigt, daß an § 346 S 2 BGB gedacht ist, der einen Vertragsinhalt voraussetzt, welcher auf Gebrauchsüberlassung ausgerichtet ist, s Erl zu § 346 BGB. Angemessen ist immer nur ein Betrag, der sich an der verkehrsüblichen oder hypothetischen Miete orientiert. Meist wird freilich in dem Vertrag (von dem zurückgetreten worden ist), eine Vergütung vorgesehen sein, die sich auf die tatsächliche Nutzungsdauer umrechnen läßt. Ist in AGB in Wiederholung der gesetzlichen Regelung nichts weiter als dies bestimmt, so ist die fragliche Klausel kontrollfrei.

10 **3. Nutzungen**

Der Begriff Nutzungen meint § 347 S 2 BGB, wo der Nutzungsersatzanspruch für den Fall geregelt ist, daß der Vertragsgegenstand nicht Gebrauchsüberlassung zum Inhalt hat. Zur Abgrenzung von den nach § 11 Nr 5 zu bewertenden Wertminderungspauschalen s dort Rz 13. Auch außerhalb des Anwendungsbereiches von § 2 AbzG ist eine Regelung sicherlich angemessen, die auf Wertminderung Rücksicht nimmt. Anders als dort, wo Pauschalierungsabreden nicht anerkannt werden, s § 2 Abs 1 S 3 AbzG, kann im allgemeinen auch auf typischerweise eintretende Wertminderungen abgestellt werden, was häufig in Form degressiver Prozentsätze – bezogen auf das vorgesehene Vertragsentgelt – geschieht (Brandner Rz 11). Dieses ist im übrigen die absolute Obergrenze einer tolerierbaren Regelung (BGH NJW 1967, 1807). Wertminderung und Nutzungsentgelt können nicht kumulativ verlangt werden, weil im üblichen Nutzungsentgelt die normalerweise eintretende

Wertminderung schon berücksichtigt ist. Für den kurzfristigen Gebrauch neuwertiger Sachen ist aber die hohe Anfangswertminderung beachtlich, so daß auch ein höherer Satz als der für die entsprechende Gebrauchsperiode übliche Mietzins – der unterschiedslos für neue und gebrauchte Sachen gilt – angemessen ist. Werden Gebrauchsentgelt und Wertminderung gesondert ausgewiesen, so kommt es ausschließlich darauf an, ob beides in Kumulation angemessen ist oder nicht (KOCH-STÜBING Rz 16), weil die Wertminderung nur Rechnungsposten für den Wert der Nutzung sein darf. Da wo es übliche Mietzinsen nicht gibt, hat man nach kaufmännischen Gesichtspunkten zu kalkulieren, wie ein Mietzins aussehen müßte (KOCH-STÜBING aaO). Rspr und Lit zu § 2 AbzG sind eine gute Orientierungshilfe, s Erl dort.

4. Aufwendungsersatz 11

§ 10 Nr 7 bringt zunächst zum Ausdruck, daß es nicht unangemessen ist, wenn sich der Verwender für den Fall des Rücktritts vom Vertrag einen Aufwendungsersatzanspruch ausbedingt (im Ergebnis ebenso, wenn auch auf § 2 AbzG als Ausdruck gesetzlicher Grundwertungen abstellend, COESTER-WALTJEN Rz 22). Jedoch muß klargestellt sein, daß dieser nur bestehen soll, wenn der Rücktrittsgrund nicht vom Verwender selbst zu vertreten ist. Auch zur Angemessenheit der Höhe dieses Anspruchs kann man sich an der Rspr zu § 2 Abs 1 S 1 AbzG orientieren (BRANDNER Rz 13). Realistische Pauschalierungen sind aber auch insoweit möglich (aM BRANDNER aaO). Zum Aufwendungsbegriff s Erl zu § 256 BGB.

5. Schadenersatz wegen Unmöglichkeit der Rückgewähr 12

Eine von § 347 S 1 BGB abweichende Regelung in AGB unterfällt dem § 10 Nr 7 nicht.

IV. Sonstige Fälle der Vertragsauflösung 13

Die Regelung von § 10 Nr 7 gilt auch für sonstige Fälle einer Vertragsauflösung, etwa infolge des Eintritts einer **auflösenden Bedingung** oder wegen einer **Anfechtung** (allgM). Wird ein Darlehen nicht abgerufen und „erlischt" nach Ablauf einer bestimmten Zeit die Kreditzusage, so sind Vereinbarungen über Bereitstellungszinsen nach § 10 Nr 7 zu beurteilen. Auch Regelungen für den Fall der **Wandelung** unterstehen dem Anwendungsbereich dieser Norm (COESTER-WALTJEN Rz 14 ff). Selbst der Rückkaufswert von Lebensversicherungen muß sich die Kontrolle nach § 10 Nr 7 gefallen lassen; es dürfen nur die echten Risiko-Lebensversicherungs-Prämienbestandteile abgezogen werden.

Nicht aber ist § 10 Nr 7 einschlägig, wenn Aufwendungsersatzklauseln für Ereignisse während des Fortbestehens der vertraglichen Beziehungen ausbedungen werden (aM LÖWE Rz 2), etwa Bereitstellungszinsen für die Zeit vor Inanspruchnahme eines Darlehens.

V. Beweislast 14

Die negative Formulierung in den beiden Buchstaben a und b deuten an sich darauf hin, daß die Beweislast für die Umstände, aus denen sich die Unangemessenheit der vorgesehenen Vergütung oder des vorgesehenen Aufwendungsersatzanspruches ergeben soll, den Vertragspartner des Verwenders trifft. Ebenso wie bei § 11 Nr 5 (s dort Rz 18) ist dies jedoch eine vom Gesetzgeber nicht gewollte und dem Kunden schlechterdings unzumutbare Regelung (KOCH-STÜBING Rz 26; aM LÖWE Rz 7). Auch die Beweisführungsprobleme sind ähnlich wie bei § 11 Nr 5 Rz 18 dargestellt.

15 **VI. Folgen der Unwirksamkeit**

Wie allgemein (s § 6 Rz 15 ff) so hat der Richter auch im Zusammenhang mit § 10 Nr 7 nicht die Aufgabe, das zugunsten des Verwenders gerade noch zulässige Maß ausfindig zu machen. Für eine Herabsetzungsbefugnis fehlt es an einer Rechtsgrundlage (aM KÖTZ Rz 38). Behandeln AGB nur die Höhe eines gesetzlich vorgesehenen Vergütungs- oder Nutzungsersatzanspruches, so ist in jedem Einzelfalle der sich aufgrund der Gesetzeslage ergebende Betrag auszurechnen. Sind Nutzungs- und Aufwendungsersatz- oder Leistungsvergütungsansprüche schon dem Grunde nach privatautonom geschaffen worden – vorformuliert oder individuell –, dann sind, wenn die ausbedungene Höhe an § 10 Nr 7 scheitert, die gesetzlichen Vorschriften über die Höhe dieser Ansprüche für solche Fälle, wo schon das Gesetz sie gibt, analog anzuwenden (KOCH-STÜBING Rz 27).

16 **VII. Analoge Anwendung**

Der Verwender darf sich in **spiegelbildlich-entsprechender Anwendung** von § 10 Nr 7 (s § 9 Rz 17) formularmäßig nicht eine Regelung ausbedingen, die im Falle einer Kündigung oder eines Rücktritts dazu führt, daß ein Vertragspartner nur eine unangemessen niedrige Vergütung für die Nutzung oder den Gebrauch einer Sache oder eines Rechts oder für erbrachte Leistungen oder nur einen unangemessen niedrigen Ersatz für Aufwendungen verlangen kann.

17 Entsprechend § 10 Nr 7 ist auch das **selbständige Strafgedinge** zu behandeln, s § 11 Nr 6 Rz 7.

18 **Zum Reuegeld** s § 11 Nr 6 Rz 10.

19 **VIII. Kaufleute**

§ 10 Nr 7 gilt grundsätzlich auch im kaufmännischen Verkehr (allgM). Jedoch läßt sich die Möglichkeit von Pauschalierungen großzügiger beurteilen, wenn ein Bedingungswerk zur Anwendung auch gegenüber privaten Letztverbrauchern nicht gedacht ist.

§ 10 Nr 8
Rechtswahl

In Allgemeinen Geschäftsbedingungen ist insbesondere unwirksam . . .

die Vereinbarung der Geltung ausländischen Rechts oder des Rechts der Deutschen Demokratischen Republik in Fällen, in denen hierfür kein anerkennenswertes Interesse besteht.

1. Teilber 90 RefE 21; RegE 27 – s Einl 6 ff.

Schrifttum

SONNENBERGER, Bemerkung zum Internationalen Privatrecht im AGB-Gesetz, FS Ferid (1978) 377 ff; im übrigen s Angaben zu § 12.

I. Allgemeines

1. Grundgedanke der Vorschrift 1

Im internationalen Schuldvertragsrecht gilt die Grundregel, daß die Parteien das anwendbare Recht frei vereinbaren können. Dies bedingt auch eine weitgehende Freistellung von der Bewertung des Vertrages nach Vorschriften, die im Fall der Anwendbarkeit deutschen Rechts zwingend wären (s Vorbem 366 ff zu Art 12 EGBGB), wie es die Vorschriften des AGBG an sich sind. Der Gesetzgeber wollte in diesem Bereich jedoch die Rechtswahlmöglichkeit einschränken, um zu verhindern, daß gerade wegen der AGB-Problematik die Anwendung ausländischen Rechts vereinbart wird. Die Vorschrift läuft jedoch weitgehend leer (so mit Recht SONNENBERGER aaO; aM LANDFERMANN RiW 1977, 446), weil sie die „Wahl" ausländischen Rechts richtiger Ansicht nach (s unten Rz 5) nur in Fällen unmöglich macht, in denen sie ohnehin nicht gestattet wäre (dazu näher SONNENBERGER FS Ferid 378 sowie Vorbem 333 ff zu Art 12 EGBGB).

2. Anwendungsbereich 2

a) Das Verhältnis zu § 12 sieht folgendermaßen aus: Letztere Vorschrift setzt die grundsätzliche Maßgeblichkeit des fremden Rechts voraus: Dies kann der Fall sein, weil ausländisches Recht nach den Grundsätzen zur Anwendung kommt, die bei Fehlen einer Rechtswahl der Parteien gelten (s dazu Vorbem 351 ff zu Art 12 EGBGB). Dies kann aber auch der Fall sein, weil eine Rechtswahl getroffen worden ist, die vor § 10 Nr 8 Bestand hat. § 10 Nr 8 bezieht sich nur auf die Bedeutung einer Rechtswahlklausel in AGB für die grundsätzliche Maßgeblichkeit des deutschen oder des gewählten Rechts. Da § 12 die Möglichkeit der Anwendbarkeit ausländischen Rechts auch in Fällen voraussetzt, in denen der Vertrag aufgrund geschäftlicher Tätigkeiten des Verwenders und von Erklärungen seines Vertragspartners im Inland zustande kommt, kann allein in der Kumulierung dieser beiden Voraussetzungen noch kein Tatbestand gesehen werden, der ein anerkennenswertes Interesse an der Vereinbarung der Geltung ausländischen Rechts entfallen läßt (so mit Recht SONNENBERGER aaO; aM RefE BR-Drucks 360/75, 27; LANDFERMANN RiW 1977, 449; KOTZ Rz 41).

b) Schwierig ist es auch, das Verhältnis der Zulässigkeit einer Rechtswahl und das wirksame Zustandekommen einer Verweisungsvereinbarung richtig in die Regelung der Vorschrift einzuordnen. Zunächst ist nach deutschem Recht zu prüfen, ob eine Rechtswahl zulässig ist. Dafür ist § 10 Nr 8 Maßstab. Das wirksame Zustandekommen einer Verweisungsvereinbarung entscheidet nach hM aber das gewählte Recht (dazu näher Vorbem 337 ff zu Art 12 EBGB), das durchaus nicht AGB-Einbeziehungsvoraussetzungen nach Art des Art 2 AGBG zu kennen braucht. Daran hat § 10 Nr 8 nichts geändert (SONNENBERGER 379, 382 ff). 3

c) § 10 Nr 8 bezieht sich nicht auf Klauseln, welche die Anwendbarkeit des EKG zugunsten des originär deutschen Rechts ausschließen (JAYME ZHR 1978, 47; aM BRANDNER Rz 6; LANDFERMANN RiW 1977, 447). 4

II. Inhalt der Vorschrift

1. Voraussetzungen des Tatbestandes 5

Die Vorschrift ist aus einer Vorstellung heraus geschrieben, die davon ausgeht, ohne Rechtswahl hätte deutsches Recht gegolten und dieses sei zugunsten eines ausländischen Rechtes „abbedungen" worden. Häufig geht es demgegenüber freilich um die parteiautonome Festlegung des anwendbaren Rechts in Fällen, in denen zweifelhaft ist, welches Recht ex lege gelten würde. Wenn der Vertrag, in den AGB einbezogen werden sollen, keinerlei Auslandsbezüge aufweist, dann besteht sicherlich kein anerkennenswerter Grund dafür, die Geltung ausländischen Rechts zu vereinbaren. Wenn solche Auslandsbezüge aber existieren, ist die Vereinbarung der Geltung ausländischen Rechts immer legitim, auch wenn sie durch AGB-Bestimmungen getroffen wird. Denn der Kunde bleibt durch die Schutzbestimmungen des ausländischen Rechts und durch § 12 immer ausreichend geschützt (SONNENBERGER 380; GRAF VON WESTPHALEN Rz 4). Die Gegenansicht (PALANDT-HEINRICHS Anm 8; REBMANN Rz 2; KOCH-STÜBING Rz 17; STEIN Rz 56; BRANDNER Rz 3; KÖTZ Rz 40; LANDFERMANN RiW 1977, 446 f) verlangt, daß ein starker Auslandsbezug vorliegt, wenngleich nicht notwendigerweise ein solcher, der schon ex lege zur Maßgeblichkeit des ausländischen Rechts führen würde. Auch sie erkennt ein berechtigtes Interesse zur Wahl der Geltung ausländischen Rechtes bei AGB von Unternehmen an, deren Geschäftstätigkeit schwerpunktmäßig an ihrem Sitz ausgeübt wird (Banken, Versicherungen), sowie bei ausländischer Belegenheit des Vertragsgegenstandes, der Leistungserbringung im Ausland oder vom Ausland her (aM KÖTZ Rz 41 für den Fall einer Werbung im Inland). JAYME hält es sogar für möglich, daß eine Rechtswahlklausel nach § 10 Nr 8 unwirksam ist, obwohl der Vertrag schon ex lege nach ausländischem Recht zu bewerten gewesen wäre (ZHR 1978, 116).

6 **2. Rechtsfolgen**

a) Liegen die Voraussetzungen dafür vor, daß fremdes Recht für anwendbar erklärt werden kann, dann braucht nicht das Recht eines Staates für anwendbar erklärt zu werden, zu dem der vorgesehene Leistungsaustausch oder die Parteien persönlich Bezug haben. Vielmehr kann gerade ein Bedürfnis dafür bestehen, ein neutrales Recht gelten zu lassen (KOCH-STÜBING Rz 16; JAYME ZHR 1978, 117; Rz 4; aM BRANDNER Rz 11; KÖTZ Rz 42).

Eine nach § 10 Nr 8 mögliche Rechtswahl kann ausdrücklich oder konkludent getroffen sein (BRANDNER Rz 5; PALANDT-HEINRICHS Anm 8; KÖTZ Rz 410; KOCH-STÜBING Rz 16). Soll die konkludente Vereinbarung der Maßgeblichkeit eines ausländischen Rechts aus einer Gerichtsstands- oder Schiedsklausel hergeleitet werden, so ist sie freilich zu gut wie immer zulässig, wenn die Klausel selbst nicht überraschend iSv § 3 ist, s dazu § 3 Rz 11, 15.

7 **b)** Ist eine Rechtswahl nach § 10 Nr 8 unwirksam, so kommt auf den Vertrag nicht automatisch deutsches Recht zur Anwendung, sondern das Recht, das auch gelten würde, wenn eine Rechtswahl gar nicht erst versucht worden wäre. Dies kann auch die Rechtsordnung eines dritten Staates sein.

8 **3. Spiegelbildliche Anwendung**

§ 10 Nr 8 läßt sich spiegelbildlich (s § 9 Rz 17) auf die Vereinbarung deutschen Rechts im Verkehr mit Kunden im Ausland entsprechend anwenden (LANDFERMANN RiW 1977, 447 f). Die Gegenansicht (JAYME ZHR 1978, 117) steht noch allzusehr unter dem Banne, daß Deutschland in Mitteleuropa Vorreiter in der Gesetzgebung gegen unbillige Vertragsklauseln gewesen ist. In der Zwischenzeit besteht aller Anlaß, dem ausländischen Vertragspartner deutscher AGB-Verwender die Segnungen seines Heimatrechts ganz entsprechend zu sichern, wie sie § 10 Nr 8 für den deutschen Vertragspartner eines ausländischen Unternehmens reklamiert.

IV. Kaufleute 9

Die Verhältnisse liegen bei beiderseits kaufmännischen Geschäften ganz anders als im Verhältnis zum privaten Letztverbraucher. Auch vermittelt über § 9 läßt sich der Regelungsinhalt von § 10 Nr 8 nicht auf die Verhältnisse unter Kaufleuten übertragen. Ausnahmsweise kann aber die Vereinbarung ausländischen oder eines bestimmten ausländischen Rechts auch in diesem Bereich sachwidrig und daher nach § 9 unzulässig sein (aM nur Palandt-Heinrichs Anm 10 b). Ist ohne Rechtswahlvereinbarung wegen Fehlens oder nur ganz schwacher Ausprägung von Auslandsbezügen deutsches Recht eindeutig anwendbar, so ist eine andere Rechtsfestlegung in AGB häufig auch überraschend iSv § 3. Solche Klauseln vermögen dann auch keinen hinreichenden Anschein für die Vereinbarung ausländischen Rechts zu begründen, der es erlaubte, das Zustandekommen der Rechtswahl nach dem „anscheinend" gewählten Recht zu bestimmen (zu diesem Kriterium s Vorbem 337 zu Art 12 EGBGB).

§ 11
Klauselverbote ohne Wertungsmöglichkeit
§ 11 Nr 1
Kurzfristige Preiserhöhungen

In Allgemeinen Geschäftsbedingungen ist unwirksam . . .

eine Bestimmung, welche die Erhöhung des Entgelts für Waren oder Leistungen vorsieht, die innerhalb von vier Monaten nach Vertragsabschluß geliefert oder erbracht werden sollen; dies gilt nicht bei Waren oder Leistungen, die im Rahmen von Dauerschuldverhältnissen geliefert oder erbracht werden, sowie bei Leistungen, auf deren Preise § 99 Abs 1 oder 2 Nr 1 GWG Anwendung findet.

1. Teilber 64; RefE 13; RegE 27; – s Einl 6 ff.

Schrifttum

Bild, Preisklauseln in Allgemeinen Geschäftsbedingungen, MDR 1979, 894; Bruck AGB-Gesetz und Preisänderungsklauseln, Betrieb 1978, 1385.

I. Allgemeines

1. Regelungsanliegen 1

§ 11 Nr 1 ist Teil eines Bündels von Regelungen, welche sich gegen eine Klauselpraxis richten, die den Kunden einer Häufung von Ungewißheiten aussetzt. Ist die Lieferfrist unbestimmt, sind evtl auch noch lange oder unbestimmte Nachfristen iSv § 326 Abs 1 BGB vorgesehen und ist zudem in das Klauselwerk auch noch ein Preisänderungsvorbehalt aufgenommen („Am Tage der Lieferung geltende Preise"), so kann der Kunde zum Objekt nahezu beliebiger Preisspekulation gemacht werden. Rspr und Lit waren vor Erlaß des AGBG sehr tolerant und beschränkten sich darauf, den Umfang von Preiserhöhungen nach § 315 Abs 3 BGB zu überprüfen (s etwa BGHZ 1, 353 = NJW 1951, 711; MDR 1957, 84; NJW 1971, 835; 1972, 677 – weitere Nachw bei Coester-Waltjen Fn 9, 13), was aber schwierig ist, wenn auf die zur Zeit der Leistung vom Verwender allgemein verlangten Preise abgestellt ist. Lediglich eine solche Preiserhöhung hatten die Gerichte verworfen, die mit Umständen begründbar sein sollte, welche sich erst nach dem vereinbarten Lieferzeitpunkt zugetragen hatten (RG LZ 1925, 372). Durch formularmäßige Vereinbarung unbestimmter Lieferzeiten ließe sich, wenn solches zulässig wäre, aber auch diese Klippe leicht umschiffen.

Daß sich die früher so genannte „richterliche Inhaltskontrolle" von AGB der Preiserhöhungsklauseln kaum angenommen hatte, mag seinen Grund darin gehabt haben, daß die Preisangaben-VO von 1973 (BGBl I 461) und ihre Vorgängerin aus dem Jahre 1969 für die Masse der Fälle bereits erhebliche Verbraucherschutz-Vorarbeit geleistet hatten. Dort ist in § 1 Abs 1 u Abs 5 nF folgendes bestimmt:

„(1) Wer Letztverbrauchern gewerbs- oder geschäftsmäßig oder regelmäßig in sonstiger Weise Waren oder Leistungen anbietet oder in Zeitungen, Zeitschriften, Prospekten, auf Plakaten, im Rundfunk oder im Fernsehen oder in sonstiger Weise unter Angabe von Preisen für Waren und Leistungen gegenüber Letztverbrauchern wirbt, hat die Preise anzugeben, die einschließlich der Umsatzsteuer und sonstiger Preisbestandteile unabhängig von einer Rabattgewährung zu zahlen sind. Mit den Preisen sind, soweit es der allgemeinen Verkehrsauffassung entspricht, auch die Verkaufs- oder Leistungseinheit und die Gütebezeichnung anzugeben . . .

(5) Bestehen für Waren oder Leistungen Liefer- oder Leistungsfristen von mehr als vier Monaten, so können abweichend von Absatz 1 S 1 für diese Fälle Preise mit einem Änderungsvorbehalt angegeben werden; dabei sind auch die voraussichtlichen Liefer- und Leistungsfristen anzugeben. Die Angabe von Preisen mit einem Änderungsvorbehalt ist auch zulässig bei Waren oder Leistungen, die im Rahmen von Dauerschuldverhältnissen erbracht werden, sowie bei Leistungen, deren Preise auf Verträgen, Beschlüssen oder Empfehlungen im Sinne des § 99 Abs 2 Nr 1 GWB beruhen."

(Dazu und zum Anwendungsbereich der Vorschrift näher HOLZAPFEL BB 1973, 729 ff; GELWERG, Kommentar zur Preisangaben-VO [1975]). Allerdings hat diese Verordnung nur aufsichtsrechtlichen Gehalt. Bürgerlichrechtlich waren Preisänderungsvorbehalte vor Inkrafttreten des AGBG auch wirksam, wenn sie gegen ihre Bestimmungen verstießen. Heute sind sie es noch, wenn individuell vereinbart. Als Schutzgesetz iSv § 823 Abs 2 BGB hat die Rspr die Preisangabenverordnung allerdings meist nicht angesehen (BGH NJW 1974, 859; OLG Düsseldorf WRP 1975, 181; BUHMANN, Werberecht der Wirtschaft Bd 2 933.11; aM LG Frankfurt BB 1975, 580 abl HOLZAPFEL), obwohl schwer zu ersehen ist, wer anders als die Kunden des Anbietenden geschützt werden soll. Soweit vorformulierte Vertragsbedingungen in Frage stehen, hat § 11 Nr 1 aber den Regelungsgehalt der Preisangabenverordnung in materielles Privatrecht überführt.

2 **2. Der Anwendungsbereich**

a) § 11 Nr 1 gehört zu den wenigen Vorschriften im Katalog unwirksamer Klauseln, die nicht auf die Benachteiligung des Vertragspartners des Verwenders abstellen. Ist Verwender derjenige Teil, welcher die Geldleistung zu erbringen hat und trägt dieser auch die Formulierungsverantwortung, dann bedarf § 11 Nr 1 freilich einer teleologischen Reduktion. Er kann sich dann unmöglich den von ihm formularmäßig selbst zugestandenen Preiserhöhungsbefugnissen seines Vertragspartners entziehen. Wenn der Verwender jedoch selbst Bedingungswerke aufgreift, die er auf dem Markt vorfindet oder die von Verbänden empfohlen wurden, dann besteht kein Grund, warum nicht ausnahmsweise auch eine ihn benachteiligende Klausel unwirksam sein soll.

3 **b)** § 11 Nr 1 ist schlechthin unanwendbar auf ein **Dauerschuldverhältnis**. Dazu rechnet man üblicherweise im Anschluß an die Gesetzesmaterialien (BT-Drucks 7, 5422, 8) auch Wiederkehrschuldverhältnisse (KÖTZ Rz 10; COESTER-WALTJEN Rz 26; LÖWE Rz 6).

Für den innerhalb der ersten vier Monate in Aussicht genommenen Leistungsaustausch kann daher bei Wiederkehrschuldverhältnissen eine Preiserhöhung formularmäßig nicht vorgesehen werden. Liegt ein Dauerschuldverhältnis vor, so kann eine Entgelterhöhungsklausel aber auch bereits früher als vier Monate nach Vertragsabschluß wirksam werden. Man wollte damit sicherstellen, daß Unternehmen, die massenhaft Dauerschuldverhältnisse begründen (Versicherungen, Großvermieter), für alle ihre Vertragspartner zu einheitlichen Zeitpunkten von dem Vorbehalt Gebrauch machen können (COESTER-WALTJEN Rz 25). Ausnahmsweise wird man jedoch § 11 Nr 1 auf Dauerschuldverhältnisse dann anwenden können, wenn ein solches auf eine Zeit von nur vier Monaten oder für eine noch kürzere Dauer vereinbart worden ist.

Ermächtigungen zu rückwirkenden Preiserhöhungen sind auch in Zusammenhang mit Dauerschuldverhältnissen in aller Regel überraschend (s § 3 Rz 37) und können somit nicht Vertragsbestandteil werden. Zum Begriff des Dauerschuldverhältnisses, s auch § 10 Nr 3 Rz 25.

c) Ausgenommen vom Anwendungsbereich der Nr 1 sind „Leistungen, auf deren Preise § 99 Abs 1 oder 2 Nr 1 GWB Anwendung finden" (dazu näher COESTER-WALTJEN Rz 18). Auch insoweit hat der Gesetzgeber die Konkordanz zur PreisangabenVO hergestellt (s den Text oben Rz 1). Es geht um Entgelte, welche Unternehmen der Massenbeförderung verlangen. Auch insoweit wollte man einheitliche Preisänderungsfestsetzungen für einen bestimmten Zeitpunkt ermöglichen. 4

d) Eine Sondervorschrift ist auch Art 3 des 2. Wohnraumkündigungsschutzgesetzes v 18. 12. 1974 (BGBl I 3604), genannt „Miethöhenregelungsgesetz" (MHRG). Dessen § 10 läßt keinerlei Vereinbarungen zu, auch nicht individuelle, mit denen zum Nachteil des Mieters von den im Gesetz abschließend aufgeführten Mieterhöhungsgründen abgewichen wird. 5

e) Gewissermaßen einseitige Sondervorschrift ist § 3 WährG. Klauseln, welche nach dieser Vorschrift nichtig sind, können, auch wenn in AGB vorformuliert, natürlich nicht Vertragsbestandteil werden. Nicht aber ist § 3 WährG auch in umgekehrter Richtung Spezialregelung. Klauseln, die nach diesem Gesetz genehmigt sind, können sehr wohl nach § 11 Nr 1 unwirksam sein, wenn sie sich vorformuliert in Verträgen finden (COESTER-WALTJEN Rz 32). Denn für die Genehmigung oder ihre Verweigerung dürfen ausschließlich währungspolitische Gesichtspunkte, nicht aber das Vorliegen eines angemessenen Interessenausgleichs unter den Vertragsparteien geprüft werden (COESTER-WALTJEN Rz 4, 32). Die Tatsache allein, daß durch das Genehmigungsverfahren die Aufmerksamkeit des Kunden in besonderer Weise auf eine solche Klausel gelenkt worden ist, macht diese freilich noch nicht zur Individualvereinbarung (s § 1 Rz 31). 6

f) Zum Verhältnis zu § 4 s dort Rz 7. 7

g) Zu den **kartellrechtlichen Fragen** dann, wenn AGB die Form von Konditionenempfehlungen annehmen, s Einl 23 ff zu § 1. 8

II. Regelungsinhalt

1. Tatbestandlich betroffene Verträge 9

Die – gemessen an der Begriffsbildung des BGB – auffällige Formel „Waren oder Leistungen" ist Folge einer dogmatischen Sorglosigkeit der Gesetzesredaktion und soll nicht etwa zum Ausdruck bringen, daß es vertragscharakteristische Hauptleistungspflichten gäbe, die weder das eine noch das andere seien (allgM). Der Begriff

„Entgelt“ bezieht sich seinerseits nicht notwendigerweise auf eine Geldleistung. Auch andere Leistungen und selbst Obliegenheiten des Kunden können gemeint sein, wie etwa dessen Hilfsleistungen im Zusammenhang mit der Abwicklung von Bauverträgen (Coester-Waltjen Rz 16). Anders als die PreisangabenVO spricht das AGBG nicht von „Preisen“. Man kann daher sagen, § 11 Nr 1 bezieht sich auf jede dem Kunden obliegende Gegenleistung aus einem gegenseitigen Vertrag (Coester-Waltjen Rz 17; Palandt-Heinrichs Anm 2 a). Vorverträge unterliegen keiner Ausnahme. Wenn jedoch nicht sicher ist, daß sowohl der Hauptvertrag noch innerhalb von vier Monaten nach Zustandekommen des Vorvertrags zustandekommen als auch innerhalb dieser Frist (gemessen vom Abschluß des Vorvertrages an) die Sachleistung erbracht werden soll, ist ein Preisänderungsvorbehalt zulässig.

10 **2. Vereinbarte Leistungszeit von weniger als vier Monaten**

Als Zeit für die (vollständige!) Erbringung der Leistung darf, soll das Klauselverbot eingreifen, eine solche von höchstens vier Monaten vorgesehen sein. Stillschweigend vorausgesetzt ist, daß es sich um die Leistung des Verwenders handelt (Coester-Waltjen Rz 19), s auch Rz 2.

11 **a)** Die Vorschrift ist zugeschnitten auf Fälle, in denen vertraglich (formularmäßig oder individuell) eine Leistungszeit vereinbart ist. Dann kommt es lediglich auf die **vereinbarte Leistungszeit** an (Bruck Betrieb 1978, 1385). Wird die versprochene Leistung nur tatsächlich später als vier Monate nach Vertragsabschluß erbracht, so ist dies kein Fall, für den eine Preisänderung vereinbart werden könnte (allgM). Die Klausel „der vereinbarte Preis gilt für vier Monate, danach sind Preisänderungen möglich“, ist im gesetzeskonformen Sinne so auszulegen, daß er auf die vereinbarte Leistungszeit abstellt. Ein Preisänderungsvorbehalt kann auch nicht beschränkt auf solche über vier Monate hinausgehende Leistungsverzögerungen vereinbart werden, die der Verwender nicht zu vertreten hat (Löwe Rz 5; Bruck Betrieb 1978, 1386; aM Coester-Waltjen Rz 35; zum früheren Recht OLG Düsseldorf WM 1972, 83 – dort aber Ausführungen dazu, daß ein in eine Absatzkette eines Automobilherstellers eingegliedertes Unternehmen eine Verzögerung sehr wohl zu vertreten hat, wenn es sich nicht durch feste Lieferverträge seinerseits abgesichert hat). Der Sinn der Vorschrift verlangt aber, einen Preiserhöhungsvorbehalt für solche Fälle zuzulassen, in denen sich die Leistung planwidrig aus Gründen über die Zeit von vier Monaten nach Vertragsabschluß hinaus verzögert, welche der Vertragspartner des Verwenders selbst zu vertreten hat oder die auf sein Betriebsrisiko zurückgehen (aM Bruck Betrieb 1979, 1386), insbesondere für den Fall, daß er ihm obliegende Mitwirkungshandlungen unterläßt (für diesen Fall auch Bruck Betrieb 1979, 1386), sich in Annahmeverzug befindet (Löwe Rz 5; nach altem Recht eine Preisanpassungsklausel für diesen Fall billigend OLG Hamm BB 1975, 489). Ist eine Leistungszeit von mehr als vier Monaten vereinbart, wird aber tatsächlich früher geleistet (§ 271 Abs 2 BGB), so kann der zulässigerweise vereinbarte Vorbehalt auch für diese Leistung ausgeübt werden (Coester-Waltjen Rz 21; Bruck Betrieb 1979, 1387).

12 Der bei einer vorgesehenen Leistungszeit von weniger als vier Monaten „vereinbarte“ Preisänderungsvorbehalt ist „unwirksam“, also nicht Inhalt des Vertrages geworden. Schon aus rechtslogischen Gründen wird die Klausel daher auch nicht wirksam, wenn die Leistungszeit nachträglich verlängert wird, selbst wenn die Verlängerung als solche mehr als vier Monate ausmacht (Coester-Waltjen Rz 23 mit zusätzlichen Argumenten). Werden anläßlich der Verlängerung die AGB erneut in den Vertrag einbezogen, was ggf unter Beachtung von § 2 zu geschehen hat, so ist

danach zu unterscheiden, ob die Verlängerung mehr oder weniger als vier Monate ausmacht.

Ist die Leistungszeit in einer kalendermäßig bestimmten Weise vereinbart, so sind die Fristen nach § 186 ff BGB zu berechnen. Ist die Leistungszeit nicht genau bestimmt, aber immerhin noch in einer dem § 11 Nr 1 Rechnung tragenden Weise festgelegt, so ist von der gerade noch vertragsmäßigen, denkbar längsten Leistungsfrist auszugehen. 13

Ist ein Leistungs**zeitraum** vereinbart, („Lieferzeit 15. 3. bis 15. 4.“), so kommt es auf das Ende des Zeitraums an, denn erst zu diesem läuft die Leistungsfrist ab. 14

b) Ist **keine Leistungszeit** vereinbart, so ist die Leistung nach § 271 BGB im allgemeinen sofort fällig. § 11 Nr 1 ist dann ohne weiteres anwendbar. Ist eine spätere Leistungszeit im Sinne der genannten Norm „den Umständen zu entnehmen“, so sollte man für die Anwendbarkeit von § 11 Nr 1 wiederum auf die gerade noch vertragsmäßige, denkbar längste Leistungszeit abstellen. 15

c) Im **abstrakten Unterlassungsverfahren** kann es sein, daß Klauseln zu beurteilen sind, ohne daß gesagt werden könnte, ob sie sich auf Leistungsfristen von mehr oder weniger als vier Monaten beziehen, weil im Klauselwerk eine individuelle Festlegung der Leistungsfristen vorgesehen ist. Dann ist die Klausel unwirksam, wenn sie so formuliert ist, daß sie kürzere Leistungsfristen als vier Monate miterfaßt (Coester-Waltjen Rz 31). 16

3. Erhöhung des Entgelts 17

a) § 11 Nr 1 verlangt nicht, daß im Vertrag ein Entgelt angegeben ist. Der rechtspolitische Sinn der Vorschrift als einer rechtstechnischen und verabsolutierten Ausgliederung aus dem Gedankenkreis des Schutzes des Kunden vor Überraschungen und Mißachtung individualvertraglicher Festlegungen (s § 4 Rz 7) verbietet nicht, bei Vertragsabschluß auf eine **Entgeltregelung zu verzichten** und diese in das billige Ermessen („die am Tage der Lieferung im Betrieb des Lieferanten allgemein festgesetzten Preise“, „Preis freibleibend“) des die vertragscharakteristische Leistung erbringenden Vertragsteils zu stellen (Hensen Rz 4; Coester-Waltjen Rz 29; Dietlein Rz 1; Stein Rz 5; Bild MDR 1979, 91; Löwe Rz 4). Ist ein Preis genannt, dann freilich ist der Zusatz „Preise freibleibend“ nicht geeignet, die Anwendbarkeit von § 11 Nr 1 auszuschalten (Hensen Rz 4; Dietlein Rz 1; CoesterWaltjen Rz 29; Bild MDR 1979, 90). Immer aber ist es möglich, formularmäßig festzulegen, **für welche Leistungen der Preis gilt und für welche nicht**, sofern damit keine den Vertragspartner des Verwenders belastenden Überraschungen verbunden sind, also Leistungsteile gesondert in Rechnung gestellt werden sollen, die der Verkehr als vom Normalpreis abgegolten betrachtet (Bruck Betrieb 1979, 1390). Daher ist es auch zulässig, bestimmte Vertragsabwicklungskosten (Hensen Rz 6) oder sonstige Preisbestandteile von vornherein auszugliedern und sie einer gesonderten Festsetzung durch den Verwender zu unterwerfen, etwa in Gestalt von Klauseln wie „zuzüglich Fracht“, „zuzüglich Montage“, ‚zuzüglich etwa notwendig werdender Kosten für die Eindämmung von steigendem Grundwasser“. Auch die gesonderte Inrechnungstellung der **Mehrwertsteuer** ist für Verträge, für welche die Preisangaben VO (s oben Rz 1) nicht gilt, zulässig (s § 3 Rz 24). Ist aber die Mehrwertsteuer im vertraglich angegebenen Preis inbegriffen, dann kann eine in einen Zeitraum von unter vier Monaten fallende Erhöhung der Mehrwertsteuer nicht formularmäßig weitergegeben werden (AG Krefeld NJW 1978, 1535; Hensen Rz 5; Schippel-Brambring DNotZ 1977, 200; aM Bruck Betrieb 1978, 1387 f), sofern nicht für den **Einzel**fall das UStG eine solche Weitergabe erlaubt (OLG Düsseldorf NJW

1979, 985; aM LG Düsseldorf NJW 1979, 986 – beide Urteile nicht rechtskräftig). Generell verfügt das Steuerrecht derartiges nicht (aM CREUTZIG Betrieb 1978, 2253). Wie § 29 Abs 3, 4 UStG ausweist, verlangen steuerrechtliche Vorschriften, die die Weitergabe von Umsatzsteuererhöhungen gestatten, daß der maßgebliche Vertrag vor einem bestimmten Stichtag geschlossen wurde. Schließlich unterfallen dem § 11 Nr 1 auch nicht solche „Erhöhungen" des Entgelts, die durch eine **Änderung der versprochenen Leistungen** bedingt sind, sei es, daß der Kunde die Änderung wünscht, gegebenenfalls aufgrund von behördlichen Auflagen, die ihm gemacht worden sind, sei es, daß der Verwender das Einverständnis des Kunden voraussetzen kann. Unvorhergesehene Mehraufwendungen für die einmal versprochene Leistung kann der Verwender aber nicht formularmäßig auf den Kunden überwälzen, auch nicht, wenn sie auf behördliche Auflagen zurückgehen, die ihm als dem Produzenten oder sonstigem Leistungserbringer gemacht wurden (COESTER-WALTJEN Rz 28). Zur Unzulässigkeit von Leistungsänderungsvorbehalten in AGB § 10 Nr 4. Generell ist ein Vorbehalt der Preisberichtigung für den Fall von Kalkulationsirrtümern unwirksam (s § 3 Rz 26, § 9 Rz 42; § 10 Nr 4 Rz 5). Im übrigen aber ist es gleichgültig, welche Gestalt die Preisänderungsbestimmung annimmt. Es kann sich um Preisänderungs-, Preisvorbehalts-, Preisgleit-, Preisspannungs- oder Indexklauseln oder sonstige Klauseln handeln, deren Anwendung zu einer Preisänderung führt. Das Gesetz gibt keinen Anhaltspunkt dafür, grundsätzlich zwischen Preisvorbehalts- und Preisanpassungsklauseln zu unterscheiden (BILD MDR 1979, 89 ff). Ob sie währungsrechtlich zulässig sind oder nicht, spielt für die Anwendung des AGBG keine Rolle.

18 **b)** Soweit ein Preisänderungsvorbehalt möglich ist, muß er inhaltlich den **Anforderungen der Redlichkeit** entsprechen. Vor zwei Gefahren muß der Vertragspartner des Verwenders geschützt werden: Davor, daß der Verwender, eine Änderung der Marktverhältnisse ausnützend, die Preise stärker erhöht, als durch Kostenänderungen bedingt ist (BILD MDR 1979, 93) und davor, des Vorteils eines individuell besonders günstig ausgehandelten Preises verlustig zu gehen. S auch § 11 Nr 7 Rz 31.

19 Dem letzteren Gesichtspunkt trägt eine Klausel, welche eine Änderung des Zinssatzes „je nach Marktverhältnissen" erlaubt (LG Heidelberg WM 1975, 1271), nicht aber eine solche Rechnung, welche auf die späteren, im Betrieb des Verwenders allgemein neu festgesetzten Preise verweist. Es kann immer nur eine „entsprechende" oder – noch besser – eine „prozentual der allgemeinen Preiserhöhung entsprechende" Erhöhung der Vertragspreise ausbedungen werden. Kommen individuell ausgehandelte Preise nur sehr selten vor, dann ist aber auch eine Klausel wirksam, die auf die zum Lieferzeitpunkt allgemein erhöhten Preise abstellt. Der eventuell individuell ausgehandelte Abschlag bleibt aber dann nach §§ 4, 5 bestehen (s § 5 Rz 24).

20 Der Gefahr **unberechtigter Ausnutzung von** günstigen Marktverhältnissen zu übertriebenen Preis-„anpassungen" läßt sich in den Anforderungen an eine Klauselgestaltung nur sehr schwer begegnen, weil man dann, genaugenommen, auf die Kalkulation des früheren Preises und die Kalkulation der Preisanpassung abstellen müßte. Daher muß es ausreichen, wenn die Preisanpassungsmöglichkeit als Kannbestimmung formuliert ist, so daß der Vertragspartner des Verwenders nach § 315 Abs 3 BGB anderweitige richterliche Festsetzung begehren kann, wenn die Preiserhöhung das durch die Kostensteigerung bedingte Ausmaß übersteigt.

21 Daß es bei Verträgen mit längeren Leistungsfristen nicht zwangsläufig Festpreise gibt, ist heute allgemein bekannt. Daher braucht man eine Preisanpassungsklausel nicht mehr mit dem Recht des Kunden zu koppeln, **sich vom Vertrag zu lösen**, falls

von ihr Gebrauch gemacht werden sollte (wohlwollend gegenüber dem Erfordernis eines Lösungsrechtes, aber ohne konkret zu werden, 1. Teilber 66; Coester-Waltjen Rz 36; Löwe Rz 8; Hensen Rz 10 für Dauerschuldverhältnisse).

Auch die **Technik der Preisanpassung** muß den Grundsätzen der Redlichkeit 22 entsprechen. Im Falle von Dauerschuldverhältnissen darf es keine Automatikklauseln geben. Vielmehr kann die Preisanpassung nur nach Zugang einer entsprechenden Willenserklärung beim Vertragspartner und nur vom nächstfälligen Entgeltszahlungstermin an verlangt werden. Bei Lieferverträgen ist es freilich hinnehmbar, wenn der Kunde im Zeitpunkt der Lieferung erfährt, daß sich die Preise inzwischen tatsächlich geändert haben. Als Verfasser von AGB schon in der Redaktion einer Klausel auf die Grundsätze der inhaltlichen Redlichkeit in der Ausgestaltung einer Preisanpassungsbefugnis zu achten, ist von großer Wichtigkeit vor allen Dingen bei Dauerschuldverhältnissen. Werden diese Grundsätze mißachtet und ist die Klausel ihrem grammatikalischen Sinne nach auch nicht teilweise aufrecht zu erhalten, so sind Preiserhöhungen nur innerhalb der Grundsätze über den Wegfall der Geschäftsgrundlage möglich.

Nicht verlangt der Grundsatz der Redlichkeit einer Klausel über Preisanpassungen, 23 daß sie nur für den Eintritt solcher Umstände vorgesehen werden könnten, die bei Vertragsschluß noch nicht voraussehbar waren (aM Hensen Rz 10). Ein solches Erfordernis würde unvertretbare Unsicherheit in die Kalkulationsentscheidungen der Wirtschaft bringen. Diese ist darauf angewiesen, ohne Rücksicht darauf den Zeitpunkt von Preiserhöhungen festzusetzen, ab wann er für wen voraussehbar war. Bei Dauerschuldverhältnissen ist wegen des Geldwertverfalls die Notwendigkeit einer in Abständen vorzunehmenden Preiserhöhung immer vorhersehbar, und gerade deshalb läßt sich auf entsprechende Klauseln nicht verzichten.

4. Im Anwendungsbereich von § 11 Nr 1 ist ausnahmsweise eine geltungserhaltende 24 Reduktion der Vorschrift (s § 6 Rz 15 ff) dergestalt möglich, daß Ansprüche des Vertragspartners auf Preisermäßigung nicht entfallen (Bild Betrieb 1979, 91).

5. Spiegelbildliche Anwendung der Norm 25

Ein ohne zeitliche Begrenzung geltender Festpreis kann formularmäßig einem Vertragspartner, vor allem einem Bauunternehmer nicht abverlangt werden.

In spiegelbildlicher Anwendung von § 11 Nr 1 (s § 9 Rz 17) ist eine Bestimmung unwirksam, welche einen Vertragspartner in unzumutbarer Weise an einen Festpreis bindet. Die Unwirksamkeit hat zur Folge, daß die allgemein zum Wegfall der Geschäftsgrundlage oder die aufgrund anderweitig einbezogener AGB (zB VOB) geltenden Preisanpassungsgrundsätze anzuwenden sind.
Preisermäßigungsklauseln für den Fall einer Sendung der Listenpreise sind auch in formularmäßigen Einkaufsbedingungen wirksam.

III. Kaufleute 26

Im kaufmännischen Verkehr ist § 11 Nr 1 unanwendbar, auch nicht vermittelt über § 9 heranzuziehen (allgM). Die Grundsätze über die redliche Ausgestaltung einer Preisanpassungsklausel (s Rz 18 ff) gelten aber auch hier (Einzelheiten zu häufig vorkommenden Klauseln und zur Ausübung von Anpassungsberechtigungen Graf von Westphalen Rz 9 ff). Ist eine Preisanpassungsklausel auf die im Betrieb vorgenommenen Preisänderungen abgestellt, so darf aber auch im kaufmännischen

Verkehr dem Kunden der erhöhte Preis nicht in Rechnung gestellt werden, wenn der Verwender selbst die Lieferverzögerung über den vorhergesehenen Lieferzeitpunkt hinaus zu vertreten hat. Individuell vereinbarte Festpreise haben auch unter Kaufleuten Vorrang vor formularmäßigen Preiserhöhungsklauseln (BILD Betrieb 1979, 92), s im übrigen § 4 Rz 7.

§ 11 Nr 2
Leistungsverweigerungsrechte

In Allgemeinen Geschäftsbedingungen ist unwirksam ...

eine Bestimmung, durch die

a) das Leistungsverweigerungsrecht, das dem Vertragspartner des Verwenders nach § 320 des Bürgerlichen Gesetzbuchs zusteht, ausgeschlossen oder eingeschränkt wird, oder

b) ein dem Vertragspartner des Verwenders zustehendes Zurückbehaltungsrecht, soweit es auf demselben Vertragsverhältnis beruht, ausgeschlossen oder eingeschränkt, insbesondere von der Anerkennung von Mängeln durch den Verwender abhängig gemacht wird;

1. Teilber 66; RefE 13; RegE 28 – s Einl 6 ff.

I. Allgemeines

1 **1. Gesetzgeberisches Grundanliegen**

Die Vorschrift ist der notwendige Ausgleich dafür, daß gesetzliche Aufrechnungsmöglichkeiten in weitem Umfang abdingbar sind. Die Quintessenz der gesetzgeberischen Entscheidung ist, daß nur solche Zurückbehaltungsrechte ausgeschlossen werden können, die nicht auf demselben Vertragsverhältnis beruhen. Die Bestimmung ist erheblich strenger als die frühere Rspr (dazu COESTER-WALTJEN Rz 6 Fn 11). Ein Verbot, formularmäßig eine **Vorleistungspflicht** zu vereinbaren, enthält die Vorschrift aber nicht (STEIN Rz 15; DITTMAN-STAHL Rz 357; DIETLEIN Rz 2; COESTER-WALTJEN Rz 14 und 32; HENSEN Rz 11; zweifelnd: LÖWE Rz 4 – unter Hinweis auf § 7; aM: KOCH-STÜBING Rz 5; KÖTZ Rz 18; WEITNAUER BauR 1978, 77). Die Vorleistungspflicht des Kunden führt zwar nach dem Gesetz grundsätzlich zum Ausschluß des Zurückbehaltungsrechts aus § 320 BGB. Daher kann eine entsprechende Formularklausel, vor allem, wenn sie an versteckter Stelle erscheint, leicht überraschend iSv § 3 sein. Über jeweilige Leistungszeitpunkte pflegt man sich jedoch häufig zu vergewissern. Nicht selten ist die Begründung einer (teilweisen) Vorleistungspflicht des Kunden auch angemessen, etwa bei umfangreicheren Werkverträgen.

Die Unwirksamkeit formularmäßiger Vorleistungspflichten kann sich daher allenfalls in besonderen Situationen aus § 9 ergeben. Dies ist insbes aber dann nicht der Fall, wenn Teilvorauszahlungen vereinbart werden (HENSEN Rz 12; aM SCHIPPEL-BRAMBRING DNotZ 1977, 201; WEITNAUER BauR 1978, 74, 77). Generell unzulässig sind sie nicht.

2 **2. Verhältnis der beiden Teile der Vorschrift zueinander**

Der zweigliedrige Aufbau der Vorschrift entspricht der Unterscheidung zwischen dem Leistungsverweigerungsrecht bei synallagmatisch miteinander verknüpften Leistungen gem § 320 BGB und dem Zurückbehaltungsrecht bei Ansprüchen „aus demselben rechtlichen Verhältnis" gem § 273 BGB. Auf andere gesetzliche Zurückbehaltungsrechte bezieht sich die Vorschrift nicht. Zum Handelsrecht s Rz 8.

Nr 2 a ist nur anwendbar, wenn sämtliche gesetzliche Voraussetzungen von § 320 BGB (dort Rz 9 ff) vorliegen. Ihr Anwendungsbereich ist verhältnismäßig klein. Sie betrifft vor allem Fälle nicht oder schlecht erfüllter Nachbesserung, unterbliebener Nachlieferung und teilweiser Nichterfüllung bei Sukzessivlieferungsverträgen (Coester-Waltjen Rz 15). Weiter sind die Rückgewährschuldverhältnisse zu nennen, wenn die Vertragsparteien nach Aufhebung des Vertrages die erbrachten Leistungen zurückzugeben haben (Kötz Rz 16).

Nr 2 b erfaßt das Zurückbehaltungsrecht nach § 273 BGB, das von der Rspr durch großzügige Auslegung des Begriffs „aus demselben **rechtlichen Verhältnis"** stark erweitert wurde (§ 273 Rz 13 ff), nur insoweit, als es sich um „dasselbe **vertragliche Verhältnis**" handelt. Es sind somit nicht alle nach § 273 BGB begründeten Zurückbehaltungsrechte betroffen, insbes nicht solche aus früheren Geschäften oder aus anderen Geschäften bei laufender Geschäftsverbindung (Hensen Rz 9; Kötz Rz 20). Unter Nr 2 b fallen in jedem Falle jedoch alle Teile eines Sukzessiv- oder Ratenlieferungsvertrages sowie alle vertraglichen Dauerschuldverhältnisse (Coester-Waltjen Rz 19).

Der letzte Halbsatz „Anerkennung von Mängeln" darf nicht dazu verführen, § 11 Nr 2 b als Anwendungsfall nur von § 320 BGB, nicht aber auch von § 273 BGB anzusehen (so aber Löwe Rz 5). Die Vorschrift hat auch dort ihren Anwendungsbereich, wo § 273 BGB für nichtsynallagmatische Verpflichtungen aus demselben Vertrag eingreift, nämlich bei anderen Gewährleistungsansprüchen als Nachbesserung und Nachlieferung (s Rz 3), im Falle von Schadensersatzansprüchen wegen Verletzung vertraglicher Nebenpflichten sowie aller Sekundäransprüche wegen Spät- und Schlechterfüllung (Coester-Waltjen Rz 21; Koch-Stübing Rz 10; Dittman-Stahl Rz 356). Auf das Leistungsverweigerungsrecht nach § 321 BGB bezieht sich § 11 Nr 2 b nicht.

Zurückbehaltungsrechte, die nicht einmal von § 273 BGB gedeckt sind, betrifft § 11 Nr 2 nicht, etwa nicht die in §§ 1160, 1161 BGB vorgesehenen (Stürner JZ 1977, 431).

3. Verhältnis von § 11 Nr 2 zu § 11 Nr 10 d 3

§ 11 Nr 10 d geht weiter als § 11 Nr 2 a, da er nicht nur den Ausschluß der Gegenrechte des Kunden verbietet, sondern auch die Erschwerung der aktiven Geltendmachung der Ansprüche. Welche Vorschrift einschlägig ist, entscheidet sich letztlich danach, ob der Verwender Zahlung verlangt oder der Kunde Nachbesserung begehrt (Löwe Rz 7; Hensen § 11 Nr 10 Rz 63). § 11 Nr 2 b und § 11 Nr 10 d überschneiden sich nicht, da Nachbesserungs- und Ersatzlieferungsansprüche synallagmatisch sind (Coester-Waltjen Rz 23).

4. Verhältnis von § 11 Nr 2 zu § 11 Nr 3 4

Eine Überschneidung ist dort denkbar, wo die Zurückbehaltung im Erfolg der Aufrechnung gleichkommt, also dann, wenn sich gleichartige (Geld) Forderungen gegenüberstehen. Die Rspr sieht in diesen Fällen in der Geltenmachung eines Zurückbehaltungsrechts eine verdeckte Aufrechnung (BGH BB 1967, 1143; NJW 1974, 367 = Betrieb 1974, 379). Diese ist nicht etwa durch § 11 Nr 2 garantiert, soweit die Forderungen aus demselben Vertragsverhältnis stammen. Kommt die Ausübung eines Zurückbehaltungsrechts der Aufrechnung gleich, so gilt nur § 11 Nr 3 (COESTER-WALTJEN Rz 26 ff mit Erläuterungen zum Zurückbehaltungsrecht wegen eines Minderungsanspruchs, der nicht gegen den Kaufpreisanspruch, sondern gegen einen anderen Anspruch des Verkäufers geltend gemacht wird). Die Ausübung eines Zurückbehaltungsrechts wegen einer inhaltsgleichen Gegenforderung ist auch AGB-rechtlich wie eine Aufrechnung zu behandeln und im Falle eines wirksam vereinbarten Aufrechnungsverbots ebenfalls unwirksam (COESTER-WALTJEN Rz 25-27; LÖWE § 11 Nr 3 Rz 5; KOCH-STÜBING § 11 Nr 3 Rz 9; KÖTZ Rz 14; OLG Nürnberg MDR 1977, 231; aM PALANDT-HEINRICHS § 11 Anm 3 c; STEIN Rz 21). Dieser Auffassung waren auch die Urheber der Vorschrift (1. Teilber 68).

5 **5.** Zum Verhältnis von § 11 Nr 2 zu § 552 a BGB s dort Rz 12.

6 II. Einzelheiten der gesetzlichen Regelung

Die in der Vorschrift genannten Leistungsverweigerungs- und Zurückbehaltungsrechte dürfen inhaltlich nicht beschränkt werden, etwa durch Angabe eines zurückhaltbaren Prozentsatzes oder dadurch, daß die „Abnahme" eines gekauften Gegenstandes nur im Falle „erheblicher Mängel" soll verweigert werden dürfen. Da die „Abnahme" im Kaufrecht keine Hauptleistungspflicht ist, läuft letztere Regelung auf den Ausschluß der Möglichkeit hinaus, den Kaufpreis zurückzubehalten. Anders verhält es sich allerdings im Werkvertragsrecht, da hier die Abnahme eine Hauptpflicht des Auftraggebers ist, die im Rahmen der Angemessenheit einer AGB-Konkretisierung zugänglich ist. § 12 Ziff 3 VOB/B, der dem Auftraggeber ein Abnahmeverweigerungsrecht nur bei wesentlichen Mängeln gewährleistet, ist daher nicht zu beanstanden. Beschränkungen iSv § 11 Nr 2 sind ohnehin nicht die Geltendmachung erschwerender Modalitäten der Rechtsausübung, etwa ein Schriftformerfordernis oder eine Vorankündigungsobliegenheit. Die Erschwerung darf nur nicht gegen § 9 verstoßen. Auch im Rahmen von § 552 a BGB kann daher formularmäßig eine schriftliche Vorankündigung der Zurückbehaltungsabsicht verlangt werden (im Ergebnis ebenso HENSEN Rz 10; KOCH-STÜBING Rz 17; aM COESTER-WALTJEN Rz 17).

Mittelbar garantiert § 11 Nr 2 a das gesetzliche Synallagma auch seiner Substanz nach, weshalb formularmäßig eine von § 323 BGB abweichende Gefahrtragung nicht vereinbart werden darf (DIETER SCHMID NJW 1979, 19). § 323 Abs 3 ist auch nicht zu Lasten des freiwillig Vorleistenden formularmäßig ausschließbar (aM SCHMID aaO) s § 9 Rz 48.

7 Von der Regelung nicht umfaßt sind Zurückbehaltungsrechte, die sich der Verwender selbst über das gesetzlich vorgesehene Maß hinaus einräumt, etwa **Konzernverrechnungsklauseln.** AGB größerer Unternehmen sehen teilweise vor, daß diese gegenüber Forderungen ihrer Abnehmer nicht nur wegen eigener Gegenforderungen, sondern auch wegen solcher ihrer Konzernfirmen ein Zurückbehaltungsrecht geltendmachen bzw aufrechnen können (Lit: SCHÜTZ, Die Konzernverrechnungsklauseln, DR 1941, 1519; PFEIFER-FRANKEN Die Rechtsgültigkeit von Konzernverrechnungsklauseln, NJW 1960, 1977 mit weiteren Beispielen; BÖRNER Die Aufrechnung mit der Forderung eines Dritten, NJW 1961, 1505). Es soll also die Gegenseitigkeit der Forderung als Erfordernis der Aufrechnung bzw der Zurückbehaltung abbedungen werden, was durch individuelle Vereinbarung uneingeschränkt möglich ist (Vorbem 79 ff zu § 387 BGB). Formularmäßige Konzernverrechnungsklauseln verstoßen gleichwohl gegen § 9, da sie die Interessen der Kreditgeber und Warenlieferanten im Konkurs in einer Weise benachteiligen, die das Verhältnis des Vertrags-

partners des Verwenders zu diesen belastet (aM BGH BB 1966, 719). Die Kreditmöglichkeiten des Vertragspartners des Verwenders werden dadurch stark beschnitten, eine Beleihung des Forderungsbestandes durch Kreditinstitute begegnet Schwierigkeiten, da die Verrechnungsklauseln nach §§ 406, 404 BGB auch gegen den Zessionar wirken (Schmidt-Salzer Rz 48; Schütz aaO 1520; Pfeifer-Franken NJW 1960, 1978; zweifelnd Löwe § 9 Rz 114, der aber meint, meist liege ein Verstoß gegen § 3 oder eine vorrangige Individualabrede vor) s im übrigen § 11 Nr 3 Rz 7. Hinsichtlich der Wirksamkeit von Klauseln, die Zurückbehaltungsrechte und Aufrechnung zusammen behandeln, wird auf die Zusammenstellung bei § 11 Nr 3 Rz 10 ff verwiesen, da wegen des engen Zusammenhangs zwischen beiden Vorschriften eine getrennte Behandlung nicht sinnvoll ist.

III. Kaufleute 8

§§ 369 ff HGB zeigen, daß der Gesetzgeber den von Zurückbehaltungsrechten ausgehenden Schutz der gegenleistungspflichtigen Partei bei Kaufleuten noch höher bewertete als bei Privaten. Im Normalfall muß man daher § 11 Nr 2 auch im kaufmännischen Verkehr anwenden (Graf von Westphalen Rz 10 f; Koch-Stübing Rz 18; einschränkend Coester-Waltjen Rz 36; aM Palandt-Heinrichs § 11 Anm 3 b; Ulmer-Hensen Rz 15; Kötz Rz 22). Allerdings sind besondere Geschäftsformen des Handelsrechts und des Handelsverkehrs denkbar, die eine andere Bewertung vertragen. Das gilt vor allem für Auslandsgeschäfte und den Überseehandel. Das kaufmännische Zurückbehaltungsrecht nach §§ 369 ff HGB selbst ist aber formularmäßig abdingbar (Löwe-Graf von Westphalen Rz 12).

§ 11 Nr 3
Aufrechnungsverbot

In Allgemeinen Geschäftsbedingungen ist unwirksam ...

eine Bestimmung, durch die dem Vertragspartner des Verwenders die Befugnis genommen wird, mit einer unbestrittenen oder rechtskräftig festgestellten Forderung aufzurechnen.

1. Teilber 68; RefE 14; RegE 29 – s Einl 6 ff.

I. Allgemeines

1. Gesetzgeberisches Grundanliegen 1

Das Bemerkenswerte an der Vorschrift besteht darin, daß sie einen Ausschluß der Aufrechnung nur mit rechtskräftig festgestellten oder unbestrittenen Gegenforderungen unwirksam sein läßt. Denn der Möglichkeit, sich durch Aufrechnung befriedigen zu können, eignet durchaus auch darüberhinaus ein hoher Gerechtigkeitsgehalt. Ist sie doch ein dem Gläubiger sicheres Befriedigungsmittel, das ihm Veranlassung sein kann, weniger als sonst nötig um die aktive Befriedigung seiner Forderung durch den Schuldner besorgt zu sein. Gesichtspunkte der Abrechnungs- und Beitreibungsrationalisierung verboten jedoch eine Erstreckung der Bestimmung auf alle Gegenforderungen. Das ist erträglich. Im Prozeß ist nämlich die auf eine Gegenforderung gestützte Widerklage nicht unzulässig, auch wenn erstere nicht zur „Aufrechnung" gestellt werden kann. Wenn der Kunde von dem Bestand seiner Gegenforderung ernsthaft überzeugt ist, wird er diesen Schritt ohne weiteres wagen. Ein durchaus legitimer Zweck des Aufrechnungsausschlusses ist es ja gerade, die rechtliche Auseinandersetzung von Einwendungen frei zu halten, die letztlich nur der Verschleppung dienen sollen. Auch die Widerklage ausschließen zu wollen, verstieße aber gegen § 9 (Hensen Rz 10; LG Mosbach MDR 1972, 514).

2 **2. Verhältnis zur früheren Rechtslage**

Die Vorschrift übernahm im wesentlichen die Ergebnisse der früheren Rspr (dazu ausführlich Coester-Waltjen Rz 5 Fn 3), die freilich meist mit dem Gedanken arbeitete, es verstoße gegen Treu und Glauben, sich in solchen Situationen auf einen Aufrechnungsausschluß zu berufen. Zur heute bestehenden Möglichkeit einer einschränkenden Klauselauslegung s unten Rz 8. Die Voraussetzungen des Aufrechnungsausschlusses müssen ausdrücklich genannt werden. Daneben gelten die von der Rspr aufgestellten Grundsätze dazu, wann „die Berufung auf das Aufrechnungsverbot" im Einzelfall unzulässig ist (Vorbem 154 vor § 387 BGB – 10./11. Aufl), weiter. Der wichtigste Fall ist der: Trotz Aufrechnungsausschluß, auch eines individualvertraglichen, ist die Aufrechnung im Prozeß wirksam, wenn die Rechtslage zur geltendgemachten Gegenforderung entscheidungsreif ist (BGH MDR 1960, 396). Daraus folgt aber, daß der Richter auf die Gegenforderung eingehen muß, ohne daß es einer Widerklage (Rz 1) bedürfte. Diese hilfsweise zu erheben, ist aber zweckmäßig, damit der Aufrechnungsanspruch rechtshändig bleibt, wenn über ihn nicht gleich mitentschieden werden kann. Denn ein Vorbehaltsurteil nach § 302 ZPO mit dem harten Schadensersatzrisiko nach dessen Abs 4 wäre mit dem Sinn des Aufrechnungsausschlusses unvereinbar.

3 **3. Verhältnis der Vorschrift zu anderen Gesetzesbestimmungen**

Zum Verhältnis zu § 11 Nr 2 b vgl dort Rz 4.

§ 552 a BGB schränkt die Wirksamkeit eines vertraglich vereinbarten Aufrechnungsverbotes weiter ein. Eine Überschneidung mit § 11 Nr 3 besteht nicht.

Die dem Gläubiger gegenüber dem Gemeinschuldner im **Konkursfall** nach §§ 53 ff KO zustehende Aufrechnungsmöglichkeit bleibt nach der Rspr von einem vertraglichen Aufrechnungsverbot unberührt (BGH NJW 1975, 442). Diese Rspr wird daher auch durch § 11 Nr 3 nicht tangiert.

4 **II. Umfang der Ausschlußmöglichkeiten**

§ 11 Nr 3 ist nur anwendbar, wenn feststeht, daß tatsächlich ein Aufrechnungsausschluß in Anspruch genommen werden soll. Die Formel „Zahlung ohne Abzug" kann etwa nur dann in einem solchen Sinne verstanden werden, wenn besondere Handelsbräuche der Klausel im Einzelfall diesen Inhalt geben. Zur Auslegung typischer Klauseln s Rz 10 ff.

5 **1. Unbestritten** ist eine Forderung auch dann, wenn ihr der AGB-Verwender nur grundlose oder unsubstantiierte Einwendungen entgegensetzt (BGHZ 12, 136 = NJW 1954, 795; Löwe Rz 3; Koch-Stübing Rz 6). „Unbestritten" ist daher in einem weiteren Sinne als „unbestreitbar" zu verstehen (Kötz Rz 23).

6 **2. Rechtskräftig festgestellt** ist eine Forderung, wenn über sie eine der materiellen Rechtskraft fähige Gerichtsentscheidung vorliegt. Eine bloß vorläufige Titulierung reicht nicht aus. **Entscheidungsreife Forderungen** stehen den rechtskräftig festgestellten Forderungen nicht gleich (Hensen Rz 5; aM Löwe Rz 3; Kötz Rz 23; Dittmann-Stahl Rz 366; Stein Rz 7). Auf jene braucht der Klauselaufsteller so

wenig wie auf sonstige Umstände Rücksicht zu nehmen, die im Einzelfall nach Treu und Glauben der Berücksichtigung des Aufrechnungsausschlusses entgegenstehen (Rz 2).
Es bestünde auch kein praktisches Bedürfnis hiernach, denn Forderungen, die ohne Beweisaufnahme entscheidungsreif sind, sind entweder nicht oder nicht substantiiert bestritten.

3. Nicht erfaßt werden von § 11 Nr 3 **formularmäßige Erweiterungen der Aufrechnungsmöglichkeit**, sog **Konzernvorbehalte,** s bereits § 11 Nr 2 Rz 6. Diese sind allein an § 9 zu messen (Coester-Waltjen Rz 20; Koch-Stübing Rz 4). Ein Bedürfnis nach einer derartigen Erweiterung der Aufrechnungsmöglichkeiten ist beispielsweise dann anzuerkennen, wenn sich der Verwender mehreren wirtschaftlich zusammengehörenden, aber rechtlich selbständigen Vertragspartnern gegenübersieht (BGH MDR 1977, 740 für den formularmäßigen Verzicht auf das Gegenseitigkeitserfordernis gegenüber einer ARGE des bürgerlichen Rechts). Meist sind Konzernverrechnungsklauseln aber unwirksam (§ 11 Nr 2 Rz 8), vor allem wenn sie sich in Einkaufsbedingungen für verschiedenartige Waren finden (Hensen §§ 9-11 Rz 298). 7

4. Wird die Aufrechnungsmöglichkeit generell ausgeschlossen, ohne daß also der unbestrittenen oder rechtskräftig festgestellten Gegenforderungen besonders gedacht würde, so können im allgemeinen gleichwohl diese Sondertatbestände als gar nicht gemeint angesehen werden, s § 5 Rz 5. 8

III. Kaufleute 9

Die Gerechtigkeitskonstellation ist bei Beteiligung von Kaufleuten nicht anders als im Verhältnis zu Privaten. § 11 Nr 3 gilt daher auch im beiderseits kaufmännischen Verkehr (Hensen Rz 14; Kötz Rz 27; aM BGH BB 1977, 814 bereits im Hinblick auf die Geltung von § 11 Nr 3; Stein Rz 24). Allerdings muß dem Interesse an bündigen Klauseln, s Rz 11, Rechnung getragen werden („Zahlung Netto-Kasse"). Mit ihnen wird nach verkehrstypischer Bedeutung ein Aufrechnungsausschluß für den Fall anerkannter und rechtskräftig festgestellter Gegenforderungen genauso wenig beansprucht wie für sonstige Fälle, in denen dies treuwidrig wäre (Coester-Waltjen § 11 Nr 2 Rz 37; aM Hensen Rz 14).

IV. Klauselbeispiele zu § 11 Nr 2 und 3

1. Nachnahme- oder Vorleistungsklauseln: 10

„Zusendung erfolgt gegen Nachnahme"; „POD" (= pay on delivery); **„COD"** (= cash on delivery). Solche Klauseln begründen eine Vorleistungspflicht (vgl Liesecke WM Sonderbeil Nr 3/1978) und sind daher nicht zu beanstanden (Coester-Waltjen § 11 Nr 2 Rz 30; aM Koch-Stübing § 11 Nr 2 Rz 8; grundsätzlich auch Graf von Westphalen § 11 Nr 2 Rz 4). Ein Aufrechnungsverbot, das nach § 11 Nr 3 unwirksam wäre, liegt nicht vor (aM Dittmann-Stahl Rz 365).

2. Barzahlungsklauseln: 11

„Zahlung Netto-Kasse"; „Zahlung Kasse"; „Zahlung netto Kasse Zug um Zug"; „Sofortige Kasse"; „Fracht gegen Barzahlung"; „Verkauf gegen sofortige Barzahlung".
Häufig handelt es sich bei solchen und ähnlichen Klauseln nur um eine Barzahlungsabrede mit Ausschluß des Skontoabzugs (so BGH WM 1972, 1092 für den Büroma-

schinenhandel). Ist ein Aufrechnungsausschluß gemeint, wofür es aber besondere Anhaltspunkte geben muß, so liegt ein Verstoß gegen § 11 Nr 3 vor (Coester-Waltjen § 11 Nr 2 Rz 31; Löwe Rz 4; aM Stein Rz 20), aber nicht im kaufmännischen Verkehr, s Rz 9. Zurückbehaltungsrechte betreffen solche Klauseln nicht (aM wohl Löwe Rz 4).

Bedeutet im Handelsverkehr „Netto Kasse" Zahlung binnen kurzer Frist nach Rechnungseingang ohne Skonto aber nach Untersuchung der Ware (Liesecke aaO 8), so muß der Käufer im Falle der Klausel „Kasse gegen Faktura" bereits vor Eingang, spätestens bei Eingang zahlen (Ratz in Großkomm HGB § 346 Anm 157). Dies ist zugleich ein Aufrechnungsverbot sowie ein Ausschluß von Leistungsverweigerungsrechten (RGZ 132, 306; Coester-Waltjen Rz 32). Allerdings wird eine derartige Kurzklausel im Handelsverkehr in der Regel individuell vereinbart sein. (Graf von Westphalen Rz 7; Straatmann-Ulmer, Handelsrechtliche Schiedsgerichtspraxis [1975] J 5 a Nr 1 und 2). Soweit sie aber formularmäßig vereinbart ist, ist eine Auslegung iS des zulässigen Inhalts der Ausschlußklausel (s Rz 8, 9) geboten. Mitunter wird auch der besondere Geschäftstyp unter Kaufleuten den Ausschluß von Zurückbehaltungs- und Leistungsverweigerungsrechten rechtfertigen (s § 11 Nr 2 Rz 8). Häufig ist aber die Klausel wegen Verstoßes gegen § 11 Nr 2 unwirksam.

12 **3. Dokumentenklauseln:**

„Kasse gegen Dokumente" ist die häufigste Klausel im Außenhandelsgeschäft (Liesecke aaO 11). Unterfälle sind: „Kasse gegen Lieferschein" (= „cash against documents" = „documents against payment" = „D/P" s Ratz aaO Rz 162 vor allem in deutschen Seehäfen), „Kasse gegen Duplikat-Frachtbrief" (Waggoneinfuhrgeschäft), „Kasse gegen Rechnung und Verladepapiere" (OLG Hamburg MDR 1953, 240). Nach der Rspr werden durch diese Handelsklauseln beide Parteien teilweise vorleistungspflichtig, weil der Verkäufer nicht nur die Ware absenden, sondern auch die Versendungsdokumente beschaffen, der Käufer dagegen allein gegen Vorlage der Dokumente aber ohne die Ware erhalten oder untersucht zu haben, zahlen muß (BGH WM 1967, 1215; WM 1971, 385). Verstärkt wird die Vorleistungspflicht des Käufers noch im Falle einer Klausel „Dokumente gegen Akkreditiv" (= „D/A") oder „Kasse gegen Akkreditiv", weil er dann als weitere Vorleistung die abstrakte Verpflichtung einer Bank in Höhe des Kaufpreises beibringen muß. Die Vorleistungspflicht des Verkäufers wird dagegen verstärkt durch die Klausel „Dokumente gegen Akzept" (= „documents against acceptance"), weil die Verschiffungsdokumente bereits nach Akzeptierung des Wechsels dem Adressaten ausgehändigt werden und – wenn ein Zeitwechsel ausgestellt wird – der Käufer vom Verkäufer einen Kredit eingeräumt erhält (Ratz aaO Rz 162). Auch diese Klauseln enthalten neben der Barzahlungsabrede einen Ausschluß sowohl von Zurückbehaltungsrechten wie einer Aufrechnung (Coester-Waltjen § 11 Nr 2 Rz 32; § 11 Nr 3 Rz 14; Graf von Westphalen Rz 7; Dittmann-Stahl Rz 365; Liesecke aaO 12), sind aber unter Kaufleuten, wie oben bei Rz 9 ausgeführt, zulässig.

13 **4. Bankeinzugsermächtigung:**

Eine widerruflich erteilte Bankeinziehungsermächtigung ist kein Ausschluß von Zurückbehaltungsrechten oder Aufrechnungsmöglichkeiten, auch wenn sie die Gefahr birgt, daß eines der beiden Rechte wegen Verspätung des Widerrufs der Ermächtigung nicht mehr ausgeübt werden kann.

§ 11 Nr 4
Mahnung, Fristsetzung

In Allgemeinen Geschäftsbedingungen ist unwirksam . . .
eine Bestimmung, durch die der Verwender von der gesetzlichen Obliegenheit freigestellt wird, den anderen Vertragsteil zu mahnen oder ihm eine Nachfrist zu setzen

1. Teilber 68; RefE 14; RegE 29 – s Einl 6 ff.

I. Allgemeines

1. Gesetzgeberisches Grundanliegen 1

§ 11 Nr 4 ist ein wichtiger Beitrag zur Wiederherstellung der gesetzlichen Ordnung innerhalb des Rechts der Leistungsstörungen im weiteren Sinn: Die Vorschrift verbietet Klauseln, wonach der Verwender eine nicht ordnungsgemäße Leistung seines Vertragspartners unvermittelt zum Anlaß einschneidender Konsequenzen soll nehmen können. Sie verhindert eine abrupte Aufkündigung der vertraglichen Bindung und ist in diesem Punkt mit § 10 Nr 3 verwandt. Sie verhindert auch, daß dem Verwender statt der ursprünglich geschuldeten Leistung sofort Schadensersatzansprüche oder Vertragsstrafen zustehen und ergänzt insoweit § 11 Nr 5, 6. Schließlich garantiert sie auch zusammen mit § 10 Nr 1, 2 insofern ein gewisses Gleichgewicht der Vertragspartner, als sich nach diesen Vorschriften der Verwender selbst durchaus auch eine gewisse Flexibilität in den Konsequenzen ausbedingen kann, die eintreten, wenn seine Leistung nicht gleich auf Anhieb ordnungsmäßig ist.

Die frühere Rspr hat einen formularmäßigen Verzicht auf Nachfristsetzung nicht beanstandet (BGH NJW 1970, 31). Sie wurde von Schmidt-Salzer bereits vor Inkrafttreten des AGBGB angegriffen (AGB [1971] Rz 218). Heute kann sie zur Beurteilung der Zulässigkeit von Klauseln im nichtkaufmännischen Verkehr nicht mehr herangezogen werden. Insbesondere hat insoweit das Argument der Rationalisierung des Zahlungs- und Abrechnungsverkehrs durch Einsparung von Mahnungen keinerlei Gewicht mehr. Zum kaufmännischen Verkehr s unten Rz 9 ff. Zur kalendermäßigen Bestimmung der Leistungszeit s unten Rz 6. 1a

2. Anwendungsbereich 2

a) Zum Verhältnis der §§ 11 Nr 4 und 10 Nr 3 s zunächst § 10 Nr 3 Rz 13. § 11 Nr 4 hat einmal einen größeren Anwendungsbereich, da im Gegensatz zu § 10 Nr 3 **Dauerschuldverhältnisse** nicht ausgenommen sind. Auch für sie gilt also, daß gesetzliche Mahnungs- oder Nachfristsetzungsobliegenheiten als Voraussetzung für (hier:) Kündigungsrechte oder Schadensersatzansprüche formularmäßig nicht abbedungen werden können. Vor allem aber unterscheidet sich § 11 Nr 4 von § 10 Nr 3 dadurch, daß er den Vertragspartner vor der Abmilderung der instrumentalen Voraussetzungen gesetzlicher Rücktrittsrechte schützt, letztere Norm aber vor Rücktrittsgründen, die in der Substanz unbegründet sind.

b) § 11 Nr 4 gilt nur für den Ausschluß von Obliegenheiten des **Verwenders.** Werden dagegen in AGB **dessen Vertragspartner** in der Rolle des Schuldners zusätzliche Obliegenheiten auferlegt, die den Eintritt des Verzugs nicht unmittelbar berühren, beispielsweise die Obliegenheit, die Leistungsbereitschaft früher anzuzeigen, so ist nicht § 11 Nr 4, sondern nur § 9 einschlägig.

3 **c)** § 11 Nr 4 selbst begründet Obliegenheiten zur Mahnung oder Nachfristsetzung nicht, sondern geht von einer andernorts begründeten gesetzlichen Lage aus. Im Individualprozeß ist daher stets zu prüfen, ob eine derartige Obliegenheit besteht, oder ob diese nicht nach den von der Rspr entwickelten Grundsätzen ausnahmsweise ohnehin entfällt (s § 284 BGB Rz 57 und § 326 BGB Rz 112 ff). Im abstrakten Unterlassungs- und Widerrufsverfahren kommt es darauf an, ob die Klausel, welche Mahnung oder Nachfristsetzung in bestimmten Fällen als entbehrlich erklärt, nicht weiter als die von der Rspr entwickelten Grundsätze zur Entbehrlichkeit dieser Obliegenheiten gehalten ist. So ist etwa die Bestimmung in Nr 17 der AGB der Banken, wonach bei Vorliegen eines wichtigen Grundes ohne vorherige Androhung gekündigt werden kann, keine Abdingung gesetzlicher Obliegenheiten (BGH MDR 1978, 474) und wäre daher auch im abstrakten Unterlassungsverfahren nicht zu beanstanden.

4 **d)** Nach § 360 BGB ist eine Vertragsklausel, wonach der Schuldner bei Nichterfüllung oder nicht rechtzeitiger Erfüllung seiner Verbindlichkeit seiner vertraglichen Rechte verlustig gehen soll, als Rücktrittsvorbehalt zu Gunsten des Gläubigers auszulegen. Die Vorschrift hat den Sinn, dem Schuldner klare Verhältnisse zu garantieren und den Gläubiger zu einer Erklärung dazu zu zwingen, ob die vertragliche Bindung bestehen bleiben soll oder nicht. Sie zieht also dem Parteiwillen – typischerweise also dem Willen des Gläubigers, der eine solche Klausel durchsetzt – Schranken. Daher kann aus ihr nicht geschlossen werden, die Wahl einer entsprechenden Vertragstechnik könne dem Verwender von AGB Erleichterungen gegenüber der Alternative der unmittelbaren Einräumung von Rücktrittsrechten einräumen. Eine formularmäßig gehaltene Vereinbarung nach § 360 BGB ist nach § 11 Nr 4 in vollem Umfange unwirksam (Coester-Waltjen § 10 Nr 3 Rz 40; aM Löwe § 10 Nr 3 Rz 4, der aber § 3 für eventuell einschlägig hält).

II. Einzelheiten der gesetzlichen Regelung

5 1. Freistellung von der gesetzlichen Obliegenheit zur Mahnung

a) Es wäre falsch, lediglich auf eine ausdrückliche Freistellung von der Mahnung abzustellen, obgleich sich auch derartige Klauseln häufig finden und – natürlich – unwirksam sind („Einer Mahnung bedarf es nicht", „Der Kunde verzichtet auf das Erfordernis der Mahnung"). Der Regelungsgehalt der Vorschrift läßt sich nämlich nur dann richtig erfassen, wenn man auch die Folgen, die das Gesetz der Mahnung beimißt, berücksichtigt. Die Mahnung ist grundsätzlich Voraussetzung für den Eintritt des Verzugs und löst daher im Verein mit dessen anderen Voraussetzungen (Fälligkeit der Forderung und vom Schuldner zu vertretende Säumnis) eine Reihe von Verzugsfolgen aus: §§ 286 ff, 326, 455, 538 Abs 2 und 633 Abs 3 BGB. Auch der Eintritt einzelner dieser Verzugsfolgen darf nicht von der Erfüllung der Mahnungsobliegenheit freigestellt werden: Werden dem Kunden bei „Überschreitung des Zahlungsziels" Zinsen „auferlegt", so ist dies zwar nur Wiedergabe dessen, was nach den Vorschriften der §§ 452, 641 Abs 2 BGB, §§ 353, 354 Abs 2 HGB, bzw §§ 246 BGB, 352 HGB ohnehin gilt. Unzulässig ist dagegen die Vereinbarung eines höheren Zinssatzes unabhängig von einer Mahnung. Unwirksam ist es ebenfalls, dem Kunden Mahn- oder Rechtsverfolgungskosten formularmäßig aufzuerlegen, ohne daß eine den Verzug begründende Mahnung vorausgehen müßte (Löwe Rz 4). Das gilt sowohl für die Kosten des Mahnschreibens wie für die Kosten der Einschaltung eines Rechtsanwalts. Diese sind nur zu ersetzen, wenn Verzug bereits eingetreten ist, es sei denn, die Mahnung ist aussichtslos oder überflüssig (BGH VersR 1974, 641).

Unter § 11 Nr 4 fallen auch Klauseln, die die Rechte aus den §§ 326, 455 BGB auf Fälle erstrecken, in denen mangels Mahnung noch gar kein Verzug vorliegt („bei nicht pünktlicher Zahlung sind wir zum Rücktritt vom Vertrag berechtigt“).

Werden in AGB andere Voraussetzungen des Verzugs abbedungen, wie die Fälligkeit der Forderung oder das Verschulden des Schuldners an dem Eintritt der Säumnis (s § 11 Nr 7 Rz 9), so ist dies zwar nicht nach § 11 Nr 4 unwirksam. Es kann aber § 10 Nr 3, § 11 Nr 7 oder § 9 eingreifen (Coester-Waltjen § 10 Nr 3 Rz 40; Kötz § 11 Rz 30).

b) Auf der anderen Seite kann der Verwender von Gestaltungsalternativen, die der 6
Gesetzgeber als gleichwertig und nicht als im Verhältnis von Regel zu Ausnahme stehend begreift (s § 8 Rz 10), auch in AGB Gebrauch machen. Insbesondere kann entgegen manchen (LG Mannheim BB 1968, 269; Coester-Waltjen Rz 6) ein Leistungszeitpunkt auch in AGB kalendermäßig festgelegt werden. („Der Kunde kommt gem § 284 BGB vierzehn Tage nach Rechnungsstellung in ... Verzug, „vierzehn Tage nach dem umseitig bestimmten Termin ...“, „im Falle der Überschreitung des Zahlungsziels befindet sich der Käufer ohne weiteres im Verzug“). Für den Fall, daß eine Leistung mit Vertragsschluß fällig ist, ist es auch zulässig, die Mahnung in den AGB selbst schon auszusprechen, die Vertragsbestandteil geworden sind (aM Koch-Stübing Rz 4; Kötz Rz 28). Im Grunde liegen dann auch die Voraussetzungen von § 284 Abs 2 BGB bereits vor. Eine bedingte Mahnung für den Fall, daß zum vorgesehenen Leistungszeitpunkt nicht geleistet werde, ist schon nach allgemeinen Grundsätzen unwirksam (s § 284 BGB Rz 38).

2. Freistellung von der Obliegenheit der Nachfristsetzung 7

Der Begriff „Nachfristsetzung“ taucht im BGB selbst nicht auf. An verschiedenen Stellen in ihm ist jedoch bestimmt, daß eine Frist zu bestimmen ist, binnen der der Adressat den Eintritt ihm sonst drohender Rechtsfolgen verhindern kann, zB in §§ 326 Abs 1 S 1, 250 Abs 1, 542 Abs 1 S 1, 634 Abs 1 S 1, § 283 Abs 1 BGB. Die Rspr hält diese Grundsätze auch im Falle einer pVV für anwendbar, wenn es sich um eine minderschwere Störung der Vertragsbeziehung handelt (BGH Betrieb 1968, 1575; 1970, 1970). § 11 Nr 4 ist auf alle Klauseln anzuwenden, die solche Obliegenheiten beschränken. Eine Einschränkung auf den Fall des § 326 Abs 1 S 1 BGB kann der Bestimmung nicht entnommen werden (Coester-Waltjen Rz 17; Koch-Stübing Rz 6; zweifelnd: Löwe Rz 3, der „jedenfalls“ § 9 Abs 2 Nr 1 anwenden will). Die zu §§ 250 S 1 und 634 Abs 1 BGB geäußerte Gegenansicht (Hensen Rz 6) stützt sich darauf, daß „Verwender ja der Unternehmer“ sei. Die Vorschrift gilt aber wie der gesamte Katalog der §§ 10 ff auch zu Lasten des Kunden (Geldzahlungspflichtiger) als Verwender und ohne Unterschied, ob es sich um einseitige oder beiderseitige Verpflichtungen handelt. Zu Lasten des Verwenders unwirksam (aber zugunsten seines Vertragspartners nach § 6 durchaus gültig!) sind daher Klauseln wie „beide Vertragspartner verzichten auf Setzung einer Nachfrist“, „einer Nachfristsetzung bedarf es in keinem Falle“, „bei Verzug des Kunden ist der Verwender zur Geltendmachung des Schadensersatzes wegen Nichterfüllung oder zum Rücktritt vom Vertrag berechtigt“. An der letzteren Klausel ist zudem zu beanstanden, daß sie sich dem Wortlaut nach auch auf nicht synallagmatische Nebenpflichten erstreckt, die ohnehin einen Rücktritt vom ganzen Vertrag nicht rechtfertigen, s § 10 Nr 3 Rz 13. Ebenso unwirksam sind aber Klauseln, die ein bestimmtes Verhalten des Kunden über die von der Rspr zur endgültigen Erfüllungsverweigerung (s Rz 3) entwickelten Grundsätze hinaus als eine solche ausgeben wie etwa Klauseln, die bei einer Stundungsbitte des Kunden dem Verwender das

Recht zum sofortigen Rücktritt einräumen (COESTER-WALTJEN Rz 18 mwN auch zu den Fällen des Rücktritts bei Eigentumsvorbehalt gem § 455 BGB und zum Fixgeschäft gem § 361 BGB). Zu Klauseln über die Länge der zu setzenden Nachfrist sagt § 11 Nr 4 nichts aus. Sie ist allein an § 9 zu messen.

8 **3. Abdingung der Obliegenheit zur Ablehnungsandrohung**

§ 11 Nr 4 betrifft nicht die in §§ 326 Abs 1 S 1, 634 Abs 1 S 1 BGB geforderte sog „Ablehnungsandrohung", die auch der BGH (BGHZ 67, 102) nach früherem Recht für formularmäßig abdingbar hielt (COESTER-WALTJEN Rz 19; LÖWE Rz 5; DITTMANN-STAHL Rz 382; aM KOCH-STÜBING Rz 7; STEIN Rz 26).

Diese Obliegenheit ist ohnehin rechtspolitisch fragwürdig genug. In einzelnen Ausnahmefällen kann freilich auch der vom Vertragspartner des Verwenders formularmäßig erklärte Verzicht auf die Ablehnungsandrohung unter § 9 fallen, insbesondere, wenn der Verwender sich selbst gegenüber dieses Erfordernis weiterhin vorbehält (COESTER-WALTJEN Rz 19; LÖWE Rz 6; s zu letzterem Auslegungsgesichtspunkt aber § 9 Rz 36). Wohl zu Recht hält KROPPEN (Das AGB-Gesetz im Spiegel des Baurechts, Schriftenreihe der Deutschen Gesellschaft für Baurecht Bd 11, 98 f) die Abdingung der Androhung, einen Bauauftrag zu entziehen (vgl § 5 Nr 4 VOB ·), für unangemessen.

III. Kaufleute

9 **1. Freistellung von der gesetzlichen Obliegenheit zur Mahnung**

§ 11 Nr 4 gilt in seinen der Mahnung gewidmeten Bestandteilen grundsätzlich auch nicht vermittelt über § 9 zugunsten von Kaufleuten (COESTER-WALTJEN Rz 20; KÖTZ Rz 31; DITTMANN-STAHL Rz 385; PALANDT-HEINRICHS § 11 Anm 4 c; aM GRAF VON WESTPHALEN Rz 7; HENSEN Rz 7; KOCH-STÜBING Rz 10; STEIN Rz 28; SCHMIDT-SALZER F 195). Grund für die differenzierte Behandlung ist, daß dem Kaufmann die wirtschaftliche Bedeutung rechtzeitiger Leistung klar sein muß. Angesichts von Produktionsplänen, schwankender Marktpreise und beschränkter Lagerkapazitäten hat rechtzeitige Erfüllung unter Kaufleuten eine ganz besondere Bedeutung. Es ist dem Kaufmann daher auch zuzumuten, den Leistungszeitpunkt selbst zu errechnen und ihn exakt einzuhalten, ohne daß es einer Mahnung durch den Gläubiger bedarf. Auch gegen eine erhöhte Verzinsung ab Ablauf des Zahlungsziels kann nichts eingewendet werden (HENSEN Rz 7; aM SCHMIDT-SALZER F 196). Freilich darf der Verzicht auf Mahnung niemals dazu führen, daß auf den Vertragspartner des Verwenders Verzugsfolgen wegen nicht rechtzeitiger Erfüllung solcher Ansprüche zukommen, von deren Existenz er gar nichts weiß. Zu den Fällen der §§ 538 Abs 2, 633 Abs 3 BGB, 13 Nr 5 VOB/B muß daher der Eintritt von Verzugsfolgen davon abhängig bleiben, daß dem Unternehmer die Mängel des Werkes angezeigt werden. Wohl aber kann in AGB bestimmt werden, daß die Anzeige einer Mahnung gleichstehe.

Soweit die Verzugsfolgen gesetzlich von der Setzung einer Nachfrist abhängen, kann sich freilich nach dem nunmehr zur Erläuterung Anstehenden mittelbar auch eine Mahnobliegenheit ergeben.

10 **2. Freistellung von der Obliegenheit zur Nachfristsetzung**

Was die Obliegenheit einer Nachfristsetzung anbelangt, so ist die Grundidee von § 11 Nr 4, vermittelt über § 9, in einem eingeschränkten Umfange auch auf Kaufleute anwendbar. Verschiedene Situationen sind zu unterscheiden:

11 **a)** Im kaufmännischen Verkehr werden Fristen häufig mit Zusätzen versehen wie ‚fix", „präzis", „genau". Stehen derartige Kurzklauseln in unmittelbarem Zusammenhang mit einer individuellen Angabe der Leistungsfrist, so sind sie, selbst wenn stereotyp immer wieder niedergeschrieben, auch Teil dieser Individualabrede. Sie machen einen Handelskauf zum **Fixgeschäft** im Sinne von § 376 HGB mit der Folge, daß der Käufer sofort nach Verstreichen der Frist vom Vertrag zurücktreten kann (BAUMBACH-DUDEN § 376 Anm 1 C[a]). Kaufleuten kann man aber auch den formularmäßigen Abschluß von Fixgeschäften nicht prinzipiell verwehren. Da, wo Fixgeschäfte branchenüblicherweise vorkommen, ist der vorgedruckte Zusatz „fix" in unmittelbarem textlichen Zusammenhang mit der Regelung der Leistungsfrist wirksam, mag diese individuell oder selbst vorformuliert vereinbart sein (s § 3 Rz 34, § 4 Rz 17). Zeitangaben bedeuten, was die Rechtsfolgen der Fristversäumnis anbelangt, Verwendung von Begriffen mit Grauzonen, die durch AGB Konturen erhalten können. Fixregelungen in AGB sind daher nicht unter dem Gesichtspunkt „Höherqualifizierungen individueller Erklärungen" Verstöße gegen § 4 (aM GRAF VON WESTPHALEN § 4 Rz 37; KROPPEN, Das AGB-Gesetz im Spiegel des Baurechts, Schriftenreihe des Deutschen Instituts für Baurecht Bd 11, 61 bzw 110 f). Diese Grundsätze über den Fixhandels*kauf* sind im übrigen auch entsprechend auf andere Handelsgeschäfte anzuwenden (COESTER-WALTJEN Rz 23). 11

12 **b)** Klauseln, wie „sofort", „spätestens eine Woche" haben die Wirkung eines Fixhandelsgeschäftes dagegen an sich nicht (BAUMBACH-DUDEN § 376 Anm 1 C[b]; RATZ in Großkomm HGB § 346 Rz 147, 148). Verbindet man sie mit einer Freistellung von der Obliegenheit zur Nachfristsetzung, so laufen sie häufig aber inhaltlich auf eine Fix-Vereinbarung hinaus. Die häufig zu hörende Ansicht, eine formularmäßige Abbedingung der Nachfristsetzungsobliegenheit sei unter Kaufleuten in anderen Fällen als bei echten Fixgeschäften nicht zulässig (COESTER-WALTJEN Rz 23; SCHMIDT-SALZER F 195; HENSEN Rz 8), ergibt daher nur Sinn für Situationen, wo man trotz der Klausel „ohne Nachfrist" keine Fixgeschäfte als gewollt annehmen will. Der BGH läßt die Klausel „ohne Nachfrist" allein nicht (NJW 1959, 933) zur Annahme eines Fixhandelsgeschäfts ausreichen. Entscheidend für die Abgrenzung zum Fixgeschäft soll dann sein, daß der Gläubiger auch die verspätete Lieferung noch annehmen muß (WÜRDINGER-RÖHRICHT in GroßKomm HGB § 376 Anm 2, 7) – bis zu welchem Zeitpunkt, bleibt völlig offen. Es erscheint indes lebensfremd, daß die Parteien bei Gebrauch der Ausdrücke einerseits „fix" und andererseits „ohne Nachfrist" solchermaßen differenzieren wollen. 12

§ 11 Nr 5
Pauschalierung von Schadensersatzansprüchen

In Allgemeinen Geschäftsbedingungen ist unwirksam . . .

die Vereinbarung eines pauschalierten Anspruchs des Verwenders auf Schadensersatz oder Ersatz einer Wertminderung, wenn

a) die Pauschale den in den geregelten Fällen nach dem gewöhnlichen Lauf der Dinge zu erwartenden Schaden oder die gewöhnlich eintretende Wertminderung übersteigt, oder

b) dem anderen Vertragsteil der Nachweis abgeschnitten wird, ein Schaden oder eine Wertminderung sei überhaupt nicht entstanden oder wesentlich niedriger als die Pauschale

1. Teilber 69; RefE 14; RegE 29 – Einl 6 ff.

Systematische Übersicht

I. Allgemeines
1. Regelungsanliegen 1
2. Verhältnis zur früheren Rechtslage 2
3. Anwendungsbereich 3

II. Einzelheiten der gesetzlichen Regelung
1. Kreis der erfaßten Ansprüche 11
2. Einwand der generell zu hohen Pauschale – § 11 Nr 5 a 14
3. Gegenbeweis des wesentlich niedrigeren oder völlig fehlenden Schadens 19
4. Rechtsfolgen der Unwirksamkeit einer Klausel 22
5. Spiegelbildliche Anwendung? 23

III. Kaufleute 24

IV. Klauselbeispiele
1. Schadenspauschalen, die für den Fall einer Abnahme- oder Erfüllungsverweigerung einen Prozentsatz des vorgesehenen Vertragspreises vorsehen 26
2. Schadenspauschalen für Verzugsschäden, insbesondere Mahnkosten 27
3. Sonstige Pauschalierungen 28

Alphabetische Übersicht

Abstraktionshöhe 16
Angemessenheitsprüfung 16
Aufwendungsersatz 1, 2, 5, 8

Bearbeitungsgebühr 27
Bestehen des pauschalierten Anspruchs 11
Beweiserleichterung 2
Beweislast 4, 8, 20
Beweislastumkehr 1
Bruttogewinnspanne 15

Darlegungslast 20
Diskontsatz 27

Fernunterrichtsverträge 9

Gebrauchtwagenhandel 20
Gegenbeweis eines höheren Schadens 21
Gegenbeweis eines niedrigeren Schadens 19
Gegenstand des Geschäfts 14
Generell zu hohe Pauschale 14

Handelsvertreter 14

Kalkulation 18
Kaufleute 24
Kaufvertrag 26
Klauselbeispiele 26

Leistungsvergütungsanspruch, pauschalierter 7

Maklerkosten 27
Maklervertrag 8
Mindestschaden 21

Nichterfüllungsschaden in Höhe des hypothetischen Entgelts 28
Nutzungsersatzanspruch, pauschalierter 7

Schadenspauschale, Begriff der 3
Schlüssigkeit 18
Spiegelbildliche Anwendung der Norm 23

Unkostenpauschale 27
Unwirksamkeit einer Klausel 22

Vertragsstrafe 1 ff, 28
Vertriebsform 14
Verzugsgebühr 27
Verzugszinsen 27

Werkvertrag 26
Wertminderungsaspekte 17
Wertminderungsausgleichsanspruch 13

Zinspauschalierung 27
Zwischenhändler 14

I. Allgemeines

1 1. Regelungsanliegen

Die Vorschrift verbietet die Pauschalierung von Ansprüchen, die dem Verwender infolge einer Vertragsverletzung durch seinen Vertragspartner zustehen können, dh von Schadensersatzansprüchen und Ansprüchen auf Ersatz von Wertminderung. Meist finden sich diese Klauseln in Zusammenhang mit Vertragstypen, bei denen der Verwender häufig gar kein Interesse daran hat, den vertragsbrüchigen Teil zur

Bezahlung des vereinbarten Entgelts Zug um Zug gegen Annahme der Leistung zu zwingen, sondern sich lieber damit begnügt, Schadensersatz zu verlangen. Die Gefahr, daß der Verwender versucht, sich durch Pauschalierung seiner Ansprüche besser zu stellen, als er bei ordnungsgemäßer Vertragserfüllung durch den Kunden stünde, liegt auf der Hand. Auf der anderen Seite liegen Schadens- und Wertminderungspauschalen bei angemessenem Ansatz durchaus nicht nur in einem evidenten Rationalisierungsinteresse des Verwenders, sondern auch im Interesse des Kunden. Sie ermöglichen ihm eine schnelle und zuverlässige Beurteilung der Folgen einer Aufkündigung eines Auftrags und können im Falle eines Rechtsstreits zu erheblichen Kosteneinsparungen beitragen. Insofern sind die Grundsätze des BGB zum Ersatz des in konkreter Höhe nachzuweisenden Schadens nicht von unverzichtbarem Gerechtigkeitsgehalt. Aufgabe des AGBG konnte es daher nur sein, gröberen Verfälschungen der konkret „an sich" bestehenden Ausgleichspflicht entgegenzuwirken, nicht aber Pauschalierungsmöglichkeiten so einzuschränken, daß sie zur Regelung der Masse der Fälle nicht mehr taugen.

§ 11 Nr 5 wird ergänzt durch die Regelungen der §§ 10 Nr 7 über Aufwendungsersatz und 11 Nr 6 über Vertragsstrafen und kann ohne diese Zusammenhänge nicht richtig verstanden werden. Berührungspunkte bestehen ferner mit § 11 Nr 15, der die Beweislastumkehr betrifft. Zusammen bilden die genannten Vorschriften das Gegenstück zu den Regeln über die Haftungsfreizeichnung zugunsten des Verwenders, indem sie eine übermäßige Abwälzung von finanziellen Risiken bei eventuellen Vertragsstörungen auf den Kunden ausschließen.

2. Verhältnis zur früheren Rechtslage 2

Die Rspr vor Erlaß des AGBG hat formularmäßige Schadenspauschalierungen grundsätzlich zugelassen (BGH NJW 1970, 32; weitere Nachw bei Coester-Waltjen Rz 8 ff; ferner unten Rz 24 f). Rechtsprechung und Literatur haben aber bei Beurteilung der Zulässigkeit von Pauschalen meist nicht zwischen Schadensersatz- und Aufwendungsersatzpauschalen im Sinne des jetzigen § 10 Nr 7 (Ausnahme BGHZ 54, 106, 109 = NJW 1970, 1596; BGHZ 60, 359 = NJW 1973, 1190) und auch nicht immer klar zwischen Schadenspauschalen und Vertragsstrafen unterschieden. Vielfach hat man Schadens- oder Aufwendungsersatzpauschalen in Vertragsstrafen umgedeutet, um nach § 343 BGB die Höhe des angefallenen Betrages durch Urteil herabsetzen (lassen) zu können. Teilweise wurde dieselbe Klausel (Beispiel: 15% des Kaufpreises eines PKW, zahlbar bei Nichtabnahme) bald als Schadenspauschalregelung eingeordnet, bald als Vertragsstrafenabrede (s die Nachw bei Kulich BB 1967, 456). Die Anwendbarkeit des § 343 BGB auf eine als solche eingestufte Schadenspauschale leugnete die überwiegende Rspr (BGH NJW 1970, 32; aM nur LAG Düsseldorf Betrieb 1973, 85; s auch Lindacher, Phänomenologie der Vertragsstrafe, [1972] 168 ff und Erl zu § 343 BGB). Sie unterwarf Schadenspauschalen aber der Kontrolle nach §§ 138, 242 BGB. Dabei hat sie im wesentlichen auf zwei Gesichtspunkte abgestellt: auf die beweisrechtlichen Folgen, die in Pauschalierungen liegen, und auf das im Schadenersatzrecht herrschende, sich an den Geschädigten wendende Bereicherungsverbot. Dementsprechend wurden Schadensersatzpauschalen schon damals nicht für wirksam erachtet, wenn dem Kunden die Möglichkeit des Nachweises abgeschnitten wurde, daß die Pauschale in Wirklichkeit dem Verwender zu einem unangemessenen Vorteil verhilft. Zulässig waren demgemäß nur solche formularmäßigen Pauschalen, die lediglich Beweiserleichterung für den Verwender mit sich bringen sollten (BGH BB 1977, 761; WM 1977, 50; BB 1978, 247). § 11 Nr 5 war daher im wesentlichen nur eine Festschreibung der Rspr (so ausdrücklich OLG München MDR 1978, 407), was dessen entsprechende Anwendung auch auf Verträge begünstigte, auf welche die Vorschrift im Zeitpunkt des Vertragsschlusses formell (noch) nicht anwendbar war (BGH BB 1976, 577).

3 **3. Anwendungsbereich**

a) Die Abgrenzung von Schadenspauschalierungs- und Vertragsstrafeklauseln (§ 11 Nr 5 und 6) ist kein AGB-spezifisches Problem. Das AGBG hat theoretisch zwar die Notwendigkeit einer klaren begrifflichen Unterscheidung noch gesteigert und die Streitfrage erledigt, ob die Schadenspauschale gegenüber der Vertragsstrafe überhaupt ein selbständiges Rechtsinstitut darstellt. Praktisch kann aber in den kritischen Fällen eine genaue Einordnung meist unterbleiben. Ist die angegebene Größe der dem Vertragspartner des Verwenders obliegenden Sonderleistung an dem Schaden orientiert, der nach dem gewöhnlichen Lauf der Dinge zu erwarten ist, und ihm der Gegenbeweis nicht abgeschnitten, dann dürfte die Einordnung einer Klausel als Schadenspauschalierung kaum je zweifelhaft sein. Fehlt es daran, dann ist die Klausel meist unwirksam, ob man sie als – fehlgeschlagene – Pauschalierungsregelung oder als Vertragsstrafe qualifiziert. Die Unterscheidung spielt daher praktisch eine Rolle nur für jene Vertragsverletzungen, die § 11 Nr 6 formularmäßig mit Vertragsstrafe sanktionierbar hält. Denn dann kann häufig nur die Einordnung einer Regelung als Vertragsstrafenabrede ihre Wirksamkeit erhalten. In einer solchen Situation sollte man sich im Zweifel nach dem Grundgedanken von § 140 BGB für eine Einordnung als Vertragsstrafe entscheiden. Näheres zur Abgrenzung s Erl zu § 339 BGB. Beispiel: unten Rz 43.

4 **b)** Die Pauschalierung eines Schadensersatzanspruchs bringt in jedem Falle auch eine Verschlechterung der **Beweislage** des Vertragspartners des Verwenders mit sich. **§ 11 Nr 15,** der derartige Beweislastverschiebungen generell verbietet, will aber eine den Erfordernissen des § 11 Nr 5 b entsprechende Klausel nicht erfassen, sondern tritt als allgemeinere Vorschrift hinter der spezielleren des § 11 Nr 5 b zurück (Coester-Waltjen Rz 44; Koch-Stübing Rz 7; Brandner § 11 Nr 15 Rz 2).

5 **c)** § 11 Nr 5 und § 10 Nr 7 a ähneln sich und haben scheinbar einen teilweise sich überschneidenden Anwendungsbereich. Anlaß für die Einführung des § 10 Nr 7 a war ua die Absicht, unzulässige Schadenspauschalierungen nicht durch Abreden über besonders hohe Vergütungen für erbrachte Teilleistungen umgehbar zu machen (1. Teilber 63). Auf eine Abgrenzung der jeweiligen Anwendungsbereiche der verschiedenartigen Pauschalierungsregelung ist dann keine größere Sorgfalt mehr verwandt worden. Zwar liegt ein wesentlicher Unterschied zwischen § 11 Nr 5 a und § 10 Nr 7 darin, daß letztere Norm nur die Fälle der Rückabwicklung eines vorzeitig beendeten Schuldverhältnisses im Auge hat, während § 11 Nr 5 auch Schadensersatzansprüche bei noch fortbestehender Vertragsbeziehung betrifft. Steht aber ein Schadensersatzanspruch wegen Nichterfüllung zur Debatte, so kann durchaus eine „Vergütung" für erbrachte Teilleistungen einer seiner Bestandteile oder sogar sein Gesamtinhalt sein.

6 Will man nicht auf vage Kriterien dergestalt abstellen, daß es auf den „Schwerpunkt" des Anspruchs ankommen soll (Brandner Rz 4) oder in § 10 Nr 7 ua eine lex specialis für bestimmte Arten von Schadensersatzpauschalierungen sehen (Coester-Waltjen Rz 11), so folgt daraus für die Abgrenzung: § 10 Nr 7 a ist nur dann anwendbar, wenn auf die Rückabwicklung eines Schuldverhältnisses abgestellt wird, das entweder nicht wegen vertragswidrigen Verhaltens des Vertragspartners des Verwenders geendet hat oder dessen Liquidation nicht im Hinblick auf eine vorausgesetzte Vertragswidrigkeit des Verwenders geregelt ist. Es geht also vor allen

Dingen um die Fälle eines Rücktritts vom Vertrag, die das Gesetz auch bei vertragswidrigem Verhalten des anderen Teils scharf von der Geltendmachung von Schadenersatz wegen Nichterfüllung unterscheidet (§ 326 BGB). Wenn der Verwender Rücktritt und Ersatzansprüche in einer Weise kombiniert, die erkennen läßt, daß er an die Folgen einer Vertragsverletzung durch seinen Vertragspartner denkt, dann ist § 11 Nr 5 anwendbar, s § 10 Nr 7 Rz 8.

Sehr wichtig ist die genaue Abgrenzung des jeweiligen Anwendungsbereiches der 7
beiden Normen freilich deshalb nicht, weil auch im Falle von pauschalierten Leistungsvergütungs- und Nutzungsersatzansprüchen dem Kunden des Verwenders der Gegenbeweis der wesentlich geringeren Quantität offengehalten werden muß (Kötz Rz 37; Coester-Waltjen Rz 11; aM Brandner Rz 4; Koch-Stübing Rz 6; Löwe Rz 19). Sachlich ist dies wegen der nahen Verwandtschaft der Regelungsgegenstände gerechtfertigt. Der Unterschied reduziert sich also darauf, daß es im Falle von § 10 Nr 7 dem Verwender obliegt, den Beweis zu erbringen, sein Vertragspartner habe Nutzungen an seinen Sachen gezogen oder Teilleistungen erhalten.

d) Auch der in § 10 Nr 7 b angesprochene „Aufwendungsersatz" betrifft nur Fälle, 8
wo, wie zB nach § 467 S 2 BGB, Aufwendungsersatz nicht wegen Vertragsverletzung als Schadensersatz geschuldet wird. Insbesondere bleibt § 11 Nr 5 anwendbar, wenn im Rahmen von Schadenspauschalierungen nur ein Rechnungsposten pauschaliert wird, etwa: pro Arbeitsstunde, pro Telefonat ein bestimmter Betrag (aM Coester-Waltjen Rz 7). Kombiniert der Verwender ein Rücktrittsrecht mit Aufwendungsersatzansprüchen – was das Gesetz so gut wie nicht kennt – dann ist zu fragen, ob die Rücktrittsvoraussetzungen an vertragswidriges Verhalten anknüpfen oder nicht. Nur in ersterem Falle ist § 11 Nr 5 anwendbar.

Soweit Aufwendungsersatz aus einer fortbestehenden Vertragsbeziehung verlangt werden soll (zB Aufwendungsersatz in Maklerverträgen), kommt § 10 Nr 7 überhaupt nicht in Betracht (Brandner § 10 Nr 7 Rz 5).

e) § 2 Abs 5 Nr 2 FernUSG verbietet bei Fernunterrichtsverträgen jede Form von 9
Schadensersatzpauschalen zu Lasten des Teilnehmers. Zur entsprechenden Anwendung auf Direktunterrichtsverträge vgl Dörner NJW 1979, 243.

f) § 11 Nr 5 a und Nr 5 b stehen in ihren Wirksamkeitsvoraussetzungen für Klauseln 10
selbständig nebeneinander und befinden sich nicht etwa in einem Nachrangigkeitsverhältnis zueinander. Insbesondere kann der Vertragspartner des Verwenders die Unwirksamkeit einer Klausel sowohl nach § 11 Nr 5 a als auch nach § 11 Nr 5 b als auch kumulativ nach beiden Vorschriften geltend machen (Hensen Rz 21). Es empfiehlt sich aber zunächst, nach § 11 Nr 5 a vorzugehen, weil sich hierbei der typische Schaden ermitteln läßt (s im einzelnen unten Rz 14 ff, 19 ff).

II. Einzelheiten der gesetzlichen Regelung

1. Kreis der erfaßten Ansprüche 11

§ 11 Nr 5 betrifft nur Klauseln, die ihrerseits vom Bestehen eines Anspruchs auf Schadensersatz oder Ersatz einer Wertminderung ausgehen und diese der Höhe nach pauschal festlegen. Die Pauschalierung ist dabei der wesentliche Gesichtspunkt, nicht das Bestehen des Anspruchs selbst. Nicht nach § 11 Nr 5 zu prüfen ist daher, ob der Anspruch formularmäßig dem Grunde nach überhaupt wirksam vereinbart werden konnte (OLG München VersR 1978, 772; Coester-Waltjen Rz 37; Hensen Rz 11; Koch-Stübing Rz 8, 11; Kötz Rz 35; aM Frank-Werner Betrieb 1977, 2172).

12 § 11 Nr 5 unterliegen somit einmal alle **Schadensersatzansprüche** iSv § 249 BGB, gleich, ob sie materiellen Schaden oder immateriellen Schaden betreffen, auf Verzug, Nichterfüllung oder sonstigen Leistungsstörungen beruhen, an Verschulden anknüpfen oder nicht (Coester-Waltjen Rz 34; Löwe Rz 7). Ebenso außer Betracht zu bleiben hat insbesondere die Frage der Zulässigkeit einer Anknüpfung von Schadensersatzansprüchen an ein unverschuldetes Verhalten des Vertragspartners (Kötz Rz 35; s auch § 11 Nr 7 Rz 47 ff).

13 Ferner gehören die **Ansprüche auf Ersatz einer Wertminderung hierher.** Diese sind zwar, wenn ein Schadensersatzanspruch besteht, auch Bestandteil des Schadens iSv § 249 BGB. Sie könnten aber auch Gegenstand selbständiger Ansprüche sein und sind aus diesem Grund eigens genannt. Freilich verdankt die neben der die Schadensersatzpauschalierung betreffenden kaum bedeutsame Nennung von Wertminderungsausgleichsansprüchen ihre Existenz einer gedanklichen Unsauberkeit des Gesetzgebers. Orientiert hat er sich an § 2 Abs 1 S 2 AbzG (BR-Drucks 350/75, 30), wo aber die Wertminderung nur Element bei Bemessung eines Nutzungsentgelts ist, welches seinerseits in § 10 Nr 7 besonders geregelt ist. Reine Wertminderungsersatzansprüche gibt es nach geltendem Recht etwa in Gestalt von § 347 BGB („Verschlechterung"). Der Minderungsanspruch nach §§ 462, 634 Abs 1 S 3 BGB ist aber kein solcher.

14 **2. Einwand der generell zu hohen Pauschale – § 11 Nr 5 a**

a) Als wirksam angesehen werden können **Schadenspauschalierungen**, die sowohl von ihrem Anknüpfungspunkt her als auch der Höhe nach dem typischen Durchschnittsschaden entsprechen, wie er nach der Schätzung eines redlichen Beobachters bei Vorliegen der Voraussetzungen des Schadensersatzanspruches entstehen kann (BGH Betrieb 1976, 381). Der Schadensgrund ist zwar selbst kein Gegenstand der Überprüfung nach § 11 Nr 5, läßt aber Rückschlüsse auf den „gewöhnlichen Lauf der Dinge" zu und ist daher ebenfalls zu berücksichtigen (Coester-Waltjen Rz 38). Zu berücksichtigen ist vor allem der **Gegenstand des Geschäfts.** Maßgeblich für die Beurteilung ist beispielsweise, ob es sich um fabrikneue oder gebrauchte Ware (Coester-Waltjen Rz 38), ob es sich um Einzelanfertigungen oder Massenware handelt (Frank-Werner Betrieb 1977, 2174), ob ein Verkaufsgeschäft (dann Rohgewinn) oder ein (langfristiger) Mietvertrag (dann weitere Faktoren wie technische Wertminderung: BGH NJW 1977, 381) vorliegt, schließlich, ob Waren und Leistungen zu **Marktpreisen** gehandelt zu werden pflegen, oder ob individuelle Preisverhandlungen üblich sind. Weiter sind für die Beurteilung von Bedeutung die branchenübliche Art der Geschäftsabwicklung durch den Verwender, seine Handelsstufe, insbesondere die Einschaltung von Handelsvertretern (OLG Nürnberg MDR 1972, 418; LG Wuppertal NJW 1966, 1129) und weiteren Zwischenhändlern, die Vertriebsform, Finanzierungsmodalitäten durch Einschaltung von Banken, das Erfordernis umfangreicher Geschäfts- oder Kundendienstorganisation, nicht aber schwankende Wettbewerbssituationen (aM Stein Rz 34).

15 Entscheidend für Pauschalen zur Abgeltung des Nichterfüllungsschadens ist im **Handel** immer die **Bruttogewinnspanne,** abzüglich typischerweise entfallender, aussonderbarer Unkosten. In der **Industrie** kann in die Pauschale ein realistischer Posten für allgemeine Betriebsunkosten eingesetzt werden. Beurteilungshilfen geben in diesem Zusammenhang öffentliche Stellungnahmen von Handels- und Industrieverbänden (beispielsweise in Gestalt der sog „Berliner Liste" betreffend den Möbelhandel). Pauschalierungsklauseln in AGB anderer Verwender sind aber grundsätzlich kein geeigneter Maßstab für die Beurteilung der Angemessenheit

einer bestimmten Pauschale (Frank-Werner Betrieb 1977, 2173; aM Löwe Rz 13) und begründen nicht den dem Kunden nach Nr 5 b obliegenden Gegenbeweis, sondern sind allenfalls ein schwaches Beweisindiz.

Die Prüfung der Angemessenheit ist nicht auf die Abstraktionshöhe verpflichtet, für 16 die das fragliche Bedingungswerk Anwendung finden soll, sondern hat sich auf verkehrsübliche Typisierungen auszurichten. Geht es um die Wirksamkeit einer Pauschalierung von Schäden wegen Nichtabnahme von gebrauchten LKWs, so ist auf den Handel mit gebrauchten LKWs zurückzugreifen, nicht aber auf den Gebrauchtwagenhandel im allgemeinen, auch wenn das Bedingungswerk sich auf ihn generell bezieht (Kötz Rz 37). Soll eine Pauschale für eine Vielzahl von Fällen unterschiedlicher Typizität gelten, so entspricht sie dem Erfordernis von § 11 Nr 5 nur, wenn sie auch für den Verkehrstypus noch angemessen ist, für den nach dem gewöhnlichen Lauf der Dinge mit dem geringsten Schaden zu rechnen ist (Coester-Waltjen Rz 38). Nicht aber braucht die Perspektive noch konkreter zu werden (aM Stein Rz 34; Koch-Stübing Rz 10). Bedingungen für den Verkauf von Möbeln brauchen nicht nach einzelnen Möbelarten zu differenzieren, auch wenn es hierfür unterschiedliche Gewinnspannen gibt. Pauschalierte Lagerkosten können sich am Preis des gekauften Guts orientieren, selbst wenn Kostenfaktoren auch Volumen und Sperrigkeit des Lagerguts sind.

b) Soll eine Klausel (auch) **Wertminderungs**aspekte pauschalieren, so sind als 17 Faktoren für die Beurteilung vor allem die gewöhnliche, dh durch den geplanten, vertragsgemäßen Gebrauch normalerweise vorauszusetzende Abnutzung einer Sache, ihr Neuheitsverlust, aber auch Wertverlust infolge von Modellwechsel oder Änderung der Moderichtung maßgebend (Löwe Rz 8), wenn derartiges als in regelmäßigen Abständen eintretend im voraus geschätzt werden kann. Auch der gesamte Wert einer Sache kann uU pauschaliert als Wertminderung ausbedungen werden, so wenn etwa im Möbelhandel für den Fall des Rücktritts vom Vertrag über Schlafzimmereinrichtungen gesagt ist, daß Matratzen (wegen des Hygienegesichtspunktes) nicht „zurückgenommen“ werden.

c) Die **Beweislast** dafür, daß eine Schadens- oder Wertminderungspauschale dem 18 gewöhnlichen Lauf der Dinge entspricht, trägt der Verwender der Klausel (BGHZ 67, 312 = NJW 1977, 381 zur früheren Rechtslage, aber bereits unter Hinweis auf § 11 Nr 5 a; Coester-Waltjen Rz 38; Koch-Stübing Rz 13; Frank-Werner Betrieb 1977, 2174; Reich NJW 1978, 1570; Palandt-Heinrichs Anm 5 b; aM Hensen Rz 14 u 15 sowie BB 1977, 1689; Löwe Rz 13; Weier NJW 1977, 2237). Die Gegenansicht kann sich außer auf den Gesetz gewordenen Wortlaut freilich auch noch auf die Tatsache stützen, daß dieser im Lauf der Entstehungsgeschichte des Gesetzes eine beweislastcharakteristische Änderung erfahren hat („Schadenspauschalen sind unzulässig, es sei denn daß . . .“, § 8 Nr 5 Entwurf 1. Teilber). Jedoch ist es dem Kunden schlechterdings unzumutbar, Beweise zur Kostenstruktur des Geschäftszweigs des Verwenders zu führen. Die Gegenansicht kann sich denn auch für die kritischen Fälle nicht anders helfen, als völlig unterschiedliche Maßstäbe zur „Schlüssigkeit“ eines auf die Klausel sich stützenden Sachvortrages anzulegen, je nach dem, ob ihr die Angemessenheit der Pauschale prima vista plausibel erscheint oder nicht. Schlüssig im Sinne der § 300 ff ZPO ist grundsätzlich jeder Schadenspauschalanspruch vorgetragen, der sich auf eine nach den klägerischen Behauptungen Vertragsbestandteil gewordene Pauschalierungsklausel stützt, wenn der Kläger zusätzlich behauptet, die Pauschale entspreche dem durchschnittlich eintretenden Schaden (aM Hensen Rz 16). Nur wenn bei Gericht offenkundige Erfahrungssätze (§ 291 ZPO) dem entgegenstehen, liegen die Dinge anders. Bei Pauschalen in der Größenordnung bis zu 25% kann man die Behauptung, sie entspreche dem Durchschnitts-Nichterfüllungsschaden, meist als konkludent aufgestellt betrachten (HENSEN Rz 16). Streng genommen muß der Verwender, um den ihm obliegenden Beweis anzutreten, seine eigene Kalkulation gar nicht vorlegen, weil es nicht auf den gerade ihm entgangenen Gewinn, sondern auf die Situation im ganzen Geschäftszweig ankommt (BGH aaO; KÖTZ Rz 38). Meist bleibt ihm aber gar nichts anderes übrig, als es mit diesem Indizienbeweis zu versuchen.

19 **3. Gegenbeweis des wesentlich niedrigeren oder völlig fehlenden Schadens – § 11 Nr 5 b**

a) Anders als in der ursprünglichen Fassung (§ 8 Nr 5 b RegE) fordert § 11 Nr 5 b seinem Wortlaut nach zwar nicht einen ausdrücklichen Vorbehalt der Gegenbeweismöglichkeit in der Klausel selbst. Wird ein Vorbehalt nicht gemacht, so ist jedoch der Gegenbeweis des Kunden der Sache nach abgeschnitten. § 11 Nr 5 b ist zudem nur dann eine wirkungsvolle Schutzvorschrift für den Vertragspartner des Verwenders, wenn er dazu führt, daß in den Klauselwortlaut ein ausdrücklicher Vorbehalt aufgenommen werden muß (COESTER-WALTJEN Rz 40; STEIN Rz 37, 38; aM LÖWE Rz 12; HENSEN Rz 18;KOCH-STÜBING Rz 15). Fehlt es an ihm, so ist demgemäß die ganze Pauschalierung unwirksam (aM auf der Grundlage seiner zur „Teilunwirksamkeit" von AGB-Klauseln vertretenen Ansicht KÖTZ NJW 1979, 788; dazu generell unten Rz 22 u § 6 Rz 15 f).

20 **b)** § 11 Nr 5 b hebt nicht wie Nr 5 a auf die generelle Überhöhung der Pauschale ab, sondern darauf, ob im **Einzelfall** trotz einer geschäftstypisch angemessenen und damit zulässigen Pauschale ein Schaden bzw eine Wertminderung nicht oder in wesentlich niedrigerem Umfange als pauschaliert eingetreten ist. Aus diesem Grunde ist Nr 5 b als Prüfungskriterium im abstrakten Unterlassungsverfahren auch untauglich.

Als „wesentlich" wird bei größeren Summen schon eine Abweichung von mehr als 10% angesehen werden können. (LÖWE Rz 12; KOCH-STÜBING Rz 16; PALANDT-HEINRICHS Anm 6 a bb; HENSEN Rz 21).

Die Darlegungs- und Beweislast liegt voll beim Vertragspartner des Verwenders (KOCH-STÜBING Rz 17; DIETLEIN Rz 3). Er muß die von der zulässigen Pauschalierungsklausel unterstellte Höhe des Schadens widerlegen, beispielsweise durch den Nachweis, daß die von ihm nicht abgenommene Ware ohne Verlust anderweitig an einen Käufer weiterverkauft werden konnte, den der Verwender nicht ohnehin gefunden hätte, oder daß eine unvertretbare Sache (§ 91 BGB) anderweitig absetzbar war (KÖTZ Rz 42). Aber auch in letzterem Falle ist der Schaden des Verwenders nur entfallen, wenn es dem anderweit gefundenen Kunden gerade auf die fragliche Sache ankam. Im Gebrauchtwagenhandel etwa würde die Behauptung, der Wagen sei sofort anderweitig verkauft worden, nicht ausreichend sein (BGH NJW 1970, 32), weil der anderweitige Abnehmer häufig auch einen anderen Gebrauchtwagen gekauft hätte.

21 **c)** Der Verwender selbst kann sich den „Gegenbeweis" eines im Einzelfall eingetretenen höheren Schadens ebenfalls vorbehalten (COESTER-WALTJEN Rz 42). Beispiel: Der Vermieter eines PKW kann sich das Recht ausbedingen, den Kilometerpreis entweder nach den Angaben des Mieters oder auf der Basis von 100 km Fahrleistung zu berechnen, wenn der Mieter den ihm im Falle eines Versagens des Kilometerzählers treffenden Obliegenheiten nicht nachkommt. Daß § 11 Nr 5 als lex specialis zu § 11 Nr 15 Beweislastfragen betrifft, ändert aber nichts daran, daß Klauseln, welche ausdrücklich nur dem Kunden Gegenbeweismöglichkeiten eröffnen, nach § 5 gegen den Verwender und eine ihm zustehende entsprechende

Befugnis auszulegen sind (aM Koch-Stübing Rz 18). Ist eine Pauschale als „Mindestschaden" bezeichnet, so ist aber der Vorbehalt zugunsten des Verwenders deutlich genug (Koch-Stübing Rz 18).

4. Rechtsfolgen der Unwirksamkeit einer Klausel 22

Verstößt eine Klausel bereits gegen § 11 Nr 5 a, entfällt ihre Wirksamkeit. Der Verwender muß im Streitfall seinen Schaden konkret oder mit Hilfe allgemein anerkannter Beweislasterleichterungen belegen. Eine richterliche Reduzierung der Pauschale auf ihre zulässige Höhe ist nicht möglich (Hensen Rz 21; Löwe Rz 12; aM Kötz NJW 1979, 788; s oben Rz 19 u § 6 Rz 15 f).

Hat der Aufsteller nicht, wie § 11 Nr 5 b von ihm verlangt, die Gegenbeweismöglichkeit offengehalten, so ist die Klausel ebenfalls insgesamt unwirksam.

5. Spiegelbildliche Anwendung der Norm? 23

Gelegentlich wird die Zulässigkeit einer spiegelbildlich-entsprechenden Anwendung von § 11 Nr 5 (s dazu § 9 Rz 17) behauptet (Löwe Rz 20). Danach müßte der Verwender, will er seine eigene Schadensersatzpflicht pauschalieren, den „Gegenbeweis" des höheren Schadens zulassen und sich am gewöhnlichen Lauf der Dinge orientieren. Mit diesem Inhalt geht die entsprechende Anwendung von § 11 Nr 5 aber ins Leere. Der Kunde des Verwenders muß seinen Schaden immer nachweisen. Jede ihm als Option dazu angebotene Pauschale ist für ihn ein Vorteil, der ihm immer gewährt werden kann. Ein Abschneiden des konkreten Schadensbeweises aber ist immer an § 11 Nr 5 zu messen.

Spiegelbildlich entsprechend ist § 11 Nr 5 aber insoweit anzuwenden, als in Kundenbedingungen keine Pauschalen stehen dürfen, die hinter dem nach dem gewöhnlichen Lauf der Dinge zu erwartenden Schaden zurückbleiben.

III. Kaufleute 24

§ 11 Nr 5 a gilt, vermittelt über § 9, uneingeschränkt auch gegenüber Kaufleuten (allgM). Der BGH hat dies bereits in früheren Entscheidungen ausgesprochen (BGHZ 67, 312 = NJW 1977, 381). Allerdings kann der typische Schaden im kaufmännischen und im nicht kaufmännischen Verkehr unterschiedlich hoch sein und daher auch unterschiedlich pauschaliert werden.

§ 11 Nr 5 b ist in der hier vertretenen strengen Auslegung freilich nicht für den kaufmännischen Verkehr geeignet. Es erscheint insoweit zulässig, den Gegenbeweis voll auszuschließen, weil im Handelsverkehr Gesichtspunkten der Beweiserleichterung und -beschleunigung sowie dem Rationalisierungsinteresse bei Abwicklung auch gestörter Vertragsverhältnisse eine erheblich größere Rolle als bei Beteiligung von Privaten zukommt (Coester-Waltjen Rz 9; aM Hensen Rz 23; Graf von Westphalen Rz 21; Koch-Stübing Rz 20; Kötz Rz 44 – aber allesamt in der Argumentation nicht zwischen den beiden Buchstaben von Nr 5 unterscheidend). Entgegen gelegentlicher gegenteiliger Behauptung hat der BGH (in BGHZ 67, 312 = NJW 1977, 381) zu den jetzt in § 11 Nr 5 b geregelten Problemen überhaupt nicht Stellung genommen. 25

IV. Klauselbeispiele

26 **1. Schadenspauschalen, die einen Prozentsatz des vorgesehenen Vertragspreises für den Fall der Abnahme- oder der Erfüllungsverweigerung durch den Kunden vorsehen:** 26

In AGB trifft man Schadenspauschalierungen auf der Basis von prozentualen Beträgen des vereinbarten Entgelts häufig für den Fall der Abnahmeverweigerung (Kaufvertrag) oder der Weigerung, eine Werkleistung an dem Kunden gehörenden Gegenständen ausführen zu lassen. Gemeint ist in beiden Fällen die Äußerung des Kunden, sich an den Vertrag nicht mehr für gebunden zu halten, also eine Erfüllungsverweigerung, die den Verwender von den Obliegenheiten des § 326 BGB freistellt (s dazu § 11 Nr 4 Rz 3 a). Nachfolgend sind Rspr und literarische Stellungnahmen zu einzelnen Pauschalierungssätzen wiedergegeben:

5% des Kaufpreises: Vom LG München I (Az 7 0 13513/77 – AGB-RegisterNr 86) für unwirksam angesehen.

15% der Kaufsumme wurde für unwirksam gehalten vom LG München I (Az 7 0 13511/77 – AGB-RegisterNr 84), LG Stuttgart (Az 20 0 342/77 – AGB-RegisterNr 85, 106; 20 0 365/77 – AGB-RegisterNr 97, 145), LG Frankenthal (Az 8 0 374/77 – AGB-Register Nr 207). Für das Neuwagengeschäft hält Hensen (Rz 25) demgegenüber 15% des Kaufpreises als Schadenspauschale für den Fall der Nichtabnahme des Fahrzeuges für angemessen, ebenso aus betriebswirtschaftlicher Sicht Bitz Betrieb 1979, 2409.

20% der Auftragssumme wurden für unwirksam gehalten von LG München I (Az 7 0 18763/77 – AGB-RegisterNr 113). Für den Gebrauchtwagenhandel hat die frühere Rspr eine Pauschale in Höhe von 20% des Kaufpreises für den Fall der Nichtabnahme für wirksam gehalten (BGH NJW 1970, 29; LG Hamburg MDR 1967, 587; aM LG Wuppertal MDR 1965, 657; NJW 1966, 1129; LG Tübingen NJW 1964, 1798; LG Berlin NJW 1966, 1818).

25% des Kaufpreises: Von der früheren Rspr für den Handel mit fabrikneuen Möbeln akzeptiert (BAG NJW 1967, 751; BGH NJW 1970, 2017).

30% der Auftragssumme: Für unangemessen gehalten von OLG Köln (Az 6 W 79/77 – AGB-RegisterNr 175). Als angemessen betrachtet für die Lösung von einem Umzugsvertrag von AG Moers (Az 4 C 637/73 – Rechtsprechung AGBG II 13).

35% des Kaufpreises: Für unwirksam gehalten von LG Berlin (Az 26 0 6/78 – AGB-RegisterNr 175).

36% der Verkaufssumme: Für unangemessen gehalten von LG Stuttgart (Az 24 0 123/77 – AGB-RegisterNr 15).

40% des Auftragswertes: Noch für angemessen gehalten für einen Werkvertrag über die Durchführung von Fassadenverkleidungen von OLG Nürnberg MDR 1972, 418; kritisch dazu Reich NJW 1978, 1570; Hensen Rz 25.

27 **2. Schadenspauschalen für Verzugsschäden, insbesondere Mahnkosten- und Verzugszinsen**

Für den Verwender besteht grundsätzlich ein anerkennenswertes Bedürfnis, die im Verzugsfall anfallenden Kosten zu pauschalieren. Die Pauschalierung von gerichtlichen und außergerichtlichen **Mahnkosten** unabhängig von den in § 91 Abs 2 ZPO enthaltenen Kostenverteilungsgrundsätzen ist unwirksam (BGH WM 1979, 225

– der allerdings das gesamte dort einschlägige Klauselwerk wegen übermäßig belastender und einseitiger Vorschriften zu Lasten des Vertragspartners des Verwenders für nichtig erklärt hat).

Bei **Zinspauschalierungen** ist zunächst zu beachten, daß § 288 BGB bzw § 352 HGB 4 bzw 5% Verzugszinsen als Mindestschaden festlegen. Werden in AGB höhere Zinsen pauschal ausbedungen, so ist dies nicht grundsätzlich unwirksam (aM LÖWE Rz 15). Grundsätzlich unzulässig ist es aber, Verzugszinsen auf der Basis einer ursprünglichen Anspruchshöhe auch für den Fall zu berechnen, daß sich diese durch Zahlungen des Schuldners inzwischen ermäßigt hat (HENSEN § 11 Nr 6 Rz 8; aM EICKMANN Rpfleger 1978, 1). Der Verwender kann grundsätzlich auch die Zinsen, die er an seine Muttergesellschaft für einen Kredit zu bezahlen hat, vom Kunden als Schaden ersetzt verlangen (BGH WM 1978, 1170).

Immer muß die Möglichkeit des Gegenbeweises vorbehalten bleiben, woran es in den Fällen, die nachfolgenden Rechtsprechungsbeispielen zugrunde lagen, meist fehlte:

1% Verzugszinsen pro Monat: zulässig (OLG Düsseldorf MDR 1976, 663).

1,95% Verzugsgebühr pro Monat aus der ursprünglichen Darlehenssumme: schon damals nach § 138 BGB nichtig (OLG Frankfurt WM 1978, 1218).

1% aus dem Kaufpreis abzüglich Anzahlung (nicht aber aus der jeweiligen Restschuld): unwirksam (OLG Stuttgart BB 1979, 908).

5% Unkostenpauschale aus der Restforderung: dann unangemessen, wenn daneben der Darlehensnehmer auch alle Verzugszinsen (OLG München MDR 1978, 407) und Rechtsverfolgungskosten (OLG Hamm NJW 1974, 1951) zu bezahlen hat; angemessen bei Höchstbeträgen OLG Düsseldorf WM 1976, 827.

5% Bearbeitungsgebühr von der geschuldeten Restsumme bei Teilzahlungsbanken: Für sich genommen nicht unangemessen (LÖWE § 9 Rz 67).

18% Verzugszinsen pro Jahr (1,5% pro Monat): für die erste Mahnung aus dem rückständigen Betrag grundsätzlich wirksam, nicht jedoch für weitere Mahnungen (OLG Frankfurt MDR 1978, 139). Wird zusätzlich eine Mahngebühr von DM 5,– in Ansatz gebracht, dann ist für eine zweite und für weitere Mahnungen eine zusätzliche Verzugsgebühr nicht mehr angemessen.

1% über dem Lombardsatz der Deutschen Bundesbank (§ 16 Nr 5 Abs 3 S 2 VOB) bzw 2% über dem Diskontsatz der Deutschen Bundesbank (§ 29 ADSp): nicht zu beanstanden, da nach dem gewöhnlichen Lauf der Dinge der Zinssatz selbst in Zeiten niedriger Verzinsung immer diese Höhe erreicht (HENSEN Rz 25, Anh §§ 9-11 Rz 20, 906; INGENSTAU-KORBION VOB/B § 16 Rz 79; aM LOCHER NJW 1977, 1803).

3. Sonstige Pauschalierungen: 28

Pauschalierter Schadensersatz bei **Ausfall eines Mietwagens** infolge verspäteter Rückgabe: Ein Tagessatz zuzüglich pauschale Kilometervergütung auf der Basis von 100 km Fahrleistung ist angemessen (aM HENSEN Anh §§ 9-11 Rz 513). „Gewöhnlicher Lauf der Dinge" heißt nicht: statistisches Mittel, sondern Schadenshöhe in der Masse der Fälle. Im allgemeinen kann aber ein Mietwagen weiter vermietet werden.

Ein **Nichterfüllungsschaden in Höhe des hypothetischen Entgelts:** Ist in Maklerbedingungen wirksam, wenn er für den Fall der unbefugten Weitergabe von Maklerinformation an Dritte ausbedungen worden ist. In Wirklichkeit liegt eine – wirksame

– Vertragsstrafe vor. Unwirksam ist aber eine Klausel, die einem Ingenieur entgegen § 649 S 2 HS 2 BGB das volle vereinbarte Entgelt garantiert, wenn er aus einem vom Auftraggeber zu vertretenden Grund kündigt (BGHZ 60, 357 = NJW 1973, 1190). Zur Abbedingung von § 628 BGB oder § 649 S 2 HS 2 BGB s § 9 Rz 115, 183.

§ 11 Nr 6
Vertragsstrafe

In Allgemeinen Geschäftsbedingungen ist unwirksam ...

eine Bestimmung, durch die dem Verwender für den Fall der Nichtabnahme oder verspäteten Abnahme der Leistung, des Zahlungsverzugs oder für den Fall, daß der andere Vertragsteil sich vom Vertrag löst, Zahlung einer Vertragsstrafe versprochen wird;

Systematische Übersicht

I. Allgemeines
1. Gesetzgeberisches Grundanliegen 1
2. Verhältnis zu anderen gesetzlichen Vorschriften 2

II. Einzelheiten der gesetzlichen Regelung
1. Begriff der Vertragsstrafe iS von § 11 Nr 6
a) Selbständiges Strafgedinge 7
b) Verfallklauseln 8
c) Reuegelder 9
d) Garantieversprechen 10
e) Abstandssummen 11
2. Die von § 11 Nr 6 erfaßten Anwendungsfälle von Vertragsstrafenregelungen 12
a) Nichtabnahme oder verspätete Abnahme einer Leistung 12
b) Zahlungsverzug 13
c) Lösung vom Vertrag 14

III. Zulässigkeit sonstiger Vertragsstrafenklauseln 15
1. Vertragsstrafen für den Fall, daß der Schuldner seine Sach-, Werk- oder Dienstleistung nicht gehörig oder nicht rechtzeitig erbringt 16
2. Vertragsstrafen für den Fall der Schlechterfüllung, der Verletzung von vertraglichen Nebenpflichten und Obliegenheiten 18

IV. Wirksamkeitsgrenzen für die Einzelausgestaltung von Vertragsstrafen 22
1. Abweichung vom dispositiven Recht der §§ 339 ff BGB 23
2. Höhe der Vertragsstrafe 24
3. Verschuldensunabhängige Vertragsstrafen 25

V. Kaufleute 26

VI. Spiegelbildliche Anwendung der Norm 27

Alphabetische Übersicht

Abnahmepflicht 12
Abstandssummen 11
Adressenüberlassungsvertrag 19, 24
Annahmeverweigerung 12
Annahmeverzug 12
Anrechnung 23
Aufwendungsersatzklauseln 1

Bauvertragsbedingungen 15, 24 f
Beförderungsentgelt, erhöhtes 19, 25
Bierlieferungsverträge 17, 24

Erfüllungsverweigerung 14

Fälligkeit, vorzeitige 8
Fahrschulverträge 20
Fangprämie 21

Garantieversprechen 10
Gaststättenpachtvertrag 26
Getränkebezugsverträge 17, 19, 24
Großhandelsmärkte 19

Höhe der Vertragsstrafe 24. 26

Kaufleute 26
Kreditvermittlungsvertrag 12
Kündigung 8

Leasingvertrag 8
Lösung vom Vertrag 14

Mitwirkungspflicht 12
Nebenpflicht 12, 17
Nichtabnahme eines Darlehens 20

Obliegenheiten 8

Reuegeld 9, 12, 14, 20
Rücknahme eines Kreditvermittlungsvertrags 20
Rücktrittsrecht, gesetzlich vorgesehenes 14
Rücktrittsrecht, vertraglich vorbehaltenes 14

Schadenspauschale 1, 3
Seefrachtverkehr 25
Strafgedinge 7

Unterrichtskurse 9

Verfallklauseln 8
Vergütungsersatzklauseln 1
Verschulden 25
Versicherungsverträge 8
Vertragspartner des Verwenders als Schuldner der Sachleistung 14
Vertragsstrafe, Begriff der 6
Verzug 13, 19
Vorbehalt der Vertragsstrafe bei Abnahme 23

I. Allgemeines

1. Gesetzgeberisches Grundanliegen 1

§ 11 Nr 6 schließt den Kreis der Schutzvorschriften gegen Klauseln, mit denen der Verwender dem Vertragspartner für den Fall, daß die Abwicklung des Vertragsverhältnisses gestört oder abgebrochen wird, finanzielle Sanktionen auferlegt: Während § 10 Nr 7 für den Fall der vorzeitigen Beendigung eines Vertragsverhältnisses die Zulässigkeit von Vergütungs- und Aufwendungsersatzklauseln regelt und § 11 Nr 5 realitätsferne Schadenspauschalen aller Art unterbindet, nimmt § 11 Nr 6 dem Verwender die Möglichkeit, sich durch unnötige Vertragsstrafen zu bereichern, was er deshalb leicht versuchen könnte, weil deren Geltendmachung den Eintritt wirtschaftlicher Nachteile beim Gläubiger nicht voraussetzt (BGH NJW 1966, 2008). Besonders kraß wirken sich Vertragsstrafen zu Gunsten des Verwenders aus, wenn dieser von vornherein damit rechnet, sein Vertragspartner werde den geschlossenen Vertrag nicht erfüllen und deshalb – darauf spekulierend – seine Kalkulation nicht auf die Erbringung von Leistung, sondern auf deren Unterlassung aufbaut. Die Gesetz gewordene Fassung der Vorschrift ist im Vergleich zur Fassung im Entwurf der Arbeitsgruppe (§ 8 Nr 6) und im Referentenentwurf (§ 8 Nr 6), wonach vorformulierte Vertragsstrafenklauseln überhaupt unterbunden werden sollten (1. Teilber 173 – RefE 15), erheblich enger ausgefallen. Da, wo die Folgen einer Vertragsverletzung nicht oder schwierig in Geldeswert ausgedrückt werden können, sind Vertragsstrafen allerdings ein unerläßliches Sanktionsmittel. Soweit dies nicht der Fall und geldeswerte Schadensberechnungen möglich sind, bedarf es aber keiner „Vertragsstrafen". Insoweit geht § 11 Nr 6 über die vordem durch die Rspr entwickelten Grundsätze hinaus, wonach formularmäßige Vertragsstrafenvereinbarungen auch gegenüber Nichtkaufleuten wirksam sein sollten (BGHZ 49, 84 = NJW 1968, 149 – Maklervertrag; MDR 1963, 296; WM 1976, 638 – Bauvertrag; MDR 1977, 134 – Anzeigenvertrag; Larenz AT 307; Lindacher, Phänomenologie der Vertragsstrafe 203; aM OLG Nürnberg NJW 1973, 1974 – Miete eines Getränkeautomaten; Schmidt-Salzer [1. Aufl] 194; Kleine-Möller BB 1976, 442). Eine sorgfältige Abgrenzung gegenüber dem Rechtsinstitut Schadenspauschale ist allerdings meist unterblieben. Durch § 11 Nr 6 ist diese Rspr weitgehend überholt. Soweit die Höhe einer Vertragsstrafe in Frage steht (BGHZ 60, 384 = NJW 1973, 1195), oder es sich um andere als die vier in Nr 6 genannten Fälle handelt, hat aber auch die frühere Rspr weiterhin Bedeutung bei Anwendung von § 9. Zur Bedeutung von § 9 für Fragen, die im Zusammenhang mit Vertragsstrafen stehen s § 9 Rz 23, 147 sowie unten Rz 22 ff.

2 **2. Verhältnis zu anderen gesetzlichen Vorschriften**

a) Zum Verhältnis zu § 11 Nr 5 siehe dort Rz 3.

3 **b)** Bei Bestimmung der jeweiligen Anwendungsbereiche von § 11 Nr 6 und § 10 Nr 7 treten Abgrenzungsschwierigkeiten nicht auf, soweit die Einordnung einer Klausel als Vertragsstrafenregelung – im Unterschied zur Schadenspauschale – feststeht. § 11 Nr 6 bezieht sich nur auf Sanktionen für vertragswidriges Verhalten. § 10 Nr 7 beschränkt sich auf Rückabwicklungsregelungen, die gerade nicht im Hinblick auf ein (eventuelles) vertragswidriges Verhalten bestehen, siehe § 11 Nr 5 Rz 5.

4 **c)** § 2 Abs 5 S 1 FernUSG verbietet Vertragsstrafenversprechen generell, gleich ob diese individuell vereinbart oder in AGB enthalten sind.

5 **d)** § 4 Abs 2 AbzG betrifft die Herabsetzungsmöglichkeit einer Vertragsstrafe für den Fall der Nichterfüllung und ist nicht abdingbar. Er setzt aber eine wirksame Vertragsstrafenvereinbarung gerade voraus und ist deshalb gegenstandslos, falls § 11 Nr 6 eingreift, s § 8 Rz 8 (Graba § 8 Rz 3).

II. Einzelheiten der gesetzlichen Regelung

6 **1. Begriff der Vertragsstrafe iSv § 11 Nr 6**

Die Festlegung des Begriffs der Vertragsstrafe iSv § 339 ff BGB ist kein AGB-spezifisches Problem, siehe § 11 Nr 5 Rz 3 und Erl zu § 339 BGB. Wie dem § 339 BGB unterfallen auch dem § 11 Nr 6 nicht nur alle Sanktionen, die auf Zahlung eines Geldbetrages gerichtet sind, sondern auch solche, die die Erbringung einer sonstigen Leistung oder die Verwirkung von Rechten (s näher unten Rz 8) vorsehen. Neben den in §§ 339 ff BGB behandelten sog unselbständigen Vertragsstrafeversprechen gibt es weitere, verwandte, aber nicht im Gesetz geregelte Rechtsinstitute, deren Einordnung unter dem Gesichtspunkt von § 11 Nr 6 nicht unproblematisch ist.

7 **a)** Ein **selbständiges Strafgedinge** ist nach hM keine Vertragsstrafe, siehe Erl zu § 339 BGB. Gleichwohl will man zT auch die selbständigen Strafgedinge grundsätzlich in den Anwendungsbereich von § 11 Nr 6 einbezogen wissen, weil nicht verständlich erscheint, daß in Fällen, in denen der Kunde überhaupt nicht zur Abnahme verpflichtet ist, zulässig sein soll, was unwirksam ist, wenn es eine immerhin durchsetzbare Abnahmeverpflichtung sichern soll (Coester-Waltjen Rz 10; aM Löwe Rz 8 f). Jedoch ist das unselbständige Strafgedinge häufig die einzige Möglichkeit, wie sich der eine Vertragsteil Ersatz derjenigen Aufwendungen sichern kann, die er machen muß, bevor sich der andere Teil entscheidet, ob er das gewünschte Verhalten an den Tag legen will oder nicht. Daher behandelt man das selbständige Strafgedinge besser in Analogie zu § 10 Nr 7, siehe dort Rz 17.

8 **b) Verfallklauseln** sind Vereinbarungen, die im Falle von Vertragsverletzungen eine Verwirkung von Rechtspositionen des Vertragspartners vorsehen. Sollen dessen sämtliche Rechte aus einem Vertrag erlöschen, liegt ein Rücktrittsvorbehalt iSv § 360 BGB vor. Sie stellen nach hM ebenfalls keine Vertragsstrafen dar. Jedoch werden die §§ 339 ff BGB entsprechend auch auf sie angewandt (BGH NJW 1960, 1568; NJW 1968, 1625; s Erl zu § 339 BGB). Vorformulierte Verfallklauseln sind dementsprechend – sofern sie nicht als Rücktrittsvorbehalte gemäß § 360 BGB und somit nach § 10 Nr 3 zu behandeln sind – nach § 11 Nr 6 zu beurteilen (allgM). Schon die frühere Rspr hat deshalb Verfallklauseln im Falle einer formularmäßigen Vereinbarung die Wirksamkeit versagt, wenn sie an eine unberechtigte Aufkündigung des Vertrags geknüpft waren (BGH NJW 1968, 1625 – Verlust von Verwen-

dungsansprüchen des Mieters; BAG NJW 1961, 698 – Verlust des Anspruchs auf rückständige Vergütung).

Häufig knüpfen Verfallklauseln, vor allem in Versicherungsverträgen, auch an die Verletzung von Obliegenheiten an. Wie auch immer man sie sonst im Vergleich mit den in § 339 BGB definierten Vertragsstrafen einordnet, dem § 11 Nr 6 unterfallen sie jedenfalls deshalb nicht, weil sie die Sanktion nicht an einen der vier in dieser Norm mißbilligten Gründe knüpfen.

Die vorzeitige Fälligkeit von Forderungen im Verzugsfall, vor allen Dingen bei Ratenabzahlungsverträgen, begreift der übliche Sprachgebrauch aber nicht als „Vertragsstrafe". Da Klauseln, die solches vorsehen, einem dringenden und berechtigten wirtschaftlichen Anliegen des Verwenders entsprechen, besteht auch kein Grund, § 11 Nr 6 auf sie anzuwenden. Klauseln in AGB einer **Teilzahlungsbank,** wonach im Verzugs- oder Kündigungsfall das Darlehen sofort fällig werden soll, sind dementsprechend gar nicht als „Vertragsstrafen" zu werten und wirksam (Löwe § 9 Rz 67; aM Coester-Waltjen Rz 13; Koch-Stübing Rz 6). Die Rspr hat solche Klauseln meist akzepiert, ohne überhaupt die Frage aufzuwerfen, ob ein unwirksames „Vertragsstrafe"-Versprechen vorliegen könnte (OLG Frankfurt NJW 1977, 200; OLG Celle NJW 1979, 1487). Solche Klauseln sind aber nach § 9 unwirksam, wenn sie auf eine auch als Pauschalregelung unrealistische Zinsberechnung hinauslaufen (Brandner Anh §§ 9-11 Rz 751), wie etwa dann, wenn das „Gesamtdarlehen" vorzeitig fällig werden soll und mit diesem Begriff gemeint ist: der tatsächlich als Darlehen zur Verfügung gestellte Betrag zuzüglich der Auslagen und der Zinsen für seine vorgesehene Gesamtlaufzeit (LG Karlsruhe BB 1979, 188). Auch eine in einem als Mietvertrag zu wertenden Leasing-Formularvertrag enthaltene Bestimmung, daß der Leasinggeber bei vorzeitiger, vom Leasingnehmer wegen Zahlungsverzugs zu vertretender „Kündigung" eines Vertrages gleichzeitig alle Leasingraten sofort verlangen und die Mietsache endgültig zurücknehmen kann, stellt keine Vereinbarung einer Vertragsstrafe für den Fall des Zahlungsverzugs dar (OLG Stuttgart BB 1978, 123; Ebenroth Betrieb 1978, 2109), ist aber meist nach § 3 oder § 9 unwirksam (BGH BB 1978, 729 m Anm Dorner WM 1978, 961; Brandner Anh §§ 9-11 Rz 466, der auch § 10 Nr 7 für anwendbar hält, wenn der Fälligstellung eine Kündigung des Verwenders vorausgeht). Ist in der Klausel allerdings bestimmt, daß der Leasingnehmer nach Bezahlung der fälligen Leasingraten das Gerät auf Wunsch zurückerhält, so dient die Rücknahme ausschließlich der Sicherung des Eigentums des Leasinggebers und ist nicht zu beanstanden (BGH BB 1978, 1339).

c) **Reuegelder** (§ 359 BGB) sind den Vertragsstrafen nicht gleichzusetzen. Sie sollen 9
nicht die Erfüllung einer Verbindlichkeit sichern, sondern gestatten umgekehrt dem Schuldner, sich von der Erfüllung durch Zahlung eines bestimmten Betrages zulässigerweise zu befreien, Erl § 339 BGB.

Allerdings kann die Vereinbarung eines so bezeichneten Reuegeldes (oder auch einer Reueprovision) – häufig bei Maklerverträgen für den Fall der Kündigung des Vertrages oder den des Verkaufs ohne Hinzuziehung des Maklers – sachlich als Vertragsstrafenabrede zu werten sein. Liegt tatsächlich aber ein Reuegeld vor, fällt die Regelung nicht unter § 11 Nr 6 (Coester-Waltjen Rz 5; Löwe Rz 6; Koch-Stübing Rz 5; aM Stein Rz 41). Die Höhe eines Reuegelds ist nicht nach § 11 Nr 5 oder § 10 Nr 7 (so Löwe Rz 6), sondern ausschließlich nach § 9 zu kontrollieren. Die Vereinbarung einer Abstandssumme von 20% für den Fall der Ausübung eines vertraglich zugestandenen Rücktrittsrechts im Zusammenhang mit Verträgen über die Teilnahme an (Schreibmaschinen-)Unterrichtskursen ist daher als solche noch nicht unwirksam (aM AG Göppingen NJW 1979, 273; LG Detmold MDR 1978,

756). Sie wird es aber, sollte die Abstandssumme auch dann geschuldet sein, wenn der Kursteilnehmer ein nach § 11 Nr 12 oder § 9 garantiertes Lösungsrecht ausübt zu § 627 BGB s § 9 Rz 117.

10 **d) Garantieversprechen,** die nicht auf eine Zuwiderhandlung gegen eine übernommene Vertragsverpflichtung abstellen, sondern auf die Haftung für einen bestimmten Erfolg, sind vom Anwendungsbereich des § 11 Nr 6 ebenfalls ausgenommen (COESTER-WALTJEN Rz 12; LÖWE Rz 8). Solche Klauseln können entweder gemäß § 3, § 4 oder § 9 Abs 2 Nr 1 unwirksam sein. Überschneidungen ergeben sich freilich da, wo der Vertragspartner des Verwenders Garant sein und die Erbringung oder die Dauerhaftigkeit eines vertraglich geschuldeten Erfolgs „garantieren" muß. Denn auch eine Vertragsstrafe kann verschuldensunabhängig vorgesehen werden (siehe unten Rz 25). Ist die Sanktion primär als Erfolgsherbeiführungsverpflichtung ausgestaltet, so handelt es sich um eine Garantie.

11 **e) Abstandssummen** betreffen – anders als Reuegelder – den Fall, daß von einem gesetzlichen Rücktrittsrecht Gebrauch gemacht wird. Sie sind keine Vertragsstrafen für den Fall der – erlaubten – Lösung vom Vertrag (aM KOCH-STÜBING Rz 5), sondern Regelungen, die nach § 11 Nr 8 zu beurteilen sind, siehe dort Rz 13.

12 **2. Die von § 11 Nr 6 erfaßten Anwendungsfälle von Vertragsstrafenregelungen**

a) Die erste Alternative des § 11 Nr 6 – **Nichtabnahme oder verspätete Abnahme einer Leistung** – bezieht sich auf den Fall, daß der Verwender eine andere als eine Geldleistung zu erbringen hat. Sie erfaßt nicht nur die im BGB ausdrücklich geregelten Abnahmepflichten (§§ 433 Abs 2, 640 Abs 1), sondern auch alle anderen Abnahme- oder Mitwirkungspflichten wie die Abnahme einer Dienstleistung oder einer Mietsache. Auch die Fälle des Annahmeverzugs und der Annahmeverweigerung fallen in den Anwendungsbereich von § 11 Nr 6 (COESTER-WALTJEN Rz 14; KOCH-STÜBING Rz 11; aM für Mitwirkungsobliegenheiten gemäß § 642 BGB KÖTZ Rz 48). Ob die Abnahmepflicht Haupt- oder Nebenpflicht ist, spielt keine Rolle (STEIN Rz 43; KOCH-STÜBING Rz 11). Unwirksam ist beispielsweise eine als „Reuegeld" bezeichnete, vorformuliert ausbedungene Vertragsstrafe (siehe oben Rz 9) in einem Kreditvermittlungsvertrag in Höhe von 50% der vereinbarten Provision für den Fall der Nichtaufnahme des Kredits (BGH NJW 1979, 367; OLG Celle WM 1977, 1389).

13 **b)** § 11 Nr 6 erfaßt nicht jeden **Verzug** des Vertragspartners des Verwenders mit der ihm obliegenden Leistung, sondern nur den Verzug mit einer Geldleistung (KÖTZ Rz 49; KOCH-STÜBING Rz 13; aM COESTER-WALTJEN Rz 15; PALANDT-HEINRICHS Anm 6 a aa). Der Grund hierfür liegt darin, daß es im übrigen keine allgemein griffigen Abgrenzungskriterien zwischen solchen Leistungspflichten gibt, deren Verzögerung einen pauschalierbaren geldwerten Schaden auslöst, und solchen, bei denen dies nicht der Fall ist. Zu eng ist der Wortlaut von § 11 Nr 6 insofern, als er in jedem Fall einer an die Zahlungsverzögerung sich knüpfenden Vertragsstrafe gelten muß. Selbst im Prinzip zulässige Vertragsstrafen können formularmäßig häufig nicht in verschuldensunabhängiger Weise begründet werden, s unten Rz 25. Daher muß das Verdikt der Nr 6 auch Vertragsstrafen treffen, die die bloße Zahlungsverzögerung sanktionieren wollen.

14 **c)** Nur die Fälle der ungerechtfertigten Erfüllungsverweigerung durch den Kunden oder der die Unmöglichkeit der Vertragserfüllung verursachenden Vertragsverletzung des Kunden sind als **„Lösung vom Vertrag"** iS der Nr 6 anzusehen (KÖTZ Rz 48; aM KOCH-STÜBING Rz 14 – nur „Vertragsstrafen" für den Fall des berechtigten Rücktritts gemeint!). Soweit der Verwender bei Erfüllungsverweigerung durch den

Kunden von einer unmittelbaren gerichtlichen Durchsetzung seines Anspruchs absehen will, kann er sich fast immer durch eine entsprechende Schadenspauschale oder eine Vergütungsregelung iSv § 11 Nr 5 oder § 10 Nr 7 sichern, so daß die Vereinbarung einer Vertragsstrafe kaum je nötig ist. Dies gilt auch in Anbetracht der Tatsache, daß in Bezug auf eine ungerechtfertigte „Lösung vom Vertrag" selbst jene Vertragspartner des Verwenders geschützt werden, welche die Sachleistung zu erbringen haben, während die Nr 6 im übrigen nur den Verwender als Schuldner der Geldleistung im Auge hat (Kötz Rz 49). Denn daß in solchen Situationen dem Vertragspartner des Verwenders als Schuldner der Sachleistung formularmäßig Vertragsstrafen abverlangt werden, in welchen jene keinen pauschalierungsfähigen Geldwert repräsentiert, kommt ohnehin praktisch nicht vor. Auch gegenüber Schuldnern der Sachleistung reicht daher für den Fall von deren „Lösung" vom Vertrag eine Schadenspauschalierung aus. Eine der „Lösung" vom Vertrag gleichstehende Erfüllungsverweigerung ist im übrigen jede Handlung, die erkennen läßt, daß sich der Vertragspartner des Verwenders an den Vertrag nicht mehr für gebunden erachtet (Kötz Rz 48). Wird die Ausübung eines gesetzlich vorgesehenen Rücktrittsrechtes mit einer „Sanktion" belegt, so ist § 11 Nr 8 einschlägig (s dort Rz 13). Kann ein vertraglich eingeräumtes Rücktrittsrecht nur um eines solchen Preises willen ausgeübt werden, so handelt es sich um ein Reuegeld, s oben Rz 9.

III. Zulässigkeit sonstiger Vertragsstrafenklauseln 15

Soweit eine Vertragsstrafenklausel nicht unter eine der vier Alternativen des § 11 Nr 6 fällt, kann auch nicht davon ausgegangen werden, sie sei grundsätzlich nach § 9 zu beanstanden (BGH NJW 1979, 105; MDR 1979, 220; Coester-Waltjen Rz 19; Koch-Stübing Rz 17). In weiten Bereichen des Geschäftslebens sind Vertragsstrafenklauseln – auch gegenüber Nichtkaufleuten – sinnvoll. Es lassen sich im wesentlichen zwei Gruppen zulässiger formularmäßiger Vertragsstrafenregelungen unterscheiden.

1. Vertragsstrafen für den Fall, daß der Schuldner seine Sach-, Werk- oder Dienstleistung nicht, nicht gehörig oder nicht rechtzeitig erbringt 16

Der wohl häufigste Anwendungsfall einer formularmäßig vereinbarten Vertragsstrafe ist derjenige, der sich wie in § 11 VOB/B eigens vorgesehen, in sonstigen („zusätzlichen") Bauvertragsbedingungen findet. Gegen die Zulässigkeit derartiger Klauseln ist nichts einzuwenden (BGH WM 1976, 638; OLG Köln BauR 1977, 425; OLG Düsseldorf BauR 1979, 15; Kötz Rz 49; Ingenstau-Korbion, Kommentar zur VOB Teil B § 11 Rz 2; Heiermann-Riedl-Schwaab, Kommentar zur VOB Teil B § 11 Rz 1 b). Die einzige zuverlässige Möglichkeit für den Bauherrn, finanzielle Folgen aus der verspäteten Fertigstellung eines Baues abzuwenden, ist in der Tat die Vereinbarung einer Vertragsstrafe. Denn irgendwelche, dem „gewöhnlichen Lauf" der Dinge entsprechende, im voraus pauschalierbare Schäden gibt es in diesem Bereich nicht; jeder Fall ist durch seine individuelle Besonderheit geprägt.

Ein weiteres Anwendungsgebiet für formularmäßige Vertragsstrafenregelungen sind 17 **Bierlieferungs-** und sonstige **Getränkebezugsverträge** mit Ausschließlichkeitsbindung: Der Fremdbezug wird durch Vertragsstrafe sanktioniert. § 11 Nr 6 ist deshalb nicht anwendbar, weil der auslösende Grund allein in der Tatsache des vertragswidrigen Bezugs fremder Getränke, nicht aber in der Nichtabnahme der vertraglichen Menge liegt (Koch-Stübing Rz 16; aM Dietlein Rz 3). Eine Vertragsstrafe, wonach 20% des vereinbarten Bierbezugspreises pro Hektoliter Fremdbezug zu bezahlen sind, ist daher zulässig (Koch-Stübing Rz 16).

18 **2. Vertragsstrafen für den Fall der Schlechterfüllung, sowie der Verletzung von vertraglichen Nebenpflichten und Obliegenheiten**

Die Nichtabnahme einer Leistung kann Verletzung einer Nebenpflicht sein, die „Lösung“ vom Vertrag iSv § 11 Nr 6 ist wohl immer eine positive Verletzung der vertraglichen Hauptleistungspflicht. Von diesen beiden Fällen abgesehen, können aber die Fälle von Schlechterfüllung und der Verletzung vertraglicher Nebenpflichten und vertraglicher Obliegenheiten formularmäßig mit Vertragsstrafen bewehrt werden:

19 In einem Vertrag, der die **Überlassung von Adressenmaterialien** zum Inhalt hat, kann formularmäßig wirksam vereinbart werden, daß für den Fall der vertragswidrigen Mehrfachverwendung der Adressen das Zehnfache der vereinbarten Vergütung als Vertragsstrafe zu bezahlen ist (BGH NJW 1976, 1886 unter Hinweis auf das AGBG; Koch-Stübing Rz 3, 17). Eine Klausel wonach ein **Getränkehändler** für den Fall, daß er Leergut nicht vollständig zurückgibt, nicht mehr die Stornierung einer bestimmten Belastung seiner Kunden verlangen kann, ist nach § 11 Nr 6 nicht zu beanstanden (Kötz Rz 49; nach früherem Recht ebenso BGH MDR 1964, 45). Klauseln in AGB von **Großhandelsmärkten** für Wiederverkäufer, die die Weitergabe des Einkaufsausweises an Nichtberechtigte mit einer Vertragsstrafe sanktionieren, sind grundsätzlich wirksam (LG Hamburg WRP 1975, 198; LG Dortmund WRP 1975, 536). Wird allerdings die Benutzung des Einkaufsausweises für „Testkäufe“ mit einer Vertragsstrafe bedroht, ist dies gemäß § 1 UWG, § 138 BGB unwirksam (LG Berlin WRP 1976, 195). Diese Klauseln fallen jedoch alle nicht unter § 11 Nr 6 (Löwe Rz 2). Auch ein **„erhöhtes Beförderungsentgelt“**, das im Falle des Fahrens ohne Lösung oder Entwertung einer Fahrkarte erhoben werden soll, ist Vertragsstrafe. Ist eine derartige Klausel wirksam vereinbart (siehe § 2 Rz 19), ist sie nicht etwa als Sanktion für einen Verzug des Fahrgastes mit der Bezahlung seines Fahrgelds anzusehen (Koch-Stübing Rz 7; Dietlein Rz 4; Palandt-Heinrichs Anm 6 a aa; aM Bartl BB 1978, 1446; Stein Rz 45). Zu den vertraglichen Nebenpflichten des Befrachters/Abladers eines Seeschiffes gehört es, richtige **Angaben über Wert, Inhalt, Abmessungen und Gewicht der zu verladenden Güter** zu machen. Eine Verletzung dieser Verpflichtung kann mit einer Vertragsstrafe in Höhe der doppelten, bei richtiger Angabe zu bezahlenden Fracht geahndet werden (BGH NJW 1979, 105; WM 1978, 1236; OLG Hamburg VersR 1976, 1033). Zur zusätzlichen Schadenshaftung des Befrachters siehe § 11 Nr 7 Rz 50.

20 Ist in **Fahrschulausbildungsverträgen** bestimmt, daß der Fahrlehrer nur 15 Minuten auf den Fahrschüler warten muß, andernfalls er die Fahrstunde ausfallen lassen kann, der Schüler aber gleichwohl zur Bezahlung des gesamten Stundenhonorars verpflichtet bleibt, so liegt darin zwar möglicherweise auch eine Sanktion für die bloße Verspätung des Schülers; jedoch ist sie auch an die Nichtabnahme der angebotenen Leistung geknüpft, (s dazu oben Rz 14) und daher nach § 11 Nr 6 unwirksam. Mit einer den Erfordernissen des § 11 Nr 5 entsprechenden Schadenspauschale wäre auch allen legitimen Interessen des Fahrlehrers Rechnung getragen.

Eine Klausel, daß im Falle der **Nichtabnahme eines vermittelten Darlehens oder der Rücknahme eines Kreditvermittlungsauftrages** ein „Reuegeld“ bis zu 50% der Vermittlungsprovision zu bezahlen ist, ist zwar unwirksam (BGH NJW 1979, 367). Der Sache nach liegt aber kein „Reuegeld“ vor, wenn ein Makler-Dienstvertrag nicht zustande gekommen ist, was formularmäßig auch nicht geschehen kann, s § 9 Rz 142.

21 **Werden in Kaufhäusern Fangprämien für die Ergreifung von Ladendieben** ausgelobt, und die ertappten Diebe damit belastet, so handelt es sich grundsätzlich um Vertragsstrafen (Stein Rz 45; Koch-Stübing Rz 9), da die von dem Kaufhaus zur

Bekämpfung von Diebstählen aufgewandten Kosten nicht der Wiederbeschaffung der gestohlenen Sache, sondern der Verhinderung und Entdeckung von Warendiebstählen dienen (PALANDT-THOMAS § 223 Anm 12 a). Meist fehlt es aber ohnehin an einer wirksamen Einbeziehungsvereinbarung (LÖWE Rz 17 mWN zur Problematik). In einer neueren Grundsatzentscheidung (v 6. 11. 1979 – VI ZR 254/77) hat der BGH die Frage entsprechender vertraglich eingebezogener Regelungen für unerheblich erklärt, die Höchstgrenze auf DM 50 festgelegt und unweit den Anspruch auch deliktsrechtlich für begründet erachtet.

IV. Wirksamkeitsgrenzen für die Einzelausgestaltung von Vertragsstrafen 22

Auch soweit Vertragsstrafen nach § 11 Nr 6 vereinbart werden können, kann deren Einzelausgestaltung nach § 9 zu ihrer Unwirksamkeit führen.

1. Abweichung von dispositivem Recht der §§ 339 ff BGB 23

§§ 340 ff, 341 Abs 1 BGB, wonach eine verwirkte Vertragsstrafe auf einen eventuellen **Schadensersatzanspruch anzurechnen** ist, sind bereits von der früheren Rspr als AGB-fest angesehen worden (BGH NJW 1975, 163; näher LINDACHER, Phänomenologie der Vertragsstrafe 188) und bleiben es auch heute (COESTER-WALTJEN Rz 19; KOCH-STÜBING Rz 19; LÖWE Rz 6; STEIN Rz 48; SCHMIDT-SALZER F 218; aM, aber widersprüchlich HENSEN § 11 Nr 5 Rz 9 – Abdingbarkeit, § 11 Nr 6 Rz 12 – Unabdingbarkeit).

Nach § 341 Abs 3 BGB ist eine für den Fall nichtgehöriger Vertragserfüllung versprochene Vertragsstrafe bei der **Abnahme** der Leistung **vorzubehalten**. Besondere Bedeutung hat diese Vorschrift bei Werkverträgen, insbesondere Bauverträgen, deren Abwicklung in der Regel eine mehr oder weniger förmlich ausgestaltete Abnahme der Leistung erfordert. Die Vorschrift ist im Prinzip AGB-fest (OLG Hamm Betrieb 1975, 1601; OLG Köln BauR 1977, 425; COESTER-WALTJEN Rz 19; KOCH-STÜBING Rz 20; LÖWE Rz 7; KÖTZ Rz 50; SCHMIDT-SALZER F 218; PALANDT-HEINRICHS Anm 6 b; RECKEN BauR 1978, 424; HENSEN Rz 12 – unter mißverständlicher Berufung auf BGH NJW 1977, 897). Jedoch kann der Zeitpunkt, bis zu dem der Vorbehalt erklärt werden muß, hinausgeschoben werden, s § 9 Rz 23.

2. Höhe der Vertragsstrafe 24

Die Höhe der Vertragsstrafe fällt ebenfalls nicht unter den Prüfungsbereich des § 11 Nr 6. Sie ist auch bei einer Inhaltskontrolle nach § 9 nicht zu berücksichtigen, da insoweit § 343 BGB mit der Möglichkeit richterlicher Herabsetzung eine Spezialregelung ist, die auch für formularmäßig vereinbarte Vertragsstrafen gilt (aM STEIN Rz 47; die Höhe einer Vertragsstrafe einer Inhaltskontrolle unterziehend auch BGHZ 60, 384 = NJW 1973, 1195 aE). Ein Bedürfnis, das Druckmittel einer überhöhten Vertragsstrafe bereits vorweg entfallen zu lassen, besteht nicht (KOCH-STÜBING Rz 10;). Auf die angegebene Höhe der Vertragsstrafe kann jedoch die Unwirksamkeit einer Klausel ausnahmsweise dann gestützt werden, wenn kein Verhältnis mehr zu dem die Sanktion auslösenden Anlaß bleibt (KÖTZ Rz 50; SCHMIDT-SALZER F 219). Der BGH (NJW 1976, 1806) hat im übrigen ausgesprochen, daß eine Vertragsstrafe „fühlbar“ sein darf, weil anders sie ihre Funktion nicht erfüllen kann. Die Höhe der im Einzelfall verwirkten Vertragsstrafe kann auch einer Festsetzungsentscheidung des Verwenders anheimgegeben werden.

Für wirksam gehalten wurden folgende Regelungen:

Bei **Adressenüberlassungsverträgen:** Das Zehnfache des Überlassungspreises im Falle vertragswidriger Mehrfachverwendung (BGH NJW 1976, 1886);

Bei **Bauverträgen:** 0,3% der Auftragssumme pro Tag der Fristüberschreitung (BGH WM 1976, 638);

Bei **Bierlieferungsverträgen** (BGH WM 1977, 641) und **Getränkeautomatenaufstellungsverträgen** (OLG Nürnberg NJW 1973, 1974): 25% des für den Bierbezug vereinbarten Tagespreis im Falle vertragswidrigen Fremdbezugs.

Bei **Mißbrauch von Einkaufsausweisen:** DM 3 000 für die Weitergabe an einen Nichtberechtigten (LG Hamburg WRP 1975, 198 – allerdings eine vorherige Abmahnung für erforderlich haltend; aM LG Dortmund WRP 1975, 536).

25 **3. Verschuldensunabhängige Vertragsstrafen?**

Eine verschuldensunabhängige Vertragsstrafe ist für den Schuldner eine erhebliche Belastung und kommt teilweise einem Garantieversprechen gleich. Gleichwohl ist auch die formularmäßige Abdingung des allgemein anerkannten (siehe Erl zu § 339 BGB) Verschuldenserfordernisses nicht grundsätzlich unwirksam (aM SCHMIDT-SALZER F 220; noch weitergehend, nämlich die Zulässigkeit bereits für Fälle nur leichter Fahrlässigkeit leugnend HENSEN Rz 11; STEIN Rz 47 – beide jeweils für das „erhöhte Beförderungsentgelt", das von den Trägern öffentlicher Verkehrsmittel für den Fall des Fahrens ohne Fahrkarte verlangt wird, s Rz 19). Die Rspr hat etwa für den internationalen Seefrachtverkehr verschuldensunabhängige Straffrachtklauseln zugelassen (BGH NJW 1979, 105; OLG Hamburg VersR 1976, 1033), weil dort eine an Verschulden geknüpfte Vertragsstrafe wenig bewirken würde. Befrachter könnten sich sonst fast immer damit entlasten, sie hätten die von ihren Auftraggebern erhaltenen Informationen nur weitergeleitet. Außerdem hat der Befrachter seinerseits die Möglichkeit, die Vertragsstrafe seinem Auftraggeber weiterzubelasten. Diese Rspr kann freilich auch nicht verallgemeinert werden. Die Verschuldensunabhängigkeit einer formularmäßig vorgesehenen Vertragsstrafe bedarf immer einer besonderen Rechtfertigung. Für einen Bauvertrag hat der BGH (WM 1976, 638) etwa mit Recht ausgesprochen, daß die Anerkennung der das Verschulden ausschließenden Umstände nicht in das Belieben des Verwenders (Auftraggebers) gestellt werden darf. Zu beachten ist immer, daß die Beweislastregeln von §§ 282, 285 BGB auch gelten, wenn Sanktion der Vertragsverletzung eine Vertragsstrafe ist und daß aus diesem Grunde auch in AGB auf die den Schuldner der Vertragsstrafe treffende Beweislast hingewiesen werden darf.

26 **V. Kaufleute**

Vertragsstrafenklauseln sind unter Kaufleuten grundsätzlich wirksam. Die Einschränkungen des § 11 Nr 6 gelten auch vermittelt über § 9 nicht für den Verkehr unter Kaufleuten (allgM). So hat der BGH eine für vorzeitige Vertragsaufkündigung vorgesehene Vertragsstrafenklausel in einem Gaststättenpachtvertrag akzeptiert (BGH WM 1977, 641). Der Ausschluß der Herabsetzungsmöglichkeit durch § 348 HGB rechtfertigt es aber (aM KOCH-STÜBING Rz 22), die Höhe der vorgesehenen Vertragsstrafe der Inhaltskontrolle nach § 9 zu unterziehen, sofern man sich nicht entschließt, über die von der Rspr bisher zu § 348 HGB zugelassenen Ausnahmen (BGH LM Nr 3 zu § 348 HGB; OLG Karlsruhe BB 1977, 1181) hinausgehend, § 343 BGB auch im kaufmännischen Verkehr anzuwenden, wenn ein Vertragsstrafenversprechen formularmäßig gehalten ist. Auch unter Kaufleuten kann nicht wirksam vereinbart werden, im Falle des Verzugs des Leasingnehmers habe der

Leasinggeber das Recht, den Vertragsgegenstand zurückzunehmen und gleichzeitig die Leasingraten für die Restlaufzeit zu verlangen (siehe oben Rz 8; aM Ebenroth Betrieb 1978, 2109).

VI. Spiegelbildliche Anwendung der Norm 27

s § 9 Rz 17.

§ 11 Nr 7
Haftung bei grobem Verschulden

**In allgemeinen Geschäftsbedingungen ist unwirksam . . .
ein Ausschluß oder eine Begrenzung der Haftung für einen Schaden, der auf einer grob fahrlässigen Vertragsverletzung des Verwenders oder auf einer vorsätzlichen oder grob fahrlässigen Vertragsverletzung eines gesetzlichen Vertreters oder Erfüllungsgehilfen des Verwenders beruht; dies gilt auch für Schäden aus der Verletzung von Pflichten bei den Vertragsverhandlungen.**

1. Teilber 80; RefE 18; RegE 30 – s Einl 6 ff.

Schrifttum

Helm AGB und ADSp, VersR 1977, 585 ff; Schlosser, Haftungsgrund, Haftungsmaßstab und Allgemeine Geschäftsbedingungen, WM 1978, 562 ff; Graf von Westphalen, Eigenschaftszusicherungen, Haftungsbegrenzungen und Haftungsfreizeichnungen in kaufmännischen AGB-Klauseln, Betrieb 1978, 2061; ders Produkthaftung, Haftungsfreizeichnung und Haftungsfreistellung nach dem AGB-Gesetz, NJW 1979, 838.

Systematische Übersicht

I. Allgemeines 1
1. Regelungsanliegen 2
2. Anwendungsbereich 3

II. Haftung für Vertragsverletzung als Gegenstand einer Ausschluß- oder Begrenzungsklausel
1. Die Verletzung von Hauptleistungspflichten 9
2. Die Verletzung unselbständiger Nebenpflichten 12
3. Konkurrierende und sonstige außervertragliche Ansprüche 16

III. Ausschluß und Begrenzung der Haftung für grobes Verschulden
1. Inhaltliche Haftungsbegrenzung im Gegensatz zu Rechtsausübungsregelungen 19
2. Arten von Haftungsbegrenzungen 27
3. Folgen einer wirksamen Haftungsbegrenzung 30
4. Hinweise für die Klauselgestaltungen 32

IV. Von § 11 Nr 7 nicht erfaßte Haftungsfragen
1. Mitverschulden 33
2. Ausschluß der Haftung für leichtes Verschulden („Kardinalpflichten") 35
3. Ausschluß gesetzlich begründeter verschuldensunabhängiger Haftung des Verwenders 46
4. Überbürdung verschuldensunabhängiger Haftung auf den Vertragspartner des Verwenders 47

V. Kaufleute
1. Allgemeines 51
2. Sonderformen kaufmännischen Geschäftsverkehrs 54
3. In der Praxis häufig vorkommende Klauseln 56

Alphabetische Übersicht

ADSp 55
Angestellter, leitender 1, 51, 55
Anspruch
– Abtretung 23
– deliktischer 16, 36
Architekt 21, 27, 40
Aufbewahrungsunternehmen 9
Ausschlußfrist 21
Aussperrung 56

Bank 10, 33, 54
Banküberweisung 10
Baurecht 47
Beaufsichtigungsverpflichtung 10
Bedienstete des Verwenders 17
Beherbergungsvertrag 37
Betriebsstörungen 56
Bewachungsunternehmen 9, 42, 53
Beweislast 30
Beweismittelbeschränkung 20
Binnenschiffahrt 55

Chemisch-Reiniger 21, 40

Dritte
– Freizeichnungen zugunsten 18
– Schutzwirkung zugunsten 22

Eigenschaften, zugesicherte 6, 11, 46
Erfolg 10
Erfüllungsgehilfe 1, 26, 52

Fahrlässigkeit
– grobe 26
– leichte 35 ff
Freiberufe 9, 37

Garantiehaftung 11
Garantievertrag 46
Gastwirt 46
Gattungssache 46
Gefährdungshaftung 46
Geltendmachungsmodalitäten 20
Generalunternehmer 13
Gewährleistung 5, 11
Gewalt, höhere 56
Gewinn, entgangener 21
Gütertransport 55

Haftpflichtversicherung 41
Haftung 11
– verschuldensunabhängige 46 ff
Haftungsbegrenzung 30, 40
Haftungserleichterungen 1
Haftungsgrund 1
Haftungsmaßstab 1
Haftungs-Subsidiaritätsklausel 20
Handeln auf eigene Gefahr 16, 25
Hauptleistungspflicht 9, 10
Hilfspersonen 1
Höchstsummen 21

Individualvereinbarungen 7

Kaufmann 51 ff
Kardinalpflicht 12, 35 f
Kaskoversicherung 40
Klausel, salvatorische 28, 51
Körperverletzung 37, 44
Kraftfahrzeug – Vermieter 30, 38
Krankenhausaufnahmevertrag 37
Kreditauskunft 28, 54

Mangelfolgeschaden 11
Mietvertrag 30, 48
Mitverschulden 33

Nachbesserungspflicht 11
Nebenpflichten, unselbständige 9, 12, 36

Organisationsverschulden 1

Parkplatzunternehmen 10, 14
Pflichtversicherung 41
Preisargument 45
Produzentenhaftung 16, 39

Raummietvertrag 47
Rechtsausübungsregelung 19
Reiseveranstalter 37, 40
Risiko, eigenes 42

Schadensarten 21
Schadensversicherung 23
Schiffahrtsrecht 36, 53
Schuldverhältnis, gesetzliches 16
Schutzpflichten 36
Seerecht 50
Sorgfalt 10 ff
Sozialversicherung 44
Speditionsvertrag 55
Sport 18
Steuerberater 10, 37
Streik 56
Subunternehmer 13, 34, 47

Tarifvertrag 24
Teilunwirksamkeit 27

Überwachungsverpflichtung 10
Unmöglichkeit 3, 9, 32
– anfängliche 46
– teilweise 4

Verjährungsfrist 20
Vermieter
– Haftung 46
– von Kraftfahrzeugen 30, 49
Vermögensschaden 21
Verschulden 12
– bei Vertragsverhandlungen 15
– grobes 26
– leichtes 35 ff
Versicherbarkeit von Risiken 42, 53
Versicherungsschutz 21
Vertragsverletzung, positive 9, 11
Vertrauensverhältnis 37
Verwirkung 20
Verzug 3, 9, 31 f
– teilweiser 4
VOB 21
Vorsatz 7, 26

Wirtschaftsberater 10

Zufallshaftung im Verzug 46

I. Allgemeines

1. Regelungsanliegen 1

§ 11 Nr 7 ist für die Praxis die wichtigste Bestimmung aus dem gesamten Katalog unwirksamer Klauseln, so wie früher die Rspr zur Unzulässigkeit von Haftungsbegrenzungen in AGB den größten Teil der „richterlichen" Inhaltskontrolle vorformulierter Vertragsbedingungen ausmachte. Die Norm betrifft ausschließlich den Haftungsmaßstab, nicht den Haftungsgrund (SCHLOSSER WM 1978, 562; COESTER-WALTJEN Rz 19). Sie gilt aber für jedweden Haftungsgrund. Sie knüpft einmal an die frühere Rspr an, welche den Ausschluß und die Begrenzung der Haftung für grobes Verschulden des Verwenders selbst und seiner leitenden Angestellten nicht tolerierte (BGHZ 20, 164 = NJW 1956, 908; NJW 1973, 2154; zuletzt: NJW 1978, 1918; zur Entwicklung der früheren Rspr mit erschöpfenden Nachweisen COESTER-WALTJEN Rz 6 ff). Nach früherer Rspr konnte aber die Haftung für grobes Verschulden von Erfüllungsgehilfen wirksam ausgeschlossen werden (BGHZ 33, 220 = NJW 1961, 212; BGHZ 38, 138 = NJW 1963, 100; NJW 1965, 1383; VersR 1967, 1066; NJW 1968, 1720; NJW 1970, 1737; NJW 1971, 2128; NJW 1972, 1202; NJW 1973, 2108). Insoweit geht Nr 7 erheblich über den Standard der früheren „richterlichen" Inhaltskontrolle hinaus. Für grobes Verschulden von Hilfspersonen hat der Verwender jetzt ohne jedwede Beschränkungsmöglichkeit zu haften. Für den Anwendungsbereich von Nr 7 entfällt daher die Notwendigkeit, mit der früheren Rspr (dazu statt aller die Nachweise bei COESTER-WALTJEN Rz 13) zwischen leitenden Angestellten und anderen Hilfspersonen, zwischen Organisationsverschulden und sonstigem Verschulden zu unterscheiden. Daß der Verwender seinem **Vertragspartner** nach wie vor formularmäßig **Haftungserleichterungen** (BGH NJW 1974, 549) oder -befreiungen konzedieren kann, versteht sich ebenso wie die Möglichkeit, formularmäßig eine Haftung für Zufallsschäden zuzusagen.

2. Anwendungsbereich 2

a) Das Gesetz hat in § 23 Abs 2 Nr 3 und 4 bestimmte Arten von Verträgen speziell aus dem Anwendungsbereich von Nr 7 genommen (§ 23 Rz 23 ff). Außerdem gilt Nr 7 nicht für solche Verträge, die dem Anwendungsbereich des AGBG generell entzogen sind (§ 23 Abs 1) sowie für Energieversorgungsverträge iS von § 23 Abs 2 Nr 2, auf welche der gesamte Katalog unwirksamer Klauseln nicht anwendbar ist.

b) Richtiger Ansicht nach, aber entgegen hM regelt Nr 7 den AGB-festen Haftungsmaßstab auch für den Fall von **Verzug und Unmöglichkeit** (s § 11 Nr 8 Rz 6). 3

c) Das gleiche gilt in Bezug auf § 11 Nr 9. Denn den Haftungsmaßstab läßt auch 4
diese Norm unberührt. Sie garantiert nur, daß auch bei **teilweisem Verzug und**

teilweiser Unmöglichkeit die Rechtsbehelfe zur Verfügung bleiben, welche im Fall von Unmöglichkeit der und Verzug mit der gesamten Leistung geltend gemacht werden können (§ 11 Nr 9 Rz 2).

5 **d)** Überschneidungspunkte mit **§ 11 Nr 10** gibt es nicht. Soweit, wie etwa im Anwendungsbereich von § 635 BGB, Schadensersatzansprüche Teil der Gewährleistung sind, sagt § 11 Nr 10 nirgendwo, daß sie formularmäßig nicht ausgeschlossen oder eingeschränkt werden könnten. Für sie gilt daher der AGB-feste Haftungsmaßstab der Nr 7. Für andere Rechtsfolgen als Schadenersatzansprüche gilt Nr 7 ohnehin nicht, auch wenn das Gesetz ihren Eintritt an Verschuldensvoraussetzungen knüpft wie etwa im Zusammenhang mit Rücktrittsrechten.

6 **e)** Eine Sonderregelung gegenüber § 11 Nr 7 ist § 11 Nr 11. Der vom Gesetz für die Haftung wegen eines Ausbleibens zugesicherter Eigenschaften aufgestellte Haftungsmaßstab – im Kaufrecht Verschuldensunabhängigkeit (§§ 463, 480 Abs 2 BGB, im Werkvertragsrecht einfaches Verschulden (§ 635 BGB) – ist AGB-fest. Die Haftung aus § 635 kann also, soweit sie aus fehlerhaften Eigenschaftszusicherungen hergeleitet wird, formularmäßig weder ausgeschlossen noch begrenzt werden, soweit sie aus anderen Fehlleistungen des Verwenders entspringt, aber durchaus vom Vorliegen grober Fahrlässigkeit abhängig gemacht werden. Zur Abgrenzung der Schäden, für welche nach den genannten Normen verschärft gehaftet wird, s Erl jeweils zu §§ 443, 480 Abs 2, 635 BGB.

7 **f)** Völlig unberührt läßt Nr 7 gesetzliche Vorschriften über die Zulässigkeit von Haftungsbegrenzungen, die auch gegenüber **Individualvereinbarungen** Geltung beanspruchen, etwa in § 49 LuftVG. Daß im Gesetzestext die vorsätzliche Vertragsverletzung des Verwenders selbst nicht erwähnt ist, beruht auf § 276 Abs 2 BGB, der einen Haftungsausschluß für vorsätzliches Handeln des Schuldners generell unwirksam sein läßt. Soweit man eine Haftungs*begrenzung* – im Gegensatz zum völligen Haftungsausschluß – für eigenes vorsätzliches Handeln individualvertraglich für zulässig erachten sollte (s dazu § 276 BGB Rz 63), müßte § 11 Nr 7 entspr angewandt werden, um solches wenigstens als formularmäßige Regelung unwirksam sein zu lassen.

Zu verwaltungsrechtlichen Haftungsbegrenzungsverboten, die über § 134 BGB zivilrechtlich wirken, freilich auch Individualvereinbarungen ergreifen, s Einl 22 a zu § 1.

8 **g)** Zum Verhältnis zu § 5 s dort Rz 5, 10; zum Verhältnis zu § 3 s Einl 17 f zu § 1.

II. Haftung für Vertragsverletzung als Gegenstand einer Ausschluß- oder Begrenzungsklausel

9 1. Die Verletzung von Hauptleistungspflichten

a) Nr 7 gilt für alle drei klassischen Arten von Vertragsverletzungen, für Unmöglichkeit, Verzug und positive Vertragsverletzung. Was die beiden ersteren anbelangt, so will die hM zu Unrecht ausschließlich Nr 8 angewandt wissen (§ 11 Nr 8 Rz 6). Auch wenn man von der Verletzung unselbständiger Nebenpflichten absieht (s Rz 12), ist der praktische Hauptanwendungsfall der Norm freilich die positive Vertragsverletzung. Angehörige eines freien Berufes, die Dienstleistungen erbringen, Bewachungs- und Aufbewahrungsunternehmungen können keine formularmäßige Beschränkung der Haftung für die Fehlerhaftigkeit der von ihnen zu erbringenden Leistungen wählen, die auch grobe Fahrlässigkeit erfaßte (Rechtsprechungsbeispiele, die nach damaliger Einstellung auf grobes eigenes Verschulden des Verwenders bezogen sind: BGHZ 38, 138 = NJW 1963, 100 – unberechtigte Freigabe einer Ware durch den Lagerhalter; BGH NJW 1973, 2154 – weisungswidrige Auslieferung durch einen Spediteur). Wird die Haftung für einen Aspekt der Hauptleistungspflicht schlechthin ausgeschlossen (zB für die rechtzeitige Beziehbarkeit gemieteter Räume), so ist die Klausel insgesamt unwirksam.

Unberührt von der Nr 7 bleibt aber die **formularmäßige Festlegung der primären Hauptleistungspflichten.** Das gilt nicht nur für das wirtschaftliche Interesse, auf welches sie sich beziehen, sondern auch für die strukturelle Art, die sie annehmen sollen. So kann es etwa sein, daß der Schuldner nur Sorgfalt, aber keinen Erfolg schuldet. Es kann aber auch sein, daß er sich zur Herbeiführung eines Erfolges oder zur Verhinderung eines bestimmten Erfolges (Bewachungsverträge) verpflichtet. Je nach der gewählten Variante handelt er vertragswidrig schon bei Eintritt bestimmter Erfolge oder erst, wenn ihm ein objektiver Sorgfaltsverstoß zur Last fällt und nachgewiesen werden kann (dazu näher STOLL AcP 1976, 149 ff). Die Ausgestaltung eines Vertrages in dem einen oder dem anderen Sinn kann sehr wohl in AGB getroffen werden. Das genaue Schutzobjekt einer Überwachungs- oder Beaufsichtigungsverpflichtung kann auch in AGB näher spezifiziert werden, etwa durch Bedingungen eines Pkw-Parkplatz-Unternehmens, denen zufolge sich die Überwachungsverpflichtung nur auf die abgestellten Fahrzeuge selbst, nicht aber auf darin befindliche Gegenstände beziehen soll. Dann begründet nur die Entwendung des Pkw selbst objektive Vertragsverletzung (wegen der dennoch möglichen Vertragsverletzung bezüglich der im Wagen liegengebliebenen Gegenstände s Rz 14). Ähnliches gilt für Klauseln in AGB der Angehörigen wirtschaftsberatender oder steuerberatender Berufe, wonach die Prüfung Buchfälschungen und sonstige Unregelmäßigkeiten bzw die Richtigkeit, Vollständigkeit und Ordnungsmäßigkeit der übergebenen Unterlagen nicht erfassen soll (aM BRANDNER FS Hauß [1978] 10). Da, wo **nur Sorgfalt,** aber kein Erfolg **geschuldet** wird, können in den Grenzen von § 3 und § 9 auch die geschuldeten Sorgfaltspflichten näher konkretisiert werden. Die genannten Grenzen sind überschritten, wenn sich ein Verwender von den gesetzlichen Folgen davon, daß er etwas kennt oder kennen muß, dadurch befreien will, daß er seinem Vertragspartner formularmäßig entsprechende Mitteilungspflichten auferlegt. Nr 1 Abs 1 der Allgemeinen Bankbedingungen (Kenntnis von Änderungen in der Vertretungs- und Verfügungsbefugnis erst bei schriftlicher Mitteilung, sofern eine Verpflichtung zur Eintragung in ein Register bestand) ist daher unwirksam. Zur Vermittlerklausel in Nr 9 der Allgemeinen Bankbedingungen s § 10 Nr 3 Rz 21. 10

Ist verkehrstypisch ein **Erfolg geschuldet,** wie bei einer Banküberweisung, so können nicht einzelne Sorgfaltspflichten abbedungen werden, die auf den geschuldeten Erfolg bezogen sind. In Bankbedingungen kann daher nicht wirksam festgelegt werden, daß die Bank bei Überweisung ausschließlich auf die Kontonummer des Empfängers und nicht auf seinen Namen zu achten habe (LG Freiburg NJW 1978, 1862 – abl HEIERMEIER). Wohl aber bringt es die Massenhaftigkeit der in einer Bank getätigten Buchungsvorgänge mit sich, daß diese nur dann die Gutschrift zu unterlassen hat, wenn einem ihrer Mitarbeiter bei Behandlung des Auftrags individuell auffällt oder individuell auffallen mußte, daß möglicherweise etwas nicht stimmt.

b) Nr 7 betrifft auch die Fälle, wo das Gesetz Spezialregelungen der positiven Vertragsverletzung getroffen hat, vor allen Dingen in Gestalt der **Gewährleistungshaftung.** Die aus § 635 BGB entspringende Haftung kann formularmäßig nicht auch für den Fall groben Verschuldens eingeschränkt werden (s Rz 5). Für eine grob schuldhafte Verletzung vertraglich übernommener Nachbesserungspflichten haftet der Verwender immer (vgl BGH NJW 1976, 235, wo ein genereller Haftungsausschluß so ausgelegt wurde, daß er die Verletzung dieser Pflicht nicht betraf). Ob der 11

Ersatz von Mangelfolgeschäden bei Werkvertrag oder Miete Teil der Gewährleistungshaftung ist oder nicht (s Erl § 635 BGB, § 538 BGB Rz 27 f): für den Fall groben Verschuldens des Verwenders und seiner Hilfspersonen kann die Verpflichtung dazu jedenfalls formularmäßig nicht abbedungen werden. Wegen des AGB-festen Haftungsmaßstabs ist daher die genaue Abgrenzung zwischen Gewährleistungshaftung und Haftung aus positiver Vertragsverletzung im Werkvertragsrecht nur notwendig, soweit es um die Tragweite der Haftung für zugesicherte Eigenschaften geht (§ 11 Nr 11 Rz 4). Auch für die neben der Gewährleistung stehende Haftung des Verkäufers für Mangelfolgeschäden (Vorbem 38 zu § 459 BGB) an anderen Rechtsgütern des Kunden gilt § 11 Nr 7. Die in § 538 BGB verankerte verschuldensunabhängige Garantiehaftung des Vermieters kann jedenfalls nicht in einer Weise eingeschränkt werden, die auch Fälle groben Verschuldens erfaßte (s im übrigen § 9 Rz 25).

12 **2. Die Verletzung unselbständiger Nebenpflichten**

a) Unselbständige Nebenpflichten können immer nur durch konkrete Sorgfaltswidrigkeiten, nicht allein durch einen Erfolg verletzt werden. Da es nach § 276 BGB für das Fahrlässigkeitsurteil auf die im Verkehr erforderliche Sorgfalt ankommt, ist für eine Unterscheidung zwischen der Verletzung von Sorgfaltspflichten und der Fahrlässigkeit dieses Vorganges aber nur unter dem Gesichtspunkt einer eventuellen subjektiven Unzurechnungsfähigkeit Raum. Begrifflich läßt sich zwar zwischen Verletzung einer Sorgfaltspflicht und leichtem oder grobem Verschulden daran unterscheiden (s zB besonders deutlich BSG Betrieb 1978, 308). Die Frage der groben Fahrlässigkeit ist sehr stark von subjektiven Gegebenheiten in der Person des Handelnden geprägt (s § 276 BGB Rz 52 ff), so daß auch die Hypothese eines nur leicht fahrlässigen Verstoßes gegen besonders fundamentale Sorgfaltspflichten gedacht werden kann. Im Bereich der Verletzung von unselbständigen Nebenpflichten aus einem Vertrag drückt der Begriff grobe Fahrlässigkeit aber praktisch eine Gesamtabwägung von objektiven und subjektiven Momenten aus. Der Regelungssinn der Nr 7 wäre daher verkürzt, wenn einzelne Sorgfaltsanforderungen von vornherein formularmäßig mit der Wirkung abbedungen werden könnten, daß sie schon im Prinzip nicht mehr „verletzbar" sind, also die Frage der groben oder einfachen Fahrlässigkeit überhaupt nicht mehr gestellt werden könnte. Meist gehören besonders fundamentale Sorgfaltspflichten auch zu den iSv § 9 Abs 2 Nr 2 aus der Natur des Vertrages entspringenden Pflichten. Der bekannte Heizölfall (NJW 1971, 1036 – formularmäßige Abdingung der Pflicht des Heizöllieferanten, den Einfüllvorgang zu überwachen, s § 9 Rz 15), wäre heute nicht mehr unter dem Gesichtspunkt der Verletzung einer **„Kardinalpflicht"**, sondern unter dem der nach Nr 7 unzulässigen Abdingung von einzelnen Sorgfaltsanforderungen zu sehen.

13 Eine gewisse Bedeutung der Tatsache, daß, genau genommen, auch im Zusammenhang mit der Verletzung unselbständiger Nebenpflichten zwischen objektiver Vertragsverletzung und subjektivem Verschulden unterschieden werden muß, ist aber nicht zu leugnen. Im Grenzbereich der verkehrstypischen Erwartungen oder im Zusammenhang mit ganz untypischen Verträgen muß es möglich sein, auch die beide Vertragsteile treffende Sorgfaltspflicht formularmäßig festzulegen, etwa wenn ein Generalbauunternehmer bestimmen will, welche Arten von Sorgfaltspflichten die verschiedenen Subunternehmer bei ihrem Zusammenwirken an der Baustelle treffen. Auch darf der Verwender von AGB die **Art** festlegen, wie er seiner Sorgfaltspflicht nachzukommen gedenkt. So kann er für Wertgegenstände, die Kunden bei sich führen und von denen diese sich vorübergehend trennen müssen, bestimmten Aufbewahrungsgelegenheiten anweisen und jede Sorgfaltspflicht von

sich weisen, wenn dem nicht nachgekommen wird (im Ergebnis daher heute noch zutreffend OLG Karlsruhe NJW 1975, 597). Verabredungen über die die Parteien wechselseitig treffenden Sorgfaltspflichten wirken aber niemals absolut. Auch wer eine bestimmte Sorgfaltspflicht nicht übernommen hat, muß haften, wenn sich ihm Gefahren, die andere zu bannen verpflichtet waren, aufdrängten, und er dennoch passiv blieb.

Ist ein bestimmter Erfolg individuell oder durch AGB als vertraglich nicht geschuldet ausgewiesen (Rz 10), so kann eine auf ihn bezogene Sorgfaltspflicht gleichwohl in Sondersituationen als sekundäre aufleben. Auch wenn ein Parkplatzunternehmer keine auf den Inhalt der abgestellten Fahrzeuge bezogene Überwachungspflicht übernimmt, macht er sich schadenersatzpflichtig, wenn ein Diebstahl aus dem Wagen vor den Augen seines Personals geschieht. In einem eine solche Situation betreffenden Fall hat der BGH ausdrücklich, wenngleich nur obiter (NJW 1968, 1720), festgehalten, daß der Unternehmer haften muß, wenn ihn selbst an dem Abhandenkommen grobes Verschulden trifft. **14**

b) Der letzte Halbsatz der Nr 7 bringt erstmals eine generelle positivrechtliche Aussage zur Haftung für **Verschulden bei Vertragsverhandlungen**. Darin erschöpft sich im wesentlichen auch seine Bedeutung. Kommt es nicht zum Vertragsschluß, so wird schlecht ein Vorgang ausfindig zu machen sein, der als Einbeziehung von AGB gewertet werden könnte (so mit Recht Coester-Waltjen Rz 25). Kommt es zum Vertragsschluß, so geht die culpa in contrahendo in der Kategorie der Vertragsverletzung auf (Fikentscher, Schuldrecht[6] § 20 I; s Vorbem 45 zu §§ 275-283). Die in § 463 BGB angeordnete Haftung für das Fehlen zugesicherter Eigenschaften zeigt offenbar sehr deutlich, daß culpa in contrahendo Vertragsverletzung ist, wenn es zum Vertragsschluß kommt. Daß eine vertragliche Haftungsbegrenzungsklausel Vorgänge, die vor Vertragsschluß liegen, im allgemeinen nicht erfassen soll (Kötz Rz 56), ist wenig einsichtig. **15**

3. Konkurrierende und sonstige außervertragliche Ansprüche **16**

a) Obwohl Nr 7 nur von der Haftung für „Vertragsverletzung" spricht, muß man in ihr generell den AGB-festen Haftungsmaßstab niedergelegt sehen. Gründe, warum außerhalb vertraglicher Haftung der Haftungsmaßstab formularmäßig in anderer Weise festlegbar sein soll als innerhalb vertraglicher Einstandspflicht, sind nicht auszumachen. Auch die Haftung für grob schuldhafte Verletzung gesetzlicher Schuldverhältnisse darf daher formularmäßig nicht begrenzt werden. Das gilt vor allem für deliktische Ansprüche (Löwe Rz 11; Hensen Rz 20; Coester-Waltjen Rz 37; Kötz Rz 57; Koch-Stübing Rz 25; Graf von Westphalen NJW 1979, 841; aM Kaiser BauR 1977, 317).

Dies hat praktische Bedeutung nicht nur dann, wenn dem anderen Teil formularmäßig die Versicherung abverlangt wird, auf **eigene Gefahr** zu handeln, was also gegenüber grob fahrlässigen Verhaltensweisen des Verwenders unwirksam ist (s unten Rz 25), sondern vor allen Dingen in Bezug auf deliktische Ansprüche, die mit vertraglichen konkurrieren oder aus Verhaltensweisen entstehen, die zugleich eine Vertragsverletzung darstellen. Angesprochen sind vor allen Dingen die auch dem Käufer oder Werkbesteller gegenüber bestehende, sich uU sogar auf selbständige Teile des gelieferten Gegenstandes selbst auswirkende (BGH NJW 1977, 379; 1978, 2241) deliktsrechtliche Produzentenhaftung, s unten Rz 39. Scharf davon zu unterscheiden ist die Frage, ob eine vertragliche Haftungsbegrenzungsklausel so auszulegen ist, daß sie auch deliktische Ansprüche erfaßt. Dazu s § 5 Rz 12.

17 **b)** In AGB wird der Vertragspartner des Verwenders häufig verpflichtet, auch Angehörige des Betriebs des Verwenders nicht auf Schadenersatz in Anspruch zu nehmen. Ein auch zu Gunsten der Betriebsangehörigen des Verwenders wirkender Freizeichnungswille muß nicht einmal ausdrücklich oder sonst positiv-schlüssig zum Ausdruck gebracht werden. Die herrschende Rspr erstreckt vielmehr die Wirkungen von Freizeichnungsklauseln meist auch auf Ansprüche gegen die Bediensteten des AGB-Verwenders (BGH MDR 1960, 907; NJW 1962, 388; Helm AcP 161, 522; aM OLG Düsseldorf VersR 1968, 551). Im Schiffahrtsrecht wirken Freizeichnungsklauseln auch zugunsten des Schiffers (BGH VersR 1971, 412) und des Unterfrachtführers (BGH VersR 1960, 727 – zum ganzen König in Zeitschrift für Binnenschiffahrt und Wasserstraßen (1978, 352). Obwohl Nr 7 nur von einer Haftung für eine Vertragsverletzung spricht, die Eigenhaftung von Angestellten des Verwenders als dritten Personen sich aber nicht aus einer Verletzung von deren „Vertrags"-Pflichten ergibt, muß man die Vorschrift auch für diesen Fall anwenden. In ihr sind verallgemeinerungsfähige Aussagen zum AGB-festen Haftungsmaßstab niedergelegt. Wenn der Betriebsangehörige selbst seine Haftung für grobes Verschulden formularmäßig nicht ausschließen kann, dann ist es nur konsequent, daß dies auch Dritte zu seinen Gunsten nicht zu tun vermögen (Coester-Waltjen Rz 40 f; aM Kötz Rz 58). Wirksam ist jedoch eine Klausel, die den Vertragspartner des Verwenders verpflichtet, primär diesen und nur bei seiner Leistungsunfähigkeit dessen Bedienstete in Anspruch zu nehmen (s Rz 20). Praktisch wird dies vor allen Dingen für den Fall, daß Schadenersatzansprüche gegen den Verwender selbst an dessen inzwischen eingetretener Illiquidität scheitern. Auch im Innenverhältnis zwischen Unternehmer und Betriegsangehörigem begründet grobes Verschulden eine völlige Einstandspflicht des Letzteren und damit die Unanwendbarkeit der sonst für Schäden aus gefahrgeneigter Arbeit geltenden Grundsätze (dazu Erl zu § 611 BGB).

18 **c)** Was gegenüber Betriebsangehörigen des Verwenders gilt, ist auch Rechtens, soweit dieser sonst versucht, seinem Vertragspartner formularmäßig **Freizeichnungen zu Gunsten Dritter** abzuverlangen. Das ist praktisch vor allen Dingen bei Veranstaltungen risikoreicher sportlicher oder quasi-sportlicher Wettbewerbe, wenn versucht wird, die Teilnehmer auf Schadensersatzansprüche aus etwaigen Verletzungen verzichten zu lassen. Allerdings können die Einzelheiten des der Veranstaltung entsprechenden Sorgfaltsmaßstabes, etwa in Form von Spielregeln, formularmäßig festgelegt werden. Wenn auch gemessen an diesen grob fahrlässig gehandelt wird, ist jedoch für die Inanspruchnahme einer formularmäßigen Freizeichnung kein Raum.

III. Ausschluß und Begrenzung von Haftung für grobes Verschulden

19 1. Inhaltliche Haftungsbegrenzung im Gegensatz zu Rechtsausübungsregelung

Da sowohl ein Ausschluß als auch eine Begrenzung von Haftung für den Fall groben Verschuldens formularmäßig nicht ausbedungen werden kann, erübrigt sich eine Abgrenzung dieser beiden Begriffe von einander. Nicht jede AGB-Bestimmung, welche eine Abweichung von den gesetzlichen Regeln bringt, wie im Falle einer Vertragsverletzung (oder der Verletzung gesetzlicher Pflichten) Schadenersatz zu leisten ist, bedeutet aber eine „Haftungsbegrenzung".

20 **a)** Eine Haftungsbegrenzung liegt **nur vor,** wenn die gesetzlich dem Vertragspartner des Verwenders zugedachten Schadenersatzansprüche **inhaltlich eingeschränkt werden,** nicht wenn besondere Modalitäten ihrer Geltendmachung vorgesehen sind. Stehen mehr als zwei Parteien in vertraglichen Beziehungen zueinander, so kann

bestimmt werden, daß im Falle der gesamtschuldnerischen Haftung mehrerer auf der gleichen Seite stehender Personen primär der eine und nur **subsidiär** der andere in Anspruch genommen werden darf. Entsprechend § 11 Nr 10 Buchst a darf jedoch die Subsidiarität nicht so weit gehen, daß eine erfolglose gerichtliche Inanspruchnahme des primär Heranzuziehenden verlangt wird. In diesen Grenzen ist aber bezüglich Schadensersatzansprüchen gegen Architekten die in Architektenbedingungen weit verbreitete Subsidiaritätsklausel wirksam. Eine unzulässige Haftungsbegrenzung ist es auch nicht, wenn die 30-jährige, extrem lange gesetzliche **Verjährungsfrist** für Schadensersatzansprüche wegen positiver Vertragsverletzung auch für den Fall groben Verschuldens verkürzt wird. Daß die verkürzte Frist noch angemessen sein muß und drei Monate es nicht sind (BGH MDR 1978, 820 – Transportbedingungen bezüglich Verlust oder Beschädigung des Transportguts), versteht sich freilich von selbst. Auch die Schaffung formularmäßiger **Ausschlußfristen** oder besonderer **Verwirkungstatbestände** begründet keine „Haftungsbegrenzung". So kann der Verwender ein sehr legitimes Interesse daran haben, daß ein eingetretener Schaden binnen vernünftiger Fristen angezeigt wird, widrigenfalls Schadenersatz nicht mehr zu leisten ist. Wandlungs- und Minderungsansprüche können durch solche Bestimmung freilich meist nicht erfaßt werden (s § 11 Nr 10 [Buchst e] Rz 76 f). Regelungen über die Modalitäten der Geltendmachung von Schadensersatzansprüchen können aber nach § 9 unwirksam sein. Dies ist der Fall, wenn Ansprüche erlöschen sollen, die nicht binnen dreier Monaten „gerichtlich" geltend gemacht werden (BGH NJW 1978, 1314). Der BGH (NJW 1979, 1550) hat mit Recht auch eine Klausel in AGB eines Steuerberaters für unwirksam erklärt, in der es hieß: „Unsere Haftung erlischt ... spätestens nach Ablauf eines Jahres nach Empfang unseres Berichts". Zum Problem des mitwirkenden Verschuldens s unten Rz 33 f. Auch **Beweismittelbeschränkungen** sind zwar keine Begrenzung einer Haftung (aM Coester-Waltjen Rz 33), häufig jedoch nach § 9 Abs 2 Nr 1 unwirksam. In manchen Situationen ist immerhin ein vernünftiges Interesse des Verwenders daran denkbar, daß Schäden nur durch bestimmte, zuverlässige Beweismittel festgestellt werden dürfen.

b) Eine unzulässige Haftungsbegrenzung bringen demgegenüber Klauseln, welche die Haftung auf eine **Höchstsumme** zu begrenzen versuchen. Beispiele: bei Chemischreinigern auf des 15-fache des Werklohns (AG Nürnberg NJW 1977, 1200; LG Ansbach NJW 1979, 769; Kötz Rz 61; Löwe § 9 Rz 41), §§ 15 Abs 1 Buchst e, 16 AGNB (s § 9 Rz 175). Das gleiche gilt bei Beschränkung der Haftung auf gewisse Arten von Schäden. Beispiele: Ausschluß entgangenen Gewinns, bei Architekten; Ausschluß nicht unmittelbar am Bauwerk entstandenen Schadens (OLG Köln MDR 1971, 578; Kötz Rz 61) oder von Schäden, für welche der Architekt nicht auch einem Dritten gegenüber haftet (Hensen Anh §§ 9-11 Rz 116), ganz allgemein Ausschluß von Vermögensschäden, nicht unter einen Versicherungsschutz fallenden Schäden oder auch nur von Schmerzensgeldansprüchen. 21

§ 6 Nr 6 VOB – Ausgabe 1973, s § 9 Rz 74, der die Geltendmachung entgangenen Gewinns für alle Fälle, in denen das Vertragsverhältnis fortbesteht, also vor allen Dingen für den Verzugsfall, ausschließt, ist daher demjenigen gegenüber unwirksam, der im konkreten Fall Verwender der VOB war (Kötz Rz 61; aM Jagenburg BauR Sonderheft 1 1977, 17; s § 1 Rz 21). Da unwirksame Klauseln sich nicht im Wege einer geltungserhaltenden Reduktion auf das zulässige Maß zurückführen lassen (§ 6 Rz 15 f), ist § 6 Nr 6 VOB dem Verwender gegenüber unabhängig davon unwirksam, ob im Einzelfall leichte oder grobe Fahrlässigkeit vorlag. Die Unwirksamkeitskonsequenz verlangt nicht, die Bestimmung auch zu Lasten des Vertragspartners des Verwenders unwirksam sein zu lassen (aM Ingenstau-Korbion VOB § 6 Rz 48). Die Tatsache, daß § 6 Nr 6 auch den Vertragspartner des Verwenders vor Schadenersatzansprüchen wegen Verzugs bewahrt (dazu JAGENBURG BauR Sonderheft 1 1977, 18; KORBION VersR 1977, 683), ändert nichts daran, daß sie unwirksam ist, soweit sie den Vertragspartner des Verwenders belastet.

22 Auch der Ausschluß oder die Begrenzung von Ansprüchen solcher Personen, die nach den ungeschriebenen Grundsätzen über den Vertrag mit **Schutzwirkungen zu Gunsten Dritter** (s 10/11. Aufl Vorbem 75 ff zu § 328) oder nach §§ 844 ff BGB ersatzberechtigt sind, ist eine Haftungsbegrenzung (COESTER-WALTJEN Rz 34).

23 Eine unzulässige Haftungsbegrenzung ist auch der Ausschluß der Eigenhaftung gegen Abtretung von Ansprüchen, die sich gegen Dritte richten, mögen diese auch noch so solvent sein. Gegen Abtretung der Ansprüche aus einer Schadensversicherung kann man sich von der Haftung für grobes Verschulden nicht freizeichnen, auch nicht, wenn man gegen alle in Frage kommenden Ansprüche versichert ist (COESTER-WALTJEN Rz 36; HENSEN Rz 22; aM zum früheren Recht, ohne aber näher auf die Frage des Verschuldensgrades einzugehen, BGH NJW 1972, 151 – Parkhaus tritt dem Geschädigten Versicherungsforderungen ab und zeichnet sich im übrigen frei). Die Tatsache einer vom schuldhaften Verhalten des Verwenders und seiner Leute unabhängigen Schadensversicherung erlaubt es immerhin, geringere Anforderungen an das Maß der notwendigen Sorgfalt zu stellen (BGH aaO).

24 Eine **Tarifwahl** (§ 9 Rz 33) schließt die Anwendbarkeit von Nr 7 zwar nicht schlechthin aus. Jedoch kann das Kriterium der Haftungsfreizeichnung als Rechtfertigung für den Tarifunterschied so im Vordergrund stehen, daß die vom Kunden vorgenommene Wahl als Individualvereinbarung eines Haftungsausschlusses zu werten ist.

25 Ein Haftungsausschluß kann auch in verdeckter Form vorkommen, so etwa wenn dem Vertragspartner in AGB eröffnet wird, daß er bestimmte zur Ausführung des Vertrages notwendige Handlungen „auf eigene Gefahr" vorzunehmen habe. Letzteres kommt im Baurecht vor, wo häufig dem Subunternehmer gesagt wird, daß er die Baustelle auf eigene Gefahr benutzen müsse. Da solche Klauseln auch grobes Verschulden des Generalunternehmers betreffen, sind sie unwirksam.

Zur Frage der Umqualifizierung von Vertragserfüllung als bloße Vermittlungstätigkeit s § 3 Rz 26; § 10 Nr 3 Rz 21.

26 **c)** Zu den Begriffen **„Vorsatz"** und **„grobe Fahrlässigkeit"s § 276 BGB Rz 11, 55, zum Begriff „Erfüllungsgehilfe"**, der nicht nur den unselbständigen, sondern auch den selbständigen Erfüllungsgehilfen erfaßt (HENSEN Rz 22; KÖTZ Rz 60; aM KÜMPEL WM 1977, 700), s § 278 BGB Rz 8 ff. Zum Prinzip der Redlichkeit der Auslegung, bevor eine Haftungsbegrenzungsklausel angenommen werden kann, s § 5 Rz 29.

27 **2. Arten von Haftungsbegrenzungen – salvatorische Klauseln**

a) Die Redaktion der Nr 7 fällt in einem Punkte völlig aus dem Rahmen der übrigen Bestimmungen des § 11. Sonst heißt es fast immer: „In AGB ist unwirksam . . . eine Bestimmung, durch die . . .". In Nr 7 steht demgegenüber: „. . . ist unwirksam . . . ein Ausschluß oder eine Begrenzung der Haftung . . .". Wörtlich genommen würde dies bedeuten, daß ein Haftungsausschluß nur insoweit unwirksam ist, als er auch die Fälle groben Verschuldens erfaßt. Generelle Freizeichnungsklauseln wären also für die Fälle einfachen Verschuldens nach wie vor wirksam (so in der Tat HELM BB 1977, 1110; SCHMIDT-SALZER E 51 ff, F 56; ders NJW 1977, 129 ff; KÖTZ Rz 62 aber entgegen seiner eigenen, in § 6 Rz 11, 12 formulierten Prämisse, daß eine Klausel im vollen Umfange unwirksam sei, die klar erkennbar gegen das Gesetz verstoße). Jedoch ergeben die Gesetzesmaterialien keine Elemente, die den Schluß erlaubten, mit der eigenartigen Redaktion von Nr 7 sei derartiges beabsichtigt. Es besteht auch kein innerer Grund, gerade im Zusammenhang mit Haftungsfreizeichnungsklauseln den Kunden nicht davor zu schützen, mit überzogenen AGB-Bestimmungen konfrontiert zu werden und selbst entscheiden zu müssen, in welchem Ausmaß das Gesetz dem Verwender gestattet, Regelungen zu seinen Gunsten zu treffen. Nach dem Sinn des Gesetzes muß daher eine Haftungsfreizeichnungsklausel, welche auch Fälle groben Verschuldens erfaßt, insgesamt unwirksam sein, so daß auch die Haftung für leichte Fahrlässigkeit nicht mehr wirksam abbedungen ist (§ 6 Rz 15; Löwe § 5 Rz 4, § 6 Rz 2; Larenz AT § 29 a III d; Stein § 5 Rz 12).

b) Die Kautelarpraxis sucht sich häufig durch **salvatorische Klauseln** abzusichern 28
und relativ weitgezogene Haftungsausschlüsse mit dem Zusatz „soweit dem gesetzliche Vorschriften nicht entgegenstehen" davor zu bewahren, der Inhaltskontrolle zu verfallen. Rein grammatikalisch verstoßen solchermaßen formulierte Klauseln nicht gegen § 11 Nr 7. Jedoch sind sie, wenn der salvatorische Bestandteil sich auf die Aufrechterhaltung der Haftung für grobes Verschulden beziehen soll, unwirksam (ausführlich dazu Schlosser WM 1978, 568 ff; generell für die Unwirksamkeit von Klauseln mit salvatorischen Bestandteilen Dittmann-Stahl Rz 243; Löwe § 5 Rz 8). Dies folgt aus dem Sinn der §§ 2 und 5. Des letzteren Sinn ist es auch, dem Vertragspartner Klarheit über seine Rechte und Pflichten zu geben. Daher sind Klauseln, welche nicht nur in ihren Randzonen Unsicherheit aufweisen, sondern durchgehend Unklarheit verbreiten, schlechthin unwirksam. § 2 verbürgt dem Vertragspartner des Verwenders Kenntnis von dem im Vertrag inkorporierten Bedingungswerk. Unklare Klauseln vermögen dies nicht zu gewährleisten (§ 2 Rz 27 ff). Eine Bezugnahme auf textlich nicht wiedergegebene, aber ohnehin geltende gesetzliche Vorschriften, noch dazu in sehr allgemeiner Form, ist für den juristischen Laien wertlos und kann eine Klausel, die ohne eine solche Bezugnahme unwirksam wäre, nicht aufrechterhalten. Dies muß, da §§ 2 und 5 auch für den beiderseits kaufmännischen Verkehr gelten, auch für diesen angenommen werden. § 10 Abs 1 der Allgemeinen Bankbedingungen etwa, die gleichermaßen für den Verkehr mit Kaufleuten und Nichtkaufleuten gelten soll, sagt:

„Kreditauskünfte erteilt die Bank unter Ausschluß der Haftung, soweit dies im Rahmen der Rechtsordnung zulässig ist".

Die Bestimmung ist unwirksam (aM Lwowski Die Bank 1978, 128). Die enormen Risiken, welche mit Kreditauskünften verbunden sind, vermögen zum einen schon positiv-rechtlich daran nichts zu ändern. Zum anderen ist auch rechtspolitisch nicht einsehbar, warum der Vertragspartner der Bank aus deren Bedingungen nicht erfahren soll, daß der Haftungsausschluß für den Fall groben Verschuldens nicht gilt.

Ein Klauselaufsteller, der alle noch so entfernt liegenden Eventualitäten der Unzu- 29
lässigkeit oder der Unwirksamkeit eines Haftungsausschlusses bedenken wollte, müßte sehr differenzierte und komplizierte Regelungen treffen und liefe zudem trotz seiner Redlichkeit Gefahr, daß ihm gesagt wird, er habe das zulässige Ausmaß von Haftungsfreizeichnungsklauseln falsch eingeschätzt. Das Erfordernis der inhaltlichen Klarheit und das der äußeren Übersichtlichkeit lassen sich dann nicht in gleicher Weise verwirklichen. Bestimmungen, die **im Interesse der Übersichtlichkeit mit salvatorischen Bestandteilen** arbeiten, sind daher nicht unwirksam (ähnlich Kötz § 6 Rz 13). Eine Klausel, welche die Schadensersatzhaftung auf grobes Verschulden beschränkt und sich wegen der selten akut werdenden Fälle, in denen das Gesetz eine geringere Haftungsstufe AGB-fest gemacht hat (Rz 35 ff), mit einem salvatorischen Zusatz begnügt, muß man daher akzeptieren.

Fehlt es aber an dem salvatorischen Zusatz, so sind zu weit geratene Haftungsausschlußklauseln häufig auch in solchen Zusammenhängen unwirksam, s § 5 Rz 7.

Zur Problematik der geltungserhaltenden Reduktion s § 6 Rz 15 ff.

30 **3. Folgen einer wirksamen Haftungsbegrenzung**

a) Auch wenn der Verwender seine Haftung nur im zulässigen Ausmaß begrenzt, wird im konkreten Falle seine bzw seiner Hilfspersonen grobe Fahrlässigkeit vermutet, falls ohne Einbeziehung von AGB nach §§ 282, 285 BGB Verschulden vermutet würde. Die in den genannten Normen zum Ausdruck kommende Verschuldensvermutung gilt auch dann, wenn in besonderen Situationen der gesetzliche Haftungsmaßstab grobe Fahrlässigkeit ist (s § 282 BGB Rz 10, § 285 BGB Rz 30). Dann kann auch nichts anderes gelten, wenn der Haftungsmaßstab privatautonom auf grobes Verschulden reduziert wurde. Das wird häufig übersehen. Die Rspr hat sich etwa mit Klauseln in Bedingungen von Kraftfahrzeugvermietern befaßt, welche im Falle der Rückgabe des Wagens in beschädigtem Zustand dem Mieter die Beweislast für das Fehlen grober Fahrlässigkeit auferlegten und gefragt, ob diese Beislast-„Überbürdung" zulässig ist (so OLG Frankfurt NJW 1974, 559; BGH WM 1974, 695; aM OLG Karlsruhe NJW 1973, 1796; OLG Stuttgart VersR 1972, 770; BGH WM 1975, 1158). Schon nach dem Gesetz trägt der Mieter die Beweislast hierfür (§ 548 BGB Rz 6 ff). Ist der Haftungsmaßstab grobe Fahrlässigkeit, so ändert sich daran nichts. Freilich ist der Begriff „Beschädigung" in diesem Zusammenhang so auszulegen, daß er normale Verschleißerscheinungen nicht erfaßt.

31 **b)** Haftungsausschlüsse und Haftungsbegrenzungen für den Fall leichter Fahrlässigkeit betreffen nur die Schadenshaftung und nicht sonstige Folgen des Fehlverhaltens. Daß die Verzugsfolgen im übrigen etwa schon im Falle einfacher Fahrlässigkeit eintreten, ist AGB-fest (§ 11 Nr 8 Rz 7). Der Verwender kann allgemein vorgenommene Preiserhöhungen dann nicht gegenüber einem Kunden geltend machen, wenn die Leistung deshalb in die Zeit nach der Preiserhöhung fällt, weil er selbst in Verzug geraten ist, ganz gleich, ob ihn daran grobes oder nur leichtes Verschulden trifft.

31a **c)** Auch im Fall abstrakt wirksamer Haftungsbeschränkungen kann es im Einzelfall aus Treu- und Glauben unzulässig sein, die Haftungsbegrenzung in Anspruch zu nehmen. Beispiel BGH BB 1978, 1235: Ein Spediteur der die Gefährlichkeit des Transportgutes kennt, kann sich auf die Haftungsbegrenzung im Falle des unterlassenen Gefährlichkeitshinweises nicht berufen. S auch § 6 Rz 11, 18.

32 **4. Hinweise für die Klauselgestaltungen**

Weil die herrschende Interpretation von § 11 Nr 8 einen Ausschluß der Haftung für Unmöglichkeit und Verzug auch im Falle einfacher Fahrlässigkeit nicht gestattet (§ 11 Nr 8 Rz 6), ist es immer ratsam, einen entsprechenden Vorbehalt zu machen, wenn man sich nicht bewußt auf den Standpunkt der Mindermeinung stellen möchte, und zu sagen, die beanspruchte Haftungsbegrenzung gelte für den Fall von Unmöglichkeit und Verzug nicht. Im Rahmen von Verträgen, bei deren Abwicklung Verzug und Unmöglichkeit als denkbare Leistungsstörungen stark im Hintergrund stehen, genügt aber ein salvatorischer Zusatz, um § 11 Nr 8 Rechnung zu tragen (zB: „wir beschränken unsere Haftung auf Fälle groben Verschuldens, sofern das Gesetz dies zuläßt"), s Rz 29.

IV. Von Nr 7 nicht erfaßte Haftungsfragen

1. Mitwirkendes Verschulden

33

Zum Teil will man die Abdingung der gesetzlichen Folgen groben Mitverschuldens an einem Schadensfall unmittelbar der Nr 7 von § 11 unterstellen (Graba § 9 Rz 108). Ein Schadensteil, den der Verwender wegen eigenen Mitverschuldens selbst tragen muß, beruht aber gar nicht auf seiner oder seiner Hilfspersonen Vertragsverletzung. Wenn er daher auch für den Fall eigenen Mitverschuldens die Schadensersatzpflicht seines Vertragspartners ungeschmälert läßt, so schließt er nicht seine Haftung aus, sondern erweitert dessen Haftung über das gesetzlich vorgesehene Maß hinaus. Im streng dogmatischen Sinne liegt bei Mitverschuldensregelungen eine Haftungsbegrenzung des Verwenders nur dann vor, wenn dieser seine eigene Mithaftung für den Fall abbedingt, daß seinen Vertragspartner auch ein Verschulden an einem in dessen Vermögenssphäre eingetretenen Schaden trifft. In diesem Sinne angewandt, hätte § 11 Nr 7 zur Folge, daß in der Grauzone der „richtigen" Schadenstragungsabwägung, welche § 254 BGB nur in Gestalt einer Blankettvorschrift anspricht, AGB-Regelungen lediglich möglich wären, soweit ein Schaden beim Verwender, nicht, soweit er bei seinem Vertragspartner eingetreten ist. Jedoch hat der Gesetzgeber bei Schaffung von Nr 7 an das Problem des Mitverschuldens nicht gedacht. Die Norm verträgt daher eine teleologische Reduktion dahingehend, daß das Problem der Haftungsbegrenzung des Verwenders für den Fall eigenen Mitverschuldens seines Vertragspartners in ihr nicht angesprochen ist. § 11 Nr 7 geht von der Vorstellung aus, daß etwas abbedungen oder eingeschränkt wird, was eindeutig als Rechtsanspruch existiert. Da, wo das Ausmaß der Ersatzpflicht des einen oder anderen Teils weitgehend vom richterlichen Ermessen abhängt, ist eine konkretisierende AGB-Regelung durchaus sinnvoll und legitim, auch wenn sie im Einzelfall zu einem anderen Ergebnis führt, als der Richter in Anwendung von § 254 BGB finden würde. So kann etwa formularmäßig festgelegt werden, daß derjenige den Schaden (allein) zu tragen hat, den typischerweise überwiegendes Verschulden trifft (aM Graba aaO). Gegen Nr 1 Abs 3 S 3 der Allgemeinen Bankbedingungen (gegenüber Schäden aus der Verwendung nicht urkundenechten Schreibstoffes Mitverantwortung der Bank nur bei grobem Verschulden) ist daher nichts einzuwenden (Canaris in Großkomm HGB nach § 387 Rz 1244). Es kann auch verfügt werden, daß der Vertragspartner des Verwenders den Schaden allein zu tragen hat, wenn er Handlungen vornimmt, die eine Aufklärung des Schadensteils, der jeweils auf Handlungen des einen oder anderen Teils zurückzuführen ist, sehr erschwert. Zulässig sind auch Klauseln, die Schadenersatzansprüche ausschließen oder begrenzen, wenn der Vertragspartner des Verwenders, ohne durch dessen verzögerliches Tätigwerden dazu veranlaßt worden zu sein, selbst Reparaturen an einer vom Verwender stammenden technischen Anlage vornimmt oder durch Dritte vornehmen läßt. Ganz unproblematisch sind Klauseln, die bestimmen, daß der Vertragspartner des Verwenders den Schaden in dem Umfange allein zu tragen hat, der darauf zurückzuführen ist, daß er seiner (durch AGB-Bestimmungen eventuell näher konkretisierte) Schadensabwendungspflicht aus § 254 Abs 2 BGB nicht nachgekommen ist.

Immer aber müssen solche Klauseln von dem Bestreben nach einem angemessenen 34
Interessenausgleich getragen sein und dürfen den Vertragspartner des Verwenders nicht beliebig allen Schaden tragen lassen, der auf beider Vertragspartner Verschulden zurückzuführen ist. In Subunternehmerverträgen des Baurechts findet sich etwa gelegentlich eine Klausel, die sagt, Bedenken gegen gewählte Materialien oder gegen die Ausführung oder die Konstruktion müsse der Subunternehmer sofort schriftlich mitteilen; widrigenfalls solle jedweder Schadensersatzanspruch ausge-

schlossen sein. Solche Klauseln sind unwirksam, weil sie nicht die Schadensminderungsobliegenheit des Vertragspartners iSv § 254 Abs 2 BGB betreffen, sondern die gemeinsame Verantwortung am Entstehen eines Schadens, die nicht ohne Rücksicht auf den jeweiligen Verschuldensgrad der beiden Teile einheitlich nur der einen Seite überbürdet werden kann.

35 **2. Ausschluß der Haftung für leichtes Verschulden („Kardinalpflichten")**

Aus § 11 Nr 7 muß im Wege des Umkehrschlusses gefolgert werden, daß die Haftung für einfache Fahrlässigkeit grundsätzlich ausgeschlossen werden kann, daß also besondere Umstände vorliegen müssen, wenn ein nur leichte Fahrlässigkeit ergreifender Haftungsausschluß unwirksam sein soll (Coester-Waltjen Rz 65; Palandt-Heinrichs § 9 Anm 4, 6 c aa; Schmidt-Salzer E 21; Graba § 9 Rz 32; Koch-Stübing Rz 17; Löwe § 9 Rz 30). Schon seinerzeit war ein Urteil des OLG Hamburg (NJW 1968, 303) in seiner Prämisse, jede vom gesetzlichen Haftungsmaßstab abweichende Haftungsbegrenzung bedürfte einer besonderen Rechtfertigung gerade aus dem jeweils zur Debatte stehenden Vertragstyp, viel zu weitgehend.

36 **a)** Fast durchweg wird allerdings behauptet, im Falle der Verletzung einer sog **„Kardinalpflicht"** könne man sich auch nicht für den Fall leichter Fahrlässigkeit freizeichnen (Coester-Waltjen aaO; Löwe Rz 22; § 4 Rz 16; § 9 Rz 30; Hensen Rz 31 ff). Anderes als Tautologien dazu, was „Kardinalpflichten" im Gegensatz zu anderen Vertragspflichten sein sollen, findet man freilich nicht. Diese Einstellung beruht auf einer in der Zeit vor Erlaß des AGBG gelegentlich anzutreffenden Rspr. Scheidet man die Entscheidungen aus, wo es um Schäden ging, die aus der Reiseuntüchtigkeit eines Schiffes herrührten (§ 9 Rz 15), so gibt es aber keinen Fall, in welchem die Rspr die Haftungsfreizeichnung für den Fall nur leichter Fahrlässigkeit verworfen hätte. In dem immer wieder genannten Heizölfall (NJW 1971, 1036) war der Haftungsausschluß generell gemeint; der BGH ist dort auf die Frage „grobe oder leichte Fahrlässigkeit" gar nicht eingegangen. In Wirklichkeit gibt das Gesetz bei den vertraglichen Hauptleistungspflichten auch keinerlei Handhabe, zwischen „Kardinalpflichten" und anderen Pflichten zu unterscheiden. Unter den unselbständigen Neben- und Schutzpflichten lassen sich zwar wichtigere und weniger wichtige ausmachen. Je nach dem, wie bedeutsam die verletzte Pflicht war, wird im allgemeinen einfache oder grobe Fahrlässigkeit vorliegen, s oben Rz 12. Für die Ausnahmesituation einer Verletzung besonders wichtiger Nebenpflichten bei subjektiv nur geringem Verschulden ein Freizeichnungsverbot zu haben, besteht rechtspolitisch kein Interesse (dazu näher § 9 Rz 15 und Schlosser WM 1978, 562 ff). Auch für das Schiffahrtsrecht braucht man die Rechtsprechung des BGH (§ 9 Rz 15) nicht aufrechtzuerhalten. Wird ein Schiff vor Antritt seiner Reise nicht auf Seetüchtigkeit hin überprüft, so liegt in aller Regel grobe Fahrlässigkeit vor. In den in der Rspr entschiedenen Fällen, hätte man – mit einer Ausnahme, s sogleich – immer auch grobe Fahrlässigkeit annehmen können. Bleibt infolge von leichter Fahrlässigkeit ein kleinerer Mangel des Schiffes unentdeckt, so besteht kein Grund, den AGB-festen Haftungsmaßstab stärker zu wähnen, als er sonst ist. Dafür gibt der einzige Fall, den der BGH zur „Fahruntüchtigkeit" eines Schiffes bei nur leichter Fahrlässigkeit entschieden hat (NJW 1973, 1878), ein anschauliches Beispiel: Wasser lief auf die transportierte Ware, weil eine Regenrinne verstopft war. Eben darin soll die „Seeuntüchtigkeit" des Schiffes begründet gewesen sein. Die Haftung für eine erst während der Reise auftretende Verstopfung der Regenrinne soll im Gegensatz hierzu formularmäßig auf Fälle grobem Verschuldens beschränkbar sein.

Erst recht besteht kein Anlaß, den Begriff der Kardinalpflicht ins Deliktsrecht zu übernehmen, um für deliktsrechtliche Ansprüche, die neben und zusätzlich zu vertraglichen bestehen, AGB-feste Haftungsmaßstäbe zu gewinnen (aM Graf von Westphalen NJW 1979, 841 f).

b) Eine formularmäßige Haftungsfreizeichnung auch für den Fall leichter Fahrlässigkeit, ist aber da nicht möglich, wo berufstypische Leistungen Kraft eines **besonderen Vertrauensverhältnisses** in Anspruch genommen zu werden pflegen (aM Deutsch VersR 1974, 306; Boergen NJW 1969, 913). Dies ist bei Angehörigen freier Berufe häufig (OLG Stuttgart NJW 1979, 2355 – Arzt) und dann wohl immer der Fall, wenn ein solcher Haftungsausschluß standeswidrig ist (beides zutreffend für Steuerberater: OLG Hamburg NJW 1968, 303). Haftungsbeschränkungen eines Architekten sind unwirksam, wenn die nach der HOA I möglichen Höchstsätze oder ein besonderes Bemühen des Architekten vereinbart sind, auf möglichst niedrige Kosten bedacht zu sein (Hesse-Korbion-Mantschett § 1 HOA I Rz 4; Hesse, BauR 1975, 80; aM OLG Köln BauR 1971, 135; Bindhart, Die Haftung des Architekten [7. Aufl 1974] 219). Ein besonderes Vertrauensverhältnis liegt auch dann vor, wenn Sachen in **Obhut** eines anderen gegeben werden. So kann die Haftung für leichte Fahrlässigkeit nicht ganz ausgeschlossen werden, wenn Sachen zur Aufbewahrung in geschlossenen Räumen oder zu einer irgendwie gearteten Behandlung übergeben werden, etwa zur Reparatur, zum Transport oder zur Reinigung. Zur Haftungs*begrenzung* in diesen Fällen siehe unten Rz 40. Schließlich begründet ein besonderes Vertrauensverhältnis auch ein Vertrag über die Versorgung der eigenen Person. In Krankenhausaufnahme-, Beherbergungs- oder Reiseveranstaltungsverträgen darf die Haftung auch für leicht verschuldete Körperverletzungen nicht ausgeschlossen (wohl aber angemessen begrenzt) werden (insoweit mit Recht Löwe § 9 Rz 59), vor allen Dingen nicht, wenn es für den Vertragspartner (Teilnehmer einer Auslandsreise) praktisch unmöglich ist, gegen den Hauptschuldigen vorzugehen. Haftungsfreizeichnungsklauseln, welche – undifferenziert – auch Körperverletzungen umfassen, sind dann insgesamt unwirksam. 37

c) Da, wo von der Leistung des AGB-Verwenders eine besondere Gefahrenlage ausgehen kann, die zu vermeiden zu dessen vertragscharakteristischen Obliegenheiten gehört, ist ein völliger Ausschluß der Haftung auch für einfaches Verschulden unangemessen, etwa ein Haftungsausschluß der gewerbsmäßigen Vermieter von Kraftfahrzeugen für deren Fahrtauglichkeit (BGH BB 1967, 118). 38

d) Eine formularmäßige Freizeichnung für leichte Fahrlässigkeit ist schließlich da unangemessen, wo sie zu einer ungerechtfertigten **Schlechterstellung des Kunden gegenüber Dritten** führen würde, etwa dann, wenn der Verwender sich von einer Verkehrssicherungspflicht freizeichnen will, die ihn gegenüber Dritten, mit denen er nicht in vertraglichen Beziehungen steht, auch treffen (Palandt-Heinrichs § 9 Anm 6 c aa). Daher kann der Hersteller einer Sache die auf deliktischer Grundlage beruhende und neben der vertraglichen Haftung stehende Herstellerhaftung auch gegenüber seinem unmittelbaren Käufer nicht abdingen (Graf von Westphalen NJW 1979, 841 ff). Konsequenterweise ist es dann auch unangemessen, wenn der Zulieferant des in Anspruch Genommenen den Ausgleichsanspruch nach § 426 BGB ausschließt (im Ergebnis ebenso Graf von Westphalen aaO). 39

e) Gut vertretbar ist es, für den Fall des vom Verwender verursachten **Todes des Vertragspartners** eine formularmäßig gehaltene generelle Freizeichnung prinzipiell nicht zu akzeptieren (Deutsch BB 1974, 305 f; dieser ebenso für den Fall von Körperverletzungen). Wegen Körperverletzung s unten Rz 44. 40

f) Eine Haftungs*begrenzung* wird man für den Fall nur leichten Verschuldens so gut wie immer akzeptieren können (s auch § 11 Nr 8 Rz 10). Die Rspr hat eine Beschränkung der Haftung der Reiseveranstalter auf die Höhe des Reisepreises akzeptiert (OLG Hamm NJW 1975, 1364; OLG Frankfurt NJW 1973, 470; aM 40a

Löwe § 9 Rz 59), damit freilich praktisch Schadensersatzansprüche neben Wandlung und Minderung für abdingbar erklärt. Zur heutigen Rechtslage s § 9 Rz 150. Soweit nur einfaches Verschulden in Frage steht, ist auch eine Begrenzung der Haftung der Chemisch-Reiniger auf das 15fache des Entgelts zulässig, s oben Rz 21. Ein sinnvoller Bezug für eine Haftungsbegrenzung (im Rahmen nur leichter Fahrlässigkeit!) ist nicht nur der Wert eines Objektes, sondern auch der Wert des Vertragsgegenstandes, der im Reinigungsentgelt zum Ausdruck kommt (aM Palandt-Heinrichs § 9 Anm 6 c bb; Löwe § 9 Rz 41; Deutsch VersR 1974, 307; OLG Köln VersR 1969, 764; AG Nürnberg NJW 1977, 1200). Auch ein Ausschluß der Erstattungspflichtigkeit von mittelbaren Schäden ist zulässig (LG München I VersR 1973, 93 – bei Entwendung nur Substanzwert), etwa in Architektenverträgen die Beschränkung des erstattungsfähigen Schadens auf solche Schäden, die unmittelbar am Bauwerk auftreten (dazu näher Schmidt-Salzer BB 1973 Beil 1, 5; BGH NJW 1975, 1315; s oben Rz 21). Im Falle des Bestehens einer Kaskoversicherung kann sich der Verwender wie im kaufmännischen Verkehr (Rz 13) ganz entlasten.

41 **g)** Besteht gesetzlich eine Verpflichtung des Verwenders zum Abschluß einer **Haftpflichtversicherung,** dann ist der Ausschluß der Haftung, soweit die gesetzliche Pflicht reicht, sicherlich auch in Bezug auf leichte Fahrlässigkeit unangemessen (BGH AGB LM Nr 11; Coester-Waltjen Rz 65). Das gilt vor allen Dingen auch im Falle einer formularmäßigen Haftungsfreizeichnung im Zusammenhang mit Gefälligkeitsfahrten, soweit die Ansprüche der Insassen von der Pflichtversicherung gedeckt sind. Das gleiche muß aber auch rechtens sein, wenn und soweit der Verwender eine Haftpflichtversicherung abgeschlossen hat, zu deren Abschluß er nicht verpflichtet war. Denn preiskalkulatorisch werden den Kunden die Versicherungsprämien meist in Rechnung gestellt, vor allen Dingen, wo entsprechende Versicherungen allgemein üblich sind. In der Praxis sind Haftpflichtversicherung und AGB-Regelung auffälligerweise häufig nicht aufeinander abgestimmt. Das versicherte Risiko wird gar nicht individuell ausgehandelt. Vielmehr stellen die üblichen Allgemeinen Versicherungsbedingungen auf die gesetzliche Haftpflicht ab. Gleichwohl versucht der Verwender häufig in blindem Eifer, seine Haftung im denkbar weitesten Umfange auszuschließen. Das ist unangemessen. Der Verwender hat keine den Belangen des Kunden auch nur entfernt entgegenzusetzende Interessen am Ausschluß der Haftung, soweit er versichert ist.

42 Zu Lasten des Vertragspartners des Verwenders ist der Gesichtspunkt der bloßen Versicherbarkeit des Risikos im allgemeinen nicht von Bedeutung (Coester-Waltjen Rz 65). Im Verkehr mit Privaten ist die Tatsache, daß diese tatsächlich oder üblicherweise selbst versichert sind, kein Grund, den AGB-festen Haftungsmaßstab von § 11 Nr 7 im Wege einer teleologischen Reduktion zu verschieben. Auch der Fall, daß die Kaskoversicherung des Vertragspartners den Schaden reguliert hat, läßt sich nicht besonders behandeln (aM in Bezug auf die Einschränkung der Haftung für grobes Verschulden leitender Angestellter durch eine solche Klausel nach früherem Recht BGH NJW 1962, 1195). Die frühere Rspr des BGH (BGHZ 33, 216 = NJW 1961, 213 f; VersR 1965, 975; NJW 1968, 1718; NJW 1973, 1878 – obiter; NJW 1973, 2108 f – die ersten beiden Entscheidungen Bewachungsverträge betreffend) hat häufig einen Haftungsausschluß bis zur Grenze des eigenen groben Verschuldens des Klauselverwenders ua mit der im konkreten Fall gegebenen Üblichkeit einer Kaskoversicherung gerechtfertigt. Diese Rspr ist im Verhältnis zu privaten Vertragspartnern des Verwenders nicht mehr verwertbar. Die Gerichte haben überdies selbst ohne eine solche Rechtfertigung auch häufig Freizeichnungsklauseln bis zu dieser Grenze zugelassen (Rz 1).

43 Aber auch zu Lasten des Verwenders läßt sich prinzipiell nicht auf die Versicherbarkeit des Risikos abstellen (aM Graf von Westphalen NJW 1979, 843). Den

Klauselaufstellern würden damit ganz unzumutbare Differenzierungen abverlangt, die Versicherungswirtschaft würde sicherlich sehr rasch „geeigneten" Versicherungsschutz anbieten.

Sondersituationen, in denen ein vom Verwender zu nehmender Versicherungsschutz – und das Fehlen eines solchen bei seinem Vertragspartner – so nahe liegt, daß die Freizeichnung von leichter Fahrlässigkeit unangemessen wird, sind freilich denkbar. Dies ist etwa der Fall bei Verträgen, die dem Verwender kurzfristig Gewalt über Dinge seines Vertragspartners gewähren, die man üblicherweise nicht gegen Verlust versichert (Reparaturunternehmungen). Auf einem anderen Blatt steht, daß unter Umständen die Anforderungen an die vom Verwender zu beachtende Sorgfalt geringer werden, wenn er zu Gunsten der in seine Gewalt gelangenden Gegenstände des Kunden eine Kaskoversicherung abgeschlossen hat, auch wenn diese nur einen Teil des eingetretenen Schadens abdeckt (BGH NJW 1972, 151 – Tiefgarage eines Kaufhauses), s auch Rz 23.

h) Der heute für fast die gesamte Bevölkerung bestehende sozialversicherungsrechtliche Gesundheitsschutz ist umgekehrt ein Umstand, der auch bezüglich Körperverletzungen normalerweise eine Haftungsbegrenzung auf Fälle groben Verschuldens erlaubt, s für den Fall des Todes des Vertragspartners oben Rz 40. 44

i) Zum „Preisargument" s § 9 Rz 33. 45

3. Ausschluß gesetzlich begründeter verschuldensunabhängiger Haftung des Verwenders 46

Es gibt Fälle gesetzlich begründeter verschuldensunabhängiger Haftung, die sicherlich formularmäßig abdingbar sind. Das ist etwa bezüglich der sehr weitgehenden Vermieterhaftung nach § 538 BGB der Fall (§ 9 Rz 25). Wie § 11 Nr 11 (Haftung für zugesicherte Eigenschaften) zeigt, sind aber auch Fälle denkbar, in welchen die gesetzlich begründete verschuldensunabhängige Haftung nicht ausgeschlossen werden kann. Das gilt im Falle eines Garantievertrags (Coester-Waltjen Rz 68), für anfängliche Unmöglichkeit (Hensen § 11 Nr 8 Rz 18; Löwe § 10 Nr 3 Rz 6; LG München I BB 1956, 1002 – Vermietung eines noch nicht fertiggestellten Ferienhauses) sowie für die in § 279 BGB verankerte Verpflichtung, für die eigene Zahlungsfähigkeit einzustehen (Coester-Waltjen Rz 72; Löwisch BB 1974, 1497; Graba § 9 Rz 82; Hensen §§ 9-11 Rz 601), auch soweit das Unvermögen des Verwenders, eine Gattungssache zu leisten, darauf beruht, daß er nicht die notwendigen Geldmittel besitzt, um sie sich zu beschaffen. Im übrigen aber muß man § 279 BGB formularmäßig in der Weise als abdingbar erachten, daß ein über den eigentlichen Leistungsanspruch hinausgehender oder an seine Stelle tretender Schadensersatzanspruch vom Verschulden abhängig gemacht werden kann. Den Verwender nur auf die Möglichkeit zu verweisen, beschränkte Gattungsschulden zu vereinbaren (Coester-Waltjen Rz 73), ist zu eng. Gewiß muß der Verwender bemüht bleiben, sich anderweit einzudecken, wenn seine ursprüngliche Selbstbelieferungserwartung enttäuscht wird. Es kann aber sehr gut sein, daß ihn an der dadurch bedingten Verzögerung kein Verschulden trifft. Ihn gleichwohl den gesetzlich begründeten Verzugsfolgen auszusetzen, ist nicht Ausfluß eines gesteigerten Gerechtigkeitsgehalts der gesetzlichen Regelung.

Auch im übrigen dürfte es fast immer möglich sein, eine gesetzlich begründete verschuldensunabhängige Haftung auf die normalen Gerechtigkeitserwartungen entsprechende Fahrlässigkeitshaftung zurückzunehmen, zB die Zufallshaftung während des Verzugs (aM Coester-Waltjen Rz 69) oder die mit vertraglichen Ansprüchen konkurrierende deliktische Gefährdungshaftung (aM Coester-Waltjen Rz

76) auszuschließen. Auch die Haftung aus den §§ 717 Abs 2 S 3, 945, 302 Abs 4, 600 Abs 2 ZPO kann formularmäßig verschuldensabhängig gestellt werden. Daher wird man insgesamt eine Klausel für zulässig erachten können, die sagt, wo das Gesetz eine Haftung ohne Verschulden begründe, wolle man nur im Falle des Verschuldens haften, sofern dem gesetzliche Vorschriften nicht entgegenstünden (zu salvatorischen Bestandteilen in Klauseln Rz 27 f). Die Haftungsbeschränkungsmöglichkeiten des Gastwirtes sind in § 702 a Abs 2 BGB eigenständig geregelt. Von den möglichen Beschränkungen kann auch durch formularmäßige Erklärungen Gebrauch gemacht werden, die sich der Gastwirt unterschreiben läßt (Coester-Waltjen Rz 71).

47 **4. Die Überbürdung von verschuldensunabhängiger Haftung auf den Vertragspartner des Verwenders**

Störungen in der Vertragsabwicklung können sich auch beiderseits unverschuldet einstellen. Den Vertragspartner des Verwenders für solche Störungen schadensersatzpflichtig zu machen, ist im allgemeinen unangemessen. So sind in Subunternehmerverträgen des Baurechts bzw in Raummietverträgen Bestimmungen unwirksam, welche festlegen wollen, daß für festgestellte Schäden sämtliche Subunternehmer bzw Mieter als Gesamtschuldner haften, wenn eine individuelle Verantwortlichkeit eines von ihnen nicht auszumachen ist (für Miete ebenso Hensen §§ 9-11 Rz 503; Graba Rz 141 mwN). Werden zu Lasten des Vertragspartners des Verwenders Haftungsfolgen vorgesehen, ohne daß Verschuldensvoraussetzungen erwähnt würden, so bedeutet dies freilich noch nicht den Versuch einer Überbürdung verschuldensunabhängiger Haftung, vor allen Dingen dann nicht, wenn Verschulden des Vertragspartners gesetzlich vermutet wird. Jedoch können besondere Umstände vorliegen, welche eine Überbürdung verschuldensunabhängiger Schadensersatzansprüche auf den Vertragspartner des Verwenders vertretbar erscheinen lassen. Als Leitgedanke läßt sich angeben, daß die Überbürdung verschuldensunabhängiger Haftung auf den Vertragspartner des Verwenders immer zulässig ist, wenn es sich um Schäden handelt, die aus Schadensquellen herrühren, welche dieser mehr beherrscht als der Verwender.

48 Dies ist der Fall, wenn es sich um Schäden handelt, die an wertvollen Sachen des Verwenders auftreten, welche sich in der **Obhut** des Vertragspartners befinden. So kann in Mietverträgen über bewegliche Sachen vorgesehen werden, daß der Mieter für Schäden an der Sache oder ihren Verlust ohne Rücksicht auf sein Verschulden einzustehen hat (aM Hensen §§ 9-11 Rz 516). Dann kann der Vermieter darauf verzichten, für die Sache eine Kaskoversicherung zu nehmen (und die Versicherungsprämien auf seine Kunden abzuwälzen) und dem Mieter anheimgeben, ob er sich selbst versichern will und gegebenenfalls zu Tarifen, die dem gerade bei ihm auftretenden Beschädigungsrisiko angepaßt sind. Die Überbürdung des Beschädigungsrisikos auf den Mieter ist erst recht unproblematisch, wenn der Vermieter Alternativverträge mit und ohne Versicherungsschutz anbietet.

49 Etwas anderes gilt aber, wenn man verkehrstypischerweise eine vom Vermieter abzuschließende Kaskoversicherung erwarten kann, wie etwa von gewerblichen Vermietern von Kraftfahrzeugen (für diesen Fall treffend Löwe § 9 Rz 50; Hensen §§ 9-11 Rz 513). Wo gewerbsmäßig Sachen kurzfristig überlassen werden, so daß sich für den Kunden der Aufwand einer Versicherung nicht lohnt, darf der Verwender als Überlasser das Risiko für Zufallsschäden nicht von sich abwälzen, wenn er sich bequem selbst versichern kann.

Der Rechtsgedanke des § 425 Abs 3 HGB verträgt eine durch Formularbedingungen vorzunehmende Ausweitung dahingehend, daß im Zusammenhang mit allen den Transport von Sachen dienenden Verträgen dem Auftraggeber eine verschuldensunabhängige Haftung für die Richtigkeit der von ihm gemachten Angaben über die Natur des Transportgutes, seinen Adressaten, die Notwendigkeit von Begleitpapieren und andere für die Tätigkeit des Transportunternehmens wesentliche Gegebenheiten auferlegt werden kann. Auch die Überbürdung einer verschuldensunabhängigen Haftung auf den Vertragspartner für den Fall (§ 5 ADSp), daß Güter ohne besonderen Hinweis auf Eigenschaften übergeben werden, die Schäden für Menschen, Tiere oder andere Güter auslösen können, ist daher zulässig (aM Löwe § 9 Rz 112). 50

Im Seerecht hat der BGH (NJW 1979, 105) mit Recht entschieden, daß eine Konnossementklausel wirksam ist, die dem Befrachter/Ablader auch ohne eigenes Verschulden die Haftung für den Schaden des Verfrachters infolge eines von der Verladerseite ausgehenden Schmuggels auferlegt, auch wenn jener selbst das Opfer Dritter geworden ist.

Bei Verträgen über die Anlieferung und ggfs Montage von Sachen kann dem Abnehmer eine verschuldensunabhängige Haftung dafür überbürdet werden, daß die technischen Möglichkeiten der Anlieferung und Montage der Sache gewährleistet sind – es sei denn, diese Beurteilung erfordere ein Sachwissen, das man beim Abnehmer nicht voraussetzen kann.

V. Kaufleute

1. Allgemeines 51

a) Die frühere Rspr (s Rz 1) zur Unwirksamkeit formularmäßiger Einschränkungen der Haftung für Folgen eigenen oder leitender Angestellter groben Verschuldens ist ganz überwiegend für Fälle beiderseitigen kaufmännischen Verkehrs entwickelt worden. Sie behält auch unter der Geltung des AGBG ihre Gültigkeit. Auch Haftungsbegrenzungen sind insoweit nicht möglich. Jemand, der sich auf einen so weitgehenden Haftungsausschluß einläßt, würde sogar seinen Versicherungsschutz verlieren (BGHZ 33, 221 f = NJW 1961, 214). Bei der Redaktion von Haftungsbegrenzungsklauseln ist dem am besten durch eine ausdrückliche Ausnahme Rechnung zu tragen. Wegen der Seltenheit von Haftpflichtfällen, die durch den Verwender selbst oder seine leitenden Angestellten ausgelöst werden, muß man sie aber auch durch eine allgemein gehaltene salvatorische Klausel („soweit dem gesetzliche Vorschriften nicht entgegenstehen") als abgesichert betrachten (s Rz 28).

b) Die große und kontrovers beantwortete Frage geht freilich dahin, ob die Haftung für grobes Verschulden von Erfüllungsgehilfen, vermittelt über § 9, auch im beiderseits kaufmännischen Verkehr formularmäßig unbeschränkbar ist (so Coester-Waltjen Rz 84; Hensen Rz 34 ff; Graf von Westfalen Rz 17; Stein Rz 61; Kötz Rz 64) oder nicht (so Palandt-Heinrichs Anm 8 b; Dittmann-Stahl Rz 435; Schmidt-Salzer F 201; Helm BB 1977, 1111). Gewiß gibt es Sonderformen kaufmännischer Geschäftstypen, aus deren Natur eigenständige Bewertungskriterien für die über das Normalmaß hinausgehende oder hinter ihm zurückbleibende Zulässigkeit von Freizeichnungsklauseln erwachsen. § 9 ist flexibel genug, dem Rechnung zu tragen (so auch Hensen Rz 39); vergleiche im übrigen unten Rz 54 ff). Die entscheidende Frage ist aber, ob der kaufmännische Alltagsverkehr eine andere Behandlung verträgt als das Konsumentengeschäft. Es gibt in der Tat einige Bewer- 52 tungselemente, welche bei Beteiligung eines Kaufmanns als Vertragspartner des Verwenders die Dinge in einem etwas anderen Licht als bei Beteiligung nur von Privatleuten erscheinen lassen. Der Kaufmann ist generell geschäftsgewandt, er weiß um die Üblichkeit der im Geschäftsverkehr vorkommenden Risikobegrenzungen, vor allen Dingen im Zusammenhang mit der im allgemeinen von ihm selbst geschlossenen Betriebshaftpflichtversicherung. Dem Kaufmann ist sehr häufig auch bewußt, daß es sich empfiehlt, bestimmte Kaskoversicherungen abzuschließen. Dadurch, daß er ständig am Geschäftsverkehr teilnimmt, findet zudem per se eine gewisse Risikostreuung statt. Dies alles reicht zwar nicht aus, um unter Kaufleuten schlechthin auch eine formularmäßige Freizeichnung von der Haftung für grobes Verschulden von Erfüllungsgehilfen zu gestatten. Wohl aber tragen diese Umstände eine angemessene Haftungsbegrenzung (Kötz Rz 67). Vor allen Dingen ist eine formularmäßige Haftungsbegrenzung auf eine dem Betrieb des Verwenders und der Art der Leistung entsprechende Höchstsumme, die normalerweise zu erwartende Schäden abdeckt, statthaft (Hensen Rz 38). Auch eine Haftungsbegrenzung auf Schadensbeträge, die entgangenen Gewinn nicht miterfassen (BGH NJW 1978, 1109 – Konnossementbedingungen, die Ansprüche auf den gemeinen Wert der Sache am Bestimmungshafen zuzüglich Fracht und Unkosten beschränken), auf Schäden nur am Bauwerk ist wirksam. Mit Sicherheit ist auch eine Begrenzung auf voraussehbare Schäden zulässig, so wie es nach Art 82 S 2 des Einheitlichen Gesetzes über den internationalen Kauf beweglicher Sachen schon de lege lata der Fall ist. Möglich ist schließlich auch der Ausschluß einer Haftung für bestimmte Schadensursachen, die typischerweise allenfalls auf leichte Fahrlässigkeit zurückzuführen sind. Der BGH (VersR 1969, 1871) hat dies für Bedingungen eines Lagerhalters angenommen, die die Haftung für verdeckte Mängel an den Lagerräumen und -behältnissen ausschließen. S dazu auch oben Rz 31 a.

53 **c)** Unter Kaufleuten spielt legitimerweise auch der Gesichtspunkt der **Versicherbarkeit eines Risikos** durch den Verwender eine erhebliche Rolle (aM Schmidt-Salzer F 204), und zwar auch für den Fall groben Verschuldens von Hilfspersonen (sehr zurückhaltend, auf hohe Risiken beschränkend Stein § 9 Rz 18; Dittmann-Stahl Rz 279). Übliche Begrenzungen einer Risikoabdeckung durch Haftpflichtversicherungsvertrag können weitergegeben werden, etwa übliche Höchstsummen oder übliche Ausklammerungen gewisser Schadensarten. Jedoch muß die Weitergabe ausdrücklich-gegenständlich erfolgen. § 2 steht einer Klauselformulierung „... in der Höhe unserer eigenen Haftpflichtversicherung" entgegen (§ 2 Rz 30). Auch ein Haftungsausschluß gegen Vorausabtretung der Ansprüche aus einer Transportversicherung ist möglich. Die Haftung auch für grobes Verschulden von Erfüllungsgehilfen kann vor allen Dingen dann ausgeschlossen werden, wenn üblicherweise eine vom Kunden abzuschließende Kaskoversicherung erwartet werden kann (Kötz Rz 65). Die frühere Rspr ist insoweit für das Verhältnis unter Personen, welche nicht unter § 11 Nr 7 fallen, weiter verwertbar (s oben Rz 1, 41 f). Die Haftung für die Bewachung eines Schiffes (BGHZ 33, 216 = NJW 1961, 213) kann auf grobes Verschulden des Unternehmers und seiner Angestellten beschränkt werden. Die Haftung des Frachtführers für Ladungsschäden, die nicht auf einer anfänglichen Fahrt- oder Ladungsuntüchtigkeit des Schiffes beruhen, sondern auf grobe Fahrlässigkeit des Setzschiffers zurückzuführen sind, kann ebenso ausgeschlossen werden wie die Haftung für grobes Verschulden von Leuten eines Parkplatzunternehmers im Bezug auf den Verlust von Handelsware, die in den abgestellten Fahrzeugen liegengelassen wurde. Die Haftung für den Verlust persönlicher Gebrauchsgegenstände kann im letzteren Falle auch für den Fall groben Verschuldens von Hilfspersonen auf eine Höchstsumme begrenzt werden (BGH NJW 1968, 1718). Die Vereinbarung des Ausschlusses der Haftung für grobes Verschulden von Hilfsperso-

nen des Verwenders läßt den Versicherungsschutz aus der Haftpflichtversicherung nicht verlustig gehen (BGH VersR 1962, 24).

2. Sonderformen kaufmännischen Geschäftsverkehrs 54

a) **Bei Bankgeschäften** mit **nichtkaufmännischen** Kunden gilt Nr 7 unmittelbar und uneingeschränkt. Die frühere Rspr hat im Verkehr mit **kaufmännischen** Kunden den Haftungsausschluß für grobes fahrlässiges Verhalten leitender Angestellter unwirksam sein lassen (BGH WM 1971, 817; OLG Köln NJW 1973, 882), den Haftungsausschluß für grobes Verschulden von Hilfspersonen aber nur insoweit, als diese vorsätzlich zum Nutzen der Bank handelten (BGH NJW 1972, 1200; BGHZ 13, 198 = NJW 1954, 1193), sonst nicht (BGH NJW 1970, 1737). In Wirklichkeit begründet aber auch im Verkehr mit kaufmännischen Kunden das normale Bankgeschäft keine Gesichtspunkte, weshalb die Haftung für grobes Verschulden von Hilfspersonen gänzlich ausschließbar sein soll (Coester-Waltjen Rz 47 mit weiteren Nachweisen zur Problematik von Haftungsbegrenzungsklauseln auf der Grundlage des alten Rechts; Löwe § 9 Rz 39). Der Ausschluß der Haftung für Kreditauskünfte ist auch gegenüber Kaufleuten unwirksam (s Rz 28). Im übrigen ist der Notwendigkeit einer rationalisierten Geschäftsabwicklung dadurch Rechnung getragen, daß die Sorgfaltsmaßstäbe ihr angepaßt werden (zur Frage der angeblichen Notwendigkeit einer Einschaltung selbständiger und effektiv nicht kontrollierbarer Erfüllungsgehilfen s § 3 Rz 26). Dagegen ist nach den in Rz 33 angeführten Grundsätzen nichts dagegen einzuwenden, daß sich auch im Falle groben Verschuldens die Haftung der Bank nur auf den Zinsausfall beschränkt, wenn Schäden aus Verzögerungen dadurch mitbedingt sind, daß der Kunde die Bank nicht individuell auf die Möglichkeit eines Schadenseintritts aufmerksam gemacht hat (Nr 7 der Allgemeinen Bankbedingungen. Wie hier Lwowski Die Bank 1978, 127; aM Löwe Rz 39). Der Haftungsausschluß für einfaches Verschulden bei Erledigung wiederkehrender oder zu einer bestimmten Zeit auszuführender Aufträge (Nr 4 Abs 4 der Allgemeinen Bedingungen) ist wirksam. Für eine Sonderbehandlung von „Kardinalpflichten" (Rz 36) ist hier wie auch sonst kein Raum (aM Löwe § 9 Rz 39).

b) Für Verträge, die den Gütertransport betreffen, ist das Haftungssystem der ADSp prägend geworden, die nach ihrer Neufassung für das Verhältnis zu privaten Auftraggebern selbst keine Geltung mehr beanspruchen. Mangels besonderer Weisung des Kunden ist der Spediteur zu einer im eigenen Namen, aber auf Rechnung des Kunden abzuschließenden Transportversicherung verpflichtet. Er selbst ist dann für jeden durch die Versicherung gedeckten Schaden frei (§ 41 ADSp). Jedoch deckt die Speditionsversicherung sowohl hinsichtlich des Schadensumfangs als auch der Schadensarten nicht alle Risiken. Die Eigenhaftung des Spediteurs ist ohne Rücksicht darauf, ob der Kunde der Versicherung widerspricht oder nicht, durch Höchstbeträge stark eingeschränkt (§ 54 ADSp), wobei auch dabei keine Sonderregelung für Vorsatz und grobe Fahrlässigkeit getroffen worden ist. Lediglich für den denkbar unwahrscheinlichen Fall einer Unterschlagung oder Veruntreuung durch gesetzliche Vertreter und Prokuristen ist die Haftung unbeschränkt. 55

Dagegen, daß die Haftung gegen Abtretung von Ansprüchen aus einer Transportversicherung und in dem versicherten Umfang ausgeschlossen wird, ist angesichts der garantierten Leistungsfähigkeit der Versicherungen nichts einzuwenden (BGH NJW 1960, 343), auch soweit Schäden in Betracht stehen, die auf grobes Verschulden leitender Angestellter zurückgehen. Die jetzigen Höchstbeträge sind so gehalten, daß man mit ihnen in der Tat einen auch für den Fall groben Verschuldens angemessenen Schadensausgleich erreichen kann (ausführlich in diesem Sinne Helm

VersR 1977, 585 ff). Jedoch verstößt die Inanspruchnahme einer (in der Neufassung freilich gar nicht mehr vorgesehenen) Haftungsbegrenzung auch für den Fall eines groben Verschuldens leitender Angestellter gegen § 9 dann, wenn der Kunde gute Gründe hatte, den Abschluß einer Versicherung auf seine Kosten zu untersagen (BGH NJW 1978, 1918), wohl auch ohne Rücksicht auf die Beweggründe des Kunden, nicht aber, wenn tatsächlich eine Versicherung abgeschlossen wurde. Die im Hinblick hierauf zu weit geratenen Klauseln sind meist in vollem Umfange unwirksam, s § 6 Rz 15). Schon gegen zwingendes Gesetzesrecht (§ 26 GüKG) verstößt § 52 ADSp (BGH NJW 1979, 2470).

Ähnlich liegen die Verhältnisse im Binnenschiffahrtsrecht. Dort hat die Rspr freilich die Haftung für Fälle groben Eigenverschuldens schon früher für unabdingbar erklärt (BGH VersR 1969, 511). Der angestellte Schiffer gehört nicht zu den „leitenden" Angestellten (BGH VersR 1974, 131). Zu den sog „Kardinalpflichten" gerade in diesem Zusammenhang s § 9 Rz 15. (Zum Ganzen sehr ausführlich und materialreich s König Zeitschrift für Binnenschiffahrt und Wasserstraßen 1978, 352, der selbst auch die Haftung des Schiffsführers für grobe Fahrlässigkeit unabdingbar gestellt wissen will).

56 **3. In der Praxis häufig vorkommende Klauseln**

Eine Klausel, welche die Haftung für den Fall „höherer Gewalt" ausschließt, betrifft nur Fälle in denen den Verwender kein Verschulden trifft, Die Klausel ist vernünftigerweise nicht so auszulegen, daß sie auch die Fälle umfassen soll, in welchen der Verwender ausnahmsweise formularmäßig unabdingbar in verschuldensunabhängiger Weise haftet (s dazu oben Rz 46 ff). Es wäre unzumutbar, dem Verwender aufzuerlegen, diese Fälle ausdrücklich aus dem Geltungsbereich der die Folgen höherer Gewalt regelnden Bestimmungen zu nehmen. Solche Klauseln sind daher zulässig. Auch wenn sie nicht näher spezifiziert werden, erfassen sie auch Leistungsstörungen, die auf einen Arbeitskampf zurückgehen, s § 10 Nr 3 Rz 20.

Wie sich die Haftungslage im Falle von **Streik** und **Aussperrung** ausnimmt, ist im übrigen eine sehr komplizierte Rechtsfrage (§ 276 BGB Rz 9). Für das Gros der Fälle haftet aber der Unternehmer schon ex lege nicht für Schäden, die aus arbeitskampfbedingter Leistungsverzögerung oder Leistungsunmöglichkeit herrühren. Eine Klausel, die die Haftung für die Fälle von Streik und Aussperrung ausschließt, ist daher nur ein in bündigen Worten gehaltener Hinweis auf die ohnehin geltende Rechtslage (dazu näher Coester-Waltjen Rz 55 ff). Aus diesem Grunde ist sie wirksam (§ 8 Rz 7 ff). Zu Arbeitskampfklauseln s auch § 10 Nr 3 Rz 20. Hingegen ist eine Klausel, welche die Haftung für jeden Fall von **„Betriebsstörungen"** ausschließen will, unwirksam, weil sie auch solche Fälle umfaßt, in welchen die Betriebsstörung auf grobem Verschulden beruht (Löwe § 9 Rz 101). Wird in letzterem Falle durch Beispiele erläutert, daß nur unverschuldete Fälle von Betriebsstörungen („. . . wie Krankheit, Sabotage, Energieausfälle") gemeint sind, so ist die Klausel harmlos. Was für Betriebsstörungsklauseln gilt, ist rechtens auch für Klauseln, welche global eine Freizeichnung für den Fall von **Schwierigkeiten in der Selbstbelieferung** (Rohstoffverknappung, Ausbleiben von Zulieferungen und dergleichen) begründen sollen (ebenso Löwe § 9 Rz 101, s § 10 Nr 3 Rz 16 f). Es ist das Risiko eines jeden, der Verträge ohne gleichzeitige den Vertragsgegenstand voll abdeckende Deckungsgeschäfte abschließt, daß er zu ihrer Erfüllung mehr aufwenden muß, als er vorausgesehen hat. Unterläßt er solche Mehraufwendungen, so handelt er in aller Regel grob fahrlässig, wenn nicht bedingt vorsätzlich.

§ 11 Nr 8
Verzug, Unmöglichkeit

In Allgemeinen Geschäftsbedingungen ist unwirksam ...

eine Bestimmung, durch die für den Fall des Leistungsverzugs des Verwenders oder der von ihm zu vertretenden Unmöglichkeit der Leistung

a) das Recht des anderen Vertragsteils, sich vom Vertrag zu lösen, ausgeschlossen oder eingeschränkt oder

b) das Recht des anderen Vertragsteils, Schadensersatz zu verlangen, ausgeschlossen oder entgegen Nr 7 eingeschränkt wird.

1. Teilber 71; RefE 15; RegE 32 – s Einl 6 ff.

Schrifttum

Schlosser, Haftungsgrund, Haftungsmaßstab und AGBG, WM 1978, 562; s im übrigen bei § 11 Nr 7.

I. Allgemeines

1. Regelungsanliegen 1

Die Vorschrift ist, insbesondere in ihrem Buchstaben b, die wohl unglücklichste im gesamten Katalog der unwirksamen Klauseln. Ihr Verhältnis zu § 11 Nr 7 ist nicht durchdacht. Den Intentionen der Redaktoren der Bestimmung entspräche wohl eine Gesetzesauslegung, die den AGB-festen Haftungsmaßstab für die Fälle von Unmöglichkeit und Verzug bei der gesetzlichen Regelung ansetzt, lediglich im Falle einfacher Fahrlässigkeit eine gewisse Haftungsbegrenzung, eine formularmäßige Verschärfung der Rücktrittsvoraussetzungen des allgemeinen Schuldrechts hingegen gar nicht zuläßt. Jedoch würde eine Interpretation der Norm in diesem Sinne zu schwer erträglichen Wertungswidersprüchen führen, weshalb eine Auslegung der Bestimmung notwendig ist, nach der man den Haftungsmaßstab in § 11 Nr 8 als nicht mitgeregelt betrachtet (s Rz 6). Nach früherer Rspr war ohnehin der Schadenersatzanspruch für Verzug und Unmöglichkeit bis zur Grenze der groben Fahrlässigkeit ganz abdingbar, wenn das Rücktrittsrecht unangetastet blieb (BGH NJW 1957, 1760; OLG Düsseldorf WM 1972, 83; zur früheren Rspr und ihrer sehr stark auf den Einzelfall abstellenden Begründung im einzelnen Coester-Waltjen Rz 6 f).

2. Anwendungsbereich 2

a) Schließt man sich der soeben gekennzeichneten Grundprämisse an, dann ist das Verhältnis der Nr 8 und 7 von § 11 klar. Der AGB-feste Haftungsmaßstab ist nur in Nr 7 geregelt (dazu näher Rz 6). Andernfalls gälte bei Verzug und Unmöglichkeit für grobes Verschulden Nr 7, für andere Fälle des Vertretenmüssens Nr 8 – als solche bereits eine merkwürdige Konsequenz.

b) Der dem Kunden für den Fall von Verzug des Verwenders oder der Unmöglich- 3
keit der von ihm zu erbringenden Leistung garantierte Schutz setzt freilich, was immer zu beachten ist, schon mit den Nummern 1 und 2 von § 10 ein, auf welchen § 11 Nr 8 aufbaut. In jenen Vorschriften ist festgehalten, daß der Eintritt des Verzugs nicht durch unangemessen lange oder unbestimmte Liefer- und Nachfristen hinausgeschoben werden kann.

4 **c)** Im übrigen gilt zum Anwendungsbereich der Nr 8 das gleiche, was unter § 11 Nr 7 Rz 2 gesagt worden ist. Nur ist in § 23 Abs 2 Nr 4 für die formularmäßige Abdingung der in § 11 Nr 8 genannten Rechte – anders als für die in Nr 7 erwähnten – keine Sonderregelung getroffen.

5 **d)** Folgt man der hier vertretenen Konzeption zum Vorrang der Individualabrede (§ 4 Rz 10), so sind Beschränkungen der dem Kunden im Falle des Verzuges entstehenden Rechte noch kein Verstoß gegen einen individuell fest vereinbarten Liefertermin (aM Löwe Rz 1). Überschneidungen mit § 3 sind aber denkbar.

II. Der Haftungsmaßstab für Verzug und Unmöglichkeit

6 **1. Haftungsmaßstab für Schadensersatzansprüche**

Eine weit verbreitete Lehre glaubt, das AGBG stehe zum Haftungsmaßstab im Falle von Verzug und Unmöglichkeit anders als im Falle der pVV (Löwe Rz 8; Hensen Rz 9 ff; Dietlein-Rebmann Rz 4 ff; Koch-Stübing Rz 13; Kötz Rz 71; aM Coester-Waltjen Rz 13, 19; Dittmann-Stahl Rz 444; Stein Rz 66). Für sie ist der Versuch, insoweit die Haftung nur bei bestimmten Verschuldensgraden eintreten zu lassen, gleichbedeutend mit einem teilweisen Haftungs„ausschluß“, der scharf von der für sie einzig zulässigen „Begrenzung“ des Haftungsumfangs zu unterscheiden ist. Die Entstehungsgeschichte des Gesetzes scheint den Anhängern dieser Lehre Recht zu geben (BR-Drucks 360/75, 32; 1. Teilber 71). Man glaubte, eine AGB-feste Haftungsgarantie gerade für Verzug und Unmöglichkeit sei nötig, um den Lieferanten zur Leistung anzuhalten. Dabei übersah man jedoch, daß ein Unternehmer, der in Kenntnis seiner Leistungspflicht, ggf nach Abmahnung, nicht leistet, in aller Regel vorsätzlich, in jedem Falle aber grob fahrlässig handelt. Auch § 11 Nr 7 verbürgt also eine hinreichende Garantie der Leistungstreue des Verwenders (näher Schlosser WM 1978, 566). Dies gestattet es, § 11 Nr 8 iS einer Wertungskongruenz in der Behandlung von pVV einerseits und Unmöglichkeit und Verzug andererseits auszulegen. Denn mit den Rechtsgrundsätzen zur pVV wird nicht etwa nur die Vernachlässigung unselbständiger Nebenpflichten sanktioniert. Vielmehr erfaßt der Schadensersatzanspruch wegen Schlechtleistung wie bei Verzug und Unmöglichkeit auch und gerade das eigentliche Erfüllungsinteresse (Vorbem 20 zu §§ 275-283 BGB). Es gibt aber keinen Grund, warum jemand, der Vertragsverletzungen typischerweise in der Form von Schlechterfüllung einschließlich ihrer gewährleistungsrechtlichen Sonderformen begeht (Auskunftei, Anwalt, Architekt, Ingenieur), seine Haftung stärker soll einschränken dürfen als derjenige, dessen Vertragsverletzungen häufig die Form von Verzug und Unmöglichkeit annehmen (näher Schlosser WM 1978, 566 f).

Zu besonders uneinsichtigen Differenzierungen muß die hL für diejenigen Verschuldenshaftungsfälle kommen, die bei Abwicklung eines Werkvertrages entstehen können. Die Haftung für leichte Fahrlässigkeit wäre nicht ausschließbar für den Fall, daß die Herstellung des Werkes unmöglich wird oder sich verzögert. Das gleiche gälte für den Fall, daß der Unternehmer mit der Beseitigung eines Mangels in Verzug gerät (§ 633 Abs 3 BGB). Für den Fall, daß der Besteller die Mangelhaftigkeit des Werkes zum Anlaß nimmt, nach § 635 BGB Schadensersatz wegen Nichterfüllung zu verlangen, müßte demgegenüber eine auf leichte Fahrlässigkeit beschränkte Freizeichnung zulässig sein, obwohl doch die Rechte aus dieser Vorschrift nach Abnahme des Werkes an die Stelle der zuvor bestehenden Unmöglichkeits- und Verzugshaftung treten. Unannehmbar ist es auch, daß mit Erlaß des AGBG plötzlich all jene Abgrenzungsfragen zwischen Unmöglichkeit, pVV und

Verzug Relevanz sollten erhalten haben, deren sich die bisherige Dogmatik lediglich im Dienste der systematischen Gefälligkeit angenommen hat. Eine wertungsjuristische Interpretation spricht daher dafür, § 11 Nr 8 so auszulegen, daß der AGB-feste generelle Haftungsmaßstab auch für die Fälle von Unmöglichkeit und Verzug in § 11 Nr 7 geregelt ist. Mit dem Wortlaut des § 11 Nr 7 Buchst b ist dies vereinbar. Man kann nämlich den Satzbestandteil „oder entgegen Nr 7 eingeschränkt wird" auch so verstehen, daß die Haftung nicht in einer Weise „begrenzt" werden darf, die auch im Falle groben Verschuldens noch wirkte. Damit bringt Nr 8 in Buchst b zwar nichts anderes zum Ausdruck als das, was aus Nr 7 ohnehin schon folgt. Jedoch muß die Notwendigkeit, Wertungswidersprüche zu vermeiden, Vorrang vor der Regel haben, daß dem Gesetzgeber nicht unterstellt werden kann, in zwei Bestimmungen dasselbe geregelt zu haben. Entgegen früheren Versuchen (Schlosser WM 1978, 567 in Anschluß an Coester-Waltjen Rz 11, 13), führt es auch nicht weiter, dem § 11 Nr 8 Buchst b dadurch künstlich einen kleinen eigenständigen Anwendungsbereich zu erhalten, daß man ihn auf Fälle anwendet, in welchen der AGB-feste Haftungsmaßstab ausnahmsweise verschuldensunabhängig ist (Fälle dazu § 11 Nr 7 Rz 46). Für die Art der dann zulässigen gegenständlichen Haftungsbegrenzungen gäbe § 11 Nr 8 keine Gesichtspunkte ab, die konkreter wären als das, was sich in Anwendung von § 9 ohnehin sagen läßt.

2. Subjektiver Maßstab für die Auslösung von Rücktrittsrechten 7

Da sich § 11 Nr 7 nicht generell auf den subjektiven Maßstab für die Auslösung von Rechtsnachteilen, sondern nur auf die Schadensersatz-Haftungs-Voraussetzungen bezieht, zwingen die in Rz 6 für Buchst b entwickelten Interpretationsgrundsätze nicht dazu, die subjektiven Voraussetzungen für das Recht des anderen Vertragsteils, sich vom Vertrag zu lösen, einer AGB-Regelung für zugänglich zu halten. Vielmehr ist es der Sinn von Nr 8 Buchst b, die gesetzlichen Voraussetzungen der an „Vertretenmüssen" geknüpften Rücktritts- und Kündigungsrechte AGB-fest zu machen (aM noch Schlosser WM 1978, 567 f). Im übrigen würde freilich für den Fall der Unmöglichkeit § 323 BGB meist zum gleichen Ergebnis wie ein Rücktrittsrecht führen. Ein zunächst vielleicht nur leicht fahrlässiger Verzug wird im allgemeinen sehr bald grob fahrlässig, wenn nicht gar bedingt vorsätzlich.

III. Die Einzelheiten der gesetzlichen Regelung

1. Schadenersatzbegrenzungen 8

a) Zu den Begriffen Verzug und Unmöglichkeit s § 275 BGB Rz 2 ff; § 284 BGB Rz 2 ff. Nur Unmöglichkeit im Sinne von § 275 BGB ist gemeint, nicht anfängliche Unmöglichkeit. Gegen die Versuche des Verwenders, den Eintritt der Verzugsfolgen unangemessen hinauszuschieben, schützt seinen Vertragspartner aber § 10 in seinen Nr 1-4.

Jeder Verzug mit einer Hauptleistungspflicht und jeder Fall der Unmöglichkeit einer solchen unterfällt der Vorschrift. Es handelt sich vor allem um die Fälle der §§ 280, 286, 325, 440 Abs 4 BGB. Auch der Verzug mit einer Nachbesserungsverpflichtung ist gemeint.

b) Die Parallelität von Unmöglichkeitshaftung und Verzugshaftung zeigt, daß sinnvollerweise nur die durch Verzug ausgelöste Haftung für Nichterfüllung, nicht die neben dem Erfüllungsanspruch bestehenbleibende Haftung für den **Verzugsschaden** gemeint ist (Hensen Rz 11; Reuter Betrieb 1978, 193; aM OLG Stuttgart BB 1979, 9

1468 COESTER-WALTJEN Rz 28; LÖWE Rz 7; KOCH-STÜBING Rz 11; PALANDT-HEINRICHS Anm 8 a bb; KÖTZ Rz 71). Das ist wichtig, wenn man der hM zur Grundstruktur von Nr 8 (s Rz 6) folgt. Die Haftung für Verzugsschäden kann auch auf der Basis der hier abgelehnten Prämisse von grober Fahrlässigkeit abhängig gemacht werden, die freilich, wenn der Verzug längere Zeit andauert, meist bald eintreten wird.

10 **c)** Folgt man der hM zur Grundstruktur von Nr 8 (s Rz 6), so sind die Arten der für den Fall einfacher Fahrlässigkeit **zulässigen Haftungsbegrenzungen** nicht leicht festzulegen. Summenmäßige Begrenzungen und solche Begrenzungen, welche bestimmte Arten von Schäden ausklammern, sind als prinzipiell zulässig zu erachten und nur dann unwirksam, wenn sie praktisch auf einen Haftungsausschluß hinauslaufen. Für solche vertragliche Beziehungen, deren verzögerte oder unmöglich gewordene Erfüllung praktisch nur Vermögensschäden auslösen kann, darf nicht gerade der Ersatz von Vermögensschäden ausgeschlossen werden. Auch ein Vielfaches des vom Kunden gezahlten Entgelts kann als Begrenzungsmaßstab dienen (skeptisch LÖWE Rz 7). Bei der Klauselgestaltung ist aber immer zu beachten, daß für den Fall groben Verschuldens keinerlei Haftungsbeschränkung zulässig ist.

11 **d)** Folgt man der hier entwickelten grundsätzlichen Einstellung (s Rz 6) nicht, so fallen unter § 11 Nr 8 auch ein Ausschluß und eine übermäßige Begrenzung der **verschuldensunabhängigen Haftung des Verwenders nach § 287 S 2 BGB** (HENSEN Rz 8). Die Grenze der Zulässigkeit gegenständlicher Beschränkungen von Schadensersatzansprüchen kann für diese Hypothese nicht allgemein angegeben werden. Zu denken ist an vernünftige Höchstsummen, typische Schäden, voraussehbare Schäden, direkte Schäden und ähnliches.

12 2. Beschränkungen des Rechts des Vertragspartners des Verwenders, sich vom Vertrag zu lösen

a) Lösungsrechte, die an „Vertretenmüssen" geknüpft sind, gibt das BGB für den Fall des Verzugs in § 326 und in § 455, für den Fall der Unmöglichkeit in § 325. Formulierungen, die § 326 II BGB unberücksichtigt ließen, verfielen der Inhaltskontrolle (OLG Stuttgart BB 1979, 1468). Daß das Gesetz nicht vom Rücktritt, sondern allgemein vom Rechtspricht, sich vom Vertrag zu lösen, rührt von der Eigenart der Dauerschuldverhältnisse, einschließlich der Suzessivlieferungsverhältnisse (KÖTZ Rz 70) her, bei denen an die Stelle des Rücktritts die Kündigung tritt (BGH WM 1972, 628). Für den Fall eines vom Verwender in zu vertretender Weise gesetzten Grundes zur außerordentlichen Kündigung darf das Kündigungsrecht seines Vertragspartners nach Nr 8 Lit a nicht ausgeschlossen werden. Jedoch hat der Gesetzgeber auch diese Regelung nicht durchdacht. Daß das Recht zur außerordentlichen Kündigung aus wichtigem Grunde nicht formularmäßig ausgeschlossen werden kann, folgt schon daraus, daß es auch individuell nicht disponibel ist. Darin liegt auch die von KÖTZ (aaO) vermißte Gleichstellung des Rücktrittsrechtes wegen positiver Vertragsverletzung. Immerhin kann in AGB näher festgelegt werden, was im Rahmen eines Dauerschuldverhältnisses zulässige und nicht zulässige Verhaltensweisen und damit auch, was außerordentliche Kündigungsgründe sind und was nicht.

Gesetzliche Befugnisse, sich von einem Vertrag zu lösen, die **nicht an ein subjektives Vertretenmüssen anknüpfen**, erfaßt Nr 8 nicht (DIETER SCHMID NJW 1979, 19). So ist etwa § 636 BGB nicht im vollen Umfange AGB-fest (aM LÖWE Rz 5; COESTER-WALTJEN Rz 12). Vielmehr kann das „Wandlungs-"Recht des anderen Vertragsteils durch AGB an die normalen Verzugs-, nämlich Verschuldensvoraussetzungen geknüpft werden.

b) Eine **Beschränkung eines Rechts, sich vom Vertrag zu lösen,** liegt vor, wenn die Ausübung des Rechts irgendwie erschwert wird, etwa von einer bestimmten Verzugsdauer oder grobem Verschulden (Coester-Waltjen Rz 16) oder das Rücktrittsrecht von weiteren, im Gesetz nicht vorgesehenen Voraussetzungen abhängig gemacht wird. Das ist zB der Fall, wenn bei kalendermäßig festliegenden Leistungszeiten für den Verzugseintritt noch eine Mahnung als erforderlich erklärt wird (Löwe Rz 6). Auch eine Klausel, die den Vertragspartner des Verwenders zwingt, sich früher als im Gesetz vorgesehen zu entscheiden, ob er vom Vertrag zurücktreten will, ist eine unter den weiteren Voraussetzungen der Nr 8 unzulässige Beschränkung des Rücktrittsrechts (Coester-Waltjen Rz 16). Auch mittelbare Beschränkungen sind unzulässig, etwa durch Beschneidungen der im Falle des Rücktritts entstehenden Rückerstattungsansprüche (Stürner BWNotZ 1977, 11). Deren Pauschalierung iSv § 10 Nr 7 ist aber keine Rechtsbeschneidung. Auch darin liegt noch keine Beschränkung des Rechts, sich von einem Vertrag zu lösen, daß weitergehende, mit der Lösung vom Vertrag verbundene, aber nicht seine Rückabwicklung betreffende Rechte ausgeschlossen oder beschränkt werden. 13

3. Sonstige Rechte des Vertragspartners des Verwenders 14

Andere, dem Vertragspartner des Verwenders unter den Voraussetzungen der Nr 8 zustehenden Rechte können abbedungen werden, zB der Anspruch auf Herausgabe des stellvertretenden commodum, § 325 Abs 1 S 2, § 323 BGB (Coester-Waltjen Rz 20).

Zu § 9 s § 9 Rz 48. Für den Fall, daß sich die Unmöglichkeit im Herrschaftsbereich des Vertragspartners ereignet (nicht abgenommenes Werk wird auf dem Grundstück des Vertragspartners zerstört), kann aber durch AGB ausbedungen werden, daß dem Verwender die bereits geleisteten Aufwendungen zu ersetzen sind.

IV. Kaufleute

1. Ausschluß von Schadensersatzansprüchen 15

Die Mißglücktheit der Vorschrift erlaubt es, den Gedanken zu verbannen, daß sie in ihrem Buchstaben b, vermittelt über § 9, in irgendeiner Weise auch im kaufmännischen Verkehr anwendbar sein könnte (aM Coester-Waltjen Rz 21). Dieser ist ausreichend dadurch geschützt, daß man auch in seinem Bereich eine Haftungsfreizeichnung für grobes Verschulden aller zur Vertragsabwicklung eingesetzter Personen nicht anerkennt (s § 11 Nr 7 Rz 51 ff). In Sondersituationen geht auch der Schutz des Kaufmannes als Vertragspartner des AGB-Verwenders noch weiter (§ 11 Nr 7 Rz 54 f). Jedoch sind die entsprechenden Wertungen immer unmittelbar der Interessenlage zu entnehmen. Eine positiv-rechtliche Anlehnung an § 11 Nr 8 kann nur zur Verwirrung führen (teilw aM – nämlich nur Schadenspauschalierungen, aber keinen Schadensersatzausschluß zulassend Graf von Westphalen Rz 10; differenzierend, nämlich gegenüber Zwischenhändlern besonders wachsam Hensen Rz 11; Koch-Stübing Rz 17).

2. Beschränkungen der Möglichkeit, sich vom Vertrag zu lösen 16

Buchstabe a ist, von kaufmännischen Sondergeschäftstypen möglicherweise abgesehen, auch im beiderseits kaufmännischen Verkehr anwendbar (Graf von Westphalen Rz 10; Hensen Rz 19; allgM).

17 **V. Hinweise für die Klauselgestaltung**

Die in Rz 6 geschilderte hM wurde schon manchem Klauselaufsteller zum Verhängnis, wenn er glaubte, mit der Formel „wir haften nur im Falle groben Verschuldens unsererseits und unserer Hilfspersonen" eine dem AGBG entsprechende Haftungsregelung gefunden zu haben. Verführerisch ist eine solche Idee vor allen Dingen dann, wenn es sich um einen Vertragstyp handelt, der Probleme der Haftung für Verzug und Unmöglichkeit nur sehr selten aufwirft. Das ist etwa bei Verträgen über selbständige Dienstleistungen der Fall, wie bei Verträgen mit einer Auskunftei, einem Detektivbüro, einem Vermögensberater. Auch im Zusammenhang mit solchen Verträgen ist dringend zu raten, der Hypothesen Verzug und nachträgliche Unmöglichkeit eigens zu gedenken und, wenn man nicht Auseinandersetzungen mit einem iSv § 13 klagebefugten Verband riskieren will, der herrschenden Interpretation von § 11 Nr 8 Rechnung zu tragen, s dazu § 11 Nr 7 Rz 32.

§ 11 Nr 9
Teilverzug, Teilunmöglichkeit

In Allgemeinen Geschäftsbedingungen ist unwirksam . . .

eine Bestimmung, die für den Fall des teilweisen Leistungsverzuges des Verwenders oder bei von ihm zu vertretender teilweiser Unmöglichkeit der Leistung das Recht der anderen Vertragspartei ausschließt, Schadensersatz wegen Nichterfüllung der ganzen Verbindlichkeit zu verlangen oder von dem ganzen Vertrag zurückzutreten, wenn die teilweise Erfüllung des Vertrages für ihn kein Interesse hat.

1. Teilber 73; RefE 15; RegE 32 – s Einl 6 ff.

I. Allgemeines

1 **1. Gesetzgeberisches Grundanliegen**

Nach § 325 Abs 1 S 2 BGB kann der Gläubiger aus einem gegenseitigen Vertrag Schadensersatz wegen schuldhafter Nichterfüllung der ganzen Verbindlichkeit verlangen, bzw vom gesamten Vertrag zurücktreten, wenn seinem Schuldner nur ein Teil der vorgesehenen Leistung unmöglich geworden ist – vorausgesetzt, daß die Leistung des noch möglich gebliebenen Teils für den Gläubiger kein Interesse hat. § 326 Abs 1 S 3 BGB sieht das Gleiche für den Fall von Verzug und darauf folgender Fristsetzung mit Ablehnungsandrohung vor. Für den im AGB-Zusammenhang kaum praktisch werdenden Fall des einseitig verpflichtenden Vertrages und der Unmöglichkeit bzw verzögerlichen Erfüllung der aus ihm entspringenden Obligation findet sich in §§ 280 Abs 2, 286 Abs 2 BGB eine entsprechende Regelung. § 11 Nr 9 soll verhindern, daß AGB-Verwender ihren Kunden als Gläubiger der Sachleistung aus einem Vertrag Teilleistungen aufdrängen, die für diese angesichts der Unmöglichkeit der oder der unzumutbar gewordenen Verzögerung mit der Erbringung der weiter geschuldeten Teilleistung nicht von Interesse sind.

2 **2. Anwendungsbereich**

Die Vorschrift ist nur in sehr mittelbarem Sinne eine Ergänzung von § 11 Nr 8. Was dort für den Haftungsmaßstab im Falle der Unmöglichkeit oder des Verzugs gesagt ist (s dazu dort Rz 6), gilt insofern auch für § 11 Nr 9. § 11 Nr 8 gilt also auch, wenn es darum geht, ob teilweise Unmöglichkeit oder teilweiser Verzug zu vertreten ist. In Konsequenz der herrschenden, hier aber abgelehnten Meinung (s § 11 Nr 8 Rz 6) können die in § 325 Abs 1 S 2 und § 326 Abs 1 S 3 BGB dem Vertragspartner des Verwenders verbürgten Schadensersatzansprüche auch für den Fall der nur leichten Fahrlässigkeit lediglich umfangmäßig eingeschränkt, ebensowenig wie die in den genannten Normen verankerten Rücktrittsrechte aber ausgeschlossen werden (unter den Vertretern der hM zu § 11 Nr 8 abweichend nur DIETLEIN-REBMANN Rz 3). Nach der hier vertretenen Meinung können auch die in § 11 Nr 9 garantierten Schadensersatzansprüche auf den Fall groben Verschuldens begrenzt werden, nicht aber die Voraussetzungen für das Rücktrittsrecht.

II. Inhalt der Regelung

1. Teilleistungsbestimmungen im Gesetz 3

Die Vorschrift betrifft alle gesetzlichen Regelungen, die vorsehen, daß im Falle der teilweisen, vom Schuldner zu vertretenden Unmöglichkeit der Leistung oder des teilweisen Verzuges mit der Leistung Schadensersatz wegen Nichterfüllung des gesamten Vertrages verlangt, bzw vom gesamten Vertrag zurückgetreten werden kann. Auch soweit dies in spezialgesetzlichen Regelungen der Fall sein sollte, die für ihren Anwendungsbereich das allgemeine Schuldrecht des BGB verdrängen, gilt § 11 Nr 9. Die Vorschrift gilt auch für den Fall des § 636 BGB (BRANDNER Rz 6), auf welchen §§ 325 Abs 1 S 2, 326 Abs 1 S 3 BGB entsprechend anwendbar sind (s Erl zu § 636 BGB). Ist der Leistungsgegenstand von vornherein nicht teilbar, so treten ohnehin die gesetzlichen Folgen von Unmöglichkeit und Vollzug ein, wenn „Teile" nicht erbracht werden können oder nicht rechtzeitig erbracht werden (Beispiel: nur „Teile" einer an Ort und Stelle zusammenzusetzenden Maschine werden geliefert; s dazu näher § 325 BGB Rz 73).

Der letzte Satzbestandteil der Vorschrift („wenn die teilweise Erfüllung des Vertrages für ihn kein Interesse hat") ist nach geltendem Recht überflüssig. Es gibt keine Vorschrift des dispositiven Rechts, welche im Falle teilweisen Verzugs oder teilweiser Unmöglichkeit Schadensersatz wegen Nichterfüllung der gesamten Verbindlichkeit oder das Recht zum Rücktritt vom gesamten Vertrag gewährte, obwohl die teilweise Erfüllung des Vertrages für den Gläubiger durchaus von Interesse ist. Sollte eine künftige dispositive gesetzliche Regelung derartiges vorsehen – was im Interesse der Vermeidung unangenehmer Auseinandersetzungen um das „Interesse" des Gläubigers durchaus erwägenswert wäre –, dann könnte sie formularmäßig soweit wieder abbedungen werden, daß nur der Gläubiger geschützt wird, der kein Interesse an der Teilleistung hat. Daß am Schluß der Vorschrift anstelle des gebotenen weiblichen Pronomen „sie" das männliche „ihn" steht, ist ein Redaktionsversehen.

2. Das Interesse des Gläubigers 4

a) Zu den Voraussetzungen, wann die teilweise Erfüllung des Vertrages für den Gläubiger kein Interesse hat, und den im Zusammenhang damit auftretenden Beweislastfragen s § 325 BGB Rz 77 ff, § 326 BGB Rz 171. AGB-Klauseln können aber nähere Bestimmungen dazu treffen, in welchen Situationen ein Interesse des Kunden des Klauselverwenders an Schadenersatz wegen Nichterfüllung der gesamten Verbindlichkeit bzw am Rücktritt vom gesamten Vertrag besteht. Eine solche Regelung muß nur inhaltlich vertretbar sein. Daß ein Richter, der nur mit der generalklauselartigen Formel der gesetzlichen Bestimmungen arbeiten müßte, die Feinabgrenzung vielleicht geringfügig anders vornehmen würde, steht dem nicht entgegen. Klauseln, welche die notwendige Differenzierung zwischen Teilleistungen, an denen der Gläubiger Interesse hat, und solchen, an denen sein Interesse fehlt, unterlassen, sind in ihrem gesamten Umfange unwirksam (Koch-Stübing Rz 13, 14). Die gesetzliche Regelung tritt an ihre Stelle.

5 **b)** § 11 Nr 9 gilt auch für **Dauerschuldverhältnisse.** Dann gibt es ein Rücktrittsrecht im technischen Sinne zwar nur für die Zeit, bis zu der die Durchführung des Rechtsverhältnisses noch nicht begonnen hat (s § 325 BGB Rz 80, § 326 BGB Rz 24 ff). Eben für diese Zeit dürfen auch im Falle von Dauerschuldverhältnissen die bei Teilunmöglichkeit oder Teilverzug dem Vertragspartner des AGB-Verwenders bezüglich des gesamten Vertrages zustehenden Rechte nicht abbedungen werden. So darf der Vermieter nicht formularmäßig vorsehen, daß das Mietverhältnis mit einem Teil der angemieteten Räume anläuft – oder sich gar definitiv auf diesen Teil beschränkt – wenn sich herausstellen sollte, daß die übrigen Teile nicht oder nicht rechtzeitig zur Verfügung gestellt werden können. Für die Zeit nach Anlaufen eines Dauerschuldverhältnisses läßt man ein Rücktrittsrecht im technischen Sinne nicht mehr zu, sondern nur noch eine Kündigung aus wichtigem Grund. Der Sinn von § 11 Nr 9 verlangt, daß auch das Recht des Vertragspartners des Verwenders nicht eingeschränkt werden darf, ein Dauerschuldverhältnis insgesamt zu kündigen, wenn der wichtige Grund hierzu sich auf Teile des Vertragsobjektes (einzelne angemietete Räume) bezieht, die Fortsetzung des Verhältnisses mit dem Rest für den Vertragspartner aber ohne Interesse ist. Auch der Schadensersatzanspruch für den Fall, daß die Fortsetzung eines bereits angelaufenen Dauerschuldverhältnisses teilweise unmöglich wird (das Mietobjekt wird teilweise zerstört), kann nicht formularmäßig auf die Konsequenzen „der unmöglich gewordenen Teile der Leistung" beschränkt werden. Nicht denkbar ist, daß die im Falle der Durchführung eines Dauerschuldverhältnisses eintretende Unmöglichkeit das Interesse des Kunden für die Zeit der reibungslosen Durchführung des Dauerschuldverhältnisses rückwirkend entfallen läßt. Nur kann sein Schaden so hoch oder gar höher sein, als wenn die Durchführung des Dauerschuldverhältnisses bereits vor seinem Anlaufen unmöglich geworden wäre. Dieser Schadensersatzanspruch kann ohnehin nur im Rahmen des nach § 11 Nr 7, 8 Zulässigen eingeschränkt werden.

6 3. Rechtsbeschränkungen und Rechtsausübungsregelungen

Eine inhaltlich endgültig gedachte und über das in §§ 11 Nr 7, 8 gestattete Maß hinausgehende Beschränkung des Rechtes auf Schadensersatz wegen Nichterfüllung des gesamten Vertrages oder der Befugnis des Rücktritts vom gesamten Vertrag ist nicht möglich. Für das Rücktrittsrecht würde eine inhaltliche „Beschränkung" gerade auf das Gegenteil dessen hinauslaufen, was § 11 Nr 9 garantieren möchte. Für den Schadensersatzanspruch sind die möglichen inhaltlichen Beschränkungen in §§ 11 Nr 7, 8 abschließend geregelt. Wohl aber können in AGB den Gläubiger belastende Rechtsausübungsregelungen stehen, die mit § 10 Nr 2 vereinbar sind. Zu Rechtsausübungsregelungen bezüglich des Schadensersatzanspruches s § 11 Nr 7 Rz 20.

7 4. Teilleistungsregelungen

Scharf von den in § 11 Nr 9 geregelten Tatbeständen abzugrenzen sind Klauseln, die dem Schuldner erlauben, seine Leistungspflicht in Raten zu erfüllen, also in verschiedenen Teilen zu erbringen. Der Gerechtigkeitsgehalt von § 266 BGB ist nicht so stark, daß er generell keine formularmäßige Abdingung vertrüge (BGH MDR 1962, 120; allgM). Die Rspr hat ohnehin auch ohne Vorhandensein entsprechender AGB-Klauseln Gläubiger häufig für verpflichtet erachtet, Teilleistungen anzunehmen (s Erl zu § 266 BGB). Es versteht sich, daß für die einzelnen Leistungsteile nicht Fristen ausbedungen werden dürfen, die iSv § 10 Nr 1 unangemessen lang oder zu unbestimmt sind. Wird eine der ausstehenden Teilleistungen nicht fristgemäß erbracht, so stehen dem Kunden in AGB-fester Weise die Rechte aus § 326 BGB offen, deren Ausübung wiederum den gesamten Vertrag betreffen kann, wenn die bislang erbrachten Leistungsteile für ihn kein Interesse haben.

Bei der Formulierung von Teilleistungsklauseln ist aber immer sehr Bedacht darauf zu nehmen, daß sie nicht eine Gestalt erhalten, in der sie dem Kunden auch die ihm nach § 11 Nr 9 garantierten Rechte nehmen. Denn dann sind sie in vollem Umfange unwirksam (s dazu § 6 Rz 15 ff).

5. Spiegelbildliche Anwendung der Vorschrift? 8

Daß man sich mit einer teilweisen Leistung zufrieden geben muß und dem Schuldner nicht die rechtliche Belastung einer Nichterfüllung des gesamten Vertrages überbürden darf, wenn man objektiv ein Interesse an der teilweisen Leistung hat, ist eine Regelung von erheblichem Gerechtigkeitsgehalt. Daher kann der Gläubiger der Sachleistung in seinen eigenen Bedingungen (Einkaufsbedingungen) nicht vorsehen, daß er im Falle teilweiser Unmöglichkeit oder teilweisen Verzugs ohne Rücksicht auf irgendwelche weiteren Interessenabwägungen Schadensersatz wegen Nichterfüllung der gesamten Verbindlichkeit geltend machen oder vom gesamten Vertrag zurücktreten kann.

III. Kaufleute 9

Im kaufmännischen Verkehr mag es eher als sonst zumutbar sein, daß sich der Gläubiger mit dem möglichen Teil der dem Schuldner obliegenden Leistung zufrieden gibt und nur wegen des Restes die Rechtsbehelfe aus schuldhafter Nichterfüllung des Vertrages ergreift. Auch kann man in diesem Bereich großzügiger mit formularmäßigen Abgrenzungen des „Interesses" des Gläubigers an teilweiser Erfüllung sein. Grundsätzlich anwendbar ist § 11 Nr 9 auch im beiderseits kaufmännischen Verkehr (allgM). Legt man § 11 Nr 8 iS der hL aus (s dort Rz 6 – für Unmöglichkeit und Verzug auch leichte Fahrlässigkeit zwingender Haftungsmaßstab), so muß man jedenfalls für den kaufmännischen Bereich sagen, daß für den Fall leichter Fahrlässigkeit Schadensersatzansprüche ausgeschlossen werden können, wenn dem Kunden das Rücktrittsrecht bezüglich des gesamten Vertrages gewährleistet bleibt (Graf von Westphalen Rz 5).

§ 11 Nr 10
Gewährleistung

In Allgemeinen Geschäftsbedingungen ist unwirksam ...

eine Bestimmung, durch die bei Verträgen über Lieferungen neu hergestellter Sachen und Leistungen

a) (Ausschluß und Verweisung auf Dritte)
die Gewährleistungsansprüche gegen den Verwender einschließlich etwaiger Nachbesserungs- und Ersatzlieferungsansprüche insgesamt

oder bezüglich einzelner Teile ausgeschlossen, auf die Einräumung von Ansprüchen gegen Dritte beschränkt oder von der vorherigen gerichtlichen Inanspruchnahme Dritter abhängig gemacht werden;

**b) (Beschränkung auf Nachbesserung)
die Gewährleistungsansprüche gegen den Verwender insgesamt oder bezüglich einzelner Teile auf ein Recht auf Nachbesserung oder Ersatzlieferung beschränkt werden, sofern dem anderen Vertragsteil nicht ausdrücklich das Recht vorbehalten wird, bei Fehlschlagen der Nachbesserung oder Ersatzlieferung Herabsetzung der Vergütung oder, wenn nicht eine Bauleistung Gegenstand der Gewährleistung ist, nach seiner Wahl Rückgängigmachung des Vertrags zu verlangen;**

**c) (Aufwendungen bei Nachbesserung)
die Verpflichtung des gewährleistungspflichtigen Verwenders ausgeschlossen oder beschränkt wird, die Aufwendungen zu tragen, die zum Zweck der Nachbesserung erforderlich werden, insbesondere Transport-, Wege-, Arbeits- und Materialkosten;**

**d) (Vorenthalten der Mängelbeseitigung)
der Verwender die Beseitigung eines Mangels oder die Ersatzlieferung einer mangelfreien Sache von der vorherigen Zahlung des vollständigen Entgelts oder eines unter Berücksichtigung des Mangels unverhältnismäßig hohen Teils des Entgelts abhängig macht;**

**e) (Ausschlußfrist für Mängelanzeige)
der Verwender dem anderen Vertragsteil für die Anzeige nicht offensichtlicher Mängel eine Ausschlußfrist setzt, die kürzer ist als die Verjährungsfrist für den gesetzlichen Gewährleistungsanspruch;**

**f) (Verkürzung von Gewährleistungsfristen)
die gesetzlichen Gewährleistungsfristen verkürzt werden.**

1. Teilber 74; RefE 16; RegE 33 – Einl 6 ff.

Systematische Übersicht

I. Das Regelungsanliegen der Gesamtvorschrift 1

II. Anwendungsbereich der Vorschrift
1. Die von § 11 Nr 10 erfaßten Verträge 2
a) Verträge über Lieferung neu hergestellter Sachen 3
b) Verträge über Leistungen 11
2. Abgrenzung zu anderen Vorschriften 15

III. Ausschluß der Gewährleistung und Verweisung auf Dritte (§ 11 Nr 10 a)
1. Allgemeines 19
2. Verbot des vollständigen Gewährleistungsausschlusses (§ 11 Nr 10 a 1. Alt) 20
3. Verbot der Gewährleistungsersetzung durch Einräumung von Ansprüchen gegen Dritte (§ 11 Nr 10 a 2. Alt) 26
4. Verbot der Abhängigkeit der Eigengewährleistung von vorheriger gerichtlicher Inanspruchnahme Dritter (§ 11 Nr 10 a 3. Alt) 28
5. Kaufleute 38

IV. Beschränkung der Gewährleistung auf Nachbesserung oder Ersatzlieferung (§ 11 Nr 10 b)
1. Allgemeines 41
2. Das Mindestrecht auf Nachbesserung oder Ersatzlieferung 42
3. Fehlschlagen der Nachbesserung 43
4. Fehlschlagen der Ersatzlieferung 50
5. Geltendmachung von Nachbesserung bzw Ersatzlieferung 51
6. Vorbehalt des Wandelungs- und Minderungsrechtes 52
7. Kaufleute 56

V. Aufwendungen bei Nachbesserungen (§ 11 Nr 10 c)
1. Allgemeines 57

2. Die Verpflichtung zur Tragung der Aufwendungen 58
3. Umfang der zu tragenden Aufwendungen 59
4. Entsprechende Anwendung von § 11 Nr 10 c auf Kosten der Ersatzlieferung 62
5. Kaufleute 63

VI. Vorenthalten der Mängelbeseitigung (§ 11 Nr 10 d)
1. Allgemeines 64
2. Vorenthalten der Mängelbeseitigung bis zur vollständigen Entgeltzahlung 65
3. Vorenthalten der Mängelbeseitigung bis zur Bezahlung eines unverhältnismäßig · hohen Entgeltanteiles 66
4. Rechtsfolgen des Verstoßes gegen § 11 Nr 10 d 68
5. Kaufleute 70

VII. Ausschlußfrist für Mängelanzeigen (§ 11 Nr 10 e) 71
1. Allgemeines
2. Unterscheidung zwischen offensichtlichen und nicht offensichtlichen Mängeln 73
3. Ausschlußfrist bei offensichtlichen Mängeln 76
4. Ausschlußfrist bei nicht offensichtlichen Mängeln 77
5. Kaufleute 79

VIII. Verkürzung von Gewährleistungsfristen (§ 11 Nr 10 f)
1. Allgemeines 80
2. Das Verbot der Fristverkürzung 82
3. Rechtsfolgen eines Verstoßes 85
4. Kaufleute 86

IX. Spiegelbildliche Anwendung von § 11 Nr 10
1. Allgemeines 87
2. Verschärfung und Erweiterung von Gewährleistungspflichten 88
3. Ausschluß und Verlängerung von Rüge- und Verjährungsfristen 89
4. Spiegelbildliche Anwendung von § 11 Nr 10 f insbesondere 91

Alphabetische Übersicht

Antiquitäten 8
Architekt, Abtretung von Ansprüchen gegen 30
Architektenverträge 11, 84
Auftragsunternehmen 26
Aufwendungen 59
Auskunftspflicht des Verwenders 32
Ausschlußfrist für Mängelanzeige 71 ff
– bei Garantie 78
– bei nichtoffensichtlichen Mängeln 77
– bei offensichtlichen Mängeln 76
– Fristbeginn 76
– Fristende 76
– im Handelsverkehr 79

Bauleistung 54
Bauträger 37
Bauträgerverträge 11, 54, 83
Besitzrecht 4
Beweislast, bei Inanspruchnahme Dritter 36
–, für Offensichtlichkeit von Mängeln 75

Discountverkauf 24
Drittverweisungsklausel 19, 26
– für einzelne Teile 27
– im Handelsverkehr 39

Eigenschaft, zugesicherte 18
Eigentumswohnungen 9
– gemeinschaftliches Eigentum 9
– Sondereigentum 9
Einkaufsbedingungen 87
Entgeltanteil, prozentuale Festsetzung 67
– unverhältnismäßig hoher 66
Ersatzlieferung
– bei Gattungskauf 20 a, 53
– Fehlschlagen der 50
– Geltendmachung 51
– Kosten der 62
– Mehraufwand 50

Fabrikationsfehler 44
Fehlschlagen der Ersatzlieferung 43
Fehlschlagen der Nachbesserung 43

Garantie 61, 82
Garantiekarte 26
Gebäude 29
– bewohntes 9
– leerstehend seit Herstellung 9
Gebrauchsgüter 6
Gebrauchsüberlassungsverträge 11
– über gebrauchte Sachen 12
– über neu hergestellte Sachen 12
Gewährleistungsanspruch auf Schadensersatz 17 f
Gewährleistungsausschluß 20 a
– durch Kundenverhalten 20 a
– für bestimmte Sacheigenschaften 20 a
– für einzelne Teile 20
– für Konstruktionsfehler 21
– Montagearbeiten 20 a

– im Handelsverkehr 38
– vollständiger 19 f
Gewährleistungsbeschränkung 41 ff
– auf Ersatzlieferung 42
– auf Nachbesserung 42
– im Handelsverkehr 56
Gewährleistungsfrist, Verkürzung 80 ff
Gewährleistungspflicht, Verschärfung 88
Grundstücke 15
– unbebaute 9

Inanspruchnahme Dritter, vorherige außergerichtliche 33
–, vorherige gerichtliche 19, 39

Kaufleute 38, 63, 70, 79
Konstruktionsfehler 44
Kraftfahrzeug 6, 7, 45
Kunstgegenstände 8

Leasingvertrag 13
Lieferungsverträge 3
Lieferzeit 47

Mängelhinweis in AGB 22
Mangel, nicht offensichtlicher 73 f
–, offensichtlicher 73 f
Mietverträge 11
Minderung 20
– ausdrücklicher Vorbehalt der 52
– Verjährungsfristverkürzung 82

Nachbesserung 20, 33
– Ablehnungsandrohung 51
– Aufwendungen 57, 59
– Fehlschlagen der 43
– Fristsetzung 51
– Geltendmachung 51
– Kosten der Geltendmachung 59
– Nutzungsausfall bei 59
– Schadensersatz 59
– Transportkosten 60
– Unmöglichkeit der 44
– Unvermögen der 44
– Verjährungsfristverkürzung 82
– Verweigerung der 46
– Verzögerung 46
Nachbesserung
– Wegekosten 60
– Zahl der Nachbesserungsversuche 45
Nachbesserungsfrist, Festsetzung in AGB 47
Nachbesserungskosten 57 ff
– bei Mängelbeseitigung durch Dritte 60
– bei Selbstbeseitigung 60
– bei Verbringung der Sache 61 a
– im Handelsverkehr 63
– Umfang der 59
– Verpflichtung zur Kostentragung 58

Nahrungsmittel 7
Nutzungsausfall 59

Offensichtlichkeit von Mängeln 74

Pachtverträge 11
Planungsfehler 29
– des Architekten 44
preisreduzierte Ware 21
Produzentenhaftung 26, 40

Reiseveranstaltungsvertrag 11, 76
– Verjährungsfrist 83
Reparaturvertrag 11
Rügefristen 71 f
– bei offensichtlichen Mängeln 76
– bei verborgenen Mängeln 79
– Verlängerung 89
Rügepflicht, Ausschluß der 89

Sache
– bestimmungsgemäßer Gebrauch 6
– gebrauchte 5, 15
– neu hergestellte 4 f, 7
– renovierte 14
– überholte 14
– Zeitablauf nach Herstellung 7
Sachteile
– gebrauchte 10
– Gewährleistungsausschluß 20 a
– neu hergestellte 10
– schadensanfällige 20 a
– Verweisung auf Dritte 27
Schadensersatz 20
– anläßlich Nachbesserung 59
– Haftungserweiterung 88
Schadensersatzansprüche
– aus Verletzung der Nachbesserungspflicht 55
– aus Verzug 55
Schlußverkäufe 21
Selbstbeseitigungsrecht 53
Selbsthilferecht 37, 60
– Ausdehnung 88
Sonderverkäufe 21
Spiegelbildliche Anwendung 87
Subsidiaritätsklausel 28
– im Handelsverkehr 39
– Nebenpflichten des Verwenders 32
– Nichteintritt dersubsidiären Haftung 34
– Umfang der Drittansprüche 31

Tarifwahl 24
Transportkosten 60

Umtauschrecht, Ausschluß 21
Untersuchungspflicht 74
– Ausschluß 89

Verbrauchsgut 7
Verbringung der Sache 61 a
Verjährung
– Hemmung der 34, 39, 83
– Fristbeginn 83
– Unterbrechung 83
Verjährungsfrist 82
– Verlängerung 82
Verjährungsfristverkürzung 80 ff
– Ansprüche aus cic 82
– Ansprüche aus Delikt 82
– Ansprüche aus pVV 82
– bei Steuerberatern 80
– für deliktische Ansprüche 82
– gem § 13 Nr 4 VOB/B 81
Verschulden 17
– Nachbesserungsfehlschlagen 49
Verträge
– atypische 3, 20
– gemischte 3
– mit Elektrizitäts- und Gasversorgungsunternehmen 16
– über Forderungen 4
– über Leistungen 2, 11
– über Lieferung neu hergestellter Sachen 2
– über Rechte 4
– über Versorgung mit Wasser und Fernwärme 16
VOB 16, 81
VOB/A 54
VOB/B 37, 77, 84
Vorenthalten der Mängelbeseitigung 64 f
– bis zu unverhältnismäßig hoher Entgeltzahlung 66
– bis zur vollständigen Entgeltzahlung 65
Vorführwagen 6
Vorleistungsklauseln 64 ff
– Formulierung 67
– im Handelsverkehr 70

Wachunternehmerverträge 91
Wahlrecht 42, 53
– des Verwenders 25
Wandelung 20
– ausdrücklicher Vorbehalt der 52
– Verjährungsfristverkürzung 82
Wegekosten 60
Wohnungsmiete 11

Zeitablauf seit Sachherstellung 7
Zug um Zug-Leistung 69
Zulieferer 26
Zumutbarkeit 45, 48
Zumutbarkeit von Nachbesserungsversuchen 45
Zurückbehaltungsrecht
– des Kunden 35
– des Verwenders 69

I. Das Regelungsanliegen der Gesamtvorschrift des § 11 Nr 10

1 Die Festschreibung angemessener Gewährleistungsrechte und -pflichten ist für Leistungsaustauschverträge von zentraler Bedeutung. Erst hierdurch wird das Äquivalenzverhältnis von Leistung und Gegenleistung gesichert, denn der Besteller einer Sache oder Leistung geht bei der Festlegung des Entgeltes von deren Mängelfreiheit aus. Diese gehört wie die Sache oder Leistung selbst zum Äquivalent für den festgesetzten Preis (vgl Vorbem 15 zu § 459 BGB mwN). Ist die (Sach-)Leistung fehlerhaft, so bedarf es zur **Aufrechterhaltung des Äquivalenzverhältnisses** eines entspr Ausgleichsanspruches des Bestellers. Wird dieser wesentlich beschnitten, so führt dies zu einer entscheidenden Beeinträchtigung des angestrebten vertraglichen Wertaustauschverhältnisses. Neben Klauseln mit einer Freizeichnung von Schadensersatzverpflichtungen für verschuldete Vertragsverletzungen standen formularmäßige Gewährleistungsbeschränkungen zentral im Blickfeld der früheren sog richterlichen Inhaltskontrolle von AGB. Als umfangreichste Bestimmung im Katalog der Klauselverbote ohne Wertungsspielraum soll § 11 Nr 10 daher die zulässigen Grenzen formularmäßiger Gewährleistungsbeschränkungen auch im Detail genau abstecken. Die Bestimmung knüpft in ihren Einzelbestandteilen vielfach an frühere Rspr an (insbes Nr 10 a 1. Alt, 10 b), geht aber auch in manchen Fällen über diese hinaus (insbes Nr 10 a 2. u 3. Alt, 10 c-f). Nachweise der umfangreichen früheren Rspr bei Coester-Waltjen Rz 15 ff; Schmidt-Salzer Rz F 66 ff; speziell zu den jeweiligen Einzelverboten vgl auch unten Rz 19, 41, 57, 65, 80).

II. Anwendungsbereich der Vorschrift

2 **1. Die von § 11 Nr 10 erfaßten Verträge**

Die Vorschrift befaßt sich mit AGB-Bestimmungen in **Verträgen** über **Lieferungen neu hergestellter Sachen** und **Leistungen.**

3 **a)** Als **Lieferungsverträge** kommen Kauf-, Werklieferungs- und Werkverträge in Betracht. Nachdem auf Vorschlag des BT-Rechtsausschusses (BT-Drucks 7/5422, 8) die im RegE (S 6) vorgesehene Beschränkung auf die vorgenannten Vertragstypen entfallen ist, werden von § 11 Nr 10 zusätzlich Tausch, Schenkung und alle übrigen atypischen oder gemischten Verträge (vgl dazu § 305 Rz 20 ff; Einl 20 ff zu § 433) erfaßt, soweit sie als vertragliche Hauptpflicht die Übereignung neu hergestellter Sachen vorsehen und im Falle der Schlechterfüllung für den Lieferungsempfänger kraft Gesetzes (zB § 524 BGB, §§ 515, 459 ff BGB) oder kraft typisierender Wertung (vgl dazu LEENEN, Typus und Rechtsfindung [1971] 152 ff; WEICK NJW 1978, 14 ff) Gewährleistungsansprüche zur Folge haben können (im Ergebnis ebenso KOCH-STÜBING Rz 5; REBMANN Rz 1).

4 Gegenstand der Lieferung muß eine neu hergestellte Sache sein. Dieser Begriff ist entsprechend Regelungsinhalt und Schutzzweck des § 11 Nr 10 weit auszulegen. *Sachen* iSd Vorschrift sind demnach nicht nur einzelne körperliche Gegenstände (§ 90 BGB), sondern auch Sachgesamtheiten und Sachinbegriffe, soweit sie Gegenstand einer einheitlichen vertraglichen Lieferungspflicht (vgl § 433 Rz 13) und demzufolge einheitlicher Anknüpfungspunkt von Gewährleistungsansprüchen (s Vorbem 1 zu § 459; § 459 Rz 4) sein können (ebenso KOCH-STÜBING Rz 6). Das Klauselverbot der Nr 10 gilt hingegen nicht für Verträge, welche auf die Verschaffung von **Rechten und Forderungen** gerichtet sind (REBMANN Rz 2). Bei Rechten, die zum Besitz einer Sache berechtigen (vgl auch § 433 Abs 1 2. HS; § 451 BGB), sind nach überwiegender Meinung die Gewährleistungsvorschriften der §§ 459 ff BGB aber auf die vom Besitzrecht erfaßten *Sachen* durchaus anwendbar (§ 459 Rz 6). Klauseln, welche die *diesbezüglichen* Gewährleistungsrechte betreffen, sind daher an § 11 Nr 10 zu messen (KOCH-STÜBING Rz 6).

5 Der **zentrale Begriff** in der ersten Alternative von Buchst a ist der des **„Neu-Hergestellt-Seins“**. Im Anschluß an die Rspr (BGH NJW 1966, 1070; NJW 1970, 31; dazu HAGER NJW 1975, 2276 mwN; s auch BGH NJW 1979, 1886) hielt der Gesetzgeber eine formularmäßige Gewährleistungsbeschränkung in Verträgen über die Übereignung gebrauchter Sachen aus folgenden Gründen für interessengerecht:

Zum einen ist der Verkäufer gebrauchter Sachen meist selbst auf Angaben seiner Vorlieferanten zum Zustand des Objekts angewiesen und daher einem ungleich größeren Fehleinschätzungsrisiko ausgesetzt als der Verkäufer neu hergestellter Sachen. Zum anderen bezahlt der Erwerber gebrauchter Sachen gerade wegen der erhöhten Gefahr von Sachmängeln regelmäßig einen niedrigeren Preis, so daß auch durch einschneidende Gewährleistungsbeschränkungen das Äquivalenzverhältnis zwischen Leistung und Preis nicht unzumutbar gestört wird. Schließlich läßt sich bei gebrauchten Sachen schon nach kurzer Zeit kaum mehr feststellen, ob der Fehler bereits bei Gefahrübergang vorlag. All dies ist bei der Auslegung des Begriffs „neu hergestellt“ zu berücksichtigen. **Neu hergestellt** iSd Vorschrift ist eine Sache daher nur, wenn sie *nicht* durch Benutzung oder Zeitablauf seit ihrer Herstellung einem zusätzlichen Sachmängelrisiko ausgesetzt war, welches im Geschäftsverkehr regelmäßig durch einen entsprechenden Preisabschlag berücksichtigt zu werden pflegt. Veräußert der Verwender eine Sache als neu, obwohl sie nach objektiver Betrachtungsweise nicht mehr neu ist, so muß die subjektive Vorstellung des Erwerbers ausschlaggebend sein (KOCH-STÜBING Rz 10). Denn hält dieser, veranlaßt durch Erklärungen und Verhalten des Verwenders bei Vertragsabschluß, die Sache für neu hergestellt, so fehlt ihm die für den Gebrauchtwarenerwerb typische Inkaufnahme des erhöhten Mängelrisikos. Er bedarf des Schutzes des § 11 Nr 10. Veräußert der Verwender eine in Wirklichkeit neu hergestellte Sache als gebraucht, dann bedarf sein Vertragspartner des Schutzes von § 11 Nr 10 aber nicht. Für die Abgrenzung neu hergestellter von gebrauchten Sachen ist daher nicht schlechterdings ein objektiver Maßstab anzulegen (so HENSEN Rz 5; KOCH-STÜBING Rz 11; DITTMANN-STAHL Rz 465), sondern nur dann, wenn aus den Verkaufserklärungen des Verwenders sich nichts dazu ergibt, ob das Veräußerungsobjekt als neu hergestelltes verkauft werden soll oder nicht.

Gebrauchsgüter wie Kraftfahrzeuge, Maschinen, Kleidungsstücke, Einrichtungsgegenstände usw sind nicht mehr „neu hergestellt", wenn sie bereits ihrem **bestimmungsmäßigen Gebrauch** zugeführt worden sind. Dies geschieht aber im allgemeinen nicht schon durch eine bloße probeweise Benutzung. Daß eine Sache, die bestimmungsgemäß über eine gewisse Zeit speziell für Probevorführungen verwendet wurde, zB **„Vorführwagen"** (ebenso HENSEN Rz 5; KÖTZ Rz 81; aM PALANDT-HEINRICHS Anm 10 vor a), nicht mehr neu hergestellt ist, versteht sich von selbst. Empfindliche technische Geräte verlieren den Charakter der „Neuheit" aber auch schon durch eine einmalige probeweise Belastungsbenutzung aus anderem Anlaß als der üblichen Testbenutzung. 6

Ist eine Sache seit ihrer Herstellung zwar noch nicht in bestimmungsgemäßen Gebrauch genommen worden, ist aber andererseits **seit** dem **Herstellungszeitpunkt** bereits ein **längerer Zeitraum verstrichen**, oder ist die Sache ohnehin ein nicht einer Nutzung unterliegendes **Verbrauchsgut**, so ist problematisch, inwieweit durch bloßen **Zeitablauf** die Sache ihre Eigenschaft als „neu hergestellt" verlieren kann. Im Kfz-Handel ging die frühere Rspr überwiegend davon aus, ein Kfz sei auch dann noch „fabrikneu", wenn seit seiner Herstellung ca ein Jahr verstrichen sei (OLG Zweibrücken MDR 1970, 315; OLG München DAR 1965, 272; OLG Frankfurt NJW 1978, 273 – 11 Monate; AG Mönchengladbach NJW 1977, 1107 – 21 Monate zu lang; LG Berlin NJW 1976, 151 – ein Jahr zu lang, wenn Fahrzeug erhebliche Mängel aufweist). Abgesehen davon, daß das Fahrzeug in solchen Situationen immer als neu hergestellt verkauft wird, müssen aber auch bei Beantwortung der Frage, ob eine Sache durch bloßen Zeitablauf ihre Eigenschaft als „neu hergestellte" Sache verlieren kann, die Gründe berücksichtigt werden, welche den Gesetzgeber zur Beschränkung des Anwendungsbereiches von § 11 Nr 10 auf die Lieferung neu hergestellter Sachen veranlaßt haben (s oben Rz 5). Dementsprechend **verliert** eine **Sache** ihre **Eigenschaft** als **„neu hergestellt" durch das** bloße **Verstreichen einer längeren Zeitspanne** seit ihrer Herstellung nur unter folgenden Voraussetzungen: Die Sache muß in dem Zeitraum, der seit der Herstellung vergangen ist, einem besonderen Sachmängelrisiko ausgesetzt gewesen sein; für den Erwerber muß das durch den Zeitablauf verursachte erhöhte Mängelrisiko erkennbar gewesen und grundsätzlich bei der Preisgestaltung entsprechend berücksichtigt worden sein. An diesen Voraussetzungen wird es regelmäßig fehlen, wenn das veräußerte Objekt nach seiner Herstellung nur über längere Zeit unverkäuflich in Geschäft oder Lager des Händlers gestanden hat. Vorstellbar ist ein Verlust der Eigenschaft „neu hergestellt" infolge Zeitablaufes hingegen bei Sachen, die nach bestimmten Zeiträumen *regelmäßig* Qualitätsverluste zu erleiden pflegen. Werden zB Nahrungsmittel oder beschränkt haltbare chemische Substanzen (Farben usw) aus Lagerbeständen veräußert und wird für den Kunden erkennbar gerade im Hinblick auf die mit der langen Lagerzeit verbundenen Mängelrisiken ein entsprechend niedrigerer Preis festgesetzt, so wird eine formularmäßige Gewährleistungsbeschränkung von § 11 Nr 10 nicht erfaßt (ähnlich KÖTZ Rz 81). 7

8 Auch alte **Kunstgegenstände**, Sammelobjekte wie alte Münzen, Schmuckstücke und **Antiquitäten**, sind nicht als „neu hergestellt" anzusehen (COESTER-WALTJEN Rz 27; im Ergebnis auch GRAF VON WESTPHALEN Rz 4). Insbes im Hinblick auf Echtheit und Herkunft (zur Unechtheit als Sachmangel vgl § 459 Rz 46) der bezeichneten Gegenstände ist der Veräußerer einem erhöhten Mängelrisiko ausgesetzt, da er sich angesichts des häufigen vorhergehenden Eigentümerwechsels selten durch zumutbare eigene Nachforschungen hierüber Sicherheit verschaffen kann (ebenso BGHZ 63, 369, 374 für Kunstauktionator). Dieses – der Situation im Gebrauchtwarenhandel vergleichbare – für den Verkäufer nicht beherrschbare erhöhte Risiko rechtfertigt es, die zwingende Gewährleistungsbeschränkungsregelung des § 11 Nr 10 nicht anzuwenden, auch wenn Kunstgegenstände und Antiquitäten durch ihr Alter im Gegensatz zu sonstigen gebrauchten Gegenständen regelmäßig nicht an Wert verlieren, sondern gewinnen. Eine formularmäßige Gewährleistungsbeschränkung ist in diesen Fällen an § 9 zu messen (KÖTZ Rz 79; GRAF VON WESTPHALEN Rz 4; s § 9 Rz 123).

9 Keine neu hergestellten Sachen sind mangels „Herstellbarkeit" **unbebaute Grundstücke**, selbst wenn im konkreten Fall das Grundstück im Rechtssinne erst durch Vermessung und Abmarkung entsteht oder der Verkäufer verpflichtet ist, die Nutzungsart des Grundstücks zu verändern (zutreffend SCHIPPEL-BRAMBRING DNotZ 1977, 197, 208; BRAMBRING NJW 1978, 777; KOCH-STÜBING Rz 7; COESTER-WALTJEN Rz 27; aM KÖTZ Rz 80). Entsprechend dem Schutzzweck der Nr 10 sind aber auch **Gebäude** und **Eigentumswohnungen** dann eine neu hergestellte Sache iSd Vorschrift, wenn sie seit ihrer Errichtung noch nicht ihrer Bestimmung gemäß benutzt worden sind. Daß Gebäude gem § 94 BGB immer wesentliche Bestandteile eines (nicht neu herstellbaren) Grundstückes sind, steht einer Trennung von Gebäude und Grundstück im Hinblick auf die Anwendbarkeit des § 11 Nr 10 nicht entgegen. Die §§ 93, 94 BGB wollen nur dingliche Sonderrechte an dem Gebäude ausschließen (vgl § 93 Rz 31), nicht aber verbieten, dieses besonderen schuldrechtlichen Beziehungen zu unterwerfen (im Ergebnis ebenso HENSEN Rz 5; aM KOCH-STÜBING Rz 7). Nicht mehr neu hergestellt sind Gebäude oder Eigentumswohnungen, welche bereits vor dem Erstverkauf bewohnt wurden (BRAMBRING NJW 1978, 777; HENSEN Rz 5; aM bei kurzfristiger Vermietung COESTER-WALTJEN Rz 27; PALANDT-HEINRICHS Anm 10 vor a). Stand ein Bauwerk von seiner Herstellung bis zum Vertragsabschluß ohne Nutzung längere Zeit leer, so verliert es hierdurch nach den oben entwickelten Grundsätzen (Rz 7) seine Eigenschaft als neu hergestellte Sache nur, wenn sich durch die abgelaufene Zeit das Sachmängelrisiko wesentlich erhöht hat (zB durch die bei Bauwerken unvermeidbaren Witterungseinflüsse) und wenn in einer für den Käufer erkennbaren Weise gerade (auch) hierfür ein Preisabschlag gewährt wird. Ein derartiger das Mängelrisiko erhöhender Zeitraum wird bei Gebäuden nur in Ausnahmefällen vor Ablauf von 3 Jahren anzunehmen sein.

Beim Kauf von Eigentumswohnungen können sich hinsichtlich des Sondereigentums und des Miteigentumsanteils am gemeinschaftlichen Eigentum (§ 1 Abs 2 WEG) Unterschiede in der Anwendung des § 11 Nr 10 ergeben. Wurde in einer Wohnanlage das gemeinschaftliche Eigentum bereits an die Wohnungseigentümergemeinschaft übergeben und von deren Mitgliedern genutzt, so ist es bei einer späteren Veräußerung einzelner noch leer stehender Wohnungen nicht mehr „neu hergestellt" iSd Vorschrift. Für den Miteigentumsanteil des späteren Erwerbers an diesem Gemeinschaftseigentum greift daher § 11 Nr 10 nicht ein (BRYCH MDR 1978, 185; COESTER-WALTJEN Rz 54; HENSEN Anh §§ 9-11 Rz 196). Ein diesbezüglicher Gewährleistungsausschluß ist aber an § 9 zu messen. Hiernach dürfte es zulässig sein, daß der Verwender die Haftung für solche Mängel am Gemeinschaftseigentum ausschließt, die erst nach dessen Überlassung an die Wohnungseigentümergemeinschaft entstanden sind, da der Veräußerer das Risiko derartiger Mängel nur in geringem Umfange selbst beherrschen kann.

Neu hergestellt ist grundsätzlich auch eine Sache, bei deren Herstellung **einzelne gebrauchte Teile** verwandt worden sind (HENSEN Rz 6), nicht aber, wenn die hergestellte Sache sich aus einer derartigen Vielzahl von gebrauchten Teilen zusammensetzt, daß sie hierdurch insgesamt nach der Verkehrsanschauung als gebrauchte Sache erscheint (KÖTZ Rz 82). Sind umgekehrt in einen gebrauchten Liefergegenstand **einzelne,** abgrenzbare **neu hergestellte Teile** eingebaut (zB fabrikneuer Motor in gebrauchtem PKW), so kann dies zu einer teilweisen Anwendung des § 11 Nr 10 hinsichtlich des neu hergestellten Teiles führen, wenn die Parteien im Vertrag zwischen gebrauchter Sache und eingebauten neuen Teilen unterschieden haben und es sich um teilbare Leistungen iSv § 420 BGB (vgl § 420 Rz 5 ff in der Voraufl) handelt (weitergehend KÖTZ Rz 82). 10

Zur Behandlung reparierter, überholter und renovierter Sachen s unten Rz 14.

b) Auf Vorschlag des BT-Rechtsausschusses (BT-Drucks 7/5422, 8) erfaßt § 11 Nr 10 neben Lieferungsverträgen auch **Verträge über Leistungen**. Durch diese Ausdehnung der Vorschrift sollten auch Werkverträge über andere Leistungen als die Herstellung von Sachen erfaßt werden, wie zB Verträge über Reparatur-, Wartungs- und Reinigungsarbeiten, Architektenverträge, Bauträgerverträge, Ingenieur- und Statikerverträge, Reiseveranstaltungsverträge und Verträge über die Erstellung von Gutachten. Anknüpfend an diese Absicht des Gesetzgebers ist die zweite Alternative des Einleitungssatzes restriktiv zu interpretieren. Sie erfaßt nur Verträge über **Werk**leistungen, nicht aber **Miet-, Pacht-** und sonstige **Gebrauchsüberlassungsverträge**. Daß der Wortlaut des Einleitungssatzes („Leistungen") auch Gebrauchsüberlassungsverträge umfaßt, ist ein Redaktionsversehen (HENSEN Rz 3; COESTER-WALTJEN Rz 25; REBMANN Rz 2; KOCH-STÜBING Rz 13; offengelassen von BGH NJW 1977, 848). Die Klauselverbote der Nr 10 d-f würden ohnehin für Gebrauchsüberlassungsverträge nicht anwendbar sein können. Aber auch die Buchstaben a-c sind ersichtlich auf Kauf- und Werkverträge zugeschnitten. Daß die Gewährleistungsrechte des Vertragspartners auf die Einräumung von Ansprüchen gegen Dritte oder auf „Nachbesserungs"-ansprüche beschränkt werden, ist eine nur theoretisch auch für Mietverhältnisse vorstellbare Klauselgestaltung. Der in der Tat auch zugunsten des Mieters notwendige Schutz muß daher von § 9 geleistet werden (s dort Rz 124 ff, 136 ff). Das schließt nicht aus, daß einzelne Leitgedanken, die dem § 11 Nr 10 zugrunde liegen, auch über die Anwendung von § 9 wiederkehren können, wie dies vor allen Dingen mit den in § 11 Nr 10 a sich findenden Wertungen der Fall ist (aM nämlich § 11 Nr 10 auch auf Mietverträge anwendend, PALANDT-HEINRICHS Anm 10 vor a; GRAF VON WESTPHALEN § 11 Nr 10 Rz 4; STEIN Rz 75 und 78; DITTMANN-STAHL Rz 467; KÖTZ Rz 78). 11

Für die Wohnungsmiete wird § 11 Nr 10 ohnehin durch § 537 Abs 3 BGB verdrängt, welcher die Gewährleistungsansprüche des Mieters zwingend festschreibt.

Dem Wortlauf nach beziehen sich die Worte „neu hergestellt" nicht auf den Begriff „Leistungen". Dennoch wollen die Anhänger einer weiten Interpretation des Begriffs „Leistungen" im Wege einer teleologischen Reduktion § 11 Nr 10 auch bei Gebrauchsüberlassungsverträgen nur auf neu hergestellte Sachen beschränken, da sie keinen Anlaß sehen, den Mieter oder Pächter stärker zu schützen als einen Käufer oder Werkbesteller (PALANDT-HEINRICHS Anm 10 vor a; DITTMANN-STAHL Rz 764). Diese Argumentation beachtet aber zuwenig die Besonderheiten der miet- und pachtrechtlichen Gewährleistungsregelung (§§ 537, 581 Abs 2 BGB). Der Vermieter hat gem § 537 Abs 1 BGB auch für Fehler an der Mietsache einzustehen, 12 welche während der Gebrauchsüberlassung, also gerade an der bereits gebrauchten Sache auftreten (§ 537 Abs 1 S 1, 2. Alt BGB). Anders als etwa beim Kaufvertrag ist die Gewährleistung nicht auf den Zeitpunkt der Übergabe der Sache (§ 446 BGB) beschränkt, sondern sie bezieht sich auf den gesamten Vermietungszeitraum. Damit entfällt bei Gebrauchsüberlassungsverträgen gerade jener wesentliche Gesichtspunkt, der bei Veräußerungsverträgen zur Unterscheidung zwischen neu hergestellten und gebrauchten Sachen geführt hat (s oben Rz 7). § 11 Nr 10 ist daher, wenn man ihn schon auf Gebrauchsüberlassungsverträge erstrecken will, auch auf Verträge über die Gebrauchs- und Nutzungsüberlassung gebrauchter Sachen anzuwenden (im Ergebnis ebenso STEIN Rz 75; KÖTZ Rz 78; EBENROTH BB 1978, 2113 für Leasing).

13 Auch den **Leasingvertrag** (vgl hierzu allgemein Vorbem 45 ff zu §§ 535, 536 BGB) wollen die Anhänger einer weiten Interpretation des Leistungsbegriffs als Vertragstyp grundsätzlich von § 11 Nr 10 erfaßt wissen (GRAF VON WESTPHALEN Rz 4, 31; DITTMANN-STAHL Rz 467; STEIN Rz 75, 78; PALANDT-HEINRICHS Anm 10 vor a; EBENROTH Betrieb 1978, 2113; differenzierend: KOCH-STÜBING Rz 14; KÖTZ Rz 78, 85; ablehnend: HENSEN Rz 3; REBMANN Rz 2; COESTER-WALTJEN JurA 1980, Heft 2; offengelassen in BGH NJW 1977, 848). Nach den hier vertretenen Prämissen (s Rz 12) ist dies aber nur der Fall, soweit ein als „Leasing" bezeichneter Vertrag in Wirklichkeit dem Kaufrecht unterliegt (s § 9 Rz 124).

14 Wird eine gebrauchte Sache (zB Altbau, PKW) zunächst **renoviert oder überholt** und anschließend veräußert, so hat dies die Anwendung des § 11 Nr 10 nicht etwa deshalb zur Folge, weil die Renovierungsarbeiten von der gebrauchten Sachsubstanz zu trennende „Leistungen" iSd Nr 10 darstellten (so GEBHARD MittBayNot 1977, 105 für Altbau). Damit würde die Veräußerung jeder gebrauchten Sache, welche zuvor repariert oder überholt wurde, von dem Gewährleistungsbeschränkungsverbot der Nr 10 erfaßt. § 11 Nr 10 greift nur ein, wenn ein zusätzlicher selbständiger Werkvertrag über Renovierung oder Reparatur einer gebrauchten Sache abgeschlossen wurde (BRAMBRING NJW 1978, 778; PALANDT-HEINRICHS Anm 10 vor a), und ist in seiner Anwendung beschränkt auf diese Leistung. Allerdings ist bei der Überprüfung von Lieferungsverträgen über renovierte oder generalüberholte Sachen nach § 9 die Tatsache der Überholung und der Renovierung bei der Abwägung besonders zu beachten. Sie führt idR zur Unangemessenheit des Gewährleistungsausschlusses (SCHMIDT-SALZER Rz F 71; BGH NJW 1976, 235).

15 **2. Abgrenzung zu anderen Vorschriften**

a) Gewährleistungsbeschränkende AGB-Klauseln sind an **§ 9** zu messen, wenn sie in Lieferungsverträgen über Grundstücke und gebrauchte Sachen enthalten sind. Soweit § 11 Nr 10 hingegen tatbestandlich eingreift, bleibt für eine ergänzende Anwendung der Generalklausel nur in wenigen Fällen Raum, da durch Nr 10 (ergänzt durch Nr 7 und 11) die Gewährleistungsrechte des Kunden in ihrem Kernbereich zulänglich gesichert werden (ebenso PALANDT-HEINRICHS Anm 10 g).

16 **b)** Neben der generellen Bereichsausnahme des § 23 Abs 1 ist für das Klauselverbot des § 11 Nr 10 die Ausnahme für Verträge mit Elektrizitäts- und Gasversorgungsunternehmen gem § 23 Abs 2 Nr 2 zu beachten. Speziell für § 11 Nr 10 f sieht § 23 Abs 2, Nr 5 eine Ausnahme für Leistungen vor, für welche die VOB Vertragsgrundlage ist (s § 23 Rz 27). Für Verträge über die Versorgung mit Wasser und Fernwärme ist § 28 Abs 3 zu beachten.

17 **c)** Das beschränkte Verbot eines Ausschlusses oder einer Begrenzung der Haftung bei Schadensersatzansprüchen (§ 11 Nr 7) ist neben § 11 Nr 10 anwendbar, auch

wenn ein Schadensersatzanspruch aus Gewährleistung (§ 635 BGB; § 13 Nr 7 VOB/B) geltend gemacht wird (Hensen § 11 Nr 7 Rz 16; Koch-Stübing § 11 Nr 7 Rz 2 geben dem § 11 Nr 10 teilweise Vorrang gegenüber § 11 Nr 7). § 11 Nr 10 überschneidet sich in seinem Regelungsbereich nicht mit § 11 Nr 7, denn Nr 10 enthält kein spezielles Verbot der Beschränkung oder des Ausschlusses von Schadensersatzansprüchen aus Gewährleistung (vgl auch § 11 Nr 7 Rz 5) und knüpft – wie regelmäßig auch die zivilrechtlichen Gewährleistungsvoraussetzungen – nicht an ein Verschulden an (ähnlich Coester-Waltjen § 11 Nr 7 Rz 79).

d) Für die Gewährleistungsansprüche auf Schadensersatz nach den §§ 463, 480 Abs 2, 635 enthält § 11 Nr 11 eine Sonderregelung. Für diese Schadensersatzansprüche tritt § 11 Nr 10 hinter Nr 11 als speziellerem Tatbestand zurück. Hingegen gilt § 11 Nr 10 für die übrigen Gewährleistungsrechte bei Fehlen einer zugesicherten Eigenschaft (ähnlich Coester-Waltjen Rz 30, 31). **18**

e) Zur umstrittenen Abgrenzung von § 11 Nr 10 d zu § 11 Nr 2 vgl unten Rz 64.

f) Zur Abgrenzung von § 10 Nr 5 und § 11 Nr 15 s § 10 Nr 5 Rz 3.

III. Ausschluß der Gewährleistung und Verweisung auf Ansprüche gegen Dritte (§ 11 Nr 10 a)

1. Allgemeines **19**

§ 11 Nr 10 a gliedert sich in **drei Verbotstatbestände**. Er untersagt zunächst den **völligen Ausschluß** sämtlicher Gewährleistungsansprüche in AGB und schreibt insoweit die **frühere ständige Rspr** fest (BGHZ 22, 90 = NJW 1957, 17; BGHZ 37, 94, 98 = NJW 1962, 1100; BGHZ 65, 358; BGH NJW 1976, 515; BGH NJW 1979, 1406). Nr 10 a verbietet weiterhin die **Ersetzung der Gewährleistungspflicht** des Klauselverwenders **durch Einräumung von Ansprüchen gegen Dritte.** Die abgetretenen Gewährleistungsansprüche gegen Dritte würden kein zureichendes Äquivalent für den Ausschluß der unmittelbaren Gewährleistungspflicht des Verwenders darstellen, da der Kunde auf die Ausgestaltung der abgetretenen Ansprüche, die häufig zu seinen Ungunsten von der gesetzlichen Gewährleistungsregelung abweichen, keinen Einfluß hat und er mit dem Insolvenzrisiko eines ihm unbekannten Dritten belastet wird (vgl ausführlich RegE 33). Mit diesem zweiten Verbotstatbestand geht Nr 10 a über die **frühere Rspr** hinaus. Diese hielt Freizeichnungsklauseln, in denen der Verwender seine eigene Gewährleistungspflicht ausgeschlossen, dafür aber seine Gewährleistungsrechte gegen die an der Sachherstellung beteiligten Dritten an den Vertragspartner abgetreten hatte, insoweit für zulässig, als sich der Vertragspartner aus den abgetretenen Ansprüchen schadlos halten konnte. Dies ist freilich dann nicht der Fall, wenn der Verwender seinen Kunden nicht klar bekannt gibt, wer der für einen Mangel verantwortliche Beteiligte ist (BGH Urt v 11. 10. 1979 VII ZR 272/77). Fehlte in einer Klausel der Vorbehalt der subsidiären Eigengewährleistung des Verwenders, so hat sie der BGH in diesem Sinne ergänzend ausgelegt, soweit es ihr Wortlaut erlaubte (BGHZ 62, 251 = NJW 1974, 1135; BGHZ 67, 101 = NJW 1976, 1934; BGH BB 1975, 424; NJW 1979, 1406; dagegen KG NJW 1977, 854; ebenfalls kritisch: Löwe NJW 1974, 1108; Locher NJW 1974, 1544; Brych MDR 1974, 628; vgl auch Coester-Waltjen Rz 18 mwN). Die letzte Tatbestandsalternative des § 11 Nr 10 a relativiert nun allerdings den – für sich betrachtet – strengen zweiten Verbotstatbestand und führt im Endergebnis doch zu einer Anpassung an die frühere Rspr. In seinem dritten Verbotstatbestand untersagt § 11 Nr 10 a nämlich nicht jede Form der lediglich subsidiären Eigengewährleistung, wie es noch der RegE (6, 33) vorgesehen hatte. Entsprechend einem Vorschlag des Bundesrats (BT-Drucks 7/3919, 50 f) wird vielmehr nur verhindert, die **Gewährleistungsansprüche** des Vertragspartners von der **vorherigen gerichtlichen Inanspruchnahme Dritter** abhängig zu machen.

20 **2. Verbot des vollständigen Gewährleistungsausschlusses (§ 11 Nr 10 a 1. Alt)**

a) Unwirksam sind AGB-Klauseln, welche den **völligen Ausschluß** von Gewährleistungsansprüchen vorsehen. Den gesetzlichen Gewährleistungsansprüchen des Kauf- und Werkvertragsrechtes auf Wandelung, Minderung und Schadensersatz (§§ 462, 463, 480; 634, 635 BGB) stellt § 11 Nr 10 a die (Erfüllungs-)ansprüche auf Nachbesserung (§ 633 BGB) und Ersatzlieferung (§ 480 Abs 1 BGB) gleich (zur Rechtsnatur dieser Ansprüche vgl § 480 Rz 6 mwN; Kirchhof NJW 1970, 2052; Palandt-Thomas Vorbem 3 zu § 633). Nicht Gewährleistungsansprüche iSd Vorschrift sind hingegen Schadensersatzansprüche aus positiver Vertragsverletzung. Eine diesbezügliche Haftungsbeschränkung ist allein an § 11 Nr 7 zu messen. Bei gesetzlich nicht ausdrücklich geregelten Vertragstypen muß jeweils im Wege einer typisierenden Gesamtbetrachtung (dazu Leenen, Typus und Rechtsfindung [1971] 152 ff), bzw durch typisierende Reduktion auf den Vertragskern (so Ebenroth Betrieb 1978, 2109 für Leasingvertrag; Weick NJW 1978, 14; Graf von Westphalen § 11 Nr 10 a Rz 3 spricht von „dogmatisch-systematischer Wertung") ermittelt werden, ob Gewährleistungsansprüche eingreifen, die an das Kauf- oder Werkvertragsrecht angelehnt sind.

Der Tatbestand des vollständigen Ausschlusses jeder Gewährleistung ist nur erfüllt, wenn der Verwender dem Vertragspartner nicht mindestens eines der gesetzlichen bzw vertragstypischen Gewährleistungsrechte oder einen Nachbesserungs- bzw Ersatzlieferungsanspruch beläßt. Selbst eine Beschränkung auf das bloße Minderungsrecht ist gem Nr 10 a grundsätzlich zulässig (Koch-Stübing Rz 19; Schmidt-Salzer F 140; aM Rebmann Rz 3; Hensen Rz 14, welche Klauselunwirksamkeit gem § 9 annehmen; ablehnend auch Coester-Waltjen Rz 59 außer bei Bauleistungen). Auch im Falle völliger Unbrauchbarkeit der Sache oder Leistung ist der Vertragspartner des Verwenders dadurch nicht rechtlos gestellt, da in diesem Falle auch die Minderung zum vollständigen Wegfall des Entgeltanspruchs führt (vgl § 472 BGB Rz 8). Läuft allerdings der dem Vertragspartner des Verwenders allein eingeräumte Anspruch aufgrund der Besonderheit des Vertragsverhältnisses leer (zB Nachbesserungsanspruch bei Fixgeschäften oder bei bestimmten Werkleistungen wie Reisevertrag), so ist die Beschränkung auf diesen Anspruch dem völligen Ausschluß der Gewährleistungsrechte gleichzusetzen und zumindest in entsprechender Anwendung von § 11 Nr 10 a unwirksam (Stein Rz 80; für Unwirksamkeit gem § 9 Palandt-Heinrichs Anm 10 g). Wird die Gewährleistung auf Nachbesserung oder Ersatzlieferung beschränkt, so sind die Voraussetzungen der Nr 10 b (unten Rz 41) zu beachten. Auch die Verpflichtung zur Ersatzlieferung nach § 480 BGB ist formularmäßig abdingbar (Hensen Anh § 9-11 Rz 441).

20a **b)** Gleichfalls unwirksam sind vollständige **Gewährleistungsausschlüsse** bezüglich **einzelner Teile** der gelieferten Sache oder der erbrachten Leistung. Der Gesetzgeber dachte hierbei besonders an den häufig anzutreffenden Gewährleistungsausschluß bei schadensanfälligen **Teilen** (Glas oder Spiegel bei Möbeln) oder Teilen, welche von Dritten hergestellt wurden (Bereifung oder Batterie bei Kfz, Bausysteme, Transistoren bei Radio, Fernsehen usw, vgl RegE 34). Unzulässig ist auch der isolierte Gewährleistungsausschluß für Montagearbeiten, wenn der Werkunternehmer neben der Lieferung zugleich zum Einbau der bestellten Anlage oder Einrichtung verpflichtet ist (so schon nach früherem Recht BGHZ 62, 323 = NJW 1974, 1322; Kötz Rz 83). Zu einem unzulässigen Teilausschluß führt es auch, wenn der

Verwender nur für diejenigen Teile seiner Lieferung oder Leistung die Gewährleistung übernimmt, für deren Mängel er sich selbst bei Dritten schadlos halten kann (so schon nach früherem Recht BGH NJW 1976, 1934; ebenso Coester-Waltjen Rz 35; Koch-Stübing Rz 17) oder deren Mängel er verschuldet hat (BGHZ 62, 323; Stein Rz 80; Kötz Rz 83; aM Hensen Rz 13, 15, der diese Fälle nicht als unzulässigen Teilausschluß ansieht, sondern sie dem Ausschluß der Gewährleistung für die Gesamtsache gleichstellen will). Der Gewährleistungsausschluß muß sich nicht auf einen gegenständlich abgrenzbaren Teil der Verwenderleistung beziehen, um von § 11 Nr 10 a erfaßt zu werden. Betrifft er nur bestimmte Eigenschaften der Leistung, so ist § 11 Nr 10 a mindestens analog anzuwenden. Ein vollständiger Gewährleistungsausschluß für Konstruktionsfehler der gelieferten Sache ist daher mit Recht schon früher für unwirksam erklärt worden (BGH NJW 1971, 1795; BGH LM Nr 3 zu § 459 Abs 1 BGB). Freilich kann durch AGB in gewissem Rahmen festgelegt werden, welche Eigenschaften eine Sache oder ein Werk haben muß, sofern nichts Überraschendes festgelegt wird. Ist aber eine Sache mit bestimmten Eigenschaften (etwa ohne Konstruktionsfehler) geschuldet, so kann diesbezüglich nicht die Gewährleistung ausgeschlossen werden (im Ergebnis ebenso Kötz Rz 83; Coester-Waltjen Rz 35). Auch „unerhebliche" Mängel kann der Verkäufer nicht formularmäßig von der Gewährleistung ausnehmen, soweit sie sich als Sachmängel iS des Gewährleistungsrechts darstellen.

Unwirksam ist schließlich auch eine Klausel, welche die Gewährleistung auf die in einem Übergabe- oder Abnahmeprotokoll festgehaltenen Mängel beschränkt (Palandt-Heinrichs Anm 10 a ee; Hensen Rz 15) oder die Gewährleistung von einer Anerkennung der Mängel durch den Verwender abhängig macht (Koch-Stübing Rz 17).

c) Das Verbot des völligen Ausschlusses von Gewährleistungsansprüchen gilt auch 21
für alle **Schlußverkäufe**, Aus- und Räumungsverkäufe, Verkäufe aus einer Konkursmasse sowie für alle sonstigen **Sonderverkäufe** zu herabgesetzten Preisen, solange es sich nicht um gebrauchte Sachen (oben Rz 5) handelt (Rebmann Rz 3; Hensen Anh § 9-11 Rz 443; Coester-Waltjen Rz 33). Auch bei derartigen Verkäufen greift der Schutzzweck des § 11 Nr 10 a ein (aM Graba § 9 Rz 56). Der Verkäufer begründet bei solchen Gelegenheiten seinen niedrigen Preis nicht vorrangig mit einem erhöhten Mängelrisiko, sondern mit der Notwendigkeit der Räumung oder dem Saisonschluß und wirbt häufig gerade damit, daß normale Ware und nicht minderwertige Billigware veräußert wird (Hensen Rz 443). Die bei Sonderverkäufen häufige Klausel „Preisreduzierte Ware (Schlußverkaufsware) ist von Umtausch (und Rückgabe) ausgeschlossen", ist daher an § 11 Nr 10 a zu messen. Sie wird im Geschäftsverkehr idR dahingehend verstanden, daß nicht nur das vom Vorliegen eines Mangels unabhängige und dem BGB unbekannte Umtauschrecht, sondern auch Gewährleistungsrechte des Käufers ausgeschlossen sein sollen. Mit Nr 10 a sind derartige Klauseln nur vereinbar, wenn dem Käufer zumindest einer der Gewährleistungsansprüche verbleibt. Dem Wortlaut der vorgenannten Klausel ist ein Ausschluß des Minderungsrechtes nicht zwingend zu entnehmen. Dieses bleibt dem Käufer daher bei einer Auslegung der Klausel entsprechend § 5 erhalten. Bei dieser Auslegung genügt die Klausel dann auch den Anforderungen der Nr 10 a (vgl oben Rz 19; ähnlich Rebmann Rz 3; Hensen Anh §§ 9-11 Rz 443). Zum Gesichtspunkt Tarifwahl s unten Rz 25.

d) Werden neu hergestellte Sachen unter dem ausdrücklichen Hinweis verkauft, daß 22
sie mit bestimmten Mängeln (zB „Fehlfarben", „Webfehler", „beschädigt") behaftet sind, so liegt hinsichtlich dieser Mängel keine Abweichung von der vertraglich vorausgesetzten Beschaffenheit und damit kein Fehler iSv § 459 BGB (vgl dazu

§ 459 Rz 10) vor. Gewährleistungsansprüche und damit auch die Anwendung von § 11 Nr 10 sind folglich in diesen Fällen grundsätzlich ausgeschlossen (Rebmann Rz 3; Stein Rz 82; für konkludente Individualvereinbarung Coester-Waltjen Rz 33). Ist der Hinweis auf bestimmte Mängel der Liefersache in den AGB enthalten, so ist dieser aber an den §§ 3, 9 und § 10 Nr 4 zu messen (für Anwendung des Umgehungsverbotes gem § 7 Rebmann Rz 3).

23 **e)** Klauseln, welche über die §§ 460, 466 und 640 Abs 2 BGB hinaus mit einem **bestimmten Kundenverhalten einen Gewährleistungsausschluß verbinden,** begründen keinen Gewährleistungsausschluß „insgesamt" und verlangen auch nicht generell nach einer analogen Anwendung des § 11 Nr 10 a (so aber Stübing NJW 1978, 1609). Ein Gewährleistungsausschluß für den Fall eines Nachbesserungsversuchs außerhalb eines anerkannten Betriebs ist wirksam. Notfälle brauchen nicht eigens vorbehalten zu werden. Nach § 9 unwirksam ist aber ein lediglich an einen „Eingriff" geknüpfter Gewährleistungsausschluß (BGH Betrieb 1980, 494). Die Klausel „fünftägiges Schweigen nach Warenerhalt gilt als Verzicht auf Gewährleistung" (Beispiel nach Stübing aaO) ist vorrangig an § 10 Nr 5 und § 11 Nr 10 e zu messen. Die Klausel „nach fünftägigem Schweigen gilt die Ware als einwandfrei" (Beispiel nach Stübing aaO) muß ebenfalls zunächst anhand der §§ 10 Nr 5, 11 Nr 15 und 11 Nr 10 e überprüft werden (s unten Rz 71 f). Entsprechen die vorgenannten oder ähnliche Klauseln den Anforderungen des § 10 Nr 5, so sind sie nicht von der Inhaltskontrolle der Fiktionsfolgen freigestellt (s § 10 Nr 5 Rz 4).

24 **f)** Zulässig ist ein Gewährleistungsausschluß im Falle einer offen angebotenen **Tarifwahl** (§ 9 Rz 33), wenn dem Kunden die Liefersache oder Leistung zu verschiedenen Tarifen angeboten wird und im Falle des niedrigeren Entgeltes ein Gewährleistungsausschluß vorgesehen ist. Der Zusammenhang zwischen herabgesetztem Entgelt und Gewährleistungsausschluß muß dem Kunden allerdings so klar erkennbar gemacht werden, daß er insoweit bewußt eine eigenständige Wahlentscheidung treffen kann und er sich diesbezüglich in einer dem individuellen Aushandeln angenäherten Entscheidungssituation befindet (ähnlich Coester-Waltjen Rz 61). Der bloße Verkauf von Waren zu **Discountpreisen** stellt daher keinen Fall einer Tarifwahl dar. § 11 Nr 10 a bleibt anwendbar (Hensen §§ 9-11 Rz 444; aM Graba § 9 Rz 56 – für teleologische Reduktion).

25 **g)** Ein Verstoß gegen § 11 Nr 10 a liegt noch nicht vor, wenn sich der **Verwender** für die Art seiner Gewährleistung formularmäßig ein **Wahlrecht** vorbehält. Sofern eine rasche Entscheidung des Verwenders sichergestellt ist und klar zum Ausdruck kommt, was gilt, wenn der Verwender sich binnen bestimmter Frist nicht entscheidet, verstößt eine solche Vertragsgestaltung auch nicht gegen § 9, wohl aber bei Fehlen dieser Voraussetzungen (für letzteren Fall ebenso Hensen Rz 16; Schmidt-Salzer NJW 1969, 720; aM Stein Rz 807).

26 **3. Verbot der Gewährleistungsersetzung durch Einräumung von Ansprüchen gegen Dritte (§ 11 Nr 10 a 2. Alt)**

a) § 11 Nr 10 a 2. Alt verbietet dem Verwender, formularmäßig den Vertragspartner abschließend auf Gewährleistungsansprüche gegen Dritte zu verweisen und sich dadurch seinen eigenen Gewährleistungspflichten zu entziehen (zum Grund dieses Verbotes und zur früheren Rechtslage vgl oben Rz 18). Der Verwender kann sich folglich nicht endgültig von der Haftung für Mängel befreien, welche Zulieferern, Auftragsunternehmen, zugezogenen Handwerkern usw anzulasten sind (vgl Rspr-Nachweise bei Hardieck BB 1979, 711 u Creutzig Betrieb 1979, 154). Dies gilt insbes auch für den Bauträger (unten Rz 37). Zum Leasinggeber s § 9 Rz 126. Damit ist nicht die Möglichkeit beseitigt, daß der Verwender Dritte zur Erfüllung der gegenüber dem Vertragspartner bestehenden Gewährleistungspflichten beizieht oder dem Vertragspartner *zusätzliche* Gewährleistungsansprüche gegen Dritte eingeräumt werden. Folglich steht § 11 Nr 10 a 2. Alt im Regelfall nicht dem sog „Garantiekartensystem“ (dazu nach früherem Recht BADER NJW 1976, 209; STÖTTER Betrieb 1965, 1275) entgegen (COESTER-WALTJEN Rz 36; KOCH-STÜBING Rz 22; HENSEN Rz 21; umfassend zur Garantiekarte GRAF VON WESTPHALEN § 11 Nr 10 a Rz 13-17). Nach diesem System übernimmt der Hersteller neben dem Händler eine eigene Garantieverpflichtung (s auch BULLINGER NJW 1979, 2555). Soweit in diesem Garantievertrag zwischen Hersteller und Endverbraucher zugleich Gewährleistungsbeschränkungsklauseln enthalten sind, haben diese keine Wirkung für den Kaufvertrag zwischen Händler und Endverbraucher, sondern beziehen sich allein auf eine mögliche Haftung des Herstellers selbst (BADER aaO 211; GRAF VON WESTPHALEN § 11 Nr 10 a Rz 15-17; HENSEN Rz 21), insbesondere auf seine Produzentenhaftung (BGHZ 51, 91). Der Verkauf mit Garantiekarte des Herstellers wird somit nur dann vom Verbot des § 11 Nr 10 a 2. Alt erfaßt, wenn der Händler in seinen AGB den Kunden allein auf die Garantiehaftung des Herstellers verweist und seine eigene Gewährleistung endgültig ausschließt. Der Verkäufer muß dann in seinen eigenen AGB nach § 11 Nr 10 a 3. Alt zumindest subsidiär seine Gewährleistung aufrechterhalten. Sehen die AGB des Händlers die vollständige Ersetzung der eigenen Gewährleistung durch die Garantiehaftung des Dritten vor, so führt dies nur zur Unwirksamkeit des Ausschlusses der eigenen Gewährleistung, nicht aber zusätzlich auch zur Unwirksamkeit der Garantiehaftung des Dritten. Diese bleibt vielmehr neben der Eigenhaftung des Verwenders bestehen, da die Garantiehaftung als solche keinerlei Verstoß gegen § 11 Nr 10 a darstellt, sondern als zusätzliche Rechtsposition dem Interesse des Kunden dient (ähnlich KOCH-STÜBING Rz 22).

b) Das Verbot des § 11 Nr 10 a 2. Alt gilt auch hinsichtlich **einzelner Teile** des Vertragsgegenstandes (s oben Rz 20). Dem Verwender ist somit insbes auch verwehrt, seine eigene Gewährleistung hinsichtlich von Teilen, die von Dritten hergestellt sind, durch Verweisung auf die Haftung dieser Dritten zu ersetzen. 27

4. Verbot der Abhängigstellung der Eigengewährleistung von vorheriger gerichtlicher Inanspruchnahme Dritter (§ 11 Nr 10 a 3. Alt) 28

a) Zwar verbietet § 11 Nr 10 a in seiner 2. Alt den abschließenden Ausschluß von Gewährleistungsansprüchen durch Einräumung von Ansprüchen gegen Dritte, gibt anschließend in seiner 3. Alt aber dem Verwender das Recht, in AGB seine eigene Gewährleistung subsidiär zu stellen (zur Entstehungsgeschichte vgl oben Rz 18). Der Verwender darf die gegen ihn gerichteten Gewährleistungsansprüche davon abhängig machen, daß sein Vertragspartner zunächst versucht, abgetretene Gewährleistungsansprüche gegen dritte Personen außergerichtlich geltend zu machen.

b) Eine derartige Subsidiaritätsklausel kann von vorneherein nur die **Gewährleistung** für solche Mängel erfassen, die **im Verantwortungsbereich eines Dritten** liegen. Beruht die Mangelhaftigkeit eines Bauwerkes beispielsweise nicht auf einer fehlerhaften Bauausführung durch das vom Verwender beauftragte Bauunternehmen, sondern auf einem Fehler in der dem Verwender obliegenden Planung, so bleibt insoweit dessen primäre Haftung bestehen (BGHZ 62, 251, 255 = NJW 1974, 1135; BGH NJW 1973, 1235; BGH BB 1975, 442; OLG Hamm MDR 1974, 227). 29

c) Wie alle AGB-Bestimmungen sind auch Klauseln, welche eine Abtretung von gegen Dritte gerichteten Gewährleistungsansprüchen iVm einer Subsidiarität der 30

Haftung des Verwenders vorsehen, **eng auszulegen**. Tritt der Verwender an den Vertragspartner seine „zukünftigen etwaigen Ansprüche gegen die am Bau beteiligten Bauunternehmer, Bauhandwerker und sonstige Dritte“ ab, so bezieht sich die daran anknüpfende Subsidiarität der Gewährleistung des Verwenders im Zweifel **nicht** auf die bereits **vor und bei Abnahme** festgestellten Mängel, und die Abtretung erfaßt im Zweifel nicht Ansprüche gegen den planenden oder die Bauaufsicht führenden Architekten (BGH NJW 1978, 634).

31 **d)** Die an den Vertragspartner des Verwenders abgetretenen Gewährleistungsansprüche dürfen in **Inhalt und Umfang** nicht geringer sein als diejenigen Gewährleistungsrechte, welche dem Vertragspartner bei unmittelbarer Inanspruchnahme des Verwenders aufgrund des mit diesem geschlossenen Vertrages zustehen würden, da der Vertragspartner durch die Subsidiaritätsklausel im Endergebnis nicht schlechter gestellt werden soll, als wenn diese nicht vereinbart worden wäre. Die abgetretenen Gewährleistungsansprüche gegen Dritte müssen folglich in jedem Falle den Mindestanforderungen des § 11 Nr 10 genügen (HENSEN Rz 22; KOCH-STÜBING Rz 27). Sieht der zwischen Verwender und Kunden geschlossene Vertrag noch darüberhinausgehende Gewährleistungsrechte vor, so müssen auch diese durch die abgetretenen Ansprüche gedeckt sein. Soweit letztere hinter den Mindestanforderungen des § 11 Nr 10 oder den zusätzlich vom Verwender eingeräumten Gewährleistungsrechten zurückbleiben, trifft den Verwender eine primäre Eigengewährleistung (COESTER-WALTJEN Rz 39; KÖTZ Rz 88). Hat beispielsweise der Dritte entsprechend der mit dem Verwender getroffenen Vereinbarung nicht die mit einer Nachbesserung verbundenen Aufwendungen zu übernehmen (Nr 10 c), so ist der Verwender gegenüber dem Kunden unmittelbar verpflichtet, diese zu tragen (ebenso KOCH-STÜBING Rz 27).

32 **e)** Auf die klauselmäßig festgelegte Subsidiarität seiner Eigenhaftung kann sich der Verwender erst dann berufen, wenn er seine diesbezüglichen vertraglichen **Nebenpflichten** erfüllt hat. Er muß die Gewährleistungsansprüche wirksam an den Kunden abgetreten und diesem alle Urkunden übergeben und Auskünfte erteilt haben, welche dieser zur Inanspruchnahme der beteiligten Dritten benötigt (§ 402 BGB). Spätestens auf Verlangen des Kunden oder nach dessen Mängelrüge muß er diesem Namen und Anschrift des für den jeweiligen Mangel in Betracht kommenden Gewährleistungspflichtigen mitteilen (HENSEN Rz 22) und ihn auch über einen eventuellen Abnahme- und Verjährungszeitpunkt informieren (so bereits BGH LM AGB Nr 62 Blatt 3 = BB 1975, 442 – insoweit dort nicht abgedruckt). Werden diese Nebenpflichten vom Verwender nicht rechtzeitig erfüllt, so verbleibt es bei dessen primärer Eigenhaftung, s auch Rz 19.

33 **f)** Die **Anforderungen,** welche der Verwender an eine dem Kunden auferlegte vorherige **außergerichtliche Inanspruchnahme Dritter** stellen darf, dürfen nicht zu hoch angesetzt werden, damit die Vorschrift des § 11 Nr 10 a noch ihrem am Kundenschutz ausgerichteten Ziel gerecht werden kann (HENSEN Rz 23; KOCH-STÜBING Rz 24; STEIN Rz 86). Auch der Bundesrat als Initiator der Endfassung des § 11 Nr 10 a 3. Alt (vgl oben Rz 18) ging davon aus, daß sich der Kunde, sobald der Dritte es unterläßt, dem Gewährleistungsverlangen nachzukommen, „sofort ohne weitere Hindernisse an den Vertragspartner halten kann“ (vgl BR-Stellungnahme BT-Drucks 7/3919, 50; ähnlich BT-Rechtsausschuß BT-Drucks 7/5422, 9). Dem Erfordernis der außergerichtlichen Inanspruchnahme des Dritten hat der Kunde daher im Regelfalle dann genüge getan, wenn er diesen unter angemessener Fristsetzung zur Erfüllung seiner Gewährleistungspflichten aufgefordert hat. Ist die Frist ohne Reaktion des Dritten abgelaufen, oder verweigert dieser die Erfüllung des Gewährleistungsanspruches, so greift die subsidiäre Haftung des Verwenders ein

(Koch-Stübing Rz 24, 25; Palandt-Heinrichs Anm 10 a dd; im Ergebnis ebenso Coester-Waltjen Rz 39). Selbst die förmliche Aufforderung mit Fristsetzung ist entbehrlich, wenn der Dritte von vorneherein endgültig die Erfüllung des Gewährleistungsanspruches ablehnt, diese wegen dessen mangelnder Leistungsfähigkeit (zB Konkurs, Vermögensverfall) aussichtslos ist, oder wenn aus anderen Umständen eindeutig hervorgeht, daß der Dritte nicht leisten wird und eine besondere Aufforderung sinnlos wäre (so bereits BGH LM AGB Nr 62 Blatt 3; Hensen Rz 23 mit Einzelbeispielen; ähnlich Coester-Waltjen Rz 39; Koch-Stübing Rz 25). Ist der Dritte in zulässiger Weise (Nr 10 b) primär nur zu Nachbesserung oder Ersatzlieferung verpflichtet und hat er diese versucht, ist sie aber fehlgeschlagen, so muß ihn der Kunde zunächst nochmals auffordern, die gem Nr 10 b vorbehaltenen Gewährleistungsansprüche zu erfüllen. Erst wenn der Dritte dem in angemessener Frist nicht nachkommt, kann der Kunde den Verwender aus dessen subsidiärer Haftung in Anspruch nehmen. Denn durch die Nachbesserungs- bzw Ersatzlieferungsversuche hat der Dritte gezeigt, daß er grundsätzlich Gewährleistungsrechte des Kunden anerkennt und somit möglicherweise auch dem Wandelungs-, Minderungs- oder Schadensersatzbegehren nachkommen wird. Für den Kunden ist es in diesem Falle nicht unzumutbar, den Dritten nochmals zur Erfüllung dieser Gewährleistungsansprüche aufzufordern (ebenso im Ergebnis Kötz Rz 39; für Schadensersatzansprüche BGB-RGRK-Glanzmann Anh 100 zu §§ 633-635; aM Coester-Waltjen Rz 39, wohl auch Graf von Westphalen Rz 10).

Weitergehende Anforderungen an die Inanspruchnahme des Dritten als vorstehend aufgeführt dürfen formularmäßig nicht verlangt werden. Nicht notwendig ist es aber, daß in den AGB im Detail die Voraussetzungen festgelegt werden, unter denen die subsidiäre Haftung des Verwenders zum Zuge kommt. Es sind derart verschiedenartige Gründe vorstellbar, welche die erfolgreiche Inanspruchnahme des Dritten scheitern und damit die subsidiäre Haftung entstehen lassen können, daß ihre klauselmäßige Festschreibung nahezu unmöglich ist (Koch-Stubing Rz 24; aM Graf von Westphalen Rz 11).

g) Hat der Kunde vom Verwender die notwendigen Auskünfte und Unterlagen erhalten (oben Rz 32), es aber dennoch schuldhaft unterlassen, den Dritten aus abgetretenen Gewährleistungsrechten rechtzeitig vor Verjährungseintritt oder seiner Zahlungsunfähigkeit in Anspruch zu nehmen, so tritt freilich die subsidiäre Haftung des Verwenders nicht ein (so bereits BGH LM AGB Nr 62 Blatt 3, sub IV; Coester-Waltjen Rz 39; Kötz Rz 88). Der Verwender wäre aufgrund des schuldhaften Verhaltens des Kunden doppelt belastet, einmal durch die Gewährleistungsansprüche des Kunden und zum anderen dadurch, daß er nicht mehr beim Dritten Regreß nehmen kann. Sind allerdings die Gewährleistungsansprüche gegen den Dritten verjährt oder schlägt dessen Inanspruchnahme aus sonstigem Grunde fehl, ohne daß der Kunde dies zu vertreten hat, so bleibt die subsidiäre Haftung des Verwenders erhalten, soweit sie ihrerseits noch nicht verjährt ist. Diese **Verjährung** ist nach § 202 Abs 1 BGB für den Zeitraum **gehemmt,** in welchem der Kunde zur Inanspruchnahme des Dritten verpflichtet ist und in dem der Verwender die Erfüllung von Gewährleistungsansprüchen verweigern kann, also vom Zeitpunkt des Auftretens des Mangels bis zum Fehlschlagen der Inanspruchnahme des Dritten (Ohmen DNotZ 1975, 344, 351; Hensen Rz 23; einschränkend Graf von Westphalen Rz 12, der Hemmung nur annehmen will, wenn die Voraussetzungen der §§ 477 Abs 2, 3, 639 BGB zwischen Kunden und Drittem gegeben sind). Es ist in Rspr und Lehre anerkannt, daß die Hemmung nach § 202 Abs 1 BGB alle Fälle umfaßt, in denen der Durchsetzung des Anspruchs ein *rechtliches Hindernis* entgegensteht, das dazu führt, daß der Verpflichtete sich vorübergehend der Leistung entziehen kann 34 (vgl § 202 Rz 3 ff, BGHZ 10, 310; zum vergleichbaren Fall der Hemmung bei erfüllungshalber abgetretener Forderung: BGH LM Nr 3 zu § 242).

35 **h)** Solange die Mängel nicht beseitigt sind, verbleibt dem Kunden sein diesbezügliches **Zurückbehaltungsrecht** (gem § 320 oder § 273 BGB) gegenüber dem Verwender, auch wenn dessen Gewährleistungspflicht von der vorherigen Inanspruchnahme Dritter abhängig gemacht worden ist. Denn auch in diesem Falle besteht die Haftung des Verwenders (subsidiär) fort. Die Zubilligung dieses Zurückbehaltungsrechtes ist notwendig, um dem Kunden zumindest ein mittelbares Druckmittel zur Durchsetzung seiner Gewährleistungsrechte zu verschaffen, da er gegen den Dritten unmittelbar mangels Vertragsverhältnis keinerlei Leistungsverweigerungsrechte geltend machen kann (im Ergebnis ebenso Hensen Rz 24; Coester-Waltjen Rz 38; Graf von Westphalen Rz 19 mwN). Der BGH (BGHZ 70, 193 = NJW 1978, 634) gab dem Kunden in der Zeit vor Inkrafttreten des AGBG ein Zurückbehaltungsrecht gegenüber dem Verwender in der Höhe, in der dieser seinerseits gegenüber dem Dritten die diesem zustehende Vergütung zurückhält. Zudem ist der Verwender zu derartigen Rückbehalten im Interesse des Kunden nicht nur berechtigt, sondern vertraglich verpflichtet (BGH NJW 1978, 635). Jedenfalls in den wichtigsten Fällen verbleibt danach dem Kunden ein eigenes Leistungsverweigerungsrecht gegenüber dem Verwender selbst dann, wenn der BGH seine Rspr auch für die Zeit nach Inkrafttreten des AGBG bestätigen sollte. Der formularmäßige Ausschluß eines derartigen Zurückbehaltungsrechtes ist gem § 11 Nr 2 unzulässig.

36 **i)** Besteht eine Subsidiaritätsklausel iSv § 11 Nr 10 3. Alt und macht der Kunde gegen den Verwender Gewährleistungsansprüche geltend, so trägt ersterer die **Beweislast** dafür, daß er den Dritten vorher erfolglos in Anspruch genommen hat, da der Versuch der Inanspruchnahme zum haftungsbegründenden Tatbestand gehört (ebenso wohl Koch-Stübing Rz 25). Verklagt der Kunde den Verwender ohne vorherige Inanspruchnahme des Dritten, so ist die Klage unbegründet. Die Rechtskraft eines aus diesem Grunde die Klage abweisenden Urteils steht einer erneuten Klage auf Gewährleistung gegen den Verwender nicht entgegen, wenn inzwischen der Kunde den Dritten erfolglos in Anspruch genommen hat. Es handelt sich um eine neu gesetzte, die Rechtskraftsperre überwindende Tatsache (dazu Thomas-Putzo § 322 Anm 7 d; Stein-Jonas-Schumann-Leipold § 322 Anm X 4; im Ergebnis ähnlich Koch-Stübing Rz 26).

37 **k)** Zwischen dem Bauträger und den von ihm beauftragten Baubeteiligten wird häufig die Anwendung der VOB/B vereinbart sein. Hat der Bauträger dem Erwerber die Ansprüche gegen die Baubeteiligten abgetreten und von deren Inanspruchnahme die eigene Haftung des Bauträgers abhängig gemacht (§ 11 Nr 10 a 3. Alt), so ist problematisch, in wieweit der Erwerber vor Inanspruchnahme des Bauträgers auch noch das Selbsthilferecht des § 13 Nr 5 Abs 2 VOB/B ausüben oder zumindest den Dritten zu einer Vorschußzahlung in Höhe der hierfür erforderlichen Kosten auffordern muß. Entgegen Graf von Westphalen (§ 11 Nr 10 a Rz 20) genügt die einmalige Aufforderung mit Fristsetzung auch im Falle der Geltung des § 13 Nr 5 VOB/B. Denn mit seiner Weigerung oder gänzlich fehlenden Reaktion zeigt der Dritte, daß er nicht bereit ist, seinen primären Gewährleistungspflichten nachzukommen. Dem Vertragspartner des Bauträgers ist es daher nicht zumutbar, vor der Eigenhaftung des Bauträgers sich nochmals an den nicht leistungsbereiten Dritten zu wenden. Zu Baubetreuungs- und Bauträgerverträgen generell § 9 Rz 91 ff.

38 **5. Kaufleute**

a) Ein vollständiger und ersatzloser Gewährleistungsausschluß in Verträgen über neu hergestellte Sachen oder sonstige Leistungen ist auch im kaufmännischen

Geschäftsverkehr nicht zulässig und nach § 9 Abs 2 Nr 1 unwirksam. Dies gilt auch für den Gewährleistungsausschluß hinsichtlich einzelner Teile der Lieferung bzw Leistung (allgM).

b) Eine Klausel, welche die Ersetzung der Gewährleistungsrechte des Vertragspartners durch Einräumung von Ansprüchen gegen Dritte vorsieht (§ 11 Nr 10 a 2. Alt), ist auch im Handelsverkehr nach § 9 unzulässig, wenn sie nicht für den Fall des Fehlschlagens der gegen den Dritten gerichteten Ansprüche eine Eigenhaftung des Verwenders einräumt (COESTER-WALTJEN Rz 64; KOCH-STÜBING Rz 30; aM STEIN Rz 99; DITTMANN-STAHL Rz 484; PALANDT-HEINRICHS Anm 10 h; GRAF VON WESTPHALEN Rz 28; HENSEN Rz 26 – „nicht stets unzulässig"). Die Abtretung von Gewährleistungsansprüchen gegen Dritte kann dann das von den Vertragsparteien vorgestellte Äquivalenzverhältnis zwischen Leistung und Gegenleistung nicht wiederherstellen, wenn gegenüber dem Dritten die Ansprüche aus tatsächlichen (Unmöglichkeit, Mißlingen, Unvermögen) oder rechtlichen Gründen (Konkurs, Leistungsverweigerungsrecht des Dritten) fehlschlagen. Da die Aufrechterhaltung des Äquivalenzverhältnisses zwischen Leistung und Gegenleistung auch im kaufmännischen Verkehr ein zentrales Gerechtigkeitsgebot darstellt, darf der Kunde auch hier im Falle des Fehlschlagens der Ansprüche gegen den Dritten nicht rechtlos gestellt werden. Für den Fall, daß eine Schadloshaltung beim Dritten nicht zum Erfolge führt, muß die Klausel daher selbst eine subsidiäre Eigengewährleistung des Verwenders vorsehen. Es ist unbefriedigend und wenig praktikabel, wenn man die vorherige Aufnahme einer derartigen subsidiären Haftung in der Klausel selbst nicht verlangt, sondern deren Gültigkeit davon abhängig macht, ob im Endergebnis tatsächlich eine Rechtlosstellung des Vertragspartners eintritt (so aber GRAF VON WESTPHALEN Rz 28; PALANDT-HEINRICHS Anm 10 h; im Ergebnis auch COESTER-WALTJEN Rz 65; dagegen zutreffend KOCH-STÜBING Rz 31; ähnlich EBENROTH Betrieb 1978, 2114 Fn 79). 39

Die Abhängigkeit der subsidiären Haftung des Verwenders von der vorherigen **gerichtlichen Inanspruchnahme** Dritter (§ 11 Nr 10 a 3. Alt) dürfte demgegenüber im kaufmännischen Verkehr nur in Ausnahmefällen eine unangemessene Benachteiligung iSv § 9 darstellen. Zwar hat gerade auch der Kaufmann ein Interesse an der schnellen Realisierung von Gewährleistungsansprüchen. Als regelmäßig geschäftserfahrenem Kunden ist ihm aber zumutbar, die Ansprüche gegen den Dritten auch gerichtlich durchzusetzen, zumal er durch Streitverkündung gegenüber den Verwender erreichen kann, daß Mängelfeststellungen im Prozeß gegen den Dritten auch für ein späteres Vorgehen gegen den Verwender Bindungswirkung entfalten (vgl OLG Frankfurt MDR 1976, 937 für den umgekehrten Fall). Auch bei Kaufleuten ist die Verjährung der Ansprüche gegen den Verwender solange gem § 202 Abs 1 BGB gehemmt, als deren Geltendmachung wegen der Subsidiaritätsklausel unmöglich ist. Es besteht kein Anlaß bei der allgemein anerkannten weiten Auslegung des § 202 Abs 1 BGB (oben Rz 34 mwN) zwischen Kaufleuten und Nichtkaufleuten zu differenzieren (so aber GRAF VON WESTPHALEN Rz 30).

c) Im Falle der Beschränkung der Gewährleistung auf Minderung kann auch der Minderungsmaßstab näher festgelegt, etwa bestimmt werden, daß Aufwendungen des Vertragspartners aufgrund von dessen Produzentenhaftung keine Minderungsposten darstellen sollen (aM GRAF VON WESTPHALEN NJW 1979, 845 f). 40

IV. Beschränkung der Gewährleistung auf Nachbesserung oder Ersatzlieferung (§ 11 Nr 10 b)

1. Allgemeines 41

Bereits in § 11 Nr 10 a stellt das Gesetz die Nachlieferungs- und Ersatzlieferungsansprüche den übrigen Gewährleistungsansprüchen gleich, mit der Folge, daß das

Verbot des vollständigen Gewährleistungsausschlusses nicht verletzt ist, wenn dem Kunden nur ein Recht auf Nachbesserung oder Ersatzlieferung eingeräumt wird. Die Interessen des Kunden werden nicht beeinträchtigt, wenn der Mangel im Wege der Nachbesserung oder Ersatzlieferung behoben wird. Kann oder will der Verwender allerdings den Mangel nicht in angemessener Frist beheben oder keine mangelfreie Sache anstelle der mangelhaften liefern, so wird der Kunde rechtlos gestellt, wenn er in diesem Falle nicht auf andere Gewährleistungsrechte zurückgreifen kann (RegE 34). Daher gestattet § 11 Nr 10 b in grundsätzlicher Übereinstimmung mit der **früheren ständigen und unbestrittenen Rspr** eine Beschränkung der Gewährleistungsansprüche auf Nachbesserung oder Ersatzlieferung nur, wenn für den Fall des Fehlschlagens ausgeschlossene Gewährleistungsrechte „wieder aufleben" (zB BGHZ 22, 90, 99 = NJW 1957, 17; BGHZ 37, 94, 98 – für Kaufverträge; BGHZ 62, 323, 325 = NJW 1974, 1322; BGH NJW 1974, 272 mwN – für Werkverträge; BGHZ 48, 264, 267 = NJW 1968, 44 für Werklieferungsverträge; weitere Nachweise vgl Coester-Waltjen Rz 15; Schmidt Salzer F 74 ff). In zwei Punkten geht die Vorschrift allerdings **über die frühere Rspr hinaus:** Sie verlangt einmal, daß dem Kunden – außer bei Bauleistungen – im Falle des Fehlschlagens ein **Wahlrecht zwischen Minderung und Rückgängigmachung** des Vertrages zustehen muß, während die Rspr bis dahin zumindest beim Werkvertrag die Einräumung lediglich eines Rücktrittsrechts genügen ließ (BGHZ 62, 83, 89; BGH NJW 1963, 1148; BGH NJW 1974, 272 mwN). Zum anderen muß dieses Wahlrecht dem Kunden **ausdrücklich** in den **AGB selbst vorbehalten** sein, wohingegen die frühere Rspr mit ergänzender Vertragsauslegung zu arbeiten, bereit war (BGHZ 22, 90, 99 – ständige Rspr; gegen Möglichkeit der ergänzenden Vertragsauslegung vgl aber zuletzt BGH NJW 1979, 2095).

42 **2. Das Mindestrecht auf Nachbesserung oder Ersatzlieferung**

Während beim Spezieskauf ein Nachbesserungs- oder Ersatzlieferungsanspruch anstelle der primären Gewährleistungsrechte nur durch besondere vertragliche Vereinbarung begründet werden kann, bestehen beim Gattungskauf (§ 480 Abs 1 BGB) und beim Werkvertrag (§ 633 Abs 2 BGB) bereits gesetzlich Ersatzlieferungs- bzw Nachbesserungsansprüche. Die Unterscheidung zwischen vertraglichen und gesetzlichen Nachbesserungs- bzw Ersatzlieferungsansprüchen wird aber dann hinfällig, wenn eine AGB-Klausel entspr § 11 Nr 10 b die Gewährleistungsrechte zunächst auf Nachbesserungs- oder Ersatzlieferungsansprüche beschränkt. In diesem Falle begründet die AGB-Bestimmung sowohl im Kauf- als auch im Werkvertragsrecht **eigenständige vertragliche Nachbesserungs- oder Ersatzlieferungsansprüche** (im Ergebnis ähnlich Kötz Rz 92; Coester-Waltjen Rz 42). Das hat zur Folge, daß auch beim Werkvertrag für einen in AGB vertraglich begründeten Nachbesserungsanspruch die Vorschriften der §§ 633, 634 BGB allenfalls insoweit eingreifen, als die vertragliche Regelung nichts Abweichendes vorsieht. Dies gilt insbes für das Erfordernis der Fristsetzung mit Ablehnungsandrohung (§ 634 Abs 1 BGB; dazu unten Rz 51) und das Fortbestehen des Selbstbeseitigungsrechts des Kunden (dazu unten Rz 53). Entspr dem Wortlaut der Nr 10 b kann der Verwender die Gewährleistung zunächst entweder auf Nachbesserung **oder** auf Ersatzlieferung beschränken. Er kann selbstverständlich beide Recht dem Kunden wahlweise einräumen, aber auch sich selbst ein diesbezügliches **Wahlrecht** vorbehalten, da hierdurch die Interessen des Kunden in Anbetracht der subsidiär gegebenen Gewährleistungsrechte nicht gefährdet werden (im Ergebnis ebenso Coester-Waltjen Rz 43; Graf von Westphalen Rz 3). Soweit dem Verwender überhaupt mehr als ein einziger Nachbesserungsversuch zusteht (dazu unten Rz 45), kann die Klausel auch vorsehen, daß der

Verwender nach der fehlgeschlagenen Nachbesserung zur Ersatzlieferung übergehen darf, da die Ersatzlieferung den Kunden zumeist weniger beeinträchtigen wird als ein weiterer Nachbesserungsversuch (Coester-Waltjen Rz 44).

3. Fehlschlagen der Nachbesserung 43

Das Gesetz versteht die Bezeichnung „Fehlschlagen" als Oberbegriff für sämtliche Fallkonstellationen, in denen die Nachbesserung nicht innerhalb angemessener Frist zu einer ordnungsgemäßen Behebung des Mangels führt. Der Gesetzgeber wollte hierbei bewußt an die bereits von der früheren Rspr entwickelten Fallvarianten anknüpfen (RegE 34; Bericht des RAussch BT-Drucks 7/5422, 9). Danach ist der Nachbesserungsversuch insbes dann fehlgeschlagen, wenn die Nachbesserung **unmöglich** ist, **mißlingt, verweigert** oder **unzumutbar verzögert** wird (vgl bereits BGHZ 22, 90, 99) oder aus einem sonstigen Grunde dem Kunden **unzumutbar** ist.

a) Sofort auf Minderungs- und Wandlungsansprüche zurückgreifen kann der Kunde 44
bei **Unmöglichkeit der Nachbesserung.** Diese liegt einmal vor, wenn eine Beseitigung des Mangels ohne Neuherstellung der Gesamtsache **technisch nicht durchführbar** ist, wie beispielsweise bei schwerwiegenden **Konstruktionsfehlern** (BGH NJW 1963, 1148), nicht behebbaren Fabrikationsfehlern, fehlgeschnittenen oder verfärbten Kleiderstoffen, zersprungenen Geschirrwaren, verdorbenen Chemikalien und Nahrungsmitteln oder auch bei **Planungsfehlern** des Architekten nach Errichtung des Bauwerkes (BGHZ 43, 227, 232 – zum Nachbesserungsanspruch nach § 633 Abs 2 BGB). Zum anderen ist Unmöglichkeit ebenfalls dann anzunehmen, wenn der Mangel sich zwar technisch einwandfrei beseitigen ließe, aber der Gegenstand allein **durch die Tatsache der Nachbesserung** im Geschäftsverkehr geringer bewertet wird als eine von Anfang an mangelfreie Sache (OLG Köln Betrieb 1965, 140 – Wertminderung durch Verschweißen eines Dachrisses bei fabrikneuem Pkw). Ein bloßes Unvermögen des Verwenders zur Nachbesserung gibt dem Kunden hingegen noch nicht das sofortige Minderungs- bzw Wandlungsrecht, da der Verwender zur Mängelbeseitigung einen Dritten als Erfüllungsgehilfen zuziehen darf (zB der Händler den Hersteller).

b) Fehlgeschlagen ist die Nachbesserung weiterhin dann, wenn sie **erfolglos versucht** 45
wurde. Die hierbei wesentliche Frage, **wieviele Nachbesserungsversuche** der Kunde dem Verwender zugestehen muß, bevor er wegen Fehlschlagens der Nachbesserung auf die gesetzlichen Gewährleistungsrechte zurückgreifen kann, ist unter Abwägung aller Umstände des Einzelfalles (BGH NJW 1976, 235) zu entscheiden. Eine allgemeine Regel, etwa daß im Normalfall zwei Nachbesserungsversuche zuzulassen seien (so Schmidt-Salzer Rz F 91; Graf von Westphalen Rz 5), läßt sich nicht aufstellen. Bei der Bewertung des Kundeninteresses ist zu berücksichtigen, in welchem sachlichen und zeitlichen Umfang dieser durch den Nachbesserungsversuch am bestimmungsgemäßen Gebrauch der erworbenen Sache gehindert wird, zu welchen Beeinträchtigungen die durch Reparaturzeiten verursachte Nutzungsunterbrechung beim Kunden führt und welche zusätzlichen Belastungen (Versendung, Verpackung) ihm mit dem Nachbesserungsversuch auferlegt werden. Ist eine gelieferte Maschine trotz Nachbesserungsbedürftigkeit im Betrieb des Kunden grundsätzlich einsatzfähig (vgl zB BGH NJW 1960, 667) und können die Nachbesserungsversuche beim Kunden mit nur kurzer Betriebsunterbrechung durchgeführt werden, so sind diesem mehrere Nachbesserungsversuche zuzumuten. Muß der Kunde hingegen den erworbenen Gegenstand erst zum Zwecke der Nachbesserung an den Verwender oder einen Dritten versenden, so ist nur in Ausnahmefällen mehr als ein Nachbesserungsversuch zumutbar (ähnlich Hensen Rz 38; Schmidt-Salzer F 91).

Auch wenn der Gebrauch der Sache für Haushalt oder berufliche Tätigkeit des Kunden von wesentlicher Bedeutung ist (zB Heizung während Heizperiode; Pkw für Taxiunternehmer; Backofen in Bäckereibetrieb), so muß dieser sich nicht auf mehr als einen Nachbesserungsversuch einlassen, wenn der Mangel die Nutzungsmöglichkeit entscheidend beeinträchtigt. Bei der Beurteilung der Zumutbarkeit weiterer Nachbesserungsversuche ist außerdem zu beachten, zu welchem Ergebnis der vorhergehende Reparaturversuch geführt hat. Tritt nach diesem genau der gleiche Mangel erneut auf, so muß der Kunde idR nicht mehr in einen zusätzlichen Nachbesserungsversuch einwilligen (BGH LM Nr 4 Blatt 2 zu § 635 BGB). Das gleiche gilt, wenn der erste Nachbesserungsversuch erkennbar nachlässig durchgeführt wurde und der Kunde daher begründete Zweifel an dem ordnungsgemäßen Vollzug einer weiteren Nachbesserung haben muß. Wichtiger Gesichtspunkt bei der Ermittlung der Zumutbarkeit ist zudem der Wert und die technische Komplexität des mangelhaften Gegenstandes. Handelt es sich um eine höherwertige, technisch komplizierte Sache, so kommen mehrfache Nachbesserungen eher in Betracht (OLG Celle BB 1963, 1115 – dritte Nachbesserung bei Fernsehgerät; BGH NJW 1976, 234 – zwei Nachbesserungsversuche bei Maschine) als bei technisch einfachen geringerwertigen Waren, deren Mängelrisiko kleiner ist (zutreffend Hensen Rz 39 mit Einzelbeispielen). Bei fabrikneuen **Kraftfahrzeugen** sind dem Erwerber mehrfache, zeitlich ausgedehnte Reparaturzeiten nur in beschränktem Umfange zumutbar (vgl auch OLG Karlsruhe DAR 1977, 323 – Unzumutbarkeit weiterer Versuche nach mißlungener Behebung von Lackschäden innerhalb von vier Monaten; OLG Stuttgart NJW 1963, 1206 – zumutbarer Rahmen bei sieben Nachbesserungen innerhalb von sechs Monaten „weit überschritten"). Handelt es sich bei einer hergestellten Sache um eine spezielle Neukonstruktion für den Kunden, so hat dieser dem Verwender in weitergehendem Umfang Möglichkeiten zur Mängelbeseitigung, soweit sie „nicht offenbar aussichtslos" sind, einzuräumen (BGH LM § 635 BGB Nr 4 Blatt 2), da hier das Interesse des Verwenders an einer Aufrechterhaltung des Vertrages in erhöhtem Umfange schutzwürdig ist (Kötz Rz 96).

Die **Zahl** der **Nachbesserungsversuche** kann **in** den **AGB** festgelegt werden. Überschreitet die formularmäßig vorgesehene Zahl allerdings das für den Kunden zumutbare Maß, so ist sie wegen Verstoßes gegen § 11 Nr 10 b unwirksam (für Unwirksamkeit gem § 9 Abs 2 Nr 1 Hensen Rz 41).

46 **c)** Ebenfalls fehlgeschlagen ist die Nachbesserung, wenn sie der Verwender **verweigert,** zB wenn dieser bereits seine Gewährleistungspflicht als solche bestreitet (BGH Betrieb 1969, 346 – zu §§ 633 Abs 2, 634 BGB).

47 **d)** Die Ansprüche auf Minderung und Wandelung leben wegen Fehlschlagens der Nachbesserung auch dann auf, wenn letztere **unzumutbar verzögert** wird. Im jeweiligen Einzelfall ist zu ermitteln, welche Frist für die Nachbesserung dem Kunden zumutbar ist. Hierbei gelten die gleichen Wertungsgesichtspunkte wie bei der Beurteilung der zumutbaren Zahl der Nachbesserungsversuche (oben Rz 45). Je nach Art des Mangels, des für seine Aufspürung und Beseitigung bei ordnungsgemäßer Durchführung notwendigen Zeitaufwandes sowie der Schwere der Beeinträchtigung des Kunden durch die Mängelbeseitigung kann sich eine sehr unterschiedliche Nachbesserungsfrist ergeben (Stötter Betrieb 1969, 648). Zutreffend hält Hensen (Rz 43) die in den AGB des Radioeinzelhandels vorgesehene sechswöchige Nachbesserungsfrist für unwirksam, zumal wenn die Einhaltung dieser Frist zusätzlich unter dem Vorbehalt steht, daß die notwendigen Ersatzteile verfügbar sind. Ein maßgeblicher Wertungsgesichtspunkt kann zudem oftmals der übrigen zeitlichen Ausgestaltung des Vertrages zu entnehmen sein. So wird bei Verträgen mit unverzüglicher Lieferungspflicht (§ 271 BGB), insbesondere Barkäufen des täglichen

Lebens, auch nur eine sehr kurze Nachbesserungsfrist in Betracht kommen. Bei einem Vertrag mit bestimmter Lieferzeit kann sich aus dieser ebenfalls ein gewisser Rahmen für die zumutbaren Nachbesserungsfristen ergeben (Graf von Westphalen Rz 8).

Der Verwender kann durch **Festsetzung** einer **Nachbesserungsfrist in AGB** nicht einseitig den Zeitpunkt hinausschieben, an welchem nach vorstehenden Grundsätzen vom Fehlschlagen der Nachbesserung auszugehen ist. Eine Klausel, welche eine unangemessene Nachbesserungsfrist vorsieht, ist wegen Verstoßes gegen § 11 Nr 10 b unwirksam, da sie den Verwender trotz objektiv eingetretenem „Fehlschlagen" weiterhin auf die Nachbesserungspflicht beschränkt (für Überprüfung der Frist an § 9 Hensen Rz 49).

e) Entsprechend dem allgemeinen Grundsatz von Treu und Glauben (vgl auch § 13 **48** Nr 6 S 2 VOB/B) darf der Kunde dann **sofort** das Minderungs- oder Wandlungsrecht geltend machen, wenn es ihm von vornherein **unzumutbar** ist, dem Verwender zunächst noch eine Nachbesserungsmöglichkeit einzuräumen. Dies kann beispielsweise dann der Fall sein, wenn die gelieferte Ware bereits völlig unbrauchbar war und hierdurch oder durch weiteres schuldhaftes Verhalten des Verwenders das zwischen den Vertragsteilen bestehende Vertrauensverhältnis völlig zerstört wurde (ähnlich Hensen Rz 44; Kötz Rz 96; vgl auch BGH LM § 634 BGB Nr 1 – zu § 634 Abs 1, ebenso BGHZ 46, 242, 245).

f) Das Fehlschlagen iSd § 11 Nr 10 b setzt **kein Verschulden** des Verwenders voraus **49** (Coester-Waltjen Rz 46; Kötz Rz 97; Schmidt-Salzer F 79). Auch wenn die Mängelbeseitigung aus nicht vom Verwender zu vertretenden Gründen mißlingt, kann der Kunde auf das Minderungs- bzw Wandelungsrecht zurückgreifen, denn diese gesetzlichen Gewährleistungsrechte gelangen ihrerseits unabhängig von einem Verschulden des Lieferanten zur Anwendung. Der Verwender kann seine Gewährleistung nicht von seinem Verschulden an Mängeln abhängig machen.

4. Fehlschlagen der Ersatzlieferung **50**

Für das Fehlschlagen der Ersatzlieferung gelten grundsätzlich die gleichen Beurteilungskriterien wie für das Fehlschlagen der Nachbesserung (vgl oben Rz 43 ff), mit der Abweichung, daß eine Ersatzlieferung im Regelfall bereits dann fehlgeschlagen ist, wenn die als Ersatz gelieferte Sache selbst wiederum mangelhaft ist (OLG Hamburg MDR 1974, 578; Hensen Rz 45; Schmidt-Salzer Rz F 109). Die Angemessenheit der Ersatzlieferungsfrist bemißt sich nach der generellen marktmäßigen Verfügbarkeit von Ersatzleistungen, ist also bei vertretbaren Sachen nur sehr kurz, auch wenn die Hersteller längere Lieferfristen haben. Der Verwender muß den für eine rasche Ersatzlieferung nötigen Mehraufwand tragen.

5. Geltendmachung von Nachbesserung bzw Ersatzlieferung **51**

Der Kunde ist nicht verpflichtet, dem Verwender bei der Geltendmachung der formularmäßig eingeräumten Nachbesserungs- oder Ersatzlieferungsansprüche eine angemessene **Frist** (so Schmidt-Salzer Rz F 87 für Kaufrecht) mit **Ablehnungsandrohung** zu setzen (so Graf von Westphalen Rz 10; BGH NJW 1970, 1502; BGH NJW 1972, 46, 47 – für Kaufrecht; vgl auch § 462 Rz 14 mwN). Da es sich um **vertraglich** eingeräumte Ansprüche handelt (vgl oben Rz 42), sind die §§ 326 Abs 1, 634 Abs 1 BGB nicht unmittelbar anwendbar. Auch deren entsprechende Anwendung ist abzulehnen (wie hier: Koch-Stübing Rz 40, 47; Hensen Rz 46 ff; Coester-Waltjen Rz 46; Kötz Rz 92; aM BGH aaO; Graf von Westphalen aaO), da das

Gesetz in § 11 Nr 10 b als Voraussetzung für das Wiederaufleben der gesetzlichen Gewährleistungsrechte allein auf das Fehlschlagen abstellt und gerade nicht auf die zusätzlichen Voraussetzungen der §§ 326 Abs 1, 634 Abs 1 BGB zurückgreift, obwohl eine entsprechende Regelung jederzeit möglich gewesen wäre. Durch das Erfordernis einer Fristsetzung mit Ablehnungsandrohung würde der durch die Regelung des § 11 Nr 10 b bezweckte Schutz des Kunden zudem oftmals ausgehöhlt, da diesem – zumal ohne besonderen Hinweis in den AGB – regelmäßig nicht das Erfordernis einer Fristsetzung mit Ablehnungsandrohung in den Sinn käme und sein Minderungs- bzw Wandelungsbegehren dementsprechend vom Verwender zumeist zurückgewiesen werden könnte. Der Verwender darf aber in seinen AGB festlegen, daß die Minderungs- bzw Wandelungsansprüche erst aufleben, wenn der Kunde eine Frist zur Nachbesserung/Ersatzlieferung gesetzt hat und diese Frist abgelaufen ist (Hensen Rz 48, 49; Kötz Rz 99). Die Länge der vom Kunden zu setzenden Frist muß aber ebenso angemessen sein wie eine unmittelbar in den AGB vorgeschriebene Nachbesserungsfrist (oben Rz 47). Hingegen dürfte eine in den AGB vorgesehene Verpflichtung des Kunden zur zusätzlichen Ablehnungsandrohung im Regelfall gegen § 9 verstoßen, da dies für den Kunden eine Erschwerung des Überganges zum Wandelungs- bzw Minderungsrecht darstellt, welche durch keinerlei erkennbare Interessen des Verwenders gerechtfertigt werden kann.

52 **6. Vorbehalt des Wandelungs- und Minderungsrechtes**

a) § 11 Nr 10 b fordert, daß der Verwender den Kunden **ausdrücklich** auf seine subsidiären Minderungs- und Wandelungsrechte hinweist. Der Kunde soll über diese Rechte so informiert werden, daß er sie auch außerhalb eines gerichtlichen Verfahrens und ohne Inanspruchnahme von Rechtsauskünften ausüben kann (RegE 34). Die Belehrung muß daher auch für einen nicht rechtskundigen Leser verständlich sein. Diesen Ansprüchen ist genüge getan, wenn die gesetzliche Formulierung verwendet wird. Nicht ausreichend ist hingegen, klauselmäßig dem Kunden „Wandelung" und „Minderung" vorzubehalten, da der Kunde diese Ausdrücke häufig nicht richtig verstehen wird (Hensen Rz 33; Kötz Rz 90; Palandt-Heinrichs Anm 10 b). Wird die gesetzliche Formulierung nicht verwandt, so muß der Verwender eine Umschreibung wählen, aus welcher eindeutig hervorgeht, daß der Kunde **wahlweise** das Vertragsverhältnis rückgängig machen oder das Entgelt herabsetzen darf. Nicht erforderlich ist, daß der Kunde im einzelnen auf diejenigen Fälle hingewiesen wird, in denen es aufgrund des Fehlschlagens der Nachbesserung zu einem Wiederaufleben der gesetzlichen Gewährleistungsansprüche kommt (so aber Graf von Westphalen Rz 12). Die einzelnen Fälle sind derart vielgestaltig, daß sie nicht vorab klauselmäßig aufgeführt werden können. Es genügt, wenn der Verwender den Ausdruck „Fehlschlagen der Nachbesserung" verwendet (Hensen Rz 34; Koch-Stübing Rz 38). Wenn dies nicht geschieht, müssen anstelle dessen alle wichtigen Fallvarianten (s Rz 43 ff) des Fehlschlagens aufgezählt werden. Der Verwender kann sich dabei aber zusammenfassender Oberbegriffe bedienen, wie es etwa in § 13 Nr 6 VOB/B geschehen ist.

Fehlt eine den vorstehenden Anforderungen entsprechende ausdrückliche Belehrung des Kunden, so ist die gesamte Gewährleistungsbeschränkungsklausel unwirksam. Nach § 6 Abs 2 gelten dann die gesetzlichen Gewährleistungsregeln.

53 **b)** Dem Kunden muß **nach seiner Wahl** ein **Minderungs-** (§§ 465, 472 BGB) oder **Wandelungsrecht** (§§ 465, 467 BGB) eingeräumt werden. Eine Beschränkung auf nur eines der beiden Rechte führt zur Gesamtunwirksamkeit der Klausel. Durch die Einräumung des Wandelungs- und Minderungsrechtes wird der **Kunde** aber nicht

verpflichtet, nach Fehlschlagen der Nachbesserung bzw der Ersatzlieferung wahlweise zu Wandelung oder Minderung überzugehen. Er kann auch versuchen, im Klagewege den Nachbesserungs- oder Ersatzlieferungsanspruch durchzusetzen, da ihm dieser als primärer Anspruch eingeräumt ist, und es nicht im Belieben des Verwenders stehen kann, sich diesem etwa durch bloße Weigerung, Unterlassung oder Verzögerung zu entziehen (HENSEN Rz 55). Da § 11 Nr 10 b über das Fortbestehen eines Selbstbeseitigungsrechtes keinerlei Regelungen enthält, ist § 633 Abs 3 BGB für den werkvertraglichen Nachbesserungsanspruch im Zweifel ergänzend hinzuzuziehen (SCHMIDT-SALZER F 88; KÖTZ Rz 105 – für Ausdehnung sogar auf Kaufrecht; aM HENSEN Rz 55 f), sofern er nicht in eindeutiger Weise ausgeschlossen ist (gegen Abdingbarkeit durch AGB SCHMIDT-SALZER F 88).

Ebenso steht beim **Gattungskauf** dem Kunden bei Fehlschlagen der Nachbesserung neben Wandelung oder Minderung auch noch der Anspruch auf **Ersatzlieferung** gem § 480 Abs 1 S 1 BGB zu, soweit nicht auch er ausgeschlossen wurde (HENSEN Rz 54; oben Rz 19). Zu beachten ist, daß für den Eintritt des Selbstbeseitigungsrechtes nach § 633 Abs 3 BGB der Verwender sich mit der Nachbesserung im Verzug (§§ 284, 285 BGB) befinden muß und somit das bloße Fehlschlagen der Nachbesserung allein hierfür nicht genügt. Der Verwender kann das Selbstbeseitigungsrecht durch AGB ausschließen. § 11 Nr 10 a und b steht dem nicht entgegen (aM SCHMIDT-SALZER Rz F 88).

c) Die Beschränkung der subsidiären Gewährleistungsrechte auf das alleinige Recht zur Minderung ist ausnahmsweise zulässig, wenn eine **Bauleistung** Gegenstand der Gewährleistung ist, da diese im Rahmen einer Vertragsrückabwicklung nur äußerst schwer oder gar nicht zurückgewährt werden kann (RegE 34). Dementsprechend sieht auch die VOB/B ein Wandelungsrecht nicht vor (INGENSTAU-KORBION § 13 VOB/B Rz 208 ff). Der verbleibende Minderungsanspruch kann aber im Falle der völligen Untauglichkeit der Bauleistung zum vollständigen Ausschluß des Werklohnanspruchs führen (s Rz 19; § 472 BGB Rz 8). Als „Bauleistungen" spricht man im Anschluß an die Verwendung des gleichen Begriffs in § 1 VOB/A bauhandwerkliche Maßnahmen jeder Art an, mit denen Bauwerke unmittelbar geschaffen, erhalten oder geändert werden (BGH NJW 1973, 368; INGENSTAU-KORBION § 1 VOB/A Rz 2 ff). Nicht als „Bauleistung" begreift man daher die Tätigkeit des **Bauträgers,** soweit er nicht selbst bauhandwerkliche Leistungen erbringt (SCHIPPEL-BRAMBRING DNotZ 1977, 211, 212; COESTER-WALTJEN Rz 47; BRYCH MDR 1978, 182 Fn 16 und 26; aM BRAMBRING NJW 1978, 781). Jedoch wurde diese Begriffsbestimmung geschaffen, als es den Bauträgervertrag noch nicht gab. Nichts verlangt, den Unternehmer, der mit Nachunternehmern arbeitet, keine „Bauleistung" erbringen zu lassen. Es kommt allein darauf an, wen gegenüber dem Bauherrn die vertragliche Verantwortung für die Ordnungsmäßigkeit der Bauausführung trifft s § 9 Rz 57 ff, 91 ff. 54

d) § 11 Nr 10 b verbietet nicht, **Schadensersatzansprüche** aus Verzug oder schuldhafter Verletzung der Nachbesserungs- bzw Ersatzlieferungspflicht einzuschränken (GRAF VON WESTPHALEN Rz 17; KÖTZ Rz 100), soweit die Grenzen des § 11 Nr 7 beachtet sind (zum Verhältnis von § 11 Nr 7 zu § 11 Nr 10 vgl oben Rz 16). S auch § 5 Rz 10. 55

7. Kaufleute 56

Die Regelung des § 11 Nr 10 b findet mit gewissen Einschränkungen auch im kaufmännischen Verkehr Anwendung. § 11 Nr 10 b ist unstreitig auch insoweit für das Verhältnis unter Kaufleuten anzuwenden, als er die frühere Rspr festschreibt.

Im kaufmännischen Geschäftsverkehr genügt es im allgemeinen aber, wenn dem Kunden subsidiär zu Nachbesserung bzw Ersatzlieferung keine Option, sondern entweder ein Minderungs- oder ein Wandelungsrecht eingeräumt wird (Koch-Stübing Rz 34; Hensen Rz 56; Coester-Waltjen Rz 66; Stein Rz 99; aM Graf von Westphalen Rz 22; Palandt-Heinrichs Anm 10 h).

Nach Ansicht des BGH (NJW 1978, 814) ist es auch noch ausreichend, wenn zwar das subsidiäre Wandelungs- oder Minderungsrecht ausgeschlossen wird, dem Kunden aber für den Fall des Fehlschlagens der Nachbesserung ein **Schadensersatzanspruch aus schuldhafter Verletzung der Nachbesserungspflicht** verbleibt. Dieser Schadensersatzanspruch soll freilich auch darauf gerichtet sein, daß der Verwender den Kunden von den Lasten des Vertrages befreie, den Besteller also nicht auf Zahlung der Vergütung in Anspruch nehme und eine bereits gezahlte Vergütung zurückerstatte. Diese Rspr ist abzulehnen. Dem Kunden muß zumindest ein Rücktrittsrecht oder Minderungsrecht eingeräumt sein, das unabhängig vom Verschulden des Verwenders ist. Zwar gibt es dafür, wer Zufallsschäden zu tragen hat, auch im Vertragsrecht keine natürliche Gerechtigkeitslösung. Jedoch lassen sich aus den Besonderheiten des kaufmännischen Verkehrs keine Gesichtspunkte entnehmen, welche eine solche Risikoüberbürdung auf den Vertragspartner des Verwenders rechtfertigen könnten. Auch nach Ansicht des BGH ist in jedem Falle unzulässig ein Ausschluß sowohl des Schadensersatzanspruches als auch des Rücktrittsrechtes (BGH NJW 1974, 551). In besonders gelagerten Fällen kann sich der Verwender nach neuester höchstrichterlicher Rspr (BGH Urt v 18. 6. 1979 II ZR 65/78) auch nicht mit einem Rücktrittsrecht des Kunden begnügen, sondern muß die Haftung für schuldhafte Schlechterfüllung der Nachbesserungspflicht aufrechterhalten.

Auch im kaufmännischen Geschäftsverkehr ist der **ausdrückliche Hinweis** auf das subsidiär bestehende Gewährleistungsrecht erforderlich (Koch-Stübing Rz 43; Hensen Rz 56; Graf von Westphalen Rz 21; aM Coester-Waltjen Rz 65; Dittmann-Stahl Rz 495). Das Erfordernis der Aufnahme des ausdrücklichen Vorbehaltes dient auch dazu, im Interesse des Geschäftsverkehrs von Anfang an klarzustellen, in welchen Grenzen Gewährleistungsausschluß- und -beschränkungsklauseln wirksam sind oder nicht. Der Verwender darf sich aber im kaufmännischen Bereich auch der Begriffe „Wandelung" und „Minderung" bedienen, (s Rz 52), da insoweit ein Verständnis von seiten des Kaufmanns erwartet werden kann (Koch-Stübing Rz 43).

V. Aufwendungen bei Nachbesserungen (§ 11 Nr 10 c)

57 1. Allgemeines

Sind die Rechte des Kunden entsprechend der Regelung des § 11 Nr 10 b zunächst auf die Nachbesserung beschränkt und sehen die Vertragsbedingungen zusätzlich vor, daß erhebliche Kosten der Nachbesserung den Kunden treffen sollen, so führt dies zu einer Entwertung des Nachbesserungsrechtes und kann den Kunden teilweise rechtlos stellen (RegE 35). Das von den Parteien bei Vertragsabschluß vorgestellte Äquivalenzverhältnis zwischen Verwenderleistung und Gegenleistung des Kunden wird gestört, denn letzterer erhält zwar nach erfolgreicher Nachbesserung die mangelfreie Lieferung, aber er muß hierfür zusätzlich zur vorgesehenen Vergütung die ihm auferlegten Nachbesserungskosten aufbringen. Daher verbietet § 11 Nr 10 c AGB-Klauseln, in denen die Verpflichtung des Verwenders zur Tragung der Nachbesserungskosten ausgeschlossen oder beschränkt wird. Die Vorschrift knüpft hierbei an die durch § 25 AGBGB neu geschaffenen, grundsätzlich abdingbaren

§§ 476 a, 633 Abs 2 S 2 BGB an, welche die Kostentragungspflicht des Verkäufers bzw Werkunternehmers begründen. Die **frühere Rspr** hat Klauseln, welche dem Kunden Nachbesserungskosten auferlegt haben, nicht beanstandet (vgl Nachw bei Coester-Waltjen Rz 20). Unabhängig von der AGB-Kontrolle hatte allerdings der BGH für die werkvertragliche Nachbesserung klargestellt, daß der Werkunternehmer deren Kosten zu tragen habe (BGH NJW 1963, 805 und 811; BGHZ 59, 328 = NJW 1973, 46; BGH NJW 1979, 804).

2. Die Verpflichtung zur Tragung der Aufwendungen 58

a) Beim **Kaufvertrag** ergibt sich die Verpflichtung des Verkäufers zur Tragung der Nachbesserungsaufwendungen aus **§ 476 a BGB.** Sie tritt ein, wenn ein Nachbesserungsrecht „**anstelle** des Rechts auf Wandelung oder Minderung" entweder in den AGB entsprechend § 11 Nr 10 b oder durch Individualvereinbarung (zutreffend Koch-Stübing Rz 45; Hensen § 25 Rz 2; aM Graf von Westphalen § 25 Rz 2) festgesetzt wurde. Der Verwender muß daher gem § 476 a BGB nicht die Nachbesserungskosten tragen, wenn dem Kunden das Nachbesserungsrecht wahlweise **neben** dem Wandelungs- oder Minderungsrecht eingeräumt wird (vgl auch § 476 a Rz 3; Koch-Stübing Rz 43; Coester-Waltjen § 25 Rz 2), da in diesem Falle keine Beschränkung der Gewährleistungsrechte vorliegt und der Kunde auf das Wandelungs- oder Minderungsrecht ausweichen kann, wenn ihm die auf ihn treffenden Nachbesserungskosten zu hoch erscheinen (aM Hensen Rz 58, § 25 Rz 9).

b) Auch im **Werkvertragsrecht** besteht gem § 633 Abs 2 S 2 BGB die Verpflichtung 58 a
des Verwenders zur Tragung der Nachbesserungskosten entsprechend § 476 a BGB. Die systematische Stellung des § 633 Abs 2 S 2 BGB zeigt, daß – anders als im Kaufrecht – die Pflicht zur Kostentragung gem §§ 476 a, 633 Abs 2 S 2 BGB **in jedem Falle** der werkvertraglichen Nachbesserung eintritt, gleichgültig ob diese anstelle von Wandelung und Minderung vereinbart wurde oder nicht. § 633 Abs 1 S 1 BGB regelt ein selbständiges werkvertragliches Mängelbeseitigungsrecht, das keinen Ersatz, sondern eine Vorstufe zu Wandelung und Minderung darstellt. Gerade auch auf diesen Nachbesserungsanspruch bezieht sich die Verweisung des § 633 Abs 2 S 2 BGB. Diese Vorschrift enthält somit im Ergebnis allein eine Rechtsfolgenverweisung auf § 476 a BGB (zutreffend Koch-Stübing Rz 46; ähnlich Hensen § 25 Rz 20). Die demnach beim Werkvertrag in allen Fällen der Nachbesserung ohne die Einschränkung des § 476 a 1. HS bestehende Verpflichtung zur Tragung der Nachbesserungskosten darf gem § 11 Nr 10 c formularmäßig nicht ausgeschlossen oder beschränkt werden.

3. Umfang der zu tragenden Aufwendungen 59

a) Das Ausschluß- und Beschränkungsverbot des § 11 Nr 10 c erfaßt sämtliche **Aufwendungen,** die **„zum Zwecke der Nachbesserung erforderlich"** werden. Die Aufwendungen müssen in **unmittelbarem ursächlichen Zusammenhang mit** der **Ausführung** der Nachbesserung stehen und **zielgerichtet** auf diese („zum Zweck") gemacht werden. Ausgenommen sind daher Kosten des Kunden, die diesem **durch** die **Veranlassung** des Verwenders zur Durchführung der Nachbesserung entstehen, wie beispielsweise Aufwendungen für **Reklamationen** (Porto-, Telefongebühren, Freizeitverluste) oder für **Sachverständigengutachten,** welche der Kunde zum Beweis des Bestehens eines Nachbesserungsanspruchs benötigt (BGH NJW 1979, 2095). Dies sind keine spezifischen Nachbesserungskosten, sondern Unkosten, wie sie dem Kunden generell bei der Geltendmachung jedes vertraglichen Anspruches erwachsen können, und deren Ersetzung er allenfalls im Wege eines Schadensersatzanspruches fordern kann (OLG Frankfurt NJW 1976, 1320), soweit dieser nicht in zulässiger Weise ausgeschlossen ist (Kötz Rz 105; Coester-Waltjen § 25 Rz 2; Hensen § 25 Rz 14; aM Graf von Westphalen Rz 9). Nicht erfaßt werden auch die Unkosten, welche dem Kunden durch einen für die Zeit der Nachbesserung eingetretenen **Nutzungsausfall** entstehen (Kötz Rz 105). Gleichfalls stellen solche Schäden an Rechtsgütern des Kunden keine Aufwendungen iSd Vorschrift dar, die nicht notwendigerweise mit der Nachbesserungsmaßnahme verknüpft sind. Sowohl der Nutzungsausfall als auch die letztgenannten Schäden sind nicht Aufwendungen „zum Zwecke" der Nachbesserung, sondern anläßlich der Nachbesserung eingetretene Folgen. Würde man jeden Nutzungsausfall und jeden durch die Nachbesserung verursachten Schaden als Aufwendung iSv §§ 11 Nr 10 c, 476 a BGB ansehen, so gelangte man im Ergebnis zu einer Schadenersatzhaftung ohne Verschulden, welche die gesetzlichen Gewährleistungsbestimmungen bei gewöhnlichen Mängeln nicht vorsehen. Für etwaige anläßlich der Nachbesserung entstandene Schäden kann der Kunde nur bei schuldhafter Verzögerung oder Schlechterfüllung der Nachbesserung möglicherweise aus Verzug oder positiver Vertragsverletzung Ersatz verlangen (vgl BGH NJW 1976, 234; s § 5 Rz 10).

Etwas anderes gilt, wenn Schädigungen von Rechtsgütern des Kunden von vorneherein notwendig sind, um die Nachbesserungsmaßnahme durchzuführen (zB: Ausbrechen von Mauerwerk zur Reparatur von Rohrleitungen). In diesem Fall gehören die zur Beseitigung der Schäden erforderlichen Kosten zu den Aufwendungen iSd Vorschrift (s Erl zu § 633).

60 **b)** Als Aufwendungen, denen sich der Verwender formularmäßig weder vollständig noch teilweise entziehen darf, zählt das Gesetz besonders die Transport-, Wege-, Arbeits- und Materialkosten. Zu den **Transportkosten** gehören diejenigen Aufwendungen, die erforderlich sind, damit die mangelhafte Sache vom Sitz des Kunden zum Verkäufer, dessen Werkstatt oder dem von ihm mit der Nachbesserung beauftragten Dritten und wieder zurück zum Kunden befördert werden kann. § 11 Nr 10 c verbietet nur, dem Kunden diese Transportkosten aufzuerlegen, nicht aber, von diesem die Rücksendung der fehlerhaften Ware gegen Kostenerstattung zu verlangen. Geschieht dies, so kann der Kunde aber bei erheblichen Versandkosten vom Verwender einen entsprechenden **Kostenvorschuß** fordern (Graf von Westphalen Rz 8). Sendet der Kunde die Ware selbst zurück, so hat er die preiswerteste Versandart zu wählen, da der Verwender nur die „erforderlichen" Aufwendungen zu tragen hat. **Wegekosten** sind diejenigen Unkosten, welche dem Verwender dadurch entstehen, daß er selbst, seine Bediensteten oder von ihm beauftragte Dritte den Kunden an dessen Sitz zum Zwecke der Nachbesserung aufsuchen.

Die Aufzählung des Gesetzes ist nur beispielhaft. Die Vorschrift erfaßt auch alle anderen zur Erfüllung des Nachbesserungsanspruches erforderlichen Aufwendungen, so auch die Kosten, welche anfallen, wenn der Verwender die **Mangelbeseitigung durch Dritte** als Erfüllungsgehilfen durchführen läßt (Koch-Stübing Rz 49; Graf von Westphalen Rz 9). Auch wenn der **Kunde** bei Verzug des Verwenders mit der Nachbesserung im Wege des Selbsthilferechtes (§ 633 Abs 3 BGB; dazu Rz 53) die Mängelbeseitigung selbst vornimmt, wird sein hieraus entstehender Aufwendungsersatzanspruch von § 11 Nr 10 c erfaßt und ist durch AGB unabdingbar (ebenso Koch-Stübing Rz 49; Kötz Rz 105 – der § 633 Abs 3 BGB auch entsprechend für Kaufverträge anwenden will).

61 **c)** § 476 a und dementsprechend das Klauselverbot des § 11 Nr 10 c ergreift nicht die Kosten für Nachbesserungen, welche der Verkäufer oder Hersteller aufgrund einer über die gesetzlichen Gewährleistungspflichten hinausgehenden **Garantie** erbringt, wie zB für die Nachbesserung von Mängeln, welche nach Übergabe der Sache entstanden sind oder für welche die gesetzliche Verjährungsfrist abgelaufen ist (HENSEN § 25 Rz 10; COESTER-WALTJEN Rz 49; KÖTZ Rz 104; für weitgehende Anwendung von § 11 Nr 10 c auf Garantie hingegen BULLINGER NJW 1979, 2555).

d) Da § 11 Nr 10 c an die Kostentragungsverpflichtung des § 476 a BGB anknüpft, **61 a**
fallen unter das Klauselverbot nicht solche Aufwendungen, die zusätzlich dadurch verursacht werden, daß die mangelhafte Sache nach der Übergabe an einen anderen Ort als den Wohnsitz oder die gewerbliche Niederlassung des Kunden verbracht worden ist (vgl § 476 a Rz 5). Die durch diese Verbringung der Sache erhöhten Aufwendungen hat der Kunde zu tragen, während alle übrigen Nachbesserungskosten weiterhin formularmäßig unabdingbar der Verwender zu übernehmen hat. Soweit allerdings die Verbringung der Sache an einen anderen Ort deren bestimmungsgemäßem Gebrauch entspricht, wie zB beim Kraftfahrzeug, so verbleibt die Erstattungspflicht für die gesamten Aufwendungen beim Verwender.

4. Entsprechende Anwendung von § 11 Nr 10 c auf Kosten der Ersatzlieferung 62

§ 476 a BGB (dort Rz 6) und § 11 Nr 10 c ABGB sind **entsprechend** anzuwenden, wenn der Verwender formularmäßig die Verpflichtung zur Tragung der mit einer **Ersatzlieferung** verbundenen Kosten auszuschließen versucht (KOCH-STÜBING Rz 47; aM GRAF VON WESTPHALEN Rz 11, § 25 Rz 8; HENSEN Rz 58, – die aber die formularmäßige Abwälzung der Ersatzlieferungskosten nach § 9 Abs 2 als unzulässig ansehen). Zwischen Nachbesserung und Ersatzlieferung besteht nur ein gradueller Unterschied.

5. Kaufleute 63

Die Zulässigkeit der formularmäßigen Abdingung der Kostentragungspflicht aus §§ 476 a, 633 Abs 2 S 2 BGB ist für den kaufmännischen Verkehr umstritten. Gegen eine Anwendung des Klauselverbotes des § 11 Nr 10 c auf Kaufleute könnte sprechen, daß der Gesetzgeber die §§ 476 a, 633 Abs 2 S 2 BGB gerade mit Rücksicht auf den Handelsverkehr nicht als zwingende Vorschriften ausgestaltet hat (RegE 35) und es im Handelsverkehr weitgehend üblich ist und nach der früheren Rspr zulässig (BGH LM § 138 [Bc] Nr 11 = MDR 1973, 212) war, die Nachbesserungskosten zu wesentlichen Teilen dem Kunden aufzuerlegen. Dennoch ist auch gegenüber Kaufleuten gem § 9 grundsätzlich von der Unwirksamkeit einer Klausel auszugehen, welche den Verbotstatbestand des § 11 Nr 10 c erfüllt (für dessen volle Geltung: KOCH-STÜBING Rz 51; GRAF VON WESTPHALEN Rz 14 ff; PALANDT-HEINRICHS Anm 10 h; differenzierend: HENSEN Rz 59; STEIN Rz 99; ablehnend: COESTER-WALTJEN Rz 67). Auch für den Kaufmann ist es von wesentlichem Interesse, daß das Leistungsaustauschverhältnis nicht dadurch gestört wird, daß er zusätzlich zum vertraglich vereinbarten Entgelt noch Nachbesserungskosten bezahlen muß, um eine vertragsgemäße Gegenleistung des Verwenders zu erhalten. Insoweit enthält § 476 a einen gesetzlichen Grundgedanken, der auch im Rahmen des § 9 Abs 2 Nr 1 zu beachten ist. Dem Endverbraucher kann der Kaufmann die Nachbesserungskosten im Regelfall in Anbetracht des § 11 Nr 10 c nicht auferlegen. Es entspricht einer am Verursacherprinzip orientierten gerechten Risikoverteilung, daß die Nachbesserungskosten dem zugerechnet werden, der sie durch die Fehlerhaftigkeit der Sache veranlaßt hat (GRAF VON WESTPHALEN Rz 14). Zudem spricht die Versicherbarkeit der Nachbesserungskosten (dazu GRAF VON WESTPHALEN Rz 17 mwN) dagegen, daß der Lieferant mangelhafter Sachen diese Kosten ausschließt oder beschränkt. Zu den ersatzpflichtigen Aufwendungen eines Zwischenhändlers gehört alles, was er selbst aufgrund von § 11 Nr 10 c seinem Kunden leisten mußte.

Im Randbereich seiner Geltung ist § 11 Nr 10 c freilich auch für den beiderseits kaufmännischen Verkehr einer gewissen Relativierung zugänglich, etwa wenn es sich um geringfügige Kostenteile handelt oder wenn Wegekosten vom Verwender nur bis zu einer bestimmten Strecke übernommen werden, die dem normalen Aktionsradius seines Betriebes entsprechen. Ein exportorientierter Verwender kann etwa nur Transportkosten innerhalb der Bundesrepublik ersatzpflichtig sein lassen oder Zölle und Abgaben von seiner Gewährleistung durch Nachbesserung ausnehmen.

VI. Vorenthalten der Mängelbeseitigung (§ 11 Nr 10 d)

64 1. Allgemeines

Zielen die Nr 10 a–c des § 11 darauf ab, dem Kunden im Falle der Mangelhaftigkeit der Verwenderleistung gewisse Mindestrechte zu sichern, so soll Nr 10 d gewährleisten, daß der Kunde diese Rechte auch durchsetzen kann, ohne vorab an den Verwender unverhältnismäßig hohe Vorleistungen erbringen zu müssen. Die Vorschrift bildet damit die spiegelbildliche Ergänzung zu § 11 Nr 2. Dieser sichert dem Kunden die Berufung auf ein Leistungsverweigerungs- (§ 320 BGB) bzw Zurückbehaltungsrecht (§ 273 BGB) wegen Mangelhaftigkeit der Verwenderleistung, wenn er auf Zahlung des Entgeltes in Anspruch genommen wird. § 11 Nr 10 d ergänzt § 11 Nr 2 für den Fall, daß der Kunde seinerseits aktiv die Mängelbeseitigungsansprüche geltend macht und verbietet dem Verwender, die Durchführung der Nachbesserung oder Ersatzlieferung von einer unverhältnismäßig hohen Entgeltzahlung des Kunden abhängig zu machen.

65 2. Vorenthalten der Mängelbeseitigung bis zur vollständigen Entgeltzahlung

Verboten ist eine Klausel, welche die **Nachbesserung** oder **Ersatzlieferung** von der vorherigen vollständigen Entgeltzahlung abhängig macht. Hierbei kann es sich um gesetzliche (§ 633 Abs 2 S 1, 480 Abs 1 S 1 BGB) oder vertraglich festgesetzte Nachbesserungs- bzw Ersatzlieferungsansprüche handeln. Im Gegensatz zur früheren Rspr (BGHZ 48, 268 ff = NJW 1968, 44; BGHZ 61, 44 = WM 1973, 995) ist es für das Eingreifen des Verbotes gleichgültig, welche zusätzlichen Gewährleistungsrechte neben oder subsidiär zum Nachbesserungsanspruch eingeräumt werden.

Das Verbot, formularmäßig die Mängelbeseitigung von der vollständigen Entgeltzahlung abhängig zu machen gilt nicht nur, wenn das Bestehen der Mängel im übrigen unstreitig oder bewiesen ist, sondern gerade auch in dem – praktisch häufigen – Fall, daß das Vorliegen der Mängel noch nicht geklärt ist und zwischen den Parteien hierüber Streit besteht. Macht der Kunde in schlüssiger und hinreichend spezifizierter Weise Mängel geltend, so kann der Verwender die diesbezüglichen Nachbesserungsansprüche nicht schon mit der bloßen Berufung auf die noch ausstehende Entgeltzahlung des Kunden ablehnen (Graf von Westphalen Rz 4, 5). Kommt es zu einem **Prozeß,** so kann das Gericht die geltend gemachte Nachbesserungsklage ebenfalls nicht bereits mit der Begründung abweisen, daß der Kunde vorleistungspflichtig sei, sondern es muß prüfen, ob die Mängel und damit die Nachbesserungsansprüche tatsächlich bestehen (BGHZ 48, 271).

3. Vorenthalten der Mängelbeseitigung bis zur Zahlung eines unverhältnismäßig hohen Entgeltteiles 66

a) § 11 Nr 10 d verbietet dem Verwender nicht nur, die Mängelbeseitigung von der Zahlung des vollen Entgeltes abhängig zu machen, sondern ihm ist es auch untersagt, klauselmäßig die Nachbesserung oder Ersatzlieferung bis zur Zahlung eines **unverhältnismäßig hohen Teiles des Entgeltes** vorzuenthalten. Insoweit enthält § 11 Nr 10 d 2. HS ein – für den Klauselverbotskatalog des § 11 systemwidriges – Wertungselement. Der **Teil** des Entgeltes, von dem die Mängelbeseitigung abhängig gemacht wird, muß in jedem Falle in einem **angemessenen Verhältnis** zum Wert der bereits erbrachten, aber mangelhaften Leistung stehen (Palandt-Heinrichs Anm 10 d; Kötz Rz 107 mit offensichtlichem Redaktionsversehen). Er darf somit keinesfalls den Betrag übersteigen, der sich im Falle des Fortbestehens des Mangels bei einer Minderung des Entgeltes gem § 472 BGB ergeben würde. Im Regelfall muß der so ermittelte Betrag aber sicherheitshalber noch zusätzlich gekürzt werden, um dem Verhältnismäßigkeitserfordernis des § 11 Nr 10 d 2. HS zu genügen. Auch für § 320 Abs 2 BGB ist anerkannt, daß der vom Besteller zurückbehaltene Entgeltbetrag den Wert der restlichen Gegenleistung (hier: der Mängelbeseitigung) übersteigen darf (s § 320 Rz 27 ff). Überhaupt keinerlei Entgeltanteil als Vorleistung darf der Verwender verlangen, wenn die geleistete Sache für den Kunden ohne Beseitigung des Mangels wertlos ist, weil der Mangel die Möglichkeit ihres bestimmungsgemäßen Gebrauches ausschließt (ähnlich im Ergebnis Hensen Rz 64) und eine kurzfristige Nachbesserung durch einen Dritten nicht erreichbar ist.

b) Problematisch ist, ob eine Klausel, um wirksam zu sein, derart offen formuliert sein muß, daß sie von vornherein für jeden Einzelfall eine dem jeweiligen Umfang des Mangels angemessene Festsetzung des vorzuleistenden Entgeltanteiles erlaubt (so Coester-Waltjen Rz 50) oder ob sie einen bestimmten – beispielsweise prozentualen – Anteil des Gesamtentgeltes festsetzen darf, mit der Folge, daß erst bei Kenntnis der jeweiligen individuellen Umstände – wie zB: Höhe der Wertminderung und Umfang der Gebrauchsbeeinträchtigung durch den Mangel – die Wirksamkeit oder Unwirksamkeit der Vorleistungsklausel beurteilt werden kann (so im Ergebnis Hensen Rz 64; Stein Rz 93; wohl auch Graf von Westphalen Rz 6). Die zweite Hypothese widerspricht zwar nicht einer angeblich grundsätzlich für die Inhaltskontrolle maßgeblichen (§ 5 Rz 19, 20) überindividuell-generalisierenden Betrachtungsweise (so Brandner § 9 Rz 65; Graba § 9 Rz 51). Jedoch trägt der Aufsteller, der so vorgeht, nicht nur das Unwirksamkeitsrisiko im Einzelfall. Auch eine Unterlassungsklage gegen solchermaßen redigierte Klauseln müßte Erfolg haben, weil sie Maßstäbe setzen, die in vielen Fällen den Erfordernissen des § 11 Nr 10 d nicht gerecht werden. Daher ist eine einwandfreie Klausel so auszugestalten, daß sie selbst die angemessenen Maßstäbe für eine variable Anpassung des vorzuleistenden Entgeltanteiles an Umfang und Schwere der jeweils auftretenden Mängel festlegt. Dies kann beispielsweise in der Form geschehen, daß der Verwender die Nachbesserung von der Vorauszahlung eines Entgeltanteiles in Höhe von 50 (75)% des Wertes der *mangelhaften* Sache abhängig macht, wenn er sich nicht ohnehin an den Wortlaut von § 11 Nr 10 d anlehnen will. 67

4. Rechtsfolge des Verstoßes gegen § 11 Nr 10 d 68

a) Macht eine Klausel die Durchführung von Nachbesserung oder Ersatzleistung von der Zahlung des vollen oder eines unverhältnismäßig hohen Entgeltes abhängig, so ist sie **vollständig unwirksam.** Sie kann nicht durch geltungserhaltende Reduktion in Höhe eines angemessenen Entgeltanteiles wirksam aufrechterhalten werden (§ 6 Rz 34 ff).

69 **b)** Anstelle der unwirksamen Klausel tritt die gesetzliche Regelung (§ 6 Abs 2). Der Kunde kann die vertraglich oder gesetzlich geschuldete Nachbesserung ohne **vorherige** Entgeltzahlung verlangen. Der Verwender muß aber nach der Durchführung der Mängelbeseitigung die Herausgabe der nunmehr mangelfreien Sache seinerseits gem § 322 Abs 1 bzw § 274 Abs 1 BGB nur **Zug um Zug** gegen die Entgeltzahlung bewirken (BGHZ 61, 42 = NJW 1973, 1792). Auf dieses Zurückbehaltungsrecht kann sich der Verwender allerdings nur insoweit berufen, als der Zahlungsanspruch fällig ist.

70 **5. Kaufleute**

Auch im kaufmännischen Geschäftsverkehr wird eine Klausel, welche Nachbesserungs- oder Ersatzlieferungsansprüche von der Zahlung des vollen oder eines unverhältnismäßig hohen Entgeltteils abhängig macht, in vielen Fällen unangemessen und wegen Verstoßes gegen § 9 unwirksam sein (für volle Geltung des Verbotes des § 11 Nr 10 d: Hensen Rz 68; Koch-Stübing Rz 57; Coester-Waltjen Rz 68; Palandt-Heinrichs Anm 10 h; differenzierend: Graf von Westphalen Rz 9 ff; ablehnend Stein Rz 99; Kötz Rz 108). Sind dem kaufmännischen Kunden neben dem oder subsidiär zum Nachbesserungs- bzw Ersatzlieferungsrecht sämtliche übrigen gesetzlichen Gewährleistungsrechte eingeräumt und Schadensersatzansprüche nicht ausgeschlossen, so erscheint es nicht unangemessen, wenn der Verwender seine Nachbesserungs- bzw Ersatzlieferungspflicht von einer Vorleistungspflicht des Kunden abhängig macht. Nicht angemessen ist es jedoch, den Kunden bis zur Erbringung seiner Vorleistung allein auf Nachbesserung bzw Ersatzlieferung zu beschränken und ihm damit den Übergang zu Wandelung oder Minderung so lange zu verweigern, obwohl ihm eine mangelhafte Leistung erbracht worden ist. Verweigert der Verwender die Nachbesserung oder Ersatzlieferung unter Berufung auf die „Vorleistungspflicht" des Kunden, so kann dieser wegen Fehlschlagens der Nachbesserung bzw. Ersatzlieferung zu *Wandelung* oder *Minderung* übergehen. Bei Ausübung *dieser Rechte* kann eine „Vorleistungspflicht" des Kunden keine hindernde Wirkung mehr entfalten.

VII. Ausschlußfrist für Mängelanzeige (§ 11 Nr 10 e)

71 **1. Allgemeines**

a) Die Gewährleistungsvorschriften des BGB sehen keine Obliegenheiten des Kunden zur Untersuchung der gelieferten Sache und zur fristgerechten Rüge von erkennbaren Mängeln vor. In Ergänzung zur gesetzlichen Regelung und in Anknüpfung an § 377 HGB versuchen die Verwender daher häufig, in ihren AGB eine derartige Obliegenheit des Leistungsempfängers zu begründen. Sind die hierbei festgesetzten Ausschlußfristen für die Mängelanzeige des Kunden zu knapp bemessen, so wird der nichtkaufmännische, meist geschäftsungewandte Kunde häufig überfordert und gerät in die Gefahr eines vorzeitigen Rechtsverlustes. Daher begrenzt § 11 Nr 10 e die Möglichkeiten zur formularmäßigen Festsetzung von Ausschlußfristen für Mängelanzeigen. Da dem Schutz des Kunden vor Überforderung auch ein berechtigtes Interesse des Verwenders gegenübersteht, alsbaldige Klärung darüber zu erlangen, ob Mängelansprüche geltend gemacht werden, verbietet § 11 Nr 10 e die Festlegung von Rügefristen in Einklang mit früherer Rspr (Nachw bei Coester-Waltjen Rz 22) nicht generell, sondern trifft eine nach Mängelart differenzierte Regelung.

b) Da § 11 Nr 10 e bei offensichtlichen Mängeln die Bestimmung einer angemessenen (dazu unten Rz 76) Rügefrist erlaubt, welche kürzer als die Verjährungsfrist sein darf, steht er insoweit in einem gewissen **Widerspruch zu § 11 Nr 10 f,** welcher eine Verkürzung der gesetzlichen Verjährungsfristen generell untersagt. Soweit man in einem Ausschluß von Gewährleistungen durch Unterlassen einer fristgerechten Rüge nicht ohnehin etwas prinzipiell anderes als Verjährung sehen will, hat Nr 10 e jedenfalls als lex specialis Vorrang (Koch-Stübing Rz 62). Für den Fall, daß sich der Verwender der Regelungstechnik einer Fiktion bedient, s § 10 Nr 5 Rz 3. Macht der Verwender die Mängelanzeige von bestimmten **Form-** und **Zugangserfordernissen** abhängig, so ist **§ 11 Nr 16** zu beachten. 72

2. Unterscheidung zwischen offensichtlichen und nicht offensichtlichen Mängeln 73

Das Verbot des § 11 Nr 10 e bezieht sich nur auf Ausschlußfristen für Anzeigen von **nicht offensichtlichen Mängeln,** läßt hingegen bei **offensichtlichen Mängeln** grundsätzlich eine Ausschlußfrist zu.

a) Der Gesetzgeber ging davon aus, daß dem Kunden im letzteren Fall eine Anzeigepflicht innerhalb angemessener Frist zumutbar sei. Damit aber ein effektiver Schutz des Kunden vor Überforderung gewahrt bleibt, ist ein Mangel nur dann **offensichtlich,** wenn er „so offen zu Tage tritt, daß er auch dem durchschnittlichen nichtkaufmännischen Kunden ohne besonderen Aufwand auffällt" (RegE 35). Auf Fahrlässigkeit oder gar grobe Fahrlässigkeit des Vertragspartners kommt es nicht an (Koch-Stübing Rz 60; aM Graf von Westphalen Rz 3; Stein Rz 96). 74

Nicht gleichgesetzt werden darf der Begriff des offensichtlichen Mangels mit dem des „erkennbaren" Mangels iSv § 377 Abs 2 HGB oder mit einem „sichtbaren" Mangel (OLG Stuttgart BB 1979, 908), denn dies ist ein Mangel schon, wenn er bei einer sachgemäßen und im ordnungsgemäßen Geschäftsgang üblichen Untersuchung als solcher festgestellt werden kann. Für den nichtkaufmännischen Kunden besteht aber keine besondere **Untersuchungspflicht** bei Warenabnahme. Er hat nur solche Mängel zu beachten, die sich bei oberflächlicher Betrachtung oder bei bestimmungsgemäßem Gebrauch der Sache sofort bemerkbar machen.

b) Beruft sich der Verwender auf den Ausschluß von Gewährleistungsansprüchen wegen Ablaufes der Rügefrist und ist strittig, ob ein offensichtlicher Mangel (mit zulässiger Ausschlußfrist) oder ein nichtoffensichtlicher Mangel (mit unzulässiger Ausschlußfrist) vorliegt, so trägt der Verwender die Darlegungs- und **Beweislast** für die Tatsachen, aus denen sich die Offensichtlichkeit des Mangels und damit die Einschlägigkeit der formularmäßig festgesetzten Ausschlußfrist ergibt. Wer die Folgen des Ablaufes einer Ausschlußfrist geltend macht, muß nämlich beweisen, daß die Frist **wirksam festgesetzt** wurde, wann sie angelaufen und wann sie abgelaufen ist (vgl Rosenberg, Die Beweislast [5. Aufl 1965] 382). Der Kunde hat hingegen zu beweisen, daß er innerhalb der Frist rechtzeitig gerügt hat (ebenso Koch-Stübing Rz 61; aM Graf von Westphalen Rz 8). 75

3. Ausschlußfrist bei offensichtlichen Mängeln 76

Für offensichtliche Mängel dürfen in AGB Rügefristen mit Ausschlußwirkung festgesetzt werden, ohne daß die Fristgrenze des § 11 Nr 10 e eingehalten sein muß. § 9 bildet aber auch insoweit eine Schranke. Dem Kunden muß eine **angemessene Mindestfrist** eingeräumt werden. Er muß zunächst überhaupt Gelegenheit erhalten, den Mangel zu erkennen. Die Frist kann daher erst ab dem Zeitpunkt zu laufen beginnen, an welchem der Kunde oder dessen Vertreter erstmals die Möglichkeit zur

Inaugenscheinnahme bzw zum bestimmungsmäßigen Gebrauch der Sache hatte. Ist eine über einen bestimmten Zeitraum zu erbringende Werkleistung Vertragsgegenstand, so beginnt die Frist erst mit dem vertraglich vereinbarten Ende des Leistungszeitraumes zu laufen (zB Reiseende bei Reisevertrag – vgl OLG München Betrieb 1975, 494; LG Frankfurt NJW 1977, 2165 und NJW 1978, 1008). Weiterhin ist bei Bestimmung der Angemessenheit der Frist eine gewisse Überlegungszeit und – im Falle des Erfordernisses einer schriftlichen Mängelrüge – eine Zeitspanne für die Abfassung und Übersendung (Postlaufzeit) der Anzeige zu berücksichtigen. Im Regelfall wird eine **einwöchige Frist** die Untergrenze darstellen (ebenso GRAF VON WESTPHALEN Rz 4; PALANDT-HEINRICHS Anm 10 e; aM HENSEN Rz 72: „länger als eine Woche"). Auch eine nach diesen Grundsätzen angemessene Ausschlußfrist greift aber dann nicht durch, wenn der Verwender den Mangel arglistig verschwiegen oder arglistig Mangelfreiheit vorgespiegelt hat (LG Frankfurt NJW 1978, 1008).

77 **4. Ausschlußfrist bei nicht offensichtlichen Mängeln**

a) Für nicht offensichtliche Mängel darf die Klausel **keine Ausschlußfrist** festsetzen, die **kürzer** ist **als** die **Verjährungsfrist** für den jeweiligen gesetzlichen Gewährleistungsanspruch. Sie darf somit bei Kauf- und Werkverträgen über bewegliche Sachen **6 Monate,** über Grundstücke **1 Jahr** (§§ 477, 638 Abs 1 BGB) und bei Werkverträgen über Bauwerke **5 Jahre** (§ 638 Abs 1 BGB) nicht unterschreiten. Ist bei einem Werkvertrag über Arbeiten an einem Bauwerk die Verjährungsfrist durch Einbeziehung der **VOB/B** auf **2 Jahre** (§ 13 Nr 4 VOB/B) herabgesetzt (§ 23 Abs 2 Nr 5; s dort Rz 26, 28), so könnte angesichts des Gesetzeswortlautes („gesetzlich") fraglich sein, ob dementsprechend auch eine Ausschlußfrist für die Mängelrüge auf 2 Jahre festgesetzt werden kann. Vertritt man – wie hier (s § 23 Rz 28) – den Standpunkt, daß diese Verkürzung der Verjährungsfrist nur bei Einbeziehung der VOB/B insgesamt zulässig ist, so kann es zulässigerweise von vorneherein nicht zu einer zusätzlichen, in der VOB/B nicht vorgesehenen formularmäßigen Festsetzung einer Ausschlußfrist kommen.

Obwohl bei nicht offensichtlichen Mängeln die Rügefrist nicht kürzer als die Verjährungsfrist sein darf, wird die formularmäßige Ausschlußfristsetzung nicht völlig sinnlos. Einmal ist zu beachten, daß das Verstreichen der Ausschlußfrist ohne Rüge zu einem Erlöschen der Gewährleistungsansprüche führt und dies im Prozeß im Gegensatz zur Verjährung **vom Amts wegen** berücksichtigt werden muß. Zum anderen gewinnt die Rügefrist praktische Bedeutung, wenn der Verwender die **Verjährungsfrist** über den gesetzlichen Zeitraum hinaus **vertraglich verlängert** hat.

78 **b)** Die Einräumung einer zeitlich begrenzten, die Verjährungsfrist übersteigenden **Garantie** führt allerdings im Regelfall nicht zu einer Verlängerung der gesetzlichen Verjährungsfrist, sondern zu einem Hinausschieben des Verjährungsbeginnes. Mit der Garantieerklärung wird regelmäßig für alle während der Garantiefrist auftretenden (und vom Kunden nicht zu vertretenden) Mängel die Gewährleistung übernommen. Die Verjährungsfrist beginnt jeweils mit der Entdeckung des von der Garantie umfaßten Mangels zu laufen (vgl BGH NJW 1979, 645; NJW 1979, 2036 s § 477 Rz 32 mwN). Sehen AGB etwa bei einer zweijährigen Garantieübernahme vor, daß der Kunde die von der Garantie umfaßten Mängel nach ihrem Auftreten binnen einer bestimmten Ausschlußfrist anzuzeigen hat, so ist wie folgt zu differenzieren: für nicht offensichtliche **Mängel,** welche bereits **bei Abnahme** des Liefergegenstandes vorlagen, muß gesichert sein, daß sie noch bis zum Ablauf der gesetzlichen Verjährungsfrist – bei beweglichen Sachen also bis zum Ablaufe von 6 Monaten – ohne Gewährleistungsausschluß angezeigt werden können. Nur soweit die Garantie neben den erforderlichen Mindestgewährleistungsansprüchen besteht oder diese über-

steigt, kann sie auch schon vor Ablauf der gesetzlichen Verjährungsfrist an Rügefristen mit Ausschlußwirkung gebunden werden. Für **Mängel,** die erst **nach Sachübergabe** entstanden sind oder die der Kunde erst **nach Ablauf der gesetzlichen Verjährungsfrist** erkannt hat, dürfen die AGB hingegen eine angemessene (mindest einwöchige) Rügefrist ab Entstehungs- bzw Erkennenszeitpunkt vorschreiben, da die Gewährleistungsübernahme für diese Mängel ohnehin über die gesetzlichen Erfordernisse hinausgeht. Nicht gefolgt werden kann hingegen der Ansicht, daß nach Auftreten des Mangels innerhalb des Garantiezeitraums dieser „offensichtlich" wird und daher ab diesem Zeitpunkt eine angemessene Rügefrist festgesetzt werden kann (so aber Koch-Stübing Rz 64). Könnte jeder zunächst nicht offensichtliche Mangel ab dem Zeitpunkt, wo er vom Kunden erkannt wird, einer derartigen Rügefrist unterworfen werden, so liefe das Verbot des § 11 Nr 10 e häufig ins Leere. Der Kunde müßte, sobald ihm der Mangel bekannt wird, diesen innerhalb der gestellten Frist anzeigen, selbst wenn die gesetzliche Verjährungsfrist noch nicht abgelaufen ist.

Bei Garantieübernahme müßte eine zulässige Ausschlußfristklausel daher beispielsweise lauten:

„Treten innerhalb der Garantiezeit an den von der Garantie erfaßten Teilen Fehler auf, so ist der Kunde verpflichtet, diese innerhalb einer Frist von 10 Tagen nach ihrem Auftreten dem Verwender anzuzeigen, anderenfalls tritt ein Garantieverlust ein. In den ersten 6 Monaten nach Übernahme der Ware kann ein Fehler auch ohne Einhaltung der Anzeigefrist geltend gemacht werden."

5. Kaufleute 79

Die Verbotsklausel des § 11 Nr 10 e kann für Kaufleute über § 9 keine Anwendung finden (allgM). Mängelrügefristen sind im kaufmännischen Geschäftsverkehr zum Zwecke der zügigen Geschäftsabwicklung und der Schaffung klarer Kalkulationsgrundlagen notwendig und üblich. Für den Handelskauf sieht § 377 HGB die Pflicht zur unverzüglichen Untersuchung und Rüge sogar ausdrücklich vor.

Für offen zu Tage tretende oder nach Untersuchung erkennbare Mängel darf die Frist allerdings nicht kürzer sein als der Zeitraum, den eine ohne schuldhaftes Zögern Handelnder, im kaufmännischen Geschäftsverkehr erfahrener Kunde zur Geltendmachung des Mangels benötigt. Für **verborgene,** bei Empfang der Ware auch durch sachgemäße und im ordnungsgemäßen Geschäftsgang tunliche Untersuchung nicht erkennbare **Mängel** darf die Geltendmachung der Gewährleistungsansprüche durch formularmäßige Rügefristen auch für den kaufmännischen Geschäftsverkehr nicht ausgeschlossen werden (BGH LM Nr 6 zu § 377 HGB). Klauseln, welche auch für nicht erkennbare Mängel starre Rügefristen vorsehen, verstoßen gegen § 9 Abs 2 S 1. Die Verwenderinteressen sind insoweit zureichend durch die kurzen Verjährungsfristen geschützt (im Ergebnis ebenso: Schmidt-Salzer F 131; Koch-Stübing Rz 66; Graf von Westphalen Rz 10; Coester-Waltjen Rz 69; Baumbach-Duden §§ 377, 378 Anm 1 E; aM Hensen Rz 75, der eine Ausschlußfrist für zulässig hält, welche den Zeitraum berücksichtigt, in welchem sich regelmäßig verborgene Mängel zeigen).

VIII. Verkürzung von Gewährleistungsfristen (§ 11 Nr 10 f)

1. Allgemeines 80

a) Während § 11 Nr 10 a bis c dem Kunden einen Mindestbestand an Gewährleistungsrechten sichern soll, will § 11 Nr 10 f zusammen mit Nr 10 d und e **verhindern,**

daß durch AGB die **Durchsetzbarkeit** dieser Rechte **unangemessen beeinträchtigt** wird. Der Gesetzgeber ging davon aus, daß die – im Vergleich zu entspr ausländischen Verjährungsbestimmungen – ohnehin bereits recht kurzen Verjährungsfristen der §§ 477, 638 BGB auf die Zeiträume abgestimmt sind, in welchen erfahrungsgemäß mögliche Mängel hervorzutreten pflegen und vom Kunden erkannt werden können. Eine weitere Verkürzung dieser Fristen würde daher zu einer unangemessenen Einschränkung der Durchsetzbarkeit der Mängelrechte des Kunden führen (RegE 16). Das aus diesem Grunde geschaffene Klauselverbot des § 11 Nr 10 f steht nur teilweise in Übereinstimmung mit der **früheren Rspr.** Diese hielt vielfach eine Abkürzung von gesetzlichen Verjährungsfristen in AGB für zulässig (BGHZ 9, 301, 306 – Frist des § 852 BGB; BGH VersR 1972, 40 – Frachtvertrag; OLG Braunschweig VersR 1974, 36; OLG Hamm NJW 1974, 2290; BGH NJW 1971, 1840 – jeweils 2-Jahresfrist in Architektenformularvertrag). Der BGH sah allerdings eine formularmäßige Verjährungsverkürzung dann als unzulässig an, wenn diese die Durchsetzung von Ersatzansprüchen praktisch ausschloß (BGHZ 64, 238 = NJW 1975, 1318 – keine Herabsetzung von Verjährungsfrist unter 5 Jahre für Ansprüche gegen Aufsichtsrat bei PublikumsKG). Ebenso erachtete der BGH eine Klausel in den AGB eines Steuerberaters für unwirksam, welche vorsah, daß dessen Haftung spätestens ein Jahr nach Empfang seines „Berichts" ohne Rücksicht darauf erlischt, ob der Auftraggeber Leistungsmängel bei Empfang des Berichts erkannt hat oder ob die Mängel offensichtlich sind (BGH NJW 1979, 1550). Seinem Wortlaut nach gilt § 11 Nr 10 f unabhängig davon, wer Verwender ist. Das erlaubt es, die Vorschrift auch zugunsten des Verwenders anzuwenden, wenn ihn oder ihm nahestehenden Institutionen keine Formulierungsverantwortung trifft. Sonst ist die Nr 10 f nur zugunsten des Vertragspartners des Verwenders anwendbar.

81 **b)** Zu beachten ist der **Ausnahme**tatbestand des *§ 23 Abs 2 Nr 5,* s oben Rz 77.

82 **2. Das Verbot der Fristverkürzung**

a) Unter **„gesetzlichen Gewährleistungsfristen"** versteht § 11 Nr 10 f – insoweit nachlässig gefaßt – die speziellen **gesetzlichen Verjährungsfristen für Gewährleistungsansprüche** der **§§ 477, 638 BGB.**

Das Verbot des § 11 Nr 10 f erfaßt sämtliche Ansprüche, welche den Verjährungsfristen der §§ 477, 638 BGB unterfallen. Dies sind einmal die Gewährleistungsansprüche im engeren Sinne auf Wandelung, Minderung (§§ 462, 634 Abs 1 BGB) oder Schadenersatz (§§ 463, 480 Abs 2, 635 BGB), außerdem gesetzliche (§§ 480 Abs 1 S 2, 633 Abs 2 S 1 BGB) und vertragliche Nachlieferungs- bzw Nachbesserungsansprüche, sowie Ansprüche, die sich aus der Verletzung oder Nichterfüllung (vgl BGH NJW 1973, 276) der Nachbesserungs- bzw Ersatzlieferungspflicht ergeben. Gem § 11 Nr 10 f darf die Verjährungsfrist der §§ 477, 638 BGB formularmäßig ebenfalls nicht verkürzt werden, soweit diese auf Ansprüche aus culpa in contrahendo (vgl RGZ 129, 280 – für § 477 BGB) und aus positiver Vertragsverletzung (vgl zB für § 477 BGB BGH NJW 1971, 654; OLG Düsseldorf NJW 1975, 453; – ablehnend für § 638 BGB: BGHZ 46, 238; BGHZ 61, 1 = NJW 1976, 1502; vgl hierzu näher § 477 Rz 15 mwN) Anwendung findet. Rspr und Literatur (vgl hierzu § 477 Rz 8 ff mwN) erstrecken die §§ 477, 638 BGB nämlich dann auf die vorbezeichneten Ansprüche, wenn diese mit dem Sachmangel in engstem Zusammenhang stehen und daher ihretwegen die Zwecke der gewährleistungsrechtlichen Verjährungsfristbestimmungen ebenfalls zutreffen. Gerade dann ist aber jeweils auch das Eingreifen der Verbotsbestimmung des § 11 Nr 10 f geboten (Koch-Stübing Rz 70; ähnlich Hensen Rz 77; aM für Ansprüche aus positiver

Vertragsverletzung Graf von Westphalen Rz 7). Nicht von den Verjährungsfristen der §§ 477, 638 BGB und somit auch nicht von dem Verbot des § 11 Nr 10 f werden hingegen die mit Gewährleistungsansprüchen konkurrierenden deliktischen Ansprüche erfaßt (BGHZ 66, 315 = NJW 1976, 1505; BGH NJW 1977, 379). Eine Verkürzung der deliktischen Verjährungsfrist (§ 852 BGB) ist an § 9 zu messen. Danach dürfte eine Verkürzung auf die Fristlänge des § 477 BGB zulässig sein, so daß es zu einem Gleichlauf von vertraglicher und deliktischer Verjährungsfrist kommen kann (ebenso Graf von Westphalen Rz 7; BGHZ 9, 301; BGH NJW 1971, 2133; aM Hensen Rz 79). Die Verjährungsfristen der §§ 477, 638 BGB gelten auch nicht für Ansprüche aus vollzogener Wandelung und Minderung, für einen vom Verwender anerkannten Nachbesserungs- bzw. Ersatzlieferungsanspruch (§ 477 Rz 17) oder einen Anspruch aus selbständiger Garantie. Wird durch Vertrag zugunsten Dritter zwischen dem Werkhersteller und dem Großhändler eine Herstellergarantie an den Endabnehmer weitergegeben, so ist zu beachten, daß für die Ansprüche aus dieser **Garantie** eine Verjährungsfristverkürzung im Vertrag zwischen Letztlieferant und Endabnehmer nicht gilt (BGH NJW 1979, 2036).

b) § 11 Nr 10 f **verbietet** nicht nur die unmittelbare formularmäßige Verkürzung der gesetzlichen Verjährungsfristen, sondern auch Klauseln, welche die Verjährungsfrist indirekt dadurch einschränken, daß sie einen von der gesetzlichen Regelung abweichenden **früheren Fristbeginn** vorsehen oder **gesetzliche Hemmungs- bzw Unterbrechungs**tatbestände ausschließen oder begrenzen. Die Frist darf in Kaufverträgen somit bei beweglichen Sachen nicht vor Ablieferung, bzw bei Grundstücken, nicht vor Übergabe (vgl § 477 Rz 24) zu laufen beginnen. Bei Werkverträgen darf der Fristbeginn nicht auf einen vor Abnahme (§ 638 Abs 1 S 2 BGB) oder Vollendung (im Falle des § 646 BGB) des Werkes liegenden Zeitpunkt vorverlegt werden, es sei denn, die Abnahme wird endgültig abgelehnt. Im letzteren Fall läuft die Verjährungsfrist ab dem Ablehnungszeitpunkt (BGB-RGRK-Glanzmann § 638 Rz 18 mwN). Beim Reiseveranstaltungsvertrag läuft die Verjährungsfrist ab vertraglich vereinbartem Reiseende (BGH NJW 1974, 1187). Dies gilt auch, wenn die Reise wegen erheblicher Mängel vorzeitig abgebrochen werden mußte, da die zu erbringende Werkleistung sich auf den vollen vereinbarten Zeitraum bezieht und der Verwender aufgrund des durch die Mängel verursachten Abbruches nicht besser gestellt werden kann, als ein Reiseveranstalter, der eine Leistung mit geringeren, nicht zum Abbruch führenden Mängeln erbringt (aM Graf von Westphalen Rz 5). Formularmäßig nicht abdingbare Hemmungen der Unterbrechung der Verjährungsfrist sehen insbes die §§ 477 Abs 2, 3, 639 Abs 2 vor. Nicht ausgeschlossen werden kann aber auch die durch die Inanspruchnahme Dritter gem § 202 Abs 1 BGB eintretende Hemmung der Verjährungsfrist gegenüber dem Verwender (dazu oben Rz 34). Ebenso gegen § 11 Nr 10 f verstoßen Klauseln, welche im Ergebnis die Durchsetzbarkeit der Mindestgewährleistungsansprüche bereits vor Ablauf der gesetzlichen Verjährungsfristen in anderer Weise ausschließen. Soweit dies durch Ausschlußfristen geschieht, enthält § 11 Nr 10 e eine spezielle Regelung. § 11 Nr 10 f verhindert die Wirksamkeit andersartiger Versuche, die Durchsetzbarkeit von Gewährleistungsansprüchen vor Ablauf der gesetzlichen Verjährungsfrist unmöglich zu machen. So ist beispielsweise eine Klausel wegen Verstoßes gegen § 11 Nr 10 f unwirksam, welche die Gewährleistung (nicht eine darüber hinausgehende Garantie) bei einem neu hergestellten Kraftfahrzeug auf eine bestimmte Zahl von gefahrenen Kilometern begrenzt. Zu Gewährleistungsfristen im Zusammenhang mit Bauträger-(Eigentumswohnungserstellungs-)verträgen s § 9 Rz 94, 101. 83

c) § 11 Nr 10 f gilt auch für den Architektenvertrag. Alle formularmäßigen Verkürzungen der Frist des § 638 BGB sind unwirksam, auch soweit auf die VOB/B 84 verwiesen ist. Denn die Privilegierung in § 23 Abs 2 Nr 5 gilt für den Architektenvertrag nicht (s dazu § 23 Rz 28). Diese Folge mag für den Architekten sehr hart sein, weil sie bei Übernahme auch der Leistungsphase Nr 9 HOAI (Überwachen der Beseitigung der innerhalb der Verjährungsfrist der Gewährleistungsansprüche auftretenden Mängel) Objektbegehungen zur Mängelfeststellung vor Ablauf der Gewährleistungsfristen der bauausführenden Unternehmer nötig macht. Die eigene Gewährleistung des Architekten für dabei übersehene Gewährleistungsschäden beginnt somit erst mit Ablauf der Gewährleistungsfrist für die Leistungen der Bauunternehmer und kann sich, wenn insoweit die BGB-Regelung gilt, somit ohne weiteres über einen Zeitraum von 10 Jahren nach der Abnahme der Bauleistung selbst erstrecken (Gnad 29). Gleichwohl beruht diese Gewährleistungsfrist auf dem Gesetz, §§ 638, 640 BGB, und ist daher gem § 11 Nr 10 f AGB – fest. Erträglich ist dies, weil der Regreßanspruch des Architekten unabhängig von der Verjährung im Verhältnis Bauhandwerker–Bauherr ist (BGHZ 58, 216 = NJW 1972, 942).

In vielen Architektenverträgen wird dieser Folge dadurch zu begegnen versucht, daß formularmäßig Teilabnahmen vereinbart werden, die für einzelne Teilabschnitte der Leistung die Verjährung gesondert beginnen lassen sollen, oder daß die Abnahme des gesamten Architektenwerks auf die körperliche Abnahme des Bauwerks festgesetzt wird. Darin liegt jedoch eine unstatthafte Gewährleistungsbeschränkung, weil der Architekt nicht zu einer Summe von einzelnen Teilleistungen, sondern zu einem Gesamterfolg verpflichtet ist (Gnad 30; Locher, Das private Baurecht Rz 317; Jagenburg BauR Sonderheft 1/1977, 29).

85 3. Rechtsfolgen eines Verstoßes gegen § 11 Nr 10 f

Soweit eine Klausel entgegen § 11 Nr 10 f eine Verkürzung der Verjährungsfrist vorsieht, ist sie unwirksam. Gem § 6 Abs 2 gelten die gesetzlichen Verjährungsfristen der §§ 477, 638 BGB. Eine sog geltungserhaltende Reduktion (dazu § 6 Rz 19 ff) auf die gem § 11 Nr 10 f zulässigen Fristen würde hier zu keinem anderen Ergebnis führen.

86 4. Kaufleute

Grundsätzlich gilt das Verbot des § 11 Nr 10 f über § 9 meist auch im kaufmännischen Verkehr (ebenso Coester-Waltjen Rz 70; Koch-Stübing Rz 73; Schmidt-Salzer Rz F 132; wohl auch Graf von Westphalen Rz 9 ff; grundsätzlich gegen seine Geltung: Palandt-Heinrichs Anm 10 h; Stein Rz 99; Dittmann-Stahl Rz 532; Hensen Rz 80). Der Grundgedanke des Gesetzgebers, daß die ohnehin kurzen Verjährungsfristen der §§ 477, 638 BGB die Zeiträume angemessen berücksichtigen, in welchen gewöhnlich in Betracht kommende Mängel auftreten und eine weitere Verkürzung den Kunden in Hinblick auf zunächst verborgene Mängel in unzumutbarer Weise benachteiligen würde, gilt auch im Handelsverkehr. Eine kürzere Verjährungsfrist verstieße daher regelmäßig gegen § 9 Abs 2 S 1. Hierfür spricht auch, daß ein Kaufmann, welcher gegenüber dem Letztverbraucher die Verjährungsfristen der §§ 477, 638 BGB wahren muß, nicht der Gefahr ausgesetzt werden darf, durch Verkürzung der Verjährungsfristen von seiten seines Lieferanten jegliche Regreßmöglichkeiten zu verlieren (Graf von Westphalen Rz 9; Koch-Stübing Rz 73).

IX. Spiegelbildliche Anwendung von § 11 Nr 10

1. Allgemeines 87

In **Einkaufsbedingungen** (s § 9 Rz 120 ff) marktstarker Unternehmen wird häufig dem Lieferanten eine über die gesetzlichen Regeln hinausgehende Gewährleistungshaftung auferlegt, sei es, daß der Lieferant im Innenverhältnis gegenüber dem Verwender generell die volle Einstandspflicht für die Mängelhaftung übernehmen soll, welcher der Verwender von seiten seiner Abnehmer ausgesetzt ist, (dazu Beise Betrieb 1978, 286), sei es, daß einzelnen Gewährleistungspflichten des Lieferanten gegenüber den gesetzlichen Anforderungen verschärft werden. Ausgehend von den Grundgedanken, daß die gesetzlichen Gewährleistungsregelungen der §§ 459 ff, 633 ff BGB, 377, 378 HGB nicht nur einseitig auf den Schutz des Käufers oder Bestellers abgestellt sind, sondern auch dem Schutz des Verkäufers oder Werkunternehmers vor übertriebener Inanspruchnahme dienen, muß jeweils am Maßstab des § 9 Abs 2 überprüft werden, inwiefern die formularmäßige Festsetzung einer verschärften Gewährleistungshaftung des Lieferanten wirksam ist.

2. Verschärfung und Erweiterung von Gewährleistungspflichten 88

Eine Verschärfung im Haftungs**umfang** durch Festsetzung **zusätzlicher** vom Gesetz nicht begründeter **Gewährleistungspflichten** ist im allgemeinen nicht geeignet, den Lieferanten in einer der gesetzlichen Grundwertung widersprechenden Weise zu benachteiligen. Sieht der Verwender als Käufer zusätzlich zu den gesetzlichen Gewährleistungsansprüchen klauselmäßig eine Nachbesserungspflicht vor, so ist dies nur dann unangemessen, wenn der Lieferant keine entsprechenden Nachbesserungskapazitäten besitzt oder wenn es sich bei der Kaufsache um ein nur schwer nachzulieferndes Einzelstück handelte (ähnlich Heinze NJW 1973 2184; Schmidt-Salzer Rz F 164).

Eine **Erweiterung der Schadenersatzhaftung** über die §§ 463, 480 Abs 2 BGB hinaus ist nur zulässig, soweit es sich um vom Lieferanten zu vertretende Schäden handelt. Ebenso darf keine verschuldensunabhängige Haftung für Mangelfolgeschäden festgesetzt werden (Heinze aaO 2184, 2185; Schmidt-Salzer Rz F 168; Hensen Anh §§ 9–11 Rz 297; aM BGH NJW 1971, 654 abl Schmidt-Salzer).

Die Festlegung eines **jederzeitigen auf Kosten des Vertragspartners auszuübenden Selbsthilferechtes** des Verwenders, ohne daß die Voraussetzungen des § 633 Abs 3 BGB vorliegen müßten, ist nur in engen Ausnahmefällen möglich, so beispielsweise wenn ohne eine sofortige Nachbesserung durch den Verwender die Nachbesserung insgesamt unmöglich oder doch in solchem Umfange erschwert wird, daß erheblich höhere Kosten entstehen (ähnlich Heinze aaO 2185; Zulässigkeit gänzlich verneinend aber Schmidt-Salzer F 167). Der Verwender als Abnehmer einer Werkleistung kann auch nicht das Nachbesserungsrecht des Unternehmers zugunsten eines Minderungsrechts abbedingen.

§ 439 I BGB ist zugunsten des Vertragspartners des Verwenders AGB-fest.

3. Ausschluß und Verlängerung von Rüge- und Verjährungsfristen 89

a) Ein völligerAusschluß der in §§ 377 f HGB verankerten **Untersuchungs- und Rügeobliegenheiten** ist angesichts der in diesen Vorschriften enthaltenen angemessenen Interessenwertung (HEINZE aaO 2184) nur zulässig, wenn dies durch die besondere Interessenlage des Verwenders geboten ist (HENSEN aaO Rz 298; GRAF VON WESTPHALEN § 11 Nr 10 e Rz 12; für generelle Zulässigkeit des Ausschlusses SCHMIDT-SALZER F 160). In AGB kann also für das Verhältnis unter Kaufleuten nicht die BGB-Regelung, für die Beziehungen zu Privaten nicht die HGB-Regelung eingeführt werden. Das mag starr erscheinen, wenn man bedenkt, daß im SchwOR (Art 201) unsere HGB-Regelung allgemein gilt. Die Starrheit rührt aus der wohl übertriebenen Nr 10 e, nicht aber daher, daß §§ 377 f HGB für den kaufmännischen Verkehr verzichtbar wären. Eine Verlängerung der Rügefrist des § 377 HGB ist hingegen im Regelfall bis zur Unzumutbarkeitsgrenze zulässig (allgM). Zulässig ist es auch innerhalb redlicher Grenzen festzulegen, was erkennbare und was nicht erkennbare Mängel sind und etwa in Einkaufsbedingungen Stichproben für ausreichend zu erklären.

90 **b)** Ein formularmäßig festgelegter vollständiger Verzicht auf die Verjährungsfristen der §§ 477, 638 BGB ist schon individualvertraglich unzulässig (§ 225 BGB), denn die §§ 477 Abs 1 S 2, 638 Abs 2 BGB sehen nur eine Verlängerungsmöglichkeit vor. Dies gilt auch für eine Regelung, welche die Bestimmung des Fristbeginns im Ergebnis in das Belieben des Verwenders stellt (GRAF VON WESTPHALEN § 11 Nr 10 e Rz 12).

91 **4. Spiegelbildliche Anwendung von § 11 Nr 10 f insbesondere**

Speziell § 11 Nr 10 f ist in der Weise spiegelbildlich-analog anzuwenden, daß dem Vertragspartner des Besteller-Verwenders keine unangemessen **lange Gewährleistungszeit** abverlangt werden darf.

Eine Verlängerung der Gewährleistungsfrist ist zwar grundsätzlich auch in AGB möglich (LÖWE § 9 Rz 68; GRAF VON WESTPHALEN in: Das AGB-Gesetz im Spiegel des Baurechts, Bauvertrag und AGBG, 60; aM JAGENBURG BauR 1977 Sonderheft 1, 22; HENSEN Anh §§ 9–11 Rz 726; differenzierend: SCHMIDT-SALZER F 161; RECKEN BauR 1978, 224). Eine Verlängerung der Gewährleistungsfrist muß sich aber im Rahmen des Angemessenen halten. Bei der Beurteilung der Angemessenheit einer Verlängerung können freilich die dem Kunden zustehenden Möglichkeiten, die Verjährung von Ansprüchen wegen bereits gerügter Mängel hinauszuschieben, nicht außer Betracht bleiben. Es wäre eine einseitige Betrachtungsweise, Gewährleistungsfristverlängerungen nur unter dem Gesichtspunkt der Begünstigungen des Verbrauchers zu sehen. In manchen Bereichen, besonders im Baurecht, kann ebensogut der Abnehmer, gelegentlich auch der „Verbraucher" Verwender sein und die stärkere Position innehaben. So kann in Nachunternehmerverträgen der Verjährungsbeginn nicht hinausgeschoben werden, bis die Verjährungsfrist für das Verhältnis zwischen Generalunternehmer und Endabnehmer zu laufen beginnt, sofern nicht eine angemessene Obergrenze gesetzt wird (GRAF VON WESTPHALEN, in: Das AGB-Gesetz im Spiegel des Baurechts, 60 f; teilw aM HENSEN Anh §§ 9–11 Rz 726: Verlängerung um die vorgesehene Zeit bis zur Beendigung des Gesamtbauvorhabens möglich). Ein berechtigtes Interesse an einer Verlängerung der Gewährleistungsfrist kann auf jeden Fall dann angenommen werden, wenn der Verwender seinerseits möglicherweise länger dauernden Gewährleistungsansprüchen ausgesetzt ist (SCHMIDT-SALZER F 163). Hingegen darf formularmäßig nicht eine vollständige „Parallelschaltung" der Gewährleistungsfristen zwischen Subunternehmer- und Generalunternehmervertrag festgesetzt werden (LOCHER NJW 1979, 2235, 2239).

§ 11 Nr 11
Haftung für zugesicherte Eigenschaften

**In Allgemeinen Geschäftsbedingungen ist insbesondere unwirksam ...
eine Bestimmung, durch die bei einem Kauf-, Werk- oder Werklieferungsvertrag Schadensersatzansprüche gegen den Verwender nach den §§ 463, 480 Abs 2, § 635 des Bürgerlichen Gesetzbuchs wegen Fehlens zugesicherter Eigenschaften ausgeschlossen oder eingeschränkt werden.**

1. Teilber 79; RefE 17; RegE 36 – Einl 6 ff.

Schrifttum

Graf von Westphalen, Eigenschaftszusicherungen, Haftungsbegrenzungen und Haftungsfreizeichnungen in kaufmännischen AGB-Klauseln, Betrieb 1978, 2061; Nicklisch, Die Schadensersatzhaftung für Eigenschaftszusicherung im Werkvertragsrecht und deren Einschränkbarkeit durch Allgemeine Geschäftsbedingungen, FS Beitzke (1979), 89.

I. Allgemeines

1. Regelungsanliegen 1

§ 11 Nr 11 ergänzt die Gewährleistungsausschluß- bzw Beschränkungsverbote des § 11 Nr 10 für den speziellen Fall des Fehlens zugesicherter Eigenschaften. Die Vorschrift verbietet den Ausschluß oder die Beschränkung von diesbezüglichen Schadensersatzansprüchen (§§ 463, 480 Abs 2, 635 BGB), da der Verwender mit der Zusicherung bestimmter Eigenschaften eine über die Gewährleistung der Fehlerfreiheit hinausgehende zusätzliche Einstandsverpflichtung übernimmt und diese praktisch bedeutungslos würde, wenn er daraus erwachsende Schadensersatzansprüche wegen Nichterfüllung ausschließen und sich – wie bei der einfachen Mängelgewährleistung – allein auf die Einräumung von Nachbesserungs- bzw Minderungs- und Wandelungsansprüchen beschränken könnte. Mit diesem Verbot geht § 11 Nr 11 über die **frühere Rspr** hinaus. Denn diese ließ einen formularmäßigen Ausschluß der Schadensersatzhaftung bei Fehlen zugesicherter Eigenschaften zu, soweit die Zusicherung nicht die Bedeutung hatte, den Kunden gegen Mangelfolgeschäden abzusichern. Die Rspr sah es als ausreichend an, daß dem Kunden bei Fehlen zugesicherter Eigenschaften ein Nachbesserungs- oder Ersatzlieferungsanspruch und subsidiär ein Rücktrittsrecht eingeräumt wurde (BGHZ 50, 200, 207 = NJW 1968, 1622; BGHZ 54, 236, 242 ff = NJW 1970, 2021; BGH NJW 1975, 1693; BGH NJW 1978, 261 – jeweils für Kaufvertrag; BGH WM 1974, 843; BGH NJW 1974, 272 – jeweils für Werkvertrag). Zielte hingegen die Eigenschaftszusicherung in ihrer Zwecksetzung gerade darauf ab, den Kunden gegen das Risiko eines Mangelfolgeschadens zu sichern, so hielt auch die frühere Rspr einen Ausschluß der Schadensersatzhaftung für unzulässig (BGHZ 50, 200, 207 = NJW 1968, 1622; BGHZ 57, 292 = NJW 1972, 251; BGH NJW 1972, 1706, 1708; BGH WM 1977, 365; – jeweils für Kaufvertrag; BGHZ 65, 107, 111 = NJW 1976, 43; BGH WM 1974, 843 – jeweils für Werkvertrag; weitere Nachw vgl Thamm NJW 1976, 252; Coester-Waltjen Rz 4 ff).

2. Anwendungsbereich 2

a) Wird eine Eigenschaft **durch Individualvereinbarung** zugesichert, so verstößt eine Klausel, welche für den Fall des Fehlens der Eigenschaft eine Haftungsbeschränkung vorsieht, noch nicht gegen § 4 (s dort Rz 18). Formularmäßige Eigenschaftszusicherungen sind im allgemeinen nach § 5 ungeeignet, Vertragsbestandteil zu werden.

3 **b)** Gegenüber § 11 Nr 10 stellt § 11 Nr 11 eine Sondervorschrift nur für den formularmäßigen Ausschluß der Schadensersatzansprüche aus den §§ 463, 480 Abs 2, 635 BGB dar. Werden in AGB-Klauseln für den Fall des Fehlens zugesicherter Eigenschaften (zusätzlich) andere Gewährleistungsrechte ausgeschlossen oder beschränkt, so sind diese Klauseln insoweit an § 11 Nr 10 zu messen (COESTER-WALTJEN Rz 19).

4 **c)** Für Schadensersatzansprüche aus den §§ 463, 480 Abs 2, 635 BGB wegen Fehlens zugesicherter Eigenschaften enthält § 11 Nr 11 eine über § 11 Nr 7 hinausgehende Sonderregelung, da er nicht nur den zulässigen Haftungsmaßstab eingrenzt, sondern jeglichen Haftungsausschluß und jede Haftungsbegrenzung verbietet. Das gilt auch für die Haftung für Mangelfolgeschäden, soweit sie vom Anwendungsbereich der genannten Normen erfaßt werden (dazu unten Rz 14).

II. Regelungsinhalt im einzelnen

5 1. Die erfaßten Verträge

Das Verbot des § 11 Nr 11 gilt nur für Kauf-, Werk- und Werklieferungsverträge. Obwohl auch beim **Miet-** und **Pachtvertrag** eine gesetzliche Haftung für zugesicherte Eigenschaften vorgesehen ist (§§ 537 Abs 2, 538, 581 Abs 2 BGB), ist somit deren formularmäßige Abbedingung nicht unmittelbar an § 11 Nr 11 zu messen (s im übrigen § 9 Rz 146 ff; § 11 Nr 7 Rz 46). Für das **Finanzierungsleasing** wird man § 11 Nr 11 dann unmittelbar anzuwenden haben, wenn der Leasinggeber Eigenschaftszusicherungen bezüglich des Leasingobjektes macht und seine Haftung wie ein Verkäufer abweichend von § 537 Abs 1 BGB nur auf die bei Vertragsschluß bestehenden Mängel beschränkt (zur Zulässigkeit dieser Beschränkung § 9 Rz 126).

Auch bei **gebrauchten Sachen** und **Grundstücken** darf der Schadensersatzanspruch wegen Fehlens zugesicherter Eigenschaften nicht formularmäßig ausgeschlossen oder beschränkt werden. Dies gilt auch für Schadensersatzansprüche wegen Abweichungen von der zugesicherten **Grundstücksgröße,** da gemäß § 468 BGB der Verwender hierfür wie für eine zugesicherte Eigenschaft haftet.

Beim **Gebrauchtwagenkauf** beinhaltet eine Klausel, welche „jede Gewährleistung" ausschließt, entsprechend der gemäß § 5 gebotenen engen Auslegung nicht zugleich einen Haftungsausschluß für zugesicherte Eigenschaften (BGH NJW 1978, 261; HAGER NJW 1975, 2276 mwN), so daß eine derartige Klausel nicht nach § 11 Nr 11 unwirksam ist.

6 2. Die formularmäßig unabdingbaren Schadensersatzansprüche

§ 11 Nr 11 verbietet nur den Ausschluß oder die Beschränkung von **Schadensersatzansprüchen wegen Fehlens zugesicherter Eigenschaften.**

7 **a)** In welchen Fällen der Verwender beim **Kaufvertrag** und beim **Werklieferungsvertrag über vertretbare Sachen** eine Eigenschaft gemäß den §§ 459 Abs 2, 463, 480 Abs 2 BGB zugesichert hat, beurteilt sich auch im Rahmen des § 11 Nr 11 nach den im Kaufrecht entwickelten Grundsätzen (s § 459 Rz 50–87). Das Verbot des § 11 Nr 11 greift auch ein, wenn die **Eigenschaftszusicherung aufgrund Gesetzes fingiert** wird, wie beispielsweise gemäß § 494 BGB beim Kauf auf Probe oder gemäß § 6 FuttermittelG (vgl dazu BGHZ 57, 292; weitere Nachw s § 459 Rz 76; ebenso GRAF VON WESTPHALEN Rz 8). Nicht von den §§ 463, 480 Abs 2 BGB und daher auch nicht vom Verbot des § 11 Nr 11 wird die Schadensersatzhaftung aus einem **selbständigen**

Garantievertrag erfaßt (Coester-Waltjen Rz 12). Dieser liegt vor, wenn der Verwender die Gewähr für einen über die Vertragsmäßigkeit der Leistung hinausgehenden Erfolg übernimmt (zur Abgrenzung von der Eigenschaftszusicherung als unselbständiger Garantie s BGH WM 1977, 365; § 459 Rz 88 mwN). Ein formularmäßiger Ausschluß oder eine Begrenzung der Schadensersatzhaftung aus derartigen selbständigen Garantieverträgen ist an § 11 Nr 7, § 4 und § 9 zu messen, wobei freilich der dem § 11 Nr 11 zugrunde liegende Rechtsgedanke berücksichtigt werden kann (ähnlich Graf von Westphalen Rz 26). Auf Schadensersatzansprüche aus §§ 463, 480 Abs 2 wegen arglistiger Täuschung findet § 11 Nr 11 ebenfalls keine Anwendung, da er ausdrücklich nur auf Ansprüche wegen Fehlens von zugesicherten Eigenschaften abstellt. Der Kunde ist im Falle der arglistigen Täuschung durch § 476 BGB zureichend gesichert (Coester-Waltjen Rz 14).

b) Beim **Werkvertrag** und dementsprechend beim **Werklieferungsvertrag über nicht vertretbare Sachen** sichert § 11 Nr 11 die Haftungsbestimmung des § 635 BGB nicht in ihrem gesamten Anwendungsbereich, sondern nur insoweit, als sie einen Schadensersatzanspruch wegen **Fehlens zugesicherter Eigenschaften** vorsieht. Wird die Schadensersatzhaftung aus § 635 BGB für sonstige Werkmängel in AGB ausgeschlossen oder eingeschränkt, so bilden § 11 Nr 7 und § 9, nicht aber § 11 Nr 11 die Prüfungsmaßstäbe. Für den Umfang des Verbotes des § 11 Nr 11 ist daher entscheidend, wie der Begriff der zugesicherten Eigenschaft im Werkvertragsrecht zu verstehen ist. 8

aa) Nur teilweise wird in der Lit der Begriff der zugesicherten Eigenschaft im Werkvertragsrecht und im Kaufrecht gleichgesetzt (so etwa Palandt-Thomas § 633 BGB Anm 1; Fikentscher, Schuldrecht 482; weitere Nachw bei Nicklisch, FS Beitzke [1979] 89 Fn 3). Die Rspr und ihr folgend ein nicht unerheblicher Teil des Schrifttums sehen hingegen als Zusicherung im Sinne der §§ 633 Abs 1, 635 BGB bereits jede vertragliche Festlegung bestimmter Eigenschaften des herzustellenden Werkes an. Als Eigenschaftszusicherung genügt ihnen eine bloße Beschaffenheitsvereinbarung, ohne daß der Unternehmer zum Ausdruck bringen muß, er werde für alle Folgen einstehen, wenn dem Werk die vereinbarte Eigenschaft fehlen sollte (BGH NJW 1965, 152; BGH WM 1973, 1322; grundlegend bereits RGZ 165, 41, 46 f; BGB-RGRK-Glanzmann § 633 Rz 12; Esser-Weyers II 1, § 32 III, 3; Nicklisch aaO 90 mwN). Von dieser „einfachen" Zusicherung im Sinne des § 633 Abs 1 BGB wird die sogenannte „qualifizierte" Zusicherung („unselbständige Garantie") unterschieden, wenn der Werkunternehmer zu erkennen gibt, daß er für das Vorhandensein der Eigenschaft unbedingt einstehen und bei deren Fehlen auch ohne Verschulden haften will (BGH WM 1973, 1322; BGHZ 65, 107, 109; Larenz II § 53 II c, 271; Nicklisch 97, 101 mwN). Erst diese „qualifizierte" Zusicherung soll der Eigenschaftszusicherung im Sinne der §§ 459 Abs 2, 463 BGB entsprechen. Demgemäß will man zT (Nicklisch aaO 104 ff) das Verbot des § 11 Nr 11 auch im Werkvertragsrecht nur anwenden, soweit eine „qualifizierte" Zusicherung des Verwenders vorliegt. Trotz der gewichtigen Einwände von Nicklisch ist jedoch entsprechend dem insoweit eindeutigen Wortlaut des § 11 Nr 11 daran festzuhalten, daß die formularmäßige Abbedingung oder Beschränkung des Schadensersatzanspruches aus § 635 BGB auch dann unwirksam ist, wenn dieser sich auf das Fehlen einer nur „einfach" zugesicherten Eigenschaft im Sinne des § 633 Abs 1 BGB bezieht. Daß im Verhältnis zum Kaufrecht das Klauselverbot des § 11 Nr 11 dadurch beim Werkvertrag einen erweiterten Anwendungsbereich erlangt, ist nicht sinnwidrig. Beim Werkvertrag und insbes auch beim Werklieferungsvertrag über unvertretbare Sachen besitzt die Festlegung der Eigenschaften des herzustellenden Gegenstandes für den Besteller zumeist eine ungleich höhere Bedeutung als für den Käufer die Eigenschaftsfestsetzung beim Kaufvertrag. Wegen des besonderen Gewichtes, welches 9 den vereinbarten Eigenschaften beim Werkvertrag zukommt, besitzt der Besteller im Gegensatz zum Käufer einen Erfüllungsanspruch auf Herstellung des Werkes mit den vereinbarten Eigenschaften (BGB-RGRK-Glanzmann § 633 Rz 12). Der Schadensersatzanspruch aus § 635 BGB ist somit im Gegensatz zum Ersatzanspruch aus §§ 463, 480 Abs 2 BGB noch an zusätzliche erschwerende Voraussetzungen geknüpft. Vor Geltenmachung von Ersatzansprüchen wegen noch nicht endgültig aufgetretener Schäden muß der Kunde dem Werkhersteller unter Fristsetzung und Ablehnungsandrohung eine Nachbesserungsmöglichkeit einräumen (BGB-RGRK-Glanzmann § 635 Rz 1). Außerdem fordert der Schadenersatzanspruch aus § 635 BGB im Gegensatz zur kaufvertraglichen Garantiehaftung ein Verschulden des Verwenders. Diese beiden Erschwernisse für den Schadensersatzanspruch aus § 635 BGB bilden ein sachgerechtes Gegengewicht zur Erweiterung des Anwendungsbereiches von § 11 Nr 11 im Werkvertragsrecht.

10 **bb)** Nicht ganz unproblematisch ist es, ob das Klauselverbot des § 11 Nr 11 seinem Wortlaut nach auch beim Werkvertrag den Schadensersatzanspruch erfaßt, der sich für den Kunden aus einer qualifizierten Zusicherung („unselbständigen Garantie") ergibt (Nicklisch aaO 107 will § 11 Nr 11 gerade nur hierauf anwenden). Diese begründet auch im Werkvertragsrecht für den Verwender entgegen § 635 BGB eine Haftung *ohne Verschulden* (so ausdrücklich BGHZ 65, 110). Gerade bei der über eine bloße Eigenschaftsvereinbarung hinausgehenden qualifizierten Zusicherung würde aber der Schutzzweck des § 11 Nr 11 besonderes Gewicht gewinnen (insoweit zutreffend Nicklisch aaO 104). Es muß verhindert werden, daß der Verwender einerseits zusichert, für das Fehlen der vereinbarten Eigenschaft unbedingt einstehen zu wollen, aber andererseits diese Zusicherung durch eine Freizeichnungsklausel wieder zunichte macht. Erkennt man das Institut der qualifizierten Zusicherung für das Werkvertragsrecht an, so muß der Auftragnehmer auch in AGB-fester Weise ohne Rücksicht auf sein Verschulden haften. Jedoch sollte man überdenken, ob die Zwischenform der qualifizierten Zusicherung zwischen einfacher Zusicherung und selbständiger Garantie tatsächlich eine legitime Fortentwicklung des Rechtes war.

11 **cc)** § 11 Nr 11 bezieht sich nur auf Schadensersatzansprüche wegen Fehlens zugesicherter Eigenschaften, nicht auf die ebenfalls in § 635 BGB angesprochene Möglichkeit der Wandelung oder Minderung. Nicht von § 11 Nr 11 abgesichert wird auch der Aufwendungsersatzanspruch des § 633 Abs 3 BGB oder ein Schadensersatzanspruch wegen schuldhafter Verletzung der Nachbesserungspflicht (Coester-Waltjen Rz 13).

12 3. Der inhaltliche Umfang des von § 11 Nr 11 gesicherten Schadensersatzanspruches

Der **Umfang der Schadensersatzpflicht,** deren Ausschluß oder Beschränkung § 11 Nr 11 verbietet, ergibt sich nicht aus dieser Vorschrift selbst, sondern richtet sich nach den von Rspr und Lit zu den §§ 463, 480 Abs 2, 635 BGB entwickelten Grundsätzen (vgl § 463 Rz 35 ff).

13 **a)** Dementsprechend darf dem Kunden durch formularmäßige Freizeichnung niemals der Anspruch auf Ersatz des **Erfüllungsinteresses** genommen werden, dh der Ersatz des Schadens, welcher unmittelbar daraus entsteht, daß die Sache oder Werkleistung wegen Fehlens der zugesicherten Eigenschaft unbrauchbar, wertlos oder minderwertig ist. Zu diesem Schaden gehören neben dem verursachten Minderwert die Aufwendungen, welche notwendig sind, die Sache oder Werkleistung mit den zugesicherten Eigenschaften zu versehen, sowie der infolge der fehlenden Eigenschaft entgangene Gewinn. Insoweit geht § 11 Nr 11 über die frühere Rspr hinaus, s Rz 1.

b) Ansprüche auf Ersatz von Schäden, welche dem Kunden infolge Fehlens der zugesicherten Eigenschaft über das Interesse an der fehlerfreien Leistung hinaus an sonstigen Rechtsgütern wie Gesundheit und Eigentum (Integritätsinteresse) entstanden sind (**Mangelfolgeschäden** – s § 463 Rz 36), werden von § 11 Nr 11 nur erfaßt, soweit sie ihre Grundlage in den §§ 463, 480 Abs 2, 635 BGB finden. Nach der Rspr erstreckt sich die Haftung aus §§ 463, 480 Abs 2, 635 BGB wegen Fehlens einer zugesicherten Eigenschaft dann auch auf Mangelfolgeschäden, wenn die Auslegung der Zusicherung ergibt, daß diese nicht nur den Zweck verfolgte, dem Kunden zu einem ungestörten Genuß der Sache oder Werkleistung zu verhelfen, sondern darüber hinaus das Ziel verfolgte, ihn gerade auch gegen auftretende Mangelfolgeschäden abzusichern (s oben Rz 1). Soweit dies nicht der Fall ist, sind Mangelfolgeschäden über positive Vertragsverletzung geltend zu machen. Diese durch die frühere Rechtsprechung getroffene Abgrenzung soll nach dem ausdrücklichen Willen des Gesetzgebers auch im Rahmen des § 11 Nr 11 beibehalten werden (RegE 36). 14

4. Verbot des Ausschlusses oder der Einschränkung 15

a) Der Verwender darf den in den §§ 463, 480 Abs 2, 635 BGB wegen Fehlens der zugesicherten Eigenschaft festgelegten **Schadensersatzanspruch nicht ausschließen.** Ein verbotener Ausschluß liegt auch vor, wenn der Verwender einer nach Treu und Glauben mit Rücksicht auf die Verkehrssitte aus der Sicht des Vertragspartners als Zusicherung auszulegenden Erklärung durch eine weitere Klausel die Verbindlichkeit nimmt, indem er beispielsweise festlegt, daß Zusicherungen immer unverbindlich seien (Koch-Stübing Rz 9; Palandt-Heinrichs Anm 11).

Prinzipiell kann zwar in AGB festgehalten werden, ob Leistungsbeschreibungen den Charakter zugesicherter Eigenschaften haben sollen oder nicht. Da, wo die vertragscharakteristische Hauptleistungspflicht der näheren Konkretisierung durch die Parteien bedarf, sind Leistungsbeschreibungen nicht von Haus aus schon insgesamt zugesicherte Eigenschaften. Eine Klausel, die der Leistungsbeschreibung insgesamt die Eigenschaft zugesicherter Eigenschaften vorenthält, ist jedoch iSv § 3 überraschend.

b) Neben dem vollständigen Ausschluß verbietet § 11 Nr 11 auch jede **Einschränkung der Schadensersatzansprüche** (kritisch hierzu Weitnauer BauR 1978, 78). Die Schadensersatzansprüche dürfen somit weder an strengere als die gesetzlichen Voraussetzungen geknüpft werden, noch in ihrem Umfang, beispielsweise auf bestimmte Höchstgrenzen, beschränkt werden (Coester-Waltjen Rz 16; Hensen Rz 19). Auch eine in die Zusicherungsklausel selbst aufgenommene Haftungsbegrenzung ist unzulässig (aM Palandt-Heinrichs Anm 11). Will der Verwender seine Haftungsrisiken begrenzen, so muß er sich bei der Zusicherung selbst zurückhalten und darf nicht erst die bei einem Fehlen der zugesicherten Eigenschaft eintretenden Schadensersatzpflichten einschränken. Eine weitgehende Zusicherung von Eigenschaften mit sofort folgender Begrenzung der diesbezüglichen Schadensersatzpflicht kann gerade zu der Irreführung des Kunden führen, welche § 11 Nr 11 vermeiden möchte. Eine unzulässige Einschränkung des Schadensersatzanspruches liegt auch vor, wenn dem Kunden die **Wahlmöglichkeit bei der Schadensberechnung** zwischen kleinem Schadensersatz (Behalt der Sache und Ersatz für Minderwert – s § 463 Rz 42) und großem Schadensersatz (Rückgabe der Sache und Ersatz für Nichterfüllung des Vertrages insgesamt – s § 463 Rz 42) genommen wird (Coester-Waltjen Rz 16). 16

Eine Klausel, welche generell für **Mangelfolgeschäden** die Haftung entsprechend § 11 Nr 7 auf Vorsatz und grobe Fahrlässigkeit beschränkt, ist nur wirksam, wenn sie vorsieht, daß diese Haftungsbeschränkung nur gilt, soweit nicht gerade Zusicherungen des Verwenders den Schutz des Kunden vor Mangelfolgeschäden bezwecken. Ist ein derartiger Vorbehalt in der Haftungsbeschränkungsklausel nicht enthalten, so verfällt sie insgesamt der Unwirksamkeit wegen Verstoßes gegen § 11 Nr 11 (Koch-Stübing Rz 7; Hensen Rz 19; ähnlich Coester-Waltjen Rz 17). Ihre Zulässigkeit muß sich – insbesondere im Verfahren nach § 13 – abstrakt beurteilen lassen ohne Rücksicht auf die konkret im jeweiligen Vertrag abgegebenen Eigenschaftszusicherungen. Eine geltungserhaltende restriktive Auslegung ist abzulehnen, da sie zu fortdauernder Unklarheit über den Geltungsbereich der Klausel führen und dem Kunden das Erkennen seiner Rechtsposition erschweren würde (vgl § 6 Rz 14). Da, wo besondere Eigenschaftszusicherungen selten sind, kann auch ein salvatorischer Klauselbestandteil („soweit gesetzlich zulässig", s § 11 Nr 7 Rz 29) ausreichen.

17 **III. Kaufleute**

§ 11 Nr 11 ist, soweit ein Haftungs**ausschluß** in Frage steht, über § 9 auch auf Kaufleute anzuwenden. Dies ist unstreitig für alle Fälle, in denen die Eigenschaftszusicherung ihrer Zwecksetzung nach gerade darauf abzielt, den Vertragspartner gegen das Risiko eines Mangelfolgeschadens zu sichern. In diesen Fällen hielt bereits die frühere Rspr, welche sich vorwiegend auf den Handelsverkehr bezog, den Ausschluß von Schadensersatzansprüchen für unzulässig (vgl oben Rz 1).

Erfaßt die Eigenschaftszusicherung in ihrer Tragweite lediglich den Mangelschaden und keine Mangelfolgeschäden, so wird zT die Anwendung des § 11 Nr 11 im kaufmännischen Verkehr abgelehnt (Graf von Westphalen Rz 23; ders Betrieb 1978, 2061, 2064 mwN; wohl auch Coester-Waltjen Rz 20). Diese Ansicht läßt in Übereinstimmung mit der früheren Rspr (oben Rz 1) im Regelfall die Einräumung eines Nachbesserungs- oder Ersatzlieferungsanspruches mit subsidiärem Rücktrittsrecht analog der Regelung von § 11 Nr 10 b genügen (insbes Graf von Westphalen Betrieb 1978, 2061). § 11 Nr 11 sollte aber im kaufmännischen Verkehr gerade auch dann Anwendung finden, wenn der Verwender nur das Vorliegen bestimmter Eigenschaften zusichert, nicht aber eine Haftung für Mangelfolgeschäden übernehmen möchte. Auch unter Kaufleuten gilt, daß durch die Freizeichnung von auf das Erfüllungsinteresse gerichteten Schadensersatzansprüchen die Zusicherung jede praktische Bedeutung verlieren würde (Kötz Rz 126; Koch-Stübing Rz 10; Stein Rz 105; Palandt-Heinrichs Anm 11; Hensen Rz 21). Jedoch können im Verkehr zu Kaufleuten **Haftungsbegrenzungen** auf redliche Höchstsummen oder typischerweise eintretende Schäden toleriert werden. Der Gesetzeszweck wird durch Haftungsbegrenzungen ohnehin kaum berührt (Weitnauer BauR 1978, 79). Die vorgesehenen Höchstsummen müssen dem Schadensumfang entsprechen, mit dem von der Typizität des Leistungsaustausches her gerechnet werden muß (ebenso Graf von Westphalen Betrieb 1978, 2065).

§ 11 Nr 12
Laufzeit bei Dauerschuldverhältnissen

In Allgemeinen Geschäftsbedingungen ist unwirksam ...

bei einem Vertragsverhältnis, das die regelmäßige Lieferung von Waren oder die regelmäßige Erbringung von Dienst- oder Werkleistungen durch den Verwender zum Gegenstand hat,

a) eine den anderen Vertragsteil länger als zwei Jahre bindende Laufzeit des Vertrags,

b) eine den anderen Vertragsteil bindende stillschweigende Verlängerung des Vertragsverhältnisses um jeweils mehr als ein Jahr oder

c) zu Lasten des anderen Vertragsteils eine längere Kündigungsfrist als drei Monate vor Ablauf der zunächst vorgesehenen oder stillschweigend verlängerten Vertragsdauer;

1. Teilber 13; RefE 18; RegE 37 – s Einl 6 ff.

I. Allgemeines

1. Das Regelungsanliegen 1

a) Steht in einem einfachen Schuldverhältnis der Umfang der zu befriedigenden Leistungsinteressen von vornherein fest, so setzen im *Dauerschuldverhältnis* erst Zeitablauf und Kündigung diesem die Grenze. Durch die Laufzeitbestimmung und die Festlegung der Kündigungsmöglichkeiten erlangen somit die übrigen vertraglichen Rechte und Pflichten im Dauerschuldverhältnis erst ihr eigentliches Gewicht. Entgeltzahlungs- und Abnahmepflichten führen in Verbindung mit einer langfristigen Laufzeitregelung zu einer nicht unerheblichen Einschränkung des Kunden in seiner Dispositionsfreiheit. Ihm wird für die festgesetzte Vertragsdauer das Risiko einer Änderung der wirtschaftlichen Verhältnisse sowie das Risiko der Verwertbarkeit und des Bedarfs an den vertragsgegenständlichen Warenlieferungen bzw Dienst- oder Werkleistungen zugewiesen. Die Vorschrift der Ziff 12 will den Verbraucher vor den spezifischen Gefahren schützen, welche sich für ihn somit aus AGB-Klauseln ergeben, die ihn eine übermäßig lange Zeit an den Vertrag binden oder ihm die Lösung vom Vertrag durch eine unangemessen lange Kündigungsfrist erschweren, ohne daß er sich des Umfanges der eingegangenen Verpflichtungen und deren Auswirkungen überhaupt bewußt geworden ist.

b) Angesichts dieser Zielsetzung der Vorschrift einerseits und der Vielgestaltigkeit 2
der zu regelnden Dauerschuldverhältnisse andererseits ergaben sich für den Gesetzgeber erhebliche Schwierigkeiten, eine für sämtliche Dauerschuldverhältnisse passende Laufzeit- und Kündigungsfristbegrenzung in einer einzigen Norm zusammenzufassen, welche als Teil des Verbotskatalogs des § 11 ohne Ermessensspielraum auskommen sollte. Aus diesem Grunde wurden entgegen ursprünglicher Vorstellung (1. Teilb, 83) in der endgültigen Gesetzesfassung die Gebrauchsüberlassungsverträge (Miete, Pacht, Leasing) aus dem Anwendungsbereich der Vorschrift ausgenommen. Zudem hat man die im Regierungsenwurf (§ 9 Nr 12 S 37) vorgesehenen Höchstfristen erheblich verlängert, um für alle noch als Regelungsgegenstand verbliebenen Dauerschuldverhältnisse eine wirtschaftlich vertretbare einheitliche Fristenregelung zu erreichen. Folge dieses Kompromisses in der Regelung der Fristenlänge ist allerdings, daß die jetzt vorgeschriebenen Höchstfristen der Nr 12 für einen Teil der geregelten Dauerschuldverhältnisse zu lang sind, um dem Kunden ausreichenden Schutz zu gewähren. Für § 11 Nr 12 gewinnt daher § 9 als Auffangstatbestand (s § 9 Rz 1) Bedeutung bereits im nicht kaufmännischen Geschäftsverkehr.

Aus diesem Grunde behält auch die vor Inkrafttreten des AGBG ergangene Rspr 3
größere Bedeutung als sonst meist im Geltungsbereich von § 11. Die Judikatur hat nämlich schon früher der Vertragslaufzeit bei Dauerschuldverhältnissen Grenzen gezogen. Freilich hat sie hierbei in der Regel nicht auf den Unterschied zwischen individuell vereinbarter und in AGB festgelegter Laufzeit bzw Kündigungsregelung

abgestellt. Die Grenze für die zulässige Bindungsdauer gewann sie aus § 138 BGB unter dem Gesichtspunkt der sittenwidrigen Knebelung. (Zu Bierbezugsverträgen: BGH NJW 1972, 1459; NJW 1974, 2089; WM 1977, 642; Zusammenfassung bei HIDDEMANN WM 1975, 942 ff und KLAAS BB 1974, 1098 ff. Zu Automatenaufstellverträgen: BGH NJW 1969, 230 f; LG Berlin MDR 1966, 584. Zu Wärmeversorgungsverträgen: BGH NJW 1975, 1268). Daß die Perspektive der Rspr auf eine AGB-spezifische Inhaltskontrolle einschwenken wird, ist auch in diesem Bereich nur eine Frage der Zeit. Speziell im Wege der Inhaltskontrolle von AGB hat bereits das OLG Frankfurt (MDR 1976, 313) für den Gruppenunterricht im Rahmen von Schularbeitsgemeinschaften für schulisch schwächere Kinder einer Vertragslaufzeit von einem Jahr und einer Kündigungsfrist von sechs Monaten die Wirksamkeit versagt und statt dessen § 621 Nr 3 BGB angewandt. Ebenfalls im Wege der AGB-Inhaltskontrolle wurde für einen sechsmonatigen Karatekurs eine Verlängerungsklausel wegen Unüblichkeit für unwirksam angesehen (LG München I BB 1973, 1602). Zur früheren Rechtslage vgl im übrigen näher COESTER-WALTJEN Rz 1–6.

4 **2. Anwendungsbereich**

a) Nr 12 ist entgegen der Gesetzesüberschrift nur anwendbar auf Dauerschuldverhältnisse, welche die **regelmäßige Lieferung von Waren oder die regelmäßige Erbringung von Dienst- und Werkleistungen** zum Gegenstand haben (im einzelnen hierzu unten Rz 12 ff). Gebrauchsüberlassungsverträge (Miete, Pacht, Leasing) unterfallen damit nicht der Nr 12. Die Vorschrift findet zudem nur Anwendung, wenn der Verwender zur Warenlieferung oder Leistungserbringung verpflichtet und der Kunde dementsprechend Entgeltpflichtiger ist.

5 **b)** Gemäß § 23 Abs 1 ist Nr 12 nicht anwendbar auf den für Dauerschuldverhältnisse bedeutsamen Bereich des **Arbeits- und Gesellschaftsrechtes** (s dazu § 23 Rz 2, 6).

6 **c)** § 23 Abs 2 Nr 6 schließt die Anwendung von Nr 12 für Verträge über die Lieferung als **zusammengehörig verkaufter Sachen,** für **Versicherungsverträge** und für Verträge mit **urheberrechtlichen Verwertungsgesellschaften** aus (s dazu § 23 Rz 33 ff u unten Rz 16).

7 **d)** Für **Fernunterrichtsverträge** trifft das FernUSG (hierzu DÖRNER BB 1977, 1739 und BARTL NJW 1976, 1993) in § 5 für Laufzeit und Kündigungsmöglichkeit eine zwingende (vgl § 10 FernUSG) Sonderregelung. Der Teilnehmer kann den Fernunterrichtsvertrag ohne Angabe von Gründen erstmals zum Ablauf des 1. Halbjahres mit einer Frist von 6 Wochen, danach jederzeit mit einer Frist von 3 Monaten kündigen.

8 **e)** § 26 Abs 1 S 2 WEG sieht für Verwalterverträge eine Höchstlaufzeit von 5 Jahren vor. Diese Regelung bildet eine Sonderregelung zu § 11 Nr 12 und geht nach den anderwärts (Einl 19 zu § 1) entwickelten Grundsätzen dieser vor (ebenso HENSEN Rz 14; aM LÖWE Rz 7).

9 Wegen der **Wärmeversorgungsverträge** s § 28 Abs 3.

10 **f)** Neben § 11 Nr 12 bieten die §§ 11 Nr 8 und 9 dem Kunden Schutz vor unzulässiger Bindung an den Vertrag bei (Teil-)**Verzug des Verwenders** bzw (Teil-) **Unmöglichkeit** seiner Leistung. Diese Bestimmungen sind neben § 11 Nr 12 voll anwendbar und werden auch durch eine nach § 11 Nr 12 zulässige Bindungsklausel nicht eingeschränkt. Das gleiche gilt für das **Kündigungsrecht aus wichtigem Grund,** welches bei allen Dauerschuldverhältnissen zwingend besteht und von der Regelung des § 11 Nr 12 nicht berührt wird.

11 **g)** Zum Verhältnis zu § 10 Nr 5 s Rz 19 a.

II. Die tatbestandlich betroffenen Verträge

1. Warenlieferungsverträge 12

Wie bei § 1 Abs 2 Nr 1 HGB sind unter Waren iS der Vorschrift verkehrsfähige, bewegliche körperliche Sachen zu verstehen. Verträge über unbewegliche Sachen und Rechte unterfallen daher nicht dem Verbot der Nr 12 (Koch-Stübing Rz 6; Dietlein Rz 1; Löwe Rz 4). Als Warenlieferungsverträge iS der Vorschrift kommen insbesondere Zeitungs- und Zeitschriftenabonnements, „Mitgliedschaften" in Buchgemeinschaften, Buchklubs, Schallplattenringen und ähnliches in Betracht. Im Falle echt vereinsrechtlicher Ausgestaltung der Beziehung ist aber § 23 Abs 1 (s dort Rz 6) zu beachten. Ebenso gehören hierzu grundsätzlich auch Bier- und sonstige Getränkebezugsverträge. Soweit diese allerdings mit Gastwirten abgeschlossen werden, scheitert die Anwendbarkeit der Nr 12 in der Regel an deren Kaufmannseigenschaft. Insbes bei den Warenlieferungsverträgen ist die Abgrenzung zu den Teillieferungsverträgen zu beachten (vgl unten Rz 16).

2. Dienstleistungsverträge 13

Der Begriff der Dienstleistung ist unter Berücksichtigung des Schutzzwecks der Vorschrift weit auszulegen (Koch-Stübing Rz 7; Dietlein Rz 1). Die Vorschrift umfaßt als Dienstleistungsverträge insbesondere private Unterrichtsverträge aller Art wie zB: Verträge über berufliche Aus- und Fortbildung, Nachhilfeunterricht, Musik- und Tanzunterricht, Fahrkurse, Sportunterricht, Gymnastik, Schlankheits- und Bodybuildingkurse (vgl RegE BT-Drucks 7/3919, 37). Nr 12 gilt hierbei nur für den Direktunterricht (hierzu Dörner NJW 1979, 241 ff), da für den Fernunterricht das FernUSG als Sonderregelung eingreift (vgl oben Rz 7). Als Dienstleistungsverträge iS der Vorschrift sind weiterhin (Steuer-)beratungsverträge, Betreuungs- und Pflegeverträge anzusehen. Auch auf Verträge mit Ehevermittlungsinstituten ist das Klauselverbot anzuwenden, freilich nur, wenn der Vertrag für das Institut eine Verpflichtung zum Tätigwerden vorsieht (weitergehend Koch-Stübing Rz 7). Das gleiche (Kötz Rz 130; Hensen Rz 7; aM, aber über § 9 das gleiche Ergebnis postulierend BGB-RGRK-Dehner § 652 Rz 2) gilt für sonstige Maklerverträge, welche insbes dann, wenn es sich um Alleinaufträge handelt, eine Verpflichtung zur Erbringung von Dienstleistungen enthalten (dazu s Erl zu § 652 BGB). Dazu, daß ein Maklervertrag durch AGB nicht als Maklerdienstvertrag ausgestaltet werden kann, s § 9 Rz 142; § 3 Rz 34.

Problematisch ist die Anwendung der Nr 12 auf **gemischte Verträge,** in denen mit einer einmaligen Warenlieferung oder einer Gebrauchsüberlassung Dienstleistungen verbunden sind. Bildet die Dienstleistung den Schwerpunkt, so wird man Nr 12 auf den gesamten Vertrag anzuwenden haben, soweit sie mit den übrigen Leistungspflichten eine wirtschaftliche Einheit bildet. Läßt sich hingegen der dienstvertragliche Teil des Vertrages von den übrigen Teilen in wirtschaftlich sinnvoller Weise trennen, so ist dieser Teil allein der Regelung der Nr 12 zu unterwerfen, soweit dann die eintretende isolierte Laufzeitbeschränkung nicht gerade dem von der Vorschrift beabsichtigten Kundenschutz zuwiderläuft (ähnlich Coester-Waltjen Rz 13). Dementsprechend hängt bei Automatenaufstellverträgen die Anwendbarkeit der Vorschrift von deren Ausgestaltung im Einzelfall ab (näheres dazu § 9 Rz 64).

3. Werkleistungsverträge 14

Im Gegensatz zu den Dienstleistungsverträgen ist bei Werkverträgen die regelmäßige Erbringung eines Leistungserfolges Vertragsgegenstand. Die Abgrenzung zu den

Dienstleistungsverträgen ist im Rahmen von Nr 12 freilich nicht von Bedeutung. Auch der Begriff der Werkleistung ist unter dem Aspekt des Schutzzieles der Vorschrift weit auszulegen (Koch-Stübing Rz 8; Hensen Rz 8). Der Gesetzgeber dachte besonders an Wartungsverträge, welche die regelmäßige Überprüfung und Instandsetzung technischer Anlagen vorsehen. Für gemischte Verträge gelten dieselben Grundsätze wie bei gemischten Dienstleistungsverträgen (s Rz 13).

15 **4. Regelmäßigkeit der Waren-, Dienst- oder Werkleistung**

§ 11 Nr 12 verlangt ein auf eine regelmäßige Waren-, Dienst- oder Werkleistung gerichtetes Vertragsverhältnis. Im Gegensatz zu § 197 BGB ist aber nicht die regelmäßige Wiederholung der Leistung an fest bestimmten Terminen erforderlich (so aber Dietlein Rz 2). Auch müssen die zeitlichen Abstände zwischen den Leistungsterminen und die zu erbringenden Lieferungen oder Leistungen nicht gleichbleibend sein (Koch-Stübing Rz 9; Hensen Rz 5; Coester-Waltjen Rz 9). Erforderlich ist allein, daß aufgrund des einheitlichen Vertragsverhältnisses während der vorgesehenen Vertragsdauer mehrfach Lieferungen oder Leistungen zu erbringen sind. Dies ergibt sich aus dem auf den Kundenschutz gerichteten Regelungszweck der Vorschrift. Die entscheidende Gefährdung der Dispositionsfreiheit des Kunden liegt in den durch die Fortdauer des Vertrages für ihn fortbestehenden Entgeltzahlungs- und Abnahmepflichten, nicht in der genauen zeitlichen Fixierung der Lieferungen oder Leistungen des Verwenders.

16 **5. Der Charakter der betroffenen Vertragsbeziehungen als Dauerschuldverhältnisse**

Das Klauseverbot der Nr 12 bezieht sich nur auf Vertragsverhältnisse, welche als Dauerschuldverhältnisse ausgestaltet sind. Hieraus ergibt sich eine Abgrenzung in zwei Richtungen:

Den regelmäßigen Sach-, Dienst- oder Werkleistungen muß **ein Vertragsverhältnis** zugrunde liegen. Es muß eine rechtlich bindende Vereinbarung vorliegen, aus welcher sich die Pflicht des Kunden zur regelmäßigen Abnahme von Lieferungen oder Leistungen, mindestens aber eine Ausschließlichkeitsbindung des Kunden für den Fall der Inanspruchnahme bestimmter Lieferungen oder Leistungen ableiten läßt. Auf die vorwiegend unter konkursrechtlichen Gesichtspunkten (§ 17 KO) vorgenommene Unterscheidung von Sukzessivlieferungsvertrag und Wiederkehrschuldverhältnis kommt es nicht an (Löwe Rz 4). Es genügt nicht eine bloße (tatsächliche) lockere Geschäftsverbindung, innerhalb der jeweils Verträge über Einzelleistungen neu abgeschlossen werden (Coester-Waltjen Rz 9).

Das für die Anwendung des § 11 Nr 12 notwendige Dauerschuldverhältnis ist in anderer Richtung abzugrenzen vom sog **Raten-** oder **Teillieferungsvertrag.** Bei diesem wird von vorneherein eine bestimmte Leistung in Umfang und Art vertraglich festgesetzt und lediglich abweichend von § 266 BGB ratenweise erbracht. Auf derartige Ratenlieferungsverträge findet Nr 12 keine Anwendung, denn für diese Verträge besitzt die Laufzeit- und Kündigungsfristregelung gerade nicht die ausschlaggebende und für den Kunden gefährliche Bedeutung wie bei Dauerschuldverhältnissen (s oben Rz 1). Der Regelungszweck der Nr 12 ist hier nicht einschlägig. Daher hat auch § 23 Abs 2 Nr 6, soweit er Verträge über Lieferung als zusammengehörig verkaufter Sachen vom Anwendungsbereich der Nr 12 ausschließt (s oben Rz 6), im Grunde nur klarstellende Bedeutung (Koch-Stübing Rz 10 und § 23 Rz 14; Coester-Waltjen Rz 10, 12 und § 23 Rz 14; Hensen Rz 6; Ulmer § 23 Rz 47, 48).

III. Höchstgrenze für die Primärlaufzeit des Vertrages

1. Höchstgrenze nach § 11 Nr 12 a 17

In AGB darf eine Erstlaufzeit von mehr als zwei Jahren nicht festgesetzt werden. Längere Laufzeiten können nur individualvertraglich vereinbart werden. Soweit letzteres geschieht, gelten die allgemein von der Rspr aus § 138 BGB entwickelten Grenzen (s oben Rz 3). Wird dem Kunden in der vorformulierten Klausel eine Wahlmöglichkeit zwischen mehreren Laufzeiten geboten und steht hierbei auch eine Laufzeit von zwei Jahren oder weniger zur Auswahl, so greift das Verbot der Nr 12 a nicht ein, selbst wenn der Kunde dann eine über zwei Jahre hinausgehende Laufzeit wählt. Der Kunde hat sich in diesem Falle bewußt und in freier Entscheidung für eine die Zwei-Jahresfrist überschreitende Laufzeit entschieden, so daß im Hinblick auf die konkrete Laufzeitregelung eine individualvertragliche Vereinbarung vorliegt (Dietlein Rz 3; Palandt-Heinrichs Anm 12 b aa; Rz 29; aM Hensen Rz 9; Ulmer § 1 Rz 38; wohl auch Trinkner § 1 Rz 25; s § 1 Rz 30). Die Höchstgrenze der Nr 12 a gilt nur für Klauseln, welche den *Kunden* binden. Die Zwei-Jahresfrist läuft nicht ab Vertragsschluß, sondern ab dem von den Parteien festgelegten Anfangszeitpunkt des Vertragsverhältnisses. Die Laufzeit kann folglich vor Vertragsabschluß (Fall der Rückdatierung) oder erst danach beginnen, wenn die vertraglichen Leistungspflichten erst zu einem späteren Zeitpunkt einsetzen sollen. Entscheidend für die nach dem Schutzzweck der Nr 12 wesentliche Einschränkung der Dispositionsfreiheit des Kunden ist das Entstehen der Leistungspflichten, nicht der formale Vertragsabschluß als solcher (im Ergebnis ebenso Löwe Rz 7; Palandt-Heinrichs Anm 2 b bb; Coester-Waltjen Rz 14; unklar Kötz Rz 132; aM Hensen Rz 9 und wohl auch Koch-Stübing Rz 12). Nr 12 a steht grundsätzlich einem formularmäßigen Abschluß des Vertrages auf unbestimmte Zeit nicht entgegen. Die Vorschrift verlangt dann für diesen Fall aber eine ordentliche Kündigungsmöglichkeit spätestens zum Ablauf des zweiten Jahres, so daß der Kunde keinesfalls länger als zwei Jahre gebunden ist (Coester-Waltjen Rz 16; Kötz Rz 132; Koch-Stübing Rz 11). Die bloße Möglichkeit der Kündigung aus wichtigem Grund rechtfertigt in keinem Fall eine Laufzeitbestimmung über zwei Jahre.

2. Klauselverbot trotz Einhaltung der Laufzeithöchstgrenze nach Nr 12 a 18

Die Einordnung der verschiedenartigsten Typen von Dauerschuldverhältnissen unter eine Fristenregelung ohne Wertungsmöglichkeit führt dazu, daß nach § 9 AGBG immer überprüft werden muß, ob auch kürzere Laufzeitregelungen unter Berücksichtigung der Eigenart und der Interessenlage des Vertragsverhältnisses den Vertragspartner des Verwenders unangemessen benachteiligen (s oben Rz 2 aE). Dies gilt insbesondere für derartige Vertragsverhältnisse, für welche eine kürzere Laufzeit als die in Nr 12 a genannte üblich ist und für die sich die Notwendigkeit einer zweijährigen Laufzeit nicht begründen läßt. Dies dürfte häufig bei Zeitschriften- und Zeitungsabonnements sowie Mitgliedschaften in Buchgemeinschaften der Fall sein (Hensen Rz 10; Kötz Rz 133). Ebenso ist bei Unterrichtsverträgen eine unter zwei Jahren liegende Begrenzung der Laufzeit geboten, wenn das Interesse des Teilnehmers sich nach Ziel und Art des Unterrichts auf eine nur kurzfristige Unterrichtung beschränkt. Das vom OLG Frankfurt (MDR 1976, 313) für Nachhilfeunterricht (s oben Rz 3) gewonnene Ergebnis ist auch bei einer formal an § 9 ausgerichteten Prüfung zutreffend (Hensen Rz 10; Kötz Rz 133; Löwe Rz 3; Palandt-Heinrichs Anm 12 c). Zudem ist die Laufzeitregelung des § 5 FernUSG (s oben Rz 7) auch bei der Überprüfung von Laufzeitklauseln in manchen **Direktunterrichtsverträgen** als gesetzlicher Wertungsmaßstab verwertbar. Jedoch wird man vielfach dann eine ordentliche Kündigung ganz ausschließen können, wenn die vorgesehene Laufzeit ein Jahr nicht übersteigt und der zeitliche Abstand zwischen den einzelnen Unterrichtsstunden groß ist. Die besondere und durchaus beachtenswerte Interessenlage bei Direktunterricht besteht darin, daß der Unternehmer nur wirtschaftlich kalkulieren kann, wenn er sich einer bestimmten Teilnehmerzahl für einen Kurs gewiß sein kann (zum Direktunterricht näher DÖRNER NJW 1979, 241 ff mwN).

Auch beim Ehemäklerdienstvertrag erlaubt dessen Gegenstand, welcher Interessen des Kunden in seiner engsten Persönlichkeitssphäre betrifft, nur eine weit kurzfristigere Bindung, als sie von Nr 12 zugelassen wird, s § 9 Rz 120. So fordert das OLG Karlsruhe (Justiz 1978, 468) eine jederzeitige Kündigungsmöglichkeit bis zum Zustandekommen des vermittelten Geschäfts. Bei Unterrichtsverträgen und Ehemäklerdienstverträgen gewinnt zudem das Kündigungsrecht gemäß § 627 BGB besondere Bedeutung (s § 9 Rz 24, 29).

IV. Höchstgrenze für Klauseln über stillschweigende Vertragsverlängerung, § 11 Nr 12 b

19 **1. Höchstgrenze nach § 11 Nr 12 b**

Klauseln, welche vorsehen, daß das Vertragsverhältnis sich stillschweigend um eine weitere Zeitspanne verlängert, sofern der Kunde nicht kündigt, sind gemäß Nr 12 b unwirksam, wenn diese Verlängerung mehr als ein Jahr beträgt. Dieses Klauselverbot gilt nicht nur bei formularmäßig festgesetzter, sondern auch bei individuell vereinbarter Erstlaufzeit (COESTER-WALTJEN Rz 18; LÖWE Rz 9). Auch erfaßt Nr 12 b nicht nur die unmittelbar der Primärlaufzeit folgende Verlängerungsperiode, sondern jede weitere vorgesehene stillschweigende Vertragsverlängerung (DIETLEIN Rz 4). Die Jahresfrist der Nr 12 b beginnt mit Ablauf der Erstlaufzeit, bzw des vorhergehenden Verlängerungszeitraums. AGB können zwar grundsätzlich auch eine stillschweigende Verlängerung auf *unbestimmte* Zeit vorsehen. In diesem Fall muß aber für die Kunden die Möglichkeit der ordentlichen Kündigung spätestens zum Ablauf des ersten, bzw jedes weiteren Verlängerungsjahres gewährleistet sein (KOCH-STÜBING Rz 14). Nr 12 b gilt grundsätzlich nur für Klauseln, welche eine **stillschweigende** Vertragsverlängerung vorsehen. Die Vorschrift ist somit nicht unmittelbar anwendbar auf Klauseln, welche dem Verwender eine einseitige Verlängerungsmöglichkeit durch ausdrückliche Erklärung gewähren (LEONARDY DRiZ 1976, 111). Da durch eine derartige Klausel der Kunde im Ergebnis in gleicher Weise gebunden wird, ist die Höchstgrenzenregelung der Nr 12 b aber auf solche AGB-Gestaltungen entsprechend anzuwenden (ähnlich HENSEN Rz 11).

Verlängerungsklauseln fallen, soweit sie für die stillschweigende Vertragsverlängerung auf das Nichterklären der Kündigung durch den Kunden abstellen, nicht etwa zusätzlich unter § 10 Nr 5 (aM KÖTZ Rz 134). Der Sache nach ist ein Vertragsverhältnis auf unbestimmte Dauer abgeschlossen, das periodisch ordentlich gekündigt werden kann (s § 10 Nr 5 Rz 3).

20 **2. Klauselverbot trotz Einhaltung der Verlängerungshöchstfrist des § 11 Nr 12 b**

Auch für die Fristenregelung der Nr 12 b gilt, daß die Jahresfrist nur die äußerste Grenze für stillschweigende Verlängerungsregelungen ist. Sie ist somit zusätzlich auch an § 9 zu messen (HENSEN Rz 11; KOCH-STÜBING Rz 14; KÖTZ Rz 134). So ist auch bereits eine einjährige stillschweigende Verlängerung dann eine unangemessene Benachteiligung des Kunden, wenn bereits die Erstlaufzeit im Hinblick auf die

Eigenart des Vertragsverhältnisses unter einem Jahr zu liegen hat (s oben Rz 18). Bei Zeitschriften- und Zeitungsabonnements, Ehemäklerverträgen, manchmal auch bei Unterrichtsverträgen dürfte in vielen Fällen gemäß § 9 nur eine kürzere Verlängerungsperiode zulässig sein.

V. Höchstgrenze für Kündigungsfrist § 11 Nr 12 c

1. Höchstgrenze nach § 11 Nr 12 c 21

In den AGB darf für den Kunden keine längere Kündigungsfrist als drei Monate festgesetzt werden. Dies gilt für Kündigungen sowohl zum Ende der ersten als auch zum Ende der jeweils stillschweigend verlängerten Laufzeit. Die Beschränkung der Kündigungsfrist greift zudem auch dann ein, wenn ein auf unbestimmte Zeit abgeschlossener Vertrag beendet werden soll (Kötz Rz 135) oder die Laufzeit des zu kündigenden Vertrages nicht formularmäßig, sondern durch Individualabrede festgelegt worden ist (Coester-Waltjen Rz 20; aM Dietlein Rz 5). Auch in diesem Falle bedarf der Kunde des Schutzes vor einer übermäßigen Bindung durch überlange Kündigungsfristen. Unter entsprechender Anwendung von § 565 Abs 1 Nr 3 BGB) genügt zur Einhaltung der festgesetzten Drei-Monatsfrist eine Kündigung am 3. Werktag eines Monats zum Ablauf des übernächsten Monats (Palandt-Heinrichs Anm 12 b cc; Hensen Rz 12; differenzierend Löwe Rz 10). Sind für die Kündigung in den AGB besondere Formerfordernisse vorgesehen, so ist § 11 Nr 16 zu beachten.

2. Klauselverbot trotz Einhaltung der 3-monatigen Kündigungsfristgrenze des § 11 Nr 12 c 22

Ist eine 3-monatige bzw geringere Kündigungsfrist festgelegt, so ist auch diese noch an § 9 zu messen. Ein Verstoß gegen § 9 trotz Einhaltung der 3-Monatsfrist wird allerdings nur ausnahmsweise vorliegen. Er ist aber vorstellbar, wenn für das Vertragsverhältnis einerseits eine kurze Vertragsdauer festgesetzt ist, andererseits aber die vorgeschriebene Kündigungsfrist dazu führt, daß der Kunde bereits bei oder kurz nach Vertragsschluß kündigen muß, um eine stillschweigende Vertragsverlängerung zu vermeiden (Coester-Waltjen Rz 20; Kötz Rz 135; OLG Frankfurt MDR 1976, 244). Ebenso ist wiederum das außerordentliche Kündigungsrecht gemäß §§ 627, 628 BGB zu beachten, dessen völliger Ausschluß uU gegen § 9 Abs 2 Nr 1 verstößt (s § 9 Rz 24, 29). Das zwingende Widerrufsrecht gemäß §§ 1 b, 1 c AbzG und § 4 FernUSG besteht ebenso wie das zwingende Recht zur außerordentlichen Kündigung aus wichtigem Grund unabhängig von der Regelung der Nr 12 c fort.

VI. Rechtsfolgen einer Überschreitung der Höchstfristen 23

Über die Rechtsfolgen eines Verstoßes von Laufzeit- und Kündigungsfristregelung in AGB-Klauseln gegen § 11 Nr 12 oder auch § 9 besteht Streit.

Nach einer in der Lit vertretenen Ansicht ist nur eine Teilunwirksamkeit der jeweiligen, gegen die Höchstfristen verstoßenden Klauseln anzunehmen. Setzt die Klausel längere Laufzeiten, Verlängerungszeiten oder Kündigungsfristen fest, als nach Nr 12 oder § 9 zulässig sind, so ist die Klausel danach nur insoweit unwirksam, als die gesetzlich zulässigen Höchstfristen überschritten werden. Im übrigen soll die Klausel mit den in Nr 12 genannten oder gemäß § 9 zulässigen Fristen aufrechtzuerhalten sein (vor allem Kötz Rz 136 u NJW 1979, 789). Diese Ansicht beruft sich insbes auf die Rspr des BGH zum Bierlieferungsvertrag (s oben Rz 3) und zur Frist des § 1822 Nr 5 BGB (BGH NJW 1972, 734). Diese Ansicht ist im Zusammenhang mit § 11 Nr 12 genauso wie ganz allgemein die These der möglichen Teilunwirksamkeit überzogener AGB-Klauseln (s § 6 Rz 15 ff) abzulehnen. Ist bei einem auf Dienstleistung gerichteten Dauerschuldverhältnis die Laufzeitregelung unwirksam, so regelt das Gesetz die Bindungsdauer in §§ 620 Abs 2, 621 BGB, soweit sich die Dauer des Vertragsverhältnisses nicht aus der Beschaffenheit und dem Zweck der zu erbringenden Dienste entnehmen läßt (zur Anwendung des § 621 Nr 3 bei Nachhilfeunterrichtsverträgen vgl OLG Frankfurt MDR 1976, 244). Beim Direktunterricht kommt zudem eine analoge Anwendung des § 5 FernUSG oder auch von § 5 Abs 2 Ziff 2 BerufsbildungsG in Betracht (OLG Hamburg MDR 1971, 216; Dörner NJW 1979, 245). Auch bei Werkleistungsverträgen kann eine entspr Anwendung der §§ 620 Abs 2, 621 BGB geboten sein, soweit eine nach Zeitabschnitten berechnete Vergütung gezahlt wird. Für als Dauerschuldverhältnisse ausgestaltete Werkleistungsverträge ohne regelmäßige Vergütungszahlung und bei Warenlieferungsverträgen enthält das Gesetz keine besonderen Laufzeitbestimmungen. In diesem Zusammenhang bedarf es einer ergänzenden Vertragsauslegung.

24 **VII. Kaufleute**

Die starre Fristenregelung des § 11 Nr 12 gilt nicht für Kaufleute. Diese Regelung ist spezifisch auf den Schutz des Endverbrauchers bezogen, der vor einer „Überrumpelung" bewahrt werden soll. Sie wird den Erfordernissen des Handelsverkehrs nicht gerecht (allgM). Klauseln über Vertragsdauer und Kündigungsfristen sind aber auch im Handelsverkehr an § 9 Abs 1 zu messen. Die Grenzen für das Ausmaß der zulässigen Bindung ergeben sich hierbei theoretisch nicht nur aus den von der Rspr zu § 138 BGB unter dem Gesichtspunkt der sittenwidrigen Knebelung entwickelten Grundsätzen (s oben Rz 3). Die Grenzen des § 9 Abs 1 sind vielmehr an sich enger als diejenigen von § 138 BGB (s § 9 Rz 10). In der Praxis laufen die beiden Bewertungsmaßstäbe jedoch zunehmend ineinander, so daß diese Rechtsprechung auch für die Auslegung von § 9 heranzuziehen ist.

§ 11 Nr 13
Wechsel des Vertragspartners

In Allgemeinen Geschäftsbedingungen ist unwirksam . . .

eine Bestimmung, wonach bei Kauf-, Dienst- oder Werkverträgen ein Dritter an Stelle des Verwenders in die sich aus dem Vertrag ergebenden Rechte und Pflichten eintritt oder eintreten kann, es sei denn, in der Bestimmung wird

a) der Dritte namentlich bezeichnet, oder

b) dem andern Vertragsteil das Recht eingeräumt, sich vom Vertrag zu lösen.

1. Teilber 85; RefE 19; RegE 38 – Einl 6 ff.

I. Allgemeines

1 **1. Regelungsanliegen**

a) § 11 Nr 13 befaßt sich mit einem besonders heimtückischen Fall einer „überraschenden Klausel" und will daher Einzelauseinandersetzungen über ihren überraschenden Charakter von vornherein den Boden entziehen. Die Bestimmung will vermeiden, daß sich der Kunde infolge einer formularmäßigen Klausel nachträglich einem Vertragspartner gegenübergestellt sieht, über dessen wirtschaftliche Leistungsfähigkeit und persönliche Zuverlässigkeit er sich vor der Entscheidung zum Vertragsabschluß nicht informieren konnte oder mit dem er, zum Beispiel wegen schlechter früherer Erfahrungen, den Vertrag bei entsprechender Kenntnis nicht abgeschlossen hätte (RegE BT-Drucks 7/3919, 38). Zum Klauselverbot der Nr 13 sah sich der Gesetzgeber insbesondere durch eine um sich greifende, bedenkliche Praxis in Verträgen über Zeitschriftenabonnements, Buchreihen und Fernkurse veranlaßt. Der Vertragsabschluß mit dem Kunden geschah dort häufig durch bloße Vertriebsgesellschaften, die erst aufgrund einer Übernahmeklausel in den Verträgen mit den Beziehern nach entsprechender Entgeltzahlung die eigentlichen Lieferfirmen in den Vertrag eintreten ließen.

b) Die Rspr aus der Zeit vor Erlaß des AGB-Gesetzes hat sich des Problems kaum 2
angenommen. In einem Fall hat sie immerhin die Bestimmung eines Formularvertrages, welche die Übertragung aller vertraglichen Rechte und Pflichten des Verwenders auf einen Dritten vorsah, als „überraschende Klausel" für unwirksam erachtet (OLG Zweibrücken BB 1975, 1220 – für auf Hausfassadenverkleidung gerichteten Werkvertrag). Zur generellen Problematik der Vertragsübernahme s Einl 27 ff zu § 398 BGB in der Voraufl.

2. Anwendungsbereich 3

a) In einem Teil der Lit wird § 11 Nr 13 als leerlaufende Bestimmung mit bloßer Klarstellungsfunktion angesehen, da Klauseln mit einem dem Verbot der Nr 13 unterfallenden Inhalt bereits gemäß **§§ 3 und 4 AGBG** nicht Vertragsinhalt würden (Koch-Stübing Rz 4; Löwe Rz 4; CDU-Entwurf BT-Drucks 7/3200, 15; aM Dietlein Rz 1). Dem ist nur in eingeschränktem Umfang zu folgen. Eine „Überschneidung" eines Verbotes des Klauselkataloges mit § 3 ist nichts Ungewöhnliches (§ 3 Rz 2). Der Verbotstatbestand aus dem Katalog der §§ 10, 11 erlangt auch dann eine über § 3 hinausgehende, eigenständige Bedeutung: Jede den Verbotstatbestand der Nr 13 erfüllende Klausel ist unwirksam. Einer Überprüfung, ob der Kunde im Einzelfall durch sie überrascht worden ist, bedarf es nicht. Richtig ist, daß die Bestimmung der Vertragspartner Gegenstand der **Individualvereinbarungen** ist und eine Klausel, welche die Auswechslung des Vertragspartners vorsieht, dieser individualvertraglichen Abrede und damit auch dem § 4 widerspricht. Sind in Fällen, wo eine Klausel unabhängig von der Kenntnis des konkreten Inhalts einer Individualvereinbarung bewertbar ist, im allgemeinen § 4 und die Vorschriften über die Inhaltskontrolle kumulativ anwendbar (s § 4 Rz 2; für Vorrang von § 4: Trinkner § 4 Rz 12; für generellen Vorrang von § 11: Ulmer § 4 Rz 2), so zeigt § 11 Nr 13 deutlich, daß das Phänomen formularmäßiger Vertragsübernahmeklauseln abschließend geregelt werden sollte. Neben dem § 4 bliebe für die Vorschrift abgesehen vom Verfahren nach § 13 sonst kein Anwendungsbereich. Ist die Auswechslung des die Sachleistung erbringenden Vertragspartners bei Dauerschuldverhältnissen vorgesehen, so liegt im übrigen schon tatbestandlich keine Abweichung von individuell Vereinbartem vor.

b) Neben § 11 Nr 13 kann zusätzlich das Klauselverbot des § 10 Nr 4 dann 4
eingreifen, wenn die Auswechslung des Vertragspartners zugleich zu einer Änderung des vertraglichen Leistungsgegenstandes führt (Stein § 11 Anm 115; Coester-Waltjen § 10 Nr 4 Rz 12; vgl ähnlich BGH MDR 1976, 834; OLG München BB 1973, 637). In diesem Falle läßt sich eine Unwirksamkeit auch einer Klausel nicht vermeiden, die den Anforderungen von § 11 Nr 13 entspricht.

c) Nicht in Konkurrenz zu § 11 Nr 13 tritt das Klauselverbot des **§ 10 Nr 5.** Zwar 5
enthält die Vereinbarung der Zulässigkeit eines späteren Vertragspartnerwechsels

auf der Verwenderseite zugleich die Zustimmung des Kunden hierzu. Bei dieser Zustimmung handelt es sich aber nicht um eine Fiktion iS des § 10 Nr 5. Diese Bestimmung gilt nicht für Erklärungen des Kunden, welche bereits bei Vertragsabschluß abgegeben werden (Coester-Waltjen Rz 11 und § 10 Nr 5 Rz 11, 23).

6 **d)** Keine Überschneidung ergibt sich im Verhältnis von § 11 Nr 13 zu **§ 11 Nr 10 a.** In letzterem Fall kommt es nicht zu einem Vertragspartnerwechsel oder auch nur zu einer Übertragung vertraglicher Pflichten auf der Verwenderseite. Der Verwender schließt vielmehr seine Gewährleistungspflichten aus und verweist auf Gewährleistungsansprüche, welche gegenüber einem Dritten aus einem weiteren Vertragsverhältnis bestehen (im Ergebnis ebenso Löwe Rz 8).

7 **e)** Besonders zu beachten ist die Bereichsausnahme des **§ 23 Abs 1** für Arbeitsverträge und die Ausnahme für Verträge mit Elektrizitäts- und Gasversorgungsunternehmen iS des § 23 Abs 2 S 2.

II. Regelungsinhalt im einzelnen

8 1. Der Verbotstatbestand

a) § 11 Nr 13 richtet sich nur gegen die **formularmäßige** Festsetzung einer Vertragsübernahme (-möglichkeit) auf der **Verwenderseite.** Individualvertraglich kann eine Vertrags- und auch Schuldübernahme bei und noch nach Vertragsabschluß vereinbart werden. § 11 Nr 13 richtet sich daher nicht gegen die in § 4 Nr 8 Abs 1 S 2 VOB/B dem Verwender eingeräumte Möglichkeit, nachträglich mit ausdrücklicher schriftlicher Zustimmung des Kunden die Werkleistung einem „Nachunternehmer" zu übertragen. Es handelt sich nur um einen Rahmenvertrag, der noch der Ausfüllung durch eine Individualvereinbarung bedarf.

9 **b)** § 11 Nr 13 umfaßt nur **Kauf-, Dienst- und Werkverträge.** Zu letzteren sind auch Werklieferungsverträge (§ 651 BGB) zu rechnen (allgM). **Leasing-Verträge** (Finanzierungsleasing) besitzen nach hM überwiegend mietvertraglichen Charakter (s Vorbem 45 ff zu §§ 535, 536 BGB) und unterfallen daher nicht dem § 11 Nr 13. Anderes gilt, wenn im speziellen Fall die kaufvertragliche Komponente überwiegt (ebenso Coester-Waltjen Rz 7; Dittmann-Stahl § 11 Rz 560). Nicht von Nr 13 erfaßte Verträge sind an den §§ 3, 4 und 9 zu messen.

Kann ein Vermieter seiner Instandhaltungspflicht nach § 536 BGB nur durch sehr intensive Wartungsleistungen nachkommen, so daß diese der Besitzüberlassung gleichwertig werden, dann ist § 11 Nr 13 entsprechend anzuwenden.

10 **c)** Ein Teil der Lit läßt das Verbot des § 11 Nr 13 nur im Falle der **„Vertragsübernahme"** eingreifen, dh wenn die Übertragung der **gesamten** Vertragsposition des Verwenders mit allen Rechten und Pflichten vorgesehen ist und dieser vollständig aus dem Vertrag als Partner entlassen werden soll (Coester-Waltjen Rz 5, 6; Löwe Rz 5; mit Einschränkung auch Dietlein Rz 1). Man beruft sich hierbei auf Wortlaut („Rechte **und** Pflichten") und Entstehungsgeschichte der Vorschrift und kann auch auf deren Überschrift („Wechsel des Vertragspartners") hinweisen. Eine derartige generelle Beschränkung des Anwendungsbereichs der Vorschrift auf die Vertragsübernahme berücksichtigt aber zu wenig ihren Schutzzweck. Der Kunde soll vor der Gefahr bewahrt werden, aufgrund einer AGB-Klausel eine dritte Person als Schuldner zu erhalten, über deren Erfüllungsbereitschaft und -fähigkeit er sich vorab nicht unterrichten konnte. Dieser Gefahr ist er auch dann ausgesetzt, wenn nicht der Vertrag in seiner Gesamtheit von einem Dritten übernommen wird, sondern der Verwender nur seine vertraglichen Pflichten auf einen Dritten überträgt, die vertrag-

lichen Rechte aber bei ihm verbleiben. § 11 Nr 13 ist daher auch auf den Fall der **befreienden Schuldübernahme** auf der Verwenderseite anzuwenden (HENSEN Rz 5; KOCH-STÜBING Rz 7; PALANDT-HEINRICHS Anm 14 a; STEIN § 11 Anm 115; DITTMANN-STAHL § 11 Rz 560). Wie bei der Vertragsübernahme besitzt der Kunde durch die von den §§ 414, 415 Abs 1 BGB geforderten Mitwirkungspflichten eine geschützte Rechtsposition, welche durch AGB-Klauseln nicht ohne weiteres beeinträchtigt werden darf. Nicht anwendbar ist § 11 Nr 13 allerdings auf die **Erfüllungsübernahme** (§§ 329, 415 Abs 3 BGB) oder den **Schuldbeitritt,** denn in beiden Fällen wird der Verwender gegenüber dem Kunden nicht als Schuldner ausgewechselt.

Vom Fall der befreienden Schuldübernahme ist der Fall zu unterscheiden, daß sich 11
der Verwender eines Dritten als **Erfüllungsgehilfen** (§ 278 BGB) bedient, selbst aber zur Vertragserfüllung verpflichtet bleibt und der Dritte sich dementsprechend ihm gegenüber verantworten muß. Eine Klausel, die dieses vorsieht, verstößt nicht gegen § 11 Nr 13. § 4 Nr 8 Abs 1 S 3 VOB/B dürfte in dem Sinne auszulegen sein, daß der Dritte jeweils nur als Erfüllungsgehilfe eingeschaltet werden soll (KÖTZ Rz 140). Das gleiche dürfte nach der Auslegungsregel des § 5 meist für sonstige Klauseln gelten, welche die Einschaltung eines Sub- oder Ersatzunternehmers vorsehen (im Ergebnis ebenso DITTMANN-STAHL Rz 563; DIETLEIN Rz 1). Zu § 9 der AGB der Banken s § 9 Rz 13.

Im Gegensatz zur befreienden Schuldübernahme wird eine **Forderungsabtretung** 12
durch den Verwender von dem Verbot des § 11 Nr 13 nicht erfaßt. Sieht eine Klausel allerdings eine Forderungsabtretung unter Beschneidung der Einwendungsmöglichkeit des Kunden (§ 404 BGB) oder sonstiger ihm zustehender Rechte (§§ 406 ff BGB) vor, so kann sie wegen Verstoßes gegen § 9 Abs 2 Nr 1 oder spezieller Bestimmungen aus dem Klauselverbotskatalog (zB § 11 Nr 2 und 3) unwirksam sein (LÖWE Rz 2; KOCH-STÜBING Rz 5). Dies gilt auch dann, wenn eine Klausel sich gegen ein gesetzliches Abtretungsverbot (§§ 399, 400 BGB) oder eine sonstige gesetzliche Wertung (vgl zB § 613 BGB) richtet. Zum Abtretungsverbot aufgrund von AGB s § 9 Rz 46.

d) § 11 Nr 13 bezieht sich sowohl auf Klauseln, welche bereits selbst den Eintritt 13
Dritter festsetzen, als auch auf solche, welche nur eine Eintrittsmöglichkeit vorsehen. Von seiner Zwecksetzung her muß die Vorschrift zudem Klauseln umfassen, welche ein vorweggenommenes Einverständnis des Kunden zu einem Vertragspartnerwechsel enthalten oder fingieren (KOCH-STÜBING Rz 6; LÖWE Rz 5). Auch **Vertragsabschlußklauseln,** welche den Verwender als Angebotsempfänger berechtigen, das bindende Vertragsangebot des Kunden an einen Dritten weiterzuleiten, werden von § 11 Nr 13 erfaßt. In diesem Fall hat der an sein Angebot gebundene (§ 145 BGB) Kunde ebenso ein Interesse daran, Gewißheit über den Vertragspartner zu erhalten, wie nach Abschluß des Vertrages selbst (KOCH-STÜBING Rz 8). Ein gesetzlich bestimmter Vertragspartner- oder Schuldnerwechsel fällt hingegen nicht unter § 11 Nr 13 (PALANDT-HEINRICHS Anm 13 a; LÖWE Rz 5).

e) Problematisch ist die Anwendbarkeit des § 11 Nr 13 auf sog „Rechtsnachfolge- 14
klauseln". Diese sehen für den Fall einer Unternehmensnachfolge auf Seiten des Verwenders zugleich den Übergang sämtlicher vertraglicher Rechte und Pflichten auf den Rechtsnachfolger vor (BGH MDR 1976, 834; OLG München BB 1973, 637, oben Rz 4 und unten Rz 17). Ändert sich auf Seiten des Verwenders allein die Rechtsform (zB durch Umwandlung), bleibt aber im übrigen die personelle und wirtschaftlich-betriebliche Identität erhalten, so kann von dem Eintritt eines dem Kunden fremden Dritten nicht gesprochen werden (im Ergebnis ähnlich LÖWE Rz 5; STEIN § 11 Rz 115; HENSEN Rz 7; PALANDT-HEINRICHS Anm 13 a). Insofern ist eine teleologische Reduktion der Vorschrift am Platze. In sonstigen Fällen des Über-

gangs des Unternehmens oder eines einzelnen Betriebs des Verwenders auf einen anderen Rechtsträger könnte man versucht sein, darauf abstellen zu wollen, inwiefern sich zugleich diejenigen tatsächlichen Verhältnisse wandeln, auf welche ein sorgfältiger Kunde bei Vertragsabschluß abzustellen pflegt, wie zB die persönliche und wirtschaftliche Leistungsfähigkeit, die zur Verfügung stehende Haftungsmasse, das Warenangebot usw. Jedoch lassen sich in diesem Bereich griffige Sondertatbestände, die einer teleologischen Reduktion zugeführt werden könnten, nicht bilden. § 11 Nr 13 ist auch in solchen Fällen anwendbar (aM Kötz Rz 140 – unanwendbar). Zusätzlich ist gerade in diesen Fällen jeweils besonders § 10 Nr 4 zu beachten, da der Rechtsübergang häufig zu einer Änderung des Leistungsgegenstandes führen kann (so OLG München aaO und BGH aaO nach bisherigem Recht mit der Folge einer Kündigungsmöglichkeit).

15 **2. Wirksame Eintrittsklauseln**

a) Das Verbot des § 11 Nr 13 greift nicht ein, wenn der Dritte, der anstelle des Verwenders treten soll, in den AGB **namentlich bezeichnet** wird. Der Dritte muß nach dem Gesetz in derselben Klausel bezeichnet werden, welche die Auswechslung des Verwenders vorsieht. Das bedeutet, Auswechslungsvorbehalt und Bezeichnung des Dritten müssen in einer für den Kunden sofort erkennbaren Weise räumlich und sachlich einander zugeordnet sein (Dietlein Rz 2; Koch-Stübing Rz 10). Die Angaben über den Dritten müssen so umfassend sein, daß er vom Kunden zweifelsfrei identifiziert werden kann und dem Kunden dessen nähere Überprüfung ermöglicht wird. In der Regel ist daher auch die Anschrift des Dritten anzugeben (Hensen Rz 7; Stein Rz 116; Dittmann-Stahl Rz 561), es sei denn, sie läßt sich infolge seines Bekanntheitsgrades ohne Schwierigkeit ermitteln.

16 **b)** Auch ohne namentliche Benennung des Dritten bleibt der Vertrags- bzw Schuldübernahmevorbehalt dann wirksam, wenn dem Kunden in unmittelbarem Zusammenhang hiermit (vgl entsprechend Rz 15) das Recht eingeräumt wird, **sich vom Vertrag zu lösen** (Kündigung, Rücktritt oder sonstiges einseitiges Recht zur Vertragsaufhebung). Nach dem Wortlaut des § 11 Nr 13 ist das Lösungsrecht des Kunden auch bereits dann vorzusehen, wenn die AGB nur die Möglichkeit des Eintritts eines Dritten festlegen. Strittig ist, wann dem Kunden in diesem Fall durch die Klausel die **Ausübung** des Lösungsrechtes ermöglicht werden muß. Die überwiegende Ansicht beruft sich zu Recht auf die Begründung des RegE, welche auf ein Lösungsrecht des Kunden „für den Fall des Wechsels" (BT-Drucks 7/3919, 38) abstellt, und läßt es daher ausreichen, wenn dem Kunden das Lösungsrecht nur für den Fall gegeben wird, daß der Verwender als Vertragspartner bzw Schuldner tatsächlich ausgewechselt wird. Erst ab diesem Zeitpunkt läuft der Kunde Gefahr, an einen unbekannten Vertragspartner gebunden zu werden und den Verwender als Vertragspartner zu verlieren (Coester-Waltjen Rz 10; Koch-Stübing Rz 12; Kötz Rz 141; Dittmann-Stahl Rz 562; wohl auch Löwe Rz 7). Demgegenüber weist Hensen (Rz 9) an sich richtig darauf hin, daß bereits die einseitige Möglichkeit des Verwenders, jederzeit einen unbekannten Dritten statt seiner eintreten zu lassen, für den Kunden einen Unsicherheitsfaktor mit sich bringt. Jedoch ist dieser in der Praxis gering, wenn dem Kunden das Lösungsrecht für den Fall der Vertragsüberleitung auf den Dritten verbleibt. Der Verwender darf ohnehin von seiner Befugnis nur nach billigem Ermessen Gebrauch machen (§ 315 Abs 1 BGB). Daß Nr 13 in dieser Weise eingeschränkt interpretiert werden muß, folgt auch daraus, daß andernfalls mangels Kündigungsfrist jederzeit fristlos gekündigt werden kann, was sicherlich kein „Äquivalent" dazu darstellt, daß der Verwender jederzeit seine Pflichten auf andere übertragen kann.

Das Lösungsrecht des Kunden darf nicht durch hiermit verknüpfte besondere Voraussetzungen oder Nachteile erschwert werden. Andererseits sind ebenso solche Klauseln unzulässig, welche bei Stillschweigen des Kunden auf die Anzeige des Partnerwechsels dessen Auflösungserklärung fingieren (Coester-Waltjen Rz 10 und § 10 Nr 5).

III. Kaufleute 17

Eine Vertrags- bzw Schuldübernahmeklausel ist auch gegenüber Kaufleuten nicht primär an den §§ 3 und 4 zu messen (aM Graf von Westphalen Rz 9). Entspricht eine Klausel den Anforderungen der Nr 13, so ist sie nach der Sonderwertung des Gesetzes (Rz 3) auch gegenüber Kaufleuten wirksam. Darüber hinaus zeigt die Nr 13, daß das Phänomen der Vertragsübernahme als Problem der Inhaltskontrolle zu betrachten und nicht im kaufmännischen Verkehr wieder auf §§ 3, 4 zurückzukommen ist.

Das generelle Verbot des § 11 Nr 13 einschließlich seiner Ausnahmebestimmungen gilt über § 9 AGBG gegenüber Kaufleuten nicht in jedem Falle (Schmidt-Salzer F 14, S 170; Hensen Rz 10; für „regelmäßige Unwirksamkeit" Graf von Westphalen Rz 10; ähnlich Koch-Stübing Rz 14; Stein Rz 117; Anwendbarkeit gänzlich ablehnend: Dittmann-Stahl Rz 565). Zwar sind gerade auch für den Kaufmann Auswahl und Bindung eines bestimmten Vertragspartners von ausschlaggebender Bedeutung. Er wird sich in der Regel noch mehr als der Verbraucher vor Abschluß des Vertrages ein Bild über Zuverlässigkeit, Leistungsfähigkeit, Bonität des Verwenders und über dessen Stellung unter den Konkurrenzanbietern machen. Eine Ersetzung des Vertragspartners durch einen unbekannten Dritten kann daher seine Interessen in erheblichem Maße beeinträchtigen. Dies alles ist bei der Überprüfung der Angemessenheit gemäß § 9 sehr wohl zu berücksichtigen. Zusätzlich ist aber jeweils genau zu untersuchen, ob nicht im Einzelfall die Person des Vertragspartners für den kaufmännischen Kunden ohne ausschlaggebende Bedeutung ist. Werden die Interessen des Kaufmanns durch den mit einer Klausel ermöglichten Vertragspartnerwechsel nicht beeinträchtigt (Schmidt-Salzer F 14, S 170 für den Fall des Vertragsüberganges innerhalb eines Konzerns), so verfällt die Übernahmeklausel nicht der Unwirksamkeit. Für Kaufleute ist auch die starre Ausnahmeregelung von § 11 Nr 13 a und b nicht geeignet. Bei einer Interessenabwägung unter Berücksichtigung der gesamten Vertragsgestaltung kann auch ein Vertragspartnerwechsel ohne Bezeichnung des Dritten oder ohne Lösungsrecht noch angemessen sein. So kann eine Klausel etwa auch dadurch tragbar werden, daß die möglichen Übernehmer eingegrenzt werden (auf ein fachkundiges und leistungsfähiges Unternehmen etwa). Bei der Abwägung ist nach § 9 Abs 2 S 2 zu beachten, ob sich der Partnerwechsel nicht gerade auch auf Vertragszweck und -gegenstand auswirkt. Die Rspr (BGH MDR 1976, 834; OLG München BB 1973, 637) hat bei – regelmäßig zwischen Kaufleuten abgeschlossenen – Bierlieferungsverträgen eine Rechtsnachfolgeklausel (dazu Rz 14) als solche nicht beanstandet, dem belieferten Gastwirt aber dann ein Kündigungsrecht eingeräumt, wenn der Vertragspartnerwechsel die Vertragsdurchführung selbst, insbesondere durch Rückwirkung auf den Lieferungsgegenstand inhaltlich verändert.

§ 11 Nr 14
Haftung des Abschlußvertreters

In Allgemeinen Geschäftsbedingungen ist unwirksam ...

eine Bestimmung, durch die der Verwender einem Vertreter, der den Vertrag für den anderen Vertragsteil abschließt,

a) ohne hierauf gerichtete ausdrückliche und gesonderte Erklärung eine eigene Haftung oder Einstandspflicht oder

b) im Falle vollmachtsloser Vertreter eine über § 179 des Bürgerlichen Gesetzbuchs hinausgehende Haftung

auferlegt.

1. Teilber 85; RefE 19; RegE 38 – Einl 6 ff.

I. Allgemeines

1 **1. Das Regelungsanliegen**

a) Die Vorschrift will den Vertreter des Vertragspartners des Verwenders davor schützen, daß er durch eine innerhalb der übrigen vertraglichen AGB-Klausel versteckte AGB-Bestimmung entgegen der Grundregel des § 164 Abs 1 BGB in das Vertragsverhältnis zwischen Vertretenem und Verwender als Haftender einbezogen wird – Nr 14 a – oder als vollmachtloser Vertreter einer über § 179 BGB hinausgehenden Haftung unterworfen wird – Nr 14 b – (RegE BT-Drucks 7/3919, 38).

2 **b)** Der Gesetzgeber knüpft mit dieser Bestimmung ausdrücklich (RegE aaO) an die **frühere Rspr** an. Diese versagte Klauseln, welche eine eigene Einstandspflicht des Vertreters neben dem Vertragspartner des Verwenders vorsahen, regelmäßig die Wirksamkeit. Die Unwirksamkeit wurde hierbei teils mit dem **Überraschungscharakter** der Klausel (OLG Karlsruhe OLGZ 1969, 146; LG Nürnberg/Fürth NJW 1962, 1513; LG Frankfurt Betrieb 1977, 819), teils mit deren Widerspruch gegen die Individualvereinbarung (LG Berlin NJW 1969, 140 Anm Schmidt-Salzer) begründet. Die Rspr hat mit diesen Begründungsansätzen auch Klauseln als unwirksam angesehen, welche den Ehegatten des Käufers oder einen Elternteil des minderjährigen Vertragspartners als sog **„Mitbesteller"** in die vertraglichen Verpflichtungen einbeziehen wollten (LG Nürnberg/Fürth BB 1973, 1603 – Ehegattenhaftung, unter zusätzlicher Berufung auf Unklarheitenregel; LG Bielefeld NJW 1973, 1797 – Elternhaftung). Ebenso verneinte sie die Wirksamkeit von AGB-Regelungen, welche vorsahen, daß ein am konkreten Vertragsabschluß nicht beteiligter Ehegatte als Gesamtschuldner für die Vertragspflichten seines Ehepartners einzustehen hatte (LG Essen NJW 1972, 1813 – Kreditvertrag). Das LG Nürnberg/Fürth (NJW 1962, 1514) sah eine Klausel, in welcher der Vertreter seine rechtsgültige Bevollmächtigung zusicherte und auf die Haftung gemäß § 179 BGB hingewiesen wurde, gemäß § 242 BGB als unwirksam an, soweit sie auf eine Beseitigung des in § 179 Abs 3 S 1 BGB enthaltenen Haftungsausschlusses hinauslief.

3 **2. Anwendungsbereich**

a) Will eine AGB-Klausel dem Abschlußvertreter eine eigene Einstandspflicht oder eine gegenüber § 179 Abs 3 BGB verschärfte Haftung auferlegen, so müssen die diese Klauseln enthaltenden AGB gegenüber der als Vertreter in fremdem Namen handelnden Person überhaupt Geltung erlangen. Da der Vertretene und nicht der

Vertreter Vertragspartei ist (§ 164 Abs 1 BGB), genügt hierfür nicht bereits die Einbeziehung der AGB gemäß **§ 2** in den vom Vertreter für den Vertragspartner abgeschlossenen Vertrag. Sollen AGB-Klauseln auch gegenüber dem Abschlußvertreter Wirkungen entfalten, so muß der Vertreter vielmehr neben dem in fremdem Namen erklärten Einverständnis zur Einbeziehung der AGB in den Vertrag zusätzlich im eigenen Namen sein Einverständnis dazu erklärt haben, daß auch die ihn als Vertreter persönlich treffenden AGB-Klauseln gelten sollen. Eine derartige Einverständniserklärung des Vertreters wird sich – selbst stillschweigend oder konkludent – in vielen Fällen nicht feststellen lassen, denn die Vertragsunterzeichnung „als Vertreter" stellt in der Regel gegenüber dem Verwender klar, daß der Unterzeichnende gerade keine vertraglichen Verpflichtungen im eigenen Namen eingehen will (so bereits zutreffend LG Nürnberg/Fürth NJW 1962, 1513). Nur wenn der Vertreter bei Vertragsabschluß deutlich und in für ihn klar erkennbarer Weise darauf hingewiesen wurde, daß er zusätzliche eigene Einstands- und Haftungspflichten übernimmt, wird man sein im fremden Namen erklärtes Einverständnis zur Geltung der AGB zugleich auch als im eigenen Namen erklärtes Einverständnis zur Geltung der ihn persönlich betreffenden Klauseln ansehen können. In vielen Fällen wird daher die Geltung einer dem Verbot der Nr 14 unterfallenden Klausel bereits an deren mangelnder Einbeziehung gemäß § 2 Abs 1 gegenüber dem Vertreter scheitern (ebenso Koch-Stübing Rz 3; Löwe Rz 1; Palandt-Heinrichs § 11 Anm 14 a; ähnlich Hensen Rz 2; Dietlein Rz 1; aM wohl Stein Rz 118). § 11 Nr 14 behält allerdings auch dann seine Bedeutung für das Verfahren gemäß § 13.

b) Bereits der Gesetzgeber ging davon aus, daß Klauseln mit dem in Nr 14 angesprochenen Inhalt wegen ihrer **überraschenden Wirkung** in der Regel bereits gemäß **§ 3** nicht Vertragsbestandteil werden (RegE aaO), und die Nr 14 somit im wesentlichen nur der Klarstellung und der Prävention (im Verfahren nach § 13) dient. Darüber hinausgehend behält § 11 Nr 14 gegenüber § 3 insoweit eine zusätzliche eigenständige Funktion, als er die Unwirksamkeitsfolge auch anordnet, wenn das von § 3 geforderte subjektive Überraschungsmoment auf seiten des Vertreters nicht vorliegt (zum Verhältnis von § 3 zu §§ 10, 11 im übrigen oben § 3 Rz 2). 4

c) Eine dem Tatbestand der Nr 14 unterfallende Klausel steht im allgemeinen aber nicht im Widerspruch zum **Vorrang der Individualabrede** (§ 4). Zwar soll mit dem Vertreter formularmäßig eine Person in die vertraglichen Pflichten einbezogen werden, die nach der Individualabrede gerade nicht Vertragspartner ist. Weil damit aber die Rechte des primären Vertragspartners des Verwenders nicht tangiert werden, liegt darin noch kein Widerspruch zur Individualvereinbarung (aM Koch-Stübing Rz 4; Löwe Rz 2). 5

d) Mit **§ 10 Nr 5** ergibt sich für § 11 Nr 14 keine Überschneidung, denn § 10 Nr 5 bezieht sich nur auf die Fiktion von Erklärungen, welche nach Vertragsschluß abgegeben werden, nicht aber auf Erklärungen, welche beim Vertragsschluß Inhalt der vertraglichen Vereinbarungen werden (oben § 10 Nr 5 Rz 1). 6

e) Eine tatbestandliche Überschneidung von § 11 Nr 14 mit **§ 11 Nr 15** besteht nicht. Wird dem Vertreter in der AGB-Klausel unmittelbar die Einstandspflicht auferlegt, so greift § 11 Nr 14 a ein (s § 11 Nr 15 Rz 7). Enthält die Klausel hingegen nur eine widerlegliche Vermutung, daß der „Vertreter" selbst für die Erfüllung von Vertragspflichten einstehen wolle, so ist diese Bestimmung an § 11 Nr 15 b zu überprüfen (ebenso Coester-Waltjen Rz 17). 7

§ 11 Nr 14 b ist anzuwenden, wenn die Klausel unmittelbar eine über § 179 BGB hinausgehende Haftung vorschreibt. Zu Klauseln, welche eine Zusicherung des Vertreters, bevollmächtigt zu sein, vorsehen, vgl unten Rz 11.

II. Der Regelungsinhalt im einzelnen

8 1. Vertreter iS der Nr 14

Der von § 11 Nr 14 gemeinte **Vertreter** kann rechtsgeschäftlich bestellter, gesetzlicher oder auch Vertreter ohne Vertretungsmacht (§ 179 BGB) sein. Die Vorschrift bezieht sich aber nur auf die Fälle **echter Stellvertretung,** nicht auf mittelbare Vertreter, Kommissionäre, Treuhänder usw, welche nach außen im eigenen Namen auftreten und nur im Innenverhältnis für eine dritte Person handeln (DIETLEIN Rz 2; KOCH-STÜBING Rz 6). Kein Vertreter iS der Vorschrift ist derjenige, der lediglich **unter fremdem Namen** handelt, um seine Identität zu verbergen, aber sich selbst persönlich binden will.

Der Ehegatte, welcher im Rahmen der Schlüsselgewalt (§ 1357 BGB) Geschäfte zur angemessenen Deckung des Lebensbedarfs tätigt, ist nicht „Vertreter" seines Ehepartners iSv Nr 14, da gemäß § 1357 BGB nF beide Ehegatten berechtigt und verpflichtet werden. Eine Klausel, welche nur diese gesetzliche Lage des § 1357 BGB nF wiedergibt, kann nicht gegen § 11 Nr 14 verstoßen (s § 8 Rz 7 ff). Geht das von einem Ehegatten abgeschlossene Geschäft allerdings über den Rahmen des § 1357 BGB hinaus und soll in diesem Falle der als Vertreter für seinen Ehegatten handelnde Ehepartner einer Einstandspflicht unterworfen werden, so greift wiederum die Verbotsbestimmung des § 11 Nr 14 ein (ähnlich KOCH-STÜBING Rz 9; COESTER-WALTJEN Rz 14).

Grundsätzlich von Nr 14 nicht erfaßt werden solche Personen, die den Vertrag im eigenen Namen **mitunterzeichnen,** also von vornherein als Mitvertragspartner oder auch zB als Mitbürgen auftreten (LÖWE Rz 3; KÖTZ Rz 144). Zu beachten ist aber, daß nicht immer schon die bloße Bezeichnung als **„Mitbesteller"** in AGB zur Unanwendbarkeit des § 11 Nr 14 führen muß. Unterscheiden zB die AGB zwischen „Käufer" als eigentlicher Vertragspartei einerseits und „Mitbesteller" andererseits, so bleibt unklar, ob nun auch der sog „Mitbesteller" selbst Vertragspartei werden sollte. Diese Unklarheit geht zu Lasten des Verwenders (§ 5; nach früherem Recht bereits LG Nürnberg/Fürth BB 1973, 1603 für Fall der Mitunterzeichnung durch Ehefrau als Mitbestellerin). Zeigen die weiteren tatsächlichen Umstände, daß der Vertrag von dem sog „Mitbesteller" als Vertreter für einen Dritten, zB für sein minderjähriges Kind oder seinen Ehegatten abgeschlossen werden sollte, so kann auch durch die bloße Bezeichnung als Mitbesteller das Verbot des § 11 Nr 14 nicht umgangen und der sog Mitbesteller nicht als Gesamtschuldner in die Haftung einbezogen werden (so bereits nach früherem Recht: LG Bielefeld, NJW 1973, 1797; im Ergebnis ebenso COESTER-WALTJEN Rz 11; vgl bereits oben Rz 2). Der Gesetzgeber wollte gerade auch derartige „Mitbestellerklauseln" durch das Verbot der Nr 14 erfassen (RegE aaO 3. Klauselbeispiel).

9 2. Verbot der Eigenhaftung oder Einstandspflicht des Vertreters (§ 11 Nr 14 a)

Die Klausel darf den Vertreter nicht verpflichten, für Verbindlichkeiten aus dem von ihm im fremden Namen abgeschlossenen Vertrag einzustehen. Mit dem juristisch untechnischen Begriff der **„Einstandspflicht"** soll jede Art der Haftung des Vertreters erfaßt werden, also sowohl die gesamtschuldnerische Haftung neben dem Vertretenen aus etwaigem Schuldbeitritt oder kumulativer Schuldmitübernahme, als auch dessen nachrangige Haftung, etwa als Bürge oder Garant (KOCH-STÜBING Rz 10; COESTER-WALTJEN Rz 11; DIETLEIN Rz 3).

Aus § 8 ergibt sich, daß eine Klausel nicht gegen das Verbot der Nr 14 a verstößt, welche nur eine Haftung des Vertreters für die Fälle wiederholt, in denen eine Vertreterhaftung nach allgemeinem Zivilrecht ohnehin anerkannt ist. Dies gilt etwa für die Haftung aus unerlaubter Handlung oder aus cic, wenn der Verwender dem Vertreter besonderes Vertrauen entgegengebracht hat oder wenn dieser an dem abzuschließenden Geschäft ein eigenes wirtschaftliches Interesse hatte (BGHZ 14, 313, 318; 56, 81; im Ergebnis ebenso Kötz Rz 147). Ebenfalls wird eine Klausel, welche eine Delkredere-Haftung (zB des Handelsvertreters gemäß § 86 b HGB) vorsieht, nicht vom Verbot der Nr 14 a betroffen, da die Einstandspflicht des Vertreters in diesem Falle nicht neben die Haftung des Vertretenen tritt, sondern sie *gegenüber* letzterem übernommen wird (so bereits RegE BT-Drucks 7/3919, 38).

3. Verbotsausnahme bei ausdrücklicher und gesonderter Erklärung 10

Das Verbot der Begründung einer Einstandspflicht für den Vertreter gilt nicht, wenn dieser eine hierauf gerichtete **ausdrückliche** und **gesonderte Erklärung** abgibt. Der Vertreter muß somit neben der Vertragserklärung im fremden Namen zusätzlich im eigenen Namen erklären, daß er selbst für die Vertragspflichten einstehen will. Diese Erklärung hat er **ausdrücklich** abzugeben. Sie kann somit nicht stillschweigend oder konkludent erfolgen. Das Erfordernis der Ausdrücklichkeit steht aber einer formularmäßigen Erklärung nicht entgegen (ebenso Coester-Waltjen Rz 13; Koch-Stübing Rz 12; Dietlein Rz 4; aM Löwe Rz 4). Es verlangt abgesehen vom Fall einer Bürgschaftserklärung iSv § 766 BGB grundsätzlich auch keine besondere Erklärungsform (Dietlein Rz 4; Palandt-Heinrichs § 11 Anm 14 a; aM Kötz Rz 146). Wird sie aber schriftlich abgegeben, so ist sie praktisch nur von Wert, wenn der Vertreter sie im eigenen Namen gesondert unterschreibt (RegE BT-Drucks 7/3919, 38; Hensen Rz 4; Dietlein Rz 5; Koch-Stübing Rz 12). Dies ergibt sich daraus, daß die Erklärung nicht nur ausdrücklich, sondern auch **gesondert,** also abgetrennt vom übrigen Vertragstext abgegeben werden muß. Ohne gesonderte Unterschrift wird eine gesonderte Erklärung in einem im übrigen schriftlich abgeschlossenen Vertrag kaum jemals bejaht werden können. Es ist empfehlenswert, die Einstandspflichterklärung in einer besonderen Urkunde niederzulegen. Unerläßlich ist es nicht, da der Gesetzgeber dies, wie er es in anderen Fällen auch getan hat (vgl § 1027 Abs 1 S 1 ZPO), ausdrücklich hätte anordnen müssen (Hensen Rz 5; Koch-Stübing Rz 12; Kötz Rz 146). Wird die gesonderte Verpflichtungserklärung des Vertreters auf derselben Urkunde abgegeben, so muß sie aber klar erkennbar vom Text des Vertrages abgesetzt sein, den der Vertreter im fremden Namen abgeschlossen hat. Die Trennung muß so deutlich sein, daß auch einem geschäftsunerfahrenen Vertreter sofort bewußt wird, daß er eine zusätzliche zweite Verpflichtungserklärung im eigenen Namen abgibt.

Die **Beweislast** dafür, daß der Vertreter eine auf seine eigene Haftung oder Einstandspflicht gerichtete ausdrückliche und gesonderte Erklärung abgegeben hat, trägt der Verwender (ebenso Dietlein Rz 4).

4. Verbot der Haftungsverschärfung für den vollmachtlosen Vertreter (§ 11 Nr 14 b) 11

Die Bestimmung der Nr 14 b verbietet Klauseln, welche für den **vollmachtlosen Vertreter** eine über § 179 BGB hinausgehende Haftung festsetzen. Formularmäßig darf dem Vertreter bei Nichtkenntnis des Mangels seiner Vertretungsmacht somit nur eine Haftung für den Vertrauensschaden bis zur Höchstgrenze des positiven Erfüllungsinteresses auferlegt werden (§ 179 Abs 2 BGB). Zudem darf der Vertreter formularmäßig nicht haftbar gemacht werden, wenn der Verwender den Mangel der Vertretungsmacht kannte oder hätte kennen müssen (§ 179 Abs 3 S 1 BGB) oder der Vertreter als beschränkt Geschäftsfähiger ohne Zustimmung seiner gesetzlichen Vertreter gehandelt hat (§ 179 Abs 3 S 2 BGB). Weder unter § 11 Nr 14 b noch unter § 11 Nr 15 b fällt eine Klausel, in welcher der Vertreter das Vorhandensein einer Vollmacht zusichert (so im Falle des LG Nürnberg/Fürth NJW 1962, 1513), denn hierdurch wird weder der bereits in § 179 Abs 3 S 1 BGB vorgesehene Haftungsausschluß beseitigt (aM Hensen Rz 6), noch die für die Kenntnis oder das Kennenmüssen iS v § 179 Abs 3 S 1 BGB relevante Beweislast verändert (aM Coester-Waltjen Rz 15), sondern nur ein Beweisindiz geschaffen (s § 11 Nr 15 Rz 2) – sowohl für das tatsächliche Bestehen der Vollmacht als auch für den guten Glauben des Verwenders an diese.

12 **5. Analoge Anwendung**

Das Klauselverbot der Nr 14 a ist seinem Schutzzweck entsprechend analog anzuwenden, wenn ein Dritter formularmäßig dadurch in die Vertragspflichten einbezogen wird, daß derjenige, der den Vertrag im eigenen Namen abschließt, zugleich zum Vertreter dieses Dritten erklärt wird, der dann ebenfalls gesamtschuldnerisch haften soll (OLG Frankfurt BB 1976, 1245; Hensen Rz 3; Palandt-Heinrichs § 11 Anm 14 a).

13 **III. Kaufleute**

Die gemäß § 11 Nr 14 verbotenen Klauseln werden typischerweise im Verkehr mit Letztverbrauchern verwendet. Im Geschäftsverkehr zu Kaufleuten sind sie nahezu unbekannt. Sollten auch dort entsprechende Klauseln ausnahmsweise benutzt werden, so sind sie nach allgemeiner Ansicht ebenfalls unwirksam (Koch-Stübing Rz 14; Graf von Westphalen Rz 14; Hensen Rz 7; Palandt-Heinrichs § 11 Anm 14 d; Coester-Waltjen Rz 19). Ihre Unwirksamkeit ergibt sich im Handelsverkehr entweder bereits nach § 3 (s Rz 4) oder aber aus § 9 Abs 2 Nr 1.

§ 11 Nr 15
Beweislast

In Allgemeinen Geschäftsbedingungen ist unwirksam ...

eine Bestimmung durch die der Verwender die Beweislast zum Nachteil des anderen Vertragsteils ändert, insbesondere in dem er

a) diesem die Beweislast für Umstände auferlegt, die im Verantwortungsbereich des Verwenders liegen;

b) den anderen Vertragsteil bestimmte Tatsachen bestätigen läßt.

Buchst b gilt nicht für gesondert unterschriebene Empfangsbekenntnisse.

1. Teilber 87; RefE 6, 39; RegE 38 – Einl 6 ff.

I. Allgemeines

1 **1. Regelungsanliegen und Grundproblematik**

Die Vorschrift lehnt sich an bisherige Rspr an, welche es bisweilen mit anstößigen Beweislastregelungen in AGB zu tun hatte. Es ging vor allen Dingen um die Fälle, die jetzt in Buchst a angesprochen sind, wo also versucht worden war, klare Beweislastregelungen des Gesetzes umzukehren. Sowohl im Verhältnis zu Privaten wie im Verkehr mit Kaufleuten akzeptierte die Rspr solches nicht (BGH NJW 1973, 1192 – Klausel unwirksam, die dem Einlagerer die Beweislast dafür überbürdete, daß das Personal des Lagerhalters am Verschwinden von Waren ein Verschulden treffe; BGHZ 41, 151 = NJW 1964, 1123 – Beweislast des Einlagerers für das Verschulden des Lagerhalters an der Beschädigung des Lagergutes; BGH VersR 1967, 402 – bei Übergabe von Privatgüterwagen an die Bundesbahn darf Beweislast für Schadensverantwortung nicht dem Übergeber auferlegt werden; BGH MDR 1969, 557 – Klausel mit Beweislast zu Ungunsten eines Kunden von Hafenschifffahrtsunternehmungen für Verlust und Beschädigung unwirksam).

Die in Buchstabe b enthaltene Regelung über Tatsachenbestätigungen ist erst im ersten RefE in Verbindung mit den Beweislastregelungen gebracht worden (s BR-Drucks 360/75, 6, 39). Die Unsicherheit des Gesetzgebers, wie sie sich in der Gesetzgebungsgeschichte zu diesem Komplex ausdrückt (dazu näher Stübing NJW 1978, 1607), rührt daher, daß man die rechtliche Bedeutung von Tatsachenerklärungen nicht klar erfaßte. Die Entscheidung des BGH zu einer formularmäßig im Mietvertrag sich findenden Bekundung des Mieters, mit der Übernahme des gemieteten Pkw dessen Fehlerfreiheit anzuerkennen (BB 1967, 118 = VersR 1967, 254), gab den Ausschlag dazu, den beweisrechtlichen Gehalt solcher Klauseln hervorzuheben, obwohl gerade solche Bestimmungen in der endgültigen Fassung des Gesetzes unter § 10 Nr 5 und nicht unter § 11 Nr 15 fallen, s § 10 Nr 5 Rz 1.

Ist der Regelungsgehalt der Norm in den Buchst a und b noch klar faßbar, so ist sehr unklar, welche Fälle sie in ihrer generellen Aussage außerhalb des mit dem Wort „insbesondere" eingeleiteten Teils meint. Unmöglich kann damit jedwede aus der Art der Vorformulierung von Vertragsinhalten entspringende Beweislastkonsequenz für unwirksam erklärt worden sein (s Rz 11 ff).

2. Anwendungsbereich 2

a) Die Norm ist nur anwendbar, wenn der AGB-Inhalt für eine den Vertragspartner des Verwenders treffende Beweislast noch Raum läßt. Alle durch einen Gegenbeweis nicht mehr tangierbaren inhaltlichen Interessenverschiebungen durch AGB haben mit § 11 Nr 15 nichts zu tun. Das gilt vor allen Dingen für Fiktionen, unwiderrufliche Bestätigungen und Vermutungen (Coester-Waltjen Rz 6; aM Brandner Rz 13; Stübing NJW 1978, 1610; Kötz Rz 155). Steht in AGB „der Käufer hat das Kaufobjekt besichtigt und keinerlei Mängel entdeckt; jeder Beweis, daß es dennoch Mängel gehabt haben soll, ist ausgeschlossen", so ist die Wirksamkeit einer solchen Klausel ausschließlich nach §§ 9, 11 Nr 10 zu beurteilen (zu Klauseln, welche eine Erklärung als nach Vertragsabschluß abgegeben unterstellen, s § 10 Nr 5 Rz 1). Die Vorschrift gilt auch nicht für bloße **Beweismittelbeschränkungen** oder die formularmäßige Begründung eines **Anscheinsbeweises** (Coester-Waltjen Rz 12; aM Brandner Rz 8; Stübing NJW 1978, 1610). Derartige Klauseln sind an § 9 zu messen. Sie haben deshalb vor Gericht nur Bestand, wenn ein redlicher Grund dafür vorliegt, die Zulässigkeit eines Anscheinsbeweises festzuschreiben. Liegen solche Gründe vor, dann sind die Folgen für den Vertragspartner des Verwenders weit weniger einschneidend als im Falle einer regelrechten Beweislastregelung. § 11 Nr 15 gestattet daher keinen Schluß auf die generelle Unwirksamkeit von Beweisanscheinsbestimmungen in AGB.

b) Sondervorschriften sind § 10 Nr 5 (s dort Rz 5) und § 10 Nr 6, letztere Vorschrift 3
durch argumentum maiore, s § 10 Nr 6 Rz 2.

4 c) Eine teleologische Reduktion der Norm ist in allen Fällen geboten, in welchen über eine bloße Beweislastverschiebung zu Lasten des Vertragspartners des Verwenders hinausgehend diesem die **Rechte ganz hätten aberkannt werden können,** deretwegen ihm der Beweis ihrer tatsächlichen Entstehungsgrundlagen überbürdet worden ist. Das gilt vor allen Dingen bezüglich der abweichend von §§ 282, 285 BGB vorgenommenen Überbürdung des Beweises der einfachen Fahrlässigkeit des Verwenders und seiner Leute (PALANDT-HEINRICHS Anm 16 b; COESTER-WALTJEN Rz 12; aM KOCH-STÜBING Rz 12; BRANDNER Rz 7) auf dessen Vertragspartner auch im Anwendungsbereich von Buchst a zulässig ist. Das gilt aber auch im Verhältnis zu § 10 Nr 5, 6. Wenn der Zugang einer Erklärung ohne besondere Bedeutung formularmäßig fingiert werden kann, so muß er auch vermutet werden dürfen (s im übrigen § 10 Nr 5 Rz 5). Der von KÖTZ (Rz 152) gegen diese Lehre gebrachte Einwand, im Falle eines Rechtsausschlusses wisse der Kunde, woran er sei, bei Rechtsentwertungen durch Beweislastregelungen könne der Kunde in falschem Vertrauen auf den Vertragsinhalt zum Vertragsschluß bewogen werden, überzeugt nicht. Der Inhalt der AGB wirkt in den seltensten Fällen motivierend für den Vertragsschluß. Im übrigen kann eine Beweislastumkehr immer als überraschende Klausel bewertet werden, vor allen Dingen dann, wenn die Textgestaltung dem Kunden tatsächlich das Vertrauen nahelegt, die ihm gewährten Rechte seien nicht durch Beweislastregelungen entwertet.

II. Der Regelungsgehalt der Norm im einzelnen

5 **1. Überbürdung der Beweislast auf den Vertragspartner für Umstände aus dem Verantwortungsbereich des Verwenders**

Die gesetzliche Formulierung „Verantwortungsbereich" des Verwenders ist im untechnischen Sinne zu verstehen. Nicht etwa ist damit auf die gesetzliche Beweislastregelung abgestellt. Das wäre im Verhältnis zu dem vor Buchst a stehenden Satzteil tautologisch. Der Begriff ist, ohne daß er einer kritischen Würdigung unterzogen worden wäre, der früheren Rspr des BGH (siehe Rz 1) entnommen. Dort ist er aber aus dem Gegensatz zur „Einflußsphäre" des Vertragspartners des Verwenders erwachsen. Gemeint ist mit „Verantwortungsbereich" also der rechtlich gesicherte Herrschaftsbereich über Umstände und ihr Fehlen, die im Zusammenhang mit der Vertragsabwicklung eine Rolle spielen. Buchst a trifft also Fälle der Obhut über Sachen, der ausschließlichen Tätigkeit eines (Rohbau-)Unternehmens auf einer Baustelle, aber auch des Umgangs mit bestimmten Geräten und Materialien. Ob AGB-Bestimmungen insoweit die Beweislast zum Nachteil des Vertragspartners des Verwenders „geändert" haben, läßt sich freilich häufig aus dem Gesetz gar nicht ohne weiteres ablesen. Denn generell läßt sich durchaus nicht sagen, die Verteilung der Beweislast richtet sich nach den beiderseitigen Beherrschungs- und Einflußsphären (so mit Recht LÖWE Rz 10 f). Man muß auf die Regeln zurückgreifen, welche die Rechtsprechung entwickelt hat (insoweit allgM) und mit welchen sie die, die jeweiligen Vertragsbeteiligten beweisrechtlich treffenden Risiken abgegrenzt hat (Einzelheiten siehe in den Erl zu § 282 BGB und zu den einzelnen Vertragstypen des Besonderen Schuldrechts). Da, wo die Rspr nicht fest gefügt, sondern nachhaltig bestritten, uneinheitlich oder gar diffus ist, „ändert" freilich ein AGB-Verwender die Beweislast auch dann nicht, wenn das konkret über einen Fall entscheidende Gericht bei Fehlen einer vorformulierten Regelung eine andere Beweislastsituation annehmen würde.

Dem Buchst a unterfallen auch Klauseln, welche die Beweislast für deliktische Ansprüche betreffen, die mit vertraglichen konkurrieren, vor allem Klauseln bezüglich der Beweislast für die Produzentenhaftung (so mit Recht KOCH-STÜBING Rz 8; LÖWE Rz 6; BRANDNER Rz 11), die auch im unmittelbaren Verhältnis zwischen Hersteller und Abnehmer nicht durch vertragliche Beziehungen verdrängt wird (BGHZ 67, 368 = NJW 1977, 379).

Eine zum Nachteil des Vertragspartners des Verwenders gehende Änderung der Beweislast liegt auch dann vor, wenn diesem in Fällen zulässiger Begrenzung des Haftungsmaßstabes auf grobes Verschulden des Verwenders (dazu siehe § 11 Nr 7 Rz 30, 35) in Situationen die Beweislast für deren Vorliegen überbürdet wird, in denen die Schadensquelle eindeutig im Herrschaftsbereich des Verwenders liegt (Rechtsprechungsbeispiele: OLG Hamburg VersR 1977, 221 – Geschädigter soll grobe Fahrlässigkeit eines Schleppunternehmers nachweisen; aM OLG Hamburg VersR 1977, 812).

2. Tatsachenbestätigungen 6

a) Viele in AGB sich findende Tatsachenbestätigungen haben das Ziel, den Kunden möglichst nachhaltig von der ihn treffenden Beweislast zu überzeugen, ohne daß der Schöpfer des Bedingungswerkes Überlegungen dazu angestellt hätte, wie die Beweislast kraft Gesetzes aussähe. Dazu gehören vor allen Dingen die klassischen Naiv-Klauseln, welche die Seriosität des Vertragsabschlusses, das Fehlen von Nebenabreden und die Wirksamkeit der Einbeziehung des Bedingungswerks dartun sollen („ich bestätige, daß ich nicht überredet worden bin", „ich bestätige, daß Nebenabreden nicht getroffen wurden", „ich versichere, vom Inhalt nachfolgender Bestimmungen Kenntnis genommen zu haben"). Häufig stimmen solche Bestätigungen mit der gesetzlich bestehenden Beweislage überein und sind dann bedeutungslos (KÖTZ Rz 154; aM KOCH-STÜBING Rz 5).

Auch die Abgabe von rechtsgeschäftlichen Erklärungen fällt nicht unter Buchst b. 7
Die Bekundung, einen Vertrag zugleich im eigenen Namen wie als Bevollmächtigter des anderen abzuschließen, ist ausschließlich an § 11 Nr 14 zu messen (zu den unwiderleglichen Bestätigungen s Rz 2).

Von Tatsachenbestätigungen „Wissenserklärungen" unterscheiden zu wollen, die 8
ohnehin bedeutungslos sein sollen (BRANDNER Rz 14 mwN), ist eine überflüssige begriffliche Verkomplizierung. Entweder ist das erklärte Wissen ohne rechtliche Bedeutung; oder aber die Erklärung hat den Sinn, die Beweislast für dieses Wissen zu verschieben, und verfällt damit dem Verdikt von § 11 Nr 15 b (so etwa Klauseln in Bauausschreibungsbedingungen mit der Bestätigung des Bauunternehmers, bestimmte Dinge überprüft zu haben); oder schließlich die Erklärung soll nur ein Beweisindiz schaffen (dann kann sie der Richter wie alle vorformulierten Erklärungen, die nur dies beabsichtigen, frei würdigen) Beispiel: § 11 Nr 14 Rz 11.

Von § 11 Nr 15 werden Tatsachenbestätigungen nur erfaßt, wenn sie die kraft 9
Gesetzes bestehende **Beweislast ändern.** Dazu gehören vor allem solche Bestimmungen, die dem Verwender den Beweis der Korrektheit der von ihm erbrachten oder behauptetermaßen erbrachten Leistung entbehrlich machen sollen, indem der Kunde bestätigt, den Leistungsgegenstand (klassisches Beispiel: Bestätigung des Erhalts der Ware vor Auszahlung des Kredits beim finanzierten Abzahlungskauf, s BGH NJW 1961, 166) oder bestimmter einzelner zur Leistung gehörender Gegenstände (Zubehörteile) erhalten zu haben (weitere Beispiele bei COESTER-WALTJEN Rz 14). Wird die Vornahme individueller, rechtsgeschäftlicher Erklärungen formularmäßig „bestätigt", dann läuft es auf das gleiche hinaus, ob man § 11 Nr 15 heranzieht oder darauf abstellt, ob die bestätigte Erklärung auch als ABG-Erklärung Bestand haben kann. Kann sie es, dann darf es auch nicht schaden, wenn der

Verwender die Form der Bestätigung einer als individuell abgegebenen Erklärung wählt (aM Coester-Waltjen Rz 15). Ist ein in AGB erklärter Verzicht auf bestimmte Rechte zulässig, dann kann eine Klausel nicht deshalb unwirksam sein, weil der Vertragspartner des Verwenders nur „bestätigt", verzichtet zu haben.

Die rechtliche Behandlung von formularmäßigen Tatsachenbestätigungen, die nicht einer Beweislastregelung dienen sollen, richtet sich nach den Rechtsfolgen, die für den Fall der Unrichtigkeit der Bekundung in Anspruch genommen werden sollen. Ein Lösungsrecht vom Vertrag ist etwa sicherlich unangemessen.

Zu den Vorkenntnisklauseln in Maklerverträgen § 10 Nr 5 Rz 12.

10 **b)** Bei Anwendung der Ausnahmevorschrift zugunsten **gesondert unterschriebener Empfangsbekenntnisse,** ist auf das Tatbestandsmerkmal „gesondert unterschrieben" genau zu achten. Gemeint ist nicht eine Unterschrift auf irgendeinem von dem Vertragsabschlußdokument separaten Papier (aM nur Brandner Rz 15). Die „gesonderte Unterschrift" soll vielmehr nur gewährleisten, daß der Vertragspartner des Verwenders auch dessen gewahr wird, was er erklärt. Dies kann auch mit der Unterschrift unter einen Textteil geschehen, der sich zusammen mit anderen Textteilen auf einem Blatt befindet. Wie es für eine Quittung typisch ist, darf der gesondert zu unterschreibende Teil, um gegenüber § 11 Nr 15 privilegiert zu sein, keine oder höchstens nur ganz wenige kurze Zusatzerklärungen enthalten. Ist diesem Erfordernis genügt, so kann die Erklärung aber auch auf der vertragskonstitutiven Urkunde selbst stehen (Stübing NJW 1978, 1610). Auch notariell aufgenommene Urkunden unterliegen keiner Ausnahme von dem Erfordernis des § 11 Nr 15, wenn sie allgemein vorformuliert waren (Coester-Waltjen Rz 16). Fehlt es an der gesonderten Unterschrift, wie etwa bei Klauseln in Mietverträgen, die eine Bestätigung der Schlüsselaushändigung ausdrücken sollen, dann ist die fragliche Festlegung ohne jegliche Rechtsbedeutung.

Allgemein sagt man, eine Quittung sei nur ein vom Gläubiger gegen sich selbst ausgestelltes Beweismittel (siehe Erl zu § 368 BGB). Praktisch führt sie aber zur Beweislastumkehr. Weist ihr Text eine Erteilung Zug um Zug aus, so ist voller Gegenbeweis zu führen, wenn geltend gemacht werden soll, das Quittierte stimme nicht (LG Bochum MDR 1970, 588). Soll der „Beweiswert" der Quittung dadurch angegriffen werden, daß ihre Vorauserteilung behauptet wird, so ist diese vom Aussteller zu beweisen (RGZ 108, 56). Gelingt der Beweis, so steht die Unrichtigkeit der Quittung fest. Es ist daher müßig zu fragen, ob Vorausquittierungen überhaupt unter die Privilegierung von § 11 Nr 15 letzter Satz fallen. Eine Quittung hat daher praktisch die Vermutung ihrer Richtigkeit. Daher kann aus der Bezugnahme auf Quittungen in § 11 Nr 15 nicht geschlossen werden, entgegen der hier vertretenen Ansicht (Rz 2) erfaßte die Norm außer Beweislastverschiebungen auch Beweisführungserschwernisse.

11 3. Sonstige Beweislastverschiebungen zum Nachteil des Vertragspartners des Verwenders

a) Daß es generell auch nicht zulässig sein soll, dem Vertragspartner des Verwenders die Beweislast für Umstände aufzuerlegen, die nicht im „Verantwortungsbereich des Verwenders liegen", will nicht recht einleuchten. Hat das Gesetz indes eine Beweislastregelung zu Lasten des Verwenders auch bezüglich derartiger Umstände getroffen (mögen sie vielleicht sogar in seinem eigenen Verantwortungsbereich liegen), dann macht der eindeutige Wortlaut von § 11 Nr 15 in der Tat eine Beweislastverschiebung zum Nachteil des Vertragspartners unwirksam (allgM).

In Kaskoversicherungsbedingungen dürfen nicht Klauseln enthalten sein, welche von der in § 61 VVG enthaltenen Beweislastregelung abweichen, wonach dem Versicherten grobes Verschulden nachzuweisen ist, auch wenn sich der versicherte Gegenstand in seiner Obhut befindet (BGH NJW 1976, 44; LG Frankfurt NJW 1978, 952). Ist in einer Klausel festgelegt, daß der Schuldner einen angelieferten Gegenstand „unbeschadet seiner Gewährleistungsansprüche" entgegenzunehmen habe, so verschiebt sich dadurch die gesetzliche Beweislast. Denn nach Übergabe treten an die Stelle der Allgemeinen Vorschriften die Gewährleistungsansprüche, die einen vom Käufer zu beweisenden Mangel der Sache voraussetzen, während vorher der Verkäufer ihre Mangelfreiheit dartun muß. Die Klausel ist daher unwirksam. In Verträgen mit kaskoversicherungs-ähnlichen Bestandteilen liegt eine unzulässige Beweislastumkehr in einer Bestimmung, die dem Vertragspartner (etwa Mieter) die Beweislast für das Fehlen von grobem Verschulden auferlegt. Denn Ausnahmen von Versicherungsschutz hat immer der Versicherer zu beweisen. So liegen die Dinge etwa, wenn der Mieter eines Pkw sich durch Zahlung eines Zusatzentgeltes von seiner Haftung für einfache Fahrlässigkeit freikauft. Entgegen dem Grundsatz, wonach im Beschädigungsfalle grundsätzlich der Mieter den Entlastungsbeweis führen muß, ist auf einen solchen kaskoversicherungsähnlichen Vertragsbestandteil § 61 VVG entsprechend anzuwenden und formularmäßig unabdingbar (BGHZ 65, 118 = NJW 1976, 44; NJW 1978, 945; Coester-Waltjen Rz 9 mit weiteren Rechtsprechungsbeispielen).

Es läßt sich aber nicht etwa auch umgekehrt sagen, daß der vom Geschädigten genommene Kaskoversicherungsschutz den Schädiger generell entlaste. Wenn der Geschädigte den Versicherungsschutz freilich nimmt, weil der Schädiger als Vertragspartner dies von ihm individuell so verlangt hat, so liegt darin eine schlüssige individuell vereinbarte Haftungsbegrenzung auf das bei Kaskoversicherung übliche Maß (BGH NJW 1975, 686). Für diesen Fall gibt eine formularmäßige Haftungsbegrenzung nur die gesetzliche Rechtslage wieder (Kötz Rz 151). Die formularmäßige Auferlegung einer Versicherungspflicht kann dieses Ergebnis aber nicht hervorbringen.

Durch willkürliche Umformulierung läßt sich in Versicherungsverträgen die Grenze zwischen primärer Risikobeschreibung und Ausnahmetatbestand nicht verschieben. Ein Versicherungsunternehmen kann nicht eine Diebstahlsversicherung für Schier auf Entwendungsfälle „bei Tag" beschränken; dies würde gegen § 9 verstoßen. Sind Entwendungsfälle bei Nacht vom Versicherungsschutz ausgeschlossen und ist die Beweislast dem Versicherungsnehmer überbürdet, so ist letzteres nach § 11 Nr 15 unwirksam (LG Frankfurt VersR 1971, 351).

b) Mit einem **abstrakten Schuldanerkenntnis** ist zwar meist eine Beweislastverschiebung zu Ungunsten desjenigen verbunden, der es abgibt. In AGB stehende abstrakte Schuldanerkenntnisse des Vertragspartners des Verwenders sind dann unwirksam (Stürner JZ 1977, 431 f; LG Stuttgart JZ 1977, 760; LG Ellwangen BWNotZ 1978, 5; Palandt-Heinrichs Anm 15 a; aM OLG Stuttgart NJW 1979, 222; Dietlein JZ 1977, 638; Brandner Rz 9). Die Benutzung eines gesetzlich anerkannten Rechtsinstituts reicht als Rechtfertigung für eine einschränkende Auslegung der §§ 9–11 nicht aus (s § 8 Rz 10). Der Vergleich mit Grundschuld, Scheck und Wechsel (so OLG Stuttgart) ist nicht zutreffend, weil diese sicherungshalber gegeben werden und in der Hand des Erstinhabers daher erst zusammen mit der gesicherten Forderung fällig werden. Ist jedoch auch ein abstraktes Schuldanerkenntnis in diesem Sinne nur sicherheitshalber abgegeben, wie im Zusammenhang mit Grundpfandrechtsbestellungen üblich, so liegt auch insofern keine von § 11 Nr 15 betroffene Beweislastumkehr vor (Kümpel WM 1978, 746). 12

13 **c) Wiedergabe der gesetzlichen Rechtslage**

Bestimmungen, welche nur die **gesetzliche Rechtslage wiedergeben,** unterstehen nach § 8 der Inhaltskontrolle freilich ohnehin nicht. Das ist etwa der Fall bei einer Vorschrift, die sagt, daß das Fehlen höherer Gewalt vermutet werde, wenn ein Fall höherer Gewalt nicht unverzüglich angezeigt werde. Auch ohne eine solche Anzeige wird das Fehlen höherer Gewalt vermutet (dies anscheinend übersehen in LG Nürnberg/Fürth Betrieb 1973, 818). Auch Maklerbedingungen, welche dem Kunden die Beweislast für seine Vorkenntnisse auferlegen, geben nur die gesetzliche Rechtslage wieder (BGH NJW 1976, 2345 – zu den üblichen, auf eine Fiktion abzielende Vorkenntnisklauseln § 10 Nr 5 Rz 12). Weiter geben solche Klauseln nur die gesetzlich bestehende Rechtslage wieder, die dem Geschädigten die Beweislast für das Verschulden seines Vertragspartners überbürden, wenn sich die schädigende Tätigkeit öffentlich wahrnehmbar abspielt (BGH VersR 1967, 65).

13 a **d)** Aus den Gesetzesmaterialien sind keine Gründe dafür zu entnehmen, warum auch für die Verhältnisse außerhalb des Verantwortungsbereichs des Verwenders formularmäßige Beweislastregelungen zu Lasten seines Vertragspartners unzulässig sein sollen. Das rechtfertigt eine einschränkende Auslegung der Bestimmung dahingehend, daß tatsächlich **nur klare Beweislastregeln** des Gesetzes oder fest etablierte Rechtsprechung angesprochen sind, mögen sie sich auch aus dem Ineinandergreifen von positiver und negativer Formulierung ergeben. Da, wo AGB einen vom dispositiven Gesetzesrecht nur sehr abstrakt gesetzten Raum ausfüllen, verflüchtigt sich der Gedanke, das Gesetz habe die Beweislast „geregelt" so sehr, daß für eine Anwendung der Nr 15 kein sinnvoller Bereich mehr bleibt.

14 **4. Die Bedeutung der Unwirksamkeit von Klauseln, die § 11 Nr 15 nicht standhalten**

Über die Nichtgeltung der gewollten Beweislastverschiebung hinaus hat das Fehlschlagen einer solchen auch zur Folge, daß die Klausel nicht einmal als Beweisindiz verwandt werden darf (Heinrichs NJW 1977, 1507 f; Stübing NJW 1978, 1610).

Sie vermag einer Klausel auch nicht den vielleicht sonst bestehenden überraschenden Gehalt zu nehmen. Mit der Beweiskraft einer Privaturkunde iSv § 416 ZPO hat die Unwirksamkeit vorformulierter Tatsachenerklärungen aber nichts zu tun (aM Löwe Rz 20). Diese Beweiskraft bezieht sich auf eine irgendwie geartete Wirkung der abgegebenen Erklärung nicht.

15 **III. Kaufleute**

Von kaufmännischen Spezialvertragstypen vielleicht abgesehen, erfährt der schon immer stark betonte Gerechtigkeitsgehalt klarer gesetzlicher Beweislastregeln (BGHZ 41, 151 = NJW 1964, 1123; Lindacher, Phänomenologie der Vertragsstrafe 205; Schmidt-Salzer F 239; BR-Drucks 360/75, 38) keine Änderung dadurch, daß an einem Vertrag beiderseits Kaufleute beteiligt sind. § 11 Nr 15 Buchst a gilt, vermittelt über § 9, daher auch im beiderseits kaufmännischen Verkehr (allgM). Leugnet man die hier vertretene Notwendigkeit einer teleologischen Reduktion von § 11 Nr 15 (s oben Rz 4), dann ist es konsequent, jedenfalls im kaufmännischen Verkehr eine Beweislastumkehrung insoweit zuzulassen, wie man Haftungsbegrenzungen für möglich hält (Kötz Rz 158). Buchst b braucht man im beiderseits kaufmännischen Verkehr nicht anzuwenden, soweit es sich um Bestätigung von Tatsachen handelt, deren Vorliegen man beim Vertragspartner im Zeitpunkt des Vertragsabschlusses voraussetzen kann (generell für entsprechende Anwendung vom Buchst b auch im beiderseits kaufmännischen Verkehr Koch-Stübing Rz 16; generell Anwendung ablehnend Brandner Rz 18; Coester-Waltjen Rz 17; Graf von Westphalen Rz 27). Außerhalb des Anwendungsbereiches der Buchst a und b ist der Regelungsgehalt von § 11 Nr 15 so wenig einsichtig, daß man auf eine analoge Anwendung im beiderseits kaufmännischen Verkehr verzichten sollte.

§ 11 Nr 16
Form von Anzeigen und Erklärungen

In Allgemeinen Geschäftsbedingungen ist unwirksam ...

eine Bestimmung, durch die Anzeigen oder Erklärungen, die dem Verwender oder einem Dritten gegenüber abzugeben sind, an eine strengere Form als die Schriftform oder an besondere Zugangserfordernisse gebunden werden.

1. Teilber 88; RefE 20; RegE 39 – Einl 6 ff.

I. Allgemeines

1. Das Regelungsanliegen 1

Die Bestimmung verbietet Klauseln, welche für Anzeigen und Erklärungen des Kunden übersteigerte Form- oder Zugangserfordernisse aufstellen. Sie bildet insoweit das „Gegenstück" zu § 10 Nr 6 (Dittmann-Stahl Rz 602). Werden dort Klauseln für unwirksam erklärt, welche durch Fiktion dem Verwender den Nachweis des Zugangs seiner eigenen Erklärungen erleichtern, so soll hier umgekehrt verhindert werden, daß Erklärungen des Kunden durch Form- und Zugangsbestimmungen erschwert werden und dieser unverhältnismäßige Rechtsnachteile erleidet, wenn er sie – arglos – nicht beachtet. Denn zum Zeitpunkt der Erklärungs- bzw Anzeigenabgabe hat er, vor allem bei längerer Dauer der vertraglichen Beziehungen, die zur Vertragsgrundlage gemachten AGB häufig nicht zur Hand. Meist kommt er zudem gar nicht auf die Idee, sie könnten besonders qualifizierte Formerfordernisse zum Vertragsinhalt machen. Dies gilt besonders für die in der AGB-Praxis häufig vorgeschriebene Form des eingeschriebenen Briefes.

Nr 16 will den Vertragspartner des Verwenders nur vor unverhältnismäßigen Präklusionsfolgen schützen, nicht aber davor, daß ihm Kosten entstehen, wenn er die vom Verwender vorgesehene Form nicht beachtet. Hat dieser ein berechtigtes Rationalisierungsanliegen an bestimmten Erklärungsformen (etwa an der Verwendung von Formularen, s unten Rz 5), so kann er für den Fall von deren Nichtbeachtung ein realistisch pauschaliertes Bearbeitungssonderentgelt festsetzen. Die **bisherige Rspr** war kaum mit Klauseln befaßt, die für Erklärungen des Kunden besondere Form- oder Zugangserfordernisse aufstellten. Das LG Freiburg (JZ 1973, 90) hielt allerdings sogar, über das jetzt geltende Klauselverbot hinausgehend, jede AGB-Bestimmung für unwirksam, welche für die Mängelrüge des Käufers eine Schriftform vorsah, da es sich hierbei um eine in AGB generell unwirksame „Handlungsnorm" handele (aM M Wolf JZ 1973, 92).

2. Anwendungsbereich 2

a) § 11 Nr 16 bezieht sich nur auf einseitige Anzeigen und Erklärungen **des Kunden,** nicht auf Erklärungen, Zusicherungen und Anzeigen, die der Verwender seinerseits abgibt. Vor allem erfaßt die Vorschrift der Nr 16 nicht **vertragliche Abreden.** Soweit sich Formklauseln auf Abreden im Bereich des Vertragsabschlusses selbst beziehen – wie zB Vertragsangebot und Nebenabreden –, können die AGB, welche erst Bestandteil des abzuschließenden Vertrages werden sollen, hierfür ohnehin noch keine Wirkung entfalten, da sie rechtsgeschäftlich erst mit Vertragsabschluß gelten, s § 2 Rz 39. Schriftformklauseln für spätere vertragliche Nebenabreden und Abreden über Vertragsänderungen sind an § 4 (§ 4 Rz 23 ff) und an § 9 zu messen.

3 **b)** Als versicherungsrechtliche Sondervorschrift räumt § 34 a S 2 VVG der Versicherungsgesellschaft die Möglichkeit ein, für die dem Versicherungsnehmer obliegenden Anzeigen Schriftform vorzuschreiben.

4 **II. Anzeigen und Erklärungen**

Unter Anzeigen und Erklärungen des Kunden sind sowohl einseitige rechtsgeschäftliche Willenserklärungen als auch rechtsgeschäftsähnliche Handlungen und Tatsachenmitteilungen zu verstehen, welche der Kunde nach Vertragsschluß bei Durchführung, Abwicklung und Beendigung des Vertragsverhältnisses abgibt oder vornimmt. Hierunter fallen beispielsweise Kündigungen, Rücktritte, Anfechtungen, Mahnungen, (Nach-)fristsetzungen (zB §§ 283 Abs 1, 326 Abs 1 BGB), Aufforderungen (zB §§ 108 Abs 2, 177 Abs 2 BGB), Androhungen (zB § 384 Abs 1 BGB), Weigerungen (zB §§ 179 S 1, 295 S 1 BGB), Mängelanzeigen (zB §§ 478 Abs 1, 545 Abs 1 BGB, § 377 HGB), Schadensmeldungen, Abtretungsanzeigen (§ 409 Abs 1 BGB) und das Verlangen nach Ersatzlieferung, Wandelung, Minderung oder Nachbesserung. Gleichgültig ist, ob die Erklärung bzw Anzeige gegenüber dem Verwender oder einem Dritten zu erfolgen hat. Sie muß nur überhaupt empfangsbedürftig sein (Dietlein Rz 1). Gemeint sind alle Bekundungen, die im Umkreis von Störungen in den Rechtsbeziehungen der Vertragspartner liegen oder die sonst nicht regelmäßig vorkommen und für die man im entscheidenden Moment an Formularzwang nicht denkt. Daher ist eine teleologische Reduktion der Bestimmung dergestalt angebracht, daß sie sich auf Anweisungen in einem Geschäftsbesorgungsverhältnis (Banküberweisung) nicht bezieht.

5 **III. Verbot einer strengeren Form als Schriftform**

Formerfordernisse, welche über diejenigen der vereinbarten Schriftform (§ 127 BGB) hinausgehen, können in AGB-Klauseln nicht verlangt werden. Die Schriftform ist auch durch telegraphische Übermittlung und Fernschreiben (s § 127 BGB Rz 4) gewahrt. Formularmäßig kann folglich nicht verlangt werden: Die eigenhändige Abfassung und Niederschrift der Erklärung bzw Anzeige, die Angabe des Orts (bedenklich daher Nr 32 AllgBank-Bedingungen – Brandner § 10 Nr 5 Rz 15) ihrer Abgabe, ihre Beglaubigung oder notarielle Beurkundung, ihre Erklärung zur Niederschrift bei einer dritten Person, Protokollierung (Löwe Rz 5; Hensen Rz 6). Der Verwender kann formularmäßig auch nicht wirksam eine **spezielle Art der Schriftform** festsetzen. Er kann nicht vorschreiben, daß Erklärungen und Anzeigen des Kunden nur fernschriftlich oder telegraphisch abzugeben sind. Zwar ist die Zulässigkeit telegraphischer Übermittlung in § 127 S 2 BGB eine formale Erleichterung gegenüber den Anforderungen an die Erfüllung der gesetzlichen Schriftform (§ 126 Abs 1 BGB). Die Beschränkung auf diese Übermittlungsart bedeutet für den Kunden aber eine mit besonderen Belastungen und Kosten verbundene Erschwerung und beinhaltet für ihn daher im Ergebnis eine Verschärfung der gewöhnlichen Schriftform (Koch-Stübing Rz 7; Hensen Rz 6; Kötz Rz 161; ähnlich Löwe Rz 5). Da, wo die Besonderheit einer Vertragsabwicklungssituation es erfordert, kann aber eine Beschleunigung von Mitteilungen verlangt werden, die praktisch zu Telegramm oder Fernschreiben zwingt, wenn man nicht ein Schreiben außerhalb des Postverkehrs befördern lassen will.

Eine unzulässige Verschärfung der Schriftform liegt auch vor, wenn AGB-Klauseln verlangen, daß schriftliche **Erklärungen des Kunden auf bestimmten Formularen** des Verwenders abgegeben werden (HENSEN Rz 5; KOCH-STÜBING Rz 8; LÖWE Rz 5; DÜRR BB 1978, 1546; PALANDT-HEINRICHTS Anm 16 a; zweifelnd PRÖLLS-MARTIN, VVG [21. Aufl] Vorbem 6 C, b, bb vor § 1; aM DIETLEIN Rz 2; COESTER-WALTJEN Rz 8). Entgegen der Ansicht des BT-Rechtsausschusses läßt sich der Vorschrift des § 11 Nr 16 Gegenteiliges nicht entnehmen. Die vom BT-Rechtsausschuß veranlaßte Streichung des Wortes „einfach" vor dem Wort „Schriftform" (BT-Drucks 7/5422, 10) bringt dies entgegen den Vorstellungen des Rechtsausschusses selbst nicht zum Ausdruck, denn eine Unterscheidung zwischen einer „einfachen" und einer darüber hinausgehenden besonderen Schriftform ist dem Gesetz nicht bekannt. Die Festlegung des Erklärenden auf die Benutzung bestimmter Vordrucke ist auch nicht bereits vom allgemeinen Schriftformerfordernis gedeckt (aM COESTER-WALTJEN Rz 8; DIETLEIN Rz 2; KÖTZ Rz 161, der aber eine nach § 9 zu beurteilende besondere Erklärungserschwerung sieht). In den §§ 127, 126 BGB sind die für die Schriftform notwendigen Elemente abschließend beschrieben. Diese hier vertretene Ansicht mißachtet nicht in unzumutbarer Weise die Notwendigkeiten einer rationellen Geschäftsabwicklung. Der Verwender kann weiterhin die Benutzung von Formularen durch den Kunden empfehlen und ihm zur Ergänzung seiner Erklärung oder Anzeige vorgedruckte Fragebogen und Formulare übersenden. Er darf nur die Wirksamkeit der Erklärung als solcher nicht von der Formularbenutzung abhängig machen (ähnlich KOCH-STÜBING Rz 8; vgl bereits oben Rz 1).

Umgekehrt ist das Verlangen nach Schriftform von Erklärungen meist angemessen. Gelingt dem Vertragspartner freilich im Einzelfall der Beweis, daß eine mündliche Mitteilung einem bevollmächtigten Adressaten in klar erfaßbarer Weise zugegangen ist und dieser sie nicht mangels Schriftform zurückgewiesen hat, so verstieße es gegen Treu und Glauben, der Mitteilung die gewünschte Wirkung vorzuenthalten.

IV. Verbot besonderer Zugangserfordernisse 6

Die Vorschrift verbietet dem Verwender, für Erklärungen oder Anzeigen des Kunden formularmäßig **besondere Zugangserfordernisse** aufzustellen. Die allgemeinen Zugangserfordernisse für empfangsbedürftige Willenserklärungen sind in den §§ 130–132 BGB festgelegt. Diese gelten entsprechend für rechtsgeschäftsähnliche Handlungen (BGHZ 47, 357). Eine AGB-Klausel, welche weitergehende Zugangserfordernisse vorschreibt, ist unzulässig. Sie darf daher für den wirksamen Zugang der Kundenerklärung unter Abwesenden nicht auf die tatsächliche Kenntnisnahme durch den Verwender oder auf eine von diesem vorzunehmende Mitwirkungshandlung (zB Empfangsbestätigung) abstellen. Ebenso darf der Zugang beim Verwender nicht vom (gleichzeitigen) Zugang der Erklärung bei einem Dritten abhängig gemacht werden. Unzulässig sind auch Klauseln, welche den gem § 130 Abs 1 BGB maßgeblichen Zugangszeitpunkt verschieben wollen („Anzeigen, welche erst nach 10 Uhr morgens eingehen, gelten erst am nächsten Tag als zugangen"; KOCH-STÜBING Rz 11). Die Form des **eingeschriebenen Briefes** darf als besonderes Zugangserfordernis nicht mehr festgesetzt werden. Die Wirksamkeit der Anzeige oder Erklärung darf nicht davon abhängig gemacht werden, daß sie bei einer **bestimmten Stelle,** Verwaltungsinstanz, Person oder Abteilung des Verwenderunternehmens eingegangen ist. Entscheidend ist allein, daß die Erklärung in den Machtbereich des Verwenders, also zu einer Organisationseinheit des Verwenderunternehmens gelangt ist, welche zum Empfang iSv § 130 Abs 1 S 1 befugt ist (DÜRR BB 1978, 1547). Die

Zugangsmöglichkeiten können nicht zu Lasten des Kunden durch eine besondere innerbetriebliche Zuständigkeitsorganisation eingeengt werden. (im Ergebnis ebenso HENSEN Rz 7; DITTMANN-STAHL Rz 600; KÖTZ Rz 162; zweifelnd PRÖLLS-MARTIN, VVG [21. Aufl] Vorbem I, 6, C, b, bb vor § 1; aM LÖWE Rz 8). Das Verbot der Nr 16 erfaßt allerdings nicht Klauseln, welche den wirksamen Zugang für Erklärungen ausschließen, die nicht beim Verwender selbst, sondern nur bei einem Dritten, der bei Vertragsabschluß als selbständiger Vermittler zwischengeschaltet war, oder einem vom Verwender unabhängigen Handelsvertreter eingegangen sind (näher hierzu DÜRR BB 1978, 1546, 1547).

7 **V. Rechtsfolgen eines Verstoßes gegen § 11 Nr 16**

Verstößt eine Form- oder Zugangsklausel gegen § 11 Nr 16, so ist sie vollständig unwirksam. Eine Klausel, welche beispielsweise eine über das Schriftformerfordernis hinausgehende Form vorschreibt, kann nicht in der Weise aufrechterhalten werden, daß für die Erklärung bzw. Anzeige des Kunden die gewöhnliche Schriftform gilt (ebenso KOCH-STÜBING Rz 12). Dies wäre selbst dann Rechtens, wenn man im übrigen einer geltungserhaltenden Reduktion von AGB-Klauseln entgegen der hier vertretenen Ansicht (oben § 6 Rz 15 ff) das Wort redete, da die Schriftform in einem weitergehenden Formerfordernis nicht bereits als bloßes quantitatives Minus mitenthalten ist (KÖTZ NJW 1979, 787). An die Stelle der unwirksamen Formvorschrift treten gem § 6 Abs 2 die gesetzlichen Vorschriften. Der Vertragspartner des Verwenders kann somit idR seine Anzeige oder Erklärung formlos abgeben, es sei denn, das Gesetz setzt eine besondere Mindestform fest (zB § 564 a BGB).

8 **VI. Kaufleute**

Die Vorschrift des § 11 Nr 16 ist auf Kaufleute nicht generell entsprechend anzuwenden (HENSEN Rz 8; GRAF VON WESTPHALEN Rz 9; DITTMANN-STAHL Rz 605; STEIN Rz 133; aM PALANDT-HEINRICHS Anm 16 b; COESTER-WALTJEN Rz 10; KOCH-STÜBING Rz 13). Im Gegensatz zum Verbraucher besteht beim kaufmännischen Kunden nicht die gleiche Gefahr, daß er durch Form- und Zugangsvorschriften in AGB überrascht wird und hierdurch unzumutbare Rechtsnachteile erleidet. Er wird regelmäßig bei ordnungsgemäßer Geschäftsführung in seinen Geschäftsunterlagen die AGB des Vertragspartners greifbar haben. Im kaufmännischen Verkehr sind angesichts von teilweise äußerst kurzen Rügefristen (zB im Handel mit leicht verderblichen Waren wie Obst und Gemüse) telegraphische oder fernschriftliche Anzeigen weitgehend üblich. Die Festlegung derartiger Übermittlungsformen ist für den Kaufmann daher keineswegs immer überraschend und häufig interessengerecht. Ebenso entspricht die Abgabe vertragsbeendigender Erklärungen (insbes Kündigungen) in eingeschriebener Form einer weitgehenden Übung im Handelsverkehr, so daß der Kaufmann auch mit der formularmäßigen Festlegung dieses Zugangserfordernisses rechnen muß.

Das absolute Klauselverbot der Nr 16 entspricht somit nicht den differenzierten Erfordernissen des kaufmännichen Verkehrs. AGB-Bestimmungen, welche eine strengere Form als die Schriftform oder besondere Zugangserfordernisse vorsehen, sind allein an § 9 zu messen. Eine unangemessene Benachteiligung iS v § 9 Abs 1 durch Form- oder Zugangsklauseln liegt dann vor, wenn das vorgeschriebene Form- oder Zugangserfordernis im Einzelfall sich nicht durch sachgerechte Gründe rechtfertigen läßt. So verstieße es gegen § 9 Abs 1, wenn für gängige und übliche

Erklärungen eine notarielle Beurkundung oder öffentliche Beglaubigung vorgeschrieben würde. Ebenso läßt sich die Form des eingeschriebenen Briefes auch bei Kaufleuten regelmäßig nicht für gewöhnliche Mängelrügen und -anzeigen rechtfertigen. Gerade bei derartigen, regelmäßig eilbedürftigen und fristgebundenen Anzeigen ist genau zu überprüfen, ob das jeweilige Form- oder Zugangserfordernis nicht nur eine Erschwerung für den Vertragspartner beinhaltet, ohne durch ein schutzwürdiges Verwenderinteresse gedeckt zu sein.

Zweiter Abschnitt

Kollisionsrecht

§ 12
Zwischenstaatlicher Geltungsbereich

Unterliegt ein Vertrag ausländischem Recht oder dem Recht der Deutschen Demokratischen Republik, so sind die Vorschriften dieses Gesetzes gleichwohl zu berücksichtigen, wenn

1. der Vertrag auf Grund eines öffentlichen Angebots, einer öffentlichen Werbung oder einer ähnlichen im Geltungsbereich dieses Gesetzes entfalteten geschäftlichen Tätigkeit des Verwenders zustande kommt und

2. der andere Vertragsteil bei Abgabe seiner auf den Vertragsschluß gerichteten Erklärung seinen Wohnsitz oder gewöhnlichen Aufenthalt im Geltungsbereich dieses Gesetzes hat und seine Willenserklärung im Geltungsbereich dieses Gesetzes abgibt.

1. Teilber 96; RefE 22; RegE 40; s Einl 6 ff.

Schrifttum

Drobnig, AGB im internationalen Handelsverkehr, FS Mann (1977) 591; Jayme, AGB und IPR, ZHR 1978, 105; ders, Rechtsvergleichung im Internationalen Privatrecht, FS Schwind (1978) 103; Landfermann, AGB-Gesetz und Auslandsgeschäfte, RiW 1977, 445; Nörenberg, Internationale Verträge und AGB, NJW 1978, 1082; Reichert-Facilides, Auswirkungen des AGBG auf das deutsche internationale Versicherungsvertragsrecht, VersR 1978, 481; Sonnenberger, Bemerkungen zum Internationalen Privatrecht im AGB-Gesetz, FS Ferid (1978) 377; Graf von Westphalen, International-rechtliche Probleme und AGB-Gesetz, WM 1978, 1310.

Systematische Übersicht

I. Allgemeines
1. Grundanliegen der Norm 1
2. Anwendungsbereich 2

II. Die Grundstruktur der Vorschrift
1. Grundsatz der einengenden Auslegung 7
2. Zusammentreffen mit ausländischem Verbraucherschutz 8

III. Die Voraussetzungen von § 12 im einzelnen
1. Maßgeblichkeit ausländischen Rechts 9
2. Öffentliches Angebot, öffentliche Werbung oder ähnliches 10
3. Der inländische Ursprung der Willenserklärung des Vertragspartners des Verwenders 11
4. Sonstige AGB-Probleme in Fällen mit Auslandsbezug 12

I. Allgemeines

1 **1. Grundanliegen der Norm**

§ 12 soll im Verein mit § 10 Nr 8 verhindern, daß über die Anwendbarkeit ausländischen Rechts die Anwendbarkeit des AGBG auch in Fällen ausgeschlossen wird, in denen der Gesetzgeber den Vertragspartner des Verwenders für schutzwürdig erachtet. Es ist nur auf dem Hintergrund des Umstandes verständlich, daß die Bundesrepublik einer der ersten Staaten war, der Verbraucherschutz vor unbilligen AGB betrieb (rechtspolitisch kritisch Koch-Stübing Rz 2 ff; Sonnenberger, FS Ferid 377; aM Brandner Rz 2).

2. Anwendungsbereich 2

a) Die Vorschrift gilt nicht im beiderseits kaufmännischen Verkehr, s § 24 Rz 2. Sie spricht im übrigen von den Vorschriften „dieses Gesetzes". Damit sind sicherlich die §§ 1–11 erfaßt. Die Frage, ob sich § 12 auch auf die Anwendbarkeit von §§ 13 ff bezieht, ist strittig (bejahend: BRANDNER Rz 11; KOCH-STÜBING Rz 13; LÖWE Rz 33; LANDFERMANN RiW 1977, 450; verneinend: SCHLOSSER, Kommentar Rz 1; SONNENBERGER, FS Ferid 386).

Das AGBG gilt nicht, wo Sondergesetze bestehen, die vertragliche Beziehungen mit Auslandselementen regeln und dabei ersichtlich auch das Phänomen vorformulierter Bedingungen einfangen wollen. Ein solches Gesetz ist etwa dasjenige vom 28. Juli 1969 über den Vertrieb ausländischer Investmentanteile (BGBl I 986). Zum Verhältnis zu § 10 Nr 8 s dort Rz 2.

Der allgemeine ordre-public-Vorbehalt des Art 30 EGBGB kann auch außerhalb der tatbestandlichen Voraussetzungen von § 12 nach ausländischem Recht wirksame Bestandteile von Verträgen unbeachtlich machen – ob vorformuliert oder nicht (allgM).

b) Nicht ganz einfach ist das Verhältnis zu **zwischenstaatlichen Übereinkommen.** 3
Eine ehrwürdige Auslegungsregel besagt: Im Zweifel ist anzunehmen, daß der Gesetzgeber staatsvertragliche Bindungen nicht verletzen will und diesen daher stillschweigend Vorrang beläßt, wenn neu geschaffenes Recht mit ihnen kollidiert (WENGLER, Völkerrecht I 94; MAUNZ, in MAUNZ-DÜRIG-HERZOG-SCHOLZ GG Art 25 Rz 30; BEITZKE FamRZ 73, 415; ULMER Anh § 2 Rz 6); daran ist auch die Lösung des hier aufgeworfenen Problems zu orientieren.

aa) In diesem Sinne Vorrang vor § 12 haben das **Einheitliche Gesetz über den** 4
Abschluß von internationalen Kaufverträgen (EAG-(BGBl 1973 I 868) und das **Einheitliche Gesetz über den internationalen Kauf beweglicher Sachen** EKG-(BGBl 1973 I 856).

Art 2 des letzteren lautet:

„Soweit dieses Gesetz nicht etwas anderes bestimmt, sind bei seiner Anwendung die Regeln des Internationalen Privatrechts ausgeschlossen."

Daraus ist geschlossen worden, § 12 AGBG sei, soweit Kaufverträge zur Debatte stünden, in seinem ganzen Regelungsumfang unanwendbar (SCHÜTZE Betrieb 1975, 490). Indes stimmt dies nicht. Art 8 EKG sagt nämlich ausdrücklich, daß sich das Gesetz nicht „mit der Gültigkeit des Vertrages oder der in diesem enthaltenen Bestimmungen" befasse. Damit behält es auch **inhaltlich bestimmte Klauseln bekämpfendes zwingendes Recht vor,** wozu auch solches über eine AGB-Inhaltskontrolle gehört (MERTENS-REHBINDER, Internationales Kaufrecht, Kommentar zu den Einheitlichen Kaufgesetzen Art 8 Rz 29, Art 3 Rz 19 ff mwN allgM). Die damit zusammenhängenden Fragen sind also dem internen Recht zur Regelung überlassen. Auch das EAG bezieht sich auf sie nicht.

Insgesamt ergibt sich daher: die §§ 8–11 werden durch die einheitlichen Kaufgesetze nicht ausgeschaltet (allgM). Soweit die Rechtsfolgen eines Verstoßes gegen diese Vorschriften in § 6 geregelt sind, ist auch diese Bestimmung anwendbar.

Den **Vertragsschluß** regelt das EAG (§ 1), das immer anwendbar ist, wenn der geplante Vertrag dem EKG unterliegen würde. Zum Abschluß des Vertrages gehört selbstverständlich auch die Einigung über seine einzelnen Bestandteile; ob individuell ausgehandelte oder formularmäßig festgelegte, bleibt sich gleich. Für den Vertragsschluß gelten daher Vorschriften des originär nationalen Sach- oder Kollisionsrechts, daher auch § 12 in der Tat nicht, auch nicht wenn AGB einbezogen werden sollen (Ulmer Anh § 2 Rz 10; Graf von Westphalen § 2 Anh Rz 15; Drobnig, FS Mann 614; Dölle-Reinhart EKG Art 15 Rz 55; wenngleich noch auf der Basis des Rechts von 1977 argumentierend; Nörenberg NJW 1978, 1083; aM Dölle-Stoll, EKG Art 74 Rz 147 – ebenfalls zum früheren Recht argumentierend; Landfermann RiW 1977, 451).

Problematisch ist das Verhältnis der §§ 3, 4 zu den einheitlichen Kaufgesetzen. Das AGBG hat § 3 systematisch als Vertragsabschlußregel eingeordnet. Obwohl in ihr auch Aspekte der Inhaltskontrolle mitverarbeitet sind, sollte man diese Einordnung ausschlaggebend sein lassen und dem EAG Vorrang einräumen (so im Ergebnis Ulmer Anh § 2 Rz 10; Nörenberg NJW 1978, 1084). Für §§ 4 und 5 wird das Problem kaum praktisch, weil andere Rechtsordnungen keine abweichenden Auslegungsregeln kennen (so mit Recht Ulmer Anh § 2 Rz 12). Die hM tendiert dazu, Art 17 EKG Vorrang einzuräumen (Dölle-Wahl, EKG Art 17 Rz 20, 83; Ulmer Anh § 2 Rz 12).

Eine andere Frage ist, ob die einheitlichen Kaufgesetze durch AGB ausgeschlossen werden können, was durch privatautonome Akte grundsätzlich geschehen kann (dazu Hausmann RiW 1977, 186); zur Ausschaltbarkeit durch AGB ders in C. Massimo Bianca (Hsg.), Le condizioni generali di contratto I (1979) 171 ff.

5 **bb)** Als abschließende Sonderregelung sollte man auch internationale **Übereinkommen** ansehen, die für **bestimmte Spezialmaterien,** in denen Individualvereinbarungen außerhalb der Festlegung der Hauptleistungspflichten praktisch nicht vorkommen, zwingendes Privatrecht setzen. Denn sie sind der Sache nach eine Regelung der vorformulierten Vertragsbedingungen. Das gilt verstärkt, wenn es sich um die Regelung von Vertragstypen mit starkem internationalen Einschlag und häufig wechselndem nationalen Abwicklungsschwerpunkt handelt, um Materien also, wo die Rationalisierungsfunktion von AGB nur gewährleistet bleiben kann, wenn international einheitliche Klauselwerke verwendbar sind. Diese Voraussetzungen liegen vor allen Dingen bei internationalen Übereinkommen vor, welche die privatrechtlichen Verhältnisse regeln, die anläßlich **internationaler Transporte** auftauchen, die ja typischerweise auf der Grundlage vorformulierter Bedingungen abgewickelt werden. Beförderungsbedingungen, die dem zwingenden Recht dieser Übereinkommen nicht widersprechen, sollte man daher nicht noch am AGBG messen.

Beispielhaft sei auf das Warschauer Übereinkommen vom 12. Oktober 1929 zur Vereinheitlichung von Regeln über die Beförderung im internationalen Luftverkehr (idF v 18. 9. 1961 BGBl 1958 II 312; 1964 II 1295) verwiesen, das sehr viele zwingende Vorschriften zum Schutze des Fluggastes enthält und ersichtlich auf die Festlegung der Vertragsinhalte durch AGB zugeschnitten ist (für Unanwendbarkeit der deutschen AGB-Inhaltskontrolle als Grundsatz, aber noch auf der Grundlage des früheren Rechts argumentierend Böckstiegel NJW 1974, 1024; aM Specht, Die JATA [1973] 41).

Im übrigen ist immer genau zu fragen, welche Tatbestände das internationale Übereinkommen regelt und für welche es das nationale Recht maßgebend sein lassen will. Art 3 CMR etwa erfaßt die Haftung des Frachtführers auf Schadensersatz wegen Nichterfüllung nicht (BGH Urt v 9. 2. 79 I ZR 67/77 – insoweit unveröffentlicht).

6 **cc)** Vorrang vor § 12 hat auch **Art 17 GVÜ.** Ist ihm Genüge getan (zu seiner Auslegung EuGH NJW 1977, 494 f), dann entfällt sowohl eine Prüfung anhand von §§ 2, 3 (Stein-Jonas-Leipold § 38 ZPO Rz 28; Ulmer Anh § 2 Rz 21; Landfermann RiW 1977, 448; Grüter Betrieb 1978, 384) als auch von §§ 9–11 (Grüter aaO; aM Ulmer; Landfermann aaO).

dd) Zu den Übereinkommen über die **Schiedsgerichtsbarkeit** s näher SCHLOSSER, Kommentar Rz 4.

II. Die Grundstruktur der Vorschrift

1. Grundsatz der einengenden Auslegung 7

Die Vorschrift ist, obwohl sie Nachfolge gefunden hat (FernUSG § 11), ein Fremdkörper im IPR. Zwar ist das Phänomen der Sonderanknüpfung nicht neu. Insbes Vorschriften des öffentlichen Wirtschaftsrechtes sind gesondert anzuknüpfen. Das bekannteste Beispiel ist § 98 Abs 2 GWB. Danach findet deutsches Kartellrecht auf alle Wettbewerbsbeschränkungen Anwendung, die sich im Geltungsbereich des GWB auswirken. Wird ein Vertrag über Wettbewerbsbeschränkungen geschlossen, die sich im Geltungsbereich des GWB nicht auswirken, so ist dieses unanwendbar, auch wenn der Vertrag deutschem Recht untersteht. Eine Sonderanknüpfung ersetzt also die allgemeine schuldvertragliche Kollisionsregel. Charakteristischen Niederschlag hat diese Tendenz (zur entsprechenden Bestimmung im Vorentwurf VON HOFFMANN RabelsZ 1974, 396) in Art 7 des im Rahmen der Europäischen Gemeinschaften ausgearbeiteten Entwurfes eines Übereinkommens über das auf vertragliche Schuldverhältnisse anzuwendende Recht (Kommission der Europäischen Gemeinschaften III/120/Z9-D) gefunden, wo wörtlich folgendes gesagt ist:

1. Bei Anwendung dieses Übereinkommens kann den zwingenden Bestimmungen des Rechts jedes anderen Staats, mit dem der Sachverhalt eine tatsächliche Verbindung aufweist, Wirkung verliehen werden, wenn und soweit diese Bestimmungen nach dem Recht dieses Staats ohne Rücksicht darauf anzuwenden sind, welchem Recht der Vertrag untersteht. Bei der Entscheidung, ob diesen zwingenden Bestimmungen Wirkung zu verleihen ist, sind ihre Natur und ihr Gegenstand sowie die Folgen zu berücksichtigen, die sich aus ihrer Anwendung oder ihrer Nichtanwendung ergeben würden.

2. Der vorstehende Absatz berührt nicht die Anwendung der nach dem Recht des Staats des angerufenen Gerichts geltenden Bestimmungen, die ohne Rücksicht auf das auf den Vertrag anzuwendende Recht den Sachverhalt zwingend regeln.

Daran schließt § 12, allerdings einseitig auf die Anwendung deutschen Rechtes zielend, an: Ist auf den Vertrag deutsches Recht anwendbar, so gelten auch die Vorschriften des AGBG, gleich wo der Vertrag durchzuführen ist (allgM) und ob das ausländische Recht seinerseits Anwendbarkeit von Verbraucherschutzrecht reklamiert. Ist ausländisches Recht maßgebend, so ist unter den Voraussetzungen von § 12 zusätzlich das deutsche AGBG „zu berücksichtigen". Da sich das Gesetz mit dem Begriff „berücksichtigen" bescheidet und nicht von „anwenden" spricht, ist es freilich möglich, den anscheinend angeordneten Übertreibungen im reklamierten Anwendungsumfang für das AGBG zu entgehen und den Regelungsgehalt der Vorschrift auf ein vernünftiges Maß zu begrenzen. Die im Entwurf der Arbeitsgruppe (1. Teilber 98) sich noch findende Formel „finden die Vorschriften dieses Gesetzes gleichwohl Anwendung" ist nämlich im Regierungsentwurf (BR-Drucks 360/75, 40) mit folgender Begründung in ein „sind gleichwohl zu berücksichtigen" abgeändert worden:

„Es ist daher notwendig, eine Bestimmung in das Gesetz aufzunehmen, die es ermöglicht, den vorstehenden Regelungen, mindestens aber den ihnen innewohnenden Grundgedanken, auch dann Geltung zu verschaffen, wenn auf das Vertragsverhältnis im übrigen ausländisches Recht Anwendung findet."

Ersichtlich sollte also die Möglichkeit einer einschränkenden Interpretation der Vorschrift in dem Sinne offengehalten werden, daß die Berücksichtigung des AGBG entbehrlich ist, wenn das anwendbare ausländische Recht den Grundgedanken dieses Gesetz selbst Rechnung trägt.

8 **2. Zusammentreffen mit ausländischem Verbraucherschutz**

Der Vertrag muß, damit § 12 überhaupt eine Rolle spielen kann, in seinem fraglichen Aspekt ausländischem Recht unterstehen. Das kann auch in einem Einzelpunkt und aufgrund des favor negotii (Art 11 Abs 1 S 2 EGBGB) der Fall sein. Ist eine AGB-Einbeziehung nur wegen der wahlweisen Anwendung des ausländischen Ortsrechts nach allgemeinen Vorschriften formgültig, so ist § 2 AGBG mitzuberücksichtigen, auch wenn der Vertrag im übrigen ohnehin deutschem Recht unterliegt. Bekämpft das ausländische Recht unangemessene Vertragsbedingungen tendenziell ähnlich wie das deutsche AGBG, so ist dessen zusätzliche Berücksichtigung entbehrlich. Man muß nicht auf Gleichwertigkeit oder Äquivalenz abstellen (so aber Brandner Rz 10; Palandt-Heldrich Anm 3; Schmidt-Salzer F 260; Jayme ZHR 1978, 119; ders, FS Schwind 110; Graf von Westphalen Rz 10; Drobnig, FS Mann 610; Kötz Rz 5; Landfermann RiW 1977, 449; wie hier Kegel, IPR § 18 I 3), die sich schwer begründen läßt (so mit Recht Sonnenberger, FS Ferid 394). Ist auf den Vertragsschluß etwa italienisches Recht anzuwenden, dann sind Art 1341 codice civile eine dem deutschen AGBG gleichwertige Regelung der AGB-Einbeziehungsvoraussetzungen, nicht aber auch der Inhaltskontrolle (Jayme ZHR 1978, 129; ders, FS Schwind 110, beidemale den Verfasser aber mißverstehend). Es ist auch nicht notwendig, daß das anwendbare ausländische Recht dem Kunden in jedem einzelnen Punkt einen Schutz zubilligt, der dem vom deutschen Recht gewährten entspricht (aM Palandt-Heldrich Anm 3; Jayme ZHR 1978, 120).

Aber selbst dann, wenn das anwendbare ausländische Recht keine dem AGBG funktionell gleichwertigen Elemente aufweist, muß sich seine „Berücksichtigung" ohne Sinnfraktur mit dem Regelungsinhalt der primär maßgebenden Rechtsnormen zusammenfügen (Jayme aaO). Eine formularmäßige Verkürzung von Gewährleistungsansprüchen ist an der Gewährleistungsfrist des anwendbaren Rechts zu messen. Letztlich hat § 12 daher nur eine ähnliche Funktion wie Art 30 EGBGB (Kötz Rz 5; Müller-Graff JZ 1977, 248; ebenso, aber von seinem Ausgangspunkt nicht ganz konsequent Palandt-Heldrich Anm 3; aM Landfermann RiW 1977, 450; Schmidt-Salzer F 262). Die Anschlußbegriffe des AGBG sind auf ausländisches Recht zu beziehen (Landfermann RiW 1977, 449); § 11 Nr 2 ist auf die Leistungsverweigerungs- und Zurückbehaltungsrechte zu beziehen, welche das ausländische Recht gewährt; § 11 Nr 4 kann nur gelten, wenn das ausländische Recht eine Obliegenheit zur Mahnung oder zur Nachfristsetzung kennt. Das ausländische Recht bestimmt, wann Rücktrittsrechte und Schadensersatzforderungen iSv § 11 Nr 8 und welche Gewährleistungsansprüche iSv § 11 Nr 10 bestehen. Für eine formularmäßige Verkürzung von Gewährleistungsansprüchen iSv § 11 Nr 10 f ist das ausländische Recht Maßstab. Im allgemeinen dürften aber Verkürzungen bis auf das Niveau der deutschen Gewährleistungsfristen den Grundgedanken des AGBG nicht entgegenstehen. Eine darüber hinausgehende Verkürzung hat aber die Geltung des dispositiven ausländischen Rechts zur Folge. Enthalten AGB Regelungen, welche nur den Inhalt des etwa anwendbaren ausländischen Rechts wiederholen oder – gemessen an diesem – sogar eine Vergünstigung des Vertragspartners bringen, so sind sie ohne Rücksicht auf das AGBG gültig. Auch geringfügige Abweichungen vom maßgebenden ausländischen Recht zum Nachteil des Kunden lassen sich tolerieren, wenn die Grundtendenz der Abweichung kundengünstig ist. Fehlt es im anwendbaren Recht ganz an Entsprechungen zu den in den §§ 10, 11 vorausgesetzten rechtlichen Regelungen, so sind jene unanwendbar (Brandner Rz 11 f), etwa weil französisches Recht anwendbar ist und dieses eine besondere Vorschrift über die Haftung für zugesicherte Eigenschaften nicht kennt (dazu Ferid, Das französische Zivilrecht 2 F 294, 298).

Zum Sinn des Begriffes „ausländische AGB" s § 5 Rz 30, zur Einbeziehung von AGB bei Geschäften mit Ausländern s § 2 Rz 4, 28, 35, 74, zur Prorogation ausländischer Gerichte s § 3 Rz 15.

III. Die Voraussetzungen von § 12 im einzelnen

1. Maßgeblichkeit ausländischen Rechts 9

Nur wenn der Vertrag ausländischem Recht unterliegt, ist § 12 einschlägig. Kumulativ hinzutreten müssen die Voraussetzungen der beiden Nummern von § 12.

Wann ausländisches Recht anzuwenden ist, ist vergleichsweise einfach zu bestimmen, wenn sicher ist, daß der Vertrag zustande gekommen ist (s dazu in der Voraufl Vorbem 279 ff zu Art 12 EGBGB). Große Schwierigkeiten macht es, das Recht zu finden, welches die Vertragsabschlußvoraussetzungen beherrscht. Die Rechtslage ist außerordentlich unübersichtlich und kontrovers, s auch dazu in der Voraufl Vorbem 444 zu Art 12 EGBGB. Wie weit eine unverkennbare Entwicklung gehen wird, die vorkonsensualen Elemente des Vertrags an das Wohnsitzrecht eines jeden Vertragspartners anzuknüpfen (s BGHZ 57, 77 = NJW 1972, 391; Ebenroth ZVglRW 1978, 184), läßt sich noch nicht absehen. Wenn man §§ 2 oder 3 nur mitberücksichtigen und nicht strikt anwenden will, muß jedenfalls feststehen, daß auch und gerade auf Elemente des Vertragsschlusses ausländisches Recht anwendbar ist. Nach der geschilderten Entwicklung ist dies für die Frage der Bindung des in der Bundesrepublik ansässigen Vertragspartners des Verwenders an dessen AGB meist nicht der Fall.

2. Öffentliches Angebot, öffentliche Werbung oder ähnliches 10

Die Formulierung ist dem Gesetz über den Vertrieb ausländischer Investmentanteile, s Rz 1, entnommen. Bestellt jemand bei einem ausländischen Unternehmer Waren oder Dienstleistungen, so ist § 12 nur anwendbar, wenn er dazu durch ein öffentliches Angebot oder eine öffentliche Werbung im Inland animiert wurde.

3. Der inländische Ursprung der Willenserklärung des Vertragspartners des Verwenders 11

Der Vertragspartner des Verwenders muß Wohnsitz oder gewöhnlichen Aufenthalt im Inland haben. Eines von beiden genügt. Beide Begriffe sind dem deutschen Recht zu entnehmen. Allein darauf kommt es an, wo die Willenserklärung des Vertragspartners des Verwenders abgegeben worden ist, nicht darauf, wo sie zugegangen ist. Wird der Vertrag im Ausland abgeschlossen, so ist § 12 unanwendbar, auch wenn es dazu durch eine im Inland organisierte Werbung gekommen ist (dazu rechtspolitisch kritisch Sonnenberger, FS Ferid 391).

4. Sonstige AGB-Probleme in Fällen mit Auslandsbezug 12

Zur **Revisibilität** „ausländischer" AGB s § 5 Rz 30.

Zur **Sprache** des nach § 2 notwendigen Hinweises s § 2 Rz 4.

Zur **Sprache** des AGB-Textes s § 2 Rz 28.

Zu den **Rechtswahlklauseln** s § 10 Nr 8.

Zum kaufmännischen Bestätigungsschreiben s § 2 Rz 76.

Dritter Abschnitt

Verfahren

§ 13
Unterlassungs- und Widerrufsanspruch

(1) Wer in Allgemeinen Geschäftsbedingungen Bestimmungen, die nach §§ 9 bis 11 dieses Gesetzes unwirksam sind, verwendet oder für den rechtsgeschäftlichen Verkehr empfiehlt, kann auf Unterlassung und im Fall des Empfehlens auch auf Widerruf in Anspruch genommen werden.

(2) Die Ansprüche auf Unterlassung und auf Widerruf können nur geltend gemacht werden

1. von rechtsfähigen Verbänden, zu deren satzungsmäßigen Aufgaben es gehört, die Interessen der Verbraucher durch Aufklärung und Beratung wahrzunehmen, wenn sie in diesem Aufgabenbereich tätige Verbände oder mindestens fünfundsiebzig natürliche Personen als Mitglieder haben,

2. von rechtsfähigen Verbänden zur Förderung gewerblicher Interessen oder

3. von den Industrie- und Handelskammern oder den Handwerkskammern.

(3) Die in Absatz 2 Nr. 1 bezeichneten Verbände können Ansprüche auf Unterlassung und auf Widerruf nicht geltend machen, wenn Allgemeine Geschäftsbedingungen gegenüber einem Kaufmann verwendet werden und der Vertrag zum Betriebe seines Handelsgewerbes gehört oder wenn Allgemeine Geschäftsbedingungen zur ausschließlichen Verwendung zwischen Kaufleuten empfohlen werden.

(4) Die Ansprüche nach Abs 1 verjähren in zwei Jahren von dem Zeitpunkt an, in welchem der Anspruchsberechtigte von der Verwendung oder Empfehlung der unwirksamen Allgemeinen Geschäftsbedingungen Kenntnis erlangt hat, ohne Rücksicht auf diese Kenntnis in vier Jahren von der jeweiligen Verwendung oder Empfehlung an.

Schrifttum

REINEL, Die Verbandsklage nach dem AGBG (1979) – konnte inhaltlich nicht mehr berücksichtigt werden.

Systematische Übersicht

I. Allgemeines
1. Grundgedanken der Regelung 1
2. Gesetzesgeschichte 2
3. Anwendungsbereich 3

II. Die Rechtsnatur der AGB-Verbandsklage
1. Die prinzipielle Anlehnung an die Verbandsklage des Wettbewerbsrechts 4
2. Die Einfügung einer materiellrechtlichen Konzeption in die begriffliche Vorgabe anderer rechtlicher Regelungsbereiche 5

III. Die Aktivlegitimation der klagenden Verbände
1. Verbraucherverbände 12
2. Wirtschaftsverbände 21

IV. Die Unterlassungs- und Widerrufsverpflichtung
1. Die Verwendung bzw Empfehlung unwirksamer AGB-Klauseln als der die Verpflichtung auslösende Vorgang 23
2. Die Unterlassungsverpflichtung 25
3. Die Widerrufsverpflichtung 31
4. Die Passivlegitimation des Verwenders 35
5. Die Passivlegitimation des Empfehlers 36
6. Verjährung 40

V. Rechtsschutzbedürfnis
1. Fehlen eines Rechtsschutzbedürfnisses wegen Funktionslosigkeit der Klage? 41
2. Subsidiaritätsverhältnis unter den Passivlegitimierten 42
3. Bedeutung der Abmahnung 43

I. Allgemeines

1. Grundgedanken der Regelung 1

Die Vorschrift soll im Verein mit den weiteren das sog „abstrakte Kontrollverfahren" regelnden Bestimmungen in den §§ 14–22 die Vertragspartner der Verwender schon davor bewahren, mit unwirksamen Klauseln überhaupt konfrontiert zu werden (s Einl 11, 15 zu § 1). Die Ausgestaltung der Kontrolle als Verbandsklage hat auch Schattenseiten entstehen lassen: Es gibt „Verbraucherverbände", die allein im Anwaltsinteresse gegründet wurden und denen nur daran gelegen ist, ohne Kostenrisiko eindeutige Versehen der Verwender in Randbereichen ihres Klauselwerkes aufzuspüren. Generell sind die Verbraucherverbände, welche allein in der Praxis von der Klagebefugnis Gebrauch machen, nicht, wie ein staatliches Verbraucherschutzamt es wäre, zur Objektivität verpflichtet, sondern versuchen, taktierende Advokaten imitierend, im Abmahn- (s unten Rz 43 ff) und Verfügungsverfahren nach dem Prinzip des Maximalismus vorzugehen und alles zu rügen, was man bei Anstrengung juristischer Phantasie je auch nur im Entferntesten als rügbar betrachten könnte – in der Hoffnung, für eine vergleichsweise Regelung somit Verhandlungsmasse aufzubauen (zur rechtspolitischen Würdigung s Gerlach Vorbem 9 ff).

2. Gesetzesgeschichte 2

Dem dritten Abschnitt sieht man die Hastigkeit, mit der er entstanden ist (s Einl 11 zu § 1), allenthalben an. Die Vorschläge der Arbeitsgruppe (Einl 10 zu § 1) waren in vielen Fragen erheblich weiter gegangen (dazu Gerlach Vorbem 10 zu § 13; Schlosser, Kommentar Rz 2 ff).

3. Anwendungsbereich 3

Die Unterlassungs- und Widerrufsklage hat ihren Anwendungsmaßstab nur in den §§ 9–11 über unwirksame AGB, nicht in den §§ 2–5, die von AGB sprechen, welche nicht Vertragsbestandteil geworden sind. Im einzelnen dazu unten Rz 24.

II. Die Rechtsnatur der AGB-Verbandsklage

1. Die prinzipielle Anlehnung an die Verbandsklage des Wettbewerbsrechts 4

Die Interpretationsanstrengungen zu § 13 UWG haben drei verschiedene dogmatische Grundansätze mit sich gebracht.

Jene Ansicht (Habscheid GRUR 1952, 222; Berg JuS 66, 463), welche in der dort verankerten Klagebefugnis von (nicht selbst betroffenen) Mitbewerbern und Verbänden eine **Prozeßstandschaftsregelung** sieht, kann in die Deutung von § 13 AGBG nicht übertragen werden. Denn eine solche Schau setzt voraus, daß der geltend gemachte Anspruch „an sich" oder doch primär einem Rechtsträger zusteht, der vom Kläger verschieden ist. Für eine solche Annahme läßt § 13 AGBG keinen Raum.

Wohl auf das AGBG übertragbar wäre hingegen jene Konzeption, welche den nicht selbst betroffenen Mitbewerbern und vor allem den in § 13 UWG erwähnten Verbänden eigene materiellrechtliche Ansprüche vorenthält und ihnen lediglich **isolierte Prozeßführungsbefugnisse** ohne materielles Substrat zuerkannt sehen möchte (Hadding JZ 1970, 309 ff; verhaltener, aber doch wohl ebenso Stein-Jo-

NAS-LEIPOLD Vorbem 40 vor § 59). Die Vertreter dieser Ansicht gelangen damit aber zu keinen praktischen Ergebnissen, die von denen des **herrschenden Grundverständnisses der Verbandsklage als Ausdruck einer materiellen Berechtigung** (BGH GRUR 1960, 379; BGHZ 41, 318 = NJW 1964, 1369; BGH GRUR 1967, 432; BAUMBACH-HEFERMEHL § 13 UWG Rz 5 mwN) abweichen. Wohl aber sind sie zu unnötig komplizierter Begriffsbildung gezwungen, wenn sie Anschluß an andere Rechtsnormen und -institute finden müssen, wie da etwa sind: Kollisionsrechtliche Anknüpfung (s Rz 5), einstweiliger Rechtsschutz (s Rz 6), negative Feststellungsklage (s Rz 11). Die Annahme materieller Unterlassungs- und Widerrufsansprüche ist daher die sinnvollste begriffliche Zuordnung des neuen Rechtsinstituts zu den dogmatischen Grundvorstellungen des Zivilrechts (HENSEN Rz 15; LÖWE Rz 4; GERLACH Rz 7 f, 29; KOCH-STÜBING Rz 22). Die Ansprüche sind ihrem Wesen nach nicht abtretbar (LÖWE Rz 62; GERLACH Rz 34).

5 **2. Die Einfügung einer materiellrechtlichen Konzeption in die begriffliche Vorgabe anderer rechtlicher Regelungsbereiche**

a) Der internationale Geltungsanspruch von § 13

Auch eine rein prozessuale Deutung der Verbandsklage erlaubte es nicht, den internationalen Geltungsanspruch von § 13 von der prozessualen lex-fori-Regel her bestimmen zu wollen. Wie Verstöße gegen das UWG, gleich ob ein individuell Verletzter oder ein Verband als Kläger auftritt, sind auch die eine Klagebefugnis nach § 13 AGBG auslösenden Verhaltensweisen wie negatorische Ansprüche und damit wie unerlaubte Handlungen anzuknüpfen (s § 12 Rz 1). So wie für (drohende) unerlaubte Handlungen der Ort ihrer (drohenden) Begehung und für Wettbewerbsverstöße der Ort maßgebend ist, an dem sie zu befürchten sind (dazu BAUMBACH-HEFERMEHL, UWG Einl 149 ff), so ist § 13 nur anwendbar, wenn AGB im Geltungsbereich des AGBG (s § 29) verwandt oder zur Verwendung dort empfohlen werden (LÖWE Rz 33 ff; GERLACH Rz 55; aM HENSEN Rz 16, der auf den Schwerpunkt „des" Vertragsverhältnisses abstellen will, ohne zu sagen, auf welches Vertragsverhältnis abzustellen ist). Zur Rechtsnatur des „Aufstellens" von AGB s § 1 Rz 25.

6 **b) Einstweiliger Rechtsschutz**

Das AGBG kennt keine dem § 25 UWG entsprechende Vorschrift über einstweiligen Rechtsschutz. Doch muß solcher auch im Bereich der §§ 13 ff AGBG zur Verfügung stehen (LÖWE § 15 Rz 19 ff; GERLACH § 15 Rz 21; HENSEN § 15 Rz 13 ff). Ein rein prozessuales Verständnis von § 13 ließe für ihn nur über künstlich einzuführende begriffliche Brücken Raum. Denn ein „Prozeßführungsrecht" von Verbänden kann, wenn ihm materiellrechtliches Substrat abgeht, im Sinne von § 935 ZPO in seiner „Verwirklichung" niemals vereitelt oder wesentlich erschwert werden. **Daß im AGBG eine dem § 25 UWG entsprechende Vorschrift fehlt, ist sachlich bedeutungslos.** Man interpretiert letztere Bestimmung zwar im allgemeinen dahin, sie entbinde – gemessen an den allgemein geltenden Voraussetzungen für die Gewährung einstweiligen Rechtsschutzes – von der Glaubhaftmachung des Verfügungsgrundes (OLG Hamburg WRP 1962, 370; OLG Düsseldorf BB 1969, 65; OLG Frankfurt GRUR 1970, 472; OLG Stuttgart GRUR 1970, 615; BAUMBACH-HEFERMEHL § 25 UWG Rz 5 f; F BAUR, Studien zum einstweiligen Rechtsschutz 57; HADDING ZHR 130, 35; STEIN-JONAS-GRUNSKY § 940 II 1), lasse aber dem Antragsgegner durchaus die Möglichkeit offen, darzutun, daß die Maßnahme nicht dringlich sei, s Rz 8 (aM für den Fall, daß das Interesse der Allgemeinheit berührt ist, OLG Hamburg WRP 1977, 109; dagegen aber OLG Köln WRP 1977, 426). Sollte sich

§ 25 UWG tatsächlich auf den Verfügungsgrund beziehen (aM mit beachtlichen Gründen LEIPOLD, Grundlagen des einstweiligen Rechtsschutzes 130, 136 f), so brächte die erwähnte Formel freilich nichts weiter zum Ausdruck als das, was sich aus §§ 935, 940 ZPO ohnehin ergibt: Die richtigerweise nicht Anspruchsvoraussetzung darstellende (s Rz 30) **Wiederholungsgefahr,** welche die Verfügung dringlich macht, wird nach erstmaliger Zuwiderhandlung gegen ein Gebot vermutet. Freilich macht im AGB-Recht noch nicht jede Wiederholungsgefahr eine Verfügung notwendig, s unten Rz 8.

Entgegen neueren Tendenzen (OLG Düsseldorf NJW 1978, 2512 im Anschluß an KOCH-STÜBING Rz34) ist auch die Tatsache, daß der klagende Verband im Allgemeininteresse handelt, kein Grund, einstweiligen Rechtsschutz zu versagen (LÖWE BB 1978, 1422 mit Erwiderung KOCH BB 1978, 1632). Bezugspunkt für Verfügungsgrund und Verfügungsanspruch ist freilich nicht die Vereitelung des Unterlassungsanspruches, sondern das Allgemeininteresse, dem das Rechtsinstitut der AGB-Unterlassungsklage dient.

Für die Sonderstellung, welche sich das Verfahren des einstweiligen Rechtsschutzes in Wettbewerbssachen erobert hat, besteht freilich im AGB-Bereich kein Grund. Daher fehlt es auch an einem Anlaß für die Übertragung der im Wettbewerbsrecht sich entwickelnden Ansicht (PASTOR, Der Wettbewerbsprozeß 138, 172 ff, 323 ff), „Verfahrensverdoppelungen“ (einstweiliges Verfahren und Hauptverfahren gleichzeitig) oder Hauptverfahren ohne vorgängiges Verfügungsverfahren seien im allgemeinen nicht zulässig. Genausowenig ist es möglich, das aus § 945 ZPO folgende Haftungsrisiko der Verbraucherverbände einzuschränken (aM für das Wettbewerbsrecht TILMANN NJW 1975, 1917).

Im einzelnen gilt folgendes:

Der **Verfügungsanspruch** ist glaubhaft zu machen. Dazu gehört sicherlich die Tatsache der Verwendung der angegriffenen AGB. Ist die Wiederholungsgefahr (s Rz 30) kein Bestandteil des Verfügungsanspruchs, so gehört sie jedenfalls zum Verfügungsgrund (s Rz 8). Bestandteil des Verfügungsanspruchs ist in jedem Fall, daß die angegriffenen Klauseln tatsächlich gegen §§ 9 ff verstoßen. Nach §§ 936, 920 Abs 2 ZPO ist dies glaubhaft zu machen. Nur in den seltensten Fällen wird es sich freilich insoweit um Tatsachen handeln, die glaubhaft zu machen sind. Entgegen hM (PASTOR 191; BAUR 26 ff; Nachweise zu Entscheidungen, die eine offensichtlich erschöpfende Rechtsprüfung enthalten, bei LEIPOLD 20 f) muß aber im einstweiligen Verfügungsverfahren auch die dem Antragsteller günstige Rechtslage nur wahrscheinlich („glaubhaft“) sein, um den Erlaß der Maßnahme zu rechtfertigen. Das Gericht braucht im Eilverfahren noch keine festen Rechtsansichten zu entwickeln (so mit Recht LEIPOLD 64 f; GRUNSKY ZZP 85, 362). Die dem Antragsteller günstige Rechtslage kann insbesondere dadurch glaubhaft gemacht sein, daß inhalts- oder gar textgleiche Bedingungen von Parallelverwendern oder von Empfehlern bereits in einem Unterlassungsverfahren für unwirksam erklärt wurden, das gegen diese angestrengt worden war. Das Institut der einstweiligen Verfügung bietet sich zur raschen Breitenumsetzung von Unterlassungsurteilen geradezu an, die gegen einen Verwender oder einen Empfehler ergangen sind. 7

Die Dringlichkeit, der **Verfügungsgrund,** braucht dann nicht durch weitere Angaben glaubhaft gemacht zu werden. Nicht jede Wiederholungsgefahr macht aber eine Verfügung dringlich (GERLACH § 15 Rz 22; aM HENSEN Rz 18; Ansicht SCHLOSSER, Kommentar Rz 15 aufgegeben). Auf die Vereitelung des Unterlassungsanspruchs des klagenden Verbandes abzustellen, wäre Begriffsjuristerei. Es kommt auf die Gefährdung der Interessen an, die das Gesetz schützen will. Daher liegt ein 8

Verfügungsgrund nur vor, wenn den Vertragspartnern des Verwenders droht, *in der Vertragsabwicklung* mit Klauseln konfrontiert zu werden, die sie erheblich belasten. Wegen einer Klausel, die sich wirtschaftlich nur geringfügig auswirkt oder für die es nur seltene Anwendungsfälle gibt, bedarf es keiner einstweiligen Verfügung. Hat ein Verwender etwa die Haftung auf grobe Fahrlässigkeit beschränkt, für Verzug und Unmöglichkeit keine Ausnahme vorgesehen, sind aber Fälle kaum denkbar, die für seine Leistung Verzug oder Unmöglichkeit bedeuten, dann ist eine einstweilige Verfügung unzulässig, auch wenn man die Klausel für unwirksam halten sollte (s dazu § 11 Nr 8 Rz 6, § 11 Nr 7 Rz 29, 32). Die in der Praxis zu beobachtende Tendenz, einstweilige Verfügungen prinzipiell ohne mündliche Verhandlung zu erlassen, ist ein arger Mißstand. So akut können die Verbraucherbelange nur selten gefährdet sein, daß ihr Schutz nicht einmal mehr einen kurzfristig anzuberaumenden Verhandlungstermin vertrüge. Im Wettbewerbsrecht meint man, es fehle an der Dringlichkeit einer einstweiligen Verfügung, wenn der Antragsteller trotz Kenntnis des Wettbewerbsverstoßes **lange Zeit untätig geblieben sei** (OLG Hamburg GRUR 1955, 434; OLG Düsseldorf GRUR 1963, 490; BB 1969, 65; OLG Frankfurt NJW 1968, 1386; OLG Stuttgart WRP 1978, 232; Stein-Jonas-Grunsky aaO; Baumbach-Hefermehl § 25 UWG Rz 6; zusammenfassend [6 Monate Frist!] Krieger GRUR 1975, 168; ebenso OLG Hamburg MDR 1976, 1028). Schon im Wettbewerbsrecht ist man aber insoweit mit Recht sehr zurückhaltend, wenn ein klageberechtigter Verband als Antragsteller auftritt (OLG Frankfurt WPR 1972, 532; OLG Stuttgart GRUR 1970, 613; Baumbach-Hefermehl aaO; aM Wilke WRP 1972, 245). Im AGB-Recht haben derartige Überlegungen schon im Prinzip keine Berechtigung, weil nur das Interesse der Verbraucher und nicht ein subjektives Recht des Verbandes geschützt werden soll. Zudem ermöglicht es im AGB-Recht eine sachgerechte Fassung der einstweiligen Verfügung, den Antragsgegner vor Schaden zu bewahren, wenn sich im Hauptverfahren die Unbegründetheit des Angriffs auf sein Bedingungswerk herausstellt (s Rz 9).

9 **Der Inhalt einer einstweiligen Verfügung** muß nämlich nicht und darf daher im allgemeinen auch nicht auf Unterlassung der Verwendung bestimmter Klauseln gerichtet sein. Es genügt, dem Verwender aufzugeben, durch einen gegebenenfalls aufzustempelnden Zusatz zu seinem Bedingungswerk seine Vertragspartner darauf aufmerksam zu machen, daß die Zulässigkeit bestimmter Klauseln zur Zeit gerichtlich überprüft wird und diese daher nur angewandt werden, wenn das Gericht sie als mögliche vorformulierte Inhalte vertraglicher Einbeziehung bestätigt. Dem Empfehler kann im Wege einstweiliger Verfügung aufgegeben werden, den Verwendern anzuraten, bis zum Abschluß des Hauptverfahrens ihren AGB solche Zusätze beizufügen. Allen berechtigten Belangen einstweiligen „Rechtsschutzes" wird dadurch Rechnung getragen. Ein darüber hinausgehender Verfügungsinhalt wäre folglich übermäßig. Wieso dies unpraktikabel (Hensen § 15 Rz 17) sein soll, ist unerfindlich. Viele Gerichte nehmen es mit der Schlüssigkeitsprüfung wenig genau und erlassen beantragte Verfügungen ziemlich blindlings. Daher ist es um so wichtiger, daß für die bis zur endgültigen Bereinigung der Angelegenheit abzuschließenden Verträge keine vollendeten Tatsachen geschaffen werden.

10 **c) Offizialprüfung der subjektiven Klageberechtigung?**

In einer Beziehung zwingt ein materiellrechtliches Verständnis der AGB-Verbandsklage zu einer Konsequenz, die für die wettbewerbsrechtliche Verbandsklage nicht gezogen wird, obwohl sie auch dort naheliegt. Man sagt, ob ein klagender Verband die Eigenschaften aufweise, die nach § 13 UWG Voraussetzung seiner Klageberechtigung sind, sei von Amts wegen zu prüfen, weil es sich nicht um die „Aktivlegitimation", sondern um die „Prozeßführungsbefugnis" des Klägers handele (BGH

GRUR 1971, 516; NJW 1972, 1988; BAUMBACH-HEFERMEHL § 13 UWG Rz 16; PASTOR 404 f; ebenso für das AGBG PALANDT-HEINRICHS Anm 4 a; ULMER-HENSEN § 15 Rz 2). Im allgemeinen steht dem Inhaber der Aktivlegitimation aber auch die Prozeßführungsbefugnis zu. Dann sind nicht etwa alle Voraussetzungen der Aktivlegitimation als solche auch der Prozeßführungsbefugnis von Amts wegen zu prüfen. Vielmehr entfällt dann eine gesonderte Prüfung der letzteren. Sie spielt nur eine Rolle, wenn sie von der Aktivlegitimation abgespalten ist und einem anderen Rechtssubjekt zur ausschließlichen oder konkurrierenden Wahrnehmung übertragen wurde (ROSENBERG-SCHWAB ZPR § 46 I 3). Mag im Wettbewerbsprozeß die Vorstellung mitschwingen, „eigentlich" stünden die von den Verbänden geltend gemachten Ansprüche den Verletzten zu: Mit einer materiellrechtlichen Deutung der in § 13 UWG verankerten Befugnis der Verbände (Rz 4) ist eine von Amts wegen zu veranstaltende Prüfung von deren „Prozeßführungsbefugnis" nicht vereinbar. Die Verbände klagen aufgrund der in ihrer eigenen Aktivlegitimation steckenden Prozeßführungsbefugnis (so mit Recht BETTERMANN ZZP 85, 135). Für die AGB-Unterlassungs- und -Widerrufsklage, für die es an Ansprüchen individuell Verletzter gänzlich fehlt, ist für eine andere Sicht erst recht kein Raum (GERLACH Rz 35; KOCH-STÜBING Rz 22; aM PALANDT-HEINRICHS Anm 4 a dd; LÖWE Rz 63 f, 75; HENSEN Rz 29; § 15 Rz 2).

d) Negative Feststellungsklage 11

Rechtspolitisch gibt es nicht den geringsten Grund, eine negative Feststellungsklage gegen einen Verband nicht zuzulassen, der die Unwirksamkeit von AGB-Klauseln behauptet oder gar ihretwegen eine Abmahnung ausgesprochen hat (PALANDT-HEINRICHS § 15 Anm 5; HENSEN § 15 Rz 28; LÖWE Rz 60). Eine prozessuale Deutung der Verbandsklage nach § 13 AGBG hätte es schwer, ein „Rechtsverhältnis" im Sinne von § 256 ZPO zu finden, dessen Nichtbestehen festgestellt werden soll.

Am **Rechtsschutzbedürfnis** fehlt es freilich, wenn der Prozeßgegner kein vom Kläger unabhängiger Verein ist, und das Verfahren dem Zweck dienen soll, dem Unternehmer eine gerichtliche „Genehmigung" seiner Bedingungen zu verschaffen. Da der klagende Unternehmer die Beweislast für das Vorliegen eines Rechtsschutzbedürfnisses trägt (ROSENBERG-SCHWAB, ZPR § 94 IV 1), schließt bereits ein Verdacht der verbandsmäßigen Abhängigkeit des Beklagten vom Kläger die Zulässigkeit der Klage aus. Nicht ist es aber Voraussetzung für ein Rechtsschutzbedürfnis, daß der beklagte Verband erfolglos zur Rücknahme seiner Äußerung über die AGB des Klägers aufgefordert wurde (GERLACH Rz 9; aM PALANDT-HEINRICHS § 15 Anm 5; HENSEN § 15 Rz 18). Das streitige Rechtsverhältnis kann abgekürzt in der Form der Feststellung „der Wirksamkeit der Klauseln" angesprochen werden (so mit Recht PALANDT-HEINRICHS § 15 Anm 5; GERLACH Rz 9). Für die Klage gelten die §§ 14, 15, 16, 17 Nr 1, 2, §§ 20, 22 grundsätzlich analog (GERLACH Rz 9 – mit Ausnahme von § 14; HENSEN – mit Ausnahme von §§ 16, 20; generell Analogie aus dem Bereich der §§ 14 ff befürwortend SIEG VersR 1977, 492; PALANDT-HEINRICHS § 15 Anm 15; gegen Anwendung von § 21 LÖWE Rz 61). Das Rechtsschutzbedürfnis entfällt nachträglich, wenn der angegriffene Verband mit der Unterlassungsklage kontert.

III. Die Aktivlegitimation der klagenden Verbände

12 1. Verbraucherverbände*

a) Die Rechtsfähigkeit des Verbandes

Mit dem in der Vorschrift angesprochenen „rechtsfähigen Verband" ist nichts weiter gemeint als ein rechtsfähiger (eingetragener) Verein. Unter „Verband" versteht man zwar häufig nur eine Vereinigung, welche ihrerseits lediglich Vereine zu Mitgliedern hat. Aus dem zweiten Satzteil von Abs 2 Nr 1 geht jedoch klar hervor, daß auch ein Verein mit nur natürlichen Personen als Mitgliedern klageberechtigt sein soll, selbst wenn er sich nicht „Verband" nennt und der allgemeine Sprachgebrauch eine solche Benennung auch nicht rechtfertigen würde. Der Begriff „rechtsfähiger Verein" bedeutet im Vergleich zu der in § 13 Abs 1 a UWG gebrauchten Formel („soweit diese Verbände als solche in bürgerlichen Rechtsstreitigkeiten klagen können") keinen Unterschied, weil auch damit die bürgerliche Rechtsfähigkeit gemeint ist (Baumbach-Hefermehl § 13 Rz 19).

13 b) Verbraucherbezogene Beratung und Aufklärung als notwendige Verbandsaufgabe

aa) Der Satzteil „zu deren satzungsmäßigen Aufgaben es gehört, die Interessen der Verbraucher durch Aufklärung und Beratung wahrzunehmen", ist wörtlich aus § 13 UWG übernommen. Man kann daher nicht umhin, die nach einer Grundsatzentscheidung des BGH (BGH NJW 1972, 1988) nicht mehr bestrittene Auslegung dieser Vorschrift ins AGB-Recht zu übertragen (Palandt-Heinrichs Anm 4 a; Löwe Rz 72; Hensen Rz 24; aM Gerlach Rz 40; Koch-Stübing Rz 28): Klageberechtigt ist ein Verein nur, wenn er auch wirklich tut, was er in seiner Satzung zu seinem Programm erhoben hat. Nur ein solcher Verein kann klagen, der (nicht gewerbsmäßig – Pastor 417) verbraucherbezogene Aufklärung und Beratung sowohl als Aufgabe in seiner Satzung verankert hat als sie auch **tatsächlich wahrnimmt.** Als Formen von tatsächlicher Wahrnehmung von verbraucherbezogener Aufklärung und Beratung kommen in Betracht: Individualberatung, Verbreitung von Schriften, Organisation von Vorträgen, öffentliche Anprangerung verbraucherfeindlicher Geschäftspraktiken. Verbraucherbezogene Aufklärung und Beratung kann auch indirekt dadurch geschehen, daß ein Dachverband die ihm angehörigen Verbände berät, wie sie Verbraucheraufklärung und Beratung betreiben sollen. Kann ein Verband nicht seit langem gepflogene Tätigkeiten nachweisen, so muß er darlegen, daß er über die nötigen Mittel verfügt, um seine Aufgaben effektiv wahrnehmen zu können (OLG Frankfurt GRUR 1974, 288 – auch Räume für Verbraucheraufklärung unabdingbar!). Dies können die Unterhaltung von Räumen, aber auch nur die Garantie eines bestimmten Beitragsaufkommens sein.

14 **bb)** Die **Satzung muß verbraucherbezogene Beratung und Aufklärung im Fremdinteresse** als Aufgabe des Vereins ausweisen, und zwar im Hinblick auf private Letztverbraucher (Pastor 416; aM Borck WRP 1965, 320 f). Der Verein darf sich nicht darauf beschränken, die Verbraucherinteressen seiner Mitglieder zu vertreten (BGH NJW 1972, 1988; Palandt-Heinrichs Anm 4 a). Er darf sich auch nicht nur

---

* Zentraler Verband ist die Arbeitsgemeinschaft der Verbraucher (AGV) e. V., Heilsbacherstr. 20, 5300 Bonn. Dort sind die Anschriften der Verbraucherzentralen der Bundesländer, die alle ihren Sitz in der Landeshauptstadt haben (Ausnahme: Frankfurt für Hessen), zu erfahren. In der Praxis die größte Rolle spielt der Verein zum Schutz der Verbraucher vor unlauterem Wettbewerb e. V. Bayreuther Str. 41, 1000 Berlin 30.

allgemein um Verbraucherbelange bemühen wollen, sondern muß dies speziell durch Beratung und Aufklärung zu leisten, sich vorgenommen haben (für das UWG so mit Recht Baumbach-Hefermehl § 13 Rz 20; Borck WPR 1965, 321). Sonst wären auch Vereine klagebefugt, zu deren satzungsmäßigen Aufgaben nichts weiter gehört als die Wahrnehmung von Klagebefugnissen nach §§ 13 UWG oder 13 AGBG.

Freilich sollte man realistischerweise einsehen, daß Aufklärung und Beratung Tätigkeiten sind, die ineinander fließen. Es ist daher ohne Sinn, pedantisch zu verlangen, daß der klagende Verband sowohl berät wie aufklärt (so Baumbach-Hefermehl § 13 Rz 20) und sich nicht auf eine dieser beiden Tätigkeiten beschränkt (so mit Recht für ausreichend gehalten von Tetzner NJW 1965, 1944 f).

Der Verband darf neben seiner Verbraucherschutzaufgabe durchaus andere Ziele verfolgen (Borck WRP 1965, 320; Baumbach-Hefermehl § 13 Rz 20; Pastor 417), nur keine solchen, welche spezifische Anliegen der anderen Marktseite sind (Pastor 418). Verbraucherbezogene Aufklärung und Beratung braucht nicht ausdrücklich als Verbandszweck in der Satzung der Vereinigung festgehalten zu sein. Es genügt, wenn die Auslegung der Satzung diesen Zweck erkennen läßt (Gerlach Rz 39; aM Palandt-Heinrichs Anm 4 a iVm 4 b; Löwe Rz 72; Hensen Rz 25). Das Gesetz steht einer Klagebefugnis aber entgegen, wenn der Verband verbraucherbezogene Beratung und Aufklärung nur „nebenbei" betreibt (OLG München WRP 77, 738; Löwe Rz 68; Hensen Rz 27; Palandt-Heinrichs Anm 4 a; s auch Baumbach-Hefermehl § 13 Rz 18; aM Gerlach Rz 39. Ansicht Schlosser, Kommentar Rz 23 aufgegeben).

cc) Ein Verein kann sich auf **Teilbereiche des Verbraucherschutzes** beschränken 15
(Hensen Rz 27; Gerlach Rz 40), indem er sich fachlich spezialisiert (Mieterbund; ADAC). Wie im Wettbewerbsrecht (OLG Celle GRUR 1970, 474; Borck WRP 1965, 321; Tetzner NJW 1965, 1944 f; Pastor 418; Baumbach-Hefermehl § 13 Rz 20. – Wie hier zum AGBG Palandt-Heinrichs Anm 4 a; Löwe Rz 71) beschränkt der Verband dadurch seine eigene Aktivlegitimation. Er kann nur noch gegen AGB vorgehen, die zur Regelung solcher Verträge gedacht sind, die von seinem beschränkten Aufgabenbereich angesprochen werden. Ein Verband kann sich in seiner Aufklärungs- und Beratungstätigkeit auch auf den Schutz der Verbraucher vor unangemessenen AGB beschränken; er muß es nur primär durch Aufklärung und Beratung tun und sich nicht darauf „spezialisieren" wollen, Rechte aus § 13 wahrzunehmen (Löwe Rz 70, 72; aM Gerlach Rz 33, 40). Zur Begrenzung der Aktivlegitimation über das in Abs 3 angeordnete Maß hinaus s unten Rz 20.

c) Anforderungen an die Organisationsstruktur des Verbandes 16

Der zweite Satzteil von Abs 2 Nr 1 bringt zwei alternativ zu erfüllende Anforderungen an das soziale Gewicht eines Vereins, der klageberechtigt sein kann.

aa) Ein Verband ist klageberechtigt, wenn er auf dem **Gebiet der Verbraucheraufklärung und Beratung tätige „Verbände als Mitglieder"** hat. Hinter der Unbeholfenheit dieses Textes kann sich nur die Vorstellung von Vereinen verbergen, die Mitglieder des klagenden (Dach-)Verbandes sind. Wenn schon der klagende „Verband" selbst aus natürlichen Personen bestehen kann, können an den eingegliederten „Verband" füglich keine anderen Anforderungen gestellt sein. Das Gesetz verlangt für einen eingegliederten „Verband" weder ein bestimmtes Mitgliederquorum (Löwe Rz 73) noch Rechtsfähigkeit. Solche Anforderungen zu stellen, ist auch von der Sache her nicht notwendig. Ist eine effiziente verbraucherbezogene Beratung und Aufklärung beim Dachverband gewährleistet (s Rz 13), so mag er sich ruhig aus kleineren Verbänden zusammensetzen. 17

Auch der eingegliederte Verein muß tatsächlich verbraucherbezogene Aufklärung und Beratung betreiben (Gerlach Rz 41), braucht dies aber nicht als satzungsmäßige Aufgabe zu tun. Ebensowenig wie beim Dachverband braucht die verbraucherbezogene Beratungs- und Aufklärungsarbeit die einzige Aufgabe des Vereins zu sein.

Der Dachverband muß nicht nur Verbrauchervereine zu Mitgliedern haben. Er kann auch aus solchen Vereinen – zwei genügen – und weniger als 75 natürlichen Personen zusammengesetzt sein. Er kann neben Vereinen, welche in der verbraucherbezogenen Aufklärung und Beratung tätig sind, auch andere Vereine oder Gewerbetreibende (so mit Recht OLG Stuttgart GRUR 1970, 613; OLG Celle GRUR 1970, 473; Hefermehl GRUR 1969, 658; Borck WRP 1965, 320; aM OLG Köln BB 1969, 1150; Pastor 418) zu Mitgliedern haben. Eine Art **„Gegnerfreiheit"** des Verbandes ist nicht Voraussetzung seiner Klageberechtigung. Derartiges zu verlangen, wäre mit Rücksicht darauf ohne Sinn, daß auch Wirtschaftsverbände klageberechtigt sind, und die Verbraucherschaft auf Teilgebieten durchaus Interessen hat, die mit denen mancher Gewerbetreibender gleichlaufen (so mit Recht Lehrmann WRP 1972, 287), s Rz 21.

18 **bb)** Die alternative Voraussetzung eines **Mitgliederbestandes von 75 natürlichen Personen** soll der Rechtsunsicherheit begegnen, die der Gebrauch des Begriffs „Verband" in § 13 Abs 1 a UWG ausgelöst hat. Der Begriff ist rein formal zu verstehen. Seine Voraussetzungen sind auch erfüllt, wenn wenigen aktiven viele passive Mitglieder aus deren Bekannten- und Verwandtenkreis gegenüberstehen. Auch minderjährige Mitglieder sind mitzuzählen. Selbst wenn das Hauptmotiv des Zusammenschlusses ist, den Gründern, die Anwälte sind, Prozesse zu verschaffen, ist die Vereinigung klageberechtigt, sofern nur hinreichend verbraucherbezogener Aufklärung und Beratung betrieben wird (Baumbach-Hefermehl § 13 Rz 23; BGH WPM 77, 1234). Eine Relation zwischen dem Umfang verbraucherbezogener Aufklärungs- und Beratungsarbeit einerseits und der Zahl der zu führenden Abmahnungen und Gerichtsverfahren zu verlangen (so aber Pastor 424 für § 13 UWG mwN zu dieser str bewerteten Frage), gestattet das Gesetz nicht. Mit dem Erfordernis von 75 Mitgliedern wollte der Gesetzgeber das aus dem UWG bekannte Problem der unseriösen, weil auf Prozeßverschaffung für Anwälte ausgerichteten Verbraucherverbände im Interesse der Rechtssicherheit mit einem ganz formalen Kriterium lösen. Zum Problem der Beschränkung der Verbandstätigkeit auf AGB-Probleme s Rz 15, zu dem der „Gegnerfreiheit" s Rz 17.

19 **d) Behauptungslast im Prozeß**

Daß die unter Rz 13–18 näher erläuterten Voraussetzungen der Klagebefugnis erfüllt sind, hat der klagende Verband substantiiert zu behaupten. Im allgemeinen genügt die Angabe einschlägiger Satzungsbestimmungen nicht (OLG Frankfurt BB 1970, 1228; Baumbach-Hefermehl § 13 Rz 23). Das Vorliegen der Klageberechtigung kann aber bei Gericht offenkundig sein (§ 291 ZPO), worauf aber der Beklagte aufmerksam zu machen ist. Es genügt, wenn die Voraussetzungen der Klagebefugnis im Zeitpunkt der letzten mündlichen Verhandlung existieren (BGH GRUR 1973, 78, 79; Baumbach-Hefermehl § 13 Rz 23). Im Bestreitensfalle trifft den klagenden Verband die Beweislast (Löwe Rz 74). Der Verband muß im Falle einer auf die Mitgliedschaft von 75 Personen gestützten Aktivbefugnis seine Mitgliederliste bekanntgeben und im Bestreitensfalle das Fortbestehen der Mitgliedschaften beweisen. Von Amts wegen sind die Voraussetzungen der Klageberechtigung nicht zu prüfen, s Rz 10.

e) Einschränkung der Aktivlegitimation 20

Verbraucherverbände sind im Falle des Abs 3 nicht aktiv legitimiert. Das bedeutet im einzelnen:

Sie sind – **gegenüber Empfehlern** – nicht legitimiert, „wenn AGB zur ausschließlichen Verwendung zwischen Kaufleuten" empfohlen werden. Zum Kaufmannsbegriff s § 24 Rz 2. Einerseits genügt zum Ausschluß der Klagebefugnis der Verbraucherverbände ein Hinweis des Empfehlers, daß das Klauselwerk nur im Verkehr zwischen Kaufleuten verwendet werden soll, auch wenn die Empfehlungsadressaten neben Geschäften mit Kaufleuten solche mit Letztverbrauchern betreiben und selbst wenn die Gefahr auf der Hand liegt, daß sie das Klauselwerk auch in diesem Rahmen verwenden. Andererseits braucht die personelle Einschränkung der Empfehlung nicht ausdrücklich zu sein, wenn sich aus den gesamten Umständen ergibt, daß diese sich nur auf Geschäfte unter Kaufleuten beziehen soll. Das ist etwa der Fall, wenn die Empfehlung für einen Geschäftstyp ausgesprochen wird, der nur unter Kaufleuten üblich ist, oder wenn sich die Empfehlung an Adressaten richtet (Großhändler), die es geschäftstypischerweise nicht mit Letztverbrauchern zu tun haben.

Richtet sich die Klage gegen den **Verwender,** so wirkt nur eine solche Verwendung anspruchsbegründend, die nicht gegenüber einem Kaufmann oder zwar gegenüber einem Kaufmann, aber außerhalb von dessen Handelsgeschäften, erfolgte (allgM). Stützt sich der klagende Verband nur auf die Existenz gedruckter Exemplare von AGB, so ist seine Klage erfolglos, wenn es der Verwender geschäftlich gar nicht regelmäßig mit Verbrauchern zu tun hat (OLG München BB 1978, 1183). Hinsichtlich der Zugehörigkeit eines Geschäfts zum Handelsgschäft eines Kaufmannes gilt § 344 HGB. Ein Verbraucherverband als Kläger muß im Klageantrag zum Ausdruck bringen, daß Unterlassung bzw Widerruf der Empfehlung nur gegenüber Personen begehrt wird, die nicht Kaufleute sind.

Verbraucherverbände sind im übrigen sehr wohl aktiv legitimiert, wenn es sich um Verträge handelt, die mit der öffentlichen Hand (s § 24 Rz 3) abgeschlossen werden oder werden sollen. § 24 S 1 Nr 2 hat in § 13 Abs 3 keine Entsprechung.

Von Abs 3 unberührt bleibt eine freiwillige Selbstbescheidung (s oben Rz 15) durch Satzung oder Rahmen der effektiv ausgeübten Tätigkeit. Widmet sich ein Verband nur den Belangen der privaten Letztverbraucher, dann sind Verwendungen gegenüber der öffentlichen Hand oder freiberuflichen Verbrauchern unschädlich.

2. Wirtschaftsverbände 21

a) Notwendige Interessenrichtung des Verbandes

Nr 2 von Abs 2 lehnt sich noch stärker als Nr 1 und insgesamt nahezu wörtlich an § 13 Abs 1 UWG an.

Der Verband braucht kein berufsständischer zu sein. Jede Förderung gewerblicher Interessen reicht als Satzungszweck aus. Im Sinne von § 13 sind alle Interessen „gewerblich", die es mit dem wirtschaftlichen Fortkommen von Menschen zu tun haben. Dazu gehören auch die professionellen Interessen freiberuflich Tätiger (OLG Stuttgart AnwB 1975, 406 [Anwaltsverein]) und der Landwirte.

Der Verband muß nicht die gewerblichen oder beruflichen Interessen von Personen in ihrem ganzen Umfange fördern wollen. Auch Verbände, die sich speziell und ausschließlich der Aufgabe widmen, unlauteren Wettbewerb (BGH GRUR 1957,

607; aM – zu Unrecht sich auf den Begriff „Verband" anstatt „Verein" stützend – PASTOR 406 f) oder, noch spezieller, unangemessene Geschäftsbedingungen (PALANDT-HEINRICHS Anm 4 b; LÖWE Rz 79; GERLACH Rz 45) zu bekämpfen, sind klageberechtigt. Die reiche Kasuistik, welche sich in der Rspr zu § 13 UWG angesammelt hat (dazu BAUMBACH-HEFERMEHL § 13 Rz 17 mwN), ist in den AG-Bereich ohne weiteres übertragbar. Die Förderung gewerblicher Interessen braucht nicht das einzige und auch nicht das prägende Merkmal des Verbandes zu sein (BGH GRUR 1965, 486; – Blindenverband, „Versehrtenseife"). Jedoch muß sich der Verbandszweck aus der Satzung ergeben, weil er von anderswo nicht hergeleitet werden kann (HENSEN Rz 31).

21 a **b) Wirtschaftsverbände** können in jedem Fall der Verwendung oder Empfehlung von AGB klagen, auch wenn ausschließlich Verträge unter oder Empfehlungen für Verträge unter Kaufleuten zur Debatte stehen. Freilich ist dann Prüfungsmaßstab nur die Generalklausel von § 9. Dazu, inwieweit, vermittelt durch diese Vorschrift, die Klauselverbote der §§ 10 und 11 auch für den innerkaufmännischen Verkehr gelten, s § 9 Rz 5 sowie jeweils der letzte Abschnitt in den Erläuterungen zu den einzelnen Nummern der §§ 10 und 11.

Nur wenn keine Gefahr besteht, daß Bedingungswerke (auch) für Geschäfte verwandt werden, die einen Bezug zum Aufgabenbereich des Verbandes haben, entfällt dessen Klagebefugnis (PALANDT-HEINRICHS Anm 4 b; GERLACH Rz 45).

Im übrigen gilt das, was bezüglich der Verbraucherverbände zu den Problemen Rechtsfähigkeit, s Rz 12, tatsächliche Wahrnehmung der die Klagebefugnis begründenden satzungsmäßigen Aufgaben (auf AGB-Probleme), s Rz 13, gesagt wurde, entspr.

22 **c) Industrie- und Handelskammern**

Daß Abs 2 Nr 3 die Industrie- und Handelskammern sowie die Handwerkskammern ausdrücklich nennt, hat nur klarstellende Bedeutung (BT-Drucks 7/5422, 11): Die Aufzählung ist nicht abschließend (LÖWE Rz 86; GERLACH Rz 47). Auch öffentlich-rechtliche Verbände, die der Förderung gewerblicher Interessen dienen, haben das Klagerecht, selbst solche, die in Nr 3 nicht eigens erwähnt sind, wie etwa Anwaltskammern, Ärztekammern (im Ergebnis, weil sie zu den Wirtschaftsverbänden rechnend, ebenso HENSEN Rz 33; KOCH-STÜBING Rz 30 f). Nr 3 bringt aber zum Ausdruck, daß öffentlich-rechtliche Wirtschaftsverbände den Nachweis nicht zu führen haben, daß sie ihre satzungsmäßigen Aufgaben auch erfüllen.

IV. Die Unterlassungs- und die Widerrufsverpflichtung

23 **1. Die Verwendung bzw Empfehlung unwirksamer AGB-Klauseln als der die Verpflichtung auslösende Vorgang**

a) Erste Voraussetzung für das Entstehen eines Unterlassungs- oder Widerrufsanspruchs ist, daß bestimmte Klauseln **als AGB-Bestandteile** verwendet oder zur Verwendung empfohlen werden. In sinngemäßer Korrektur der in § 1 für AGB gegebenen Begriffsbestimmung genügt es, wenn Verwender oder Empfehler in der Absicht handeln, vorformulierte Bedingungen bei geeigneter Gelegenheit einem Vertragspartner zu „stellen" s § 1 Rz 24. Voraussetzung für den Unterlassungs- oder Widerrufsanspruch ist also nicht, daß bereits ein Vertragsschluß unter Zugrundelegung der fraglichen Bedingungen zustande gekommen ist. Dies folgt aus dem Zweck des Gesetzes, unwirksame Bedingungen möglichst frühzeitig vom Verkehr fernzuhalten, um es gar nicht erst zu Vertragsschlüssen unter ihrer Einbeziehung kommen zu lassen (BT-Drucks 7/5422, 10; ULMER-HENSEN Rz 4; allgM).

b) Eine Unterlassungs- oder Widerrufsverpflichtung löst nach dem Wortlaut des Gesetzes nur der Gebrauch solcher AGB-Klauseln aus, „die **nach §§ 9–11** dieses Gesetzes unwirksam sind". Das AGBG versucht klar, diese Art von Bedingungen von solchen zu unterscheiden, die nicht Vertragsbestandteil werden (§§ 2–4). Im Individualverhältnis zwischen Verwender und seinem Vertragspartner macht es freilich keinen Unterschied, ob eine Bestimmung „unwirksam" ist oder „nicht Vertragsbestandteil" werden kann, s § 3 Rz 2. Wichtig ist die Abgrenzung außer für den innerkaufmännischen Verkehr, für den die §§ 10–11 nicht gelten, für den Anwendungsbereich der Unterlassungsklage, für welche Klauseln nicht deshalb ein geeignetes Anknüpfungsobjekt sind, weil sie nach §§ 3 und 4 nicht Vertragsbestandteil werden können (allgM). Jedoch fällt eine Klausel nicht allein deshalb aus dem Anwendungsbereich der §§ 13 ff, weil sie sich im Individualprozeß auch wegen ihres überraschenden oder individualvertragswidrigen Charakters als ungeeignet herausstellen würde, Vertragsbestandteil zu werden (allgM mit Ausnahme von Löwe Rz 25 ff). Nicht zu übersehen ist zudem folgendes: Die Anwendungsbereiche von §§ 3 und 4 einerseits und von §§ 9–11 andererseits überschneiden sich. Im Sinne von § 9 kann die Unangemessenheit einer Regelung aus ihrem tendenziell überraschenden Charakter herzuleiten sein, s § 3 Rz 2. Dann löst auch die Verwendung einer überraschenden Klausel Unterlassungs- und (gegebenenfalls) Widerrufsverpflichtungen aus (Palandt-Heinrichs Anm 2 b). Manche der in den §§ 10 f enthaltenen Regelungen über die Unwirksamkeit bestimmter Klauseln sind Sonderausprägungen des Schutzes von Individualvereinbarungen, s § 4 Rz 4 ff, und daher ebenfalls mit der durch Verbandsklage zu realisierenden Unterlassungs- und Widerrufsverpflichtung sanktioniert. Klauseln, die sich zwar auf Individualvereinbarungen beziehen oder beziehen können, aber ohne Rücksicht auf die Kenntnis vom Inhalt einer konkreten Individualvereinbarung bewertbar sind, weil sie sich tendenziell gegen Individualvereinbarungen wenden, können auch nach § 9 unwirksam sein und Grundlage eines Unterlassungs- oder Widerrufsanspruchs werden. Denn im Rahmen der Unterlassungsklage müssen die §§ 9–11 ohnehin in einer generalisierenden, von den Einzelumständen konkreter Verträge abstrahierenden Weise ausgelegt werden (s § 5 Rz 7). 24

Ein Schluß de minore ad maius führt dazu, § 13 auch dann für anwendbar zu halten, wenn in AGB Klauseln enthalten sind, die gegen allgemein zwingendes Recht verstoßen, etwa Gerichtsstandsbestimmungen enthalten (allgM). Das gleiche gilt, wenn die AGB Klauseln enthalten, die in der Form nicht zum Vertragsbestandteil werden können, die das Klauselwerk als Vertragsform voraussetzt (Palandt-Heinrichs Anm 2 b).

2. Die Unterlassungsverpflichtung 25

a) Der **Inhalt der Unterlassungspflicht** geht beim **Verwender** (s Rz 23) dahin, die Verwendung zu unterlassen. Gegen diese Verpflichtung verstößt er nicht nur durch den Abschluß von Verträgen auf ihrer Grundlage, sondern in jeder Form, in der er mit den Bedingungen auf dem Markt auftritt (s § 1 Rz 24; Beweislast s § 1 Rz 35).

Den **Empfehler** trifft die Verpflichtung, die Empfehlung zu unterlassen, die von der Verpflichtung, die Bedingungen nicht selbst zu verwenden, scharf zu unterscheiden ist. Die Empfehlung begründet nicht für sich schon die Gefahr der Verwendung. Der Widerrufsanspruch kann daher ohne den Unterlassungsanspruch bestehen. 26

Im Wettbewerbsrecht gilt zwar der Grundsatz, daß der Unterlassungsanspruch auch einen **Beseitigungsanspruch** umfaßt, wenn von einem Wettbewerbsverstoß fortlaufende Störungen ausgehen (BGH GRUR 1962, 315; weitere Nachw bei Pastor 27

394; Baumbach-Hefermehl § 13 Rz 4). Sehr fraglich ist aber auch dort schon, ob ein Unterlassungstitel auch die Beseitigungsvollstreckung ermöglicht. Ins AGB-Recht ist der genannte Grundsatz jedenfalls nicht übertragbar (Löwe Rz 2; Gerlach Rz 22). Das AGBG hat den Störungsbeseitigungsanspruch besonders geregelt und ihn nur in der Form eines gegen den Empfehler gerichteten Widerrufsanspruchs begründet. Diese Regelung wäre überflüssig, wenn es auch im AGB-Recht einen allgemeinen Störungsbeseitigungsanspruch gäbe.

28 Vom Beseitigungsanspruch zu unterscheiden ist der Umfang des Unterlassungsanspruchs bei **Dauerhandlungen** (Löwe Rz 2): Jemand kann sich, anstatt eine Behauptung mündlich oder schriftlich immer erneut zu wiederholen, technischer Mittel der ständigen Kundgabe an die Öffentlichkeit oder an einen bestimmten Personenkreis bedienen. Diese Kundmachung will er sich dauernd zurechnen lassen. Dann, aber nur dann, erfaßt der Anspruch auf Unterlassung (und der ihn realisierende Vollstreckungstitel) auch den Anspruch auf Abbruch der Dauerhandlung durch positives Tun (Nachw in Baumbach-Hefermehl Einl UWG 473; Schlosser, Kommentar Rz 35). In das AGB-Recht übertragen, ist dieser Gedanke etwa anwendbar, wenn AGB im Geschäftslokal des Verwenders angeschlagen sind. Das Unterlassungsurteil verpflichtet diesen dann nicht zur reinen Passivität. Vielmehr ist er gehalten, den Anschlag zu entfernen (Gerlach Rz 22; Koch-Stübing Rz 20), nicht aber den abgedruckten Text zu vernichten (aM Gerlach aaO).

29 Nicht erlaubt es der Gedanke des Unterlassens durch Abbruch einer Dauerhandlung den Verwender (in vollstreckbarer Weise aufgrund des Unterlassungstitels) für verpflichtet zu halten, Kunden von sich aus darüber aufzuklären, daß die beanstandeten AGB nicht wirksam sind. Wenn allerdings der Verwender nach Vollstreckbarkeit des gegen ihn gerichteten Unterlassungstitels seinen Kunden gegenüber Verträge auf der Basis der für unwirksam erklärten Bestimmungen abwickelt, so verwendet er die fraglichen Klauseln erneut und verstößt damit gegen das Unterlassungsgebot (Löwe § 17 Rz 33; § 21 Rz 21; aM Gerlach Rz 23; Hensen Rz 4; Koch-Stübing Rz 19). § 1 hat zwar den Verwender als denjenigen Vertragsteil definiert, der vorformulierte Bedingungen der anderen Vertragspartei bei Abschluß eines Vertrages „stellt“. Damit sollte aber nur die unterschiedliche Funktion der beiden Vertragsparteien zum Ausdruck gebracht werden, die dadurch entsteht, daß eine von ihnen mit vorformulierten Bedingungen arbeitet. Nicht kann aus § 1 entnommen werden, daß einzig und allein das Einführen vorformulierter Bedingungen in Vertragsverhandlungen ein Akt ihrer „Verwendung“ ist. Hat jemand durch Einbeziehung vorformulierter Bedingungen in einen Vertrag einmal die Stellung als Verwender von AGB erlangt, dann kann er den Begriff des (Weiter-)Verwendens auch durch andere Formen des Gebrauchmachens von solchen Bedingungen erfüllen.

30 **b)** Als Voraussetzung für das Entstehen des Unterlassungsanspruchs nennt das Gesetz nur die Verwendung unwirksamer AGB, nicht das Bestehen einer **Wiederholungsgefahr.** Es liegt nahe, in dieser genauso wie im Zusammenhang mit der wettbewerbsrechtlichen Unterlassungsklage (Baumbach-Hefermehl Einl UWG 249; Pastor 331 f; BGH GRUR 1973, 208), ein ungeschriebenes Tatbestandsmerkmal zu sehen (so Palandt-Heinrichs Anm 2 d; Hensen Rz 18; Gerlach Rz 11; Koch-Stübing Rz 23; Löwe Rz 9 ff), für dessen Vorliegen freilich eine – aus keiner Rechtsnorm abgeleitete oder ableitbare – Vermutung sprechen soll (statt aller: BGH GRUR 1970, 559). Die Übertragung der rechtstechnischen Grundstruktur von § 13 UWG auf einen neuen Anwendungsbereich sollte aber Anlaß sein, sich darauf zu besinnen, daß die Schöpfer des UWG in bewußtem Gegensatz zur Regelung des § 1004 BGB auf die Wiederholungsgefahr als Anspruchsvoraussetzung verzichtet haben (Kommissionsbericht der 35. Kommission, erstattet dem

Reichstag am 25. 5. 1909 – mit diesem Inhalt erwähnt bei ROSENTHAL, Kommentar zum UWG [1913] 49; ebenso PINNER-EYCK, Kommentar zum UWG [1909] 12). Die Tatsache des Wettbewerbsverstoßes oder der Verwendung bestimmter AGB-Klauseln allein macht die Wiederholungsgefahr so stark, daß dem Anspruchsberechtigten Auseinandersetzungen über ihr Fortbestehen innerhalb der Verjährungsfrist nicht zuzumuten sind. Demgemäß ist auch in einem der ersten Urteile des RG (RG GRUR 1911, 80) zum Gesetz von 1909 betont, daß Wiederholungsgefahr nicht Anspruchsvoraussetzung und ihr Fehlen nicht Anspruchshindernis sei. Dem stand nicht entgegen, daß das RG den Anspruch versagte, wenn Wiederholung „unmöglich" ist; denn nur etwas Mögliches kann man unterlassen. Auch nicht unter dem Gesichtspunkt eines Rechtsschutzbedürfnisses spielt die Wiederholungsgefahr dann noch eine Rolle, s Rz 41. Nur wenn man sich auf diesen Ausgangspunkt zurückbesinnt, läßt sich der Verjährungsregel des § 21 ein vernünftiger Sinn abgewinnen.

3. Die Widerrufsverpflichtung 31

a) Der Inhalt der Widerrufsverpflichtung ist in § 17 Nr 4 genau festgelegt, s Rz 3 dort. Eine darüber hinausgehende Verpflichtung trifft den zum Widerruf gehaltenen Empfehler nicht (KOCH-STÜBING Rz 21; LÖWE Rz 49 ff; aM GERLACH Rz 26). Auch wenn von der Empfehlung ein Störungszustand (Gefahr der weiteren Verwendung der AGB) ausgeht, der durch die in § 17 Nr 4 vorgesehene Bekanntgabe des Widerrufsurteils nicht beseitigt werden kann, ist der Empfehler nicht verpflichtet, von sich aus weitere Vorkehrungen zu treffen, um der Weiterverwendung der von ihm empfohlenen AGB entgegenzuwirken.

b) Der Anspruch **entsteht** mit der Empfehlung. Diese setzt lediglich voraus, daß eine 32
die Verwendung bestimmter Bedingungen anratende Äußerung bei einem Adressaten angekommen ist. Die Empfehlung muß nicht öffentlich, auch nicht schriftlich ausgesprochen worden sein. Sie kann auch als „Vorschlag" oder „Vertragsgestaltungsmöglichkeiten" auftreten und Alternativen für den Verwender enthalten (allgM).

c) Der Anspruch **erlischt,** wenn der Widerruf in einer dem § 17 Nr 4 entsprechenden 33
Weise ausgesprochen worden ist (HENSEN Rz 21). Dem muß man es gleichstellen, wenn auf andere Weise allen Empfehlungsadressaten bekannt geworden ist, daß der Empfehler von seinem früheren Rat abgerückt ist. Das Erscheinen einer neuen, berichtigten und ausdrücklich sich als solche empfehlenden Auflage eines im Handel oder sonst vertriebenen Formulars reicht dafür durchaus (aM SCHLOSSER, Kommentar Rz 39 aufgegeben). Zum Einfluß einer kartellrechtlichen Unzulässigkeitserklärung nach § 38 Abs 3 GWB s Rz 36.

d) Gegen Art 5 GG verstößt der Widerrufsanspruch nicht. (GERLACH Rz 24, näheres 34
bei SCHLOSSER, Kommentar Rz 40).

Zum Problem wissenschaftlicher Stellungnahmen Rz 48.

4. Die Passivlegitimation des Verwenders 35

Verwender ist immer derjenige, in dessen Namen Verträge unter Einbeziehung von AGB geschlossen wurden oder werden sollen.

Auch wenn **Betriebsangehörige** ohne Wissen der Unternehmensleitung AGB in den Verkehr bringen, ist dies dem Unternehmen zuzurechnen. Der Entlastungsbeweis nach § 831 Abs 1 S 2 BGB steht dem Geschäftsherrn nicht offen, weil es sich nicht um einen Anspruch aus dessen vermutetem Verschulden handelt (allgM). Daß im

AGBG eine dem § 13 Abs 3 UWG entsprechende ausdrückliche Bestimmung fehlt, ist zwar zu bedauern, kann aber nicht hindern, eine entsprechende Rechtsfolge aus der Natur der in § 13 AGBG geregelten Unterlassungsverpflichtung herzuleiten. Auch die weite Auslegung des Begriffs „Beauftragter", welche die Rechtsprechung in Anwendung von § 13 Abs 3 UWG entwickelt hat (etwa LG Stuttgart WRP 1974, 353), läßt sich ins AGB-Recht übertragen (im Ergebnis allgM). Eine konkurrierende Passivlegitimation des Gehilfen anzunehmen, besteht im AGB-Recht, anders als im Wettbewerbsrecht (BGH MDR 1973, 30; LG Hamburg WRP 1974, 355), freilich kein Grund (aM Hensen für den Fall erheblichen Eigentinteresses des Vertreters).

Selbständige Vermittler, zB Handelsmäkler, die eigene AGB für die von ihnen vermittelten Geschäfte verwenden, unterfallen zwar der Legaldefinition des Verwenders (§ 1) nicht. Da diese jedoch ohne Blick auf die Unterlassungsklage geschaffen wurde, s § 1 Rz 24, ist es erlaubt, den Begriff des Verwenders für dieses Rechtsinstitut eigenständig zu bestimmen. Da, wo der Vermittler derjenige Beteiligte ist, welcher ein Klauselwerk in den Verkehr bringt, also Klauselwerke „verwendet", die ihm nicht eine Vertragspartei vorgegeben hat, ist auch er „Verwender" im Sinne von § 13 (ebenso Palandt-Heinrichs Anm 2 c). Daher können auch Notare Verwender von AGB und zu deren Unterlassung verpflichtet sein, s § 1 Rz 27. Lehnt man dies ab, so sind diese Personen aber auf jeden Fall Empfehler von AGB und als solche passiv legitimiert, s Rz 38.

36 **5. Die Passivlegitimation des Empfehlers**

a) Der zentrale Anwendungsbereich der die Empfehlung von AGB betreffenden Regelung des AGBG sind die **Verbandsempfehlungen,** wie sie in § 38 Abs 2 Nr 3 GWB angesprochen sind (dazu s Einl 23 ff). Der nach § 13 begründete Anspruch setzt aber nicht voraus, daß die Empfehlung kartellrechtlich zulässig oder unzulässig ist, insbesondere nicht, daß sie von einer Berufs- oder Wirtschaftsvereinigung stammt. Hat das Kartellamt die Empfehlung nach § 38 Abs 2 GWB für unzulässig erklärt, so berührt dies die zivilrechtliche Wirksamkeit von Verträgen nicht, die ihr nachkommen. Selbst wenn man mit der herrschenden Lehre Wiederholungsgefahr als Voraussetzung einer erfolgreichen Unterlassungsklage ansieht (s oben Rz 30), wird durch ihr Fehlen beim Empfehler nicht auch der Widerrufsanspruch unbegründet. Denn die Verfügung des Bundeskartellamtes garantiert nicht, daß sich die Adressaten der Empfehlung umorientieren. Ein Widerruf leistet dies zwar auch nicht verläßlich, ist aber gleichwohl geeignet, der Weiterverwendung entgegenzuwirken.

37 **b) Verleger von Formularen**

Die zweite typische Gruppe von Empfehlern, die mit § 13 Abs 1 Nr 1 erfaßt werden soll, sind Personen oder Unternehmer, die „Formulare mit Allgemeinen Geschäftsbedingungen zur unmittelbaren Verwendung verbreiten" (so wörtlich 2. Teilber der Arbeitsgruppe, 41). Dazu gehören auch Verleger (Hensen Rz 11; im Ergebnis auch Gerlach Rz 25), nicht nur, wenn sie die verlegten Bedingungen als vorteilhaft anpreisen (aM Koch-Stübing Rz 17). Tritt allerdings der Verfasser der Bedingungen namentlich in Erscheinung, etwa in Gestalt des empfehlenden Verbandes, so ist der Verleger nicht Empfehler. Er übernimmt dann keine inhaltliche Verantwortung für die Publikation.

c) Sonstige Empfehler 38

Die beim Bundesminister der Justiz eingesetzte Arbeitsgruppe (s Einl 7, 10 zu § 1) hatte sich darum bemüht, die in Rz 37 f angeführten Empfehlertypen jeweils gesondert tatbestandlich zu erfassen und auf eine generell gegen „Empfehler" von AGB gerichtete Klausel zu verzichten. Sie wollte damit Autoren wissenschaftlicher Abhandlungen und Verfasser von Formularbüchern sowie Rechtsanwälte und Notare, die AGB entwerfen, aus dem Kreis möglicher Beklagter ausscheiden. Der Rechtsausschuß des BT scheint sich über das Problem nur sehr kursorisch Rechenschaft abgelegt zu haben. Er wollte zwar einerseits „Stellungnahmen zu AGB im nicht rechtsgeschäftlichen, zB wissenschaftlichen Bereich nicht erschwert" wissen und hat aus diesem Grunde das einschränkende Tatbestandsmerkmal „für den rechtsgeschäftlichen Verkehr" geschaffen. Andererseits wollte er „die Verfasser" von Formularbüchern durchaus der Unterlassungs- und Widerrufsklage aussetzen (BT-Drucks 7/5422, 10). So, wie der Tatbestand der Norm schließlich geraten ist, lassen sich in der Tat Autoren von Klauselwerken, auch wenn es sich um Rechtsanwälte und Notare handelt, ja selbst wenn sie Wissenschaftler sind (aM Hensen Rz 12 f), nicht schlechthin als mögliche Passivlegitimierte eines Unterlassungs- oder Widerrufsanspruchs ausscheiden (s Rz 48). Vor allen Dingen ist das Tatbestandsmerkmal „für den rechtsgeschäftlichen Verkehr" wertlos. Es ist schwer vorstellbar, wofür sonst AGB sollten „empfohlen" werden können.

d) Einzelheiten des Empfehlerbegriffs 39

Die den Empfehler betreffende Regelung in § 13 bedarf in mehrfacher Hinsicht einschränkender Interpretation, zum Teil sogar einer teleologischen Reduktion.

Jemand, dessen Formulare von anderen **ohne sein Zutun** übernommen werden, wird dadurch noch nicht zum Empfehler, auch wenn er seine eigenen Bedingungen werbemäßig als besonders günstig und ausgewogen („vorbildlich") herausstellt. Empfehler ist nur, wer sich im **eigenen Namen** an die Verwender richtet (Gerlach Rz 25). Ein für diese anonym arbeitender Autor ist ebensowenig Passivlegitimierter von Unterlassungs- und Widerrufsansprüchen wie ein Jurist, der in selbständiger Funktion einem Verband eine Empfehlung zur Weiterempfehlung gibt, sofern sein Name nicht an die Verwender mitgeteilt wird (Löwe Rz 8).

Allein die **Äußerung der Ansicht, bestimmte Klauseln** oder ein ganzes Klauselwerk seien **rechtlich unbedenklich,** ist in gewisser Weise schon eine „Empfehlung" zur Verwendung. Erst recht gilt dies, wenn ein Autor Vorschläge dazu macht, wie ein bestimmter Vertragstyp durch AGB in sinnvoller Weise rechtlich Gestalt erhalten kann. Solche Meinungsäußerungen stehen unter dem Schutz von Art 5 GG und können daher füglich nicht einer Unterlassungs- oder Widerrufsklage ausgesetzt sein. „Empfehler" im Sinne von § 13 Abs 1 kann daher nur jemand sein, der Energie darauf verwendet, daß bestimmte Klauseln auch tatsächlich verwendet werden (ähnlich Koch-Stübing Rz 16). Eine solche Energie entfaltet nur, wer aus kommerziellen oder beruflichen Gründen Interesse an der Verwendung eines bestimmten Klauselwerkes hat (Formularbuchverleger, Rechtsanwälte und Notare, die vielen Auftraggebern gleichartige Bedingungswerke empfehlen, s Rz 35) oder die Empfehlung auf dem Hintergrund einer wirtschaftlichen Verbundenheit mit dem Adressaten ausspricht (Interessenverbände). Dann kann freilich die notwendige Energie schon von einem Rundschreiben ausgehen, das nur als Informationsschreiben aufgezogen ist (Hensen Rz 8).

40 **6. Verjährung**

Die relativ lange Verjährungsfrist (zum Vergleich: § 21 UWG: 6 Monate bzw 3 Jahre) wird zurecht als sinnvoll nur für den Widerrufsanspruch empfunden, wenn man für den Unterlassungsanspruch Wiederholungsgefahr als Anspruchsvoraussetzung betrachtet (Koch-Stübing Rz 35; Gerlach Rz 49). Gerade das spricht aber dafür, auf dieses Klageerfolgserfordernis, ob im materiellrechtlichen oder im prozessualen Gewande, zu verzichten s oben Rz 30. § 93 ZPO gestattet gerechte Entscheidungen gleichwohl, s zB unten Rz 4 f, 43.

Für den Verjährungsbeginn maßgebend ist der zeitlich jüngste Akt, der als Verwendung oder Empfehlung in Betracht kommt (Löwe Rz 100; Koch-Stübing Rz 35), eventuell also auch eine Handlung, die nach Vertragsschluß liegt und in der Vertragsabwicklung aufgrund der ihr zugrunde gelegten, „unwirksamen" AGB besteht, s Rz 29. Ob eine einmal ausgesprochene Empfehlung nach Ablauf der Verjährungsfrist noch fortwirkt (die empfohlenen Bedingungen werden weiterverwandt), ist für die Verjährung des Widerrufsanspruches gleich. Nach Verjährungsablauf sind Klagen mit Aussicht auf Erfolg nur noch gegen die Weiterverwender möglich. Auch im allgemeinen Wettbewerbsrecht kann ein Beseitigungsanspruch verjährt sein, wenn die Beeinträchtigung noch fortdauert, die ihn ausgelöst hat (BGH NJW 1973, 2285). Nur bei Dauerhandlungen (s Rz 28) beginnt die Verjährung erst mit deren Ende (Abnahme eines AGB-Aushangs).

Kenntnis „des Verbands" liegt sicherlich vor bei Kenntnis eines Vorstandsmitgliedes. Kenntnis eines beliebigen Angestellten reicht nicht aus, wohl aber diejenige eines Sachbearbeiters, der mit der Bearbeitung der AGB eines bestimmten Unternehmens oder einer bestimmten Branche beauftragt ist (BGH NJW 1968, 988; Hensen Rz 42; Löwe Rz 97), auch Kenntnis eines Angestellten, der allgemein zur Entgegennahme von Eingaben bestellt ist, die AGB betreffen. Die Kenntnis muß sich nur auf den Text der AGB und die Person (Gerlach Rz 50; aM Löwe Rz 98 – nur Kenntnis der Zuwiderhandlung nötig, Person des Verwenders oder Empfehlers vom Klageberechtigten zu ermitteln) des Verwenders bzw Empfehlers beziehen. Die rechtliche Bewertung der AGB ist Sache des klageberechtigten Verbandes. Im übrigen genügt es, wenn ein AGB-Text dem zuständigen Verband zugeleitet worden ist. Daß dort niemand das Klauselwerk liest, ist belanglos.

V. Rechtsschutzbedürfnis

41 **1. Fehlen eines Rechtsschutzbedürfnisses wegen Funktionslosigkeit der Klage?**

Wenn der klageberechtigte Verband bereits eine gesicherte Unterlassungserklärung in Händen hat, s Rz 43 ff, soll nach hM die Klagemöglichkeit entfallen, wobei man meist mit dem Gedanken der weggefallenen Wiederholungsgefahr arbeitet (Gerlach Rz 27; Löwe Rz 10; Hensen Rz 3). In der Entgegennahme einer solchen Unterlassungserklärung liegt jedoch wegen der bisherigen Verwendungsfälle (Lindacher GRUR 1975, 415 f) bereits ein Verzicht auf das Klagerecht. Im Falle der Zurückweisung einer gesicherten Unterlassungserklärung durch den Klageberechtigten entfällt aber nicht das Rechtsschutzbedürfnis für die Klage (aM Lindacher GRUR 1975, 417 f), weil das Gesetz richtiger Ansicht nach aus der Wiederholungsgefahr keine eigens zu prüfende Klageerfolgsvoraussetzungen gemacht hat (s oben Rz 30). Das rechtzeitige Angebot einer gesicherten Unterlassungserklärung vor Prozeßbeginn macht freilich den Kläger nach § 93 ZPO kostentragungspflichtig.

Wegen der Existenz dieser Vorschrift ist es auch nicht nötig, im Falle einer rechtskräftigen Verurteilung auf Klage eines anderen Verbandes die Klage für unzulässig (so allg Gegenansicht) zu halten.

2. Subsidiaritätsverhältnis unter den Passivlegitimierten 42

Es kann schwerlich im Sinne des neu geschaffenen Rechtsinstituts liegen, daß sich ein Verband einen kleinen und schwachen Verwender aussucht, wenn er gegen weitverbreitete AGB vorgehen will. Es wäre sicherlich rechtsmißbräuchlich, wegen der Allgemeinen Bankbedingungen eine kleine Privatbank zu belangen, oder einen kleinen Spediteur wegen der ADSp anzugreifen. Wenn sich Bedingungen durch ein Vorgehen gegen Empfehler oder Schwerpunktverwender eindeutig mit größerer Nachhaltigkeit verdrängen ließen, so fehlt für eine nur gegen einen kleinen Verwender oder kleinen Weiterempfehler gerichtete Klage das Rechtsschutzbedürfnis (aM OLG Koch-Stübing Rz 23; näheres in Schlosser, Kommentar Rz 53 ff).

3. Die Bedeutung der Abmahnung 43

a) Schon im Wettbewerbsrecht ist eine vorherige erfolglose **Verwarnung keine Voraussetzung für die Zulässigkeit der Unterlassungsklage** oder des Antrags auf Erlaß einer einstweiligen Verfügung, die auf Unterlassung gerichtet ist. In weitem Umfange wird aber die These vertreten, im allgemeinen seien nach § 93 ZPO dem erfolgreichen Kläger bzw Antragsteller die Kosten des Verfahrens aufzuerlegen, wenn er keine wettbewerbsrechtliche Verwarnung ausgesprochen hatte (dazu ausführlich Pastor, Wettbewerbsprozeß 17 ff mwN; Baumbach-Hefermehl Einl 455 ff UWG). Darunter versteht man „die in Sachen des gewerblichen Rechtsschutzes zur Beilegung einer Wettbewerbsstreitigkeit von einem Unterlassungsberechtigten an den Verletzer wegen einer begangenen oder bevorstehenden konkreten Verletzungshandlung ergehende befristete Aufforderung, eine bestimmte Handlung zu unterlassen und zur Vermeidung gerichtlicher Schritte eine gesicherte (Vertragsstrafe-)Unterwerfungserklärung abzugeben“ (so die Definition von Pastor aaO). Soweit Verbände als Klageberechtigte in Frage stehen, ist die grundsätzliche Abmahnungsobliegenheit seit langem unbestritten. Wenigstens für diesen Bereich kann man daher von einem festgefügten Gewohnheitsrecht sprechen (sogar allgemein, und nicht auf Verbände beschränkt, für diese Annahme Pastor aaO). Diesen Rechtssatz kann man, da § 13 AGBG auch hinsichtlich der Verbandsklage genau an § 13 UWG anschließt, in das AGB-Recht übertragen (allgM). Dies zu tun, besteht um so mehr Veranlassung, als sich ein Anspruch auf Erstattung außergerichtlicher Abmahnkosten in diesem Bereich nicht begründen läßt, s Rz 47, und der Gefahr vorgebaut werden muß, daß die Verbände auf Versuche zur außergerichtlichen Bereinigung der Angelegenheit deshalb verzichten, weil sie nur über die Anstrengung eines gerichtlichen Verfahrens auch ihnen entstandene Kosten ersetzt verlangen können.

b) Die Verwarnung muß den Vorwurf der Verwendung (bzw Empfehlung) unwirksamer AGB-Klauseln, das Unterlassungs- (bzw Widerrufs-)Verlangen, das Verlangen, sich zur Unterlassung vertraglich zu verpflichten und sich für den Fall jeder Zuwiderhandlung einer Vertragsstrafe in bestimmter Höhe zu unterwerfen, sowie die Verfahrensandrohung enthalten, wenn dem Verlangen nicht binnen bestimmter Frist nachgekommen wird. Die beanstandeten Bestimmungen sind zu bezeichnen, der Rechtsgrund der Beanstandung ist anzugeben (Hensen Rz 49 f). Hinsichtlich des **Inhalts der Verwarnung** im einzelnen und bezüglich der Voraussetzungen, unter denen ausnahmsweise auf eine Verwarnung verzichtet werden kann, ergeben sich im 44

AGB-Recht kaum Besonderheiten. Auf die einschlägigen Erläuterungswerke zum UWG kann verwiesen werden (Pastor 9 ff, 39 ff; Baumbach-Hefermehl Einl 455 UWG). Die Besonderheiten des AGB-Rechts bedingen lediglich zwei Abweichungen s Rz 45 f. Für eine „Abmahnung" hinsichtlich des gegen den Empfehler gerichteten Widerrufsanspruchs besteht ohnehin kein Raum (aM Hensen Rz 52, 60; Löwe § 15 Rz 12).

45 **aa)** Die Klagebefugnis der Verbände dient nicht nur dem Schutz der Verbraucherschaft generell, sondern speziell auch den Kunden des Verwenders, die auf der Grundlage der beanstandeten Bedingungen Verträge mit ihm geschlossen haben. Dies folgt aus § 21. Daher kann der klageberechtigte Verband auch die Abgabe einer Erklärung zugunsten der Kunden des Inhalts verlangen, daß der Verwender ihnen gegenüber keine Rechte aus den angegriffenen Klauseln geltend machen werde (Löwe Rz 18; grundsätzlich auch Hensen Rz 53).

46 **bb)** Eine Dringlichkeit von solcher Intensität, daß sie eine vorherige **außergerichtliche Abmahnung** als Voraussetzung der Kostenüberbürdung auf den Beklagten entbehrlich macht, ist im AGB-Recht kaum vorstellbar. Auf diese Weise könnten allenfalls solche Kunden geschützt werden, die während des Laufes der dem Verwender zu setzenden Frist Gefahr laufen, dessen AGB unterworfen zu werden. Ihnen gegenüber kann der Verwender, wenn er rechtskräftig zur Unterlassung verurteilt ist oder gegen eine ihn treffende einstweilige Verfügung das Hauptverfahren nicht betreibt, seine Klauseln aber faktisch später doch nicht durchsetzen, s § 21 Rz 6. Daher entfällt die Abmahnungsobliegenheit auch nicht bei offenkundig vorsätzlichem Verhalten des Verwenders (aM Hensen Rz 66; Gerlach § 15 Rz 11), wohl aber als nutzlos bei klarer Aussichtslosigkeit (Löwe § 15 Rz 14).

47 **c)** Eine Rechtsgrundlage für die **Erstattung außergerichtlicher Abmahnkosten** gibt es nicht (Hensen Rz 64; aM Gerlach Rz 11, 12; Palandt-Heinrichs § 15 Anm 3; Löwe § 15 Rz 17). Eine Schadensersatzpflicht, die der in § 13 Abs 2 UWG verankerten vergleichbar wäre, und welche im Verschuldensfall auch außergerichtliche Abmahnkosten erfaßt, hat das AGBG nicht begründet. Der BGH hat freilich in Wettbewerbssachen eine Erstattungspflicht angenommen, die er auf eine entsprechende Anwendung von § 1004 iVm §§ 683, 687 BGB stützen will (BGHZ 53, 393 = NJW 1970, 245; BGH BB 1973, 813; ebenso Baumbach-Hefermehl Einl 464 UWW mwN): in der Wiederholungsgefahr liege ein „Störzustand", welchen der Störer in entsprechender Anwendung von § 1004 BGB zu beseitigen habe; unterlasse er dies, so sei ein Klageberechtigter nach den Grundsätzen der Geschäftsführung ohne Auftrag befugt, die Störung selbst zu beseitigen, wozu die Abmahnung ein taugliches Mittel sei. Die Einschaltung eines Rechtsanwaltes sei freilich auch dann nur geboten, wenn die Abmahnung durch den Verband selbst keinen Erfolg habe oder verspreche.

Schon der Ausgangspunkt dieser Entscheidung („Störzustand") ist nur haltbar, wenn man sich nicht von der Vorstellung freimachen kann, daß der Verband im Grunde Rechte geltend macht, die er aus der wettbewerbsrechtlich geschützten Rechtsgütersphäre eines Unternehmers ableite, s Rz 4. Dem Verband ist aber durch das ihm eingeräumte Klagerecht jedenfalls im AGB-Bereich kein gesetzlich geschütztes Rechtsgut zugeordnet, das „gestört" werden könnte (das Gesetz hat ihm auch den allgemeinen Störungsbeseitigungsanspruch vorenthalten, s Rz 27), den die Rspr im Wettbewerbsrecht entwickelt hatte. Im übrigen leidet die Entscheidung des BGH an Fehlschlüssen*. Eine Verwarnung ist kein „Geschäft" des Verwarnten, weil

* Nachfolgende Kritik schließt sich an Pastor 90 ff an. Ebenso Kurbjuhn NJW 1970, 604; Klaka GRUR 1970, 191. Ablehnend für den Fall, daß der Störer der Abmahnung nachgekommen ist

dieser sich nicht selbst verwarnen kann und die Verwarnung nicht dazu dient, dem AGB-Verwender „Hilfe" bei der Beseitigung einer Störung zu leisten. Schließlich liegt die Verwarnung sicher kaum jemals im mutmaßlichen Interesse des Verwarnten, der gerade auf dem gboden der hM zur Abmahnobliegenheit in aller Regel aller Kostenfolgen enthoben wäre, wenn vor Verwarnung gerichtlich gegen ihn vorgegangen werden würde, s Rz 43.

§ 14
Zuständigkeit

(1) Für Klagen nach § 13 dieses Gesetzes ist das Landgericht ausschließlich zuständig, in dessen Bezirk der Beklagte seine gewerbliche Niederlassung oder in Ermangelung einer solchen seinen Wohnsitz hat. Hat der Beklagte im Inland weder eine gewerbliche Niederlassung noch einen Wohnsitz, so ist das Gericht des inländischen Aufenthaltsorts zuständig, in Ermangelung eines solchen das Gericht, in dessen Bezirk die nach §§ 9 bis 11 dieses Gesetzes unwirksamen Bestimmungen in Allgemeinen Geschäftsbedingungen verwendet wurden.

(2) Die Landesregierungen werden ermächtigt, zur sachdienlichen Förderung oder schnelleren Erledigung der Verfahren durch Rechtsverordnung einem Landgericht für die Bezirke mehrerer Landgerichte Rechtsstreitigkeiten nach diesem Gesetz zuzuweisen. Die Landesregierungen können die Ermächtigung durch Rechtsverordnung auf die Landesjustizverwaltungen übertragen.

(3) Die Parteien können sich vor den nach Absatz 2 bestimmten Gerichten auch durch Rechtsanwälte vertreten lassen, die bei dem Gericht zugelassen sind, vor das der Rechtsstreit ohne die Regelung nach Absatz 2 gehören würde.

(4) Die Mehrkosten, die einer Partei dadurch erwachsen, daß sie sich nach Absatz 3 durch einen nicht beim Prozeßgericht zugelassenen Rechtsanwalt vertreten läßt, sind nicht zu erstatten.

I. Zuständigkeitssystem

1. Die sachliche Zuständigkeit ist in Abs 1 als einer lex specialis im Verhältnis zu den 1
Vorschriften des GVG geregelt. Das LG ist ohne Rücksicht auf den Wert des Streitgegenstandes, also auch in Bagatellfällen, zuständig. Für die Zuständigkeit der Kammer für Handelssachen fehlt es an einer Rechtsgrundlage, auch in solchen Fällen, in denen sich die Klage gegen AGB richtet, die überwiegend oder gar ausschließlich unter Kaufleuten verwandt werden (allgM). Über § 937 ZPO gilt § 14 auch für Anträge auf Erlaß einstweiliger Verfügungen. Für die Anwendung von § 942 ist kein Raum (Hensen Rz 8; aM Löwe Rz 2), weil sich der Streitgegenstand naturgemäß nicht in einem Gerichtsbezirk befinden kann und zudem eine solche Dringlichkeit nicht auftreten kann, die eine Inanspruchnahme des Landgerichts verböte.

2. Die örtliche Zuständigkeit richtet sich nach der Subsidiaritätsleiter von Abs 1. 2

3. Die internationale Zuständigkeit deutscher Gerichte leitet man im allgemeinen 3
aus deren örtlicher Zuständigkeit ab (BGHZ 44, 46 = NJW 1965, 1665; Rosenberg-Schwab § 20 II 1). Das gilt auch für die in § 14 verankerte Zuständigkeit, soweit der Beklagte eine Person mit Wohnsitz außerhalb der Gründungsstaaten der

---

und im Falle eines gerichtlichen Vorgehens nach § 93 ZPO der Kostenlast entgangen wäre: LG essen NJW 1974, 997.

EWG ist, Art 4 GVÜ. Wohnt der Beklagte innerhalb eines dieser Staaten, so geht nach seinem Art 4 aber das genannte Übereinkommen vor. Dazu näher SCHLOSSER, Kommentar Rz 3.

4 **4.** Sollen **mehrere** (Empfehler und Verwender) **verklagt werden**, für die nach § 14 ein gemeinsamer Gerichtsstand nicht begründet ist, so ist § 36 Nr 3 ZPO anzuwenden.

5 **5. Gerichtsstandsvereinbarungen** sind wegen der Ausschließlichkeit der in § 14 begründeten Gerichtsstände grundsätzlich nicht möglich. Auch durch rügeloses Verhandeln zur Hauptsache läßt sich eine Zuständigkeit nicht begründen, § 40 Abs 2 S 2 ZPO.

6 **6.** Die **Konzentrationsermächtigung** nach Abs 2 ist dem § 27 UWG nachgebildet, unterscheidet sich von dieser Regelung aber dadurch, daß von der Befugnis nicht global Gebrauch gemacht werden muß. Vielmehr kann nach Arten von AGB unterschieden und verschiedenen Landgerichten jeweils fachlich spezialisierte Zuständigkeit übertragen werden („Rechtsstreitigkeiten" – ohne bestimmten Artikel). Obwohl die – hastig redigierte, s Einl 11 zu § 1 – Bestimmung von „Rechtsstreitigkeiten nach § 13 dieses Gesetzes" spricht, meint sie alle in §§ 13 ff geregelten Streitigkeiten, s Rz 11. Auch die Abs 3 und 4 haben ihr Vorbild im UWG (§ 27 Abs 3, 4). Die Regelung gilt auch für das Berufungsverfahren, wenn durch die Konzentrationsverordnung ein anderes OLG zuständig wird, als zuständig wäre, wenn das LG entschieden hätte, das ohne Konzentrationsverordnung zuständig gewesen wäre (allgM).

Folgende Bundesländer haben von der Konzentrationsermächtigung Gebrauch gemacht:

Bayern: GVBl 1977, 197: jeweils die LGe am Sitz des OLG,
Hessen: GVBl 1977, 122: LG Frankfurt,
Nordrhein-Westfalen: GVBl 1977, 133: Düsseldorf, Dortmund, Köln, jeweils für den entsprechenden OLG-Bezirk.

II. Zuständigkeitsrelevante Rechtsbegriffe

7 **1.** Der Begriff **„gewerbliche Niederlassung"** ist von § 21 ZPO übernommen.

8 **2.** Für den Begriff des **„Wohnsitzes"** sind die §§ 7–11 BGB, 35 ZPO maßgebend.

9 **3.** Für den Begriff des **„Aufenthalts"** gilt § 16 ZPO. Nicht notwendig ist ein „gewöhnlicher" Aufenthalt. Auch ein auf einer Verkaufsreise sich befindender Ausländer kann im Gerichtsstand des § 14 verklagt werden.

10 **4.** Der Begriff **„Ort der Verwendung"** von AGB läßt sich in Anlehnung an § 32 ZPO bestimmen. Verwendungsort ist jeder Ort, an welchem von AGB Gebrauch gemacht worden ist, nicht nur der Ort eines Vertragsabschlusses. Dazu gehört auch der Ort der Anbahnung von Vertragsverhandlungen, bei schriftlichen Verhandlungen der Ort der Absendung einer auf Einbeziehung gerichteten Willenserklärung sowie der Ort, an welchem dem Adressaten eine solche Erklärung zugeht. Der Kläger hat unter mehreren Verwendungsorten die Wahl (LÖWE Rz 4). Im Falle einer **Empfehlung** ist maßgebend der Ort der Empfehlung, worunter sowohl der Ort der Abgabe als auch der des Zugangs der Empfehlung zu verstehen ist. Richtet sich die Empfehlung (etwa eines außerhalb der Bundesrepublik ansässigen internationalen Verbandes) an potentielle Verwender, die in der ganzen Bundesrepublik verstreut wohnen, so ist jedes deutsche LG zuständig.

5. **„Klagen nach § 13“** sind alle Klagen, die aus dem dritten Abschnitt erwachsen, etwa auch solche aus § 19 und solche über die Erstattung von Abmahnkosten, s § 13 Rz 47 (Hensen Rz 8; Gerlach Rz 2). 11

III. Zur Anwendbarkeit von § 512 a ZPO s § 15 Rz 12. 12

§ 15
Verfahren

(1) Auf das Verfahren sind die Vorschriften der Zivilprozeßordnung anzuwenden, soweit sich aus diesem Gesetz nicht etwas anderes ergibt.

(2) Der Klageantrag muß auch enthalten:

1. den Wortlaut der beanstandeten Bestimmungen in Allgemeinen Geschäftsbedingungen;

2. die Bezeichnung der Art der Rechtsgeschäfte, für die die Bestimmungen beanstandet werden.

Abs 1 hat nur klarstellende Bedeutung. Besondere Probleme ergeben sich vorwiegend im Bereich derjenigen Vorschriften, die Ausprägung der **Dispositionsmaxime** sind. Im übrigen s § 13 Rz 6 ff (einstweiliger Rechtsschutz), Rz 10 (Amtsprüfung der Klageberechtigung), Rz 11 (negative Feststellungsklage), Rz 41 ff (Rechtsschutzbedürfnis, ua Abmahnung). 1

I. Die Dispositionsmaxime

1. Besonderheiten des Klageantrags 2

Abs 2 stellt besondere Anforderungen an die Genauigkeit des Klageantrags und eines Antrags auf Erlaß einer einstweiligen Verfügung.

a) Der Klageantrag muß den **Wortlaut der beanstandeten Bedingungen** „enthalten“. Ein zweckloser Formalismus ist freilich nicht gefordert. Es genügt, wenn der Kläger ein vervielfältigtes Exemplar der AGB vorlegt und in der Klageschrift die beanstandeten Bedingungen kenntlich macht (Koch-Stübing Rz 1). Insoweit kann es sich der Kläger leichter machen als das Gericht später im Urteil, s § 17. Der Gesetzgeber hat Vorschläge (Zweiter Teilb 39 s Einl 11 zu § 1) bewußt nicht aufgegriffen, die darauf zielten, das Gericht zu ermächtigen, nicht eigens angegriffene Klauseln in das Verfahren einzubeziehen, wenn dies wegen des Sachzusammenhangs tunlich erscheint. Daher besteht de lege lata eine strikte Bindung des Verfahrensgegenstandes an die angegriffenen Klauseln (Hensen Rz 24 ff). 3

b) Nach welchen **Kriterien die Art der Rechtsgeschäfte** bezeichnet werden muß, für welche die Bestimmungen beanstandet werden, sagt das Gesetz nicht. Die Abgrenzungsmerkmale können unterschiedlicher Natur sein (so mit Recht Palandt-Heinrichs Anm 2). Der Antragsteller kann Unterlassung für sämtliche Geschäfte, die der Beklagte tätigt (Löwe Rz 5; aM Hensen Rz 6; Gerlach Rz 5), aber auch nur für solche mit Nichtkaufleuten oder für solche mit anderen, besonderen Personengruppen begehren wollen. Er kann auf einen Rechtstypus von Geschäften (Kaufverträge) abheben. Er kann aber auch gegenständlich bestimmte Geschäftstypen bezeichnen, wie etwa „Verkauf von PKW“, „Errichtung von Ein- und Zweifamilienhäusern“, „Abzahlungsverkäufe von Elektrogeräten aller Art“, „Hypothekenbestellungen auf 4

Ein- und Zweifamilienhäusern sowie Eigentumswohnungen". Beantragt der Kläger Unterlassung für sämtliche Geschäfte des Verwenders, kommt das Gericht aber zu dem Ergebnis, daß Geschäfte denkbar sind, für welche die angegriffene Klausel verwandt werden darf, dann ist die Klage teilweise abzuweisen. Zur Problematik des teilweisen Klageerfolgs im übrigen s § 17 Rz 2.

5 **2. Parteidispositionsakte während des Verfahrens**

a) Anerkenntnis- und Verzichtsurteile sind wie im normalen zivilprozessualen Erkenntnisverfahren zulässig. Ein Anerkenntnisurteil entfaltet die gleichen Wirkungen wie ein sonstiges zivilprozessuales Erkenntnis. Insbesondere löst es auch die in §§ 8–21 begründeten Rechtsfolgen aus.

In der **Hauptsache erledigt** ist der Rechtsstreit bei der Unterlassungsklage in Konsequenz der hM etwa, wenn der Beklagte eine durch Vertragsstrafe gesicherte Unterlassungsverpflichtung abgibt. Dann soll das Rechtsschutzbedürfnis entfallen. Zu dem hier eingenommenen Standpunkt s § 13 Rz 41, 43.

6 **b)** Die Parteien können sich auch **vergleichen**. Eine Veröffentlichungsbefugnis nach § 18 muß in den Vergleich ausdrücklich aufgenommen werden, wenn sie auf Kosten des Verwenders oder Empfehlers begründet werden soll. Auf eigene Kosten kann der klagende Verband den Inhalt des Vergleichs immer veröffentlichen, s § 18 Rz 1.

7 **c)** Die Vorschriften über eine **Klageänderung** sind anwendbar. § 264 Nr 2 ZPO ist anwendbar, wenn die Klage im Laufe des Verfahrens auf weitere Klauseln erstreckt wird oder wenn ein Angriff auf einzelne Klauseln fallengelassen werden soll. Nicht mehr anwendbar ist die Vorschrift aber, wenn in einem laufenden Verfahren erstmalig Bestimmungen aus einem formell selbständigen anderen Klauselwerk beanstandet werden, welches der Beklagte für andere Geschäftstypen oder gegenüber einer anderen Gruppe von Personen zu verwenden pflegt.

8 **d) Eine Änderung von Klauseln durch das Gericht** kann zulässigerweise nicht beantragt werden (Hensen Rz 10).

II. Sonstige Verfahrensprobleme

9 **1. Drittbeteiligungen**

Das Gesetz kennt leider keine besonderen Vorschriften über eine obligatorische Beteiligung Dritter. Anwendbar sind die Vorschriften über die **Nebenintervention**. Im Verfahren gegen den Verwender kann ohne Rücksicht auf Regreßgefahr (aM Gerlach 13) der Empfehler beitreten, im Prozeß gegen diesen jeder Verwender (wie hier Löwe Rz 23; Hensen Rz 25). Die Interventionswirkung beschränkt sich aber auf das Verhältnis des Beklagten zum Intervenienten, etwa wenn der Verwender den Empfehler wegen sorgloser Empfehlung schadensersatzpflichtig machen will. Unter einer solchen Voraussetzung ist auch **Streitverkündung** zulässig. Auch parallele Verwender inhaltsgleicher Bedingungen für dieselbe Art von Rechtsgeschäften (Hensen Rz 25) können als Intervenienten beitreten. Eine förmliche **Beiladung** Dritter ist der ZPO außerhalb besonders geregelter Spezialfälle, wie etwa im Rahmen von § 640 e, fremd. Jedoch gibt es keine Vorschrift der ZPO, die es dem Gericht verböte, von sich aus Personen, die nicht Verfahrensbeteiligte sind, Gelegenheit zu Stellungnahmen zu geben, insbesondere von Amts wegen anzuregen, daß sie als Nebenintervenienten dem Verfahren beitreten. Derartiges empfiehlt sich, wenn ein Klauselwerk durch eine Klage angegriffen wird, die ersichtlich nicht gegen seinen Hauptverwender gerichtet ist oder gegen einen von vielen Verwendern erhoben wird, obwohl im Hintergrund ein zentraler Empfehler steht, s § 13 Rz 42.

2. Rechthängigkeit, Rechtskraft 10

Die weitere Klage eines anderen Klageberechtigten ist weder hinsichtlich der Parteien noch im Streitgegenstand mit der erhobenen identisch. Ihr steht der Einwand der Rechthängigkeit nicht entgegen (BGH GRUR 1960, 379). Es gilt nichts anderes als im Wettbewerbsrecht auch (PALANDT-HEINRICHS § 13 Anm 4 d). Nach Klageabweisung steht der Klage eines anderen Verbandes auch nicht die Rechtskraft entgegen, s § 13 Rz 41.

3. Aussetzung 11

Sind mehrere Unterlassungsklagen bei den Gerichten rechtshängig, so kann mangels Vorgreiflichkeit nicht etwa eines der Verfahren ausgesetzt werden (HENSEN Rz 23; LÖWE § 21 Rz 27). Ein Individualprozeß kann aber sehr wohl bis zum rechtskräftigen Abschluß eines Unterlassungsverfahrens ausgesetzt werden (§ 148 ZPO), wenn das dort angestrebte Unterlassungsurteil nach § 21, s dort Rz 6, für die Vertragsabwicklung bindend sein würde.

4. Anfechtbarkeit von gerichtlichen Entscheidungen 12

Klagen nach §§ 13 ff, betreffen „vermögensrechtliche Angelegenheiten". Daher ist § 512 a ZPO anwendbar, s OLG Stuttgart BB 1979, 908.

§ 16
Anhörung

Das Gericht hat vor der Entscheidung über eine Klage nach § 13 zu hören

1. die zuständige Aufsichtsbehörde für das Versicherungswesen, wenn Gegenstand der Klage Bestimmungen in Allgemeinen Geschäftsbedingungen sind, die von ihr nach Maßgabe des Gesetzes über die Beaufsichtigung der privaten Versicherungsunternehmungen zu genehmigen sind, oder

2. das Bundesaufsichtsamt für das Kreditwesen, wenn Gegenstand der Klage Bestimmungen in Allgemeinen Geschäftsbedingungen sind, die das Bundesaufsichtsamt für das Kreditwesen nach Maßgabe des Gesetzes über Bausparkassen, des Gesetzes über Kapitalanlagegesellschaften, des Hypothekenbankgesetzes oder des Gesetzes über Schiffspfandbriefbanken zu genehmigen hat.

I. Zweck und Anwendungsbereich

1. Kann ein Klauselwerk nur nach Genehmigung durch eine Behörde in den Verkehr gebracht werden, so ist deren Prestige mit im Spiel, wenn solche Bedingungen mit der Unterlassungsklage gegen den Verwender angegriffen werden. Es ist aber nicht nur ein daraus folgendes Gebot der Fairness gegenüber der Behörde, sondern auch ein solches der umfassenden Würdigung aller Bewertungsgesichtspunkte, diese Behörde im gerichtlichen Verfahren anzuhören. Das Gesetz nennt nur die beiden wichtigsten Genehmigungsfälle. Gründe, warum dies abschließend ge- 1

meint sein soll, hat der Rechtsausschuß des BT, auf den der gesamte Verfahrensteil zurückgeht, s Einl 11 zu § 1, nicht genannt. Es sind auch keine ersichtlich. Angesichts der Hast, mit der die §§ 13 ff geschaffen wurden, hat man anscheinend nur an diese beiden Fälle gedacht. Daher ist es erlaubt, die Vorschrift **auf alle Fälle einer gegen öffentlichrechtlich genehmigte Bedingungen gerichteten Unterlassungsklage zu erstrecken** (Koch-Stübing Rz 3; Löwe Rz 7; aM Hensen Rz 8; Gerlach Rz 16).

2. Die vom Gesetz **ausdrücklich genannten Fälle** sind die folgenden:

2 **a)** §§ 5, 8 VAG (Adresse des Bundesaufsichtsamtes für Versicherungswesen: Ludwigskirchplatz 3–4, 1 Berlin 15).

3 **b)** Bausparkassengesetz v 16. 11. 1972 (BGBl I 2097) §§ 5, 8, 9; Gesetz über die Kapitalanlagegesellschaften idF v 14. 1. 1970 (BGBl I 127) § 15; Hypothekenbankgesetz v 5. 2. 1963 (BGBl I 81) § 15; Schiffspfandbriefbankgesetz idF v 8. 5. 1963 (BGBl I 301) § 15 (Adresse des Bundesaufsichtsamtes für das Kreditwesen: Reichpietschufer 72, 1000 Berlin 30).

4 **3.** Außerdem sind beispielhaft zu nennen: § 21 Abs 71 S 2 LuftVG idF v 30. 10. 1975 (BGBl I 2679); § 16 BBahnG, §§ 39 ff PBefG v 21. 3. 1961 idF v 13. 6. 1974 (BGBl I 1281).

5 **4.** „Geschäftsbedingungen", die als **objektives Recht** verbindlich sind, s § 1 Rz 3, unterliegen der Unterlassungsklage ohnehin nicht.

6 **5.** § 16 gilt nicht für den Individual-Prozeß, in dem eine Klausel fragwürdig wird, die genehmigungsbedürftig war (Löwe Rz 8). Jedoch kann nach § 273 Abs 2 Nr 2 ZPO eine Stellungnahme erbeten werden (allgM).

7 II. Die Rechtstellung der Anhörungsberechtigten

Die Stellung der Anhörungsberechtigten hat sonst in der ZPO kein Vorbild. Die Anhörung dient nicht etwa dazu, den in § 16 genannten Behörden die Wahrnehmung subjektiver Rechte zu ermöglichen.

Sie sind nicht materiell „Verfahrensbeteiligte" (aM Palandt-Heinrichs Anm 2). Ihnen steht daher auch kein verfassungsrechtlicher Anspruch auf Gewährung rechtlichen Gehörs zu (Koch-Stübing Rz 1; Gerlach Rz 4, 8), wohl aber eine durch einfaches Gesetz begründete Anhörungsgarantie (Löwe Rz 9, 11). Das bedeutet, daß das Gericht nicht etwa gehalten ist, endgültig erst zu entscheiden, wenn der gesamte im Laufe des Verfahrens angefallene Prozeßstoff auch den Anhörungsberechtigten bekannt geworden ist. Vielmehr ist der Vorschrift schon Genüge getan, wenn der Behörde der Inhalt des gegen die genehmigten Bedingungen gerichteten Angriffes mitgeteilt und ihr Gelegenheit zu einer einmaligen Stellungnahme gegeben wird (aM Hensen Rz 3 f). Ob ihr Gelegenheit zu schriftlicher Äußerung oder darüber hinaus zur Teilnahme an der mündlichen Verhandlung zu gewähren ist, liegt ganz im Ermessen des Gerichts. Die Behörde braucht über das Verfahrensergebnis auch nicht informiert zu werden (Gerlach Rz 7; aM Palandt-Heinrichs Anm 2 c). Gleichwohl sollte das Gericht dies fairerweise veranlassen.

Ein Verstoß gegen § 16 begründet einen durch Genehmigung oder rügeloses Einlassen der Parteien nicht heilbaren Verfahrensmangel. Prozessual überholt ist dieser aber, wenn die Behörde im Rechtsmittelzug angehört wurde. Eigene Rechtsmittelbefugnisse gehen der Behörde ab (Löwe Rz 14).

Im Verfahren der einstweiligen Verfügung kann auf die Anhörung verzichtet werden, soweit sie Verzögerungen mit sich brächte und sofern ohne mündliche Verhandlung entschieden wird (Löwe Rz 11; Hensen Rz 4).

§ 17
Urteilsformel

Erachtet das Gericht die Klage für begründet, so enthält die Urteilsformel auch:

1. die beanstandeten Bestimmungen der Allgemeinen Geschäftsbedingungen im Wortlaut;

2. die Bezeichnung der Art der Rechtsgeschäfte, für die die den Unterlassungsanspruch begründenden Bestimmungen der Allgemeinen Geschäftsbedingungen nicht verwendet werden dürfen;

3. das Gebot, die Verwendung inhaltsgleicher Bestimmungen in Allgemeinen Geschäftsbedingungen zu unterlassen;

4. für den Fall der Verurteilung zum Widerruf das Gebot, das Urteil in gleicher Weise bekanntzugeben, wie die Empfehlung verbreitet wurde.

Die Vorschrift legt zusätzlich zu den sonst für den Urteilstenor geltenden Bestimmungen zwingend einige seiner Bestandteile fest. Einen naheliegenden Fragenkomplex (Widerrufsurteil) hat das Gesetz nicht geregelt. Zur Rechtskraft s § 19 Rz 2. § 17 gilt auch für einstweilige Verfügungen (Hensen Rz 1; Gerlach Rz 2), nicht aber für Entscheidungen, die inzident von der Unwirksamkeit einer AGB-Klausel ausgehen. Zu den Entscheidungswirkungen im übrigen s § 21 Rz 1. 1

I. Das Unterlassungsurteil 2

Die Nr 1–3 sind auf das Unterlassungsurteil zugeschnitten.

Die Nr 1 und 2 entsprechen den besonderen Anforderungen, die § 15 Abs 2 an die Bestimmtheit des Klageantrags stellt, s dort Rz 3. Ein Unterschied ergibt sich nur daraus, daß der Urteilstenor nicht auf ein vorgelegtes Exemplar von AGB verweisen, sondern aus sich selbst heraus eine Sinneinheit darstellen muß, die ohne Lektüre weiterer Dokumente verständlich ist. Eine Durchsicht der beim BKartA nach § 21 erfolgten Registrierungen zeigt groteske Beispiele gerichtlicher Gedankenlosigkeiten. Als Beispiel soll eine Entscheidung bezüglich der Bedingungen eines Einkaufsmarktes dienen:

„Der Antragsgegnerin, wird . . . verboten, im nicht-kaufmännischen Geschäftsverkehr mit ihren Kunden/Bestellern folgende Klausel in ihren AGB zu verwenden:

Ziff 2, 2. Absatz, 3. Satz

‚Darüber hinaus haftet der Verkäufer nicht für Schäden, die dem Käufer wegen verspäteter, mangelhafter oder unterlassener Lieferung entstehen'

Ziff 4, 2. Halbsatz

‚. . . oder Kostenersatz in Höhe von 15% des Kaufpreises zu verlangen . . .!'"

Niemand kann den Sinn dieser Gebote begreifen, ohne den gedruckten AGB-Text vor sich zu haben, der dem Gericht vorgelegen hat. Wenn die gedruckte Gestalt einer Klausel nur teilweise anstößig ist, der anstößige Teil aber als Textteil aus sich heraus nicht verständlich ist, muß er in der Urteilsformel entsprechend ergänzt werden. Die Nr 1 von § 17 kann dann nicht mit sklavischer Genauigkeit angewandt werden. In den wiedergegebenen Beispielen hätte es etwa heißen müssen:

„. . . eine Klausel zu verwenden, die seine Schadensersatzhaftung für alle Fälle außer für [– etwa –] grob schuldhaftes Verhalten leitender Angestellter ausschließt";

„. . . eine Klausel, die im Falle (etwa) der Nicht-Abnahme der Ware 15% des Kaufpreises als geschuldet bezeichnet".
Es ist im übrigen ganz und gar entbehrlich, im gerichtlichen Unterlassungsgebot die Nummer zu kennzeichnen, unter der sich der Verwender in seinem derzeitigen Druckexemplar einer bestimmten Klausel bedient.

Die Nr 3 bringt kein sonst bekanntes Urteilselement. Das Unterlassungsurteil richtet sich nicht auf den Wortlaut der beanstandeten Bestimmungen, sondern auf ihren Inhalt, umfaßt also in allen seinen Urteilswirkungen auch umformulierte, aber inhaltsgleiche Klauseln. Das, was die Rspr im UWG-Bereich im Rahmen der sogenannten „Kerntheorie" entwickelt hat (BGHZ 5, 193 = NJW 1952, 665 [L S]; weitere Nachw bei Pastor, Der Wettbewerbsprozeß 649), ist auf das AGB-Recht übertragbar (Hensen Rz 6; Löwe Rz 4, 17–24). Nr 3 hat daher nur klarstellende Bedeutung. Fehlt ein solcher Ausspruch, so ändert sich an der Tragweite der Urteilswirkungen nichts. Der Nr 3 braucht auch nicht in einem eigenen Satz der Urteilsformel entsprochen zu werden (aM Hensen Rz 4). Es genügt, wenn der Beklagte zur Unterlassung der Verwendung bestimmter Klauseln „wörtlich oder ihrem Sinne nach" verurteilt wird. Betroffen sind aber wirklich nur qualitativ und quantitativ inhaltsgleiche Klauseln. Ermäßigt der Verwender etwa eine beanstandete Frist, so ist die neue mit der alten nicht inhaltsgleich, auch wenn man sie immer noch als zu lang betrachtet (Koch-Stübing Rz 4; aM Hensen § 15 Rz 37), es sei denn, die Änderung sei so minimal, daß sie wirtschaftlich nicht ins Gewicht fällt. Es kann aber beantragt werden, zur Unterlassung von Klauseln mit einer eine bestimmte Grenze überschreitenden Frist zu verurteilen (Koch-Stübing Rz 4). Denn in der Verwendung einer exzessiven Klausel ist die Verwendung der relativ maßvolleren (aber immer noch unwirksamen) Klausel inbegriffen. Zur näheren Konkretisierung der verbotenen Handlungen, s § 13 Rz 25 ff.

II. Das Widerrufsurteil

3 **1.** Die große Hast der Gesetzesverabschiedung, s Einl 11 zu § 1, hat den Nrn 1–3 eine Redaktion gebracht, deren Wortlaut das Widerrufsurteil nicht erfaßt. Gleichwohl sind diese Bestimmungen **entsprechend auch auf das Widerrufsurteil** anzuwenden (allgM).

4 **2.** Die Nr 4 regelt die Art und Weise des Widerrufs, und zwar abschließend (Koch-Stübing Rz 6). Außer dazu, das Urteil bekanntzugeben, ist der Empfehler nicht etwa auch noch zur Versendung eines Widerrufsschreibens zu verurteilen. Erst recht muß der Verurteilte nicht bei den Adressaten der Empfehlung um Rücksendung noch vorhandener Exemplare nachsuchen (aM Hensen Rz 7). Der Klageantrag braucht nicht ausdrücklich auf Bekanntgabe des Urteils an einen bestimmten Personenkreis in einer bestimmten Weise gerichtet zu sein. Es genügt, wenn der Kläger Widerruf begehrt. Unterläßt er es freilich, dem Gericht Angaben zu machen, die hinreichend konkret sind, um diesem eine Verurteilung nach Nr 4 zu ermöglichen, so ist der gesamte Widerrufsantrag mangels hinreichender Substantiierung abzuweisen (Löwe Rz 25). Denn das Widerrufsurteil muß die Art seiner Bekanntmachung genau festlegen.

5 **a)** Die Nr 4 zu vollziehen, ist nicht sonderlich schwierig, wenn die Empfehlung durch **Rundschreiben, Veröffentlichung oder mündliches Anraten** zustande gekommen ist. Dann ist der Empfehler zu einer Bekanntgabe des Urteils auf gleichem Wege anzuhalten. Der Verfasser als Empfehler (s § 13 Rz 38) muß das Urteil dem Verleger bekanntgeben (Hensen § 13 Rz 22). Verlegt dieser das Klauselwerk weiter, wird er selbst zum Empfehler, s § 13 Rz 38. Die Art und Weise der

Bekanntgabe muß im Urteil von Amts wegen (Löwe Rz 28) konkret beschrieben werden. Daß der Empfehler dem Urteil nachgekommen ist, muß er zur Vermeidung der Zwangsvollstreckung nachweisen. Läßt sich der Kreis der Empfehlungsadressaten nicht mehr genau bestimmen, so kann er nach generellen Merkmalen annähernd rekonstruiert werden (etwa: alle Mitglieder eines Verbandes, auch wenn jene nur auf Anforderung Exemplare zugesandt erhalten).

b) Wie gegen einen **Verleger als Empfehler** (s § 13 Rz 38) zu erkennen ist, scheint 6
der Gesetzgeber nicht eigens erwogen zu haben. Die Empfehlungsadressaten (Käufer des Formulars) sind dann in der großen Vielzahl nicht mehr feststellbar. Die Nr 4 hat daher in diesem Fall nur einen beschränkten Anwendungsbereich. Man braucht aber deshalb einen Widerrufsanspruch für diesen Fall nicht als ausgeschlossen zu betrachten (so aber Hensen § 13 Rz 22). Man muß vielmehr versuchen, den Regelungssinn des Gesetzes zum möglichst großen Teil zu verwirklichen. Läßt sich feststellen, daß ein bestimmter Personenkreis (Branchenangehörige) typischerweise das Formular benutzt, dann ist der Verleger dazu zu verurteilen, die gerichtliche Entscheidung diesem Personenkreis bekanntzumachen, auch wenn dies auf andere Weise geschehen muß als auf dem Weg, auf dem die Erwerber des Formulares in seinen Besitz gelangt sind (Gerlach Rz 6). Wird das Formular über Zwischenstationen vertrieben (Buchhandel), so ist der Verleger dazu zu verurteilen, diesen das gerichtliche Erkenntnis bekanntzumachen.

Daß der Verleger seinen eigenen Vorrat an gedruckten Empfehlungen nach Rechtskraft des Urteils nicht weitervertreiben darf, steht unabhängig von Nr 4 fest. Für eine Übertragung der im Wettbewerbsrecht geltenden Grundsätze zur Bewilligung einer Aufbrauchsfrist ins AGB-Recht fehlt es an einem Bedürfnis (allgM). Der Verleger kann sich immer behelfen, indem er dem alten Formular berichtigende Blätter beifügt, die angeben, welche Bedingungen nicht mehr oder in geänderter Fassung verwendet werden sollten.

Nur durch Veröffentlichung einer neuen, berichtigten Auflage eines Formulars kommt der Verleger seiner Widerrufspflicht nicht nach.

III. Der Dispositionsgrundsatz 7

Das Gericht darf über die Wirksamkeit nicht angegriffener Klauseln nicht urteilen, s § 15 Rz 3. Es darf auch nicht rechtskraftfähig über die Wirksamkeit möglicher Ersatzklauseln (s Rz 1) entscheiden, sofern nicht klage- oder widerklageweise darum angegangen (Löwe Rz 11 ff; aM Hensen Rz 13 ff). Für die Widerklage besteht immer ein Rechtsschutzbedürfnis, wenn der Kläger die Wirksamkeit einer Ersatzklausel nicht anerkennt. Nur wenn der Kläger alle Klauseln von einem bestimmten Grad an („jede Frist von mehr als zwei Wochen") zum Verfahrensgegenstand gemacht hat, kann insoweit ein der Klage nur teilweise stattgebendes Urteil ergehen („jede Frist von mehr als drei Wochen"). Der Klage nur teilweise stattgeben kann das Gericht auch, wenn es meint, nicht für alle vom Kläger genannten Verträge, s § 15 Rz 4, sei eine angegriffene Klausel unwirksam (Koch-Stübing § 15 Rz 2; Hensen Rz 21). Dann kann es den Kreis der betroffenen Rechtsgeschäfte selbst formulieren, darf aber kein Rechtsgeschäft miteinbeziehen, das nicht auch vom Klageantrag erfaßt wäre.

§ 18
Veröffentlichungsbefugnis

Wird der Klage stattgegeben, so kann dem Kläger auf Antrag die Befugnis zugesprochen werden, die Urteilsformel mit der Bezeichnung des verurteilten Verwenders oder Empfehlers auf Kosten des Beklagten im Bundesanzeiger, im übrigen auf eigene Kosten bekanntzumachen. Das Gericht kann die Befugnis zeitlich begrenzen.

1 I. Die Bekanntmachung auf Kosten des Klägers

Die Befugnis zur Veröffentlichung einer wahren Tatsache hängt auch dann nicht von einer gerichtlichen Genehmigung ab, wenn es sich um ein gerichtliches Urteil handelt (Löwe Rz 17). Daher kann die bloße Tatsache einer Urteilsveröffentlichung – selbst unter Namensnennungen –, die den Verfassungsschutz der aktiven Informationsfreiheit genießt, auch nicht nach § 717 Abs 2 ZPO schadensersatzpflichtig machen (aM Hensen Rz 10; Palandt-Heinrichs Anm 1 a). Ausnahmsweise kann freilich auch die Veröffentlichung eines gerichtlichen Urteils einen schadenersatzpflichtigen Eingriff in den eingerichteten und ausgeübten Gewerbebetrieb darstellen. Der einzige Sinn, den der Kläger mit dem Antrag auf Bekanntmachungsgenehmigung verfolgen kann, ist daher der, sich von vornherein Auseinandersetzungen darüber zu ersparen, ob ein solcher Ausnahmefall vorliegt oder nicht. Die Entscheidung über den Antrag steht zwar grundsätzlich im gerichtlichen Ermessen. Wegen der gekennzeichneten Funktion des Antrags wird ihm aber regelmäßig zu entsprechen sein. Daß der Veröffentlichung eine effektive Warnfunktion zugunsten der Kunden des Verwenders oder der Empfehlungsadressaten zukommt, verlangt das Gesetz nicht. Der klagende Verband kann auch im general-präsentiven Interesse die Politik verfolgen, Urteile, die er erstritten hat, generell zu veröffentlichen. Die gerichtliche Genehmigung als solche ist keine Vollstreckung (aM Löwe Rz 11). Ihre einen eventuellen Eingriff in Rechtsgüter des Beklagten rechtfertigende Wirkung entfaltet sie daher erst mit Rechtskraft der Entscheidung. Als gerichtliche Gestaltungsentscheidung wirkt sie nur für die Zukunft.

Auch für eine Veröffentlichung im Bundesanzeiger gilt nichts anderes, wenn der Kläger die Kosten hierfür übernimmt. Für die Zulässigkeit einer solchen Veröffentlichung ist (vorläufige) Vollstreckbarkeit des Urteils nicht Voraussetzung (aM Palandt-Heinrichs Anm 1 d; Gerlach Rz 2).

2 II. Veröffentlichung im Bundesanzeiger auf Kosten des Beklagten

Welche verbraucherschützende Wirkung sich der Gesetzgeber von der Möglichkeit versprochen hat, im Unterlassungs- und Widerrufsverfahren ergangene gerichtliche Urteile im Bundesanzeiger auf Kosten des Beklagten veröffentlichen zu lassen, dürfte für immer sein Geheimnis bleiben. Als ob Letztverbraucher oder Geschäftsleute, die AGB unterworfen zu werden drohen, auf den Gedanken kommen könnten, sich durch ein regelmäßiges Studium des Bundesanzeigers zu schützen! Verbraucherverbände können sich jederzeit beim Bundeskartellamt nach § 20 informieren. Das Gericht wird daher von seiner Ermessensbefugnis nur in den höchst seltenen Fällen Gebrauch machen können, in welchen ihm ein konkreter Sinn dieser Maßnahme plausibel gemacht ist, auf keinen Fall im Zusammenhang mit einstweiligen Verfügungen (Hensen Rz 3; aM Löwe Rz 4, 8; Gerlach Rz 2) oder wenn schon eine Veröffentlichung nach § 17 Nr 4 angeordnet ist (Gerlach Rz 2; aM Löwe Rz 5).

Zwar sind die Bekanntmachungskosten Vollstreckungskosten iSv § 788 ZPO. Daraus folgt aber nicht, daß sie schon nach nur vorläufiger Vollstreckbarkeit des Urteils beigetrieben werden könnten (aM LÖWE Rz 16). Denn die einen eventuellen Eingriff in den eingerichteten und ausgeübten Gewerbebetrieb rechtfertigende Bekanntmachungsgenehmigung des Gerichts ist gestaltender Natur (s oben Rz 1) und wird daher nicht vor der Rechtskraft des Urteils wirksam.

III. Gemeinsame Verfahrensfragen 3

Der Antrag stellt einen eigenständigen Streitgegenstand dar (allgM). Wird er abgelehnt, so bedeutet dies teilweise Klageabweisung, die aber im allgemeinen nach § 92 Abs 2 ZPO kostenunschädlich ist (aM HENSEN § 17 Rz 23). Die Abweisung begründet für Rechtsmittel eine selbständige Beschwer.

§ 19
Einwendung bei abweichender Entscheidung

Der Verwender, dem die Verwendung einer Bestimmung untersagt worden ist, kann im Wege der Klage nach § 767 ZPO einwenden, daß nachträglich eine Entscheidung des Bundesgerichtshofs oder des Gemeinsamen Senats der Obersten Gerichtshöfe des Bundes ergangen ist, welche die Verwendung dieser Bestimmung für dieselbe Art von Rechtsgeschäften nicht untersagt, und daß die Zwangsvollstreckung aus dem Urteil gegen ihn in unzumutbarer Weise seinen Geschäftsbetrieb beeinträchtigen würde.

Schrifttum

GAUL, Die Erstreckung und Durchbrechung der Urteilswirkungen nach §§ 19, 21 AGBG, FS Beitzke (1979) 997; GRUNSKY, Zur zeitlichen Wirkung eines Urteils auf Unterlassung der Verwendung bestimmter Klauseln in Allgemeinen Geschäftsbedingungen, Gedächtnisschrift für Rödig (1978) 325 ff; REMEL, Die Verbandsklage nach dem AGBG (1979) S 87 ff.

I. Rechtsnatur der durch die Vorschrift begründeten Befugnisse 1

In den §§ 19–21 hat die aus der Hast geborene (s Einl 11 zu § 1) dogmatische Nachlässigkeit des Gesetzgebers ihren Höhepunkt erreicht. Eine Deutung der in der Vorschrift begründeten Befugnisse im Sinne einer „Vollstreckungsgegenklage" läßt sich nicht widerspruchsfrei durchführen. Der Sache nach ist eine **der Wiederaufnahme ähnliche Möglichkeit** begründet (aM GAUL 1049). Das ergibt sich aus den nachfolgenden Erwägungen: Daß ausnahmsweise nicht Verfahrensfehler oder evidente Mängel in der Tatsachengrundlage rechtsbehelfsauslösend sind, sondern Rechtsfindungsfehler, steht dem genausowenig entgegen wie der Umstand, daß die Unrichtigkeit des Urteils im Falle des § 21 S 2 auch inzident geltend gemacht werden kann.

1. Wirkungen eines Unterlassungsurteils 2

Als Leistungsurteil hat ein Unterlassungsurteil nicht nur Vollstreckungs-, sondern auch **materielle Rechtskraftwirkungen**. Diese äußern sich, wie auch sonst, in einem

„ne bis in idem" sowie in einer Präjudizialwirkung: Der Anspruch, zu dessen Erfüllung der Beklagte verurteilt wird, wird für künftige Folgeprozesse, in denen er präjudizielle Bedeutung annimmt, festgestellt. Nach allgemeinen Grundsätzen würde die Rechtskraft eines auf § 13 sich stützenden Unterlassungsurteils die Unwirksamkeit der beanstandeten AGB-Bestimmung nur inzident, aber nicht rechtskräftig feststellen (GAUL 1030). § 21, der primär eine auf Einrede zu beachtende Erstreckung von materieller Rechtskraft auf Dritte verfügt, bringt freilich gerade deshalb mittelbar zum Ausdruck, daß das Unterlassungsurteil auch die Unwirksamkeit der beanstandeten Klausel feststellt. Denn mit der Formel „die Wirkung des Unterlassungsurteils" (scil auf welche sich der Vertragsteil berufen kann) sind solche Wirkungen vorausgesetzt und müssen dann erst recht gegenüber dem damaligen Prozeßsieger bestanden haben (KOCH-STÜBING § 21 Rz 3; LÖWE Rz 8; aM GAUL 1034). Was bleibt von diesen Urteilswirkungen, wenn eine auf § 19 gestützte Klage Erfolg hat?

3 **2. Ziel der „Vollstreckungsgegenklage"**

Nach dem herrschenden Verständnis der in § 767 ZPO geregelten Vollstreckungsgegenklage ist Ziel dieses Rechtsbehelfs lediglich, die Vollstreckbarkeit des Urteils für die Zukunft zu beseitigen. Die materiell rechtskräftigen Feststellungen sollen unangetastet bleiben, die Änderung der materiellen Rechtslage einer gesonderten Feststellung bedürfen (s statt aller STEIN-JONAS-MÜNZBERG § 767 Anm I 1, 2 mwN). Ersichtlich soll aber das über § 19 zu erstreitende Urteil auch die materielle Rechtskraft des Unterlassungsurteils beseitigen, wie aus einem Erst-recht-Schluß aus § 21 S 2 folgt. Es soll nämlich sogar die außerordentliche Rechtskrafterstrekkung auf Dritte zunichte machen. Dies läßt sich nicht damit erklären, daß richtigerweise die Vollstreckungsgegenklage auch den Fortbestand des titulierten Anspruches zum Streitgegenstand hat (GERLACH Rz 3 mwN; zu dieser – richtigen! – Prämisse ausführlich SCHLOSSER, Gestaltungsklage und Gestaltungsurteile 105 ff). Denn der Erfolg einer auf § 19 gestützten Klage soll nicht nur mit Wirkung für die Zukunft, sondern rückwirkend auf die Bewertung der Handlungen Anwendung finden, die vor Rechtskraft des Urteils geschahen, s § 21 Rz 6 (gezahlte Ordnungsgelder sind zurückzuerstatten – KOCH-STÜBING Rz 7), mindestens auf Handlungen, die nach Wirksamwerden der von § 19 angesprochenen höchstrichterlichen Entscheidung vorgenommen wurden (so GAUL 1047). Irgendwelche nach erfolgreicher Inanspruchnahme von § 19 verbleibende Urteilswirkungen sind also nicht ersichtlich, wenn man vom Kostenausspruch und der formellen Rechtskraft absieht. Letztere aber ist, wenn sie nicht Vollstreckungs-, Gestaltungs-, materielle Rechtskrafts- oder Nebenwirkungen auslöst, für sich genommen ohne Regelungsfunktion, eine bloß formale Hülse. Dies rechtfertigt es, in § 19 ein der Wiederaufnahme ähnliches Rechtsinstitut zu sehen (KOCH-STÜBING Rz 1; PALANDT-HEINRICHS Anm 1), anstatt verlegen von einer „neuen" (HENSEN Rz 1) oder „unüblichen" (LÖWE Rz 1, 4) Art der Vollstreckungsgegenklage zu sprechen.

4 **3. Verhältnis zu allgemeinen Rechtskraftsgrundsätzen**

Auch ohne § 19 könnte der verurteilte Verwender geltend machen, aufgrund einer Änderung der Gesetzeslage, des Stellenwerts einer im Wortlaut unveränderten Klausel im Gesamtgefüge eines Bedingungswerkes oder wegen einer Änderung allgemeiner Werthaltungen sei eine für unwirksam erklärte Klausel jetzt wirksam (GRUNSKY, Gedächtnisschrift Rödig 328 ff).

II. Voraussetzungen des Rechtsbehelfs

1. Rechtsbehelfsbefugnis 5

Das Gesetz nennt ausdrücklich nur den verurteilten **Verwender**. Gründe, warum gleiche Befugnisse nicht auch einem verurteilten **Empfehler** zustehen, sind aus dem Gesetzgebungsverfahren nicht belegt. Man könnte für die Begrenzung auf Verwender anführen, dieser sehe sich unter den Voraussetzungen von § 19 einer Konkurrenz gegenüber, die mit Klauseln arbeite, welche ihm verboten seien, einer Situation, in welche der Empfehler nicht geraten könne. Indes kann sich der Verleger als Empfehler, s § 13 Rz 38, durchaus einer solchen Lage ausgesetzt sehen. Aber auch allgemein wäre es einigermaßen skurril, wenn Bedingungen auf dem Markt durch alle Unternehmen massenweise verwandt werden könnten – und im allgemeinen auch zur Verwendung empfohlen werden dürften – nur nicht durch einen einzigen oder wenige Empfehler, die früher zur Unterlassung verurteilt wurden. Man muß sich auf den Sinn der Bestandskraft gerichtlicher Urteile besinnen. Wer die gerichtliche Bestätigung eines Rechts mit irgendeinem Rechtsgüterzuweisungsgehalt erstritten hat, soll geschützt werden, auch wenn sein Erfolg auf einem Rechtsirrtum des Gerichts beruht. Dem nach § 13 klagenden Verband fehlt es aber an einer eigenen Rechtsgüterzuweisung. Er klagt im Allgemeininteresse oder doch im Interesse einer unbestimmten Vielzahl von Personen. Die gegen den Empfehler gerichtete Klage hat den Sinn, die zentrale Stelle der Marktverseuchung zu erfassen. Diesen Sinn kann die Vollstreckung aus einem gegen den Empfehler erstrittenen Urteil nicht mehr leisten, wenn aufgrund höchstrichterlicher Entscheidungen jedermann praktisch risikolos mit den gleichen Bedingungen auf dem Markt auftreten darf. Daher muß man auch dem Empfehler den Rechtsbehelf zuerkennen (KOCH-STÜBING Rz 2; aM HENSEN Rz 2; PALANDT-HEINRICHS Anm 1; GERLACH Rz 4; LÖWE Rz 3 – trotz verfassungsrechtlicher – Art 3 GG – Bedenken).

2. Objekt des Rechtsbehelfs 6

Der Rechtsbehelf kann sich gegen jedes den Unternehmer zur Unterlassung, den Empfehler zu Unterlassung und Widerruf anhaltende gerichtliche Urteil wenden. Auch Versäumnis- und Anerkenntnisurteile machen keine Ausnahme (LÖWE Rz 14). Gegenüber einstweiligen Verfügungen fehlt es jedoch für den Rechtsbehelf in aller Regel an einem Rechtsschutzbedürfnis (LÖWE Rz 16; aM PALANDT-HEINRICHS Anm 2 b). Der Antragsgegner braucht dann nämlich nur nach § 936 iVm § 926 ZPO vorzugehen. Lediglich dann, wenn die einstweilige Verfügung durch Verzicht auf Widerspruch und Klageprovokation (§ 926 ZPO) zu einem endgültigen Titel geworden ist, dem auch materielle Rechtskraft zukommt (dazu PASTOR, Wettbewerbsprozeß 304 ff), kann sich der Rechtsbehelf auch gegen sie richten. Für einen gerichtlichen Vergleich ist unter den Voraussetzungen des § 19 die Geschäftsgrundlage entfallen (§ 779 BGB). Gegen ein Urteil, das in einem **Individualprozeß** inzident die Unwirksamkeit einer Klausel angenommen hat, steht der Rechtsbehelf nicht offen (allgM).

3. Der die Rechtsbehelfsbefugnis auslösende Anlaß 7

Die höchstrichterliche Entscheidung, welche den Rechtsbehelf zulässig macht, muß die Eigenschaft haben, die Verwendung einer Klausel, die mit der dem Rechtsmittelführer verbotenen identisch ist, „nicht zu untersagen“ (wem?). Die Formel ist ein logisches Monstrum – so gut wie alle Urteile, die der BGH tagtäglich erläßt, erfüllen diese Voraussetzung! Gemeint ist ein Urteil, das in einem gegen andere Verwender oder Empfehler wegen inhaltsgleicher Klauseln (s § 17 Rz 1) nach § 13 durchgeführten Verfahren ergangen ist und die Klage in höchstrichterlich bestätigter oder korrigierter Weise aus sachlichen Gründen abgewiesen hat. Ein solches Urteil stellt fest, daß der klagende Verband nicht berechtigt ist, dem Beklagten die Verwendung bzw die Empfehlung der fraglichen Klauseln zu verbieten.

8 **4. Besonderes Unzumutbarkeitskriterium**

Die Rechtsbehelfsvoraussetzung der unzumutbaren Beeinträchtigung des Geschäftsbetriebs des verurteilten Beklagten sollte man liberal (Hensen Rz 7 ff; Gaul 1045; aM Gerlach Rz 9; Koch-Stübing Rz 5; Löwe Rz 17) handhaben. Denn unter den sonstigen Voraussetzungen des Rechtsbehelfs (und seines Erfolges) kann der vordem siegreiche Verband keine berechtigten Interessen mehr daran haben, Rechte aus dem Urteil geltend zu machen. Jede Beeinträchtigung des Geschäftsbetriebs des Verurteilten ist daher unzumutbar.

9 **III. Entsprechende Anwendung**

Denkbar sind mehrere Situationen, die sich für den verurteilten Verwender oder Empfehler in ähnlicher Weise auswirken, wie in § 19 vorausgesetzt. Obwohl Ausnahmevorschrift, muß diese Bestimmung dann analog angewandt werden.

10 **1. Vorher ergangene höchstrichterliche Entscheidungen**

Die funktionsblinde Anlehnung an den dem Individualinteressenschutz verpflichteten § 767 ZPO hat das Tatbestandsmerkmal „nachträglich ergangen" erzeugt. Die Interessenlage ist nicht anders, wenn die Entscheidung des BGH oder des Gemeinsamen Senats der Obersten Gerichtshöfe „vorher" ergangen, aber noch nicht bekannt war. Ja, man muß es sogar genügen lassen, wenn das das bekämpfte Unterlassungsurteil fällende Gericht sie (noch) nicht gekannt hat und seine Entscheidung einem Rechtsmittel nicht unterliegt. Wenn alle Welt sich nach einer höchstrichterlichen Rspr richtet, kann man einen Klauselverwender nicht für alle Zeit an ein davon abweichendes Unterlassungsurteil binden, das dem, der es erstritten hat, keinen individuellen Rechtsgüterschutz bringen soll (Hensen Rz 4; ähnlich Koch-Stübing Rz 4; Gerlach Rz 5 – auf Kenntnis oder mögliche Kenntnis des Verwenders im Vorprozeß abstellend; aM Palandt-Heinrichs Anm 2 c dd).

11 **2. Inzidententscheidungen**

Auch in Zukunft wird der Individualprozeß Hauptort für die höchstrichterliche Auslegung und Fortbildung des AGB-Rechts sein. Prozessual gesehen, betreffen die in höchstrichterlichen Entscheidungen zentral behandelten Fragen bloße Inzidentpunkte. Doch orientiert sich die Rechtspraxis dennoch an solcher Rspr. Hat sich eine in einem Individualprozeß ergangene höchstrichterliche Entscheidung in der Rechtspraxis verfestigt, dann ist es einem Einzelunternehmer ebenfalls nicht mehr zumutbar, an einem abweichenden Unterlassungsurteil festgehalten zu werden. Ein in individuellen Interessen materiell schutzwürdiger Prozeßsieger steht ihm auch dann nicht gegenüber. Einbußen für die Rechtssicherheit bringt die somit empfohlene (Gerlach Rz 5; aM Palandt-Heinrichs Anm 2 c bb; Koch-Stübing Rz 2; Löwe Rz 10) analoge Anwendung von § 19 auf höchstrichterliche Entscheidungen aus

AGB-Individualprozessen nicht. Denn immer muß der BGH festgestellt haben, daß eine Klausel Gegenstand einer Einbeziehungsvereinbarung sein kann, die mit der dem Rechtsbehelfsführer verbotenen inhaltsgleich ist. Ob der BGH so entschieden hat, wenn auch in den Gründen seiner Entscheidung, läßt sich unschwer feststellen.

3. Festgefügtes Richterrecht allgemein 12

Denkbar ist, daß sich nach Erlaß des Unterlassungsurteils gegen den Verwender oder Empfehler Richterrecht entwickelt, ohne daß der BGH eingeschaltet worden wäre, etwa weil mehrere Oberlandesgerichte, unterstützt von der Literatur, in gleicher Weise, aber abweichend von der Ansicht des Gerichts entschieden haben, welches das anstehende Unterlassungsurteil gefällt hat. Auch dann können Situationen eintreten, in welchen es dem verurteilten Beklagten aus Konkurrenzgründen füglich nicht zugemutet werden kann, sich als einziger auf dem Markt im Sinne der gegen ihn erlassenen Gerichtsentscheidung zu verhalten. Auch dann muß § 19 entspr angewandt werden (aM Gerlach Rz 8). Freilich genügt das Urteil eines einzelnen OLG als rechtsbehelfsbegründender Anlaß nur dann, wenn es das für den Tätigkeitsbereich des Verwenders zuständige Gericht ist. Sonst muß man eine inhaltsgleiche Rspr mehrerer Oberlandesgerichte verlangen, an der sich die Kautelarpraxis orientiert.

4. Analoge Anwendung gegen Verwender und Empfehler 13

Man kann gerechterweise nicht umhin, § 19 analog auch gegen Verwender und Empfehler anzuwenden (aM Gerlach Rz 4). Es wäre unerträglich, wenn ein Verwender, der im Unterlassungsverfahren vor einem Instanzgericht rechtskräftig obsiegt hat, sich dadurch auf die Dauer gegen die Konkurrenz einen Marktvorsprung sichern könnte, die an ein abweichendes höchstrichterliches Urteil gebunden ist oder doch faktisch keine Chance hat, unbehelligt mit Bedingungen auf dem Markt in Erscheinung zu treten, die höchstrichterlicher Rspr zuwiderlaufen. Wer im Unterlassungsprozeß die „Wirksamkeit" bestimmter AGB-Klauseln erfolgreich verteidigt hat, hat keine ausgrenzbaren subjektiven Rechte verteidigt, sondern nur einen Freiheitsrahmen, der denknotwendigerweise anderen in gleicher Lage auch zustehen soll. Diese Voraussetzung entfällt, wenn andere in ihrem Bewegungsspielraum wieder eingeengt sind. Auf einen endgültigen Bestandsschutz kann der siegende Verwender oder Empfehler ohnehin nicht vertrauen. Andere klageberechtigte Verbände könnten ohne Rechtskraftsperre, s § 15 Rz 10, jederzeit gegen ihn vorgehen.

Im Falle einer Gesetzesänderung, einer Änderung des Stellenwerts einer im Wortlaut unveränderten Klausel im Gesamtgefüge eines Bedingungswerkes sowie bei Änderung allgemeiner Werthaltungen besteht ohnehin keine Rechtskraftsperre (Grunsky, Gedächtnisschrift Rödig 331, s auch oben Rz 4).

5. Analoge Anwendung in einem erstmaligen Unterlassungsverfahren gegen einen bestimmten Verwender 14

Wenn ein gegenüber anderen Parteien ergangenes Gerichtsurteil schon die Wirkung hat, eine Neuaufrollung rechtskräftiger Verfahren zu veranlassen und in diesem Rahmen bindend zu wirken, so muß eine Bindung erst recht bestehen, wenn ein Verwender entgegen höchstrichterlicher Rspr (s Rz 10, 11) erstmals auf Unterlassung belangt wird (Löwe Rz 7; Gerlach Rz 12; aM Koch-Stübing Rz 4). Darauf, daß sich der Verwender auf eine bestimmte Rspr „beruft", kommt es dann nicht an.

15 **IV. Prozessuale Einzelheiten**

Die rechtstechnische Verweisung auf § 767 ZPO gilt nur soweit, wie die sachliche Natur der Klage (s oben Rz 1, 3) der Anlehnung an diese Norm nicht entgegensteht, vor allem also für die Zuständigkeitsregelung. „Untersagt" ist einem Verwender die Benutzung von Klauseln erst mit der Rechtskraft des Urteils. Vorher ist die Klage nach § 19 nicht zulässig (aM GERLACH Rz 10; wohl auch LÖWE Rz 7). Besondere Anforderungen an das Drohen einer Zwangsvollstreckung sind nicht zu stellen (aM HENSEN § 19 Rz 11). Richtiger Ansicht nach ist dies schon im ursprünglichen Anwendungsbereich von § 767 ZPO keine Zulässigkeitsvoraussetzung für die Klage (s STEIN-JONAS-MÜNZBERG III mit Nachw zum Meinungsstand). Das Rechtsschutzbedürfnis fehlt nur, wenn der Prozeßgegner des Verwenders unter Herausgabe der ihm erteilten vollstreckbaren Ausfertigung des Urteils auf alle Rechte aus ihm in liquider Weise verzichtet (GERLACH Rz 10). § 767 Abs 3 ZPO ist anwendbar.

§ 20
Register

(1) Das Gericht teilt dem Bundeskartellamt von Amts wegen mit

1. Klagen, die nach § 13 oder nach § 19 anhängig werden,

2. Urteile, die im Verfahren nach § 13 oder nach § 19 ergehen, sobald sie rechtskräftig sind,

3. die sonstige Erledigung der Klage.

(2) Das Bundeskartellamt führt über die nach Absatz 1 eingehenden Mitteilungen ein Register.

(3) Die Eintragung ist nach zwanzig Jahren seit dem Schluß des Jahres zu löschen, in dem die Eintragung in das Register erfolgt ist. Die Löschung erfolgt durch Eintragung eines Löschungsvermerks; mit der Löschung der Eintragung einer Klage ist die Löschung der Eintragung ihrer sonstigen Erledigung (Absatz 1 Nr 3) zu verbinden.

(4) Über eine bestehende Eintragung ist jedermann auf Antrag Auskunft zu erteilen. Die Auskunft enthält folgende Angaben:

1. für Klagen nach Absatz 1 Nr 1
a) die beklagte Partei,
b) das angerufene Gericht samt Geschäftsnummer,
c) den Klageantrag;

2. für Urteile nach Absatz 1 Nr 2
a) die verurteilte Partei,
b) das entscheidende Gericht samt Geschäftsnummer,
c) die Urteilsformel;

3. für die sonstige Erledigung nach Absatz 1 Nr 3 die Art der Erledigung.

Schrifttum

CREUTZIG, Das AGB-Register beim Bundeskartellamt – Hilfe für die Praxis, NJW 1979, 20; ders, Die Rechtsprechung zum AGB-Gesetz nach dem AGB-Register, Betrieb 1979, 151.

I. Einzutragende Angaben 1

Einzutragen sind nicht einstweilige Verfügungen (HENSEN Rz 6; aM LÖWE Rz 3) und Anträge auf ihren Erlaß, grundsätzlich auch nicht im einstweiligen Verfügungsverfahren ergangene Urteile (aM PALANDT-HEINRICHS Anm 1). Der Verfügungsinhalt kann so unterschiedlich ausfallen und sich auf eine reine Interimsregelung beschränken (s § 13 Rz 9), daß eine Eintragung das Register unnötig belasten müßte. Das BKartA trägt aber anscheinend alle ihm zugehenden Meldungen ein. Lediglich dann, wenn eine einstweilige Verfügung auf Unterlassung des Gebrauchs bestimmter Klauseln ergangen ist und durch Abgabe entsprechender Verzichtserklärungen des Verfügungsgegners rechtskräftig geworden sein sollte (s § 19 Rz 6), läßt sich § 20 Abs 1 Nr 2 entsprechend anwenden (GERLACH Rz 2; aM HENSEN Rz 6). HENSEN (Rz 5) will auch Nichtbetreiben des Verfahrens über einen längeren Zeitraum als 6 Monate, KOCH-STÜBING (Rz 4) wollen auch Verfahrensunterbrechung und -aussetzung, Mizi (Ziff I 11) wollen auch den Eingang von Rechtsmittelschriften mitteilungspflichtig gestellt sehen. Auf die Zuständigkeit des angegangenen Gerichts kommt es nicht an (KOCH-STÜBING Rz 2). „Sonstige Erledigungen" sind Klagerücknahme, beidseitige Erklärung der Erledigung des Rechtsstreits und Prozeßvergleich, nicht aber der außergerichtliche Vergleich als solcher.

II. Auskunftspflicht 2

Jedermann ist auskunftsberechtigt, ohne daß er für seinen Wunsch irgendeinen Grund angeben müßte (allgM). Sinn der Vorschrift ist es, einem klageberechtigten Verband oder einem Kunden des Verwenders eine rasche und verläßliche Information darüber zu verschaffen, ob AGB-Klauseln bestimmten Inhalts bereits in einem Aufsichtsverfahren angegriffen worden sind, und ob gegebenenfalls bereits eine Verfahrensbeendigung in der Sache eingetreten ist. Jedoch löst auch eine solche Anfrage die Auskunftspflicht des Bundeskartellamtes aus, die keine Klausel inhaltlich kennzeichnet (aM KOCH-STÜBING Rz 7; HENSEN Rz 10), sondern sich darauf beschränkt, eine bestimmte Person oder ein bestimmtes Unternehmen zu nennen und erfahren zu wollen, ob gegen sie eine Klage erhoben, und, gegebenenfalls, ob über die Art der Erledigung des Rechtsstreits etwas bekannt ist (aM HENSEN Rz 10). Angesichts der elektronischen Speicherung der Daten im Register kann der Anfragende nur so erfahren, ob nicht nur textgleiche, sondern auch inhaltsgleiche Klauseln Gegenstand einer Unterlassungsklage sind oder waren. Da die meisten Verwender und Empfehler nur AGB für einen oder wenige Vertragstypen verwenden, bringt es auch keinen rechtsstaatlichen Schutz für sie, wenn man verlangen wollte, daß der Anfragende die Rechtsgeschäftstypen bezeichnet, auf welche sich seine Anfrage bezieht (aM GERLACH Rz 5). Das Bundeskartellamt muß nur den Inhalt der Eintragung mitteilen. Vom Prozeßsieger oder gegebenenfalls nach § 299 Abs 2 ZPO vom Gerichtsvorsitzenden wird der Anfragende unschwer auch den Text der ergangenen Entscheidung oder des zwischen den Parteien abgeschlossenen Vergleichs in Erfahrung bringen können.

Inzwischen eingetretene Fälle von Rechtsnachfolge oder Firmenänderungen sind beim Bundeskartellamt nicht mehr registriert. Gleichwohl bleibt die Bindung an das Unterlassungs- oder Widerrufsurteil bestehen. Daher sollte das Bundeskartellamt immer sachlich antworten, wenn auch nur die Möglichkeit besteht, daß sich der Eintrag auf den Verwender oder Empfehler bezieht, der in der Anfrage genannt ist (HENSEN Rz 11).

3 **III. Rechtsbehelfe**

Im Rahmen der ihm nach § 20 übertragenen Tätigkeit handelt das Bundeskartellamt (Adresse: Bundeskartellamt, Mehringdamm 129, 1000 Berlin 61) als Justizbehörde. Gegen Auskunftsverweigerung ist daher Antrag auf gerichtliche Entscheidung nach § 23 EGGVG möglich (allgM).

§ 21
Wirkungen des Urteils

Handelt der verurteilte Verwender dem Unterlassungsgebot zuwider, so ist die Bestimmung in den Allgemeinen Geschäftsbedingungen als unwirksam anzusehen, soweit sich der betroffene Vertragsteil auf die Wirkung des Unterlassungsurteils beruft. Er kann sich jedoch auf die Wirkung des Unterlassungsurteils nicht berufen, wenn der verurteilte Verwender gegen das Urteil die Klage nach § 19 erheben könnte.

Schrifttum

s die Schrifttumsangaben zu § 19.

1 **I. Rechtsnatur der dem Kunden gewährten Befugnis**

Da die Kunden des Verwenders in einem gegen diesen nach § 13 angestrengten Verfahren nicht Partei sind, würde ein ergehendes Unterlassungsurteil zu ihren Gunsten nicht wirken, auch wenn der Kern des Streits gerade darum ging, ob ihnen gegenüber die angegriffenen Klauseln wirksam sind. Die Vorschrift will erreichen, daß die Kunden aus dem Unterlassungsurteil ausnahmsweise doch Rechte herleiten können, bringt also eine **atypische Erweiterung von Urteilswirkungen** (zu den entstehungsgeschichtlichen und rechtspolitischen Aspekten der Vorschrift s ausführlich GERLACH Rz 1 f; KOCH-STÜBING Rz 1 ff; LÖWE Rz 1 ff; GAUL, FS Beitzke 1003).

2 **1.** Es handelt sich einmal um Urteilswirkungen **zugunsten Dritter**. Anders als solche zu ihren Lasten kann ein Gesetz derartiges verfügen, ohne gegen Art 103 Abs 1 GG zu verstoßen (LÖWE Rz 2, § 13 Rz 61). Darin, daß dem obsiegenden Verwender eine gleichartige Urteilswirkung vorenthalten bleibt, liegt kein Verstoß gegen das Grundgesetz. Der Grundsatz der prozessualen Waffengleichheit folgt nicht aus Art 103, sondern aus Art 3 Abs 1 GG und muß daher allen Differenzierungen weichen, für die vernünftige Gründe bestehen. Solche Differenzierungen sind: Die typischerweise bestehende wirtschaftliche Überlegenheit des Verwenders einerseits und andererseits die Gefahr, daß seine Kunden allein schon vor der Prozeßführungslast kapitulieren, auch wenn ihnen günstige, aber sie nicht bindende gerichtliche Vorentscheidungen existieren.

3 **2.** Es handelt sich um eine Urteilswirkung, die nur auf **Einrede** zu beachten ist. Unterläßt der Kunde, sie zu erheben, darf das Gericht nicht ohne erneute Prüfung von der Richtigkeit der dem Unterlassungsurteil zugrunde liegenden Rechtsauffassung ausgehen (KOCH-STÜBING Rz 18), auch nicht, wenn es dieses Urteil selbst erlassen hat. Die Einrede ist keine solche, welche die Zulässigkeit der Klage beträfe (§ 296 Abs 3 ZPO), und unterliegt daher nur den allgemeinen Präklusionsvorschriften nach § 296 Abs 1, 2 ZPO (GERLACH Rz 7; GAUL 1040; allgM). Wird die Einrede erhoben, so ist jedes Gericht, gleich welchen Rangs, an den Inhalt des gegen den Verwender ergangenen Unterlassungsurteils gebunden.

4 **3.** Aus § 21 ist mittelbar zu folgern, daß die Rechtskraftwirkung des Unterlassungsurteils auch die Feststellung der Wirksamkeit oder Unwirksamkeit der inhaltlich

beanstandeten Klausel erfaßt, s § 19 Rz 2. § 21 bringt also eine **ausnahmsweise nur auf Einrede zu beachtende einseitige Rechtskrafterstreckung**. Das entspricht im Ergebnis allg Ansicht. Str ist nur die dogmatische Einordnung dieses Ergebnisses. Neben unverbindlichen und wenig aussagekräftigen Formulierungen wie „prozessuale Bindungswirkung" (Thomas-Putzko § 315 Anm 1 g; Sieg VersR 1977, 494), „Tatbestandswirkung" (Jauernig ZPR § 12 IX) findet sich auch die Vorstellung, es handle sich um ein „Rechtsgebilde eigener Art" (Palandt-Heinrichs § 21 Anm 2; ganz prononciert: Gaul, FS Beitzke 1014 ff, 1043). Die Modifikationen gegenüber den im Normalfall der Rechtskrafterstreckung geltenden Grundsätzen sind aber nicht so ausgeprägt, daß man sich gegen eine Einordnung in das Institut der Rechtskrafterstreckung sträuben sollte.

4. Die Einredeobliegenheit hindert das Gericht freilich nicht daran, beim BKartA nach Existenz und Inhalt von Urteilen zu fragen, die dort registriert sind, und sich, nach Kenntnisnahme, dem Inhalt der Entscheidung anzuschließen (Gerlach Rz 4). Mit Löwe (Rz 25 f) ist ihm im Interesse einer möglichst überzeugenden Begründung seiner Entscheidung ohnehin sehr dazu zu raten, wo es kann, selbst die Verantwortung für Rechtsansichten zu übernehmen, von denen es ausgeht, auch wenn es ausnahmsweise an die Rechtsansicht eines anderen Gerichts gebunden ist. 5

II. Voraussetzungen der Einrede

1. Das Gesetz bezeichnet den die Einredebefugnis tragenden Titel als **„Unterlassungsurteil"**. Da es sich um Rechtskrafterstreckung handelt, muß das Urteil rechtskräftig sein (allgM m Ausn Rebmann Rz 2, der vorläufige Vollstreckbarkeit genügen läßt). **Einstweilige Verfügungen** sind einem Urteil iSv § 21 nicht gleich zu erachten (Gerlach Rz 5; Palandt-Heinrichs Anm 3 a; Hensen Rz 4), selbst wenn sie ausnahmsweise in Urteilsform ergangen und vielleicht sogar materiell rechtskräftig sind (§ 19 Rz 6; aM Löwe Rz 14 ff; Koch-Stübing Rz 13). Ein **Vergleich**, der nichts weiter enthält als die durch Vertragsstrafe gesicherte Unterlassungsverpflichtung des Verwenders, reicht für die Begründung der Einredebefugnis des Kunden ebenfalls nicht aus (Löwe Rz 18). Der klagende Verband kann aber darauf dringen, daß der Verwender vergleichsweise auch zugunsten Dritter, nämlich der Kunden, die Unterlassungsverpflichtung übernimmt. Sie ist dann zweckmäßigerweise so zu formulieren, daß sie sich auch auf die Anwendung der AGB auf früher abgeschlossene Verträge bezieht, s Rz 7. Solange der Verwender eine solche Ausdehnung seiner Verpflichtungen zu akzeptieren, nicht bereit ist, hat er Anlaß zur Klageerhebung im Sinne von § 93 ZPO gegeben, s § 13 Rz 41. 6

2. Der Verwender muß dem Urteil **zuwider handeln**. Gerade wegen § 21 ist es besonders wichtig zu erkennen, daß auch eine auf der Grundlage der beanstandeten AGB-Klauseln betriebene Abwicklung früher geschlossener Verträge eine erneute Verwendung des Klauselwerks und daher eine Zuwiderhandlung gegen das Unterlassungsurteil darstellt, s § 13 Rz 29. Entgegen den in den Gesetzesberatungen artikulierten Vorstellungen (BT-Drucks 7/5422, 13) wirkt § 21 daher nicht nur zugunsten solcher Kunden des Verwenders, die nach Rechtskraft des Unterlassungsurteils Verträge mit diesem abgeschlossen haben. Der Verwender vermag die Anwendung beanstandeter Klauseln Altkunden gegenüber freilich faktisch ohnehin mit Sicherheit nicht durchzusetzen, wenn sie nur um die Existenz des Unterlassungsurteils wissen. 7

3. Zu den Voraussetzungen, unter denen der Verwender nach § 19 „Vollstreckungsgegenklage" erheben könnte, s § 19 Rz 5–8. Die nachlässige gesetzliche Terminologie vermag die sachlich gebotene Einschränkung nicht zu verhindern: Gemeint sind die Voraussetzungen des Klageerfolgs. Dem muß gleichstehen, wenn der Verwender 8 erfolgreich Klage erhoben hat, s § 19 Rz 3. Eine Bindung des Gerichts im Individualprozeß an die Entscheidung des Gerichts, welches einer Klage aus § 19 stattgegeben hat, besteht aber nicht (KOCH-STÜBING Rz 24). Ist eine Klage nach § 19 rechtshängig, so muß das im Prozeß des Verwenders mit dem Kunden entscheidende Gericht inzident prüfen, ob sie Erfolg haben wird (allgM), sofern es nicht das Verfahren aussetzt. Ist eine Klage nach § 19 rechtskräftig abgewiesen, so wirkt dies auch zugunsten des Kunden (KOCH-STÜBING Rz 22), weil dann mit Aussicht auf Erfolg nicht erneut geklagt werden kann, was § 21 voraussetzt. S 2 wirkt zugunsten des Verwenders nur, wenn er auf die Einrede des Kunden mit einer entsprechenden Gegeneinrede antwortet (GERLACH Rz 9).

§ 22
Streitwert

Bei Rechtsstreitigkeiten auf Grund dieses Gesetzes darf der Streitwert nicht über 500 000 Deutsche Mark angenommen werden.

1 Gemeint sind Streitigkeiten nach dem dritten Abschnitt dieses Gesetzes.

2 Der Sinn von § 23 ist es, im Interesse der Beschränkung des Prozeßkostenrisikos eines klagenden Verbraucherverbandes eine Streitwerthöchstgrenze festzulegen. Das zwingt dann aber auch dazu, abweichend von § 2 ZPO jeden Streitwert in angemessener Relation zum möglichen Höchststreitwert festzusetzen. Im übrigen können die Grundsätze angewandt werden, die auch in der Rspr für die Streitwertberechnung im Falle von wettbewerbsrechtlichen Verbandsklagen herausgebildet wurden. Klagt ein Wirtschaftsverband, so ist auf das kumulierte Interesse seiner Mitglieder abzustellen; wenn ersichtlich die Belange einer Gruppe von Personen (Unternehmen) wahrgenommen werden sollen, die sich aus Mitgliedern und Nichtmitgliedern zusammensetzt, auf das Gesamtinteresse der Gruppe (OLG Düsseldorf NJW 1966, 987; aM HENSEN Rz 5 ff). Klagt ein Verbraucherverband oder ein Verband zur Förderung gewerblicher Interessen, die keine wirtschaftlichen Interessen sind („Verein zur Bekämpfung unseriöser Vertragsgestaltung“), so ist das im Prozeß verfolgte Interesse der Allgemeinheit maßgebend (OLG Frankfurt WRP 1977, 49; allgM id Kommentarliteratur). Das gleiche gilt bei Körperschaften des öffentlichen Rechts (OLG Frankfurt WRP 1974, 115).

3 Sehr erwägenswert erscheint der Vorschlag von HENSEN (Rz 6 f), im Regelfall von einem Streitwert von 5000 DM – beim Widerrufsanspruch von einem solchen von 10 000 DM – pro angegriffene Klausel auszugehen, DM 10 000 nicht zu über- und 2000 DM nicht zu unterschreiten. 300 000 DM bei Angriffen auf eine Klausel über die Erfolgsunabhängigkeit eines Ehemäklerhonorars anzusetzen (dazu BB 1978, 172), sprengt jedes vernünftige Maß. Wo sich der Wert einer Klausel für die Geschäftsabwicklungspraxis schätzen läßt, darf auch vom geschätzten Wert ausgegangen werden. Vor allem ist von einem niedrigen Streitwert auszugehen, wenn der Verwender das „zulässige Maß“ nur geringfügig überschritten, etwa bei einer Haftungsbegrenzungsklausel an § 11 Nr 8 nicht gedacht hat und Fälle von Unmöglichkeit und Verzug in seinem Gewerbe (zB einer Auskunftei) nur schwer vorstellbar sind; s dazu § 11 Nr 8 Rz 6, 17. Dient eine einstweilige Verfügung ersichtlich dazu, das Hauptverfahren zu ersetzen, so ist dessen Streitwert maßgebend, sonst der halbierte (HENSEN Rz 10). Der Antrag auf Genehmigung der Veröffentlichung des Urteils, s § 18, hat einen eigenen Streitwert. Wegen der geringen Bedeutung der Veröffentlichung, s § 18 Rz 1, 2, sollte man aber nur einen Streitwert in Höhe von 1/10 des Streitwertes des Unterlassungsantrags annehmen (aM HENSEN Rz 12).

Vierter Abschnitt

Anwendungsbereich

§ 23
Sachlicher Anwendungsbereich

(1) Dieses Gesetz findet keine Anwendung bei Verträgen auf dem Gebiet des Arbeits-, Erb-, Familien- und Gesellschaftsrechts.

(2) Keine Anwendung finden ferner

1. § 2 für die mit Genehmigung der zuständigen Verkehrsbehörde oder auf Grund von internationalen Übereinkommen erlassenen Tarife und Ausführungsbestimmungen der Eisenbahnen und die nach Maßgabe des Personenbeförderungsgesetzes genehmigten Beförderungsbedingungen der Straßenbahnen, Obusse und Kraftfahrzeuge im Linienverkehr;

2. die §§ 10 und 11 für Verträge der Elektrizitäts- und der Gasversorgungsunternehmen über die Versorgung von Sonderabnehmern mit elektrischer Energie und mit Gas aus dem Versorgungsnetz, soweit die Versorgungsbedingungen nicht zum Nachteil der Abnehmer von den auf Grund des § 7 des Energiewirtschaftsgesetzes erlassenen Allgemeinen Bedingungen für die Versorgung mit elektrischer Arbeit aus dem Niederspannungsnetz der Elektrizitätsversorgungsunternehmen und Allgemeinen Bedingungen für die Versorgung mit Gas aus dem Versorgungsnetz der Gasversorgungsunternehmen abweichen;

3. § 11 Nr. 7 und 8 für die nach Maßgabe des Personenbeförderungsgesetzes genehmigten Beförderungsbedingungen und Tarifvorschriften der Straßenbahnen, Obusse und Kraftfahrzeuge im Linienverkehr, soweit sie nicht zum Nachteil des Fahrgastes von der Verordnung über die Allgemeinen Beförderungsbedingungen für den Straßenbahn- und Obusverkehr sowie den Linienverkehr mit Kraftfahrzeugen vom 27. Februar 1970 abweichen;

4. § 11 Nr. 7 für staatlich genehmigte Lotterieverträge oder Ausspielverträge;

5. § 10 Nr. 5 und § 11 Nr. 10 Buchstabe f für Leistungen, für die die Verdingungsordnung für Bauleistungen (VOB) Vertragsgrundlage ist;

6. § 11 Nr. 12 für Verträge über die Lieferung als zusammengehörig verkaufter Sachen, für Versicherungsverträge sowie für Verträge zwischen den Inhabern urheberrechtlicher Rechte und Ansprüche und Verwertungsgesellschaften im Sinne des Gesetzes über die Wahrnehmung von Urheberrechten und verwandten Schutzrechten.

(3) Ein Bausparvertrag, ein Versicherungsvertrag sowie das Rechtsverhältnis zwischen einer Kapitalanlagegesellschaft und einem Anteilinhaber unterliegen den von der zuständigen Behörde genehmigten Allgemeinen Geschäftsbedingungen der Bausparkasse, des Versicherers sowie der Kapitalanlagegesellschaft auch dann, wenn die in § 2 Abs. 1 Nr. 1 und 2 bezeichneten Erfordernisse nicht eingehalten sind.

I. Allgemeines 1

Die Vorschrift bringt einen Katalog von Ausnahmen vom Anwendungsbereich des AGBG und einzelner seiner Bestimmungen. Nach dem heutigen Stand der rechtswissenschaftlichen Methodenlehre hindert der Ausnahmecharakter einer Vorschrift ihre analoge Anwendung nicht grundsätzlich (ULMER Einf 3 zu §§ 23, 24; s generell LARENZ, Methodenlehre der Rechtswissenschaft 343). Jedoch ist ein Bedürfnis nach analoger Anwendung von Bestimmungen aus den §§ 23 f bisher nicht bekannt geworden. Systematisch ist zwischen den sog Bereichsausnahmen des Abs 1 und den einzelnen Bestimmungen des AGBG gewidmeten Ausnahmen zu unterscheiden.

II. Der gänzliche Ausschluß bestimmter Rechtsbereiche, sog Bereichsausnahmen

2 **1. Arbeitsrecht**

a) Im Arbeitsrecht wird der schwächere Teil von einem dichten Netz von zwingendem Gesetzesrecht, tarifvertraglichen Vorschriften, Betriebsvereinbarungen und einer richterlichen Inhaltskontrolle geschützt, die auch Individualvereinbarungen erfaßt. Diese setzt immer schon dann ein, wenn die Vertragsparität gestört und der Arbeitgeber bei Vertragsabschluß zu einseitiger Interessenverfolgung in der Lage ist (GUMPERT BB 1974, 139; VON HOYNINGEN-HUENE, Die Billigkeit im Arbeitsrecht [1978] 128 ff; BAG Betrieb 1974, 294). Der Gesetzgeber glaubte, angesichts dieser Rechtslage sei ein speziell auf die Vorformulierung von Vertragsbedingungen ausgerichteter Schutz des Arbeitnehmers entbehrlich, ja ein Rückschritt (BR-Drucks 360/75, 41). Soweit im AGBG allgemeine Rechtsgedanken ihren Niederschlag gefunden haben, wie etwa in §§ 3, 4, 5, können diese freilich auch auf die richterliche Kontrolle von Arbeitsbedingungen übertragen werden (ULMER § 23 Rz 4; PALANDT-HEINRICHS Anm 2 a aa, der auch § 11 Nr 15 heranziehen will). Für die Übertragung des in § 9 enthaltenen Rechtsgedankens kommt es auf die Vorformulierung der Bedingungen nicht an.

Neuerer Kritik an der richterlichen Inhaltskontrolle von Arbeitsbedingungen (zusammenfassend VON HOYNINGEN-HUENE 132 ff) ist durch die von § 23 Abs 1 gemachten Voraussetzungen der Boden entzogen.

3 **b)** Für die Bestimmung des **Begriffs „Arbeitsrecht"** kann grundsätzlich an die Arbeitnehmerdefinition in § 5 ArbGG und die dazu ergangene Rechtsprechung angeknüpft werden (allgM).

Streitig ist die Behandlung der sog **arbeitnehmerähnlichen Personen**, die idR nicht weisungsgebunden und nicht persönlich, wohl aber wirtschaftlich abhängig sind (dazu Erl vor § 611 BGB). Gegen die Anwendbarkeit des AGBG auf die Rechtsbeziehungen zu ihrem Prinzipal spricht ihre in vieler Hinsicht bestehende Gleichstellung mit Arbeitnehmern (zB in § 5 Abs 1 S 2 ArbGG; § 2 BUrlG; § 12 a TVG; § 59 Abs 1 Nr 3 a, c KO), die Übersichtlichkeit der Rechtslage sowie die Tatsache, daß die Bestimmungen des AGBG nicht auf arbeitsrechtliche Wertungen zugeschnitten sind. (Wie hier KÖTZ Rz 3; GRAF VON WESTPHALEN Rz 2, 3; aM ULMER Rz 6 ff; KOCH-STÜBING Rz 5; PALANDT-HEINRICHS Anm 2 a aa – letztere beiden freilich die §§ 13 ff gleichwohl für unanwendbar haltend.)

4 **2. Erbrecht**

Verträge auf dem Gebiet des Erbrechts sind Erbverträge, Erbverzicht und Erbauseinandersetzungsvereinbarungen sowie sonstige Abmachungen unter den Nachlaßbeteiligten, nicht aber Verträge, welche der Erbe oder der Testamentsvollstrecker zur Verwaltung des Nachlasses mit Außenstehenden schließt. Daher wird man auch den Erbschaftskauf nicht als einen Vertrag auf dem Gebiet des Erbrechtes ansprechen können (differenzierend KOCH-STÜBING Rz 6; aM ULMER Rz 13). Das gleiche gilt für Schenkungen auf den Todesfall (§ 2301 BGB), jedenfalls soweit sich der

Schenker schon zu Lebzeiten bindet und dadurch den Gegenstand der Erbmasse entzieht (ULMER Rz 14).

3. Familienrecht 5

Die Ausnahme gilt für alle Verträge auf dem Gebiet des Familienrechts, dh solchen die im 4. Buch des BGB vorgesehen sind.

Der AGB-Kontrolle unterliegen deshalb zB nicht anwaltliche oder notarielle Eheverträge (§§ 1408 ff BGB), Vereinbarungen über den Zugewinnausgleich (§§ 1372 ff BGB), über Unterhaltsleistungen (§ 1585 c BGB) oder den Versorgungsausgleich (§ 1587 o BGB). Auch wenn Anwälte Scheidungsvereinbarungen nach einem bestimmten Grundraster konzipieren, sind die Abmachungen tatsächlich im übrigen immer so im einzelnen besprochen, daß sie insgesamt Individualvereinbarungen darstellen. Vorformulierte Vertragsbedingungen sind aber etwa die von den Jugendämtern für Vaterschaftsanerkenntnisse und Unterhaltsverpflichtungserklärungen benutzten Formulare. Sie unterfallen dem AGBG nicht.

Im ehelichen Vermögensrecht ist zu beachten, daß nicht jeder Vertrag, der zwischen Ehegatten geschlossen wird, schon ein solcher auf dem Gebiet des Familienrechts ist. Vermögensbezogene Verträge, die während bestehender und auch nicht in Auflösung begriffener Ehe geschlossen werden, sind, wenn der gesetzliche Güterstand gilt, keine familienrechtlichen Verträge, sofern sie nicht gerade dem Vollzug des vorzeitigen Zugewinnausgleiches dienen sollen.

4. Gesellschaftsrecht 6

Verträge auf dem Gebiete des Gesellschaftsrechtes sind alle Verträge, welche die Rechtsordnung als Gesellschaftsverträge ausgeformt hat: Verträge zur Begründung einer bürgerlichrechtlichen oder handelsrechtlichen Gesellschaft, zur Begründung einer stillen (aM ULMER Rz 24) oder sonstigen Innengesellschaft. Auch körperschaftlich organisierte Handelsgesellschaften unterfallen der Ausnahmevorschrift (allgM, zB OLG Frankfurt BB 1978, 927). Entscheidend ist, daß der Vertrag dazu dient, einen gemeinsamen Zweck der Parteien zu fördern. Schlichte Rechtsgemeinschaften, wie zB das Verhältnis unter Wohnungseigentümern, und partiarische Rechtsverhältnisse ohne gemeinsamen Zweck unterstehen daher dem AGBG sehr wohl (ULMER Rz 24; zur Abgrenzung im einzelnen vgl Erl zu § 705 BGB; speziell zu Kapitalanlagegesellschaften s § 23 Abs 3).

Ob das AGBG auf den **Versicherungsverein auf Gegenseitigkeit** anwendbar ist, weil 7
der Sache nach ein reines Leistungsaustauschverhältnis vorliegt, ist strittig (für Anwendbarkeit des AGBG SIEG VersR 1977, 490; HELM NJW 1978, 129; KÖTZ Rz 6; BAUER BB 1978, 476; aM GRAF VON WESTPHALEN Rz 5). Lehnt man dies ab, dann ist es freilich zwangsläufig, zwischen AVB zu unterscheiden, die auf mitgliedschaftlicher und solchen, die auf vertraglicher Grundlage beruhen (ULMER Rz 22).

Auch den **Idealverein** muß man der Vorschrift unterstellen (allgM). Wenn man seine 8
Gründung oder den Beitritt zu ihm nicht als einen Vertrag begreift, ist das AGBG ohnehin unanwendbar. Nimmt man aber einen Vertrag an, dann kann man ihn nur dem Gesellschaftsvertrag zur Seite stellen. Daß auch der Gesetzgeber das AGBG auf Vereinssatzungen nicht anwendbar wissen wollte, ergibt sich aus der amtlichen Begründung, welche das Vereinsrecht – wie auch das Genossenschaftsrecht – ausdrücklich nennt (BR-Drucks 360/75, 41). Außerhalb der Satzung festgelegte Regelungen, welche die Mitglieder des Vereins im Zusammenhang mit dem Vereinsleben

treffen, unterliegen dem AGBG sehr wohl (Ulmer Rz 21 a). Eine vorgedruckte Erklärung, die Mitglieder eines rechtsfähigen Segelflugvereins beim Vereinsbeitritt abgeben und wonach auf jede Haftung des Vereins, seiner Organe, Angestellten, Hilfskräfte und Mitglieder verzichtet wird (soweit nicht vorsätzlich gehandelt wurde), ist unwirksam (OLG Karlsruhe 1969, 287). Es besteht eine Garantie der Gleichbehandlung aller Mitglieder nur, wenn eine solche Bestimmung in der Satzung selbst verankert wird.

9 Satzungsmäßig zustande gekommene Regelungswerke nehmen auch dann, wenn sie in **Verträge mit Dritten** einbezogen werden sollen, sehr wohl den Charakter von AGB zu diesen, nicht vereins- oder gesellschaftsrechtlich zu qualifizierenden Vereinbarungen an. Vereine pflegen häufig mit Dritten, die vereinseigene Anlagen oder Einrichtungen benutzen, zu vereinbaren, der Benutzer sei an die Satzung des Vereins oder an bestimmte, vom Verein erlassene Nebenordnungen gebunden. So ist etwa die Vertragsgestaltung zwischen dem Deutschen Fußballbund und den für die Bundesliga lizenzierten Spielern, Trainern und Vereinen (OLG Frankfurt NJW 1973, 2208). Mit Recht hat der BGH die freiwillige Bindung eines dem zuständigen Verband als unmittelbares Mitglied nicht angehörenden Pferdekäufers an die vom Verband erlassene Trabrennordnung als Vertrag qualifiziert und dieses Regelungswerk in seiner Funktion als vorformulierte Vertragsbestandteile der Inhaltskontrolle unterworfen (BGH MDR 1973, 34). Auch die Rechtsbeziehungen zwischen einem mittelbaren Verbandsangehörigen und dem Verband sind nicht irgendein vereinsrechtlich zu qualifizierendes Unterwerfungsverhältnis, sondern Vertragsinhalte, wenn sie sich auf die Benutzung einer Verbandseinrichtung beziehen (Schlosser, Vereins- und Verbandsgerichtsbarkeit [1972] 76 ff; Lukes, FS Westermann [1974] 324 ff; Reichert-Dannecker-Kühr, Handbuch des Vereins- und Verbandsrechts Rz 631; Preis Betrieb 1971, 1574; aM Palandt-Heinrichs § 28 Anm 1 a; Bruder MDR 1973, 897 ff; speziell für die Benutzung von Verbandseinrichtungen: Ernst, Die Ausübung der Vereinsgewalt, Diss Köln 1969, 83 ff; Bauernfeind NJW 1959, 379). Auch vorformulierte Interessenwahrungsverträge zwischen Gesellschaftern und Dritten fallen deshalb unter das AGBG (Ulmer Rz 21 a; aM Koch-Stübing Rz 8), vor allem Stimmbindungsverträge mit Dritten.

10 Der Ausschluß des Vereins- und Gesellschaftsrechts vom Anwendungsbereich des AGBG ändert nichts an der bisherigen und sich weiter entwickelnden Rspr zur **„richterlichen" Inhaltskontrolle von Satzungen und Gesellschaftsverträgen**, insbesondere im Zusammenhang mit Publikumskommanditgesellschaften in der Form der GmbH & Co KG (BGHZ 64, 238 = NJW 1975, 1318; BGHZ 66, 86). Nach dieser Rspr können zB außerordentliche Kündigungsrechte entgegen der Satzung bestehen (BGH NJW 1977, 2160; BGH BB 1979, 239) und die Haftungsmaßstäbe für Aufsichtsratsmitglieder entgegen § 708 BGB am Maßstab von §§ 93, 116 AktG ausgerichtet werden (BGH NJW 1977, 2311; BGH NJW 1978, 425; BGH BB 1979, 239). Mit Vorsicht kann auch in diesem Zusammenhang auf Gedankengut aus dem AGBG zurückgegriffen werden (KG Betrieb 1978, 102; aM OLG Frankfurt BB 1978, 927). Die angeschnittenen Fragen sind in der gesellschaftsrechtlichen Lit eingehend behandelt (am ausführlichsten und bezüglich kritischer Klauseln weitaus am reichhaltigsten Uwe H Schneider ZGR 1978, 1 ff; außerdem Wiedemann, FS H Westermann [1974] 585 ff; R Fischer, FS Barz [1975] 33 ff; Martens Betrieb 1973, 413 ff; H P Westermann AcP 1975, 408 ff; Schulte ZGR 1976, 97 ff; Ulmer Rz 19 ff; ders NJW 1979, 81 ff; Schlarmann BB 1979, 192 ff).

11 Zu Versuchen, das AGBG durch gesellschaftsrechtliche Gestaltungsformen umgehen zu wollen, s Erl zu § 7.

5. Tragweite der Unanwendbarkeit des AGBG 12

Das Fehlen der förmlichen Anwendbarkeit des AGBG auf die genannten Verträge hindert nicht, daß die in den §§ 3–6 sich findenden Regelungen als Ausdruck allgemeinerer Prinzipien der Rechtsgeschäftslehre gleichwohl herangezogen werden können.

III. Der Ausschluß einzelner Bestimmungen des AGBG, Abs 2, 3

1. § 23 Abs 2 Nr 1 13

a) Die Nr 1 regelt drei Fälle von AGB. Nicht darunter fallen Bestimmungen mit Rechtsnormcharakter allgemein und schon mangels der tatbestandlichen Voraussetzungen die Rechtsverordnungen nach §§ 106 Abs 2, 20 a Abs 6 GüKG. Grund für die Ausnahme ist die in diesen Fällen gewährleistete Veröffentlichung in amtlichen Veröffentlichungsorganen (§ 6 Abs 6 EVO, § 39 Abs 7 PBefG, Art 24, §§ 2, 3 CIV, Art 9 CIM). Dennoch hält Koch-Stübing (Rz 35) einen Verstoß gegen Art 3 GG für möglich.

aa) Unter den Begriff **„mit Genehmigung der zuständigen Verkehrsbehörde erlassene Tarife und Ausführungsbestimmungen der Eisenbahnen"** fällt wegen ihres normativen Charakters nicht die EVO (BGBl III 934-1 mit späteren Änderungen) selbst, sondern nur solche Tarife, Ausführungsbestimmungen und Beförderungsbedingungen, die erst durch Einbeziehung in den Beförderungsvertrag Vertragsbestandteil werden, wie zB die in §§ 2 Abs 1 und 6 Abs 6 EVO genannten besonderen Beförderungsbedingungen. 14

bb) Der Begriff „Tarife und Ausführungsbestimmungen der Eisenbahnen aufgrund internationaler Übereinkommen" bezieht sich auf das Übereinkommen über den Eisenbahnfrachtverkehr (CIM BGBl 65 II 1220) und das Übereinkommen über den Eisenbahnpersonen- und -gepäckverkehr (CIV BGBl 74 II 357 ff). Den Erlaß von Tarifen einschließlich der Beförderungsbedingungen regelt zB Art 9 CIM (vgl Goltermann, Internationale Übereinkommen **über den Eisenbahn-**, Personen- und Frachtverkehr 1970). Nicht darunter fällt das Warschauer Übereinkommen über die Vereinheitlichung von Regeln über die Beförderung im internationalen Luftverkehr, s § 12 Rz 5. Zu zwischenstaatlichen Problemen von AGB allgemein vgl die Erl zu § 12. 15

cc) Der gesamte Bereich der nach dem PBefG genehmigten Beförderungsbedingungen der **Straßenbahnen, Obusse und Kraftfahrzeuge im Linienverkehr** ist weitgehend durch die nach § 58 Abs 1 Nr 3 PBefG erlassene „Verordnung über die Allgemeinen Beförderungsbedingungen für den Straßenbahn- und Obusverkehr sowie den Linienverkehr mit Kraftfahrzeugen" v 27. 2. 1970 (BGBl I 230) geregelt, die als normative Regelung auch ohne vertragliche Einbeziehung Geltung hat. Bedeutung hat die Ausnahme daher nur für diejenigen mit Zustimmung der Genehmigungsbehörde verwendeten besonderen Beförderungsbedingungen, deren Geltung die vertragliche Einbeziehung in den Beförderungsvertrag voraussetzt (§ 39 Abs 6 PBefG, § 1 Abs 1 S 2 der VO v 27. 2. 70). Da die Bestimmung in ihrer Formulierung an die Differenzierung des § 39 PBefG zwischen Beförderungsentgelten (§ 39 Abs 1–5 PBefG) und Beförderungsbedingungen (§ 39 Abs 6 PBefG) anknüpft, gilt die Ausnahme nicht für Tarifregelungen. 16

b) Vom Anwendungsbereich des AGBG ist nur § 2 ausgenommen. Die nach der früheren Rspr für die Einbeziehung von AGB in vertragliche Regelungen erforderlichen Mindestvoraussetzungen müssen aber dennoch erfüllt sein (Kötz Rz 7; Nören- 17

BERG NJW 1978, 1086), dh eine mindestens schlüssige Einbeziehungsvereinbarung, so wie man sie heute auch im Verhältnis zu Kaufleuten verlangt, s § 2 Rz 17.

Auch die genehmigten Bedingungen unterliegen einer Inhaltskontrolle nach §§ 9 ff, soweit nicht die weitere Privilegierung nach Nr 3 eingreift oder staatsvertragliche Absicherungen Vorrang beanspruchen (dazu s § 12 Rz 3 ff). Wegen der spezielleren Regelung in § 39 Abs 3 PBefG sind Individualvereinbarungen als Ausnahme von genehmigten Beförderungs*entgelten* entgegen § 4 AGBG nicht zulässig (aM noch SCHLOSSER, Kommentar Rz 6), wohl aber hinsichtlich anderer Beförderungsbedingungen.

18 **2. § 23 Abs 2 Nr 2**

Die gem § 7 EnergiewirtschaftsG vom 27. 1. 1942 für allgemeinverbindlich erklärten Strom- und Gasversorgungsbedingungen (AVG), sind als Rechtsnormen der Kontrolle anhand des AGBG entzogen. § 7 Abs 2 EWG (= § 26 Nr 3 AGBG) ermächtigt den Bundesminister für Wirtschaft, durch Rechtsverordnung mit Zustimmung des Bundesrates die allgemeinen Bedingungen der Energieversorgungsunternehmen ausgewogen zu gestalten. Die aufgrund dieser Ermächtigung erlassene „Verordnung über Allgemeine Bedingungen für die Elektrizitätsversorgung von Tarifkunden" (AVBEltV BGBl 1979, 684) und die „Verordnung über Allgemeine Bedingungen für die Gasversorgung von Tarifkunden" (AVBGasV BGBl 1979, 676) sind zum 1. 4. 1980 in Kraft getreten. Dazu s Anm §§ 26, 27; § 23 II Nr 2 betrifft ausschließlich die Rechtsverhältnisse von Elektrizitäts- und Gasversorgungsunternehmungen mit **Sonder**abnehmern, für welche die genannten Verordnungen nicht gelten.

19 **a)** Soweit Bedingungen in Formularverträgen mit **Sonderabnehmern** (für die wegen der großen Abnahmemengen oder wegen besonderer Abnahmeverhältnisse abweichende Regelungen angemessen sind) denjenigen der AVB entsprechen, also zB auf sie verweisen oder zum Vorteil der Sonderabnehmer von ihnen abweichen, scheiden §§ 10, 11 als Kontrollmaßstab aus. § 9 ist aber auch dann anwendbar (KÖTZ Rz 8). Ebenso wie im kaufmännischen Verkehr (§ 24 Rz 1) können auch Wertungen aus den §§ 10, 11 in die Anwendung der Generalklausel des § 9 Eingang finden.

Der Inhalt der für Tarifabnehmer geltenden neugefaßten Rechtsverordnungen ist freilich ein starker Hinweis auf das, was als angemessen zu betrachten ist (DANNER BB 1979, 79). Die kritischen Bereiche sind jetzt detailliert und einigermaßen ausgewogen geregelt.

20 **b)** Weichen Sonderbedingungen zum Nachteil des Abnehmers von den Allgemeinen Bedingungen ab, so ist eine Kontrolle ebenfalls nur nach § 9 möglich, wenn der Abnehmer Kaufmann oder Körperschaft des öffentlichen Rechts ist (§ 24). Fällt der Sonderabnehmer nicht unter § 24, dann sind ihn im Vergleich zu den Tarifabnehmern benachteiligende AGB-Klauseln nur wirksam, wenn sie der nach §§ 9–11 vorzunehmenden Inhaltskontrolle standhalten. An die Stelle unwirksamer Bedingungen tritt nicht etwa von selbst dasjenige, was für Tarifabnehmer gilt. Ersatzordnung ist vielmehr das dispositive Recht, wenn Regelungsgegenstände in Frage stehen, die nicht strombezugstypisch sind. Andernfalls (§ 6 Rz 12) ist der Strombezugsvertrag ergänzend auszulegen. Dann ist auch Raum für eine analoge Anwendung von Bestimmungen aus den allgemeinen Stromversorgungsbedingungen, weil diese Rechtssatzqualität besitzen.

21 **c)** Die Bestimmung gilt nicht für **Wasserversorgungsbedingungen und Fernwärmebedingungen**. Hierzu hat der BGH (NJW 1978, 1430) schon unter der Geltung des

alten Rechts festgehalten, daß eine Freizeichnung von der Haftung für die Ordnungsmäßigkeit der Anschlüsse nicht möglich ist. Heute sind gegenüber solchen Bedingungen die §§ 10, 11 uneingeschränkt anwendbar und bleiben es für solche Bedingungen, die kraft privatrechtlicher Einbeziehung gelten, auch, wenn von der Verordnungsermächtigung in § 27 Gebrauch gemacht werden sollte. S jedoch § 28.

d) Zur Verfassungswidrigkeit der in §§ 26, 27 enthaltenen Ermächtigungsgrundlagen zum Erlaß von Rechtsverordnungen s dort Rz 2 ff. 22

3. § 23 Abs 2 Nr 3 23

Die Allgemeinen Beförderungsbedingungen des Linienverkehrs mit Straßenbahnen, Obussen und Kraftfahrzeugen sind Rechtsnormen (VO v 27. 2. 1970, BGBl 70 I 230, s Rz 16) und unterliegen deshalb nicht dem AGBG. Da diese Bedingungen eine summenmäßige Haftungsbeschränkung vorsehen, wollte man aus Gleichbehandlungsgründen auch bei privatrechtlich gestalteten Beförderungsverträgen eine solche Regelung zulassen. § 11 Nrn 7 und 8 gelten daher für vorformulierte Bestandteile zu solchen Verträgen nicht, soweit sie mit den Haftungsvorschriften der genannten Verordnung übereinstimmen, oder eine dem Kunden günstigere Regelung vorsehen und nach § 1 Abs 1 der VO genehmigt sind. Im übrigen bleibt das AGBG anwendbar, insbesondere ist eine Kontrolle nach §§ 9 ff möglich. § 2 ist durch Nr 1 ausgeschlossen.

4. § 23 Abs 2 Nr 4 24

Die **Wettbedingungen der staatlichen genehmigten Lotterie- und Ausspielverträge** wurden vom Verbot des Haftungsausschlusses für grobes Verschulden ausgenommen, weil man das Risiko, daß im Einzelfall ein verdienter Gewinn nicht ausgezahlt wird, gegenüber der Gefahr von Fälschungen und Betrügereien für gering hielt (BT-Drucks 7/5422, 14). Insbesondere befürchtete man, daß ohne eine solche Vorschrift Anreiz für betrügerische Machenschaften zwischen Angestellten und Spielern sei. Haftungsausschlüsse, die nicht die Spielergesamtheit schützen sollen, sind aber nach § 9 zu überprüfen.

Die Regelung gilt gleichermaßen für Lotterieunternehmen des Bundes und der Länder, da auch deren Teilnahmebedingungen als Teil des privatrechtlichen Spielvertrages AGB sind (Ulmer Rz 41; BVerwG NJW 1956, 235; BGHZ 5, 111).

Nach den Teilnahmebedingungen der Toto- und Lottounternehmen kommt der Vertrag nicht schon mit der Einreichung des Spielscheins, sondern erst dann zustande, wenn dieser beim Veranstalter eingegangen und der Kontrollabschnitt (bzw Mikrofilm) rechtzeitig vor Spielbeginn durch Verschluß gesichert ist (Schlund, Das Zahlenlotto [1972] 92 ff). Angesichts ihrer allgemeinen und vertragstypischerweise legitimierbaren (§ 3 Rz 13) Verwendung scheitert diese Klausel nicht schon an § 3 AGBG. Fraglich aber ist die Rechtsgrundlage eines Haftungsausschlusses vor Vertragsschluß, da eine vertragliche Vereinbarung ja noch nicht besteht und möglicherweise auch nie zustande kommt. Der BGH (NJW 1965, 1583) nimmt einen eigenen Vertrag zwischen Spieler und Annahmestelle an, vergewaltigt damit aber die Willensrichtung der Beteiligten (Ulmer Rz 42 a). Ulmer denkt an einen schon bei Einreichung des Spielscheins wirksam werdenden „Rahmenvertrag" zwischen Spieler und Veranstalter, der die AGB sofort wirksam werden läßt. Unter Beachtung von §§ 2, 3 AGBG soll ein derartiger „Enthaftungsvertrag" möglich sein (Ulmer Rz 42 a). Zu Recht wird an dieser Konstruktion kritisiert, daß sie lebensfremd und gekünstelt ist und schon an der Unklarheitenregel des § 5 scheitert (Löwe

Rz 2, 3; im Ergebnis ebenso Koch-Stübing Rz 12, der die Vorschrift für doppelt verfehlt hält und über § 9 korrigieren will; zweifelnd auch Kötz Rz 10).

§ 23 Abs 2 Nr 4 kann in Bezug auf Toto und Lotto in Wirklichkeit sein Ziel nicht erreichen, da er einen Tatbestand betrifft, der noch keine vertragliche Einbeziehung von Wettbedingungen darstellt.

25 **5. § 23 Abs 2 Nr 5**

a) Die VOB (dazu § 9 Rz 74 ff) ist zweifach privilegiert, was zT verfassungsrechtlich für bedenklich gehalten wird (Löwe Rz 2; Palandt-Heinrichs § 10 Anm 5 a dd).

26 **aa)** Die 2jährige Gewährleistungs-Verjährungsfrist von § 13 Nr 4 VOB/B soll nicht der AGB-Inhaltskontrolle verfallen. Begründet wird dies (BR-Drucks 360/75, 42) mit den Einwirkungsmöglichkeiten, die die VOB dem Auftraggeber schon vor Abnahme des Werkes gibt, mit der Möglichkeit, die Verjährung durch schriftliche Rüge zu unterbrechen und durch die Festlegung einer selbständigen weiteren Verjährungsfrist von zwei Jahren für die Mängelbeseitigung.

27 **bb)** Bei der Privilegierung der in der VOB enthaltenen Erklärungsfiktionen dachte der Gesetzgeber nur an § 12 Nr 5 Abs 2, worin an Verhaltensweisen des Bauherrn eine Abnahmefiktion geknüpft ist, Verhaltensweisen, die freilich im wesentlichen mit Tatbeständen zusammenfallen, die ohnedies eine schlüssige Abnahme ausdrükken (insoweit aM Ulmer Anh §§ 9–11 Rz 904; Locher NJW 1977, 1803; s im übrigen Erl zu § 640 BGB). Dem eindeutigen Gesetzestext unterfallen aber auch alle weiteren in der VOB enthaltenen Erklärungsfiktionen, nämlich die von § 12 Nr 5 Abs 1 – Abnahmefiktion nach Ablauf von 12 Werktagen nach schriftlicher Mitteilung der Fertigstellung, von § 12 Nr 3 S 5 – fingierte Anerkennung von Stundenlohnzetteln, von § 16 Nr 3 Abs 2 – Schlußzahlungswirkung als Präklusion von Nachforderungen (aM Kötz § 10 Rz 29; s § 9 Rz 86). Da, wo die Privilegierung nicht Platz greift (s unten Rz 28), ist immer sorgfältig zu prüfen, ob die fragliche Verhaltensweise nicht als schlüssige Erklärung iS der gewollten Fiktionswirkung zu deuten ist.

28 **b)** In beiden Privilegierungsfällen ist die Frage aufgetaucht, welcher **Tatbestand** genau erfüllt sein muß, **damit „die VOB Vertragsgrundlage“** ist. Die Privilegierung von Einzelbestimmungen der VOB läßt sich nicht rechtfertigen. Auch die Vorteile, welche § 13 Nr 4 dem Bauherrn im Vergleich zur BGB-Regelung gewährt, sind kein Äquivalent zur Differenz zwischen 5 und 2 Jahren Gewährleistungsverjährung. Die Privilegierung kann daher, wenn überhaupt, nur deshalb gerechtfertigt sein, weil die VOB insgesamt als ausgewogen anzusprechen ist. Das bedeutet, daß die Privilegierung nur zum Tragen kommt, wenn neben der VOB keine anderen dem Vertragspartner des Verwenders gegenüber der gesetzlichen Regelung benachteiligenden vorformulierten Bauvertragsbedingungen Vertragsgrundlage sind. Dieses Erfordernis gilt sowohl für die Privilegierung von § 13 Nr 4 (Korbion VersR 1977, 684; Locher NJW 1977, 1802; Koch-Stübing § 11 Nr 10 Rz 72; Schlüter, Das AGB-Gesetz im Spiegel des Baurechts 108; Brych MittBayNot 1977, 171; ders MDR 1978, 183; Kötz Rz 11 – im Gegensatz aber zu § 11 Nr 116; aM – nur unveränderte Übernahme der Gewährleistungsregelung der VOB nötig – Löwe Rz 1; Heiermann Betrieb 1977, 1783; Schippel-Brambring DNotZ 1977, 43; Palandt-Heinrichs § 11 Anm 10 f; F Schmidt MittBayNot 1977, 169; Ulmer Rz 44; Rebmann Rz 11; Hensen Anhang §§ 9–11 Rz 195), sondern auch für die Privilegierung der in der VOB enthaltenen Erklärungsfiktionen, deren Verfassungsmäßigkeit im übrigen schon bezweifelt wurde (Koch-Stübing Rz 27; Graf von Westphalen Rz 12; aM Locher NJW 1977, 1802 f; Ulmer Rz 45). Freilich ist immer zu

beachten, daß das Problem nur auftritt, wenn diejenige Vertragspartei durch die privilegierte Regelung belastet wird, die Vertragspartner des Verwenders ist, dazu § 1 Rz 19 ff.

Privilegiert ist die VOB nur im Rahmen des von ihr selbst reklamierten Anwendungsbereiches, nämlich bei Verträgen über Bauleistungen. Wird sie anderen Verträgen zugrunde gelegt, so gilt die Privilegierung nicht (LOCHER BauR 1977, 223; COESTER-WALTJEN § 11 Nr 10 Rz 54). Zu den Bauträgerverträgen s § 9 Rz 104 ff.

c) § 23 Abs 2 Nr 5 betrifft nur das Problem der vorformulierten Vertragsbestandtei- 29
le. Wird einzelvertraglich etwas vereinbart, was von der VOB abweicht – sei es auch von den privilegierten Vorschriften – so ist das, was von der VOB einbezogen bleibt, gleichwohl privilegiert, unabhängig davon, ob es zum Vor- oder Nachteil des Verwenders geschehen ist.

d) Soweit eine Privilegierung besteht, hat der Gesetzgeber die Regelung der VOB 30
ersichtlich inhaltlich gebilligt und sie daher auch aus der Kontrolle durch § 9 genommen (aM GRABA § 9 Rz 137; SCHMIDT-SALZER F 144). Jedoch können im Einzelfall auch privilegierte VOB-Klauseln überraschend iSv § 3 sein.

e) Sind mehrere Bauausführende oder -betreuende gewährleistungspflichtig (s dazu 31
Erl zu § 638 BGB), von denen nur einer privilegiert ist, so bleiben die Ausgleichsansprüche der anderen trotz der Privilegierung bestehen, weil unterschiedliche Gewährleistungsfristen auf die internen Ausgleichsansprüche prinzipiell keinen Einfluß haben (BGHZ 58, 216; allgM).

6. § 23 Abs 2 Nr 6 32

Bei den genannten Vertragsarten ist davon auszugehen, daß eine längerfristige vertragliche Bindung nicht nur den Bedürfnissen des Verwenders, sondern auch denen des Kunden entspricht und entsprechende Fristen in Formularverträgen für ihn nicht überraschend kommen.

a) Eine **Lieferung als zusammengehörig verkaufter Sachen** (vgl entsprechenden 33
Begriff in § 1 c Nr 1 AbzG) liegt vor, wenn der Kunde von vorneherein die feste Verpflichtung zur Abnahme einer bestimmten **Sachgesamtheit** eingeht, deren Bestandteile abweichend von § 266 BGB ratenweise geliefert werden sollen. Zu denken ist zB an den Kauf eines mehrbändigen Lexikons (RegE BT-Drucks 7/3919, 42) oder eines sonstigen Sammelwerkes (LG Hamburg NJW 1973, 804 – „Grzimeks Tierleben"). Nach Ansicht des BGH (NJW 1976, 1354) kann auch eine 65-bändige Edition der Schriften der Literatur-Nobelpreisträger eine „Sachgesamtheit" darstellen (ablehnend KÖTZ § 11 Rz 128). Zutreffend hat der BGH (NJW 1977, 714) einen Vertrag über fünf jeweils zwanzigteilige Aussteuersortimente nicht als Vertrag über zusammengehörig verkaufte Sachen iSv § 1 c Nr 1 AbzG, sondern als „regelmäßige Lieferung von Sachen gleicher Art" (§ 1 c Nr 2 AbzG) beurteilt (dagegen HENSEN § 11 Nr 12 Rz 6). Verträge über die Lieferung von Sachen gemäß § 1 c Nr 2 und 3 AbzG werden nicht von § 23 Abs 2 Nr 6 erfaßt. Auf derartige Verträge ist § 11 Nr 12 voll anwendbar (KOCH-STÜBING § 11 Nr 12 Rz 10; HENSEN § 11 Nr 12 Rz 5).

Da in den Fällen des Verkaufs einer bestimmten Sachgesamtheit bereits kein Dauerschuldverhältnis iSv § 11 Nr 12 vorliegt, sondern ein Teillieferungsvertrag, besitzt § 23 Abs 2 Nr 6 im Grunde nur klarstellende Bedeutung (vgl § 11 Nr 12 Rz 6 mwN).

b) Versicherungsverträge haben nicht die regelmäßige Lieferung von Waren oder 34
die regelmäßige Erbringung von Dienst- oder Werkleistungen zum Gegenstand und

fallen deshalb ebenfalls nicht unter § 11 Nr 12 (Kötz § 11 Rz 30; Ulmer Rz 49). Die Vorschrift dient jedoch der Klarstellung (Palandt-Heinrichs § 11 Anm 12 a). Außerdem ist § 8 VVG im Verhältnis zu § 11 Nr 12 b ohnehin eine Spezialregelung.

35 **c)** Wegen der faktischen Monopolstellung der **Verwertungsgesellschaften** sind die Inhaber der genannten Schutzrechte in besonderem Maße an einer langfristigen Vertragsdauer interessiert. Die Verwertung der Schutzrechte kann nach § 6 WahrnG (BGBl 1965 I 1294) entweder kraft Verbandssatzung (dann ist eine Kontrolle anhand des AGBG wohl durch § 23 Abs 1 ausgeschlossen) oder durch zweiseitige Verträge erfolgen. Die letztgenannte Gestaltung entspricht der Praxis der Verwertungsgesellschaften in Deutschland und fällt als Geschäftsbesorgungsvertrag über Dienstleistungen grundsätzlich unter § 11 Nr 12, so daß wenigstens diese Ausnahme einen sachlichen Gehalt hat.

III. § 23 Abs 3

36 **1.** Als Grund für die Sonderbehandlung von **Bausparverträgen, Versicherungsverträgen** und von Rechtsverhältnissen zwischen **Kapitalanlagegesellschaften** und Anteilseignern ist in der amtlichen Begründung angegeben, ein Rückgriff auf § 6 Abs 2 würde zu keiner sachgerechten Lösung führen, weil das bei Gestaltung der genannten Verträge „maßgebliche Prinzip des kollektiv ausgerichteten Geschäftssystems eine gleichmäßige und erschöpfende Regelung aller Verträge [verlange], und die gleichmäßige Anwendung der behördlich genehmigten AGB gesetzlich vorgeschrieben" sei (BR-Drucks 360/75, 43).

37 **2.** Es muß sich um einen Bausparvertrag iSv § 1 Abs 2 BauspG (BGBl 72 I 2097), um einen Versicherungsvertrag iSv § 1 VVG oder um einen Vertrag über den Vertrieb von Kapitalanteilen (Mindestanforderungen in § 15 Abs 3 KAGG, vgl Schönle, Bank- und Börsenrecht § 24 I mwN) handeln. Eine behördliche Genehmigung der jeweiligen AGB ist bei Bausparkassen und Kapitalanlagegesellschaften ohnehin erforderlich (§ 3 Abs 1 BauspG; § 15 Abs 2 KAGG), für Versicherungen mit einigen Ausnahmen (§§ 5, 8 VAG), wie für die Transportversicherung, Rückversicherung und Versicherung gegen Kursverluste (Helm NJW 1978, 130; Bauer BB 1978, 477).

38 **3.** Absatz 1 schließt nicht den gesamten Inhalt von § 2, sondern nur die dort den Verwender treffende Hinweis- und Kenntnisverschaffungspflicht aus. Denkt man die Nr 1 und 2 aus § 2 Abs 1 weg, so ist der verbleibende Satz zwar grammatikalisch verunstaltet, läßt aber immerhin erkennen, daß auch in diesem Bereich der Vertragspartner des Verwenders mit der Geltung der Bedingungen einverstanden sein muß (Koch-Stübing Rz 15; Kötz Rz 13; Ulmer Rz 53; aM Palandt-Heinrichs §§ 23, 24 Anm 2 b und Graf von Westphalen § 23 III Rz 2, die im Wege korrigierender Auslegung Geltung auch ohne Einverständnis des Kunden annehmen). Das sollte Grund genug sein, nicht für den in § 23 Abs 1 angesprochenen Bereich die unselige Rspr zur Einbeziehung von Bedingungen kraft Verkehrssitte oder kraft „Kennenmüssens" der Tatsache fortzusetzen, daß Versicherungen und Bausparkassen nur zu ihren AGB abschließen, s § 2 Rz 1. Von einem Privatmann kann man die Kenntnis von diesen Geschäftsgebräuchen einer Versicherung oder einer Bausparkasse nur erwarten, wenn er ständig solche Verträge abschließt. Andernfalls entspricht es nicht Treu und Glauben, ihm diese Verkehrssitte zuzurechnen (aM Koch-Stübing Rz 15; Bauer BB 1978, 477). Insbesondere dann, wenn Bedingungen der in § 23 Abs 3 genannten Art von Vorschriften des dispositiven Rechts abweichen, werden sie im allgemeinen nicht kraft stillschweigender Bezugnahme Vertragsbestandteil. Des in den AVB näher geregelten Versicherungsschutzes kann der Versicherungsnehmer

nicht verlustig gehen, weil er sich auf AGB jederzeit berufen kann, auch wenn die Obliegenheiten nach § 2 Abs 1 Nr 1 und 2 nicht erfüllt werden (s § 2 Rz 34).

Soweit Bestimmungen unwirksam oder nicht Vertragsbestandteil geworden sind, richtet sich der Vertragsinhalt nach den Regeln des dispositiven Rechts, § 6 Abs 2 (aM Bauer BB 1978, 477, der Unwirksamkeit nach § 6 Abs 3 annimmt). Nur falls dieses nicht weiterhilft, lassen sich die unwirksamen Geschäftsbedingungen im Wege der ergänzenden Vertragsauslegung heranziehen (§ 6 Rz 121; aM Palandt-Heinrichs §§ 23, 24 Anm 2 b: über § 6 Abs 2 AGBG iVm §§ 157, 242 BGB sei eine Lücke immer durch Heranziehen der AGB zu schließen, so daß § 23 Abs 3 im wesentlichen nur klarstellende Bedeutung habe).

Rahmenvereinbarungen nach § 2 Abs 2 sind durch § 23 Abs 3 nicht erfaßt, dh für diese gelten § 2 Abs 1 Nr 1 und 2 immer (Kötz Rz 13; Ulmer Rz 55).

Die allgemeine Inhaltskontrolle der genannten Vertragstypen wird durch § 23 Abs 3 nicht eingeschränkt, wohl aber durch Spezialvorschriften wie zB §§ 5, 8 VVG modifiziert.

IV. Sonstige Sondervorschriften 39

Sondergesetze über bestimmte Vertragsarten können in einer Weise an das Phänomen vorformulierter Bedingungen gedacht haben, daß sie als Sonderregelungen auch gegenüber dem AGBG zu werten sind.

Im rein nationalen Bereich ist etwa das Abzahlungsgesetz zu nennen, freilich nur hinsichtlich der in ihm geregelten Gegenstände. Eine Sonderregelung ist dieses Gesetz, soweit es den Beginn der Bindung an den Vertrag regelt. Die in § 1 a AbzG aufgestellten Voraussetzungen sind schärfer als die Voraussetzungen von § 2 AGBG und gehen schon deshalb vor. Ist dem § 1 a AbzG nicht genügt, die verkaufte Sache aber übergeben, so kommt der Vertrag mit den Rechtswirkungen von § 1 a Abs 3 AbzG zustande. Das ist für den Käufer im Regelfall günstiger, als wenn man § 2 mit der Folge anwendete, daß die vorformulierten Bedingungen überhaupt nicht Vertragsbestandteil werden. Nicht hingegen regelt das AbzG etwa Vorschriften über den Ausschluß von Gewährleistungsansprüchen. Insofern ist § 11 Nr 10 AGBG auch auf Abzahlungsgeschäfte anwendbar. Zum Problem der in § 4 AbzG angesprochenen Vertragsstrafe s § 8 Rz 8.

Wegen Sonderbestimmungen für den zwischenstaatlichen Rechtsverkehr s § 12 Rz 3 ff.

§ 24
Persönlicher Anwendungsbereich

Die Vorschriften der §§ 2, 10, 11 und 12 finden keine Anwendung auf Allgemeine Geschäftsbedingungen,

1. die gegenüber einem Kaufmann verwendet werden, wenn der Vertrag zum Betriebe seines Handelsgewerbes gehört;

2. die gegenüber einer juristischen Person des öffentlichen Rechts oder einem öffentlich-rechtlichen Sondervermögen verwendet werden.

§ 9 ist in den Fällen des Satzes 1 auch insoweit anzuwenden, als dies zur Unwirksamkeit von in den §§ 10 und 11 genannten Vertragsbestimmungen führt; auf die im Handelsverkehr geltenden Gewohnheiten und Gebräuche ist angemessen Rücksicht zu nehmen.

1 **I. Zweck der Vorschrift**

Die Frage, ob und gegebenenfalls in welcher Weise der Schutz des AGB-Gesetzes auch Kaufleuten zugute kommen sollte, war in der rechtspolitischen Auseinandersetzung der frühen siebziger Jahre um den Schutz vor unangemessenen Formularbedingungen eines der meistdiskutierten Themen (Nicklisch BB 1974, 941, 947; Dietlein NJW 1974, 969, 973; Eith NJW 1974, 17 f; Bastian-Böhm Betrieb 1974, 110 ff; Löwe, FS Larenz [1973] 373 N 1; M Wolf JZ 1974, 465, 469; Ulmer 50. DJT [1974] H 21 ff; Stötter BB 1974, 434; Pinger MDR 1974, 705, 708). Die Arbeitsgruppe beim Bundesminister der Justiz (Einl 4 zu § 1) verstand ihre Aufgabe nur in der Erarbeitung einer Teilregelung und hat aus diesem Grund den Verkehr unter Vollkaufleuten ganz aus dem Anwendungsbereich des Gesetzes nehmen wollen (Erster Teilber § 12). Der Referentenentwurf ist dem gefolgt (Betrieb Beilage Nr 18, 1974 zu Heft 39, § 12). Die dann Gesetz gewordenen Fassung hat der Regierungsentwurf gebracht (BR-Drucks 360/75 § 12).

Sie beruht auf folgenden Überlegungen:

Hätte man einen Katalog verbotener Klauseln entwickeln wollen, der auch dem Verkehr unter Kaufleuten angemessen gewesen wäre, so hätten einmal umfangreiche rechtstatsächliche Untersuchungen angestellt werden müssen. Das Zustandekommen des Gesetzes hätte sich um eine ganze Legislaturperiode verschoben. Viele Klauselverbote hätten zudem wegfallen oder eine Relativierung erfahren müssen, was zu einer verbraucherpolitisch unerwünschten Rechtsunsicherheit geführt hätte. Daher hat das Gesetz den Katalog verbotener Klauseln in den §§ 10, 11 auf den kaufmännischen Verkehr nicht bezogen. Desgleichen hat es auf eine Anwendung der §§ 2 und 12 im kaufmännischen Verkehr verzichtet. Während für letztere Entscheidung maßgeblich war, daß die Vorschriften für den kaufmännischen Verkehr nicht passen würden, war es hinsichtlich §§ 10, 11 die Überlegung, daß ein differenziertes Urteil über die Unangemessenheit von Klauseln, bezogen auf den Handelsverkehr, in der Kürze der Zeit nicht zu erarbeiten war. (Zum rechtspolitischen Hintergrund der Norm ausführlich Ulmer Rz 3–12).

II. Tatbestandliche Voraussetzungen der Vorschrift

2 **1. Anwendung gegenüber einem Kaufmann**

a) Wer **Kaufmann** ist, ergibt sich aus §§ 1–6 HGB. Anders als nach § 8 AbzG muß der Vertragspartner des Verwenders also nicht im Handelsregister eingetragen sein, falls diese Eintragung nicht ausnahmsweise konstitutiv wirkt (§§ 2, 3 HGB). Die Vorschrift gilt für **Minderkaufleute** selbst dann, wenn sie sich in **arbeitnehmerähnlicher Stellung** befinden (§ 23 Rz 3; aM Ulmer Rz 15 für den Einfirmenvertreter nach § 92 a HGB). Auch **Scheinkaufleute** fallen unter § 24 S 1 Nr 1. Das gilt auch dann, wenn sie in anderer Weise als durch (unrichtige) Eintragung gem § 5 HGB den Rechtsschein eines Kaufmanns erwecken (Kötz Rz 3). Auf die Kenntnis des Verwenders von der Kaufmannseigenschaft seines Vertragspartners kommt es nicht an.

Die ursprünglich erwogene Anknüpfung an Vertragsschlüsse „in Ausübung einer Erwerbstätigkeit" (RefE I § 12 Abs 2 S 1, s oben Rz 1) wurde im Regierungsentwurf wieder gestrichen. Eine analoge Anwendung des § 24 auf Personen, deren Geschäftserfahrungen denen eines Kaufmannes gleichen, wie etwa Rechtsanwälte oder sonst freiberuflich Tätige, kommt deshalb nicht in Betracht (Palandt-Heinrichs § 24 Anm 3 b aa; Ulmer Einf 3 vor §§ 23, 24).

Bei Vertragsschluß durch einen **Vertreter des AGB-Unterworfenen** kommt es auf die Eigenschaft des Vertretenen an (Ulmer Rz 14). Bei Verwendung von AGB gegenüber **ausländischen Vertragspartnern** bestimmt sich die Kaufmannseigenschaft nach deutschem Recht (Ulmer Rz 15; Jayme ZHR 1978, 115 FN 57 a; aM Schlechtriem, FS Duden 580). Im Falle des § 2 HGB muß man freilich auf die Eintragung im Handelsregister verzichten. Darauf, ob der *Verwender* selbst Kaufmann ist oder nicht, kommt es nicht an.

b) Die Ausnahme gilt nur für Handelsgeschäfte des Kaufmanns (§ 343 HGB). 3
Dabei ist die Vermutung des § 344 HGB zu beachten, die insbesondere bei Mischgeschäften Bedeutung gewinnt.

2. Juristische Person des öffentlichen Rechts oder öffentlich-rechtliches Sondervermögen (S 1 Nr 2).

a) Juristische Personen des öffentlichen Rechts sind insbesondere der Staat und die 4
Gebietskörperschaften, sonstige rechtsfähige Körperschaften und Anstalten (Hochschulen, Sozialversicherungsträger), Kirchen und öffentlich-rechtliche Stiftungen (im einzelnen Vorbem zu § 89 BGB).

b) Öffentlich-rechtliche Sondervermögen sind zwar gegenüber ihrem Träger haus- 5
haltsmäßig selbständig und treten nach außen wie eine rechtsfähige Sondereinheit auf, haben aber im übrigen keine eigene Rechtspersönlichkeit. Insbesondere fallen darunter Bundesbahn und Bundespost, das ERP-Sondervermögen und der LAG-Ausgleichsfonds (Diederichsen BB 1974, 379 mwN).

c) Gegenüber den genannten juristischen Personen und Sondervermögen finden 6
§§ 2, 10, 11, 12 keine Anwendung, da sie ebenso wie Kaufleute vermindert schutzbedürftig sind. Wohl aber gilt das AGBG für die von ihnen verwendeten AGB, soweit diese nicht normativen Charakter haben.

III. Die Bedeutung der Ausnahmen vom Anwendungsbereich des AGBG

1. Zur Unanwendbarkeit von § 2 s dort Rz 17, 35, 51, 59, 75. 7

2. § 24 S 2 stellt klar, daß die Unanwendbarkeit des Verbotskataloges der §§ 10, 11 8
für den kaufmännischen Vertragspartner nicht den Schluß gestattet, solche Klauseln seien dort immer zulässig. Dementsprechend hat der BGH in einer kurz vor Inkrafttreten des AGBG veröffentlichten Entscheidung die „richterliche" Inhaltskontrolle ausdrücklich auch auf den kaufmännischen Verkehr bezogen (Betrieb 1976, 1616). Grundsätzlich bietet § 11 auch für die Auslegung des § 9 wichtige Anhaltspunkte und wird sich demgemäß, so vermittelt, häufig auch im kaufmännischen Verkehr durchsetzen (Helm BB 1977, 1109; Ulmer Rz 19; Graf von Westphalen Rz 13). § 10 ist ohnehin nur eine gesetzliche Konkretisierung von § 9 („insbesondere") und gilt daher mit § 9 auch im kaufmännischen Verkehr. Die von Graf von Westphalen (Rz 12) hiergegen erhobenen Bedenken, der schwächere Schutz (§ 10 im Vergleich zu § 11) könne für den kaufmännischen Verkehr nicht zum stärkeren werden, überzeugen nicht. Im Gegensatz zu den Bestimmungen des § 11 haben diejenigen des § 10 genügend Flexibilität, um die dem kaufmännischen Verkehr der Sache nach gebührende Sonderbehandlung zu gewährleisten.

Eine Klausel ist jedoch dann nicht nach § 9 unwirksam, wenn die Natur des kaufmännischen Verkehrs oder des speziellen Geschäftstypus Bewertungsgesichtspunkte liefert, die eine andere Beurteilung als im Verkehr unter Privaten erlauben.

Insbesondere sind auch die dispositiven Normen des HGB Maßstab für eine Kontrolle nach § 9 Abs 2 Nr 1.

Der vagen Bezugnahme des Gesetzestextes auf die im Handelsverkehr „geltenden" Gewohnheiten und Gebräuche ist ein greifbarer Sinn nicht abzugewinnen (Graf von Westphalen Rz 14). Zur Bedeutung der Handelsbräuche für die Einbeziehungsvereinbarung s § 2 Rz 61 ff. Zur Inhaltskontrolle im einzelnen vgl bei §§ 10, 11 jeweils unter „Kaufleute".

9 **3.** § 12 wurde für den Verkehr mit Kaufleuten und der öffentlichen Hand vom Anwendungsbereich des AGBG ausgenommen, weil er sich insoweit international ohnehin nicht durchsetzen ließe und für den grenzüberschreitenden Geschäftsverkehr besonders verfehlt wäre. Auch die mittelbare Bezugnahme in Satz 2 auf „den Fall des § 12" kann nicht bedeuten, daß der Gesetzgeber das AGBG bei ausländischem Vertragsstatut auf andere Fälle als Verträge mit inländischen Verbrauchern erstrecken wollte (Drobning, FS F A Mann [1978] 611; aM Nörenberg, NJW 1978, 1087).

Fünfter Abschnitt

Schluß- und Übergangsvorschriften

§ 25
Änderung des Bürgerlichen Gesetzbuches

Vom Abdruck wurde abgesehen.
S Erl zu § 476 a und § 633 BGB sowie § 11 Nr 10 c.

§ 26
Änderungen des Energiewirtschaftsgesetzes

§ 7 des Energiewirtschaftsgesetzes vom 13. Dezember 1935 (Reichsgesetzbl. I S. 1451), zuletzt geändert durch Artikel 18 des Zuständigkeitslockerungsgesetzes vom 10. März 1975 (Bundesgesetzbl. I S. 685), wird wie folgt geändert:

1. In Satz 1 werden die Worte „allgemeine Bedingungen und" gestrichen.
2. Die Sätze 1 und 2 werden Absatz 1.
3. Es wird folgender Absatz 2 angefügt:

„(2) Der Bundesminister für Wirtschaft kann durch Rechtsverordnung mit Zustimmung des Bundesrates die allgemeinen Bedingungen der Energieversorgungsunternehmen (§ 6 Abs. 1) ausgewogen gestalten. Er kann dabei die Bestimmungen der Verträge einheitlich festsetzen und Regelungen über den Vertragsabschluß, den Gegenstand und die Beendigung der Verträge treffen, sowie die Rechte und Pflichten der Vertragspartner festlegen; hierbei sind die beiderseitigen Interessen angemessen zu berücksichtigen. Die Sätze 1 und 2 gelten entsprechend für Bedingungen öffentlich-rechtlich gestalteter Versorgungsverhältnisse mit Ausnahme der Regelung des Verwaltungsverfahrens."

§ 27
Ermächtigung zum Erlaß von Rechtsverordnungen

Der Bundesminister für Wirtschaft kann durch Rechtsverordnung mit Zustimmung des Bundesrates die allgemeinen Bedingungen für die Versorgung mit Wasser und Fernwärme ausgewogen gestalten. Er kann dabei die Bestimmungen der Verträge einheitlich festsetzen und Regelungen über den Vertragsabschluß, den Gegenstand und die Beendigung der Verträge treffen sowie die Rechte und Pflichten der Vertragspartner festlegen; hierbei sind die beiderseitigen Interessen angemessen zu berücksichtigen. Die Sätze 1 und 2 gelten entsprechend für Bedingungen öffentlich-rechtlich gestalteter Versorgungsverhältnisse mit Ausnahme der Regelung des Verwaltungsverfahrens.

Nach der **amtlichen Begründung** zum Regierungsentwurf (BR-Drucks 360/75, 44 f) 1
sollte die Ermächtigungsnorm des § 7 EWG zur wirtschaftlichen Gestaltung der AVB an Art 80 Abs 1 S 1 GG angepaßt und inhaltlich ein angemessener Interessenausgleich zwischen privatrechtlich und öffentlich-rechtlich organisierten Versorgungsunternehmen einerseits und den Tarifabnehmern (für Sonderabnehmer vgl die teilweise Gleichstellung in § 23 Abs 2 Nr 2, s dort Rz 18) andererseits angestrebt werden.

Die Verfassungsmäßigkeit der Ermächtigungen unterliegt aber erheblichen Beden- 2
ken, da die Begriffe „ausgewogen" und „Angemessenheit der Berücksichtigung der

 Peter Schlosser

beiderseitigen Interessen“ für die nach Art 80 Abs 1 S 2 GG erforderliche bestimmte Angabe des Zwecks der Ermächtigung nicht ausreichen (dazu ausführlich SCHLOSSER, Kommentar Erl zu §§ 26, 27; aM DANNER BB 1979, 78 – übrige Lit das Problem nicht behandelnd).

3 Die in Aussicht genommenen Rechtsverordnungen liegen mittlerweile vor, s § 23 Rz 18 (zum Entwurf und seiner Zielsetzung BÖRNER Betrieb 1978 Beilage Nr 27/28, zu den in Kraft gesetzten Verordnungen DANNER BB 1979, 78).

4 Bis zum Inkrafttreten der neuen Verordnungen galten die „Allgemeinen Bedingungen für die Versorgung mit elektrischer Arbeit aus dem Niederspannungsnetz der Elektrizitätsversorgungsunternehmen“ (AVB), die durch Anordnung vom 27. 1. 42 (RAnz 1942 Nr 39) nach § 7 EWG für allgemeinverbindlich erklärt wurden. Entsprechende AVB gelten für die Versorgung mit Gas.

5 Bundesweite normative Regelungen für die Versorgung mit Wasser und Fernwärme gab es nicht, wohl aber vielfältiges Satzungsrecht, das der AGB-Kontrolle ebenfalls entzogen war. Soweit privatrechtliche Abnahmebedingungen bestanden, enthält § 28 Abs 3 eine Übergangsregelung. Nach ständiger Rspr hatten die genannten AVB den Charakter von Rechtsverordnungen (BGHZ 9, 390). Vertragliche Einbeziehung war deshalb nicht erforderlich, Inhaltskontrolle nach dem AGBG ist folglich nicht möglich (BGHZ 23, 175 ff; BGHZ 66, 62 ff mwN). Jedoch hat der BGH Klauseln aus den AVB im Interesse des Abnehmers wiederholt zu Lasten des Versorgungsunternehmens eng ausgelegt (s § 5 Rz 10).

§ 28
Übergangsvorschrift

(1) Dieses Gesetz gilt vorbehaltlich des Absatzes 2 nicht für Verträge, die vor seinem Inkrafttreten geschlossen worden sind.

(2) § 9 gilt auch für vor Inkrafttreten dieses Gesetzes abgeschlossene Verträge über die regelmäßige Lieferung von Waren, die regelmäßige Erbringung von Dienst- oder Werkleistungen sowie die Gebrauchsüberlassung von Sachen, soweit diese Verträge noch nicht abgewickelt sind.

(3) Auf Verträge über die Versorgung mit Wasser und Fernwärme sind die Vorschriften dieses Gesetzes erst drei Jahre nach seinem Inkrafttreten anzuwenden.

1 **I. Der Grundsatz fehlender Rückwirkung**

Die Vorschrift stellt klar, daß das Gesetz entsprechend allgemeinen rechtsstaatlichen Prinzipien erst auf Handlungen anzuwenden ist, die nach seinem Inkrafttreten liegen, dh nur auf Verträge, die nach dem Ablauf des 31. 3. 77 zustande gekommen sind („Neuverträge“). Rückdatierungen sind irrelevant (KOCH-STÜBING Rz 1) und nicht erst wegen des Umgehungsverbots des § 7 unwirksam (aM LÖWE Rz 3).

Wird ein Vertrag nach dem 31. 3. 77 sachlich oder zeitlich erweitert oder werden nach diesem Zeitpunkt abgeänderte AGB einbezogen, so ist das AGBG anwendbar (ULMER Rz 2; KÖTZ Rz 1), nicht aber wenn der Vertrag sich wegen Nichtausübung eines Kündigungsrechtes automatisch verlängert (PALANDT-HEINRICHS Anm 1; ULMER Rz 2).

II. Ausnahmsweise Geltung des § 9 für „alte“ Dauerschuldverhältnisse

2 **1.** Die Regelung von Abs 2 ist verfassungskonformerweise dahin auszulegen, daß sie lediglich auf zukünftige Rechtsbeziehungen, also auf deren Teile, die vor dem

31. 3. 77 noch nicht abgewickelt waren, einwirkt. Das ist als sogenannte unechte (retrospektive) **Rückwirkung** zulässig, falls nicht ausnahmsweise dem Vertrauensschutz des Bürgers Vorrang vor dem mit der Norm verfolgten Allgemeininteresse gebührt (BVerfG 31, 226; 36, 82). Dieser Interessenabwägung kann im Rahmen der unbestimmten Rechtsbegriffe des § 9 ausreichend Rechnung getragen werden (Dietlein-Rebmann Rz 2; Palandt-Heinrichs Anm 2; Löwe Rz 8), soweit, wie meist, nicht die Rechtslage aufgrund der vor dem 31. 3. 77 gepflogenen „richterlichen" Inhaltskontrolle von AGB ohnehin die gleiche gewesen wäre.

2. Verträge über die **„Gebrauchsüberlassung von Sachen"** sind Miet-, Pacht-, Leih- 3
und Leasingverträge über bewegliche oder unbewegliche Sachen, nicht aber solche über die Nutzung unkörperlicher Gegenstände, zB solche über die Verpachtung eines Rechts oder über eine Darlehensgewährung (Palandt-Heinrichs Anm 2 b), letztere auch nicht in der Form des Bargelddarlehens. Zu den in Abs 2 gemeinten Vertragsarten s im übrigen § 11 Nr 12 Rz 12 ff. § 28 Abs 2 gilt freilich auch dann, wenn sich der Vertragspartner des Verwenders zu den dort gekennzeichneten vertragscharakteristischen Leistungen verpflichtet hat (Ulmer Rz 5).

3. § 9 gilt für die genannten Dauerschuldverhältnisse nur, „soweit diese Verträge 4
noch nicht abgewickelt sind". Gemeint sind die Zeitabschnitte, für die die beiderseitigen Primärverpflichtungen noch nicht erfüllt sind. Auch wenn nach dem 31. 3. 77 noch Schadensersatzansprüche geltend gemacht werden können, ist ein Geschäft bereits abgewickelt (OLG Nürnberg WM 1977, 1336).

III. Versorgung mit Wasser und Fernwärme, Absatz 3 5

Mangels bundeseinheitlicher normativer Regelung würden Verträge über die Versorgung mit Wasser und Fernwärme grundsätzlich dem AGBG unterfallen, soweit sie nicht durch Satzungen oder sonstiges Landesrecht geregelt sind. Altverträge würden der Ausnahmeregelung des Abs 2 unterfallen. Wegen der Absicht des Bundesministers für Wirtschaft, gem der in § 27 enthaltenen Ermächtigung alsbald die Bedingungen für die Versorgung mit Wasser und Fernwärme durch Rechtsverordnung ausgewogen zu gestalten, wurden in Abs 3 alle diesbezüglichen Verträge bis 31. 3. 1980 von der Anwendung des AGBG ausgenommen (nach Koch-Stübing ist diese Ausnahme wegen Verstosses gegen Art 3 GG verfassungswidrig, Rz 3). Sollte die erwartete Rechtsverordnung bis dahin nicht vorliegen, so würden Neuverträge dem AGBG voll, Altverträge jedenfalls seinem § 9 unterliegen (s § 23 Rz 21). Abs 3 verhindert freilich ohnehin nicht die weitere Anwendung der bisherigen Grundsätze der Rspr zur richterlichen Inhaltskontrolle.

§ 29
Berlin-Klausel

Dieses Gesetz gilt nach Maßgabe des § 13 Abs 1 des Dritten Überleitungsgesetzes vom 4. Januar 1952 (Bundesgesetzbl I S 1) auch im Land Berlin. Rechtsverordnungen, die aufgrund dieses Gesetzes erlassen werden, gelten im Land Berlin nach § 14 des Dritten Überleitungsgesetzes.

§ 30
Inkrafttreten

Dieses Gesetz tritt vorbehaltlich des Satzes 2 am 1. April 1977 in Kraft. § 14 Abs 2, §§ 28 und 29 treten am Tage nach der Verkündung in Kraft.

Sachregister

Fette Zahlen bezeichnen die Paragraphen des AGBG. Magere Zahlen und Buchstaben bezeichnen die Randziffern der Kommentierung.

Abänderung
- die vertraglich geschuldeten Planung **9** 102
- Befugnis des Bauträgers zur **9** 112

Abänderungsklausel **10 Nr. 4** 6
Abdingbarkeit **6** 21
Ablehnungsandrohung, Abdingung der Obliegenheit zur **11 Nr. 4** 8
Abmahnung, bei Unterlassungsklage **13** 43
Abmahnkosten **13** 47
Abnahme
- Abnahmefiktion **10 Nr. 5** 11
- der Bauleistung **9** 79; **9** 90
- im Kaufrecht **11 Nr. 2** 6
- Abnahmepflicht **10 Nr. 1** 13; **11 Nr. 6** 12

Abnahme der Hauptleistungspflicht **9** 17
Abrechnungen, fingierte Genehmigung der Ordnungsmäßigkeit **10 Nr. 5** 1
Abschlagszahlung **9** 87;
Abschleppbedingungen **3** 39;
Abschlußverpflichtung **3** 18
Abschlußvertreter, Haftung des **11 Nr.** 14;
Abstraktionshöhe **11 Nr. 5** 16
abstraktes Schuldanerkenntnis **11 Nr. 15** 12
Abtretung von Forderungen **9** 46, 123
Abtretung des Kostenerstattungsanspruches **3** 33;
abweichende Entscheidung, Klage bei **19** 1 ff.
Abwerbungsunterlassungspflicht **3** 18;
Abwicklung von Verträgen **10 Nr.** 7
Abzahlungskauf **10 Nr. 1** 11
- finanzierter **9** 125 ff.
- Umgehung durch Leasing **9** 134

Adressenüberlassungsvertrag **11 Nr. 6** 19; **11 Nr. 6** 24
ADSp **2** 69; **11 Nr. 7** 55
- Ausland **2** 69

Änderung **2** 46
- des vertraglichen Leistungsgegenstandes **11 Nr. 1,** 17; **11 Nr. 13** 3
- des Zinssatzes **11 Nr. 1** 19
- einseitige, von AGB-Bestimmungen **2** 47
- nachträgliche, von AGB-Bestimmungen **2** 65; **1** 33

Änderungsbefugnis **10 Nr. 4** 6
Änderungsvorbehalt **10 Nr. 4**
Agenturvertrag **9** 132
AGNB **9** 175
Aktivlegitimation bei Verbandsklage **13** 12
Alleinauftrag **9** 142
Allgemeine Bedingungen für die Kraftfahrtversicherung (AKB) **3** 38
Allgemeine Beförderungsbedingungen **23** 23
Allgemeine Versicherungsbedingungen **8** 3
Alltagsgeschäfte **10 Nr. 1** 11
Alternativ – AGB **1** 30
Altteile, Austausch **9** 185
Anerkenntnisurteil, bei Verbandsklage **15** 5
Anfechtung **3** 4; **9** 42; **Einl 8–11** 14; **10 Nr. 7** 13
Anforderung an die Redlichkeit bei Preisänderungsvorbehalt **11 Nr. 1** 18
Angebot
- Annahme **4** 22
- Annahmefristen **10 Nr. 1** 22
- auf Formularen des Versenders **2** 40

Anhörung bei Verbandsklage **16** 1 ff
Annahme **9** 43
- Frist **10 Nr. 1**
- modifizierende **2** 11
- Verweigerung **11 Nr. 6** 12
- Verzug **9** 116

Anpassungsklausel **8** 3
Anrechnung **11 Nr. 6** 23
Anscheinsbeweis **11 Nr. 15** 2
Anscheinsvollmacht **4** 30
Anschläge von AGB **1** 18
Anspruch
- Abtretung **11 Nr. 7** 23; **11 Nr. 10** 30
- deliktischer **11 Nr. 7** 16; **11 Nr. 7** 36

Anwendung des Gesetzes **Einl,** 16
Anwendungsbereich **23** 1 ff
- persönlicher **24** 1
- sachlicher **23** 1

Anwendung, spiegelbildliche s. spiegelbildliche Anwendung
Anzahlung **9** 182
Anzeigen, Form **11 Nr. 16** 1
Anzeigengeschäft **2** 24
Arbeitskampf **10 Nr. 3** 20
arbeitnehmerähnliche Personen, Anwendung des AGB-Gesetzes **23** 3
Arbeitsrecht **1** 6; **9** 4

Sachregister

Architekt
- Abtretung von Ansprüchen gegen **11 Nr. 10** 30

Architektenvertrag **9** 57 ff, 183; **11 Nr. 10** 11, 84
arglistige Täuschung **6** 8
Aufbewahrung, Bank – AGB **3** 29
Aufbewahrungsunternehmen **11 Nr. 7** 9
Aufkündigung der Leistungspflicht **10 Nr. 3** 11
auflösende Bedingung **10 Nr. 7** 13
Auflösung des Vertrages **10 Nr. 7** 13
Aufrechnung **9** 148
- Ausschluß **3** 7; **11 Nr. 2** 1; **11 Nr. 3** 1 ff.

Aufstellen von AGB **1** 25
Auftragsbestätigung **2** 13, 39, 75
Auftragsentzug **9** 76
Auftragsunternehmen **11 Nr. 10** 26
Aufwendungen **11 Nr. 10** 59
- Ersatz von **10 Nr. 7** 11; **11 Nr. 5** 1, 2, 5, 8; **11 Nr. 11** 11
- Ersatzanspruch **10 Nr. 7** 3
- Ersatzklausel **11 Nr. 6** 1
- ersparte **10 Nr. 7** 6
- Pauschale **9** 142; **10 Nr. 7** 1

Ausführungsart, Bedenken gegen **9** 96
Aushändigung von AGB-Texten **2** 31
Aushang **2** 22, 24
- als Hinweisersatz **2** 18, 20, 34

Aushang, genauer Ort des **2** 21
Auskunftspflicht
- aus dem AGB-Register beim Bundeskartellamt **20** 2
- des Verwenders **11 Nr. 10** 32

Ausland, Leistungserbringung im Ausland **2** 4, 21, 28, 35, 74; **5** 18, 30
ausländisches Recht **12** 1 ff
ausländischer Verbraucherschutz **12** 8
Auslandsbezug **10 Nr. 8** 5
Auslegung von AGB
- allgemeine Grundsätze **5** 29
- einschränkende **5** 8
- ergänzende **5** 29
- gesetzesähnliche **5** 21
- individualvereinbarungskonforme **5** 23
- im internationalen Verkehr **5** 30
- nach Gruppen **5** 21
- objektive **5** 17

Auslegungsregeln
- Abweichung von Auslegungsregeln in AGB **8** 2

Auslegungsmittel (liquide) **5** 5
Ausnutzung von günstigeren Marktverhältnissen **11 Nr. 1** 20
Ausnutzung von Monopolstellungen **Einl,** 3
Ausschlußfrist **11 Nr. 7** 21
- für Mängelanzeige **11 Nr. 10** 71 ff
- bei Garantie **11 Nr. 10** 78
- bei nicht offensichtlichen Mängeln **11 Nr. 10** 77
- bei offensichtlichen Mängeln **11 Nr. 10** 76
- Fristbeginn **11 Nr. 10** 76
- Fristende **11 Nr. 10** 76
- im Handelsverkehr **11 Nr. 10** 79

Ausschreibungsunterlagen **9** 94
Aussetzung, bei Unterlassungsklage **15** 11
Aussperrung **11 Nr. 7** 56
Austauschverhältnis **9** 48
Auswahlverschulden **10 Nr. 3** 21
Automatenaufstellungsvertrag **6** 22; **9** 62 ff; **11 Nr. 12** 13
Automatikklauseln **11 Nr. 1** 22

Banken **2** 71; **11 Nr. 7** 10, 33, 54
Bankbedingungen **3** 39; **5** 10 ff; **9** 39, 69 ff
Bankeinzugsermächtigung **11 Nr. 3** 13
Banküberweisung **11 Nr. 7** 10
Bankvertrag **9** 68 ff
Barzahlungsklauseln **11 Nr. 3** 11
Baubetreuer **9** 101
Bauleistungen **2** 31
Bauleitung **11 Nr. 10** 54
Baurecht **11 Nr. 7** 47
Bausparkassen **9** 30
Bausparverträge **23** 36
Bauträger **9** 91, 101, 112; **11 Nr. 10** 37
Bauträgerverträge **11 Nr. 10** 11, 54, 83
Bauvertrag **9** 74
Bauvertragsbedingungen **11 Nr. 6** 15, 24 f
Bauwesen **9** 17, 23; **10 Nr. 3** 3
Beanstandungsrecht **10 Nr. 5** 11
Bearbeitungsgebühr **11 Nr. 5** 27
Beaufsichtigungsverpflichtung **11 Nr. 7** 10
Bedienstete des Verwenders **11 Nr. 7** 17
- Ansprüche gegen **5** 10

Bedingung, auflösende **9** 106; **10 Nr. 1** 3
Beförderungsbedingungen **9** 174
Beförderungsentgelt, erhöhtes **11 Nr. 6** 19, 25
Begriffe, rechtswissenschaftliche, fachwissenschaftliche **5** 20
Behauptungslast im Prozeß **13** 19
Beherbergungsvertrag **11 Nr. 7** 37
Beifügung einer vertragskonstitutiven Erklärung **2** 17
Beiladung im Prozeß **15** 9
Bekanntmachung
- des Widerrufsurteils **17** 4
- öffentliche **2** 12

Bekleidungsindustrie **2** 68
Belegenheit des Vertragsgegenstandes im Ausland **10 Nr. 8** 5
Bezugsbedingungen **2** 39
Bereichsausnahmen **23** 1, 2 ff
Berichtigung von Irrtümern in AGB **3** 26
Beschränkung
- der gesetzlichen Gewährleistungsrechte **10 Nr. 5** 2
- der Vertretungsmacht in AGB **4** 29

Besitzrecht **11 Nr. 10** 4
Bestätigungsschreiben, kaufmännisches **2** 17, 75 ff, 78, 84; **4** 28
Bestätigungsschreiben, sich kreuzende **2** 80
Bestehen des pauschalierten Anspruchs **11 Nr. 5** 11
Besteller **9** 17
Bestimmung über die Leistungszeit, unwirksame **10 Nr. 1** 18
Betriebsaufgabe **9** 65
Betriebsstörungen **5** 10; **10 Nr. 3** 18; **11 Nr. 7** 56
Beurkundung, notarielle **1** 27
Bevollmächtigter **2** 2;
Bevollmächtigung **1** 5
Bewachungsunternehmen **11 Nr. 7** 9, 42, 53
Bewachungsverträge **2** 19
Beweiserleichterung **11 Nr. 5** 2; **4** 34; **10 Nr. 4** 9
Beweislast **1** 35; **2** 16, 38; **9** 19; **11 Nr. 5** 4, 8, 20; **11 Nr. 7** 30; **11 Nr. 15** 1 ff
- bei Inanspruchnahme Dritter **11 Nr. 10** 36
- für Angemessenheit der Regelung **10 Nr. 7** 14
- für Vorliegen der Voraussetzungen des § 11 **Einl. 8-11;** 7
- für Offensichtlichkeit von Mängeln **11 Nr. 10** 75
Beweislastumkehr **11 Nr. 5** 1
Beweislastverschiebung **10 Nr. 5** 5; **11 Nr. 15** 4
Beweismittelbeschränkungen **11 Nr.** 7 20; **11 Nr. 15** 2
Bierbezugsverpflichtung **3** 18
Bierbezugsverträge **11 Nr. 6** 17, 24; **11 Nr. 12** 12
Binnenschiffahrt **11 Nr. 7** 55
Binnenwasserhäfen **2** 19
Blankett **1** 17
Bruttogewinnspanne **11 Nr. 5** 15
Bundeskartellamt **20** 1 ff; **21** 5

Chemisch-Reiniger **11 Nr. 7** 21, 40
culpa in contrahendo **Einl. 8-11,** 11

Darlegungslast **11 Nr. 5** 20
Dauerschuldverhältnisse **10 Nr. 3** 25; **10 Nr. 7** 5; **11 Nr. 1** 3; **11 Nr. 4** 2; **11 Nr. 9** 5; **11 Nr. 12** 16
Deliktshaftung **5** 12
Dienste höherer Art **9** 117
Dienstleistungsverträge **11 Nr. 12** 13
- Laufzeit **9** 3
Dienstvertrag **9** 114 ff
Direktunterrichtsverträge **11 Nr. 12** 18
Disagio **3** 35
Discountverkauf **11 Nr. 10** 24
Diskontsatz **11 Nr. 5** 27
Dissens **3** 4
- versteckter **2** 83
Distanzgeschäfte im internationalen Verkehr **2** 4
Distanzkauf **2** 2
Dritte **9** 37
- AGB zugunsten **2** 44
- AGB zu Lasten **2** 43
- Freizeichnung zugunsten **11 Nr. 7** 18
- Inanspruchnahme, vorherige außergerichtliche **11 Nr. 10** 33
- Inanspruchnahme, vorherige gerichtliche **11 Nr. 10** 19, 39
- Schutzwirkung zugunsten **11 Nr. 7** 22
- Übertragung eines Auftrages **9** 77
- Urteilswirkungen zugunsten **21** 2
Drittverweisungsklausel **11 Nr. 10** 19, 26
- für einzelne Teile **11 Nr. 10** 27
- im Handelsverkehr **11 Nr. 10** 39
Drohung **9** 42
Dokumentenklausel **11 Nr. 3** 12

Ehemäklervertrag **9** 118; **11 Nr. 12** 18
- fingierter **9** 121
Eigenschaft, zugesicherte **3** 28; **11 Nr. 7** 6, 11, 46; **11 Nr. 10** 18
Eigentumsvorbehalt **5** 11 f
- einfacher **1** 8; **2** 10
- erweiterter **1** 8; **2** 10; **9** 123
Eigentumsvorbehaltserklärungen **1** 18
Eigentumswohnung **10 Nr. 1** 11
- gemeinschaftliches Eigentum **11 Nr. 10** 9
- Sondereigentum **11 Nr. 10** 9
Eilzuschlag **9** 115
Einbeziehung überraschender Klauseln **3** 3, 8
- bei Individualvertragsferne **3** 8
Einbeziehungsvereinbarung **5** 3
- und Vertragsschluß **2** 2
Eingriff, geringstmöglicher, in vertragliche Regelung **6** 15
Einheitspreis **9** 98
Einkaufsbedingungen **11 Nr. 10** 87
Einkaufsverpflichtung **3** 18
Einlieferungsschein **2** 13
einseitige Leistungsbestimmungen **Einl. 8-11** 4
Einstandspflicht des Vertreters **11 Nr. 14** 9
einstweiliger Rechtsschutz bei Verbandsklage **13** 6
Einverständnis des Vertragspartner des Verwenders **2** 36
Einverständniserklärung des Vertreters bei eigener Einstandspflicht **11 Nr. 14** 3
Einwendungsdurchgriff **9** 125
Einziehungsermächtigung **1** 8
Elektrizitätsversorgungsunternehmen **5** 10
Empfangsbekenntnisse **11 Nr. 15** 10
Empfehler
- Begriff **13** 39
- Passivlegitimation **13** 36
- Rechtsbehelfsbefugnis bei einer Klage nach § 19 AGBG **19** 5

Empfehlung
– von Bedingungen **1** 20
– von Vertragsbestimmungen **1** 24
– unwirksamer AGB-Klauseln als Voraussetzung der Unterlassungs- und Widerrufsverpflichtung **13** 23
Energiewirtschaftsgesetz **26** 1 ff
Entgelt, Erhöhung **11 Nr. 1** 17
Entgeltanteil, prozentuale Festsetzung **11 Nr. 10** 67
– unverhältnismäßig hoher, **11 Nr. 10** 66
entscheidungsreife Forderungen beim Aufrechnungsausschluß **11 Nr. 3** 6
Entstehungsgeschichte (einer Klausel, Auslegung) **5** 21
Entzug des Auftrages **9** 76
Erbrecht **1** 6; **9** 4; **23** 4
Erfolg **11 Nr. 7** 10;
Erfolgsunabhängigkeit der Maklerprovision **9** 141;
Erfüllungsgehilfe **11 Nr. 7; 1** 26, 52
Erfüllungsort **9** 24, 50;
Erfüllungsverweigerung **11 Nr. 6** 14
Erhaltungsmaßnahmen, Mieträume **9** 148
Erklärung, fingierte **10 Nr. 5** 1 ff
Ermächtigung zum Erlaß von Rechtsverordnungen **27** 1 ff
Ersatzbestellung **2** 11, 60
Ersatzlieferung
– Ansprüche **11 Nr. 2** 3
– bei Gattungskauf **11 Nr. 10** 20 a, 53
– Fehlschlagen der **11 Nr. 10** 50
– Frist **10 Nr. 2** 7
– Geltendmachung **11 Nr. 10** 51
– Kosten der **11 Nr. 10** 62
– Mehraufwand **11 Nr. 10** 50
Erscheinungsbild des Vertrages **3** 11
Erwartungen, verkehrstypische **9** 29
Erwerbsrecht des Leasingnehmers **9** 135

Fabrikationsfehler **11 Nr. 10** 44
Fachbegriffe **5** 20
Factoring **9** 112 ff
– echtes **9** 124
– unechtes **9** 123
Fälligkeit, vorzeitige **11 Nr. 6** 8
Fahrlässigkeit
– grobe **11 Nr. 7** 26
– leichte **9** 3; **11 Nr. 7** 35 ff
Fahrschein **2** 13
Fahrschulverträge **11 Nr. 6** 20
falsche Formulare **5** 13
Familienrecht **1** 6; **9** 4; **23** 5
Fangprämie **11 Nr. 6** 21
Fehlen zugesicherter Eigenschaften **11 Nr. 11** 8
Fehlschlagen
– der Ersatzlieferung **11 Nr. 10** 43
– der Nachbesserung **11 Nr. 10** 43
Fernwärmebedingungen **23** 21
Fernunterrichtsverträge **11 Nr. 5** 9
Fertighäuser **10 Nr. 1** 11
Festpreis **9** 108
Feststellungsklage **13** 11
Finanzierungsleasing **9** 135; **11 Nr. 11** 5
fingierte Erklärungen **10** Nr. 5 1 ff
fingierte Genehmigung der Ordnungsmäßigkeit von Vertragsleistungen **10 Nr. 5** 1
fingierter Verzicht auf Gewährleistungsrechte **10 Nr. 5** 2
Fiktion des Zugangs **10 Nr. 6** 1 ff
Fixgeschäft **11 Nr. 4** 11
Folgegeschäfte **9** 143
– Provision **3** 18
Forderungsabtretung **9** 46, 123; **11 Nr. 13** 12
Forderungsübergang **9** 46
Form
– des Vertragsschlusses **1** 26
– von Anzeigen und Erklärungen **11 Nr. 16**
Formbedürftigkeit des Vertrages, notarielle **2** 50
Formular **2** 10
– Erklärungen des Kunden auf bestimmten **11 Nr. 16** 5
– falsches **2** 36; **4** 12
– Verleger von **13** 37
– Verträge **1** 17 f
Formvorschrift **2** 2
freibleibend **10 Nr. 3** 15
freie Berufe **11 Nr. 7** 9, 37
Freistellung
– von der Obliegenheit zur Ablehnungsandrohung **11 Nr. 4** 8
– von der Obliegenheit zur Mahnung **11 Nr. 4** 9
– von der Obliegenheit zur Nachfristsetzung **11 Nr. 4** 7, 10
Frist
– Annahmefrist **10 Nr. 1** 1 ff
– Beginn **10 Nr. 1** 14
– Länge **10 Nr. 1** 15
– Leistungsfrist **10 Nr. 1** 1 ff
– Nachfrist **10 Nr. 2** 1 ff
– nicht hinreichend bestimmte **10 Nr. 1** 17
– übermäßig lange **10 Nr. 1** 14
Fristsetzung **10 Nr. 5** 13
Fristverlängerung bei Leistungsstörungen **10 Nr. 1** 16

Garantiehaftung **11 Nr. 7** 11; **11 Nr. 10** 61, 82
– verschuldensunabhängige **9** 25
Garantiekarte **3** 35; **11 Nr. 10** 26
Garantieüberbürdung **3** 20
Garantieversprechen **11 Nr. 6** 10
Garantievertrag **11 Nr. 7** 46
– selbständiger **11 Nr. 11** 6
Garderobenmarke **2** 13
Gastwirt **11 Nr. 7** 46
Gaststättenpachtvertrag **11 Nr. 6** 26

Gasversorgungsunternehmen **5** 10
Gattungssache **11 Nr. 7** 46
Gebäude **11 Nr. 10** 29
- bewohntes **11 Nr. 10** 9
- leerstehendes, seit Herstellung **11 Nr. 10** 9
Gebrauch
- einer Sache **10 Nr. 7** 9
- Vorenthaltung bei einer Mietsache **3** 19
Gebrauchsgüter **11 Nr. 10** 6
Gebrauchsüberlassungsverträge **11 Nr. 10** 11; **11 Nr. 12** 4
- über gebrauchte Sachen **11 Nr. 10** 12
- über neu hergestellte Sachen **11 Nr. 10** 11
Gebrauchsvergütung **9** 17
Gebrauchtwagen **9** 25, 44, 131
Gebrauchtwagenhandel **11 Nr. 5** 20
Gebührenordnungen **8** 6
Gefährdungshaftung **11 Nr. 7** 46
Gefahr, Benutzung auf eigene Gefahr **1** 7
Gegenbeweis eines höheren Schadens **11 Nr. 5** 21
Gegenbeweis eines niedrigeren Schadens **11 Nr. 5** 19
Gegenseitigkeit, Versicherungsverein **23** 7
Gegenstand des Geschäfts **11 Nr. 5** 14
Gegnerfreiheit des klagenden Verbandes **13** 17
Geldleistung **11 Nr. 7** 20
Geltendmachungsmodalitäten **11 Nr. 7** 20
geltungserhaltende Reduktion unwirksamer AGB **6** 15 a
gemischter Vertrag **3** 18
Genehmigung
- der Ordnungsmäßigkeit von Vertragsleistungen und Abrechnungen **10 Nr. 5** 1
- der Tagesauszüge einer Bank, fingierte **10 Nr. 5** 2
- öffentlich-rechtliche **1** 2
Genehmigungsverfahren nach § 3 WährG **11 Nr. 1** 6
Generalunternehmer **11 Nr. 7** 13
generell zu hohe Pauschale **11 Nr. 5** 14
Gepäckaufbewahrungsschein **2** 13
Gerichtsstand **5** 7
Gerichtsstandsklausel **1** 9; **9** 73 a
Gerichtsstandsvereinbarungen **2** 3; **3** 12, 15; **14** 5
- bei internationalen Geschäften **3** 16
- der Hauptverwaltung **3** 12
Geringwertigkeit der Hauptleistung **9** 33
Geschäftsbeziehungen, laufende **2** 60
Geschäftsgrundlage **11 Nr. 1** 22
Geschäftsunfähigkeit **9** 39
Gesellschaftsrecht **1** 6; **23** 6; **9** 4
Gesetzessystematik **Einl.** 12
Gesetzgebungsarbeit **Einl.** 6
Getränkebezugsverträge **11 Nr. 6** 17, 19, 24; **11 Nr. 12** 12
Gewährleistung **5** 10; **9** 24; **11 Nr. 7** 5, 11; **11 Nr. 10**
- Ansprüche **9** 136
- bei Mietvertrag **9** 146
- Frist **9** 17, 104
- Regelungen **9** 103, 111, 131, 134
Gewährleistungsausschluß **11 Nr. 10** 20 a
- bei Miete **3** 35
- durch Kundenverhalten **11 Nr. 10** 20 a
- für bestimmte Sacheigenschaften **11 Nr. 10** 20 a
- für einzelne Teile **11 Nr. 10** 20
- für Konstruktionsfehler **11 Nr. 10** 21
- Montagearbeiten **11 Nr. 10** 20 a
- im Handelsverkehr **11 Nr. 10** 38
- Vergleichsbasis bei AGB **3** 8
- vollständiger **11 Nr. 10** 19 f.
Gewährleistungsbeschränkung **11 Nr. 10** 41 ff.
- auf Ersatzlieferung **11 Nr. 10** 42
- auf Nachbesserung **11 Nr. 10** 42
- im Handelsverkehr **11 Nr. 10** 56
Gewährleistungsfrist, Verkürzung **11 Nr. 10** 80 ff.
Gewährleistungspflicht, Verschärfung **11 Nr. 10** 88
Gewinn, entgangener **9** 78; **11 Nr. 7** 21
Gleichbehandlung **9** 36
Globalzession **9** 123
Großhandelsmärkte **11 Nr. 6** 19
Grundbuchamt **Einl. 8-11** 11
Grundschulden **1** 8
Grundstücke **11 Nr. 10** 15
- unbebaute **11 Nr. 10** 9
Gütertransport **11 Nr. 7** 55

Hafenbenutzung **2** 24, 68
Haftpflichtversicherung **11 Nr. 7** 41
Haftung **11 Nr. 7** 11
- deliktische **1** 7
- für zugesicherte Eigenschaften **11 Nr. 11** 1 ff.
- gesamtschuldnerische **9** 67, 109
- verschuldensunabhängige **9** 148; **11 Nr. 7** 46 ff
Haftungsbegrenzung **3** 22 a; **11 Nr. 7** 30, 40
- auf redliche Höchstsummen bei Kaufleuten **11 Nr. 11** 17
- zulässige, für den Fall einfacher Fahrlässigkeit **11 Nr. 8** 10
Haftungsbegrenzungsklauseln **5** 10
Haftungserleichterungen **11 Nr. 7** 1
Haftungsgrund **11 Nr. 7** 1
Haftungsmaßstab **9** 24, 28, 175; **11 Nr. 7** 1; **11 Nr. 8** 6
Haftungs-Subsidiaritätsklausel **11 Nr. 7** 20
Häufigkeit von Klauseln (vgl. auch Üblichkeit) **3** 7 ff.
Handeln auf eigene Gefahr **11 Nr. 7** 16, 25
Handelsbräuche **1** 16; **2** 17, 46, 61 ff, 65 f; **5** 29
- systematische Einordnung **5** 10
Handelsvertreter **11 Nr. 5** 14

Hauptleistungspflicht **1** 4, 6; **3** 5; **5** 2, 15; **8** 2; **9** 15, 33; **10 Nr. 1** 13
– Erweiterung **3** 19
Hauptsache, Erledigung **15** 5
Herabsetzungsbefugnis **10 Nr. 7** 15
Hilfspersonen **11 Nr. 7** 1
Hinweisobliegenheit **2** 4
– und Ausdrücklichkeit **2** 6
– und Bestimmtheitsgrundsatz **2** 5
Hinweispflicht **3** 5
Höchstpersönlichkeit der Dienstleistung **9** 114
Höhe der Vertragsstrafe **11 Nr. 6** 24, 26
Höhere-Gewalt-Klauseln **10 Nr. 3** 28
höhere Gewalt vorbehalten **10 Nr. 3** 19
Höchstsummen **11 Nr. 7** 21
Holzhandel **2** 86
Honorarminderung **9** 60
Hypotheken **1** 8

Immobiliengeschäft **10 Nr. 4** 7
Inanspruchnahme Dritter
– vorherige außergerichtliche **10 Nr. 10** 33
– vorherige gerichtliche **11 Nr. 10** 19, 39
Incoterms **1** 16
Individualprozeß **5** 7, 20
Individualvereinbarung **1** 28, 30 f, 34; **2** 76; **3** 2, 5; **5** 3; **9** 28; **11 Nr. 7** 7
– Begriff **4** 10
– Effizienz **4** 2
– Vorrang **4 10 Nr. 4** 2
– Zustandekommen **4** 19
Individualvereinbarungsferne
– als Einbeziehungskriterium **3** 8
– Klauseln **3** 23 f, 34
individualvereinbarungskonkretisierende Funktion von AGB **4** 16
individualvertragswidrige Klauseln, Unwirksamkeit **4** 11
individuelle Umstände des Vertragsschlusses **5** 22
Industrie- und Handelskammern **13** 22
Inhaltskontrolle **3** 2, 14; **Einl. 8-11** 2, 4 dd
– richterliche **Einl. 8-11** 4
– Schranken **8** 1 ff
– von Satzungen und Gesellschaftsverträgen **23** 10
internationaler Geltungsanspruch der Verbandsklage **13** 5
internationales Kaufrecht **12** 4
internationale Transporte **12** 5
Inserate **2** 11
Instandhaltungspflicht, Abbedingung **3** 21
Interpretation, individualvereinbarungskonforme **9** 35
Inzidententscheidungen **19** 11
Irrtum **2** 38; **3** 26; **6** 8; **Einl. 8-11** 14; **9** 9, 42; **10 Nr. 3** 12
isolierte Prozeßführungsbefugnis, Verbandsklage **13** 4

Kalkulation **11 Nr. 5** 18
Kalkulationsfehler **4** 7; **9** 42
Kapitalanlagegesellschaften **23** 36
Kardinalpflichten **9** 15
kartellrechtliche Fragen bei Konditionenempfehlungen **Einl.** 23 ff, **11 Nr. 1** 8
Kaskoversicherungen **11 Nr. 7** 40; **11 Nr. 15** 11
Kasse gegen Faktura **11 Nr. 3** 11
Kaufleute **1** 29; **2** 1, 3, 25, 51, 59, 75; **6** 22; **9** 16, 25; **10 Nr. 1** 20; **10 Nr. 2** 10; **10 Nr. 3** 26 ff; **10 Nr. 5** 16; **10 Nr. 6** 8; **10 Nr. 7** 19; **10 Nr. 8** 9; **11 Nr. 1** 25; **11 Nr. 2** 8; **11 Nr. 3** 9; **11 Nr. 4** 9; **11 Nr. 5** 24; **11 Nr. 6** 26; **11 Nr. 7** 51 ff; **11 Nr. 9** 9; **11 Nr. 10** 38, 63, 70, 79; **11 Nr. 11** 17; **11 Nr. 12** 24; **11 Nr. 13** 17; **11 Nr. 14** 13; **11 Nr. 15** 15; **11 Nr. 16** 8; **24** 2;
– Hinweisobliegenheit **2** 17
kaufmännisches Bestätigungsschreiben **6** 4
Kaufpreiserhöhung **3** 19
Kaufvertrag **11 Nr. 5** 26
Kaution **9** 148
Kenntnis von überraschenden Klauseln **3** 5
Kenntnisverschaffungsobliegenheit **2** 26, 59
Klageänderung **15** 7
Klageantrag **15** 2
Klausel
– salvatorische **5** 7; **Einl. 8-11** 15; **11 Nr. 7** 28, 51
Klauselbeispiele **11 Nr. 5** 26
Klauselverbote
– mit Wertungsmöglichkeit **Einl. 8-11** 8
– ohne Wertungsmöglichkeit **Einl. 8-11** 7
Kleindokument **2** 13
Körperverletzung **11 Nr. 7** 37, 44
Konditionenempfehlung **Einl.**, 23
– katellrechtliche Fragen **11 Nr. 11** 8
(siehe auch Empfehler)
Konditionskartelle **Einl.**, 23
Konkurs **10 Nr. 10** 44
Konzentrationsermächtigung **14** 6
Konzernverrechnungsklausel **11 Nr. 2** 7
Konzernvorbehalt **11 Nr. 3** 7
Kostenerstattungsanspruch **9** 46
Kostenmehrungen **9** 94
Kostenvoranschlag **9** 181
Kraftfahrzeuge **10 Nr. 1** 11
Krankenhausaufnahmevertrag **3** 19, 36
Kreditauskunft **11 Nr. 7** 28, 54
– ungünstige **10 Nr. 3** 13, 29
Kreditbedingungen **3** 35
Kreditgeschäfte **10 Nr. 1** 11
Kreditsicherheiten, Anspruch auf Verstärkung **9** 156
Kreditvermittlungsvertrag **11 Nr. 6** 12
Kündbarkeit einer Rahmeneinbeziehungsvereinbarung **2** 57
Kündigung **9** 17, 106, 119, 148; **11 Nr. 6** 8
– des Bestellers **10 Nr. 7** 6
– des Vertrages **10 Nr. 7** 5

– des Verwenders **10 Nr. 7** 5
– fristlose **10 Nr. 3** 25
– ordentliche **9** 64, 183; **10 Nr. 3** 25
Kündigungsfrist **11 Nr. 12** 21
– aus wichtigem Grund **11 Nr. 10** 8
Kündigungsrecht
– des Dienstleistungsempfängers **10 Nr. 7** 6
Kunstgegenstände **11 Nr. 10** 8
– Versteigerung **9** 133

Lage der Baustelle **9** 94
Laufzeit
– Beginn **11 Nr. 12** 17
– bei Dauerschuldverhältnissen **11 Nr. 12** 1 ff
Leasingverträge **9** 134 ff; **11 Nr. 6** 8; **11 Nr. 10** 13; **11 Nr. 13** 9
Legitimationszeichen **2** 13
Leistung, im Vertrag nicht vorgesehene **9** 75
Leistungsänderungsvorbehalte **8** 2, 3; **11 Nr. 1** 17
Leistungsbeschreibung **2** 11; **3** 22
– „primäre" und „sekundäre" **9** 176
Leistungsbestimmung, einseitige
– AGB als . . . **Einl. 8-11** 4
Leistungseinbringung imAusland **10 Nr. 8** 5
Leistungsfrist **9** 17; **10 Nr. 1** 21
Leistungsmehrungen, unvorhersehbare **9** 95
Leistungspflicht
– Abänderung **10 Nr. 3** 1
– Befreiung **10 Nr. 3** 1, 21
Leistungsstörung **9** 48; **10 Nr. 3** 28
Leistungsvergütungsanspruch, pauschalierter **11 Nr. 5** 2
Leistungsverzeichnis **3** 5
Leistungsverzögerungen **11 Nr. 1** 11
Leistungszeit
– Rechtsfolgen unwirksamer Bestimmung über **10 Nr. 1** 18
– nachträglich verlängerte **11 Nr. 1** 12
– vereinbarte **11 Nr. 1** 11
Leistungszeitpunkt, Errechnung **11 Nr. 4** 9
Lieferanten AGB **2** 70
Lieferschein **2** 10, 59 f
Liefertermin, Änderung **9** 130
Lieferung, rechtzeitige **9** 135
Lieferungsmöglichkeit vorbehalten **10 Nr. 3** 1, 17, 22
Lieferungsverträge **11 Nr. 10** 3
Lieferzeit **11 Nr. 10** 47
Lösung vom Vertrag **10 Nr. 3** 3, 20; **11 Nr. 6** 14
Lösungsrecht
– bei Änderung des Vertragspartners **11 Nr. 13** 16
– an „Vertretenmüssen" geknüpftes **11 Nr. 8** 12
Lohnabtretungsklausel **3** 30
Lotterie **9** 30

Mängelhinweis in AGB **11 Nr. 10** 22
Mahnung **9** 147
– Freistellung von der Obliegenheit zur **11 Nr. 4** 5
Makler **2** 39, 72
Maklerbedingungen **3** 18, 27
Maklerprovision für Folgegeschäfte **3** 18
Maklervertrag **9** 140 ff; **11 Nr. 15** 9
Mangel
– nicht offensichtlicher **11 Nr. 10** 73 f.
– offensichtlicher **11 Nr. 10** 73 f.
Mangelfolgeschaden **11 Nr. 7** 11; **11 Nr. 11** 14
Mangelfreiheit, Bestätigung **10 Nr. 5** 7
Mangelschäden **11 Nr. 11** 14
Mehrwertsteuer **3** 24
Miete, Garantiehaftung **9** 25
Mietverträge **9** 146 ff; **11 Nr. 7** 30, 48; **11 Nr. 10** 11
Minderung **11 Nr. 10** 20
– ausdrückliche Vorbehalte **11 Nr. 10** 20
– Verjährungsfristverkürzung **11 Nr. 10** 82
Mitbesteller **11 Nr. 14** 8
Mitverschulden **11 Nr. 7** 33
Mitwirkungspflichten **11 Nr. 6** 12
Modalitäten der Leistungserbringung **10 Nr. 4** 4
Monopolmißbrauch **Einl. 8-11** 3
Motivirrtum **9** 42
mündliche Abrede **4** 24
Mustermietvertrag **1** 20

Nachbesserung **11 Nr. 2** 2; **11 Nr. 10** 20, 33
– Ablehnungsandrohung **11 Nr. 10** 51
– Aufwendungen **11 Nr. 10** 57, 59
– Fehlschlagen der **11 Nr. 10** 43
– Geltendmachung **11 Nr. 10** 51
– Kosten der Geltendmachung **11 Nr. 10** 59
– Nichterfüllung **11 Nr. 2** 2
– Nutzungsausfall bei **11 Nr. 10** 59
– Schadenersatz **11 Nr. 10** 59
– Transportkosten **11 Nr. 10** 60
– Unmöglichkeit der **11 Nr. 10** 44
– Unvermögen der **11 Nr. 10** 44
– Verjährungsfristverkürzung **11 Nr. 10** 82
– Verweigerung der **11 Nr. 10** 46
– Verzögerung **11 Nr. 10** 46
– Wegekosten **11 Nr. 10** 60
– Zahl der Nachbesserungsversuche **11 Nr. 10** 45
Nachbesserungsansprüche, synallagmatische **11 Nr. 2** 3
Nachbesserungsfrist, Festsetzung in AGB **11 Nr. 10** 47
Nachbesserungskosten **11 Nr. 10** 57 ff
– bei Mängelbeseitigung durch Dritte **11 Nr. 10** 60
– bei Selbstbeseitigung **11 Nr. 10** 60
– bei Verbringung der Sache **11 Nr. 10** 61 a

- im Handelsverkehr **11 Nr. 10** 63
- Umfang der **11 Nr. 10** 59
- Verpflichtung zur Kostentragung **11 Nr. 10** 58

Nachbesserungspflicht **11 Nr. 7** 11; **11 Nr. 11** 11
Nachbestellung **2** 60
Nachfolgeklausel **9** 66
Nachforderung **9** 86
Nachfrist **9** 17, 147; **10 Nr. 2** 1 ff, 7
- angemessene **10 Nr. 2** 7

Nachfristsetzung, Freistellung von der Obliegenheit zur **11 Nr. 4** 7
Nachlieferung, unterbliebene **11 Nr. 2** 2
Nachnahmeklausel **11 Nr. 3** 10
Nahrungsmittel **11 Nr. 10** 7
Naturalherstellung **9** 59
Nebenbestimmungen **1** 9
Nebenintervention **15** 9
Nebenleistungspflichten **3** 20
Nebenpflichten **9** 15; **11 Nr. 6** 12, 17
- unselbständige **11 Nr. 7** 9, 12, 36

negative Feststellungsklage **13** 11
negative Kreditauskunft **10 Nr. 3** 29
Nettopreis **5** 11
Neuwertversicherung **3** 35
Nichtabnahme eines Darlehens **11 Nr. 6** 20
Nichteinbeziehung, Rechtsfolgen **6** 1 ff
Nichterfüllungsschaden in Höhe des hypothetischen Entgelts **11 Nr. 5** 28
Nichtigkeit der Gesamtregelung **3** 2
Notar, Protokollierung vorformulierter Vertragsbedingungen **Einl. 8-11** 11
Nutzungen
- Ausfall **11 Nr. 10** 59
- Begriff **10 Nr. 7** 10
- Ersatzanspruch **10 Nr. 7** 3; pauschalierter **10 Nr. 7** 1; **11 Nr. 5** 7
- Vergütung **9** 17

Obliegenheiten **11 Nr. 6** 8
Öffentliche Hand, Benutzung von ihr unterhaltener Einrichtungen **1** 3
Offensichtlichkeit von Mängeln **11 Nr. 10** 74
ohne Obligo **10 Nr. 3** 15
ohne Verbindlichkeit **10 Nr. 3** 15
Operation-Leasing **9** 134
Ordnungsmäßigkeit von Vertragsleistungen **10 Nr. 5** 1
Organisationsstruktur des klageberechtigten Verbandes **13** 16

Pachtverträge **11 Nr. 10** 11
Parkplatzunternehmen **11 Nr. 7** 10, 14
Passivlegitimation des Verwenders **13** 35
Pauschaleinbeziehung
- und Obliegenheit nach § 2 I: **2** 53
- und Obliegenheit nach § 2 II: **2** 52
- und Kaufleute **2** 59

Pauschalvereinbarung **2** 56
persönlicher Anwendungsbereich **24** 1 ff
Personenbeförderung **23** 16
Pfandrecht **9** 157, 170, 175, 184
- in Bank-AGB **3** 29

Pflichtversicherung **11 Nr. 7** 41
PKW, Kauf von gebrauchten **5** 13, 25
Plangenehmigung und Vertragsgültigkeit **3** 21
Planungsfehler **11 Nr. 10** 29
- des Architekten **10 Nr. 10** 29

Prämienanpassungsklausel **8** 3
Preisangaben-VO **11 Nr. 1** 1
Preisänderungsvorbehalt **11 Nr. 1** 1
Preisanpassung
- rückwirkende **3** 37
- Technik **11 Nr. 1** 22

Preisanpassungsklausel **8** 3; **11 Nr. 1** 17
Preisargument **9** 33; **11 Nr. 7** 45
Preisbindungsklausel **5** 11
Preiserhöhung **10 Nr. 4** 8
- kurzfristige **11 Nr. 1** 1 ff

Preiserhöhungsklausel **8** 6
Preisgefahr **9** 138
Preisgleitklausel **4** 7
preisreduzierte Ware **11 Nr. 10** 21
Preisregelung **8** 1
Produzentenhaftung **11 Nr. 7** 16, 39; **11 Nr. 10** 26, 40
- Ausschluß **3** 35
- Beweislast **11 Nr. 15** 5

Prorogation s. Gerichtsstandvereinbarung
Prospekt **2** 11
Provision **9** 144
Prozeßführungsbefugnis, Verbandsklage als isolierte **13** 4
Prozeßstandschaftsregelung, Verbandsklage als **13** 4

qualifizierte Zusicherung des Verwenders **11 Nr. 11** 9
Quittung **1** 11; **9** 52; **11 Nr. 15** 10

Rahmenvereinbarung **23** 38
Ratenlieferungsvertrag **11 Nr. 12** 16
Rationalisierungsinteresse **9** 38
Raummietvertrag **11 Nr. 7** 47
Rechenfehler **4** 7; **9** 42
Rechnungen **2** 10, 17, 60
- Verzicht auf **9** 186

Rechnungsvermerke **2** 59
Rechtsausübungsregelung **11 Nr. 7** 19
Rechtsbehelfsbefugnis **19** 5
Rechtsgeschäft, einseitiges **1** 5
Rechtsfähigkeit des Verbandes **13** 12
Rechtsfolgen bei Nichteinbeziehung und Unwirksamkeit **6** 1 ff

Rechtshängigkeit **15** 10
rechtskräftig festgestellte Forderung bei Aufrechnungsausschluß **11 Nr. 3** 6
Rechtskraft **15** 10
Rechtskrafterstreckung **21** 4
Rechtsmangel **9** 136
Rechtsnachfolgeklauseln **11 Nr. 13** 14
Rechtsprechung **9** 18
Rechtsschein, Vertretungsmacht **4** 31
Rechtsschutz, einstweiliger **13** 6
Rechtsschutzbedürfnis **13** 41
rechtstatsächlicher Befund bei Konzipierung des AGBG **Einl** 1
Rechtsvergleichung **9** 25
Rechtsverordnungen **1** 3; **27** 1 ff
Rechtswahl **10 Nr. 8** 1 ff
Rechtzeitigkeit des Hinweises **2** 10
Rechtzeitigkeit der Kenntnisverschaffung **2** 33
Redlichkeit, Anforderungen an **11 Nr. 1** 18
Reduktion, geltungserhaltende **6** 15
Regelung, gesetzliche **9** 20
Register **20** 1 ff
Reihenfolge **2** 8
Reiseveranstalter **9** 150; **11 Nr. 7** 37, 40
Reiseveranstaltungsvertrag **11 Nr. 10** 11, 76
- Verjährungsfrist **11 Nr. 10** 83
Reiseunternehmer, Vermittlerklausel **3** 11, 35
Reparaturvertrag **11 Nr. 10** 11
Restriktionsprinzip **5** 17
Reuegeld **11 Nr. 6** 9, 12, 14, 20
Revisibilität von AGB **5** 18, 30
richterliche Inhaltskontrolle von AGB **Einl 8-11** 4
richterliche Inhaltskontrolle von Satzungen und Gesellschaftsverträgen **23** 10
Richterrecht, festgefügtes **19** 12
Richtigkeitsgarantie **Einl** 3
Risiko
- Begrenzungen **9** 176
- eigenes **11 Nr. 7** 42
- Erklärung **2** 33, 37
Rückgewähr, Unmöglichkeit **10 Nr. 7** 12
Rückgewähr-Schuldverhältnisse **11 Nr. 2** 2
Rücknahme eines Kreditvermittlungsvertrags **11 Nr. 6** 20
Rückseite eines Vertragsformulars **2** 6, 17
Rücktritt **9** 17, 106, 167
- ohne Angabe eines Grundes **10 Nr. 3** 22
- vom Vertrag **10 Nr. 3** 13; **10 Nr. 7** 8
- vorbehalten **10 Nr. 3** 22
Rücktrittsrecht **10 Nr. 3** 10
- gesetzlich vorgesehenes **11 Nr. 6** 14
- vertraglich vorbehaltenes **11 Nr. 6** 14
Rücktrittsvorbehalt **10 Nr. 3** 1 ff, 27, 29; **11 Nr. 4** 4
rückwirkende Preiserhöhungen **11 Nr. 1** 3
Rückwirkung **28** 1
Rügefristen **11 Nr. 10** 71 f
- bei offensichtlichen Mängeln **11 Nr. 10** 76
- bei verborgenen Mängeln **11 Nr. 10** 79
- Verlängerung **11 Nr. 10** 89
Rügepflicht **3** 31
- Ausschluß der **11 Nr. 10** 89

Sache
- bestimmungsgemäßer Gebrauch **10 Nr. 7** 9; **11 Nr. 10** 6
- gebrauchte **9** 25, 44, 131; **11 Nr. 10** 5, 15
- neu hergestellte **11 Nr. 10** 4 f, 7
- renovierte **11 Nr. 10** 14
- überholte **11 Nr. 10** 14
- Zeitablauf nach Herstellung **11 Nr. 10** 7
Sachgefahr **9** 137
Sachgesamtheit **23** 33
Sachmangel **9** 136
- erkannter **9** 92
Sachteile
- gebrauchte **11 Nr. 10** 10
- Gewährleistungsausschluß **11 Nr. 10** 20 a
- neu hergestellte **11 Nr. 10** 10
- schadensanfällige **11 Nr. 10** 20 a
- Verweisung auf Dritte **11 Nr. 10** 27
salvatorische Klausel **6** 11; **Einl 8-11**, 15
Satzung
- richterliche Inhaltskontrolle **23** 10
- öffentlich-rechtliche **1** 3
Schadenersatz **11 Nr. 10** 20
- anläßlich Nachbesserung **11 Nr. 10** 59
- Anspruch **9** 44, 147
- Begrenzung **11 Nr. 8** 8
- Einschränkung **11 Nr. 11** 16
- Haftungserweiterung **11 Nr. 10** 88
Schadenersatzansprüche
- aus Verletzung der Nachbesserungspflicht **11 Nr. 10** 55
- aus Verzug **11 Nr. 10** 55
- Haftungsmaßstab **11 Nr. 8** 6
Schadensarten **11 Nr. 7** 21
Schadensberechnung, Wahlmöglichkeiten bei **11 Nr. 11** 16
Schadenspauschale **11 Nr. 6** 1, 3
- Begriff **11 Nr. 5** 3
- bei Rücktritt **10 Nr. 7** 1
Schadenspauschalvereinbarung **9** 141
Schadensversicherung **11 Nr. 7** 23
Scheck
- Bestätigung **3** 32
- Protest **10 Nr. 3** 13
Scheidungsvereinbarung **23** 5
Schiedsgericht, Zuständigkeit **4** 14
Schiedsgutachten **9** 151
- Abrede **10 Nr. 4** 3
- Klausel **8** 3
Schiedsklausel **1** 9
Schiffahrtsrecht **11 Nr. 7** 36, 53
Schlüssigkeit **11 Nr. 5** 18
- eines Hinweises auf AGB **2** 17

– eines Einverständnisses mit AGB-Geltung **2** 37
Schlußschein eines Handelsmaklers **2** 17
Schlußverkauf **11 Nr. 10** 21
Schlußzahlung **9** 86
Schönheitsreparaturen **9** 148
Schranken der Inhaltskontrolle **8** 1 ff
Schriftart **1** 17
Schriftform **2** 39; **11 Nr. 16** 5
– Erfordernis **11 Nr. 2** 6
– Klausel **4** 23; **9** 3, 40, 69
Schuldanerkenntnis, abstraktes **1** 8; **11 Nr. 15** 12
Schuldübernahme, befreiende **11 Nr. 13** 10
Schutzpflichten **11 Nr. 7** 36
Seefrachtverkehr **11 Nr. 6** 25
Seehäfen **2** 19
Seerecht **11 Nr. 7** 50
Selbstbelieferung vorbehalten **10 Nr. 1** 3; **10 Nr. 3** 7, 16, 22
Selbstbeseitigungsrecht **11 Nr. 10** 53
Selbsthilferecht **11 Nr. 10** 37, 60
– Ausdehnung **11 Nr. 10** 88
selbständiger Garantievertrag **11 Nr. 11** 7
Sicherungshypothek **9** 99
– versteckter Ausschluß **3** 11
Sicherungsrechte
– Ausschluß **9** 130
– in Bank-AGB **3** 29
Sicherungsvereinbarungen **9** 154 ff
– dingliche **9** 154
– schuldrechtliche **9** 155
Sittenwidrigkeit **9** 10
Skonto **11 Nr. 3** 11
solange Vorrat reicht **10 Nr. 3** 18, 22
Sonderabnehmer **23** 19
Sonderverkäufe **11 Nr. 10** 21
Sondervermögen, öffentlich-rechtliches **24** 5
Sorgfalt **11 Nr. 7** 10 ff
Sorgfaltspflichten **9** 15
Sozialversicherung **11 Nr. 7** 44
Speditionsvertrag **9** 160 ff; **11 Nr. 7** 55
spiegelbildliche Anwendung von Klauseln **9** 17; **10 Nr. 1** 19; **10 Nr. 2** 5; **10 Nr. 3** 23; **10 Nr. 7** 16; **11 Nr. 5** 23; **11 Nr. 6** 27; **11 Nr. 9** 8; **11 Nr. 10** 87
Sport **11 Nr. 7** 18
Sprache, juristische **2** 29
Staatsunternehmen **9** 30
Stellen von Vertragsbedingungen **1** 17, 19
Steuerberater **11 Nr. 7** 10, 37
Strafgedinge **10 Nr. 7** 17; **11 Nr. 6** 7
Streik **11 Nr. 7** 56
Streitverkündigung **15** 9
Streitwert **22** 1 ff
Störungsbeseitigungsanspruch **13** 27
Stornorecht **9** 73
Subsidiaritätsklausel **11 Nr. 10** 28
– im Handelsverkehr **11 Nr. 10** 39
– Nebenpflichten des Verwenders **11 Nr. 10** 32
– Nichteintritt der subsidiären Haftung **11 Nr. 10** 34
– Umfang der Drittansprüche **11 Nr. 10** 31
Subunternehmer **10 Nr. 5** 3; **11 Nr. 7** 13, 34, 47
Sukzessivlieferungsvertrag **2** 10; **10 Nr. 3** 25; **11 Nr. 2** 2

Täuschung **9** 42
Tageskontoauszüge, fingierte Genehmigung **11 Nr. 5** 2
Tarifabnehmer von elektrischer Energie **1** 3
Tarifvertrag **11 Nr. 7** 24
Tarifwahl **9** 33; **11 Nr. 10** 24
Tatsachenbekundungen **1** 10
Tatsachenbestätigungen **11 Nr. 15** 6
Technik der Preisanpassung **11 Nr. 1** 22
Teilabnahme **9** 93
Teilleistungen **9** 103; **10 Nr. 4** 4
– Bestimmungen im Gesetz **11 Nr. 9** 3
– Regelungen **11 Nr. 9** 7
Teillieferungsvertrag **11 Nr. 12** 16
Teilungserklärung nach § 8 WEG **1** 8
Teilunmöglichkeit **11 Nr. 9** 1 ff
Teilunwirksamkeit **10 Nr. 3** 24; **10 Nr. 7** 27; **11 Nr. 12** 23
Teilverzichtsklausel, schuldnerische **9** 158
Telefon **2** 10, 15
Textgestaltung **2** 27
Textgleichheit von AGB mit gesetzlichen Bestimmungen **5** 4
Toleranzgrenzen, Festlegung in AGB **8** 3
Transparenzgebot **10 Nr. 3** 1
Transportkosten **11 Nr. 10** 60
Transportvertrag **2** 42; **9** 174 f
Treu und Glauben **9** 12

überraschende Klauseln
– Abgrenzung zur Inhaltskontrolle **3** 1 f
– zu sonstigen rechtsgeschäftlichen Vereinbarungen **3** 1, 3 f
– Abtretung des Kostenerstattungsanspruchs **3** 33
– Abwerbung, Unterlassung **3** 18
– Anfechtung **3** 4
– Arglist **3** 4
– atypische Vertragserweiterungen und -beschränkungen **3** 18
– Aufrechnungsausschluß **3** 7
– Ausnahme von Garantie **3** 4
– Berichtigung von Irrtümern **3** 26
– Bierbezugsverpflichtung **3** 18
– culpa in contrahendo **3** 4
– Dissens **3** 4
– Eigenschaftszusicherung **3** 28
– Einbeziehungsmodalität **3** 2

- Erwartungshorizont des Kunden **3** 13 f, 17
- Garantiekarte **3** 35
- Gerichtsstandsvereinbarungen **3** 12, 14 ff
- Individualvereinbarungen **3** 2
- kaufmännisches Bestätigungsschreiben **3** 1
- kaufmännischer Verkehr **3** 1
- Kenntnis **3** 5
- Leistungsverzeichnis **3** 5
- Lohnabtretung **3** 30
- Maklerbedingungen **3** 18
- Nichtigkeit **3** 2
- Rügepflicht **3** 31
- Systemstelle **3** 11
- Üblichkeit **3** 7 ff
- Vergünstigung **3** 4
- Versicherungsbedingungen **3** 4, 8, 35
- Vertragsangebote **3** 4
- Vertragsstrafe **3** 13

Überraschungscharakter der Klausel **11 Nr. 14** 1
Überwachungsverpflichtung **11 Nr. 7,** 10
Üblichkeit von Klausel **3** 7, 9, 13 f
- Beweiserhebung **3** 10
- Erscheinungsbild des Vertrages **3** 11
- Erwartungshorizont **3** 13 f, 17
- Gerichtsstandvereinbarungen **3** 12
- Vergleichsmaßstab **3** 8
- Werbung **3** 11

Umgehungsverbot **7** 1 ff
Umqualifizierung **9** 110
- von Verträgen **3** 34

Umsatzsteuererhöhungen **11 Nr. 1** 17
Umtauschrecht, Ausschluß **11 Nr. 10** 21
Unbestimmtheit der Frist **10 Nr. 2** 8
unbestrittene Forderung bei Aufrechnungsverbot **11 Nr. 3** 5
ungewöhnliche Klauseln s. Üblichkeit
Unklarheit **9** 14
Unklarheitsregel **5** 1 ff
Unkostenpauschale **11 Nr. 5** 27
Unmöglichkeit **11 Nr. 7** 3, 9, 32; **11 Nr. 8** 1 ff
- anfängliche **11 Nr. 7** 46
- der Rückgewähr **10 Nr. 7** 12
- teilweise **11 Nr. 7** 4

Unterhaltungsleistungen **23** 5
Unterhaltungspflicht **9** 137
Unterlassen, dauerndes **10 Nr. 5** 11
Unterlassung der Verwendung unwirksamer Klausel **Einl,** 15
Unterlassungsanspruch **13** 1 ff
Unterlassungsklage **1** 24; **5** 19; **6** 14
Unterlassungsurteil **21** 6
Unterlassungsverfahren, abstraktes **5** 7; **11 Nr. 1** 16
Unterlassungsverpflichtung **13** 23
Unternehmensnachfolge **11 Nr. 13** 14
Unterrichtskurse **11 Nr. 6** 9
Unterrichtsverträge **8** 3
Untersuchungsobliegenheit **9** 25; **11 Nr. 10** 74
- Ausschluß **11 Nr. 10** 89

Unterwerfung unter die Zwangsvollstreckung **1** 5
unwirksame Klauseln **Einl 8-11**
Unwirksamkeit
- einer Klausel **11 Nr. 5** 22
- individualvertragswidriger Klauseln **4** 11

Urteilsformel **17** 1 ff
Urteilswirkungen **21** 1 ff
- zugunsten Dritter **21** 2

Urheberrecht **9** 61

Verband, Anforderung an die Organisationsstruktur bei Verbandsklage **13** 16
Verbandsempfehlung **Einl,** 27; 13, 36
Verbandsklage **13** 4 ff
Verbandszugehörigkeit von Firmen **2** 51
Verbesserungsmaßnahmen, Mieträume **9** 148
Verbraucherverbände **13** 12
Verbrauchsgut **11 Nr. 10** 7
Verbringung der Sache **11 Nr. 10** 61 a
Vereinbarungen, prozessuale **1** 9
Verfahren bei Verbandsklage **15** 1 ff
Verfallklauseln **11 Nr. 6** 8
Verfügung, einstweilige im Verbandsklageverfahren **13,** 6
- Verfügungsanspruch **13** 7
- Verfügungsgrund **13** 8

Verfügungen **1** 8
Verfügungsbefugnis **9** 69
Verfügungsverbote **Einl 8-11** 13
Vergleichsmaßstab für die Üblichkeit von Klauseln **3** 8 f
- kundengünstiger **3** 9

Vergleichsverfahren **10 Nr. 3** 13
Vergünstigungen in AGB **3** 4
Vergütung **9** 17, 115, 138
- Ausfall **9** 97
- Ersatzklausel **11 Nr. 6** 1
- unangemessen hohe **11 Nr. 7** 6

Verhandlungssprache **2** 21
Verheimlichungszweck **3** 2, 5, 35
Verjährung **9** 24, 44
- Hemmung der **11 Nr. 10** 34, 39, 83
- Fristbeginn **11 Nr. 10** 83
- Unterbrechung **11 Nr. 10** 83

Verjährungsfrist **11 Nr. 7** 20; **11 Nr. 10** 82
- Verlängerung **11 Nr. 10** 82

Verjährungsfristverkürzung **11 Nr. 10** 80 ff
- Ansprüche aus c.i.c. **11 Nr. 10** 82
- Ansprüche aus Delikt **11 Nr. 10** 82
- Ansprüche aus pVV **11 Nr. 10** 82
- bei Steuerberatern **11 Nr. 10** 80
- für deliktische Ansprüche gem. § 13 Nr. V VOB/B **11 Nr. 10** 81 f

Verkaufsaufgabe **2** 39
Verkehrssitte **2** 61
Verkehrsüblichkeit **2** 64
Verlängerungshöchstfrist **11 Nr. 12** 20

Vermieter
- Haftung **11 Nr. 7** 46
- von Kfz **11 Nr. 7** 30, 49
Vermittlerklausel in Bank-AGB **3** 35
- Reiseunternehmen **3** 11, 35
Vermögensschaden **11 Nr. 7** 21
Vermögensverhältnisse, Verschlechterung **10 Nr. 3** 13
Veröffentlichungsbefugnis **18** 1 ff
Versandanzeigen **2** 10, 59
Verschulden **11 Nr. 6** 25; **11 Nr. 7** 12; **11 Nr. 10** 1
- bei Nachbesserungsfehlschlagen **11 Nr. 10** 49
- bei Vertragsverhandlungen **11 Nr. 7** 15
- grobes **11 Nr. 7** 26
- leichtes **11 Nr. 7** 35 ff
Versicherbarkeit von Risiken **11 Nr. 7** 42, 53
Versicherung **2** 71; **9** 30
- bei Leasing **9** 138
Versicherungsbedingungen, allgemeine **2** 61; **3** 4, 8 f, 22, 35, 38; **5** 2, 26; **8** 3
Versicherungsbestätigung **2** 39
Versicherungsleistungen, Verwirkung **9** 180
Versicherungsrecht **5** 15
Versicherungsschutz **11 Nr. 7** 21
Versicherungsvertrag **2** 46; **9** 176 ff; **10 Nr. 1** 11; **11 Nr. 6** 8; **23** 34, 36
Verständlichkeit von AGB **2** 29
versteckter Einigungsmangel **6** 3
Versteigerung **9** 133
Vertrag
- Abschluß, Schriftlichkeit **2** 12
- Abschluß und AGB **3** 3
- Angebot **1** 5; **3** 4
- atypischer **11 Nr. 10** 3, 20
- Auslegung, ergänzende **6** 12
- Beschränkungen, atypische **3** 18, 21
- Beurkundungsbedürftigkeit **2** 12
- Dauer **4** 13; **9** 64
- Erweiterungen, atypische **3** 18
- faktischer **2** 24, 41
- finanzierter **9** 125 ff
- gemischter **11 Nr. 10** 3
- künftiger **1** 14
- Lösung vom **10 Nr. 3** 21
- mit Dritten **23** 9
- mit Elektrizitäts- und Gasversorgungsunternehmung **11 Nr. 10** 16
- öffentlich-rechtlicher **1** 4
- Partner des verwenders als Schuldner der Sachleistung **11 Nr. 6** 14
- Rücktritt **10 Nr. 7** 8 ff
- sachrechtlicher **1** 8
- schuldrechtlicher **1** 7
- Sprache **2** 28
- Strafe **9** 23, 147; **11 Nr. 5** 1 ff, 28
- - Begriff der **11 Nr. 6** 6
- - bei Mehrfachverwendung **3** 13
- über Forderungen **11 Nr. 10** 4
- über Leistungen **11 Nr. 10** 2, 11
- über Lieferung neu hergestellter Sachen **11 Nr. 10** 2
- Übernahmeklauseln **11 Nr. 12** 3
- über Rechte **11 Nr. 10** 4
- über Versorgung mit Wasser und Fernwärme **11 Nr. 10** 16
- Verletzung, positive **11 Nr. 7** 9, 11; **9** 44
Vertrauensverhältnis **11 Nr. 7** 37
Vertreter **11 Nr. 14** 8
Vertretung **1** 24
Vertretungsbefugnis **9** 69
Vertretungsmacht, Beschränkung in AGB **4** 29
Vertriebsform **11 Nr. 5** 14
Verweisung auf andere AGB **2** 30
Verweisungsvereinbarung **10 Nr. 8** 3
Verwender von AGB **1** 19 f, 22; **5** 6; **9** 17
- Passivlegitimation **13** 35
Verwendung
- eines falschen Formulars **2** 36
- unwirksamer AGB-Klauseln **13** 23
Verwertungsgesellschaften **23** 35
Verwertungsklausel **9** 159
Verwirkung **11 Nr. 7** 20
Verzicht auf Kenntnisverschaffung **2** 26
Verzichtsurteil **15** 5
Verzug **11 Nr. 6** 13, 19; **11 Nr. 7** 3, 9, 31 f; **11 Nr. 8** 1 ff
- Gebühr **11 Nr. 5** 27
- teilweiser **11 Nr. 7** 4
- Zinsen **11 Nr. 5** 27
- Zinsen vom ursprünglichen Leistungsentgelt **3** 11 f
VOB **1** 5, 21; **2** 4, 8, 31, 36, 73; **9** 74 ff; **10 Nr. 1** 11; **11 Nr. 7** 21; **11 Nr. 10** 16, 81; **23** 25
- VOB/A **11 Nr. 10** 54
- VOB/B **11 Nr. 10** 37, 77, 84
- Abweichungen **3** 40
Vollmacht **9** 41, 107
- unwiderruflich **10 Nr. 1** 9
- zu mündlichen Abreden **4** 23
Vollstreckungsgegenklage **19** 3
Vorankündigungsobliegenheit **10 Nr. 2** 6
Vorausabtretung **9** 46
Vorbehalt
- der Vertragsstrafe bei Abnahme **10 Nr. 6** 23
- von Gewährleistungsrechten **9** 92
Vorenthaltung der Mängelbeseitigung **11 Nr. 10** 64 f
- bis zu unverhältnismäßig hoher Entgeltzahlung **11 Nr. 10** 66
- bis zur vollständigen Entgeltzahlung **11 Nr. 10** 65
Vorführwagen **11 Nr. 10** 6
Vorkenntnisklausel **9** 145
Vorkorrespondenz **2** 11

Vorleistungsklausel **11 Nr. 3** 10; **11 Nr. 10** 64 ff
- Formulierung **11 Nr. 10** 67
- im Handelsverkehr **11 Nr. 10** 70

Vorleistungspflicht **9** 148; **11 Nr. 2** 1
Vorsatz **11 Nr. 7** 7, 26
Vorteilsausgleich **9** 56

Wärmeversorgungsverträge **11 Nr. 12** 9
Wahlmöglichkeit bei Schadensberechnung **11 Nr. 11** 16
Wandlung **9** 83
Warenlieferungsverträge **11 Nr. 12** 12
Wartungsauftrag **3** 18
Wasserversorgungsbedingungen **23** 21
Wechsel (Wertpapier) **10 Nr. 3** 13
Wechsel des Vertragspartners **11 Nr. 13** 1 ff
Wegfall vorformulierter Klauseln **6** 13
Werbung **3** 12
Werkleistungsverträge **11 Nr. 12** 14
Werklieferungsvertrag **11 Nr. 11** 8
Werkvertrag **9** 74 ff, 181 ff; **11 Nr. 5** 26; **11 Nr. 11** 8; **11 Nr. 13** 9
Wertminderung **11 Nr. 5** 17; **11 Nr. 7** 10
- Ausgleichsanspruch **11 Nr. 5** 13

Wertungsmöglichkeit, Klauselverbote ohne **Einl 8-11** 7 f
Wettbedingungen bei Lotterieverträgen **23** 24
Wettbewerb **Einl, 25**
Wettbewerbsrecht, Verbandsklage **13** 4
Widerruf **9** 69
Widerrufsanspruch **13** 1 ff
Widerrufsverpflichtung **13** 23 f; **31**
Widerspruch **10 Nr. 5** 15
Widerspruch von zwei Klauseln **5** 16
Wiedereinsetzung in den vorigen Stand **10 Nr. 5** 13
Wiederholungsgefahr **13** 30
Wiederkehrschuldverhältnis **11 Nr. 1** 3
Wirtschaftsberater **11 Nr. 7** 10
Wirtschaftsverbände
- Stellungnahme bei der Anmeldung von Konditionenempfehlungen **Einl,** 26
- bei Verbandsklage **13** 21

Wissen-Müssen-Formel **3** 1, 15, 17

Zahlungsverzug **9** 147
Zinspauschalierung **11 Nr. 5** 27
Zinsregelung in Kreditbedingungen **8** 3
Zinssätze **3** 11
Zufallshaftung im Verzug **11 Nr. 7** 46
Zugang
- Erfordernisse **11 Nr. 10** 6
- Fiktion **10 Nr. 6** 1 ff, 6

zugesicherte Eigenschaften, Haftung **11 Nr. 11** 1 ff
zulässige Haftungsbegrenzung bei einfacher Fahrlässigkeit **11 Nr. 8** 10
Zurückbehaltungsrecht **9** 148
Zuständigkeit bei Verbandsklage **14** 1 ff
Zwischenhändler **11 Nr. 5** 14

FSC
www.fsc.org
MIX
Papier | Fördert
gute Waldnutzung
FSC® C083411

Kolibri 360 GmbH
Ferdinand-Jühlke-Straße 7
99095 Erfurt, Deutschland
produktsicherheit@kolibri360.de